LA VALEUR EN DROIT

Étude de jurisprudence constitutionnelle sur les nouvelles représentations de la norme

Lauréats - Prix scientifique L'Harmattan

La collection Lauréats - Prix scientifique L'Harmattan publie chaque année les thèses et mémoires de master primés en sciences humaines et sociales, droit, littérature et critique littéraire.

Dernières publications

Magali Cécile BERTRAND, *L'enseignement du yiddish en France. Subjectivité et désirs de langue,* 2021.
Emilie PONCEAUD GOREAU, *La diffusion de la préscolarisation en Inde du sud*, 2021.
Julie LAVIELLE, *Sociologie des mobilisations pour la mémoire en Colombie,* 2021.
Cécile DENIS, *La résistance allemande et autrichienne en France*, 2021.
Pierre DASI, *Penser et représenter la nature à l'école sous la Troisième République,* 2021.
Anne BESSETTE, *Du vandalisme d'œuvres d'art. Destructions, dégradations et interventions dans les musées en Europe et en Amérique du Nord depuis 1970,* 2021.
Guillaume JAEHNERT, *Catherine Deneuve & Yves Saint Laurent, un style entre écran et podium*, 2020.
Charly VALLET, *La production d'énergie solaire par les personnes publiques locales*, 2020.
Johanna BENREDOUANE, *La renonciation en droit de l'aide sociale. Recherche sur l'effectivité des droits sociaux*, 2020.
Catherine TCHENG BLAIRON, *MOOC : engagement et apprentissage. L'ingénierie pédagogique au service de l'apprenance,* 2020.
Nadège LANGBOUR, *Littérature de jeunesse : la construction du lecteur,* 2020.

Jean-Baptiste JACOB

LA VALEUR EN DROIT

Étude de jurisprudence constitutionnelle sur les nouvelles représentations de la norme

L'Harmattan

5-7, rue de l'École-Polytechnique – 75005 Paris
www.editions-harmattan.fr
ISBN : 978-2-343-23675-9
EAN : 9782343236759

À mes parents,
À ma sœur,
À Marina Lence, ma providence,

SOMMAIRE

Une table des matières détaillée figure à la fin de l'ouvrage

PRINCIPALES ABRÉVIATIONS

AED	Analyse économique du droit
AFDC	Association française de droit constitutionnel
AIJC	Annuaire international de justice constitutionnelle
AJDA	Actualité juridique du droit administratif
al.	autres
APD	Archives de philosophie du droit
Ass.	Arrêt du Conseil d'État pris en formation d'Assemblée
C. E.	Conseil d'État
C. E. D. H	Cour européenne des droits de l'homme
CCC	Cahiers du conseil constitutionnel
cf.	*conferre*
C.J.C.E	*Cour de Justice des Communautés européennes*
Coll.	Collection
Cons. Const.	Conseil constitutionnel
cons.	considérant
CRDF	Cahiers de la recherche sur les droits fondamentaux
D. chron.	Dalloz chroniques
D. jur. gén.	Dalloz jurisprudence générale
DC	Décision de conformité
dir.	Direction
Droit et société	Droit et société. Théorie et science sociale du droit
Droits	Droits. Revue française de théorie, de philosophie et de cultures juridiques
Éd.	Éditions
EDCE	Études et documents du Conseil d'État
Égal.	Également
ex.	exemple
FNR	Décisions Fins de non-recevoir
FUSL	Facultés Universitaires de Saint-Louis
HAL	Hyper articles en ligne / Archives ouvertes
HLR	Harvard Law Review
Ibid.	La même citation que la précédente à une page différente
Id.	La même citation que la précédente
JCP G	Juris-Classeur périodique, édition générale (La semaine juridique, édition générale)
L	Décisions Déclassement
LGDJ	Librairie générale de droit et de jurisprudence
LOLF	Loi organique relative aux lois de finances
LPA	Les petites affiches
loc. cit.	Article déjà cité
n°	Numéro de revue ou de paragraphe
NCCC	Nouveaux cahiers du conseil constitutionnel
op. cit.	Ouvrage cité
OUP	Oxford University Press
p.	page
Pouvoirs	*Pouvoirs.* Revue française d'études constitutionnelles et politiques
préc.	Précitée (décision)

préf.	préface
PUAM	Presses universitaires d'Aix-Marseille
PUB	Presses universitaires de Bruxelles
PUF	Presses universitaires de France
PUS	Presses universitaires de Strasbourg
QPC	Question prioritaire de constitutionnalité
RDP	Revue du droit public et de la science politique en France et à l'étranger
Rec.	Recueil des décisions
rééd.	réédition
Réimp.	Réimpression
reprod.	reproduction de
RESS	Revue européenne des sciences sociales
RFAP	Revue française d'administration publique
RFDA	Revue française de droit administratif
RFDC	Revue française de droit constitutionnel
RFFP	Revue française de finances publiques
RFSP	Revue française de science politique
RGDIP	Revue générale de droit international public
RIDC	Revue internationale de Droit comparé
RIE	Revue internationale d'enseignement
RIEJ	Revue interdisciplinaire d'études juridiques
RISJ	Revue internationale de sémiotique juridique
RMM	Revue de Métaphysique et de Morale
RPP	Revue politique et parlementaire
RRJ	Revue de la recherche juridique – Droit prospectif
RTD civ.	Revue trimestrielle de droit civil
s.	suivant
sect.	Arrêt du Conseil d'État pris en formation de Section
T.	Tome
Tr.	Traduction
TSCG	Traité sur la stabilité, la coordination et la gouvernance au sein de l'Union économique et monétaire
ULB	Université Libre de Bruxelles
USEK	Université Saint-Esprit de Kaslik
v.	voir
Vol.	Volume
§	paragraphe

REMERCIEMENTS

Je dois énormément au Professeur Dominique Rousseau pour m'avoir suggéré, il y a près de cinq ans, ce travail particulièrement passionnant. Qu'il trouve dans son achèvement l'expression de ma profonde reconnaissance tant, pour son encadrement et ses conseils, que pour sa présence et sa confiance sans faille au cours de ces longues années.

Je dois considérablement au Professeur Étienne Picard qui m'a donné l'envie d'écrire une thèse en droit public et sans qui, ce projet n'aurait pas pu aboutir. Puisse-t-il trouver, dans l'aboutissement de ce travail, une trace de son influence.

Je dois largement au Professeur Matthieu Conan dont l'attention renouvelée et la bienveillance constante ont grandement favorisé mon travail de recherche. Puisse-t-il percevoir, dans la publication de ce travail, une trace de ma profonde gratitude envers lui.

Je dois beaucoup à l'Université Paris 1 Panthéon-Sorbonne et au Ministère de l'Enseignement Supérieur et de la Recherche qui m'ont fourni, pendant tout ce temps, les conditions matérielles sans lesquelles l'achèvement de cet exercice eût été autrement plus difficile.

Je tiens à remercier Mme Dominique Lottin, membre du Conseil constitutionnel, ainsi que M. le Professeur Mathieu Disant, M. le Professeur Julien Jeanneney, M. le Professeur Alexandre Viala et Mme le Professeur Ariane Vidal-Naquet pour avoir accepté de juger ce travail.

Mes remerciements vont également à tous les universitaires que j'ai eu le privilège de rencontrer et qui m'ont fait l'honneur de s'intéresser à mes travaux, en particulier Mme le Professeur Julie Benetti, M. le Professeur Paul Cassia, M. le Professeur Jean-Pierre Camby, M. le Professeur Xavier Dupré de Boulois, M. le Professeur Emmanuel Jeuland, Mme le Professeur Anne Levade ainsi que M. le Professeur Xavier Philippe. Puissent-ils voir dans ce travail l'expression de toute ma considération envers eux. J'adresse une pensée particulière à M. Alexis Fourmont, pour son amitié et son soutien sans faille qui m'ont permis de dépasser bien des obstacles.

Enfin, à l'instant de mettre un terme à cet exercice, toutes mes pensées se tournent vers ceux qui m'ont accompagné au sein de l'Université et dont la présence, scientifiquement enrichissante et toujours réconfortante, m'a été si précieuse, en particulier, Arthur Gaudin, Maxime Maury et Isabelle Hasquenoph mais également, Guerric Cipriani, Jeremiah Papic, Olivier Schaub ainsi que Giannis Michalis, Solange Darrigo et Maude Lajoinie. Qu'ils trouvent dans ce travail un reflet de nos discussions.

Mes proches savent déjà que je leur dois tout.

AVERTISSEMENTS

Le présent ouvrage est constitué d'un texte remanié et actualisé (décembre 2020) d'une thèse de doctorat en sciences juridiques, présentée et soutenue publiquement le 22 novembre 2019 (Mention très honorable avec les félicitations unanimes du jury) sous la direction de M. Dominique ROUSSEAU, Professeur émérite à l'Université Panthéon-Sorbonne, Paris I ; le jury étant composé, en outre, de :

Monsieur Alexandre VIALA, Professeur, Université de Montpellier, Rapporteur,

Madame Ariane VIDAL-NAQUET, Professeur, Université Aix-Marseille, Rapporteur,

Madame Dominique LOTTIN, Magistrat, Membre du Conseil constitutionnel,

Monsieur Mathieu DISANT, Professeur, Université Jean Monnet – Saint-Étienne, Président,

Monsieur Julien JEANNENEY, Professeur, Université de Strasbourg.

Pour les références bibliographiques, le lieu d'édition est Aix-en-Provence pour les Presses universitaires d'Aix-Marseille (PUAM), Strasbourg pour les Presses universitaires de Strasbourg (PUS), Bruxelles pour Bruylant, Anthemis, les Presses universitaires de Bruxelles (PUB) ainsi que les éditions de la Faculté universitaire de Saint-Louis (FUSL), Turin pour Einaudi et Giappichelli, Barcelone pour Ariel, Cambrige pour Cambridge University press et Oxford pour Oxford University press (OUP) et Clarendon press. Pour le reste, il s'agit de Paris. À défaut, la ville d'édition est expressément mentionnée dans la bibliographie générale en fin d'ouvrage.

Pour les articles, la mention n°1 qui les accompagne parfois, renvoie soit, au premier numéro d'une revue disponible pour l'année citée soit, à un volume unique constituant une compilation intégrale de tous les numéros d'une année – pour les articles anciens notamment.

Les renvois (*op. cit., loc. cit.*) ne sont utilisés qu'au sein de chaque chapitre.

PRÉFACE

La valeur en Droit ! Il faut oser. Même avec un sous-titre plus rassurant « Étude de jurisprudence constitutionnelle… ». Mais quand le regard se porte sur la table des matières et découvre que la première partie a pour titre « la valeur : objet juridique » et la seconde partie « les valeurs : objets normatifs » ; quand le lecteur-juriste apprend que la valeur « constitue une norme hypothétique », que « la question de la valeur est tout simplement existentielle pour la discipline juridique », que « la valeur est bien le mode même par lequel se pense, se pose et s'accomplit le droit », deux solutions s'offrent à lui.

La première est de détourner le regard en se rappelant que, selon les enseignements reçus, la valeur est une question qui relève de la philosophie, de la morale et non de la science du droit construite précisément en mettant la valeur hors de son champ.

La seconde est de soutenir le regard et, sans doute intrigué par les affirmations à l'allure provocante, chercher à comprendre avec quelles références théoriques, avec quels arguments, avec quelle construction intellectuelle M. Jacob avait pu arriver à poser la valeur « comme le mode par lequel se pense et s'accomplit le droit ».

Choisir la première solution serait une erreur ou, plus exactement, une faute de méthode comme il y a des fautes de goût. Lire ce qui conforte ou va dans le sens de nos pensées et repousser la lecture de ce qui les dérange n'est pas, en effet, de bonne méthode. Le propre, et même le plaisir du travail intellectuel est de mettre toujours en suspens ses certitudes et d'être toujours mis à l'épreuve par des questions, des interrogations, des affirmations qui les dérangent : « Je pense que la valeur n'a rien à faire dans la science du droit ! Et si elle avait à faire, comme le soutient M. Jacob ? Si j'avais à apprendre quelque chose de cette affirmation contraire à ma pensée ? » Ainsi commence toute réflexion scientifique.

Et de la lecture de ce livre, il y a beaucoup à apprendre. Doué d'une grande culture théorique, philosophique et bien sûr juridique, convoquant les décisions du Conseil constitutionnel pour sa démonstration, l'auteur propose une nouvelle compréhension de la théorie kelsenienne du droit. Non seulement Kelsen n'a jamais nié la présence des valeurs dans le droit – ce qui est admis par tout le monde – mais la théorie du droit elle-même serait, selon M. Jacob, fondée sur le concept de la valeur ou une représentation du concept de valeur. Ce qui est beaucoup moins admis et … qui fait donc tout l'intérêt de la thèse.

Pour construire le concept de valeur, il le confronte à d'autres concepts – la validité, par exemple – et découvre sa proximité avec le concept de norme dans la mesure où il a la même qualité fondamentale que lui, à savoir la capacité de faire référence, de servir d'étalon de mesure. Autrement dit la valeur est un concept juridique et un concept normatif. Le concept de valeur, écrit l'auteur, est « une espèce du genre normatif ».

À l'aune de ce concept, la jurisprudence du Conseil constitutionnel est « revisitée » avec une grande méticulosité. De l'analyse des décisions du Conseil, il ressort que le concept de valeur se décline en valeur d'autorité comme langage des institutions et en valeur de justice comme langage des justiciables. La normativité du concept de valeur se révèle alors à ce qu'elle sert de référence au contrôle de constitutionnalité et à ce qu'elle lui donne son sens.

La démonstration est brillante, menée avec une belle écriture et un style soigné. Elle peut faire débat. Mieux : elle doit faire débat s'il est vrai qu'un livre qui marque une discipline, qui a une…valeur est un livre qui fait bouger les lignes de la pensée.

Dominique Rousseau,
Professeur Émérite, Université Paris 1 Panthéon Sorbonne.

INTRODUCTION GÉNÉRALE

Toutes ces valeurs qui montent et qui baissent
constituent le grand marché des affaires humaines.
P. Valéry[1]

1. « Il n'y a eu là qu'une 'passade' de notre justice, qui a suscité quelques épisodes curieux d'interprétation fantaisiste, sans que se manifestât, par un danger effectif, le germe d'anarchie déposé dans son esprit initial. Il semble même, qu'aujourd'hui, le mouvement soit apaisé ou assourdi, sinon complètement éteint. Et, sans doute, il pourrait, quelque jour, se réveiller. Mais, je ne crois pas, que son extension et sa consolidation soient possibles, tant qu'il conservera les allures débridées, qui en constituent, au fond, tout le danger »[2]. L'adresse cinglante de François Gény, formulée à l'encontre du phénomène du « *bon juge* Magnaud », il y a près d'un siècle, constitue un sérieux avertissement pour tout effort de saisie, en droit, de ce que l'on pourrait appeler la valeur. Dans cette attaque en règle du jugement en équité, dont se prévalait le « Bon juge », le Doyen de Nancy mettait en garde contre « l'abîme de l'arbitraire individuel »[3] où l'interprète jugeant des seules « hauteurs de son propre esprit »[4] ne s'adonne, en réalité, qu'à *l'arbitraire du sentiment*. Il y a pourtant, dans cette juste alerte du Doyen Gény, comme une réminiscence des fictions dont le droit, au moins en France, aime à se repaître.

2. Parmi celles-ci, il en est une, fondatrice, qui tient à la distinction nette entre le fait et le droit. Elle fait parfois cortège à une autre représentation courante, plus rigide encore, mais non moins fondatrice, qui oppose le droit positif et la morale abstraite, la norme juridique et la valeur morale, la raison et le sentiment. Cette grande dichotomie comme dirait Norberto Bobbio[5],

---

[1] Paul VALERY, *Regards sur le monde actuel*, reprod. in *Œuvres*, T. II, Éd. Gallimard, Coll. Bibliothèque de la Pléiade, 1960, p. 1080-1081.

[2] François GENY, *Méthode d'interprétation et sources en droit privé positif: essai critique*, T. II, Éd. LGDJ, Coll. Anthologie du droit, 2016, p. 203.

[3] François GENY, *Méthode d'interprétation et sources en droit privé positif: essai critique*, T. I, Éd. LGDJ, Coll. Anthologie du droit, 2016, p. 147.

[4] François GENY, *Méthode d'interprétation et sources en droit privé positif: essai critique*, T. II, *op. cit.*, p. 198.

[5] Norberto BOBBIO, « De l'utilisation des grandes dichotomies dans la théorie du droit », *in* Norberto BOBBIO, *De la structure à la fonction: nouveaux essais de théorie du droit*, tr. David SOLDINI, Éd. Dalloz, Coll. Rivages du droit, 2012, p. 143-164, p. 155-161 ; v. égal., Norberto BOBBIO, « La grande dicotomia » [1974] tr. fr. D. SOLDINI, « La grande dichotome » *in*

dont on peine à saisir la délimitation, répondrait d'une ultime distinction entre l'objectif et le subjectif. La valeur correspondrait *au pur sentiment subjectif de l'individu* et renverrait alors au champ de l'émotion, de la volonté et donc, en dernière analyse, de l'arbitraire. Elle serait d'autant plus étrangère à un droit *objectif* qui, dans une vision bien connue, répondrait avant tout de la raison, de l'obligation, et de la légalité. La valeur serait, sous l'empire de ces strictes conditions, *extra-juridique* et ne trouverait son relai que dans le système moral. Du point de vue d'une théorie juridique, cette représentation est *paradoxale*. En effet, elle s'accompagne – inconsciemment – d'une distinction nette et logique entre le fait et la valeur, posée sur le même mode que la distinction entre le fait et le droit, et ressuscite, *par conséquent,* une nouvelle trinité – norme juridique, fait et valeur morale – dont on peine à saisir les contours comme la raison d'être. Dans ces conditions, la *question juridique de la valeur* serait, à première vue, bien vaine et tout effort pour y répondre resterait infructueux.

3. En dépit des apparences, la question des rapports entre la valeur et le droit se pose avec d'autant plus d'acuité qu'elle apparaît véritablement propice à renouveler l'analyse du droit. *En théorie du droit,* la question de la valeur met à l'épreuve les outils et les canons dominants de la discipline. En un mot, elle *éprouve* le « cadre catégorial d'analyse »[6] des différentes approches théoriques du droit et s'inscrit potentiellement en *rupture épistémologique*[7] avec celles-ci. *En droit positif,* la question de la valeur permet de progresser dans la connaissance d'un ordre juridique particulier, l'ordre constitutionnel, dont on rappelle assez qu'il touche – en partie – à l'ordre symbolique[8]. Il est alors permis de croire que la question de la valeur s'y pose tout particulièrement. *Dans l'ordre juridique français*, enfin,

---

Norberto BOBBIO, *De la structure à la fonction: nouveaux essais de théorie du droit*, *op. cit.*, p. 165-181.

[6] Régis PONSARD, « La possibilité d'une analyse du droit (constitutionnel) scientifiquement et juridiquement critique », *AIJC*, vol. 31, 2015, p. 42.

[7] Gaston BACHELARD, *Le rationalisme appliqué*, Éd. PUF, Coll. Quadrige, 1986, p. 104-105.

[8] V. notamment à ce sujet Jean GICQUEL et Jean-Éric GICQUEL, *Droit constitutionnel et Institutions politiques*, Ed. LGDJ, Coll. Précis Domat. Droit public, 2018, p. 224 et s. ; Philippe ARDANT et Bertrand MATHIEU, *Droit constitutionnel et institutions politiques,* Éd. LGDJ, Coll. Manuel, 2018, p. 63 et s. ; Dominique ROUSSEAU, « La force magique de la Constitution », *La revue lacanienne*, vol. 17, n°1, 2016, p. 31-41, notamment p. 33 ; Jacques CHEVALLIER, « Pour une sociologie du droit constitutionnel », *in L'architecture du droit. Mélanges en l'honneur de Michel Troper*, Éd. Economica, 2006, p. 281-297, notamment p. 281-297 ; Hugues DUMONT et Xavier DELGRANGE, « Le rythme des révisions constitutionnelles et l'hypothèse de l'accélération du temps juridique », *in* Philippe GERARD, François OST et Michel VAN DE KERCHOVE (dir.), *L'accélération du temps juridique*, Éd. FUSL, Coll. générale, 2000, p. 413-468 ; Lucien SFEZ, *La politique symbolique*, Éd. PUF, Coll. Quadrige, 1993, p. 355 ; Bastien FRANÇOIS, « Maastricht, la Constitution et la politique. Brèves considérations sur la dimension symbolique des révisions constitutionnelles », *RFDC*, vol. 11, n°3, 1992, p. 469-478 ; Bernard LACROIX, « Les fonctions symboliques des Constitutions : bilan et perspectives », *in Le Constitutionnalisme aujourd'hui*, Actes du colloque organisé à l'Institut d'études politiques de Bordeaux les 7, 8 et 9 juin 1979, Éd. Economica, Coll. Politique comparée, 1984, p. 186-199 ; Georges BURDEAU, *La politique au pays des merveilles*, Éd. PUF, Coll. Politique éclatée, 1979, p. 95 et 128 ; Karl LOEWENSTEIN, « Réflexions sur la valeur des constitutions dans une époque révolutionnaire. Esquisse d'une ontologie des Constitutions », *RFSP*, vol. 2, 1952, p. 312-334, notamment p. 328 et 330.

l'analyse de la valeur par le prisme de la jurisprudence constitutionnelle revêt un enjeu d'autant plus fort que celle-ci se conforme, avec zèle, aux canons juridiques traditionnels. Le juge constitutionnel français y est en effet réputé pour « l'hyper-formalisme »[9] de sa jurisprudence qui énonce, par exemple, que « le législateur a pris en compte des considérations éthiques et sociales qui relèvent de sa seule appréciation »[10]. À première vue, rien n'apparaîtrait donc plus étranger à son office que la valeur. Celle-ci constituerait même « un champ de non-contrôle explicite »[11]. Il y a là, du moins, *une représentation dominante* de la discipline qu'il importe d'interroger. La jurisprudence du Conseil constitutionnel constitue alors, pour cette raison, un point d'entrée intéressant pour soulever la question des rapports entre la valeur et le droit. Il importe de présenter successivement, l'esprit (Section I), la méthode (Section II), l'objet (Section III), le champ (Section IV) et le programme (Section V) de cette recherche.

SECTION I. L'ESPRIT DE LA RECHERCHE

4. Toute analyse d'un objet particulier du droit suppose, pour advenir, une représentation préalable du droit[12]. En cela, il importe de rompre avec le mythe, assez répandu, selon lequel l'observateur disposerait d'un accès direct à la réalité juridique[13]. Celle-ci se dérobe, ou à tout le moins, ne se présente jamais en pleine lumière. Et l'entrapercevoir suppose de mobiliser – souvent inconsciemment – des clés de lecture spécifiques, propres à chaque observateur. Pour advenir, l'entreprise de recherche présuppose tout un ensemble de représentations, valant aussi bien pour le cadre de la recherche, à savoir le droit, que pour l'objet de la recherche, qui est, ici, la valeur. Il faut, en quelque sorte, savoir « quoi » chercher et « où » le chercher. Dans ces conditions, on comprend bien que la recherche est – partiellement – contrainte par l'objet de la recherche. Celui-ci est également déterminé par le choix d'une méthode[14]. Il importe d'exposer *la représentation minimale* que l'on retient du droit, considéré comme cadre de recherche (I), tout autant que de la valeur, considérée comme objet de la recherche (II). Il s'agit en quelque sorte de fixer un point de départ à la recherche.

---

[9] Denis BARANGER, « Sur la manière française de rendre la justice constitutionnelle », *Jus politicum*, vol. 7, 2012.
[10] Cons. Const., décision n°2010-2 QPC du 11 juin 2010, *Mme Viviane L.*, cons. 14.
[11] Valérie GOESEL-LE BIHAN, « Le contrôle de proportionnalité exercé par le Conseil constitutionnel, technique de protection des libertés publiques », *Jus politicum*, vol. 7, 2012.
[12] Michel VILLEY, *Philosophie du droit. Définitions et fins du droit. Les moyens du droit* [1982], réimp. Éd. Dalloz, Coll. Bibliothèque Dalloz, 2001, p. 13.
[13] Régis PONSARD, « La possibilité d'une analyse du droit (constitutionnel) scientifiquement et juridiquement critique », *loc. cit.*, p. 38.
[14] Hermann HELLER, *Die Krisis der Staatslehre* [1926], tr. fr. Olivier JOUANJAN, *La crise de la théorie de l'État*, Éd. Dalloz, Coll. Tiré à part, 2012, p. 48.

I. La représentation minimale du droit

5. Il existe un véritable intérêt à ce que toute recherche en droit dévoile ses présupposés ontologiques et épistémologiques[15]. Il s'agit bien, ici, de faire état, de sa « préconception », pour autant qu'elle soit toujours consciente. Cette « préconception » offre un point de départ, une entrée dans la discipline juridique, et constitue le préalable nécessaire à l'effort de recherche. Elle constitue bien une sorte de représentation minimale, un prélude à la démonstration.

6. En premier lieu, rien d'étonnant, à ce qu'une recherche juridique postule l'existence du droit. Mue par une volonté de connaissance, une telle entreprise présuppose toujours, logiquement, qu'il existe quelque chose à connaître, un phénomène juridique à délimiter, sauf à s'anéantir. L'idée selon laquelle le droit constituerait un véritable phénomène n'est pas nouvelle, tant s'en faut. Il y a cent ans, le juriste belge, Edmond Picard, l'évoquait déjà dans son *Droit pur*[16]. Pour l'auteur, « le Droit est vivant, concret, extériorisé autour de nous dans la multitude fourmillante des détails des collectivités humaines »[17]. Il s'y trouve, écrit-il, comme « un reflet de la vie » et « se révèle surtout dans la tenue disciplinaire qu'il imprime aux sociétés »[18]. Dans ces conditions, le phénomène juridique se présente comme un phénomène *social*[19]. Cette idée, au demeurant largement partagée, a su trouver un véritable relai dans les travaux contemporains de M. Paul Amselek qui le définit, aux termes de son approche phénoménologique, comme une « technique de direction publique des conduites »[20]. Ce premier postulat entraîne une conséquence quant à la *méthode à* employer. En effet, la définition du droit comme phénomène social et non pas comme phénomène naturel suppose que sa description s'entende toujours d'une forme de conceptualisation destinée à sa compréhension.

7. Ainsi, s'il faut se garder de prêter au droit une qualité naturelle, il convient d'avoir à l'esprit l'idée que le droit possède un substrat intellectuel, qu'il constitue un « phénomène de la vie psychique »[21] et trouve sa source dans la conscience du sujet. Il y a près d'un siècle, en Allemagne, Jellinek, rappelait déjà cette idée[22] que le droit désigne un « phénomène humain

---

[15] Julien JEANNENEY, *Les lacunes constitutionnelles*, Éd. Dalloz, Coll. Nouvelle bibliothèque de thèses, 2016, p. 50.

[16] Edmond PICARD, *Le droit pur*, Éd. Flammarion, Coll. Bibliothèque de philosophie scientifique, 1908, p. 41.

[17] *Ibid.*, p. 44.

[18] *Id.*

[19] Olivier JOUANJAN, « Préface », *in* Georg JELLINEK, *Allgemeine Staatslehre* [1900], tr. fr. Georges FARDIS, *L'État moderne et son droit* [1911], T. I, réimp. Éd. Panthéon-Assas, Coll. Les introuvables, 2005, p. 50. ; v. égal. Olivier JOUANJAN, « 'Aux frontières du droit public et de la politique', Relire Jellinek », *in* Georg JELLINEK, *Verfassungsänderung und Verfassungswandlung* [1906], tr. fr. Olivier JOUANJAN, Marie-Ange ROY, *Révision et mutation constitutionnelles*, Éd. Dalloz, Coll. Droit politique. Textes fondamentaux, 2018, p. 17.

[20] Paul AMSELEK, *Cheminements philosophiques dans le monde du droit et des règles en général*, Éd. A. Colin, Coll. Le temps des idées, 2012, p. 260-261.

[21] Olivier JOUANJAN, *Une histoire de la pensée juridique en Allemagne (1800-1918) : idéalisme et conceptualisme chez les juristes allemands du XIXe siècle*, Éd. PUF, Coll Léviathan, 2005, p. 299.

[22] Georg JELLINEK, *L'État moderne et son droit*, traduit par Georges FARDIS, *op. cit.*, p. 44.

interne »[23]. Dans ces conditions, le monde du droit se présente bien comme le monde de l'individu, de l'agir humain et revêt une dimension éthique[24]. Toute analyse juridique doit ainsi s'attacher à l'identification des ressorts de l'action humaine qui résident dans les normes, afin de « comprendre leur connexion intime avec les différentes forces sociales par le fait desquelles elles ont pu germer dans notre conscience »[25]. Contenu de pensée, le droit extériorisé forme un *discours* constitutif de ce que l'on peut appeler la réalité juridique. Le discours juridique est alors considéré comme un ensemble d'énoncés normatifs émis dans un contexte particulier[26]. Ce discours suppose qu'il existe des agents qui le produisent ainsi que des interprètes qui tentent de le déchiffrer.

8. Plus généralement, l'appréhension du droit comme phénomène intellectuel relativise les prétentions cognitives de l'analyse juridique. Le substrat spirituel et social du droit, tout autant que son existence discursive, influencent les conditions de la connaissance et notamment le rapport à la vérité des énoncés que l'analyse sera amenée à formuler. La particularité du substrat juridique nous empêche de souscrire à l'idée selon laquelle l'entreprise de connaissance juridique peut se prévaloir d'un processus de vérification empirique lui permettant d'accéder à une quelconque vérité naturelle[27]. En effet, l'entreprise de connaissance juridique ne saurait se résoudre dans la simple vérification de l'identité entre une chose, un objet juridique, et un énoncé qui la concerne puisque cette chose en question échappe justement au domaine des sens.

9. Au contraire, l'ensemble des propositions théoriques sur le droit doit s'inscrire dans un discours qu'il s'agit de rendre cohérent tant du point de vue de la proposition formulée, que de la représentation intellectuelle du droit postulée qui lui sert de fondement. Cette spécificité tient au fait que le droit n'est jamais, comme l'a montré Perelman[28], qu'une arène pour

---

[23] *Ibid.*, p. 503.

[24] Paul AMSELEK, *Cheminements philosophiques dans le monde du droit et des règles en général*, *op. cit.*, p. 135.

[25] Georg JELLINEK, *L'État moderne et son droit*, *op. cit.*, p. 28.

[26] Sur le droit comme discours contextualisé, v. notamment Gabriel MARTY, *La distinction du fait et du droit: essai sur le pouvoir de contrôle de la Cour de cassation sur les juges du fait*, Éd. Sirey, 1929, p. 206 ; plus récemment v. Aulis AARNIO, *The rational as reasonable* [1986], tr. fr. Geneviève WARLAND, *Le rationnel comme raisonnable*, Éd. LGDJ, Story-Scientia, Coll. La pensée juridique moderne. 1992, p. 107 ; v. égal. Aulis AARNIO, « Eternal and changing law : Problems in modern natural law theory » *in* Aulis AARNIO, *Philosophical perspectives in jurisprudence*, Éd. Academic bookstore, Coll. Acta philosophica Fennica, 1983, p. 94-118, notamment p. 102 ; Paul AMSELEK, « Philosophie du droit et théorie des actes de langage », in Paul AMSELEK, Zenon BANKOWSKI, Jacques BOUVERESSE et Gérard CORNU (dir.), *Théorie des actes de langage, éthique et droit*, Éd. PUF, 1986, p. 109-63, notamment p. 111.

[27] Pour une remise en cause de cette prétention, v. par ex.,Vittorio VILLA, *La science du droit*, tr. Odile NERHOT et Patrick NERHOT, Éd. Story-Scientia, Coll. La pensée juridique moderne, 1991, p. 179, p. 191. ; v. égal. Léon HUSSON, « Réflexions sur la théorie de l'argumentation de Ch. Perelman », *Archives de philosophie*, vol. 40, n°3, 1977, p. 435-465, notamment p. 439. ; v. égal. Chaïm PERELMAN, *Le champ de l'argumentation*, Éd. PUB, Coll. Travaux de la faculté de philosophie et de lettres, 1970, p. 198.

[28] Chaïm PERELMAN, *Ethique et droit*, 2012, Éd. de l'Université de Bruxelles, Coll. ULBlire, p. 563-568 et p. 597.

l'argumentation. En réalité, la logique juridique, *logique de la controverse*[29], vise toujours à établir la prééminence d'une ou plusieurs idées non comprises dans le schéma, restreint, de la pure logique formelle. Dans ces conditions, la présente étude se range à l'idée selon laquelle toute analyse de la discipline juridique dépend *partiellement* du soubassement axiologique de l'observateur. Cela vaut pour cette recherche et plus généralement pour tout contenu juridique. Autrement dit, il est évident qu'un ensemble de postulats incite à dire que le droit contient des valeurs. De même qu'un ensemble de postulats incite à dire que ce n'est pas le cas[30].

10. Une telle précision ordonne le présent effort de recherche à l'humilité et sollicite l'indulgence du lecteur. En abandonnant la prétention d'un accès direct et objectif à une réalité juridique – *totalement* – indépendante de son observateur, l'analyse entend, d'une part, se défaire d'une véritable fiction de l'entreprise de recherche et, d'autre part, rappeler cette idée qu'il n'existe « pas de description sans appréciation, ni de connaissance sans préférence »[31]. Au contraire, toute analyse juridique apparaît nécessairement « conditionnée par le point de vue particulier adopté par celui qui l'opère »[32].

11. Ce constat permet d'insister sur la troisième caractéristique que l'on prête au droit et qui réside dans le caractère fiduciaire du phénomène juridique. Là encore, l'idée n'est pas nouvelle et, en France, l'œuvre d'Emmanuel Lévy s'était attachée à le démontrer, il y a près d'un siècle. Pour l'auteur, « la croyance crée le droit »[33]. Cette *représentation fidéiste du droit* postule la relativité[34] de son contenu. Celui-ci évolue au gré des changements qui s'opèrent dans les croyances sociales. Comme le résumait Lévy, dans un discours prononcé le 3 novembre 1903, la discipline juridique doit « montrer les choses, et dans leur réalité, et dans notre psychologie, les étudier en tant que phénomènes de l'ordre social, en d'autres termes, en tant que phénomènes de l'ordre moral ; et il ne faut tenir compte des théories juridiques, économiques, politiques, que dans la mesure où elles sont des manifestations d'états de conscience sociale, dans la mesure où elles expriment des réactions de sympathie ou de haine, à moins que ces théories soient elles-mêmes simplement descriptives de faits ou de sentiments »[35]. Ce

---

[29] *Ibid.*, p. 647.

[30] Uberto SCARPELLI, *Cos'è il positivismo giuridico* [1965], tr. fr. Colette CLAVREUL, *Qu'est-ce que le positivisme juridique ?*, Éd. LGDJ, Bruylant, Coll. La pensée juridique, 1996.

[31] Louis LAVELLE, *Traité des valeurs.* T. I, *Théorie générale de la valeur*, Éd. PUF, Coll. Dito, 1991, n°1, p. 27.

[32] Véronique CHAMPEIL-DESPLATS, *Méthodologies du droit et des sciences du droit*, Éd. Dalloz, Coll. Méthodes du droit, 2016, p. 5.

[33] Emmanuel LEVY, *Preuve par titre du droit de propriété immobilière: thèse présentée et soutenue le 24 mars 1896*, Thèse de doctorat, Université de Paris, 1896, p. 165. ; v. encore, Emmanuel LEVY, « Le droit repose sur des croyances », *Questions pratiques de législation ouvrière et sociale,* vol. 10, 1909, p. 175 ; v. égal. Edouard LAMBERT, « Préface », *in* Emmanuel LEVY, *La vision socialiste du droit*, Éd. Marcel Giard, Coll. Internationale des juristes populaires, 1926, p. VII.

[34] Paul ROUBIER, *Théorie générale du droit: histoire des doctrines juridiques et philosophie des valeurs sociales*, Éd. Dalloz, Coll. Bibliothèque Dalloz, 2005, p. 172.

[35] Emmanuel LEVY, « Rapport sur les concours de l'année scolaire 1902-1903 », *in Rentrée solennelle de l'Université, le mardi 3 novembre 1903*, Éd. A. Storck et Cie, Coll. Université de Lyon, 1904, p. 216-217.

constat est propice à réhabiliter, dans l'étude juridique, la volonté individuelle et le sentiment sans pour autant faire basculer l'analyse dans le volontarisme farouche qui nie toute existence quelconque du droit en dehors de la volonté subjectivement exprimée du *juris-lateur*[36]. C'est parce que le droit ne vaut pas absolument mais bien relativement aux croyances collectives. C'est, *a fortiori*, le cas des objets qui le composent.

12. Plus généralement, l'appréhension du droit comme phénomène de croyance, ou comme phénomène « religieux » [37], pour jouer de la terminologie du Professeur Lévy, entraîne au moins deux grandes conséquences quant à l'entreprise d'analyse.

Premièrement, le caractère fiduciaire de l'objet droit condamne, par avance, l'hypothèse d'une connaissance parfaite d'un droit *pur*, délié du sentiment de l'observateur, lui-même étranger, à tout contexte de découverte ou de justification. Cette thèse implique que le droit, pour advenir, doit *nécessairement* faire l'objet d'une certaine reconnaissance préalable[38].

Deuxièmement, le droit tire une partie de son caractère fiduciaire du langage qui permet de le formuler puisque comme l'écrit M. Pierre Legendre, « le fiduciaire touche à l'essentiel de la communication humaine »[39]. Cette propriété commune conforte l'idée que le droit advient toujours dans un discours et possède, dans une certaine mesure, une fonction de communication[40]. À cet égard, la parole juridique, comme toute parole est essentiellement une affaire de crédit[41]. Dans ces conditions, l'effort de connaissance juridique n'est jamais qu'un effort linguistique particulier. Si le droit est un discours alors l'analyse du droit appelle nécessairement une analyse du langage situé qui constitue ce discours. L'esprit de la recherche rejaillit alors largement sur la méthode retenue qui sera *définitoire* et en quelque sorte, analytique.

II. La représentation minimale de la valeur

13. Toute analyse d'un objet particulier au sein du cadre de recherche établi suppose également une représentation préalable et minimale de celui-

[36] Entendu comme « L'autorité chargée de poser, de mettre en vigueur des règles de droit ». Paul AMSELEK, « La teneur indécise du droit », *RDP*, vol. 107, n°5, 1991, p. 1202.

[37] Emmanuel LEVY, « Le droit repose sur des croyances », *loc. cit.*, p. 176 ; pour une association du droit et de la religion v. égal. Georg JELLINEK, *L'État moderne et son droit*, *op. cit.*, p. 503.

[38] On peut faire ici le rapprochement avec la règle de *reconnaissance hartienne* dont le rôle est de fournir les critères d'identification des règles primaires appartenant au système juridique et qui confirme, en somme, le caractère fiduciaire de la normativité juridique. Pour plus de précisions v. Herbert Lionel Adolphus HART, *The concept of law* [1961], tr. fr. Michel VAN DE KERCHOVE, *Le concept de droit*, 2ème éd., Éd. FUSL, Coll. Publications des FUSL, 2005, p. 266 ; v. encore Philippe GERARD, « L'idée de règle de reconnaissance : valeur, limites et incertitudes », *RIEJ*, vol. 65, n°2, 2010, p. 66.

[39] Pierre LEGENDRE, *L'autre Bible de l'Occident: le monument romano-canonique : étude sur l'architecture dogmatique des sociétés*, Éd. Fayard, Coll. Leçons, 2009, p. 223.

[40] V. égal. François BRUNET, *La normativité en droit*, Éd. Mare & Martin, Coll. Bibliothèque des thèses, 2012, p. 435.

[41] Pierre LEGENDRE, *La balafre: discours à de jeunes étudiants sur la science et l'ignorance*, Éd. Mille et une nuits, Coll. Les quarante piliers, 2007, p. 90.

ci. La « préconception » de l'objet que l'on se donne permet d'assigner à la recherche un point de départ. S'agissant de la valeur, c'est logiquement dans la théorie philosophique de la valeur, qu'il est vraisemblablement possible de trouver celui-ci. Dans l'ensemble, c'est la philosophie morale qui s'est le plus intéressée à la théorie de la valeur. En ce domaine, on oppose traditionnellement les perspectives « cognitivistes » aux perspectives « non-cognitivistes ». Il convient de les expliciter sommairement (A) avant de positionner par rapport à ce schéma la présente étude (B) et de circonscrire provisoirement l'objet (C).

A. La question philosophique de l'existence de la valeur : le *dilemme d'Eutyphron*

14. On trouve déjà trace de l'opposition entre le cognitivisme axiologique et le non-cognitivisme axiologique, dans l'œuvre de Platon, qui l'évoque à travers le *dilemme d'Eutyphron*. À Eutyphron qui bafoue les lois de la piété filiale – piété religieuse chez les Grecs anciens – en poursuivant son père pour meurtre, et invoque la sainteté de son acte, Socrate oppose son étonnement et lui impose, en guise de réflexion, ce dilemme : « est-ce que le pieux est aimé par les dieux parce qu'il est pieux, ou est-ce parce qu'il est aimé d'eux qu'il est pieux ? »[42]. Appliqué à la théorie de la valeur, la question est bel et bien la suivante : « est-ce que nous percevons un objet ou un état de choses comme valable (bon, beau, désirable, etc) car il a de la valeur (ou il est valeurs) – ou bien, au contraire, a-t-il de la valeur parce que nous le percevons comme valable ? »[43].

15. *La première hypothèse* illustre assez bien le cognitivisme où « le rôle du sujet de la connaissance (de celui qui perçoit) est relativement passif » qui ne « fait qu'enregistrer, correctement ou non, les valeurs contenues dans la réalité environnante » [44]. Dans cette optique, les jugements de valeur s'apparentent à des propositions descriptives susceptibles d'être vérifiées et donc susceptibles d'être vraies ou fausses. Cette représentation constitue bien souvent le soubassement des théories naturalistes de la valeur. En effet, comme l'explique le Professeur Grzegorczyk, est naturaliste celui qui, « en énonçant un jugement de valeurs, entend rendre compte d'une certaine réalité objective, d'un état de choses existant et doté d'une série de caractéristiques »[45]. Dans la plupart des cas relevant de cette hypothèse, la valeur est considérée soit comme une chose elle-même, soit comme la propriété naturelle de certaines choses. Dans cette dernière hypothèse, par exemple, la valeur sera rattachée à d'autres concepts réputés constituer des objets du monde réel. On en trouve une illustration célèbre dans l'œuvre du philosophe américain Ralph Barton Perry qui entend donner une définition

---

[42] PLATON, *Eutyphron*, tr. fr. Louis-André DORION, réimp. Luc BRISSON (dir.), *Œuvres complètes*, Éd. Flammarion, 2011, p. 395-414, notamment p. 406, 10a.

[43] Christophe GRZEGORCZYK, *Théorie générale des valeurs et le droit: Essai sur les prémisses axiologiques de la pensée juridique*, Éd. LGDJ, Coll. Bibliothèque de philosophie du droit, 1982, p. 47.

[44] *Id.*

[45] *Ibid.*, p. 49.

« réelle » des valeurs et une certaine assise aux jugements moraux qu'il considère comme démontrables. Pour cet auteur, « une chose – n'importe laquelle – a de la valeur, ou est valable [...] quand elle fait l'objet d'un intérêt – n'importe quel intérêt »[46]. L'auteur définit alors la valeur en fonction du concept d'intérêt réputé objectivement saisissable à travers les actes ou attitudes des individus envers le monde[47].

16. *La seconde hypothèse*, en revanche, illustre le non-cognitivisme où « le rôle du sujet est actif ». Dans cette hypothèse, « la perception elle-même est génératrice de valeurs, qui n'existent pas en dehors d'elle »[48]. Ainsi, « le sujet, en percevant le monde, lui donne un relief axiologique dont il est l'auteur »[49]. Ici, « ses jugements de valeurs n'ont pas, par conséquent, de caractère cognitif, ils ne rendent pas compte de quoi que ce soit d'extérieur, ne sont ni vrais ni faux »[50]. Ils manifestent seulement « des prises de positions axiologiques du sujet envers le monde réel »[51]. Cette hypothèse constitue bien souvent le soubassement des philosophies subjectivistes de la valeur. Sur ce fondement, certains travaux notables en philosophie du langage[52] ont démontré que les valeurs ou propositions de valeurs telles que « bon » ou « juste » ne possédaient pas de fonction référentielle ; c'est-à-dire qu'on ne pouvait pas leur attacher de façon claire et évidente un référé précis.

17. En réalité, cette grande dichotomie se structure désormais autour de la question de la signification des propositions de valeurs. À cet égard, la plupart des philosophies naturalistes sont fondées sur l'idée que les propositions de valeurs employées désignent toujours des réalités tangibles, qu'elles possèdent un fondement empirique vérifiable, un véritable référent ; là où les philosophies subjectivistes considèrent que les valeurs ou propositions de valeurs telles que « bon » ou « juste » par exemple, ne possédent pas de fonction référentielle.

B. Le dépassement de l'alternative : une forme d'intuitionnisme de la valeur

18. La représentation « intuitionniste » de la valeur constitue une voie médiane entre l'objectivisme absolu du naturalisme et le relativisme absolu du subjectivisme. En France, ce courant philosophique a été popularisé par les philosophes de l'Esprit dont les travaux de Louis Lavelle, Jean Pucelle, René Le Senne ou encore – mais dans une moindre mesure – Raymond Polin

---

[46] Ralph Barton PERRY, *Realms of value: a critique of human civilization*, Éd. Harvard University Press, 1954, p. 2-3, 34.

[47] Ralph Barton PERRY, *General theory of value: its meaning and basic principles construed in terms of interest*, Éd. Harvard University press, 1950, p. 140 : « what is that state, or attitude, or act, or process, which is characteristic of living things, which is unmistakably present in the motor-affective consciousness of man ».

[48] Christophe GRZEGORCZYK, *Théorie générale des valeurs et le droit: Essai sur les prémisses axiologiques de la pensée juridique*, *op. cit.*, p. 47.

[49] *Id.*

[50] *Id.*

[51] *Id.*

[52] V. par ex., Charles Kay OGDEN et Ivor Armstrong RICHARDS, *The Meaning of Meaning: a study of the influence of language upon thought and of the science of symbolism*, Éd. Harcourt, Brace and World, 1923, p. 226.

sont particulièrement représentatifs. Comme l'expose Lavelle, son fondateur, cette philosophie a été fondée « afin de s'opposer au matérialisme régnant et de montrer, malgré le témoignage des sens et le préjugé de la conscience commune, d'abord que la matière n'est rien sans l'esprit qui la pense, qui définit l'usage qu'on doit en faire et la signification qu'on peut lui donner, ensuite que c'est l'esprit lui-même qui constitue la réalité véritable, alors que la matière est seulement le moyen par lequel il s'exprime et, si l'on veut, sa manifestation ou son phénomène »[53]. En Grande-Bretagne, l'intuitionnisme renvoie à une philosophie plus analytique popularisée par les travaux des philosophes Georges Edward Moore[54] ou Wiliam David Ross[55].

L'intuitionnisme suppose simplement que les valeurs ne logent pas dans les faits, mais jaillissent de la *conscience axiologique*[56] du sujet et *l'intuition préalable à l'agir humain,* qui opèrent sur le mode plus général du valoir. Autrement dit, pour le tenant de cette conception, la valeur existe, elle gît dans la conscience ou dans l'intention de *tout* individu et se manifeste essentiellement à travers sa faculté d'estimer et de préférer les choses qui s'offrent à sa conscience. En somme, l'intuitionnisme réfute l'idée du caractère démontrable des propositions de valeurs mais il postule l'existence d'une catégorie plus vaste qui les englobe, le *valoir*.

19. La représentation intuitionniste de la valeur, qui insiste sur le caractère indémontrable des jugements de valeur ou des propositions de valeurs, permet d'éviter les écueils de l'empirisme[57] qui considère que toute proposition significative n'est jamais constituée que d'une hypothèse tautologique ou empiriquement vérifiable[58]. Autrement dit, l'intuitionnisme réfute l'idée qu'un jugement significatif doive nécessairement être vérifié par l'expérience[59]. Cette conception s'accorde, au contraire, sur cette idée que les propositions de valeurs sont bien des « notions inanalysables »[60]. Cette propriété des propositions de valeurs s'explique par cela qu'elles constituent des « notions simples »[61]. Ainsi, les concepts de « bon », ou de « juste » ne sauraient jamais être définis autrement que par un synonyme.

---

[53] Louis LAVELLE, « La relation de l'esprit et du monde », *in* Jean HYPPOLITE et Louis LAVELLE (dir.), *Actas del primer congreso nacional de filosofia,* t. II, Éd. Universidad nacional de Cuyo, 1950, p. 825.

[54] George Edward MOORE, *Principia ethica*, Éd. Cambridge University Press, 1922.

[55] William David ROSS, *Foundations of ethics: the Gifford lectures delivered in the University of Aberdeen, 1935-6*, Éd. The Clarendon Press, 1939 ; du même auteur v. encore, *The Right and the Good*, Éd. Clarendon Press, 1930.

[56] Raymond POLIN, *La création des valeurs*, Éd. J. Vrin, Coll. Problèmes et controverses, 1977, p. 68.

[57] William David ROSS, *Foundations of ethics: the Gifford lectures delivered in the University of Aberdeen, 1935-6*, Éd. The Clarendon Press, 1939, p. 30-31.

[58] Pour une présentation critique de l'empirisme juridique v. Alexandre VIALA, *Philosophie du droit*, Éd. Ellipses, Coll. Cours magistral, 2010, p. 170 et s., notamment p. 179.

[59] William David ROSS, *Foundations of ethics: the Gifford lectures delivered in the University of Aberdeen, op. cit.*, p. 37 : « their [positivist] objection of recognizing ethical judgements as genuine assertions arise frome the fact, long known to moral philosophers, that ethical judgements cannot be verified by any sensible experience, coupled with the view of the positivists that the only synthetic judgements that hat have meaning ie that are genuine judgements, are those that are verifiable ».

[60] George Edward MOORE, *Principia ethica*, *op. cit.*, 1922, p. 17.

[61] *Ibid.*, p. 7.

Toutefois, cette façon de procéder ne ne nous permettrait pas de progresser d'un pouce supplémentaire dans leur définition. Ces notions simples ne sont pas conceptuellement réductibles à d'autres éléments qui permettent de les comprendre, à la différence de la plupart des mots du vocabulaire que nous employons couramment et que l'on peut qualifier, à la suite de Moore, de notions complexes[62]. Ainsi, le concept « homme » peut-il être réduit de diverses façons à travers ses propriétés (mammifère, bipède) ou encore ses qualités (sensible, cerveau volumineux, mains préhensiles) ce qui n'est pas le cas des propositions de valeurs à l'image de « bon » ou « juste » qui peuvent simplement être affinées par l'exemplification : tel acte est bon ou tel individu est juste. Or, la définition par l'exemplification s'expose à tourner à vide. Elle risque de se heurter à l'infinie variété d'un réel toujours recommencé. Autrement dit, la méthode de définition par l'exemple n'est jamais acquise, toujours fuyante et d'un apport limité pour la connaissance. Que l'on s'essaye simplement à définir le concept « homme » *uniquement* par « Aristote », « Descartes », « Kant » ou « Monsieur X » et l'on comprendra l'impossibilité d'une telle entreprise. Du reste, c'est pour cette raison que l'on peut dire avec Goblot, que « l'esprit pense par concept et non pas par images »[63].

20. L'adoption d'une telle représentation de la valeur ne remet pas en cause la démarche cognitive qui commande à la recherche. Au contraire, elle recentre la recherche sur son objet : la valeur voire même, le valoir. Il *ne s'agit pas d'effectuer, ici, une théorie intégrale de la valeur* mais bien au contraire *d'apprécier* ce que cet objet est susceptible d'*apporter au droit.* Dans la perspective retenue, la valeur constitue le fruit d'un acte d'évaluation guidant l'action humaine. Il s'agit là d'une première définition de l'objet qui s'affinera au fur et à mesure de l'analyse.

C. La définition primaire de l'objet

21. L'œuvre Nietzschéenne a largement contribué à populariser la conception subjective de la valeur. Pour l'auteur du *Gai Savoir,* « tout ce qui a quelque *valeur* dans le monde actuel, ne l'a pas en soi, ne l'a pas de sa nature – la nature est toujours sans valeur – mais a reçu un jour de la valeur, tel un don, et nous autres nous en étions les donateurs »[64]. En professant cette opinion, l'œuvre Nietzschéenne rompt certainement et radicalement avec toute conception objective de la valeur. Elle autorise à penser que toute valeur ne vaut que pour un sujet donné. C'est là l'expression la plus parfaite du subjectivisme de la valeur. Elle prolonge la doctrine que l'on trouve déjà dans le célèbre axiome de Protagoras, selon lequel : « l'homme est la mesure de toutes choses, pour celles qui sont, de leur existence ; pour celles qui ne

---

[62] *Id.*

[63] Edmond GOBLOT, *Traité de logique*, Éd. Armand Colin, 1918, p. 104.

[64] Friedrich NIETZSCHE, *Die fröhliche Wissenschaft* [1882], tr. fr. Henri ALBERT et Jean LACOSTE, *Le gai savoir,* réimp. Jean LACOSTE et Jacques LE RIDER (dir.) *Oeuvres*, T. II, Éd. R. Laffont, Coll. Bouquins, 1993, p. 1-265, aphor. 301, p. 179.

sont pas, de leur non-existence »[65]. Le philosophe belge, Eugène Dupréel, dont on connaît l'influence sur la philosophie juridique de Perelman[66], a pu écrire, à propos de cette phrase qu'elle « n'est véritablement expliquée ni par l'interprétation traditionnelle selon laquelle il n'y aurait d'autre science que les affirmations qui traduisent l'apparence immédiate et tout individuelle, actuelle ou instantanée, irréfutable et invérifiable – ni par un 'psychologisme' qui soumettrait la connaissance aux conditions fixes d'une nature commune ou générique des sujets connaissants »[67]. Ainsi, ajoute-t-il que « la maxime n'est l'expression ni d'un scepticisme nihiliste et amoral, ni d'une vue naturaliste de l'homme et de ses facultés natives ; elle signifie que la connaissance ne nous fait pas toucher une nature ou une essence préalable à l'acte de connaître ; il n'y a pas d'être, point de nature dont la connaissance ne serait qu'un reflet ; il y a l'activité des hommes par quoi quelque chose est découpé et fixé dans l'indétermination antérieure »[68]. Partant, le critère de la phrase de l'homme-mesure « n'est pas cette espèce de connaissance inconsistante et douteuse qu'elle est pour ceux qui croient à des êtres en soi, ce n'est pas le reflet fidèle ou trompeur d'un objet, c'est tout ce qui entraîne l'adhésion chez celui qui affirme ou qui apprend »[69]. Ces choses « ne seront pas les choses individuelles qui apparaissent d'emblée à quiconque a des sens, le sensible, les passions brutes, mais bien le *meilleur,* la connaissance corrigée »[70] autrement dit, le sens augmenté de la valeur. Cette lecture de l'axiome de Protagoras qui touche au concept du valoir, illustre avant tout l'idée, exposée par le Professeur Viala, selon laquelle les valeurs « prennent racine dans le tréfonds du sujet »[71]. En d'autres termes, le sujet constitue simplement la source de la valeur qui s'en émancipe toujours. Cette représentation subjectiviste s'accommode parfaitement de la représentation intuitionniste précédemment retenue qui suppose, de la valeur, qu'elle réside dans la conscience du sujet.

22. Par là, la valeur se présente bien comme tout à la fois *transcendante* et *immanente*. Ainsi Raymond Polin considère qu' « inventer des valeurs, c'est dans une attitude purement *subjective*, se transcender, soi et toutes choses »[72]. Il faut ainsi « renoncer à fonder une valeur en droit, sinon sur la certitude que la personne humaine acquiert dans l'acte par lequel elle l'a

---

[65] SEXTUS EMPIRICUS, « Contre les mathématiciens », VII, 60, tr. Jean-Louis POIRIER, *in* Jean-Paul DUMONT, Daniel DELATTRE et Jean-Louis POIRIER (dir.), *Les présocratiques*, Éd. Gallimard, Coll. Bibliothèque de la Pléiade, 1988, réimp. 2014, p. 998.

[66] À ce propos v. Chaïm PERELMAN, « À propos d'Eugène Dupréel. Contribution à un portrait philosophique », *in Eugène Dupréel: l'homme et l'œuvre*, Actes du colloque organisé à l'institut des Hautes Études de Belgique, les 31 mai et 1er juin 1968, Éd. de l'Institut de Sociologie, Coll. Sociologie générale et philosophie sociale, 1968, reprod. *in Revue internationale de philosophie*, vol. 22, n°83/84, 1968, p. 227-237.

[67] Eugène DUPREEL, *Les sophistes: Protagoras, Gorgias, Prodicus, Hippias*, Éd. du Griffon, Coll. Bibliothèque scientifique. Philosophie et histoire, 1948, p. 24.

[68] *Id.*

[69] *Id.*

[70] *Id.*

[71] Alexandre VIALA, *Le pessimisme est un humanisme: Schopenhauer et la raison juridique*, Éd. Mare & Martin, Coll. Libre droit, 2017, p. 43.

[72] Raymond POLIN, *La création des valeurs*, Éd. J. Vrin, Coll. Problèmes et controverses, 1977, p. 280.

créée, dans la mesure où chaque créateur de valeur est pour lui-même le principe suffisant et premier de cette création et de cette valeur »[73]. Partant, « toute certitude axiologique est libre et subjective » qui « naît d'une décision, c'est-à-dire d'une action qui met fin à l'incertitude en concluant une libre réflexion axiologique »[74]. L'acte de décision, acte de création par excellence, est un acte particulier constituant « le produit d'une évaluation »[75]. Il y a là une deuxième caractéristique de la valeur que l'on mobilisera dans le cadre de l'étude.

23. L'œuvre nietzschéenne a définitivement associé valeur et évaluation. Elle rappelle plus précisément que la valeur procède avant tout de l'évaluation[76]. En ce sens, la valeur n'exprime jamais qu'un rapport, le rapport entre un objet (concret) et un étalon de référence (idéal). Cette hypothèse constituera un véritable point d'entrée pour l'analyse. Elle permet alors d'insister sur la relativité fondamentale de l'objet. Elle sert de complément à l'idée selon laquelle, la valeur est systématiquement le produit d'une appréciation. Elle est donc, en conséquence, toujours relative à une situation pratique, à l'étalon de référence auquel on rapporte un objet qu'il s'agit d'apprécier et au caractère satisfaisant ou non de ce rapport. Elle constitue avant tout un phénomène de l'esprit et apparaît donc éminemment subjective.

24. Plus précisément, on peut dire avec Polin que « l'invention des valeurs est [...] le fait de la conscience »[77]. Ce postulat comporte une implication majeure. L'évaluation se présente comme un acte de volonté, un acte de création. « Évaluer c'est créer » fait dire Nietzsche à son Zarathoustra qui fournit alors définitivement le prétexte d'envisager l'évaluation comme un acte de volonté. Ces présupposés seront repris par Lavelle dans son immense *Traité des valeurs,* pour qui, « le sentiment ne donne une valeur aux choses que par sa relation avec le vouloir »[78]. La valeur s'entend alors d'une « émotion volitionnelle »[79]. En matière de valeur, ajoute l'auteur, il s'agit « de savoir non pas ce que les choses sont, mais ce que nous voulons qu'elles soient »[80]. La valeur est alors le fruit d'un acte de volonté, entendue au sens large, « comme la faculté que nous avons d'opposer à ce qui nous est donné ce qu'il dépendrait de nous de produire si nous avions assez de force pour réussir »[81].

---

[73] *Ibid.*, p. 282.
[74] *Id.*
[75] *Id.*
[76] V. notamment Friedrich NIETZSCHE, *Zur genealogie der moral. Eine streitschrift* [1887], tr. fr. Henri ALBERT et Jacques LE RIDER, *Généalogie de la morale,* réimp. Jean LACOSTE et Jacques LE RIDER (dir.) *Oeuvres*, T. II, Éd. R. Laffont, Coll. Bouquins, 1993, p. 739-889, notamment p. 779, §2 ou § 7, p. 784 ; v. encore Friedrich NIETZSCHE, *Also sprach Zarathustra* [1883], tr. fr. Henri ALBERT et Jean LACOSTE, *Ainsi parlait Zarathoustra, réimp.* Jean LACOSTE et Jacques LE RIDER (dir.) *Oeuvres*, T. II, Éd. R. Laffont, Coll. Bouquins, 1993, p. 267-545, notamment p. 327.
[77] Raymond POLIN, *La création des valeurs*, *op. cit.*, p. 226.
[78] Louis LAVELLE, *Traité des valeurs*, T. I, *Théorie générale de la valeur*, *op. cit.*, p. 192.
[79] *Id.*
[80] *Id.*
[81] *Ibid.*, p. 193.

25. L'acte de volonté dont est issue la valeur est ordonné, pour l'essentiel, à la réalisation de l'action. Les travaux de Raymond Polin en attestent puisqu'ils rappellent que « l'action créatrice » de l'homme « constitue le terme nécessaire du devenir axiologique » [82] . L'action constitue plus précisément la « médiatrice entre la particularité isolée de la valeur imaginaire et l'universalité du réel »[83]. Or, comme le rappelle justement le Professeur Grzegroczyk, « l'unité conceptuelle de l'action est une unité de sa finalité »[84]. Mobilisée dans l'action créatrice, la valeur s'incarne à tout le moins, dans les finalités propres au droit et à ses objets. La fin se distingue néanmoins de la valeur puisqu'elle n'est « pas une simple valeur, mais une valeur choisie, une valeur réfléchie et chargée […] d'une intention pratique » [85] . Cette représentation *dynamique* de la valeur fait écho aux travaux de Lavelle qui la définit justement comme la « vertu dynamique par laquelle la possibilité s'actualise et l'existence se réalise »[86].

SECTION II. LA METHODE DE LA RECHERCHE

26. Ainsi posé, le cadre de la recherche rejaillit sur la méthode retenue. Plus qu'aucune autre discipline, le droit est le fruit d'une construction humaine. Contenu de pensée, ou plutôt contenu spirituel, comme on l'a postulé, le phénomène juridique est bien façonné par la pensée de son observateur qui exprime toujours une forme de croyance – ou non – en son existence. La réalité juridique se présente donc comme une réalité intellectuelle dont l'objet n'est jamais qu'un discours. Sous cette réserve, le discours juridique peut s'entendre d'une « spécialisation du discours moral »[87] puisque le langage juridique, à l'instar du langage moral n'est pas vérifiable[88] par le seul empire des sens. En effet, comme l'écrit Julien Jeanneney, en droit, toute « proposition affirmant l'existence ou l'inexistence d'un 'objet juridique' ne pourra jamais être dite 'vraie' ou 'fausse' qu'eu égard à des prémisses qui sont, elles-mêmes, fruit de constructions intellectuelles »[89]. Dans ces conditions, la référence juridique ne peut jamais qu'être conventionnelle en dernière approche. Le produit juridique n'est jamais par nature, mais toujours *in fine* par convention. C'est là une caractéristique de l'objet, dirimante pour la méthode qui sera retenue, et dont l'analyse doit impérativement tenir compte.

27. Dans ces conditions, la perspective de trouver de véritables référents aux valeurs juridiques apparaît bien vaine tant le droit lui-même apparaît

---

[82] Raymond POLIN, *La création des valeurs*, *op. cit.*, p. 171.
[83] *Ibid.*, p. 172.
[84] Christophe GRZEGORCZYK, « Le jugement juridique en tant que jugement pratique (implications théoriques) », *APD*, vol. 28, 1983, p. 335.
[85] Raymond POLIN, *La création des valeurs*, *op. cit.*, p. 173.
[86] Louis LAVELLE, *Traité des valeurs*, T. I, *Théorie générale de la valeur*, *op. cit.*, p. 296.
[87] Carlos Santiago NINO, *Introducción al análisis del derecho*, Barcelona, Éd. Ariel, Coll. Ariel derecho, 2003, p. 344.
[88] Norberto BOBBIO, « Scienza del diritto e analisi del linguaggio », *in* Uberto SCARPELLI, *Diritto e analisi del linguaggio*, Ed. Di Comunità, Coll. Luoghi critici, 1976, p. 287-324.
[89] Julien JEANNENEY, *Les lacunes constitutionnelles*, *op. cit.*, p. 21.

dépourvu de tels référents. Faut-il s'empêcher, à ce titre, d'évoquer le problème juridique des valeurs ? On le croit d'autant moins que si tel était le cas, toute discussion juridique sur tel ou tel objet du droit serait destinée à achopper. Partant, la méthode la plus apte à « dire » quelque chose du discours juridique paraît être la méthode analytique entendue, très sommairement, comme la méthode « axée sur l'analyse du langage juridique en général »[90] et l'analyse conceptuelle[91] en particulier. Sur ce dernier point, la méthode analytique se fonde *d'une part*, sur l'idée que « l'analyse des concepts que nous employons communément à propos d'une chose peut [...] révéler certains traits essentiels de la chose elle-même » et, d'autre part, sur l'idée que « les phénomènes complexes doivent être décomposés en des entités plus concrètes dont chacune peut [...] révéler un trait essentiel du phénomène étudié »[92]. Si la démarche analytique est largement revendiquée par l'École positiviste[93], qui s'inscrit dans le sillage de John Austin[94], elle n'en constitue pas le monopole[95]. Son adoption entraîne au moins trois conséquences. Elle permet à la recherche de s'assigner un cadre déontologique (I), souscrire à une théorie spécifique de la vérité (II) et affiner son but (III).

I. La conduite de la démarche : la neutralité axiologique comme « déontologie » de l'observateur

28. La méthode retenue possède deux grandes particularités. *D'une part*, elle oriente la recherche « sur la nature des jugements de valeur en général

[90] Christophe GRZEGORCZYK, Françoise MICHAUT et Michel TROPER (dir.), *Le positivisme juridique*, Éd. LGDJ, Coll. La pensée juridique moderne, 1993, p. 43.

[91] Sur l'appréhension de la démarche analytique comme analyse conceptuelle v. par ex. Mauro BARBERIS, *Filosofia del diritto: un'introduzione teorica*, Éd. Giappichelli, Coll. Analisi e diritto. Serie teorica, 2003, p. 45-46.

[92] Themistoklis RAPTOPOULOS, « Le positivisme analytique », *Annuaire de l'Institut Michel Villey*, vol. 6, 2014, p. 199-251.

[93] À ce propos, v. notamment, Bruno OPPETIT, *Philosophie du droit*, Éd. Dalloz, Coll. Précis, 1999, p. 57-70, notamment p.60-61 ; v. égal. Albert BRIMO, *Les grands courants de la philosophie du droit et de l'État*, Éd. A. Pedone, Coll. Philosophie comparée du droit et de l'État, 1978, p. 276-286 ; Jean-Louis BERGEL, *Méthodologie juridique: fondamentale et appliquée*, Éd. PUF, Coll. Thémis. Droit, 2018, p. 150-154 ; v. surtout l'association effectuée par Hart, pour qui, une thèse peut être appelée « positiviste » si elle postule que « l'analyse ou l'étude des significations des concepts juridiques constitue une étude importante qu'il faut distinguer (bien qu'elle ne lui soit en aucune manière hostile) des recherches historiques, des recherches sociologiques, et de l'évaluation critique du droit au regard de la morale, des finalités sociales, des fonctions etc., ». Herbert Lionel Adolphus HART, *Le concept de droit*, *op. cit.*, p. 318.

[94] John AUSTIN, *The province of jurisprudence determined*, Éd. Cambridge university press, Coll. Cambridge texts in the history of political thought, 1995, notamment p. 18-38.

[95] Pour des ex. de théories du droit non positivistes et analytiques v. Robert ALEXY, « The nature of legal philosophy », *Ratiojuris* vol. 17, n°2, 2004, p. 156-167 ; v. égal., Henri BATIFFOL, *Problèmes de base de philosophie du droit*, Éd. LGDJ, 1979, p. 495 et s., notamment p. 497 ; John FINNIS, « On the Incoherence of Legal Positivism », *Notre Dame Law Review*, vol. 75, n°5, 2000, p. 1597-1612, notamment p. 1604 ; Francesco CARNELUTTI, *Metodologia del diritto*, Padova, Éd. CEDAM, Coll. I classici della CEDAM, réimp. 1990, notamment p. 10-13.

ou des jugements moraux en particulier et sur la possibilité de les justifier »[96]. *D'autre part*, elle abandonne toute prétention à identifier « quelles sont les actions ou les choses ou les sortes d'actions ou de choses qui sont bonnes, mauvaises, justes, injustes, obligatoires, moralement acceptables, blâmables, désirables »[97]. La méthode employée ici refuse ainsi – autant que faire se peut[98] – d'être prescriptive du comportement individuel. C'est en ce sens, et *en ce sens seulement*, qu'elle présente une aspiration cognitive. Elle entend simplement permettre de progresser dans la connaissance et la compréhension du discours juridique et à travers lui de l'objet « droit ». Partant, l'adoption de cette méthode se conçoit avant tout « comme une forme de déontologie de la recherche juridique, davantage que comme une garantie d'accession à un droit épuré et objectif »[99]. C'est là le sens que l'on retiendra de l'exigence de *neutralité axiologique* [100] qui l'accompagne généralement. Celle-ci ne constitue jamais qu'un « idéal régulateur »[101] de l'effort de recherche.

29. Une acception plus stricte de cet impératif anéantirait les prétentions critiques de la recherche juridique méthodologiquement privée de la possibilité de procéder par *rupture épistémologique.* En effet, en matière de recherche, toute rupture épistémologique est intimement liée à la possibilité pour l'observateur d'opérer par jugements de valeur [102]. Toute rupture épistémologique constitue ainsi, comme le rappelle Mme Champeil-Desplats, le « produit d'un discours critique qui conduit à décrire un objet en se détachant de ses formes d'être et d'apparaître au monde, c'est-à-dire de ses propres modes d'expression et de justification »[103].

30. L'entreprise de recherche juridique, qui progresse bien souvent par rupture épistémologique, illustre bien la difficulté pratique, pour l'observateur, d'adopter, en droit, un point de vue « simplement externe »[104] – ou « externe modéré »[105] – consistant, pour l'observateur, sans accepter lui-même les règles, à « affirmer que les membres du groupe les acceptent » et à simplement « se référer de l'extérieur à la manière dont ils les

[96] William FRANKENA, « La philosophie morale contemporaine aux Etats-Unis », *Les études philosophiques*, vol. 19, n°2, 1964, p. 234.
[97] *Id.*
[98] Pour une critique de l'objectivité du juriste, v. notamment : Alexandre VIALA, *Philosophie du droit*, *op. cit.*, p. 230 et s.
[99] Julien JEANNENEY, *Les lacunes constitutionnelles*, *op. cit.*, p. 57.
[100] Pour plus de précision sur ce concept qui n'est que la traduction française – par Julien Freund – du concept Wébérien de *Wertfreiheit* [Liberté par rapport aux valeurs], v. notamment Julien FREUND, *Études sur Max Weber*, Éd. Librairie Droz, Coll. Travaux de droit, d'économie et de sociologie, 1990, p. 11-69.
[101] Olivier JOUANJAN, « Préface », *in* Georg JELLINEK, *L'État moderne et son droit*, *op. cit.*, p. 52.
[102] Sur cette hypothèse, v. Vittorio VILLA, *La science du droit*, *op. cit.*, p. 200-209.
[103] Véronique CHAMPEIL-DESPLATS, *Méthodologies du droit et des sciences du droit*, *op. cit.*, p. 26.
[104] François OST et Michel VAN DE KERCHOVE, *Jalons pour une théorie critique du droit*, Éd. FUSL, Coll. Travaux et recherches, 1987, p. 30.
[105] François OST et Michel VAN DE KERCHOVE, « Comment concevoir aujourd'hui la science du droit ? », *Déviance et société*, vol. 11, n°2, 1987, p. 187.

considèrent d'un point de vue interne »[106]. Toute rupture épistémologique présuppose en effet le caractère insatisfaisant du cadre ou du modèle en vigueur au moment où elle intervient. Elle est donc également une *rupture sociale*[107] fonctionnant par « réorganisations successives du savoir »[108].

31. La rupture épistémologique opère généralement en deux temps : « dans un premier temps, un paradigme est admis, testé par la cité scientifique, utilisé comme cadre de référence pour explorer tout le domaine qu'il couvre présomptivement ; ensuite, dans un deuxième temps, le paradigme est contesté, marginalisé, tandis que, à la faveur d'une révolution scientifique, un nouveau paradigme tente de se faire accréditer »[109]. La vie de la recherche est ainsi « faite de cette dialectique entre moments de stabilisation et l'exploitation systématique des positions sur lesquelles un accord s'est produit, et moments de déstabilisation, avec irruption de dissentiments »[110]. On comprend alors que « la vitalité d'une discipline se mesure à sa capacité d'accueillir le nouveau, tandis que son déclin s'observe au nom 'd'obstacles épistémologiques' qu'elle dresse face aux hypothèses hétérodoxes »[111].

II. La vérification de la démarche : la cohérence comme critère de la vérité

32. La méthode employée emporte avec elle transformation du critère de la vérité mobilisé au soutien de l'analyse. En effet, si la logique juridique qui n'est jamais qu'une logique du discours, souscrit partiellement à la logique formelle – notamment quant à la nécessité de sécréter un discours rationnel – il n'en demeure pas moins que sa finalité réside non pas tant dans la recherche de la vérité, que dans l'intention de persuasion qui ordonne ce discours. En effet, pour emporter l'adhésion, pour persuader, pour

---

[106] Herbert Lionel Adolphus HART, *Le concept de droit*, *op. cit.*, p. 108.
Pour une explication plus précise de cette conception v. François OST et Michel VAN DE KERCHOVE, « Comment concevoir aujourd'hui la science du droit ? », *loc. cit.*, p. 187 : « Dans notre langage, il s'agirait d'une dialectique entre le paradigme de l'explication et celui de l'interprétation. S'il paraît évident que seul le point de vue externe objectivant peut conduire, au terme de la rupture épistémologique, à une théorie explicative de nature scientifique, il n'est pas du tout incompatible avec cette position de se donner pour objet d'étude le «sens interne» ou l'« auto-interprétation » véhiculée et reproduite par les agents juridiques. Dans un premier temps, le phénomène juridique est décrit au travers de la mise en discours qui est faite par les autorités et les sujets de droit — ce qui implique une «compréhension» des conventions explicites et implicites de ce discours ; ensuite, dans un second moment, proprement scientifique, ces pratiques discursives sont expliquées (mise en rapport avec tel ou tel ordre de phénomènes environnants), ce qui conduit, dans un troisième moment, à une réinterprétation globale de l'objet étudié. L'explication permet donc de passer insensiblement d'une compréhension naïve et spontanée à une compréhension critique et construite ».

[107] Régis PONSARD, « La possibilité d'une analyse du droit (constitutionnel) scientifiquement et juridiquement critique », *loc. cit.*, p. 57.

[108] François OST et Michel VAN DE KERCHOVE, *Jalons pour une théorie critique du droit*, *op. cit.*, p. 541.

[109] *Id.*

[110] *Ibid.*, p. 541-542.

[111] *Ibid.*, p. 542.

convaincre, le discours sur le droit doit être avant tout rationnel, et plus précisément cohérent. *Il obéit ainsi aux canons de l'argumentation.* Dans cette optique, la recherche juridique ne saurait jamais aboutir à la formulation de propositions absolument *vraies*, mais vise plutôt l'établissement de propositions *raisonnables* [112]. Elle poursuit bien l'établissement d'une certaine vérité-cohérence.

33. La démarche analytique apparaît d'autant plus appropriée qu'elle suppose que « la scientificité du discours repose sur la précision du langage et la logique d'ensemble des propositions d'analyse » [113]. Elle n'est pas incompatible avec une théorie de l'argumentation comme l'écrit précisément le Professeur Magnon[114]. En effet, selon lui, « le discours sur le droit est un discours qui se construit à partir d'arguments à l'appui des propositions d'analyse avancées. De là, la qualité du discours dépend de la qualité de l'argumentation et donc de la logique et de la précision du langage »[115]. L'œuvre de Bobbio confirme le propos. La démarche analytique ne suppose pas forcément une allégeance complète à la logique formelle. En effet, comme l'écrit le juriste turinois, l'analyse du droit [giurisprudenza] « n'est pas une science formelle comme les mathématiques et la logique : son objet n'est pas la forme de n'importe quel discours possible, mais le contenu déterminé d'un discours déterminé »[116].

34. Par démarche analytique, on entend avant tout une démarche qui réfute l'hypothèse d'après laquelle le droit constituerait une discipline *essentiellement* empirique. En effet, ainsi que l'affirment MM. Ost et Van de Kerchove, « à la différence des objets étudiés par les sciences de la nature qui peuvent sans doute prétendre à une certaine matérialité, la matérialité des objets juridiques est insignifiante au regard des problèmes qu'ils soulèvent » [117]. C'est, autrement dit, le propos que tenait Jèze lorsqu'il écrivait que, « l'essentiel dans l'étude du droit, est la recherche des conditions dans lesquelles se posent les problèmes juridiques. Voilà ce qui importe, beaucoup plus même que la solution qui prévaut à un moment donné » [118]. On suit le propos des auteurs belges qui ajoutent que « l'empirisme — emprunté à un modèle de sciences naturelles — au demeurant bien vieilli aujourd'hui — semble une approche doublement inadéquate, dès lors que font défaut des données empiriques incontestables et que l'étude de celles-ci suscite des questions qui débordent de loin la simple

---

[112] Chaïm PERELMAN, *Logique juridique. Nouvelle rhétorique*, Éd. Dalloz, Coll. Bibliothèque Dalloz, 1999, p. 5 ; v. égal. Chaïm PERELMAN, « Logique formelle, logique juridique », *Logique et Analyse*, vol. 11, n°11, 1960, p. 226-230, notamment p. 228.

[113] Sur cette distinction v. Xavier MAGNON, « Pour un moment épistémologique du droit », », *AIJC*, vol. 31, 2015, p. 20.

[114] *Id.*

[115] *Id.*

[116] Norberto BOBBIO, « Scienza del diritto e scienza del linguaggio », *loc. cit.*, p. 305 : « La giurisprudenza non è neppure una scienza formale come la matematica e la logica : il suo oggetto non è la forma di ogni possibile discorso, ma un contenuto determinato di un determinato discorso ».

[117] François OST et Michel VAN DE KERCHOVE, « Comment concevoir aujourd'hui la science du droit ? », *loc. cit.*, p. 185.

[118] Gaston JEZE, *Les principes généraux du droit administratif*, T. I, *La technique juridique du droit public français*, Éd. Dalloz, Coll. Bibliothèque Dalloz, 2005, p. II,

description »[119]. Ainsi, « définir, classifier, interpréter et systématiser les catégories, les normes et les institutions juridiques supposent d'évidence la mise en œuvre de présupposés théoriques et pratiques, de 'paradigmes'»[120], qu'une analyse du phénomène juridique ne saurait, dans une démarche cognitive, éluder.

35. Ce propos est à nouveau confirmé par Bobbio. Le juriste turinois attachait la spécificité du droit au fait que ses « règles [...] sont exprimées dans des propositions [qu'il est possible d'] appeler, en vertu de leur validité idéelle, et non réelle, normatives »[121]. Partant, « le juriste n'observe pas des phénomènes, *comme le chercheur d'une science empirique*, il ne se préoccupe pas non plus de vérifier à travers l'expérience la vérité des propositions normatives, étant donné que ces propositions, parce qu'elles sont justement normatives, et qu'elles sont, par conséquent, des règles d'un comportement futur et non pas des représentations d'un évènement ayant eu lieu, n'expriment pas une vérité empirique mais purement idéelle »[122]. Ainsi, ajoute-t-il, « leur vérité ne consiste pas dans leur vérifiabilité, mais dans leur correspondance à certains principes éthiques entendus comme critère d'action dans une société donnée »[123]. C'est bien le critère de la vérité-cohérence qui est rappelé. Toutefois, ici, ce critère est réputé dépasser la stricte cohérence *interne*, *quasi-syntaxique*, de la propostion énoncée. Sous cette stricte condition, l'analyse peut être entreprise.

III. Le but de la démarche : la délimitation d'un concept *juridiquement opérant* de valeur

36. Depuis le « tournant méthodologique »[124] de la théorie du droit, initié en France par l'œuvre de Gény et son ouvrage magistral sur la *Science et*

---

[119] François OST et Michel VAN DE KERCHOVE, « Comment concevoir aujourd'hui la science du droit ? », *loc. cit.*, p. 185.
[120] *Id.*
[121] Norberto BOBBIO, « Scienza del diritto e scienza del linguaggio », *loc. cit.*, p. 304 : « Le regole [...] sono espresse in proposizioni che possimao chiamare, a causa della loro validità ideal e non reale, normative ».
[122] *Ibid.*, p. 304-305 : « Il giurista non osserva dei fenomeni, come fa il ricercatore di una scienza empirica, né si preoccupa di verificare attraverso l'esperienza la verità delle proposizioni normative, dato che queste proposizioni, proprio perché sono normative, cioè sono regole di un comportamento futuro e non rappresentazioni di un evento accaduto, non hanno una verità empirica ma puramente ideale ».
[123] *Ibid.*, p. 305 : « Cioè la loro verità non consiste nella loro verificabilità, ma nella corripondenza a certi principi etici accolti come criteri regolativi della azioni di una determinata società ».
[124] Jean-Yves CHEROT, « Le tournant méthodologique en philosophie du droit », *in Le droit entre autonomie et ouverture. Mélanges en l'honneur de Jean-Louis Bergel*, Éd. Bruylant, Coll. Penser le droit, 2013, p. 29-59 ; v. égal. Xavier MAGNON, « Pour un moment épistémologique du droit », *loc. cit.* ; Régis PONSARD, « La possibilité d'une analyse du droit (constitutionnel) scientifiquement et juridiquement critique », *loc. cit.* ; Régis PONSARD, « Les moyens d'une analyse scientifiquement et juridiquement critique : l'exemple de l'étude des décisions du Conseil constitutionnel », *AIJC*, vol. 31, 2015, p. 65-90 ; Bernard LAHIRE, « Il n'y a de science que critique », *AIJC*, vol. 31, 2015, p. 27-35.

technique en droit privé positif[125], il est devenu courant de postuler l'absence de réalité du droit en dehors du discours qui l'institue comme objet. Force est de constater, si l'on suit ce postulat, que toute description du droit possède toujours, en même temps, une valeur d'explication dès lors que « la matière à étudier n'est pas en effet quelque chose de tangible et qui tombe sous le sens »[126]. Dans ces conditions, l'effort de connaissance de la discipline juridique doit alors se résoudre, comme l'écrit M. Régis Ponsard, en un « travail de mise à jour des concepts d'analyse » c'est-à-dire en un travail de conceptualisation. Ce travail constitue « un travail de transformation de ce qui était relativement impossible à voir, à penser, en quelque chose de possible »[127] et commence toujours « par la production d'un énoncé inacceptable dans la perspective du cadre catégorial préalablement utilisé »[128]. L'entreprise de connaissance juridique revêt une dimension constructive ce qui donne aux objets juridiques la nature d'artefacts[129]. Si l'analyse entend progresser dans la connaissance de l'objet « valeur » elle devra alors en livrer le concept juridique.

37. Une première difficulté de l'entreprise de conceptualisation devra être dépassée. Elle réside dans le rapport ambigu qu'entretient le concept juridique avec le réel. Outil de connaissance, le concept se prévaut généralement d'une large abstraction vis-à-vis de la réalité sociale. Dans ces conditions, le concept s'entend avant tout d'une *virtualité*[130]. Il serait donc éloigné de la réalité qu'il tâche d'expliciter.

38. Cet *éloignement ne saurait s'entendre d'un affranchissement* puisque si le concept « opère [...] un effort de détachement et d'abstraction »[131] vis-à-vis du réel, il n'en essaie pas moins de le schématiser et doit nécessairement s'y adosser. Tout concept doit donc « dire » quelque chose de la réalité qu'il est censé systématiser. Il doit être opérant. C'est là sa raison d'être qui réside bien dans sa capacité d'explicitation de l'infinie variété du réel. Le concept apparaît là où « l'intuition, faculté réceptrice, accueille l'expérience phénoménale comme pure 'matière' inorganisée que seul l'intellect, la faculté des concepts met en 'forme' et ordonne de telle manière qu'on s'y reconnaisse dans le monde de l'expérience »[132]. Tout concept peut ainsi se revendiquer d'une certaine forme de nécessité qui

---

[125] François GENY, *Science et technique en droit privé positif: nouvelle contribution à la critique de la méthode juridique*, T. I, *Position actuelle du problème du droit positif et éléments de sa solution*, Éd. Recueil Sirey, 1914.

[126] Georg JELLINEK, *L'État moderne et son droit*, *op. cit.*, p. 10.

[127] Régis PONSARD, « La possibilité d'une analyse du droit (constitutionnel) scientifiquement et juridiquement critique », *loc. cit.*, p. 59.

[128] *Id.*

[129] Étienne PICARD, « Le droit comparé est-il du "droit" ? », *Annuaire de l'Institut Michel Villey*, vol. 1, 2009, p. 14.

[130] Edmond GOBLOT, *Traité de logique*, *op. cit.*, p. 87.

[131] Xavier BIOY, « Notions et concepts en droit : interrogations sur l'intérêt d'une distinction », *in* Guillaume TUSSEAU (dir.), *Les notions juridiques*, Actes de la journée de la promotion d'agrégation de droit public 2005-2006 organisée à la Faculté de droit de Rouen le 20 septembre 2007, Centre d'étude des systèmes juridiques, Éd. Economica, Coll. Études juridiques, 2009, p. 32.

[132] Olivier JOUANJAN, « 'Aux frontières du droit public et de la politique', Relire Jellinek », *loc. cit.*, p. 20.

n'apparaît qu'en réaction à un stimulus intellectuel provoqué par une *perception* différente de la réalité telle qu'elle se donne à voir. Plus précisément, en droit, la nécessité d'un concept tient à son utilité[133].

SECTION III. L'OBJET DE LA RECHERCHE

39. Préfaçant l'ouvrage magistral de Jean Dabin, portant sur *Les droits subjectifs,* M. Christian Atias regrettait que le juriste s'interdise, particulièrement au milieu du XXe siècle, « les discussions les plus fondamentales »[134]. Ainsi, il regrettait tout particulièrement le fait que Dabin n'ait pas ressenti, pour traiter du droit subjectif, « le besoin de se demander s'il peut y avoir là une notion juridique »[135]. La question de la juridicité, regrette le Professeur Atias, n'est pas posée et, *a fortiori* la question de ses concepts fondamentaux ne l'est pas non plus. Ce « cloisonnement » de la pensée juridique est pourtant le fruit d'une représentation strictement limitée de la juridicité elle-même. Sept ans avant la parution de l'ouvrage du juriste belge, Kelsen pouvait écrire que « la théorie générale du droit doit exclusivement dégager ses concepts du contenu des normes juridiques positives »[136]. Elle ne doit surtout « pas être influencée par les motifs et les intentions des autorités législatrices, ni par les vœux et les intérêts des individus relativement à la création du droit dont ils sont les sujets si ce n'est dans la mesure où ces motifs et ces intentions, ces vœux et ces intérêts, trouvent leur expression dans la loi elle-même »[137]. Et l'auteur de conclure doctement : « ce qui n'apparaît pas dans le contenu des normes juridiques positives ne peut être rattaché à un concept de droit »[138]. Enfermée dans ses dichotomies rigides, la pensée juridique oppose fondamentalement, à cette époque, la description et la prescription. Elle entend décrire ce qui est, et non pas prescrire ce qui doit être. Si elle considère bien que l'élaboration des concepts constitue le substrat du droit et le but de la science du droit, elle n'en adopte pas moins une conception particulièrement restrictive de celui-ci.

40. Sur le temps long, cette façon de faire a tout de même reculé[139]. Elle a reculé d'autant plus fortement que la théorie du droit a opéré son tournant « méthodologique » et « linguistique »[140]. Elle n'en reste pas moins

---

[133] V. notamment sur ce sujet, Théodore FORTSAKIS, *Conceptualisme et empirisme en droit administratif français,* Éd. LGDJ, Coll. Bibliothèque de droit public, p. 300 et s.

[134] Christian ATIAS, « Préface », *in* Jean DABIN, *Le droit subjectif*, Éd. Dalloz, Coll. Biliothèque Dalloz, 2007, p. 2.

[135] *Id.*

[136] Hans KELSEN, *General theory of law and state* [1945], tr. fr. Béatrice LAROCHE, *Théorie générale du droit et de l'État*, Éd. Bruylant, LGDJ, Coll. La pensée juridique, 1997, p. 45-46.

[137] *Ibid.*, p. 46.

[138] *Id.*

[139] Pour une remise en cause de ce cloisonnement, v. par ex. Charles EISENMANN, « Quelques problèmes de méthodologie des définitions et des classifications en science juridique », *APD*, vol. 11, 1966, p. 26.

[140] A ce sujet, v. par ex. Paul AMSELEK, Zenon BANKOWSKI, Jacques BOUVERESSE et Gérard CORNU (dir.), *Théorie des actes de langage, éthique et droit*, *op. cit.* ; Véronique CHAMPEIL-DESPLATS, « Raisonnement juridique et pluralité de valeurs : les conflits axio-téléologiques de normes », *Analisi e diritto*, 2001, p. 59-70 ; Catherine THIBIERGE (dir.), *La force normative :*

profondément ancrée, toujours prompte à resurgir. Et l'analyse juridique doit alors s'en garder.

41. Si toute recherche juridique gagne à dévoiler ses présupposés ontologiques et épistémologiques, il en va de même, *a fortiori,* de ses ambitions. Elle doit ainsi exposer ce qu'elle entend faire, et la façon dont elle entend le faire. Dans cette perspective, l'étude, qui se veut conceptuelle, doit tout d'abord présenter son concept de « concept juridique » (I). Il s'agit avant tout de préciser la façon dont la présente recherche entend proposer un « concept juridique » de valeur qui apparaisse opérant. Il s'agit donc plus spécifiquement de préciser ce que l'on entendra par définition juridique. Cela effectué, l'analyse pourra entreprendre la délimitation *a minima* du concept juridique de valeur (II).

I. Le concept de « concept juridique » : circonscription théorique de l'objet

42. L'opération de définition, et plus précisément l'opération de définition juridique, peut s'appréhender de diverses façons. On distingue traditionnellement deux grandes approches de la définition en droit[141]. La première méthode peut être qualifiée de *réductionniste.* Elle renvoie à « la méthode traditionnelle de définition des concepts par référence à un genre et à la différence dans le genre »[142]. La seconde méthode est *inférentielle* ou *conventionnaliste*[143] *stricto sensu.* Elle se réfère « aux conditions d'usage des mots employés dans les règles de droit telles qu'elles peuvent être interprétées à l'occasion de leur application »[144]. Il conviendra de les envisager tour à tour, avant de prendre position. Face aux insuffisances de la thèse *conventionnaliste* (A), la démarche revendique un *réductionnisme conceptuel* (B) qui permet de voir, dans la norme, le genre de rattachement de la valeur (C).

A. Les insuffisances de la perspective conventionnaliste au sens strict

43. Les travaux du théoricien anglo-saxon, Hart, ont largement contribué à véhiculer la thèse du conceptualisme inférentiel en droit. Comme l'explique M. Jean-Yves Chérot, la thèse hartienne affirme « que c'est dans le contexte de l'usage des concepts juridiques que leur signification peut être recherchée »[145]. Elle rappelle « de ne pas partir des mots eux-mêmes et de la recherche de concepts substitutifs, mais de partir des conditions nécessaires à leur énoncé qui se trouvent être les conditions et/ou les conséquences qui

---

naissance d'un concept, Éd. LGDJ, 2009 ; François BRUNET, *La normativité en droit*, *op. cit.* p. 119-136. ; Valentin PETEV, « Vérité et justification en droit », *in Mélanges Paul Amselek*, Éd. Bruylant, 2005, p. 662-675.

[141] Jean-Yves CHEROT, « L'analyse des concepts en droit : sur quatre thèses de Hart et quelques questions », *RRJ*, vol. 26, n°5, 2012, p. 2273-2285.

[142] *Ibid.*, p. 2273.

[143] *Ibid.*, p. 2274.

[144] *Ibid.*, p. 2273.

[145] *Ibid.*, p. 2274.

figurent dans les règles avec lesquelles ils sont appliqués telles qu'elles sont ou peuvent être construites et interprétées »[146]. Cette thèse se fonde sur le postulat traditionnel selon lequel les concepts juridiques n'ont aucune « contrepartie » factuelle. En effet, Hart considère que les termes tels que « corporation », « droit » ou « devoir », « n'ont pas de connexion directe avec des contreparties dans le monde du fait comme la plupart des mots »[147]. Autrement dit, « il n'y a rien qui corresponde simplement à ces termes juridiques »[148]. Ainsi, « quand nous essayons de les définir nous trouvons que les expressions proposées dans nos définitions spécifiant des sortes de personnes, choses, qualités, évènements, et processus, matériels ou psychologiques, ne sont jamais l'équivalent précis des termes juridiques »[149]. Toutefois, Hart conclut de façon mystérieuse son propos : il ajoute que les termes traditionnels, s'ils ne constituent jamais l'équivalent des termes juridiques, n'en sont pas moins « souvent en relation avec eux d'une certaine façon »[150]. Il y a là, peut-être, une piste qu'il convient d'emprunter pour justifier de la méthode que l'on retiendra.

44. Dans l'ensemble, Hart suit la méthode d'élucidation spécifique des mots juridiques élaborée par Bentham. Pour les deux auteurs anglo-saxons, on ne saurait appréhender les termes juridiques indépendamment de tout contexte d'énonciation. Ainsi, pour Hart, le juriste ne doit pas s'intéresser au mot « droit » mais bien à la phrase « vous avez le droit de »[151]. De la même façon il ne doit pas s'intéresser à la définition du mot « État » mais plutôt, par exemple à la phrase complète « il est membre ou fonctionnaire de l'État »[152] replacée dans son contexte. L'auteur anglo-saxon considère que « la fonction primaire de ces mots n'est pas de reconnaître ou de décrire quoi que ce soit, mais constitue une fonction bien distincte »[153]. De telle sorte que « nous ne devrions pas, comme le fait la méthode traditionnelle de la définition, abstraire les mots tels que « droits » ou « devoir », « État » et « personne juridique » des phrases dans lesquelles seulement les mots fonctionnent et en conséquence demander de découvrir leurs rapports avec

---

[146] *Id.*

[147] Herbert Lionel Adolphus HART, « Definition and Theory in Jurisprudence », *Law Quaterly Review*, vol. 70, 1954, p. 37-60, réimp. *in* Herbert Lionel Adolphus HART, *Essays in jurisprudence and philosophy*, Éd. Clarendon Press, 1983, p. 23 cité par Jean-Yves CHÉROT, « L'analyse des concepts en droit : sur quatre thèses de Hart et quelques questions », *loc. cit.*, p. 2276 : « The first efforts to define words like 'corporation', 'right', or «'duty' reveal that these do not have the straightforward connection with counterparts in the world of fact which most ordinary words have ».

[148] *Ibid.*, p. 23 : « There is nothing which simply 'corresponds' to these legal words ».

[149] *Id.* : « When we try to define them we find that the expressions we tender in our definition specifying kinds of persons, things, qualities, events, and processes, material or psychological, are never precisely the equivalent of these legal words ».

[150] *Id.*

[151] *Ibid.*, p. 26.

[152] *Id.*

[153] *Ibid.*, p. 31, cité par Jean-Yves CHEROT, « L'analyse des concepts en droit : sur quatre thèses de Hart et quelques questions », *loc. cit.*, p. 2277.

un genre plus général et leur différence dans ce genre »[154]. Cette lecture des travaux de Hart est, par ailleurs, confirmée par Alf Ross[155].

45. Hart considère, à la suite de Bentham, que « les tentatives pour définir de telles expressions par le genre indépendamment des phrases et du contexte dans lesquelles elles prennent place se sont révélées infructueuses »[156]. Partant, l'auteur cherche à démontrer que l'entreprise de recherche juridique, qui n'est jamais qu'une entreprise de conceptualisation, nécessite un examen minutieux de la façon dont les propositions portant par exemple sur des droits fondamentaux ou sur les obligations d'une SARL se conjuguent avec les règles juridiques[157]. Hart insiste donc, à l'instar de Bentham, sur cette idée que « la forme traditionnelle de définition par genre et espèce ne saurait être utilement mobilisée pour la plupart des notions juridiques telles que 'devoir' ou 'obligation' »[158]. Ces notions supposent une méthode d'analyse particulière, qui fait appel à la « définition d'usage » [definition in use] d'un terme. Au lieu d'inciter à l'analyse des mots seuls, sortis de leur contexte, la méthode de la définition d'usage favoriserait l'analyse de toute la phrase dans laquelle le terme apparaît[159]. À titre d'exemple, la clarification du concept de devoir ne passe pas par l'analyse précise du mot « devoir » mais par l'analyse de l'expression contextualisée « X doit payer 100 Euros à Y »[160].

46. La perspective conventionnaliste proposée par Hart ne saurait emporter totalement notre adhésion. Le nominalisme farouche qu'elle véhicule comporte, semble-t-il, un certain nombre de dangers pour la connaissance du droit. En effet, si l'on accepte l'idée que les concepts dépendent *essentiellement* du contexte de leur usage, l'on doit aussi accepter l'idée qu'il existerait, dans la logique hartienne, autant de définitions

---

154 *Id.* : « This makes it vital to attend to Bentham's warning that we should not, as does the traditional method of definition, abstract words like 'right' and 'duty', 'state', or 'corporation' from the sentences in which alone their full function can be seen, and then demand of them so abstracted their *genus* and *differentia* ».

155 Alf ROSS, « La définition en droit », tr. Éric MILLARD et Elsa MATZNER *in* Elsa MATZNER (dir.) *Droit et langues étrangères : concept, problèmes d'application, perspectives*, Éd. PUP, Coll. Études, 2000, p. 7-89, notamment p. 74.

156 Herbert Lionel Adolphus HART, « Introduction », *in* Herbert Lionel Adolphus HART, *Essays in jurisprudence and philosophy*, *op. cit.*, p. 3 : « As Bentham had seen, attempts to define such expressions per genus and species in abstraction from the sentences and context in which they normally function had proved fruitless ».

157 *Id.* : « But, as I argued here, what was needed was a close examination of the way in which statements of legal rights or of the duties of a limited company relate to the world in conjunction with legal rules ».

158 Herbert Lionel Adolphus HART, « Jhering's heaven of concepts and modern analytical jurisprudence », *in* Herbert Lionel Adolphus HART, *Essays in jurisprudence and philosophy*, *op. cit.*, p. 272 : « Bentham, in the course of his analytical studies, insisted that the concepts of the law needed for their analysis new methods. In particular, he thought that the traditional form of definition *per genus et differentiam* could not be used with profit in the case of many legal notions such as duty or obligation… ».

159 *Id.* : « …because these had a distinctive structure calling for special methods of analysis; and he expounded a method which logicians of the twentieth century have called 'definition in use', because instead of attempting to define single words (e.g. 'duty' or 'obligation') the analysis takes whole sentences in which the term to be analysed appears ».

160 *Id.* : « Thus we clarify the notion of duty not by attacking the single word 'duty' but by attacking model sentences life 'X has a duty to pay Y £1 00'.30 B ».

conceptuelles que d'usages de ces concepts. En plus de ressuciter l'empirisme que l'on a pourtant rejeté à plusieurs reprises, cette logique impliquerait à terme la dissolution du droit dans le fait. Elle impliquerait surtout qu'il n'y ait plus rien à connaître de véritablement juridique ou à défaut que le juridique n'ait plus rien à livrer à son observateur.

B. Le choix d'un concept de « concept juridique » : un réductionnisme conceptuel

47. À l'opposé de la méthode de définition conventionnaliste, on trouve la méthode réductionniste. Celle-ci opère « par recherche du genre le plus proche et de la différence dans le genre »[161]. À la différence de la méthode *précédemment exposée,* défendue par Hart notamment, la méthode *réductionniste,* considère possible de réduire les concepts les uns aux autres – en procédant notamment par réduction du complexe au simple. Elle opère ainsi par voie de systématisation. Elle postule, avec Eisenmann notamment, que l'entreprise de définition – et donc de conceptualisation – est avant tout une entreprise de délimitation, de séparation[162], de réduction conceptuelle.

48. Cette méthode tient pour acquis le fait que l'opération de définition d'un concept se déploie essentiellement autour de deux axes qui correspondent d'une part, à *l'intension* du concept, d'autre part, à son *extension*[163]. De façon schématique, l'on retiendra que l'intension d'un concept est l'ensemble des « qualités communes aux individus du genre »[164] là où l'extension du concept renvoie au « nombre des individus contenus dans le genre »[165]. Autrement dit, l'intension du concept renvoie à ses propriétés, l'extension du concept renvoie aux objets qu'il désigne. Par exemple, le fait d'être un animal mammifère, caractérisé par la station verticale, par le langage articulé, un cerveau volumineux, des mains préhensiles relève de l'intension du concept homme. En revanche, Platon, Aristote, Descartes, Kant, Schopenhauer relèvent de l'extension du concept homme. Comme l'écrit Goblot, « quand un terme est contenu en extension d'un autre, le second est contenu en compréhension [intension] dans le premier »[166]. Autrement dit, si Platon participe bien de l'extension du concept homme, alors tout attribut de Platon est un attribut de l'homme. Ce constat est, somme toute, classique. On le trouve énoncé par Eisenmann dans son célèbre article traitant de *Quelques problèmes de méthodologie des définitions et des classifications en science juridique.* L'auteur écrit que « définir, c'est [...] délimiter, c'est-à-dire séparer »[167]. Ainsi, pour deux

---

[161] Jean-Yves CHEROT, « L'analyse des concepts en droit : sur quatre thèses de Hart et quelques questions », *loc. cit.*, p. 2282.
[162] Charles EISENMANN, « Quelques problèmes de méthodologie des définitions et des classifications en science juridique », *loc. cit.*, p. 30 et s.
[163] Edmond GOBLOT, *Traité de logique*, *op. cit.*, p. 101.
[164] *Ibid.*, p. 103.
[165] *Id.*
[166] *Ibid.*, p.104
[167] Charles EISENMANN, « Quelques problèmes de méthodologie des définitions et des classifications en science juridique », *loc. cit.*, p. 30.

objets appartenant à un même « genus proximum » [168], l'opération de définition doit passer nécessairement par une opération de restitution des diverses espèces comprises sous le genre, c'est-à-dire une opération de dénotation. L'opération de définition « ne peut être bien conduite qu'en considérant au départ l'ensemble des objets du 'genus proximum' où figure celui qui nous intéresse spécialement »[169]. C'est parce que, « en vérité, nous dit-il, on ne peut jamais définir une espèce d'un genre isolément, comme en elle-même, c'est-à-dire sans avoir égard aux autres espèces, en les ignorant »[170]. Au contraire, doit-on considérer « le genre tout entier »[171]. C'était déjà ce que rappelait Gény, avant lui, qui estimait qu'une « définition juridique est d'autant plus parfaite qu'elle analyse plus complètement la compréhension de l'idée à fixer, en la rattachant à un genre prochain pour l'en séparer par la différence spécifique qui marque l'individualité propre à l'objet défini » [172]. C'est là, en tout cas, l'essentiel de la démarche réductionniste que l'on retiendra.

49. La méthode de conceptualisation retenue se justifie dans ce postulat que, selon nous, toute novation d'un objet juridique, qui fonde l'apparition d'un nouveau concept juridique, subvertit nécessairement, pour advenir, les concepts déjà existants sous l'empire du cadre de représentations dominant au moment de son apparition. Ainsi, tout nouvel objet juridique, aussi révolutionnaire soit-il, prospère, tout d'abord sur le cadre des représentations dominantes de la discipline et des concepts préexistants. Autrement dit, il nous est apparu que l'émergence d'un concept juridique supposait toujours l'apparition d'un nouvel objet, au sein de la discipline juridique, modifiant tout d'abord de l'intérieur le cadre des représentations ; que l'on songe par exemple à la subversion du concept de police administrative par le concept de service public magistralement mise en évidence par le Professeur Picard[173]. Force est de constater, dans ces conditions, que l'apparition d'un nouveau concept juridique se justifie toujours par une lacune, par un manquement, par une faillite ou une insuffisance des concepts préexistants à saisir un nouveau pan de la réalité juridique, une nouvelle façon de se donner à voir. L'opération de conceptualisation ne cherche ainsi qu'à fournir un cadre opérant c'est-à-dire actualisé, des choses qui viennent s'offrir à la conscience afin d'en faciliter la caractérisation systémique. Dans ces conditions, l'opération de conceptualisation passe alors par un effort de définition systématique, logiquement abstrait, qui ne s'accommode pas de la méthode de définition concrète exposée par Hart.

50. Le réductionnisme conceptuel mobilisé ici, ne se veut pas mimétique. Au contraire, peut-il se revendiquer « conscient ». Il reste conscient de la fragilité du phénomène juridique et de sa liaison intime avec l'esprit humain.

---

[168] *Id.*
[169] *Id.*
[170] *Id.*
[171] *Id.*
[172] François GENY, *Science et technique en droit privé positif: nouvelle contribution à la critique de la méthode juridique*, T. I, *op. cit.*, p. 153.
[173] Étienne PICARD, *La notion de police administrative*, T. I, Éd. LGDJ, Coll. Bibliothèque de droit public, 1984, p. 413 et s., notamment p. 415.

Il reste également conscient, dans son procédé, de la mise en garde d'Eisenmann qui dénonçait « l'erreur totale [...] de croire que la classification, c'est-à-dire la subdivision en plusieurs groupes ayant chacun sa dénomination, est une donnée du réel, qu'elle résulte du droit positif, c'est-à-dire de croire en somme que l'on sait avec certitude et que l'on doit admettre et accepter »[174] qu'il puisse exister un nombre fini de formes et d'espèces pour un concept donné. En un mot, le réductionnisme conceptuel apparaît approprié, ici, à condition d'abandonner toute *quête de la certitude.*

51. Appliquée à l'objet de cette recherche, la méthode réductionniste suppose que le futur concept de valeur soit réductible à un genre particulier d'objets juridiques. Si l'on s'accorde pour définir le droit, de façon très générale, comme le discours portant sur « un ensemble de règles – ou de normes – de conduites mises en vigueur par les autorités publiques dans l'exercice de leur fonction de direction de peuples humains »[175], alors, le concept de norme fournira, à cette étude, le point d'entrée pour l'analyse de la valeur. Autrement dit, l'étude part de l'hypothèse fondatrice que la valeur partage avec la norme, le même genre de rattachement.

C. L'application de la méthode : la norme comme genre de rattachement de la valeur

52. La valeur partage tout d'abord, avec la norme, la même nature de *modèle pour l'action.* En tant que telles, normes et valeurs ont toutes deux vocations à *servir de référence*[176] dans le jugement préalable à l'agir humain. Elles peuvent ainsi s'appréhender comme des étalons de mesure, des référentiels, auxquels il convient de rapporter un acte ou une situation individuelle afin d'apprécier toute « la mesure du possible de l'agir humain »[177]. Comme la norme[178], la valeur exprime le rapport entre un objet (concret) et un étalon de référence (abstrait) et possède une double capacité de faire référence. Elle constitue à la fois un modèle idéel, *prétendûment* objectif, appelant l'évaluation d'une situation ou d'un acte, toujours à venir, et une appréciation subjective de cet acte[179].

De plus, la valeur partage avec la norme la même *contingence.* Son apparition qui renvoie *à l'idée de préférence*, manifeste toujours la « non-

---

[174] Charles EISENMANN, « Quelques problèmes de méthodologie des définitions et des classifications en science juridique », *loc. cit.*, p. 33.

[175] Paul AMSELEK, *Cheminements philosophiques dans le monde du droit et des règles en général*, *op. cit.*, p. 264.

[176] François BRUNET, *La normativité en droit*, *op. cit.*, p. 217.

[177] Paul AMSELEK, « Mettre le droit en valeurs » *in La valeur*, *les valeurs et le Droit*, Colloque organisé à la Faculté de droit de Toulon le 28 novembre 2014, Centre d'études et de recherches sur les contentieux.

[178] Sur l'association entre norme et référence. v. par ex. François BRUNET, *La normativité en droit*, *loc. cit.*, p. 217 ; v. égal., Charles-Hubert BORN et Marc VERDUSSEN, « Le soft law intraconstitutionnel », *in* Isabelle HACHEZ *et al.* (dir.), *Les sources du droit revisitées – normes internationales et constitutionnelles*, T. I, Éd. Anthemis, 2012, p. 513-536, notamment p. 515. La norme est définie comme « la capacité à fournir une référence pour l'organisation des rapports sociaux » ; v. encore Antoine JEAMMAUD, « La règle de droit comme modèle », *D. chron.*, vol. 28, 34, 1990, p. 199-210, notamment p. 199.

[179] Yves MICHAUD, « Valeurs, normes et évaluations », *Espaces Temps*, n° 89-90, 2005.

indifférence »[180] du sujet vis-à-vis de la réalité empirique. Ainsi, comme l'écrit Lavelle, le mot « valeur » s'applique « partout où nous avons affaire à une rutpure de l'indifférence ou de l'égalité entre les choses » [181].

Par ailleurs, si la valeur est la forme substantive du valoir, elle rejoint la norme qui s'entend du devoir, forme substantive du devoir-être. Or, valoir et devoir puisent aux mêmes racines. Ils procèdent tous deux d'un même acte, le jugement de valeur qui s'oppose, traditionnellement, au jugement de fait. Comme l'écrit Raz, la valeur constitue bien « la raison du devoir-être »[182]. En somme, valoir et devoir partagent la même origine et trouvent leur source commune dans la pensée de l'idéal, toujours inscrite en rupture avec le réel. En effet, on s'accorde traditionnellement pour énoncer que « la valeur n'est pas, elle vaut »[183].

53. Ces quelques éléments permettent de comprendre que valeur et norme possèdent la normativité en commun. Cette caractéristique incite alors à fonder la valeur sur la normativité. Autrement dit, l'analyse entend partir de l'idée, conformément à l'approche réductionniste précédemment rappelée qui consiste à réduire un objet à définir sous un genre de rattachement, que la norme peut prétendre constituer, le genre de la valeur. Par voie de conséquence, la valeur peut alors s'entendre d'une espèce du genre normatif qu'il appartiendra de délimiter plus avant.

II. Le concept de valeur : circonscription lexicologique de l'objet

54. Les fondements de la démarche rappelés, il importe désormais de commencer le travail de circonscription lexicologique de l'objet. Cet effort constitue le préalable à l'entreprise de conceptualisation que l'on entend mener. Si la discipline juridique se présente bien, comme un « ensemble de phénomènes d'ordre linguistique » [184], une analyse plus serrée met en évidence l'utilité d'une recherche juridique en matière de valeur. Contre toute attente, la valeur se présente bien comme un objet du droit, comme la présence du terme dans le discours juridique l'atteste. Objet du droit, l'objet valeur est tantôt à la disposition du *juris-lateur,* tantôt à la disposition de l'observateur. Dans le premier cas, il s'agit d'identifier, les références à l'objet « valeur » dans les énoncés tirés du droit positif (A). Dans le second cas, il s'agit de constater la présence particulière de l'objet « valeur » dans le

---

[180] José Manuel DELGADO OCANDO *in* André-Jean Arnaud (dir.), *Dictionnaire encyclopédique de théorie et de sociologie du droit,* 2ème éd., LGDJ, 1993, v° « Valeur », p. 633 - 635, notamment p. 634.

[181] Louis LAVELLE, *Traité des valeurs*, T. I, *Théorie générale de la valeur*, *op. cit.*, p. 3.

[182] Joseph RAZ, *Practical reason and norms*, Éd. Oxford University Press, 1999, p. 31.

[183] Ernst-Wolfgang BÖCKENFÖRDE, « Zur Kritik der Wertbregründung des Rechts » [1990], tr. fr. Olivier JOUANJAN, « Pour une critique de la fondation axiologique du droit », *in Le droit, l'État et la constitution démocratique: essais de théorie juridique, politique et constitutionnelle*, tr. Olivier JOUANJAN, Éd. LGDJ, Coll. La pensée juridique, 2000, p. 84 ; v. égal. Carl SCHMITT, *Die tyrannei der werte*, [1959], tr. fr. Céline JUIN et Patrick LANG, « La tyrannie des valeurs », réimp. *in* Isabelle KOCH et Norbert LENOIR (dir.), *Démocratie et espace public: quel pouvoir pour le peuple?*, Éd. Georg Olms, Coll. Europaea memoria.

[184] Guillaume TUSSEAU, *Les normes d'habilitation*, Éd. Dalloz, Coll. Nouvelle bibliothèque de thèses, 2006, p. 2.

discours doctrinal (B). Ce rappel nous permettra alors de mettre en évidence les associations conceptuelles les plus courantes de la valeur afin de les expliciter (C).

A. La valeur dans les énoncés du droit positif

55. L'étude de la valeur présente un réel intérêt pour le droit public. Ce constat vaut d'autant plus pour le droit constitutionnel puisque l'on trouve explicitement le terme dans de nombreuses constitutions.

56. La plupart des constitutions européennes font référence à des « valeurs », « humaines » [185], « supérieures » [186], « culturelles d'intérêt historique ou artistique » [187], « environnementales » [188], « éminentes et sociales » [189], « les plus élevées de l'ordre constitutionnel » [190], « partagées » [191], « universelles » [192], « indivisibles » [193] « communes » [194],

---

[185] Article 2 de la Constitution hellénique de 1975 : « Le respect et la protection de la *valeur humaine* constituent l'obligation primordiale de la République ».

[186] Article premier, alinéa 1, de la Constitution espagnole de 1978 : « l'Espagne se constitue en un État de droit social et démocratique qui défend comme *valeurs supérieures* [« valores superiores »] de son ordre juridique, la liberté, la justice, l'égalité et le pluralisme politique ».

[187] Article 66.2 de la Constitution portugaise de 1974. En instaurant un véritable droit à l'environnement l'article impose à l'état « d'assurer la préservation de la nature et *la sauvegarde des valeurs culturelles d'intérêt historique ou artistique* ».

[188] Article 66.2 de la Constitution portugaise de 1974 qui impose également à l'état de « de promouvoir l'éduction à l'environnement et le respect des *valeurs environnementales* ».

[189] Article 68.2 de la Constitution portugaise de 1974 : « la maternité et la paternité constituent *d'éminentes valeurs sociales* ».

[190] Article 3 de la Constitution croate de 1990 : « La liberté, l'égalité, l'égalité nationale et l'égalité des sexes, le rétablissement de la paix, la justice sociale, le respect des droits de l'homme, la propriété immobilière, la protection de la nature et l'environnement, l'état de droit et le système multipartite démocratique sont *les valeurs les plus élevées* de l'ordre constitutionnel de la République et le fondement de l'interprétation de la Constitution ».

[191] Article 29.4.4° de la Constitution irlandaise de 1937 : « L'Irlande affirme son attachement à l'Union européenne au sein de laquelle ses États membres œuvrent de concert pour promouvoir la paix, les *valeurs partagées* [shared values] et le bien-être de leurs peuples ».

[192] Alinéa 5 et Alinéa 7 du préambule de la Constitution polonaise de 1997 : « La Nation polonaise – tous les citoyens de la République, ceux qui croient en Dieu en tant que source de vérité, de justice, de bien et de beauté, ainsi que ceux qui ne partagent pas une telle foi mais respectent ces *valeurs universelles* [universal values], comme provenant d'autres sources [...] Reconnaissants à nos ancêtres pour leur labeur, leur lutte pour l'indépendance achevée au prix d'un grand sacrifice, pour notre culture enracinée dans l'héritage Chrétien de la Nation et dans *les valeurs humaines universelles* [universal human values] ».
V. égal. Alinéa 1 du Préambule du Traité sur l'Union européenne : « S'inspirant des héritages culturels, religieux et humanistes de l'Europe, à partir desquels se sont développées les *valeurs universelles* que constituent les droits inviolables et inaliénables de la personne humaine, ainsi que la liberté, la démocratie, l'égalité et l'État de droit ».

[193] Alinéa 3 du Préambule de la Charte des droits fondamentaux de l'Union européenne : « Consciente de son patrimoine spirituel et moral, l'Union se fonde sur les *valeurs indivisibles et universelles* de dignité humaine, de liberté, d'égalité et de solidarité ».

[194] Alinéa 5 du Préambule de la Constitution hongroise de 2011 : « Nous sommes fiers de ce que notre nation a, au fil des siècles, défendu l'Europe dans une série de conflits et enrichi les *valeurs communes* [common values] de l'Europe de son talent et de sa diligence ».

« fondamentales de cohésion »[195] ou encore, plus simplement, à une liste de valeurs simplement dénommées[196] ou à « l'égale valeur de tous »[197].

57. En Afrique, le constat est similaire et les constitutions évoquent des « valeurs », « traditionnelles conformes aux principes démocratiques, aux droits de l'homme et à la loi »[198], « culturelles, spirituelles et morales »[199], « de la démocratie »[200] ou « démocratiques »[201], « culturelles nationales »[202], « humaines »[203] ou « humaines supérieures »[204], « de modération et de tolérance »[205], « spirituelles et civilisationnelles »[206], « d'ouverture, de

---

[195] Alinéa 14 du Préambule de la Constitution hongroise de 2011 : « Nous soutenons que la famille et la nation constituent le cadre principal de notre coexistence, et que nos *valeurs fondamentales de cohésion* [fundamental cohesive values] sont la loyauté, la foi et l'amour ».
V. égal. Article 2 du Traité sur l'Union européenne : « L'Union est fondée sur les *valeurs* de respect de la dignité humaine, de liberté, de démocratie, d'égalité, de l'État de droit, ainsi que de respect des droits de l'homme, y compris des droits des personnes appartenant à des minorités. Ces *valeurs sont communes* aux États membres dans une société caractérisée par le pluralisme, la non-discrimination, la tolérance, la justice, la solidarité et l'égalité entre les femmes et les hommes ».

[196] Alinéa 4 du Préambule de la Constitution andorrane de 1993 qui énonce que le peuple andorran est « décidé à poursuivre la *promotion de valeurs* telles que la liberté, la justice, la démocratie et le progrès social ».

[197] L'article 2 de la Constitution suédoise de 1974 : « La puissance publique sera exercée au regard de *l'égale valeur* [worth] de tous ».

[198] Article 1er (2) alinéa 3 de la Constitution camerounaise de 1972 : « Elle reconnaît et protège *les valeurs traditionnelles conformes aux principes démocratiques*, *aux droits de l'homme et à la loi* ».

[199] Alinéa 8 du Préambule de la Constitution ivoirienne de 2016 : « Affirmons notre attachement au respect des *valeurs culturelles*, *spirituelles et morales* ».

[200] Article 22 de la Constitution guinéenne de 2010 : « Chaque citoyen a le devoir de participer aux élections, de promouvoir la tolérance, *les valeurs de la démocratie*, d'être loyal envers la Nation ».

[201] Article 7 de la Constitution ud-africaine de 1996 : « Cette Charte des droits constitue la pierre angulaire de la démocratie en Afrique du Sud. Elle consacre les droits de tous les citoyens de notre pays et affirme les *valeurs démocratiques* de dignité humaine, d'égalité et de liberté ».
L'article 39 ajoute : « Lors de l'interprétation de la Charte des droits, une Cour, un Tribunal ou une instance – (a) doit promouvoir les *valeurs* qui sous-tendent une société ouverte et démocratique fondée sur la dignité humaine, l'égalité et la liberté ».

[202] Article 101 alinéa 22 de la Constitution burkinabée de 1991 : « La loi fixe les règles concernant […] l'intégration des *valeurs culturelles nationales* ».

[203] Alinéa 4 du Préambule de la Constitution tunisienne de 2014 : « Exprimant l'attachement de notre peuple aux enseignements de l'Islam et à ses finalités caractérisés par l'ouverture et la tolérance, ainsi qu'aux *valeurs humaines* et aux principes universels et supérieurs des droits de l'Homme ».

[204] Alinéa 7 du Préambule de la Constitution tunisienne de 2014 : « Conscients de la nécessité de contribuer à la protection du milieu naturel et d'un environnement sain, propre à garantir la pérennité de nos ressources naturelles et la permanence d'une vie paisible aux générations futures; concrétisant la volonté du peuple d'être créateur de sa propre histoire, convaincus que la science, le travail et la créativité sont des *valeurs humaines supérieures*, visant l'excellence et aspirant à offrir son apport à la civilisation, et ce, sur la base de l'indépendance de la décision nationale, de la paix dans le monde et de la solidarité humaine ».

[205] Article 6 alinéa 2 de la Constitution tunisienne de 2014 : « L'État s'engage à diffuser les *valeurs de modération et de tolérance* et à protéger le sacré et empêcher qu'on y porte atteinte. Il s'engage également à prohiber et empêcher les accusations d'apostasie, ainsi que l'incitation à la haine et à la violence et à les juguler ».

[206] Alinéa 9 du Préambule de la Constitution algérienne de 1996 : « Le peuple entend garder l'Algérie à l'abri de la Fitna, de la violence et de tout extrémisme, en cultivant *ses propres*

modération, de tolérance et de dialogue »[207], « de bonne gouvernance, de transparence et de reddition des comptes de l'État et des organismes publics »[208], « de moralisation et de transparence » dans la gestion des administrations, des établissements publics, des collectivités territoriales et des organismes dotés de prérogatives de la puissance publique »[209], « de citoyenneté responsable »[210] ou encore plus simplement à une liste de valeurs exhaustives[211], « de civilisation culturelles, philosophiques et spirituelles qui animent les formes de son patriotisme »[212], « nationales de civilisation tant matérielles que spirituelles »[213].

58. En Amérique du Sud, le constat est similaire. On aperçoit dans les constitutions des « valeurs », « essentielles »[214], « exceptionnelles »[215], « suprêmes »[216], « de la culture »[217], « culturelles de la Nation »[218],

---

valeurs spirituelles et civilisationnelles, de dialogue, de conciliation, et de fraternité, dans le respect de la Constitution et des lois de la République ».

207 Alinéa 2 du Préambule de la Constitution marocaine de 2011 : « La prééminence accordée à la religion musulmane dans ce référentiel national va de pair avec l'attachement du peuple marocain aux *valeurs d'ouverture, de modération, de tolérance et de dialogue* pour la compréhension mutuelle entre toutes les cultures et les civilisations du monde ».

208 Article 147 alinéa 2 de la Constitution marocaine de 2011 : « La Cour des Comptes a pour mission la consolidation et la protection des principes et *valeurs de bonne gouvernance, de transparence et de reddition des comptes de l'État et des organismes publics* ».

209 Article 162 de la Constitution marocaine de 2011 : « Le Médiateur est une institution nationale indépendante et spécialisée qui a pour mission, dans le cadre des rapports entre l'administration et les usagers, de défendre les droits, de contribuer à renforcer la primauté de la loi et à diffuser les principes de justice et d'équité, et les *valeurs de moralisation et de transparence dans la gestion des administrations, des établissements publics, des collectivités territoriales et des organismes dotés de prérogatives de la puissance publique* ».

210 Article 167 de la Constitution marocaine de 2011 : « L'instance nationale de la probité, de la prévention et de la lutte contre la corruption, crée en vertu de l'article 36 a pour mission notamment d'initier, de coordonner, de superviser et d'assurer le suivi de la mise en œuvre des politiques de prévention et de lutte contre la corruption, de recueillir et de diffuser les informations dans ce domaine, de contribuer à la moralisation de la vie publique et de consolider les principes de bonne gouvernance, la culture du service public et *les valeurs de citoyenneté responsable* ».

211 Article 1er de la Constitution sud-africaine de 1996 : « La République d'Afrique du Sud est un État uni, souverain et démocratique fondé sur les *valeurs suivantes* ».

212 Préambule de la Constitution béninoise de 1990 : « Les changements successifs de régimes politiques et de gouvernements n'ont pas émoussé la détermination du Peuple Béninois à rechercher dans son génie propre, *les valeurs de civilisation culturelles, philosophiques et spirituelles* qui animent les formes de son patriotisme ».

213 Article 10 de la Constitution béninoise de 1990 : « L'État a le devoir de sauvegarder et de promouvoir les *valeurs nationales de civilisation tant matérielles que spirituelles*, ainsi que les traditions culturelles ».

214 Article 22 alinéa 2 de la Constitution chilienne de 1980 : « Les chiliens ont le devoir fondamental d'honorer la partie, de défendre sa souveraineté et de contribuer à préserver la sécurité nationale et *les valeurs essentielles de la tradition chilienne* ».

215 Article 35 alinéa 5 de la Constitution surinamaise de 1987 : « l'État reconnaît la *valeur exceptionnelle* de la maternité ».

216 Préambule de la Constitution brésilienne de 1988 : « Nous, représentants du peuple brésilien réunis en Assemblée nationale constituante pour instituer un État démocratique destiné à assurer l'exercice des droits sociaux et individuels, la liberté, la sûreté, le bien-être, le développement, l'égalité et la justice comme *valeurs suprêmes d'une société fraternelle*, pluraliste et sans préjugés, fondée sur l'harmonie sociale et engagée, dans l'ordre interne et international, dans la recherche du règlement pacifique des différends, promulguons, sous la protection de Dieu, la présente Constitution de la République fédérative du Brésil ».

« culturelles et artistiques nationales et régionales »[219], « démocratiques »[220], « sociales du travail »[221], « d'unité, d'égalité, d'inclusion, de dignité, de liberté, de solidarité, de réciprocité, de respect, de complémentarité, d'harmonie, de transparence, d'équilibre, d'égalité des chances, d'équité sociale, de bien-être commun, de responsabilité, de justice sociale, de distribution et redistribution des produits et bien sociaux »[222].

59. L'importance de la valeur pour le droit ressort également du traitement que les Cours constitutionnelles semblent lui réserver. On ne présente pas la jurisprudence des Cours Nord-américaines dont on sait, depuis longtemps, qu'elles ont opéré leur « tournant axiologique »[223]. En revanche, une analyse plus serrée de certaines décisions des cours constitutionnelles européennes autorise à penser que l'Europe s'engage, à son tour, dans ce tournant.

60. En Allemagne, on sait que la Cour constitutionnelle appréhende, depuis sa décision *Lüth* de 1968, la Loi fondamentale comme un « ordre objectif de valeurs » qui ne saurait en conséquence, être axiologiquement « neutre ». Elle ajoute que « ce système de valeurs [...] trouve son centre dans la personnalité humaine s'épanouissant librement au sein de la société et sa dignité »[224]. Plus exactement, elle voit dans « la libre personnalité

---

[217] Article 67 de la Constitution colombienne de 1991 : « l'éducation est un droit de la personne et un service publique qui possède une fonction sociale ; elle permet l'accès à la connaissance, à la science, à la technique, et aux autres biens et *valeurs de la culture* ».

[218] Article 70 alinéa 2 de la Constitution colombienne de 1991 : « La culture en ses diverses manifestations est un fondement de la nationalité. L'état reconnaît l'égalité et la dignité de tous ceux que vivent dans le pays. L'État promouvra la recherche, la science, le développement et la diffusion des *valeurs culturelles* de la Nation ».

[219] Article 210 de la Constitution brésilienne de 1988 : « Les programmes minimaux de l'enseignement fondamental sont définis de manière à assurer une formation de base commune et le respect *des valeurs culturelles et artistiques nationales et régionales* ».

[220] Article 70.19 de la Constitution argentine de 1994 : « Il appartient au Congrès de valider les lois qui assurent la responsabilité pleine et entière de l'état, la participation de la famille et de la société, la promotion des *valeurs démocratiques* et l'égalité des opportunités et des possibilités sans discrimination aucune ».

[221] Article 1 alinéa 4 de la Constitution brésilienne de 1988 : « La République fédérative du Brésil, formée de l'union indissoluble des États, des Communes et du District fédéral, constitue un État démocratique de Droit et a pour fondements [...] *les valeurs sociales du travail et de la libre entreprise* ».

[222] Article 8 alinéa 2 de la Constitution bolivienne de 2009 : « l'État se nourrit des *valeurs d'unité, d'égalité, d'inclusion, de dignité, de liberté, de solidarité, de réciprocité, de respect, de complémentarité, d'harmonie, de transparence, d'équilibre, d'égalité des chances, d'équité sociale et de genre à la participation* au bien-être commun, à la responsabilité à la justice sociale, à la distribution et à la redistribution des produits et biens sociaux » dont il doit, au terme de l'article 9 alinéa 4 « garantir l'accomplissement ».

Il est également important de souligner que le chapitre 2 de la Constitution bolivienne s'intitule « Principes, valeurs et fins de l'état ».

[223] Stéphane BERNATCHEZ, « Le concept de droits » *in Mélanges en l'honneur de Jacques-Yvan Morin*, Revue québécoise de droit international, HS 2, 2015, p. 131-169, notamment p. 156 ; v. égal. Mark ANTAKI, « The turn to "values" in Canadian constitutional Law », *in* Luc TREMBLAY et Grégoire WEBBER (dir.) *La limitation des droits de la Charte: essais critiques sur l'arrêt R. c. Oakes*, Éd. Thémis, 2009, p. 155-181, notamment p. 155 et 166.

[224] Cour constitutionelle fédérale allemande, BVerfGE, 15 janvier 1968, tr. Michel FROMONT, *in* Pierre BON et Didier MAUS (dir.), *Les grandes décisions des cours constitutionnelles européennes*, Éd. Dalloz, Coll. Grands arrêts, 2008, p. 116.

humaine et sa dignité *la plus haute valeur* dans l'ordre constitutionnel »[225]. Sur cette position la Cour allemande a été rejointe, semble-t-il, par le Tribunal constitutionnel espagnol qui a expressément reconnu, dans un arrêt de 1983, la Constitution comme un « ensemble de valeurs »[226].

Plus généralement, le Tribunal constitutionnel polonais a mobilisé le concept de « valeur » afin de reconnaître la continuité de l'ordre juridique issu de l'amendement du 29 décembre 1989 avec la Constitution de 1997. En effet, le Tribunal a pu énoncer que « l'identité sémantique est accompagnée par une proximité axiologique, car l'ensemble des valeurs qui fondait l'amendement du 29 décembre 1989 a trouvé sa confirmation et son développement dans la Constitution du 2 avril 1997 »[227].

La Cour constitutionnelle hongroise a pu affirmer, que « l'alinéa premier de l'article 2 de la Constitution évoque les valeurs fondamentales de la République de Hongrie »[228].

La Cour constitutionnelle lituanienne a, quant à elle, directement associé les concepts de « valeur » et de « Constitution » en affirmant que « la Constitution, en tant qu'acte de la puissance juridique suprême et contrat social, est fondée sur des valeurs universelles et incontestables » dont elle énumère la liste : « l'appartenance de la souveraineté à la nation, la démocratie, la reconnaissance des droits de l'homme et des libertés et leur respect, le respect de la loi et l'État de droit, la limitation des pouvoirs, l'obligation des institutions du pouvoir d'état de servir les personnes et leur responsabilité envers la société, la citoyenneté, la justice, l'aspiration d'une société civile, ouverte, juste et harmonieuse et l'état de droit »[229].

La Cour constitutionnelle italienne a également mobilisé le concept de valeur, en l'entendant comme *une limite à la révision de la Constitution*. Ainsi, a-t-elle pu affirmer que « la Constitution italienne contient certains principes suprêmes qui ne peuvent être ni violés ni modifiés dans leur contenu essentiel [...] Ceux-ci consistant tant dans les principes que la Constitution même prévoit comme limites absolues au pouvoir de révision constitutionnelle [...] que dans les principes qui, bien que n'étant pas mentionnés expressément parmi ceux qui ne peuvent pas être soumis à la

---

[225] Cour constitutionnelle fédérale allemande, BVerfGE, 21 juin 1977, tr. Michel FROMONT, *in* Pierre BON et Didier MAUS (dir.), *Les grandes décisions des cours constitutionnelles européennes*, *op. cit.*, p. 169.

[226] Tribunal Constitutionnel espagnol, arrêt n°101/1983 du 14 décembre 1983, *Affaire du serment de respecter la constitution*, cons. 3, tr. Luis Maria DIEZ-PICAZO *in* Pierre BON et Didier MAUS (dir.), *Les grandes décisions des cours constitutionnelles européennes*, *op. cit.*, p. 85 et p. 87 pour l'emploi précis de l'expression.

[227] Tribunal constitutionnel polonais, jugment n°/ K 26/97 du 25 novembre 1997, cons. 3, p. 15, tr. Lech GARLICKI *in* Pierre BON et Didier MAUS (dir.), *Les grandes décisions des cours constitutionnelles européennes*, p. 15.

[228] Cour constitutionnelle hongroise, décision n°9/1992 du 28 janvier 1992, cons. 1, tr. Attila HARMATHY *in* Pierre BON et Didier MAUS (dir.), *Les grandes décisions des cours constitutionnelles européennes*, *op. cit.*, p. 30.

[229] Cour constitutionnelle lituanienne, *arrêt sur la conformité à la constitution de l'article 1-1 et de l'article 2, alinéa 2, de la loi sur les élections présidentielle*s du 25 mai 2004, cons II.1, tr. Egidijus JARASUNIAS, *in* Pierre BON et Didier MAUS (dir.), *Les grandes décisions des cours constitutionnelles européennes*, *op. cit.*, p. 504.

procédure de révision constitutionnelle, relèvent de *l'essence même des valeurs suprêmes* sur lesquelles se fonde la Constitution italienne »[230].

Le Tribunal constitutionnel portugais est allé très loin dans la reconnaissance du concept juridique de valeur en lui attachant une force normative identique à celle des autres normes constitutionnelles. Il énonce en effet qu'« on ne nie certainement pas que la 'dignité de la personne humaine' ne soit pas une valeur axiale et essentielle de la Constitution portugaise ». À ce titre, elle doit, comme toute « valeur axiale », « inspirer et fonder l'ensemble de l'ordre juridique ». En conséquence, « il s'agit [...] de reconnaître cette valeur – l'éminente valeur de l'homme en tant que 'personne', en tant qu'être autonome, libre et (socialement) responsable, dans son 'unité existentielle de sens' – comme un vrai principe régulateur primaire de l'ordre juridique, constituant le fondement et la condition de 'validité' de ses normes »[231]. Autrement dit, cette « valeur axiale » constitue bien, à elle seule, « un critère ou une référence possible pour l'émission d'un jugement de constitutionnalité »[232]. Une autre décision du Tribunal constitutionnel portugais illustre l'activisme du juge en la matière. Saisi de la question de la constitutionnalité de l'incrimination pour exploitation sexuelle, le Tribunal a pu affirmer que « ceux qui cherchent en des valeurs morales la légitimation du droit autant que ceux qui prônent la distinction entre morale et droit, reconnaîtront inévitablement qu'il existe des biens et des valeurs qui appartiennent aux deux ordres normatifs »[233]. En dissociant la valeur de la morale, sa jurisprudence ouvre largement la porte à la juridicisation du concept. Elle encourage ainsi l'effort qui commande à la présente recherche de construire un véritable concept juridique de valeur.

Dans d'autres cas la référence à la valeur est plus discrète et les tribunaux préfèrent parler d'un « bien »[234] ou un « bien digne d'être préservé »[235].

61. En France, le terme de « valeur » est étrangement absent de la jurisprudence du Conseil constitutionnel bien que l'on ne compte plus, depuis quarante ans, les lois ayant pour objet – pour intitulé – la « mise en valeur »[236] d'un « objet » quelconque. Son absence explicite, qui jure dans le

---

[230] Cour constitutionnelle italienne, arrêt n°1146/1988, du 29 décembre 1988, cons. 2.1, tr. Tania GROPPI et Chiara MEOLI *in* Pierre BON et Didier MAUS (dir.), *Les grandes décisions des cours constitutionnelles européennes*, *op. cit.*, p. 76.

[231] Tribunal constitutionnel portugais, arrêt n° 105-90 du 29 mars 1990, cons. 8, tr. Jorge MIRANDA et José ALEXANDRINO, *in* Pierre BON et Didier MAUS (dir.), *Les grandes décisions des cours constitutionnelles européennes*, *op. cit.*, p. 179.

[232] *Id.*

[233] Tribunal constitutionnel portugais, arrêt n°144/2004 du 10 mars 2004, cons. 6, tr. Jorge MIRANDA et José ALEXANDRINO, *in* Pierre BON et Didier MAUS (dir.), *Les grandes décisions des cours constitutionnelles européennes*, *op. cit.*, p. 182.

[234] Tribunal constitutionnel espagnol, arrêt n°234/2001 du 16 janvier 2002, *Affaire De la suppression rétroactive des exemptions fiscales*, cons 11, tr. Luis Maria DIEZ-PICAZO *in* Pierre BON et Didier MAUS (dir.), *Les grandes décisions des cours constitutionnelles européennes*, *op. cit.*, p. 25.

[235] C'est le cas de la Cour constitutionnelle italienne, arrêt n°438/1995 du 18 octobre 1995, cons. 2, tr. Tania GROPPI et Chiara MEOLI *in* Pierre BON et Didier MAUS (dir.), *Les grandes décisions des cours constitutionnelles européennes*, *op. cit.*, p. 191-192.

[236] Il est intéressant de noter le basculement qui s'opère dans l'acception du terme. En effet, si le terme était surtout employé comme synonyme de « prix » dans la législation ancienne, de

paysage des Cours européennes, justifie assez largement la présente étude. De deux choses l'une, ou la jurisprudence du Conseil constitutionnel est fondamentalement différente de celle de ses homologues européens, sans que rien ne puisse le laisser à penser, à première vue, ou l'absence du terme de la jurisprudence du Conseil constitutionnel masque une réalité bien différente et ne traduit, en fin de compte, que le malaise du juge vis-à-vis du concept ?

62. Cette absence étonne d'autant plus que le terme « valeur » figure désormais dans la jurisprudence du Conseil d'État. C'est le juge des référés du Conseil d'État, qui a, semble-t-il, le premier employé le terme en droit public. Saisi par le Ministre de l'Intérieur d'une demande de suspension de l'ordonnance du tribunal administratif de Nantes suspendant un arrêté préfectoral interdisant la représentation d'un spectacle de Dieudonné, le juge des référés mentionne expressément « les valeurs ». Appréciant la « réalité et la gravité des risques de troubles à l'ordre public mentionnés par l'arrêté litigieux », et eu égard au « risque sérieux que soient de *nouveau portées de graves atteintes au respect des valeurs* et principes, notamment de dignité de la personne humaine, consacrés par la Déclaration des droits de l'homme et du citoyen et par la tradition républicaine »[237], le juge des référés du Conseil d'État fait droit à la demande du Ministre de l'Intérieur.

L'influence du juge des référés sur le juge du fond est patente. C'est en chambres réunies, que le Conseil d'État a évoqué dans un arrêt le terme de « valeur ». Le juge administratif était saisi par la société RTL France radio d'une mise en demeure à son encontre émise par le Conseil supérieur de l'audiovisuel visant à ce qu'elle respecte « à l'avenir les obligations qui résultent pour elle de l'article 2-4 de la convention mentionnée ci-dessus du 2 octobre 2012, aux termes duquel : 'Le titulaire veille dans son programme (...) à promouvoir les valeurs d'intégration et de solidarité qui sont celles de la République ». Il s'agissait, en l'occurrence, pour le Conseil Supérieur de l'Audiovisuel de sanctionner une chronique « polémique » diffusée par la société. Le juge administratif donne raison à la société RTL et affirme que « les principes républicains, notamment le principe d'égalité devant la loi, qui interdit les discriminations et exige que des différences de traitement soient justifiées par des différences de situation objectives et pertinentes ou par l'intérêt général, confèrent une *place éminente aux valeurs d'intégration et de solidarité ainsi qu'à l'objectif de cohésion sociale ».* Or, si l'engagement de promouvoir ces valeurs et de contribuer à la lutte contre les discriminations doit se combiner avec le principe de la liberté de communication des pensées et des opinions », il « ne saurait être interprété

---

plus en plus de lois ont pour objet la « mise en valeur », « des espaces urbains » [loi n°2013-922 du 17 octobre 2013], « du milieu marin » [loi n°2002-164 du 12 février 2002], « de la zone dite des cinquante pas géométriques » [loi n°96-1241 du 30 décembre 1996], « des paysages » [loi n°93-24 du 8 janvier 1993], « des zones côtières de la région de l'Afrique orientale » [loi n°89-401 du 21 juin 1989], « du littoral » [loi n°86-2 du 3 janvier 1986], « des terres incultes récupérables » [loi n°78-10 du 4 janvier 1978], « pastorale dans les régions d'économie montagnarde » [loi n°77-479 du 9 mai 1977].

[237] C. E., ord., 9 janvier 2014, *Ministre de l'Intérieur contre Société Les Productions de la Plume et M. Dieudonné M'Bala M'Bala*, n°374508, cons. 6.

comme imposant à l'éditeur du service de prohiber sur son antenne toute critique des principes et des valeurs républicaines »[238].

63. En somme, à l'exception notable de la jurisprudence du Conseil constitutionnel français, les juridictions mobilisent, semble-t-il, le terme « valeur » pour évoquer l'importance particulière de certaines règles pour la vie publique. Un tel constat n'est, en revanche, pas suffisant pour connaître avec plus de précisions les contours de l'objet. Un détour par le discours doctrinal apparaît nécessaire.

B. La valeur dans les énoncés du discours doctrinal

64. Le terme « valeur » n'est pas, comme le souligne M. Vlad Constantinesco, « des plus définis, ni des plus simples à définir »[239] dès lors qu'il est « susceptible d'une pluralité d'approches et de significations »[240]. Marquée du sceau d'un positivisme traditionnaliste, nourrie de certains postulats philosophiques cantonnant la valeur aux confins du droit, sinon dans le non-droit, la théorie française du droit, n'a curieusement jamais montré un grand intérêt pour cette question [241] alors même que la mobilisation de l'expression, dans le discours doctrinal, se faisait plus forte.

65. Le débat juridique sur les valeurs a atteint la théorie du droit à travers l'École dite du « néo-constitutionnalisme ». Ce courant trouve son origine dans la discussion portant sur le caractère inclusif[242] ou exclusif[243] du positivisme juridique vis-à-vis des valeurs morales. Hart est en grande partie l'initiateur de cette discussion dont l'œuvre revendique expressément un « positivisme tempéré » [244] [soft-positivism]. Il faut entendre, par-là, une théorie assumant une certaine promiscuité entre le droit et la morale, sous la

---

[238] C. E., 5/6 Ch. réunies, 15 octobre 2018, *Société RTL*, n°417228, cons. 4.

[239] Vlad CONSTANTINESCO, « Les valeurs dans le Traité établissant une constitution pour l'Europe », *in* Samantha BESSON, Francis CHENEVAL et Nicolas LEVRAT (dir.), *Des valeurs pour l'Europe ?,* Éd. Bruylant, Coll. Publications de l'Institut européen de l'Université de Genève, 2008, p. 72.

[240] *Id.*

[241] À quelques exceptions notables comme Paul ROUBIER, *Théorie générale du droit: histoire des doctrines juridiques et philosophie des valeurs sociales*, *op. cit.* ; Christophe GRZEGORCZYK, *La théorie générale des valeurs et le droit: Essai sur les prémisses axiologiques de la pensée juridique*, *op. cit.*, ; Michel VILLEY, *Philosophie du droit. Définitions et fins du droit. Les moyens du droit* [1982], réimp. Éd. Dalloz, Coll. Bibliothèque Dalloz, 2001, p. 16-18 et 132-135 ; M. François Brunet a démontré, dans sa thèse, que la plupart des approches axiologiques du droit se résument simplement à la simple projection des fins les plus variées sur la discipline juridique. François BRUNET, *La normativité en droit*, *op. cit.*, p. 408 et s.

[242] V. par ex., Wilfrid J. WALUCHOW, *Inclusive legal positivism*, Éd. Clarendon Press, 1994 ; v. encore Wilfrid J. WALUCHOW, « The many faces of legal positivism », *The University of Toronto Law Journal*, vol. 48, n°3, 1998, p. 387-449 ; Herbert Lionel Adolphus HART, *Le Concept de droit*, *op. cit.*. p. 287 ; Jules L. COLEMAN, *The practice of principle: in defence of a pragmatist approach to legal theory*, Éd. Oxford University Press, 2001, p. 67, n°2 ; Matthew Henry KRAMER, « Moral principles and legal validity », *RatioJuris*, vol. 22, n°1, 2009, p. 44-61, notamment p. 45.

[243] V. par ex., Joseph RAZ, « Authority, law and morality », *The Monist*, vol. 68, n°3, 1985, p. 295-324 ; v. égal. Scott SHAPIRO, « On Hart's way out », *Legal Theory*, vol. 4, n°4, 1998, p. 469-507.

[244] Herbert Lionel Adolphus HART, *Le Concept de droit*, *op. cit.*, p. 268.

seule réserve que les rapports entre ces deux systèmes normatifs ne soient pas entendus de façon *nécessaire*. Au sein de ce courant, le positivisme inclusif constitue l'expression la plus parfaite du positivisme modéré. Le néo-constitutionnalisme en constitue la branche appliquée – au droit constitutionnel plus particulièrement. L'expression « néo-constitutionnalisme » trouve sa source, selon M. Mauro Barberis, dans le discours doctrinal italien[245]. M. Riccardo Guastini, qui s'est essayé à en résumer les thèses[246], les réduit pour l'essentiel à deux : « la thèse de la connexion entre le droit et la justice (ou le droit et la morale, ce qui revient au même) ; et la thèse selon laquelle les principes, à la différence des règles, s'appliquent non par voie de subsomption, mais par pondération (de sorte que l'application d'une constitution est une chose différente et irréductible à la commune application des lois) »[247].

66. De façon plus générale, et la liste fournie par M. Riccardo Guastini conforte cette idée, le néo-constitutionnalisme désigne un véritable mouvement à l'occasion duquel plusieurs auteurs ont cherché, en réaction à une vision traditionnaliste du positivisme juridique, à envisager plus spécifiquement la question de la valeur dans le droit. Peuvent s'en revendiquer, pêle-mêle, les théories de MM. Ronald Dworkin[248], aux États-Unis, Robert Alexy[249] en Allemagne, Aulis Aarnio[250] en Finlande, Aleksander Peczenik[251] en Suède, Neil MacCormick[252] en Ecosse, Ota Weinberger[253] en République Tchèque, Manuel Atienza[254], Juan Ruiz

---

[245] Mauro BARBERIS, « Le néoconstitutionnalisme existe-t-il ? », *Revus*, vol. 25, 2015, p. 102. Pour l'origine du mot, l'auteur renvoie à Suzanna POZZOLO, « Neoconstitucionalismo y especificidad de la interpretacion constitucional », tr. Josep M. VILAJOSANA, *Doxa*, vol. 21, n°2, 1998, p. 339-353. Pour une première définition l'auteur renvoie à ses travaux Mauro BARBERIS, *Filosofia del diritto: un'introduzione teorica*, *op. cit.* Pour une première problématisation, il renvoie à Paolo COMANDUCCI, *Constitución y Teoría del Derecho*, Éd. Fontamara, 2007, p. 74 et s.

[246] Riccardo GUASTINI, « Sur le néoconstitutionnalisme », *in Le droit entre autonomie et ouverture. Mélanges en l'honneur de Jean-Louis Bergel*, Éd. Bruylant, 2013, p. 255-269, notamment p. 256.

[247] *Ibid.*, p. 258.

[248] V. par ex. Ronald DWORKIN, *Justice for hedgehogs* [2011], tr. fr. John Edwin JACKSON, *Justice pour les hérissons: la vérité des valeurs*, Éd. Labor et Fides, Coll. Le champ éthique, 2015.

[249] Robert ALEXY, « Constitutional Rights, Balancing, and Rationality », *RatioJuris*, vol. 16, n°2, 2003, p. 131-140.

[250] Aulis AARNIO, *Le rationnel comme raisonnable*, *op. cit.* ; v. égal. Aulis AARNIO et Aleksander PECZENIK, « On Values. Universal or Relative ? », *RatioJuris*, vol. 9, n°4, 1996, p. 321-330.

[251] Aleksander PECZENIK, *On law and reason*, Kluwer academics publisher, Coll. Law and philosophy library, 1989.

[252] Neil MACCORMICK, *Legal reasoning and legal theory* [1978], tr. fr. Jérôme GAGEY, *Raisonnement juridique et théorie du droit*, Ed. PUF, Coll. Les voies du droit, 1996.

[253] Neil MACCORMICK et Ota WEINBERGER, *Grundlagen des institutionalistischen Rechtspositivism* [1985], tr. fr. Odile NERHOT et Philippe COPPENS, *Pour une théorie institutionnelle du droit : nouvelles approches du positivisme juridique*, Éd. Story Scientia, Coll. La pensée juridique moderne, 1992.

[254] Manuel ATIENZA et Juan RUIZ MANERO, *Las piezas del derecho : teoria de los enunciados juridicos* [1996], tr. ang. Ruth ZIMMERLING, *A Theory of legal sentences*, Éd. Springer Science, Business Media, Coll. Law and Philosophy Library, 1998.

Manero[255], Juan Daniel Elorza Saravia[256], Gregorio Peces Barba[257], Juan Javier Santamaria Ibeas[258] et Luis Prieto Sanchis[259] en Espagne, Gustavo Zagrebelsky[260] et Antonio Baldassare[261] en Italie, Carlos Santiago Nino[262] en Argentine, François Ost[263], Michel van de Kerchove[264], Chaïm Perelman[265] et Benoît Frydman[266] en Belgique tout autant que les théories de Mmes Catherine Thibierge[267] en France et Isabelle Hachez en Belgique[268]. Si ces théories sont parfois fortement divergentes, elles se caractérisent dans l'ensemble par cela qu'elles constituent « une théorie des rapports entre droit et morale *in genere* »[269]. En effet, comme le rappelle M. Mauro Barberis « tous les néoconstitutionnalistes théorisent ces rapports même si chaque théoricien le fait en des termes différents (comme rapports nécessaires, contingents, essentiels, profonds etc.,) »[270].

67. Si l'objet valeur semble avoir été assez largement construit par les théories néo-constitutionnalistes, il n'en demeure pas moins très présent dans de nombreux autres travaux, quoique son étude ne soit pas toujours suffisante. Mobilisant expressément le terme, la doctrine juridique a pu se référer à des « valeurs » « communes »[271], « relatives »[272], « sociales »[273],

---

[255] *Id.*

[256] Juan Daniel ELORZA SARAVIA, *Valores y normas: argumentación jurídica y moral crítica a propósito de Robert Alexy*, Éd. Aranzadi, Coll. Estudios Aranzadi, 2015.

[257] Gregorio PECES-BARBA MARTINEZ, *Los valores superiores*, Éd. Tecnos, 1984 ; Gregorio PECES-BARBA MARTINEZ, *Théorie générale des droits fondamentaux*, tr. Ilié Antonio PELE, Éd. LGDJ, Coll. Droit et société, 2004.

[258] J. Javier SANTAMARIA IBEAS, *Los valores superiores en la Jurisprudencia del Tribunal Constitucional: libertad, justicia, igualdad y pluralismo político*, Éd. Dykinson, 1997.

[259] Luis PRIETO SANCHIS, *El constitucionalismo de los derechos: ensayos de filosofía jurídica*, Éd. Trotta, Coll. Estructuras y procesos, 2013.

[260] Gustavo ZAGREBELSKY, *Il diritto mite: legge, diritti, giustizia*, Éd. Einaudi, Coll. Einaudi contemporanea, 1992.

[261] Antonio BALDASSARE, « Costituzione e teoria dei valori », *Politica del diritto*, vol. 22, 1991, p. 639-658.

[262] Carlos Santiago NINO, *Introducción al análisis del derecho*, *op. cit.*

[263] François OST et Michel VAN DE KERCHOVE, *Jalons pour une théorie critique du droit*, *op. cit.*

[264] *Id.*

[265] Chaïm PERELMAN, *Éthique et droit*, Éd. de l'Université de Bruxelles, Coll. ULBlire, 2012.

[266] Benoît FRYDMAN, *Le sens des lois: histoire de l'interprétation et de la raison juridique*, Éd. Bruylant, Coll. Penser le droit, 2011.

[267] Catherine THIBIERGE (dir.), *La force normative: naissance d'un concept*, *op. cit.*

[268] Isabelle HACHEZ et *al.* (dir.), *Normes internationales et constitutionnelles*, Éd. Anthemis, Coll. Publications des FUSL, 2012 ; Isabelle HACHEZ (dir.) et *al.*, *Normes internes infraconstitutionnelles*, Éd. Anthemis, Coll. Publications des FUSL, 2012 ; Isabelle HACHEZ et al. (dir.), *Normativités concurrentes*, Éd. Anthemis, Coll. Publications des FUSL, 2012 ; Isabelle HACHEZ (dir.), *Théorie des sources du droit*, Éd. Anthemis, Coll. Publications des FUSL, 2012.

[269] Mauro BARBERIS, « Le néoconstitutionnalisme existe-t-il ? », *Revus*, *loc. cit.*, p. 110.

[270] *Id.*

[271] Mireille DELMAS-MARTY, *Vers une communauté de valeurs ?*, Éd. du Seuil, Coll. La couleur des idées, 2011, p. 20 ; Joël MOLINIER (dir.), *Les principes fondateurs de l'Union européenne*, Éd. PUF, Coll. Droit et justice, 2005, p. 18.

[272] Hans KELSEN, « Law and morality », *Essays in legal and moral philosophy*, 1973, cité par Christophe GRZEGORCZYK, Françoise MICHAUT et Michel TROPER (dir.), *Le positivisme juridique*, *op. cit.*, p. 144 : « Une théorie relativiste des valeurs ne signifie pas – comme on le croit souvent – qu'il n'y a pas de valeurs et en particulier pas de justice, mais qu'il n'y a pas

« comptables »[274], « de la République »[275] ou « républicaines »[276], ou plus précisément « de la Vème République »[277], « irrédentes »[278] au droit, « ordinales »[279] [ordinamentali], « repères »[280]. Parfois les valeurs sont définies par un synonyme tel que : « idéaux »[281] [ideales], « standards »[282], « principes non saturés »[283] [principi insaturi], « canon-guide » pour l'interprétation de la constitution[284]. D'autres auteurs ont tenté, de façon générale, de qualifier le phénomène axiologique et évoquent alors une « tyrannie »[285], un « ersatz de droit naturel »[286], un « succédané du vieux concept de nature »[287] ou au contraire, un phénomène fixe comme un « ordre »[288] ou mouvant comme un « portail »[289], une « échelle »[290], un

---

de valeurs absolues, mais seulement des valeurs relatives, pas de justice absolue, mais seulement une justice relative, que les valeurs que nous créons par nos actes normateurs et sur lesquelles nous fondons nos jugements de valeurs, ne peuvent prétendre exclure la possibilité de valeurs opposées ».

273 Roger BONNARD, « Les idées de Léon Duguit sur les valeurs sociales (avec des inédits de Duguit) », *APD*, n°1-2, 1932, p. 7-19.

274 René SAVATIER, « Le Droit et l'échelle des valeurs », *in Mélanges en l'honneur de Paul Roubier*, T. I, Éd. Dalloz, 1961, p. 441-457, notamment p. 447 ; v. égal. René SAVATIER, *Le droit comptable au service de l'homme*, Éd. Dalloz, Coll. Bibliothèque Dalloz, réimp. 2005, p. 113-155 ; v. encore v. René SAVATIER, « Le droit de la personne et l'échelle des valeurs », *in En hommage à Victor Gothot,* Éd. Université de Liège, 1962, p. 567-605, notamment p. 602.

275 Vincente FORTIER (dir.), *Le juge, gardien des valeurs ?*, Éd. CNRS, Coll. CNRS droit, 2007, p. 13.

276 Christophe VIMBERT, *La tradition républicaine en droit public français*, Éd. LGDJ, Coll. Bibliothèque constitutionnelle et de science politique, 1992, p. 198.

277 Pierre PACTET et Ferdinand MELIN-SOUCRAMANIEN, *Droit constitutionnel*, Éd. Armand Colin, Coll. Droit public, 2004, p. 341.

278 David GILLES et Simon LABAYLE, « L'irrédentisme des valeurs dans le droit : la quête du fondement axiologique », *Revue de droit. Université de Sherbrooke*, vol. 42, 2012, p. 309-361.

279 Massimo CAVINO, « Il diritto a non nascere : Italia e Francia a confronto », *in* Massimo CAVINO et Chiara TRIPODINA (dir.), *La tutela dei diritti fondamentali tra diritto politico e diritto giurisprudenziale : casi difficili alla prova*, Éd. Giuffrè, Coll. Memorie della Facoltà di giurisprudenza, 2012, p. 292.

280 Carl SCHMITT, « Die tyrannei der werte », [1959], tr. fr. Jean-Louis SCHLEGEL, « La tyrannie des valeurs ou : Le chemin de l'enfer est pavé de valeurs », *Société, droit et religion*, vol. 5, n°1, 2015, p. 7.

281 Gregorio PECES-BARBA MARTINEZ, *Los valores superiores, op. cit.*, p. 42.

282 Stéphane RIALS, *Le juge administratif français et la technique du standard: essai sur le traitement juridictionnel de l'idée de normalité*, Éd. LGDJ, Coll. Bibliothèque de droit public, 1980, p. 34.

283 Gino SCACCIA, « Valori e diritto giurisprudenziale », *Diritto e società*, n°1, 2011, p.145

284 *Ibid.*, p. 148.

285 Carl SCHMITT, « La tyrannie des valeurs ou : Le chemin de l'enfer est pavé de valeurs », *loc. cit.*

286 Hugues RABAULT, « Droit et axiologie : la question de la place des 'valeurs' dans le système juridique », *in La circulation du droit constitutionnel*, Actes du VIIIème congrès national de l'AFDC organisé à la Faculté de droit de Nancy 2 les 16, 17 et 18 Juin 2011, Institut de Recherche sur l'Évolution de la Nation et de l'État, p. 3.

287 Ernst-Wolfgang BÖCKENFÖRDE, « Zur Kritik der Wertbregründung des Rechts » [1990], tr. fr. Olivier JOUANJAN, « Pour une critique de la fondation axiologique du droit », *in Le droit, l'État et la constitution démocratique: essais de théorie juridique, politique et constitutionnelle*, *op. cit.*, p. 79.

288 Stéphane PIERRE-CAPS, « La Constitution comme ordre de valeurs », *in La Constitution et les valeurs. mélanges en l'honneur de Dmitri Georges Lavroff*, Éd. Dalloz, 2005, p. 283-296 ;

« rapport »[291], « une relation »[292], « une mesure »[293], une « pesée »[294]. De nombreux auteurs essaient de « situer », la valeur par rapport au droit. Ainsi, pour certains, les valeurs peuvent être « juridiques »[295], ou « méta-juridiques »[296]. Pour d'autres, la valeur fonde le droit, elle est alors « fondatrice »[297], « fondamentale »[298] ou constitue un phénomène de « fondation »[299], de « structuration »[300] ; en bref, elle est généralement « anté-positive »[301]. La valeur peut fonder la règle soit directement, soit

---

v. égal. Élisabeth ZOLLER, *Droit constitutionnel*, Éd. PUF, Coll. Droit fondamental, 1999, p. 175.

[289] Gregorio PECES-BARBA MARTINEZ, *Los valores superiores*, *op. cit.*, p. 37.

[290] René SAVATIER, « Le Droit et l'échelle des valeurs », *in Mélanges en l'honneur de Paul Roubier*, T. I, *loc. cit.*, p. 441-457.

[291] Julien FREUND, *Études sur Max Weber*, *op. cit.*, p. 46.

[292] Hans KELSEN, *Reine rechtslehre* [1960], tr. fr. Charles EISENMANN, *Théorie pure du droit* [1962], réimp. Éd. LGDJ, Coll. La pensée juridique, 1999, p. 31 : « On appelle également valeur, la relation qui existe entre un certain objet en particulier une conduite humaine et un certain but. La convenance ou adéquation au but -on dire encore l'opportunité - est la valeur positive ; la contrariété ou non convenance au but, l'inopportunité est la valeur négative. Par « but » on peut entendre soit un but objectif soit un but subjectif. Un but objectif est un but qui doit être réalisé c'est à dire qui résulte d'une norme considérée comme objectivement valable. C'est un but assigné à la nature en général ou à l'homme en particulier par une autorité surnaturelle ou supra humaine. Un but subjectif est un but qu'un homme s'assigne à lui-même, qu'il souhaite réaliser. La valeur qui réside dans le fait de répondre au but est identique à la valeur qui réside dans le fait de répondre à la norme, ou à la valeur qui consiste dans le fait de répondre au désir ».

[293] Paul AMSELEK, *Cheminements philosophiques dans le monde du droit et des règles en général*, *op. cit.*, p. 180.

[294] Charles-Albert MORAND, « Vers une méthodologie de la pesée des valeurs constitutionnelles », *in De la Constitution: études en l'honneur de Jean-François Aubert*, Éd. Helbing et Lichtenhahn, 1996, p. 57-75.

[295] René CHAPUS, « De la valeur juridique des principes généraux du droit et des autres règles jurisprudentielles du droit administratif » [1966], réimp. *in* René CHAPUS, *L'administration et son juge,* PUF, coll. Doctrine juridique, 1999, p. 112-130.

[296] Alexandre VIALA, *in* Joël ANDRIANTSIMBAZOVINA, Hélène GAUDIN et Jean-Pierre MARGUENAUD (dir.), *Dictionnaire des droits de l'Homme*, Éd. PUF, coll. Quadrige. Dicos poche, 2012, v° « Valeurs et principes (distinction) », p. 972.

[297] Wagdi SABETE, « De la complexité de détermination des valeurs fondatrices du droit à la difficulté de jugement de fait ou Suite antihumienne », *APD*, vol. 50, 2007, p. 371-392.

[298] Nicole DUPLE, « L'enchâssement des valeurs de la démocratie libérale dans les chartes », *in* Bjarne MELKEVIK (dir.), *Transformation de la culture juridique québécoise*, Éd. Presses de l'Université Laval, 1998, p. 121. ; v. égal. Fulvio DI BLASI, « I valori fondamentali nella teoria neoclassica della legge naturale », *Rivista internazionale di filosofia del diritto*, vol. 76, 1999, p. 209-252 ; Dimitri-Georges LAVROFF, « À propos de la Constitution », *in L'esprit des institutions, l'équilibre des pouvoirs: mélanges en l'honneur de Pierre Pactet*, Éd. Dalloz, 2003, p. 296.

[299] Ernst-Wolfgang BÖCKENFÖRDE, « Pour une critique de la fondation axiologique du droit », *in Le droit, l'État et la constitution démocratique: essais de théorie juridique, politique et constitutionnelle*, *op. cit.*, p. 77-97.

[300] Andrée LAJOIE, *Jugements de valeurs: le discours judiciaire et le droit*, Éd. PUF, Coll. Les voies du droit, 1997, p. 198.

[301] Alexandre VIALA, *Dictionnaire des droits de l'Homme*, *op. cit.*, v° « Valeurs et principes (distinction) », p. 972.

indirectement, par le biais de notions connexes juridiques ou extrajuridiques que sont notamment les principes[302], le but[303], la fin[304], la tradition[305].

Force est de constater un certain flou terminologique quant à l'appréhension, en droit, de l'objet « valeur ». Cette diversité n'est pas l'apanage de l'ordre juridique français comme l'illustrent les précédents exemples tirés des ordres juridiques étrangers, notamment italiens et espagnols. Elle est même d'autant plus forte, dans la littérature anglophone[306] où l'anglais distingue bien « worth » and « value ». Plusieurs associations conceptuelles ressortent de ces exemples sur lesquelles il importe de revenir.

C. Les synonymes de la valeur

68. Les analyses précédentes font ressortir la diversité des associations lexicologiques effectuées à partir du concept de valeur. Avant tout chose, on perçoit que le terme de « valeur » est bien souvent utilisé pour évoquer une norme morale. On peut y voir, par ailleurs, l'une des explications du rejet dont elles font l'objet dans la pensée juridique française. Le concept de valeur fait l'objet de nombreuses associations, avec les concepts de « bien » (1), « d'idéal » (2), de « standard » (3), d' « émotion » (4), de « désir » (5) ou encore de « principe » (6).

1° L'association entre la valeur et le bien

69. Le langage courant associe souvent les termes de valeur et de bien. Comme l'écrit Lavelle, « dire qu'une chose est bonne c'est dire aussi qu'elle a pour nous quelque valeur »[307]. Pourtant le bien se distingue de la valeur par le rapport d'extériorité qu'il entretient avec le sujet. En effet, la valeur n'existe que dans l'esprit de celui qui en juge tandis que le bien constitue une valeur trouvée et possédée. La valeur s'inscrit ainsi dans l'acte de recherche que la découverte du bien vient interrompre. La valeur peut d'autant moins être synonyme de bien qu'elle peut être également négative et s'entendre, non pas tant d'un mal, mais bien plutôt d'un non-bien.

---

[302] *Id.* ; v. égal. Jean BOULANGER, « Principes généraux du droit et droit positif », *in Le droit privé français au milieu du XXe siècle: études offertes à Georges Ripert*, Éd. R. Pichon et R. Durand-Auzias, 1950, p. 51-75, notamment p. 60 ; Franck MODERNE, « Actualité des principes généraux du droit », *RFDA*, n°3, 1998, p. 495-518.

[303] Henri BATIFFOL, *Problèmes de base de philosophie du droit*, *op. cit.*, p. 295.

[304] Léon HUSSON, « Les trois dimensions de la motivation judiciaire », *in* Chaïm PERELMAN et Paul FORIERS (dir.), *La motivation des décisions de justice: études*, Éd. Bruylant, Coll. Travaux du centre national de recherches de logique, 1978, p. 69-109, notamment p. 98-99.

[305] Roger GRANGER, « La tradition en tant que limite aux réformes du droit », *RIDC*, vol. 31, n°1, 1979, p. 42.

[306] V. notamment les débats entre Maurice PICARD, « Value and worth », *The journal of philosophy*, vol. 19, n°18, 1922, p. 477-489 et David Wight PRALL, « In defense of a worthless theory of value », *The journal of philosophy*, vol. 20, n°5, 1923, p. 128-137. Pour une utilisation simultanée des deux termes en théorie du droit v. Oliver Wendell HOLMES, « Law in science and science in law », *HLR*, vol. 12, n°7, 1899, p. 443-463.

[307] Louis LAVELLE, *Traité des valeurs*, T. I, *Théorie générale de la valeur*, *op. cit.*, p. 19.

2° L'association entre la valeur et l'idéal

70. Le langage courant associe également, parfois, la valeur et l'idéal. Le concept d'idéal est trop réducteur pour épuiser le concept de valeur. Il n'en exprime, si l'on veut, que l'une de ses dimensions et notamment sa dimension transcendante[308]. Cela n'empêche pas la valeur de constituer avant tout une idée, un outil de l'esprit. Toutefois, la valeur est actuelle tandis que l'idéal est toujours à venir. La valeur se réalise concrètement, c'est là sa raison d'être, quand l'idéal existe au contraire pour ne jamais se réaliser.

3° L'association entre la valeur et le standard

71. Une représentation courante associe bien souvent les concepts de valeur et standard. En droit le Professeur Rials évoque ainsi « l'irréductibilité apparente des valeurs et des standards »[309]. Valeurs et standards partagent la même nature de modèle ainsi que la même fonction d'évaluation[310]. Toutefois, le *standard* porte en lui-même sa valeur de référence. Le standard constitue un modèle d'évaluation de la *normalité* d'un objet[311]. Partant, le standard constitue un démembrement, une déclinaison de la valeur.

4° L'association entre la valeur et le désir

72. Un autre lieu commun des références susmentionnées consiste en l'association de la valeur et du désir ou du souhait. Cette association est notamment faite par Kelsen, pour évacuer du droit la question de la valeur subjective. Son raisonnement comporte plusieurs étapes.

En premier lieu, l'auteur définit la valeur comme « la relation qui existe entre un certain objet en particulier, une conduite humaine et un certain but »[312]. La convenance ou l'adéquation de l'objet au but produit une « valeur positive »[313], là où la non-convenance ou l'inadéquation produit une « valeur négative »[314].

En second lieu, cet étalon de référence ou ce « but » peut être « soit un but objectif, soit un but subjectif ». Un but objectif « est un but qui doit être réalisé, c'est-à-dire qui résulte d'une norme considérée comme objectivement valable »[315]. Il faut entendre, ici, une norme juridique, conformément produite par le système. En revanche, le but subjectif « est un

---

[308] René LE SENNE, *Traité de morale générale,* Éd. PUF, Coll. Logos, 5ème éd., 1967, p. 694

[309] Stéphane RIALS, *Le juge administratif français et la technique du standard: essai sur le traitement juridictionnel de l'idée de normalité*, *op. cit.*, p. 34.

[310] Michele TARUFFO, « La justification des décisions fondées sur des standards », *RRJ*, vol. 35, n°4, 1988, p. 1131.

[311] Jean-Michel BLANQUER, *Les méthodes du juge constitutionnel*, Thèse de doctorat présentée à l'Université Paris 2 Panthéon-Assas, 1993, p. 304.

[312] Hans KELSEN, *Théorie pure du droit*, *op. cit.*, p. 31.

[313] *Id.*

[314] *Id.*

[315] *Id.*

but qu'un homme s'assigne à lui-même, qu'il *souhaite* réaliser »[316] autrement dit le fruit d'un désir, ou d'un souhait. Kelsen ajoute alors que « la valeur qui réside dans le fait de répondre au but est identique à la valeur qui consiste dans le fait de répondre à la norme, ou à la valeur qui consiste dans le fait de répondre au désir »[317]. C'est le rôle de la discipline juridique d'opérer la distinction entre la valeur objective et la valeur subjective. Le droit ne doit pas prendre en compte, selon Kelsen, la valeur subjective, produit du désir[318].

73. La théorie kelsenienne de la valeur se fonde néanmoins sur une confusion regrettable entre la valeur et le souhait ou le désir. Il n'est pas correct de définir la valeur par l'obtention du désir. Certes, le désir préexiste à la valeur et met en évidence l'existence d'un besoin qu'il s'agit d'assouvir. Le désir ouvre donc sur l'hypothèse de la valeur. Mais, en réalité, *le désir n'exprime que le manque de la valeur*. En effet, il y a désir là où un besoin est si peu assouvi que son manque s'en fait d'autant plus sentir. L'on suit

---

316 *Id.*

317 *Id.*

318 Pour d'autres illustrations de la confusion valeur/souhait-désir chez l'auteur autrichien, v. par ex. Hans KELSEN, *Théorie générale du droit et de l'État*, *op. cit.*, p. 58 : « On ne peut décider rationnellement de ce qui représente la valeur suprême entre la liberté et l'égalité. Or, le jugement de valeur subjectif, et donc relatif, donné en réponse à cette question équivaut habituellement à l'assertion d'une valeur objective et absolue, d'une norme généralement valide. C'est là une particularité de l'être humain qu'il éprouve un grand besoin de justifier sa conduite, l'expression de ses émotions, ses souhaits et ses désirs, par la fonction intellectuelle, la pensée et la connaissance », p. 97-99 : « Les assertions de valeur que présupposent les jugements portés sur le caractère licite ou illicite d'une conduite seront ici appelées 'valeurs de droit' ; on appellera 'valeurs de justice' les jugements portés sur le caractère juste ou injuste d'un ordre juridique. Les énoncés sur les valeurs de droit sont des jugements de valeur objectifs, les énoncés sur les valeurs de justice sont des jugements de valeur subjectifs. [...] Un jugement de valeur juridique sur une relation positive ou négative entre une conduite humaine déterminée et une norme juridique affirme par implication qu'une norme juridique existe. Cette assertion, et donc le jugement de valeur juridique, peuvent être vérifiés au moyen des faits qui conditionnent l'existence de la norme. C'est en ce sens que le jugement de valeur juridique revêt un caractère objectif. L'existence de la valeur de droit est vérifiable de façon objective. En revanche, la valeur de justice n'est pas de même nature que la valeur de droit. Lorsque nous jugeons qu'un ordre ou une institution juridiques sont justes ou injustes, notre intention va plus loin que lorsque nous disons d'un plat qu'il est bon ou mauvais, par quoi nous indiquons que nous le trouvons agréable ou désagréable au goût. Quand nous disons qu'une institution juridique [...] est juste ou injuste, cela ne signifie pas que quelqu'un tire avantage de cette institution ou de l'institution contraire. Cela signifie que cette institution correspond ou ne correspond pas à une norme dont la validité est présumée par l'auteur de l'énoncé. Cette norme n'est pas une norme de droit positif. [...] Les jugements moraux et politiques sont de même nature que les jugements de justice. Ils entendent exprimer une valeur objective, se référer à un objet qui vaille pour tous les hommes. Ils présupposent une norme objectivement valide. Mais l'existence et le contenu de cette norme ne peuvent être vérifiés par des faits. Cette norme est uniquement déterminée par le *souhait subjectif* du sujet qui forme le jugement » ; v. égal. Hans KELSEN, *Théorie pure du droit*, *op. cit.* p. 27-28 : « La valeur qui est fondée par une norme considérée comme objectivement valable, qui résulte du rapport d'un objet à une telle norme, est une chose ; la valeur qui résulte du rapport d'un objet au désir ou à la volonté d'un individu ou de plusieurs individus portant sur cet objet est une autre chose » et p. 28 : « On peut dénommer valeur subjective la valeur qui consiste en la relation entre un objet, en particulier une conduite humaine, et le désir ou la volonté portant sur lui soit d'un individu soit de plusieurs, et valeur objective, celle qui consiste en la relation entre une conduite et une norme objectivement valable ».

aisément Lavelle qui affirme que « la mesure réelle de la valeur, ce n'est pas le désir réel, mais *le désir possible* »[319]. La valeur exprime donc davantage le *désirable* que le *désir.* Autrement dit, la valeur exprime un désir à venir. Il s'agit là encore, d'une dimension trop réductrice de la valeur, qui ne vise que sa branche idéale.

5° L'association entre la valeur et l'émotion

74. Le langage courant s'accorde parfois pour considérer que la valeur s'entend d'une émotion. Cette association est partiellement justifiée. Comme l'écrit Lavelle, « une conscience pour laquelle il n'y aurait pas d'émotion ne reconnaitrait entre les choses aucune différence d'intérêt, ni par conséquent, aucune différence de valeur »[320]. Dans ces conditions, on peut considérer que l'émotion constitue la source sentimentale de la valeur, peut être même sa cause. Il existe entre les deux concepts une différence de degrés. L'émotion s'entend bien souvent « d'un choix brusque, souvent violent, intense avec augmentation ou arrêt des mouvements : la peur, la colère, le coup de foudre en amour »[321].

75. Parfois la valeur est associée à l'émotion simplement pour en diminuer la portée. En philosophie, le courant de l'émotivisme a tenté d'associer de la sorte « valeur » et « émotion ». Dans son ouvrage *Langage, vérité et logique,* Alfred Jules Ayer, estime que les propositions de valeurs sont dépourvues comme les émotions de tout contenu factuel. Les propositions de valeur telles que « ceci est bon » ou « ceci est mal » ne constituent pas même des jugements mais manifestent simplement les états émotionnels de la conscience. En disant à quelqu'un « 'vous avez mal agi en volant cet argent', je ne dis rien de plus que si j'avais simplement déclaré : 'vous avez volé cet argent' »[322]. Partant, « c'est comme si j'avais dit 'vous avez volé cet argent' sur un ton particulier d'horreur ou si je l'avais écrit avec l'addition de quelque marque spéciale d'exclamation »[323].

76. C'est à cette philosophie particulière que viendront s'abreuver les tenants de la logique formelle appliquée au Droit. Pour Alf Ross, par exemple, les propositions de valeur ont pour « fonction [...] d'être le symptôme ou le signal d'une certaine attitude » [324]. Cette thèse fonde également en grande partie la théorie kelsenienne de la valeur . Kelsen y trouve la justification nécessaire à l'éviction du concept de « valeur subjective » de la discipline juridique. En effet, pour l'auteur la valeur subjective « n'est pas une fonction de la connaissance ; elle est une fonction des composantes émotionnelles de la conscience »[325]. Dans ces conditions, le

---

[319] Louis LAVELLE, Traité des valeurs, T. I, Théorie générale de la valeur, op. cit., p. 198.
[320] *Ibid.*, p. 447.
[321] Théodule RIBOT, *La logique des sentiments*, Éd. Alcan, 1905, p. 67.
[322] *Id.*
[323] *Id.*
[324] Alf ROSS, « On the logical nature of propositions of value » [1945], tr. fr. Elsa MATZNER et Éric MILLARD, « Sur la nature logique des propositions de valeur » *in* Alf ROSS, *Introduction à l'empirisme juridique : textes théoriques*, Tr. Elsa MATZNER et Éric MILLARD, Bruylant, LGDJ, coll. La pensée juridique, 2004, p. 85.
[325] Hans KELSEN, *Théorie pure du droit*, *op. cit.*, p. 27-28.

jugement de valeur qui la manifeste « exprime une approbation ou une désapprobation émotionnelles, de même ordre que celles que traduisent les interjections : 'bravo !' ou 'à bas !' »[326]. On comprend par là l'opposition de Kelsen à la théorie axiologique.

6° L'association entre la valeur et le principe

77. Il n'est pas rare, tant s'en faut, que les valeurs soient associées à l'expression de *principes*. M. Philippe Jestaz écrivait à ce titre que constitue un principe, « la norme qu'on appelle ainsi pour lui attribuer, à tort ou à raison, une importance particulière »[327]. M. Éric Maulin considérait pour sa part, que les « principes sont au contraire des valeurs qu'inventent les différents acteurs constitutionnels [...] afin de donner à une configuration juridique [...] le fondement légitime qui confère à la légalité non seulement sa force obligatoire mais son autorité »[328].

78. De façon générale, la notion de « principe » a subi en droit un trop grand nombre de déformations empêchant de s'y référer convenablement. L'usage de la notion de « principe » apparaît bien « cacophonique »[329]. Tantôt les principes sont formellement définis[330], ce qui s'oppose à ce qu'ils soient associés aux valeurs, qui, on l'a dit, renvoient à un contenu matériel. Tantôt les principes sont opposés aux normes[331] ce qui empêche, là encore, leur mobilisation puisque l'on s'est accordé sur cette idée que la valeur constituait une espèce de la norme. Parfois les principes sont même opposés au droit considérés comme non-juridiques[332] ce qui, au vu de la perspective adoptée concernant la valeur apparaît bel et bien inenvisageable. On notera par ailleurs que le Conseil constitutionnel emploie de la même façon les termes et n'hésite pas à évoquer, par exemple, les « règles *et* principes de

---

326 *Id.*

327 Philippe JESTAZ, « Principes généraux, adages et sources du droit en droit français », *in* Philippe JESTAZ, *Autour du droit civil: écrits dispersés, idées convergentes*, Éd. Dalloz, 2005, p. 223.

328 Éric MAULIN, « L'invention des principes », *in* Sylvie CAUDAL (dir.), *Les principes en droit*, Éd. Economica, Coll. Études juridiques, 2008, p. 47.

329 Alexandre VIALA, *in* Dominique CHAGNOLLAUD et Guillaume DRAGO (dir.), *Dictionnaire des droits fondamentaux*, Éd. PUF, Coll. Petits dictionnaires Dalloz, 2010, v°« Droits fondamentaux (garanties procédurales) », p. 288.

330 Jan VELAERS, « Les principes généraux du droit à "valeur constitutionnelle" : des incontournables de notre ordre constitutionnel », *in* Isabelle HACHEZ et *al.* (dir.), *Les sources du droit revisitées – normes internationales et constitutionnelles*, T. I, Éd. Anthemis, 2012, p. 538 ; v. encore Paul MARTENS, « Y a-t-il des principes généraux de valeur constitutionnelle ? », *in Mélanges Jacques Van Compernolle*, Ed. Bruylant, 2004, p. 390.

331 V. par ex. Ronald DWORKIN, *Taking rights seriously* [1977], tr. fr. Marie-Jeanne ROSSIGNOL et Frédéric LIMARE, *Prendre les droits au sérieux*, Éd. PUF, Coll. Léviathan, 1995, p. 82.

332 V. par ex., Jerzy WROBLEWSKI, *in* André-Jean ARNAUD (dir.), *Dictionnaire encyclopédique de théorie et de sociologie du droit*, 2ème éd., LGDJ, 1993, v° « Principes du droit », p. 475 ; v. encore Antoine JEAMMAUD, « De la polysémie du terme "principe" dans les langages du droit et des juristes », *in* Sylvie CAUDAL (dir.), *Les principes en droit*, *op. cit.*, p. 49-74 notamment p. 71.

valeur constitutionnelle »[333] voire parfois les « règles *ou* principes de valeur constitutionnelle »[334].

79. Pour la présente analyse, le concept de principe sera entendu dans son sens premier, c'est-à-dire comme « un commencement, un point de départ ». Par suite, le principe est « ce qui rend compte d'une chose, ce qui en contient ou en fait comprendre les propriétés essentielles et caractéristiques »[335]. Le principe est fixe, immuable quand la valeur est au contraire éminemment relative.

SECTION IV. LE CHAMP DE LA RECHERCHE

80. La recherche entend se déployer dans le cadre d'un champ du droit relativement circonscrit : la jurisprudence du Conseil constitutionnel français. Il y a plus d'un siècle et demi, Demolombe indiquait déjà que « le mot de jurisprudence possède plusieurs acceptions » [336]. On en distingue pour l'essentiel, deux.

81. *Dans une acception courante et contemporaine*, le mot de jurisprudence est utilisé, de façon très simple, pour qualifier les « produits de l'activité de justice »[337] à savoir, « les précédents, l'ensemble des décisions semblables, successivement rendues sur un même point » [338] par une juridiction. La jurisprudence s'apparente ainsi à « la solution généralement donnée par les tribunaux à une question de droit »[339] entendue comme « une habitude des tribunaux »[340]. La notion de jurisprudence doit néanmoins être distinguée de la simple pratique juridictionnelle et évoque logiquement « une aptitude à la réitération, à la généralisation » [341], à la « continuité, à

---

333 V. par ex., Cons. Const., décision n°83-164 DC du 29 décembre 1983, *Loi de finances pour 1984*, cons. 10 ; v. égal. Cons. Const., décision n°86-208 DC du 2 juillet 1986, *Loi relative à l'élection des députés et autorisant le gouvernement à délimiter par ordonnances les circonscriptions électorales*, cons. 27.

334 V. par ex., Cons. Const., décision n°2000-429 DC du 30 mai 2000, *Loi tendant à favoriser l'égal accès des femmes et des hommes aux mandats électoraux et fonctions électives*, cons. 6. ; Cons. Const., décision n°2018-764 DC du 19 avril 2018, *Loi organique relative à l'organisation de la consultation sur l'accession à la pleine souveraineté de la Nouvelle-Calédonie*, § 3.

335 André LALANDE, *Vocabulaire technique et critique de la philosophie*, Éd. PUF, Coll. Quadrige, 2010, v° « Principe », p. 827-830, notamment p. 827.

336 Charles DEMOLOMBE, *Cours de code civil*, T. I, Éd. J. Stienon, 1847, p. 9.

337 Evelyne SERVERIN, « Juridiction et jurisprudence : deux aspects des activités de justice », *Droit et Société*, vol. 25, 1993, p. 340.

338 Charles DEMOLOMBE, *Cours de code civil*, T. I, *op. cit.*, p. 9.

339 Jean CARBONNIER, *Droit civil : Introduction*, Éd. PUF, Coll. Thémis. Droit privé, 2002, p. 279 ; v. égal. Marcel WALINE, « Le pouvoir normatif de la jurisprudence », *in La technique et les principes du droit public: études en l'honneur de Georges Scelle*, Éd. LGDJ, 1950, p. 613-632, notamment p. 615 ; plus récemment v. Jean-Luc AUBERT et Éric SAVAUX, *Introduction au droit: et thèmes fondamentaux du droit civil*, Éd. Sirey, Coll. Université, 2014, p. 175 ; Philippe MALAURIE et Patrick MORVAN, *Introduction au droit*, Éd. LGDJ, Coll. Droit civil, 2018, p. 375.

340 Jean CARBONNIER, *Droit civil : Introduction*, *op. cit.*, p. 280.

341 Marie-Claire RONDEAU-RIVIER, « La jurisprudence expliquée aux apprentis juristes », *RTD civ.*, n°1, 1993, p. 89-90.

l'imitation »[342]. Bien entendu, comme le notait le Professeur Atias, la jurisprudence ne se livre à l'observateur « qu'au terme d'une sélection, d'une reconstitution largement artificielle et arbitraire »[343] quoiqu'on puisse en fournir une définition simple comme « l'ensemble des décisions judiciaires'»[344]. Si cette acception enlève toute consistance à l'objet « jurisprudence » face à « l'extrême diversité de la réalité jurisprudentielle, sa dispersion, son éparpillement »[345], elle paraît particulièrement appropriée pour borner, pour clôturer abstraitement un champ où l'effort de recherche peut être entrepris. Il s'agit là d'une première circonscription du champ de la recherche. Face à l'immensité du champ jurisprudentiel constitué par les 5839 décisions rendues par le Conseil constitutionnel en France[346], depuis sa création, en 1958, l'analyse prospèrera essentiellement sur les 1502 décisions consacrées au contrôle de constitutionnalité[347]. Il importe de préciser que l'analyse ne se réfèrera pas exhaustivement à toutes ces décisions dont la mention tient lieu de simple balise pour la recherche. Il s'agit là d'une conséquence logique de l'immensité du champ qu'il s'agit de parcourir tout autant que du refus, précédemment rappelé, d'effectuer une analyse au cas par cas.

82. Dans une *acception plus ancienne et traditionnelle*, la jurisprudence peut également s'entendre de « la science acquise du droit »[348]. Ce sens particulier du concept, jugé « vague et archaïsant » par Jean Carbonnier, est pourtant le plus consacré. On le trouve déjà chez Ulpien pour qui « la jurisprudence est la connaissance des choses divines et humaines, la science du juste et de l'injuste »[349]. L'abandon de cette signification est récent, corrélatif d'un « changement de fonction du concept »[350] et de la densification simultanée du concept de « doctrine » dont Esmein, rappelait, il y a plus de cent ans déjà, leurs irréductibilités réciproques[351]. Cette rupture sémantique tient pour l'essentiel au triomphe, dans les représentations du droit, de l'opposition entre la théorie et la pratique. Dans la nouvelle division du travail émergente la jurisprudence constitue simplement la pratique des organes juridictionnels, là où la doctrine en propose la systématisation[352].

Appliquée à l'office du juge, le terme renvoie, pour le Professeur Grzegorczyk, à une « méthode propre et spécifique portant sur la découverte du droit (au sens de 'jus'), très pragmatique, acquise par l'expérience, et

---

342 Jean CARBONNIER, *Droit civil : Introduction*, *op. cit.*, p. 279.

343 Christian ATIAS, « D'une vaine discussion sur une image inconsistante : la jurisprudence en droit privé », *RTD civ.*, n°1, 2007, p. 23-32.

344 *Id.*

345 *Id.*

346 Bilan statistique officiel du Conseil constitutionnel au 3 août 2019. Disponible en ligne à l'adresse suivante : https://www.conseil-constitutionnel.fr/bilan-statistique

347 *Id.*

348 Charles DEMOLOMBE, *Cours de code civil*, T. I, *op. cit.*, p. 9.

349 Pascal PICHONNAZ (dir.), *Les 50 Livres du Digeste de l'Empereur Justinien*, tr. Dominique GAURIER, Éd. La Mémoire du Droit, Coll. 2017, I : digeste, Livres 1-26, I, I, 1.10.2, p. 19.

350 Vincent FORRAY, « La jurisprudence, entre crise des sources du droit et crise du savoir des juristes », *RTD civ.*, n°3, 2009, p. 463-480.

351 Pour une illustration v. par ex., Adhémar ESMEIN, « La jurisprudence et la doctrine », *RTD. civ.*, n°1, 1902, p. 5-19.

352 *Id.*

donc ne s'enseignant pas, sauf par des exemples du passé, tournée vers l'action (en particulier celle du juge ayant pour objet de dire le droit dans un litige), ancrée dans le contingent et le changeant »[353]. Dans ces conditions, le terme de jurisprudence exprime la « vertu judicative »[354] du juge, comme l'écrit, René Sève. Elle touche alors aux ressorts de son raisonnement. Elle est même, conclut le Professeur Grzegorczyk au terme d'une analyse comparative, « la méthode de la découverte des valeurs juridiques en vue du règlement des conflits humains, appartenant à la faculté de la raison pratique, et donc d'essence foncièrement philosophique »[355]. Dans cette acception, la jurisprudence correspond à une discipline qui pose la question du *quid ius*. Elle possède une véritable fonction gnoséologique[356] et se donne pour cible la pensée juridique et son corrélat, la juridicité[357].

83. Cette double articulation du champ de la recherche conditionne logiquement le programme et son aboutissement. Elle permet de distinguer deux niveaux d'appréhension pour l'objet « valeur ». *Abstraitement*, la valeur semble pouvoir dire quelque chose du droit constitutionnel en particulier, et *a fortiori* du droit en général. Là est la question de la juridicité. *Concrètement*, elle pourrait permettre d'expliciter les décisions de justice rendues par le Conseil constitutionnel dans le cadre de son contrôle de constitutionnalité. Là est la question, plus classique pour le droit, de la normativité.

SECTION V. LE PROGRAMME DE LA RECHERCHE

84. Le point de départ de la recherche consiste, dans la perspective cognitive rappelée à titre liminaire, à envisager la valeur comme un objet juridique identifiable, en tant que tel, susceptible de rendre compte d'une pluralité de phénomènes juridiques et dont il importe d'établir le concept.

85. Conformément à la méthode réductionniste précédemment exposée[358], la démarche de clarification conceptuelle opère en deux temps. *Dans un premier temps*, elle cherche à confirmer l'hypothèse, présentée à titre liminaire, de la possibilité de forger un tel objet, en identifiant *ses propriétés générales* c'est-à-dire son *intension*. Cet objectif suppose *avant tout* de rendre compte de la présence d'un objet « valeur » dans le discours juridique portant sur le droit en général et sur les décisions du juge en particulier, tout en identifiant les schémas et modèles de représentations produisant ces

---

[353] Christophe GRZEGORCZYK, « Jurisprudence : phénomène judiciaire, science ou méthode ? », *APD*, vol. 30, 1985, p. 39.

[354] René SEVE, « Brèves réflexions sur le droit et ses métaphores », *APD*, vol. 27, 1982, p. 262.

[355] Christophe GRZEGORCZYK, « Jurisprudence : phénomène judiciaire, science ou méthode ? », *loc. cit.*, p. 52.

[356] Vincent FORRAY, « La jurisprudence, entre crise des sources du droit et crise du savoir des juristes », *loc. cit.* ; v. égal. Evelyne SERVERIN *in* André-Jean ARNAUD (dir.), *Dictionnaire encyclopédique de théorie et de sociologie du droit*, *op. cit.*, v° « Jurisprudence », p. 327.

[357] Pour un usage du terme, v. par ex. Gérard TIMSIT, *Les Noms de la loi*, Éd. PUF, Coll. Les voies du droit, 1991, p. 41.

[358] V. *supra*, § 47 et s.

discours. En somme, il s'agit d'interroger la juridicité du concept, c'est-à-dire d'évaluer directement à la fois la possibilité[359] théorique de son existence en droit mais également son utilité générale pour la discipline juridique (Première partie). *Dans un second temps*, l'analyse souhaite déterminer l'*extension* du concept de valeur, en identifiant plus précisément les divers éléments que l'on peut ranger sous le concept, c'est-à-dire les déclinaisons de l'objet dans les décisions du Conseil constitutionnel relatives au contrôle de constitutionnalité. En somme il s'agit d'interroger la normativité des valeurs c'est-à-dire d'apprécier, plus directement, leur capacité à « servir de référence »[360] dans les décisions du Conseil constitutionnel (Seconde Partie).

86. Avant de poursuivre, on rappellera que cette présentation successive de l'intension puis de l'extension du concept de valeur répond avant tout à un souci de présentation puisqu'en réalité, les deux faces d'un concept s'envisagent toujours simultanément, à l'image du concept « homme » qui renvoie, tout à la fois, à son intension (mammifère, station verticale, langage articulé…) et à son extension (Platon, Aristote, Kant…)[361]. Dans ces conditions, il apparaît clair que l'identification des déclinaisons normatives (extension) du concept de valeur dans les décisions du juge, c'est-à-dire l'identification *des* valeurs, nous permettra également de dire quelque chose des propriétés générales (intension) du concept de valeur, donc de *la valeur* – et notamment qu'elle est normative. En somme l'intension rejaillit toujours sur l'extension, de telle sorte qu'il apparaît illusoire de prétendre les séparer strictement, de la même façon qu'il est illusoire de prétendre séparer strictement le singulier et le pluriel.

Première partie. La valeur : objet juridique
Seconde partie. Les valeurs : objets normatifs

---

[359] Simone GOYARD-FABRE, « Les sources du droit et la "révolution copernicienne" : quelques réflexions sur Kant et Rousseau », *APD*, vol. 27, 1982, p. 67-83, notamment p. 72.
[360] François BRUNET, *La normativité en droit*, *op. cit.*, p. 217.
[361] Edmond GOBLOT, *Traité de logique*, *op. cit.*, p. 102.

PREMIÈRE PARTIE

La valeur : objet juridique

87. La démarche cognitive présentée à titre liminaire permet d'envisager la valeur comme un objet juridique dont il s'agit de produire le concept afin d'éclairer des nouveaux phénomènes de la réalité juridique ; ces phénomènes ne trouvant plus d'explication satisfaisante sous l'empire du cadre d'analyse dominant. C'est là du moins l'hypothèse qu'il importe de vérifier dans cette partie.

88. À la différence des objets naturels supposés exister indépendamment des conceptions que l'on peut en avoir, la réalité juridique, née de la raison, n'est jamais qu'un rapport entre une « réalité extérieure et une conception de l'esprit »[362]. Elle apparaît bien souvent comme une recomposition de cette réalité extérieure. La démarche juridique se présente alors comme une démarche cognitive qui suppose que le droit, et ses objets, puissent être appréhendés du point de vue de la vérité, non pas absolue mais bien relative, ou plutôt conventionnelle. Si le droit recèle « une part de voulu et de convenu »[363], alors la plupart de ses objets reflètent ainsi des réalités qui ne sont pas naturelles mais bien culturelles[364]. Objets de pensée, *outils de texture immatérielle*[365], les objets du droit peuvent alors s'appréhender comme des objets de connaissance. Dans l'ensemble, « c'est l'intellect qui construit, à partir de l'infinie profusion des expériences »[366] ces objets de connaissance. Ils se présentent alors comme « des abstractions, autrement dit des conceptualisations de rapports ou situations phénoménales »[367] et s'incarnent dans le discours juridique.

---

[362] Raymond SALEILLES, *De la personnalité juridique : histoire et théories. Vingt-cinq leçons d'introduction à un cours de droit civil comparé sur les personnes juridiques*, Éd. Librairie Arthur Rousseau, 1922, p. 573.

[363] *Ibid.*, p. 613.

[364] Étienne PICARD, « "Science du droit" ou "doctrine juridique" », *in L'unité du droit. Mélanges en hommage à Roland Drago*, Ed. Economica, 1999, p. 119-171, notamment p. 128.

[365] Paul AMSELEK, *Cheminements philosophiques dans le monde du droit et des règles en général*, Éd. Armand Colin, Coll. Le temps des idées, 2012, p. 127.

[366] Olivier JOUANJAN, « 'Aux frontières du droit public et de la politique', Relire Jellinek », *in* Georg JELLINEK, *Verfassungsänderung und Verfassungswandlung* [1906], tr. fr. Olivier JOUANJAN, Marie-Ange ROY, *Révision et mutation constitutionnelles*, 2018, p. 20.

[367] *Id.*

89. En droit, le réel trouve son siège dans le discours. La réalité juridique n'est jamais qu'une réalité discursive, un ensemble de mots constitutifs d'une sorte de *logos,* en bref, une réalité culturelle. Comme l'écrit le professeur Picard, la réalité juridique est avant tout constituée de « mots qui cherchent leurs idées, c'est-à-dire de la pensée en gestation, et avant cela encore, des aspirations, des désirs, des représentations du monde encore un peu floues mais différentes de ce qu'il est en fait, et que l'on voudrait bien transformer »[368]. À ce stade de la pensée, ces éléments n'apparaissent pas encore comme des *concepts* mais constituent plutôt des abstractions sommaires, en un mot, des *notions*. Il existerait ainsi, entre la *notion* et le *concept* une irréductible différence de degrés dans la connaissance qu'ils apportent. Ainsi, le concept qui trouve son fondement dans le réel ou dans les transformations phénoménales du réel, se présenterait comme *l'aboutissement intellectuel de la notion*. *A fortiori* la notion constituerait son préalable embryonnaire dans le discours juridique et justifierait l'entreprise de conceptualisation. Pour le dire autrement, « la distinction entre notion et concept reposerait sur le principe de deux niveaux de représentations »[369].

90. S'interroger sur la juridicité de l'objet « valeur » implique alors d'en vérifier la possibilité théorique ce qui suppose d'en établir le concept. Celui-ci, qui ne trouve son embryon que dans le réel, suppose donc un « déjà-là » qu'il s'agit d'expliquer. C'est l'existence de cet embryon de réalité, de cet impensé du réel, qui justifie de l'utilité de l'entreprise de conceptualisation. Dans ces conditions, la valeur peut être considérée comme un véritable objet juridique si on en trouve traces à l'état notionnel dans le discours juridique et si on parvient à en fournir le concept. Le raisonnement se déploie ainsi en deux phases.

91. *Dans une première phase*, il importe, dans une perspective cognitive, d'identifier la notion de « valeur » dans le discours juridique. La simple existence formelle d'un discours juridique sur la valeur permet alors de déduire le caractère juridique de l'objet. Conformément à l'opposition rappelée à titre liminaire, celui-ci se présente comme une notion. C'est là une première étape vers sa reconnaissance en droit. L'analyse plus serrée du discours juridique laisse même apparaître que cette notion constitue une véritable ligne de partage entre deux grands modèles théoriques du droit. Alors même que la valeur cristallise l'opposition entre ces deux grands modèles, elle est pourtant largement méconnue. On peut donc la qualifier de véritable *impensé des représentations de la décision* (Titre I).

92. *Dans une seconde phase*, il importe, dans une perspective cognitive, de densifier la notion de valeur afin de la rendre juridiquement opérante. L'existence d'une notion de valeur laisse augurer de son éventuelle charge

---

[368] Étienne PICARD, « Préface », *in* Xavier SOUVIGNET, *La prééminence du droit dans le droit de la Convention européenne des droits de l'homme*, Éd. Bruylant, Coll. Droit de la Convention européenne des droits de l'homme. Thèses, 2012, p. XXI.

[369] Xavier BIOY, « Notions et concepts en droit : interrogations sur l'intérêt d'une distinction », *in* Guillaume TUSSEAU (dir.), *Les notions juridiques*, Actes de la journée de la promotion d'agrégation de droit public 2005-2006 organisée à la Faculté de droit de Rouen le 20 septembre 2007, Centre d'étude des systèmes juridiques, Éd. Economica, Coll. Études juridiques, 2009, p. 31.

conceptuelle. L'entreprise de conceptualisation apparaît alors envisageable et même souhaitable. Tout concept doit trouver son fondement dans le réel ou dans une perception différente du réel qui rend son existence nécessaire. Le concept tâche d'expliciter au mieux le réel. C'est à cette condition qu'il peut être considéré comme opérant. En un mot, son caractère opérant constitue le critère de son utilité (Titre II).

TITRE I

La notion juridique de valeur, impensé structurant des représentations juridiques

93. L'hypothèse selon laquelle la valeur constituerait une notion juridique est largement tributaire des représentations qui conditionnent le système juridique tout autant que ses objets constitutifs. Ce phénomène vaut pour la valeur comme pour tout objet juridique. Le droit repose avant tout sur un ensemble de dogmes ou d'idéologies qui s'inscrivent dans un discours constitutif de la réalité juridique. C'est dans l'accomplissement de sa fonction de structuration dogmatique du réel que le droit advient au monde. Le droit *est* donc bien, en première analyse, ce qui est *pensé* de lui, mais surtout, en seconde analyse, ce qui est *dit* de lui dans un contexte historiquement situé. Le droit est donc avant tout une représentation. Dans ces conditions, aucun objet du droit ne saurait être véritablement neutre, et tout objet juridique est bien le fruit d'une représentation préalable du système juridique. En un mot, tout objet du droit suppose, au préalable, une vision du droit.

94. Toute étude *jurisprudentielle* d'ampleur suppose, au préalable, une prise de position quant à la représentation de la décision qu'elle mobilise. En un mot, toute étude systématique de la décision doit recourir à une théorie générale de la décision appliquée au droit. En droit, la théorie de la décision a mobilisé une immense littérature qui a majoritairement oscillé entre deux grandes représentations : l'une issue du formalisme juridique, l'autre issue du volontarisme juridique.

95. *Par formalisme juridique* l'on entendra à la suite de l'italien Tarello, toutes les conceptions selon lesquelles « le droit est une *forme* de l'expérience »[370]. Dans ces conditions, le formalisme juridique, qui postule une nature formelle du droit, l'institue comme « critère de distinction entre ce qui est juridique et ce qui ne l'est pas »[371]. Le champ du droit apparaît celui des formes, procédures et concepts *purs*. Il est fondamentalement étranger à toutes considérations historiques, téléologiques, économiques ou contextuelles.

---

[370] Giovanni TARELLO *in* Antonio AZARA et Ernesto EULA (dir.), *Novissimo digesto italiano*, vol. 7, Éd. Unione Tipografico-Editrice Torinese, v°« Formalismo », p. 575.
[371] *Id.*

96. *Par volontarisme juridique* l'on entendra à la suite de la définition adoptée par les Professeurs, Troper, Michaut et Grzegorczyk, toutes les conceptions selon laquelle le droit est « l'expression de la volonté humaine »[372]. La volonté humaine constitue ainsi l'un des objets du droit et permet d'en circonscrire l'analyse. Le réinvestissement du concept de volonté laisse ainsi apparaître le champ du droit comme le champ de l'action humaine et autorise à penser que le droit n'est pas détachable d'un contenu éthique minimal[373] au sein duquel se loge, en toute logique, la valeur. En outre, ce repositionnement du droit dans le champ de l'éthique est indissociable d'un réinvestissement des concepts d'intention et de finalité[374]. Dans cette optique, la volonté est bel et bien *le fondement ultime* du système juridique, mais elle ne peut pas prétendre constituer *son fondement exclusif*. Au contraire, celle-ci apparaît bel et bien transitive et s'attache, pour advenir, à des objets divers dont participe évidemment la valeur. Cette piste est, par ailleurs, entrouverte par Kelsen dans son célèbre article *Justice et droit naturel*[375]...

97. Si l'on accepte l'idée que toute antithèse n'est opératoire, c'est-à-dire radicale, « que par référence, implicite ou explicite, à quelque conception ou à quelque tendance commune »[376], force est de constater que c'est la valeur qui joue ce rôle entre les deux grands modèles théoriques susmentionnés. La valeur constitue la véritable ligne de partage entre ces deux grandes représentations du droit que tout, ou presque, oppose. Elle cristallise leur opposition. La valeur sert alors implicitement à la structuration du droit. Elle est tantôt acceptée, du moins acceptable, dans l'hypothèse du volontarisme juridique, tantôt rejetée, dans l'hypothèse du formalisme juridique. Elle constitue donc un véritable enjeu pour la discipline juridique. Si elle apparait bien comme le référentiel indépassable de ces deux conceptions, la notion de valeur n'a pourtant jamais fait l'objet, en droit, d'analyses approfondies. C'est donc paradoxalement qu'elle se présente comme une ligne de partage entre les diverses théories antithétiques de la décision : l'une qui cherche à l'exclure, l'autre qui entend l'inclure.

98. L'analyse se propose de revenir sur ces deux grands modèles théoriques qui conditionnent deux grandes théories de la décision. La méthode adoptée s'inspirera du *vade-mecum* dressé par Jerzy Wroblewski[377] dans un célèbre article et sera donc théorique et évaluative. Au plan théorique, il s'agira, avant tout, de restituer les représentations du droit dont

---

[372] Christophe GRZEGORCZYK, Françoise MICHAUT et Michel TROPER (dir.), *Le positivisme juridique*, Éd. LGDJ, Coll. La pensée juridique moderne, 1993, p. 35

[373] V. à ce sujet, Ruwen OGIEN, « Qu'est-ce que le réalisme moral ? », *in Le réalisme moral*, Éd. PUF, Coll. Philosophie morale, 1999, p. 4.

[374] Pour une telle approche du droit, v. notamment François OST, *À quoi sert le droit ? Usages, fonctions, finalités*, Éd. Bruylant, Coll. Penser le droit, 2016.

[375] Hans KELSEN, « Justice et droit naturel », tr. Étienne MAZINGUE, *in Le Droit naturel*, Éd. PUF, Coll. Annales de philosophie politique, 1959, p. 64 et s.

[376] Victor DELBOS, « Les facteurs kantiens dans la philosophie allemande à la fin du XVIIIe siècle et au commencement du XIXe siècle. - 5e leçon : Le Premier Principe comme identité du sujet et de l'objet (Schelling) », *RMM*, vol. 28, n°1, 1921, p. 30.

[377] Jerzy WROBLEWSKI, « Décision judiciaire : l'application ou la création du droit », *Scientia*, vol. 103, n°679-680, 1968, p. 1-9.

procèdent ces deux modèles. Cela effectué il s'agira ensuite d'identifier le modèle de l'activité juridictionnelle porté par chacune de ces conceptions pour en évaluer la consistance. Au plan de l'évaluation, il s'agira d'apprécier la consistance de ces deux théories et leur capacité à fournir un cadre optimal pour permettre une pensée juridique de la valeur.

99. La pensée formaliste du droit peut être considérée comme la pensée dominante de la discipline juridique. Elle constitue un cadre de pensée défavorable pour la reconnaissance du concept de valeur (Chapitre premier). La pensée volontariste du droit semble, au contraire, constituer un cadre théorique favorable à la reconnaissance du concept de valeur (Chapitre deuxième).

CHAPITRE PREMIER

Le formalisme juridique : un cadre de pensée défavorable à la notion de valeur

100. L'étude du cadre formaliste de la représentation juridique s'inscrit dans une perspective diachronique. Celle-ci postule l'existence d'une filiation évidente entre les représentations juridiques d'hier et d'aujourd'hui. Cette hypothèse autorise à penser que les concepts juridiques dont on use aujourd'hui ont été modelés à l'aune des expériences passées. Le modèle de la décision n'échappe pas à la règle, balloté qu'il est entre différentes représentations du droit comme de ses objets. Parmi celles-ci, la conception formaliste se caractérise par, son ancienneté, sa fertilité que vient traduire sa modernisation incessante et sa rigidité à l'égard de la valeur. Autant de caractéristiques qui la rendent incontournables à l'analyse.

101. L'analyse propose de révéler les raisons qu'oppose le formalisme à une appréhension juridique de la valeur afin d'en apprécier la consistance. De prime abord, on comprend que la représentation formaliste de la décision ne saurait s'accommoder de la notion de valeur qui opère justement par delà les formes traditionnelles et manifeste la préférence du sujet pour qui elle vaut. L'ambition de ce chapitre est alors de rendre compte des divers arguments formulés au soutien de la thèse du caractère formel de la décision. Il s'agit, ici, d'en analyser le bien-fondé et notamment le caractère convaincant, ainsi que d'identifier leur permanence historique. Il s'agit surtout, contrairement à l'opinion largement répandue, de constater que le formalisme, aussi exclusif qu'il puisse être du concept de valeur juridique, lui octroie paradoxalement une place prépondérante au panthéon de ses notions dès lors qu'il se structure *par opposition* à cet objet. Cette structuration *a contrario* suppose, en toute logique pour les tenants de cette conception, une conceptualisation minimale et préalable de la valeur juridique, qu'il s'agit de retranscrire.

102. La démonstration s'organise en deux phases distinctes.

Prenant acte que toute conception particulière d'un objet du droit – ici la décision – se fonde sur une représentation préalable du système juridique, l'analyse vise à restituer *dans un premier temps*, la représentation globale du système juridique dans le creux de laquelle la conception formaliste de la décision prospère (Section I). Elle cherche ainsi à restituer les prémisses théoriques de la conception formaliste de la décision juridictionnelle. Celles-ci convergent essentiellement vers cette idée qu'il convient *d'aseptiser* la discipline juridique. Cette opération passe avant tout par une distinction théorique très nette entre le droit et la valeur.

Dans un second temps, une fois révélées les prémisses théoriques du formalisme juridique, l'analyse se veut plus précise qui cherche à saisir les conséquences concrètes de cette vision *globale* sur la représentation *particulière* de la décision juridictionnelle (Section II). Celles-ci aboutissent essentiellement à une conception restrictive de l'office du juge et des objets qu'il mobilise. Dans ces conditions, la valeur est naturellement exclue des normes de référence du juge. Appliqué à la théorie de la décision, le formalisme juridique se mue alors en véritable formalisme interprétatif.

SECTION I. UNE PENSEE PURIFICATRICE DE LA DISCIPLINE JURIDIQUE

103. C'est dans le formalisme juridique porté en premier lieu par la dogmatique privatiste que la théorie formaliste de la décision a pu prospérer avant de s'étendre, ensuite, à la dogmatique publiciste. Cette théorie exclut le concept de valeur de *son cadre catégorial d'analyse*[378] dès lors qu'elle l'entend *lato sensu* comme *toute considération sociale de politique ou de morale.*

Le formalisme juridique a trouvé un premier relai dans une vision du droit conçu comme domaine autonome, replié sur lui-même et indépendant de la réalité sociale. Dans cette réalité juridique autistique, les objets du droit existent en soi, dans la vie intérieure du droit. Ils sont alors saisissables par le biais de la seule forme dans laquelle ils s'incarnent et demeurent. Dans ces conditions, le formalisme juridique se nourrit donc bien d'un conceptualisme juridique (I).

Au soutien de cette représentation spécifique, rejetant hors de l'analyse l'élément axiologique, le formalisme juridique a trouvé un complément, paradoxal et salutaire, dans l'idéal logico-scientifique issu notamment de l'idéalisme philosophique allemand. Celui-ci, d'après une position fondatrice, tend à considérer que la connaissance ne reflète pas un état de chose préexistant[379]. Dans ces conditions, la connaissance n'est jamais que construction scientifique d'un objet. Le formalisme juridique se nourrit alors d'un idéalisme scientifique (II).

I. Un conceptualisme juridique

104. Le XIXe siècle a été pour la discipline juridique l'occasion d'une émulation sans précédent. La plupart des États européens – France en tête – furent transformés en laboratoires à ciel ouvert à mesure que les

---

[378] Régis PONSARD, « La possibilité d'une analyse du droit (constitutionnel) scientifiquement et juridiquement critique », *AIJC*, vol. 31, 2015, p. 37-63, notamment p. 42.

[379] Emmanuel KANT, *Kritik der reinen Vernunft* [1787], tr. fr. Alain RENAUT, *Critique de la raison pure*, 3ème éd., Éd. Flammarion, Coll. G.F., 2006, p. 78.

nationalismes régionaux fondaient des États autonomes[380] et que les grands empires entraient en crise. En France et à l'époque des *cours de code Napoléon*, considérés comme l'aboutissement de la modernité politique et juridique, il était proprement impensable, dans le sillage tracé par la Révolution française et l'œuvre codificatrice, que le droit ne fût pas tout entier contenu dans la loi, véritable « édifice rationnel élevé pour des êtres de Raison »[381]. C'est la période traditionnellement présentée comme celle du légicentrisme où le droit confondu à la loi voit son champ – et son existence – strictement borné à la seule volonté souveraine du législateur[382]. L'accent est mis sur la loi, nécessairement écrite, qui devient mesure de toutes choses – juridiques – ainsi que l'illustre cette définition en négatif, donnée par Planiol, du droit coutumier comme « celui qui n'a jamais fait l'objet d'une promulgation législative »[383].

105. Le conceptualisme juridique se résume pour l'essentiel à une profession de foi : l'idée qu'il existerait une nature propre du droit, impliquant une séparation nette entre des notions *purement juridiques* et d'autres *purement a-juridiques* – dont la valeur constituerait l'illustration topique. Sa mise en œuvre comporte deux volets, constitutifs de deux réductions : un premier volet moral (A) et un second volet politique (B). Dans cette division du travail dogmatique, les sensibilités s'expriment pleinement et les privatistes qui s'attachent à dissocier le droit et la morale entendent distinguer la norme juridique de la valeur morale, là où les publicistes qui s'attachent davantage à dissocier droit et politique entendent distinguer la norme juridique et la valeur politique. Dans les deux cas, il s'agit d'expulser le droit de la gangue sociale dans laquelle les conflits du siècle le tenaient enfermé pour lui offrir enfin l'autonomie disciplinaire qu'il semble mériter.

---

380 V. à ce sujet, Anne-Marie THIESSE, *La création des identités nationales : Europe XVIII*e*-XX*e* siècle*, Éd. du Seuil, Coll. L'Univers Historique, 1999.

381 Pour paraphraser Georges BURDEAU, « Une survivance : la notion de Constitution », *in L'évolution du droit public. Études offertes à Achille Mestre*, Sirey, 1956, p. 53-62 réimp. *in Écrits de droit constitutionnel et de science politique*, Panthéon-Assas, coll. Les introuvables, 2011, p. 235-243.

382 En ce sens v. Jean DABIN, *La philosophie de l'ordre juridique positif : spécialement dans les rapports de droit privé*, Éd. Librairie du Recueil Sirey, 1929. L'auteur consacre un chapitre entier de son ouvrage à « la notion formelle du droit positif », p. 34 et s., v. égal. p. 45 : « Mais tout le « positif » qui émane de l'autorité publique, c'est à dire l'ensemble de ses actes et décisions, ne rentre évidemment pas, de façon indistincte dans la catégorie du droit positif. Celui-ci ne comprend que les dispositions formant précepte ou impliquant règle de conduite pour la généralité des sujets. Ainsi ne constituent pas du droit positif : la sentence du juge « qui dit le droit » (fonction juridictionnelle), l'acte de gouvernement qui rend un décret de grâce (fonction gouvernementale), la décision de l'administration donnant autorisation de bâtir (fonction administrative), ou même la « loi » octroyant naturalisation à un ressortissant étranger ».

383 Marcel PLANIOL, *Traité élémentaire de droit civil conforme au programme officiel des Facultés de droit*, Éd. LGDJ, 1928, p. 4. cité par Pascale DEUMIER, *Le droit spontané*, Éd. Economica, Coll. Recherches juridiques, 2002. p. 297.

A. La séparation nécessaire du droit et de la morale : l'œuvre des privatistes

106. La mise en œuvre du volet moral de l'autonomisation du droit constitue la *grande œuvre* moderne des privatistes. Dans la lignée du kantisme, il s'agit de définir strictement le droit par opposition à la morale en lui attribuant un domaine particulier et un objet propre. Pour y parvenir la dogmatique attribue au droit un domaine propre dont elle suppose l'exclusivité (1°) et postule une fondamentale différence d'objet entre droit et morale (2°).

1° La séparation par l'identification d'un domaine propre au droit : la réduction du droit à la loi positive

107. En réaction aux transformations fondamentales du droit à l'aube du XIXe siècle, la doctrine civiliste souhaite fournir une définition simple du droit. Dans son *cours de Code civil*, Demolombe enseigne aux étudiants que le droit se définit seulement par la loi qui n'est « qu'une règle sanctionnée par la puissance publique, une règle civilement et juridiquement obligatoire »[384]. Le droit n'est ainsi que « le résultat, ou bien encore l'ensemble et la collection de ces règles », c'est-à-dire « la loi véritable et proprement dite »[385]. La tentative de définition du domaine juridique comme l' ensemble « des règles de l'action humaine » est vouée à l'échec qui, trop large, ne permet pas de départir la règle de droit des autres règles sociales qu'expriment la morale ou la religion[386]. Une telle définition du droit est alors assez classique pour l'époque. On la retrouve en substance chez Marcadé dans ses *Elemens du droit civil français.* Le civiliste y déclare que le droit « est moins encore l'ensemble des lois dont nous parlons que le résultat général de ces mêmes lois »[387] c'est-à-dire, qu'il est dans « l'acception la plus large de ce mot le résultat général [...] de toutes les lois susceptibles de violation par l'homme »[388].C'est encore une définition similaire qu'offre Duranton dans son *Cours de droit français suivant le Code civil* dans lequel il énonce que le droit apparaît sous un double rapport puisqu'il est tantôt « la loi elle-même, qui établit la chose », tantôt « le résultat des dispositions de la loi elle-même, appliquée soit aux personnes soit aux choses »[389]. En choisissant d'entretenir la confusion ou l'homonymie entre droit et loi, les auteurs souhaitent éviter d'entretenir un pluralisme des sources du droit civil et veulent capitaliser sur le monisme matériel que leur offre l'apparition du Code civil[390]. Demolombe n'affirmait-il pas qu'il est « *plus exact, plus logique et aussi plus prudent* de dire que la

---

[384] Charles Demolombe, *Cours de Code civil*, *Titre préliminaire*, Éd. J. Stienon, 1847, p. 5.
[385] *Id.*
[386] *Ibid.*, p. 6.
[387] Victor-Napoléon Marcade, *Elemens du droit civil français ou Explication méthodique et raisonnée du code civil*, T. I, Éd. Librairie de jurisprudence de Cotillon, 2ème éd., 1844, p. 12.
[388] *Id.*
[389] Alexandre Duranton, *Cours de droit français suivant le Code civil*, T. I, Éd. G. Thorel et E. Guilbert, 1844, p. 8.
[390] Nader Hakim, *L'autorité de la doctrine civiliste française au XIXe siècle*, Éd. LGDJ, Coll. Bibliothèque de droit privé, 2002, p. 8-9.

loi véritable […] est toujours positive et que, sous ce rapport, nous n'avons qu'une espèce de droit, qu'une espèce de lois »[391].

108. La définition du droit par la loi est alors le premier acte d'un mouvement plus large d'autonomisation du droit. Elle constitue le premier jalon de la réalisation du volet moral du programme formaliste. Pour les tenants du formalisme juridique, le droit est toujours le fruit d'une *loi positive* et non pas le fruit d'une *loi morale.* Son sens commun est donné par opposition à la morale, comme l'affirme Marcadé : « le mot droit, quand il est employé seul se prend dans un sens plus restreint et signifie seulement, par opposition à la morale cette partie du droit que nous venons d'appeler droit positif humain »[392]. C'est uniquement en tant que droit positif humain qu'il doit être étudié dans les Universités ou même appliqué par les tribunaux, « de telle sorte, ajoute Marcadé, qu'un principe de morale ne peut être la base d'un jugement, qu'autant qu'il est *formellement* reproduit ou tacitement consacré par le législateur »[393].

2° La séparation par la théorie de la différence d'objet : la radicalisation de la théorie kantienne

109. Une deuxième différence essentielle entre le droit et la morale réside, d'après une grande majorité des membres de la doctrine, dans l'idée que la morale s'attache au *for interne* de l'individu tandis que le droit s'attache à son *for externe.* Dans le premier cas, il s'agit pour un individu de juger un acte par rapport à la conscience personnelle de l'acteur tandis que, dans le second cas, il s'agit d'en juger au regard des critères objectifs et extérieurs à l'acteur qu'incarnent les dispositions juridiques. Cette conception, très répandue aujourd'hui, n'est pourtant qu'une radicalisation d'une doctrine philosophique ancienne qu'on trouve déjà chez Kant. Le philosophe de Königsberg écrit ainsi, dans l'introduction à sa *Doctrine du droit,* que « le concept du droit, dans la mesure où il se rapporte à une obligation qui lui correspond, *premièrement* ne concerne que le rapport extérieur et, plus précisément, pratique d'une personne à une autre, en tant que leurs actions peuvent, comme *facta*, avoir une influence les unes sur les autres (immédiatement ou médiatement) »[394].

110. La théorie de la différence d'objet constitue en réalité une radicalisation de la théorie kantienne. En effet, dans l'extrait précédent, Kant évoque bien le « rapport extérieur » d'un individu à un autre et non pas le for interne ou externe de l'individu. Ainsi, rien n'indique que le droit, certes conçu formellement par Kant puisqu'il « a uniquement affaire à la condition formelle de la liberté extérieure »[395], soit véritablement étranger au for interne de l'individu. Cette lecture sera pourtant unanimement fournie par la

[391] Charles DEMOLOMBE, *Cours de Code civil, op. cit.*, p. 7.

[392] Victor-Napoléon MARCADE, *Elemens du droit civil français, ou Explication méthodique et raisonnée du code civil*, op. cit., p. 15 - 16.

[393] *Id.*

[394] Emmanuel KANT, *Metaphysik der Sitten* [1785], tr. fr. Alain RENAUT, *Métaphysique des mœurs*, T. II, *Doctrine du droit*, *Doctrine de la vertu*, Coll. G-F, 1994, p. 16.

[395] *Ibid.*, p. 219.

doctrine juridique française au XIXe siècle. On la trouve sous la plume de Laignel, en 1844, dans son *Essai sur la théorie des principes du droit.* L'auteur y écrit que « les pensées sont du ressort de la morale mais elles entrent dans le domaine du droit dès qu'elles se produisent d'une manière quelconque à l'extérieur »[396].

111. À bien des égards pourtant, le droit prétend régir le for interne de l'individu. C'est ce que traduisent entre autres, la catégorie juridique du dol [397] en droit privé, les exigences relatives à *la preuve morale* – matérialisées par exemple par l'intime conviction[398] – en droit pénal ou l'appréhension – nécessairement intentionnelle – du détournement de pouvoir en droit administratif. C'est également ce qu'illustre aujourd'hui la prééminence d'impératifs toujours plus forts de *moralisation de la vie publique*[399].

112. En outre, la théorie de la différence d'objet se fonde sur une définition très spéciale de la morale entendue dans le cadre très spécifique du paradigme kantien comme fruit de l'« autonomie de la volonté »[400]. Dans ces conditions, la morale n'est jamais imposée par un tiers mais s'impose d'elle-même, *a priori,* dans et par les concepts de la raison pure[401]. C'est tout le sens de l'impératif catégorique kantien. Or, une telle conception qui privilégie l'approche *autonome* de la morale exclut trop rapidement ses dimensions potentiellement *hétéronomes* illustrées notamment par la

---

[396] Ferdinand LAIGNEL, *Essai sur la théorie des principes du droit*, Éd. Joubert, 1844, p. 22-23.

[397] Aujourd'hui prévu à l'article 1137 du Code civil depuis l'ordonnance n°2016-131 du 10 février 2016 *portant réforme du droit des contrats, du régime général et de la preuve des obligations*. Sa nouvelle rédaction est encore plus révélatrice de la prétention du droit à saisir le for interne de l'individu : « (1) Le dol est le fait pour un contractant d'obtenir le consentement de l'autre par des manœuvres ou des mensonges. (2) Constitue également un dol la *dissimulation intentionnelle* par l'un des contractants d'une information dont *il sait* le caractère *déterminant* pour l'autre partie ». C'est nous qui soulignons.

[398] Aujourd'hui prévues à l'article 353 du Code de procédure pénale et déjà présent dans la forme dans l'article 312 du Code d'instruction criminelle du Code d'instruction criminelle de 1810, il énonce désormais que : « la loi ne demande pas compte aux juges des moyens par lesquels ils se sont convaincus, elle ne leur prescrit pas de règles desquelles ils doivent faire particulièrement dépendre la plénitude et la suffisance d'une preuve ; elle leur *prescrit* de s'interroger eux-mêmes dans le *silence* et le *recueillement* et de chercher, dans la *sincérité* de leur *conscience*, quelle impression ont faite, sur leur raison, les preuves rapportées contre l'accusé, et les moyens de sa défense. La *loi ne leur fait* que cette seule question, qui renferme toute la mesure de leurs devoirs : " Avez-vous une *intime conviction* ? ».

[399] V. par ex. Loi n°2017-1339 du 15 septembre 2017 pour la confiance dans la vie politique ; v. égal. Loi n°2016-483 du 20 avril 2016 relative à la déontologie et aux droits et obligations des fonctionnaires.

[400] Emmanuel KANT, *Metaphysik der Sitten, Grundlegung zur Metaphysik der Sitten* [1785], tr. fr. Alain RENAUT, *Métaphysique des mœurs*, T. I, *Fondation de la métaphysique des mœurs, introduction à la métaphysique des mœurs*, Éd. Flammarion, Coll. G-F, 1994, p. 123.

[401] *Ibid.*, p. 54 : « Chacun doit reconnaître que, si une loi doit avoir une valeur morale, c'est-à-dire situer sa valeur dans sa capacité de fonder une obligation, il lui faut contenir en elle une absolu nécessité […] que par conséquent le fondement de l'obligation ne doit pas ici être cherché dans la nature de l'homme, mais *a priori*, uniquement dans les concepts de la raison pure ».

problématique de la morale sociale[402] et son incarnation positive dans le concept de bonnes mœurs[403]. Cette forme de la morale vise pourtant bien à régir les relations externes des individus les uns envers les autres[404].

113. Face à ces contrariétés, les représentations du droit et de la morale étaient amenées à évoluer. C'est dans l'idée de sanction que la théorie de la différence d'objet pouvait trouver une échappatoire. Dans l'esprit de la doctrine juridique, le critère de la sanction a pu constituer *le critère de reconnaissance du droit permettant de le départir de la morale*. On en voit la confirmation chez Demolombe qui amende sa théorie pour écrire que « ce n'est qu'autant que la puissance publique a imprimé son autorité et sa sanction à des préceptes, que l'accomplissement extérieur peut en être exigé »[405]. En 1866, Mourlon enfonce le clou et écrit que « la morale engendre des devoirs » qui correspondent à « la nécessité morale de faire tel acte ou de s'en abstenir, mais qui n'a de *sanction* que dans la conscience »[406]. Acollas confirme le propos quelques années plus tard, en 1871, dans son *Idée du droit.* L'auteur y écrit que « la morale a pour unique sanction la conscience, tandis que le droit reçoit, en outre, le supplément d'une coercition extérieure et sociale, ou, en termes techniques de l'action en justice »[407]. Beudant qui oppose, dans son *Cours de droit civil français,* les lois de l'ordre moral aux lois de l'ordre social s'associe à ces auteurs. Il enseigne que les lois de l'ordre moral peuvent être transgressées. Celles-ci n'ayant, nous dit-il, « d'autre sanction que leur autorité latente et la responsabilité interne de qui y contrevient »[408]. Par opposition, il est « de l'essence des lois de l'ordre social d'avoir une sanction formelle et effective »[409].

114. À l'étranger on retrouve les mêmes représentations. Outre-Rhin, Jhering consacre ainsi un ouvrage à *L'évolution du droit* où il voit dans l'impératif de sanction, entendu comme contrainte exercée par l'État, « le criterium absolu du droit ». À tel point, estime-t-il, « qu'une règle de droit dépourvue de contrainte juridique est un non-sens »[410]. C'est également à cette époque que le célèbre juriste anglais John Austin distingue, dans ses

---

[402] V. à ce sujet, Giorgio DEL VECCHIO, *Lezioni di filosofia del diritto*, tr. fr. J. Alexis D'AYNAC, *Philosophie du droit* [1953], réimp. Éd. Dalloz, Coll. Bibliothèque Dalloz, 2004, p. 279.

[403] Sur cette association, v. Kostas E. BEYS, *Le problème du droit et des valeurs morales. L'aventure humaine, entre le bien et le mal,* tr. Fabienne VOGIN-FORTSAKIS, Éd. L'Harmattan, Coll. L'ouverture philosophique, 2004, p. 292.

[404] À ce propos, v. Jürgen HABERMAS, *Der philosophische Diskurs der Moderne : 12 Vorlesungen* [1985], tr. fr. Christian BOUCHINDHOMME et Rainer ROCHLITZ, *Le discours philosophique de la modernité: douze conférences*, Éd. Gallimard, Coll. Tel, 2011, p. 49.

[405] Charles DEMOLOMBE, *Cours de Code civil, op. cit.*, p. 6.

[406] Frédéric MOURLON, *Répétitions écrites sur le premier examen du Code napoléon contenant l'exposé des principes généraux, leurs motifs, et la solution des questions théoriques*, 8ème éd., Éd. A. Marescq aîné, 1869, p. 3.

[407] Émile ACOLLAS, *L'Idée du droit*, Éd. Germer-Baillière, 1ère éd., 1871, p. 14.

[408] Charles BEUDANT, *Cours de droit civil français, Introduction, Explication du titre préliminaire du Code civil*, Éd. A. Rousseau, 1896, p. 5.

[409] *Id.*

[410] Rudolf von JHERING, Der *Zweck im Recht* [1893], tr. fr. Octave DE MEULENAERE, *L'évolution du droit*, Éd. Chevalier-Marescq, 1901, p. 216.

Lectures on jurisprudence, les « lois [laws] qui sont sanctionnées ou obligatoires *moralement* des lois qui sont sanctionnées ou obligent *légalement* ou qui sont établies directement ou indirectement par une autorité souveraine »[411].

115. De leur côté, les publicistes voient d'un bon œil l'œuvre fondatrice de leurs collègues privatistes. À tel point qu'ils s'y associeront et œuvreront à leur tour à l'autonomisation de la discipline juridique. Conformément à la profession de foi formaliste celle-ci passe par une dissociation du droit et de la politique qui sera la grande œuvre du XIXe siècle des publicistes.

B. La séparation apparente du droit et de la politique : l'œuvre des publicistes

116. Un même phénomène se produit dans les différents régimes constitutionnels européens qui apparaissent au XIXe siècle. Le droit constitutionnel se développe à mesure que les États-nations sont fondés et qu'ils cherchent à asseoir leur légitimité. Pour accompagner ce développement, les premiers constitutionnalistes se lancent à la recherche d'un modèle auquel conformer leur discipline.

117. En France, ce sera le rôle du droit privé dominant de l'époque que de servir de modèle au droit public naissant. D'après M. Guillaume Sacriste, jusqu'aux débuts du XXe siècle, « les civilistes parviennent à représenter les professeurs de droit à la fois dans le cadre d'un processus cognitif d'imposition d'un modèle d'excellence et dans le cadre plus proprement politique, comme porte-parole autorisés de ce groupe »[412]. Cette influence[413] passe notamment par une accaparation terminologique et conceptuelle qui justifie, d'après Jèze, que « pendant très longtemps et jusqu'à ces dernières années, le droit public a consisté en des adaptations des théories civilistes »[414]. En d'autres termes, dit-il, « on croyait pouvoir résoudre les problèmes du droit public par les solutions juridiques imaginées pour résoudre les relations entre les particuliers »[415]. L'analyse qu'en livre Saleilles est identique, qui considère que l'« on s'était aperçu que le but final

---

411 John AUSTIN, *Lectures on jurisprudence*, T. I, Éd. J. Murray, 4ème éd., 1885, p. 343.

412 Guillaume SACRISTE, *La République des constitutionnalistes: professeurs de droit et légitimation de l'État en France, 1870-1914*, Éd. Presses de Sciences Po, Coll. Sciences Po. Droit, 2011, p. 51 et s., notamment p. 52.

413 Sur l'influence scientifique du droit civil sur le droit constitutionnel v. par ex. Hugues DUMONT, « La Constitution : la source des sources, tantôt renforcée, tantôt débordée », *in* Isabelle HACHEZ *et al.* (dir.), *Les sources du droit revisitées, Théorie des sources du droit*, T. IV, Éd. Anthemis, 2012, p. 101-189, notamment p. 114-115 ; v. égal. Mauro BARBERIS, « Idéologies de la constitution - Histoire du constitutionnalisme », *in* Dominique CHAGNOLLAUD et Michel TROPER, *Traité International de droit constitutionnel,* T. I, *Théorie de la Constitution*, Éd. Dalloz, Coll. Traités Dalloz, 2012, p. 113-141.

414 Gaston JEZE, « Notes de jurisprudence. De l'utilité pratique des études théoriques de jurisprudence pour l'élaboration et le développement de la science du droit public. Rôle du théoricien dans l'examen des arrêts de tribunaux », *RDP*, vol. 31, n°1, 1914, p. 319.

415 *Id.*

du droit privé, quel qu'il soit, et quelle qu'en soit la complexité sociale ne pouvait être atteint que par l'intermédiaire des formes juridiques »[416].

Dominant sous la IIIe République, ce mouvement trouve son origine sous la Monarchie de Juillet dès l'attribution des premières chaires de droit public[417], constitutionnelles (1°) et administratives (2°).

1° L'empirisme naturaliste des premiers constitutionnalistes : le droit constitutionnel comme donnée pure

118. Créée par ordonnance royale du 22 août 1834, la première chaire de droit constitutionnel fut attribuée, par l'entremise de Guizot, alors ministre de l'instruction publique, à Pellegrino Rossi. Celle-ci visait en réalité, sous couvert de pédagogie, à éteindre les braises révolutionnaires qui pouvaient couver sous la cendre d'un droit constitutionnel en perpétuel changement. En parallèle, elle visait à conférer une véritable assise à la monarchie constitutionnelle souhaitée par Louis-Philippe. En d'autres termes, il fallait, d'après M. Rosanvallon, « consolider un événement, fragile par essence, pour lui donner une épaisseur *formelle* » afin de le « donner à lire [...] comme réalisation et achèvement de l'histoire »[418]. La *contingence* de la valeur qui ouvre sur sa relativité s'accorde peu d'une telle entreprise.

119. À cette époque, le droit constitutionnel s'attache à un objet donné qu'il s'agit, pour la dogmatique, d'observer à l'état naturel. Cette hypothèse est confirmée par le propos de Pellegrino Rossi lors de la leçon inaugurale de son *Cours de droit constitutionnel,* qui enseigne que, « placés en dehors des luttes politiques, spectateurs, nullement acteurs, nous demanderons aux lois, non des théories et des thèses spéculatives, mais les principes positifs du droit existant »[419]. On trouve également cette idée dans sa vingt-cinquième leçon à l'occasion de laquelle il énonce : « nous devons maintenant nous occuper des droits publics des Français, et, vous le savez, notre rôle n'est pas de les chercher dans le droit spéculatif, dans le droit philosophique, nous devons les chercher dans le droit positif »[420]. Et l'auteur de s'exprimer : « faisons des économistes pour ne pas avoir des niveleurs, faisons des constitutionnels pour ne pas avoir des jacobins, formons enfin une

---

[416] Raymond SALEILLES, *Y-a-t-il vraiment une crise de la science politique ?* [1903], réimp., Éd. Dalloz, Coll. Tiré à part, 2012, p. 12.

[417] Si l'on exclut les enseignements dispensés dans les Écoles centrales de la période révolutionnaire sévèrement dépeints ou encore la chaire de droit public positif et de droit administratif attribuée à De Gérando pendant à peine trois années. Sur le premier point v. Jean IMBERT, « L'enseignement du droit dans les Écoles centrales sous la révolution », *Revue d'histoire des Facultés de droit et de la science juridique*, vol. 3, 1986, p. 37-56, notamment p. 55 ; v. égal. Jean-Louis HALPERIN, « Une enquête du ministère de l'Intérieur sous le Directoire sur les cours de législation dans les Écoles centrales », *Revue d'histoire des Facultés de droit et de la science juridique*, vol. 3, 1986, p. 57-82. Sur le second point v. Guy ANTONETTI, « La Faculté de droit de Paris à l'époque où Boissonade y faisait ses études », *RIDC*, vol. 43, n°2, 1991 p. 333-356, notamment p. 338.

[418] Pierre ROSANVALLON, *Le moment Guizot*, Éd. Gallimard, Coll. Bibliothèque des sciences humaines, 1985, p. 285.

[419] Pellegrino ROSSI, *Cours de droit constitutionnel*, Leçon d'ouverture, Éd. Dalloz, Coll. Bibliothèque Dalloz, 2011, p. LXIV.

[420] Pellegrino ROSSI, *Cours de droit constitutionnel*, Vingt-cinquième leçon, *loc. cit.*, p. 1.

génération de citoyens éclairés, sous peine d'avoir dans les mêmes hommes des sujets inquiets, et plus tard des rebelles »[421]. Ainsi, l'idée que le droit constitutionnel est un droit politique, comme l'affirment bien volontiers les publicistes de l'époque[422], ne se développe qu'*au prix d'un basculement de sens de l'expression « politique » qui suppose sa neutralisation axiologique.* Dans ces conditions la politique n'est jamais qu'une forme : la forme politique d'un régime arrivé à maturation.

120. La dogmatique constitutionnelle a alors pour mission de décrire le régime politique en écartant toute dimension prospective ou spéculative. Comme l'affirme Guizot, il importe de « substituer, aux erreurs de l'ignorance et à la témérité des notions superficielles, des connaissances, fortes et positives »[423]. Cette consigne est également respectée par Elzéar Ortolan, collègue de Rossi, qui, dans son *Cours public d'histoire du droit politique et constitutionnel* proclame la nécessité d'étudier le droit constitutionnel sur le même modèle que le « mathématicien avec ses formules » ou que le « chimiste avec ses alambics » c'est-à-dire, en « déposant sur le seuil de la porte, toute la vivacité, toute la partialité qui s'attache inévitablement à la politique mise en action »[424]. Cette esquisse de méthodologie influence profondément le droit constitutionnel et accompagne son évolution. En effet, c'est le même mot d'ordre qu'il faut voir dans l'ouvrage du constitutionnaliste Berriat-Saint-Prix qui écrit que « le droit constitutionnel positif est une science d'interprétation » qui, en tant que telle, « prend la constitution existante comme un fait accompli »[425]. Le droit constitutionnel apparaît comme la clé de lecture d'un objet formel, *naturellement* donné par les vicissitudes de la vie sociale. Le constitutionnaliste doit alors étudier les constitutions comme le naturaliste étudie la nature. On trouve dans ce programme les prémices de la conception qui, portée par Esmein, quelques dizaines d'années plus tard, aboutit à une distinction nette entre le droit et la sociologie. Celui-ci assigne pour seule méthode au droit de prendre « un État et un gouvernement arrivés à une *forme déterminée* », entendue politiquement, afin d'en dégager simplement

---

[421] Pellegrino ROSSI, *Mélanges d'économie politique, de politique, d'histoire et de philosophie: œuvres complètes de P. Rossi publiées sous les auspices du gouvernement italien*, T. II, Éd. Guillaumin, 1867, cité par Julien Boudon, « Introduction à la réédition », in Pellegrino ROSSI, *Cours de droit constitutionnel, loc. cit.*, p. 10-11. Pagination inexistante, c'est nous qui précisons.

[422] Émile-Victor FOUCART, *Précis de droit public et administratif*, Éd. Videcoq père et fils, 1844, p. 3. ; v. égal. Félix BERRIAT SAINT-PRIX, *Théorie du droit constitutionnel français, esprit des constitutions de 1848 et de 1852 et des sénatus-consultes organiques, précédé d'un essai sur le pouvoir constituant et d'un précis historique des constitutions françaises*, Éd. Videcoq Fils Aîné, 1851, p. 21.

[423] François GUIZOT, *Rapport au roi sur la création d'une chaire de droit constitutionnel français à la Faculté de Paris*, in Jean-Baptiste DUVERGIER (dir.), *Collection complète des Lois, décrets, ordonnances, règlements et avis du Conseil d'État*, vol. 34, 1834, p. 220-221.

[424] Joseph-Louis-Elzéar ORTOLAN, *Cours public d'histoire du droit politique et constitutionnel : Histoire générale du droit politique et constitutionnel des peuples de l'Europe, avec le tableau de leur organisation actuelle*, Éd. Fanjat aîné, 1831, p. 15.

[425] Félix BERRIAT SAINT-PRIX, *Théorie du droit constitutionnel français, op. cit.*, p. 20.

« l'esprit et les principes fondamentaux » [426] et d'en « tirer les conséquences »[427]. Le droit constitutionnel doit alors appréhender la forme politique comme un donné qu'il importe de saisir en tant que tel sans rien n'y ajouter ni retrancher.

121. À l'instar de la séparation du droit et de la morale, la séparation du droit et de la politique ne constitue pas le monopole de la doctrine française mais traduit bien plutôt un vaste mouvement européen des idées. En Allemagne, Laband affirmait en 1876 que « plus la nouvelle constitution prend de durée et de solidité, plus il paraît inutile et vain de se demander si l'on en doit regarder l'établissement comme salutaire ou comme funeste. La formation de la confédération d'Allemagne du Nord et la transformation de celle-ci en Empire allemand apparaît de plus en plus comme un fait irrévocablement accompli, dont doivent s'accommoder ceux mêmes qui en furent contrariés »[428]. L'École allemande influencera l'École italienne de Vittorio-Emanuele Orlando. En Italie, Orlando embrasse l'empirisme naturaliste de ses collègues allemands. Il estime dans ses *Principes de droit public et constitutionnel* que le droit constitutionnel a effectivement pour objet d'étudier « exclusivement l'État – abstraction faite de ses rapports sociaux – dans son organisation et dans sa vie »[429]. Si l'affirmation comme le programme apparaissent bien énigmatiques, c'était sans compter les précisions supplémentaires du juriste italien. Celui-ci écrit que « les lois qui régissent la vie de cet organisme apparaissent comme des lois naturelles et nécessaires et comme le *dernier* et *inévitable* produit d'une évolution historique » [430]. En un mot, le droit est un produit, donné et stable qui s'oppose aux passions fluctuantes de la politique.

2° Le conceptualisme radical des premiers administrativistes : le droit administratif comme ensemble de concepts propres

122. Chez les premiers administrativistes, le même phénomène est à l'œuvre, il s'agit comme pour les constitutionnalistes, d'autonomiser le droit public en l'émancipant du champ de la politique et de la science politique qui grandit dans son ombre. Cet effort de dissociation favorise également la

---

[426] Adhémar ESMEIN, *Éléments de droit constitutionnel français et comparé* [1914], 6ème éd. réimp. Éd. Panthéon-Assas, Coll. Les introuvables, 2001, p. 31 ; plus tardivement v. égal. Raymond CARRE DE MALBERG, *Contribution à la théorie générale de l'État spécialement d'après les données du droit constitutionnel français,* T. I, Éd. du CNRS, 1962, reprod. 1920, p. 31 : « L'idée de communauté de but ne suffit pas à expliquer ce qu'il y a de caractéristique dans la consistance juridique de l'état. La science du droit a pour objet de fixer non pas tant les buts que la structure des institutions (Laband, *op cit.*, éd. franç., T. I, p. 117) ; et d'ailleurs un but déterminé peut, dans bien des cas, être recherché et atteint par des voies et institutions juridiques diverses. Pour établir que l'état est une unité d'hommes, il convient donc de s'attacher essentiellement à sa structure, c'est-à-dire à l'organisation qui réalise cette unité ».

[427] *Id.*

[428] Paul LABAND, « Préface de la première édition allemande » *in Das Staatsrecht des deutschen* reiches [1895], 3ème éd., tr. fr. Camille GANDILHON, *Le droit public de l'Empire allemand*, Éd. V. Giard & E. Brière, 1900, p. 2.

[429] Vittorio Emanuele ORLANDO, *Principi di diritto costituzionale* [1889], tr. fr. Savinien BOUYSSY, *Principes de droit public et constitutionnel*, Éd. A. Fontemoing, 1902, p. 36.

[430] *Ibid.*, p. 38, c'est nous qui soulignons.

légitimation des institutions politiques et juridiques dont ils sont contemporains. Premier titulaire d'une – véritable – chaire de droit administratif, De Gérando écrit ainsi que « les institutions dont la France a le bonheur de jouir sous l'empire de cette Charte immortelle qu'elle doit à la sagesse de ses rois, donnent aussi aujourd'hui un haut degré d'utilité à la formation d'un tableau fidèle et méthodique de notre législation administrative »[431]. Surtout, explique-t-il, la méthode juridique suppose de « se renfermer rigoureusement dans l'exposé fidèle de ce qui existe »[432].

Pour Foucart, titulaire de la première chaire de droit administratif à l'Université de Poitiers et « père de l'enseignement du (droit public et) administratif français »[433], il s'agit d'œuvrer à asseoir le principe de la monarchie *constitutionnelle*. L'auteur souhaite en effet que son *Précis de droit public et administratif* contribue « à populariser des connaissances qui doivent être le complément de toute bonne éducation sous un gouvernement constitutionnel »[434] en faisant comprendre « à une foule d'hommes qui l'ignorent encore tout ce qu'il y a, dans nos institutions, de vraies libertés, de garanties pour les droits de tous, de germes de prospérité pour l'avenir »[435].

123. À mesure que le droit public se développe, se dessine entre les administrativistes et les constitutionnalistes une différence d'approche. Les premiers disposent d'une matière plus conforme aux canons juridiques de l'époque. Celle-ci apparaît plus légitime et ne nécessite pas, à la différence du droit constitutionnel naissant, la recherche d'une assise aussi solide. Cette différence de perception se traduit notamment par la relative continuité dont a fait preuve l'enseignement du droit administratif une fois accepté en son principe, à la différence de l'enseignement à éclipses du droit constitutionnel[436]. Ainsi, après l'assassinat de Pellegrino Rossi, à Rome, en 1848, la chaire de droit constitutionnel demeure vacante jusqu'à ce que le Président Louis-Napoléon Bonaparte devenu Napoléon III décide par le biais de son ministre, Hippolyte Fortoul, de la supprimer « sans que l'étude du droit ne perde rien de sa précision et de sa profondeur »[437] et de la transformer en chaire de droit romain. Elle sera rétablie au début des années 1870, après l'épisode de la Commune de Paris et confiée à Colmet-Daâge, ancien suppléant de Rossi, tout en restant strictement cantonnée à la place du Panthéon, jusqu'à la création de l'École libre des sciences politiques en 1872.

124. Alors que le droit constitutionnel cherche encore à se faire admettre au rang des disciplines juridiques, le droit administratif, mieux accepté, entre dans un processus historique d'émancipation progressive et surtout

---

431 Joseph-Marie DE GERANDO, *Institutes du droit administratif français ou Elemens du code administratif*, T. I, Éd. Nêve, 1829, p. 5.
432 *Ibid.*, p. 6.
433 Mathieu TOUZEIL-DIVINA, *Éléments d'histoire de l'enseignement du droit public: la contribution du Doyen Foucart (1799-1860)*, Éd. LGDJ, Coll. de la Faculté de droit et des sciences sociales de Poitiers, 2007, p. 596.
434 Émile-Victor FOUCART, *Précis de droit public et administratif*, *op. cit.*, p. III.
435 *Id.*
436 Pour une vue synthétique d'ensemble, v. Bertrand MATHIEU, « Repenser le droit constitutionnel ? », *in* Baptiste BONNET, *Traité des rapports entre ordres juridiques*, Éd. LGDJ, 2016, p. 827-849.
437 Guillaume SACRISTE, *La République des constitutionnalistes*, *op. cit.*, p. 56.

conceptuelle de la tutelle civiliste à l'ombre de laquelle il avait fait ses premiers pas. Cette émancipation se traduit par un effort sans précédent de conceptualisation de la discipline, qui suppose inévitablement, pour ceux qui s'y livrent, d'en questionner le contenu afin d'en identifier les propriétés.

Cette émancipation ne rencontre toutefois pas l'unanimité et certains auteurs voient le droit administratif comme une série d'exceptions au droit privé. C'est contre une telle vision destructrice de l'autonomie du droit administratif que s'érige Ducrocq dans la préface de son *Cours de droit administratif et de législation française des finances* qui s'apparente, par endroits, à une véritable profession de foi de conceptualisme publiciste. L'auteur commence par rappeler cette idée – présente dès la première édition de son cours – selon laquelle « c'est dans le droit administratif lui-même, et non dans les analogies plus spécieuses que fondées, puisées dans le droit privé, qu'il convient de chercher les bases du plan général du droit administratif »[438]. En s'inscrivant dans une perspective non pas tant administrativiste que publiciste, il affirme que « le droit public, dont le droit administratif fait partie, a des principes qui lui sont propres, distincts de ceux du droit privé »[439]. Ceux-ci sont « par leur *objet* et leur *nature* [...] réfractaires aux cadres du droit civil »[440]. Enfin, l'auteur reproche, à son collègue publiciste Anselme Batbie, l'usage de notions « qui *dénaturent* à la fois celles du droit public et celles du droit administratif »[441].

125. De manière générale, l'autonomisation interne du droit administratif – par rapport au droit privé et civil – favorise alors largement l'autonomisation externe du droit public comme du droit en général – par rapport à la discipline politique. L'étendue de la définition de l'acte de gouvernement l'illustre tout à fait dans cette époque antérieure au célèbre arrêt *Prince Napoléon* de 1875[442]. Les conclusions David sont encore inconnues et le *mobile politique*, ou *l'intérêt politique*, déclinaisons ponctuelles de la valeur, constituent encore les critères déterminants de l'acte de gouvernement[443]. Ce dernier concept véhicule ainsi, en filigrane, un schéma assez binaire : *la politique s'arrête là où commence le droit et vice-versa.*

126. Dans cette période antérieure à la IIIe République, le droit administratif se nourrit bien d'un conceptualisme philosophique. On en trouve traces chez Macarel, premier suppléant à la chaire parisienne de droit administratif, qui écrivait, en 1852, qu'il existe « en administration, comme dans toutes les autres sciences morales et politiques, des principes qui sont

---

[438] Théophile DUCROCQ, *Cours de droit administratif et de législation française des finances, avec introduction de droit constitutionnel et les principes du droit public. Introduction de droit constitutionnel. Organisation administrative*, T. I, 7ème éd., Éd. A. Fontemoing, 1897, p. XXVIII.

[439] *Id.*

[440] *Id.*

[441] *Ibid.*, p. XXIX.

[442] C. E., 19 février 1875, *Prince Napoléon*, n° 46 707, Rec. 156.

[443] C. E., 1er mai 1822, *Laffitte*, n° 5363, Rec. 371 ; C. E., 9 mai 1867, *Duc d'Aumale et Michel Lévy*, n°39 621 et n°39 693, Rec. 473.

d'une éternelle vérité, d'une application universelle »[444]. Ce sont du moins ces « éléments de l'administration générale » que l'auteur s'est attaché à rechercher, nous dit-il, « *abstractivement*, *indépendamment* des formes organiques qu'elle peut affecter sous tel ou tel gouvernement »[445]. Comme le dénoncera plus tard, Deslandres, cette conception se fonde bien sur « la croyance qu'il y a en effet des concepts juridiques généraux préexistant à toute organisation politique positive, données de la raison même, catégories abstraites, auxquels se rapportent toutes les institutions et que les constitutions des différents peuples peuvent appeler à la vie »[446].

127. Ce conceptualisme fait largement écho aux théories de l'italien Orlando. Lors de l'inauguration de son cours de droit administratif à Palerme, le 18 janvier 1889 celui-ci regrettait « l'absence d'objectivité » des notions du droit public dont il imputait la cause à « l'influence désastreuse » de l'attitude intellectuelle des publicistes. En effet, « tandis que le *chercheur* [« lo studioso »] de droit privé a fini par considérer les principes juridiques comme des existences réelles, pour nous, *amateurs* [« cultori »] de droit public ils apparaissent comme des créations de l'arbitraire »[447]. L'auteur envie surtout aux romanistes une méthodologie solide construite sur l'appréhension du droit romain[448] et la transposition de celle-ci au domaine du droit public commun, comme cela a notamment été effectué en Allemagne, par Gerber et Laband.

128. Autonomisé et partiellement libéré des entraves axiologiques de la morale et de la politique, le droit trouve les relais de son émancipation dans un second mouvement contemporain de « scientificisation » de la matière. Le conceptualisme juridique devient ainsi un idéalisme scientifique.

II. Un idéalisme scientifique

129. Il est toujours difficile de retracer la genèse d'une idée à laquelle, il faut bien souvent fixer arbitrairement un point de départ ou reconstituer *a posteriori* une date de naissance. Sous ces réserves, il apparaît néanmoins possible de faire remonter l'avènement d'un mouvement général d'autonomisation juridique à l'œuvre de Savigny. À nul autre plus que lui n'a été reconnu le mérite d'avoir tenté de construire le droit sur une base scientifique[449]. *Il ne s'agit pas, ici, de considérer Savigny comme le père du*

---

[444] Louis-Antoine MACAREL, *Cours d'administration et de droit administratif*, T. I, Éd. Plon frères, 1852, p. 22.
[445] *Id.*
[446] Maurice DESLANDRES, « La crise de la science politique et le problème de la méthode », *RDP*, 1900, vol. 13, n°1, p. 438.
[447] Vittorio Emanuele ORLANDO, « I criteri tecnici per la ricostruzione giuridica del diritto pubblico », *in Diritto pubblico generale: Scritti varii (1881-1940) coordinati in sistema*, Éd. A. Giuffré, 1940, p. 14.
[448] V. à ce sujet, Maurizio FIORAVANTI, « La scienza giuridica : il dibattito sul metodo e la costruzione della teoria giuridica dello stato », *Il pensiero politio*, vol. 15, 1982, p. 92-126, notamment p. 93.
[449] V. à ce sujet, Olivier JOUANJAN, *Une histoire de la pensée juridique en Allemagne (1800-1918) : idéalisme et conceptualisme chez les juristes allemands du XIXe siècle*, Éd. PUF, Coll. Léviathan, 2005, p. 128.

formalisme, bien au contraire, celui-ci s'en éloigne à maints égards. Il s'agit simplement de constater que son œuvre de scientificisation du droit a su rencontrer un écho très favorable dans la pensée de la doctrine juridique du XIXe siècle et notamment dans le formalisme juridique qui s'en est fait l'écho. En cela, s'il n'est pas le père du formalisme, il est à tout le moins le précurseur d'une vision particulière du droit portée par des auteurs qui, dans son sillage, s'engagent dans la recherche des principes premiers de la science du droit (A). Cette quête des principes du droit impose alors à la dogmatique un effort de systématisation sans précédent de la discipline juridique (B) qui évince l'hypothèse même d'une valeur juridique.

A. La recherche des principes du droit

130. Le mérite revient à l'École allemande d'avoir mêlé systématiquement droit et science (1°). Dans son sillage, le phénomène de scientificisation du droit s'est répercuté en France où un mouvement de refondation méthodologique de la discipline voit le jour (2°). Cette nouvelle représentation influe alors sur le contenu même du droit désormais basé sur des principes simples et incontestables puisque *nécessaires.* La valeur, éminemment *contingente,* est alors renvoyée hors du droit.

1° La dogmatique allemande ou la naissance de la science du droit

131. Après la défaite française de Leipzig en 1813, le retrait des troupes napoléoniennes des États allemands, et la première destitution de Napoléon, la question de la (re)construction de « l'Allemagne », plus précisément des États allemands libérés de la domination française, se pose. Certains juristes allemands, tels que le professeur Thibaut, souhaitent profiter du retrait français pour parachever l'unité politique de l'Allemagne. Toutefois, l'unification souhaitée ne doit pas s'effectuer par la force mais bien plus par l'enseignement et l'uniformisation culturelle progressive. Le droit apparaît alors comme l'un de ses moyens privilégiés. « L'uniformité de la législation civile peut seule la [l'Allemagne] sauver de l'anarchie dont elle est menacée »[450] écrit Thibaut. L'unification du droit doit permettre l'unification de la société. Cette uniformisation douce suppose l'œuvre codificatrice.

132. C'est dans ce contexte, en 1814, qu'apparaît l'opuscule célèbre de Savigny intitulé *De la vocation de notre temps pour la législation et la science du droit.* Le juriste allemand y expose, en réaction aux tentations codificatrices, les jalons de la méthode scientifique du droit. Pour lui, toute œuvre codificatrice est vouée à l'échec dès lors qu'elle tend en son principe à une exhaustivité, qu'elle n'atteint pourtant jamais dans la pratique. Le droit se présente toujours, selon Savigny, à l'instar des formes géométriques,

---

[450] Anton Friedrich Justus THIBAUT, « Über die Nothwendigkeit eines allgemeinen bürgerlichen rechts für Deutschland », cité en annexe de Friedrich Carl Von SAVIGNY, *Vom beruf unserer Zeit für Gesetzgebung und Rechtwissenschaft* [1814], tr. fr. Alfred DUFOUR, *De la vocation de notre temps pour la législation et la science du droit*, Ed. PUF, Coll. Léviathan, 2006, p. 170.

c'est-à-dire comme un *donné* [451] revêtant certaines propriétés qui en constituent les principes dirigeants[452]. C'est, d'après l'auteur, « l'une des tâches les plus difficiles de notre science que de dégager ces principes et de saisir à partir de là la cohérence interne et le genre de rapport existant entre tous les concepts et principes juridiques »[453]. Surtout, dit-il, c'est « ce qui confère à notre travail son caractère proprement scientifique » [454]. Pour résumer, « si l'on veut promulguer un code utile, il faut choisir l'époque où la science du droit sera vigoureuse et aura atteint son plus puissant développement. Un code ne doit contenir que les principes d'où découlent les décisions des espèces ; car le droit comme la géométrie subsiste par des points fondamentaux et générateurs et la science du jurisconsulte consiste à saisir les conséquences dans l'intelligence des principes »[455]. Comme l'écrit le professeur Jouanjan, « après Savigny [...] toute la dogmatique juridique du XIXe siècle considère comme sa tâche véritable de traiter la matière du droit scientifiquement ».

133. Cette démarche d'un type nouveau irriguera la pensée juridique et trouvera un écho favorable chez les premiers représentants du formalisme juridique de l'École Gerber-Laband[456] et l'École de l' « Isolierung » [457]. Comme le résume le professeur Stolleis, il s'agissait pour Gerber « de transposer la méthode juridique constructive dans le domaine du droit public, de chasser par là même les points de vue politique, philosophique et historique, de faire valoir le besoin d'une précision plus tranchée et plus correcte des concepts dogmatiques fondamentaux et d'ériger un système scientifique au sein duquel les configurations particulières se présenteraient comme le développement d'une pensée fondamentale unifiée »[458]. Gerber poursuivait ainsi l'objectif de fonder le droit public allemand sur une méthode particulière afin qu'il acquît son autonomie scientifique et qu'il servît de « fondement à toute déduction juridique certaine »[459]. Dans la droite ligne de Kant, la scientificisation passe avant tout par la systématisation et l'unification des connaissances sous un principe unique. Il convient ainsi,

---

[451] Friedrich Carl Von SAVIGNY, *De la vocation de notre temps pour la législation et la science du droit*, *op. cit.*, p. 60.
[452] *Id.*
[453] *Id.*
[454] *Id.*
[455] *Ibid.*, Annexe III, p. 172.
[456] V. à ce sujet, Olivier JOUANJAN, « Carl Friedrich Gerber et la constitution d'une science du droit public allemand » *in* Olivier BEAUD et Patrick WACHSMANN (dir.), *La science juridique française et la science juridique allemande de 1870 à 1918*, Actes du colloque organisé à la Faculté de droit de Strasbourg les 8 et 9 décembre 1995, Société française pour la philosophie et la théorie juridiques et politiques, Centre de recherches administratives et financières de l'Université Robert Schuman, Éd. PUS, Coll. Annales de la Faculté de droit de Strasbourg, 1997, p. 11-63.
[457] Sur cette École v. tout particulièrement, Éric MAULIN, *La théorie de l'État de Carré de Malberg*, Éd. PUF, Coll. Léviathan, 2003, p. 17-27.
[458] Michael STOLLEIS, *Geschichte des öffentlichen rechts in Deutschland, T. II, Staatsrechtslehre und verwaltungswissenschaft : 1800-1914 [1992]*, tr. fr. Marie-Ange MAILLET et Marie-Ange ROY, *Histoire du droit public en Allemagne*, 1800-1914, Éd. Dalloz, Coll. Rivages du droit, 2014, p. 449.
[459] Olivier JOUANJAN, « Carl Friedrich Gerber et la constitution d'une science du droit public allemand », *loc. cit.*, p. 20.

selon les tenants de l'idéalisme scientifique du droit, d'identifier l'idée première[460] ou le principe premier permettant d'articuler toute la matière et tout le savoir juridique.

134. À l'instar de celui de Gerber, le projet de Laband est bien de *nettoyer* la science du droit public de tous ses éléments empruntés aux disciplines voisines. L'idée est alors de bâtir une dogmatique reposant sur « une connaissance approfondie des textes juridiques »[461] et un « travail purement logique »[462]. Laband affirme dans la préface de la deuxième édition allemande de son ouvrage portant sur *Le droit public de l'Empire allemand* que, la tâche « scientifique de la dogmatique dans un droit positif déterminé consiste à analyser les formes juridiques, à ramener les notions particulières à des principes plus généraux et à déduire de ces principes les conséquences qu'ils impliquent »[463]. C'est dans la mise en œuvre de l'idéal scientifique que réside, d'après l'auteur, le salut du droit. D'autant plus que, « pour remplir cette tâche, il n'y a pas d'autres moyens que la logique ; rien ne peut ici la remplacer ; toutes les considérations historiques, politiques et philosophiques, si précieuses qu'elles puissent être en elles-mêmes, nous dit-il, sont sans importance pour la dogmatique d'un droit concret et ne servent trop souvent qu'à voiler le manque d'un travail systématique »[464]. Dans ces conditions, l'approche juridique est avant tout *cognitive*[465]. Le droit est davantage un objet de la nature, donné pur, qu'il s'agit simplement pour la dogmatique de restituer. Par conséquent, écrivait Laband, « la création d'un principe juridique absolument nouveau et sans pareil, qui ne puisse pas être subordonné à un principe de droit plus élevé et plus général, est aussi impossible que la découverte d'une nouvelle catégorie logique ou la naissance spontanée d'une nouvelle force dans la nature »[466].

Cette représentation particulière du droit sera reçue en France sous l'effet de la porosité intellectuelle entretenue avec l'Allemagne par bon nombre de juristes parmi lesquels Edouard Laboulaye[467] ou Ferdinand Larnaude[468].

2° La dogmatique française ou la réception de l'idéalisme scientifique

135. La démarche scientifique appliquée au droit rencontrera un véritable succès en France, où la quête des principes du droit, c'est-à-dire, la recherche des fondements scientifiques de la matière passe avant tout par la recherche de ses *Elemens*. Les civilistes entendent les *Elemens* comme, « les

---

[460] Olivier JOUANJAN, *Une histoire de la pensée juridique en Allemagne (1800-1918)*, *op. cit.*, p. 220.

[461] Paul LABAND, *Le droit public de l'Empire allemand*, T. I, *op. cit.*, p. 9.

[462] *Id.*

[463] *Id.*

[464] *Ibid.*, p. 10.

[465] V. à ce sujet, Joachim RÜCKERT, « Savigny et la méthode juridique », *in* Olivier JOUANJAN (dir.), *L'esprit de l'École historique du droit*, Éd. PUS, Coll. Annales de la Faculté de droit de Strasbourg, 2004, p. 75-95, notamment p. 81.

[466] Paul LABAND, *Le droit public de l'Empire allemand*, *op. cit.*, p. 3.

[467] V. à ce sujet, Édouard LABOULAYE, *Essai sur la vie et les doctrines de Frédéric Charles de Savigny*, Éd. A. Durand, 1842.

[468] Plus critique à l'égard de Laband que ne l'était Laboulaye à l'égard de Savigny, Larnaude a traduit les œuvres majeures de l'auteur allemand en version française.

commencements d'une chose, ses parties premières, essentielles, constitutives »[469]. En un mot, « les éléments d'une science sont les idées-mères, les principes premiers de cette science »[470]. Dans ces conditions, la valeur ne constitue pas un élément assez solide permettant d'asseoir le droit. Un livre *élémentaire* implique, d'après Marcadé, « d'une part la proscription de ces longues excursions historiques, de ces hautes considérations de législation, de ces comparaisons approfondies avec le droit ancien, de ces savantes dissertations sur les lois romaines, de ces analyses détaillées d'arrêts, lesquelles ne sont point indispensables pour la parfaite intelligence de notre code civil ; puis d'un autre côté la méthode la plus claire, le soin le plus scrupuleux, les précautions les plus grandes avec lesquelles les principes seront établis »[471]. Et Demolombe de considérer les éléments et principes comme « base nécessaire de toute étude sérieuse et solide »[472]. Le professeur Mourlon affirme d'emblée dans ses *Répétitions écrites sur le code de procédure civile* de 1857 que « la connaissance de toute science réside dans l'intelligence des principes qui lui sont propres »[473]. Une dizaine d'années auparavant, le professeur Laignel lui dédiait son *Essai sur la théorie des principes du droit.* Il affirmait, concernant le droit, que « puisque c'est une science, elle a des principes »[474]. Par conséquent, il serait possible de « ramener tout l'ensemble de cette science à quelques principes généraux, dont tous les cas particuliers doivent se déduire »[475] en utilisant, au besoin, la méthode cartésienne. Une fois cette méthode appliquée au droit, « le droit pourra presque être élevé au rang des sciences exactes, du moins en ce qui concerne la pure théorie »[476].

136. Ce mouvement de fond se retrouve également chez les premiers publicistes. De Gérando présente la deuxième édition de ses *Institutes du droit administratif français ou Elemens du code administratif* dans lesquels il affirme qu'il s'est « appliqué à transporter dans cette science la méthode appelée naturelle, qui dans les autres branches a porté des fruits si abondants »[477]. Macarel, plus nuancé, considère qu'il faut distinguer science de l'administration et science du droit administratif. Si la première relève du « domaine de la *spéculation* »[478], il n'en va pas de même de la seconde qui « est partout renfermée dans la sphère du *positif* »[479].

137. À la fin du XIXe siècle, de nouvelles méthodes émergent qui s'attachent également à *l'identification des principes de la discipline*

[469] Victor-Napoléon MARCADE, *Elemens du droit civil français*, *op. cit.*, T. I, p. II.
[470] *Id.*
[471] *Ibid.*, p. IV.
[472] Charles DEMOLOMBE, *Cours de Code civil*, *op. cit.*, p. I.
[473] Frédéric MOURLON, *Répétitions écrites sur le Code de procédure civile, contenant l'exposé des principes généraux, leurs motifs et la solution des questions théoriques*, Éd. Marescq et Dujardin, 1857, p. I.
[474] Ferdinand LAIGNEL, *Essai sur la théorie des principes du droit*, *op. cit.*, p. 8.
[475] *Ibid.*, p. 10-11.
[476] *Ibid.*, p. 12.
[477] Joseph-Marie DE GERANDO, *Institutes du droit administratif français ou Elemens du code administratif*, T. I, 1842, Éd. Nêve, 2e éd. p. XIJ.
[477] *Ibid.*, p. 6.
[478] Louis-Antoine MACAREL, *Cours d'administration et de droit administratif*, *op. cit.*, p. 19.
[479] *Id.*

juridique. La définition qu'en donne Larnaude reste classique qui les appréhende comme des « proposition[s] d'où on tire d'autres propositions qui en sont les conséquences »[480]. Elle assume surtout sa filiation formaliste. Larnaude rappelle en effet que ces propositions primaires organisatrices de la matière ne peuvent être appelées principes « dans le sens juridique du mot tant qu'elles ne se manifestent pas par des règles de droit positif, tant qu'elles ne sont pas organisées »[481]. La nouveauté de ses méthodes réside alors dans ce qu'elles insistent plus largement *sur le devoir d'impartialité scientifique du juriste.* Larnaude considère ainsi, à la suite de Laband, que le droit public est « autre chose qu'une suite de considérations philosophiques et politiques »[482]. C'est, du reste, dans cet esprit qu'il fonde la *Revue du droit public et de la science politique en France et à l'étranger.* Celle-ci ne vise qu'à la vérité et à l'impartialité scientifique et entend « rester un organe, une tribune ouverts à tous, sans partis pris, d'où sera bannie toute discussion quelque peu irritante »[483].

138. À rebours de ces nouvelles méthodes, Boutmy propose, à son tour, la sienne. Il est le premier à approcher l'hypothèse d'un concept de valeur applicable à la discipline juridique. Mais trop éloignée de l'idéalisme scientifique de ses collègues, elle ne connaît pas véritablement le succès. Pour Boutmy, l'objet du droit constitutionnel est bien « l'échiquier du politique »[484] entièrement livré aux « rapports de force »[485]. Ainsi, écrivait-il, le droit constitutionnel « n'a point affaire des *principes*, mais des *sentiments* que ces principes éveillent, des *passions* qui les épousent ou qui s'en couvrent, des intérêts qui les prennent pour mot d'ordre »[486]. L'auteur tente de bâtir une méthode fondée sur un pluralisme des sources[487], opposée en cela à l'idéalisme scientifique des partisans de l'Exégèse et alignée sur une méthode d'observation des *faits sociaux.* En d'autres termes, la méthode de Boutmy est matérialiste et prend pour cible l'idéalisme des Universités. Trop disparate, elle ne fait pourtant pas l'unanimité et se retrouve débordée par d'autres méthodes qui revendiquent alors le monopole de la scientificité.

139. Parmi ces nouvelles méthodes, l'empirisme connait un franc succès et condamne durablement toute tentative de construction d'une axiologie

---

480 Ferdinand LARNAUDE, « Le droit public, sa conception, sa méthode », *in Les méthodes juridiques : leçons faites au Collège libre des sciences sociales* en 1910, Éd. V. Giard et E. Brière, 1911, p. 23.

481 *Ibid.*, p. 24.

482 Ferdinand LARNAUDE, « Préface » *in* Paul LABAND, *Le droit public de l'Empire allemand, op. cit.*, p. XI.

483 Ferdinand LARNAUDE, « Notre programme », *RDP,* vol. 1, n°1, 1894, p. 12.

484 Émile BOUTMY, *Des rapports et des limites des études juridiques et des études politiques*, Éd. A. Colin, 1889, p. 6.

485 *Id.*

486 *Id.*

487 V. par ex. Émile BOUTMY, « Les sources et l'esprit de la Constitution des États Unis » *in* Émile BOUTMY, *Études de droit constitutionnel : France, Angleterre, États-Unis*, Éd. E. Plon, Nourrit et cie, 1885, p. 83-217, notamment p. 125, 127 ; v. égal. Émile BOUTMY, « Des précautions à prendre dans l'étude des constitutions étrangères », *Recueil des travaux de l'académie des sciences morales et politiques* vol. 122, 1884, p. 217-238 et 362-398, cité par Guillaume SACRISTE, *La République des constitutionnalistes: professeurs de droit et légitimation de l'État en France, 1870-1914*, *op. cit.*, p. 104-105.

juridique. Larnaude affirme que « ce n'est pas à la raison… ou à l'imagination qu'on demande les principes, c'est aux faits, les faits pour nous juristes étant représentés par les documents juridiques »[488]. Pour sa part, Saint-Girons estime avoir suivi la méthode expérimentale dans la rédaction de son *Manuel de droit constitutionnel*, « la seule, dit-il, qui, en matière d'organisation politique et sociale, permette d'arriver à des conclusions pratiques »[489]. Quelques années plus tard, c'est au tour d'Eugène Pierre de considérer dans son *Traité de droit politique, électoral et parlementaire* que « la politique est une science expérimentale, comme toutes celles entre lesquelles se répartissent les conceptions de l'entendement humain »[490]. Elle possède ainsi « des lois inévitables comme celles sur lesquelles s'appuient la chimie ou la mécanique »[491]. La valeur, qui est de l'ordre du contingent plus que du nécessaire est alors absente de ces représentations formelles. Pour Eugène Pierre, s'il est « une satisfaction profonde de construire un idéal politique dans le repos du cabinet, avec la seule ressource des germes de raison, de justice et de vérité qui s'agitent confusément dans notre cerveau », c'est sans compter le fait que la « nature balaye bien vite ce qui n'a pas été fait de concert avec elle »[492]. *Cet empirisme pouvait même toucher au déterminisme* comme l'explique Félix Moreau dans son *Précis élémentaire de droit constitutionnel.* L'auteur écrit que l'organisme social « évolue sous l'action de forces que la raison découvre et ne gouverne pas, que la volonté humaine n'influence guère »[493]. Dans ces conditions, l'étude du droit se contente d'accepter les règles applicables à une société donnée sans pour autant les créer[494]. Œuvre désintéressée, la jurisprudence les « étudie pour elles-mêmes et sans souci des conséquences qu'elles peuvent avoir sur la vie sociale »[495].

B. La construction systémique du droit : l'exemple de l'œuvre kelsenienne

140. Le mouvement de mutation scientifique du droit qui trouve ses origines dans les conceptions allemande et française de la science du droit sera approfondi avec un « raffinement épistémologique encore jamais atteint »[496] par Hans Kelsen. Le juriste autrichien mènera ainsi un véritable travail de définition et de systématisation qui peut s'entendre d'une véritable

---

[488] Ferdinand LARNAUDE, « Le droit public, sa conception, sa méthode », *in Les méthodes juridiques : leçons faites au Collège libre des sciences sociales en 1910, loc. cit.*, p. 25.
[489] Antoine SAINT-GIRONS, *Manuel de droit constitutionnel*, Éd. L. Larose et Forcel, 1885, 2eme éd., p. IV.
[490] Eugène PIERRE, *Traité de droit politique, électoral et parlementaire*, Éd. Motteroz, 1893, p. VIII.
[491] *Id.*
[492] *Id.*
[493] Félix MOREAU, *Précis élémentaire de droit constitutionnel (organisation des pouvoirs publics)*, Éd. L. Larose et Forcel, 1892, p. 7.
[494] *Ibid.*, p. 12.
[495] *Ibid.*, p. 12-13.
[496] Olivier JOUANJAN, « Histoire de la science du droit constitutionnel », *in* Dominique CHAGNOLLAUD et Michel TROPER, *Traité International de droit constitutionnel*, T. I, Éd. Dalloz, Coll. Traités Dalloz, 2012, p. 94.

théorie formaliste du droit[497]. Kelsen, à l'instar de ses prédécesseurs allemands, souhaite assurer définitivement l'autonomie du droit. Pour autant et à la différence de ceux-ci[498], le juriste autrichien veut l'arrimer à une théorie de la connaissance permettant, après purification, son identification précise. Cette nouvelle représentation systématique du droit renforce doublement son éloignement de la notion de valeur, qu'elle soit entendue comme *norme* morale (1°) ou comme *préférence* personnelle (2°).

1° L'éviction de la valeur comme norme morale : une redéfinition des rapports entre le droit et la morale

141. La théorie kelsénienne aboutit à une redéfinition des rapports entre le droit et la morale. Pour mémoire, la séparation entre le droit et la morale était traditionnellement fondée sur la théorie néo-kantienne de la différence d'objet. Cette distinction inopérante face aux évolutions modernes du droit devait être repensée. Abandonnant la théorie de la différence *d'objet*, Kelsen propose alors une théorie de la différence des *structures*. Dans cette nouvelle acception, le droit comme la morale sont, dans la pensée kelsénienne, « deux types différents de systèmes normatifs »[499] correspondants chacun à une catégorie particulière et bien définie : « un type statique et un type dynamique »[500].

142. *Dans le premier type de système*, les normes sont valables en fonction de leur contenu. Elles peuvent être rapportées à une norme plus générale et englobante, sur le modèle des rapports du particulier et du général. Le système moral relève de ce type puisque, comme l'affirme Kelsen : de la norme morale « qui prescrit d'aimer son prochain, on peut déduire les normes, on ne doit infliger aucun mal à son prochain, [...], on doit l'assister lorsqu'il est dans le besoin »[501]. Dans un tel système, « tant le fondement de validité que le contenu de validité sont ainsi déduits d'une norme supposée comme norme fondamentale »[502]. Les normes constitutives du système « sont déjà toutes contenues dans la norme fondamentale et peuvent être obtenues par une simple opération de l'esprit »[503].

143. *À l'inverse, dans le second type de système* seul le fondement de validité d'une norme peut se déduire d'une norme plus générale, à l'exception de son contenu. Le système juridique correspond alors à ce type puisque « une norme juridique n'est pas valable parce qu'elle a un certain

---

[497] En ce sens, v. François OST et Michel VAN DE KERCHOVE, *Jalons pour une théorie critique du droit*, Éd. FUSL, Coll. Travaux et recherches, 1987, p. 198 et s.

[498] Le juriste autrichien souhaite en effet limiter l'État par le droit en professant un monisme de l'État et du droit. Dans ce schéma, tout le droit c'est l'État et l'État est uniquement le droit. Il refuse ainsi de reconnaître en lui ce phénomène naturel qu'y voyaient les thuriféraires de l'empire allemand ou des monarchies françaises et italiennes ; v. par ex. Hans KELSEN, *General theory of law and state* [1945], tr. fr. Béatrice LAROCHE, *Théorie générale du droit et de l'État*, Éd. LGDJ, Coll. La pensée juridique, 1997, p. 250 et s.

[499] Hans KELSEN, *Reine rechtslehre* [1960], tr. fr. Charles EISENMANN, *Théorie pure du droit* [1962], réimp. Éd. LGDJ, Coll. La pensée juridique, 1999, p. 70.

[500] *Ibid.*, p. 195.

[501] *Id.*

[502] *Id.*

[503] Hans KELSEN, *Théorie générale du droit et de l'État*, *op. cit.*, p. 446.

contenu c'est-à-dire parce que son contenu peut être déduit par voie de raisonnement logique d'une norme fondamentale supposée, elle est valable parce qu'elle est créée d'une certaine façon »[504]. À la différence des normes morales, statiques, les normes juridiques sont créées par une volonté exprimée selon un processus particulier. Le droit s'éloigne ainsi de la morale et s'il arrive qu'il puisse tout de même être moral, « il ne l'est pas nécessairement »[505]. La logique du droit est bien davantage une logique procédurale là où la logique de la morale, dans le champ de laquelle la valeur est vite renvoyée, suppose une logique matérielle[506].

144. En droit, la question des sources est mise de côté. Elle n'est abordée qu'à travers une dynamique des normes que Kelsen tente d'identifier. La question des fondements ne se pose pas dès lors que « toute norme juridique supérieure est la source d'une norme juridique inférieure »[507]. Kelsen appréhende donc le droit dans ce qu'il pense être son mouvement propre, c'est-à-dire dans le cadre du « processus constamment renouvelé de son auto-création »[508]. Dans ces conditions, la question du valoir est réduite à la question de la seule validité[509]. On comprend alors que, dans l'esprit de Kelsen, la validité constitue la déclinaison formelle du valoir là ou la valeur en constitue la déclinaison matérielle.

2° L'éviction de la valeur comme préférence personnelle : la neutralité axiologique du scientifique

145. L'œuvre de Kelsen est intégralement ordonnée à la clarification de la discipline juridique. Kelsen, dans la lignée de la dogmatique de la fin du XIXe siècle, assigne pour mission à la science de « connaître le droit, non de le créer »[510]. Pour ce faire, elle doit « décrire son objet tel qu'il est effectivement »[511]. Cette assignation porte condamnation implicite de la subjectivité de la valeur par le rejet du jugement de valeur. En effet, la science « s'interdit de prescrire ce qu'il [son objet] devrait ou ne devrait pas être sur la foi d'un quelconque jugement de valeur. Faute de quoi, le problème devient alors de nature politique et se rapporte à l'art de gouverner, activité qui ne s'attache qu'aux valeurs »[512]. La science, pour sa part, doit produire un savoir objectif et général c'est-à-dire universel[513]. Surtout, la

504 Hans KELSEN, *Théorie pure du droit*, *op. cit.*, p. 197.
505 *Ibid.*, p. 70.
506 V. *infra*, § 309 - 314.
507 Hans KELSEN, *Théorie générale du droit et de l'État*, *op. cit.*, p. 186.
508 Hans KELSEN, *Théorie pure du droit*, *op. cit.*, p. 113 ; Sur la question de l'auto-poïétique du droit dans la perspective normativiste v. égal. Otto PFERSMANN, « Carré de Malberg et la hiérarchie des normes », *in* Olivier BEAUD et Patrick WACHSMANN (dir.), *La science juridique française et la science juridique allemande de 1870 à 1918*, *op. cit.*, p. 295-324, notamment p. 302-303.
509 À ce sujet, v. Norberto BOBBIO, « Kelsen et les sources du droit » [1981], réimp. *in Essais de théorie du droit*, Éd. LGDJ, Coll. La pensée juridique, 1998, p. 235.
510 Hans KELSEN, *Théorie générale du droit et de l'État*, *op. cit.*, p. 46.
511 *Id.*
512 *Id.*
513 Luc HEUSCHLING, « Le relativisme des valeurs, la science du droit et la légitimité. Retour sur l'épistémologie de Max Weber », *Jus Politicum*, vol. 8, 2012.

valeur, toujours partiale, porte atteinte à l'idéal scientifique de neutralité axiologique. En effet, Kelsen rappelait, en conclusion de sa *Théorie générale du Droit et de l'État,* « la vieille vérité selon laquelle la science n'est pas en mesure et donc pas habilitée à émettre des jugements de valeurs »[514]. D'après cette représentation, le scientifique, qu'il soit juriste, sociologue, ou chimiste, doit s'abstenir de tout jugement de valeur et œuvrer à décrire son objet. Cette représentation postule ainsi l'existence d'une irrésorbable[515] distinction entre « connaître et porter un jugement »[516].

146. C'est sous ces strictes conditions que Kelsen lui-même constitue sa théorie de la valeur. Elle est conditionnée pour l'essentiel par sa théorie objective de la norme. Pour l'auteur autrichien, la norme juridique constitue toujours « le fondement d'un jugement de valeur spécifique qui qualifie de licite (légitime, bien) ou d'illicite (illégitime, mal) la conduite de l'organe ou du sujet »[517] auquel cette norme commande. Le licite ou l'illicite constituent ainsi les deux seules assertions de valeurs admises par l'auteur autrichien au sein de la discipline juridique. Elles sont par ailleurs appelées « 'valeurs de droit' »[518] par opposition aux « valeurs de justice » – ou autrement dit, valeurs morales et peuvent faire l'objet d'une vérification « au moyen des faits qui conditionnent l'existence de la norme »[519].

147. À l'opposé, Kelsen, identifie des « jugements de valeurs subjectifs » ou « jugements de justice » qui désignent tout jugement d'un individu – un juge constitutionnel par exemple – entièrement rapporté à une norme *présumée* valide uniquement par celui-ci. Pour rappel, dans le système de Kelsen c'est la validité juridique *effective* qui confère l'existence à la norme. La norme de justice *présumée* valide *n'est* donc *pas* une norme *effectivement* valide, c'est-à-dire une norme de droit positif. Le juriste viennois estime donc logiquement que la norme de justice n'exprime *in fine* que « l'intérêt de l'individu »[520]. Elle varie en permanence. Kelsen en conclut que « cette norme n'est pas objective, comme le croit le sujet jugeant, elle est fonction de l'intérêt subjectif de ce sujet. Le critère de justice n'est pas unique, il en existe d'innombrables, mutuellement incompatibles »[521]. Le caractère subjectif de la valeur qui constitue, par ailleurs, sa propriété fondamentale, l'empêche de pouvoir prétendre s'appliquer à la discipline juridique telle que la conçoit le maître autrichien. Largement subjective, la valeur est totalement écartée du champ d'analyse du droit alors même que son existence semble paradoxalement reconnue.

---

514 Hans KELSEN, *Théorie générale du droit et de l'État, op. cit.*, p. 487.

515 Sylvie MESURE et Alain RENAUT, *La guerre des dieux: essai sur la querelle des valeurs*, Éd. B. Grasset, Coll. Le Collège de philosophie, 1996, p. 89.

516 V. à ce propos, Max WEBER, « Die objecktivität sozialwissenschaftlicher und sozialpolitischer erkenntnis » *in Gesammelte Aufsätze zur Wissenschaftslehre* [1951], tr. fr. Julien FREUND, « L'objectivité de la connaissance dans les sciences et la politique sociale » *in Essais sur la théorie de la science*, Éd. Presses Pocket, Coll. Agora, p. 129.

517 Hans KELSEN, *Théorie générale du droit et de l'État, op. cit.*, p. 97.

518 *Id.*

519 *Ibid.*, p. 98.

520 *Id.*

521 *Id.*

148. Il ressort de tous ces éléments que pour la pensée formaliste, le droit semble se suffire à lui-même. L'impératif de neutralité axiologique qui préside à toute entreprise scientifique a muté à mesure que, dans le sillage du kelsenisme, la distinction théorique entre les niveaux de discours se faisait plus trouble. Désormais l'impératif de neutralité axiologique touche le droit non plus seulement dans sa méthode d'appréhension mais bien dans son contenu. Partagé entre l'idéalisme scientifique et le conceptualisme formel, le droit constitutionnel ainsi conçu est pensé indépendamment de tout « rapport aux valeurs » de son observateur. *Si, au cours du XIXe siècle, la doctrine privatiste s'est attachée à (dé)moraliser le droit, la doctrine publiciste a pour sa part contribué à le (dé)politiser.* Devenu science de l'ordre et de la logique, le droit constitutionnel, comme tout le droit à l'époque, refuse de s'interroger sur les raisons qui l'instituent. Les exemples précédemment évoqués illustrent bien cette dynamique. Le droit constitutionnel émerge doté d'une finalité, liant son destin au but intrinsèque qu'il porte, neutraliser – au sens de rendre neutre – les passions de la politique, écarter les *valeurs,* établir un système politique stable et durable, conforter les assises du pouvoir. Le droit se veut outil, vecteur de stabilité, de fixité, bien éloigné des passions mouvantes de la politique et de la relativité du valoir auxquelles il semble pourtant obéir. La logique formelle est mise à contribution afin d'autonomiser le droit de tout système de valeurs. Dans ce nouveau cadre logique, les énoncés de *valeurs* apparaissent invérifiables et relèvent d'une appréciation subjective là où le droit et les énoncés juridiques, relèvent d'une logique différente, d'un rapport directement observable qui oscille *uniquement* entre les deux pôles *formels* de la légalité et de l'illégalité. L'influence de cette logique juridique est encore largement perceptible aujourd'hui. Elle suppose un *rejet catégorique des liens entre le droit, la morale et la politique, entre la norme juridique et la valeur juridique*.

SECTION II. UNE PENSEE RESTRICTIVE DE L'OFFICE DU JUGE

149. La pensée formaliste du droit débouche nécessairement sur une théorie de la décision opposée à une pensée de la valeur[522]. Cette idée doit être interrogée. En effet, dans le sillage de l'entreprise de neutralisation axiologique du discours juridique, entamée par l'École formaliste, la doctrine s'accorde traditionnellement pour voir, dans la personne du juge, une sorte d'automate. Dans sa dimension interprétative, le formalisme juridique nie la fonction créatrice du juge et par là même son rapport à la valeur qui révèlerait, s'il était avéré, sa marge de liberté. Une telle pensée est normative, qui véhicule un modèle particulier de la décision judiciaire où son importance, comme source du droit, est réduite à la portion congrue. Cette représentation s'inscrit dans le droit fil d'une rupture plus profonde,

---

[522] Fernando ATRIA, « Adjudication and the particuliar », *in* Zenon BANKOWSKI et James MACLEAN (dir.), *The universal and the particular in legal reasoning*, Éd. Aldershot, 2006, p. 69-82, notamment p. 76.

d'une dichotomie structurante du système juridique : la confrontation entre une conception systémique ou décisionniste[523] du droit. Elle recoupe surtout, s'agissant de la recherche du fondement de la décision juridique un véritable conflit méthodologique[524].

150. En droit constitutionnel français on trouve la meilleure trace de ce *conflit de représentation* dans le débat relatif à la possibilité d'instaurer un contrôle de constitutionnalité des lois sous la IIIe République. Ce débat pourtant ancien porte en lui les germes d'une conception restrictive du juge et de son office, hostile à une pensée de la valeur. En effet, c'est à cette occasion que la question de la possibilité de la valeur dans la décision a été – pour la première fois – explicitement posée – et écartée – sous le masque de la question de la référence du contrôle. Quelle norme de référence le juge peut-il utiliser, avec quel contenu et dans quelles limites ? *C'est bien, en réalité, une autre façon se demander ce qui vaut pour le juge dans le cadre de son contrôle.* Arbitraire, la référence à la valeur n'illustrerait rien d'autre que la liberté absolue dont le juge pourrait bénéficier afin d'abuser de son pouvoir. Pour y échapper, le formalisme juridique n'aurait eu d'autre choix que de porter, dans le discours juridique, la représentation d'un juge doublement encadré dans son office. Deux mythes de la pensée constitutionnelle ont pu s'en faire les relais.

151. Le mythe du juge *pouvoir neutre* incarne l'idéal formaliste d'un juge limité dans sa *fonction* (I) tandis que le mythe du juge *bouche de la loi* incarne davantage l'idéal formaliste d'un juge limité dans sa *méthode* (II). Dans les deux cas, l'office du juge est défini de telle sorte que la question même de la valeur soit écartée.

I. La mécanisation de l'office du juge par la fonction ou la persistance du mythe du « pouvoir neutre » dans les représentations dogmatiques de la figure du juge

152. La recherche d'autorités politiquement neutres est une véritable constante[525] de l'histoire des idées constitutionnelles françaises. Cette recherche ressucite, souvent inconsciemment, un mythe, celui du Tiers-pouvoir ou du pouvoir neutre qui trouve sa source dans les travaux de Benjamin Constant[526]. C'est ce mythe qui s'incarne par exemple dans les propositions de Sieyès visant à établir une véritable jurie constitutionnaire ou

---

[523] V. à ce sujet, Jerzy WROBLEWSKI, « Dilemnas of the normativistic concept of legal system », *Rechtstheorie*, vol. 5, 1984, p. 319-333, notamment p. 320 et s.

[524] Hugues RABAULT, *L'interprétation des normes: l'objectivité de la méthode herméneutique*, Éd. L'Harmattan, Coll. Logiques juridiques, 1997, p. 23.

[525] V. à ce sujet, Patrice ROLLAND, « Comment préserver les institutions politiques ? La théorie du pouvoir neutre chez B. Constant », *Revue française d'histoire des idées politiques*, vol. 27, n°1, 2008, p. 43-73, notamment p. 69 ; v. égal. Marcel GAUCHET, *La révolution des pouvoirs: la souveraineté, le peuple et la représentation, 1789-1799*, Éd. Gallimard, Coll. Bibliothèque des histoires, 1995.

[526] Benjamin CONSTANT, *Fragments d'un ouvrage abandonné sur la possibilité d'une constitution républicaine dans un grand pays* [env. 1795-1810], réimp. Éd. Aubier, Coll. Bibliothèque philosophique, 1991, p. 381.

encore, plus tôt, chez Montesquieu dans la théorie du pouvoir judiciaire comme *puissance nulle*. Chez ces auteurs, la recherche de ce tiers-pouvoir ne fait que traduire l'insuffisance de la garantie des règles constitutionnelles de l'époque et la difficulté persistante dans l'ordre juridique français d'identifier le gardien de la Constitution. Le *mythe du pouvoir neutre* s'entend ainsi d'une représentation collective d'un pouvoir juridictionnel politiquement – et donc axiologiquement – neutralisé.

153. Cette représentation a toujours eu une influence considérable sur la doctrine publiciste française. On en trouve trace dans les débats relatifs à l'introduction d'un véritable contrôle de constitutionnalité au passage du XIXe au XXe siècle. Ceux-ci sont particulièrement éclairants de l'état d'esprit doctrinal qui accompagne le développement de l'office du juge. La conception neutre du pouvoir du juge avait progressé en télescopant, au passage, l'idéal scientifique de neutralité axiologique.

154. Deux grandes variantes de cette représentation ressortent des débats. Elles dépendent pour l'essentiel des représentations dogmatiques de la fonction de juger et se cantonnent au plan théorique. Dans la première variante, la question relative à l'existence d'une *fonction* de juger est bien distinguée de la question de l'existence d'un *pouvoir* de juger. Autrement dit, l'existence d'une fonction de juger est indifférente à l'existence d'un véritable pouvoir judiciaire (A). Dans cette optique, la question du rapport du juge à la valeur ne se pose pas puisque la question du juge n'existe pas. Dans la deuxième variante, l'identification d'une fonction de juger aboutit à la reconnaissance d'un pouvoir propre du juge qui participe alors de la trinité des pouvoirs au même titre que le pouvoir exécutif et législatif (B). Cette dernière représentation interroge alors le rapport entretenu par le juge à la valeur.

A. Les partisans de l'« autorité » de juger ou l'inexistence d'un pouvoir judiciaire

155. Une première variante de la représentation *neutre* du juge consiste à refuser la thèse selon laquelle l'administration de la justice constitue une manifestation de la souveraineté nationale distincte du pouvoir législatif et du pouvoir exécutif. Cette conception s'alimente ainsi d'une représentation bipartite de la séparation des pouvoirs [527] fondée sur le légicentrisme dominant de l'époque. Le juge et plus généralement les autres pouvoirs ne sont conçus que dans leur rapport à la vie de la loi ; celle-ci n'étant constituée que de deux phases distinctes : « sa formation et son exécution » [528]. Dans ce schéma institutionnel particulièrement réducteur, l'autorité judiciaire ne peut faire valoir que sa capacité à participer à son

---

[527] Sur l'association historique entre fonction judiciaire et *autorité* v. notamment Jacques BOUVERESSE, « Lieux de pouvoir, lieux d'autorité » *in* Jean FOYER, Gilles LEBRETON et Catherine PUIGELIER, *L'autorité,* Éd. PUF, Coll. Cahier des sciences morales et politiques, 2008, p. 99-115, notamment p. 107-108.

[528] Adhémar ESMEIN, *Éléments de droit constitutionnel français et comparé, op. cit.* p. 497.

exécution[529]. Dans ces conditions, elle constitue, au mieux, une branche du pouvoir exécutif.

156. Cette représentation est portée par Berthélémy qui, dès l'introduction de son *Traité Élémentaire de droit administratif*, rejette la division tripartite des pouvoirs. Selon lui, le pouvoir législatif s'oppose au pouvoir exécutif doté à la fois de la fonction d'administrer et de la fonction de juger[530]. Conscient du caractère subversif de sa présentation, l'auteur consacre tout de même une sous-partie de son traité à la question suivante : « l'autorité judiciaire est-elle un troisième pouvoir ? » [531]. Dans ses *Répétitions écrites de droit administratif*, le même auteur affirme « qu'à l'heure actuelle deux organes seulement dans l'État exercent le pouvoir au nom de la nation : c'est le Parlement, d'une part, et le Gouvernement de l'autre [...] Quant à la fonction judiciaire, elle n'est pas conférée à des représentants distincts de la souveraineté nationale mais à des juges nommés par le gouvernement et que l'on a rendu indépendants de celui-ci » [532]. Ducrocq, dans son *Cours de droit administratif et de législation française des finances*, partage la même conception et écrit que « dans un État démocratique tous les pouvoirs sont électifs »[533]. Partant « s'il existait un pouvoir judiciaire, ce troisième pouvoir devrait être électif »[534]. Ce qui n'est pas le cas, constate l'auteur. Ainsi, « l'esprit et l'ensemble de la législation, l'histoire et la nature des choses refusent à l'autorité judiciaire le rang et la qualification de troisième pouvoir »[535].

B. Les partisans du « pouvoir » de juger ou la timide reconnaissance de l'existence d'un pouvoir judiciaire

157. À l'opposé de la vision précédemment rappelée, certains auteurs voient dans la fonction de juger l'exercice d'un véritable pouvoir (1°) sans qu'ils acceptent pour autant que le juge dispose de la marge de manœuvre confortable que lui confèrerait la maîtrise de ses sources (2°).

1° Un pouvoir propre

158. Pour nombre d'auteurs sous la IIIe République, il ne fait pas de doute que la fonction judiciaire existe en propre. La spécificité de cette fonction suffit alors pour en faire un véritable pouvoir. La fonction judiciaire n'est cependant entendue que comme une pure fonction d'application des textes. Comme l'affirmait Artur pour le droit administratif, « les jugements sont

---

529 Léon DUGUIT, *Traité de droit constitutionnel. La théorie générale de l'État*, T. II, 3ème éd., Éd. E. de Boccard, 1928, p. 688.

530 Henry BERTHELEMY, *Traité élémentaire de droit administratif*, Éd. A. Rousseau, 7ème éd., 1913, p. 1.

531 *Ibid.*, p. 10.

532 Henry BERTHELEMY, *Répétitions écrites de droit administratif*, Éd. Cours de droit, Coll. Licence, 1927-1928, p. 26.

533 Théophile DUCROCQ, *Cours de droit administratif et de législation française des finances: avec introduction de droit constitutionnel et les principes du droit public*, T. I, *op. cit.*, p. 40.

534 *Id.*

535 *Id.*

l'application d'une ou de plusieurs lois à des faits particuliers et à des personnes données »[536]. Tout jugement nécessite donc « par définition [...] une loi antérieure à appliquer »[537]. C'est la mission « essentielle et unique »[538] du juge. Au soutien de cette mission, le juge n'exerce cependant qu'une « souveraineté subordonnée »[539] qui implique qu'il ne puisse « prendre aucune liberté avec la loi qu'il est chargé d'appliquer »[540]. En tant que fonction propre, elle n'en demeure pas « plus maîtresse de son repos que de son mouvement »[541]. Le propos rejoint celui de Berthélémy qui écrivait qu'il appartient « aux tribunaux de dire le sens des lois écrites »[542] dont l'application sera assurée en conformité à leur interprétation. Certes, « la loi qui s'impose c'est la loi telle que la comprend la jurisprudence ; mais la jurisprudence se sait liée par le texte qu'elle prétend traduire exactement »[543].

2° Un pouvoir limité

159. Organe d'application, le juge n'est pas maître de ses sources, qui, la plupart du temps s'imposent à lui. Cette lecture est confirmée tout autant par le rejet français de la figure du juge constitutionnel (α) que par la promotion autrichienne de la figure du *législateur négatif* (β).

α. L'illustration par le rejet français de la figure du juge de la constitutionnalité sous la IIIe République

160. Esmein constate, dans ses *Éléments de droit constitutionnel français et comparé,* que « partout en Europe, même sous l'empire des constitutions écrites impératives et limitatives, l'idée s'est fait recevoir que les tribunaux n'avaient aucunement le droit d'apprécier la constitutionnalité des lois »[544]. L'auteur considère alors que les lois devaient s'imposer aux juges qui n'avaient uniquement « qualité pour les appliquer et non pour les juger »[545]. Autrement dit, les juges ont « compétence pour appliquer et interpréter les lois ordinaires ; mais qu'ils n'ont point compétence pour appliquer et interpréter la Constitution »[546]. Dans le sillage de l'empirisme naturaliste des premiers constitutionnalistes, la doctrine du XIXe siècle considère que les juges sont assignés à un ensemble de textes préexistants qu'ils doivent simplement appliquer. C'est alors reconnaître le primat de la notion stricte de légalité. Celle-ci s'inscrit bien à rebours du principe de l'État de droit,

---

536 Émile ARTUR, « Séparation des pouvoirs et séparation des fonctions », *RDP*, vol. 13, n°1, 1900, p. 222.
537 *Id.*
538 *Ibid.*, p. 227.
539 *Id.*
540 *Id.*
541 *Ibid.*, p. 229.
542 Henry BERTHELEMY, « Préface », in Henri GALLAND, *Le Contrôle judiciaire de la constitutionnalité des lois aux États-Unis (la méthode américaine de protection des libertés individuelles)*, Éd. Librairie du Recueil Sirey, impr. J. Bière, 1932, p. XI.
543 *Id.*
544 Adhémar ESMEIN, *Éléments de droit constitutionnel français et comparé*, *op. cit.*, p. 595.
545 *Id.*
546 *Id.*

comme l'écrivait ainsi Berthélémy, pour qui il était impossible « d'admettre la suprématie du droit sur un texte, puisque les textes de lois sont présumés des traductions fidèles du droit »[547].

161. Tenant de la vision historique, Larnaude, a été l'un des plus farouches opposants à l'idée de l'introduction de l'exception d'inconstitutionnalité en droit français. Dans un célèbre article, celui-ci fustige « le non-sens historique et politique »[548] que représenterait l'idée de confier un tel mécanisme au corps judiciaire au motif que la séparation des pouvoirs à la française est « entièrement dirigée contre le pouvoir judiciaire »[549]. À peine l'auteur reconnaît-il la possibilité pour les tribunaux d'effectuer une vérification *formelle* de la loi c'est-à-dire de veiller au strict respect de la procédure législative[550].

162. C'est également la méfiance vis-à-vis du pouvoir judiciaire que Jèze fait valoir à l'encontre de la possibilité d'instaurer un contrôle de constitutionnalité. Il écrit ainsi, en 1924, que l'expérience d'une cour de justice constitutionnelle avait déjà été tentée, sans succès, sous l'empire de la Constitution de l'an VIII[551]. La conception de Jèze fait écho à Constant qui, cent ans auparavant, considérait déjà dans ses *Fragments* que le Sénat conservateur était l'exemple type du *pouvoir neutre*. Elle révèle cependant un scepticisme plus prononcé vis-à-vis du pouvoir judiciaire. En effet, le contrôle de constitutionnalité pourrait être « très dangereux » si l'on envisage des « tribunaux ou même simplement une Cour suprême, animés d'un esprit hostile aux réformes démocratiques, sociales ou fiscales »[552]. Le contrôle de constitutionnalité servirait alors à ces tribunaux de « prétexte »[553] afin de « mettre en sommeil, pour des arguties juridiques toutes les lois réalisant des réformes de ce genre »[554]. Derrière cette critique l'on voit poindre la crainte du gouvernement des juges. Pourtant, l'argument en faveur du rejet du contrôle de constitutionnalité des lois ne porte-t-il pas déjà sa propre condamnation en considérant inévitable la possibilité pour le juge d'exercer un pouvoir politique ? En effet, c'est bien parce que le juge exerce un pouvoir politique, qu'on refuse d'étendre son champ de compétence et de lui confier le contrôle de constitutionnalité.

163. Cette frilosité de la doctrine quant à la possibilité même du contrôle de constitutionnalité s'explique, pour l'essentiel, par l'épineux problème de la référence du contrôle. En l'absence de constitution moderne – au sens de l'article 16 de la Déclaration des droits de l'homme et du citoyen –, accepter une telle possibilité suppose de reconnaître au juge la possibilité de mobiliser

---

547 Henry BERTHELEMY, « Préface », in Henri GALLAND, *Le Contrôle judiciaire de la constitutionnalité des lois aux États-Unis (la méthode américaine de protection des libertés individuelles)*, *loc. cit.*, p. XI.

548 Ferdinand LARNAUDE, « L'inconstitutionnalité des lois et le droit public français », *RPP*, vol. 126, 1926, p. 181-199, notamment p. 187.

549 *Ibid.*, p. 186.

550 *Ibid.*, p. 197.

551 Gaston JEZE, « Le contrôle juridictionnel des lois », *RDP*, vol. 41, n°1, 1924, p. 399-430, notamment p. 406.

552 Gaston JEZE, « Le contrôle juridictionnel des lois », *loc. cit.*, p. 421.

553 *Id.*

554 Gaston JEZE, « Le contrôle juridictionnel des lois », *loc. cit.*, p. 422.

lui-même, au soutien de son contrôle, des considérations de valeurs, ce, en dépit de la neutralité censée commander à son office. Comme l'écrit Esmein, les déclarations de droits renvoient aux fondements philosophiques de l'organisation politique concernée, elles ne sont pas « des articles de lois précis et exécutoires »[555] et se présentent sous la forme de « texte[s] simplement dogmatique[s] »[556]. Carré de Malberg s'y associe qui considère, dans la *Contribution à la théorie générale de l'État*, que les déclarations de droit dans leur généralité, et plus particulièrement la déclaration des droits de 1789 se ramènent « à l'énoncé de concepts de droit naturel, qui ont bien pu inspirer la Constitution de 1791 [...] mais qui ne sauraient être considérées comme des prescriptions juridiques ayant l'efficacité des règles de droit positif »[557]. Dans un article ultérieur à la *Contribution,* il rejette la possibilité du contrôle de constitutionnalité par voie d'action en considérant qu' « admettre les tribunaux à refuser l'application de la loi comme inconstitutionnelle, ce serait, en définitive, les habiliter à faire prévaloir [...] leur propre façon de voir sur celle de l'organe législatif »[558] et, tournant en dérision les pensées relatives à la supra-légalité, affirme de certains juristes qu'à « les entendre, il serait possible, pour les tribunaux, de capter dans l'air – du point de vue strictement juridique, on ne voit pas trop par quelles antennes – tout un ensemble de préceptes régulateurs et même de préceptes constitutionnels, qui formeraient un super-droit, planant bien au-dessus des formules textuelles »[559]. Eisenmann, à son tour, a consacré une grande partie de son œuvre à batailler contre l'éventualité de ce contrôle qui ne vise qu'à « camoufler en vérité de droit un souhait de politique juridique [...] bourgeoise et conservatrice, anti socialiste et anti-démocratique »[560].

β. L'illustration par la promotion kelsenienne de la figure du juge de la constitutionnalité

164. La promotion par Kelsen de la figure du juge de constitutionnalité peut se rattacher également à la vision formaliste de l'office d'un juge dont la compétence demeure limitée. Pour l'auteur autrichien, le juge constitutionnel se présente bien, dans le cadre d'un contrôle de constitutionnalité, comme *un législateur négatif*[561]. La figure du juge que promeut Kelsen suppose une distinction stricte – partiellement fallacieuse – entre la confection et l'application de la loi. Si l'étape de la confection des

---

[555] Adhémar ESMEIN, *Éléments de droit constitutionnel français et comparé*, *op. cit.*, p. 554.

[556] *Ibid.*, p. 555.

[557] Raymond CARRE DE MALBERG, *Contribution à la théorie générale de l'état: spécialement d'après les données fournies par le droit constitutionnel français*, T. II, Éd. du CNRS, 1962, reprod. 1922, p. 581.

[558] Raymond CARRE DE MALBERG, « La constitutionnalité des lois et la constitution de 1875 », *RPP*, vol. 132, 1927, p. 344.

[559] *Ibid.*, p. 340.

[560] Charles EISENMANN, « Le contrôle juridictionnel des lois en France » [1973] réimp. *in* Charles EISENMANN, *Écrits de théorie du droit, de droit constitutionnel et d'idées politiques*, Éd. Panthéon-Assas, Coll. Les introuvables, 2002, p. 529.

[561] Pour un usage de l'expression v. Hans KELSEN, « La garantie juridictionnelle de la Constitution (La justice constitutionnelle) », *loc. cit.*, *RDP*, vol. 45, n°1, 1928, p. 197-257, notamment p. 226.

lois mobilise bien, selon lui, des considérations politiques, il n'en va pas de même, s'agissant de l'annulation d'une loi qui « se produit essentiellement en application des normes de la constitution »[562]. Cela s'entend d'autant plus que, dans la vision formaliste de Kelsen, « le législateur n'est lié par la Constitution que relativement à sa procédure, d'une façon exceptionnelle seulement quant au contenu des lois qu'il doit édicter et seulement par des principes ou directions générales »[563]. Pour le dire autrement, « l'activité du législateur négatif [...], de la juridiction constitutionnelle, est absolument déterminée par la Constitution »[564].

165. Le juge kelsénien peut alors revendiquer sa *neutralité positive* – au sens de la typologie schmittienne[565]. Cette forme de neutralité ne suppose pas qu'il ne prenne aucune décision. Au contraire, le juge constitutionnel kelsenien est neutre dans le sens où il est contraint d'être objectif. Il reste actif dans l'exercice de sa fonction. Sa neutralité est positive et ne vaut qu'en tant qu'il « décide sur la base d'une loi confirmée, de contenu déterminé »[566]. *Le juge est ainsi lié par le texte dont il est saisi,* plus précisément « arc-bouté sur la lettre des textes » [567]. Autrement dit, l'exercice de sa fonction d'application, qui érige la vérification procédurale comme critère ultime de son jugement, aboutit d'une certaine manière à *la neutralisation de* son *office.*

166. La conception kelsenienne est finalement assez proche de la conception des juristes français les plus favorables à calquer le contrôle de constitutionnalité des lois sur le même modèle formaliste que le contrôle de légalité des lois.

C'est le cas notamment de Duez et Barthélémy. Les auteurs proclament assez largement que « l'inconstitutionnalité n'est qu'une variété de l'illégalité »[568]. Duez écrit ainsi que « loi et constitution ont même nature juridique : elles posent ou organisent toutes deux d'une manière générale, abstraite, impersonnelle, des règles de droit »[569]. Dans ces conditions, le juge chargé du contrôle de constitutionnalité aurait « le pouvoir d'appliquer et d'interpréter la constitution comme il a le pouvoir d'appliquer et d'interpréter la loi, parce que la constitution n'est qu'une variété de loi »[570]. Sur ce point pourtant, Duez est très clair, qui précise « que les tribunaux ont le pouvoir de vérifier *l'existence* de la loi, mais non sa *constitutionnalité* »[571]. Que recouvre alors cette possibilité pour le juge de contrôler seulement

---

562 *Id.*
563 *Id.*
564 *Id.*
565 Carl SCHMITT, *Der Begriff des politischen* [1927], tr. fr. Marie-Louise STEINHAUSER, *La notion de politique ; Théorie du partisan*, Éd. Flammarion, Coll. Champs, 1992, p. 155.
566 *Ibid.*, p. 159.
567 Marcel GAUCHET, *La révolution des pouvoirs, op. cit.*, p. 246.
568 Joseph BARTHELEMY et Paul DUEZ, *Traité de droit constitutionnel* [1933], réimp. Éd. Panthéon-Assas, Coll. Les introuvables, 2004, p.220.
569 Paul DUEZ, « Le contrôle juridictionnel de la constitutionnalité des lois en France. Comment il convient de poser la question », *in Mélanges Maurice Hauriou*, Éd. Librairie du Recueil Sirey, 1929, p. 225.
570 *Id.*
571 *Ibid.*, p. 238.

l'existence de la loi ? Dans leur *Traité de droit constitutionnel,* Barthélémy et Duez insistent bien sur cette distinction. Ils affirment que « la loi *inconstitutionnelle* n'est pas, en effet, une loi *inexistante*, mais seulement une loi *nulle* » [572] . Il ne faudrait pas confondre le *contrôle de constitutionnalité* de la loi et le *contrôle de l'existence* de la loi. Toléré pour les tribunaux français, *le contrôle de l'existence* « ne peut porter que sur la régularité extérieure de la loi, mais non sur son contenu »[573]. En un mot, les éléments constitutifs de l'existence de la loi résident intégralement dans les règles procédurales instituées par les lois constitutionnelles de 1875 exigeant par exemple le vote bicaméral, la promulgation par le Président de la République ou encore la priorité des lois de finances devant la Chambre des députés. Du reste, Eisenmann confirme le propos. Il écrit ainsi que « l'inconstitutionnalité d'une loi [...] se ramène donc toujours en dernière analyse à une irrégularité de procédure »[574]. Le contrôle du juge ne saurait donc être libre dès lors que « le législateur constituant, souverain dans l'ordre interne, principe et maître de toute compétence, est par définition compétent pour régler comme il lui plaît toute matière qu'il lui plaît »[575]. Ainsi, il n'existe pas « de règle de droit qui puisse à aucun moment faire définitivement obstacle à l'insertion valable dans le système du droit d'une disposition quelconque »[576]. À travers le primat de la légalité se profile le primat de la « toute-puissance juridique [...] du droit positif, sous la seule réserve des questions de procédure »[577]. Partant, et « en l'absence de toute mesure objective des valeurs morales, politiques ou autres », le juge ne peut apprécier le droit d'après un étalon différent de celui, objectif, de la procédure, sauf alors à provoquer une « évidente usurpation de l'autorité judiciaire »[578]. En dehors des questions de procédure, l'auteur considère que « tout est politique, droit naturel, arbitraire »[579].

Cette conception fait écho à la vision de Jèze qui assigne au juge le contrôle de la « constitutionnalité extrinsèque des lois »[580], c'est-à-dire du respect strict et formel de la procédure législative. L'on retombe alors dans la vision particulière de l'office du juge, réductrice de son office à la seule analyse formelle de la procédure. Cette vision est pourtant conforme à celle que professait Constant qui, cent ans auparavant, refusait de reconnaître au juge le pouvoir préservateur au motif qu'il était « impossible de passer d'une autorité discrétionnaire à l'exercice d'une autorité astreinte à des formes »[581].

---

572 Joseph BARTHELEMY et Paul DUEZ, *Traité de droit constitutionnel*, *op. cit.*, p. 221.
573 *Id.*
574 Charles EISENMANN, *La justice constitutionnelle et la Haute Cour constitutionnelle d'Autriche*, Éd. Economica, Coll. Droit public positif, 1986, p. 17.
575 *Id.*
576 *Ibid.*, p. 18.
577 *Ibid.*, p. 18-19.
578 *Ibid.*, p. 19.
579 *Ibid.*, p. 19-20
580 Gaston JEZE, « Le contrôle juridictionnel des lois », *loc. cit.*, p. 425.
581 Benjamin CONSTANT, *Fragments d'un ouvrage abandonné sur la possibilité d'une constitution républicaine dans un grand pays* [env. 1795-1810], réimp. Éd. Aubier, Coll. Bibliothèque philosophique, 1991, p. 381.

167. Ainsi, la dogmatique juridique formaliste véhicule une représentation du juge ramassée dans la croyance que ce dernier ne représente pas un pouvoir politique puisqu'il n'exerce qu'une fonction d'application des textes. Cette première idée débouche inévitablement sur le mythe du juge « bouche de la loi », véritable allégorie du formalisme interprétatif. La valeur qui frôle la sphère du politique et de la morale, et possède une dimension volontariste, est renvoyée aux confins du non-droit. Dans ces conditions, elle n'est rien d'autre qu'un élément parmi d'autres portant atteinte à la pureté de la discipline juridique, une vague notion, un impensé structurant. En réduisant le droit à sa forme, le positivisme formaliste réduit également la place du juge et de la décision au sein du système juridique. En poussant la logique, le juge se présente comme un automate, – dépourvu de toute appréciation personnelle – un « poseur de syllogismes, qui ne peut manquer de donner l'unique solution, qui ne peut se tromper que sciemment, intentionnellement ou par idiotie »[582]. Passif, celui-ci possède l'automaticité d'une « machine à sous »[583] (slot-machine) pour reprendre le bon mot de Roscoe Pound. À l'appui de ce nouveau cadre fonctionnel, le juge peut s'appuyer sur la fermeté d'une méthode spécifique, la méthode logico-déductive et sur un second mythe de la pensée constitutionnelle, le juge *bouche de la règle*.

II. La mécanisation de l'office du juge par la méthode ou la persistance du mythe de la « bouche de la loi » dans les représentations dogmatiques des compétences du juge

168. Dans l'exercice de sa fonction, le juge n'a qu'une méthode à utiliser : la méthode juridique. Dans une discipline juridique matériellement autonome, la méthode doit suivre le fond. Si elle veut saisir le phénomène juridique, la méthode employée doit être juridique à son tour. Cette juridicité sera cherchée par les tenants du formalisme dans l'idéal logiciste et trouvée notamment dans la méthode syllogistique. Dans une première version, *formellement logique*, du syllogisme judiciaire celui-ci doit permettre d'obtenir des solutions claires à propos d'un cas particulier constitué d'énoncés vrais (A). Une version plus moderne, *normative*, permet d'envisager le syllogisme par le biais d'un ensemble de normes insusceptibles d'être vraies ou fausses (B). Dans les deux cas, il s'agit de réduire la marge de manœuvre du juge à la portion congrue.

A. La conception traditionnelle du syllogisme

169. Le raisonnement du juge a été un temps cantonné au respect formel du syllogisme logique. Cette méthode apparaît idéale pour accompagner le

---

[582] Françoise MICHAUT, « Le rôle créateur du juge selon l'École de la 'sociological jurisprudence' et le mouvement réaliste américain. Le juge et la règle de droit », *RIDC*, vol. 39, n°2, 1987, p. 343-371, notamment p. 347

[583] Roscoe POUND, *Law and morals*, Éd. The University of North Carolina press, 1926, p. 55 : « the futility of nineteenth-century attempts to make courts into judicial slot- machines ».

mouvement de mécanisation de son office. Elle s'adapte parfaitement à la figure d'un juge dont la fonction est pensée comme celle d'un simple exécutant du droit existant (1°). À force de déduction le juge doit nécessairement arriver à une solution vraie, contenue en liminaire dans la majeure de son syllogisme. Ce modèle entretient l'illusion que la fonction de juger est uniquement une fonction de connaissance (2°).

1° Exposé de la conception traditionnelle du syllogisme

170. Le syllogisme juridique se présente traditionnellement comme une formule schématique par laquelle on subsume un cas déterminé sous une règle de droit pour en conclure l'effet juridique. Souvent, « le droit fournit la norme générale (l'impératif), la requête réelle la prémisse indicative mineure, alors que le jugement, comme conclusion, est la norme particulière »[584]. Cette méthode particulière dépend essentiellement de la logique d'application des règles qui commande à l'office du juge. On en trouve des traces chez Leibniz qui, au XVIIe siècle, proposait un tableau complet de systématisation et de description de la jurisprudence pour le cas particulier des actions en responsabilité [585]. Cette volonté de systématisation se retrouvera, par la suite, chez d'autres auteurs tels que Beccaria qui, dans son recueil *Des délits et des peines,* assignera au juge en matière de procédure criminelle la mission d'application logique des lois. D'après l'auteur italien, en présence d'un délit, le juge doit former « un syllogisme parfait : la majeure doit être la loi générale, la mineure est l'action conforme ou non à la loi, la conséquence est la liberté ou la peine »[586]. Partant, le raisonnement du juge apparaît bien comme un raisonnement logique conforme à l'axiome de Montesquieu selon lequel celui-ci n'est que la *bouche de la loi.*

171. La norme de référence se présente comme donnée en quasi-intégralité au juge par la raison juridique reflétée par le législateur souverain. Le juge se contente alors d'appliquer les références qui lui sont données, de mettre en rapports les dispositions entre elles, et enfin, d'en tirer les conséquences nécessaires du point de vue de la conduite donc de l'action des individus et des institutions. Cette vision se retrouvera chez les partisans de l'Exégèse, essentiellement privatistes[587]. Une telle conception favorise et renforce le mythe formaliste de la séparation *stricte* du droit et du fait. Le monde du droit serait un monde à part, une recomposition autistique et conceptuelle de la réalité sociale. Comme l'écrivait Jean Plassard, « le devoir du juge est de suivre les prescriptions de la loi, d'y conformer son

---

[584] Alf ROSS, « Imperatives and logic », tr. fr. Elsa MATZNER et Éric MILLARD, « Les impératifs et la logique » *in* Alf ROSS, *Introduction à l'empirisme juridique : textes théoriques,* Tr. Elsa MATZNER et Éric MILLARD, Éd. Bruylant, LGDJ, Coll. La pensée juridique, 2004, p. 58.
[585] Gottfried Wilhelm LEIBNIZ, *Le droit de la raison,* Éd. J. Vrin, Coll. Bibliothèque des textes philosophiques, 1994, p. 200 et s.
[586] Cesare BECCARIA, *Dei delitti e delle pene* [1764], tr. fr. Philippe AUDEGEAN, *Des délits et des peines*, Éd. ENS, Coll. La croisée des chemins, 2009, § IV, p. 153.
[587] V. par ex. Édouard Louis Joseph BONNIER, *Éléments d'organisation judiciaire et de procédure civile*, Éd. Joubert, 1847, p. 214.

activité »[588]. S'il manque à ce devoir, il n'exécute pas son obligation. Il commet donc une *erreur de droit* entendue par l'auteur de la même façon que l'erreur de procédure. Erreur de droit et erreur de procédure sanctionnent toutes deux l'absence de conformité de l'action du juge aux prescriptions de la loi. Dans les deux cas elles révèlent un manquement à son devoir d'obéissance à la loi. Pour les tenants de cette conception, le droit est une *forme* et l'erreur de droit n'est qu'une erreur *d'appréciation logique* des formes imposées par le droit.

2° Implications logiques de la conception traditionnelle du syllogisme : l'acte de juger comme acte de connaissance

172. Le syllogisme, au sens traditionnel, permet d'orienter *unilatéralement* le raisonnement judiciaire qui aboutit, *à force de logique,* à l'identification d'une solution unique. Cette théorie s'approprie l'idéal de la logique qui raisonne en termes de *vérité/fausseté.* Son application au droit surprend. Il existerait, et les propos des civilistes sont à ce titre éloquents, des vraies ou des fausses interprétations des textes de loi, des vraies ou des fausses qualifications juridiques. Comme l'écrivait récemment le professeur Frydman, le syllogisme « remplit une fonction d'occultation de la dialectique et contribue à présenter l'exercice de la justice comme un acte solitaire de contemplation et d'application de la loi »[589]. D'après ce modèle, « la norme à appliquer s'impose d'elle-même à l'organe chargé de l'appliquer et la justification de la norme individuelle est tout entière contenue dans la norme générale »[590].

173. Cette conception consacre la victoire du modèle déductif, qui procède toujours, du général vers le particulier. *Elle marque également le triomphe de la théorie du cas particulier.* Selon cette dernière, le juriste se trouve toujours confronté à des « cas particuliers » auxquels il convient d'appliquer des règles de droit qui les englobent et dont le cas présenté au juge n'est qu'une simple illustration particulière. D'après cette méthode, « la mineure se retrouve dans la majeure hypothétique »[591], elle existe déjà à l'état latent dans la majeure. Partant, ce modèle de raisonnement maintient l'illusion de l'absence de pouvoir créateur du juge. En effet, dès lors que la mineure est contenue dans la majeure, la conclusion qui résulte de leur confrontation est *a fortiori* contenue dans la majeure. Elle ne peut en aucun cas posséder quelque chose de supplémentaire à ce qui est déjà contenu dans les prémisses. Appliqué à l'office du juge, cela signifie que la solution rendue par celui-ci est déjà contenue dans les prescriptions de la norme juridique générale qu'il doit appliquer.

---

588 Jean PLASSARD, *Des ouvertures communes à cassation et à requête civile*, Éd. Librairie de la Société du Recueil Sirey, 1924, p. 29.
589 Benoît FRYDMAN, *Le sens des lois: histoire de l'interprétation et de la raison juridique*, Éd. Bruylant, Coll. Penser le droit, 2011, p. 286.
590 Pierre BRUNET, « Irrationalisme et anti-formalisme : sur quelques critiques du syllogisme normatif », *Droits*, vol. 39, n°1, 2004, p. 197-217, notamment p. 197.
591 Henri MOTULSKY, *Principes d'une réalisation méthodique du droit privé: la théorie des éléments générateurs des droits subjectifs*, Éd. Dalloz, Coll. Bibliothèque Dalloz, 2002, p. 58-59.

174. Cette représentation particulière du syllogisme maintient l'illlusion qu'une norme est susceptible d'être vraie ou fausse. Elle tend ainsi à faire du jugement de droit un jugement de fait et refuse de reconnaître qu'il ne constitue qu'un jugement de valeur. Par ailleurs, le raisonnement propre au syllogisme traditionnel méconnaît tout processus d'appréciation – ou d'évaluation – *contingente* d'un acte et se heurte à retranscrire la fonction éthique du raisonnement juridique. En effet, le raisonnement juridique n'a pas une fonction de connaissance théorique mais bien plus d'orientation pratique des conduites humaines. Il mobilise ainsi, pour advenir, des normes, exigences, impératifs exprimant les choix arbitraires des individus et mobilisant nécessairement des valeurs. Il ne saurait s'exprimer sur le seul mode du vrai/faux ou légal/illégal. Cette représentation est tout de même dépassée[592] puisque la logique juridique apparaît bien plus pratique que démonstrative et le raisonnement juridique part toujours de prémisses particulières, *probablement* vraies plutôt que *nécessairement* vraies. La conception traditionnelle du syllogisme cède alors sa place à une conception normative.

B. La conception normative du syllogisme

La conception normative du syllogisme implique, comme son nom l'indique, un raisonnement exprimé en termes de normes. La majeure du syllogisme s'entend d'une norme particulière qui doit aboutir à son tour, par le truchement de la mineure, à une autre norme particulière. Cette conception normative qui raisonne davantage en termes de volonté et d'imputation (1°) s'éloigne du modèle classique qui voyait dans la fonction de juger une fonction de connaissance. Lourde d'implications elle ouvre alors les représentations du syllogisme à une approche plus « rationnelle » et moins « logique » (2°).

1° Exposé de la conception normative du syllogisme : l'acte de juger comme acte de volonté

175. La principale attaque à l'encontre de la possibilité d'appliquer le syllogisme théorique au droit est étonnamment venue de Kelsen dans son ouvrage posthume portant sur la *Théorie générale des normes*. L'auteur y dénonce la fiction selon laquelle, en droit, la mineure du syllogisme serait contenue en puissance dans la majeure[593]. Selon lui le jugement de droit obéirait à une autre logique : la logique normative. La norme, en tant qu'elle désigne que « quelque chose doit avoir lieu », un impératif, mobilise nécessairement une volonté. Elle est ainsi définie par Kelsen comme « la signification d'une volonté, d'un acte de volonté »[594] puisqu'il ne peut y

---

[592] Kóstas M. STAMATIS, *Argumenter en droit: une théorie critique de l'argumentation juridique*, Éd. Publisud, Coll. Manuels 2000. Série Droit, 1995, p. 154.
[593] Hans KELSEN, *Allgemeine theorie der normen* [1979], *tr. fr.* Olivier BEAUD et Fabrice MALKANI, *Théorie générale des normes*, Éd. PUF, Coll. Léviathan, 1996, p. 312.
[594] *Ibid.*, p. 2.

avoir selon lui « d'impératif sans imperator »[595] de normes sans autorité qui la pose c'est-à-dire de normes sans acte de volonté. Le droit mobilise donc un syllogisme particulier dans lequel les deux prémisses sont des normes ou, à tout le moins, l'une des deux est une norme. En effet, pour Kelsen, « la majeure est une norme générale, la mineure est un énoncé »[596]. Plus précisément, pour l'auteur autrichien, la majeure est une norme hypothétique et la conclusion est une norme catégorique. La première est conditionnée tandis que la seconde ne l'est pas. En un mot, la première est condition de la volonté de celui qui la pose – puisqu'il n'existe pas de norme sans acte de volonté préalable – et cette volonté est elle-même différente de celle qui pose la deuxième norme. La relation entre les deux prémisses est alors médiate puisque « entre la validité de la norme générale et la validité de la norme individuelle qui lui correspond doit nécessairement s'interposer un acte de volonté dont la norme individuelle est la signification ». La norme individuelle ne découle pas *logiquement* de la norme générale mais bien *volontairement.* C'est reconnaître qu'une norme ne répond pas aux critères de vérification et ne peut, en conséquence se voir appliquer les règles de la logique. Toutefois, en pensant le syllogisme, par le biais de la norme, Kelsen porte un coup fatal à celui-ci.

2° Implications rationnelles de la conception normative du syllogisme : l'acte de juger comme acte de volonté conditionné

176. En affirmant que la prémisse majeure du syllogisme en droit est hypothétique, Kelsen ouvre le droit sur le syllogisme pratique et la logique de la valeur. Dans la pensée aristotélicienne, ce syllogisme comporte toujours une prémisse universelle qui correspond à une opinion et une prémisse particulière qui s'attache à ce qui s'approche d'une sensation. Si la conclusion engendrée par ce syllogisme est nécessaire, sur le modèle du syllogisme théorique, l*es prémisses sont elles-mêmes justifiées d'après le probable et non pas d'après le vrai.* Surtout, il apparaît clair que la différence entre les syllogismes pratiques et théoriques n'est pas tant formelle, puisque tous deux conduisent à une solution nécessaire, mais bien matérielle. Le syllogisme pratique se fonde sur une opinion universelle et le résultat particulier d'une sensation qui fonde en principe une action. Un syllogisme de ce style pourrait résider dans l'exemple suivant : 1. Il faut goûter à tout ce qui est sucré et 2. Cet aliment que voici est sucré 3. Action de goûter.

177. En outre, la conception normative du syllogisme laisse apparaître que la prémisse majeure est bien souvent duale. En effet, la règle 1. selon laquelle il faut gouter tout ce qui est sucré se double souvent d'une règle 1' qui pose que tout ce qui est sucré est plaisant. La règle 1' se présente donc comme une règle d'appréciation matérielle. Cela se conçoit dès lors que l'on peut entendre par opinion « l'état d'esprit consistant à penser qu'une assertion est vraie, mais en admettant qu'on se trompe peut-être en la jugeant

[595] *Ibid.*, p. 315.
[596] *Ibid.*, p. 312.

telle »[597]. Dans son œuvre portant sur *Le mouvement des animaux,* Aristote retranscrit parfaitement cette idée selon laquelle le syllogisme pratique mobilise toujours deux types de prémisses distincts selon deux valeurs particulières : « selon le bien et selon le possible »[598]. À première vue, rien de plus étranger au droit qui répond non pas du bien ni du possible mais du légal. En réalité, *c'est qu'en droit, le bien ou le possible ont pour nom le légal* et les prémisses du syllogisme juridique opèrent d'après une appréciation de la légalité très proche de l'appréciation propre au syllogisme pratique[599] et de la logique axiologique qui l'accompagne. En effet, comme l'affirme M. Julien Freund, « à l'image de tout système de normes, la légalité est originairement arbitraire et fictive »[600] en cela qu'elle « repose sur des postulats ou des opinions concernant le bien commun »[601], c'est-à-dire sur « des idées plus ou moins vagues de ce qui convient le *mieux* du point de vue de l'utilité générale et éventuellement de la justice considérée elle aussi sous l'angle de l'utilité »[602].

178. N'est-ce pas, du reste, le raisonnement suivi par Kelsen, qui affirmait, dans sa *Théorie pure du droit* « qu'une norme objectivement valable qui pose qu'une certaine conduite doit avoir lieu fonde une valeur positive et une valeur négative »[603]. La valeur évoquée par Kelsen est bien la valeur de légalité dans son pendant positif et d'illégalité dans son pendant négatif. Une conduite contredisant une norme objectivement valable, au sens de Kelsen, sera considérée comme illégale tandis qu'une conduite conforme sera considérée comme légale. Pourtant, Kelsen va plus loin qui considère même que l'assertion constatant la contradiction entre la conduite et la norme, c'est-à-dire l'illégalité de la conduite, « signifie que la conduite effective est 'mauvaise' »[604]. Tandis que l'assertion contraire, qui constate la conformité entre la conduite et une norme, c'est-à-dire la légalité de la conduite, « signifie que la conduite effective est 'bonne' »[605]. Le raisonnement juridique, d'après Kelsen, plus que logique c'est-à-dire objectif, *est bien davantage pratique en ce qu'il porte sur les actions légales des individus, c'est-à-dire sur leurs actions bonnes et/ou possibles du point de vue d'un système que l'on appelle droit.*

179. La démarche juridique est alors une démarche pratique qui présuppose, en dernière analyse, une appréciation duale. Nécessairement

---

[597] André LALANDE, *Vocabulaire technique et critique de la philosophie*, Éd. PUF, Coll. Quadrige, 2010, v° « Opinion », p. 717.

[598] ARISTOTE, *Le mouvement des animaux*, tr. fr. P.-M. Morel, *in* Pierre PELLEGRIN (dir.) *Œuvres complètes*, Éd. Flammarion, 701a – 702a, p. 1545-1547, notamment p. 1546.

[599] En ce sens, v. Manuel ATIENZA et Juan RUIZ MANERO, *Las piezas del derecho : teoria de los enunciados juridicos* [1996], *tr. ang.* Ruth ZIMMERLING, *A Theory of legal sentences*, Éd. Springer Science, Business Media, Coll. Law and Philosophy Library, 1998, p. 126 : « The element of unlawfulness contains an evaluative aspect as well as a directive or normative one ».

[600] Julien FREUND, *L'essence du politique*, 3ème éd., réimp. Éd. Dalloz, Coll. Bibliothèque Dalloz, 2003, p. 262.

[601] *Id.*

[602] *Id.*

[603] Hans KELSEN, *Théorie pure du droit*, *op. cit.*, p. 25.

[604] *Id.*

[605] *Id.*

appréciative, elle se manifeste par des jugements de valeurs dès lors qu'elle mobilise un certain nombre d'impératifs auxquels on sait qu'il est impossible d'appliquer le processus de vérification en termes de vérité/fausseté[606].

180. En vérité, explique Kelsen, la question décisive du droit est bien « celle de savoir si la règle d'inférence est applicable au rapport entre la validité de la norme générale, créée par la voie législative ou coutumière, et la validité d'une norme individuelle, que l'organe d'application du droit doit poser dans l'application de la norme générale »[607]. L'exemple pris par Kelsen l'illustre parfaitement qui considère que le syllogisme normatif s'apparente au syllogisme suivant : « 1. Si la norme générale 'chacun doit tenir sa promesse' est valide et 2. S'il est vrai que Martin a promis à Dupont de lui payer 1000 F alors 3. La norme individuelle 'Martin doit tenir la promesse faite à Dupont, c'est-à-dire lui payer 1000 F' est valide »[608]. L'autorité qui pose la norme générale ne peut pas souhaiter, à l'avance, la troisième étape du syllogisme qui n'est donc jamais nécessaire au plan de sa réalisation. Il est évident, qu'en posant la norme générale, l'autorité ne pouvait prévoir que Martin fasse une promesse à Dupont. Selon Kelsen, « on ne peut pas vouloir ce dont on ne sait rien »[609]. C'est ce qu'écrit le Professeur Champeil Desplats qui considère que « la proposition énoncée ou acceptée par X que 'l'on doit porter toutes les valises à la gare', n'implique pas logiquement que X énonce ou accepte que cette valise-là doive être portée à la gare »[610]. Ainsi, « les normes générales, que le législateur pose, se rapportent normalement à un comportement futur que le législateur ne prévoit pas et qu'il ne peut pas prévoir »[611].

181. Raisonnant de la sorte, Kelsen abandonne alors la conception du syllogisme classique. Pour autant, l'auteur autrichien maintient cette idée selon laquelle le *jurislateur* parvient à une norme particulière par le biais d'une déduction logique. S'il maintient l'idée, il peine à la défendre puisqu'il soutient bien que l'acte de volonté du législateur n'englobe pas tous les actes de volontés possibles et encore moins ceux du juge. Kelsen accepte apparemment l'idée que « dans l'application d'une norme juridique générale, on laisse toujours aux décisions judiciaires un certain pouvoir discrétionnaire »[612]. Par exemple, en matière pénale, une norme générale peut comporter les limites maximales et minimales de la durée d'une peine de prison. Dans ce cas, le juge décidera au cas concret de la durée d'emprisonnement applicable à une personne. Ainsi, « même si la décision judiciaire découlait logiquement de la validité d'une norme juridique générale à appliquer, cela ne pourrait être le cas que dans une mesure limitée car *un pouvoir discrétionnaire de l'organe d'application du droit existe toujours* et, dans la

---

[606] Alf ROSS, « Les impératifs et la logique », *loc. cit.*, p. 46.
[607] Hans KELSEN, *Théorie générale des normes*, *op. cit.*, p. 319-320.
[608] *Ibid.*, p. 318.
[609] *Id.*
[610] Véronique CHAMPEIL-DESPLATS, « Alf Ross : Droit et logique », *Droit et société,* n°1, vol. 50, 2002, p. 29-42, notamment p. 36 ; Pour des exemples proches, v. Alf ROSS, « Les impératifs et la logique », *loc. cit.*, p. 55-57.
[611] Hans KELSEN, *Théorie générale des normes*, *op. cit.*, p. 320.
[612] *Ibid.*, p. 323.

mesure où le contenu de la norme individuelle tombe dans le cadre de ce pouvoir discrétionnaire, on ne peut pas parler d'une déduction logique parce que cette partie de la norme individuelle ne peut pas être implicite dans les prémisses »[613]. C'est pourtant justement dans cette marge de manœuvre, dans cette fenêtre discrétionnaire, que trouve à s'exprimer le mieux la valeur. C'est bien parce que le droit, en tant qu'il est posé par le juge, échappe à tout processus de cognition et se résume en actes de volonté qu'il est susceptible d'obéir à la logique du valoir.

182. Pour le dire autrement, les considérations de Kelsen sur le syllogisme rejoignent cette idée que le raisonnement juridique est avant tout pratique et porte, en tant que tel, sur une action à effectuer. L'auteur autrichien s'inscrit ainsi nécessairement dans la logique de la valeur. Cette caractéristique relativise nécessairement la portée du syllogisme pratique. Elle nuance, tout d'abord, sa prétention à l'universalité. Pas plus qu'il ne peut y avoir d'énoncés substantiellement et *universellement* vrais – mais uniquement des énoncés *tenus* pour vrais – il ne peut y avoir des actions *substantiellement* et *universellement* bonnes au sens où elles *doivent impérativement* se réaliser. Ainsi, et pour reprendre les exemples précités, il sera difficile d'emporter l'adhésion pour celui qui énonce qu'il faut – universellement – goûter tout ce qui est sucré. Une telle obligation est par ailleurs impossible à réaliser. Comme l'affirme la philosophe Anscombe, dans son ouvrage portant sur *L'intention* : « on peut dire qu'il n'existe pas de règle générale positive de la forme : 'faites toujours X' ou 'faire X est toujours bon, requis, convenable' »[614]. Ce constat est d'autant plus vrai s'agissant d'un syllogisme normatif dont les prémisses sont composées de normes juridiquement valides. Tout porte à croire cependant, qu'Aristote – dans son génie – anticipait déjà cette objection lorsqu'il affirmait que la prémisse générale se doublait bien souvent d'une autre prémisse modulatrice en fonction du bien *ou* du possible, en somme en fonction de la valeur qui porte toujours sur la réalisation concrète de l'action. Ainsi, il faut goûter tout ce qui est sucré *dans la mesure du possible,* c'est à dire sous réserve que l'action soit réalisable et ne soit pas insensée ; autre façon de recontextualiser la proposition.

183. Cette façon de concevoir le syllogisme rappelle avant tout, comme l'a démontré M. Amselek, que la norme, qu'elle soit générale ou particulière, ne donne en réalité qu'une indication de la possibilité de « l'avoir lieu des choses »[615] et s'exprime par marge ou degrés sur « l'échelle bipolaire du possible »[616]. Cette conception, que l'on partage volontiers, rejoint par ailleurs la pensée aristotélicienne qui associe à toute entreprise d'action une

---

[613] *Id.*

[614] Gertrude Elizabeth Margaret ANSCOMBE, *Intention* [1958], Tr. fr. Mathieu MAURICE et Cyrille MICHON, *L'intention*, Éd. Gallimard, Coll. Bibliothèque de philosophie, 2002, §34, p. 115.

[615] Paul AMSELEK, *Cheminements philosophiques dans le monde du droit et des règles en général*, *op. cit.*, p. 85 et s. ; v. égal. Paul AMSELEK, « Mettre le droit en valeurs » *in La valeur, les valeurs et le Droit*, Colloque organisé à la Faculté de droit de Toulon du 28 novembre 2014, Centre d'études et de recherches sur les contentieux.

[616] Paul AMSELEK, « Les fonctions normatives ou catégories modales », *in L'architecture du droit: mélanges en l'honneur de Michel Troper*, Éd. Economica, 2006, p. 52.

appréciation en termes de bien ou de possible. Autrement dit, la norme, en tant qu'elle est règle de conduite ne sert qu'à fixer des marges ou des degrés de possibilité pour l'action. Ainsi, comme la nécessité formelle de l'action n'est pas l'action, la norme n'est pas la conduite normée. D'après M. Stamátis, « il ne faut pas perdre de vue que la validité formelle d'un syllogisme judiciaire est une condition préalable nécessaire, mais pas adéquate en soi, pour la rectitude substantielle du raisonnement. La part de la logique est irremplaçable mais elle nécessite un complément qui ne peut lui venir que d'une argumentation substantielle »[617].

184. L'influence de la logique de la valeur sur le syllogisme autorise à penser que le juge reste, dans l'acte de juger, relativement maître de son raisonnement. Les tenants les plus farouches du formalisme juridique ne sont pas parvenus à convaincre totalement de la neutralité axiologique de son office. Le jugement, en tant qu'il aboutit inévitablement à une norme, constitue bel et bien un acte de volonté. Pour autant, cet acte de volonté ne saurait être *pur,* enserré qu'il est par plusieurs contraintes. Le possible en est une par exemple. *A minima,* et si l'on reprend l'image du syllogisme, l'on peut s'accorder sur l'idée que la détermination par le juge des prémisses de son raisonnement présuppose un ou plusieurs actes d'interprétation préalable de sa part. Dans ces conditions, et dans le cadre spécifique du contentieux constitutionnel, il semblerait alors que la norme constitutionnelle tenant lieu de majeure ait été déterminée par le juge, en *connaissance* de cause, au terme d'un ou plusieurs syllogismes dont la majeure était inévitablement constituée d'un « principe d'interprétation » [618] dont le choix apparaît conditionné à la réalisation – implicite – de certaines valeurs[619]. En bref, les normes utilisées par le juge relèvent bien d'un choix interprétatif, mais ce choix, loin d'être arbitraire, apparaît conditionné.

185. En France, le droit apparaît toujours influencé par les canons imposés par une doctrine très longtemps dominante : celle du légalisme formel. Cette doctrine serait tombée dans l'oubli, si, le formalisme qui en est le moteur ne s'incarnait pas désormais dans les maillons d'une sorte de positivisme moderne, ambiant et contraignant pour la pensée juridique. *Ambiant*, par l'aura et l'influence qu'il exerce et pousse une majorité des juristes actuels à s'en revendiquer en théorie, sans pour autant en appliquer en pratique tous les dogmes. *Contraignant*, de par sa capacité à modifier durablement les cadres de pensée, indépendamment des domaines juridiques précisément concernés.

186. Impulsée par les Écoles privatistes de l'Exégèse, relayée ensuite dans un premier temps par le positivisme légaliste puis dans un second temps, par le positivisme normatif, l'installation du paradigme formaliste s'est étalée, en France, sur près de deux siècles. Accrochées à la forme, les Écoles positivistes ont fait le choix épistémologique de fermer les yeux sur

---

[617] Kóstas M. STAMATIS, *Argumenter en droit: une théorie critique de l'argumentation juridique*, p. 182.

[618] Michel TROPER, « La motivation des décisions constitutionnelles », *in* Chaïm PERELMAN et Paul FORIERS (dir.), *La motivation des décisions de justice*, Éd. Bruylant, Coll. Travaux du centre national de recherches de logique, 1978, p. 294.

[619] Sur cette question v. Partie II, Titre II.

les valeurs informes qui occupent massivement la discipline juridique. En poursuivant un *but* précis de *neutra*lisation du discours juridique, elles ont cherché à bâtir une *méthode* spécifiquement scientifique adaptée paradoxalement – pour les tenants de la forme – à un objet de *nature* particulière, c'est-à-dire, un objet en soi : le droit.

187. Dans le sillage laissé par le formalisme, la *juris-logie* s'est engagée dans un travail de « réaffirmation constante des mérites du droit pur face à un droit appliqué – impliqué dans les conflits sociaux »[620]. Les porteurs du discours juridique cherchent leur légitimation et la légitimation de leur objet au nom d'une compétence dont ils se réclament, « qui les met à l'écart des compromissions liées au rôle de médiateur dans les conflits sociaux, et leur permet de se cantonner dans la forme la plus formalisée et euphémisée du discours juridique » [621]. Partant, « l'abstraction, la formalisation, l'euphémisation qui permet la mise à distance des rapports sociaux concrets, produit la justice et le droit comme lieu neutre »[622]. Dans ces conditions, le discours du droit et les institutions productrices du droit sont bien *neutralisées*. La neutralisation politique de la discipline juridique et sa transformation en une technique ou une *technologie*, n'avait historiquement pour seule conséquence que d'aboutir à une sorte de *foi commune* dans les institutions. Cette neutralisation politique de la discipline juridique est donc elle-même paradoxalement très politique. La démonstration en a été faite, du reste, en Italie par le professeur Scarpelli[623]. Pour autant, la recherche d'un pouvoir neutre et la reconnaissance de celui-ci dans la figure du juge ne pouvait se solder que par un échec dès lors que la pensée moderne tendait à voir derrière tout pouvoir un intérêt.

188. Une représentation stricte de la normativité, une conception particulière de la science, et une pensée politique du droit ont conduit la pensée formaliste à se doter d'un *cadre catégorial d'analyse* hostile à une pensée concrète de la valeur. Au sein de ce cadre d'analyse, il n'est jamais référé explicitement au concept de valeur en tant que tel. Mais l'on constate que le positionnement de principe à *l'encontre* du contenu du droit en constitue le soubassement. Manque encore, à ce stade de l'analyse, un concept déterminé de la valeur. Ce n'était pas le rôle de la représentation formaliste que de le fournir. À peine peut-on, dans son sillage, tenter d'en délimiter les contours. La valeur apparaît alors comme une notion largement indéterminée.

En *négatif*, elle s'oppose aux canons de la science. À ce stade, l'affirmation est à son tour relativement indéterminée. Si la science s'attache

---

620 Yves DEZALAY, « De la médiation au droit pur : pratiques et représentations savantes dans le champ du droit », *Annales de Vaucresson*, vol. 21, 1984, p. 141.

621 *Ibid.*, p. 142

622 *Id.*

623 Dans son maître ouvrage l'auteur apporte la démonstration que l'adoption du cadre catégorial d'analyse du positivisme juridique formaliste relève d'un choix politico-idéologique. Dans ces conditions « c'est une morale qui sépare le droit de la morale, une morale au niveau d'un choix général qui sépare le droit, la science et la pratique du droit, de la morale telle qu'elle apparaît dans les choix particuliers que révèlent les contenus du droit ». V. Uberto SCARPELLI, *Cos'è il positivismo giuridico* [1965], tr. fr. Colette CLAVREUL, *Qu'est-ce que le positivisme juridique ?*, Éd. LGDJ, Coll. La pensée juridique, 1996, p. 87.

à ce qui est connaissable, c'est-à-dire démontrable, les valeurs se présentent pourtant comme des inconnaissables au sens de ce qui ne peut faire l'objet d'une démonstration[624].

En *positif*, la valeur est renvoyée à des domaines autonomes et propres, étrangers au domaine juridique : le domaine moral et le domaine politique. La valeur possèderait un substrat politique et/ou moral et s'opposerait au droit caractérisé par le formalisme. La question des rapports de la valeur et du droit n'est jamais interrogée par le formalisme juridique. Son éviction fait toujours l'objet d'une pétition de principe. *C'est le premier apport du chapitre.*

189. La valeur ferait basculer le droit dans le domaine du contenu, de la matière et l'éloignerait des domaines traditionnels de la forme et de la procédure. Informe par nature, la valeur s'opposerait alors radicalement aux représentations du positivisme formaliste qui se fondent sur l'idée que « le droit est une *forme* de l'expérience »[625]. Pour le dire autrement, la forme juridique devenue nature juridique autorise alors les tenants du formalisme à dissocier radicalement le domaine juridique, objectif, cohérent et connaissable du domaine non juridique inconnaissable, irrationnel et surtout axiologique. En outre, en privilégiant l'approche formaliste et procédurale du droit au détriment de l'approche éthique, la *jurislogie* transforme le processus décisionnel. Dans le schéma dominant que le formalisme impose, la décision s'apparente en réalité à une *non-décision* seule à même de garantir le pouvoir du législateur. *L'identification de cette représentation constitue le deuxième apport de ce chapitre.*

190. L'analyse confirme l'intuition selon laquelle le phénomène juridique se présente avant tout comme un acte de pensée aux conséquences perceptibles sur les conduites. Dans ces conditions, le contenu du droit apparaît bien contingent. Un tel constat n'est pas unanimement partagé. Son acceptation est peut-être la seule condition permettant d'expliquer cette « crise du droit » pointée du doigt depuis si longtemps par tant de juristes[626], à l'exemple de Ripert qui lui préférait le terme de *déclin*[627] ou encore de Burdeau qui, lyrique, évoquait *ce mouvement décliniste* emportant sa

---

[624] V. *supra*, § 18 et s.

[625] Giovanni TARELLO *in* Antonio AZARA et Ernesto EULA (dir.), *Novissimo digesto italiano*, vol. 7, Éd. Unione Tipografico-Editrice Torinese, v°« Formalismo », p. 575.

[626] V. par ex., Maurice DESLANDRES, « La crise de la science politique et le problème de la méthode », *loc. cit.* ; Raymond SALEILLES, *Y-a-t-il vraiment une crise de la science politique ?* [1903], *op. cit.* ; Hermann HELLER, *Die Krisis der Staatslehre* [1926], tr. fr. Olivier JOUANJAN, *La crise de la théorie de l'État*, Éd. Dalloz, Coll. Tiré à part, 2012 ; Silvio TRENTIN, *La crise du droit et de l'État*, Éd. L'Églantine, 1936 ; Pour des ex. plus récents v. Jacques LENOBLE (dir.), *La crise du juge*, Éd. Story-Scientia, LGDJ, Coll. La pensée juridique moderne, 1990 ; Jean-François KERVEGAN (dir.), *Crise et pensée de la crise en droit : Weimar, sa république et ses juristes*, Éd. ENS, Coll. Theoria, 2002 ; Vincent FORRAY, « La jurisprudence, entre crise des sources du droit et crise du savoir des juristes », *RTD civ.*, n°3, 2009, p. 463-480 ; Benoît FRYDMAN, *Le sens des lois: histoire de l'interprétation et de la raison juridique*, Éd. Bruylant, Coll. Penser le droit, 2011, p. 13 ; Petros PARARAS, « La culture constitutionnelle européenne en crise », *in Humanisme et droit. Offert en hommage au Professeur Jean Dhommeaux*, Éd. Pedone, 2013, p. 375-384.

[627] Georges RIPERT, *Le déclin du droit: études sur la législation contemporaine*, Éd. LGDJ, 1949.

génération[628], rejoint récemment, par exemple par le professeur Auby en droit administratif[629]. Il est pourtant inévitable que le mouvement nécessaire des choses – dont parlait déjà le présocratique Héraclite – ne fasse que peu de cas des conceptions *fixes* et *aprioriques* qu'offre le positivisme formel pour saisir un droit, par essence, *changeant* et *évolutif*. Certes, il est de la mission du juriste de remanier ses concepts pour penser le réel « mais son effort est sans cesse à recommencer puisqu'il se heurte à des difficultés concrètes imprévisibles, des changements permanents »[630]. L'état de crise ne serait alors pas tant un état passager, critique, que l'état constant du droit et sa nature même. *Il ne mettrait pas tant en évidence une rupture, que le mouvement continu de la matière juridique*. L'accélération brutale de l'histoire y est pour beaucoup dans cette – fausse – crise de la raison juridique. Elle révèle l'impréparation du formalisme juridique. Celui-ci qui, dans son triomphe et comme l'affirmait Deslandres, il y a plus d'un siècle déjà, présentait les règles de droit « comme des œuvres de la raison abstraite, comme de purs systèmes juridiques, et non comme des produits de la vie, les montrait comme des choses mortes et faisait croire à leur immobilité »[631]. C'est donc dans une théorie réaliste de ce mouvement perpétuel du droit que la valeur peut espérer trouver un environnement propice à son développement.

---

628 Georges BURDEAU, « Une survivance : la notion de Constitution », *loc. cit.*, p. 53 : « Personnellement je ne me souviens pas d'avoir rencontré une seule notion 'saine' parmi toutes celles qui forment les assistes de notre droit. Dès l'instant où mes maîtres m'initièrent à leur science, c'est dans un univers pathologique qu'ils me firent pénétrer. Il n'y était question que de *crises*, d'altérations et de déclins. Le domaine du droit public paraissait le plus atteint. Le mal qui rongeait les nobles concepts du droit constitutionnel, n'épargnait pas pour autant les notions prosaïques du droit administratif. Or, si l'on en croit les études récentes, il ne semble guère que l'épidémie ait perdu de sa virulence. Altération du contrat, *crise* de la fonction publique, *crise* de la notion de service public, *crise* de l'établissement public, *crise* du contentieux (qui retrouvera le pays légendaire où la règle d'or de la séparation des autorités a rejoint les formules magiques des contes de fée?) constatent les spécialistes du droit administratif tandis que, de leur côté, les constitutionnalistes diagnostiquent avec inquiétude les divers symptômes des déficiences de l'organisation gouvernementale que résume la triple *crise* de l'autorité, du parlementarisme et de la démocratie ».

629 V. par ex., Jean-Bernard AUBY, « La bataille de San Romano. Réflexions sur les évolutions récentes du droit administratif », *AJDA*, 2001, p. 912-926.

630 Jeanne PARAIN-VIAL, « La nature du concept juridique et la logique », *APD,* vol. 11, 1966, p. 50.

631 Maurice DESLANDRES, « La crise de la science politique et le problème de la méthode », *loc. cit.*, p. 461-462.

CHAPITRE DEUXIÈME

Le volontarisme juridique : un cadre de pensée favorable à la notion de valeur

191. Opposée à la conception formaliste du droit et de la décision, la conception volontariste – qui inscrit nécessairement le droit dans le champ de l'éthique – apparaît la plus à même de fournir un cadre d'analyse de la notion de valeur. La représentation volontariste s'attache à restituer les influences réciproques entre l'agent et son environnement. Elle refuse le strict conceptualisme juridique où la catégorie juridique « considérée comme chose existant en soi, devient le support de toute existence juridique »[632]. Elle refuse également le sociologisme pur qui, place « l'objectif au-dessus de tout en établissant le milieu social au-dessus des consciences individuelles » [633] et, nie *la part de construction et de recomposition – volontaire donc rationnelle – que comporte le réel juridique*. La conception volontariste de la décision échappe ainsi au travers sociologique du déterminisme absolu tout en se gardant de faire de la notion de volonté le cadre indépassable de l'analyse juridique. Elle cherche ainsi à réinvestir plus particulièrement l'analyse de l'office du décideur et à y intégrer la question de la valeur.

192. Appliquée à la théorie de la décision, l'analyse propose de révéler les caractéristiques du volontarisme juridique aptes à permettre l'appréhension juridique de la valeur. L'ambition de ce chapitre est, conformément à la méthode qui commande au présent titre, d'en rendre compte afin d'en évaluer la consistance, c'est-à-dire le bien-fondé. Il s'agit surtout de constater que le volontarisme juridique constitue un cadre de pensée favorable à la notion de valeur. Le volontarisme innove par rapport au formalisme. Théorie de la décision par excellence, elle propose de reconsidérer celle-ci dans le cadre particulier d'un processus. Ce faisant la théorie volontariste de la décision permet une pensée des éléments constitutifs de ce processus (Section I). De façon générale, elle fournit un véritable prétexte à la reconsidération du contrôle de constitutionnalité qu'une théorie juridique de la valeur vient renouveler doublement (Section II).

---

[632] Maurice HAURIOU, *Aux sources du droit : le pouvoir, l'ordre et la liberté*, Éd. Centre de philosophie politique et juridique de l'Université de Caen, Coll. Bibliothèque de philosophie politique et juridique, 1986, p. 93.
[633] Id.

SECTION I. UNE PENSEE DES ELEMENTS DU PROCESSUS DECISIONNEL

193. À la différence de la conception formaliste, la conception volontariste de la décision se positionne en aval du processus juris-latif. Elle augmente la focale sur la production juridique des normes entendue comme un *véritable processus* jalonné d'étapes conduisant à la décision. En toute logique elle redonne inévitablement toute sa place à la décision. Pour simplifier à l'extrême, dans le cadre d'une théorie volontariste, le droit devient ce qui est décidé de lui. Reste à savoir dans quelles conditions une décision peut être rendue. Reste également à savoir ce que l'on entend par décision. Ce sont là deux pistes qu'il convient d'approfondir. En effet, comme on se garde bien souvent d'analyser l'expression « pouvoir » dans le cadre des débats portant sur l'existence ou non d'un *pouvoir judiciaire*, on évite souvent, à l'évocation du syntagme de *décision judiciaire*, de préciser ce qu'il faut entendre par « décision ». Sur ce point, la théorie volontariste perd en homogénéité. Elle laisse apparaître des divergences entre les grands courants qui l'alimentent.

194. Dans sa *Critique de la décision,* M. Lucien Sfez démontre que la véritable rupture dans la pensée de la décision advient avec Descartes qui pose les fondements d'une véritable « pré-théorie de la décision »[634]. Celle-ci se résume dans l'axiome suivant : « l'homme maître de la nature peut vaincre par sa raison les phénomènes en apparence inexplicables »[635]. Cette *pré-théorie* n'est rien d'autre qu'un cadre d'analyse indépassable de toutes théories de la décision. Elle ordonne le processus de décision autour de deux éléments principaux : la liberté de l'agent décideur (I) et la rationalité du processus décisionnel (II). C'est dans la définition et la précision de ces deux éléments que les divers volontarismes se distinguent. Il s'agira alors de constater, au sein de ces diverses conceptions, quelle version apparaît la plus favorable à réinvestir l'objet valeur.

I. La liberté du décideur

195. Depuis Descartes, le schéma général de la décision mobilise le postulat de la liberté du décideur sans que ses contours ne soient d'une très grande clarté. D'après M. Sfez, le postulat de la liberté du décideur « pose l'individu isolé comme responsable de ses actes [et] ne l'insère pas dans un système de contrainte »[636]. Dans ces conditions, le décideur est érigé en cause première d'un enchaînement de causes multiples, susceptibles, au terme du processus, d'aboutir à une solution particulière. Pourtant, le postulat de la liberté *comme cause première* d'un processus causal divise. Elle constitue même une véritable ligne de fracture entre les différents courants du volontarisme juridique. D'un côté, les tenants d'une *conception maximaliste* de la liberté entendent celle-ci comme une liberté absolue d'agir de la part du décideur (A). L'individu, cause première, est également cause

---

[634] Lucien SFEZ, *Critique de la décision*, Éd. Presses de la fondation nationale des sciences politiques, Coll. Références, 4ème éd., 1992, p. 50.
[635] *Id.*
[636] *Ibid.*, p. 61.

ultime. D'un autre côté, les tenants d'une *conception minimaliste* acceptent cette idée que la liberté du décideur est relative (B) en ce qu'elle se perd dans un enchevêtrement d'autres causes indépendantes de sa volonté.

A. La conception maximaliste de la liberté du décideur : l'École française de la théorie réaliste de l'interprétation

196. Le postulat de la liberté absolue du décideur a été défendu farouchement par l'École française de la théorie réaliste de l'interprétation. On peut, dans une certaine mesure, voir dans la théorie réaliste de l'interprétation un aboutissement de l'idéal volontariste (1°). Une version amendée de cette théorie, attachée à restituer les contraintes propres à l'opération d'interprétation, reconnaît une marge de manœuvre plus limitée au décideur, à tout le moins en apparence (2°).

1° La version originale ou la théorie réaliste de l'interprétation

197. L'École française de la théorie réaliste de l'interprétation doit son existence aux travaux de M. Michel Troper. Dans son ouvrage *Pour une théorie juridique de l'État,* l'auteur en illustre les postulats par l'exemple suivant : « Si un homme est accusé par exemple d'avoir téléphoné d'une cabine publique en réalisant une manœuvre quelconque lui évitant de payer le prix de la communication, avant de déterminer si cette manœuvre est constitutive d'un vol ou d'une escroquerie au sens de la loi pénale, il faut déterminer si elle a réellement eu lieu et si l'accusé en est bien l'auteur. *Une telle opération est bien le produit d'une décision*. Il s'agit *d'un acte de volonté* […] »[637]. L'auteur considère alors que « si l'interprète peut déterminer la signification d'un texte et si la norme n'est pas autre chose qu'une signification, il faut considérer que c'est l'interprète qui est lui-même l'auteur de la norme qu'il est chargé d'appliquer »[638]. En d'autres termes, « la norme ne peut être l'objet d'interprétation »[639] puisque l'on ne saurait « déterminer la signification d'une signification »[640]. L'auteur en conclut que « *ce qui fait l'objet d'une interprétation n'est pas une norme, mais seulement un texte,* dont la signification ne saurait être distinguée de celle de son contenu »[641].

198. Dans un article célèbre, le professeur Picard a tenté de « condenser les thèses de la théorie réaliste de l'interprétation »[642] en les ramenant à quelques propositions essentielles. Une première proposition tend à affirmer que « le véritable auteur d'une norme n'est pas l'auteur du texte (lorsque la

---

[637] Michel TROPER, *Pour une théorie juridique de l'État*, Éd. PUF, Coll. Léviathan, 1994, p. 87. C'est nous qui soulignons.

[638] Michel TROPER, *« La liberté de l'interprète », in* Gilles DARCY, Mathieu DOAT et Véronique LABROT (dir.), *L'office du Juge*, Actes du colloque organisé au Palais du Luxembourg, les 29 et 30 septembre 2006, Sénat, Coll. Les colloques du Sénat, p. 29.

[639] Michel TROPER, *Pour une théorie juridique de l'État, op. cit.*, p. 87.

[640] *Id.*

[641] *Ibid.* p. 88 ; C'est l'auteur qui souligne.

[642] Etienne PICARD, « Contre la Théorie réaliste de l'interprétation juridique », *Revue juridique de l'USEK*, vol. 10, 2009, p. 22.

norme procède d'un texte), mais l'interprète ultime de ce dernier »[643]. Elle se complète d'une seconde proposition d'après laquelle « l'interprétation de chaque norme par son interprète souverain est un acte qui, en droit, est totalement libre : un acte de pure volonté et non de connaissance »[644]. Dans sa version d'origine, la théorie réaliste de l'interprétation véhicule ainsi une conception maximaliste de la liberté du décideur. Pour les tenants de cette théorie, il n'existerait rien de signifiant ou de significatif en amont d'un processus décisionnel dont le fondement se perd dans la figure du juge, interprète authentique, en pleine possession de sa liberté d'individu isolé.

199. Le volontarisme défendu par l'École française de la théorie réaliste prolonge les conceptions de la validité mises en exergue par Kelsen mais renverse la perspective normativiste selon laquelle l'interprétation est un acte de connaissance. En effet, l'École française du réalisme professe que l'interprétation authentique est une opération de pure volonté. L'interprète authentique, essentiellement libre, remplit alors une fonction de création de la norme qui passe seulement par la détermination de son vouloir. Sur ce point, le professeur Troper est clair qui écrit que 1) « pour définir l'interprétation, il faudrait en effet choisir entre deux possibilités : interpréter, c'est *indiquer* la signification d'une chose ou c'est *déterminer* la signification de cette chose »[645]. Et l'auteur de préciser que « la première définition repose sur le présupposé qu'il est possible de connaître le sens, que l'interprétation est une fonction de la connaissance, la seconde qu'elle est une fonction de la volonté »[646].

200. Une telle conception confond volontairement les notions de signification et de sens qu'elle emploie de manière indifférenciée. En effet, l'auteur rajoute que 2) « si je prétends qu'interpréter c'est indiquer un sens, c'est que je présuppose l'existence d'un sens objectif qu'il est possible de décrire. À l'inverse, je peux supposer que le sens n'existe pas et qu'il n'est donc pas possible de le décrire, mais seulement de le déterminer »[647].

201. En troublant la distinction sens/signification, la théorie réaliste de l'interprétation renvoie la question de la production de la norme au seul pouvoir du juge juridiquement libre. Finalement, la règle de droit se résume à ce que le juge, interprète authentique, ordonne. Elle est donc créée *ex nihilo* puisque rien ne lui préexiste. Ce faisant, la théorie réaliste détruit son objet en le simplifiant à l'extrême. Il devient ainsi inutile de savoir si le juge a ou non déformé le sens des textes auxquels il se réfère puisque jusqu'à son intervention, ces textes n'ont aucun sens. En d'autres termes, les textes n'impliquent rien puisqu'ils ne signifient rien avant l'interprétation authentique qui leur confère leur signification et fonde la règle de droit. La spécificité de la fonction de juger est ordonnée intégralement au dire d'une règle de droit qui ne préexiste pas au juge et dont il doit, par sa seule volonté, déterminer la signification c'est-à-dire l'existence en tant que norme. Le

---

643 *Id.*
644 *Id.*
645 Michel TROPER, *La théorie du droit, le droit, l'État*, Éd. PUF, Coll. Léviathan, 2001, p. 69. C'est l'auteur qui souligne.
646 *Id.*
647 *Id.*

processus de la décision se présente ainsi comme un processus quasi-spontané. La chaîne des différents éléments du processus est très réduite, presque inexistante. Le processus de décision commence et s'achève dans une même unité de temps. La liberté du juge est le point de départ et le point d'arrivée de la décision. Comme le juge est libre, il veut. Comme il veut, il décide. Paradoxe ultime pour cette théorie volontariste du droit, le concept de volonté n'est pas même étudié, comme s'il allait de soi.

202. Appréhendée de la sorte, la liberté du juge donne la pleine mesure à sa volonté. C'est ce qu'affirme le professeur Troper qui écrit qu'« au sens juridique, la liberté n'est pas autre chose que le pouvoir discrétionnaire »[648] qu'il définit ensuite comme « le droit d'un sujet ou d'un organe d'adopter la conduite qu'il veut ou de donner le contenu de son choix aux normes qu'il a le pouvoir d'énoncer »[649]. Pour autant, ajoute-t-il, « cette liberté est naturellement différente du libre-arbitre et nul ne songerait à défendre la thèse philosophique que, dans une monarchie absolue, le roi, parce qu'il a le pouvoir de tout faire, échappe à tout déterminisme »[650]. La question du sens entendu comme guide pour la prise de décision n'a alors plus lieu d'être en tant que telle. Dans ces conditions, la question des valeurs ne se pose pas non plus puisque seul importe le pouvoir de décision du juge, manifestation de sa propre liberté. Surtout, en reconnaissant au juge une pleine et entière liberté, entendue comme capacité d'un organe « de donner le contenu de son choix aux normes qu'il a le pouvoir d'énoncer », cette théorie nie tout de même, parfois en dépit du bon sens, les déterminismes qui jalonnent son office. Elle en réinvestit cependant l'analyse en se doublant d'une théorie des contraintes juridiques.

2° La version amendée ou la théorie des contraintes juridiques

203. Il est bien souvent opposé à la théorie réaliste de l'interprétation l'argument suivant : malgré la vision volontariste du droit qu'elle postule et la conception maximaliste de la liberté du décideur qu'elle retient, le juge ne semble jamais en mesure de rendre les décisions qu'il souhaite. En effet, comment se fait-il, s'il possède le pouvoir de créer librement toute règle de droit par un simple acte de volonté que sa décision obéisse toujours aux standards attendus[651] ? La théorie réaliste de l'interprétation est bien en peine d'y répondre sauf à invoquer, au soutien, une théorie des contraintes. Le professeur Troper écrit ainsi que « l'observation du droit positif montre que malgré la liberté, les acteurs juridiques ne font pas tout ce qui leur est possible de faire, mais s'orientent vers un nombre restreint de solutions »[652]. Cette théorie prolonge ainsi le constat – assez juste – de l'auteur d'après lequel « dans la vie juridique comme dans la vie sociale, économique ou politique, l'usage de la liberté ou du pouvoir est déterminé par certaines

---

[648] *Ibid.*, p. 83.
[649] *Id.*
[650] *Id.*
[651] Véronique CHAMPEIL-DESPLATS, Christophe GRZEGORCZYK et Michel TROPER, *Théorie des contraintes juridiques*, Éd. LGDJ, Coll. La pensée juridique, 2005, p. 1.
[652] *Ibid.*, p. 11

causes, qui contraignent les acteurs à agir comme ils le font plutôt qu'autrement »[653].

204. L'hypothèse de la théorie des contraintes juridiques réside alors dans cette idée que le resserrement de la palette des solutions du décideur « n'est dû ni à des obligations juridiques au sens classique de ce terme, ni à une simple volonté d'autolimitation d'un pouvoir discrétionnaire mais qu'il est le produit de contraintes pesant sur l'acteur juridique »[654]. Il s'agit là d'une petite révolution. Cette version amendée de la théorie réaliste transforme profondément l'approche théorique du processus décisionnel qui devient alors véritablement causale[655]. Le basculement est conséquent et réside essentiellement dans l'idée que la décision ne doit plus s'appréhender uniquement comme un pur acte de volonté postérieur à la liberté du décideur mais qu'elle dépend au contraire de plusieurs autres facteurs. Autrement dit, là où la théorie réaliste de l'interprétation semblait ne prêter attention qu'à la cause motrice – ou efficiente – du processus décisionnel qui réside dans la seule volonté du juge, la théorie des contraintes juridiques propose une analyse multi-causale du processus décisionnel. Elle semble donc reculer sur ses postulats de base bien qu'elle maintienne l'idée que l'interprète reste juridiquement libre.

Dans cette retraite ordonnée, elle énonce que « dire que l'interprète est juridiquement libre implique que son comportement est arbitraire et capricieux uniquement si la liberté au sens juridique du terme, c'est-à-dire le droit d'accomplir n'importe quelle action ou de donner n'importe quel contenu à ses décisions, était la même chose que la liberté au sens philosophique, l'absence de tout déterminisme »[656]. Cette précision n'empêche pourtant pas le professeur Troper d'ajouter que la liberté juridique permet au décideur de « donner n'importe quel contenu à ses décisions »[657]. Autrement dit, la liberté juridique est bien concrètement définie par la liberté philosophique alors même que leur différence fondamentale est postulée.

205. La théorie des contraintes juridiques convainc d'autant moins qu'elle semble paradoxalement renouer avec une forme de naturalisme. La théorie des contraintes refuse ainsi de prêter attention aux contraintes qui ne sont pas considérées comme *purement* juridiques. Il en va ainsi des « considérations financières »[658] et « structures linguistiques »[659] comme de « l'emploi de la force, l'opinion publique », ou encore des « sensibilités

---

[653] *Ibid.*, p. 2.

[654] *Ibid.*, p. 11.

[655] À ce sujet, v. Michel TROPER, « Les contraintes de l'argumentation juridique dans la production des normes », *in* Otto PFERSMANN et Gérard TIMSIT (dir.), *Raisonnement juridique et interprétation*, Actes de la journée d'étude internationale organisée par l'Université Paris 1 Panthéon-Sorbonne le 14 juin 1999, Centre de recherche de droit constitutionnel, Centre d'étude et de recherche sur l'administration publique, Éd. Publications de la Sorbonne, Coll. De republica, 2001, p. 35-48.

[656] Véronique CHAMPEIL-DESPLATS, Christophe GRZEGORCZYK et Michel TROPER, *Théorie des contraintes juridiques*, *op. cit.*, p. 2.

[657] *Id.*

[658] *Ibid.*, p. 13.

[659] *Id.*

politiques, religieuses ou morales des acteurs, lectures, fréquentations ou composition du petit déjeuner qui précède la prise de décision »[660]. Autrement dit, la théorie des contraintes procède d'une distinction radicale entre, les contraintes qui proviennent exclusivement du système juridique et peuvent recevoir la qualification de *contraintes juridiques,* et celles, qui n'en proviennent pas exclusivement et ne sont pas juridiques. Les *contraintes juridiques* s'entendent alors des contraintes qui imposent une solution à l'acteur « en raison d'une configuration spécifique du système juridique »[661]. La contrainte juridique découle nécessairement d'un système juridique posé comme condition *sine qua non.* Pourtant, celui-ci reste obscurément défini puisque « 1. Le système juridique est constitué d'un ensemble d'énoncés à fonction prescriptive produits par les acteurs juridiques. 2. Les acteurs juridiques sont ceux qui sont désignés comme tels par les énoncés du système juridique »[662]. Ces précisions aboutissent alors à une définition tautologique du système juridique par l'acteur juridique et de l'acteur juridique par le système juridique. Elle aboutit donc à définir le juridique par le juridique sans jamais proposer de définition de la juridicité.

B. La conception minimaliste de la liberté du décideur : la théorie pratique de l'interprétation

206. Dans sa version minimaliste, le volontarisme peut s'entendre d'une théorie pratique ou pragmatique du droit et de la décision qui réinvestit notamment l'élément « liberté » dans le processus de décision. Elle postule ainsi l'existence d'une liberté *véritablement encadrée.* Cet encadrement procède à la fois de l'environnement dans lequel opère l'agent décideur (1°) tout autant que de l'objet de sa mission (2°). La liberté du décideur est alors doublement contrainte par l'existence d'un système dans lequel celui-ci s'inscrit par ses actes tout autant que par la spécification précise de sa mission.

1° Une liberté encadrée par le système normatif

207. Jusqu'ici la figure du décideur a été, dans le sillage du schéma cartésien, appréhendée de façon assez solitaire. Celui-ci constituait l'acteur unique d'un processus de décision dont il maîtrisait tous les rouages. Cette conception revenait à accréditer, dans le sillage de la théorie réaliste de l'interprétation, l'image d'une « toute-puissance potentielle » de l'agent décideur. Cette figure spécifique du décideur pouvait s'accommoder assez facilement d'une définition basique de la liberté entendue comme le degré le plus haut « d'indépendance que possède l'individu à l'égard du groupe social dont il fait partie »[663] c'est-à-dire de son environnement social.

---

[660] *Id.*

[661] *Id.*

[662] *Ibid.*, p. 12.

[663] André LALANDE, *Vocabulaire technique et critique de la philosophie*, Éd. PUF, Coll. Quadrige, 2010, v° « Liberté », p. 558-567, notamment p. 561.

208. Pour sa part, la conception pratique de la décision rejette cette approche. Elle réfute le schéma cartésien qui voit dans la décision la simple mise en œuvre de la liberté individuelle du décideur. Elle voit ainsi la décision comme le résultat d'un processus bien plus complexe réunissant :1) un sujet décideur, 2) une pluralité d'alternatives offertes, 3) un choix parmi les alternatives, effectué selon des critères de *préférence* et exigeant une *estimation* 4) une expression verbale de la décision 5) éventuellement une motivation ou une justification de cette même décision[664]. Cette théorie réduit en dernière analyse le décisionnisme de l'agent sur lequel semblait ouvrir une conception absolue de sa liberté. En ce qu'elle implique une restriction des possibilités, la reconnaissance d'une pluralité d'alternatives constitue la principale borne à l'office du décideur. Elle astreint tout simplement la décision au champ du possible. Elle rejoint alors la conception normative du syllogisme précédemment évoquée. Dans ces conditions et « dans la langue de la théorie des décisions, le *choix* définit la *décision* »[665]. L'analyse de la décision passe alors par l'analyse du choix qui conduit à la décision.

209. Les professeurs Ost et Kerchove ont défendu l'idée que, en droit, ce choix est déterminé partiellement par le *sens du jeu* juridique. Comme ils l'écrivent, « loin de suggérer l'existence de 'véritables' choix délibérés qui ne seraient que fantaisie pure et jonglerie avec les règles – le recours au sens du jeu permet de comprendre comment ces choix sont 'systématiques' c'est-à-dire orientés par la nécessaire harmonisation du système juridique considéré »[666]. En acceptant les contraintes systémiques qui pèsent sur le juge, on se rend compte alors que la décision juridique est le prétexte au juge pour « manifester ou contredire […] son attachement au système juridique, son sens des intérêts et des valeurs qu'il incarne »[667]. Pour le professeur hollandais Visser T'Hooft, « le juge n'est pas la bouche de la loi, il est en quelque sorte le porte-parole d'un 'système ouvert' dont la marge d'appréciation judiciaire fait partie intégrante »[668]. Il n'y aurait donc pas de latitude interprétative existant uniquement dans les creux des indéterminations de la loi mais, au contraire, la loi serait « toujours vue à travers l'éventail de facteurs (de perspectives) que sont les modes classiques de l'interprétation *stricto sensu* »[669]. En résumé, comme l'écrit le professeur Grzegorczyk, « l'homme appelé à juger, le fait en fonction de certains faits

---

[664] Jerzy WROBLEWSKI, « Motivation de la décision judiciaire », *in* Paul FORIERS et Chaïm PERELMAN (dir.), *La motivation des décisions de justice*, Éd. Bruylant, Coll. Travaux du centre national de recherches de logique, 1978, p. 110-136, notamment p. 113-114.
[665] *Ibid.*, p. 116.
[666] François OST et Michel VAN DE KERCHOVE, *Jalons pour une théorie critique du droit*, Éd. FUSL, Coll. Travaux et recherches, p. 444.
[667] *Ibid.*, p. 445.
[668] Hendrik Philipp VISSER 'T HOOFT, « Vers un style de motivation plus concret ? (Remarques à partir de la jurisprudence et de la doctrine néerlandaises) », *in* Paul FORIERS et Chaïm PERELMAN (dir.), *La motivation des décisions de justice*, *op. cit.*, p. 162.
[669] *Id.*

extérieurs, des conditions qui lui sont imposées soit par la structure du monde, soit par d'autres hommes »[670].

210. En droit, on trouve une littérature abondante sur cette question appliquée à l'office du juge. Envisagée de la sorte, la question de la liberté du juge ressuscite le débat historique entre casuistique et systématisme. Il y a près d'un siècle, le phénomène du *bon juge* Magnaud avait pu cristalliser ces débats. Le Doyen Gény avait porté à l'encontre de la jurisprudence casuistique du *bon juge* Magnaud les plus vives attaques. Fustigeant ce juge de Château-Thierry, dans l'Aisne, qui se targuait de statuer en équité, Gény critiquait « l'influence dissolvante de son flottant humanitarisme »[671]. L'illustre auteur considérait alors qu'en procédant de la sorte, le *bon juge mobilisait* des « éléments véritablement hétérogènes »[672] qui ne consistent qu'en « vagues considérations, plus aptes à toucher le sentiment qu'à affermir la raison, mais qu'il est, en tout cas, impossible de condenser, soit en principes fermes, soit en moyens pratiques, constitutifs, dans leur ensemble, d'un système bien lié »[673]. Cette jurisprudence aboutissait alors à « une sorte d'impressionnisme anarchique dans l'application du droit positif »[674].

211. Quelque cinquante ans plus tard, c'est la célèbre controverse entre M. Chenot, maître des requêtes au Conseil d'État et l'illustre Rivero qui prenait le relai. M. Chenot écrivait, dans un article désormais célèbre, que le juge administratif « ne procède jamais d'un esprit de système »[675]. « Ennemi des généralisations »[676] voire « 'ennemi de la chose en soi', le juge ne cherche jamais à connaître l'essence des institutions pour en classer les diverses variétés dans un herbier »[677]. Il procèderait au contraire « des réalités concrètes, en écartant toute querelle théorique sur l'essence des institutions, pour définir seulement les actes qui manifestent l'existence sociale de celles-ci »[678]. La réponse du professeur Rivero est devenue à son tour célèbre, qui se lance dans un véritable plaidoyer, une « apologie pour les faiseurs de système »[679]. Le juge trop attaché au cas concret, « glisserait vite de l'existentialisme à l'impressionnisme »[680]. Il ne pourrait s'abstraire du système dans lequel il évolue et dont il mobilise les catégories juridiques. Dix ans plus tard le débat était relancé et spécifié par Marcel Waline, qui

---

[670] Christophe GRZEGORCZYK, « Le jugement juridique en tant que jugement pratique (implications théoriques) », *APD*, vol. 28, 1983, p. 323.
[671] François GENY, *Méthode d'interprétation et sources en droit privé positif: essai critique*, T. II, Éd. LGDJ, Coll. Anthologie du droit, 2016, p. 201.
[672] *Ibid.*, p. 197.
[673] *Ibid.*, p. 199.
[674] *Ibid.*, p. 201.
[675] Bernard CHENOT, « La notion de service public dans la jurisprudence économique du Conseil d'État », *EDCE*, 1950, vol. 4, p. 77-83.
[676] *Ibid.*, p. 79.
[677] *Ibid.*, p. 82.
[678] *Ibid.*, p. 83.
[679] Jean RIVERO, « Apologie pour les faiseurs de systèmes », *D. chron.*, vol. 26, 23, 1951, p. 99-102.
[680] *Ibid.*, p. 101.

affirmait l'impossibilité pour tout juriste de se dispenser du recours aux catégories juridiques[681].

212. *Enfin*, les mêmes arguments sont aujourd'hui invoqués dans la querelle de l'enseignement du droit entre les Universités et les instituts d'études politiques. Dans une controverse assez récente, M. Thierry Wickers vante les vertus du droit en action, « le seul existant »[682], dépréciant ainsi les mérites des formations universitaires. La réponse de Bertrand Mathieu, dans la même revue, est particulièrement révélatrice des enjeux profonds du débat qui ressuscite les mêmes arguments que ceux invoqués par ses illustres prédécesseurs. Il rétorque que l'enseignement du droit tel qu'il est pratiqué « offre une construction du droit qui s'appuie sur des principes, pour en décliner des applications »[683]. C'est ainsi que « les 'cliniques du droit' développent une analyse casuistique du droit, dans laquelle la subjectivité occupe une place importante et où les rôles du principe et de l'exception sont brouillés »[684]. Et l'auteur de résumer que « la conception doctrinale du droit exprime la vision d'une société ordonnée à partir de valeurs que le droit concrétise, autant qu'il en exprime les mutations » tandis que « le 'droit en action' renvoie à une société décomposée dans laquelle le droit a pour mission de réaliser un équilibre par des micro-compromis toujours remis en cause »[685].

213. En réalité, la *théorie pratique de la décision*, qui se nourrit de la conception minimaliste de la liberté du décideur, se positionne davantage du côté du systématisme juridique. La notion de système juridique, permet alors de faire coexister la liberté du décideur, envisagée de façon limitée, et la valeur qui le fonde. Le système juridique peut alors prétendre participer des contraintes qui encadrent l'office du juge. De plus, la référence à la notion de système permet encore de postuler la rationalité de la décision juridictionnelle. Cette rationalité se manifeste à première vue dans les contraintes secrétées par le système au premier rang desquelles l'usage d'un langage. Le système juridique est en effet arrimé à un ensemble d'énoncés, à fonction non pas prescriptive, comme le dit la théorie des contraintes, mais bien performative. En effet, la constitution n'est pas une simple « ossature institutionnelle »[686] mais constitue, en outre, un ordre matériel normatif. Le décideur qui devient interprète lorsqu'il se saisit d'un texte – qui lui préexiste – est nécessairement contraint par l'usage du langage, par ce qui forme le code linguistique[687] employé, « l'appareil autoritaire du texte »[688]. Il

---

681 Marcel WALINE, « Empirisme et conceptualisme dans la méthode juridique : faut-il tuer les catégories juridiques ? », *in Mélanges en l'honneur de Jean Dabin*, T. I, *Théorie générale du droit*, Éd. Bruylant, 1963, p. 359-371, notamment p. 366.

682 Thierry WICKERS, « Mettre les "cliniques du droit" au service d'une réforme de la formation des avocats et à celui de l'accès au droit », *JCP G*, 2014, n°16, 469, p. 769.

683 Bertrand MATHIEU, « La formation universitaire des avocats : réforme ou révolution ? Réponse à Thierry Wickers », *JCP G*, n°18, 527, 2014, p. 885-886.

684 *Ibid.*, p. 886.

685 *Id.*

686 Kóstas M. STAMATIS, *Argumenter en droit: une théorie critique de l'argumentation juridique*, Éd. Publisud, Coll. Manuels 2000. Série Droit, 1995, p. 284.

687 Olivier CAYLA, La *notion de signification en droit. Contribution à une théorie du droit naturel de la communication*, Thèse de doctorat, Université de Lille, 1992, p. 82.

est contraint dans son office par le noyau dur des « significations ». Comme l'écrit M. Julien Jeanneney, l'acte de volonté du décideur, « s'ancre toujours dans un arrière fond minimal de connaissances dont la conscience des règles de droit constitue l'aspect le plus communément perçu »[689]. C'est *le postulat de l'École pratique ou pragmatique de l'interprétation.*

Plus rigide, la théorie réaliste de l'interprétation, ne veut pas voir, quant à elle, que la solution rendue par l'interprète authentique d'un texte est toujours limitée par des contraintes imposées par le *texte* même. Comme l'affirme M. Stamátis, les règles valides de l'ordre juridique « ne sont pas des textes docilement maniables pour obtenir n'importe quelle position interprétative »[690]. Le juge constitutionnel qui interprète les règles de droit cherche alors, au terme d'un véritable jugement de valeurs, à préserver leur « finalité opérative »[691] qui constitue leur justification en appréciant leur raison d'être. Le juge oscille donc entre liberté et contrainte. Contrainte, puisque les mots, la syntaxe impliquent une signification et portent un sens – le sens usuel en première approche. Liberté, puisque le code linguistique reste tout de même polysémique. Il appartient alors au juge de, modifier, corriger, le sens des textes qu'il a à appliquer en fonction des finalités et des valeurs qui dirigent nécessairement son action. Le juge appréciera alors en fonction du sens qu'il entend donner à la règle de droit et des valeurs-idéales qui guideront son action tout comme l'action médiatisée par sa décision.

2° Une liberté ordonnée au sens des textes

214. L'existence de contraintes langagières illustre la normativité propre au langage[692]. En tant qu'énoncé verbal, un texte exerce une contrainte sur l'interprétation de celui qui le reçoit. Tout énoncé revêt une signification propre et un sens particulier. Tous deux sont potentiellement normatifs et font référence dans la prise de décision. La théorie pratique de l'interprétation considère que si le décideur est conditionné par le texte, irréductible à sa souveraineté, il lui imprime nécessairement un sens. À ce stade, il dispose de la marge de manœuvre la plus forte. Cette marge de manœuvre s'explique principalement par l'indétermination relative du langage juridique en général, et de celui du droit constitutionnel en particulier[693]. Ce constat est partagé, du reste, par les tenants de la version maximaliste du volontarisme. Ils basculent toutefois dans un scepticisme exacerbé vis-à-vis de la règle de droit et déduisent de l'indétermination du langage juridique et des textes la vanité d'une recherche du sens.

---

688 Gérard TIMSIT, *Les figures du jugement*, Éd. PUF, Coll. Les voies du droit, 1993, p. 181.

689 Julien JEANNENEY, *Les lacunes constitutionnelles*, Éd. Dalloz, Coll. Nouvelle bibliothèque de thèses, 2016, p. 55.

690 Kóstas M. STAMÁTIS, *Argumenter en droit : une théorie critique de l'argumentation juridique*, *op. cit.*, p. 285.

691 *Id.*

692 V. tout particulièrement, à ce sujet, François BRUNET, *La normativité en droit*, Éd. Mare & Martin, Coll. Bibliothèque des thèses, 2012, p. 101-166.

693 V. à ce sujet, Guillaume TUSSEAU, « Deux dogmes du constitutionnalisme », *in Penser le droit à partir de l'individu. Mélanges en l'honneur d'Élisabeth Zoller*, Éd. Dalloz, 2018, p. 835-883, notamment p. 864 et s.

215. Pourtant, comme l'affirme le professeur Picard, « par la recherche du sens, le juge fait dire au texte ce que son auteur aurait pu dire mais qu'il n'a pas réellement signifié. Le sens, en tout cas, dépasse le texte en cela que, sans que ce dernier s'y oppose le moins du monde, il découle non pas seulement du texte, mais notamment d'un contexte qui l'entoure, l'englobe et le surpasse »[694]. Ce propos est confirmé par le finlandais Aarnio qui affirmait également cette évidence que « les expressions du langage sont liées au contexte »[695]. Cela est d'autant plus vrai du langage juridique. L'opération d'interprétation est alors liée à la fois à la contextualité du langage mais également au sens qu'il véhicule[696]. Or, on sait que le sens suppose la valeur. En effet, comme l'écrit Lavelle, le sens « implique cette orientation dans le temps qui, en nous proposant certaines fins par rapport auxquelles nous pouvons juger des choses, nous permet de les comprendre et de les vouloir » tandis que « la valeur, c'est cela même que nous appréhendons en elles quand nous disons que nous les comprenons et que nous les voulons et qui fait que notre intelligence les justifie et que notre volonté les assume »[697]. La construction de la signification des règles de droit suppose alors une appréciation de la part de l'interprète qui ne saurait se passer d'une prise de position de sa part. Dans ces conditions, le raisonnement juridique peut alors être réinvesti par l'objet valeur.

216. En droit constitutionnel, la problématique du standard en offre un exemple topique. La notion de standard est intimement liée à l'idée de la valeur et même d'une valeur-idéal qui fluctue entre les pôles de la *normalité*, de la *mesure* et de la *tempérance*. Incarnation des valeurs, les standards sont pléthores dans les textes constitutionnels. À titre d'exemple, en France, l'article 66 de la Constitution de 1958 affirme que « nul ne peut être arbitrairement détenu ». Simple en apparence, la mise en œuvre de cette disposition présuppose en réalité, une pluralité de jugements de valeur et de prises de position. Elle implique de définir ou d'apprécier les limites de ce qui est arbitraire. Pour y parvenir, le juge peut se référer au sens qui entoure l'énoncé. Quand est-on en présence d'un cas *normalement* arbitraire ? Évoquons également l'article 16 de la Constitution qui exige une menace *grave*, *immédiate* et une interruption du fonctionnement *régulier* des pouvoirs publics. Est-ce que l'occupation des points stratégiques d'Alger dans la nuit du 21 au 22 avril 1961 par un « quarteron de généraux à la retraite » est constitutive d'une telle menace ? Y répondre implique également une appréciation particulière.

L'omniprésence des standards est plus avérée encore à mesure que l'on progresse dans le *bloc de constitutionnalité*. Il en va ainsi, par exemple, de l'article 5 de la Déclaration des droits de l'homme qui évoque les

---

[694] Étienne PICARD, « L'émergence des droits fondamentaux en France », *AJDA*, n°HS, 1998, p. 6-42, notamment p. 18.

[695] Aulis AARNIO, *The rational as reasonable* [1986], tr. fr. Geneviève WARLAND, *Le rationnel comme raisonnable*, Éd. LGDJ-Story-Scientia, Coll. La pensée juridique moderne, 1992, p. 138.

[696] *Ibid.*, p. 139.

[697] Louis LAVELLE, *Traité des valeurs*, T. I, *Théorie générale de la valeur*, Éd. PUF, Coll. Dito, 1991, p. 23.

comportements *nuisibles* ou de l'article 8 qui énonce que « la loi ne doit établir que des peines strictement et évidemment nécessaires » ou encore de l'article 9 qui évoque la *rigueur nécessaire* à toute arrestation. L'on peut noter également – de manière non exhaustive – le caractère *précieux* de la libre communication des pensées et des opinions posées par l'article 11[698]. La démonstration pourrait être répétée avec le Préambule de la Constitution de 1946 et avec la Charte de l'environnement.

La jurisprudence, également, n'est pas en reste puisque le Conseil constitutionnel, dans plusieurs décisions, a pu apprécier la *complexité inutile* des règles de droit[699], le caractère *suffisamment précis*[700] d'une disposition, son caractère *équivoque*[701], l'*importance*[702] d'une action au regard d'un droit ou une liberté, le caractère *essentiel*[703] d'un droit ou d'une liberté, le

---

[698] Repris dans plusieurs décisions du Conseil constitutionnel, v. notamment Cons. Const., décision n°2009-580 DC du 10 juin 2009, *Loi favorisant la diffusion et la protection de la création sur internet*, cons. 15.

[699] Cons. Const., décision n° 2003-473 DC du 26 juin 2003, *Loi habilitant le gouvernement à apprécier le droit*, cons. 5.

[700] Cons. Const., décision n°2004-490 DC du 12 février 2004, *Loi organique portant statut d'autonomie de la Polynésie française*, cons. 56 ; v. égal. Cons. Const., décision n°2004-492 DC du 2 mars 2004, *Loi portant adaptation de la justice aux évolutions de la criminalité*, cons. 5.
Sur l'imprécision de la portée des obligations que font peser la *généralité* des termes d'une loi sur les établissements d'enseignement, v. Cons. Const., décision n° 2005-512 DC du 21 avril 2015, *Loi d'orientation et de programme pour l'avenir de l'école*, cons. 19. ; v. égal. Cons. Const., décision n°2005-521 DC du 22 juillet 2005, *Loi habilitant le gouvernement à prendre par ordonnance, des mesures d'urgence pour l'emploi*, cons. 6 et 14. ; v. égal. Cons. Const., décision n°2007-557 DC du 15 novembre 2007, *Loi relative à la maitrise d'immigration, à l'intégration et à l'asile*, cons. 19. ; Cons. Const., décision n°2009-580 DC du 10 juin 2009, *préc.*, cons. 7 ; Cons. Const., décision 2013-685 DC du 29 décembre 2013, *Loi de finances pour 2014*, cons. 33 ; Cons. Const., décision n°86-213 DC du 3 septembre 1986, *Loi relative à la lutte contre le terrorisme et aux atteintes à la sûreté de l'État*, cons. 6 ; Cons. Const., décision n°92-316 DC du 20 janvier 1993, *Loi relative à la prévention de la corruption et à la transparence de la vie économique et des procédures publiques*, cons. 15 ; Cons. Const., décision n°2003-467 DC du 13 mars 2003, *Loi pour la sécurité intérieure*, cons. 12.

[701] Cons. Const., décision n°2009-588 DC du 6 août 2009, *Loi réaffirmant le principe du repos dominical et visant à adapter les dérogations à ce principe dans les communes et zones touristiques thermales ainsi que dans certaines grandes agglomérations pour les salariés volontaires*, cons. 12 ; v. égal. Cons. Const., décision n°87-226 DC du 2 juin 1987, *Loi organisant la consultation des populations intéressées de la Nouvelle-Calédonie et dépendances prévues par l'alinéa premier de l'article 1er de la loi n°86-844 du 17 juillet 1986 relative à la Nouvelle-Calédonie*, cons. 7 et 9 ; Cons. Const., décision n°79-104 DC du 23 mai 1979, *Loi modifiant les modes d'élection de l'assemblée territoriale et du Conseil de gouvernement du territoire de la Nouvelle-Calédonie et dépendances et définissant les règles générales de l'aide technique et financière contractuelle de l'État*, cons. 9.

[702] Cons. Const., décision n°84-173 DC du 26 juillet 1984, *Loi relative à l'exploitation des services de radio-télévision mis à la disposition du public sur un réseau câblé*, cons. 4.

[703] Sur ce point, v. Cons. Const., décision n°76-75 DC du 12 janvier 1977, *Loi autorisant la visite des véhicules en vue de la recherche et de la prévention des infractions pénales*, cons. 5 : le Conseil considère qu'en raison de *l'étendue* et de la *généralité* des pouvoirs conférés aux officiers de police judiciaire, la loi porte atteinte aux principes *essentiels* sur lesquels repose la protection de la liberté individuelle, v. égal. sur les conditions essentielles d'exercice de la souveraineté nationale, Cons. Const., décision n°98-408 DC du 22 janvier 1999, *Traité portant statut de la Cour pénale internationale*, cons. 29 et s. ; Cons. Const., décision n°2005-524/525 DC du 13 octobre 2005, *Engagements internationaux relatifs à la peine de mort*,

caractère *supportable* [704] d'une atteinte à la propriété, le caractère *intolérable*[705] des contraintes pénales – notamment le bracelet électronique – le caractère *général*[706] du respect des limites cantonales dans le cadre de la détermination des circonscriptions électorales, le caractère *stable* [707] et *régulier*[708] de la présence d'un étranger sur le territoire français ainsi que la *menace*[709] pour l'ordre public qu'il peut représenter, le caractère *suffisant* des motifs de la loi [710], d'un intérêt général [711] ou de l'encadrement par le législateur de l'action administrative[712], le caractère *habituel*[713] d'une aide économique à une entreprise en difficulté, le caractère *approprié*[714] d'une contrepartie dans le cadre du contrat de partenariat, le caractère *faible*[715] – au sens numérique – de la population de la circonscription regroupant les territoires des collectivités de Saint-Barthélémy et de Saint-Martin, le caractère *normal* [716] des conditions d'habitation ou de rémunération du bailleur, la nature *particulière*[717] de l'élection du Président de la République, le caractère *complexe*[718] des problèmes que posent le démantèlement et la

---

cons. 3-7 ; v. égal. le caractère *essentiel* d'un élément pour l'exercice d'un droit ou une liberté, Cons. Const., décision n°2014-695 DC du 24 juillet 2014, *Loi relative à la sécurisation des contrats de prêts structurés souscrits par les personnes morales de droit public*, cons. 10 ; v. égal le caractère *essentiel* du droit de disposer, considéré comme *attribut* du droit de propriété, Cons. Const., décision n°96-373 DC du 9 avril 1996, *Loi organique portant statut d'autonomie de la Polynésie française*, cons. 22.

704 Cons. Const., décision n°85-198 DC du 13 décembre 1985, *Loi modifiant la loi n° 82-652 du 29 juillet 1982 et portant diverses dispositions relatives à la communication audiovisuelle*, cons. 9.

705 Cons. Const., décision n°2005-527 DC du 8 décembre 2005, *Loi relative au traitement de la récidive des infractions pénales*, cons. 18.

706 Cons. Const., décision n°86-218 DC du 18 novembre 1986, *Loi relative à la délimitation des circonscriptions pour l'élection des députés*, cons. 12.

707 Cons. Const., décision n°97-389 DC du 22 avril 1997, *Loi portant diverses dispositions relatives à l'immigration*, cons. 45.

708 *Id.*

709 *Id.*

710 Cons. Const., décision n°2001-453 DC du 18 décembre 2001, *Loi de financement de la sécurité sociale pour 2002*, cons. 28.

711 Cons. Const., décision n°99-422 DC du 21 décembre 1999, *Loi de financement de la sécurité sociale pour 2000*, cons. 63. ; Cons. Const., décision n°2002-458 DC du 7 février 2002, *Loi organique portant validation de l'impôt foncier sur les propriétés bâties en Polynésie française*, cons. 3 ; Cons. Const., décision n°2003-486 DC du 11 décembre 2003, *Loi de financement de la sécurité sociale pour 2004*, cons. 24.

712 Cons. Const., décision n°99-424 DC du 29 décembre 1999, *Loi de finances pour 2000*, cons. 32.

713 Cons. Const., décision n°2000-441 DC du 28 décembre 2000, *Loi de finances rectificative pour 2000*, cons. 18.

714 Cons. Const., décision n°2008-567 DC du 24 juillet 2008, *Loi relative aux contrats de partenariat*, cons. 26.

715 Cons. Const., décision n°2010-602 DC du 18 février 2010, *Loi ratifiant l'ordonnance n°2009-935 du 29 juillet 2009 portant répartition des sièges et délimitation des circonscriptions pour l'élection des députés*, cons. 18.

716 Cons. Const., décision n°2012-662 DC du 29 décembre 2012, *Loi de finances pour 2013*, cons. 138.

717 Cons. Const., décision n°2013-675 DC du 9 octobre 2013, *Loi organique relative à la transparence de la vie publique*, cons. 7.

718 Cons. Const., décision n°2013-679 DC du 4 décembre 2013, *Loi relative à la lutte contre la fraude fiscale et la grande délinquance économique et financière*, cons. 75.

connaissance des réseaux de fraude fiscale ou encore la *vraisemblance*[719] de l'institution d'une présomption de culpabilité en matière répressive. À chaque fois, le terme révèle une prise de position axiologique de la part du juge et une évaluation plus substantielle d'un comportement étalonné par référence à la normalité.

217. L'indétermination naturelle du standard s'accommode particulièrement de la mobilité du droit, de son évolution constante[720]. Le concept de standard juridique s'inscrit dans une problématique plus large posée par ce que l'on peut appeler, à la suite de Hare, les « value words »[721]. Il confirme l'idée soulevée à titre liminaire de la proximité du langage juridique et du langage moral et l'impossibilité pour le langage juridique de prétendre exister, comme le langage moral, sans le soutien du valoir.

II. La rationalité du processus décisionnel

218. Le second postulat du schéma général de la décision réside dans le caractère rationnel du processus dans lequel elle s'inscrit. Dans le sillage laissé par Descartes, la rationalité du processus décisionnel n'était pensée que par le biais de sa linéarité[722]. Elle supposait un processus simple dont le point de départ résidait dans la volonté du décideur, entendue comme un « absolu de la volonté humaine » en « discontinuité radicale d'avec l'ordre du monde déterminé »[723], inscrit dans le temps présent considéré comme seule réalité[724]. Elle supposait également un point d'arrivée qui résidait dans

---

[719] Cons. Const., décision n°2009-580 DC du 10 juin 2009, *préc.*, cons. 17.

[720] À ce propos, v. Abd al-Razzāq Aḥmad AL-SANHOURY, *Les restrictions contractuelles à la liberté individuelle de travail dans la jurisprudence anglaise: contribution à l'étude comparative de la règle de droit et du standard juridique*, Éd. M. Giard, coll. Bibliothèque de l'institut de droit comparé de Lyon. Études et documents, 1925, p. 23 et s. ; v. égal. Maurice HAURIOU, *Aux sources du droit : le pouvoir, l'ordre et la liberté*, *op. cit.*, p. 147 et s., notamment p. 150.

[721] Richard Mervyn HARE, *The language of morals*, Éd. Clarendon press, 1952, p. 3.

[722] De la même façon qu'était appréhendé le système juridique. V. par ex. Otto PFERSMANN, « Temporalité et conditionnalité des systèmes juridiques », *in* Jean-François KERVEGAN (dir.), *Crise et pensée de la crise en droit : Weimar, sa république et ses juristes*, Éd. ENS, Coll. Theoria, 2002, p. 55-86, notamment p. 58.

[723] Lucien SFEZ, *Critique de la décision*, *op. cit.*, p. 55.

[724] Sur la temporalité du processus de décision dans le schéma classique, v. René DESCARTES, *Méditations métaphysiques*, *in* Victor COUSIN, *Œuvres de Descartes*, T. I, Éd. F.-G. Levrault, 1824-1826, p. 458 : « Le temps présent ne dépend point de celui qui l'a immédiatement précédé ». Pour une conception similaire dans les représentations de l'époque, v. égal. Blaise PASCAL, *Pensées*, Éd. Gallimard, Coll. Folio classique, 2004, fragment 43, p.81-82 : « Nous ne nous tenons jamais au temps présent. Nous anticipons l'avenir comme trop lent à venir, comme pour hâter son cours, ou nous rappelons le passé pour l'arrêter comme trop prompt, si imprudents que nous errons dans les temps qui ne sont point nôtres et ne pensons point au seul qui nous appartient, et si vains que nous songeons à ceux qui ne sont rien, et échappons sans réflexion le seul qui subsiste. C'est que le présent d'ordinaire nous blesse. Nous le cachons à notre vue parce qu'il nous afflige, et s'il nous est agréable nous regrettons de le voir échapper. Nous tâchons de le soutenir par l'avenir et pensons à disposer les choses qui ne sont pas en notre puissance pour un temps où nous n'avons aucune assurance d'arriver. Que chacun examine ses pensées, il les trouvera toutes occupées au passé ou à l'avenir. Nous ne pensons presque point au présent, et si nous y pensons, ce n'est que pour en prendre la lumière pour disposer de l'avenir. Le présent n'est jamais notre fin. Le passé et le présent sont nos moyens,

l'énoncé d'une norme claire c'est-à-dire immédiatement perceptible. Dans les faits, la théorie réaliste de l'interprétation en arrivait même à réduire au minimum cette linéarité du processus décisionnel en faisant quasiment coïncider son point de départ et son point d'arrivée. Si la représentation linéaire du processus juridique possède une vertu pédagogique, comme le démontre par exemple la façon dont le droit continue à être enseigné[725], elle perd paradoxalement en exactitude puisqu'elle empêche toute analyse du droit par la *finalité*, le *sens ou* la *valeur*. Au contraire, la théorie volontariste, dans sa dimension pratique, propose alors de revenir sur le second élément propre à toute théorie de la décision : le postulat de sa rationalité. La rationalité propre au processus de la décision s'incarne doublement. Elle est soit une qualité supposée du décideur (A), soit une qualité supposée du système dans lequel celui-ci s'inscrit (B).

A. La rationalité comme qualité supposée du décideur

219. Comme en attestent la diversité et la richesse des concepts du droit, tout objet de la discipline juridique constitue le produit d'une opération de l'esprit. Plus précisément, d'après le professeur Picard, « la conceptualisation juridique ne se présente pas comme une simple opération de lecture ou de reproduction du réel, mais bien comme une opération de construction du réel »[726]. Dans ces conditions, si le droit est bien une science, il ne saurait prétendre qu'au rang de science de l'esprit, bien distincte des autres sciences que sont par exemple les sciences physiques. Cette propriété de la discipline juridique implique que toute conceptualisation juridique – bien plus qu'aucune autre – soit le fruit d'une intention et apparaisse de la sorte téléologiquement configurée[727] par une ou plusieurs références. En effet, là où un discours scientifique sera configuré à la recherche de la vérité, un discours pratique, comme le droit, sera davantage configuré à la recherche de la valeur. Ces divers référentiels jouent alors le rôle de véritables étalons de mesure des interprétations et des constructions juridiques. Ils sont alors fonction d'une instance tierce[728] qui les détermine et les institue. Celle-ci n'est autre que la raison de l'agent appelé à mobiliser le droit en fonction du contexte particulier de son action.

220. La spécificité du point de vue du juge a été rappelée par M. Christophe Grzegorczyk dans sa thèse de doctorat. L'auteur considère que le

---

le seul avenir est notre fin. Ainsi nous ne vivons jamais, mais nous espérons de vivre, et nous disposant toujours à être heureux, il est inévitable que nous ne le soyons jamais ».

[725] L'enseignement du droit recourt presque toujours à ce procédé. L'image de la pyramide des normes en est particulièrement évocatrice. Les exemples sont multiples. Il en va ainsi, par exemple, de la façon dont le contentieux constitutionnel est évoqué dans les manuels de droit constitutionnel qui évoquent bien souvent 1) la compétence de l'organe qui 2) justifie ou non sa saisine et 3) provoque ainsi une décision dont est alors, analysée 4) la force, c'est-à-dire les effets et appréciée 5) son exécution c'est-à-dire sa réception.

[726] Étienne PICARD, « Les classifications des fonctions administratives : la métamorphose des concepts juridiques », *in Conférences « Vincent Wright »*, vol. 2, Éd. La Documentation française : Conseil d'État, 2015, Coll. Histoire et mémoire, p. 142.

[727] *Ibid.*, p. 143.

[728] Étienne PICARD, « Contre la Théorie réaliste de l'interprétation juridique », *Revue juridique de l'USEK*, vol. 10, 2009, p. 21-110, notamment p. 74.

point de vue du juge est matériel, « car il a à traiter avec les faits humains, leur signification, leurs finalités »[729]. Le droit se présenterait au juge comme « un ensemble de valeurs que la société reconnaît, que le législateur entend réaliser et que le cas qu'il a à connaître incarne ou contredit »[730]. La rationalité du juge serait alors une pure rationalité en valeurs. C'est ce que confirme son office qui se réduit *in fine* à l'évaluation des actes de pouvoir et à l'appréciation de leurs effets. La rationalité prêtée au juge autorise à penser qu'il se comporte toujours, dans le cadre de son office, en homme raisonnable au regard des objectifs qu'il fixe à sa jurisprudence[731] et de la finalité des actes soumis à son contrôle. Dans cette optique, la rationalité du juge constitue un postulat nécessaire à toute analyse du droit qui souhaite éviter l'écueil du scepticisme juridique. Ce postulat suppose qu'« un comportement donné est [nécessairement] rationnel du point de vue de son agent »[732].

221. Force est de reconnaître à la théorie des contraintes juridiques le mérite d'avoir explicitement postulé la rationalité de l'agent décideur. Celle-ci s'incarne dans la figure de *l'homo juridicus* qui prête au juge une rationalité juridique spécifique[733]. Sur ce point nous n'hésitons pas à suivre la théorie du professeur Troper dès lors que *l'homo juridicus* implique que : a) *le juge soit un acteur juridique* c'est-à-dire qu'il prétende « à la production de normes juridiques », b) *l'acteur soit stratège* qui défend sa sphère de compétence et préserve son existence en optimisant son pouvoir par le biais notamment de l'acceptabilité institutionnelle des justifications fournies à l'appui de ses choix, c) au moment où il décide, *l'agent ait une connaissance assez complète de l'état du système juridique au sein duquel il œuvre*, d) l'on adopte la notion de système et l'idée qu'il pèse sur le décideur[734]. Dans l'optique volontariste, en sa dimension pragmatique, la rationalité de l'agent décideur et notamment du juge se présente alors comme une hypothèse nécessaire. C'est ce qu'illustrent les professeurs Ost et Van de Kerchove qui affirment que l'esprit juridique suppose « la connaissance par le juriste de l'ordonnance générale qui préside au système, la vue permanente de l'architecture qui range les principes en une perspective assurant leur superposition organique et leur cohérence logique »[735].

---

[729] Christophe GRZEGORCZYK, *Théorie générale des valeurs et le droit : Essai sur les prémisses axiologiques de la pensée juridique*, Éd. LGDJ, Coll. Bibliothèque de philosophie du droit, p. 17.

[730] *Id.*

[731] V. sur cette idée, Valentin PETEV, « Structures rationnelles et implications sociologiques de la jurisprudence », *APD*, vol. 30, 1985, p. 181-189.

[732] Christophe GRZEGORCZYK, *Théorie générale des valeurs et le droit : Essai sur les prémisses axiologiques de la pensée juridique*, *op. cit.*, p. 22.

[733] Véronique CHAMPEIL-DESPLATS, Christophe GRZEGORCZYK et Michel TROPER, *Théorie des contraintes juridiques*, *op. cit.*, p. 15.

[734] *Ibid.*, p. 15-16.

[735] François OST et Michel VAN DE KERCHOVE, *Jalons pour une théorie critique du droit*, *op. cit.*, p. 444.

B. La rationalité comme qualité supposée du système

222. Dans une perspective pragmatique, le droit peut être envisagé comme un ensemble relativement[736] cohérent d'éléments liés entre eux, c'est-à-dire comme un système. Le recours à cette notion permet de réintroduire les valeurs-idéales dans le droit dès lors qu'un système est, par définition, finalisé à la réalisation d'une ou plusieurs valeurs (1°). En effet, comme l'écrit M. Jean-Louis Bergel, « il n'est pas douteux que les systèmes juridiques sont inspirés par des idéologies et des objectifs divers qui influencent diversement leur contenu »[737]. La décision juridictionnelle peut alors s'entendre d'un élément particulier d'un ensemble systémique « droit » ordonné à la réalisation de plusieurs valeurs-fins. Réintroduire la notion de système pose alors la question des caractéristiques de celui-ci. Tout porte à croire qu'il s'agit d'un *système normatif ouvert* à d'autres ensembles normatifs tels que la morale par exemple (2°).

1° Le droit comme système finalisé à la réalisation des valeurs

223. Le postulat d'une rationalité systémique du droit apparaît riche sur le plan heuristique. Appliquée au droit constitutionnel cette hypothèse laisse à penser que la normativité constitutionnelle, à savoir la constitutionnalité, possèderait une rationalité intrinsèque. C'est ce qu'affirme le professeur italien et président émérite de la Cour constitutionnelle italienne, Antonio Baldassare, qui écrit que « la constitutionnalité est avant tout une rationalité au regard des valeurs »[738]. En France, certains auteurs considèrent que « le but essentiel d'un système juridique est l'organisation et la stabilisation des rapports juridiques et de l'ensemble de l'édifice social sur la base du respect d'un certain nombre de valeurs éthiques qui font 'l'assentiment unanime' »[739]. Si l'on s'accorde sur cette conception de la constitutionnalité, il devient évident que le contrôle de constitutionnalité n'est jamais qu'un contrôle de cette même rationalité, un contrôle de la rationalité constitutionnelle.

224. Certains observateurs ont tenté d'identifier plus précisément les contours de cette rationalité. C'est le cas du professeur Dominique Rousseau qui considère que la rationalité constitutionnelle réside dans les valeurs

---

[736] « Relativement » si l'on suit Lucien SFEZ, *Critique de la décision*, *op. cit.*, p. 344-345 : « Il est de la nature du système d'être intimement contradictoire. Le système est nécessairement intégratif, mais son intégrativité même repose sur le mouvement et sur les échanges entre sous-systèmes qui ont chacun leur rationalité. Cette hétérogénéité des rationalités explique les déséquilibres de niveaux et le déséquilibre est indispensable aux échanges. Un système clos est entropique précisément parce que les rationalités de chacun des sous-systèmes deviennent progressivement identiques. Elles tendent donc à « s'aplatir » au même niveau. Un système ouvert est dynamique et créatif précisément en raison des échanges entre sous-systèmes eux-mêmes liés à la différence des rationalités. En somme le système ne vit que par les raisons qui le rongent jusqu'à la mort ».

[737] Jean-Louis BERGEL, *Méthodologie juridique : fondamentale et appliquée*, Éd. PUF, Coll. Thémis, 3ème éd., 2018, p. 8.

[738] Antonio BALDASSARE, « Costituzione e teoria dei valori », *Politica del diritto Dicembre*, vol. 22, 1991, p. 655.

[739] Sadok BELAÏD, *Essai sur le pouvoir créateur et normatif du juge*, Éd. LGDJ, Coll. Bibliothèque de philosophie du droit, 1974, p. 304.

primaires de la constitution que sont le pluralisme des courants d'opinion et la dignité humaine. D'après l'auteur, ils constituent des manifestations « de valeur qui ne prennent corps que par leur effectuation dans l'énoncé des droits fondamentaux auxquels ils donnent une unité de sens »[740]. C'est également le cas des professeurs Constantinesco et Pierré-Caps[741] qui identifient la rationalité de la constitution au point de convergence entre les constitutions, politique (relative au pouvoir), civique (relative aux droits et libertés) et démotique[742] (relative au substrat axiologique sous-jacent à la collectivité). Cette dernière s'entend d'une acception particulière de la rationalité constitutionnelle qui pousserait les constitutionnalistes à « considérer ce que les constituants, c'est-à-dire les rédacteurs de la constitution, disent d'eux-mêmes, de ce qu'ils sont, de ce qu'ils veulent faire, de la manière dont ils envisagent leur destin collectif »[743].

225. Il existerait donc une rationalité particulière intrinsèquement attachée à la constitution et au droit constitutionnel, soit qu'elle relève d'une appréhension systémique de l'ordre constitutionnel, soit qu'elle relève d'une appréhension formelle de la constitution *stricto sensu*. Le renvoi à un corpus de *valeurs-idéales* dans les constitutions modernes permettrait à cette rationalité de se manifester, à la constitution de prospérer et au juge de fonder et guider son interprétation dans le cadre de sa *mission* : la prise de décision. La constitutionnalité opèrerait surtout le couplage entre la politique, le droit et la morale et illustrerait parfaitement le caractère ouvert du système juridique[744].

2° Le droit comme système normatif ouvert à la circulation des valeurs

226. La représentation du droit comme système ouvert permet de supposer qu'il réponde de plusieurs rationalités. Cette représentation autorise le dépassement de la conception purement causale du processus de création juridique, portée par la théorie réaliste de l'interprétation, où seule compte la cause efficiente incarnée par la volonté du décideur. Elle amène à penser qu'aucune décision ne puisse être analysée indépendamment du milieu environnant qui la conditionne *dans une certaine mesure*.

227. En contentieux constitutionnel français on en trouve une illustration topique dans la problématique des *questions de société*. En effet, au sens

---

[740] Dominique ROUSSEAU, Pierre-Yves GAHDOUN et Julien BONNET, *Droit du contentieux constitutionnel*, Éd. LGDJ-Lextenso, Coll. Domat droit public, 2016, 11ème éd., p. 279.

[741] Vlad CONSTANTINESCO et Stéphane PIERRE-CAPS, *Droit constitutionnel*, Éd. PUF, Coll. Thémis, 2013, notamment p. 293 et s., et p. 483 et s.

[742] Sur le droit constitutionnel démotique, v. François BORELLA, *Éléments de droit constitutionnel*, Éd. Presses de Sciences Po, Coll. Références, 2008, p. 151 et s. ; La Cour constitutionnelle italienne en fait un usage implicite, v. par ex., Cour constitutionnelle italienne, arrêt n°172/1999 du 18 mai 1999, cons. 2.3, tr. Tania GROPPI et Chiara MEOLI *in* Pierre BON et Didier MAUS (dir.), *Les grandes décisions des cours constitutionnelles européennes*, p. 106-109, notamment p. 106, et 108.

[743] Vlad CONSTANTINESCO et Stéphane PIERRE-CAPS, *Droit constitutionnel*, *op. cit.*, p. 317.

[744] Hugues RABAULT, « Droit et axiologie : la question de la place des 'valeurs' dans le système juridique », *in La circulation du droit constitutionnel*, Actes du VIIIème congrès national de l'AFDC organisé à la Faculté de droit de Nancy 2 les 16, 17 et 18 juin 2011, Institut de Recherche sur l'Évolution de la Nation et de l'État.

strict, et comme l'écrit le Professeur Roblot-Troizier, les questions de société ne sont jamais « que celles que le Conseil constitutionnel décide d'identifier comme telles »[745]. Leur délimitation ne tient au final qu'au bon vouloir du juge et des contraintes qui l'entourent. Tout bien considéré, on peut facilement concevoir l'idée que le principe des nationalisations, lorsqu'il passe au crible du Conseil constitutionnel constitue une question de société tout autant que le mariage pour les couples de même sexe. Au sens large, tous les sujets dont a à connaître le juge constitutionnel constituent des *questions de société*. Le simple fait que le législateur s'en soit saisi suffit par ailleurs à le démontrer. Dans ces conditions, « si l'homoparentalité ou l'interruption volontaire de grossesse ont pu être qualifiés 'd'archétypes' des questions de société, toute question portée devant le Conseil constitutionnel risque rapidement de pouvoir prétendre diviser l'opinion autour des fondamentaux de notre vouloir-vivre ensemble »[746]. Il n'existe sur ce point aucune différence notable avec les questions relatives à la tauromachie ou au travail dominical. Ainsi, les « incertitudes sur les contours de la constitutionnalité »[747] largement dues à la « souplesse »[748] de la Constitution ont favorisé l'élargissement continu du bloc de constitutionnalité depuis le milieu des années soixante-dix. En opérant directement sur les représentations intellectuelles de la discipline juridique ce phénomène tend à instituer l'idée que la constitution est « un espace ouvert à la création continue de droits »[749] au sein duquel le juge constitutionnel opère – nécessairement – un *contrôle minimal*[750] des questions de société.

228. Force est de constater que la conception volontariste, entendue dans sa dimension pratique – ou pragmatique – fournit, semble-t-il, un cadre d'analyse particulièrement adéquat à l'objet valeur. Au vu des éléments précédemment évoqués, il apparaît possible de jeter les bases d'une conception pratique de la décision.

Premièrement, au sein de ce nouveau cadre de réflexion, la décision du juge apparaît moins comme la manifestation d'une volonté en rupture radicale avec l'ordre des choses que comme le produit partiellement prédéterminé de celui-ci. La décision ne peut alors s'envisager que dans le cadre d'un processus continu de déchiffrage des multi-rationalités auxquelles obéit le texte.

Deuxièmement, cette théorie réconcilie le droit avec l'une de ses données les plus objectives : la liberté du sujet. Elle rappelle que le droit n'est

---

[745] Agnès ROBLOT-TROIZIER, « Le Conseil constitutionnel et les questions de société », *NCCC* n°46, 2015.

[746] François CHENEDE et Pascale DEUMIER, « L'œuvre du Parlement, la part du Conseil constitutionnel en droit des personnes et de la famille », *NCCC*, vol. 39, n°2, 2013, p. 5-18.

[747] Stéphane RIALS, « Les incertitudes de la notion de constitution sous la Vème République », *RDP*, vol. 100, n°3, 1984, p. 587-606.

[748] Henry ROUSSILLON, « Rigidité des constitutions et justice constitutionnelle : Réflexions sur un paradoxe », *in Droit et politique à la croisée des cultures. Mélanges Philippe Ardant,* Éd. LGDJ, 1999, p. 253.

[749] Dominique ROUSSEAU, « Une résurrection : la notion de constitution », *RDP*, vol. 106, n°1, 1990, p. 5-22, notamment p. 18.

[750] Pour une illustration récente, v. Éric BUGE, « Pénalisation des clients de la prostitution : le Conseil constitutionnel face aux choix de société », *AJDA,* n°17, 2019, p. 969-979.

mobilisé que là où se dessine un espace de liberté. Cet espace de liberté, offer par le droit, ouvre à la valeur un véritable champ d'expression.

Troisièmement, la théorie volontariste de la décision recentre le débat sur la *nature de la volonté de l'agent.* Elle se perd lorsqu'elle croit lire, à l'instar de la théorie réaliste de l'interprétation portée par le professeur Troper, un affranchissement. Dans sa dimension pratique, la théorie volontariste postule au contraire des limites à la volonté. Ces limites résident dans sa propre réalisation. La théorique pratique de la décision postule ainsi qu'une volonté non ordonnée à sa propre réalisation n'est rien d'autre qu'un désir fantasmé, une exigence jamais accédée. Le vouloir juridique est ainsi étalonné au regard de la valeur idéale du *bien* qui implique le *possible*, c'est-à-dire le réalisable. Toutefois, pour prétendre s'imposer, la décision juridictionnelle doit nier la valeur positive qui pourtant la fonde. Elle trouve alors sa justification dans le légal qui en constitue la version sécularisée[751]. Ainsi, le caractère essentiel de l'acte juridictionnel réside dans sa prétention à incarner la *vérité légale*[752].

Quatrièmement, la théorie volontariste de la décision interroge alors nécessairement *l'objet de la volonté.* Celui-ci ne se trouve que dans la réalisation de l'action concrète et dans les valeurs idéales qui animent et guident la volonté dans l'action. Ces valeurs sont bien souvent données par le système juridique lui-même, ouvert aux influences systématiques concurrentes. Elles constituent l'horizon indépassable de l'action juridique et posent des limites à la part de discrétion que comporte, par nature, tout processus décisionnel qui se résout en un choix.

Cinquièmement, la théorie volontariste de l'interprétation postule que cette part de choix constitue la meilleure illustration de l'aspect politique de l'office du juge. Il ne faut pas s'y méprendre. Politique, ici, signifie que le juge dispose d'une marge de manœuvre certaine dans l'accomplissement de sa mission. Celui-ci doit en effet se prononcer sur la signification d'une norme[753] et en moduler le sens. Interpréter semble donc n'être ni déterminer – de manière arbitraire – ni indiquer – de manière mécaniste – mais plutôt construire[754] – au regard des multi-rationalités du système, une signification.

---

751 V. sur l'association du bien et du légal, Christian ATIAS, « Quelle positivité ? Quelle notion de droit ? », *APD*, vol. 27, 1982, p. 209-233, notamment p. 230.

752 Gaston JEZE, « L'acte juridictionnel et la classification des contentieux », *RDP*, vol. 26, n°1, 1909, p. 667-695, notamment p. 669.

753 Gérard TIMSIT, *Gouverner ou juger : blasons de la légalité*, Éd. PUF, Coll. Les voies du droit, 1995, p. 56.

754 Dominique ROUSSEAU, « Propositions pour construire la pensée du droit dérobé », *in* Dominique ROUSSEAU (dir.), *Le droit dérobé*, Actes du colloque organisé à la Faculté de droit de Montpellier les 10 et 11 avril 2003, Centre d'études et de recherches comparatives constitutionnelles, Éd. Montchrestien, Coll. Grands colloques, 2007, p. 1-16, notamment p. 15.

SECTION II. UN RENOUVELLEMENT DE L'OBJET DU CONTROLE DE CONSTITUTIONNALITE PAR LA VALEUR

229. La conception pratique de la décision juridictionnelle appelle à *un renouvellement de l'objet du contrôle de constitutionnalité*. Elle fournit un cadre d'analyse apte à réinvestir le contentieux constitutionnel par l'objet valeur. La valeur réinvestit doublement le contentieux constitutionnel, selon deux lieux[755] particuliers, deux catégories spécifiques : le lieu de la qualité et le lieu de la quantité. Sous sa forme qualitative, la valeur s'incarne dans *l'acte de préférence* du juge (I) situé au fondement de son pouvoir de décision. Sous sa forme quantitative, la valeur s'incarne dans l'acte de mesure effectué par le juge (II) situé au fondement de son pouvoir d'appréciation.

I. Les lieux qualitatifs de la valeur ou l'acte juridictionnel de préférence

230. Dans un article célèbre, le professeur Grzegorczyk a tenté d'élaborer le schéma de la décision juridictionnelle. Pour l'auteur, toute décision juridictionnelle se décompose en divers éléments que sont : 1) les préférences personnelles (P1...Pn) du ou des juges, sujets décideurs, 2) une action concrète (A) à réaliser, 3) une série de choix (C1...Cn) pour réaliser l'action, 4) le tout étant conditionné par une certaine réalité (R)[756]. Ce schéma est particulièrement adapté à la façon dont le contentieux constitutionnel fonctionne. Il importe de préciser cependant que par la décision, il ne s'agit pas tant d'identifier une action à réaliser directement par le juge que d'approcher un domaine de l'action et d'en contrôler la mise en œuvre par d'autres institutions. C'est d'autant plus le cas, en France, dans le cadre du contrôle de constitutionnalité *a priori* qui ne traduit, *in fine*, qu'une réponse juridictionnelle à une action politique de la majorité parlementaire en place, à laquelle s'oppose – politiquement – une minorité en place. Sous ces réserves, le schéma pratique de la décision est d'une aide précieuse.

231. Ce schéma peut se compléter de l'idée que « l'unité conceptuelle de l'action est une unité de sa finalité »[757]. Ainsi, toute action suppose au moins une cause finale et éventuellement une cause motrice et ne saurait jamais être considérée indépendamment des fins qu'elle se propose de réaliser et de la logique intentionnelle qui les sous-tend. En partant de cette idée, la conception pratique de la décision recentre l'analyse sur les causes de

---

[755] V. à ce sujet, Chaïm PERELMAN et Lucie OLBRECHTS-TYTECA, *Traité de l'argumentation : la nouvelle rhétorique*, Éd. de l' Université de Bruxelles, Coll. ULB lire, 2008, p. 112 : « Quand il s'agit de fonder des valeurs ou des hiérarchies, ou de renforcer l'intensité de l'adhésion qu'elles suscitent, on peut les rattacher à d'autres valeurs ou à d'autres hiérarchies, pour les consolider, mais on peut aussi avoir recours à des prémisses d'ordre très général, que nous qualifierons du nom de lieux. [...] *Les lieux désignent des rubriques sous lesquelles on peut classer les arguments* ».

[756] Christophe GRZEGORCZYK, « Le jugement juridique en tant que jugement pratique (implications théoriques) », *loc. cit.*, p. 323-338, notamment p. 326.

[757] Christophe GRZEGORCZYK, « Le jugement juridique en tant que jugement pratique (implications théoriques) », *loc. cit.*, p. 335.

l'action dont elle a à connaître et qui deviennent ainsi de véritables objets de droit. Or ces causes, comme on l'a dit, ne s'expriment qu'en valeurs puisqu'elles expriment avant tout des inférences pratiques sélectionnées par l'acte de préférence que met en scène la décision constitutionnelle. Deux exemples permettent d'illustrer cette transformation : la prise en compte par le juge des conséquences (A) tout comme la prise en compte des finalités ou buts de l'action du législateur (B).

A. La logique préférentielle du raisonnement conséquentialiste

232. Conformément à l'hypothèse évoquée, les conséquences constituent dans certains cas les véritables termes du processus de décision auquel est confronté le juge. L'appréciation de la conséquence justifie largement un raisonnement axiologique. On peut s'accorder, dans le sillage des travaux du professeur finlandais Aulis Aarnio, sur l'idée que le raisonnement conséquentiel est le raisonnement par lequel un interprète se *réfère* à une conséquence, qu'il *évalue* de façon positive ou négative, et en fonction d'une solution qu'il est déterminé à faire advenir ou dont il apprécie conséquence[758].

233. Le raisonnement conséquentialiste est un raisonnement intimement valorisé dès lors qu'il érige les conséquences possibles et souhaitées d'une décision comme une référence envisageable permettant d'en déterminer la solution. Pour qu'un tel raisonnement aboutisse il faut, d'après l'auteur finlandais, 1) identifier les conséquences possibles – de l'objet du jugement ou du jugement lui-même – en fonction des possibilités d'interprétation dont le juge dispose et 2) classer ces conséquences selon une échelle des valeurs, un ordre *préférentiel*[759]. Dans ce cas, l'interprétation revêt nécessairement une dimension sélective. Elle est alors pratique, puisqu'elle implique une mise en contact du raisonnement avec la réalité qu'elle tend également à influencer, à constituer, en déterminant – au terme d'un choix sélectif – une conséquence digne d'être poursuivie ou au contraire désagréable, à éviter. La première sera dite légale ou constitutionnelle, la seconde illégale ou inconstitutionnelle. Comme le relève le maître d'Helsinki, la structure de ce type d'interprétation est donc la suivante : l'on suppose que l'alternative A1 provoque les conséquences C1....Cn tandis que l'alternative A2 provoque les conséquences C1'....Cn'. Supposons maintenant que les conséquences C1....Cn soient jugées *préférables* à celles de l'autre alternative, elles sont donc considérées comme *meilleures* et les autres comme pires.

234. En France, deux exemples illustrent, *de façon non exhaustive*, le recours par le juge constitutionnel à ce type de raisonnement. Il s'agit notamment du contrôle des lois de validation d'une part (1°) et de la modulation des effets d'une déclaration d'inconstitutionnalité d'autre part (2°).

---

[758] Aulis AARNIO, *Le rationnel comme raisonnable*, *op. cit.*, p. 109

[759] *Ibid.*, p. 163 et s.

1° L'illustration par le contrôle des lois de validation

235. En France, le raisonnement effectué par le Conseil constitutionnel en matière de validation législative est conséquentialiste. Le juge évalue toujours au moyen d'un véritable contrôle de proportionnalité, les conséquences diverses qu'impliquerait une absence de validation. C'est le cas, par exemple, dans une décision *99-425 DC* du 29 décembre 1999. Le juge apprécie les conséquences d'une de ses propres réserves. Il reconnaît en effet la constitutionnalité d'une validation législative fiscale « sous réserve des décisions de justice passées en force de chose jugée ». Ne pas exprimer de réserve aurait conduit à des « conséquences gravement dommageables pour l'État » résultant des conséquences financières dues à « la multiplication de réclamations »[760]. Le Conseil constitutionnel apprécie avant tout la *gravité* des conséquences potentielles de la décision telle qu'il l'envisage. L'appréciation de la gravité n'est jamais rien d'autre qu'une valorisation en négatif d'un choix particulier. La gravité constitue donc un étalon de mesure auquel rapporter certains termes.

236. Ainsi, en matière de validation législative, le Conseil constitutionnel estime de façon générale que le législateur ne peut prendre des dispositions rétroactives « qu'en considération des motifs d'intérêt général ou liées à des exigences constitutionnelles »[761]. Dans cette décision, « eu égard à l'exigence constitutionnelle qui s'attache à l'équilibre financier de la sécurité sociale et compte tenu des sommes en jeu » la validation est conforme à la constitution. *La constitutionnalité d'une règle dépend donc des choix effectués par le juge* qui s'expriment *sur le mode du valoir*. Dans la même veine, le Conseil constitutionnel procède de la sorte à propos du caractère *dommageable* d'une conséquence. Il a procédé de la sorte en matière d'amnistie[762] ou pour éviter à l'État des conséquences économiques *dommageables*[763]. Le Conseil a également pu associer les étalons du dommage et de la gravité afin de décider du caractère *gravement dommageable* que des contestations en Polynésie française auraient pu avoir en portant atteinte à « la continuité du service public des impôts » et au « bon fonctionnement du service public de la justice administrative »[764]. C'est également le caractère *néfaste* de la conséquence d'un plafond prévu dans la loi portant création d'une couverture maladie universelle[765] qui a pu être apprécié.

---

[760] Cons. Const., décision n°99-425 DC du 29 décembre 1999, *Loi de finances rectificative pour 1999*, cons. 11.

[761] Cons. Const., décision n°97-393 DC du 18 décembre 1997, *Loi de financement de la sécurité sociale pour 1998*, cons. 24.

[762] Cons. Const., décision n°88-244 DC du 20 juillet 1988 du 20 juillet 1988, *Loi portant amnistie*, cons. 23.

[763] Cons. Const., décision n°89-268 DC du 29 décembre 1989, *Loi de finances pour 1990*, cons. 81.

[764] Cons. Const., décision n°2002-458 DC du 7 février 2002, *préc.*, cons. 4.

[765] Cons. Const., décision n°99-416 DC du 23 juillet 1999, *Loi portant création d'une couverture maladie universelle*, cons. 3.

2° L'illustration par le report dans le temps des effets d'une déclaration d'inconstitutionnalité

237. La politique jurisprudentielle de report des effets dans le temps de certaines décisions d'inconstitutionnalité obéit à son tour à un raisonnement conséquentialiste. Elle illustre également la logique préférentielle qui sous-tend ce type de raisonnement. Par exemple, dans une décision *2008-564 DC*[766], c'est bien au regard de l'appréciation de conséquences potentielles et manifestement excessives d'une déclaration d'inconstitutionnalité – pour cause d'incompétence négative du législateur – que le Conseil constitutionnel diffère les effets dans le temps de la déclaration d'inconstitutionnalité. En l'espèce, pour ce cas particulier, ne pas le faire aurait eu pour conséquence de placer la France en infraction au regard de deux directives communautaires, ce que le Conseil souhaitait éviter.

238. Ce pouvoir de modulation des effets dans le temps directement inspiré de la jurisprudence du Conseil d'État, dont le Conseil constitutionnel reprend le standard de *conséquences manifestement excessives*, a connu un développement exponentiel avec le développement de la procédure QPC. En effet, alors que dans le cadre du contrôle *a priori,* il s'agissait simplement d'une pratique jurisprudentielle, il s'agit désormais, dans le cadre du contrôle *a posteriori* d'une compétence directement conférée par l'article 62 alinéa 2 de la Constitution. Ce que confirment, au demeurant, deux décisions QPC du 25 mars 2011 qui énoncent que « si, en principe, la déclaration d'inconstitutionnalité doit bénéficier à l'auteur de la question prioritaire de constitutionnalité et la disposition déclarée contraire à la Constitution ne peut être appliquée dans les instances en cours à la date de la publication de la décision du Conseil constitutionnel, les dispositions de l'article 62 de la Constitution réservent à ce dernier le pouvoir tant de fixer la date de l'abrogation et reporter dans le temps ses effets que de prévoir la remise en cause des effets que la disposition a produits avant l'intervention de cette déclaration »[767].

239. Dans tous les cas, il s'agit d'apprécier au terme d'un acte de préférence une conséquence souhaitée – positive – ou non souhaitée – négative. À chaque fois, le recours à la méthode conséquentialiste traduit « l'attitude concrète d'un juge cherchant à démêler la complexité de chaque

---

[766] Cons. Const., décision n°2008-564 DC du 19 juin 2008, *Loi relative aux organismes génétiquement modifiés*.

[767] Cons. Const., décision n°2010-108 QPC du 25 mars 2011, *Mme Marie-Christine D*, cons. 5 ; Cons. Const., décision n°2010-110 QPC du 25 mars 2011, *M. Jean-Pierre B*, cons. 8 ; v. égal. Cons. Const., décision n°2011-203 QPC du 2 décembre 2011, *M. Wathik M*, cons. 13 ; Cons. Const., décision n°2012-298 QPC du 28 mars 2013, *SARL Majestic Champagne*, cons. 8 ; Cons. Const., décision n°2013-351 QPC du 25 octobre 2013, *Société Boulanger*, cons. 17 ; Cons. Const., décision n°2014-417 QPC du 19 septembre 2014, *Société red bull on premise et autre*, cons. 15 ; Cons. Const., décision n°2014-426 QPC du 14 novembre 2014 *M. Alain L*, cons. 8 ; Cons. Const., décision n°2014-453/454 QPC et 2015-462 QPC du 18 mars 2015 *M. John L et autres*, cons. 34 ; Cons. Const., décision n°2015-480 QPC du 17 septembre 2015, *Association plastics Europe*, cons. 12 ; Cons. Const., décision n°2015-520 QPC du 3 février 2016, *Société metro Holding France SA venant aux droits de la société CRFP Cash*, cons. 11 ; Cons. Const., décision n°2016-553 QPC du 8 juillet 2016, *Société Natixis*, § 9 ; Cons. Const., décision n°2016-614 QPC du 1er mars 2017, *M. Dominique L*, § 14 ; Cons. Const., décision n°2016-618 QPC du 16 mars 2017, *Mme Michelle Theresa B*, § 18.

situation »[768]. Elle révèle alors la « non-indifférence » du juge vis-à-vis d'une certaine réalité[769] qui réside dans son positionnement particulier et illustre à merveille toute l'influence de la valeur sur son office.

B. La logique préférentielle du raisonnement finaliste

240. On trouve des traces du raisonnement finaliste en Allemagne et aux États-Unis. En Allemagne, le raisonnement finaliste renvoie incontestablement au mouvement de pensée insufflé par Jhering. Celui-ci érige le critère du but comme « devant être, au lieu et place de la logique, le régulateur suprême des institutions et des règles juridiques »[770]. Aux États-Unis, l'on parle parfois, dans la lignée de l'œuvre doctrinale de certaines juges, de « goal reasoning »[771], c'est-à-dire de raisonnement par les fins. Dans les deux cas, la décision devient alors le moyen de concrétiser l'action qui poursuit toujours une finalité. Si, dans les ordres juridiques précités, la méthode finaliste a connu un franc succès tant sur le plan pratique que dogmatique, le droit public français s'est engouffré timidement dans la brèche[772]. Cette timidité a été d'autant plus forte que, en contentieux constitutionnel français, le raisonnement finaliste intéresse directement les rapports entre le juge constitutionnel et le Parlement. Or l'on sait bien, qu'en la matière, le Conseil constitutionnel ne se lasse pas de rappeler qu'il ne possède pas « un pouvoir général d'appréciation et de décision identique à celui du parlement »[773].

241. Pourtant la réalité de son pouvoir d'appréciation est peut-être bien plus différente que ce qu'il en laisse paraître. Le Conseil pourrait n'être pas, au bout du compte, aussi éloigné qu'il le prétend du législateur. Ainsi a-t-il pu livrer, dans une décision de 1984, une analyse très proche du contrôle du

---

[768] Sylvie SALLES, « La présence de l'argument conséquentialiste dans les délibérations du Conseil constitutionnel », *in La circulation du droit constitutionnel*, *op. cit.* ; v. égal. Sylvie SALLES, *Le conséquentialisme dans la jurisprudence du Conseil constitutionnel*, Éd. LGDJ, Coll. Bibliothèque constitutionnelle et de science politique, 2016.

[769] Pierre MAZEAUD, « Vœux du président du Conseil constitutionnel, M. Pierre Mazeaud, au Président de la République », *CCC* n°20, 2006.

[770] François GENY, Méthode d'interprétation et sources en droit privé positif: essai critique, T. I, Éd. LGDJ, Coll. Anthologie du droit, 2016, p. 5.

[771] C'est tout l'objet des conférences du Juge Cardozo dont l'objet « consiste en réalité, non pas tant à examiner comment raisonne le juge qu'à élaborer un système hiérarchisé de « valeurs » ayant vocation à gouverner […] les transformations du droit ». V. à ce sujet, Denis BARANGER, « Viser juste en brouillant les pistes : Benjamin Cardozo », *Jus politicum*, vol. 8, 2012.

[772] Pour une conception finaliste du droit v. Robert-Edouard CHARLIER, « Les fins du droit public moderne », *RDP*, vol. 63, n°1, 1947, p. 127-162, notamment p. 128 ; Roger LATOURNERIE, « Essai sur les méthodes juridictionnelles du Conseil d'État », in *Le Conseil d'État: livre jubilaire publié pour commémorer son cent cinquantième anniversaire*, 4 nivôse an VIII, 24 décembre 1949, Éd. Recueil Sirey, 1952, p. 246 ; v. égal. sur l'idée de finalités du droit, Paul ROUBIER, *Théorie générale du droit: histoire des doctrines juridiques et philosophie des valeurs sociales*, Éd. Dalloz, Coll. Bibliothèque Dalloz, 2005 ; Michel VILLEY, *Philosophie du droit. Définitions et fins du droit. Les moyens du droit* [1982], réimp. Éd. Dalloz, Coll. Bibliothèque Dalloz, 2001, p. 132-135.

[773] V. par ex., Cons. Const., décision n°74-54 DC du 15 janvier 1975, *Loi relative à l'interruption volontaire de la grossesse*, cons. 1.

détournement de pouvoir[774]. À cette occasion, le Conseil a affirmé que le législateur ne pouvait – lorsqu'il organise l'exercice d'une liberté publique – remettre en cause des situations existantes intéressant une liberté publique sauf 1) dans le cas, où ces situations auraient été illégalement acquises ou 2) si la remise en cause est nécessaire afin d'assurer la réalisation d'un but particulier poursuivi, en l'espèce, la nécessité de restaurer un pluralisme qui aurait disparu. Il s'agit bien, dans cette décision, pour le Conseil constitutionnel de faire le reproche au législateur « d'avoir usé son pouvoir, peut-être malicieusement, à des fins qui lui étaient interdites par la Constitution »[775]. Pour autant, comme l'affirme le professeur Goesel-Le Bihan, si le Conseil constitutionnel ne s'est jamais aventuré à contrôler directement une intention du législateur, « le contrôle de l'adéquation permet toutefois de saisir une telle intention »[776] et de l'apprécier en fonction de sa capacité à atteindre l'objectif avancé.

242. Dans de nombreuses décisions, que ce soit dans le cadre du contrôle de constitutionnalité externe de l'incompétence négative comme dans celui du contrôle de l'adéquation des moyens à certains objectifs, le Conseil constitutionnel contrôle les buts du législateur. Or, le contrôle des buts *suppose implicitement un raisonnement en termes de valeur* puisqu'il porte sur les finalités supposées que doit poursuivre le législateur. Le contrôle des buts est alors sous-tendu par une sorte de logique de préférence. Il suppose que le juge constitutionnel identifie des buts *légitimes* auxquels rapporter les conduites effectives du législateur afin d'en apprécier la possibilité[777].

243. Il apparaît difficile de contester le caractère pratique de la décision juridictionnelle. Pratique, elle médiatise l'action. Ce faisant, elle implique la préférence et donc la valeur. Rationnelle, elle suppose un encadrement du choix du décideur et donc une rupture avec le volontarisme absolu. La *valeur* jalonne le processus de décision dont elle génère les termes. Sous sa forme qualitative elle s'incarne dans l'acte de préférence qui procède inévitablement à la détermination des motifs et des fins de l'action. C'est, du reste, ce qu'affirmait le professeur Rousseau : « toute loi comporte deux éléments. La définition d'un objectif, la détermination des moyens pour l'atteindre. Où porte le contrôle du Conseil ? À la fois sur la fin (...) et sur les moyens »[778]. À travers ce contrôle, l'office du juge constitutionnel apparaît alors ordonné à l'appréciation de la valeur entendue dans le cadre de l'action du législateur. La valeur s'apparente ainsi à *une raison préférentielle d'agir en un certain sens*. La *valeur* sert de raison à l'action, elle la motive et elle la guide. *Elle est donc bien la raison de la décision qui médiatise l'action.*

---

774 Cons. Const., décision n°84-181 DC du 11 octobre 1984, *Loi visant à limiter la concentration et à assurer la transparence financière et le pluralisme des entreprises de presse*.

775 Georges VEDEL, « Excès de pouvoir législatif et excès de pouvoir administratif (II) », *CCC*, vol. 2, n°1, 1997, p. 77-91.

776 Valérie GOESEL-LE BIHAN, « Le contrôle de proportionnalité exercé par le Conseil constitutionnel », *loc. cit.*

777 V. à ce sujet, Christophe GRZEGORCZYK, « La rationalité de la décision juridique », *loc. cit.*, p. 237-256, notamment p. 246.

778 Dominique ROUSSEAU, Pierre-Yves GAHDOUN et Julien BONNET, *Droit du contentieux constitutionnel*, *op. cit.*, p. 310.

D'une certaine manière, ce constat traduit l'échec du « cloisonnement fonctionnel »[779] de l'office du juge entrepris par la doctrine il y a plus d'un siècle et qui s'est incarné dans le modèle formaliste de la décision.

244. Il importe désormais de s'attacher à une analyse plus précise de la fonction du juge. Pour cela, on ralliera *dans un premier temps* et de façon volontairement simpliste, l'idée que les fonctions de juge, comme celle de législateur voire d'administrateur, sont *assez similaires*. Cette idée a pu être avancée par le professeur Baranger, qui affirmait que s'il existe, certes, des différences entre les procédures, le langage, et les contraintes auxquelles sont respectivement confrontés le législateur et le juge constitutionnel, il reste possible de dégager entre eux « une séquence d'opérations élémentaires communes » valable pour tout « preneur de décisions » [780]. Ce propos s'accommode particulièrement du phénomène mis en évidence par M. Alexandre Viala dans sa thèse, de « l'extension virtuelle du domaine matériel du contrôle de constitutionnalité » [781]. Si l'on s'accorde pour assimiler *mutatis mutandis* le législateur au juge constitutionnel, une analyse de la fonction propre du juge constitutionnel reste à fournir. La logique quantitative de la valeur permettra alors d'éclairer les ressorts de la fonction de juger.

II. Les lieux quantitatifs de la valeur ou l'acte juridictionnel de mesure

245. La comparaison du législateur et du juge n'apparaît pas si originale dès lors que la doctrine s'accorde à voir dans la figure du juge constitutionnel un producteur de normes ou de règles de droit, un parfait *juris-lateur*. Du reste, n'a-t-on pas vu dans la figure du juge même, un « législateur négatif »[782], un « représentant du peuple souverain »[783], un « représentant du peuple-législateur »[784], un « législateur interstitiel »[785], un « législateur dérivé »[786] ou encore « une sorte de troisième chambre »[787] ? Autant de figures qui troublent la distinction entre ces deux pouvoirs.

---

779 Denis BARANGER, « Sur la manière française de rendre la justice constitutionnelle », *Jus politicum*, vol. 7, 2012.

780 *Id.*

781 Alexandre VIALA, *Les réserves d'interprétation dans la jurisprudence du Conseil constitutionnel,* Éd. LGDJ, Coll. Bibliothèque constitutionnelle et de science politique, 1999, p. 221 et s.

782 Hans KELSEN, « La garantie juridictionnelle de la Constitution (La justice constitutionnelle) », *RDP*, vol. 45, n°1, 1928, p. 226.

783 Michel TROPER, *La théorie du droit, le droit, l'État*, *op. cit*., p. 224.

784 Pierre BRUNET, « Que reste-t-il de la volonté générale ? Sur les nouvelles fictions du droit constitutionnel français », *Pouvoirs*, vol. 114, n°3, 2005, p. 15-16.

785 Denis BARANGER, « Sur la manière française de rendre la justice constitutionnelle », *loc. cit.*

786 Roland RICCI, « La légitimation du juge constitutionnel : un législateur dérivé gardien des valeurs de la démocratie », *in* Gilles DARCY, Mathieu DOAT et Véronique LABROT (dir.), *L'office du Juge*, *op. cit*., p. 490-527.

787 Louis FAVOREU, « Crise du juge et contentieux constitutionnel en droit français », *in* Jacques LENOBLE (dir.), *La crise du juge,* Éd. Story-Scientia, LGDJ, Coll. La pensée juridique moderne, 1990, p. 69.

246. L'analyse doit alors s'attacher à faire le départ entre le pouvoir juridictionnel et le pouvoir législatif. Cette recherche comporte un présupposé. S'y lancer suppose ainsi de croire en la possibilité même d'identifier une spécificité de la fonction de juger[788] c'est-à-dire d'identifier un critère de l'activité du juge. La plupart des théories actuelles font le choix de définir l'activité juridictionnelle à partir d'un critère organique (A). L'on pense pourtant que la valeur peut, dans une certaine mesure, constituer le critère matériel permettant de définir l'activité juridictionnelle (B).

A. Le critère organique de la fonction juridictionnelle

247. Le critère organique de la fonction juridictionnelle a pu s'entendre traditionnellement de deux façons différentes. Tantôt il s'attache au critère de l'indépendance du juge (1°) tantôt au critère de la production de normes (2°). Dans les deux cas, il s'attache à des compétences censément propres de l'organe juridictionnel.

1° Le critère organique de l'indépendance du juge

248. Si la plupart des auteurs du XIXe siècle faisaient du critère organique de l'indépendance le critère ultime d'identification d'un pouvoir autonome au sens de la séparation des pouvoirs[789], il a fallu attendre le début du XXe pour que celui-ci soit seulement mobilisé par la dogmatique aux fins d'identifier une véritable fonction juridictionnelle. C'est Carré de Malberg qui adopte cette position sous l'empire de la Constitution de la IIIe République. Face à l'affirmation d'Esmein qui voit dans le Sénat une véritable « juridiction politique » toutes les fois où il fonctionne comme une cour de justice, le juriste alsacien lui oppose l'argument organique. Rejetant l'argument strictement formel il écrit que « la notion de juridiction ne réside pas tout entière dans une question de procédure »[790]. Ainsi, « pour une qu'une autorité prenne le caractère juridictionnel », il ne suffit pas « qu'elle soit astreinte à l'observation des formes de la justice »[791]. En effet « la fonction juridictionnelle se caractérise, non seulement par une condition de forme des opérations, mais encore par une exigence relative à la qualité de l'autorité qui dit le droit »[792]. Cette autorité doit présenter « par elle-même les caractères d'un arbitre désintéressé, placé dans une sphère d'action différente de celle où s'agite le procès et n'ayant d'autre préoccupation que celle de dire le droit aux parties en cause »[793]. L'auteur alsacien privilégie

---

[788] Sur cette hypothèse, v. Isabelle BOUCOBZA, *La fonction juridictionnelle : contribution à une analyse des débats doctrinaux en France et en Italie*, Éd. Dalloz, Coll. Nouvelle bibliothèque de thèse, 2005, p. 107 et s.

[789] V. par ex., Félix BERRIAT SAINT-PRIX, *Commentaire sur la Charte constitutionnelle*, Éd. Videcoq, 1836, p. 90-91.

[790] Raymond CARRE DE MALBERG, *Contribution à la théorie générale de l'état : spécialement d'après les données fournies par le droit constitutionnel français*, T. I, Éd. du CNRS, 1962, reprod. 1920, p. 790, n°33.

[791] *Id.*

[792] *Id.*

[793] *Id.*

donc une approche organique de l'office du juge très proche de sa conception spécifique de la séparation des pouvoirs. Il réfute les représentations fonctionnelles de la séparation des pouvoirs tout en considérant qu'elle porte davantage sur « les degrés de puissance formelle »[794]. Et conclut que « l'autorité juridictionnelle peut, jusqu'à un certain point, se concevoir comme devant être constituée à part, sur le pied d'indépendance vis-à-vis des autres autorités étatiques »[795]. Ce point de vue est partagé par Kelsen qui écrit que « la *spécificité* de la fonction juridictionnelle tient non à son contenu […] mais dans le fait que dans l'exercice de leurs fonctions, les juges sont indépendants de tout organe supérieur »[796]. Par ailleurs, dans son article sur *la garantie juridictionnelle de la Constitution*, ne propose-t-il pas une définition de la juridiction constitutionnelle selon le mode de nomination de ses membres, plutôt que par ses missions propres ? [797] Plus récemment encore, c'est le même

---

794 Raymond CARRE DE MALBERG, *Contribution à la théorie générale de l'État : spécialement d'après les données fournies par le droit constitutionnel français*, T. II, Éd. du CNRS, 1962, reprod. 1922, p. 581.

795 *Ibid.*, p. 35

796 Hans KELSEN, *Reine rechtslehre* [1960], tr. fr. Charles EISENMANN, *Théorie pure du droit* [1962], réimp. Éd. LGDJ, Coll. La pensée juridique, 1999, p. 261.

797 V. Hans KELSEN, « La garantie juridictionnelle de la Constitution », *loc. cit.*, p. 226-227. : « La fonction de la Cour constitutionnelle ressemble à celle de tout autre tribunal en général ; elle est principalement application, dans une faible mesure seulement création du droit ; elle est par suite véritablement juridictionnelle. Ce sont donc les mêmes principes essentiels qui entrent en ligne de compte pour sa constitution que pour l'organisation des tribunaux ou des organes exécutifs. On ne peut pas à cet égard proposer une solution uniforme pour toutes les Constitutions possibles : l'organisation de la juridiction constitutionnelle devra se modeler sur les particularismes de chacune d'entre elles. Voici cependant quelques considérations de portée et valeur générales : le nombre de ses membres ne devra pas être trop élevé, étant donné que c'est sur des questions de droit qu'elle est appelée essentiellement à se prononcer, qu'elle doit remplir une mission purement juridique d'interprétation de la Constitution. Parmi les modes de recrutement particulièrement typiques, on ne saurait prôner sans réserve ni la simple élection par le Parlement, ni la nomination exclusive par le chef de l'État ou par le Gouvernement. Peut-être pourrait-on les combiner, en faisant par exemple élire les juges par le Parlement sur présentation du gouvernement, qui aurait à désigner plusieurs candidats pour chacun des sièges à occuper, ou inversement. Il est de la plus grande importance d'accorder dans la composition de la juridiction constitutionnelle une place adéquate aux juristes de profession. On pourrait y arriver par exemple en accordant aux Facultés de Droit ou à une commission commune de toutes les Facultés de Droit du pays un droit de présentation pour une partie au moins des sièges, ou encore en accordant au tribunal lui-même le droit de faire une présentation pour chaque siège venant à vaquer ou de les pourvoir par élection, c'est-à-dire par cooptation. Le tribunal a en effet le plus grand intérêt à renforcer lui-même son autorité en appelant à lui des spécialistes éminents. Il est également important d'exclure de la juridiction constitutionnelle les membres du Parlement ou du Gouvernement, puisque ce sont précisément leurs actes qu'elle doit contrôler. Il est aussi difficile qu'il serait désirable d'écarter toute influence politique de la jurisprudence de la juridiction constitutionnelle. On ne peut nier que les spécialistes peuvent aussi – consciemment ou inconsciemment – se laisser déterminer par des considérations politiques. Si ce danger est particulièrement grand, il est préférable d'accepter, plutôt qu'une influence occulte et par la suite incontrôlable des partis politiques, leur participation légitime à la formation du tribunal, par exemple en faisant pourvoir une partie des sièges par voie d'élections par le Parlement, compte tenu de la force relative des partis. Si les autres sièges sont attribués à des spécialistes, ceux-ci peuvent tenir beaucoup plus compte des considérations purement techniques, parce qu'alors leur conscience politique est déchargée par la collaboration des membres appelés à la défense des intérêts

argument qui est avancé par le Professeur Troper affirmant que l'on ne peut parler de pouvoir judiciaire « que s'il existe une autorité [...] à qui puisse être imputé l'exercice de la fonction juridictionnelle ». Or, selon l'auteur, pour que cette autorité soit reconnue, elle « doit être indépendante »[798].

249. La prise en compte du critère organique de l'indépendance comme critère propre de la fonction juridictionnelle apparaît, en l'état des arguments, difficilement acceptable.

En premier lieu, le critère de l'indépendance se présente comme un concept large et relativement indéfini. Le Conseil constitutionnel français continue encore aujourd'hui d'être critiqué vertement par la dogmatique sur ce point précis[799]. Pourtant, rares sont ceux qui persistent à remettre foncièrement en cause son statut de juridiction. *En second lieu,* le critère organique de l'indépendance est bien souvent érigé comme conséquence de la fonction particulière du juge qui serait celle de « trancher les litiges ». Le juge tranche les litiges donc doit être indépendant. Pourtant, comme l'a démontré M. Otto Pfersmann, un organe peut posséder la propriété d'indépendance tout en n'étant pas ordonné à la fonction de trancher les litiges. En effet, « l'ordre juridique peut attribuer une telle fonction à des organes qui ne possèdent pas ces propriétés et il peut conférer au juge des compétences qui ne relèvent pas de ce domaine »[800]. Partant, « on ne saurait donc inférer l'indépendance du titulaire à partir de la nature de sa fonction »[801]. *En troisième lieu,* le critère de l'indépendance du juge entendue comme une *souveraineté* doit être abandonné. Dans une perspective située, historique, l'argument s'évapore. Si la fonction juridictionnelle avait été déterminée par l'exercice d'une souveraineté organique, alors depuis bien longtemps, en France, un seul juge aurait eu la tâche de régler les difficultés contentieuses de l'application des textes juridiques (lois, constitutions etc.). L'histoire du contentieux administratif – ainsi que son existence – comme celle du contentieux constitutionnel sont là

proprement politiques ». C'est donc bien le critère organique de l'indépendance qui est utilisé par l'auteur.

[798] Michel TROPER, « Fonction juridictionnelle ou pouvoir judiciaire ? », *Pouvoirs,* vol. 16, n° 1, 1981, p. 13.

[799] V. à ce sujet Patrick WACHSMANN, « Sur la composition du Conseil constitutionnel », *Jus politicum,* vol. 5, 2010 ; v. égal. Jean-Marie DENQUIN, « Justice constitutionnelle et justice politique », *in* Constance GREWE, Olivier JOUANJAN et Éric MAULIN (dir.), *La notion de « justice constitutionnelle »*, Éd. Dalloz, Coll. Thèmes et commentaires, 2005, p. 75-84 ; v. égal. François MITTERRAND, *Le Coup d'État permanent*, Éd. Les Belles Lettres, Coll. Le goût des idées, 2010, notamment p. 130 : « Le Conseil constitutionnel a réussi la gageure d'ajouter au discrédit des institutions dont leurs promoteurs assuraient qu'il serait le fleuron. Cour suprême de musée Grévin, chapeau dérisoire d'une dérisoire démocratie, il n'est aujourd'hui défendu par personne. Crée pour répondre à la nécessité de faire respecter par le législateur les limites de sa sphère d'attribution et de fixer un terme à la confusion des compétences du pouvoir législatif et du pouvoir réglementaire, il n'a jamais eu d'autre utilité que de servir de garçon de courses au général de Gaulle chaque fois que ce dernier a cru bon de l'employer à cet usage » ; v. encore Olivier JOUANJAN, « Le Conseil constitutionnel est-il une institution libérale ? », *Droits*, vol. 43, n°1, 2006, p. 73-89.

[800] Otto PFERSMANN, « À quoi bon un pouvoir judiciaire ? », *in* Olivier CAYLA et Marie-France RENOUX-ZAGAME (dir.), *L'office du juge: part de souveraineté ou puissance nulle ?*, p. 190.

[801] *Ibid.*, p. 191.

pour le contredire. En outre, comme le relevait justement Michel Troper, comment est-il possible de « concevoir que chacun des trois organes est souverain dans sa fonction, si la nature de certaines de ses fonctions permet de contrôler l'exercice des autres fonctions ? »[802]

250. Dans une perspective plus normative, d'autres auteurs ont identifié le critère propre à l'office du juge dans l'habilitation à produire des normes que lui confère le système juridique.

2° Le critère organique de l'habilitation à produire des normes

251. D'après M. Pfersmann « juridiquement c'est le statut qui fait le juge organique »[803]. Pour l'auteur, le juge dispose « par hypothèse d'un pouvoir au sens juridique du terme, c'est-à-dire de l'habilitation de produire des normes, puisqu'il ne peut pas y avoir d'organe sans pouvoir »[804]. Dans cette perspective, la question de l'identification d'un « pouvoir juridictionnel » n'est jamais qu'une question de compétence, et plus précisément la question de l'identification de la portée des compétences du juge. Elle ne pourra être déduite que des dispositions « régissant concrètement le statut du juge dans tel ou tel ordre juridique »[805].

252. À première vue, une telle définition ne permet pas de distinguer sensiblement les différents organes, puisque la figure du juge, ici, peut facilement être confondue avec celle du législateur ou encore du chef d'État. Toutes ces autorités disposent, dans les mêmes conditions, d'une certaine habilitation – constitutionnelle – à produire des normes.

253. Pour les distinguer, il s'agit alors de savoir « quelles sont exactement les attributions que reçoit dans un système donné l'organe 'juge'. Le juge, d'après M. Pfersmann, est au final celui qui est défini comme tel par le système et qui dispose d'un pouvoir *différent* de celui du « législateur » ou de « l'exécutif ». Et l'auteur d'illustrer son propos en affirmant que « le juge constitutionnel est un juge organique et n'est pourtant pas l'égal du législateur puisque ses compétences sont soit différentes soit intégrées dans la fonction législative »[806]. Mais il ne convainc pas puisqu'il ne définit pas davantage en quoi ses compétences sont tout à la fois différentes de l'organe législatif mais également intégrées à la fonction législative. La spécificité de ce pouvoir réside « en ce qu'il demeure toujours un organe d'application de normes qu'il n'a pas lui-même produites »[807]. Maigre consolation que cette vision désormais trop classique qui reprend en outre, à son compte, l'essentiel du dogme kelsénien[808].

254. De façon générale, dans cette perspective, le juge est ce que le système juridique qualifie comme tel. La fonction de juger ne recoupe

---

[802] Michel TROPER, *La séparation des pouvoirs et l'histoire constitutionnelle française*, Éd. LGDJ-Lextenso, Coll. Anthologie du droit, 2015, p. 54.

[803] Otto PFERSMANN, « A quoi bon un pouvoir judiciaire ? », *loc. cit.*, p. 191.

[804] *Id.*

[805] *Id.*

[806] *Ibid.*, p. 192.

[807] *Id.*

[808] V. Hans KELSEN, *Théorie pure du droit*, *op. cit.*, p. 244. L'auteur considère que les tribunaux se distinguent en ce qu'ils ne créent pas de normes générales et impersonnelles.

aucune réalité mais n'est rien d'autre que ce que le système a choisi d'instituer de la sorte sans que l'on ne possède de précisions sur la portée et l'étendue de la compétence de cet organe. C'est parce que le raisonnement en termes d'habilitation à la production de normes dénie toute spécificité à l'organe juridictionnel. Il n'est qu'un organe parmi d'autres organes, possédant chacun une compétence particulière de production de normes, conséquente à une habilitation octroyée par le système juridique. La particularité de cette compétence n'est pas le moins du monde identifiée. En effet, comme l'affirme M. Pfersmann, « rien n'empêche que des titulaires de fonctions organiques juridictionnelles se voient attribuer par ailleurs des fonctions non juridictionnelles ou qu'à l'inverse des organes non juridictionnels reçoivent des missions juridictionnelles »[809].

255. Dans ce schéma, la fonction de juger n'existe pas en tant que telle, tout comme la fonction d'exécuter et de légiférer. Seule subsiste la fiction de l'assujettissement des organes à des degrés différents de normativité. Ainsi, le pouvoir législatif est producteur de normes générales et impersonnelles auxquelles sont assujettis les pouvoirs exécutifs et parmi ceux-ci, le pouvoir juridictionnel. Celui-ci serait assujetti « à l'exigence de la particularisation ponctuelle justifiée » qui implique qu'il soit, « à la fois habilité et obligé de produire des normes particulières, en application de normes relativement plus générales et en vue de résoudre une question de droit, c'est-à-dire qu'il est autorisé à et obligé de dire ce qui est obligatoire permis ou interdit dans une certaine situation déterminée à partir d'une norme générale et moins déterminée »[810]. Surtout, « il est obligé de justifier sa production normative par un raisonnement qui montre comment il est admissible de passer de telle norme plus générale à telle norme plus particulière »[811]. En un mot sa fonction est avant tout et principalement une fonction de concrétisation.

256. Cette définition peine à convaincre puisqu'elle ne permet pas de discriminer suffisamment la fonction juridictionnelle des autres fonctions de production normative. Elle doit être rejetée puisque le critère qu'elle propose est inopérant. Il ne diffère pas, par exemple, du critère permettant d'identifier le pouvoir réglementaire dérivé. En effet, celui-ci peut également s'entendre d'un organe d'application de normes qu'il n'a pas produites et qui possèdent un degré de généralité moindre que celui de la loi. En outre, cette définition ne s'intéresse pas au phénomène selon lequel le juge, très souvent, ne se contente pas d'appliquer une norme qu'il n'a pas produite mais au contraire, énonce parfois des normes pratiques à vocation générale ou englobante.

---

[809] Otto PFERSMANN, « Remarques sur le concept de gouvernement des juges. Réponse à Michel Troper », *in* Séverine BRONDEL, Norbert FOULQUIER et Luc HEUSCHLING (dir.), *Gouvernement des juges et démocratie*, Éd. Publications de la Sorbonne, Coll. Série science politique, 2001, p. 51.
[810] *Ibid.*, p. 47.
[811] *Ibid.*, p. 46.

B. La possibilité d'un critère matériel de la fonction juridictionnelle : l'hypothèse de la valence

257. La principale théorie matérielle de la fonction juridictionnelle se résumait dans l'idée du juge arbitre des litiges[812]. D'après cette théorie un organe pouvait être qualifié de juridictionnel dès lors qu'il avait pour rôle de trancher des différends, d'arbitrer des conflits. Cette vision pourtant ancienne n'a pas résisté à la diversité de nature des juridictions comme à la multiplication des pouvoirs des juges. La science du droit a alors voulu voir dans cet échec, l'échec plus général d'une tentative d'identification matérielle de la fonction de juger.

258. Il semblerait pourtant que la notion de valeur permette de réinvestir le critère matériel de la fonction juridictionnelle. En effet, on s'est accordé précédemment sur l'idée que la valeur pouvait s'entendre de l'expression *quantitative* d'un rapport entre un objet et un étalon de référence auquel on rapporte cet objet. Cette logique classique qui caractérise l'opération d'évaluation permet alors de comprendre que la logique de la valeur s'alimente d'un principe de hiérarchie et obéit à une logique de degrés[813]. En effet, l'évaluation est bien, à chaque fois, une « hiérarchie en acte, qui prend la forme d'un choix entre deux termes » [814] parmi lesquels l'inférieur et le supérieur[815]. Cette propriété de l'évaluation permet alors d'ouvrir sur la logique polaire [816] de la valeur. Toute valeur s'inscrit ainsi dans une alternative binaire entre un pôle positif et un pôle négatif. Cette propriété quantitative de la valeur a pour nom la valence. La valence d'une chose ne serait donc rien d'autre qu'« une sorte de 'codage' des valeurs »[817] dans un langage particulier, c'est-à-dire dans un langage appartenant à ce que Mme Nathalie Heinich appelle un « registre de valeurs »[818]. Plus précisément la valence correspondrait à une grandeur qui, comme l'affirme Lavelle,

---

[812] Pour un bref exposé de cette conception v. Gaston JEZE, « Exposé critique d'une théorie en faveur au Conseil d'État sur la classification des recours contentieux en recours en annulation et recours de pleine juridiction », *RDP,* vol. 25, 1908, n°1, p. 671-690 ; v. égal. Antoine SAINT-GIRONS, *Droit public français: essai sur la séparation des pouvoirs dans l'ordre politique, administratif et judiciaire*, Éd. L. Larose, 1881, p. 411 ; Antoine SAINT-GIRONS, *Manuel de droit constitutionnel*, L. Larose et forcel, 1885, p. 512 ; Léon AUCOC, *Conférences sur l'administration et le droit administratif, faites à l'École impériale des Ponts et Chaussées*, T. I, Éd. Dunod, 1869, p. 271 ; Adhémar ESMEIN, *Éléments de droit constitutionnel français et comparé* [1914], 6ème éd. réimp. Éd. Panthéon-Assas, Coll. Les introuvables, 2001, p. 500 ; Léon DUGUIT, *Leçons de droit public général: faites à la Faculté de droit de l'Université égyptienne pendant les mois de janvier, février et mars 1926*, Éd. La mémoire du droit, 2000, p. 179-180.

[813] Louis LAVELLE, *Traité des valeurs,* T. I, *op. cit.,* p. 228.

[814] Raymond POLIN, *La création des valeurs*, Ed. Librairie philosophique J. Vrin, 3ème éd., 1977, p. 102.

[815] *Id.*

[816] Louis LAVELLE, *Traité des valeurs,* T. I, *op. cit.,* p. 233 et s.

[817] Christophe GRZEGORCZYK, *Théorie générale des valeurs et le droit : Essai sur les prémisses axiologiques de la pensée juridique*, *op. cit.*, p. 157.

[818] Nathalie HEINICH, *Des valeurs : une approche sociologique*, Éd. Gallimard, Coll. Bibliothèque des sciences humaines, 2017, p. 245 et s.

prendrait « une place entre zéro et l'infini »[819]. Elle évoque bien une « quantité de la qualité »[820].

259. C'est pourtant sur ce mode particulier que fonctionne la décision juridictionnelle en droit. Celle-ci suppose, en tant qu'elle vise la confrontation d'un objet (un comportement) à un étalon de référence, une mesure de la valeur de ce comportement rapporté à son étalon. Autrement dit, le contrôle de la conformité entre une conduite et une règle de droit qui l'étalonne, s'exprime nécessairement sur le mode quantitatif de la valeur.

260. Par son contrôle, le juge ne fait rien d'autre que d'attribuer à ces conduites une certaine valeur quantitative et détermine alors la valence des comportements en droit. En droit, le registre de valeurs se déploie principalement sur le mode du légal ou du constitutionnel qui constituent les *grandeurs* de référence. La légalité – et son pendant la constitutionnalité – d'un comportement ou d'une situation indique sa valence positive tandis que l'illégalité – ou son pendant l'inconstitutionnalité – indique sa valence négative. Le professeur Timsit avait entraperçu cette spécificité de la légalité qui estimait qu'il s'agissait d'une « propriété susceptible d'être affectée du signe + ou – »[821].

261. C'est bien dans l'exercice de cette mesure que réside la mission inconditionnelle du juge. C'est là que son office trouve sa justification la plus profonde. Dans ces conditions, *juge* n'est pas – comme le pense la théorie normativiste – le simple nom d'un organe performativement institué par une norme – sans trop que l'on sache à quoi cela corresponde en réalité – mais correspond bien à la fonction concrète *d'un organe qui met en scène, dans certaines situations, une référence pour un sujet déterminé*[822] – individuel ou collectif. Cette fonction de mise en scène de la référence constitue la fonction propre de tout interprète. C'est justement sur ce point que le juge se distingue fondamentalement du législateur. *Alors que le juge met en scène la référence, c'est-à-dire qu'il l'use, qu'il la mobilise, qu'il s'en sert, qu'il effectue des mesures sur son fondement, le législateur pour sa part constitue, engendre, fonde la référence. Le législateur agit plus en amont de la référence que le juge, qui agit en aval.* Le juge apparaît donc largement conditionné par la référence instituante du système au sein duquel il intervient.

262. La conception pratique de la décision, développée dans ce chapitre, a permis de redéfinir doublement l'office du juge qui ne vise jamais *qu'à quantifier des qualités*. Le juge trouve le critère de sa fonction dans sa capacité à étalonner les conduites, c'est-à-dire de choisir, au terme *d'un acte de préférence*, les étalons de mesure auxquels rapporter les conduites. Il possède ensuite la capacité de *mesurer* les conduites dont il est saisi afin d'en apprécier la *valence*. Dans l'exercice de cette mission, en revanche, le juge est contraint par le registre de valeurs de la discipline qui enserre alors son activité et qui a pour nom, en droit, le légal.

---

[819] Louis LAVELLE, *Traité des valeurs*, T. I, *op. cit.*, p. 11.
[820] *Id.*
[821] Gérard TIMSIT, *Les Noms de la loi*, Éd. PUF, Coll. Les voies du droit, 1991, p. 50.
[822] Pierre LEGENDRE, *Les enfants du texte: étude sur la fonction parentale des États*, Éd. Fayard, Coll. Leçons, 6, 1992, p. 375.

263. Cette conception particulière de la décision rend compte de l'idée selon laquelle « tout juge exerce plus ou moins un certain pouvoir politique, et donc en un certain sens gouverne »[823]. C'est à cette occasion que la logique de la valeur trouve le mieux à s'appliquer à l'office du juge.

264. Le volontarisme juridique s'accommode particulièrement de la logique de la valeur. D'une part, celle-ci trouve à s'appliquer dans le fait que le droit est une « réalité dynamique »[824] qui suppose une pratique sociale complexe fondée sur un ensemble de règles à prétention normatives, formées par des *agents* et ayant pour vocation à influencer publiquement les conduites individuelles. Le volontarisme juridique met en avant l'idée que le droit possède un caractère *instrumental* ordonné à la réalisation d'une multitude d'*actions* dont les causes, qui sont tantôt moyens, tantôt fins de ces actions, en sont indétachables.

265. D'autre part, la logique de la valeur trouve d'autant plus à s'exprimer en droit que les textes juridiques et le langage du droit sont relativement – car il existe un noyau dur de signification – *indéterminés*, comme l'illustre parfaitement l'influence des *standards juridiques*. La logique de la valeur sert de support au décideur pour interpréter les textes dont il est saisi et trouve particulièrement à s'incarner dans la recherche du sens des textes juridiques. C'est en effet la tâche de l'interprétation, toujours rationnelle, que de faire accéder un texte à sa signification et d'en moduler le sens.

266. Enfin, le processus d'interprétation est influencé par la *valeur* des textes eux-mêmes et contraint par le registre de valeurs généré par le système juridique. La liberté de l'interprète est donc bel et bien ordonnée à la perpétuation de ce registre. C'est justement sous l'empire de ce cadre contraignant que le juge excerce sa mission fondamentale de décision. Celle-ci se fonde sur un acte de préférence et d'évaluation des comportements qui nécessite un acte de mesure permettant d'en apprécier *la valence*.

267. Le volontarisme juridique offre une alternative à la conception dominante du formalisme. Il s'accommode tout particulièrement de la logique de la valeur dont il reconnaît l'influence sur le processus juridique. Il recentre le débat sur la fonction véritablement dynamique et proprement éthique du droit.

---

[823] Xavier SOUVIGNET, *La prééminence du droit dans le droit de la Convention européenne des droits de l'homme*, *op. cit.*, p. 251 ; v. égal. sur cette idée, Denys DE BECHILLON, « Le gouvernement des juges : une question à dissoudre », *D.*, n°12, 2002, p. 973-978, notamment p. 976.

[824] Manuel ATIENZA, « L'argumentation », *in* Dominique CHAGNOLLAUD et Michel TROPER (dir.), *Traité international de droit constitutionnel*, T. I, *Théorie de la Constitution*, Éd. Dalloz, Coll. Traités Dalloz, 2012, p. 515.

CONCLUSION DU TITRE I

268. L'influence de la logique de la valeur sur le droit a été établie. Cette influence permet de saisir les contours d'un éventuel objet « valeur ». Celui-ci constitue le « principe actif » du discours juridique. L'opposition entre la conception formaliste de la décision et la conception volontariste se cristallise autour de la reconnaissance de l'influence de la logique de valeur dans le cadre de la décision juridictionnelle. La *valeur* génère ainsi la ligne de démarcation entre les différents paradigmes de la décision juridique.

269. Le formalisme juridique, dans ses deux versants scientifique et conceptualiste, éloigne pour des raisons différentes la valeur du champ du droit. Ici, elles portent atteinte à la pureté d'une méthode, là elles portent atteinte à la pureté d'un objet. Le volontarisme juridique, en sa dimension pratique permet d'insister sur le caractère éthique du droit ordonné à l'action concrète. Il permet d'appréhender plus facilement la valeur, non pas tant comme un contenu déterminé, mais comme une référence pour l'action juridique et pour la décision juridictionnelle qui médiatise celle-ci. La valeur se présente avant tout comme *la modalité nécessaire* de la faculté de juger.

270. Face à un pouvoir détaché de la référence externe[825], *les juridictions réaffirment la valence concrète* des conduites sociales étalonnées au registre de valeurs du groupe social. Dans ces conditions, les juridictions « sont les seuls lieux où puisse être assuré le contrôle des actes de pouvoir »[826]. Le juge est alors « celui par qui la société inscrit ce moment d'indisponibilité qui oblige le pouvoir à ne jamais prétendre s'identifier à la vérité du social »[827]. Le droit et son expression concrète, la décision, apparaissent alors comme *media* entre le monde du devoir-être et celui de l'être. La décision médiatise l'action en fixant ce qui devra-être, en explicitant la référence à laquelle ordonner les conduites. Ce faisant elle se livre à la logique de la valeur.

271. Il importe désormais de progresser dans la connaissance de cet objet juridique particulier que constitue la valeur. Impensé structurant des représentations de la décision, la notion de valeur apparaît fertile pour l'analyse juridique. Celle-ci doit désormais s'efforcer d'en produire le concept.

---

825 Gérard TIMSIT, *Les figures du jugement*, *op. cit.*, p. 35.

826 *Id.*

827 Jacques LENOBLE, « Crise du juge et transformation nécessaire du droit », *in* Jacques LENOBLE (dir.), *La crise du juge*, *op. cit.*, p. 147.

TITRE II

Le concept juridique de valeur. Essai de délimitation conceptuelle

272. Impensé de la dogmatique juridique, l'objet *valeur* est un objet mal défini. Doté d'une ambigüité intrinsèque il n'apparaît pas, à première vue, propice à l'entendement rationnel. L'ambiguïté intrinsèque qui le caractérise n'est pourtant pas si différente de celle qui grève la plupart des concepts juridiques[828] ; qu'il s'agisse par exemple, de concepts généraux tels que celui de *validité,* ou même de concepts plus particuliers tels que les concepts de *service public* ou de *police administrative*. Ce constat incite à en proposer l'analyse.

273. Conformément à la méthode du réductionnisme conceptuel à laquelle on s'est précédemment rallié[829], ce titre vise, *dans une perspective intensionnelle*, à identifier les principales propriétés du concept de valeur. La démarche vise à améliorer la compréhension de l'objet. Elle constitue le préalable nécessaire à toute opération d'identification plus précise de l'objet au sein de la jurisprudence constitutionnelle.

274. À titre liminaire l'on s'est accordé sur cette idée que les concepts de valeur et de norme possèdent une nature commune[830]. La valeur partage, en effet, avec la norme une certaine contingence ainsi qu'une nature duale (à la fois idéale et concrète) qui s'exprime dans sa fonction de référence et dans son caractère de modèle. Ces éléments poussent à la reconnaissance de la normativité du valoir et amènent à penser que la norme *lato sensu*, constitue le genre de rattachement le plus proche du concept de valeur ou autrement dit son « *genus proximum* ». Si l'on s'accorde sur ces prémisses, la valeur juridique s'entend avant tout d'une catégorie particulière de normes. Reste ensuite à identifier, au sein du genre, la différence spécifique de la valeur vis-à-vis des autres éléments de ce genre. C'est là s'attacher à mettre en évidence la *differentia specifica*[831]. Si la valeur est une norme, elle est doublement spécifique tant du point de vue de son fondement que de sa

---

828 Alessandro PASSERIN D'ENTREVES, « Le droit naturel » *in Le droit naturel*, Éd. PUF, Coll. Annales de philosophie politique, 1959, p. 147-157, notamment p. 156.
829 V. *supra*, § 47 et s.
830 V. *supra*, § 52 et s.
831 Charles EISENMANN, « Quelques problèmes de méthodologie des définitions et des classifications en science juridique », *loc. cit.*, p. 30.

structure. D'une part, la valeur juridique peut se définir comme une norme *substantiellement valide* (Chapitre troisième), c'est là s'attacher à son *fondement*. D'autre part, elle s'apparente à une norme – ou un impératif – spécifique : l'impératif hypothétique (Chapitre quatrième). C'est là s'attacher à sa *structure*. Définie de la sorte, le concept de valeur fournit une clé d'explication à certains phénomènes juridiques sous la pression desquels les concepts traditionnels du droit s'érodent.

CHAPITRE TROISIÈME

La valeur comme norme substantiellement valide

275. L'apparition d'une nouvelle expression dans le discours juridique traduit bien souvent la novation[832] d'un objet juridique qui trouve toujours sa source dans une configuration inédite du système juridique et dans une transformation des représentations qui l'informent. Ce constat confirme la nature culturelle des objets juridiques qui n'existent qu'en vertu des représentations intellectuelles qui les conditionnent. Cette spécificité des objets juridiques constitue une preuve de ce qu'il ne saurait exister *juridiquement* de concepts neutres. Le concept de norme ne fait pas exception à la règle. Et l'impossibilité pour la théorie du droit de s'arrêter avec précision sur ses contours ne fait que le confirmer. En effet, toute représentation de la norme juridique est *condition d'une représentation du système juridique et de la validité juridique*, elles-mêmes conditions d'une représentation globale du droit.

276. Comme l'écrivait justement Kelsen, « des normes diverses forment un ordre, c'est-à-dire appartiennent à un même système normatif, lorsqu'elles doivent toutes être rapportées en fin de compte à un même fondement de validité, lorsqu'elles coulent de la même source ou lorsque le fondement de leur validité procède de la même volonté »[833]. Partant, la norme est bien déterminée par le système qui sécrète un critère spécifique de la validité. Il y aurait donc, à première vue, une interdépendance entre les concepts de norme, de système et de validité. Cette idée est largement partagée par la dogmatique juridique contemporaine. Elle est confirmée par les professeurs Ost et Kerchove qui reconnaissent facilement que « la norme juridique s'inscrit dans un rapport consubstantiel à la validité »[834]. Celle-ci, la validité juridique, s'entend pour sa part de « la qualité qui s'attache à la

---

[832] Étienne PICARD, *in* Denis ALLAND et Stéphane RIALS (dir.), *Dictionnaire de la culture juridique*, Éd. Lamy-PUF, Coll. Quadrige Dicos poche, 2003, v° « Droits fondamentaux », p. 544.

[833] Hans KELSEN, *Die philosophischen Grundlagen der Naturrechtslehre und des Rechtspositivismus* [1928], tr. fr. Valérie FAURE, *La doctrine du droit naturel et le positivisme juridique*, *in Théorie générale du droit et de l'État*, tr. Béatrice LAROCHE, Éd. LGDJ, Coll. La pensée juridique, 1997, p. 445.

[834] François OST et Michel VAN DE KERCHOVE, *De la pyramide au réseau ? Pour une théorie dialectique du droit*, Éd. FUSL, Coll. Droit, 2002, p. 307.

norme dont on a reconnu qu'elle satisfait aux conditions requises pour produire les effets juridiques que ses auteurs lui attribuent »[835].

277. Dans ces conditions, toute théorie de la norme est avant tout une théorie du système normatif. Dans ce schéma, la nature de la norme dépend de la nature du système dans lequel elle s'inscrit et qui lui assigne son critère de validité. De façon générale, la théorie systémique ordonne la validité de la norme à un principe d'unité qualifié, soit de principe statique, soit de principe dynamique[836]. C'est là du moins le postulat de la théorie systémique kelsenienne. Cette dernière théorie n'a pas connu dans la doctrine française le succès qu'elle était pourtant en droit d'attendre[837]. La doctrine française a largement préféré à la théorie kelsenienne des systèmes une théorie pure de la norme. Le paradoxe est d'autant plus grand qu'on ne saisit pas bien comment la seconde a pu être envisagée indépendamment de la première.

278. La présente analyse doit alors réinvestir la théorie des systèmes en dépit de son manque de popularité. Celle-ci entend vérifier l'hypothèse selon laquelle la valeur constitue une espèce particulière du genre norme. En effet, *si une norme est toujours le produit d'un système normatif particulier qui lui assigne un critère de validité spécifique* et que la valeur est une espèce de la norme, alors la valeur dépend à son tour d'un système normatif particulier et suppose un critère de validité spécifique. Cette hypothèse implique reconnaissance des influences entre la valeur et le système normatif au sein duquel elle apparaît. Elle implique également un renversement des concepts au moyen desquels la dogmatique juridique a pensé la norme juridique.

279. L'ambition de ce chapitre est de rendre compte des évolutions dans les représentations juridiques que le concept de valeur est susceptible de drainer. Il s'agit alors de revenir sur la distinction en théorie des systèmes entre le système statique et le système dynamique. De façon très sommaire, le système est statique quand il renvoie au contenu des normes, à leur valeur. Il obéit à une logique substantielle. Le système est dynamique quand il renvoie au rang d'appartenance hiérarchique des normes, à leur validité formelle. Il obéit alors à une logique structurelle.

280. La plupart des analyses contemporaines du droit ont entendu le système juridique de façon structurelle[838] ou dynamique. C'est le cas de la théorie kelsenienne du droit qui ne le considère que comme un agencement de modes de production normative. La démarche adoptée conduit à

---

[835] *Ibid.*, p. 314.

[836] Hans KELSEN, *Reine rechtslehre* [1960], tr. fr. Charles EISENMANN, *Théorie pure du droit* [1962], réimp. Éd. LGDJ, Coll. La pensée juridique, 1999, p. 195.

[837] Sur cette remarque v. Norberto BOBBIO, « Struttura e funzione nella teoria del diritto di Kelsen » [1973], tr. fr. Michel GUERET, « Structure et fonction dans la théorie du droit de Kelsen », réimp. *in Essais de théorie du droit*, Éd. LGDJ, Coll. La pensée juridique, 1998, p. 207-225, notamment p. 217.

[838] V. à ce sujet, Gregorio PECES-BARBA, « De la fonction des droits fondamentaux », *in Le patrimoine constitutionnel européen*, Actes du séminaire UniDem organisé à la Faculté de droit de Montpellier les 22 et 23 novembre 1996, Centre d'études et de recherches comparatives constitutionnelles et politiques, Éd. Conseil de l'Europe, Coll. Science et technique de la démocratie, 1997, p. 210-222 ; v. égal. Luigi FERRAJOLI, « Théorie des droits fondamentaux », *in* Dominique CHAGNOLLAUD et Michel TROPER (dir.), *Traité international de droit constitutionnel, Théorie de la Constitution,* Dalloz, coll. Traités Dalloz, 2012, p. 212.

confronter cette vision traditionnelle du système juridique – dite *dynamique* – aux évolutions contemporaines du phénomène juridique. Il s'agit de mettre en évidence toute une série de phénomènes qui influencent aujourd'hui largement la réalité juridique et ne trouvent plus d'explication sous l'empire des concepts de *système juridique,* de *validité juridique* et de *normes juridiques* tels qu'ils ont été traditionnellement pensés. C'est le cas, par exemple, du phénomène de développement des droits fondamentaux[839] qui traduit notamment un mouvement de convergence des ordres juridiques contemporains.

281. Si les représentations du système juridique, de la validité juridique et de la norme juridique s'influencent l'une l'autre, une analyse spécifique du droit par le concept de valeur, entendue justement comme une variété de la norme suppose également une lecture différente des concepts de système et de validité (Section I). En somme, l'appréhension du concept de valeur comme norme substantiellement valide n'est possible qu'au prix d'une subversion des concepts traditionnels de système et de validité juridique. Par ailleurs, si le propre d'un concept réside bien dans sa « capacité de saisie du réel » [840], alors tout concept postule son caractère opérant. En d'autres termes, l'introduction d'un nouveau concept doit permettre d'apporter un nouvel éclairage sur un ensemble de phénomènes préalablement dépourvus de toute caractérisation ou, insuffisamment caractérisés sous l'empire de l'ancien cadre d'analyse. C'est de la sorte qu'il justifie de son utilité. L'utilité du concept de valeur est réelle pour la discipline juridique et permet de fournir une explication du phénomène de convergence globale des ordres juridiques et de développement subséquent des droits fondamentaux (Section II).

SECTION I. UN CONCEPT SUBVERSIF DES CONCEPTS JURIDIQUES DE VALIDITE ET DE SYSTEME

282. Concept fondamental du droit, le concept de validité se révèle difficile à appréhender. C'est qu'il est, en réalité, polysémique, lui qui ne dépend, pour l'essentiel, que des représentations qui l'informent. Ses véritables contours sont flous et la doctrine peine à s'accorder sur sa délimitation. À titre d'exemple, pour Kelsen, la validité d'une règle est synonyme d'existence [841] tandis que Hart préfère distinguer les deux notions[842]. La définition de la validité juridique est pourtant fondamentale.

---

839 V. à ce sujet, Étienne PICARD, « L'émergence des droits fondamentaux en France », *AJDA*, n°HS, 1998, p. 6-42.

840 Jocelyn BENOIST, *Concepts: introduction à l'analyse*, Éd. Flammarion, Coll. Champs. Essais, 2013, p. 43.

841 V. par ex. Hans KELSEN, *Théorie pure du droit*, *op. cit.*, p. 13. , Hans KELSEN, *General theory of law and state [1945]*, tr. fr. Béatrice LAROCHE, *Théorie générale du droit et de l'État*, *op. cit.*, p. 223. ; Hans KELSEN, *Allgemeine theorie der normen* [1979], tr. fr. Olivier BEAUD et Fabrice MALKANI, *Théorie générale des normes*, Éd. PUF, Coll. Léviathan, 1996, p. 4 et p. 230.

842 Herbert Lionel Adolphus HART, *The concept of law* [1961], tr. fr. Michel VAN DE KERCHOVE, *Le concept de droit*, 2ème éd., Éd. FUSL, Coll. Publications des FUSL, 2005, p. 129 et s.

Elle conditionne intégralement les représentations du système juridique. On constate que le concept de système joue le rôle de variable de sens du concept de validité qu'il permet de moduler matériellement (valeur) ou formellement (validité *stricto sensu*). La théorie systémique se décline de deux façons : système statique et système dynamique. Dans les deux cas, le concept de système véhicule une conception particulière de la validité. Cette distinction ne saurait être considérée comme une séparation absolue, une sorte de *grande dichotomie.* En d'autres termes, système dynamique et système statique ne sont pas exclusifs l'un de l'autre tout comme les conceptions de la validité qu'ils portent respectivement. Si, pour Kelsen, « les systèmes de normes qui se présentent comme des ordres juridiques ont pour l'essentiel un caractère dynamique »[843], il n'en admet pas moins, qu'un seul système de normes puisse combiner à la fois le principe statique et dynamique[844].

283. L'analyse se propose de revenir sur la polysémie du concept de validité et sur les différentes représentations des systèmes normatifs qui l'alimentent. Elle vise à restituer les représentations que véhiculent chacune de ces deux conceptions.

Un système peut être considéré comme un système dynamique dans la mesure où celui-ci *privilégie* les formes normatives sur les matières – sans pour autant que ces dernières ne soient négligées. *L'unité d'un tel système tient au principe de validité* qui devient ainsi le critère formel de la normativité (I). Un système peut être considéré comme un système statique dans la mesure où celui-ci *privilégie les matières* sur les formes. *L'unité d'un tel système tient au principe de valeur* qui devient ainsi le critère matériel de la normativité (II). Il importe de les présenter tour à tour.

I. La validité comme critère formel de la normativité : la conception dynamique du système juridique

284. Si la validité se définit comme « la qualité qui s'attache à la norme dont on a reconnu qu'elle satisfait aux conditions requises pour produire les effets juridiques que ses auteurs lui attribuent »[845], elle s'entend alors, dans la théorie normative du système, comme une « appartenance au système juridique de référence »[846]. Dans ce schéma, une norme est alors valide pour la simple et bonne raison que l'acte qui la concrétise présente des signes extérieurs d'appartenance au système. On trouve des traces de cette théorie systémique appliquée au droit dans l'œuvre kelsenienne ou hartienne. Chez Kelsen, comme chez Hart, *c'est uniquement la structure propre aux ordres juridiques qui permet de les différencier des autres ordres normatifs* et par là même de les autonomiser. C'est peu ou prou la conception que développe Carré de Malberg en France qui considère que le caractère formel de la règle

---

[843] Hans KELSEN, *Théorie pure du droit, op. cit.*, p. 197.
[844] *Id.*
[845] François OST et Michel VAN DE KERCHOVE, *De la pyramide au réseau ? Pour une théorie dialectique du droit*, Éd. FUSL, Publications des FUSL, 2002, p. 314.
[846] *Ibid.*, p. 326.

de droit permet de la distinguer « aussitôt de toute autre règle, morale ou utilitaire »[847].

285. En privilégiant une approche structurelle du système juridique et formelle de la norme (A) les théories dynamiques négligent volontairement le contenu attribué aux normes du système juridique et la valeur qu'il est susceptible de revêtir. Elles vont même jusqu'à reconnaître au droit et plus particulièrement aux normes qui l'informent une certaine « plasticité substantielle » (B).

A. Présentation de l'approche structurelle du système juridique : l'unité formelle du système dynamique

286. Les théories dynamiques du système définissent celui-ci comme un système de production de normes. C'est là, d'après Bobbio, le « noyau de vérité de cette théorie dynamique »[848]. L'ordre juridique s'entend alors d'un véritable système normatif dans lequel la création de normes s'effectue « par un processus qui, remontant d'une norme inférieure à une norme supérieure, arrive nécessairement à la norme fondamentale »[849]. La *dynamique* réside dans ce que le système s'entend uniquement d'un système de délégation de l'action normative entendue comme activité de production des normes. En droit, la théorie dynamique des systèmes s'intéresse aux modalités de création du système juridique davantage qu'au contenu créé. Pour cette conception particulière du système, la forme juridique prime le fond juridique. On sait, grâce à Duguit, toute l'influence qu'elle a pu avoir sur le développement de la pensée constitutionnaliste[850].

287. La théorie dynamique du système juridique se résout pour l'essentiel en une théorie de la gradation des normes ou, pour le dire autrement, en une théorie de la formation du droit par degrés (1°). Cette « théorie de la structure hiérarchique de l'ordre juridique, nous dit Kelsen, saisit le droit dans son mouvement, dans le processus constamment renouvelé de son auto-création »[851]. Dans cette perspective, le concept de valeur n'est utilisé que comme *substitut du concept de validité.* Le *terme de valeur est alors systématiquement employé par les juristes pour désigner le rang particulier d'une règle de droit dans la structure hiérarchique du système juridique* (2°). À terme, la valeur fournit le critère exclusif de résolution des conflits normatifs. C'est là le sens des expressions communes de *valeurs constitutionnelle, législative,* ou *réglementaire,* d'une règle de droit. C'est également le sens communément donné à l'expression de *valeur juridique* d'une règle.

---

[847] Raymond CARRE DE MALBERG, *Contribution à la théorie générale de l'état: spécialement d'après les données fournies par le droit constitutionnel français*, T. I, Éd. du CNRS, 1962, reprod. 1920, p. 239.

[848] Norberto BOBBIO, « Kelsen et les sources du droit » [1981], reimp. *in Essais de théorie du droit*, Éd. LGDJ, Coll. La pensée juridique, 1998, p. 234.

[849] *Id.*

[850] Léon DUGUIT, *Traité de droit constitutionnel. La théorie générale de l'État*, T. II, 2ème éd., Éd. E. de Boccard, 1923, p. 132 et s.

[851] Hans KELSEN, *Théorie pure du droit*, *op. cit.*, p. 275.

1° Le système juridique comme système de formation du droit par degrés

288. L'approche structurelle du système juridique, que véhicule la conception dynamique, l'institue comme système de production hiérarchique des règles de droit. On sait que Kelsen ordonne son système dynamique autour d'une norme particulière qu'il qualifie de norme fondamentale. Cette conception aboutit au schéma de l'organisation pyramidale du système juridique. Ce qui caractérise un tel système, explique Kelsen, « c'est le fait que la norme fondamentale présupposée ne contient rien d'autre que l'institution d'un fait créateur de norme c'est-à-dire, une règle qui détermine comment doivent être créées les normes générales de l'ordre qui repose sur cette norme fondamentale »[852]. En somme, un système normatif est dynamique dès qu'une norme prévoit les conditions procédurales de création d'une norme inférieure.

289. Dans ce schéma, la validité des normes est condition de leur capacité à respecter la procédure prévue pour leur élaboration. D'après ce modèle, le processus d'engendrement normatif est bien indirect. Une norme n'est jamais engendrée *directement* par une autre norme, mais bien, *indirectement*, à travers les conditions procédurales d'élaboration de la norme secondaire posées par la norme primaire. La question de la validité n'est donc pas distinguée de la question du rang structurel de la norme.

290. Ce schéma trouve à s'illustrer, chez Kelsen, dans l'exemple de l'ordre qu'un père donne à son fils en lui intimant d'aller à l'école[853]. Dans cet exemple, l'ordre du père, qui constitue une norme (« tu dois aller à l'école ! ») ne vaut pas – donc n'est pas *valide* – à raison de son contenu (« tous les enfants doivent en général aller à l'école ») mais bien plus à raison de ce que l'autorité du père n'est pas contestable par l'enfant. L'interrogation de l'enfant portant sur les raisons d'obéir à l'ordre du père, qui n'est rien d'autre que la question de la validité de la norme qu'a émis le père, ne saurait aboutir qu'à une régression sans fin. En effet, ici, la norme d'après laquelle on doit obéir à son père ne vaut – n'est *valide* – que grâce à une seconde norme – nécessairement supposée – selon laquelle on doit, par exemple, obéir aux ordres de Dieu qui a ordonné que l'on obéisse à son père. La caractéristique de ce schéma réside dans le fait que le contenu de la norme paternelle *« tu dois aller à l'école »,* ne peut se déduire *logiquement* de la norme fondamentale *« tu dois obéir aux ordres de Dieu ».* Cette dernière norme ne fait que déléguer le pouvoir de prendre des normes à « une autorité créatrice de normes »[854], à savoir le père. La norme supérieure, ici, la norme issue de l'autorité divine, pose simplement les conditions aptes à fonder la validité d'un second niveau normatif, inférieur, et qui peut à son tour, fonder la validité un troisième niveau normatif – on imagine les ordres du grand frère par exemple – pour procéder de la même façon, et ainsi de suite. Il s'agit là de la logique d'engendrement normatif la plus traditionnelle pour un système juridique, que l'on trouve par ailleurs au fondement de la logique que véhicule l'image de la pyramide des normes.

---

[852] *Ibid.*, p. 196.
[853] *Id.*
[854] *Id.*

291. Cet exemple fait écho à celui que l'on trouve dans la première édition traduite de la *Théorie Pure du Droit.* Kelsen se demande pourquoi la contrainte exercée sur un individu que l'on envoie en prison est un acte juridique appartenant à un ordre juridique déterminé ? Et l'auteur de répondre « parce qu'il a été prescrit par une norme individuelle établie par un tribunal [...] elle-même valable parce qu'elle a été créée conformément au code pénal. À son tour, la validité du code pénal résulte de la Constitution de l'État qui fixe la procédure pour l'édiction des lois et désigne l'organe compétent »[855].

292. En somme, dans le processus dynamique, une norme du système normatif puise toujours sa validité dans le simple fait d'avoir été prise conformément à la procédure mise en place par la norme de laquelle elle découle. La théorie dynamique du système normatif se résout ainsi en une théorie de la formation du droit par degrés. La norme fondamentale, n'y exprime rien d'autre que « l'habilitation d'une autorité créatrice de normes » c'est-à-dire « une règle qui détermine comment doivent être créées les normes générales et les normes individuelles de l'ordre qui repose sur cette norme fondamentale »[856]. La validité des normes, qui conditionne leur existence, c'est-à-dire leur présence dans l'ordre juridique, est alors systématiquement rattachée au rang particulier qu'elles occupent dans la structure hiérarchique du système juridique. Dans ce schéma, on pourra simplement dire d'une norme qu'elle est *réglementaire* ou *administrative*, *législative* ou encore *constitutionnelle*.

293. C'est la caractéristique principale du système dynamique. Son unité, nous dit Kelsen, constitue bien « l'unité d'une relation de délégation »[857]. En réalité, dans cette optique, il serait plus juste de dire que la norme *prévaut*, en raison de son rang, davantage qu'elle ne vaut en raison d'elle-même.

2° La valeur juridique comme critère hiérarchique

294. En France, la théorie dynamique du système juridique a été reçue par les travaux de Carré de Malberg qui la complète d'une théorie de la *force normative* des règles. Écartant toute possibilité d'appréhender matériellement celles-ci, il considère que leur « force » doit être recherchée dans « le degré de puissance des organes ou autorités par qui la règle a été édictée, la fonction exercée ou l'acte accompli »[858]. L'auteur propose ainsi non pas tant une théorie de la hiérarchie normative mais bien plus une théorie de la hiérarchie des organes. D'après Carré de Malberg, qui ne s'occupe que des données fournies par le droit positif français de 1920, « la loi, c'est d'abord toute décision émanant des Assemblées législatives et

---

[855] Hans KELSEN, *Reine rechtslehre,* tr. ad. fr. Henri THEVENAZ, *Théorie pure du droit,* suivie de Michel VAN DE KERCHOVE, *L'influence de Kelsen sur les théories du droit dans l'Europe francophone,* Éd. de la Baconnière, Coll. « être et penser », 1988, 2e éd., p. 123.

[856] Hans KELSEN, *Reine rechtslehre* [1960], tr. fr. Charles EISENMANN, *Théorie pure du droit* [1962], *op. cit.*, p. 196.

[857] Hans KELSEN, *La doctrine du droit naturel et le positivisme juridique*, *loc. cit.*, p. 447.

[858] Raymond CARRE DE MALBERG, *Confrontation de la théorie de la formation du droit par degrés: avec les idées et les institutions consacrées par le droit positif français relativement à sa formation*, Éd. Dalloz, Coll. Biliothèque Dalloz, 2007, p. 27.

adoptées par elles en la forme législative »[859]. Autrement dit, la *valeur* législative d'un acte ne dépend en rien de son contenu mais bien plus de ce que celui-ci « s'impose avec une force supérieure, non seulement aux sujets de l'État, mais encore à toutes les autorités étatiques autres que le législateur lui-même »[860]. Dans cette conception traditionnelle, la valeur de l'acte normatif répercute alors la valeur du rang de l'autorité qui le produit. Dans le sillage de la théorie kelsenienne, la théorie malbergienne constitue bien une théorie structurelle – ou hiérarchique – du système juridique.

295. Cette logique est au fondement du discours juridique militant en faveur de l'instauration des contrôles de constitutionnalité et de légalité qu'on trouve par exemple au fondement du célèbre article de Kelsen portant sur *La garantie juridictionnelle de la Constitution*. Kelsen y associait volontiers fonctions étatiques de l'État et actes juridiques. Pour l'auteur, la distinction des fonctions (administrative, judiciaire, législative) ne semble pas présenter un réel intérêt théorique dès lors que constitution, loi, règlement, acte administratif, décision juridictionnelle ne sont, en dernière analyse que des *étapes* au cours desquelles le droit règle sa propre création. Chaque type d'acte est tour à tour, vis-à-vis de l'autre, application et production du droit. Pour résumer, « chaque degré de l'ordre juridique constitue donc à la fois une production du droit vis-à-vis du degré inférieur et une reproduction du droit vis-à-vis du degré supérieur »[861]. Ce phénomène constitue alors ce que le juriste autrichien appelle la « régularité » d'un degré hiérarchique. En effet, celle-ci n'est que « le rapport de correspondance d'un degré inférieur à un degré supérieur de l'ordre juridique »[862]. Elle ne peut se résoudre qu'à travers la théorie de la structure hiérarchique de l'ordre juridique qui renvoie bien évidemment à l'idée « d'une hiérarchie des *formes juridiques* »[863].

296. Partant de l'idée que les normes « sont seulement valables ou non-valables »[864], les tenants de la conception dynamique du droit font de la question de la validité normative une simple question de procédure leur donnant les moyens d'accomplir ce qu'ils estiment être leur office, à tout le moins l'office du juriste, à savoir, se prononcer en toute objectivité sur le caractère valable, ou non, de telle ou telle norme spécifique au regard de tel ou tel système juridique particulier. Comme l'écrit Kelsen, « une norme juridique est valable si elle a été créée d'une manière particulière, à savoir selon des règles déterminées et une méthode spécifique »[865].

---

[859] Raymond CARRE DE MALBERG, *Contribution à la théorie générale de l'État: spécialement d'après les données fournies par le droit constitutionnel français*, T. I, *op. cit.*, p. 327.
[860] *Id.*
[861] Hans KELSEN, « La garantie juridictionnelle de la Constitution (La justice constitutionnelle) », *RDP*, vol. 45, n°1, 1928, p. 200.
[862] *Id.*
[863] *Ibid.*, p. 204.
[864] Hans KELSEN, *Reine rechtslehre* [1960], tr. fr. Charles EISENMANN, *Théorie pure du droit* [1962], *op. cit.*, p. 27.
[865] Hans KELSEN, *Reine rechtslehre,* tr. ad. fr. Henri THEVENAZ, *Théorie pure du droit,* suivie de Michel VAN DE KERCHOVE, *L'influence de Kelsen sur les théories du droit dans l'Europe francophone*, *op. cit.*, p. 122.

297. Dans ce schéma, l'hypothèse de la valeur se dissout dans le concept de validité formellement entendu. Le concept de valeur ne trouve son utilité que dans le cas d'un conflit normatif exclusivement considéré comme conflit hiérarchique. En effet, dans ce schéma, le concept de valeur, ne sert qu'à fournir le critère de résolution des conflits entre actes juridiques à savoir le critère *hiérarchique* que matérialise ce célèbre adage : *Lex superior derogat inferiori*[866]. C'est en ce sens que la valeur, dans cette conception, exprime seulement le rang d'appartenance d'un énoncé normatif. Cet adage qui cristallise la façon dont les contrôles juridictionnels ont été[867] – et sont toujours – envisagés en Europe, limite formellement la valeur à n'être plus que *supérieure* ou *inférieure*. La norme (pré)vaut alors bien uniquement à raison de son rang dans la structure. Autrement dit, la seule valeur acceptée n'est qu'une *valeur hiérarchique*.

298. Il ressort de cette conception dynamique du système juridique que le contenu des normes en question est indifférent. Le concept de norme, défini structurellement, est appréhendé comme concept ultime au-delà duquel il n'y a pas lieu pour le juriste de s'aventurer et il est acquis, pour cette théorie, que le droit possède une certaine « plasticité substantielle »[868]. Ce que confirme Kelsen, pour qui « la catégorie du *sollen* doit être pensée sans référence à un contenu particulier »[869].

B. Implication de l'approche structurelle du système juridique : la « plasticité substantielle » du droit

299. Dans la logique des théories du système dynamique, une norme juridique « n'est pas valable parce qu'elle a un certain contenu [...], elle est valable parce qu'elle est créée d'une certaine façon, et plus précisément, en dernière analyse, d'une façon qui est déterminée par une norme fondamentale, norme supposée »[870]. Cette qualité de la norme implique alors qu'elle soit réputée substantiellement plastique c'est-à-dire susceptible de recevoir n'importe quel contenu. De la sorte, il ne sert à rien de s'attacher au contenu précis des normes particulières d'un ordre juridique puisque celui-ci renvoie en dernière analyse à un contenu – politique, moral, économique – éminemment relatif.

300. Kelsen élabore pourtant, dans sa *Théorie pure du droit,* le concept de « contenu juridique irrelevant »[871] et dans sa *Théorie générale du droit et de*

---

[866] Sur cet adage, v. notamment, Riccardo GUASTINI, *Lezioni di teoria costituzionale [2001],* tr. fr. V. CHAMPEIL-DESPLATS, *Leçons de théorie constitutionnelle*, Éd. Dalloz, Coll. Rivages du droit, 2010, p. 67-86.

[867] V. par ex., Hans KELSEN, « La garantie juridictionnelle de la Constitution (La justice constitutionnelle) », *RDP*, vol. 45, n°1, 1928, p. 200.

[868] Otto PFERSMANN, « Controverse autour de l'ouvrage de Norberto Bobbio, De la structure à la fonction. Nouveaux essais de théorie du droit », *Revue du droit public*, 2013, n°2, p. 239-259, notamment p. 247.

[869] Hans KELSEN, Die philosophischen Grundlagen der Naturrechtslehre und des Rechtspositivismus [1928], tr. fr. Valérie FAURE, *La doctrine du droit naturel et le positivisme juridique*, in *Théorie générale du droit et de l'État*, tr. Béatrice LAROCHE, LGDJ, « La pensée juridique », 1997, p. 440.

[870] Hans KELSEN, *Théorie pure du droit*, *op. cit.*, p. 197.

[871] *Ibid.*, p. 59-60.

l'État, le concept de « pertinence juridique »[872]. Ces concepts interrogent au regard de la prétendue plasticité substantielle des normes puisqu'ils font ouvertement mention du contenu de ces normes. Ces concepts confirment en réalité cette idée de Kelsen selon laquelle un acte peut tout de même être formellement juridique sans « constituer une norme juridique »[873]. Il s'agit là d'une possibilité qui se justifie, d'après Kelsen, par le simple fait que les actes juridiques « sont exprimés en mots » et peuvent, en conséquence, « contenir n'importe quelle signification »[874]. Ils peuvent donc, parfois, n'avoir pas pour matière des normes ; la norme étant définie comme une signification particulière et plus précisément comme la signification d'un acte juridique entendu comme acte de volonté. Ainsi, pour qu'un acte soit considéré acte de droit, « il ne suffit pas que l'acte soit fait suivant une certaine procédure ; il faut également qu'il ait une certaine signification subjective »[875] à savoir une signification qui corresponde à « la définition du droit que l'on suppose lorsque l'on détermine le contenu de la norme fondamentale »[876] c'est-à-dire qui renvoie à un certain contenu. Dans ces conditions, la frontière entre forme juridique et contenu juridique apparaîtrait bien plus poreuse que ne le laisserait penser, à première vue, le formalisme de l'auteur autrichien. Il y aurait donc là, un véritable paradoxe qu'il convient d'analyser.

301. C'est en approfondissant le concept de *régularité* du rapport entre deux actes juridiques hiérarchiquement différents que Kelsen est amené à amender sa théorie ; la régularité étant entendue comme « le rapport de correspondance d'un degré inférieur à un degré supérieur de l'ordre juridique »[877]. À ce propos, Kelsen est bien forcé de reconnaître, que les différents actes juridiques du système hiérarchique agissent bien souvent les uns sur les autres à la fois *formellement* et *matériellement.* Dans cette hypothèse, la Constitution, s'entend à la fois d'une « règle de procédure » mais également d'une « règle de fond »[878]. À première vue, l'amendement à la logique structurelle que porte la représentation dynamique du système juridique est de taille. Kelsen laisse effectivement ouverte la possibilité que le rapport nécessaire de régularité entre actes de divers niveaux de la hiérarchie soit matériel et non pas seulement formel ou procédural. Il en résulte par exemple qu'une loi puisse être « inconstitutionnelle soit en raison d'une irrégularité de procédure dans sa confection soit en raison de la contrariété de son contenu aux principes ou directions formulées dans la Constitution, lorsqu'elle excède les limites qui y sont posées »[879].

302. Dans son article, Kelsen pose néanmoins une réserve de taille à la reconnaissance d'une véritable distinction entre inconstitutionnalité – ou

---

[872] Hans KELSEN, *Théorie générale du droit et de l'État*, *op. cit.*, p. 177.
[873] Hans KELSEN, *Théorie pure du droit*, *op. cit.*, p. 60.
[874] *Ibid.*, p. 59.
[875] *Ibid.*, p. 60.
[876] *Id.*
[877] Hans KELSEN, « La garantie juridictionnelle de la Constitution (La justice constitutionnelle) », *RDP*, vol. 45, n°1, 1928, p. 200.
[878] Hans KELSEN, « La garantie juridictionnelle de la Constitution », *loc. cit.*, p. 206.
[879] *Id.*

plus généralement irrégularité – formelle et inconstitutionnalité matérielle. Il considère que « l'inconstitutionnalité dite matérielle est en dernière analyse une inconstitutionnalité formelle, en ce sens qu'une loi dont le contenu est en contradiction avec les prescriptions de la Constitution cesserait d'être inconstitutionnelle si elle était votée comme loi constitutionnelle »[880]. En la matière, nous dit Kelsen, « il ne peut donc jamais s'agir que de savoir si c'est la *forme* légale ou la *forme* constitutionnelle qui doit être observée »[881]. En somme, la question de la régularité d'une norme renvoie bien évidemment à l'idée « d'une hiérarchie des *formes juridiques* »[882]. L'auteur considère même que si le droit positif ne différencie pas les différentes formes hiérarchiques, alors l'établissement de principes, de limites, pour le contenu des lois « n'a pas de sens juridique » et n'est qu'une « apparence voulue pour des raisons politiques »[883] à l'instar des « libertés garanties en la forme constitutionnelle »[884]. Le contenu de l'acte importe peu – puisqu'il est politique – à la différence de la forme de l'acte.

303. L'analyse matérielle des normes ne revêt, du point de vue de la théorie dynamique du système, qu'un intérêt limité. En effet, dans ce schéma, toute norme doit, pour exister, être posée par un acte de volonté lui-même autorisé préalablement par une norme distincte. Dans ce schéma, la norme se contente d'*être* matériellement une norme, c'est-à-dire, en réalité, un devoir-être. Ce postulat est énoncé clairement par Kelsen dans la dernière version disponible de son œuvre à savoir la *Théorie générale des normes.* Le juriste autrichien y énonce que « le devoir-être n'est pas une *relation* entre deux éléments, ni une relation entre une norme et le comportement qui lui est conforme, ni une relation entre l'acte posant la norme et le comportement conforme à la norme »[885]. Au contraire, nous dit-il, « le devoir être *est* la norme c'est-à-dire qu'il est la signification de l'acte »[886]. Dans la *Doctrine du droit naturel et le positivisme juridique,* Kelsen se montre catégorique : « la catégorie du sollen doit être pensée sans référence à un contenu particulier »[887]. Ce devoir-être se matérialise sémantiquement en un « impératif » que Kelsen entend seulement dans un sens kantien. Dans la perspective kantienne, l'impératif est la formulation linguistique d'un commandement. Kant considère en effet que « tous les impératifs sont exprimés par une dimension de *devoir* »[888]. Dans son sillage, Kelsen affirmera « qu'un impératif ne peut être que l'expression d'une norme »[889].

304. Dans cette perspective, le contenu de la norme est indifférent. Comme l'affirme Kelsen, « les normes du droit positif 'valent' ou ce qui

---

[880] *Id.*
[881] *Id.*
[882] *Ibid.*, p. 204.
[883] *Id.*
[884] *Id.*
[885] Hans KELSEN, *Théorie générale des normes, op. cit.*, p. 13.
[886] *Id.*
[887] Hans KELSEN, *La doctrine du droit naturel et le positivisme juridique, loc. cit.*, p. 440.
[888] Emmanuel KANT, *Metaphysik der Sitten, Grundlegung zur Metaphysik der Sitten [1785]*, tr. fr. Alain RENAUT, Métaphysique des mœurs, T. I, *Fondation de la métaphysique des mœurs, introduction à la métaphysique des mœurs*, Éd. Flammarion, Coll. G-F, 1994, p. 86.
[889] Hans KELSEN, *Théorie générale des normes, op. cit.*, p. 199.

revient au même ‘obligent’ »[890]. C’est là la signification objective de la norme[891]. La norme est ainsi définie par la notion de contrainte. L’acte de volonté, que présuppose la norme est donc avant tout une volonté de contraindre. Or, Kelsen va même jusqu’à faire de la définition particulière de la norme, la définition générale de tout le droit. En effet, pour l’auteur autrichien, « il faut rejeter toute définition du droit qui ne le caractérise pas comme un ordre de contrainte »[892]. La contrainte est alors la pierre angulaire du droit entendu comme système de normes. Cette définition, qui rejoint la théorie formaliste du caractère externe de la règle de droit, opère la distinction du système juridique des autres systèmes normatifs[893].

305. La norme juridique n’est, ou plutôt ne vaut, que pour commander, pour véhiculer un ordre contraignant, pour être un vecteur. C’est là son incommensurable étendue et sa limite fondamentale. Au-delà, il n’y a plus rien ou plutôt il n’existe plus rien d’intéressant pour le juriste qui basculerait, s’il venait à persister dans sa quête, dans l’univers de la subjectivité, d’autant plus problématique qu’elle n’est pas la sienne – puisque ce n’est pas lui qui produit la norme. La signification objective *de* norme (norme valide ou non) doit suffire à pallier l’inconstance et la diversité des significations subjectives qu’elle est susceptible de recouvrir (son contenu particulier). La signification objective du droit est bien d’être un ensemble de normes. La signification objective de la norme est bien celle d’un devoir-être formulé à l’impératif. En revanche, le contenu de ce devoir-être ne compte pas, qui correspond à la signification subjective de la norme.

306. Avec son sens habituel de la synthèse, Kelsen est parvenu à résumer cette conception autour de sa célèbre maxime, « pas d’impératif sans *imperator*, pas de commandement sans un commandant »[894] qui ouvre sur le schéma suivant, relativement simple : norme = commandement + commandant. Cette relative indifférence quant au contenu précis des normes, qui ne constitue pas même un élément de définition de celles-ci, marque aujourd’hui encore les représentations du droit, en particulier en France[895].

II. La valeur comme critère matériel de la normativité : la conception statique du système juridique

307. À l’opposé de la théorie dynamique, la théorie statique est conduite à interroger les propriétés du concept de validité que véhicule la représentation du système qu’elle porte. Au concept traditionnel porté par la théorie dynamique elle superpose un autre concept de validité plus proche de l’idée de valeur. Ce faisant, elle remet inévitablement en cause l’unité de la conception structurelle du système. Dans ce schéma c’est également « en

---

[890] Hans KELSEN, *La doctrine du droit naturel et le positivisme juridique*, *loc. cit.*, p. 440.
[891] Carlos-Miguel HERRERA, *La philosophie du droit de Hans Kelsen: une introduction*, Éd. Presses de l’Université Laval, Coll. Diké, 2004, p. 20.
[892] Hans KELSEN, *Théorie pure du droit*, *op. cit.*, p. 60.
[893] V. par ex., Hans KELSEN, *Théorie pure du droit*, *op. cit.*, p. 70.
[894] Hans KELSEN, *Théorie générale des normes*, *op. cit.*, p. 4.
[895] V. par ex. Georges VEDEL, « Les bases constitutionnelles du droit administratif », *EDCE*, n°8, 1954, p. 27.

vertu de leur fond ou contenu que les normes sont valables »[896]. La théorie statique du système ouvre alors sur une *approche substantielle* des systèmes normatifs (A). Adaptée au droit, cette approche comporte un certain nombre d'implications (B).

A. Présentation de l'approche substantielle du système normatif : l'unité matérielle du système statique

308. À l'inverse de l'hypothèse *dynamique*, le processus *statique* met la lumière sur le contenu des normes du système en question. Dans un système statique, c'est bien à raison de leur contenu (1) que les normes valent et qu'elles engendrent directement, à la façon d'un moule, d'une matrice, le contenu d'autres normes susceptibles de les réaliser directement (2).

1° La valeur comme importance attribuée au contenu normatif d'un acte

309. C'est une caractéristique des systèmes normatifs moraux que de mettre l'accent sur l'importance du contenu des normes qu'ils contiennent. Comme le démontre Hart, dans son célèbre ouvrage portant sur *Le concept de droit*, c'est « un caractère essentiel à toute règle morale que d'être considérée comme quelque chose dont le maintien est très important »[897]. L'importance des règles de morale justifie ainsi qu'on les respecte et leur confère une nature catégorique. Ainsi c'est donc bien à raison de leur seul attrait[898], et plus précisément de l'attrait que leur contenu est susceptible de réaliser sur les sujets chargés de les mettre en œuvre que les normes morales seraient valables. Autrement dit, c'est bien à raison de la valeur de leur contenu que les normes de morales existent et perdurent.

310. Cette caractéristique est typique du fonctionnement d'un système normatif statique. En effet, comme l'écrit Kelsen, « dans un ordre statique, les normes sont valides [...] en vertu de leur contenu » c'est-à-dire en « raison de l'attrait qu'elles exercent d'elles-mêmes »[899]. Les normes qui composent un tel système, écrit Kelsen, sont en quelque sorte « immédiatement évidentes ». C'est là une autre façon de dire qu'elles possèdent une valeur particulière[900]. Dans le schéma statique, l'importance du contenu de ces normes premières est tel qu'il irrigue et détermine le contenu de la plupart des autres normes du système. Autrement dit le système normatif statique implique un engendrement normatif particulier.

---

[896] Hans KELSEN, *Théorie pure du droit*, *op. cit.*, p. 195.

[897] Herbert Lionel Adolphus HART, *Le Concept de droit*, *op. cit.*, p. 191.

[898] Sur les liens entre la valeur et l'attrait, v. John DEWEY, *La formation des valeurs*, tr. Alexandra BIDET, Louis QUERE et Gérôme TRUC, Éd. La Découverte, Coll. Les empêcheurs de tourner en rond, 2011, p. 32.

[899] Hans KELSEN, *Théorie générale du droit et de l'État*, *op. cit.*, p. 166.

[900] Hans KELSEN, *Reine rechtslehre*, tr. ad. fr. Henri THEVENAZ, *Théorie pure du droit*, suivi de Michel VAN DE KERCHOVE, *L'influence de Kelsen sur les théories du droit dans l'Europe francophone*, *op. cit.*, p. 122.

2° La valeur comme matrice normative

311. L'engendrement statique suppose d'une norme qu'elle vaille à raison de ce que son contenu répond directement du contenu d'une autre norme, supérieure, dont il permet d'assurer la réalisation. Cette logique suppose que le *contenu* du système normatif *se déduise intégralement* du *contenu* de quelques normes premières, posées ou pensées comme fondamentales. Dans ce schéma, la validité d'une norme tient avant tout à son contenu et à la valeur de celui-ci. La question de la validité normative devient ainsi une question de valeur. Pour schématiser, telle norme vaudra à raison de ce que son contenu est *bon,* de ce qu'il est *important*, de ce qu'il est *approprié* pour réaliser le contenu de la norme qui lui est immédiatement supérieure.

312. Tel serait par exemple le cas de normes interdisant le mensonge ou la trahison, et dont on peut légitimement considérer qu'elles permettent de réaliser une norme plus générale de fidélité. Tel serait encore le cas si l'on parvient à déduire directement, d'une norme spécifique « on doit aimer son prochain », tout un ensemble d'autres normes qui y répondent et permettent de réaliser cet impératif, comme par exemple, « on ne doit infliger aucun mal à son prochain », « on doit assister son prochain ». Ici, le contenu de la norme supérieure irrigue le contenu des normes inférieures et contribue à le conditionner. En effet, dans l'exemple précédent, les normes d'assistance ou de bienveillance, répondent directement, chacune à leur façon, à une norme d'amour qu'elles permettent de réaliser. Si l'on doit aimer son prochain, il est bon d'être sincère avec lui, ou il est bon de l'aider dans ses entreprises. On comprend dans ces conditions pourquoi le processus statique n'était réputé valoir que pour un système normatif *moral*[901].

313. La caractéristique de la morale résiderait dans cela que ses normes sont *directement dérivables* de la norme fondamentale du système. Elles se « laissent subsumer sous la norme fondamentale de la même façon que les idées particulières se laissent subsumer sous un concept général »[902]. Kelsen écrivait à ce titre, dans la première édition de la *Théorie pure du droit*, que la plupart « des normes d'une morale quelconque sont déjà contenues dans une norme fondamentale à la manière dont le particulier est contenu dans le général »[903]. Autrement dit, « les normes du droit naturel et celles de la morale sont déduites d'une norme fondamentale qui, en raison de son contenu, est censée apparaître de façon immédiatement évidente »[904]. C'est ce qu'affirme à son tour Bobbio qui écrivait qu'une norme appartient au système moral « lorsqu'elle peut être déduite du contenu du postulat éthique qui constitue la base de ce système »[905]. Le processus d'engendrement normatif *statique,* à l'inverse du processus *dynamique*, suppose ainsi qu'il

---

901 Hans KELSEN, *La doctrine du droit naturel et le positivisme juridique*, *loc. cit*., p. 446-447.

902 Hans KELSEN, *Théorie générale du droit et de l'État, op. cit*., p. 446.

903 Hans KELSEN, *Reine rechtslehre,* tr. fr. Henri THEVENAZ, *Théorie pure du droit,* suivie de Michel VAN DE KERCHOVE, *L'influence de Kelsen sur les théories du droit dans l'Europe francophone*, *op. cit.*, p. 122.

904 *Ibid.,* p. 122-123.

905 Norberto BOBBIO, « Struttura e funzione nella teoria del diritto di Kelsen » [1973], tr. fr. Michel GUERET, « Structure et fonction dans la théorie du droit de Kelsen », *loc. cit*., p. 219.

soit possible, au sein d'un système normatif donné de « déduire de la norme fondamentale le contenu de la norme qui forme le point de départ de la chaîne »[906] normative. Dans un système d'engendrement normatif *statique*, la norme fondamentale fournit le contenu des normes qui forment ce système[907]. Une norme donnée appartient à ce système normatif avant tout à raison de ce qu'elle possède un contenu déterminé [908] directement conditionné par la norme fondamentale du système. Autrement dit, le système statique s'organise autour d'une ou plusieurs normes fondamentales dont on infère matériellement les autres normes du système.

314. Si le système statique ne reflète que le fonctionnement d'un système moral il serait dépourvu de toute portée heuristique pour la discipline juridique qui entend le système juridique de façon structurelle. À peine pourrait-il trouver à s'appliquer à un système de *droit naturel.* Cette possibilité ne s'explique que par l'assimilation quasi-permanente entre morale et droit naturel et ce, malgré leur « opposition de structure »[909] mise en évidence par le professeur Virally. Il importe désormais d'apprécier la pertinence de la théorie statique du système normatif pour servir à l'analyse du système juridique. Irréaliste il y a quelques années, l'hypothèse est aujourd'hui confortée par une évolution perceptible des systèmes juridiques qui semblent désormais se rapprocher des systèmes moraux, au moins du point de vue des caractéristiques de leurs normes respectives.

B. Implications de l'approche substantielle du système normatif en droit

315. L'approche statique qui pose le principe d'une norme substantielle permet de réinvestir juridiquement la question de la fondamentalité (1) et de dépasser les représentations du monisme formel qui ont toujours commandé à l'agencement des normes (2).

1° Le reinvestissement de la fondamentalité par la valeur

316. La division du travail entre système juridique, qui suppose une approche structurelle ou *dynamique*, et système moral, qui suppose une approche matérielle ou *statique*, s'est érigée en véritable *summa diviso* à l'ombre de laquelle le droit moderne a pu prospérer. Cette représentation, aujourd'hui datée, est en voie de dépassement sous l'effet du phénomène de développement des droits fondamentaux. Celui-ci contredit l'hypothèse de la *dynamique* juridique et l'engendrement strictement structurel ou procédural qu'elle suppose, tout autant que l'idée subséquente de plasticité substantielle du droit. En somme, le développement des droits fondamentaux invite

---

906 Hans KELSEN, *Reine rechtslehre* [1960], tr. fr. Charles EISENMANN, *Théorie pure du droit* [1962], *op. cit.*, p. 196.
907 *Id.*
908 *Id.*
909 Michel VIRALLY, *La pensée juridique* [1960], réimp. Éd. Panthéon-Assas, Coll. Les introuvables, 1998, p. 79.

l'analyse juridique à renouer avec l'approche matérielle que la doctrine avait pourtant érigé – à tort – en relique de l'ordre normatif moral.

317. À bien des égards, l'engendrement des droits fondamentaux répond d'un processus statique de création de la norme où « les normes sont valides en vertu de leur contenu », c'est-à-dire en « raison de l'attrait qu'elles exercent d'elles-mêmes »[910] – sur le jurislateur notamment. Les normes qu'on appelle « droits fondamentaux » se caractérisent avant tout par le fait qu'elles peuvent être rapportées à une norme « sous le fond de laquelle leur propre fond se laisse subsumer, comme le particulier sous le général »[911] et indépendamment de tout raisonnement sur la structure de celle-ci. Simplement, les actes que prescrivent ces normes doivent être considérés comme « devant se produire », et apparaissent alors au *jurislateur* comme « immédiatement évidents »[912]. Cette logique statique, parfois appelée matricielle[913], suppose des normes exprimant des droits fondamentaux qu'elles soient *directement* déduites de normes plus générales, valables dans le système juridique concerné et qu'elles permettent de réaliser. Cette logique spécifique a permis l'avènement de cet « âge des droits »[914], remarquablement mis en lumière par Norberto Bobbio, caractérisé notamment par la « multiplication » et l'« universalisation » des droits, c'est-à-dire, par leur expansion continue et leur généralisation sociale.

318. Cette représentation statique ou matricielle des normes que véhicule le discours sur les droits fondamentaux est très répandue dans la doctrine. Elle explique la persistance d'une représentation *hiérarchique* des normes exprimant des droits fondamentaux en dépit des difficultés à pouvoir en établir une théorie. À titre d'exemple, nombre d'auteurs s'accordent généralement pour faire figurer au sommet de cet ordre matriciel *le droit à la dignité humaine*[915]. Certains n'hésitent pas à lui associer, la *fraternité*[916], l'*égalité*[917], la *sécurité juridique*[918], *la liberté contractuelle*[919], la *liberté*

[910] Hans KELSEN, *General theory of law and state [1945]*, tr. fr., Béatrice LAROCHE, *Théorie générale du droit et de l'État suivi de La doctrine du droit naturel et le positivisme juridique*, *op. cit.*, 1997, p. 166.

[911] Hans KELSEN, *Reine rechtslehre* [1960], tr. fr. Charles EISENMANN, *Théorie pure du droit* [1962], *op. cit.*, p. 195.

[912] *Id.*

[913] Bertrand MATHIEU, « Pour une reconnaissance des principes matriciels en matière de protection constitutionnelle des droits de l'homme », *Recueil Dalloz,* 1995, n°27, p. 211 et s. ; Michel FROMONT, « La révision de la Constitution et les règles constitutionnelles intangibles en droit allemand », *RDP*, 2007, n°1, p. 89 et s.

[914] Norberto BOBBIO, *L'Età dei diritti,* Éd. Einaudi, Coll. « Tascabili », 1997.

[915] Bertrand MATHIEU, « Pour une reconnaissance des principes matriciels » en matière de protection constitutionnelle des droits de l'homme », *loc. cit.* ; Jean-Baptiste PERRIER, « Loi interdisant la dissimulation du visage dans l'espace public », *Revue de science criminelle et de droit pénal comparé,* 2011, n°2, p. 425.

[916] Bertrand DE LAMY, « Au-delà de l'immunité humanitaire : la fraternité comme principe constitutionnel », *Revue de science criminelle et de droit pénal comparé*, 2018, n°4, p. 1001 et s. ; Michel VERPEAUX, « Fraternité et Constitution – Constitutionnalisation et Constitution », *RFDA,* 2018, n°5, p. 966 et s. ; Émilie DEBAETS et Nathalie JACQUINOT, « Droit constitutionnel », *Recueil* Dalloz, 2019, n°22, p. 1248 et s. ;

[917] Félicien LEMAIRE, « La notion de non-discrimination dans le droit français : un principe constitutionnel qui manque ? », *RFDA,* 2010, n°2, p. 301 et s.

individuelle[920], le *droit au juge*[921], le *droit à la revendication salariale*[922] ou encore *l'État de Droit*[923].

319. Comme l'a très justement noté le Professeur Truchet, la plupart du temps, « la logique matricielle n'est pas explicite »[924]. Cette caractéristique complique sa mise en évidence. Celle-ci suppose d'accumuler, au sein d'un ordre juridique déterminé, et à l'issue d'une démarche lexicologique, certains indices récurrents permettant d'attester d'un engendrement normatif gigogne. C'est ce que l'on fera par la suite[925].

320. Du reste, ce réinvestissement de la fondementalité qui remet l'approche matérielle des normes au cœur du raisonnement autorise le dépassement du monisme formel et permet d'entrapercevoir, par delà les formes et les ordres juridiques, une véritable convergence normative. Celle-ci se traduit, pour l'essentiel, dans la « construction d'une identité matérielle commune aux ordres juridiques »[926].

2° Le dépassement du monisme formel de l'ordre juridique par la valeur

321. L' « hypothèse juridique » [927] de la conception moniste obéit largement à l'approche structurelle que porte la conception dynamique du système juridique. En effet, en réduisant la souveraineté à une unité logique, c'est-à-dire à n'être que la condition de validité d'un ensemble de normes, elle conforte la vision hiérarchique et formelle du système juridique. Elle éloigne dans un même mouvement l'hypothèse d'une pensée de la valeur en droit, indissociable d'une conception statique et matérielle du système juridique.

---

[918] Bertrand MATHIEU, « Rétroactivité des lois fiscales et sécurité juridique : l'application concrète d'un principe implicite », *RFDA,* 1999, n° 1, p. 89 et s. ; Gweltaz EVEILLARD, « Sécurité juridique et dispositions transitoires », *AJDA,* 2014, n° 9, p. 492 et s.

[919] Philippe LE TOURNEAU, *Droit de la responsabilité et des contrats,* Éd. Dalloz, Coll. « Action », 2017, 11e éd., p. 1284.

[920] Bertrand MATHIEU, « La promotion constitutionnelle de la liberté contractuelle en matière de droit du travail », *Recueil Dalloz,* 2003, n° 10, p. 638 et s. ; Louis D'AVOUT, « La liberté d'entreprendre au bûcher ? », *Recueil Dalloz*, 2014, n° 22, p. 1287.

[921] William BARANES, Marie-Anne FRISON-ROCHE, « Le souci de l'effectivité du droit », *Recueil Dalloz,* 1996, n° 35, p. 301 et s.

[922] Christophe RADE, « La solitude du gréviste », *Droit social,* 1997, n° 4, p. 368 et s.

[923] Dimitry KOCHENOV, Laurent PECH, Sébastien PLATON, « Ni panacée, ni gadget : le « nouveau cadre de l'Union européenne pour renforcer l'État de droit », *RTDE,* 2015, n° 4, p. 689 et s.

[924] Didier TRUCHET, « La dignité et les autres domaines du droit », *RFDA,* 2015, n° 6, p. 1094 et s.

[925] V. *infra,* Chapitre cinquième, Section 1, § 526 - 558.

[926] Véronique CHAMPEIL-DESPLATS, « Les droits fondamentaux et l'identité des ordres juridiques : l'approche publiciste », *in* Edouard DUBOUT et Sébastien TOUZE, *Les droits fondamentaux: charnières entre ordres et systèmes juridiques*, Éd. Pedone, Coll. Publications de la fondation Mirangopoulos pour les Droits de l'Homme, 2010, p. 151.

[927] Hans KELSEN, « Les rapports de système entre le droit interne et le droit international public », *Recueil des cours. Académie de droit international de La Haye*, vol. 14, n°4, 1926, p. 296.

322. Le succès du monisme formel – tantôt à supériorité du droit international tantôt à supériorité du droit national[928] – cache « une lutte de souverainetés réelles ou potentielles, qui chacune postule et entend imposer sa propre hiérarchie normative »[929] pour triompher. Cette opposition des souverainetés qui mobilise, pour les besoins de la lutte, un certain nombre de fictions nécessaires détourne le regard de l'observateur des modulations inévitables de la hiérarchie normative renvoyées alors à la clandestinité. C'est qu'elle semble taire le pluralisme intrinsèque aux ordres juridiques et les dysfonctionnements positifs de la hiérarchie formelle ou structurelle des normes.

323. La conception dualiste du droit qui postule une différence fondamentale entre l'ordre juridique interne et l'ordre juridique international a été battue en brèche par Kelsen. Pour l'auteur autrichien, le droit international est incorporé dans l'ordre juridique étatique et soumis à la souveraineté nationale qui ne peut appartenir qu'à une seule entité. C'est aussitôt pour considérer que la souveraineté de l'État « ne se comprend que si on voit en celle-ci la validité d'un système de normes de l'ordre étatique »[930]. La souveraineté de l'Etat n'exprime alors rien d'autre que l'idée selon laquelle « l'État est l'ordre suprême, supérieur à tout autre, dont la validité ne se déduit d'aucune norme supérieure »[931]. Comme l'affirme le professeur Herrera, chez Kelsen, « la souveraineté apparaît comme la métaphore de l'unité logique d'un ordre juridique »[932]. Le professeur Grzegorczyk considère, dans la même veine, que l'ordre juridique kelsénien n'est rien d'autre qu'un concept logique, une « pensée » qui s'éloigne par trop de la réalité. Il s'agit en quelque sorte « d'un préjugé idéologique »[933]. L'objectif de la science du droit telle que la défend Kelsen est alors de constituer un ordre universel, qui groupe en un système unique toutes les règles de droit positif »[934] peu important alors si celui-ci est pertinent puisque, d'après lui, « tout système prétend à être seul valable, dans son unité »[935].

324. Dans ces conditions, on comprend en quoi la conception moniste de l'ordre juridique s'accommode parfaitement d'une forme de *statu quo*. Ce faisant elle continue d'entretenir les mythes rattachés à la fiction d'une souveraineté unique autour de laquelle serait ordonné formellement et hiérarchiquement tout le droit. Les tenants du droit international s'autorisent

---

[928] V. par ex., Hans KELSEN, « Les rapports de système entre le droit interne et le droit international public », *loc. cit.*, p. 288.

[929] Étienne PICARD, « La hiérarchie des normes confrontée aux rapports entre ordres juridiques », *in* Baptiste BONNET, *Traité des rapports entre ordres juridiques*, Éd. LGDJ-Lextenso, 2016, p. 527.

[930] Hans KELSEN, « Les rapports de système entre le droit interne et le droit international public », *loc. cit.*, p. 255.

[931] *Id.*

[932] Carlos-Miguel HERRERA, *La philosophie du droit de Hans Kelsen: une introduction*, *op. cit.*, p. 65.

[933] Christophe GRZEGORCZYK, « Ordre juridique comme réalité », *Droits*, vol. 35, n°1, 2002, p. 111.

[934] Hans KELSEN, « Les rapports de système entre le droit interne et le droit international public », *loc. cit.*, p. 296.

[935] *Id.*

alors à considérer le droit interne étatique comme sous-ensemble subordonné au droit international tandis que les tenants du droit interne peuvent considérer au contraire le droit international comme sous-ensemble subordonné au droit interne. C'est donc revenir sur cela même que dénonçait le professeur Alland pour qui « la pensée des rapports d'ordres conduit paradoxalement à ne jamais envisager ces rapports d'ordre : soit il n'y a qu'un ordre (et donc pas de rapport d'ordres), soit il y en a plusieurs, mais sont si fermement séparés qu'ils n'entretiennent aucun rapport non plus »[936].

325. À rebours des rapports de subordination hiérarchique postulés par le formalisme de la conception moniste de l'ordre juridique, l'approche substantielle des normes permet d'apercevoir, entre les différents ordres juridiques des rapports de coordination normative. Elle se fonde sur l'idée qu'il existe une pluralité de souverainetés coexistantes en droit c'est-à-dire une pluralité de pouvoirs originaires et inconditionnels de « poser le droit en ce qu'il a de plus fondamental »[937]. En effet, à l'échelle internationale, « les États se distinguent par leurs souverainetés respectives » c'est-à-dire par cela que chaque État souverain peut « effectivement se donner à lui-même un ordre juridique propre »[938]. Dans la mesure où ces États constituent une véritable société des États, c'est-à-dire qu'ils sont amenés à coexister, se forme en parallèle de leur souveraineté propre, « un droit interétatique » dont le contenu n'est pas imputable à un quelconque État, une quelconque souveraineté particulière.

326. Dans l'ensemble, on peut dire de la conception pluraliste des ordres juridiques, qu'elle est plus modérée par rapport aux prétentions universalistes et paradoxalement solipsistes de la conception moniste. Elle permet d'identifier des lignes de convergence entre les différentes souverainetés, des perspectives « communes » qu'un objet juridique *valeur* serait susceptible d'éclairer. En effet, on peut considérer, avec Kelsen, que « toute coordination suppose un élément commun auquel on rapporte les éléments à coordonner »[939]. Ce constat de l'auteur autrichien est éminemment juste. Pour autant, cet élément commun ne saurait être, comme l'explique l'auteur autrichien[940], le principe dynamique qui fonde le système juridique, et permet d'englober en un seul et même ordre juridique, des ordres juridiques différents tels que le droit international et le droit national par exemple. En effet, la pluralité même des souverainetés, entendues d'une certaine façon comme autant de « causes premières » de leurs ordres juridiques respectifs empêche de les concevoir comme hiérarchiquement subordonnées ou comme obéissant à ce principe dynamique – puisqu'elles sont justement premières. En revanche, l'hypothèse de la statique juridique pourrait facilement s'en accommoder. Ces souverainetés plurielles obéissent en réalité à un principe statique, qu'on appelle tantôt « rule of law » tantôt

[936] Denis ALLAND, « De l'ordre juridique international », *Droits*, vol. 35, n°1, 2002, p. 95.

[937] Etienne PICARD, « La hiérarchie des normes confrontée aux rapports entre ordres juridiques », *loc. cit.*, p. 529.

[938] *Id.*

[939] Hans KELSEN, « Les rapports de système entre le droit interne et le droit international public », *loc. cit.*, p. 260.

[940] *Ibid.*, p. 270.

« État de Droit » voire même « Justice constitutionnelle ». Ces éléments expriment bien toute la normativité substantielle sous l'empire de laquelle se rangent aujourd'hui la plupart des ordres juridiques nationaux proches du nôtre.

327. En somme cet entrecroisement des existences propres, fait émerger un fond commun – mais relatif c'est-à-dire non universel – de représentations juridiques auquel les diverses souverainetés viennent s'abreuver. Comme l'affirment les professeurs Dubout et Touzé, cette coexistence des ordres juridiques, qui accompagne le fameux dialogue des juges « présuppose le commun » entendu comme « reconnaissance d'une certaine parenté, d'une comparabilité possible »[941] entre les divers ordres juridiques. Or, cette parenté est davantage matérielle que formelle. La convergence des ordres juridiques, si elle peut être structurelle, est tout autant substantielle, si ce n'est plus. En effet, à première vue, il n'existerait aucune commune mesure structurelle entre les ordres juridiques français, italien, allemand voire même si l'on considère que l'ordre communautaire en constitue une, entre les ordres juridiques français, suisse et américain par exemple. Il existerait néanmoins une véritable convergence substantielle entre eux. Celle-ci tiendrait à ce que l'objet droit dont ils se revendiquent se réalise – *concrètement* – en chacun d'eux d'une façon assez similaire. Cette convergence s'illustre notamment par le phénomène de développement continu du catalogue des droits fondamentaux. Dans ces conditions, au lieu de voir dans les convergences entre ordres juridiques le simple fruit du hasard ou le résultat de la subordination formelle d'un ordre juridique vis-à-vis d'un autre, il est possible, en faisant évoluer le cadre conceptuel d'analyse, d'y voir le résultat d'un certain retour au « fondamental » et à la logique de valeur qu'il emporte avec lui. Le concept de valeur se révèle alors d'une aide précieuse puisqu'il permet d'expliquer ou de systématiser cette réalité, somme toute assez récente.

328. En somme, l'on retiendra que l'observation du droit est largement conditionnée par un ensemble de représentations préalables qui permettent de l'informer. Ce constat vaut pour les objets les plus essentiels du droit comme pour les plus accessoires. Fondamental pour le droit, le concept de validité n'échappe pas à la règle. Une représentation dynamique du système juridique a contribué à imposer une vision unitaire, prétendument objective et formelle de la validité.

329. Cette représentation s'oppose frontalement à la représentation statique du système qui voit dans la validité une valeur et entend la norme davantage sur le mode – plus subjectif – de la préférence ou de l'importance. *Du point de vue statique,* la norme, produit du système, ne vaut pas exclusivement à raison de sa forme puisque, dans l'anarchisme contemporain des ordres juridiques, rien ne permet de supposer une fois pour toute que le rang constitutionnel l'emporte toujours, et en toutes circonstances, sur le rang communautaire par exemple. *Le point de vue*

---

[941] Edouard DUBOUT et Sébastien TOUZE, « La fonction des droits fondamentaux dans les rapports entre ordres et systèmes juridiques », *in* Edouard DUBOUT, Sébastien TOUZE, *Les droits fondamentaux: charnières entre ordres et systèmes juridiques*, *op. cit.*, p. 12.

statique permet de constater que la norme vaut à raison de son contenu normatif qui revêt nécessairement de l'importance pour les producteurs de droit et participe de la direction éthique des conduites.

330. L'analyse a également mis en évidence que l'opposition entre système statique et dynamique recoupe partiellement l'opposition entre monisme et pluralisme de l'ordre juridique. Alors que le monisme juridique favorise la logique hiérarchique de subordination – voire de dilution matérielle – des ordres juridiques, le pluralisme juridique tend à voir dans la coexistence nécessaire des ordres juridiques formellement différents l'émergence d'un même substrat juridique. Sa particularité résiderait dans la normativité de son contenu étranger à toute habilitation expresse d'une autorité normative[942].

SECTION II. UN CONCEPT JUSTIFICATIF DU PHENOMENE DE CONVERGENCE DES ORDRES JURIDIQUES POSITIFS

331. Dans le sillage des travaux de Mme Delmas-Marty[943], la dogmatique a mis en évidence un certain nombre de phénomènes d'entrecroisements, de rapprochements et d'hybridation entre les ordres juridiques. Ces phénomènes peuvent être utilement subsumés sous le concept de valeur qui apparaît, d'un point de vue statique, tout désigné pour en constituer la clé de lecture. Ces phénomènes révèlent la logique plus profonde de convergence à l'œuvre dans la réalité juridique, dont on a constaté, qu'elle trouvait ses ressorts dans une logique substantielle de la valeur.

332. Identifier l'existence d'une substance commune aux ordres juridiques suppose inévitablement de parvenir à caractériser la commensurabilité de différents ordres juridiques ou plutôt de différents éléments de ces ordres juridiques pourtant formellement différents. Celle-ci peut trouver son critère dans celui de la normativité substantielle, ou autrement dit de la *valeur*. Une telle préoccupation n'est pas vraiment nouvelle qui s'inscrit parfaitement dans la recherche contemporaine d'un « *nouveau* droit commun de l'Europe »[944].

333. Du réalisme conceptuel, romanisant, et rationalisant des pandectes du XIXe siècle, à l'expansion continue de la logique des droits fondamentaux, l'on observerait à travers le roulement et les variations des formes juridiques, sous l'épaisseur contingente du droit, une sorte de noyau dur, véritable pivot du droit au sens large, qui constituerait son fond matériel commun. Il s'agit là d'une hypothèse fondatrice de la science du droit comparé, attachée qu'elle est à mettre en évidence les irrésistibles phénomènes de *convergence*

942 V. à ce sujet, Étienne PICARD, « La comparaison en droit constitutionnel et en droit administratif : du droit comparé comme méthode au droit comparé comme substance », *RIDC*, vol. 67, p. 317-319, notamment p. 327.

943 Mireille DELMAS-MARTY, *Le pluralisme ordonné*, Éd. du Seuil, Coll. Les forces imaginantes du droit, 2006, p. 39, 69, 101.

944 V. Mauro CAPPELLETTI (dir.), *Nouvelles perspectives d'un droit commun de l'Europe*, Actes du colloque organisé à Badia Fielosana les 16 et 20 mai 1977, Institut Universitaire Européen, Éd. Leyden, Coll. Publications de l'Institut universitaire européen, 1978.

vers ce que René David appelait le « jus commune européen »[945]. Avec le sens de la formule, Saleilles a brillamment saisi le caractère matériel de ce phénomène de convergence en énonçant qu'il n'y a « de parallèles que là où il n'y a que des forces mécaniques. Partout où il y a quelque chose de l'homme, il n'y a plus de parallèles possibles, il n'y a que des lignes qui convergent et qui tendent à se rencontrer »[946]. Dans cette perspective, toute construction juridique ressortirait « du domaine de la science universelle, sans être le monopole d'aucuns codes en particulier »[947]. De ce point de vue, le droit comparé permettrait à tous les États « de concourir à la formation d'un droit commun de l'humanité »[948]. Sans aller jusque-là, force est de constater, aujourd'hui, une importante convergence matérielle des ordres juridiques européens.

334. À première vue, l'identité entre les ordres juridiques européens peut se décliner de deux façons. L'analyse laisse tantôt apparaître une *identité normative* entre les ordres juridiques européens (I), tantôt une *identité terminologique* commune (II). Le premier cas recoupe l'hypothèse où deux normes de deux ordres juridiques différents auraient le même contenu. L'identité postulée est davantage matérielle que formelle. Le second cas recoupe l'hypothèse d'une identité de langage entre deux ordres juridiques.

I. L'émergence d'un patrimoine normatif commun : la logique substantielle des droits fondamentaux

335. Aujourd'hui, les rapports entre les ordres juridiques échappent partiellement à la logique de *prévalence formelle* des normes les unes sur les autres. Celle-ci, on l'a vu, repose largement sur les concepts de primauté hiérarchique[949] et de validité formelle. Or, aujourd'hui, un mouvement se dessine sous la pression duquel les rapports entre ordres juridiques semblent, pour certains, obéir à une logique *d'équivalence matérielle* des normes fondées sur une représentation substantielle de la validité. L'équivalence matérielle entre les ordres juridiques suppose qu'ils partagent une certaine identité. Cette identité est *partiellement qualitative* qui s'entend notamment de la propriété pour deux objets de pensée, distincts dans le temps ou dans l'espace, de présenter globalement les mêmes qualités[950]. Cette définition

---

945 René DAVID, « Le droit continental, la common law, et les perspectives d'un jus commune européen », *in* Mauro CAPPELLETTI (dir.), *Nouvelles perspectives d'un droit commun de l'Europe*, *op. cit.*, p. 123.

946 Raymond SALEILLES, « Rapport général sur les travaux du Congrès », *in Congrès international de droit comparé tenu à Paris du 31 juillet au 4 août 1900*, procès-verbaux des séances et documents, T. I, p. 141.

947 *Ibid.*, p. 144-145.

948 Raymond SALEILLES, « Conception et objet de la science du droit comparé », in *Congrès international de droit comparé tenu à Paris du 31 juillet au 4 août 1900,* procès-verbaux des séances et documents, T. I, p. 181.

949 Denys SIMON, « Repenser le raisonnement interprétatif: autonomie ou circulation des principes, des méthodes et des techniques, dans les rapports de systèmes », *in* Baptiste BONNET, *Traité des rapports entre ordres juridiques*, *op. cit.*, p. 605-631, notamment p. 607.

950 André LALANDE, *Vocabulaire technique et critique de la philosophie*, Éd. PUF, Coll. Quadrige, 2010, v° « Identité », p. 455-458, notamment p. 455.

s'accommode particulièrement du pluralisme des ordres juridiques qui délimite bien, entre les ordres juridiques, des *espaces différents* présentant pourtant des qualités similaires.

336. On s'attachera, ici, à identifier les phénomènes de convergences normatives entre deux types d'*espaces différents :* l'espace étatique ou constitutionnel et l'espace européen ou supra-constitutionnel. Il s'agira d'identifier l'existence d'un véritable « patrimoine juridique commun »[951] voire d'un « patrimoine constitutionnel commun »[952] à ces ordres juridiques formellement distincts. L'analyse s'attache alors, dans une certaine mesure, à mettre en évidence les « phénomènes d'inter-normativité »[953] non pas entre systèmes normatifs différents – tels que le droit et la morale – mais bien entre ordres juridiques formellement différents – tels que l'ordre constitutionnel et l'ordre européen ou encore l'ordre constitutionnel et l'ordre législatif. Pour ce faire, l'analyse envisagera l'ordre étatique, intuitivement conçu de façon unitaire, comme un ensemble d'ordres juridiques disparates[954]. Dans les deux cas, l'ordre juridique français sera utilisé comme l'exemple de l'ordre juridique national. Dans les deux cas également il s'agira de constater les phénomènes de convergence et d'équivalence matérielle entre les normes des différents ordres juridiques.

337. On s'attachera dans un premier temps à retranscrire les phénomènes de convergence entre les ordres juridiques nationaux et supranationaux donc entre les normes constitutionnelles et supra-constitutionnelles (A) mais également au sein même de l'ordre juridique étatique entre les normes constitutionnelles et les autres normes infra-constitutionnelles (B).

A. L'équivalence matérielle des normes constitutionnelles et supra-constitutionnelles

338. Dans ses conclusions sous l'arrêt *Conseil national des barreaux et autres*[955], le commissaire du gouvernement Guyomar constate l'existence d'un « espace juridique européen [...] fondé sur des valeurs communes »[956]. Ce faisant, il adopte une représentation spécifique du droit fondée sur une conception pluraliste des ordres juridiques. Celle-ci cherche à dissoudre les conflits normatifs de légalité formelle entre les ordres juridiques[957] en leur substituant une conception alternative articulée principalement autour du

---

[951] Olivier BEAUD, « Ouverture. L'Europe entre droit commun et droit communautaire », *Droits*, vol. 14, n°2, 1991, p. 3-16, notamment p. 6.

[952] Dominique ROUSSEAU, « La notion de patrimoine constitutionnel européen », *in Le patrimoine constitutionnel européen, op. cit*, p. 16-36.

[953] Jean CARBONNIER, *Sociologie juridique*, Éd. PUF, Coll. Quadrige, 1994, p. 317.

[954] V. à ce sujet Jean-Jacques Pardini, « Brèves réflexions sur les interactions entre les ordres juridiques », *in Liber amicorum Jean-Claude Escarras. La communicabilité entre les systèmes juridiques*, Éd. Bruylant, 2005, p. 131-159, notamment p. 141-146.

[955] C. E., sect., 10 avril 2008, *Conseil national des barreaux et autres*, n° 296845, Rec. 130.

[956] Mattias GUYOMAR, « Les rapports entre droit communautaire, droit de la Convention européenne et droit interne. À propos du secret professionnel des avocats. Conclusions sur Conseil d'État, 10 avril 2008, *Conseil national des barreaux et autres* », *RFDA*, n°3, 2008, p. 575-602.

[957] David MONGOIN, « La légitimité dans les rapports entre les ordres juridiques », *in* Baptiste BONNET, *Traité des rapports entre ordres juridiques*, *op. cit.*, p. 327-342, notamment p. 341.

caractère substantiellement *satisfaisant* et *partagé* de la protection effective de tel ou tel droit fondamental.

339. Cette logique n'est pas nouvelle qu'on retrouve dans le célèbre diptyque – ou triptyque selon les vues – jurisprudentiel de la Cour constitutionnelle allemande *Solange* et plus précisément dans l'arrêt *Solange II* de 1986[958]. La Cour renonce à confronter le droit communautaire dérivé aux droits fondamentaux issus de la Loi fondamentale *aussi longtemps que* le droit européen assurera de ces droits une protection *substantiellement* similaire à l'ordre juridique allemand. C'est donc reconnaître la force de cette normativité substantielle qui trouve à s'exprimer par delà les formes contingentes de la matière juridique.

340. La Cour constitutionnelle italienne fournit un raisonnement légèrement différent de celui de la Cour constitutionnelle allemande. Elle considère dans un premier temps qu'il n'est pas possible « d'affirmer *avec certitude* que tous les principes fondamentaux de notre ordre constitutionnel se retrouvent parmi les principes communs aux ordres juridiques et soient donc compris dans l'ordre juridique communautaire »[959]. Partant, « face à une possible violation d'un principe fondamental, on ne saurait invoquer les exigences majeures de l'application uniforme du droit communautaire et de la sécurité juridique »[960]. En d'autres termes, les droits et libertés protégés par l'ordre juridique italien recoupent largement – mais pas totalement – les droits et libertés protégés par le droit communautaire[961].

341. Le tribunal constitutionnel polonais est, pour sa part, encore plus clair qui a pu explicitement énoncer que, si « le système de droit en vigueur en Pologne constitue une structure à composantes multiples »[962], il n'en demeure pas moins que « la Constitution de la République de Pologne et le droit communautaire sont fondés sur un même corps de valeurs communes définissant la nature d'un État démocratique de droit ainsi que le catalogue et la teneur des droits fondamentaux »[963].

342. Dans l'ordre juridique français on trouve trace de cette logique substantielle dans la jurisprudence dite *Arcelor* du Conseil d'État (1°). Il ne

---

[958] BVerfGE, 22 octobre 1986, 2 BvR 197/83 (Solange II).

[959] Cour constitutionnelle italienne, arrêt n°232/1989 des 13 et 21 avril 1989, *S.p.a Fragd*, cons. 3.1.

[960] *Ibid.*, § 4.2.

[961] Ce raisonnement juridictionnel a été repris dans la plupart des pays européens. Par ex., v. pour l'Espagne, DTC n°*1/2004*, du 13 décembre 2004, §. 2. Saisi de la conformité à la Constitution du Traité établissant une Constitution pour l'Europe, le Tribunal constitutionnel estime que si la primauté du droit communautaire est fondée sur l'article 93 de la Constitution espagnole, « le transfert constitutionnel que l'article 93 permet a, à son tour, des limites matérielles qui s'imposent au transfert lui-même. Ces limites matérielles qui ne sont pas expressément exposées dans la disposition constitutionnelle, mais découlent implicitement de la Constitution comme de la signification essentielle de la disposition elle-même, se traduisent dans le respect de la souveraineté de l'État, de nos structures constitutionnelles de base et du système de valeurs et de principes fondamentaux consacrés dans notre Constitution où les droits fondamentaux acquièrent une normativité propre ».

[962] Tribunal constitutionnel polonais, jugment n°/ K 18/04 du 11 mai 2005, cons. 2.2, tr. Miroslaw GRANAT, *in* Pierre BON et Didier MAUS (dir.), *Les grandes décisions des cours constitutionnelles européennes,* p. 420-435, notamment p. 421.

[963] *Id.,* cons. 8.3, p. 424.

s'agit pourtant que de traces dès lors que la logique substantielle d'équivalence normative qu'elle promeut est encore masquée sous une apparente logique structurelle de prév*alence* normative (2°).

1° La jurisprudence *Arcelor* ou la consécration de la logique substantielle d'équiv*alence*

343. Dans l'ordre juridique français, les outils propres à favoriser la prise en compte de l'équivalence sont connus. Pour l'essentiel, on en trouve le principe dans l'arrêt du Conseil d'État de 2007, *Société Arcelor Atlantique et Lorraine et autres*[964]. Dans cette décision, l'assemblée du contentieux du Conseil d'État affirme que l'obligation constitutionnelle de transposition des directives, qui découle de l'article 88-1 de la Constitution, implique, pour le juge administratif, un contrôle particulier des actes réglementaires assurant directement cette transposition. Ainsi, dans le cas où le juge administratif serait saisi d'un moyen tiré de la méconnaissance par l'acte réglementaire de transposition d'une directive, d'un principe ou d'une disposition constitutionnelle, il doit rechercher s'il existe une règle ou un principe général du droit communautaire *équivalent* à celui qui existe en droit constitutionnel. Dans ce cas, le juge administratif est chargé de contrôler la directive communautaire au regard du principe communautaire. Cette correspondance s'apprécie alors « eu égard à la nature et à la portée » du principe et « tel qu'il est interprété en l'état actuel de la jurisprudence du juge communautaire ». L'arrêt laisse ouverte la possibilité que la norme constitutionnelle initialement invoquée à l'appui de la contestation de l'acte réglementaire de transposition ne dispose d'aucun équivalent en droit communautaire. Dans ce cas, et dans ce cas seulement, le juge administratif doit effectuer un contrôle de constitutionnalité de l'acte réglementaire contesté devant lui. L'arrêt conforte ainsi l'hypothèse de l'existence d'une normativité substantielle commune aux ordres juridiques nationaux et supranationaux. Elle se fonde, en effet sur l'idée qu'il existe une communauté de normes, matériellement conçues à l'identique, et présentes dans les deux ordres juridiques. Autrement dit, l'arrêt met bien l'accent sur la capacité substantielle des ordres juridiques à garantir de la même façon – matérielle –, *équivalente*, la portée de certaines normes et notamment, le principe d'égalité. Ce n'est pas un hasard, du reste, si l'arrêt Arcelor a été rendu aux conclusions favorables de M. Guyomar qui admettait, par ailleurs, dans l'épilogue de cette affaire[965] que « l'Union européenne et les ordres juridiques nationaux sont fondés sur les mêmes valeurs juridiques fondamentales »[966].

344. Plus récemment, le juge administratif a réitéré cette jurisprudence dans un arrêt *Confédération paysanne*[967] de 2016 à propos du principe de

[964] C. E., Ass., 8 février 2007, *Société Arcelor Atlantique et Lorraine et autres*, n°287.110, Rec. 56.
[965] C. E., 3 juin 2009, *Société Arcelor Atlantique et Lorraine et autres*, n°287110.
[966] Mattias GUYOMAR, « Le contrôle de la constitutionnalité d'un règlement transposant une directive. Épilogue de l'affaire *Arcelor* », *RFDA*, 2009, p. 800 et s.
[967] C. E., 3 octobre 2016, *Confédération paysanne et autres*, n°388.649, Rec. 401.

précaution. Le juge identifie alors une équivalence entre ce principe tel qu'il ressort d'une part, de l'article 5 de la Charte de l'environnement, et d'autre part, d'une lecture combinée de l'article 191 du Traité sur le fonctionnement de l'Union européenne et de la jurisprudence de la Cour de justice de l'Union européenne. Il en résulte que « lorsque des incertitudes subsistent sur l'existence ou la portée de risques, des mesures de protection peuvent être prises sans attendre que la réalité et la gravité de ces risques soient pleinement démontrées »[968]. Dans tous les cas, cette solution, qui n'a pas manqué de détracteurs[969], permet au juge administratif de surmonter la logique formelle nécessairement conflictuelle – ordonnée au principe de primauté nécessairement exclusif – en renforçant substantiellement l'intérêt porté à la consistance de la norme.

2° La méthode *Arcelor* ou la persistance marginale de la logique structurelle de prév*alence*

345. À la lecture de la décision, la victoire de la logique substantielle sur la logique structurelle n'est pas mise en avant alors même que les conclusions rendues ne s'en cachent pas. En effet, le contrôle *Arcelor* opère bien translation[970] d'un contentieux – formellement – constitutionnel vers un contentieux – formellement – communautaire. La recherche d'un équivalent en droit communautaire, d'une norme constitutionnelle, véhicule l'idée que le *principe communautaire* est censé garantir, par sa seule application, *l'effectivité de la Constitution*. Le mouvement de translation des contentieux trahit bien une réminiscence de la lutte des souverainetés entre les ordres juridiques. C'est là toute l'ambiguïté de l'arrêt qui dément cette hypothèse tout en la confortant.

346. Dans son contrôle *Arcelor,* le juge administratif opte pour le maintien d'un *statu quo* confortable qui rencontre les faveurs d'une doctrine – parfois accommodante – et de certaines juridictions. De la sorte, il conforte à peu de frais son assise tout en se gardant de révéler le fond de ses intentions. Une partie de la doctrine pourra alors saluer, par cette décision, la victoire de l'ordre juridique communautaire sur l'ordre constitutionnel qui confirme « l'européanisation croissante du tissu constitutionnel »[971] et l'idée que, désormais, le « contrôle de constitutionnalité s'effectue, pour partie, sous le timbre du droit communautaire »[972]. Une autre partie de la doctrine,

---

[968] *Id.*

[969] V. par ex., Sylvie CAUDAL, « Existe-t-il un principe de précaution appliqué par le juge administratif ? », *RFDA*, n°6, 2017, p. 1061-1067. L'auteur lui reproche de ne pas consacrer un véritable équivalent communautaire au droit constitutionnel français.

[970] Mattias GUYOMAR, « La recherche de l'harmonie entre normes internes et européennes : repenser l'équivalence », *in* Baptiste BONNET, *Traité des rapports entre ordres juridiques*, *op. cit.*, p. 590.

[971] Vlad CONSTANTINESCO, « Des racines et des ailes. Essai sur les rapports entre droit communautaire et droit constitutionnel », *in Au carrefour des droits: mélanges en l'honneur de Louis Dubouis*, Éd. Dalloz, 2002, p. 314 et s.

[972] Mattias GUYOMAR, « Le contrôle de constitutionnalité d'un règlement transposant une directive communautaire. Conclusions sous C. E., 8 février 2007, *Société Arcelor Atlantique et Lorraine et autres* », *RFDA*, n°2, 2007, p. 384-401.

au contraire, pourra s'arc-bouter dans la mêlée – ou dans les *démêlés*[973] – sur cet énoncé de l'arrêt selon lequel « la suprématie ainsi conférée aux engagements internationaux ne saurait s'imposer, dans l'ordre interne, aux principes et dispositions à valeur constitutionnelle ». De la sorte elle se réconfortera de cette victoire à la Pyrrhus annonciatrice de jours meilleurs pour la suprématie constitutionnelle[974] et pourra acter des multiples degrés du « consentement » des juridictions françaises à « être influencées » par l'ordre juridique communautaire[975].

347. Ainsi, comme souvent en droit, la divergence de point de vue est due pour l'essentiel à une divergence de lecture. Cette divergence de point de vue s'efface pourtant à mesure que l'idée de l'existence d'une pluralité d'ordres juridiques se fait plus concrète[976]. Sous l'effet de cette pression, il est inévitable que la systématisation juridique offerte par les tenants de la logique hiérarchique des ordres juridiques ne craquèle. Tôt ou tard, il faudra bien répondre à cette question que soulève très habilement le professeur Brunet : dès lors qu'une norme ne fait que refléter une autre norme, « qu'elle en reprend le contenu sans s'en distinguer, pourquoi en effet continuer à envisager deux normes, au prix d'une complexité inutile ? »[977]

348. En entretenant le mythe des rapports hiérarchiques entre les ordres juridiques, la dogmatique continue d'user d'une fiction juridique déformante de la réalité juridique. Pourtant la réalité juridique justifie bien d'un processus – lent et inachevé bien entendu – de mutation du droit en un système statique et d'apparition subséquente d'une hiérarchie substantielle des normes, au détriment d'une hiérarchie formelle. N'est-ce pas, ici, le mythe même de la conception formelle de la souveraineté qui cède ? Aujourd'hui, les indices d'une telle évolution se multiplient. Même la jurisprudence du Conseil constitutionnel en atteste désormais. En effet, le juge constitutionnel n'affirme-t-il pas, dans sa décision dite *Droit*

---

[973] En référence à l'article de Stéphane PINON, « Les démêlés du juge constitutionnel et du juge administratif avec le principe de "primauté" du droit communautaire », *AJDA*, n°20, 2008, p. 1077-1081.

[974] Fanny TARLET et Guillaume LEONARD, « Mutations génétiques et juridiques autour de la décision Arcelor », *AJDA*, n°5, 2017, p. 288-296 ; v. égal. Stéphane PINON, « Les démêlés du juge constitutionnel et du juge administratif avec le principe de "primauté" du droit communautaire », *loc. cit.* ; v. égal., Bernard PACTEAU, « "Constitutionnalisation" ou "européanisation" de la justice administrative. (Faut-il choisir ?) », *in L'esprit des institutions, l'équilibre des pouvoirs. Mélanges en l'honneur de Pierre Pactet*, Éd. Dalloz, p. 793-800, notamment p. 800.

[975] Pour une telle explication, v. par ex., Régis FRAISSE et Valérie GOESEL-LE BIHAN, « L'influence du droit d'origine externe sur la jurisprudence du Conseil constitutionnel », *in* Baptiste BONNET, *Traité des rapports entre ordres juridiques*, *op. cit.*, p. 953-982, notamment p. 954 où les auteurs évoquent assez étrangement « l'influence consentie » par le Conseil constitutionnel.

[976] V à ce sujet Mireille DELMAS-MARTY, *Le pluralisme ordonné*. Éd. du Seuil, Coll. Les forces imaginantes du droit, 2006 ; Baptiste Bonnet (dir.), *Traité des rapports entre ordres juridiques*, Éd. LGDJ-Lextenso, 2016 ; Caroline BRICTEUX et Benoît FRYDMAN (dir.), *Les défis du droit global*, Éd. Bruylant, Coll. Penser le droit, 2017.

[977] François BRUNET, « La norme-reflet. Réflexions sur les rapports spéculaires entre normes juridiques », *RFDA*, n°1, 2017, p. 85-104.

d'auteur[978], qu'il lui appartient, dans le cadre du contrôle de l'opération de transposition d'une directive communautaire, de s'assurer que la loi de transposition « ne saurait aller à l'encontre d'une règle ou d'un principe inhérent à l'identité constitutionnelle de la France ». La liste des exemples pourrait s'allonger indéfiniment parce qu'en réalité, les principes d'égalité, de précaution, et plus généralement tous les droits fondamentaux, disposent désormais d'une *physionomie globale*[979]. Ils renvoient à une même substance, un même contenu protégé d'une façon relativement similaire. Il y a vingt ans déjà, le professeur Denys de Béchillon écrivait que « l'on recense un clone européen ou international pour chaque droit constitutionnel fondamental »[980]. Il apparaît dès lors impossible de se satisfaire *uniquement* des concepts de système dynamique et de hiérarchie formelle des normes et des ordres juridiques pour prétendre ordonner la discipline juridique.

349. Les tentatives de cantonner la souveraineté à un rang formel de la hiérarchie des normes, à savoir le rang constitutionnel ou supra-constitutionnel, semblent avoir échoué. La transformation par Kelsen de la souveraineté en principe logique a fait long feu. C'est parce que la souveraineté reste bien une *cause première* c'est-à-dire, en droit, une véritable *intention première*. En tant que telle, elle s'incarne impérativement en une volonté dont la Constitution n'est que le « mode d'expression »[981] et non pas l'objet. Elle est donc largement politique. Cette volonté souveraine ne trouve sa raison d'être, son identité, « que dans sa capacité à changer l'objet de sa volonté »[982]. Elle n'est donc assignée à aucun contenu particulier. Elle est bien « une liberté suprême dont les choix ne sont pas prédéterminés »[983]. Partant, l'on ne saurait, sans la nier, l'associer rigidement à la structure étatique et encore moins à la forme constitutionnelle. De la sorte, toute atteinte à la constitution ne constitue pas une atteinte à la souveraineté. Désormais, il semblerait qu'une autre logique soit à l'œuvre au sein du droit, dépassant progressivement la stricte logique hiérarchique formelle véhiculée par le légalisme et son descendant le positivisme normatif. Ce même mouvement est à l'œuvre dans les rapports infra-constitutionnels.

B. L'équivalence matérielle des normes constitutionnelles et infra-constitutionnelles : l'exemple de la para-constitutionnalité

350. De la même façon que l'on adopte une conception pluraliste des ordres juridiques nationaux et internationaux, il est possible d'adopter une conception pluraliste du seul ordre juridique national. Cette conception peut

---

[978] Cons. Const., décision n°2006-540 du 27 juillet 2006, *Loi relative au droit d'auteur et aux droits voisins dans la société de l'information*, cons. 19.

[979] Baptiste BONNET, « Le dialogue des normes et des juges et le principe de précaution », *RFDA*, n°6, 2017, p. 1078-1083.

[980] Denys DE BECHILLON, « De quelques incidences du contrôle de la conventionnalité internationale des lois par le juge ordinaire (Malaise dans la Constitution) », *RFDA*, n°2, 1998, p. 225-242.

[981] Étienne PICARD, « La hiérarchie des normes confrontée aux rapports entre ordres juridiques », *loc. cit.*, p. 535.

[982] *Ibid.*, p. 538.

[983] *Id.*

paraître surprenante pour un ordre juridique – interne – qui se caractérise intuitivement par son homogénéité. Elle a pourtant été défendue par les positivistes les plus fervents[984]. Si on les suit dans leur approche, il est possible de voir dans les ordres juridiques civil, administratif ou constitutionnel des ordres juridiques distincts. On constate alors que la logique de substantialisation du droit – et d'effacement des limites formelles aux ordres juridiques – est pleinement à l'œuvre dans l'ordre interne. Cela s'entend d'autant plus que la hiérarchisation formelle y est censément la mieux acquise ou admise puisque la plus conforme au mythe de la structure pyramidale à laquelle on la rapporte.

351. Dans l'ordre juridique français, on trouve un exemple typique de cet effacement formel des ordres juridiques à travers le développement, dans le creux de la constitutionnalité formelle, d'une véritable « paraconstitutionnalité »[985]. En effet, les principes « para-constitutionnels » sont entendus comme des normes dotées d'un certain contenu normatif et ce, malgré une absence de formalisation expresse et une « force contraignante plus ou moins limitée » susceptible de variations. Dans cette perspective, les principes valent à raison de leur contenu et indépendamment de toute reconnaissance formelle. D'après M. Luchaire, ces principes *dérivent* de la législation en vigueur. C'est bien insister sur le caractère statique de leur engendrement.

352. Ainsi, le Conseil constitutionnel a-t-il pu invoquer, au soutien de son contrôle de constitutionnalité, l'exigence du respect du *double degré de juridiction,* et ce, « sans qu'il y ait lieu de se prononcer sur son éventuelle valeur constitutionnelle »[986] ; autrement dit, en sortant ouvertement et de façon revendiquée du cadre formaliste censé commander à son contrôle. Dans cet exemple, la validité normative du *double degré de juridiction*, qui n'est assurément pas formelle – puisque la norme n'est pas consacrée par le texte de la Constitution ou la jurisprudence antérieure du juge[987] – ne peut être que matérielle et tenir à sa propre force, c'est-à-dire à sa capacité à s'imposer dans le raisonnement du juge, à raison de *l'importance* matérielle qu'elle revêt pour la réalisation d'une protection satisfaisante d'un autre droit fondamental, en l'espèce, les droits de la défense. On voit bien, ici, qu'une statique du droit se dessine

---

[984] Hans KELSEN, « Les rapports de système entre le droit interne et le droit international public », *loc. cit.*, p. 271 ; v. plus récemment Michel TROPER, « La constitution comme système juridique autonome », *Droits*, vol. 35, n°1, 2002, p. 66.

[985] François LUCHAIRE, « Note sous Cons. Const. 13 décembre 1985 », *D. jur. gén.*, vol. 27, 1986, p. 345-351, notamment p. 351 ; v. égal. François LUCHAIRE, « Un Janus constitutionnel : l'égalité », *RDP*, vol. 103, n°1, 1986, p. 1229-1274, notamment p. 1253.

[986] Cons. Const., décision n° 80-127 DC du 20 janvier 1981, *Loi renforçant la sécurité et protégeant la liberté des personnes*, cons. 47 : « qu'ainsi la procédure critiquée ne permet aucune atteinte aux droits de la défense et notamment ne modifie en rien les conditions dans lesquelles s'exerce le contrôle de l'instruction en matière criminelle par la règle du double degré applicable aux décisions juridictionnelles ; que, dès lors, *sans qu'il y ait lieu de se prononcer sur l'éventuelle valeur constitutionnelle de ce dernier principe*, il convient de déclarer que ladite procédure n'est pas contraire à la Constitution ».

[987] La valeur constitutionnelle du *double degré de juridiction* est même ouvertement niée, et ce, de jurisprudence constante. V. par ex. Cons. Const., décision n° 2013-338/339 QPC du 13 septembre 2013, *Société Invest Hôtels Saint-Dizier Rennes et autre*, cons. 8.

353. C'est de la même façon qu'il s'est référé au principe *d'inaliénabilité du domaine public*[988] « sans qu'il soit besoin de rechercher si le principe [...] a valeur constitutionnelle ». En effet, d'après le juge constitutionnel, il « suffit d'observer qu'il s'oppose seulement à ce que des biens qui constituent ce domaine soient aliénés sans qu'ils aient été au préalable déclassés ». Force est alors de constater que le juge constitutionnel reconnaît *la valeur de l'inaliénabilité du domaine public sans pour autant lui conférer valeur constitutionnelle*.

354. On trouve encore traces de cette logique dans une décision du 18 janvier 1985[989] à l'occasion de laquelle le Conseil constitutionnel fait une application tacite du *principe de réparation intégrale des préjudices certains* pour regretter, au terme de l'espèce, le caractère seulement *éventuel* du préjudice allégué par les auteurs de la saisine. Cette façon de faire sera réitérée dans une décision du 13 décembre 1985 [990]. Le Conseil constitutionnel estime qu'un article instituant un régime particulier d'indemnisation « au seul préjudice résultant des travaux d'installation, de pose ou d'entretien des moyens de diffusion par voie hertzienne ou des équipements nécessaires à leur fonctionnement » semble « écarter la réparation de tous préjudices autres que ceux strictement précisés ». Il ne saurait pour autant exclure « du droit à réparation un élément quelconque de préjudice indemnisable résultant des travaux ou de l'ouvrage public ». Le juge constitutionnel énonce donc dans cette décision, un principe sans pour autant lui conférer explicitement valeur constitutionnelle. Là encore, on peut en trouver une explication dans ce que la norme *vaudrait substantiellement, c'est-à-dire à raison de son contenu, et de l'importance que semble lui attribuer le juge, et non pas formellement, à raison de sa position dans la hiérarchie des normes* – ici le bloc de constitutionnalité.

355. Un autre exemple réside dans la référence au principe de *responsabilité des particuliers en raison des dommages causés par leur faute.* Le Conseil l'invoque notamment pour refuser l'instauration par le législateur d'un régime d'exemption de réparation pour faute des dommages

---

988 Cons. Const., décision n°86-217 DC du 18 septembre 1986, *Loi relative à la communication*, cons. 88. C'est encore ce principe de l'exigence d'une contrepartie effective par les propriétaires publics pour toute aliénation, cession ou échange de biens que l'on retrouve cité, utilisé en tant que référence dans une décision n°94-346 DC du 21 juillet 1994, *Loi complétant le code du domaine de l'État et relative à la constitution de droits réels sur le domaine public*, cons. 3. C'est à nouveau ce même principe qui est invoqué par le Conseil constitutionnel à l'appui de Cons. Const., décision n°96-380 DC du 23 juillet 1996, *Loi relative à l'entreprise nationale France Télécom*, cons. 5. Dans le contentieux *a posteriori* le principe de l'inaliénabilité du domaine public a pu également être invoqué, preuve supplémentaire de son caractère de norme de référence expresse du Juge constitutionnel. V. Cons. Const., décision n°2010-67/86 QPC du 17 décembre 2010, *Région Centre et région Poitou-Charentes*, cons. 3.

989 Cons. Const., décision n°84-182 DC du 18 janvier 1985, *Loi relative aux administrateurs judiciaires, mandataires-liquidateurs et experts en diagnostic d'entreprise*, cons. 10.

990 Cons. Const., décision n°85-198 DC du 13 décembre 1985, *Loi modifiant la loi n° 82-652 du 29 juillet 1982 et portant diverses dispositions relatives à la communication audiovisuelle*, cons. 16.

causés à l'occasion d'un conflit du travail, dès lors que ces dommages se rattachent à l'exercice du droit de grève ou à la liberté syndicale[991].

356. Parfois, le juge constitutionnel peut se référer plus simplement à une maxime importée d'un ordre juridique étranger. L'on pense ainsi à la maxime *pacta sunt servanda* invoquée à plusieurs reprises par le Conseil constitutionnel ; encore que cette dernière ait été, dans un premier temps, formellement rattachée à l'alinéa 14 du préambule de la Constitution de 1946[992]. Pourtant, les décisions ultérieures[993] laissent bien supposer son « détachement »[994] formel du préambule de la Constitution de 1946. Le Conseil constitutionnel a eu l'occasion d'en faire une utilisation récente à propos du contrôle de la conformité à la Constitution du Traité sur la stabilité, la coordination et la gouvernance au sein de l'Union économique et monétaire. Interrogé sur « la prise d'effet dans le droit national des règles d'équilibre des finances publiques », le Conseil constitutionnel a pu énoncer que « dès lors que la France aura ratifié le Traité et que celui-ci sera entré en vigueur », les règles relatives à l'équilibre des finances s'imposeront à elle qui sera « en application de la règle '*Pacta sunt servanda*' liée par ces stipulations qu'elle devra appliquer de bonne foi »[995]. L'adage est bien normatif indépendamment de tout rattachement textuel.

---

[991] Cons. Const., décision n°82-144 DC du 22 octobre 1982, *Loi relative au développement des institutions représentatives du personnel*, cons. 5. Cette décision concernant les fautes commises par les personnels d'une entreprise doit être mise en perspective avec une décision ultérieure Cons. Const., décision n°88-248 DC du 17 janvier 1989, *Loi modifiant la loi n° 86-1067 du 30 septembre 1986 relative à la liberté de communication*, cons. 9. Dans cette décision de 1989, le Conseil se réfère à nouveau au principe de non exemption de la responsabilité pour faute. Il censure à cette occasion les dispositions d'une loi prévoyant l'exonération de la responsabilité du président d'un organisme du secteur public audiovisuel. Dans cette dernière décision, il est intéressant de constater que le Conseil constitutionnel se réfère expressément au principe de l'absence d'exonération de la responsabilité personnelle – autrement dit au principe de responsabilité des particuliers du fait des dommages causés par leur faute –, principe qu'il semble citer en lui-même, pour lui-même, *i.e* pour sa *valeur intrinsèque*. C'est également la *valeur* de ce principe qui fonde la limitation de l'immunité pénale conférée au Défenseur des droits. v. Cons. Const., décision n°2011-626 DC du 29 mars 2011, *Loi organique relative au Défenseur des Droits*, cons. 6. Dans le contentieux *a posteriori*, ce principe a également pu être utilisé ; v. par ex., Cons. Const., décision n°2010-2 QPC du 11 juin 2010, *Mme Viviane. L*, cons. 11 ; v. égal. Cons. Const., décision n°2010-8 QPC, *Époux L*, cons. 10 ; Cons. Const., décision n°2011-116 QPC du 8 avril 2011, *M. Michel Z et autre*, cons. 4 ; Cons. Const., décision n°2011-167 QPC du 23 septembre 2011, *M. Djamel B.*, cons. 4 ; Cons. Const., décision 2014-415 QPC du 26 septembre 2014, *M. François F.*, cons. 5. Ces décisions énoncent toutes que le principe de responsabilité pour faute et surtout de réparation, son corollaire « ne fait pas obstacle à ce que le législateur aménage, pour un motif d'intérêt général, les conditions dans lesquelles la responsabilité peut être engagée ».

[992] Cons. Const., décision n°92-308 DC du 9 avril 1992, *Traité sur l'Union européenne*, cons. 7.

[993] Cons. Const., décision n°98-408 DC du 22 janvier 1999, *Traité portant statut de la Cour pénale internationale*, cons. 32.

[994] La règle *Pacta sunt servanda* est invoquée au considérant 32 bien loin de l'invocation des articles du préambule de 1946. Des commentateurs voient pourtant dans cette décision de 1999 une confirmation explicite de la décision de 1992. V. par ex. Agnès Roblot-Troizier, « Réflexions sur la constitutionnalité de renvoi », *CCC*, vol. 22, n°1, 2007, p. 198-210.

[995] Cons. Const., décision n°2012-653 DC du 9 août 2012, *Traité sur la stabilité, la coordination et la gouvernance au sein de l'Union économique et monétaire*, cons. 18.

357. L'on pense encore à l'invocation par le Conseil constitutionnel du principe énoncé à l'article 121-3 du Code pénal qui conditionne la reconnaissance d'un crime ou d'un délit à l'existence d'une intention criminelle. C'est la fameuse *mens rea* dont le respect est souvent exigé par une réserve d'interprétation[996]. Le Conseil constitutionnel a pu également se référer dans une décision de 1969 [997] au « principe général du droit » administratif du *silence gardé par l'administration valant décision de rejet* ou encore à *la collégialité des tribunaux*[998].

358. La logique est à chaque fois similaire. Le Conseil constitutionnel se réfère, au soutien de son contrôle de constitutionnalité, à une règle dotée d'une certaine valeur qui, n'étant pas formelle – puisque le principe n'est pas formellement constitutionnel – ne peut alors être que celle de sa propre force c'est-à-dire de sa capacité à s'imposer dans le raisonnement du juge. En d'autres termes, la normativité de ces règles est ici, substantielle, qui ne reflète rien d'autre que l'importance qu'elles revêtent. Les normes valent bien à raison de leur contenu ou plutôt de l'importance qui lui est prêtée.

359. En outre, comme leur nom l'indique, ces principes « para-constitutionnels » sont toujours formellement établis dans un ordre juridique concurrent du droit constitutionnel, soit qu'il s'agisse d'un ordre juridique étranger – comme le laisse supposer la référence au principe *de double juridiction* – soit qu'il s'agisse d'un ordre hiérarchique subordonné – comme permettent de le supposer les principes *d'expropriation juste* ou de *responsabilité du fait des dommages commis*. Où l'on constate que, même dans l'ordre interne, la logique structurelle de prévalence est désormais dépassée par une logique substantielle d'équivalence.

360. Force est de constater, tout de même, l'étrangeté de cette thèse de la « paraconstitutionnalité », du strict point de vue d'une logique structurelle – ou dynamique – du système normatif qui n'apprécie l'existence des normes qui le composent qu'à travers leur rang hiérarchique d'appartenance. Il faut voir dans le décalage entre cette hypothèse et les représentations dominantes de la discipline juridique une explication plausible de la raison pour laquelle elle n'a pas rencontré, au sein de la doctrine, le succès qu'elle était pourtant en droit d'attendre. La référence avérée du juge constitutionnel à la « paraconstitutionnalité » constitue l'un des exemples les plus parlants de la construction, par celui-ci, à travers sa jurisprudence, d'une véritable *statique* du droit. Elle confirme l'évolution profonde qui s'est opérée dans les représentations de la légalité que le contrôle de constitutionnalité véhicule.

---

[996] Cons. Const., décision n°2008-564 DC du 19 juin 2008, *Loi relative aux organismes génétiquement modifiés*, cons. 35 ; Cons. Const., décision n°2012-242 QPC du 14 mai 2012, *Association temps de vie*, cons. 8 ; Cons. Const., décision n°2014-418 QPC du 8 octobre 2014, *Société SGI*, cons. 9

[997] Cons. Const., décision n°69-55 L du 26 juin 1969, *Nature juridique de certaines dispositions modifiées, des articles 4, 9 et 12 de la loi du 2 mai 1930 relative à la protection des monuments naturels et des sites de caractère, historique, scientifique, légendaire ou pittoresque, des articles 2 et 13 bis de la loi du 31 décembre 1913 sur les monuments historiques et de l'article 98-1 du code de l'urbanisme et de l'habitation*, cons. 5.

[998] Cons. Const., décision n°75-56 DC du 23 juillet 1975, *Loi modifiant et complétant certaines dispositions de procédure pénale spécialement le texte modifiant les articles 398 et 398-1 du code de procédure pénale*, cons. 3.

II. L'émergence d'un patrimoine terminologique commun : la normativité substantielle des notions communes

361. Le mouvement de développement d'un patrimoine normatif commun aux ordres juridiques européens s'accompagne, fort logiquement, d'un second mouvement de développement d'un patrimoine terminologique commun. Ainsi, la présence dans les textes normatifs de notions juridiquement indéterminées ou de standards universels poussent logiquement dans le sens de l'émergence d'un ensemble juridique commun à de nombreux ordres juridiques pourtant formellement différents[999]. Il semblerait désormais qu'émerge, du fond du droit un ensemble normatif commun, c'est-à-dire un ensemble de termes, de mots, d'expressions partagés entre les ordres juridiques nationaux européens. Trois exemples en sont particulièrement topiques. Il s'agit des notions autonomes (A), des standards (B) mais également des adages (C).

A. Les notions autonomes comme normes substantiellement valides

362. À première vue, il peut paraître paradoxal d'associer la problématique des notions autonomes au constat d'une interdépendance sémantique entre les ordres juridiques et à la reconnaissance d'une communauté de sens au sein de l'aire géographique européenne. En effet, les notions autonomes, comme leur nom l'indique, se caractérisent avant tout par leur caractère *défensif*, pour ne pas dire isolationniste, d'un ordre juridique particulier. Le recours aux notions autonomes se justifie initialement par la volonté des juridictions européennes d'éviter que les juridictions nationales n'adoptent « des qualifications déviantes en vue d'échapper aux contraintes imposées par un texte ou que des divergences d'interprétation nuisant à l'uniformité du droit applicable n'apparaissent »[1000]. Pour le professeur Sudre, à l'échelle du droit supranational, les notions autonomes auraient pour caractéristique principale de faire « l'objet d'une qualification différente du droit interne »[1001]. Dans cette perspective, les notions autonomes ne serviraient alors qu'à fournir des assises plus solides à l'ordre juridique dans le creux duquel elles évolueraient.

363. Pour autant, le recours à cette technique s'analyse « comme une méthode de formation d'un droit commun qui vient pallier l'imprécision des termes conventionnels et l'absence d'homogénéité des droits nationaux »[1002]. Surtout, le concept de *notions autonomes* confirme à tout le moins la thèse du pluralisme des ordres juridiques qu'elles présupposent logiquement. Le recours aux notions autonomes a ainsi pour vocation d'effacer les particularismes normatifs entre divers ordres juridiques. En cela, les notions

---

999 Denys SIMON, « Repenser le raisonnement interprétatif : autonomie ou circulation des principes, des méthodes et des techniques, dans les rapports de systèmes », *in* Baptiste BONNET (Dir.), *Traité des rapports entre ordres juridiques*, *loc. cit.*, p. 619.

1000 *Ibid.*, p. 626.

1001 Frédéric SUDRE, *Droit européen et international des droits de l'homme*, Éd. PUF, Coll. Droit fondamental. Classiques, 2016, p. 245-246.

1002 *Ibid.*, p. 244.

autonomes permettent la commensurabilité des objets issus d'ordres juridiques pourtant formellement distincts.

364. L'utilisation d'une notion autonome suppose, pour le juge, de privilégier « l'acception 'matérielle', et non formelle, des notions à déterminer »[1003]. Cela lui permet ainsi « de dépasser le sens habituel que le concept en cause revêt en droit national et de conférer à ce concept une signification extensive »[1004]. En outre, en droit interne, les notions autonomes pourraient constituer une véritable vitrine propre à asseoir la souveraineté de l'ordre juridique concerné. La mobilisation de notions autonomes semble renouer avec le mythe de la complétude des ordres juridiques au sein desquels toute notion possèderait une signification propre. Dans ces conditions, la normativité des notions autonomes se présenterait de façon particulière. Celle-ci serait davantage une normativité langagière. Si les notions autonomes supposent une communauté – et non une identité – de *signifiant,* alors elles postulent inexorablement une communauté – et non une identité – de signifié.

365. De la sorte, l'usage des notions autonomes ne fait que consacrer l'évidence, sur laquelle pourtant nul ne s'attarde réellement, à savoir l'existence d'un sens juridique commun aux ordres juridiques[1005]. Celui s'exprime à travers l'existence d'un fond conceptuel commun et d'un vocabulaire assez largement partagé. Ainsi, l'ordre juridique français, comme l'ordre juridique européen ou comme l'ordre juridique italien par exemple, connaît bien des notions telles que le *domicile*, la *sanction*, le *bien*, la *propriété*, *l'arrestation*, *l'aliéné*, *l'expulsion* ou encore la *victime*.

366. En somme, le recours aux notions autonomes sert à l'homogénéisation de la discipline juridique par delà les différences formelles entre les ordres juridiques. Les notions autonomes rendent possible l'échange entre des juridictions qui opèrent dans des ordres juridiques aux traditions parfois bien différentes. Les notions autonomes donnent alors aux juges un langage normatif commun et portent une inévitable convergence de sens. Cette convergence de sens est essentiellement le fait de la normativité intrinsèque du langage juridique[1006]. En droit, les notions autonomes prouvent du fond de leurs ordres juridiques respectifs que « la pluralité des langues est loin de se réduire à une pluralité de désignation d'une chose mais qu'elles sont différentes perspectives de cette même chose »[1007]. Elles traduisent l'émergence d'une normativité substantielle largement détachée de sa source formelle.

367. La jurisprudence fournit un certain nombre d'exemples particulièrement révélateurs du développement de ce phénomène. Dans un grand nombre de cas, il arrive au juge constitutionnel de se référer à des

---

[1003] *Ibid.*, p. 246.

[1004] *Id.*

[1005] V. à ce sujet, Denys SIMON, « Les "notions autonomes" en droit de l'Union », *in Mélanges en l'honneur du professeur Henri Oberdorff*, Éd. LGDJ-Lextenso, 2015, p. 93-106, notamment p. 95.

[1006] François BRUNET, *La normativité en droit*, Éd. Mare & Martin, Coll. Bibliothèque des thèses, 2012, p. 102 et s.

[1007] *Ibid.*, p. 104.

notions qu'il partage avec des ordres juridiques distincts – et notamment européens – sans pour autant qu'il en propose une conception tout à fait identique. Tantôt il en fournit une conception plus stricte, tantôt une conception plus large. Dans ces conditions, « l'incertitude de la définition même des notions autonomes conduit à un dénombrement extrêmement variable »[1008].

368. Il en va ainsi s'agissant de la notion de *vie privée*. Le juge constitutionnel a pu proposer une conception plus restrictive que celle qu'en donne la Cour européenne des droits de l'homme. En effet, dans une célèbre décision QPC, *Ahmed S*[1009], le juge considère expressément que la procédure de la déchéance de nationalité « ne met pas en cause son droit au respect de la vie privée ». Raisonnant de la sorte, il ne fait que suivre une jurisprudence constante par laquelle il affirme que « la contestation de la nationalité d'une personne ne met pas en cause son droit au respect de la vie privée »[1010] tel qu'il est protégé par l'article 2 de la Déclaration de 1789. Il confirme alors l'idée selon laquelle « le champ d'application de cette notion est restrictif »[1011] et qu'elle se limite à la « sphère d'intimité de chacun »[1012] ; sphère d'intimité dans laquelle ne rentre pas, à première vue, la nationalité. À l'inverse, s'il n'existe pour la Commission européenne des droits de l'homme, aucun droit à acquérir une nationalité particulière, le refus opposé à une demande d'un individu portant sur – sa réintégration dans la nationalité turque – dont il avait été déchu – porte atteinte à son droit à la vie privée tel qu'il ressort de l'article 8 de la Convention[1013].

369. Il en va également de la notion de *bien*. Celle-ci bénéficie d'une « *portée autonome* qui ne se limite certainement pas à la propriété de biens corporels »[1014] et fait l'objet d'une *définition extensive*[1015] englobante des biens incorporels. Ainsi, la Cour considère que l'article 1 du protocole 1 fixant le régime juridique du droit de propriété couvre tous les biens à valeur patrimoniale, y compris donc, des biens incorporels tels qu'une « clientèle »[1016], que des « intérêts économiques liés à l'exploitation d'un débit de boissons », ou plus généralement de simples « créances »[1017] ; celles-ci pouvant même être virtuelles à condition que l'intéressé possède une « espérance légitime » à sa concrétisation[1018]. Pourtant le Conseil constitutionnel fournit une analyse plus restrictive de la notion de *bien*. S'il

---

1008 Denys SIMON, « Les "notions autonomes" en droit de l'Union », *loc. cit.*, p. 95.

1009 Cons. Const., décision n°2014-439 QPC du 23 janvier 2015, *M. Ahmed S*, cons. 22.

1010 Cons. Const., décision n°2013-354 QPC du 22 novembre 2013, *Mme Charly K.*, cons. 10.

1011 Commentaire sur la décision n°2014-439 QPC, *M. Ahmed S., préc.*, p. 15.

1012 *Id.*

1013 Commission européenne, Rapport du 1er juillet 1997, *Kafkasli contre Turquie*, – 21106/92, § 33 ET 34.

1014 C. E. D. H, *Gasus Dosier und Fördertechnik GmbH contre Pays-Bas*, – 15375/89, § 53.

1015 Hélène SURREL, « Conseil constitutionnel et jurisprudence de la CEDH », *NCCC*, vol. 43, n°2, 2014, p. 211-217.

1016 C. E. D. H., 26 juin 1986, *Van Marle et autres contre Pays-Bas*, 8543/79, 8674/79, 8675/79, 8685/79, § 41.

1017 C. E. D. H., 9 décembre 1994, *Raffineries grecques Stran et Stratis Andreais contre Grèce*, – 13427/87, § 59 et 66.

1018 C. E. D. H., 20 novembre 1995, *Pressos compania naviera S.A. et autres contre Belgique*, – 17849/91, § 31.

considère effectivement, dans une décision *2010-607 DC* qu'une créance s'apparente à un *bien* susceptible de relever du droit de propriété, il s'éloigne pourtant de la jurisprudence européenne sur certains points. Par exemple, il considère dans une décision *Société Schuepbach Energy LLC* que l'abrogation – du fait d'une loi – de plusieurs permis de recherche d'hydrocarbures en cas de recours à la technique de la fracturation hydraulique de la roche ne sauraient porter atteinte au droit de propriété. En effet, il décide que « les autorisations de recherche minière accordées dans des périmètres définis et pour une durée limitée par l'autorité administrative ne sauraient être assimilées à des biens objets pour leurs titulaires d'un droit de propriété »[1019]. Il n'aurait pourtant pas été déraisonnable de considérer que les sociétés lésées possèdent une *espérance légitime* – au sens de la Cour européenne des droits de l'homme – de pouvoir effectuer les travaux de recherche pour lesquels elles ont obtenus les permis. Cette conception plus restrictive du *bien,* et du droit de propriété afférent, ressort également d'une décision *Mme Nicole B. veuve B et a*[1020]. Dans cette décision le Conseil constitutionnel refuse d'examiner les dispositions d'une loi modifiant les conditions d'attribution d'une indemnisation due aux anciens combattants ayant servi en Algérie – véritable créance – au regard du droit de propriété mais décide de le faire au regard de l'article 13 de la Déclaration de 1789. À l'inverse, les jurisprudences constitutionnelles et conventionnelles convergent sur l'acception d'une telle notion s'agissant des œuvres relevant du droit d'auteur ; les deux juridictions[1021] considérant que le droit de propriété s'entend de la propriété intellectuelle.

370. Le Conseil constitutionnel adopte, en matière de *domicile* une vision plus large, semble-t-il, que celle de la Cour européenne des Droits de l'Homme, pourtant déjà très large aussi. Le Conseil constitutionnel a ainsi qualifié de *domicile* une construction en cours[1022]. La Cour européenne, pour sa part, qui entend le domicile « comme le lieu d'habitation avec lequel la personne entretient des liens suffisants et continus » a pu l'étendre à une caravane[1023], au siège social d'une société[1024] ou encore à un cabinet d'avocat[1025].

371. La problématique des notions autonomes n'interroge pas seulement les rapports internationaux entre des ordres juridiques formellement définis. Elle vaut également en droit interne.

C'est le cas en matière de *propriété*, bien que la différence tende à se résorber depuis une décision de non renvoi devant le Conseil constitutionnel

---

[1019] Cons. Const., décision n°2013-346 QPC du 11 octobre 2013, *Société Schuepbach Energy LLC*, cons. 17.

[1020] Cons. Const., décision n°2015-504/505 QPC du 4 décembre 2015, *Mme Nicole B. veuve B et autres*.

[1021] V. pour le Cons. Const., décision n°2013-370 QPC du 28 février 2014, *M. Mars S et autre*, cons. 13. ; v. pour la C. E. D. H., 11 janvier 2007, *Anheuser-Bush Inc. contre Portugal*, – 73049/01, § 72.

[1022] Cons. Const., décision n°2015-464 QPC du 9 avril 2015, *M. Marc A.*, cons. 4.

[1023] C. E. D. H., 25 septembre 1996, *Buckley contre Royaume-Uni*, – 20348/92, § 60.

[1024] C. E. D. H., 16 avril 2002, *Société colas Est et autres contre France*, – 37971/97, § 41.

[1025] C. E. D. H., 16 décembre 1992, *Niemetz contre Allemagne*, – 13710/88, § 30-33.

de la 1ère chambre civile du 28 mars 2012[1026]. Le droit civil – traversé qu'il est par cette distinction entre droits réels et droits personnels – ne semble pas, à première vue, faire entrer automatiquement toutes les créances dans le droit de propriété alors que – on l'a vu – le Conseil constitutionnel comme la Cour européenne acceptent facilement cette idée.

En effet, en matière de propriété un certain éloignement persiste entre les juridictions s'agissant plus particulièrement de la façon d'appréhender le *bien*[1027]. Ainsi, alors que la Cour européenne range sous le concept de *bien,* la majorité des droits réels distincts de la propriété tels que les droits d'usage et d'habitation ou les servitudes qui ont ceci de particulier qu'ils portent sur la chose d'autrui, le Conseil constitutionnel, pour sa part, résiste bien à cette attraction. En effet, alors que la reconnaissance de la propriété des créances[1028] pouvait légitimement entraîner à sa suite la reconnaissance plus globale de la propriété des droits réels[1029], le Conseil semble s'être éloigné d'une telle conception dans une décision *Mme Jeannette R, épouse D.*[1030]. Le législateur avait mis en place un régime foncier particulier pour l'Alsace et la Lorraine à propos de très anciennes servitudes dont on avait partiellement perdu la trace. Celles-ci restaient néanmoins opposables. Prenant acte, le législateur français fait le choix d'ouvrir une période limitée d'inscription officielle de ces servitudes avant leur extinction définitive. Se posait donc la question de savoir si l'extinction pure et simple de telles servitudes, véritables droits réels immobiliers, constituait une atteinte au droit de propriété tel que garanti par la Constitution. Le Conseil répond par la négative en considérant expressément que la « *restriction* » au droit de propriété « n'a pas un caractère de gravité telle qu'elle dénature le sens et la portée de ce droit » sans que l'on sache trop ce qu'il faille entendre par là. Ainsi, l'extinction d'une servitude ne remet donc pas en cause le droit de propriété. Tout au plus diminue-t-elle sa portée sans pour autant qu'elle ne la « dénature ». Dans cette optique la servitude n'est pas une « chose appropriée », comme le droit civil semble l'admettre, mais bien au contraire un « accessoire » du droit de propriété[1031].

B. Les standards comme normes substantiellement valides

372. Comme les notions autonomes, les standards semblent revêtir une certaine normativité substantielle. On peut les définir à la suite d'Al

---

[1026] C. C., 1ère civ., n°12-40.002, 28 mars 2012.

[1027] Jean-François De Montgolfier, « Le Conseil constitutionnel et la propriété privée des personnes privées », *NCCC,* vol. 31, n°2, 2011, p. 35-49.

[1028] Cons. Const., décision n°2010-607 DC du 20 janvier 2011, *Loi relative à l'entrepreneur individuel à responsabilité limitée, cons. 9.* ; v. égal., Cons. Const., décision n°99-425 DC du 29 décembre 1999, *Loi de finances rectificative pour 1999*, cons. 23.

[1029] Vincent Mazeaud, « Droit réel, propriété et créance dans la Jurisprudence du Conseil constitutionnel », *RTD civ.*, n° 1, 2014, p. 29-48.

[1030] Cons. Const., décision n°2011-193 QPC du 10 novembre 2011, *Mme Jeannette R., épouse D.*, cons. 7.

[1031] Thierry Revet, « Selon le Conseil constitutionnel, l'extinction forcée d'une servitude conventionnelle, consécutive à son défaut d'inscription au livre foncier, n'est pas une privation de propriété (ou : la négation de la qualité de bien du droit réel de servitude) », *RTD civ.*, n°2, 2012, p. 342-344.

Sanhoury, comme une « mesure moyenne de conduite sociale correcte »[1032]. À la manière des notions autonomes, les standards favorisent l'unification du droit[1033]. C'est que paradoxalement ils prétendent à l'universalité puisqu'ils constituent des *types* à l'image du *bon père de famille*, de la *reasonable person* des anglo-saxons voire même de la notion même de *raisonnable* ou de *bonnes mœurs*. Les standards renvoient les normes à leur matérialité puisqu'ils valent bien souvent indépendamment de tout positionnement formel. Surtout leur continuité historique démontre leur capacité à survivre à la plupart des ordres juridiques formellement définis. En réalité les standards valent par leur capacité constante à « servir de référence pour des opérations d'évaluation »[1034]. En tant que modèle ou référentiel auquel rapporter un objet, bien souvent un comportement, le standard n'est toujours, en dernière analyse, qu'une projection idéale censée exprimer – et par là même commander – les tendances de l'objet qu'on lui rapporte, ce vers quoi il tend, en un mot son sens[1035].

373. Les standards sont pléthores dans la jurisprudence du Conseil constitutionnel. À titre d'exemple, le juge constitutionnel n'a pas attendu la consécration dans le droit constitutionnel positif de la confiance légitime pour s'y référer à tout le moins implicitement à travers le *standard* « d'attentes légitimes »[1036]. Or, c'est bien implicitement – puisqu'il l'avait explicitement rejetée[1037] – qu'il l'a admis au rang de ses outils de contrôle dans une décision du 19 décembre 2013[1038]. Comme le précise le professeur Disant, « cette jurisprudence s'inscrit dans un mouvement de fond, celui de la constitutionnalisation des exigences tenant au principe de la sécurité juridique »[1039].

374. Du reste, la *sécurité juridique* elle-même, se présente comme une véritable matrice à standard puisque sa réception dans l'ordre juridique constitutionnel français est multiple qui épouse par exemple les contrôles

---

[1032] Abd al-Razzāq Aḥmad Al-Sanhoury, « Le standard juridique » *in Recueil d'études sur les sources du droit en l'honneur de François Gény*, T. II, Éd. G. Thone, 1934, p. 145.

[1033] André Tunc, « Standards juridiques et unification du droit », *RIDC*, vol. 22, 1970, n°2, p. 247-261.

[1034] Benoît Geniaut, « La force normative des standards juridiques. Éléments pour une approche pragmatique », *in* Catherine Thibierge (dir.), *La force normative: naissance d'un concept*, Éd. LGDJ, 2009, p. 183.

[1035] Hugues Rabault, *L'interprétation des normes: l'objectivité de la méthode herméneutique*, Éd. L'Harmattan, Coll. Logiques juridiques, 1997, p. 347-348.

[1036] Ce standard fait véritablement jurisprudence puisqu'on le retrouve dans un grand nombre de décisions. V. notamment, Cons. Const., décision n°2017-755 DC du 29 novembre 2017, *Loi de finances rectificatives pour 2017*, § 44. ; Cons. Const., décision n°2017-673 QPC du 24 novembre 2017, *Société Neomades*, § 8. ; Cons. Const., décision n°2017-656 QPC du 29 septembre 2017, *M. Jean-Marie B*, § 4. ; Cons. Const., décision n°2016-603 QPC du 9 décembre 2016, *Consorts C*, § 5. ; Cons. Const., décision n°2016-604 QPC du 17 janvier 2017, *Société Alinéa*, § 5 ; Cons. Const., décision n°2015-515 QPC du 14 janvier 2016, *M. Marc-François Xavier M.-M.*, cons. 8.

[1037] Cons. Const., décision n°97-391 DC du 7 novembre 1997, *Loi portant mesures urgentes à caractère fiscal et financier*, cons. 6.

[1038] Cons. Const., décision n°2013-682 DC du 19 décembre 2013, *Loi de financement de la sécurité sociale pour 2014*, cons. 14.

[1039] Mathieu Disant, « La confiance légitime fait son entrée dans le droit constitutionnel français. Chronique Droit et Risque n°6, 2ème partie », *LPA*, 2015, n°65, p. 5-9.

standardisés de l'accessibilité et intelligibilité de la loi[1040], de l'encadrement de la rétroactivité des lois[1041] ou encore de la protection des situations contractuelles légales[1042]. Tous ces contrôles standardisés drainent avec eux une multitude de standards *secondaires* nécessaires à leur réalisation. Ainsi, le contrôle de l'intelligibilité et de l'accessibilité de la loi véhicule les standards de *précision* – ou *d'imprécision*[1043] – et *d'équivocité*[1044]. On sait, par ailleurs, que le contrôle de la rétroactivité des lois s'est longtemps accompagné d'une appréciation standardisée du *suffisant* puisque le juge constitutionnel reconnaissait la possibilité pour le législateur d'adopter mesures rétroactives sous réserve d'un « motif d'intérêt général suffisant »[1045].

C. Les adages comme normes substantiellement valides

375. Les adages du droit sont particulièrement symptomatiques de ce que la discipline use d'un patrimoine terminologique commun, qui dépasse les singularités des ordres juridiques. L'adage, comme la notion autonome, attribue inévitablement au droit un contenu matériel. Cela est d'autant plus vrai s'agissant de l'adage dont l'existence suppose l'*opinio juris*. Pour qu'un adage soit consacré et encore plus, utilisé, il est nécessaire de *croire* en sa juridicité, c'est-à-dire de croire en sa nécessité juridique. Autrement dit, l'*opinio juris qui préexiste à l'adage détermine sa juridicité*. L'adage, qui renvoie le droit à son contenu constitue ainsi une norme substantielle. Il vaut non pas à raison d'une potentielle position dans la hiérarchie des normes mais bien à raison de la croyance en sa juridicité qui se fonde sur sur l'importance de son contenu pour le juris-lateur qui en use.

376. L'on s'accorde traditionnellement sur l'idée qu'ils caractérisent un véritable « code linguistique partagé par les juristes »[1046]. Les adages ont ceci de particulier qu'ils s'inscrivent bien au-delà des ordres juridiques

---

[1040] Qui entraîne à son tour un contrôle standardisé puisque que le Conseil constitutionnel considère qu'il impose « d'adopter des dispositions suffisamment précises et des formules non équivoques ». V. notamment Cons. Const., décision n°2001-455 DC du 12 janvier 2002, *Loi de modernisation sociale*, cons. 9 ; v. égal. Cons. Const., décision n°2005-512 DC du 21 avril 2005, *Loi d'orientation et de programmation pour l'avenir de l'école*, cons. 9.

[1041] V. par ex. Cons. Const., décision n°98-404 DC du 18 décembre 1998, *Loi de financement de la sécurité sociale pour 1999*, cons. 5

[1042] V. par ex. Cons. Const., décision n°98-401 DC du 10 juin 1998, *Loi d'orientation et d'incitation relative à la réduction du temps de travail*, cons. 29.

[1043] Pour une application à propos du bénéfice du régime des sociétés mères v. notamment Cons. Const., décision n°2014-708 DC du 29 décembre 2014, *Loi de finances rectificatives pour 2014*, cons. 31.

[1044] Pour une application à propos du droit d'opposition aux actes contraires à la « conviction professionnelle » des journalistes v. notamment Cons. Const., décision n°2016-738 DC du 10 novembre 2016, *Loi visant à renforcer la liberté, l'indépendance et le pluralisme des médias*, § 7.

[1045] V. par ex. Cons. Const., décision n°2005-530 DC du 29 décembre 2005, *Loi de finances pour 2006*, cons. 45. ; Cons. Const., décision n°2012-662 DC du 29 décembre 2012, *Loi de finances pour 2013*, cons. 42.

[1046] Xavier MAGNON et Pascale DEUMIER, « Les adages en droit public. Propos introductifs », *RFDA*, 2014, p. 3 et s.

formellement définis. « Formulé comme une vérité éternelle »[1047], l'adage, qui exprime une règle, extrait celle-ci des contingences propres à un ordre juridique particulier. Les adages puisent ainsi « au fond commun des juristes »[1048].

377. L'adage, comme la coutume, se fonderait en partie sur une certaine *opinio juris,* c'est à dire, en dernière analyse, sur un véritable jugement de valeur et plus précisément un véritable acte de foi dans le droit. *L'opinio juris* est un « sentiment, une convenance, une convention, une délibération au terme de laquelle se forge la conviction que ce qui est dit ou fait doit être effectivement »[1049]. L'*opinio juris* reflète plus précisément le caractère *désirable* de la règle à énoncer c'est-à-dire, l'importance dont elle est revêtue. Sa normativité résulterait alors de sa valeur intrinsèque qui ne dépendrait, en dernière analyse, que de la *croyance* en sa juridicité et donc d'une certaine manière de l'importance *juridique,* qu'on lui prêterait. D'après le Doyen Carbonnier, les adages – ou maximes juridiques comme il les appelle – se différencieraient seulement formellement des principes généraux du droit. Ainsi, d'après l'illustre auteur, « sous toute maxime juridique, il y a un principe général du droit »[1050]. Les premiers partageraient alors avec les seconds leur « physionomie globale » et renverraient ainsi le droit à sa substance de devoir-être et à un contenu désirable. Les adages seraient susceptibles de faire prévaloir « l'esprit sur la lettre, le sens commun sur la technique, la justice sur la simple légalité, par le fait qu'ils permettent de pénétrer, par-delà le droit positif, jusqu'aux inspirations profondes de l'ordre social »[1051]. Pour résumer, les adages feraient prévaloir la matière sur la forme, la substance sur la structure. En réalité, explique Denys Simon, « l'identité des adages, à raison de leur commune origine romaniste, contribue à créer un langage commun entre les juridictions nationales, de même qu'entre celles-ci et la juridiction de l'Union européenne ou la Cour européenne des droits de l'homme »[1052]. De la sorte, ils constituent « autant de signes d'une connivence juridictionnelle qui contribue à la convergence jurisprudentielle »[1053] des ordres juridiques formellement distincts.

378. Dans cette perspective, et dans un contexte de globalisation[1054] des ordres juridiques, l'apparition d'adages formulés en langue anglaise n'est pas un hasard. Ils possèdent la même nature et revêtent la même efficacité. C'est ce qu'illustre par exemple le célèbre adage *Justice must not only be done, it must also seem to be done.* Repris *in terminis* dans la décision de la

---

1047 *Id.*

1048 Xavier MAGNON et Pascale DEUMIER, « Les adages en droit public. Propos introductifs », *loc. cit.*

1049 Étienne PICARD, « "Science du droit" ou "doctrine juridique" », *loc. cit.*, p. 161.

1050 Jean CARBONNIER, *Sociologie juridique*, *op. cit.*, 251.

1051 Pierre PESCATORE, *Introduction à la science du droit*, Éd. Université du Luxembourg, 2009, réimpr. 1960, p. 120.

1052 Denys SIMON, « Les adages et le droit écrit », *RFDA*, n°1, 2014, p. 17-22.

1053 *Id.*

1054 Pour une analyse précise du phénomène v. par ex., Sabino CASSESE, « La globalisation du droit » *in La conscience des droits. Mélanges en l'honneur de Jean-Paul Costa,* Éd. Dalloz, 2011, p. 113-128.

Cour Européenne des droits de l'homme *Delcourt contre Belgique*[1055], il constitue désormais le fondement de sa théorie dite de l'apparence et l'un des moyens d'appréciation de sa notion « d'impartialité ». Les professeurs Boyer et Roland, dans leur ouvrage consacré aux *Adages du droit français,* affirment qu'ils peuvent s'entendre – dans une acception particulière – d'un « corps de principes supérieurs constituant comme l'ossature du droit, ayant une valeur de type constitutionnel et représentant une véritable super-légalité »[1056].

379. Le recours à la comparaison a permis de mettre en lumière l'existence d'une véritable convergence des contenus et des notions propres aux règles de droit et ce, par-delà leurs ordres juridiques formels de rattachement. Ce constat s'est fondé sur la mise en lumière d'une véritable équivalence substantielle des normes. À l'invitation du Professeur Picard, les juristes doivent s'interroger « sur le point de savoir si ces identités sont nécessaires selon une nécessité objective au lieu de procéder de quelque imitation volontaire ou de quelque mimétisme culturel »[1057]. Face à ce phénomène, la doctrine cherche à renouveler ses cadres d'analyse[1058]. À bien des égards, le concept de *norme-reflet* élaboré par le Professeur François Brunet apparaît le plus novateur en la matière. Comme il l'affirme, cette expression « vise l'hypothèse dans laquelle une norme de droit en reprend une autre sur le plan substantiel »[1059]. Cette hypothèse sert le « rapprochement des ordres juridiques, lorsque les normes envisagées appartiennent à des *corpus* formellement distincts »[1060].

380. La convergence des ordres juridiques impose surtout de prendre acte d'un basculement dans les représentations traditionnelles du droit où la multiplication des ordres juridiques transforme directement les conceptions de la validité juridique. Ce phénomène suppose le dépassement de la validité formelle du droit par une validité substantielle. L'influence de cette validité substantielle favorise ainsi l'émergence d'un concept juridique de *valeur*. Le phénomène de convergence des ordres juridiques expose ainsi en pleine lumière le caractère nécessairement axiologique du droit. Ce caractère n'est pas nouveau, sa mise en évidence l'est, en revanche, un peu plus. Les plus sceptiques face à ce mouvement de fond continuent d'affirmer que le droit, en tant que devoir-être, a toujours été défini de la sorte. Kelsen l'écrivait déjà en 1959. En tant que devoir-être, en tant que normes, le droit « n'est jamais la fonction de la composante rationnelle mais des composantes

---

1055 C. E. D. H., 17 janvier 1970, *Delcourt contre Belgique*, – 2689/65, § 31.

1056 Laurent BOYER et Henri ROLAND, *Adages du droit français*, Éd. Litec, 4ème éd., 1999, p. XVI.

1057 Étienne PICARD, « Le droit comparé est-il du “droit” ? », *Annuaire de l'Institut Michel Villey*, vol. 1, 2009, p. 208.

1058 V. par ex., Julien BONNET et Agnès ROBLOT-TROIZIER, « Repenser le 'bloc de constitutionnalité' sous l'effet des rapports entre ordres juridiques : pour une redéfinition des sources de la constitutionnalité », *in* Baptiste BONNET, *Traité des rapports entre ordres juridiques*, *op. cit.*, p. 434 et s. ; v. égal. Julien BONNET et Agnès ROBLOT-TROIZIER, « La concrétisation des contrôles de la loi », *RFDA*, n°5, 2017, p. 821-854.

1059 François BRUNET, « La norme-reflet. Réflexions sur les rapports spéculaires entre normes juridiques », *loc. cit.*

1060 *Id.*

émotionnelles de notre conscience, c'est-à-dire de notre désir ou de notre volonté »[1061]. De la sorte, Kelsen associait volontiers normes et valeurs. Évoquant par exemple la nature des concepts, il énonçait que « le concept ne constitue pas, comme la norme, une valeur »[1062]. Il admettait *a fortiori* l'identité des valeurs et des normes et prêtait assez facilement à la norme le caractère *important* ou *désirable* qui semble constituer le propre de la valeur. Il en refusait toutefois l'analyse pour se réfugier dans cette idée vaguement consensuelle que le droit n'est que « la traduction, la mise en forme *juridique* de ce qu'on appelle des 'idéologies', c'est-à-dire des conceptions *non juridiques* »[1063] que représentent la morale, la politique, l'économie, sans ne jamais rien dire de cette juridicité dont il était pourtant légitime d'attendre un semblant d'explicitation.

381. Glissant insensiblement, dans le sillage du raisonnement kelsénien, de renonciation en renonciation, la plupart des juristes en arrive, aujourd'hui, à défendre – bien souvent inconsciemment – cette idée, lourde de conséquences qu'il appartient aux institutions habilitées d'œuvrer comme bon leur semble. Cette idée n'est pas étonnante qui ne constitue qu'une radicalisation de l'œuvre du juriste viennois. Celui-ci écrivait ainsi que « lorsque, comme il arrive parfois, la Constitution elle-même se réfère à ces principes en invoquant les idéaux d'équité, de justice, de liberté, d'égalité, de moralité, sans préciser le moins du monde ce qu'il faut entendre par là »[1064], cela « signifie uniquement à défaut d'une précision de ces valeurs, que le législateur comme les organes d'exécution de la loi sont autorisés à remplir discrétionnairement le domaine qui leur est abandonné par la Constitution et par la loi »[1065].

382. Envisagé de la sorte, le droit, pour conserver un semblant d'autonomie, n'a d'autre solution que de se jeter dans les bras de la science. Ce faisant, il se perd en tant que droit, pour se refonder de façon autonome en tant que science. Son autonomie n'est en réalité qu'une simple hétéronomie. Son sens n'est qu'une errance. La discipline juridique est alors condamnée à « se soumettre ou à se démettre », soit qu'elle renonce définitivement à son statut et qu'elle renie ses prétentions, soit qu'elle se soumette à d'autres disciplines – la science, la morale ou l'économie – et se perde inexorablement.

383. Le présent chapitre a permis de délimiter matériellement le concept de valeur. La valeur est une norme par cela même qu'elle dispose de la capacité à faire référence. La théorie juridique des systèmes a permis de comprendre le caractère indissociable des concepts de norme, de système et de validité. Dans ces conditions dire que la valeur est une norme ne saurait suffire. L'analyse a fait apparaître que la valeur est une norme

---

[1061] Hans KELSEN, « Justice et droit naturel », tr. Étienne MAZINGUE, *in Le Droit naturel*, Éd. PUF, Coll. Annales de philosophie politique, 1959, p. 9.
[1062] *Ibid.*, p. 8.
[1063] Michel TROPER, « La constitution comme système juridique autonome », *loc. cit.*, *p. 68.*
[1064] Hans KELSEN, « La garantie juridictionnelle de la Constitution (La justice constitutionnelle) », *loc. cit.*, p. 240.
[1065] *Id.*

substantiellement valide. Elle vaut bien à raison de l'importance qu'elle revêt pour un sujet dans une situation donnée.

384. L'émergence de ce concept n'est pas un hasard. Elle ne fait que témoigner de ce que la réalité juridique laisse désormais une grande place à la logique substantielle, au détriment de la logique structurelle qu'a presque toujours porté la conception moderne du droit. Cette nouvelle logique substantielle entraîne, à côté de la hiérarchie formelle des normes où la valeur n'est que celle d'un rang d'appartenance, le développement d'une hiérarchie matérielle des normes où la valeur constitue un véritable contenu promu, en tant que tel, par le système juridique. En témoigne, aujourd'hui, le développement des droits fondamentaux ou encore la convergence matérielle des ordres juridiques. Dans ces conditions, la connaissance des contenus apparaît alors nécessaire à la connaissance des structures[1066]. Autrement dit, la validité des normes juridiques n'apparaît plus, désormais, exclusivement liée à la position hiérarchique qu'elles occupent au sein de la pyramide. Les normes n'ont plus à se prévaloir uniquement de leur rang mais bien plutôt de leur importance ou de l'importance qui leur est prêtée. Dans ces conditions, la valeur constitue donc bien un objet juridique dont la dogmatique doit fournir le concept. Elle révèle, à l'instar des notions autonomes, la commensurabilité de ordres juridiques pourtant formellement distincts. *C'est là un premier apport de ce chapitre.*

385. La représentation spécifique de la valeur porte en elle la promesse d'un profond changement pour le droit. Elle concurrence largement la représentation traditionnelle de la norme qui ne s'entendait, dans le sillage de la théorie pure du droit, que d'une validité formelle conçue dans le cadre d'un système dynamique. Par opposition, dire de certaines normes juridiques qu'elles constituent des valeurs revient à considérer qu'elles ne doivent, à première vue, leur validité qu'à leur contenu et à l'importance dont celui-ci est revêtu. Cela revient également à considérer le système juridique au sein duquel elles évoluent comme un système statique. Ce type particulier de sytème avait été initialement conçu pour désigner les systèmes de morale. Dans cette perspective, le système normatif juridique se rapprocherait, *mutatis mutandis,* d'un système normatif moral et vaudrait également à raison de sa capacité à traduire matériellement les représentations et attentes dont il est vecteur et qui sont à son fondement. S'il reste assurément dynamique, le système juridique est tout autant statique. *C'est là un deuxième apport de ce chapitre.*

386. La conception statique du système juridique permet de réinvestir juridiquement l'objet « fondamentalité ». La *fondamentalité* renvoie à l'appréciation, par le jurislateur, du caractère essentiel de la norme, de son importance, qui lui confère alors sa valeur. Elle insiste sur son caractère matériel, sa cause matérielle comme diraient les Anciens. Pour parler le langage de la théorie des causes, la cause formelle de la consécration d'une règle de droit reste *l'acte* d'une autorité – qu'elle soit constituante, législatrice ou juridictionnelle – et sa cause motrice reste le *vouloir* de cette

---

[1066] Étienne PICARD, « Le droit comparé est-il du “droit” ? », *loc. cit.*, p. 173-251, notamment p. 247.

même autorité par cela même qu'elle est autorité. En cela, la logique substantielle ne remplace pas totalement la logique structurelle. Bien au contraire, elle la complète. Elle met l'accent sur la cause matérielle de la norme qui réside bien dans l'importance prêtée à son contenu dont la concrétisation doit posséder, pour le jurislateur, un caractère hautement *désirable*. En ce sens, la normativité substantielle se présente comme une limite au volontarisme absolu. Si la norme juridique vaut dynamiquement parce qu'elle a été produite dans les conditions prévues par le système, la norme vaut également statiquement à raison du contenu qui lui est prêté. Ce contenu est toujours assigné à une réalisation qui constitue la cause finale de la norme et rappelle qu'elle n'est jamais que le fruit d'une intention.

387. Le problème du positivisme normatif réside dans son refus de voir cette évidence que la volonté est essentiellement transitive[1067]. En tant que telle, elle appelle nécessairement un objet auquel s'attacher. En effet, l'approche structurelle ou formelle qu'il propose se limite à fournir une réponse à ces questions : « qui commande ? » et « comment commande-t-on ? »[1068] C'est le sens de l'aphorisme kelsenien selon lequel « il n'y a pas d'impératif sans imperator ». L'approche substantielle permet désormais de répondre à cette question : « qu'est-ce que l'on commande ? »[1069] Le concept de valeur invite alors à prolonger le célèbre aphorisme kelsénien. Et, s'il est vrai *qu'il n'y a pas d'impératif sans un imperator, il est d'autant plus vrai qu'il n'y a pas d'impératif sans impérativité, pas de commandement sans quelque chose à commander.* Le droit qui est certes, essentiellement norme, c'est-à-dire devoir-être, traduit toujours un falloir-être qui vaut au moins pour l'auteur de la norme. Le droit doit-être puisqu'il faut qu'il en soit ainsi. Et ce *fiat* juridique, qui en tant que tel ne répond d'aucune nécessité, trouve alors son ultime refuge dans la contingence du valoir. Le droit *doit être* puisqu'il *faut qu'il soit.* Il *faut qu'il soit* puisqu'*il vaut* mieux qu'il en soit ainsi.

[1067] Etienne PICARD, « Contre la Théorie réaliste de l'interprétation juridique », *Revue juridique de l'USEK*, vol. 10, 2009, p. 21-110, notamment p. 71.

[1068] Gregorio PECES-BARBA, « De la fonction des droits fondamentaux », *loc. cit.*, p. 142.

[1069] *Id.*

CHAPITRE QUATRIÈME

La valeur comme norme hypothétique

388. L'on s'est accordé, à titre liminaire[1070] sur l'idée selon laquelle la valeur est bien le fruit de l'évaluation[1071]. Ce constat est largement partagé[1072]. En effet, comme l'écrit Mme Nathalie Heinich, « la signification du mot 'valeur' renvoie [...] au principe sous-tendant une évaluation »[1073]. L'évaluation peut s'entendre d'« un jugement porté sur une donnée par référence à une valeur »[1074]. La dogmatique juridique se range, semble-t-il, à cette définition. Mme Marthe Fatin-Rouge Stéfanini écrit que « le mot 'évaluer' signifie, dans un premier sens 'déterminer la valeur d'une chose' »[1075]. Mme Ariane Vidal-Naquet, pour sa part, affirme qu' « évaluer c'est estimer, mesurer, juger pour déterminer la valeur »[1076]. La valeur procède de l'évaluation. Elle est tout à la fois un produit et un modèle. Cette caractéristique justifie de sa double dimension et rend propice l'utilisation du

---

[1070] V. *supra*, § 21 et s.

[1071] Raymond POLIN, *La création des valeurs*, Éd. J. Vrin, Coll. Problèmes et controverses, 1977, p. 84.

[1072] À ce propos, v. Neil MACCORMICK et Ota WEINBERGER, *Grundlagen des institutionalistischen Rechtspositivism* [1985], tr. fr. Odile NERHOT et Philippe COPPENS, *Pour une théorie institutionnelle du droit: nouvelles approches du positivisme juridique*, Éd. Story Scienta, Coll. La pensée juridique moderne, 1992, p. 33 et s. ; Pour un parallèle avec le concept de norme v. égal. Étienne PICARD, « Le dialogue des juges : entre normativité et normalité », in Pierre-Yves MONJAL, Pascal JAN, Christophe GESLOT, *La concurrence des juges en Europe. Le Dialogue en question(s)*, Actes du colloque international organisé à la Faculté de droit de Tours les 25, 26 et 27 novembre 2015, Institut de recherche juridique interdisciplinaire, Éd. Clément Juglar, Coll. Les actes de la revue du droit de l'Union européenne, p. 343-346.

[1073] Nathalie HEINICH, *Des valeurs: une approche sociologique*, Éd. Gallimard, Coll. Bibliothèque des sciences humaines, 2017, p. 135.

[1074] Yves MENY et Jean-Claude THŒNIG, *Politiques publiques*, Éd. PUF, Coll. Thémis. Science politique, 1989, p. 288

[1075] Marthe FATIN-ROUGE STEFANINI, « La constitution doit-elle être efficace ? », *in* Marthe FATIN-ROUGE STEFANINI, Laurence GAY et Ariane VIDAL-NAQUET (dir.), *L'efficacité de la norme juridique: nouveau vecteur de légitimité ?*, Actes du colloque organisé à la Faculté de droit d'Aix-en-Provence les 5 et 6 novembre 2010, Institut Louis Favoreu, Éd. Bruylant, Coll. À la croisée des droits, 2012, p. 210.

[1076] Ariane VIDAL-NAQUET, « Évaluation et qualité normative », *in* Delphine DERO-BUGNY et Aurore LAGET-ANNAMAYER (dir.), *L'évaluation en droit public*, Actes du colloque organisé à la Faculté de Droit Paris Descartes le 16 mai 2014, Centre Maurice Hauriou, Éd. École de droit de l'Université d'Auvergne, Coll. Centre Michel de l'Hospital, 2015, p. 45.

concept en droit où l'on sait, au moins depuis Capitant, que la norme juridique oscille toujours entre le positif et l'idéal[1077]. Cette tension est également celle de la pensée du droit, « qui a toujours été tout à la fois 'abstraite' et 'positive' »[1078].

389. *Dans sa dimension idéale*, la valeur se présente comme un outil de pensée permettant d'apprécier la réalité. La valeur est alors un outil de jugement, auxiliaire nécessaire à la commune faculté de juger. Comme l'écrit le philosophe Raymond Polin, elle n'est pas « une chose réelle, donnée, elle est essentiellement imaginaire et irréelle »[1079]. Elle procède donc de la pensée. Elle partage avec la norme une même dimension intellectuelle. Outil mental, la valeur constitue le modèle[1080] permettant de fournir le critère ultime de l'action. Elle est donc, en quelque sorte, un étalon de référence[1081]. *Dans sa dimension concrète*, la valeur est le fruit de l'évaluation, c'est-à-dire de la confrontation d'un objet à un étalon de référence ; elle est ainsi constative c'est-à-dire attributive. La valeur sert à la qualification de l'objet auquel on l'attache. Elle est donc mesure concrète, résultat, attribution, qualification.

390. L'évaluation, dont procède la valeur, ne constitue jamais qu'un prélude à l'action. C'est en cela que la valeur prétend ordonner l'action. En droit, la valeur ordonne d'autant plus l'action qu'elle contribue à la normer. Elle lui assigne une finalité et l'institue comme moyen pour l'atteindre. Cela s'entend dès lors que, comme le dit Polin, l'univers de l'action humaine, n'est, pour l'acteur, « inventé qu'en termes de valeurs »[1082]. Pour l'auteur, il y aurait des fins « dans un monde tout humain parce qu'il y a une création de transcendance par l'homme » [1083]. Cette transcendance se traduit, pour l'essentiel, dans la quête de l'idéal fondateur de l'action humaine. L'analyse doit alors s'attacher à mettre en lumière la forme précise de l'action qu'elle commande. Si la valeur constitue la cause de l'action, comme le postule la théorie pratique de la décision, alors elle s'incarne dans un impératif dont il importe d'expliciter les caractéristiques.

391. On oppose traditionnellement, dans le sillage de la théorie kantienne, deux grands types d'impératifs : *l'impératif catégorique* et *l'impératif hypothétique*. À première vue, la valeur, produit de l'évaluation, s'accommode assez bien de la structure de l'impératif hypothétique qui n'exprime jamais qu'une hypothèse, c'est-à-dire un rapport entre plusieurs

---

1077 René CAPITANT, *Introduction à l'étude de l'illicite: l'impératif juridique*, Thèse de doctorat présentée devant la Faculté de droit et des sciences économiques de l'Université de Paris, 1928, p. 122-123 : « Le droit positif est le droit obéi ; le droit non obéi est le droit idéal. Le droit positif implique donc le droit idéal ».

1078 Denis BARANGER, *Penser la loi. Essai sur le législateur des temps modernes,* Éd. Gallimard, Coll. L'esprit de la cité, 2018, p. 267.

1079 Raymond POLIN, *La création des valeurs*, *op. cit.*, p. 292.

1080 Antoine JEAMMAUD, « La règle de droit comme modèle », *D. chron.*, vol. 28, 34, 1990, p. 199-210, notamment p. 199.

1081 Sur les liens entre valeur, norme et étalon de référence, v. Paul AMSELEK, *Cheminements philosophiques dans le monde du droit et des règles en général*, Éd. Armand Colin, Coll. La vie des idées, 2012, p. 118.

1082 Raymond POLIN, *La création des valeurs*, *op. cit.*, p. 84.

1083 *Id.*

termes – au moins deux. Cette caractéristique confère à l'objet valeur une place de choix au sein de la discipline juridique puisque l'impératif juridique obéit lui-même, assez largement, au schéma hypothétique (Section I). Cela est d'autant plus vrai en droit constitutionnel. Si le juge constitutionnel mobilise, dans ses décisions, des impératifs hypothétiques, alors celles-ci doivent se présenter comme des évaluations. Le concept de valeur entendu comme une norme structurellement hypothétique, permet alors d'illustrer et de justifier la transformation *progressive* du contrôle de constitutionnalité en un contrôle de la proportionnalité (Section II).

SECTION I. UN CONCEPT EXPLICATIF DE L'IMPERATIF JURIDIQUE

392. Dans sa célèbre *Introduction à l'étude de l'illicite,* René Capitant soulevait la question de la nature de la décision. « Qu'est-ce qu'une décision ? » s'interrogeait-il. « C'est une règle de droit, c'est un impératif juridique »[1084] affirmait-il en guise de réponse. Ce constat, qui a la force de l'évidence, vaut pour toute forme de décision, qu'il s'agisse précisément d'une décision de justice ou, plus généralement, d'une décision rendue par toute autorité habilitée à le faire. Dans ces conditions, il est possible de considérer que les décisions juridiques obligent globalement. Elles constituent de véritables impératifs juridiques, ou, autrement dit, des normes. Reste encore à s'entendre sur les contours de l'impératif juridique – ou de la *loi juridique* [1085] – qu'elles véhiculent. De façon générale, la forme catégorique et la forme hypothétique ont tour à tour été invoquées pour définir la structure de l'impératif juridique (I). En droit constitutionnel, la forme hypothétique, qu'embrasse la valeur, apparaît particulièrement appropriée pour justifier de l'impératif constitutionnel tel qu'il ressort notamment des décisions du Conseil constitutionnel (II).

I. La controverse sur les deux formes de la « loi juridique »

393. Kant a consacré une grande partie de ses travaux à systématiser la distinction fondamentale entre l'impératif hypothétique et l'impératif catégorique. Pour le maître de Königsberg, la *loi juridique* obéit, pour l'essentiel, à l'impératif catégorique (A). Les relectures kelseniennes de la théorie kantienne bousculent néanmoins cette conception et s'écartent largement de la pensée du philosophe allemand. Dans ses derniers travaux, Kelsen remet radicalement en cause l'hypothèse kantienne. Pour l'auteur autrichien, la loi juridique est pleinement hypothétique et en aucun cas catégorique (B).

[1084] René CAPITANT, *Introduction à l'étude de l'illicite: l'impératif juridique*, *op. cit.*, p. 96.
[1085] Pour un usage de l'expression, v. par ex., Hans KELSEN, « Aperçu d'une théorie générale de l'État », *RDP*, vol. 43, n°1, 1926, p. 561-646.

A. La version kantienne de l'impératif juridique : un impératif catégorique

394. Dans sa *Fondation de la Métaphysique des mœurs,* Kant cherche à identifier les premiers principes *a priori* de la vertu et du droit. Pour ce faire, il divise successivement son œuvre en *Doctrine du droit* et *Doctrine de la Vertu.* Toutes deux concernent l'agir humain, fruit des « lois de la liberté »[1086]. Ces lois sont dites *juridiques* « dans la mesure où elles ne concernent que des actions purement extérieures » et *éthiques* quand elles constituent « les principes de détermination des actions »[1087] et renvoient au « ressort » de celles-ci, c'est-à-dire aux mobiles qui les commandent. Ces deux disciplines fonctionnent sur le mode de l'impératif.

395. Le philosophe allemand explique qu'il n'existe pour tout son système « qu'un unique impératif catégorique »[1088]. À première vue, cette conception unitaire de l'impératif catégorique qui lui octroie, semble-t-il, une position en surplomb autorise à penser que d'autres impératifs, y compris les règles du droit, s'entendent de règles hypothétiques, c'est-à-dire conditionnelles[1089].

396. Ce serait pourtant là, d'après M. Jean-François Kervégan, une lecture inappropriée du philosophe allemand. En effet, le droit et l'éthique obligeraient de la même façon, à savoir, de façon catégorique. Ce serait un indice, du reste, de leur « une racine commune »[1090]. Jean-François Kervégan estime ainsi que la division kantienne de la métaphysique des mœurs « en une «'métaphysique du droit' et une 'métaphysique de la vertu' ne correspond pas à celle de deux domaines ou de deux corps de normes qui différeraient par leur *objet*, comme s'il y avait des 'choses' juridiques et des 'choses' éthiques »[1091]. Ainsi, droit et éthique ne différeraient pas tant par l'objet, c'est-à-dire par la spécificité des devoirs qu'ils imposent mais bien plus par « par la différence de leur législation »[1092]. En un mot, ils se distigueraient simplement en raison de « la modalité de l'obligation »[1093] qu'ils imposent.

397. Le philosophe allemand confirme par ailleurs explicitement cette hypothèse. Droit et éthique comporteraient tous deux des lois similaires, des concepts communs[1094] dit Kant. La loi est qualifiée d'*éthique* quand « elle fait d'une action un devoir et érige en même temps ce devoir en mobile »[1095].

[1086] Emmanuel KANT, *Metaphysik der Sitten, Grundlegung zur Metaphysik der Sitten* [1785], tr. fr. Alain RENAUT, *Métaphysique des mœurs*, T. I, *Fondation de la métaphysique des mœurs, introduction à la métaphysique des mœurs*, Éd. Flammarion, Coll. G-F, 1994, p. 163.
[1087] *Id.*
[1088] *Ibid.*, p. 97.
[1089] Jean-François KERVEGAN, *La raison des normes: essai sur Kant*, Éd. Librairie philosophique J. Vrin, Coll. Moments philosophiques, 2015, p. 101.
[1090] *Ibid.*, p. 103.
[1091] Jean-François KERVEGAN, *op. cit.*, p. 106.
[1092] Emmanuel KANT, *Métaphysique des moeurs*. T. I, *op. cit.*, p. 171.
[1093] *Id.* ; v. égal. Jean-François KERVEGAN, *La raison des normes: essai sur Kant*, *op. cit.*, p. 107.
[1094] Emmanuel Kant, *Métaphysique des moeurs*. T. I, *op. cit.*, p. 171 et 173.
[1095] *Ibid.*, p. 169.

Elle est *juridique* quand « elle n'intègre pas le mobile dans la loi »[1096]. Ainsi, « dans toute législation (peu importe qu'elle prescrive des actions internes [morales] ou externes [droit] il y a *premièrement* [...] une loi qui représente objectivement comme nécessaire l'action à accomplir, c'est-à-dire qui fait de cette action un devoir, *deuxièmement,* un mobile »[1097]. Parmi ces *concepts communs* on distingue donc bien l'idée d'une obligation similaire et son incarnation, dans une forme particulière : « l'impératif catégorique ». Droit et éthique obligeraient donc, tous deux, au moins de façon catégorique (2°) et non pas de façon hypothétique (1°). Il convient d'exposer tour à tour ces deux conceptions.

1° L'impératif hypothétique kantien

398. Pour l'illustre philosophe, les impératifs hypothétiques déterminent l'action « en tant qu'elle constitue un moyen de parvenir à quelque chose d'autre que l'on veut (ou en tout cas dont il est possible qu'on le veuille »[1098]. Ainsi, dans l'impératif hypothétique kantien, l'action est bonne uniquement « comme moyen en vue d'autre chose ». Comme l'affirme un observateur avisé, M. Alain Renaut, les impératifs hypothétiques kantiens « ont la forme de la relation principe/conséquence : si..., alors... »[1099] Pour Kant, il s'agit plus particulièrement d'une relation moyens/fins qui recoupe *partiellement* la relation principe/conséquence. Le philosophe de Königsberg est explicite qui considère que « l'impératif hypothétique dit donc simplement que l'action est bonne en vue de quelques fins *possibles* ou *réelles* »[1100].

399. Kant opère néanmoins une distinction au sein même de la catégorie des impératifs hypothétiques. Il prolonge la distinction[1101] en *impératifs techniques* – ou de l'habileté – et *impératifs pragmatiques* – ou de la prudence.

Aux *premiers,* il assigne la tâche classique et modeste de déterminer pour une fin quelconque « comment cette fin peut être atteinte »[1102]. Dans ce cadre précis, pour Kant, « la question n'est pas du tout [...] de savoir si la fin est raisonnable et bonne, mais simplement de déterminer ce qu'il faudrait faire pour l'atteindre »[1103]. Il s'agit donc d'identifier et d'agencer au mieux les moyens d'action susceptibles d'obtenir la fin voulue – quelle qu'elle soit.

Au sujet des *seconds*, en revanche, Kant reste dans la *Fondation de la Métaphysique des mœurs*, particulièrement mystérieux. En effet, s'il conserve l'organisation structurelle moyen/fin propre à l'impératif hypothétique, il n'en considère pas moins que l'impératif pragmatique commande au choix des moyens destinés à réaliser une *fin déterminée*, à savoir, selon lui : le « bien-être » de l'individu. La prudence est « au sens le plus strict du terme l'habileté dans le choix des moyens appropriés à

[1096] *Id.*
[1097] *Ibid.*, p. 168-169. C'est nous qui précisons.
[1098] *Ibid.*, p. 88.
[1099] *Ibid.*, note du traducteur n°33, p. 191.
[1100] *Ibid.*, p. 89
[1101] *Ibid.*, p. 91.
[1102] *Ibid.*, p. 89.
[1103] *Id.*

l'atteinte de notre plus grand bien-être personnel »[1104]. Définie de la sorte, la *prudence n'est qu'une forme de l'habileté* ; et l'impératif pragmatique une déclinaison de l'impératif technique. C'est pourtant une tout autre définition qu'il donne dans l'une de ses dernières œuvres à savoir son *Anthropologie d'un point de vue pragmatique*[1105]. En réalité, d'après M. Alain Renaut, dans cette œuvre il s'agit bien d'entendre l'impératif pragmatique comme désignant « tout le domaine où il s'agit d'user d'un moyen en vue d'une fin » c'est-à-dire « le champ global des conduites, des comportements ou des actions humaines, qu'elles soient *ou non* ordonnées au bien moral »[1106]. Dans ces conditions l'impératif pragmatique est bien défini indépendamment de sa capacité à réaliser le bien-être humain, comme semblait le définir Kant dans sa *Métaphysique des mœurs.*

400. Une définition amendée de l'impératif hypothétique est proposée par Bobbio dans ses *Essais de théorie du droit.* L'auteur italien y énonce que les normes hypothétiques, dans leur *dimension technique*, « imposent un comportement jugé bon, non en soi, mais pour atteindre une certaine fin qui n'est pas imposée mais laissée au libre choix du destinataire »[1107]. Pour l'auteur italien, ces normes ont la forme suivante : « si tu veux, tu dois »[1108]. Il s'agirait de la structure la plus classique de l'impératif hypothétique.

En revanche, les normes hypothétiques, dans leur *dimension prudentielle ou pragmatique,* prendraient le contre-pied des précédentes. À la différence de la stricte conception kantienne qui voit dans celles-ci toute action effectuée en vue du bien-être personnel, Bobbio considère que la norme hypothétique-pragmatique établit une fin à atteindre mais laisse « le destinataire libre de choisir les moyens les plus adaptés pour y parvenir »[1109]. Les normes hypothétiques-pragmatiques auraient à l'inverse des précédentes la forme « puisque tu dois, tu peux »[1110]. À la différence de la version kantienne de la *Métaphysique des mœurs*, les fins susceptibles d'être poursuivies ne sont pas prédéterminées.

401. Pour autant, il est fort probable que Kant ait pu considérer ces normes comme inopérantes en droit. Elles ne sont pas reprises expressément dans l'*Introduction à la Métaphysique des mœurs.* Surtout, comme le note le professeur Kervégan, « les impératifs hypothétiques ne relèvent pas à proprement parler de la métaphysique des mœurs » qui vise à constituer « une doctrine des principes *a priori* de toute législation juridique positive possible »[1111]. La normativité juridique semblerait ainsi étrangère à la notion d'impératif hypothétique. La loi juridique relèverait davantage de l'impératif catégorique.

[1104] *Ibid.*, p 90.

[1105] Emmanuel KANT, *Anthropologie in pragmatischer Hinsicht* [1798], tr. fr. Alain RENAUT, *Anthropologie du point de vue pragmatique*, Flammarion, coll. G. F., 1993.

[1106] Alain RENAUT, « Présentation », *in* Emmanuel KANT, *Anthropologie du point de vue pragmatique*, *op. cit.*, p. 34.

[1107] Norberto BOBBIO, « Norma » [1980], tr. fr. Michel GUERET, « La norme », *in Essais de théorie du droit*, Éd. LGDJ, Coll. La pensée juridique, 1998, p. 120.

[1108] *Id.*

[1109] *Id.*

[1110] *Id.*

[1111] Jean-François KERVEGAN, *La raison des normes: essai sur Kant*, *op. cit.*, p. 111.

2° L'impératif catégorique kantien

402. À la différence des jugements hypothétiques, les jugements catégoriques – ou impératifs catégoriques – représentent pour Kant « une action considérée pour elle-même, sans relation à une autre fin, considérée comme objectivement nécessaire »[1112]. Dans cette perspective, l'action prescrite est « représentée comme bonne en soi »[1113]. Pour M. Alain Renaut, un jugement catégorique a « la simple forme de la relation sujet/prédicat » et s'entend de la façon suivante « le devoir est de... »[1114]. Alors que l'impératif hypothétique pourrait s'entendre de la façon suivante « je dois faire quelque chose *parce que je veux quelque chose d'autre* »[1115], l'impératif catégorique dirait « je dois agir de telle manière quand bien même je ne voudrais rien d'autre »[1116]. Appliqué au cas du mensonge, l'impératif hypothétique peut se manifester, par exemple, de la façon suivante : « je ne dois pas mentir si je veux continuer d'être honoré ». En revanche, l'impératif catégorique pose, par exemple : « je ne dois pas mentir, quand bien même le mensonge ne m'attirerait aucune honte »[1117]. Dans le premier cas, le jugement hypothétique se caractérise par son caractère pratique, je dois faire ceci pour obtenir quelque chose d'autre, tandis que dans le second cas, le jugement catégorique se caractérise par son étanchéité à l'égard du sentiment de l'obligation. Le jugement catégorique impose bien, comme l'écrit Bobbio, « un comportement qu'il faut observer de manière inconditionnée »[1118].

403. Pour certains auteurs, l'impératif catégorique serait caractéristique de la loi morale[1119]. Il en va ainsi, par exemple, du professeur Goyard-Fabre qui considère que l'impératif catégorique « est la loi, formelle essentiellement, de l'action morale »[1120] L'on aurait pu s'en satisfaire si l'auteur ne distinguait pas fondamentalement action morale et action juridique. De la sorte, l'auteur considère que « la législation morale comporte des obligations que ne connaît pas la législation juridique »[1121]. Elle ajoute, en outre, que « le mode de l'obligation, et, par conséquent, la forme de l'impératif diffèrent dans l'un et l'autre cas »[1122]. Cette thèse reprend en substance une thèse ancienne popularisée notamment par M. Delbos qui considère que Kant a eu « une tendance très forte » à

1112 Emmanuel KANT, *Métaphysique des moeurs*. T. I, *op. cit.*, p. 88.

1113 *Id.*

1114 V. Alain RENAUT, « note 33 », *in* Emmanuel KANT, *Métaphysique des mœurs*, T. I, *op. cit.*, p. 191.

1115 Emmanuel KANT, *Métaphysique des mœurs*, T. I, *op. cit.*, p. 124.

1116 *Id.*

1117 *Ibid.*, p. 125.

1118 Norberto BOBBIO, « Norma » [1980], tr. fr. Michel GUERET, « La norme », *in Essais de théorie du droit*, *op. cit.*, p. 120.

1119 V. à ce sujet, Paul AMSELEK, *Perspectives critiques d'une réflexion épistémologique sur la théorie du droit: essai de phénoménologie juridique*, Éd. LGDJ, 1964, p. 258 et s.

1120 Simone GOYARD-FABRE, *Essai de critique phénoménologique du droit*, Éd. Klincksieck, p. 84.

1121 *Ibid.*, p. 85.

1122 *Id.*

constituer le système de sa philosophie du droit « sous l'empire de la législation morale »[1123].

404. Cette thèse confond pourtant, semble-t-il, le genre et l'espèce, à savoir, la morale entendue au sens large et celle au sens strict. Le droit et l'éthique – ou morale au sens strict – sont pour Kant, dans sa *Métaphysique des mœurs,* les deux éléments, les *espèces*, d'un genre « mœurs » et qui constitue la morale au sens large. Kant l'évoque dès la préface. Il considère que ce qu'il entend par « mœurs » – ou morale au sens large – est une philosophie matérielle attachée en tant que telle à un objet déterminé à savoir « les lois de la liberté »[1124]. C'est par ailleurs tout l'enjeu de sa *Métaphysique des mœurs* que d'identifier les principes *a priori* de toute « législation de la liberté ». Cette législation de la liberté se divise, d'après le philosophe allemand, en deux grands ensembles distincts – mais proches : l'éthique et le droit. Rien ne permet d'affirmer, dans la *Fondation* que le droit est soumis à l'éthique. Au contraire, l'entreprise kantienne de construction simultanée d'une *Doctrine du droit* (juridique) et d'une *Doctrine de la vertu* (éthique) semble évacuer l'hypothèse. Quel pourrait être l'intérêt, si le droit est soumis à l'éthique, de constituer une *doctrine du droit* à part entière ? L'impératif catégorique qui répond de la doctrine des mœurs englobe donc le droit *et* l'éthique. Il serait donc caractéristique de la loi morale, *entendue au sens large* et correspondrait à la forme de la loi juridique. Kelsen, fidèle lecteur de Kant, fournira pourtant une lecture alternative de l'impératif juridique qui bousculera l'analyse kantienne.

B. La version kelsenienne de l'impératif juridique : une relecture « hypothétique »

405. Dans ses travaux les plus tardifs, Kelsen s'éloigne ouvertement de la perspective kantienne. Il refuse d'appréhender la *loi juridique*, l'impératif juridique, sous l'empire d'une structure univoque. Au contraire maintient-il une équivoque permanente entre les deux types catégorique et hypothétique qui, tour à tour, trouvent à s'appliquer en droit. Le modèle hypothétique semble néanmoins l'emporter à titre principal (1°) lui qui obéit, d'après Kelsen, aux principes d'imputation et de rétribution (2°). Autrement dit, le modèle hypothétique apparaît, dans la théorie kelsenienne, plus représentatif de l'impératif juridique que ne l'est le modèle catégorique.

1° L'impératif juridique kelsenien, impératif *principalement* hypothétique

406. Pour le maître autrichien, le propre de l'obligation juridique est d'assurer le lien entre deux parties d'une règle juridique à savoir une hypothèse et sa sanction[1125]. Ainsi, la règle de droit « relie à une condition juridique une conséquence juridique »[1126]. La loi juridique kelsenienne serait

---

[1123] Victor DELBOS, *La philosophie pratique de Kant*, Éd. PUF, Coll. Bibliothèque de philosophie contemporaine, 3ème éd., 1969, p. 561.
[1124] Emmanuel KANT, *Métaphysique des mœurs*, T. I, *op. cit.*, p. 51.
[1125] Hans KELSEN, « Aperçu d'une théorie générale de l'État », *loc. cit.*, n°1, p. 585.
[1126] *Ibid.*, p. 573.

donc formellement hypothétique puisqu'une de ses parties est constituée d'une véritable condition – autrement appelée *hypothèse* – et que l'autre partie est formée de sa conséquence. Cette première définition s'accommode parfaitement de la décision juridictionnelle dont l'objet est justement d'articuler cette relation. De façon plus générale, Kelsen rejette l'idée qu'il existe « des normes sociales qui prescrivent une certaine conduite humaine de façon inconditionnelle [...] et qui sont en ce sens des normes catégoriques »[1127]. En effet, toute action ou abstention n'est possible, d'après lui, que « dans certaines conditions tout à fait déterminées »[1128]. Cela signifie que tout impératif est d'abord conditionné à la réalisation même de l'action prescrite. Pour le dire autrement, toute prescription portant *nécessairement* sur une action à réaliser est donc conditionnée *a minima* par la *possibilité* même de réaliser l'action. Cette précision vaut, dans la pensée kelsenienne, uniquement pour les règles ayant une portée générale. En effet, les règles individuelles font parfois figure d'exception puisqu'elles peuvent se présenter de façon inconditionnelle. Il en va ainsi, selon Kelsen, quand « un tribunal décide que tel organe devra procéder à telle voie d'exécution forcée contre tel patrimoine ou qu'un certain organe devra mettre en prison pour un certain temps un certain condamné »[1129]. Sa conception de l'impératif juridique est donc plurielle ; celui-ci pouvant n'être pas toujours hypothétique mais parfois catégorique.

407. Chez Kelsen, le *principe* reste tout de même le caractère hypothétique des règles de droit, l'exception le caractère catégorique de certaines normes individuelles. Ce faisant, Kelsen s'éloigne de la théorie kantienne qui voit dans la loi juridique un impératif catégorique. Cette hypothèse est expressément confirmée par certains chapitres de son ouvrage posthume portant sur la *Théorie générale des normes*. Le troisième chapitre de l'ouvrage remet en cause la conception kantienne de l'impératif hypothétique et notamment sa déclinaison en « impératif de 'l'habileté' ». On pourrait croire, à première vue, que Kelsen se contente de retourner contre Kant sa propre théorie en considérant simplement que l'obligation juridique obéit au concept d'impératif hypothétique là où le maître de Königsberg voyait plutôt un impératif catégorique.

408. En réalité, c'est le principe même de l'impératif hypothétique tel que le conçoit le philosophe allemand que remet en cause le juriste autrichien. Kant voyait dans la forme « si.... alors... », de l'impératif hypothétique, une relation de moyen/fin. Pour Kelsen, la conception kantienne est finaliste ou instrumentale et, par-là, inappropriée à décrire la loi juridique. Pour lui, l'obligation juridique obéit bien à une logique hypothétique mais qui s'avère radicalement différente de la logique hypothétique kantienne puisqu'elle répond d'une structure cause/conséquence, ou plutôt condition/conséquence, qui ne saurait se fondre dans la distinction moyen/fin.

409. Cette conception est reprise largement par l'École normativiste contemporaine française. Ainsi, M. Otto Pfersmann considère que toutes les

---

[1127] Hans KELSEN, *Reine rechtslehre* [1960], tr. fr. Charles EISENMANN, *Théorie pure du droit* [1962], réimp. Éd. LGDJ, Coll. La pensée juridique, 1999, p. 109.
[1128] *Id.*
[1129] *Ibid.*, p. 110-111.

« normes du système juridique sont nécessairement des normes hypothétiques (ou si l'on préfère conditionnelles) »[1130]. Dans l'ensemble, en tant qu'elles sont hypothétiques « leurs énoncés ont la forme 'si p alors q doit être' »[1131]. L'auteur apporte toutefois une précision importante. Dans une perspective normativiste, les systèmes juridiques, « ne peuvent contenir qu'une seule norme catégorique : la Norme fondamentale »[1132]. Dans ces conditions, la norme catégorique sert à fonder le système juridique d'obligation et constitue une autorisation ou une habilitation « – qui n'est pas à son tour soumise à un ensemble de conditions – de produire des normes non catégoriques »[1133]. L'on peut néanmoins voir dans le propos de M. Pfersmann la même logique à l'œuvre que dans celui de Kelsen. L'impératif catégorique – non conditionnel – serait l'exception en droit, là où l'impératif hypothétique – conditionnel – serait le principe. La conception kelsenienne n'en amende pas moins de façon importante la théorie kantienne de la loi juridique. La loi juridique kelsenienne est hypothétique – sous la réserve exprimée par M. Pfersmann – mais elle ne rejoint pas pour autant l'impératif hypothétique kantien. Elle s'en distingue par cela que sa structure obéit à deux principes : le principe d'imputation et le principe de rétribution.

2° L'impératif juridique kelsenien, impératif *spécifiquement* hypothétique : principe d'imputation et principe de rétribution

410. La divergence d'appréciation entre Kant et Kelsen se cristallise sur le caractère nécessaire du rapport existant entre les deux éléments de l'impératif hypothétique. Pour Kelsen, l'obligation juridique traduit un lien nécessaire entre les deux parties d'une règle de droit à savoir : une condition – ou une hypothèse – et sa conséquence. Il s'agit du schéma global de la structure hypothétique qui se conçoit dans sa forme canonique par « si… alors… ». L'obligation juridique aurait cette spécificité, selon le juriste autrichien, qu'elle exprimerait une *nécessité propre* c'est-à-dire normative. Ce type de la nécessité doit être distingué de la nécessité causale, laquelle se rapproche de la conception kantienne. Pour Kant, en effet, l'impératif hypothétique s'entend d'une simple relation de moyen à fin. La nécessité exprimée par l'impératif hypothétique est bien, d'après le philosophe allemand, la « nécessité pratique d'une action possible, en tant qu'elle constitue un moyen de parvenir à quelque chose d'autre que l'on veut »[1134].

411. Selon Kelsen, la conception kantienne emprunterait à la nécessité causale. Elle serait alors impropre à caractériser la normativité juridique et sa nécessité spécifique. Dans ces conditions, l'impératif hypothétique kantien ne traduirait, pour Kelsen, qu'un simple « falloir-être »[1135], caractéristique

---

[1130] Otto PFERSMANN, « Temporalité et conditionnalité des systèmes juridiques », *in* Jean-François KERVEGAN (dir.), *Crise et pensée de la crise en droit: Weimar, sa république et ses juristes*, Éd. ENS, Coll. Theoria, 2002, p. 58.
[1131] *Ibid.*, p. 56.
[1132] *Ibid.*, p. 58.
[1133] *Id.*
[1134] Emmanuel KANT, *Métaphysique des moeurs*. T. I, *op. cit.*, p. 88.
[1135] Hans KELSEN, *Allgemeine theorie der normen* [1979], *tr. fr.* Olivier BEAUD et Fabrice MALKANI, *Théorie générale des normes*, Éd. PUF, Coll. Léviathan, 1996, p. 16.

des lois naturelles – fondamentalement distinctes des lois juridiques. Or, pour l'auteur autrichien, c'est bien « par la nature du lien qui unit hypothèse et conséquence que la loi juridique – la règle de droit – diffère essentiellement de la loi naturelle »[1136]. Et d'ajouter explicitement que « ce lien n'est pas la nécessité causale mais la nécessité normative »[1137].

412. La nécessité causale obéirait – comme son nom l'indique – au principe de causalité tandis que la nécessité normative emprunterait au principe d'imputation. Par exemple, l'énoncé « si je chauffe de l'eau alors elle bout » relève de la première catégorie qui ne signifie rien d'autre que « si je chauffe de l'eau alors elle *doit* bouillir ». Kelsen y voit un exemple typique de ce que la norme hypothétique kantienne est constitutive d'un véritable « falloir-être », autrement dit, d'un rapport *nécessaire* de causalité entre deux termes. Au contraire, l'énoncé « si un homme commet un vol, il doit être puni d'une peine » relèverait de la seconde catégorie.

Dans les deux cas, en revanche, Kelsen estime qu'il s'agit d'une obligation. Ces deux exemples énoncent tous deux des devoirs ainsi que deux formes de l'obligation. C'est parce que, comme le reconnaît Kelsen, « le principe de causalité et le principe d'imputation s'expriment l'un et l'autre dans une même forme linguistique : celle d'un jugement hypothétique où une certaine condition est liée, ou rattachée, à une certaine conséquence »[1138]. Ainsi, dans le premier cas, le fait de chauffer l'eau *doit faire* qu'elle bout et dans le second cas, le fait de voler implique qu'on *doit être* puni.

413. Pourtant, le premier cas traduit un devoir-être purement descriptif. Le passage de la condition à la conséquence est *automatique*. Si on chauffe l'eau on sait qu'elle va bouillir assurément, ou plutôt nécessairement, à compter d'un certain moment – une fois atteint 100°C. C'est ce que Kelsen appelle le *falloir-être*. Tel n'est pas le cas, en revanche, du second exemple dans lequel l'accomplissement du devoir-être est bien plus hypothétique puisqu'il n'est pas certain que le voleur soit effectivement condamné. En effet, comme l'affirme Kelsen, « la proposition qui décrit une norme de droit pénal en vigueur prescrivant une peine de prison en cas de vol serait fausse si elle déclarait que conformément à cette norme le vol est puni de prison ; car il y a des cas où en dépit de la validité de cette norme, le vol n'est pas effectivement puni, par exemple parce que le voleur se soustrait à la punition »[1139]. Ainsi, pour le dire autrement, la proposition juridique, qui relève de la deuxième hypothèse, ne dit pas, comme pour la loi naturelle que si A est, B est, mais au contraire que si A est, B doit être. Ceci « n'implique nullement que B sera réellement chaque fois que A sera »[1140]. Kelsen reproche à Kant sa conception instrumentale de l'impératif hypothétique qui, appliquée au droit, positionnerait alors la normativité juridique dans la sphère des lois naturelles.

[1136] Hans KELSEN, « Aperçu d'une théorie générale de l'État », *loc. cit.*, p. 573.
[1137] *Id.*
[1138] Hans KELSEN, *Théorie pure du droit*, *op. cit.*, p. 98.
[1139] *Ibid.*, p. 82.
[1140] *Ibid.*, p. 85.

414. Il lui reproche également de méconnaitre la nature du devoir-être juridique qui, attaché à une proposition juridique, possède une double signification prescriptive et descriptive. En effet, le devoir-être est avant tout, pour Kelsen, « la signification de tout acte de volonté dirigé vers le comportement d'autrui, de tout acte de commandement, même celui qui prescrit quelque chose entrant en conflit avec les normes d'une morale donnée »[1141]. Il est donc la forme de l'obligation qui peut, en tant que telle, prendre n'importe quel contenu. C'est là sa dimension prescriptive. Néanmoins, il peut aussi être exprimé « dans la forme linguistique d'une proposition normative »[1142]. De cette façon, le devoir-être « n'est pas totalement indépendant d'un être qui lui correspond ou non ». Son existence même suppose *possible* « un être lui correspondant »[1143]. Celui-ci se présente alors sous la forme d'une proposition de droit. Les propositions de droit « sont des jugements hypothétiques qui énoncent qu'au regard d'un certain ordre, certaines conditions définies par cet ordre sont réalisées et certaines conséquences doivent avoir lieu »[1144]. C'est là la dimension descriptive du devoir-être.

415. *La proposition normative kelsenienne obéit au principe d'imputation.* Le propre de l'imputation réside dans l'énoncé qui attache à une condition une certaine conséquence qui doit être – au sens descriptif et non pas prescriptif – sans qu'elle ne soit certainement. Le lien entre les deux éléments que contient la proposition normative kelsenienne répond, pour l'essentiel, du principe de rétribution. En effet, il a été précédemment affirmé que le jugement hypothétique kelsenien ne traduisait que le rapport nécessaire entre une condition et sa conséquence éventuelle. Celle-ci est toujours, en dernière analyse, une sanction. Dans la *Théorie générale des normes,* Kelsen affirme que l'imputation signifie « la relation entre un certain comportement comme condition et une sanction comme conséquence, décrite par une loi juridique ou morale »[1145]. Pour le maître autrichien, « la technique sociale que nous appelons 'droit' consiste à mettre en œuvre des moyens spécifiques pour inciter chaque individu à s'abstenir de s'ingérer par la force dans la sphère d'intérêts d'autrui ». De la sorte, « cette technique sociale repose sur l'idée de la rétribution »[1146]. Dans cette perspective, la sanction est une conséquence hypothétiquement nécessaire d'un comportement humain conditionné. C'est ce que confirme, en France, M. Otto Pfersmann qui, décrivant la structure conditionnelle d'une norme juridique, considère que « le terme d'une chaîne conditionnelle est normalement une sanction ». Et l'auteur d'ajouter que, « à la fin d'un enchaînement de conditions nous tombons sur des énoncés du type : 'si p, alors un acte de contrainte de type C doit être exercé' »[1147].

[1141] Hans KELSEN, *Théorie générale des normes*, *op. cit.*, p. 73.
[1142] *Ibid.*, p. 15.
[1143] *Ibid.*, p. 72.
[1144] Hans KELSEN, *Théorie pure du droit*, *op. cit.*, p. 79.
[1145] Hans KELSEN, *Théorie générale des normes*, *op. cit.*, p. 31.
[1146] Hans KELSEN, *Théorie générale du droit et de l'État*, *op. cit.*, p. 73.
[1147] Otto PFERSMANN, « Temporalité et conditionnalité des systèmes juridiques », *loc. cit.*, p. 56.

416. De manière générale, on ne saurait se satisfaire de la relecture de Kant par Kelsen. Kant n'affirme pas expressément, dans sa *Métaphysique des mœurs,* qu'il entend l'impératif hypothétique comme obéissant à la nécessité causale. Au contraire, celui-ci pourrait obéir au principe d'imputation. Kant n'affirme-t-il pas que l'impératif hypothétique exprime la nécessité pratique d'un acte ou d'une action qui constitue un moyen en vue « de parvenir à quelque chose d'autre que l'on *veut* (ou en tout cas *dont il est possible* qu'on le *veuille*) »[1148] ? Kant admet donc aisément que le passage du moyen à la fin, c'est-à-dire l'obtention de la fin par le moyen, n'est rendu possible que par le media de la volonté. Ainsi, pour reprendre son exemple, très critiqué par Kelsen, l'énoncé « si tu veux tuer un homme tu dois l'empoisonner » n'implique pas forcément que l'empoisonnement ait réellement lieu. Autrement dit, on peut vouloir A sans que B soit nécessairement ou même doive être nécessairement. On peut préférer provoquer la mort, donc obtenir A autrement, ou on peut ne plus vouloir A donc *a fortiori* ne plus vouloir B, ou vouloir B pour un autre motif. En revanche, si A est érigée comme une fin dont on veut absolument qu'elle arrive alors il est possible que B soit obligatoire en tant que moyen conduisant à cette fin. Par ailleurs, si B est présenté comme moyen d'obtenir ou de réaliser A alors il faudra s'assurer qu'il l'est effectivement. Dans tous les cas, B ne serait obligatoire dans ce schéma que *relativement à* A. Il serait obligatoire en tant que moyen d'obtenir A, c'est-à-dire, en tant que moyen adéquat ou approprié.

417. La discipline juridique semble pouvoir s'accommoder parfaitement de cette définition de l'impératif hypothétique. Celui-ci peut alors prétendre représenter la structure de l'obligation juridique et, plus particulièrement, de l'obligation constitutionnelle telle qu'elle résulte de la décision du Conseil constitutionnel.

II. La structure de l'impératif constitutionnel

418. Foncièrement évaluatif, le modèle de l'impératif hypothétique ouvre des pistes fécondes pour saisir la logique de l'impératif constitutionnel telle qu'elle ressort de la décision du Conseil constitutionnel. Son application au contentieux constitutionnel autorise à considérer que la décision du juge constitutionnel médiatise une hypothèse, c'est-à-dire, un rapport entre plusieurs termes, et oblige d'une certaine façon. Cette prise en compte permet, sous quelques réserves importantes, de réinvestir la théorie de l'évaluation. Elle permet surtout de poser l'hypothèse de la présence des valeurs en son sein. La décision du juge constitutionnel est hypothétique, et plus précisément, formellement pragmatique (A), au sens de Bobbio. Dans son sillage, l'impératif hypothétique pragmatique s'entend de toute norme établissant une fin à atteindre mais laissant « le destinataire libre de choisir les moyens les plus adaptés pour y parvenir »[1149]. En un mot, l'impératif hypothétique pragmatique suppose pour celui qui la mobilise, une fin à

[1148] Emmanuel KANT, *Métaphysique des moeurs*. T. I, *op. cit.*, p. 88.
[1149] Norberto BOBBIO, « La norme », *in Essais de théorie du droit, loc. cit.*, p. 120.

atteindre qui est imposée, et un libre choix des moyens pour l'atteindre. La décision du juge constitutionnel médiatise l'impératif hypothétique dès lors qu'elle confronte, pour l'essentiel, des énoncés appréhendés dans une logique instrumentale de moyen à fin. Cette logique instrumentale suppose que l'un des termes de référence soit *toujours* un étalon de mesure auquel il convient de rapporter les autres termes de l'hypothèse (B).

A. Une structure hypothético-pragmatique

419. Il est possible d'établir un parallèle entre la décision du juge constitutionnel qui prescrit l'obligation constitutionnelle et l'impératif hypothétique kantien relu par Bobbio. Sous les réserves exposées par Kant lui-même[1150], on retiendra que *l'impératif est catégorique* s'il provoque l'action au regard du seul devoir d'obéissance dont pense être tenu le sujet, c'est-à-dire, indépendamment de toute référence supplémentaire à un autre motif. *L'impératif est hypothétique*, en revanche, si l'action est provoquée en référence à autre chose que le devoir, c'est-à-dire si le sujet l'envisage comme moyen d'une fin et non pas comme pur devoir d'obéissance. Dans ces conditions, un impératif qui serait justifié par une autre sujétion[1151] que le seul devoir d'obéissance ne peut pas être catégorique. C'est pourtant bien souvent le cas de l'impératif juridique tel qu'il ressort de la jurisprudence constitutionnelle.

420. Ces précisions apportées, le concept kantien d'impératif hypothétique n'en revêt pas moins un intérêt heuristique certain pour éclairer la structure de l'obligation telle qu'elle ressort des décisions du Conseil constitutionnel et réinvestir, dans un même mouvement, le champ de la valeur. Appliqué aux décisions du Conseil constitutionnel, ce schéma suppose qu'elles s'articulent pour l'essentiel autour d'une logique instrumentale spécifique (1°) – et éminemment axiologique – qui ne saurait se réduire à une pure confrontation de deux termes (2°). En effet, l'hypothèse que véhicule la décision du juge constitutionnel comporte bien souvent une multiplicité de termes que ne maîtrise pas toujours le juge.

1° La décision du Conseil constitutionnel : une hypothèse instrumentale

421. Le concept de valeur qui est tout à la fois mesure de référence et unité de mesure, fin et moyen, « valeur-imaginaire » et « valeur-image »[1152] s'accommode tout particulièrement de la logique qui sous-tend le jugement hypothétique. C'est la nature intellectuelle de l'objet qui explique cette dualité. Ce constat a notamment été effectué par Bonnard dans un article de 1929 intitulé, *L'origine de l'ordonnancement juridique.* L'auteur y écrit que la valeur d'un objet « consiste dans l'appropriation de l'objet à une certaine

---

1150 Emmanuel KANT, *Métaphysique des moeurs*. T. I, *op. cit.*, p. 95.

1151 V. par ex., Paul AMSELEK, *Perspectives critiques d'une réflexion épistémologique sur la théorie du droit: essai de phénoménologie juridique*, *op. cit.*, p. 261.

1152 *Ibid.*, p. 91.

fin »[1153]. C'est là une variante de la définition retenue de la valeur comme un *rapport entre un objet et un étalon de référence*. La valeur « dépend ainsi de la nature de la fin et du degré d'appropriation à cette fin »[1154]. Cette caractéristique autorise à voir dans la valeur une norme hypothétique. Pour reprendre le propos de Raymond Polin, une norme « n'est rien d'autre qu'une fin imagée et comporte d'abord, comme elle, un certain projet comprenant aussi bien l'image d'un état de choses à réaliser, c'est-à-dire une œuvre, que la détermination des actes et des moyens propres à en assurer le plus probablement la réalisation »[1155]. Ce constat ne diffère pas des propos de M. Marc Réglade qui, en 1935 déjà, faisait des lois de finalités l'objet propre des sciences normatives. L'auteur considérait ainsi que les sciences normatives « voient dans certains faits, des valeurs, et dans leurs lois des procédés pour procurer à l'homme ces valeurs »[1156].

422. C'est dans l'articulation d'une relation instrumentale de moyen/fin que la décision du Conseil constitutionnel prend tout son sens hypothétique et plus précisément son sens pragmatique. En effet, la décision du juge postule, pour une ou plusieurs fins obligatoires, la libre recherche des moyens aptes à les réaliser. Cette articulation présente une véritable dimension axiologique comme l'a démontré Raymond Polin[1157]. En effet, tout moyen devient une valeur dans son articulation à une fin. On comprend alors que tout *moyen en soi* est un complet non-sens puisque la raison d'être du moyen réside bien dans son ordination à une fin sans laquelle il ne saurait même prétendre exister.

423. La dualité instrumentale des décisions du Conseil constitutionnel est d'autant plus évidente qu'elles mediatisent l'action et ont pour objet le contrôle d'une volonté préexistante, celle du législateur. Or, comme l'affirmait Edmond Goblot, « il n'y aurait pas de volonté s'il n'y avait pas d'abord quelque idée de la fin »[1158]. Dans ces conditions, les fins visées par le législateur constituent l'un des termes de l'hypothèse dont est saisi le Conseil constitutionnel dans le cadre de son contrôle. Elles constituent bien souvent le terme référent – ou imageant – conditionnant en grande partie la décision du juge. Celui-ci ne se présente, alors, que sous la forme d'une évaluation des fins de l'action juridique poursuivies par le législateur. Dans ces conditions, la décision du juge constitutionnel obéit bien, à son tour, à la loi de finalité qui possède une dimension axiologique[1159]. C'est ce qui lui confère sa structure hypothético-pragmatique. Son schéma est le suivant :

[1153] Roger BONNARD, « L'origine de l'ordonnancement juridique », *in Mélanges Maurice Hauriou*, Éd. Sirey, 1929, p. 59.

[1154] *Id.*

[1155] Raymond POLIN, La création des valeurs, op. cit., p. 207.

[1156] Marc REGLADE, « Les caractères essentiels du droit en comparaison avec les autres règles de la conduite humaine et les lois de la réalité », *Annuaire de l'Institut International de philosophie du droit et de sociologie juridique*, 1935-1936, Travaux de la seconde session, p. 177.

[1157] Raymond POLIN, *La création des valeurs*, *op. cit.*, p. 112.

[1158] Edmond GOBLOT, *La Logique des jugements de valeur. Théorie et Applications*, Éd. A. Colin, 1927, p. 32.

[1159] V. par ex. Antoine JEAMMAUD et Evelyne SERVERIN, « Évaluer le droit », *D. chron.*, vol. 34, 52, 1992, p. 263-268, notamment p. 266 et s.

pour certains objets érigés comme fins de l'action du législateur, il revient au juge constitutionnel de rechercher les moyens les plus adéquats pour les obtenir. Ce faisant, le juge constitutionnel fait dépendre la constitutionnalité de la mesure de sa conformité aux fins visées. Dans cette hypothèse, la valeur constitue bien le critère du contrôle de constitutionnalité entendu comme un contrôle de proportionnalité.

424. Dans le cadre du contrôle de constitutionnalité la nécessité du rapport entre les termes de l'hypothèse, c'est-à-dire leur conformité, n'est pas à proprement parler causale. La décision du Conseil constitutionnel articule toujours des normes qui peuvent être tantôt l'étalon de référence tantôt l'objet rapporté. C'est là une spécificité de la discipline juridique qui trouble nécessairement les frontières de la séparation moyen/fin. Accepter cette hypothèse suppose d'abandonner l'idée, en droit, qu'un moyen puisse s'appréhender comme une simple cause c'est-à-dire qu'il forme une « chaîne causale de phénomènes axiologiquement neutres »[1160]. La démarche du juriste suppose, au contraire, de privilégier l'idée que moyens et fins sont dans une très large mesure intervertibles. Le philosophe américain John Dewey l'a très bien exposé dans son essai sur *La formation des valeurs*. Il y évoque « l'absurdité qu'il y a à séparer une 'fin' quelconque des moyens par lesquels on y parvient et de son rôle ultérieur de moyen »[1161]. Et ajoute que « seule la conception de certaines choses comme fins-en-soi peut fonder la croyance en une relation unilatérale fins-moyens, allant exclusivement des premières aux seconds »[1162].

425. La loi de finalité, qui commande à la décision du Conseil constitutionnel, n'est rien d'autre qu'une loi d'étalonnage. Comme le montre le professeur Grzegorczyk, la qualification du « moyen adéquat à la fin » n'est qu'une construction *a posteriori*. En effet, « le décideur avant qu'il n'entame l'action [...] ne sait pas quels moyens sont adéquats » et c'est uniquement *a posteriori* « que l'on peut affirmer que le courant d'actions suivi pour arriver au but était le moyen »[1163]. Une chose est sure, l'appréciation du moyen comme de la fin est éminemment axiologique. Dans le cadre du contrôle de constitutionnalité, cette appréciation mobilisera, pour l'essentiel, une pluralité de normes qu'il reviendra simplement au Conseil constitutionnel d'articuler en les étalonnant[1164], c'est-à-dire en leur attribuant la *valeur* de moyen et la *valeur* de fin de l'action juridique. Ainsi, pour une ou plusieurs actions considérées comme des fins obligatoires, il y aura au moins autant – si ce n'est plus – de moyens aptes à les réaliser. Autrement dit, les termes de l'hypothèse que contient la décision du juge constitutionnel sont multiples.

[1160] Christophe GRZEGORCZYK, « La rationalité de la décision juridique », *APD*, vol. 23, 1978, p. 246.

[1161] John DEWEY, *La formation des valeurs*, tr. Alexandra BIDET, Louis QUERE et Gérôme TRUC, Éd. la Découverte, Coll. Les empêcheurs de penser en rond, 2011, p. 129.

[1162] *Ibid.*, p. 131.

[1163] *Ibid.*, p. 248.

[1164] V. *infra*, § 430 et s.

2° La décision du Conseil constitutionnel : une hypothèse à termes multiples

426. Les décisions du Conseil constitutionnel présentent cette particularité que les termes de l'hypothèse ne dépendent pas essentiellement du juge constitutionnel, c'est-à-dire d'un même sujet. C'est pourtant ce que laissait entendre la version kantienne de l'impératif hypothétique « si *tu* veux… *tu* dois… ». Dans le schéma classique de l'impératif hypothétique, il y a bien unité du projet et de l'action dans un sujet qui est, tout à la fois, chargé de viser une certaine fin et d'apprécier les moyens permettant de la réaliser au mieux. Le sujet kantien, sujet moderne par excellence, est alors bien la cause unique et efficiente des termes de l'hypothèse dont la confrontation aboutit à la décision.

427. Il n'en va pas exactement de même pour les décisions du Conseil constitutionnel dont les termes de l'hypothèse sont – en partie – imposés. Bien souvent il s'agira d'une ou plusieurs dispositions normatives, objets de la saisine du Conseil, qui seront nécessairement repositionnées, par celui-ci, dans le cadre plus général d'une action du législateur, elle-même repositionnée dans le cadre de l'ordre juridique afférent et déterminée pour une large partie par les termes de sa saisine. L'on touche là au cœur de la distinction effectuée par M. Charles-Edouard Sénac dans sa thèse entre, l'objet potentiel du litige et, l'objet effectif de celui-ci. D'après l'auteur, « la saisine du Conseil constitutionnel amorce un contrôle sur un objet potentiel et c'est sa décision qui, à l'issue de la procédure, détermine l'objet effectif du contrôle »[1165]. Le Conseil constitutionnel n'est jamais l'adressataire direct de la règle de droit qu'il a pour fonction de contrôler. Sa mission est particulière qui consiste, dans le contrôle *a priori,* à encadrer le vouloir du législateur issu de la procédure législative. On rappellera cette évidence que son contrôle est prédéterminé par une volonté législative qui s'exerce en amont. La mission de délimitation de l'objet de la saisine est ainsi répartie entre le juge et les acteurs du procès constitutionnel. Pour le dire autrement, « l'auteur de la saisine détermine ce qui va obligatoirement être tranché par le Conseil constitutionnel […] ; ce dernier décide ce qui va effectivement être tranché par sa décision »[1166]. Ce phénomène est d'autant plus perceptible dans le cadre du contrôle *a posteriori* où « l'objet du litige constitutionnel est déterminé par une partie à l'instance en cours devant le juge ordinaire »[1167].

428. Dans le cadre du contrôle *a priori,* le Conseil constitutionnel tâche alors de contrôler, au besoin en les reconstruisant[1168], les fins de l'action juridique et notamment de l'action législative qui se présente en intention. Les fins de la volonté générale, ou à tout le moins de la volonté législative censée l'exprimer, doivent être, aux yeux des membres du Conseil

---

[1165] Charles Édouard SÉNAC, *L'office du juge constitutionnel. étude du contrôle de constitutionnalité par les juridictions françaises*, Éd. LGDJ-Lextenso, Coll. Bibliothèque constitutionnelle et de science politique, p. 305.

[1166] *Id.*

[1167] *Ibid.*, p. 309.

[1168] Antoine BASSET, *Pour en finir avec l'interprétation: usages des techniques d'interprétation dans les jurisprudences constitutionnelles française et allemande*, Éd. Institut universitaire Varenne, Coll. Thèses, 2015, p. 98.

constitutionnel, compatibles avec la Constitution. C'est là le sens du célèbre *obiter dictum* de 1985 qui précise que le contrôle de constitutionnalité a pour but de « permettre à la loi votée, qui n'exprime la volonté générale que dans le respect de la Constitution, d'être sans retard amendée »[1169]. Ces finalités sont diverses et variées et c'est justement pour cette raison que la décision du Conseil constitutionnel peut s'entendre d'un jugement hypothétique pragmatique. En effet, comme l'affirme Bobbio, la norme pragmatique est bien celle qui constitue une hypothèse à termes multiples et articule un nombre presque illimité de moyens à une ou plusieurs fins juridiques tenues pour obligatoires[1170].

429. Obéissant à cette loi de la finalité[1171], les règles de droit sont donc tantôt les moyens (objet du contrôle) tantôt les fins (étalon de mesure) de la décision du juge constitutionnel. Comment pourrait-il en aller autrement alors que la décision médiatise l'action juridique. La norme est le moyen et la fin de la décision car elle est avant tout le moyen et la fin de l'action juridique que médiatise la décision. Comment pourrait-elle, dans ces conditions, être étrangère à la valeur ?

B. Une structure étalonnée

430. Comme l'affirme le professeur Amselek, « la valeur d'un quelque chose n'est jamais que l'expression du rapport entre ce quelque chose et un terme auquel on le réfère ». Ce serait là, selon l'auteur, « le principe même de toutes nos opérations de mesure ou d'évaluation »[1172]. La valeur serait donc mesure et outil de mesure, à tout le moins une variété d'outils de mesure, c'est-à-dire un étalon. C'est le rôle qu'elle joue notamment dans l'action qu'elle permet de déclencher. En effet, si l'on distingue, avec l'auteur, « les mesures qui servent de base de référence pour *calculer* la valeur des choses » et « les mesures qui servent de témoins intègres de la valeur des choses »[1173], le concept de valeur, tel que cette étude se propose de l'analyser, participerait essentiellement de la deuxième catégorie. La valeur n'y participerait pas, cependant, de façon exclusive puisque cette opposition ne fait que refléter l'opposition classique des évaluations quantitatives et qualitatives[1174]. Or, l'on s'est justement accordé, plus tôt

[1169] Cons. Const., décision n°85-197 DC du 23 août 1985, *Loi sur l'évolution de la Nouvelle-Calédonie*, cons. 27.
[1170] Norberto BOBBIO, « La norme », *in Essais de théorie du droit*, *loc. cit.*, p. 120.
[1171] Sur cette attitude très répandue des juristes, v. notamment Henri BATTIFOL, *Problèmes de base de philosophie du droit*, Éd. LGDJ, 1979, p. 315 ; pour des ex., v. Paul ROUBIER, *Théorie générale du droit: histoire des doctrines juridiques et philosophie des valeurs sociales*, Éd. Dalloz, Coll. Bibliothèque Dalloz, 2005, p. 197 ; v. encore Georges BURDEAU, *Traité de science politique*, T. I, *Le pouvoir politique*, Éd. LGDJ, 1966, p. 344.
[1172] Paul AMSELEK, *Cheminements philosophiques dans le monde du droit et des règles en général*, *op. cit.*, p. 118.
[1173] *Id.*
[1174] V. à ce sujet, François RANGEON, « La notion d'évaluation », *in L'évaluation dans l'administration*, Actes du colloque organisé à la Faculté de droit d'Amiens, le 17 avril 1992, Centre Universitaire de Recherches Administratives et Politiques de Picardie, Éd. PUF, Coll. Publications du centre de recherches administratives et politiques de Picardie, 1993, p. 11-33, notamment p. 12.

dans la démonstration[1175], pour voir dans la légalité l'exemple typique d'une valeur quantitative. Reste à savoir quelle est la nature de l'étalon qu'exprime la décision du juge constitutionnel.

431. L'étalon de mesure impliquerait *a minima* « répétition ou reproduction » *qualitatives* des choses qui lui sont rapportées. Le professeur Amselek distingue deux types d'étalons en fonction de leur capacité à donner la mesure des objets qui y sont rapportés : l'étalon concret et l'étalon formel.

L'étalon concret donne directement cette mesure, c'est-à-dire qu'il « incarne lui-même ce à quoi ces choses doivent être conformes »[1176]. La conformité s'entend ici d'une reproduction identique de l'objet à l'étalon. C'est le cas notamment des maquettes, prototypes ou spécimens.

L'étalon formel, en revanche, ne donne qu'indirectement la mesure des choses qui lui sont rapportées. Dans cette hypothèse, « la conformité à l'étalon s'entend comme un rapport de convenance ou d'adéquation signifiant, non pas que la chose est pareille à l'étalon, mais qu'elle lui est appareillée, qu'elle est assortie à lui, en accord ou en harmonie avec lui »[1177]. *L'étalon formel* n'est alors – comme son nom l'indique – qu'une forme à remplir comme l'est par exemple la serrure vis-à-vis de la clé ou, tout autrement, la fin vis-à-vis du moyen. La clé – si elle est aj*ustée* – entretient bien un rapport d'adéquation avec la serrure qu'elle permet d'ouvrir. De la même façon, le moyen – s'il est bon – entretient un rapport d'adéquation avec la fin qu'il permet de réaliser. La nature de l'étalon détermine bien la nature du rapport qu'il entretient avec des objets qu'on lui confronte et la valeur précise de ces objets.

432. Ce constat permet de soulever une seconde hypothèse. Si le Conseil constitutionnel mobilise des étalons formels de référence, il est inévitable que son contrôle de constitutionnalité s'en trouve largement modifié. En effet, on l'a vu, tout *étalon formel* de référence entraîne un rapport de conformité particulier de l'objet qui lui est confronté ; moins strict qu'un rapport d'identité. Il s'agit pour l'essentiel d'un rapport de convenance, *d'adéquation* ou de congruence. Il s'agit d'un rapport de valeur qualitatif. Or, *le contrôle de l'adéquation* des normes ne constitue-t-il pas « l'une des figures générales du contrôle de proportionnalité »[1178] exercé par le Conseil constitutionnel ? Loin d'être une coïncidence, l'usage de ce terme traduit bien la spécificité de l'office du juge constitutionnel auquel il appartient de confronter des objets normatifs à des étalons de mesure et d'en apprécier la conformité ou l'adéquation. Le juge confronte toujours des normes dont l'une au moins est en position de surplomb et exerce une fonction de référence, ou plutôt de référent. Il lui revient ensuite de relever la capacité ou l'incapacité de l'objet confronté à se conformer à la référence. La piste qui tend à associer l'office du juge à l'étalonnage des conduites est donc féconde.

[1175] V. *supra*, § 245 et s.

[1176] Paul AMSELEK, *Cheminements philosophiques dans le monde du droit et des règles en général*, *op. cit.*, p. 124.

[1177] *Ibid.*, p. 125.

[1178] Valérie GOESEL-LE BIHAN, « Le contrôle de proportionnalité exercé par le Conseil constitutionnel », *CCC*, vol. 22, n°1, 2007, p. 141-145.

Dans ce schéma, la valeur est bien condition de la capacité – ou de l'incapacité – de l'objet à être rapporté à l'étalon de référence c'est-à-dire, en termes de logique instrumentale, la capacité – ou l'incapacité – du moyen à atteindre la fin souhaitée – plus précisément la capacité de la norme-moyen à orienter l'action à la norme-fin. La valeur réside donc dans la détermination des termes mais également dans le rapport entre ces deux éléments. Elle est donc bien critère d'évaluation à part entière.

433. L'analyse du débat ayant indirectement opposé Kant à Kelsen a fourni le prétexte à une analyse approfondie de l'impératif hypothétique. Celui-ci apparaît particulièrement propice à désigner l'impératif juridique et plus particulièrement l'impératif constitutionnel tel qu'on le trouve dans les décisions du juge constitutionnel. Comme l'affirme Kalinowski, est hypothétique « la norme dont la force obligatoire, fondée […] sur le lien qui unit le moyen indiqué par elle au but qu'elle suppose, lui vient en définitive justement de l'intention de ce but »[1179]. Ce schéma n'est rien d'autre que le schéma de la valeur qui peut s'entendre d'une norme juridique substantiellement valide à raison du contenu qu'elle draine mais également, d'une norme hypothétique qui s'attache à la mise en œuvre de l'action juridique.

434. Cette prise de position doit beaucoup à la relecture particulièrement convaincante, et toute moderne, de la norme pragmatique effectuée par Bobbio, derrière lequel on s'est rangé. Cette représentation apparaît d'autant plus féconde aujourd'hui, qu'elle fait un écho tout particulier à une nouvelle conception qui, dans la lignée des travaux – souvent précurseurs – du professeur Amselek, tend à voir dans la règle de droit un véritable modèle ou étalon de référence ou, pour le dire autrement une véritable matrice à jugement de valeurs. Ces représentations qui émergent permettent alors de réinvestir le champ de l'analyse de *la valeur juridique*.

435. La valeur, qui ne s'envisage que par paire hiérarchisée – valeur imaginaire et valeur-image – possède une fonction d'évaluation, de fondation, et de délimitation de l'action juridique. Cette fonction autorise à envisager la valeur comme une norme hypothétique puisque le propre de la norme hypothétique, on l'a dit, est d'articuler plusieurs termes autour d'un étalon de référence. Dans la prise de décision constitutionnelle, l'agencement de ces termes obéit largement à la loi de finalité. La loi de finalité permet alors de déterminer « le criterium de la valeur d'une chose » en tant qu'elle « joue le rôle de moyen pour assurer la satisfaction […] d'un besoin » de l'être humain[1180]. Cette loi de finalité ne saurait s'appréhender comme une loi naturelle soumise au principe de causalité. C'est au contraire le principe d'imputation qui opère l'articulation précise entre les divers termes de l'hypothèse.

436. Les enseignements de Kelsen et notamment ses remarques à l'encontre de Kant prennent ici tout leur sens. La décision constitutionnelle met principalement en scène un impératif – hypothétique – pragmatique là

[1179] Georges KALINOWSKI, *Le problème de la vérité en morale et en droit*, Éd. Emmanuel Vitte, Coll. Problèmes et doctrines, 1967, p. 176.

[1180] Marc REGLADE, « Les caractères essentiels du droit en comparaison avec les autres règles de la conduite humaine et les lois de la réalité », *loc. cit.*, p. 178.

où la décision du législateur met principalement en scène un impératif – hypothétique – technique. C'est là l'irréductible critère de la fonction du juge. En outre, il s'agit d'une clé d'explication plausible de la célèbre expression selon laquelle, le juge constitutionnel, en France, « ne possède pas un pouvoir d'appréciation identique à celui du Parlement ». La décision constitutionnelle tient pour acquises un certain nombre de fins auxquelles elle confronte des objets normatifs censés les réaliser. La décision législative, en revanche, est bien plus libre et s'entend de la sélection, par le décideur, des moyens estimés adéquats à l'obtention d'une fin dont le choix est laissé également à sa discrétion. Fort de ce constat, l'on peut raisonnablement penser que l'impératif constitutionnel, en tant qu'impératif hypothétique, se résout précisément en une opération d'évaluation. En contentieux constitutionnel, cette opération d'évaluation a désormais un nom : le contrôle de proportionnalité.

SECTION II. UN CONCEPT JUSTIFICATIF DU CONTROLE CONSTITUTIONNEL DE PROPORTIONNALITE

437. Le contrôle de proportionnalité renvoie à une méthode de solution des conflits entre les règles de droit. Dans une définition assez large, le conflit entre les règles de droit pourrait s'entendre de toute situation dans laquelle il existerait, pour un cas d'espèce, « deux directives incompatibles auxquelles on ne peut donc pas se conformer simultanément, soit parce qu'elles imposent deux obligations en sens opposés, soit parce que l'une interdit ce que l'autre permet, et qu'il n'y a donc pas moyen de se conformer à l'une sans violer l'autre »[1181]. Cette conception du conflit de règles suppose néanmoins qu'elles soient suffisamment précises pour commander deux comportements simultanément irréalisables. Il en va rarement ainsi, en France, des règles du droit constitutionnel et notamment de celles relatives aux droits fondamentaux qui obligent bien souvent indirectement et ne se contredisent donc jamais véritablement. Ce constat ne fait pourtant pas l'unanimité. La dogmatique affirme parfois que les droits fondamentaux s'organisent selon plusieurs catégories fondamentalement antagonistes. Par exemple, les droits créances seraient largement contraires aux droits libertés. Le professeur Rivero lui-même s'y était laissé prendre qui évoquait leurs « contradictions »[1182]. Des études plus récentes ont montré l'inanité de cette conception[1183]. Il paraît extrêmement difficile aujourd'hui de considérer que

---

[1181] Chaïm PERELMAN, *Logique juridique. Nouvelle rhétorique*, Éd. Dalloz, Coll. Bibliothèque Dalloz, 1999, p. 39.

[1182] Jean RIVERO, *Libertés publiques. Tome 1*, Éd. PUF, Coll. Thémis. Droit public, 9ème éd., 2003, p. 166.

[1183] V. par ex., François RANGEON, « Droits-libertés et droits-créances : les contradictions du préambule de 1946 », *in Le préambule de la Constitution de 1946: antinomies juridiques et contradictions politiques*, Actes du colloque organisé à la Faculté de droit d'Amiens les 1 et 2 février 1996, Centre universitaire de recherches administratives et politiques de Picardie, Éd. PUF, Coll. Centre universitaire de recherches administratives et politiques de Picardie, 1996, p. 169-186, notamment p. 172. ; Philippe TERNEYRE, « La Constitution devant le progrès économique et social », *LPA*, n°155, 1991, p. 4-14, notamment p. 9.

le droit de propriété s'oppose en soi au droit au logement. Certes leurs logiques sont différentes. Ces différences tiennent à leur genèse. En réalité, les règles dans lesquelles ils s'incarnent généralement n'apparaissent pas contradictoires en tant que telles. Seules leurs concrétisations respectives peuvent l'être.

438. Dans ces conditions, le contrôle de proportionnalité est mobilisé, en droit constitutionnel notamment, pour pallier la spécificité de ces règles. Le contrôle de proportionnalité aboutit souvent à une conciliation ou pondération et n'opère jamais en présence de règles véritablement inconciliables. Le contrôle de proportionnalité constitue, pour le juge constitutionnel, un véritable outil d'analyse des choix du législateur. Il s'accommode parfaitement de la spécificité de l'impératif constitutionnel et de l'idée, précédemment exposée [1184], selon laquelle le Conseil constitutionnel n'est pas vraiment le maître des termes de l'hypothèse dont il est saisi. Le contrôle de proportionnalité du juge constitutionnel constitue ainsi un contrôle du choix du législateur au regard de ses raisons d'agir. Par ce contrôle, le juge constitutionnel confirme que « juger en droit consiste toujours à évaluer l'action à partir de ses raisons d'agir »[1185]. Le contrôle de proportionnalité n'est jamais rien d'autre qu'une évaluation au terme de laquelle le choix de l'action effectuée par le législateur, matérialisé dans une règle particulière, devient un moyen[1186] qu'il revient au juge de confronter à un étalon formel de référence souvent apparenté à l'objectif de l'action entreprise, à son motif ou encore à son effet. La valeur de ce rapport peut alors s'exprimer de multiples façons et notamment en termes d'*adéquation*, de *proportion* ou de *nécessité*.

439. Ces trois termes correspondent bien aux trois facettes du test de proportionnalité tel qu'il ressort, pour l'essentiel, de l'œuvre de la Cour constitutionnelle allemande[1187] reprise par le juge communautaire au début des années quatre-vingt-dix[1188]. Cette conception de la proportionnalité, en pleine expansion, s'impose aujourd'hui à l'ordre juridique français où elle n'a été introduite que récemment. Le contentieux constitutionnel interne français se caractérisait encore, il y a peu, par son caractère unitaire[1189] puis binaire[1190]. Il serait aujourd'hui apparemment ternaire depuis la « grande

---

[1184] V. *supra*, § 426 et s.

[1185] Philippe COPPENS, *Normes et fonction de juger*, Éd. Bruylant, Coll. La pensée juridique, 1998, p. 57.

[1186] Recouvrant une pluralité de dénomination comme l'a montré Jean-Baptiste DUCLERCQ, *Les mutations du contrôle de proportionnalité dans la jurisprudence du Conseil constitutionnel*, Éd. LGDJ-Lextenso, Coll. Bibliothèque constitutionnelle et de science politique, 2015, p. 68-71.

[1187] Cour constitutionnelle fédérale allemande, décision du 11 juin 1958, *BverfGE* 7, 377, a, décision dite des « Pharmacies ».

[1188] C. J. C. E., 13 novembre 1990, aff. C331/88, *The Queen / Ministry of Agriculture, Fisheries and Food, ex parte FEDESA e. a.*

[1189] Valérie GOESEL-LE BIHAN, « Réflexion iconoclaste sur le contrôle de proportionnalité exercé par le Conseil constitutionnel », *RFDC*, vol. 30, n°2, 1997, p. 227-267.

[1190] Valérie GOESEL-LE BIHAN, « Le contrôle exercé par le Conseil constitutionnel : défense et illustration d'une théorie générale », *RFDC*, vol. 45, n°1, 2001, notamment p. 68.

décision »[1191] du 10 février 2017 portant sur le délit de consultation habituelle de sites internet terroristes[1192].

440. L'analyse précise du contrôle de proportionnalité opéré par le juge constitutionnel français, entendu comme contrôle de l'action du législateur, ou plutôt de ses choix d'action, fait émerger deux grands types d'étalons de référence. Ceux-ci ne sont pas des règles de droits, bien qu'ils soient pleinement normatifs. Ils constituent, en tant qu'étalon de référence, des modèles formels de l'action[1193] auxquels l'action législative doit logiquement se conformer. C'est à leur aune que sera donc rapporté le contrôle de constitutionnalité qui ne se présenterait alors que comme un contrôle de la conformité, c'est-à-dire de la congruence, entre une règle-moyen et une règle-fin. Ce contrôle de la conformité se résout et s'exprime nécessairement en valeur puisque l'on s'accorde sur cette idée « qu'un jugement de valeur *stricto sensu* est la constatation de la conformité ou de la non-conformité d'un objet mesuré à un terme de référence »[1194]. Dans la jurisprudence constitutionnelle, ce rapport de conformité s'exprime par les valeurs de mesure (I) et d'efficacité (II) selon qu'il existe entre les termes confrontés des rapports de conformité manifeste ou de conformité adéquate. Mesure et efficacité constituent ainsi des valeurs encadrant l'action du législateur.

I. La conformité *manifeste* ou la valeur de « mesure »

441. Dans le cadre du contrôle de proportionnalité, le Conseil constitutionnel effectue parfois un contrôle de *la conformité manifeste* des mesures prises par le législateur. Il faut y voir l'incarnation de l'une des facettes du triple test de proportionnalité à savoir le contrôle de la proportionnalité au sens strict. Ce contrôle qui implique l'appréciation du caractère mesuré de la disposition soumise au contrôle du juge se traduit fort logiquement en valeurs. Le contrôle de la conformité manifeste revient bien à confronter une règle-moyen à une règle-fin et à en apprécier la congruence *en termes* de mesure ou de proportion stricte. Pour résumer, dans ce schéma, la constitutionnalité d'une mesure du législateur, c'est-à-dire sa conformité, dépend pour l'essentiel de son caractère manifestement proportionné.

442. Cet impératif de mesure s'articule à la fois négativement et positivement. *Dans sa dimension négative* il s'agit pour le juge constitutionnel de sanctionner tout caractère démesuré du dispositif retenu par le législateur (A). *Dans sa dimension positive* ce contrôle se transforme en une exigence de circonscription des modalités retenues par le législateur (B). Pour le dire autrement, la sanction de la démesure (première hypothèse) dans le cadre du contentieux constitutionnel s'accompagne presque

---

[1191] Valérie GOESEL-LE BIHAN, « Une grande décision : la décision 2016-611 QPC », *AJDA*, n°8, 2017, p. 433.

[1192] Cons. Const., décision n°2016-611 QPC du 10 février 2017, *M. David P.*

[1193] Xavier BIOY, « L'évaluation, nouvelle forme de création normative ? », *in* Delphine DERO-BUGNY et Aurore LAGET-ANNAMAYER (dir.), *L'évaluation en droit public*, *op. cit.*, p. 203-220, notamment p. 206.

[1194] Paul AMSELEK, *Cheminements philosophiques dans le monde du droit et des règles en général*, *op. cit.*, p. 180.

naturellement d'une exigence de mesure dans l'action légiférante (deuxième hypothèse). Elles constituent les deux revers du contrôle de la proportionnalité *stricto sensu.*

A. La réalisation négative du contrôle : la sanction de la démesure législative

443. Le contrôle de l'erreur manifeste constitue à proprement parler le premier démembrement du « test de proportionnalité » mobilisé par le juge constitutionnel (1°). Ce contrôle formel a largement évolué et s'entend désormais d'une sanction de toute disproportion excessive (2°). Alors qu'il s'entendait traditionnellement du contrôle de l'erreur « flagrante » commise par le législateur dans son appréciation, ce contrôle a évolué à mesure que le contentieux constitutionnel, sous l'effet de la poussée des droits fondamentaux, s'est développé. Le développement du contentieux a conduit au développement d'un contrôle de *l'atteinte manifeste* c'est-à-dire grave, importante, commise par le législateur à ces mêmes droits fondamentaux.

1° Le contrôle de l'erreur manifeste : contrôle de l'erreur « flagrante » du législateur

444. Le contrôle de l'erreur manifeste d'appréciation peut être considéré comme le contrôle le plus emblématique du contrôle des erreurs du législateur. Comme l'affirme M. Xavier Philippe, il « est l'expression d'un contrôle de la proportionnalité exprimé sous forme négative, la plus souple »[1195]. Il s'agit pour le Conseil constitutionnel de sanctionner par l'annulation toute « erreur *flagrante* d'appréciation commise par le législateur sur les faits ou les motifs qui sont à la base de ses lois »[1196]. On le retrouve assez tôt dans sa jurisprudence, bien souvent flanqué du considérant désormais célèbre selon lequel la Constitution ne lui confère pas « un pouvoir d'appréciation et de décision identique à celui du Parlement ». Ainsi, le juge constitutionnel ne se reconnaît-il, à travers ce contrôle, qu'un pouvoir d'appréciation globale des choix du législateur.

445. Cette appréciation ne valait bien souvent que dans le cadre assez formel d'une décision de conformité des mesures du législateur c'est-à-dire d'une décision de non censure.

En matière pénale le juge constitutionnel a pu, par exemple, considérer que les dispositions pénales d'une loi fixant une peine de prison et une amende au plafond élevé en cas de manquement aux régimes d'autorisation et de déclarations prévus pour l'usage des fréquences radioélectriques,

---

[1195] Xavier PHILIPPE, *Le contrôle de proportionnalité dans les jurisprudences constitutionnelle et administrative françaises*, Éd. Économica, Coll. Science et droit administratifs, 1990, p. 166.

[1196] André ROUX, *in* Olivier DUHAMEL et Yves MENY, *Dictionnaire constitutionnel*, Éd. PUF, Coll. Grands dictionnaires, 1992, v° « Erreur manifeste d'appréciation », p. 403.

n'étaient pas « manifestement contraires » au principe de nécessité des peines protégé par l'article 8[1197].

La logique est identique en matière fiscale où le juge constitutionnel a pu se référer à l'absence « d'appréciation manifestement erronée » du législateur quant à la fixation d'un seuil excluant de l'impôt sur les grandes fortunes les parts d'une société à responsabilité limitée détenues par un gérant minoritaire[1198]. Dans une décision sur la *loi de financement de la sécurité sociale pour 2001,* le Conseil constitutionnel censure totalement un article modifiant trop fortement l'assiette de la contribution sociale généralisée au motif que celui-ci créait « une disparité manifeste » entre les contribuables[1199].

Le droit électoral illustre également un véritable recours à ce contrôle de l'erreur manifeste. Par exemple, dans une décision *85-197 DC*, le juge constitutionnel considère que les modifications apportées par le législateur à la loi sur l'évolution de la Nouvelle-Calédonie, quant à la répartition des sièges des conseillers de régions, n'ont pas manifestement excédé une certaine mesure[1200]. Dans une décision *87-227 DC*, il affirme que la délimitation des secteurs pour l'élection des conseillers municipaux de la ville de Marseille, si elle ne respecte pas strictement le principe de la répartition proportionnelle à la plus forte moyenne, n'est pas pour autant démesurée puisque les écarts de population entre les secteurs ne sont « ni manifestement injustifiables, ni disproportionnés de manière excessive »[1201].

Plus récemment c'est dans le domaine du droit du travail[1202] que le Conseil constitutionnel a eu recours à ce contrôle.

446. On constate peu de censure sur la base du contrôle de l'erreur manifeste. L'avènement du contrôle *a posteriori* n'a pas bousculé fondamentalement cette logique puisque seules trois questions prioritaires de constitutionnalité reprennent explicitement l'expression « erreur manifeste d'appréciation »[1203]. Au contraire, cette nouvelle procédure s'accompagne d'une disparition du contrôle *explicite* de l'erreur manifeste d'appréciation dont la formule n'est jamais vraiment entrée dans les bonnes grâces des

---

[1197] Cons. Const., décision n°84-176 DC du 25 juillet 1984, *Loi modifiant la loi du 29 juillet 1982 sur la communication audiovisuelle et relative à certaines dispositions applicables aux services de communication audiovisuelle soumis à autorisation*, cons. 10.

[1198] Cons. Const., décision n°83-164 DC du 29 décembre 1983, *Loi de finances pour 1984*, cons. 9.

[1199] Cons. Const., décision n°2000-437 DC du 19 décembre 2000, *Loi de financement pour la sécurité sociale pour 2001*, cons. 9.

[1200] Cons. Const., décision n°85-197 DC, *préc.*, cons. 35.

[1201] Cons. Const., décision n°87-227 DC du 7 juillet 1987, *Loi modifiant l'organisation administrative et le régime électoral de la ville de Marseille*, cons. 6.

[1202] Cons. Const., décision n°2004-509 DC du 13 janvier 2005, *Loi de programmation pour la cohésion sociale*, cons. 28.

[1203] V. Cons. Const., décision n°2010-28 QPC du 17 septembre 2010, *Association sportive football club de Metz*, cons. 8. ; Cons. Const., décision n°2010-29/37 QPC du 22 septembre 2010, *Commune de Besançon et autre*, cons. 12. ; Cons. Const., décision n°2011-148/154 QPC du 22 juillet 2011, *M. Bruno L. et autres*, cons. 22. Liste arrêtée au 6 juin 2019.

juges constitutionnels qui la considèrent probablement « désobligeante à l'endroit des parlementaires »[1204].

447. Le choix du Conseil constitutionnel de transposer le contrôle de l'erreur manifeste au contrôle des modalités de transposition des directives est, également, révélateur de l'esprit qui domine l'utilisation de ce contrôle. En effet, dans une décision *2006-540 DC* portant sur la *loi relative au droit d'auteur et aux droits voisins dans la société de l'information*, le Conseil affirme, dans la lignée de sa jurisprudence de 2004 sur la *loi pour la confiance dans l'économie numérique,* ne pouvoir sanctionner qu'une « disposition législative manifestement incompatible avec la directive qu'elle a pour objet de transposer »[1205]. Le contrôle de la conformité ou de la compatibilité manifeste est donc assez largement restreint, qui se limite, dans le contentieux de la transposition, aux cas les plus exceptionnels. L'exigence de mesure est donc, ici, relativement lâche et essentiellement négative.

448. La nature exacte de ce contrôle ressort également de l'attitude dont fait montre le juge constitutionnel face aux *erreurs vénielles* du législateur, pour reprendre les termes d'un ancien président de l'institution[1206]. C'est tout l'objet des « décisions-recommandations » du Conseil constitutionnel. Ces décisions – étranges au demeurant – s'accompagnent souvent de qualificatifs qui laissent peu de doute sur les opinions des membres du Conseil face à un comportement précis du législateur. Si le recours à ce type de décision est rare il n'est pas pour autant anecdotique. Il révèle que derrière l'appréciation de l'erreur du législateur, les juges constitutionnels se livrent à une véritable appréciation de l'ampleur, de la proportion de celle-ci. Ces erreurs dites vénielles sont du reste, en tant que telles, considérées comme conformes à la constitution alors qu'elles relèvent d'une erreur d'appréciation de la part du législateur et pourraient faire l'objet d'une censure logique au regard d'un strict raisonnement formel. Il en va ainsi quand le juge constitutionnel qualifie de *regrettables* certaines erreurs comme, une dérogation apportée par le législateur au mode de calcul de la répartition du nombre de sièges des sénateurs[1207], l'ajout de deux articles dans la mauvaise partie d'une loi de finances[1208], voire même la suppression inconstitutionnelle d'un article[1209]. C'est également le cas lorsque le juge constitutionnel considère *critiquable* une énième abrogation impliquant transformation d'une perception

---

[1204] Dominique ROUSSEAU, Pierre-Yves GAHDOUN et Julien BONNET, *Droit du contentieux constitutionnel*, Éd. LGDJ-Lextenso, Coll. Domat droit public, 2016, 11ème éd., p. 306.

[1205] Cons. Const., décision n°2006-540 DC du 27 juillet 2006, *Loi relative au droit d'auteur et aux droits voisins dans la société de l'information*, cons. 20.

[1206] Pierre MAZEAUD, « L'erreur en droit constitutionnel », *in* Jean FOYER, Catherine PUIGELIER et François TERRE, *L'Erreur*, Actes du colloque organisé à l'Institut de France les 25 et 26 octobre 2006, Académie des Sciences morales et politiques, Centre de recherches en théorie générale du droit et Association française de philosophie du droit, Éd. PUF, Coll. Cahiers des sciences morales et politiques, 2007, p. 77-90, notamment p. 83.

[1207] Cons. Const., décision n°2003-475 DC du 24 juillet 2003, *Loi portant réforme de l'élection des sénateurs*, cons. 7.

[1208] Cons. Const., décision n°2010-622 DC du 28 décembre 2010, *Loi de finances pour 2011*, cons. 5.

[1209] Cons. Const., décision n°2016-745 DC du 26 janvier 2017, *Loi relative à l'égalité et à la citoyenneté*, § 8.

fiscale[1210] ou encore l'absence de dépôt d'une loi de finances rectificative en temps utile[1211].

449. Ce dernier exemple est particulièrement symptomatique de l'impuissance du contrôle de l'erreur manifeste d'appréciation en matière de finances publiques. Ainsi, cette forme du contrôle a été transposée au contrôle de la sincérité du budget. S'il est vrai qu'il existe une différence de portée du principe de sincérité selon qu'il s'attache aux lois de règlement ou aux autres lois de finances, il n'en demeure pas moins que, dans les deux cas, ce principe brille par son caractère inopérant. En effet, soit le Conseil constitutionnel, limité par la recherche d'une erreur manifeste d'appréciation ne censure pas la loi de finances, puisqu'il n'identifie aucune erreur, soit celui-ci peut remarquer parfois des erreurs qu'il estime d'une importance trop faible pour être censurées[1212] soit, au contraire, celui-ci identifie des erreurs plus manifestes mais néanmoins insuffisantes à caractériser « l'intention de fausser les grandes lignes de l'équilibre » budgétaire. Le Conseil constitutionnel a ainsi pu, face à plusieurs erreurs affectant l'évaluation du déficit prévisionnel, considérer, dans une sorte d'*obiter dictum,* que le gouvernement devait les corriger dans une loi de finances ultérieure[1213]. En l'espèce cette seule précision permettait à la disposition d'éviter la censure. De la même façon il a pu considérer qu'en cas d'écart entre le recouvrement des recettes et les prévisions fixées, « il appartiendrait au gouvernement de soumettre au parlement un projet de loi de finances rectificatives »[1214]. Cette *censure virtuelle*[1215], comme l'a qualifiée le professeur Rousseau, qui n'est pas essentiellement réservée à la matière fiscale[1216] s'analyse bien comme un contrôle de proportionnalité qui « permet au juge de s'interroger sur le caractère raisonnable d'une censure de l'inconstitutionnalité »[1217]. Si elle est peu efficace, elle n'en traduit pas moins la recherche constante par le Conseil constitutionnel d'une certaine mesure où de ce qu'il estime en relever.

450. Le contrôle de l'erreur manifeste a néanmoins débouché sur quelques censures de la part du Conseil constitutionnel. C'est le cas de la

---

[1210] Cons. Const., décision n°2001-457 DC du 27 décembre 2001, *Loi de finances rectificatives pour 2001*, cons. 19.

[1211] Cons. Const., décision n°2003-488 DC du 29 décembre 2003, *Loi de finances rectificatives pour 2003*, cons. 5.

[1212] V. par ex. Cons. Const., décision n°2011-638 DC du 28 juillet 2011, *Loi de finances rectificatives pour 2011*, cons. 6.

[1213] Cons. Const., décision n°97-395 DC du 30 décembre 1997, *Loi de finances pour 1998*, cons. 14.

[1214] Cons. Const., décision n°2001-456 DC du 27 décembre 2001, *Loi de finances pour 2002*, cons. 4 ; Cons. Const., décision n°2002-464 DC du 27 décembre 2002, *Loi de finances pour 2003*, cons. 7 ; Cons. Const., décision n°2007-555 DC du 16 août 2007, *Loi en faveur du travail, de l'emploi et du pouvoir d'achat*, cons. 38.

[1215] Dominique ROUSSEAU, « Chronique de jurisprudence constitutionnelle 1997-1998 », *RDP*, vol. 115, n°1, 1999, p. 17-92, p. 63.

[1216] V. par ex. en matière électorale, Cons. Const., décision n°2003-468 DC du 3 avril 2003, *Loi relative à l'élection des conseillers régionaux et des représentants au Parlement européen ainsi qu'à l'aide publique aux partis politiques*, cons. 18-19.

[1217] François BARQUE, « Le Conseil constitutionnel et la technique de la "censure virtuelle" : développements récents », *RDP*, n°5, 2006, p. 1409-1425.

décision *85-196 DC* à propos de la *loi sur l'évolution de la Nouvelle-Calédonie.* Le Conseil constitutionnel censure bien le choix, par le législateur, du nombre de sièges des « conseils de région » de la Nouvelle Calédonie en considérant que la répartition retenue avait « manifestement dépassé »[1218] le caractère proportionnel de la représentation. Il en va également en matière fiscale dans la décision *87-237 DC* à propos de la *loi de finances pour 1988.* Un article prescrivait une amende fiscale en cas de divulgation du montant du revenu imposable d'un contribuable, égale au montant des revenus divulgués. Le Conseil le censure en considérant que cet article « pourrait, dans nombre de cas, revêtir un caractère manifestement disproportionné »[1219]. C'est également le cas dans la décision *88-244 DC* à propos d'une *loi portant amnistie.* Le Conseil constitutionnel considère ainsi qu'une loi d'amnistie peut permettre la réintégration d'un salarié protégé licencié pour toute faute autre qu'une faute lourde. Les contraintes pour l'employeur de la réintégration d'un salarié protégé licencié ne « dépassent pas, par leur étendue, les charges que, dans l'intérêt général, la société peut imposer à ses membres » et ne sont donc pas « manifestement disproportionnées ». En revanche, le droit à réintégration ne saurait être étendu aux salariés protégés licenciés pour faute lourde dès lors que « la contrainte qu'une telle réintégration ferait peser sur l'employeur qui a été victime de cet abus ou qui, en tout cas, n'en est pas responsable excéderait manifestement les sacrifices d'ordre personnel ou d'ordre patrimonial qui peuvent être demandés aux individus dans l'intérêt général »[1220].

451. L'évolution néanmoins perceptible dans l'appréciation de l'erreur manifeste portait en elle les germes d'une véritable révolution de ce contrôle. Le juge constitutionnel glissait subrepticement du contrôle d'une erreur manifeste d'appréciation commise par le législateur au contrôle d'une atteinte manifeste, c'est-à-dire excessive et même grave, à un principe constitutionnel.

2° Le contrôle de l'atteinte manifeste : contrôle de l'atteinte « grave »

452. Le changement de sens du contrôle de l'erreur manifeste s'est effectué assez tôt. M. Xavier Philippe, par exemple, appréciait dans sa thèse le caractère pleinement opérant et donc pleinement efficace de ce type de contrôle. D'après l'auteur, celui-ci aurait permis d'aboutir à un grand nombre de censures postérieurement à la décision précitée *85-196 DC.* Ce serait le cas de la décision *87-232 DC* portant sur la *loi relative à la mutualisation de la Caisse nationale de Crédit Agricole.* Dans cette décision, le juge constitutionnel censure une disposition visant à restructurer l'organisation des conseils d'administration des caisses régionales de crédit agricole en garantissant une représentation majoritaire à une seule catégorie de sociétaires au détriment des autres catégories. Le juge constitutionnel

---

[1218] Cons. Const., décision n°85-196 DC du 8 août 1985, *Loi sur l'évolution de la Nouvelle-Calédonie*, cons. 16.

[1219] Cons. Const., décision n°87-237 DC du 30 décembre 1987, *Loi de finances pour 1988*, cons. 16.

[1220] Cons. Const., décision n°88-244 DC du 20 juillet 1988, *Loi portant amnistie*, cons. 26.

considère que par son caractère « général et absolu », donc démesuré, l'article en question « apporte au principe d'égalité une atteinte qui dépasse manifestement ce qui serait nécessaire pour faire droit à la situation particulière de certaines catégories de sociétaires »[1221]. Il est donc clair, ici, que ce n'est pas le contrôle de l'erreur manifeste d'appréciation qui joue mais un autre type de contrôle néanmoins assez proche. Il ne s'agit pas tant de sanctionner une erreur d'appréciation du législateur mais bien plutôt de sanctionner une atteinte non nécessaire à un principe constitutionnel, c'est-à-dire une atteinte « grave » ou si l'on préfère « importante ».

La même logique est à l'œuvre dans une décision *99-416 DC* à propos de la *loi portant création d'une couverture maladie universelle* où le Conseil affirme que s'il est loisible au législateur d'apporter, pour des motifs d'intérêt général, des modifications à des contrats en cours d'exécution, il ne saurait porter à l'économie des contrats légalement conclus une atteinte d'une gravité telle qu'elle méconnaisse manifestement la liberté découlant de l'article 4 de la Déclaration des droits de l'homme et du citoyen »[1222]. Ici, comme dans la décision précédente, l'appréciation de l'erreur ne porte plus tant sur son caractère flagrant mais sur son caractère gravement attentatoire aux droits fondamentaux. Toutes deux supposent néanmoins un contrôle de la mesure, de la proportion ou plutôt de la disproportion.

453. Si telle est la structure du contrôle de l'atteinte manifeste, il importe de préciser qu'elle ne consiste pas toujours schématiquement en une confrontation entre deux termes dont l'un est une mesure potentiellement attentatoire et l'autre un principe constitutionnel ou un droit fondamental auquel il est directement attenté. L'objet auquel la mesure attentatoire est rapportée est parfois plus volatile. En d'autres termes, l'objet auquel est confrontée la mesure attentatoire n'est pas toujours à proprement parler un droit fondamental bien qu'il s'y rapporte souvent. Ainsi, dans une décision *99-419 DC* le Conseil constitutionnel considère que le législateur a pu « étendre au profit de la personne liée au locataire par un pacte civil de solidarité le bénéfice de la continuation du contrat de location en cas d'abandon du domicile par le locataire et celui du transfert du contrat en cas de décès » et ce, « sans porter aux intérêts du bailleur une atteinte violant par sa gravité son droit de propriété »[1223]. Si l'étalon de référence est, en dernière analyse, un droit fondamental, en l'espèce le droit de propriété, le contrôle de la conformité porte bien sur la gravité de l'atteinte de la mesure de continuation du bail aux *intérêts du bailleur*.

454. Le contrôle de l'atteinte « grave » revêt diverses formes.

Il peut parfois prendre les traits du contrôle de *l'atteinte à la nature d'un droit fondamental – ou contrôle de la dénaturation*. Dans cette perspective, toute atteinte grave est appréciée comme une atteinte à la nature de ce droit.

[1221] Cons. Const., décision n°87-232 DC du 7 janvier 1988, *Loi relative à la mutualisation de la Caisse nationale de crédit agricole*, cons. 42.

[1222] Cons. Const., décision n°99-416 DC du 23 juillet 1999, *Loi portant création d'une couverture maladie universelle*, cons. 19.

[1223] Cons. Const., décision n°99-419 DC du 9 novembre 1999, *Loi relative au pacte civil de solidarité*, cons. 89.

Cette jurisprudence joue largement en matière de droit de propriété. Ainsi, dans une décision *98-403 DC* le Conseil constitutionnel considère que la création d'une nouvelle procédure de réquisition « n'emporte pas, par elle-même, [...] privation du droit de propriété [...] elle limite néanmoins, pour une période de temps déterminée, le droit d'usage des locaux réquisitionnés ». Cependant, « une telle limitation ne saurait revêtir un caractère de gravité tel qu'elle dénature le sens et la portée du droit de propriété »[1224]. L'atteinte au droit de propriété est manifeste mais pas au point de le dénaturer. On retrouve cette formule dans une décision portant sur la *loi relative à la chasse*. Ainsi, « l'interdiction de chasser un jour par semaine ne porte pas au droit de propriété une atteinte d'une gravité telle que le sens et la portée de ce droit s'en trouveraient dénaturés »[1225]. C'est également le cas s'agissant de l'accès forcé à la mitoyenneté[1226] ou de la procédure de dessaisissement obligatoire de la possession d'une arme[1227]. Dans ces exemples, l'atteinte au droit de propriété n'est jamais considérée comme une atteinte grave dénaturant ce droit. À l'inverse, dans une décision à propos de la *loi organique portant statut d'autonomie de la Polynésie française,* le Conseil constitutionnel censure un régime d'autorisation préalable au transfert de propriété laissé à la discrétion du conseil des ministres de Polynésie. Ce régime qui comporte « des limitations directes au droit de disposer, attribut essentiel du droit de propriété »[1228] est alors déclaré inconstitutionnel. Ici, une atteinte à ce que constitue l'essence d'un droit pour le Conseil constitutionnel est considérée comme une atteinte démesurée qu'il importe de censurer.

D'une certaine manière cette logique se retrouve également dans le contrôle des irrégularités de la procédure législative qui n'est, au fond, qu'un contrôle de la dénaturation du bon déroulement de la procédure législative. Le juge constitutionnel, qui contrôle la régularité de la procédure, veille ainsi à ce que les irrégularités alléguées ne revêtent pas un caractère *substantiel* au regard de la procédure législative. Par exemple, dans une décision *88-248 DC*, le Conseil constitutionnel considère qu'un texte est réputé applicable à la Polynésie française malgré une irrégularité de procédure, en l'espèce, l'absence d'avis de l'assemblée territoriale de Polynésie[1229]. Plusieurs fois[1230], le Conseil constitutionnel a apprécié le caractère substantiel de l'atteinte au

---

[1224] Cons. Const., décision n°98-403 DC du 29 juillet 1988, *Loi d'orientation relative à la lutte contre les exclusions*, cons. 31.

[1225] Cons. Const., décision n°2000-434 DC du 20 juillet 2000, *Loi relative à la chasse*, cons. 31.

[1226] Cons. Const., décision n°2010-60 QPC du 12 novembre 2010, *M. Pierre B.*, cons. 6.

[1227] Cons. Const., décision n°2011-209 QPC du 17 janvier 2012, *M. Jean-Claude G.*, cons. 6.

[1228] Cons. Const., décision n°96-373 DC du 9 avril 1996, *Loi organique portant statut d'autonomie de la Polynésie française*, cons. 22.

[1229] Cons. Const., décision n°88-248 DC du 17 janvier 1989, *Loi modifiant la loi n°86-1067 du 3 septembre 1986 relative à la liberté de communication*, cons. 46.

[1230] Cons. Const., décision n°93-329 DC du 13 janvier 1994, *Loi relative aux conditions de l'aide aux investissements des établissements d'enseignement privés par les collectivités territoriales*, cons. 22. ; v. égal., Cons. Const., décision n°93-334 DC du 20 janvier 1994, *Loi instituant une peine incompressible et relative au nouveau code pénal et à certaines dispositions de procédure pénale*, cons. 6. ; v. égal. Cons. Const., décision n°2006-535 DC du 30 mars 2006, *Loi pour l'égalité des chances*, cons 10.

droit d'amendement effectuée par le Sénat eu égard au « contenu des amendements » et des « conditions générales du débat ». Dans une autre décision, en revanche, le Conseil constitutionnel censure des dispositions d'une loi organique pour méconnaissance du *quorum* particulier octroyant à l'Assemblée nationale le dernier mot, en matière de loi organique, qu'il qualifie de formalité « substantielle »[1231].

Plus généralement, le contrôle – substantiel – de la dénaturation trouve à s'exprimer le mieux à propos des nouveaux droits consacrés récemment par la Constitution et notamment par la Charte de l'environnement[1232]. Il en va ainsi à propos du *droit d'agir en responsabilité* qui découle de l'obligation de vigilance à l'égard des atteintes à l'environnement imposée par une lecture croisée des articles 1 et 2 de la Charte. Le législateur ne saurait « restreindre le droit d'agir en responsabilité dans des conditions qui en dénaturent la portée » [1233]. Il en va de même s'agissant du *droit à l'information et à la participation en matière environnementale* pour lequel « il n'appartient qu'au législateur de préciser 'les conditions et les limites' » sans pour autant le dénaturer[1234].

455. *Le contrôle de l'atteinte grave peut parfois prendre la forme du contrôle des limites de certains droits.* Cette hypothèse fait écho aux théories du début du XXe siècle qui voyaient dans le droit un phénomène de limitation. Comme l'affirmait Del Vecchio, « le droit établit, par ses impératifs, une série de limites, une sphère à l'intérieur de laquelle le sujet peut agir facultativement »[1235]. Cette théorie des limites a connu un essor particulier dans la jurisprudence de la Cour constitutionnelle italienne face au développement du droit communautaire. Pour l'essentiel, en Italie, il s'agissait de savoir jusqu'à quel point le droit communautaire pouvait différer du droit constitutionnel italien et de la protection des droits fondamentaux[1236]. On peut tout de même y voir un lien de filiation avec l'ordre juridique français que justifie l'usage d'un même mot qui suppose logiquement un renvoi à une même chose.

Le contrôle de l'atteinte grave du juge constitutionnel français passe parfois par l'identification des limites de l'exercice d'un droit et par l'appréciation de leur dépassement. Le Conseil procède largement de la sorte s'agissant du droit d'amendement. Il veille bien, sur le plan de la procédure parlementaire, à ce que « les adjonctions ou modifications » apportées au

---

[1231] Cons. Const., décision n°89-263 DC du 11 janvier 1990, *Loi organique relative au financement de la campagne en vue de l'élection du Président de la République et de celle des députés*, cons. 7.

[1232] Pour plus précisions, v. notamment, Valérie GOESEL-LE BIHAN, « Les griefs d'inconstitutionnalité dans la jurisprudence constitutionnelle récente du Conseil constitutionnel : entre objectivation, rationalisation et européanisation », *RFDA*, n°6, 2016, p. 1251-1261.

[1233] Cons. Const., décision n°2011-116 QPC du 8 avril 2011, *M. Michel Z et autre*, cons. 5.

[1234] Cons. Const., décision n°2008-564 DC du 19 juin 2008, *Loi relative aux organismes génétiquement modifiés*, cons. 50.

[1235] Giorgio DEL VECCHIO, « *L'Homo juridicus* et l'insuffisance du droit comme règle de la vie », *Annuaire de l'Institut international de philosophie du droit et de sociologie juridique*, 1935-1936, Travaux de la seconde session, Sirey, 1936, p. 6.

[1236] Riccardo GUASTINI, « La primauté du droit communautaire : une révision tacite de la Constitution italienne », *CCC*, vol. 9, n°2, 2000, p. 119-125.

texte en cours de discussion, par le biais du droit d'amendement restent en lien avec le texte et ne dépassent « par leur objet et leur portée », les « limites inhérentes à l'exercice du droit d'amendement »[1237] et plus précisément parfois les « limites de valeur constitutionnelle »[1238]. Pour ce faire, il doit bien apprécier le caractère strictement proportionné de ces amendements. Ainsi, le juge constitutionnel vérifie que ceux-ci n'ont pas « entraîné un bouleversement des conditions générales de l'équilibre économique et financier » dans une loi de finances rectificatives[1239] ou constate qu'une disposition introduite par voie d'amendement « modifie *l'équilibre* général sur lequel repose le contrôle de légalité des actes des collectivités territoriales[1240] ». Ainsi censure-t-il également des dispositions qui « à raison tant de leur ampleur que de leur importance [...] excèdent les limites inhérentes à l'exercice du droit d'amendement »[1241] ou apprécie-t-il « l'harmonie »[1242] de l'exposé des motifs du projet de loi ainsi que de son intitulé avec le ce contenu du texte.

456. Ce contrôle de l'atteinte manifeste aboutit en toute logique à transformer le contrôle de proportionnalité exercé par le juge constitutionnel. Celui-ci change de dimension et passe d'un contrôle négatif à un contrôle positif. L'appréciation de la *gravité* des atteintes portées aux droits fondamentaux suppose, dans sa dimension positive, qu'un certain nombre de garanties soient apportées par le législateur. L'appréciation de la *gravité* est alors fonction de l'appréciation de la circonscription de la mesure potentiellement attentatoire.

B. La réalisation positive du contrôle : l'exigence de circonscription de la mesure législative

457. Pour apprécier le caractère démesuré ou non de l'atteinte potentielle à un droit fondamental, le juge constitutionnel apprécie plus concrètement les garanties effectives fournies par le législateur à l'appui de sa mesure. La garantie la plus solide d'une mesure législative réside, pour le Conseil constitutionnel, dans son caractère *circonscrit* ou, autrement dit, strictement proportionné. En appréciant le caractère circonscrit de la mesure, le juge constitutionnel réalise un plein contrôle de la proportionnalité stricte d'une

---

[1237] V. par ex. Cons. Const., décision n°89-258 DC du 8 juillet 1989, *Loi portant amnistie*, cons. 6 ; Cons. Const., décision n°89-269 DC du 22 janvier 1990, *Loi portant diverses dispositions relatives à la sécurité sociale et à la santé*, cons. 13. ; Cons. Const., décision n°90-277 DC du 25 juillet 1990, *Loi relative à la révision générale des évaluations des immeubles retenus pour la détermination des bases d'impôts locaux*, cons. 5 ; Cons. Const., décision n°93-329 DC du 13 janvier 1994, *préc.*, cons. 12.

[1238] Le terme exact ressort de Cons. Const., décision n°90-274 DC du 29 mai 1990, *Loi visant à mettre en œuvre le droit au logement*, cons. 7.

[1239] Cons. Const., décision n°93-320 DC du 21 juin 1993, *Loi de finances rectificative pour 1993*, cons. 8.

[1240] Cons. Const., décision n°93-335 DC du 21 janvier 1994, *Loi portant diverses dispositions en matière d'urbanisme et de construction*, cons. 21.

[1241] Cons. Const., décision n°96-225 DC du 23 janvier 1987, *Loi portant diverses mesures d'ordre social*, cons. 11.

[1242] Cons. Const., décision n°88-251 DC du 12 janvier 1989, *Loi portant diverses dispositions relatives aux collectivités territoriales*, cons. 5.

disposition législative. Le caractère circonscrit d'une mesure du législateur est apprécié soit temporellement, en termes de durée (1°), soit matériellement, en termes de domaine ou de champ d'application (2°).

1° La circonscription temporelle des mesures du législateur : l'exemple des décisions sur le droit de suffrage

458. La jurisprudence du Conseil constitutionnel en matière de droit de suffrage illustre tout particulièrement ce phénomène. Ainsi, dans une décision *90-208 DC*, le juge constitutionnel énonce que la modification des mandats des conseils généraux, c'est-à-dire leur prolongation d'un an, ainsi que le regroupement des élections départementales avec les élections régionales, prévues par le législateur afin de « favoriser une plus forte participation du corps électoral » sont conformes, ou plutôt ne sont pas manifestement contraires, ni au principe de libre administration, ni au droit de suffrage, dès lors qu'elles revêtent un caractère « exceptionnel et transitoire »[1243]. En d'autres termes, l'atteinte au droit de suffrage ou au principe de libre administration, qui est inévitable, n'en est pas pour autant *grave* puisqu'elle provient d'une mesure *strictement circonscrite* dans le temps.

Le même raisonnement est opéré dans la décision *93-331 DC* à propos de la prolongation d'un an du mandat des conseillers généraux renouvelables en 1994. Ces mesures dès lors qu'elles « revêtent un caractère exceptionnel et transitoire » s'insèrent « dans le cadre du dispositif d'ensemble adopté par le législateur »[1244] et sont déclarées conformes à la constitution en particulier au droit de suffrage et au principe de la libre administration des collectivités territoriales.

Il en va ainsi également de la prorogation du mandat des conseillers municipaux qui, « limitée à trois mois » n'est pas « manifestement inappropriée » à l'objectif que le législateur s'est fixé à savoir « éviter les difficultés de mise en œuvre de l'organisation présidentielle prévue en 1995 »[1245].

La même logique est à l'œuvre dans une décision ultérieure portant sur le report de quelques mois de l'élection des membres du Conseil territorial de la Polynésie française qui revêt un caractère « exceptionnel et transitoire »[1246].

Le même raisonnement aboutit à la décision *2001-444 DC* portant sur la loi organique *modifiant la date d'expiration des pouvoirs de l'Assemblée Nationale* et qui impliquait prolongation de trois mois environ de ses pouvoirs. Le juge constitutionnel considère que la prolongation des pouvoirs

[1243] Cons. Constit., décision n°90-280 DC du 6 décembre 1990, *Loi organisant la concomitance du renouvellement des conseils généraux et des conseils régionaux*, cons. 10.

[1244] Cons. Constit., décision n°93-331 DC du 13 janvier 1994, *Loi rétablissant le renouvellement triennal par moitié des conseils généraux*, cons. 8.

[1245] Cons. Constit., décision n°94-341 DC du 6 juillet 1994, *Loi relative à la date du renouvellement des conseillers municipaux*, cons. 7.

[1246] Cons. Constit., décision n°96-372 DC du 6 février 1996, *Loi organique relative à la date du renouvellement des membres de l'assemblée territoriale de Polynésie française*, cons. 4.

de l'Assemblée nationale était « limitée à onze semaines » et revêtait ainsi un « caractère exceptionnel et transitoire »[1247]. Elle est donc conforme.

459. Ce n'est pas un hasard si le Conseil use de la jurisprudence en matière de droit électoral pour énoncer le principe selon lequel, le législateur « compétent pour fixer les règles concernant le régime électoral des assemblées locales [...] doit se conformer aux principes d'ordre constitutionnel, qui impliquent notamment que les électeurs soient appelés à exercer selon une périodicité raisonnable leur droit de suffrage »[1248]. L'usage du standard *raisonnable* prouve bien qu'en cette matière, le juge constitutionnel fournit une appréciation qui s'exprime en termes de mesure ou de proportion stricte. Cela n'est guère étonnant. M. Xavier Philippe rappelait déjà, dans sa thèse, les rapports intrinsèques entre la proportionnalité et le raisonnable qui impliquent toutes deux « un seuil à ne pas dépasser »[1249] c'est-à-dire des limites relativement circonscrites. Cette association est d'autant plus évidente que le rattachement formel de ce standard au troisième alinéa de l'article 3 de la Constitution de 1958 apparaît factice dès lors que cet article se contente d'énoncer *lapidairement* que le suffrage « est toujours universel, égal et secret ». Ainsi, le juge constitutionnel a considéré que ne portait pas atteinte à ce principe la prorogation d'une année du mandat des membres de l'Assemblée des Français de l'étranger[1250]. La même solution a été retenue pour la prolongation d'un an du mandat des conseillers généraux et des conseillers régionaux de l'assemblée de Corse[1251].

<u>2° La circonscription matérielle des mesures du législateur : l'appréciation des garanties</u>

460. L'exigence de circonscription temporelle se confond parfois avec l'exigence de circonscription matérielle de la mesure du législateur. Ainsi, par exemple, le Conseil constitutionnel a apprécié le caractère relativement *circonscrit* d'une mesure permettant à l'autorité administrative « de subordonner la délivrance d'un permis de construire, ou l'absence d'opposition à une déclaration de travaux, à l'institution d'une servitude interdisant ou limitant l'usage, en période hivernale, des chalets d'alpage ou des bâtiments d'estives non desservis par des voies et des réseaux »[1252]. Pour le juge constitutionnel, « le champ d'application des dispositions contestées

---

[1247] Cons. Constit., décision n°2001-444 DC du 9 mai 2001, *Loi organique modifiant la date d'expiration des pouvoirs de l'Assemblée nationale*, cons. 5.

[1248] V. par ex. Cons. Const., décision n°2010-603 DC du 11 février 2010, *Loi organisant la concomitance des renouvellements des conseils généraux et des conseils régionaux*, cons. 12.

[1249] Xavier PHILIPPE, *Le contrôle de proportionnalité dans les jurisprudences constitutionnelle et administrative françaises*, *op. cit.*, p. 20.

[1250] Cons. Constit., décision n°2013-671 DC du 6 juin 2013, *Loi portant prorogation du mandat des membres de l'Assemblée des Français de l'étranger*, cons. 7.

[1251] Qui offre une variante du considérant précité. V. par ex. Cons. Const., décision n°2013-667 DC du 16 mai 2013, *Loi relative à l'élection des conseillers départementaux, des conseillers municipaux et des conseillers communautaires, et modifiant le calendrier électoral*, cons. 62.

[1252] Cons. Const., décision n°2016-540 QPC du 10 mai 2016, *Société civile Groupement foncier rural Namin et Co*, § 8.

est *circonscrit* aux seuls chalets d'alpage et bâtiments d'estive conçus à usage saisonnier et qui, soit ne sont pas desservis par des voies et réseaux, soit sont desservis par des voies et réseaux non utilisables en période hivernale ». En outre, la servitude, « s'applique uniquement pendant la période hivernale ». Cela suffit à justifier partiellement la conformité de la mesure. Il faut donc voir, ici, une combinaison entre l'exigence de mesure temporelle qui s'attache à la période ou à la durée d'application de la disposition et l'exigence de mesure matérielle qui s'attache à son domaine d'application.

461. La jurisprudence du Conseil constitutionnel en matière de proportion est bien évidemment particulièrement illustrative de ce contrôle. On la retrouve notamment à propos du contrôle par le Conseil constitutionnel du « temps d'antenne » des groupements et des partis politiques[1253], du contrôle des montants des amendes[1254] et pénalités[1255] instituées par le législateur, de l'appréciation des charges spéciales et exorbitantes imposées aux propriétaires d'un bien[1256] ou de l'attribution d'avantages fiscaux[1257].

462. La jurisprudence du Conseil constitutionnel est très volatile en matière de circonscription matérielle des mesures du législateur. *La circonscription du domaine – matériel – d'application d'une mesure*, c'est-à-dire le caractère circonscrit du domaine dans lequel intervient la mesure, contribue parfois à la constatation de sa conformité.

Ainsi, par exemple, le Conseil constitutionnel a-t-il très tôt énoncé, à propos d'une loi d'habilitation du gouvernement à prendre des ordonnances, que l'article 38 ne saurait se confondre avec l'article 49 de la Constitution au risque alors, « en raison de sa généralité » d'étendre, « *sans limites* définies, le champ d'application de la procédure d'habilitation »[1258].

Il en va ainsi également de la mesure autorisant la nomination hors tour des ministres plénipotentiaires dont le caractère trop général était invoqué par les parlementaires saisissants. Le Conseil constitutionnel refuse de censurer cette mesure au motif que « la possibilité de nomination dans le

---

[1253] Pour une application récente, v. par ex., Cons. Const., décision n°2018-764 DC du 19 avril 2018, *Loi organique relative à l'organisation de la consultation sur l'accession à la pleine souveraineté de la Nouvelle-Calédonie*,§ 27. ; v. égal. Cons. Const., décision n°2017-651 QPC du 31 mai 2017, *Association En Marche !*, § 11.

[1254] V. par ex. Cons. Const., décision n°2014-418 QPC du 8 octobre 2014, *Société SGI*, cons. 9. ; Cons. Const., décision n°2014-707 DC du 29 décembre 2014, *Loi de finances pour 2015*, cons. 48. ; Cons. Const., décision n°97-395 DC du 30 décembre 1997, *préc.*, cons. 39.

[1255] Cons. Const., décision n°2014-692 DC du 27 mars 2014, *Loi visant à reconquérir l'économie réelle*, cons. 25. ; Cons. Const., décision n°2013-679 DC du 4 décembre 2013, *Loi relative à la lutte contre la fraude fiscale et la grande délinquance économique et financière*, cons. 10. ; Cons. Constit., décision n°2013-685 DC du 29 décembre 2013, *Loi de finances pour 2014*, cons. 97.

[1256] Cons. Const., décision n°2011-111 QPC du 9 septembre 2011, *Commune de Tarascon*, cons. 14. ; Cons. Const., décision n°2011-141 QPC du 24 juin 2011, *Société Électricité de France*, cons. 8. ; Cons. Const., décision n°2011-118 QPC du 8 avril 2011, *M. Lucien M.*, cons. 8. ; Cons. Const., décision n°2010-43 QPC du 6 octobre 2010, *Époux A.*, cons. 4.

[1257] Cons. Const., décision n°2007-555 DC du 16 août 2007, *préc.*, cons. 3. ; Cons. Const., décision n°2002-464 DC du 27 décembre 2002, *préc.*, cons. 34.

[1258] Cons. Const., décision n°76-75 DC du 12 janvier 1977, *Loi autorisant la visite des véhicules en vue de la recherche et de la prévention des infractions pénales*, cons. 3.

corps des ministres plénipotentiaires [...] est limitée tant par la nécessité d'inscrire les emplois correspondant dans la loi de finances que par la fixation d'une proportion maximale de 5% de tels emplois par rapport à l'effectif total »[1259]. Ainsi c'est bien parce que le champ d'application de la mesure est circonscrit que le Conseil constitutionnel ne conclut pas à sa non-conformité.

C'est à la suite d'un raisonnement de ce type que le juge constitutionnel a censuré un mécanisme de retenue automatique sur traitement de grévistes au motif que « la généralité de son champ d'application [...] ne prend en compte ni la nature des divers services concernés, ni l'incidence dommageable que peuvent revêtir pour la collectivité les cessations concertées du travail »[1260].

À l'inverse, le développement d'une procédure exceptionnelle d'expropriation pour cause d'utilité publique a pu être considérée conforme à la Constitution et notamment au droit de propriété puisqu'il apparaissait « *étroitement circonscrit* »[1261].

Dans une décision *93-335 DC* le juge constitutionnel considère que l'insertion d'un article dans le code de l'urbanisme privant les requérants de la possibilité d'invoquer par voie d'exception, devant les juridictions administratives, l'illégalité externe de certains documents, se justifiait par le « risque d'instabilité juridique » résultant « de la multiplicité des contestations » de leur légalité externe. Du reste, elle n'était « limitée qu'à certains actes relevant du seul droit de l'urbanisme »[1262]. De la sorte, cette disposition pouvait passer avec succès l'épreuve de la proportionnalité au sens strict dès lors qu'elle était largement cantonnée à un domaine d'application spécifique.

On trouvait déjà cette exigence de circonscription du domaine d'application de la mesure dans la célèbre décision *88-248 DC*. Le juge constitutionnel y énonçait que la disposition législative en cause « circonscrit le domaine d'application des mesures réglementaires qu'il énonce »[1263] et n'est pas, en cela, contraire à la liberté de communication des pensées et des opinions.

Plus récemment[1264], la possibilité pour les services de la police nationale et de la gendarmerie nationale chargés d'une mission de police judiciaire de recourir à des logiciels informatiques de traitement des données personnelles a été reconnu conforme à la Constitution au motif qu'elle ne saurait « avoir pour effet de permettre la mise en œuvre d'un traitement *général* des données recueillies à l'occasion des diverses enquêtes ». Cette mesure

---

[1259] Cons. Const., décision n°85-204 DC du 16 janvier 1986, *Loi portant diverses dispositions d'ordre social*, cons. 10.

[1260] Cons. Const., décision n°87-230 DC du 28 juillet 1987, *Loi portant diverses mesures d'ordre social*, cons. 12.

[1261] Cons. Const., décision n°89-256 DC du 29 juillet 1989, *Loi portant diverses dispositions en matière d'urbanisme et d'agglomérations nouvelles*, cons. 22.

[1262] Cons. Const., décision n°93-335 DC du 21 janvier 1994, *Loi portant diverses dispositions en matière d'urbanisme et de construction*, cons. 4.

[1263] Cons. Const., décision n°88-248 DC du 17 janvier 1989, *préc.*, cons. 13.

[1264] Cons. Const., décision n°2011-625 DC du 10 mars 2011, *Loi d'orientation et de programmation pour la performance de la sécurité intérieure*, cons. 71.

possède donc un domaine d'application circonscrit. D'autant plus qu'elle ne pourra conduire à la mise en œuvre « de traitements de données à caractère personnel » que dans « le cadre d'une enquête ou d'une procédure *déterminée* » et « pour les seuls besoins de ces investigations ».

Plus généralement, il importe de noter que ce contrôle de *la généralité de la disposition* qui insiste sur sa circonscription évolue parfois en un contrôle de la généralité *des termes* de la disposition. Il sert alors de fondement au contrôle de la clarté et de la précision [1265] de celle-ci qui ne consiste également qu'en une appréciation de valeur et plus précisément de stricte proportion.

463. Le juge constitutionnel a parfois apprécié la *circonscription géographique* d'une mesure prise par le législateur pour en apprécier la conformité.

Ainsi, par exemple, il a pu considérer comme conforme à la Constitution, et notamment à la liberté individuelle, la fouille des véhicules circulant sur la voie publique aux alentours d'une manifestation et la saisie de potentiels objets pouvant servir de projectiles. Cela s'explique en partie par le caractère proportionné de la mesure, apprécié par le juge constitutionnel, comme géographiquement « *circonscrite* aux lieux de la manifestation, aux lieux avoisinants et à leur accès »[1266] et donc conforme à la constitution. Cette appréciation géographique du caractère strictement proportionné de la mesure est confirmée par la réserve d'interprétation qu'effectue le Conseil ajoutant que « sauf circonstances exceptionnelles, le législateur doit être entendu comme ne l'ayant autorisé que sur les lieux de la manifestation ou à proximité immédiate »[1267].

Plus récemment, ce raisonnement a été repris dans la décision *2017-695 QPC* du 29 mars 2018 à propos des mesures administratives de lutte contre le terrorisme issues de la loi du 30 octobre 2017 *renforçant la sécurité intérieure et la lutte contre le terrorisme* modifiant le code de la sécurité intérieure. Un article du code de la sécurité intérieure, introduit par cette loi, permettait au Préfet d'instituer géographiquement des périmètres de protection au sein desquels l'accès et la circulation sont réglementés c'est-à-dire conditionnés à des « palpations de sécurité, à l'inspection visuelle ou à la fouille des bagages ou des véhicules ». La conformité de cet article à la liberté d'aller et venir ressort pour l'essentiel de son caractère strictement proportionné. En effet, comme l'affirme le Conseil, « ce périmètre doit être limité aux lieux exposés à la menace et à leurs abords ». Par ailleurs, « son étendue et sa durée doivent être adaptées et proportionnées aux nécessités qui font apparaitre les circonstances »[1268]. En d'autres termes, si la mesure

---

[1265] Cons. Const., décision n°84-181 DC du 11 octobre 1984, *Loi visant à limiter la concentration et à assurer la transparence financière et le pluralisme des entreprises de presse*, cons. 23. ; Cons. Const., décision n°86-207 DC du 26 juin 1986, *Loi autorisant le Gouvernement à prendre diverses mesures d'ordre économique et social*, cons. 28. ; Pour un ex. récent v. Cons. Const., décision n°2017-750 DC du 23 mars 2017, *Loi relative au devoir de vigilance des sociétés mères et des entreprises donneuses d'ordre*, § 13.

[1266] Cons. Const., décision n°94-352 DC du 18 janvier 1995, *Loi d'orientation et de programmation relative à la sécurité*, cons. 17.

[1267] *Id.*

[1268] Cons. Const., décision n°2017-695 QPC du 29 mars 2018, *M. Rouchdi B. et autre*, § 31.

prévue par le législateur est strictement proportionnée, c'est-à-dire circonscrite, elle apparaît conforme à la Constitution et plus précisément à la liberté d'aller et de venir. Où l'on constate ainsi que le Conseil constitutionnel impose, à travers son contrôle de la proportionnalité au sens strict de la disposition législative, une véritable exigence de mesure à l'activisme du législateur qui s'énonce et s'apprécie bien en *valeur*.

464. Plus généralement l'appréciation par le Conseil constitutionnel du caractère proportionné de la mesure prise par le législateur joue souvent le rôle d'un indice dans la recherche par le juge constitutionnel des *garanties légales des exigences constitutionnelles*. Dans sa thèse, Mme Ariane Vidal-Naquet a bien montré le caractère nécessairement « proportionnalisé » du contrôle des garanties qui « exige une cohérence interne à la norme contrôlée »[1269]. Plus précisément, les garanties légales des exigences constitutionnelles « constituent un point d'ancrage à partir duquel le contrôle de la proportionnalité s'articule et se concrétise »[1270]. Ce contrôle des garanties cristallise la dimension positive du contrôle de proportionnalité. L'appréciation des garanties participe donc pleinement de la réalisation positive du contrôle.

465. Cette appréciation des garanties, si elle se « proportionnalise », n'en obscurcit pas moins la distinction classique effectuée entre les trois facettes la proportionnalité. En effet à en croire le commentaire de la décision *2008-562 DC*, le Conseil constitutionnel y effectuerait un plein « test de proportionnalité » sur le modèle du contrôle allemand. La rétention de sureté l'aurait ainsi conduit à mettre en œuvre « la plénitude des techniques de contrôle sur cette mesure »[1271]. Cette mesure devait alors satisfaire à une triple exigence d'adéquation, de nécessité et de proportionnalité au sens strict. Si les définitions proposées par le commentaire de l'adéquation et de la proportionnalité au sens strict apparaissent convaincantes, il n'en va pas de même de la troisième facette de ce contrôle. En effet, le contrôle de la nécessité d'une règle signifie « qu'elle ne doit pas excéder ce qu'exige la réalisation du but poursuivi et que cet objectif ne pouvait être atteint par d'autres moyens moins attentatoires à la liberté ». Définie de la sorte la nécessité recoupe en grande partie – si ce n'est totalement – l'exigence de la proportionnalité au sens strict, à savoir la mesure. En effet, la nécessité d'une mesure législative implique en premier lieu que celle-ci n'excède pas ce qu'il faut pour réaliser le but visé. Elle est donc, avant tout, proportionnalité au sens strict. Elle ne devient véritablement une nécessité qu'en second lieu, si elle implique que l'objectif ou le but visé ne puisse pas être atteint par d'autres moyens.

La confusion s'accroit à l'énumération, par le commentaire de la décision, d'une série d'exemples de décisions à l'occasion desquelles le juge constitutionnel n'aurait effectué qu'un unique contrôle de la

---

[1269] Ariane VIDAL-NAQUET, Les « garanties légales des exigences constitutionnelles » dans la jurisprudence du Conseil constitutionnel, Éd. Panthéon-Assas, Coll. Thèses, 2007, p. 354.

[1270] *Ibid.*, p. 383.

[1271] Commentaire, Cons. Const., décision n°2008-562 DC du 21 février 2008, *Loi relative à la rétention de sureté et à la déclaration d'irresponsabilité pénale pour cause de trouble mental*, p. 5.

proportionnalité-nécessité sans se référer aux deux autres facettes de la proportionnalité. C'est ce contrôle visant à « contrôler que l'atteinte aux droits ne dépasse pas ce qui est nécessaire »[1272] que le juge constitutionnel aurait effectué notamment en matière de « référé-rétention » [1273], d'allongement de durée de la garde à vue en cas de criminalité ou délinquance organisée[1274], ou encore, de « placement sous surveillance électronique mobile ordonné au titre de la surveillance judiciaire »[1275]. La lecture de ces décisions interroge pourtant largement sur la pertinence de leur utilisation comme exemples.

466. La décision *2003-484 DC* figure parmi les exemples donnés par le commentaire de la décision précédemment cités. À l'analyse, on s'aperçoit que les considérants 72 à 78 ne s'évertuent absolument pas à convaincre du caractère nécessaire de la règle en question, relative à la rétention administrative. Ces considérants ne cherchent pas à convaincre de ce que l'objectif assigné à la mesure – à savoir « assurer le maintien de la personne concernée à la disposition de la justice » – pouvait être atteint par d'autres moyens moins attentatoires à la liberté. Ces considérants énumèrent l'ensemble des garanties permettant de conclure à la conformité des dispositions autorisant le maintien d'un étranger à la disposition de la justice pendant un délai de quatre heures après une ordonnance mettant fin à cette même rétention. Si l'on regarde de plus près, les considérants 76 et 77 traduisent bien plus simplement un contrôle de la proportionnalité au sens strict de la mesure à la fois au plan de sa circonscription matérielle comme au plan de sa circonscription temporelle. *Au plan de la circonscription matérielle*, il s'agit pour le juge constitutionnel de constater le domaine d'application limité de cette mesure. Elle ne peut être matériellement déclenchée que par le procureur de la République à condition « que l'intéressé ne dispose pas de garanties de représentation effectives ou en cas de menace grave à l'ordre public ». *Au plan de la circonscription temporelle*, le juge constitutionnel relève que l'appel ne peut être formé que dans les quatre heures à compter de la notification de l'ordonnance de fin de rétention. Cette circonscription est d'autant plus forte que le premier président de la Cour d'appel chargé de statuer sur l'appel du procureur de la République « doit se prononcer 'sans délai' » pour ne pas accentuer le maximum de quatre heures. L'expression « sans délai » s'interprète comme devant « être rendue dans les plus brefs délais ». La mesure de prolongation insidieuse de la rétention administrative d'un étranger dans l'attente de l'appel éventuel du procureur de la République est alors conforme à la Constitution en ce sens qu'elle apparaît, circonscrite, c'est-à-dire, strictement proportionnée. Cet exemple illustre bien un contrôle de la proportionnalité au sens strict de la mesure et non pas un contrôle de sa nécessité.

1272 *Ibid.*, p. 6.

1273 Cons. Const., décision n°2003-484 DC du 20 novembre 2003, *Loi relative à la maîtrise de l'immigration, au séjour des étrangers en France et à la nationalité*, cons. 72-78.

1274 Cons. Const., décision n°2004-492 DC du 2 mars 2004, *Loi portant adaptation de la justice aux évolutions de la criminalité*, cons. 26.

1275 Cons. Const., décision n°2005-527 DC du 8 décembre 2005, *Loi relative au traitement de la récidive des infractions pénales*, cons. 16-21.

467. L'on trouve la même confusion dans un autre exemple donné par le commentaire de la décision précitée : la décision *2005-527 DC* relative au placement sous surveillance électronique mobile. Le commentaire précité de la décision de 2008 affirmait que les considérants 16 à 21 de la décision de 2005 étaient constitutifs d'un contrôle de la nécessité de la mesure. Il est vrai que le considérant 17 peut se lire en ce sens puisque le juge y énonce que le placement sous surveillance électronique mobile, lorsqu'il est ordonné au titre de la surveillance judiciaire, n'a pour objet que « de prévenir une récidive dont le risque est élevé ». Cette règle garantit alors l'ordre public nécessaire à la protection des libertés constitutionnelles. Toutefois, les considérants qui suivent, présentés – dans le commentaire – comme traduisant le contrôle de la proportionnalité-nécessité effectué par le juge s'apparentent davantage à un contrôle de la stricte proportionnalité. En effet, au soutien de son contrôle, le juge constitutionnel cherche à identifier les garanties qui accompagnent la mesure afin d'apprécier la gravité de l'atteinte aux droits fondamentaux. Ainsi, considère-t-il, que la mesure est matériellement circonscrite en cela « qu'elle n'a vocation à ne s'appliquer qu'à des personnes condamnées à une peine privative de liberté d'une durée égale ou supérieure à dix ans ». Autrement dit, son domaine d'application est *limité*. Il est ensuite *doublement limité* puisqu'il « n'a vocation à s'appliquer qu'à des personnes condamnées à une peine privative de liberté d'une durée égale ou supérieure à dix ans ». Il est enfin *triplement limité* puisqu'il ne concerne que « certaines infractions strictement définies et caractérisées par leur gravité particulière, tels les crimes de viol, d'homicide volontaire ou d'actes de torture ou de barbarie ». De la sorte la mesure est strictement proportionnée pour le Conseil constitutionnel. En outre, le juge constitutionnel énonce que toutes ces contraintes « ne présentent pas un caractère intolérable ». C'est là un aveu explicite de ce que le juge effectue bien, ici, un contrôle strict de proportionnalité pour estimer que le placement sous surveillance électronique mobile est conforme à la Constitution. Le Conseil ajoute, en guise de conclusion, que la dangerosité du condamné susceptible de faire l'objet de cette surveillance apparaît après expertise médicale avec possibilité de contre-expertise et que la décision de placement intervient à la suite d'un débat contradictoire. Qu'en outre, ce placement ne peut être mis en œuvre qu'avec le consentement du condamné. Tout cela permet au juge constitutionnel de conclure au caractère précautionneux du législateur qui implique qu'il n'impose aucune rigueur non nécessaire.

Loin de caractériser un véritable contrôle de la proportionnalité-nécessité de la mesure, cette décision constitue au contraire l'exemple parfait du contrôle de la proportionnalité stricte d'une mesure c'est-à-dire de son caractère proportionné. Elle illustre également parfaitement les confusions entretenues à propos du contrôle de la proportionnalité. Ici, il ne s'agit pas, pour le juge, d'apprécier si la mesure prise par le législateur était nécessaire, c'est-à-dire, s'il ne pouvait pas faire autrement pour obtenir le but visé mais bien plus d'apprécier le caractère mesuré de cette disposition. Pour le dire autrement, cette décision ne caractérise pas la nécessité de la mesure mais bien la nécessité de la rigueur, ce qui change tout.

468. Enfin, l'exemple de la décision *2004-492 DC* peine également à convaincre de l'usage par le juge constitutionnel d'un contrôle propre de la nécessité. Ainsi, le Conseil constitutionnel considère, à propos d'une mesure permettant prolongation de la durée de la garde à vue en cas en cas de criminalité ou de délinquance organisée, que celle-ci est bien proportionnée au sens strict. Il commence par énoncer que les dispositions sont formulées « en termes suffisamment clairs et précis » mais également que le choix de la prolongation qui est fonction des investigations à réaliser sera apprécié par le juge des libertés ou le juge d'instruction. Partant, le Conseil n'y voit aucune atteinte à la liberté individuelle. Il n'y a donc pas ici de contrôle véritable de la nécessité.

469. Dans tous ces exemples, l'absence d'un véritable contrôle de la nécessité de la mesure s'explique par la spécificité même de l'office du juge constitutionnel français. Apprécier le caractère nécessaire d'une mesure au regard d'un objectif précis reviendrait pour le juge à contrôler l'opportunité de l'action législative. Ce contrôle ne saurait se concilier avec sa jurisprudence selon laquelle « il n'appartient pas au Conseil constitutionnel de substituer son appréciation à celle du législateur »[1276]. En matière pénale ce considérant a même été fonction de « l'absence de disproportion manifeste entre les infractions et les sanctions »[1277]. Dans ces conditions, proportionnalité au sens strict et nécessité se recoupent largement dans la jurisprudence constitutionnelle.

470. *La théorie de la valeur permet alors de dissoudre les incertitudes tenant à leur délimitation.* La nécessité, tout comme la proportionnalité, exprime la mesure. L'assimilation ne saurait être plus claire dans la décision très médiatique *2018-717/718 QPC* qui décloisonne le principe de fraternité et lui octroie une portée efficiente. Examinant le délit d'aide au séjour irrégulier des étrangers, le juge constitutionnel rappelle bien que « l'article 61-1 de la Constitution ne confère pas au Conseil constitutionnel un pouvoir général d'appréciation et de décision de même nature que celui du Parlement, mais lui donne seulement compétence pour se prononcer sur la conformité à la Constitution des lois déférées à son examen ». Partant, « si la nécessité des peines attachées aux infractions relève du pouvoir d'appréciation du législateur, il incombe [seulement] au Conseil constitutionnel de s'assurer de l'absence de disproportion manifeste entre l'infraction et la peine encourue »[1278]. Pourtant le commentaire autorisé de la décision énonçait bien, ce considérant à l'appui, que le juge constitutionnel avait « également confronté, indirectement, le délit d'aide au séjour irrégulier aux principes de

---

[1276] Cons. Const., décision n°2013-669 DC du 17 mai 2013, *Loi ouvrant le mariage aux couples de personnes de même sexe*, cons. 22, 49. ; Cons. Const., décision n°2013-667 DC du 16 mai 2013, *préc.*, cons. 62. , Cons. Const., décision n°2011 173 QPC du 30 septembre 2011, *M. Louis C. et autres*, cons. 6. ; Cons. Const., décision n°2010-92 QPC du 28 janvier 2011, *Mme Corinne C. et autre*, cons. 9. ; Cons. Const., décision n°2010-39 QPC du 6 octobre 2010, *Mmes Isabelle D. et Isabelle B.*, cons. 9.

[1277] Cons. Const., décision n°2003-467 DC du 13 mars 2003, *Loi pour la sécurité intérieure*, cons. 72.

[1278] Cons. Const., décision n°2018-717/718 QPC du 6 juillet 2018, *M. Cédric H. et autre*, § 18.

nécessité et de proportionnalité des peines »[1279]. Dans cette optique la nécessité n'est à peine plus qu'un démembrement de la proportionnalité au sens strict.

Ce constat se vérifie à la lecture de la décision de renvoi au Conseil constitutionnel d'une question prioritaire de constitutionnalité concernant le délit de consultation de sites internet à caractère terroriste. Un certain flou règne dans cette décision qui ne permet pas de constater distinctement l'application des trois dimensions du contrôle de proportionnalité. Tout d'abord, la décision de renvoi semble associer la nécessité et la proportionnalité. En effet, la Cour de cassation se prononce favorablement sur le caractère sérieux de la question en raison de « l'utilité », pour le Conseil constitutionnel, de se prononcer « sur la nécessité et la proportionnalité de cette atteinte à la liberté de communication »[1280]. En revanche, si le Conseil constitutionnel prononce bien la non-conformité de la mesure à la Constitution, au motif qu'elle porte une atteinte « qui n'est pas nécessaire, adaptée et proportionnée »[1281] à la liberté de communication, il n'en consacre pour autant que deux considérants spécifiques. Dans un premier considérant l'appréciation de la nécessité de l'atteinte se dessine de façon autonome. Le juge constitutionnel énonce ainsi qu'il existe déjà de nombreuses prérogatives pour les autorités judiciaires et administratives permettant de contrôler les services au public en ligne faisant l'apologie du terrorisme. En revanche il associe les contrôles de l'adéquation et de la proportionnalité au motif « qu'ils répriment d'une peine de deux ans d'emprisonnement le *simple* fait de consulter à plusieurs reprises un service de communication au public en ligne, quelle que soit l'intention de l'auteur de la consultation ». Cette association est expressément confirmée par le commentaire officiel de la décision qui énonce que le juge constitutionnel a suivi un raisonnement qui se découpe en deux temps : 1. Un contrôle de la nécessité de l'atteinte et donc *a fortiori* de la nécessité de la mesure et 2. Un contrôle de la gravité de l'atteinte. Dans cette perspective, nulle place pour un triple contrôle.

II. La conformité *adéquate* ou la valeur « d'efficacité »

471. Le contrôle de l'adéquation s'accommode parfaitement du schéma instrumental de la décision juridictionnelle. Comme pour le contrôle de la proportionnalité au sens strict, le contrôle de l'adéquation ne consiste qu'en une évaluation du choix d'un moyen à l'aune d'une finalité qui n'est, en droit, qu'une certaine raison d'agir. À l'instar du rapport de la conformité manifeste qui se traduit essentiellement en valeur de mesure ou de proportion, le rapport de la conformité adéquate se traduit pour sa part en valeur d'efficacité. C'est, du reste, ce qu'écrit le professeur Fluckiger qui voit dans l'efficacité « la capacité d'une mesure d'atteindre les objectifs

---

[1279] Commentaire, Cons. Const., décision n°2018-717/718 QPC du 6 juillet 2018, *préc.*, p. 15.
[1280] Décision de renvoi Cass., n°2016-611 QPC du 10 février 2017, *M. David P.*
[1281] Cons. Const., décision n°2016-611 QPC du 10 février 2017, *préc.*, § 16.

visés »[1282]. Partant, pour lui, l'efficacité vise toujours une « situation idéale constituée d'objectifs clairs, univoques, précis, mesurables aisément, opérationnels, précisément déterminés, expressément exprimés, stables, certains, convergents et non contradictoires » [1283]. Cette conception de l'efficacité, et du contrôle de la proportionnalité-adéquation qui en constitue la traduction, pour séduisante qu'elle soit, n'en apparaît pas moins trouble. En effet, les conditions nécessaires à son contrôle sont rarement réunies en pratique[1284]. Il faut donc les rechercher si ce n'est les reconstruire.

472. Cette première remarque laisse entendre que la référence du contrôle de constitutionnalité n'est pas aussi accessible qu'on pourrait le croire. Elle se dérobe. En la matière justement, le contrôle de constitutionnalité avait traditionnellement pour référence les droits fondamentaux[1285] matérialisés par la Constitution. Pourtant, un tournant s'opère depuis une dizaine d'années dans le contrôle de la proportionnalité-adéquation. Le professeur Goesel Le Bihan l'avait mis en lumière à propos de la décision *90-280 DC* précitée. Le juge constitutionnel effectue à cette occasion un contrôle de l'adéquation distinct d'un contrôle classique. Celui-ci n'est en réalité qu'un contrôle de « l'aptitude d'une loi à réaliser un objectif que le législateur s'est fixé et qui n'a pas en lui-même valeur constitutionnelle »[1286]. L'étalon de référence ultime et traditionnel du contrôle de l'adéquation, censé résider dans la Constitution et les droits fondamentaux qu'elle contient, s'efface au profit d'un ensemble de références aux contours bien plus flous.

473. Ce constat invite à repenser une partie des cadres classiques de l'analyse juridique. Il structure certains mouvements de pensée contemporains. Parmi eux, l'École dite de « l'Analyse Économique du Droit » s'est directement saisie de la question en faisant de l'évaluation juridique un objet et un thème à part entière de ses recherches. Cette École reproche pour l'essentiel aux études juridiques leur rationalisme extrême qui friserait l'idéalisme. S'agissant de l'objet « évaluation », M. Kornhauser écrit que « l'analyse économique du droit suggère que l'évaluation devrait être non idéale et indirecte »[1287]. L'auteur positionne la recherche en matière d'évaluation juridique à rebours de ce qu'il appelle la « question de l'idéal »[1288]. Selon lui, la tendance des théories juridiques de l'évaluation est à l'idéalisme. Ainsi, « l'évaluation idéale identifie la règle, l'institution, l'issue ou l'action qui est optimale dans des circonstances 'idéales' »[1289]. En définitive, il est fait reproche aux théories classiques leur manque de

---

[1282] Alexandre FLÜCKIGER, « L'évaluation législative ou comment mesurer l'efficacité des lois », *RESS*, vol. 45, n°138, 2007, p. 85.
[1283] *Ibid.*, p. 94.
[1284] *Id.*
[1285] V. en ce sens, Dominique ROUSSEAU, « Chronique de jurisprudence constitutionnelle 1993-1994 », *RDP*, n°1, vol. 111, 1995, p. 51-104, notamment p. 69.
[1286] Valérie GOESEL-LE BIHAN, « Réflexion iconoclaste sur le contrôle de proportionnalité exercé par le Conseil constitutionnel », *loc. cit.*, p. 231.
[1287] Lewis A. KORNHAUSER, *L'analyse économique du droit: fondements juridiques de l'analyse économique du droit*, tr. Kahina SELMOUNI, Éd. M. Houdiard, Coll. Les sens du droit, 2011, p. 168.
[1288] *Id.*
[1289] *Ibid.*, p. 172.

réalisme. À l'opposé, l'École de l'analyse économique du droit se propose d'aborder la théorie de l'évaluation de façon non-idéale. L'évaluation non-idéale impose alors « de déterminer les autres aspects de l'environnement juridique » supposés « non modifiables »[1290]. Ceux-ci s'entendent davantage des mobiles des acteurs, plus que de leurs motifs, tout autant que des effets ou des conséquences des décisions qui seront prises. Elle fournit de la sorte des précisions bienvenues sur la question de l'évaluation juridique.

474. La distinction effectuée par l'analyse économique du droit entre les évaluations idéales et les évaluations non-idéales apparaît féconde et sera mobilisée pour la suite de l'étude. Précisons cependant que l'utilisation de concepts issus d'une théorie spécifique n'implique pas forcément un ralliement théorique complet. C'est la portée heuristique du concept qui incite à sa réutilisation. Il ne s'agit pas de rejeter les conceptions idéales vers lesquelles tend inévitablement l'évaluation, comme le fait la théorie précitée au profit des évaluations non-idéales, mais bien plus d'apprécier le potentiel opératoire de ces deux dimensions de l'évaluation qui permettent de décrire, tour-à-tour, deux formes de l'action du juge constitutionnel.

475. L'efficacité peut revêtir deux dimensions qui correspondent en grande partie à la distinction retenue par M. Kornhauser. Soit les éléments de l'évaluation se cantonnent au monde idéal des normes. Il s'agit alors pour le juge d'apprécier de stricts rapports normatifs exprimés en termes d'efficacité *stricto sensu* (A). Soit les éléments de l'évaluation s'attachent à la réalité. Il s'agit alors pour le juge d'apprécier les rapports entre une norme ou plutôt une mesure législative normative et ses éventuels effets exprimés en termes d'effectivité (B).

A. L'évaluation idéale de l'efficacité – au sens strict – de la norme

476. Le professeur suisse Mader considérait que « les études d'évaluation reposent en général sur le postulat que le législateur agit pour atteindre certains objectifs ou buts »[1291]. Si l'on s'accorde sur cette idée, l'évaluation se présente comme une comparaison, ou plutôt une confrontation, entre une mesure et un résultat escompté, entre une règle et un objectif plus lointain qui justifie cette règle. Le contrôle de proportionnalité permet alors d'investir le droit par l'efficacité. Dans cette perspective, l'efficacité suppose un modèle auquel se conformer efficacement. Une telle pensée de l'efficacité est héritière de la tradition grecque, comme l'a montré le philosophe François Jullien, pour qui « la pensée du modèle s'est elle-même offerte en modèle »[1292]. Elle n'est conçue « qu'à partir de l'abstraction de formes idéales dressées comme buts »[1293]. Ces formes idéales se caractérisent par leur grande variété.

[1290] *Ibid.*, p. 179.

[1291] Luzius MADER, *L'évaluation législative: pour une analyse empirique des effets de la législation*, Éd. Payot, Coll. Juridique romande. Études et pratique, 1985, p. 77.

[1292] François JULLIEN, *Traité de l'efficacité*, Éd. Grasset, Coll. Le livre de proche, 1996, p. 15.

[1293] Alexandre FLÜCKIGER, « L'évaluation législative ou comment mesurer l'efficacité des lois », *loc. cit.*, p. 96.

477. Le juge constitutionnel dispose effectivement de plusieurs techniques. Son contrôle de la proportionnalité-adéquation peut être assimilé à un contrôle de la cohérence interne de la loi (1°) ou au contraire s'apparenter à un véritable contrôle de la cohérence externe de la loi (2°). *Dans le premier cas,* il s'agit pour le juge constitutionnel de s'intéresser à la mesure législative en soi et d'apprécier ses caractéristiques intrinsèques comme son objet. *Dans le second cas*, en revanche, il s'agit de s'intéresser à la mesure législative au regard de la finalité que le législateur souhaite atteindre à travers elle. Il s'agit donc davantage d'apprécier ses caractéristiques extrinsèques à savoir le but ou l'objectif qu'elle est censée atteindre.

1° L'efficacité comme appréciation de la cohérence interne de la loi : l'objet de la mesure

478. Il n'est pas rare que le contrôle de la proportionnalité-adéquation se décline en un contrôle plus spécifique de l'objet de la mesure législative. Dans cette hypothèse, le juge s'intéresse aux raisons d'être de la mesure qui déterminent d'une certaine manière l'objet de celle-ci. Il les confronte ensuite avec l'objet de la loi et tente d'apprécier s'il existe un rapport direct avec celui-ci. Ce contrôle révèle bien l'impératif d'efficacité qui lui est sous-jacent. La conformité est alors fonction de la mesure à répondre à l'objet de la loi.

479. Il arrive que ce contrôle soit associé à un contrôle en matière d'égalité ou de justification de l'inégalité. C'est le cas dans la décision *90-280 DC.* La mesure permettant d'assurer la concordance entre le renouvellement partiel des conseillers généraux et le renouvellement intégral des conseillers régionaux pouvait, conformément à la Constitution, introduire une différence dans la durée du mandat des conseillers généraux dès lors qu'elle n'apparaît que « comme la conséquence d'une réforme qui répond à la volonté du législateur d'assurer une participation accrue du corps électoral aux élections tant des conseils généraux que des conseils régionaux ». Si, pour le juge constitutionnel, ces différences sont justifiées par cela qu'elles sont « en rapport avec l'objet de la loi »[1294], il semblerait bien qu'elles ne le soient que par rapport au but de la loi qui est « d'assurer une participation accrue » aux élections.

480. Parfois, ce sont les critères fondant le choix du législateur, c'est-à-dire ses raisons, qui sont rapportés à l'objet même de la mesure. Ainsi, par exemple, le juge constitutionnel use de ce raisonnement à propos de la loi Aubry I de réduction du temps de travail. Celle-ci prévoyait que la réduction légale du temps de travail s'applique différemment entre les petites entreprises et les autres. Cette mesure de différenciation est alors considérée conforme à la Constitution dès lors qu'elle ne vaut que parce que « le législateur a entendu laisser aux petites entreprises un délai d'adaptation supplémentaire, compte tenu des difficultés propres à la gestion du personnel dans de telles entreprises ». Ainsi, la différence de traitement est « inspirée

[1294] Cons. Constit., décision n°90-280 DC du 6 décembre 1990, *préc.*, cons. 17.

par une raison d'intérêt général en rapport direct avec l'objet de la disposition »[1295]. La mesure est donc considérée efficace et passe le test de l'adéquation.

De la même façon le juge constitutionnel a considéré que le législateur s'est fondé sur des critères objectifs et rationnels pour prendre une mesure excluant de son temps de travail effectif, le temps nécessaire à un salarié pour rejoindre, à partir de son domicile, un lieu de travail inhabituel ; cette exclusion devant faire l'objet d'une contrepartie sous forme de repos ou sous forme financière. Dans ces conditions, le législateur n'a pas institué de rupture de l'égalité entre les salariés susceptibles d'habiter loin de leur domicile. Au contraire, s'est-il fondé, d'après le juge constitutionnel, sur des critères objectifs et rationnels » en rapport avec « l'objet de la mesure »[1296].

2° L'efficacité comme appréciation de la cohérence externe de la loi : le but de la mesure

481. Parfois le contrôle de la proportionnalité adéquation se décline en un contrôle plus spécifique des buts poursuivis à travers la mesure législative. Ce contrôle se résout alors soit dans le contrôle des « critères objectifs et rationnels » de la mesure – proche du contrôle de ses raisons d'être – au regard des buts que le législateur se propose, soit dans l'appréciation de l'existence d'un lien *direct* entre la mesure et le but ou l'objectif du législateur. Dans les deux cas il s'agit d'apprécier, la capacité pour une mesure, entendue comme moyen, de réaliser une fin particulière. En un mot il s'agit d'apprécier son efficacité. Cette efficacité est alors fonction de la cohérence de la mesure avec le but que se fixe le législateur.

En somme, le juge constitutionnel met en œuvre plusieurs techniques de ce contrôle. Celui-ci est alors soit effectué médiatement par la confrontation des critères sur la base desquels la mesure a été prise à un but du législateur (α) soit immédiatement par la confrontation directe de la mesure à un objectif quelconque (β).

α. La confrontation médiate de la mesure à un but du législateur : la recherche de critères « objectifs et rationnels ».

482. Le contrôle de l'adéquation de la mesure peut passer par *la recherche des « critères rationnels et objectifs » sur la base desquels elle a été prise*. La jurisprudence en matière d'imposition fiscale illustre tout particulièrement la première possibilité. De la conformité des critères, le juge déduit la conformité de la mesure. Cette formulation est, par ailleurs, tout droit importée de la jurisprudence en matière d'égalité et plus précisément en matière d'égalité devant les charges publiques. Le juge constitutionnel considère ainsi conforme à la Constitution une mesure du législateur visant à modifier l'assiette d'une taxe – d'aide au commerce et à l'artisanat – en l'élargissant aux stations-services et en la majorant pour les « grandes surfaces » proposant des prestations de station-service. Il

---

[1295] Cons. Const., décision n°98-401 DC du 10 juin 1998, *préc.*, cons. 35.
[1296] Cons. Const., décision n°2004-509 DC du 13 janvier 2005, *préc.*, cons. 18.

considère que le législateur, en décidant de prendre en compte l'incidence de cette activité sur le montant du chiffre d'affaires global s'était fondé sur des critères « objectifs et rationnels en fonction des buts qu'il se propose »[1297]. En d'autres termes, la mesure est considérée adéquatement conforme, c'est-à-dire, propre à atteindre les buts que se propose le législateur bien que ceux-ci ne soient pas davantage explicités par le Conseil constitutionnel.

Le raisonnement est similaire s'agissant d'une taxe imposée par le législateur aux entreprises pharmaceutiques non conventionnées – avec le comité économique du médicament – dans le cas où le chiffre d'affaires de ces mêmes entreprises se serait trop fortement accru, au-delà du « taux de progression de l'objectif national des dépenses de santé ». Ce faisant, le juge constitutionnel considère que par cette mesure exonératoire des entreprises conventionnée, le législateur a souhaité favoriser les « entreprises exploitant des spécificités pharmaceutiques qui se sont contractuellement engagées dans une politique de modération des prix de vente des médicaments remboursables qu'elles exploitent et de maitrise de leurs couts de production ». Ainsi, l'exonération repose sur des critères objectifs et rationnels au regard du double-but du législateur à savoir organiser « la contribution des entreprises exploitant des spécialités pharmaceutiques au financement de l'assurance maladie » et assurer « la modération de la progression des dépenses pharmaceutiques »[1298].

Une mesure instaurant une différence de calcul des contributions sociales et des cotisations d'allocation familiales et d'assurance maladie pour les travailleurs non-salariés non agricoles exerçant leur activité en Guadeloupe, Guyane, Martinique ou Réunion a été considérée conforme à la Constitution au motif qu'en l'adoptant, « le législateur a entendu prendre en compte la situation particulière des travailleurs indépendants dans ces départements et inciter au développement d'activités indépendantes dans ces territoires ». Ce faisant, le législateur, « en retenant un champ d'application plus large pour les cotisations des artisans, industriels et commerçants » semble avoir « fondé son appréciation sur le fait que ces travailleurs [...] sont dans une situation plus précaire que les autres travailleurs non-salariés non agricoles des départements d'outre-mer ». Ainsi, son appréciation est fondée sur « un critère objectif et rationnel en lien avec l'objectif poursuivi »[1299].

483. Parfois, le juge constitutionnel n'énonce qu'indirectement le but recherché par le législateur. Il a procédé de la sorte concernant l'instauration d'une taxe d'aéroport à la charge des entreprises de transport aérien public, perçue au profit des exploitants publics ou privés de ces aéroports. Cette taxe était « affectée sur chaque aérodrome au financement des services de sécurité-incendie-sauvetage, de lutte contre le péril aviaire et de sûreté ainsi qu'aux contrôles environnementaux »[1300]. On peut considérer que c'était là

[1297] Cons. Const., décision n°96-385 DC du 30 décembre 1996, *Loi de finances pour 1997*, cons. 30.

[1298] Cons. Const., décision n°98-404 DC du 18 décembre 1998, *préc.*, cons. 26.

[1299] Cons. Const., décision n°2013-301 QPC du 5 avril 2013, *Mme Annick D. épouse L.*, cons. 7.

[1300] Cons. Const., décision n°98-405 DC du 29 décembre 1998, *Loi de finances pour 1999*, cons. 68.

l'objectif du législateur que de favoriser la protection environnementale, la lutte contre le péril aviaire ou la sécurité dans les aéroports. L'instauration de cette mesure est considérée par le juge constitutionnel comme étant fondée sur des critères « objectifs et rationnels » dont on peut légitimement supposer qu'ils sont implicitement conformes au but que le législateur s'est donné.

Un exemple supplémentaire peut être trouvé dans la décision *2011-638 DC* à propos de la restriction du régime du crédit d'impôt accordé aux entreprises. Par une loi de finances rectificatives, le législateur avait décidé de modifier les conditions d'entrée en vigueur de cette restriction. Le juge constitutionnel déclare la mesure conforme à la constitution car prise sur le fondement d'une différence entre les entreprises reposant sur des critères objectifs et rationnels. Le législateur ayant entendu, pour sa part, « rétablir, pour toutes les entreprises de moins de deux cent cinquante salariés, le bénéfice de cette incitation »[1301].

484. On peut noter, en la matière, une tendance regrettable à la confusion des termes. Ainsi, par exemple, dans une décision *99-416 DC* le juge constitutionnel considère que la mesure permettant aux personnes en droit de bénéficier d'une couverture complémentaire de santé d'obtenir celles-ci, soit auprès des organismes d'assurance maladie soit par adhésion à une mutuelle, est conforme à la Constitution. Était invoquée une éventuelle concurrence déloyale entre ces deux types d'organismes. Pour autant, le juge constitutionnel estime que la différence de traitement entre les deux organismes relève d'une différence de situation « en rapport direct avec l'objet de la loi, lequel consiste à garantir l'accès à une protection complémentaire en matière de santé aux personnes dont les ressources sont les plus faibles »[1302]. Or, le Conseil constitutionnel débute le considérant suivant en affirmant « qu'est également conforme à cet objectif, en raison de la simplification des démarches qu'il permet, le choix fait par le législateur de confier aux organismes d'assurance maladie la mission d'instruire toutes les demandes d'admission au bénéfice de la couverture maladie universelle »[1303]. L'objet de la loi est ici malheureusement confondu avec son objectif.

485. Cette confusion ne lasse pas d'étonner bien qu'elle soit pourtant récurrente. Elle s'inscrit dans un mouvement de fond qui tend, d'une part, à confondre l'objet et le but d'une loi et, d'autre part, à ériger l'efficacité comme un but à part entière[1304]. Or l'objet d'une loi désigne normalement son « périmètre technique », son but désigne ce que le législateur veut réaliser par son biais. Enfin, l'efficacité, érigée au rang de but comme l'illustre la *loi pour une démocratie plus représentative, responsable et efficace*, ne saurait être un but en soi sauf à détruire la rationalité dont le droit est nécessairement porteur. L'efficacité n'est pas un but, elle n'est bien

---

[1301] Cons. Const., décision n°2011-638 DC du 28 juillet 2011, *préc.*, cons. 24.

[1302] Cons. Const., décision n°99-416 DC du 23 juillet 1999, *préc.*, cons. 15.

[1303] *Ibid.*, cons. 16.

[1304] À ce propos, v. Marie-Anne FRISON-ROCHE, « Le but de la loi est désormais officiellement son objet : exemple de la "loi pour une démocratie plus représentative, responsable et efficace" », *MAFR* (10 mai 2018).

que la « mesure d'un objet qui lui est extérieur »[1305]. Elle est donc valeur. Elle est le déterminant ou critère de l'appréciation du rapport de conformité dont est nécessairement saisi le Conseil constitutionnel dans le cadre de son contrôle de constitutionnalité.

β. La confrontation immédiate de la mesure à un but du législateur : la recherche d'un « rapport direct ».

486. Ce contrôle de l'efficacité prend parfois la forme *d'un contrôle du lien ou du caractère direct de la mesure à un objectif.* La décision *2009-599 DC* aboutissant à la déclaration de non-conformité de la célèbre « Taxe carbone » est un modèle du genre [1306]. Le Conseil énonce très pédagogiquement les termes de l'hypothèse qui vont être confrontés les uns aux autres. Dans un premier temps le Conseil rappelle l'objectif qui justifie la mesure à savoir : « mettre en place des instruments permettant de réduire significativement les émissions de gaz à effet de serre afin de lutter contre le réchauffement de la planète » [1307]. Dans un second temps, il cible plus directement la mesure puisqu'il énonce que « pour atteindre cet objectif, il a été retenu l'option d'instituer une taxe additionnelle sur la consommation des énergies fossiles afin que les entreprises, les ménages et les administrations soient incités à réduire leurs émissions »[1308]. Enfin, le juge constitutionnel précise la nature de son contrôle puisqu'il considère que « c'est en fonction de l'adéquation des dispositions critiquées à cet objectif qu'il convient d'examiner la constitutionnalité de ces dispositions » [1309]. Autrement dit, la constitutionnalité, c'est-à-dire la conformité à la Constitution, passe bien par l'efficacité c'est-à-dire par l'adéquation d'une mesure à un objectif.

Dans une décision antérieure, le juge constitutionnel a pu considérer qu'une mesure instituant une différence de tarification applicable aux centres de santé agréés et aux établissements privés d'hospitalisation est justifiée « au regard de l'objectif de maîtrise des dépenses de santé poursuivi par le législateur »[1310]. En d'autres termes, la mesure est adéquate. Sa conformité résulte, pour ainsi dire, de son efficacité.

La même logique est à l'œuvre dans la décision à propos de la *loi d'orientation et d'incitation à la réduction du temps de travail.* Le juge constitutionnel considère « que le législateur s'est assigné comme objectif primordial de diminuer le taux de chômage grâce aux effets positifs escomptés de la réduction de la durée du travail sur les effectifs employés par les entreprises du secteur concurrentiel ». Ainsi, « le champ d'application des dispositions de l'article premier est en rapport direct avec le but ainsi fixé »[1311].

1305 *Id.*

1306 Cons. Const., décision n°2009-599 DC du 29 décembre 2009, *Loi de finances pour 2010.*

1307 *Ibid.*, cons. 81.

1308 *Id.*

1309 *Id.*

1310 Cons. Const., décision n°90-287 DC du 16 janvier 1991, *Loi portant dispositions relatives à la santé publique et aux assurances sociales*, cons. 31.

1311 Cons. Const., décision n°98-401 DC du 10 juin 1998, *préc.*, cons. 33.

De la même manière la *loi portant réforme des retraites* n'a pas été considérée « manifestement inappropriée » à l'objectif du législateur visant « à préserver le système de retraite par répartitions, confronté à d'importantes difficultés de financement »[1312].

De la même façon, le juge constitutionnel a pu considérer conforme à la finalité poursuivie par le législateur une mesure visant à instaurer un contrat de travail insertion – revenu minimum d'activités permettant pour les employeurs d'obtenir une baisse des charges sociales. Il a considéré que cette mesure « de nature à diminuer le coût induit par l'emploi de ces personnes et à inciter les employeurs à les recruter, sont en rapport direct avec la finalité d'intérêt général poursuivie par le législateur en matière de lutte contre le chômage et l'exclusion »[1313].

Le juge constitutionnel a également estimé conforme à la constitution la mesure instituant le fichier national automatisé des empreintes génétiques pour une liste de certains crimes et délits précisément et limitativement énumérés. En la matière, « les rapprochements opérés avec des empreintes génétiques provenant des traces et prélèvements enregistrés au fichier sont aptes à contribuer à l'identification et à la recherche de leurs auteurs ». Il résulte de ce constat que la liste des crimes et délits prévue par la mesure « est en adéquation avec l'objectif poursuivi par le législateur »[1314]. Plus récemment, à l'occasion de la *loi pour l'accès au logement et un urbanisme rénové*, le législateur a introduit des exceptions à un nouveau régime d'autorisation de changement d'usage d'un local d'habitation en local de bureau dans certaines communes. Ces exceptions ont été considérées « en adéquation avec l'objectif poursuivi » qui résidait dans « l'instauration d'un dispositif de lutte contre la pénurie de logement destinés à la location »[1315].

B. L'évaluation non idéale de l'effectivité de la norme

487. Comme le notait Carbonnier « l'ineffectivité est, autant que l'effectivité, un phénomène sociologique »[1316] susceptible de renvoyer à la problématique de l'application du droit. En effet, comme le notait l'illustre auteur, la question de l'effectivité du droit, et plus précisément de la règle de droit, n'est autre que la question de son « application effective »[1317]. Ainsi, « l'étude de l'effectivité – plus directement que celle de l'efficacité – confronte l'intention normative immédiate, soit le modèle de conduite, avec

---

[1312] Cons. Const., décision n°2010-617 DC du 9 novembre 2010, *Loi portant réforme des retraites*, cons. 9.
[1313] Cons. Const., décision n°2003-487 DC du 18 décembre 2003, *Loi portant décentralisation en matière de revenu minimum d'insertion et créant un revenu minimum d'activité*, cons. 26.
[1314] Cons. Const., décision n°2010-25 QPC du 16 septembre 2010, *M. Jean-Victor C.*, cons. 22.
[1315] Cons. Const., décision n°2014-691 DC du 20 mars 2014, *Loi pour l'accès au logement et un urbanisme rénové*, cons. 39, 41.
[1316] Jean CARBONNIER, « Effectivité et ineffectivité de la règle de droit », *L'année sociologique (1940/1948)*, *Troisième série*, vol. 9, 1957-1958, p. 3.
[1317] *Id.*

la réalité »[1318]. La notion d'effectivité permet alors au factuel de se mêler pleinement au juridique. Elle serait à la croisée des mondes du fait et du droit. M. Rivero a montré, pour le droit administratif, toute la relativité – c'est-à-dire le caractère mouvant – de cette frontière dont le juge est le gardien. Pour l'illustre auteur, « la délimitation du droit et du fait, c'est [...] dans notre système contentieux, la délimitation de la partie contrôlée et de la partie incontrôlée de l'action administrative »[1319]. Cette métaphore qui vaut pour l'office du juge administratif pourrait valoir *mutatis mutandis* pour l'office du juge constitutionnel.

488. À rebours des idées reçues, le juge constitutionnel connaîtrait, de son propre aveu, des questions de fait. Celles-ci constituent une illustration topique de son contrôle de la proportionnalité-adéquation. La décision *86-218 DC* fournit à cet égard un indice important. Était soulevée par les députés saisissants la question de la mauvaise délimitation de circonscriptions électorales par le législateur et plus précisément le caractère inéquitable de celle-ci. Pour y répondre, le juge constitutionnel commence par rappeler, assez classiquement, « qu'il ne lui incombe pas davantage de faire des propositions [...] comme peut être amené à le faire le Conseil d'État dans l'exercice de ses fonctions administratives ». Il ajoute cependant, au considérant suivant, que « *pour l'examen de situations de fait*, le Conseil constitutionnel, saisi d'une loi votée et en instance de promulgation, se prononce dans des conditions différentes de celles dans lesquelles la juridiction administrative est appelée à statuer sur la légalité d'un acte administratif »[1320]. Autrement dit, si son contrôle est différent de celui du juge administratif il n'en existe pas moins.

489. Le Conseil constitutionnel apprécie bien des situations de fait comme sa jurisprudence relative au principe d'égalité le démontre. En effet, comme l'affirme le professeur Ribes cette jurisprudence implique « l'intégration systématique de données factuelles dès lors que les différences de traitement doivent être justifiées par une différence de situation »[1321]. La décision *2003-483 DC* l'illustre parfaitement à propos d'une mesure législative permettant aux seules mères d'obtenir une « majoration de deux ans de leur durée d'assurance, sans condition d'interruption de leur activité professionnelle ». Or, si « l'attribution d'avantages sociaux liés à l'éducation des enfants ne saurait dépendre, en principe, du sexe des parents », les juges constitutionnels considèrent « qu'il appartenait néanmoins au législateur de prendre en compte les inégalités de fait dont les femmes ont jusqu'à présent été l'objet ». Qu'ainsi, « le

[1318] Jean-François PERRIN, *Pour une théorie de la connaissance juridique*, Éd. Droz, Coll Travaux de droit, d'économie, de sociologie et de sciences politiques, 1979, p. 91.

[1319] Jean RIVERO, « La distinction du droit et du fait dans la jurisprudence du Conseil d'État français », *Dialectica*, vol. 15, n°3-4, 1961, p. 471.

[1320] Cons. Const., décision n°86-218 DC du 18 novembre 1986, *Loi relative à la délimitation des circonscriptions pour l'élection des députés*, cons. 11.

[1321] Didier RIBES, « Le réalisme du Conseil constitutionnel », *CCC*, vol. 22, n°1, 2007, p. 132-140.

législateur pouvait maintenir, en les aménageant, des dispositions destinées à compenser des inégalités normalement appelées à disparaître »[1322].

490. À l'occasion du contrôle de la proportionnalité-adéquation, l'appréciation de l'effectivité, qui passe par la délimitation implicite de la frontière du droit et du fait suppose tantôt l'adéquation d'une mesure législative à ses éventuels effets voulus – dans un premier temps – puis obtenus – dans un second temps – (1°), tantôt l'adéquation d'une mesure législative à sa raison d'être, c'est-à-dire aux éléments de fait permettant de la justifier (2°).

1° L'effectivité comme adéquation d'une mesure à ses effets

491. On retrouve cette technique particulière du contrôle de la proportionnalité-adéquation dans la jurisprudence du Conseil constitutionnel relative à *l'effet incitatif des montages fiscaux*. Ce contrôle a été utilisé pour la première fois dans une décision *2002-464 DC* à propos d'une mesure rapprochant le régime fiscal de l'investissement immobilier locatif de celui des placements en valeurs immobilières. Le juge se prononce en faveur de la constitutionnalité du dispositif en question au motif qu'il était loisible au législateur d'agir de la sorte puisque le mécanisme de retenue ne faisait nullement « supporter à l'État des charges hors de proportion avec l'effet incitatif attendu »[1323] ; celui-ci consistant, dans le soutien de l'activité du secteur immobilier et le développement des marchés financiers français. La conformité est donc bien, dans cette hypothèse, une adéquation entre l'intention normative et une forme de réalité qui est, ici, un effet attendu.

En revanche, le Conseil censure, sur ce fondement, le dispositif instaurant un crédit d'impôt permettant le soutien à la consommation et au pouvoir d'achat via la construction ou l'acquisition récente d'une habitation principale. Il considère ainsi, dans la décision *2007-555 DC* que certains éléments du dispositif qui tendent à favoriser le pouvoir d'achat « des seuls contribuables ayant acquis ou construit leur habitation principale depuis moins de cinq ans » ont instauré entre les contribuables une différence de traitement injustifiée faisant « supporter à l'État des charges manifestement hors de proportion avec l'effet incitatif attendu »[1324].

492. On trouve également traces de cette technique à propos de sa jurisprudence en matière audiovisuelle et plus particulièrement télévisuelle. Ainsi, dans une décision *2001-450 DC*, le Conseil constitutionnel s'est prononcé sur la constitutionnalité d'une mesure visant à assouplir une règle interdisant à une même personne de détenir directement ou indirectement plus de 49% du capital ou des droits de vote d'une chaîne de télévision diffusée par voie hertzienne terrestre. Il s'agissait plus précisément de limiter la portée de cette interdiction aux chaînes hertziennes terrestres dont les programmes touchent une audience annuelle dépassant 2,5 % de l'audience totale des services de télévision. Le juge constitutionnel reconnaît conforme

---

1322 Cons. Const., décision n°2003-483 DC du 14 août 2003, *Loi portant réforme des retraites*, cons. 25.

1323 Cons. Const., décision n°2002-464 DC du 27 décembre 2002, *préc.*, cons. 34.

1324 Cons. Const., décision n°2007-555 DC, *préc.*, cons. 20.

à la Constitution cette mesure au motif qu'elle est en pleine adéquation avec les effets escomptés. En effet, « les nouvelles dispositions auront pour effet d'inciter les opérateurs privés à investir dans la diffusion numérique par voie hertzienne terrestre et de contribuer ainsi à la diversité des programmes de télévision offerts au public ». Partant, « loin de porter atteinte au pluralisme des courants d'expression socioculturels, elles sont de nature à la favoriser »[1325].

Dans le domaine télévisuel, le juge constitutionnel a également pu considérer que « les mesures prises par le législateur tendant à généraliser la diffusion des programmes de télévision par voie hertzienne terrestre en mode numérique auront pour effet de faciliter l'accès du plus grand nombre de téléspectateurs à des programmes diversifiés ». Ainsi, loin de porter atteinte à la Constitution notamment au pluralisme des courants de pensée et à la liberté d'expression, le Conseil constitutionnel estime la mesure apte à « les favoriser »[1326]. Elle est donc adéquate puisqu'apparemment effective.

De la même façon le juge constitutionnel a relevé la conformité d'une mesure de relèvement d'un plafond permettant de bénéficier plus largement d'une réduction de l'impôt sur le revenu en cas de recours à l'emploi d'un salarié à domicile. En effet, la réduction de l'impôt sur le revenu pour l'emploi d'un salarié à domicile « vise à combattre le chômage en développant l'emploi à domicile ». La mesure tend également « à lutter contre l'emploi non déclaré » et « a pour effet d'améliorer la qualité de vie des familles en favorisant le maintien à domicile des personnes âgées, l'hébergement de personnes invalides, la garde au domicile familial de jeunes enfants, le soutien scolaire et l'aide ménagère »[1327]. Dans ces conditions, la mesure est conforme puisque adéquate et plus précisément effective.

493. *L'appréciation des effets des mesures du législateur fait écho à l'appréciation des conséquences de celles-ci.* Outre la jurisprudence sur les lois de validation qui suppose une analyse de type conséquentialiste, on en trouve une illustration particulière dans la jurisprudence constitutionnelle relative aux lois d'habilitation. Suivant une jurisprudence constante en la matière[1328], le juge constitutionnel avait pu conclure, en 2005, à la conformité de la *loi habilitant le Gouvernement à prendre, par ordonnance, des mesures d'urgence pour l'emploi.* L'article premier énonçait que le Gouvernement était autorisé à prendre par ordonnance toute mesure visant à favoriser l'embauche dans un certain nombre d'entreprises et d'organismes, n'employant aucun salarié ou seulement un petit nombre. Pour ce faire, le gouvernement souhaitait un nouveau contrat de travail particulier à durée indéterminée mais doté pendant une période déterminée de règles de rupture

[1325] Cons. Const., décision n°2001-450 DC du 11 juillet 2001, *Loi portant diverses dispositions d'ordre social, éducatif et culturel*, cons. 19.
[1326] Cons. Const., décision n°2007-550 DC du 27 février 2007, *Loi relative à la modernisation de la diffusion audiovisuelle et à la télévision du futur*, cons. 16.
[1327] Cons. Const., décision n°2002-464 DC du 27 décembre 2002, *préc.*, cons. 25.
[1328] V. par ex., Cons. Const., décision n°2003-473 DC du 26 juin 2003, *Loi habilitant le Gouvernement à simplifier le droit* ; v. égal. Cons. Const., décision n°2004-506 DC du 2 décembre 2004, *Loi de simplification du droit*.

et d'un régime indemnitaire spécifiques. Ces mesures, dont la finalité poursuivie était « de lever certains freins à l'embauche de nouveaux salariés dans les petites entreprises » n'ont été considérées « ni par elles-mêmes, ni par les conséquences qui en découlent nécessairement, contraires à une règle ou à un principe de valeur constitutionnelle »[1329].

Plus récemment, le juge constitutionnel a ouvertement assumé une analyse purement conséquentialiste de la *loi d'habilitation à prendre par ordonnances les mesures pour le renforcement du dialogue social*, préalable nécessaire à la célèbre réforme du code du travail de l'année 2017. L'article 3-2°-a habilitait le Gouvernement à prendre par ordonnances toute mesure permettant de modifier « les règles relatives au licenciement économique en définissant le périmètre dans lequel un tel licenciement doit être apprécié ». Le juge constitutionnel considère que la mesure habilitant le Gouvernement à prévoir que la cause économique d'un licenciement dans une entreprise appartenant à un groupe peut « être appréciée au niveau des entreprises appartenant au même groupe, situées sur le territoire national et relevant du même secteur d'activité » n'a pas méconnu le droit à l'emploi. Plus encore, sa déclaration de conformité découle directement d'une appréciation des conséquences ou des effets de la mesure puisque ces dispositions « ne sont, ni par elles-mêmes, ni par les conséquences qui en découlent nécessairement, contraires au principe d'égalité devant la loi ». Elles ne sauraient ainsi « avoir ni pour objet ni pour *effet* de dispenser le Gouvernement, dans l'exercice des pouvoirs qui lui sont conférés »[1330] de respecter le principe d'égalité.

2° L'effectivité comme adéquation d'une mesure à sa raison d'être

494. Parfois, le juge constitutionnel n'apprécie pas tant l'adéquation d'une mesure à ses effets que l'adéquation de cette mesure aux données de fait qui ont permis de la fonder. Comme l'affirme le professeur Rousseau, il s'agit pour le juge constitutionnel d'apprécier en quelque sorte « l'adéquation d'une loi à son époque et de la juger contraire à la Constitution si elle ne trouve plus de justification dans les données de fait »[1331] qui l'ont justifiée. Plus précisément, c'est même l'inadéquation caractérisée de la mesure à ses données de fait que le juge cherche à apprécier. Dans cette perspective il s'agit de purger la mesure de ce que le sociologue Raymond Boudon appelle ses « effets pervers » en corrigeant parfois « les effets non désirés et indésirables »[1332] des mesures du législateur. Derrière la prise en compte de l'effet pervers, le juge constitutionnel peut corriger une situation qui pourrait avoir l'apparence d'un bien tout en constituant *in fine* un mal.

[1329] Cons. Const., décision n°2005-521 DC du 22 juillet 2005, *Loi habilitant le Gouvernement à prendre, par ordonnance, des mesures d'urgence pour l'emploi*, cons. 6, 7.

[1330] Cons. Const., décision n°2017-751 DC du 7 septembre 2017, *Loi d'habilitation à prendre par ordonnances les mesures pour le renforcement du dialogue social*, § 44.

[1331] Dominique ROUSSEAU, Pierre-Yves GAHDOUN et Julien BONNET, *Droit du contentieux constitutionnel*, *op. cit.*, p. 204.

[1332] Raymond BOUDON, *Effets pervers et ordre social*, Éd. PUF, Coll. Quadrige. Grands textes, 3ème éd., 2009, p. 10.

Le juge considère par exemple conforme à la Constitution une loi limitant l'accès au concours de l'École nationale d'administration au motif « qu'ouvrir le concours à un nombre très élevé de participants en aurait rendu l'organisation et le fonctionnement pratiquement impossibles »[1333]. À l'inverse, il affirme que le respect du droit d'amendement doit permettre aux parlementaires comme au gouvernement d'utiliser « sans entrave les procédures mises à leur disposition » sans pour autant « qu'il ne soit fait un usage *excessif* de ce droit » [1334] . Auquel cas, le juge constitutionnel sanctionnerait les mesures concernées.

495. C'est tout l'objet de sa *jurisprudence en matière d'évolution*. Ainsi, par exemple, le juge constitutionnel justifie-t-il les dérogations au repos dominical des salariés par les données de fait de « l'évolution du mode de vie et de loisirs » ainsi que d'une « évolution des usages de consommation dans les grandes agglomérations »[1335]. Pour le dire autrement, les mesures dérogatoires au repos dominical sont considérées adéquates à une situation de fait.

De la même façon, le juge constitutionnel avait pu considérer dans la décision *2001-446 DC* conforme à la Constitution la mesure allongeant de deux semaines le délai d'interruption volontaire de grossesse au motif que « si l'interruption volontaire de grossesse constitue un acte médical plus délicat lorsqu'elle intervient entre la dixième et la douzième semaine, elle peut être pratiquée, en l'état actuel des connaissances techniques et médicales, dans des conditions de sécurité telles que la santé de la femme ne se trouve pas menacée »[1336].

En matière de question prioritaire de constitutionnalité, la célèbre décision *2010-14/22 QPC* du 30 juillet 2010 énonce, pour sa part, que le régime commun de la garde à vue n'est plus conforme avec les changements advenus dans les conditions de sa mise en œuvre. Les évolutions de ce régime « ont contribué à banaliser le recours à la garde à vue, y compris pour les infractions mineures » aboutissant alors à ce que « plus de 790 000 mesures de garde à vue »[1337] aient été édictées en 2009. En conséquence, les dispositions relatives au régime de la garde à vue doivent être réexaminées. En d'autres termes, leur constitutionnalité, c'est-à-dire leur conformité, est remise en cause. Les mesures ne sont plus considérées adéquates. Elles ne sont plus effectives au regard de l'évolution de certaines données de fait. Les mesures de l'ancien régime de la garde à vue ne sont plus proportionnellement-adéquates à l'évolution des pratiques sociales.

En matière de politique de vaccination le juge constitutionnel recourt également à ce type raisonnement et il n'est pas rare que la conformité de

---

[1333] Cons. Const., décision n°82-153 DC du 14 janvier 1983, *Loi relative au statut général des fonctionnaires*, cons. 17.

[1334] Cons. Const., décision n°2003-468 DC du 3 avril 2003, *préc.*, cons. 3.

[1335] Cons. Const., décision n°2009-588 DC du 6 août 2009, *Loi réaffirmant le principe du repos dominical et visant a adapter les dérogations à ce principe dans les communes et zones touristiques et thermales ainsi que dans certaines grandes agglomérations pour les salariés volontaires*, cons. 8, 13.

[1336] Cons. Const., décision n°2001-446 DC du 27 juin 2001, *Loi relative à l'interruption volontaire de grossesse et à la contraception*, cons. 7.

[1337] Cons. Const., décision n°2010-14/22 QPC du 30 juillet 2010, *M. Daniel W.*, cons. 18.

certaines mesures dépende de « l'évolution des données scientifiques, médicales et épidémiologiques »[1338].

496. *Ce phénomène recoupe également la question du changement de circonstances de fait* devant le juge constitutionnel, notamment en matière de question prioritaire de constitutionnalité. Toutefois, comme l'a montré le professeur Rousseau, le juge constitutionnel n'a pas attendu cette procédure pour recourir à ce contrôle. Le changement de circonstances de fait peut ainsi s'entendre d'une « transformation importante des données de fait [...] existant au moment où la loi contestée a été votée [...] indépendante de la volonté du législateur »[1339]. De la sorte, le Conseil constitutionnel a par exemple déclaré conforme une mesure d'habilitation du gouvernement à mettre à jour « la répartition des sièges de députés élus dans les départements ». Il considère que l'augmentation « de plus 7 600 000 personnes » de la population française constitue une « *importante* modification des circonstances [...] de fait » qui implique que « le maintien d'un minimum de deux députés pour chaque département n'est plus justifié par un impératif d'intérêt général »[1340].

497. Le contrôle de proportionnalité apparaît à l'analyse éminemment axiologique. La décision constitutionnelle, qui médiatise l'action, se résout dans une hypothèse dont les démembrements s'expriment en valeurs. C'est ce qu'illustre parfaitement le contrôle de proportionnalité qui constitue désormais, une part importante du contrôle de constitutionnalité. S'il s'exprime en valeurs, ce contrôle se réalise également en valeurs. C'est une caractéristique de sa structure hypothétique et c'est également le propre de la fonction du juge dont l'office, comme on s'est attaché à le démontrer, est bien de quantifier sur le mode du légal/illégal des qualités[1341]. *Le contrôle de la proportionnalité au sens strict se réalise en mesure* tandis que *le contrôle de l'adéquation se réalise en efficacité. Le contrôle de la nécessité,* pour sa part, *cherche encore une place qu'il ne parvient pas à trouver ; tantôt rattaché à la proportionnalité au sens strict, tantôt autonomisé*. Le contrôle de proportionnalité au sens strict apparaît mieux assuré que celui de la nécessité mais des incertitudes persistent sur sa portée comme l'a démontré la décision *2016-611 QPC* où il est confondu avec le contrôle de l'adéquation. La nécessité et la proportionnalité, lorsqu'elles sont associées, traduisent un contrôle de l'appréciation du caractère mesuré d'une disposition législative. Le contrôle de l'adéquation en revanche est intégralement orienté à l'appréciation du caractère strictement efficace d'une mesure qui se résout dans la recherche d'une certaine cohérence de la mesure, ou, pour le dire autrement, dans sa capacité en tant que moyen à réaliser une fin ou un objectif particulier. Il peut parfois être associé au contrôle de la proportionnalité au sens strict[1342] et traduit alors l'appréciation du caractère

---

[1338] Cons. Const., décision n°2015-458 QPC du 20 mars 2015, *Époux L.*, cons. 10.

[1339] Dominique ROUSSEAU, Pierre-Yves GAHDOUN et Julien BONNET, *Droit du contentieux constitutionnel*, *op. cit.*, p. 204.

[1340] Cons. Const., décision n°2008-573 DC du 8 janvier 2009, *Loi relative à la commission prévue à l'article 25 de la Constitution et à l'élection des députés*, cons. 23.

[1341] V. *supra,* § 229 et s., notamment § 245 et s.

[1342] Cons. Const., décision n°2016-611 QPC, *préc.*, § 14.

mesuré de la disposition et non pas l'appréciation du caractère efficace de la mesure. Parmi ces trois dimensions du contrôle de proportionnalité on peut déduire une certaine primauté du contrôle de la proportionnalité au sens strict.

498. Quoiqu'il en soit, le juge constitutionnel apprécie l'action législative essentiellement au regard de son efficacité ou de sa mesure. La théorie de la valeur permet alors de délimiter plus nettement les frontières d'un contrôle de proportionnalité dont la dimension ternaire apparaît, en France, très discrète, pour ne pas dire inexistante. Elle permet de clarifier également les contours d'un contrôle que l'on pourrait, intuitivement, penser hostile à toute systématisation. En réalité, elle dissout le problème en permettant de conclure à l'inexistence même de la dimension ternaire de ce contrôle ; devant le Conseil constitutionnel à tout le moins. Ce faisant, elle simplifie la lecture de la jurisprudence constitutionnelle et la rationalisation de ce contrôle dont il ressort deux objets principaux : *la recherche ou l'appréciation de l'efficacité* de la mesure législative et celle de *sa stricte proportion*. Ces deux dimensions sont respectivement celles *du contrôle de l'adéquation* et celle *du contrôle de la proportionnalité au sens strict*.

Pour le dire autrement, l'analyse de la jurisprudence constitutionnelle fait émerger deux valeurs – ou plutôt deux horizons de valeurs – qui déterminent les rapports d'un contrôle qui se veut pourtant triple – à savoir adéquation, proportion, nécessité – et que la dogmatique présente de la sorte. En réalité, si le Conseil constitutionnel évoque bien les trois aspects du contrôle de proportionnalité, il ne les mobilise que dans deux de ses dimensions. Cette clé de lecture, plus en phase, semble-t-il, avec la jurisprudence du Conseil constitutionnel a pour elle sa simplicité. Elle ouvre certaines perspectives pour la systématisation d'une jurisprudence, qui, sans elle, pouvait apparaître largement impressionniste.

499. Le présent chapitre a permis de délimiter structurellement le concept de valeur. La valeur est une norme hypothétique. La controverse sur la forme de l'impératif juridique a permis de préciser la façon d'entendre le concept d'impératif hypothétique. Sa structure implique au moins deux termes dont le rapport n'est qu'un rapport de valeur. L'un des termes y est toujours relatif à l'autre. Dans ce schéma, A ne vaut que par rapport à B qu'il permet de réaliser. L'impératif hypothétique est en réalité l'impératif le plus commun de l'action. Si on veut obtenir B alors l'action A doit être entreprise. Conformément à la théorie pragmatique de la décision, l'action, qui est toujours causée, a pour particularité de ne jamais s'exprimer qu'en valeurs. Partant, la nature particulière de l'impératif hypothétique, orienté à l'action, autorise à voir, dans la balance de ses termes, les valeurs qui causent l'action c'est-à-dire qui la commandent. Sa structure hypothétique, qui suppose une confrontation des termes, implique également qu'il se réalise en valeurs. Autrement dit, l'impératif hypothétique s'exprime en valeurs et se réalise en valeurs.

500. Dans cette acception, l'impératif hypothétique s'accommode assez bien de son application au droit constitutionnel. En effet, l'impératif constitutionnel ne s'entend jamais que de la mise en balance, par le juge constitutionnel, des causes de l'infini domaine de l'action législative.

L'action juridique trouve alors l'essentiel – mais non l'exclusivité – de ses causes dans les règles de droit qui constituent tour à tour son moyen comme sa fin. La seule spécificité de cet impératif constitutionnel, par opposition à son modèle théorique, réside dans ce que l'hypothèse à laquelle il renvoie n'est jamais réductible à deux termes mais dépend bien souvent d'une multitude de termes.

501. En contentieux constitutionnel, c'est la technique du contrôle de proportionnalité qui incarne au mieux cette spécificité de l'impératif constitutionnel. En effet, la technique du contrôle de proportionnalité, en ses démembrements, s'accommode bien de la pluralité des termes de l'alternative dont est saisi le juge constitutionnel. La théorie de la valeur permet de constater qu'il se réalise, presque toujours de deux façons. Tantôt il s'agit, pour le juge d'apprécier la mesure de l'action législative, tantôt son efficacité. Le contrôle de proportionnalité illustre parfaitement la richesse des sources du contrôle de constitutionnalité et la spécificité de la fonction de juger, fonction de mesure par excellence, qui intime au juge de quantifier des qualités.

CONCLUSION DU TITRE II

502. Les propriétés du concept de valeur ont été circonscrites. L'objectif assigné au présent titre était bien de délimiter un concept juridique de valeur à partir d'un *genre* norme. La valeur n'est pas, elle vaut, tout comme la norme. Dans ces conditions, la problématique de valeur, et notamment des contours de celle-ci, est déterminante pour la question de la normativité juridique. On ne peut alors que s'étonner devant le manque d'enthousiasme des juristes pour cette question. L'analyse laisse émerger deux grandes propriétés de la valeur qui constituent ses *différences spécifiques*. La première tient à sa nature, la seconde à sa structure.

S'agissant du premier point, la valeur se distingue de la norme juridique, telle qu'elle a été traditionnellement pensée, par les critères de sa validité. La valeur vaut à raison de son contenu, de l'importance qui lui est prêtée. La norme juridique vaut bien à raison de sa forme, c'est-à-dire du rang qu'elle occupe dans la hiérarchie des normes. La validité de la valeur est substantielle là où la validité de la norme juridique est formelle. Une telle conception de la valeur emporte également avec elle redéfinition partielle du concept de système juridique. Traditionnellement entendu dans sa dynamique, il doit désormais s'entendre également d'une statique. Pensé de la sorte, le fonctionnement du système juridique se rapproche du fonctionnement d'un système moral. L'illustration de la statique du droit réside largement dans l'essor des droits fondamentaux et la convergence des ordres juridiques européens.

S'agissant du second point, la valeur oblige relativement. Cela signifie qu'elle oblige hypothétiquement et non pas catégoriquement. Elle peut alors être schématisée par une hypothèse. Deux remarques s'imposent. *Premièrement*, dans ce schéma, une action A vaut – donc constitue une valeur – pour réaliser une action B. La valeur de A réside alors dans son importance pour obtenir B. Ce schéma s'accommode parfaitement des décisions du Conseil constitutionnel où B constitue, bien souvent, une action qu'il s'agit de réaliser c'est-à-dire, une finalité à atteindre. Dans ce cas, on peut dire de la valeur qu'elle cause bien l'action dès lors qu'elle fournit les différents termes de l'hypothèse qui sera réalisée. Elle justifie de leur pluralité – au moins deux – et implique leur confrontation dans le cadre du rapport strict d'un objet à un étalon de référence.

CONCLUSION DE LA PREMIÈRE PARTIE

503. L'ambition de cette partie était double. Il s'agissait, tout d'abord, d'établir l'intérêt du concept de valeur pour la discipline juridique pour ensuite procéder, à la délimitation abstraite de ses contours ainsi qu'à l'appréciation de son utilité. En un mot, il s'agissait d'essayer, dans une démarche conceptuelle, de définir en droit la valeur. Une telle entreprise supposait de rendre compte de ce que l'existence de l'objet était compatible avec la pensée juridique. Il s'agissait surtout d'identifier les obstacles dressés par la pensée juridique dominante à l'encontre de cette possibilité afin de tenter de les dépasser. Cela effectué, et conformément au postulat présenté à titre liminaire, il s'agissait de rendre compte de l'utilité du concept de valeur.

504. L'utilité du concept de valeur, qui justifie de son existence, est avant tout heuristique et répond à la démarche cognitive présentée à titre liminaire. La pensée de la valeur ouvre un grand nombre de perspectives pour la recherche juridique dont elle renouvelle en profondeur le cadre d'analyse. En effet, l'analyse conceptuelle permet d'établir que le concept de valeur est éminemment lié à d'autres concepts fondamentaux de la discipline juridique comme le concept de norme, dont il constitue l'espèce, ou encore celui de système ou de validité qu'il contribue à déterminer. Dans ces conditions, la valeur peut se définir comme *une substance valant à raison de son importance, et plus précisément, de sa capacité à encadrer l'action*. Cette définition est particulièrement apte à rallier l'idée qu'elle est une norme substantiellement valide justifiant d'une structure hypothétique.

505. L'utilité pour le droit du concept de valeur plaide en faveur de sa juridicité. C'est parce que le concept est apte à dire quelque chose du droit, plus précisément des phénomènes qui constituent la réalité juridique et transforment ses représentations, qu'il est utile et donc qu'il peut prétendre être juridique. En effet, l'une des « tâches principales des sciences humaines », affirmait Popper, réside dans l'effort « de substituer une explication rationnelle de tel comportement ou de telle croyance à l'explication 'irrationnelle' que le sens commun incline à lui donner »[1343]. Établi dans ses propriétés, c'est-à-dire dans son *intension*, l'objet juridique valeur doit désormais être plus largement particularisé. Il doit donc être appréhendé dans son *extension* c'est-à-dire dans la diversité de ses

[1343] Karl POPPER, « La Rationalité et le statut du principe de rationalité », *in Les fondements philosophiques des systèmes économiques : textes de* Jacques RUEFF *et essais rédigés en son honneur*, Éd. Payot, Coll. Bibliothèque politique et économique, 1967, p. 147-150.

incarnations au sein de la jurisprudence constitutionnelle. Pour illustrer par un exemple simple la démarche qui va suivre, on peut dire que le concept de vertébré contient en extension le concept de mammifère. Conformément à cette assertion, le concept de mammifère constitue bien un démembrement du concept de vertébré. Il importe désormais d'effectuer cette lecture pour le concept de valeur en procédant de la même façon afin de l'identifier, plus spécifiquement, dans la richesse de ses incarnations. Il s'agit de mettre l'accent, désormais, sur sa normativité.

SECONDE PARTIE

Les valeurs : objets normatifs

506. La démarche de clarification conceptuelle de la valeur a partiellement abouti. Seules les propriétés essentielles du concept sont, à ce stade, connues. Il importe désormais de poursuivre la démarche entreprise. Dans ces conditions, et conformément à la démarche réductionniste présentée à titre liminaire[1344], l'identification de l'intension du concept de valeur doit alors céder sa place à la recherche de son extension.

L'objectif de cette partie est d'appréhender l'objet valeur dans la multitude de ses manifestations et dans la variété de ses déclinaisons. En un mot, il s'agit d'établir le concept dans son extension, c'est-à-dire, d'expliciter ses nombreuses applications. Selon toute vraisemblance, la valeur appelle les valeurs. Le singulier se concrétise dans le pluriel. Il faut y voir une illustration de la puissance du concept à « ratisser la singularité »[1345] et une justification de l'entreprise de conceptualisation. En effet, tout concept est mosaïque qui ne vise jamais, en dernière instance, qu'à « introduire par synthèse de l'unité dans la diversité des phénomènes »[1346].

507. L'objectif qui commande cette partie est double.

Dans un premier temps, il s'agit de parachever l'unité du concept juridique de valeur. Pour y parvenir, l'on affinera la connaissance du concept en identifiant plus particulièrement son extension, c'est-à-dire, ses déclinaisons, ses manifestations. Il s'agit essentiellement de circonscrire précisément, dans cette partie, le champ d'application des valeurs au sein des décisions du Conseil constitutionnel.

Dans un second temps, il s'agit de vérifier la pertinence de la délimitation préalable des propriétés du concept de valeur. Autrement dit, il s'agit de vérifier le caractère opérant de la définition retenue dans la précédente partie. En effet, l'échec de l'entreprise d'identification des déclinaisons du concept de valeur enterrerait, à coup sûr, l'idée selon laquelle la valeur appartiendrait

---

[1344] V. *supra*, § 47 et s.

[1345] Jocelyn BENOIST, *Concepts: introduction à l'analyse*, Éd. Flammarion, Coll. Champs. Essais, 2013, p. 77.

[1346] Olivier JOUANJAN, « 'Aux frontières du droit public et de la politique', Relire Jellinek », *in* Georg JELLINEK, *Verfassungsänderung und Verfassungswandlung* [1906], tr. fr. Olivier JOUANJAN et Marie-Ange ROY, *Révision et mutation constitutionnelles*, Éd. Dalloz, Coll. Droit politique. Textes fondamentaux, 2018, p. 20.

au genre de la norme. En revanche, un succès de l'entreprise conforterait la définition préalablement retenue.

508. Avant de procéder à l'identification des déclinaisons normatives du concept de valeur, il importe de garder à l'esprit l'impossibilité qu'il y a de délimiter de façon exhaustive l'extension d'un concept. Dans ces conditions, la recherche est forcément réduite. En effet, « l'extension d'un concept, étant un nombre infini de sujets singuliers [...], échappe aux prises de l'intelligence »[1347]. Autrement dit, les démembrements du concept sont toujours fonction de la définition générale que l'on donne de celui-ci, c'est-à-dire de son intension. Cette position est tout de même à nuancer puisqu'en matière de concept, il est illusoire d'opposer le singulier au pluriel, l'intension à l'extension puisque les deux faces d'un concept s'envisagent toujours simultanément. Ainsi, s'il est vrai que l'on ne saurait se contenter du processus d'exemplification (extension) pour définir un concept, il ne faut pas pour autant oublier que les démembrements d'un concept nous indiquent certaines choses de ce même concept. C'est pourquoi l'identification des déclinaisons des valeurs nous permet d'améliorer notre connaissance de *la* valeur et d'affirmer qu'il s'agit d'un concept normatif.

509. Le point de départ de cette seconde partie réside dans le concept de norme puisque l'on s'est accordé pour voir dans la norme, le genre de rattachement de la valeur. La mise en évidence de l'intension du concept de valeur a permis de le confirmer. On peut entendre la norme, de façon générale, à la suite de M. François Brunet comme « la capacité d'un modèle à servir de référence dans le jugement ou l'opération d'évaluation en droit »[1348] en vue d'une ou plusieurs finalités. Cette définition qui sied tout particulièrement à la valeur reste tout de même insuffisante puisqu'elle n'élude pas tout à fait le problème de la double dimension de la norme : concrète et abstraite. Cette double dimension n'exprime, en définitive, que sa double capacité à faire référence[1349].

510. La pensée traditionnelle du droit s'est longtemps accommodée d'une vision unitaire de l'usage de la référence normative, à savoir : « l'usage impératif »[1350]. Dans cette optique la norme est un véritable impératif qui oblige en tant que tel. Il s'agit là d'*une première acception*. C'est, du reste, le sens du syntagme « normes de références » que l'on trouve dans la plupart des ouvrages traitant du contrôle de constitutionnalité[1351]. Autrement dit,

---

[1347] Edmond GOBLOT, *Traité de logique*, Éd. Armand Colin, 1918, p. 104.

[1348] François BRUNET, *La normativité en droit*, Éd. Mare & Martin, Coll. Bibliothèque des thèses, 2012, p. 217.

[1349] Georges GURVITCH, *L'idée du droit social: notion et système du droit social : histoire doctrinale depuis le 17e siècle jusqu'à la fin du 19e siècle*, Éd. Scientia, 1972, p. 104 ; Neil MACCORMICK et Ota WEINBERGER, *Grundlagen des institutionalistischen Rechtspositivism* [1985], tr. fr. Odile NERHOT et Philippe COPPENS, *Pour une théorie institutionnelle du droit : nouvelles approches du positivisme juridique*, Éd. Story Scienta, LGDJ, 1992, p. 33-51 ; Jacques CHEVALLIER, L'Etat post-moderne, Éd. LGDJ, Coll. Droit et société, 2017, p 186 ; Catherine THIBIERGE, « Introduction », in Catherine THIBIERGE (dir.), *La force normative: naissance d'un concept*, Éd. LGDJ, 2009, p. 42.

[1350] François BRUNET, *La normativité en droit*, *op. cit.*, p. 222.

[1351] V. pour une telle utilisation Bertrand MATHIEU et Michel VERPEAUX, *Droit constitutionnel*, Éd. PUF, Coll. Droit fondamental. Classiques, 2004, p. 720 ; Agnès ROBLOT-TROIZIER, *Contrôle de constitutionnalité et normes visées par la Constitution française: recherches sur*

dans son acception traditionnelle, pétrie du formalisme juridique originel, la norme est un simple commandement, un impératif d'action.

Des travaux récents, comme ceux de M. François Brunet, dans la lignée des travaux de MM. Amselek, Jeammaud ou Mme Thibierge ont développé l'idée que l'impérativité ne permet pas d'expliquer, à elle seule, la normativité mais caractérise tout au plus l'une de ses dimensions, « l'un des modes d'usage de la normativité juridique »[1352].

Dans une seconde acception, plus large, la normativité est la capacité pour une norme juridique de constituer un modèle pour l'action ordonnée en tant que telle, à une ou plusieurs fins. Dans cette optique la normativité est bien « la capacité d'un instrument de jugement à donner des raisons d'agir et donc des justifications pour [les] actions »[1353]. Dans cette acception, la norme possède une fonction d'auxiliaire, de guide, pour l'action. L'accent est mis sur sa capacité d'orientation, d'inspiration et, en un certain sens, de fondation pour l'action. La norme est ainsi avant tout une raison[1354], indépendante d'un quelconque lien avec le commandement. Dans cette perspective, la norme n'est qu'une « force de référence »[1355] bien plus lâche que dans sa première acception.

511. Ces deux acceptions de la norme correspondent aux deux faces de la valeur entendue dans sa dimension normative. Elles constituent en réalité les deux fonctions de la valeur qu'il conviendra tour à tour d'envisager.

D'une part, les valeurs s'entendent de certaines références plus ou moins explicites et impératives permettant au Conseil constitutionnel d'effectuer son contrôle de constitutionnalité (Titre III). Elles se présentent alors comme des impératifs particuliers conditionnant *explicitement* l'action dont est saisi le juge et que médiatise sa décision.

D'autre part, elles orientent et dirigent *implicitement* l'action même du juge constitutionnel en lui fournissant ce que le professeur Thibierge appelle des « lignes pour l'action »[1356], et plus précisément, pour sa propre action qui s'incarne avant tout dans la décision. C'est parce que la valeur prend sa source, comme le droit, dans une intention du sujet agissant et constitue le préalable inévitable à la réalisation de son action. L'on insistera alors, dans cette perspective, sur le caractère idéal des valeurs. Et l'on s'accordera sur cette idée que les valeurs constituent le véritable sens de la décision du Conseil constitutionnel français (Titre IV).

---

la constitutionnalité par renvoi, Éd. Dalloz, Coll. Nouvelle Bibliothèque de Thèses, 2007, p. 2, p. 19 ; Guillaume DRAGO, *Contentieux constitutionnel français*, Éd. PUF, Coll. Thémis, 2016, p. 295 et 297 ; Bruno GENEVOIS, « Normes de référence du contrôle de constitutionnalité et respect de la hiérarchie en leur sein » *in L'État de droit. Mélanges en l'honneur de Guy Braibant*, Dalloz, 1996, p. 323-340.

1352 François BRUNET, La normativité en droit, op. cit., p. 230.

1353 *Ibid.*, p. 231-232.

1354 *Ibid.*, p. 232.

1355 Catherine THIBIERGE, « Introduction », *in* Catherine THIBIERGE (dir.), *La force normative: naissance d'un concept*, Paris, *op. cit.*, p. 42.

1356 *Id.*

TITRE III

Les valeurs comme normes de références de la décision du juge constitutionnel

512. Les valeurs, éminemment normatives, se présenteraient – dans une première acception du terme de norme – comme de véritables impératifs explicitement prescrits par la décision du juge constitutionnel. Elles constitueraient alors des normes de référence du contrôle de constitutionnalité c'est-à-dire, « les règles [...] sur lesquels le Conseil constitutionnel fonde son contrôle »[1357].

513. Cette hypothèse sera principalement vérifiée sous les angles « descriptif » et « évaluatif » tels qu'ils ont été mis en évidence par le professeur Wroblewski dans sa méthodologie pour l'analyse de la décision judiciaire[1358].

Descriptive, la méthode adoptée cherche à circonscrire précisément le champ d'application de la valeur dans la jurisprudence du juge constitutionnel. Elle échappe ainsi, en toute logique, au champ de la théorie du droit puisqu'elle ne peut être menée que dans le cadre d'un ordre juridique particulier. L'analyse descriptive vise ainsi à 1) identifier les manifestations concrètes de valeur au sein des décisions juridictionnelles, 2) identifier au sein même de la décision juridictionnelle la position exacte de la valeur et 3) classer ces manifestations en un système ordonné. Ce titre a pour ambition d'élaborer une véritable typologie des valeurs telles qu'elles se manifestent dans les décisions du Conseil constitutionnel.

Évaluative, la méthode adoptée cherche à identifier avec précision les phénomènes normatifs méritant d'être subsumés sous le concept de *valeur*. En toute logique, elle suppose une démarche appréciative de sélection et de tri. Là encore, l'opération n'est pas sans difficulté[1359] puisqu'il apparaît possible de proposer plusieurs classifications des valeurs.

514. La méthode ici retenue s'articule autour de deux hypothèses qui constitueront les deux principaux axes d'analyse de ce titre : une hypothèse

---

[1357] Guillaume DRAGO, *Contentieux constitutionnel français*, Éd. PUF, Coll. Thémis, 2011, p. 295.

[1358] Jerzy WROBLEWSKI, « Décision judiciaire : l'application ou la création du droit », *Scientia*, vol. 103, n°679-680, 1968, p. 1-9.

[1359] Sur la difficulté d'une telle classification, v. Chaïm PERELMAN, « Ontologie juridique et sources du droit », *APD*, vol. 27, 1982, p. 23-31.

que l'on qualifiera de *naïve*, une hypothèse que l'on qualifiera de *soupçonneuse*. L'hypothèse naïve est la plus intuitive, peut-être la plus évidente. Elle présuppose que les valeurs s'incarnent toujours dans les décisions du Conseil constitutionnel et désigne les catégories normatives qu'il mobilise comme terrain de recherche propice à constituer leurs incarnations. La seconde hypothèse est une hypothèse du soupçon. Elle postule l'insuffisance de la première hypothèse à rendre compte, à elle seule, de la totalité du phénomène de la valeur, en droit. Elle présuppose donc l'insuffisance de la seule analyse des catégories mobilisées par le juge constitutionnel pour rendre compte des manifestations de valeur dans ses décisions. La combinaison de ces deux hypothèses, qui éclairent chacune un aspect de la jurisprudence constitutionnelle, devrait permettre d'aboutir à dresser une typologie complète des manifestations de valeurs dans les décisions mobilisées par le juge.

515. *L'hypothèse naïve* suppose une analyse des manifestations de valeur à travers les catégories mobilisées par le juge constitutionnel au soutien de ses décisions. L'approche qu'elle véhicule est une approche formelle. Le paradigme formaliste apparaît, en effet, indépassable tant il domine largement les représentations d'une dogmatique encore pétrie du formalisme juridique originel. *L'hypothèse naïve* présuppose que la novation d'un objet juridique, en l'occurrence la valeur, *s'effectue toujours dans un premier temps, au sein du « cadre catégorial d'analyse » du modèle théorique dominant les représentations de la discipline*. Selon cette hypothèse, tout nouvel objet d'un discours commence par épouser les formes de celui-ci. Dans ces conditions, les phénomènes normatifs de valeurs – s'ils existent – adviennent inévitablement au droit par le biais des canaux du formalisme que la valeur contribue à subvertir. Autrement dit, la valeur advient en se pliant nécessairement aux schèmes de pensées acceptés et aux représentations dominantes. La construction d'un concept de valeur passe alors par une déconstruction puis une reconstruction des concepts hérités du modèle de pensée dominant. Le travail de mise à jour des concepts devient bien, comme l'affirme M. Régis Ponsard, « un travail de transformation de ce qui était relativement impossible à voir, à penser, en quelque chose de possible » [1360]. En plus de répondre aux canons de pensée dominant actuellement la discipline juridique, l'approche formelle favorise la délimitation du champ de recherche. Largement tributaire des représentations ambiantes, la jurisprudence du Conseil constitutionnel est conditionnée par l'« hyper-formalisme » [1361] de son juge qui mobilise systématiquement les mêmes « catégories normatives » [1362]. *L'hypothèse naïve* s'attache donc à l'identification des catégories formelles normatives entendues comme autant de sources formelles d'un ordre juridique. Que l'on ne s'y méprenne pas. Ici, les sources n'indiquent plus que « les modes de

---

[1360] Régis PONSARD, « La possibilité d'une analyse du droit (constitutionnel) scientifiquement et juridiquement critique », *AIJC*, vol. 31, 2015, p. 60.
[1361] Denis BARANGER, « Sur la manière française de rendre la justice constitutionnelle », *Jus politicum*, vol. 7, 2012.
[1362] Louis FAVOREU *et al.*, *Droit constitutionnel*, Éd. Dalloz, Coll. Précis Dalloz, 20ème éd., 2018, p. 153.

formation des normes juridiques, c'est-à-dire les procédés et les actes par lesquels ces normes accèdent à l'existence historique »[1363]. Autrement dit, la source est bien la manifestation concrète d'une norme[1364]. Il s'agira de s'essayer à un exercice de classification des sources formelles des valeurs entendues comme classification des espèces normatives du droit positif et plus précisément de la jurisprudence du Juge constitutionnel.

516. *L'hypothèse soupçonneuse* prend d'une certaine manière le contre-pied de la précédente approche. Elle est soupçonneuse puisqu'elle doute de la capacité de l'approche formelle à épuiser le phénomène de la valeur en droit, tout en lui reconnaissant néanmoins un intérêt heuristique certain. Cette seconde hypothèse postule que le formalisme des catégories normatives mobilisées par le juge constitutionnel, au sein desquelles devraient s'incarner les valeurs, pourrait n'être que « de façade ». Dans ces conditions, il masquerait totalement, sous le couvert d'une forme juridique – par trop rassurante, les logiques sous-jacentes à la « fabrique du droit », pour reprendre la célèbre expression de M. Bruno Latour.

L'hypothèse soupçonneuse se présente alors comme le complément nécessaire de l'hypothèse naïve. Elle vise à adosser, à l'analyse formelle, une analyse matérielle. Elle postule qu'indépendamment des formes juridiques dans lesquelles elle se coule, la valeur renvoie toujours en dernière instance à une normativité substantielle, à un certain contenu identifiable en tant que tel. De la même façon que la classification formelle des valeurs pourrait s'inspirer de la classification formelle des sources du droit, la classification matérielle des valeurs pourrait s'inspirer de la classification matérielle des sources du droit dont la « diversité est sans limite »[1365].

517. Dans ces conditions, l'on envisagera la construction de deux typologies de valeurs, simultanément à l'œuvre dans les décisions du Conseil Constitutionnel : une première typologie des valeurs entendues comme un type particulier de normes formelles mobilisées par le Conseil constitutionnel à travers ses catégories normatives (Chapitre cinquième) et une seconde typologie des valeurs entendues comme un ensemble de nouveaux contenus, spécifiques, dont se saisit, désormais, le Conseil constitutionnel (Chapitre sixième).

[1363] Michel VIRALLY, *La pensée juridique* [1960], réimp. Éd. Panthéon-Assas, Coll. Les introuvables, 1998, p. 148 ; pour des définitions similaires v. Charles EISENMANN, « Quelques problèmes de méthodologie des définitions et des classifications en science juridique », *APD*, vol. 11, 1966, p. 26.

[1364] À ce propos, v. François GENY, *Méthode d'interprétation et sources en droit privé positif : essai critique*, T. I, Éd. LGDJ, Coll. Anthologie du droit, 2016, p. 163 ; Giorgio DEL VECCHIO, « Le problème des sources du droit positif », *Annuaire de l'Institut international de philosophie du droit et de sociologie juridique*, 1934-1935, Travaux de la première session, Sirey, 1934, p. 32.

[1365] Michel VIRALLY, *La pensée juridique*, *op. cit.*, p. 148.

CHAPITRE CINQUIÈME

Les valeurs comme normes de référence formelles des décisions du Conseil constitutionnel. Essai de typologie.

518. *L'hypothèse naïve*, présentée à titre liminaire, postule que les valeurs s'incarnent toujours formellement dans une ou plusieurs propositions. L'entreprise de systématisation qui commande à la réalisation d'une typologie des valeurs doit alors s'attacher à l'identification de leur réalisation concrète. Dans ces conditions leur classification passe donc par une classification des propositions ou actes dans lesquels elles s'incarnent.

519. La présente démarche conduit à appréhender les valeurs à travers les catégories juridiques propres au formalisme juridique – étant accepté qu'il constitue le modèle dominant des représentations juridiques – que l'on peut trouver dans la jurisprudence constitutionnelle. Il s'agit d'observer les formes spécifiques que prend l'objet valeur dans l'univers de représentations, essentiellement formelles, qui constitue l'ordre constitutionnel français. L'hypothèse est ici que les valeurs doivent se plier *de facto* aux canons des représentations dominantes pour prétendre à la juridicité. Elles *doivent alors posséder un degré minimal de formalisation dans l'ordre juridique constitutionnel* qu'il s'agit de repérer. L'ambition de ce chapitre est bien de proposer une relecture de l'usage par le Conseil constitutionnel de ses catégories juridiques.

520. L'hypothèse qui commande le présent chapitre présuppose que les prétendues catégories normatives mobilisées par le Conseil constitutionnel sont avant tout des « catégories du langage »[1366] pleinement identifiables dans les décisions du juge. Dans ce chapitre, il s'agit en quelque sorte de « jouer le jeu » du formalisme pour passer au crible les catégories langagières mobilisées par le juge constitutionnel et identifier, parmi celles-ci, celles qui sont susceptibles de désigner les valeurs. S'il est évident, comme l'écrit M. Régis Ponsard, que « toute analyse doctrinale utilisant de tels outils [les catégories mobilisées par le juge] est précisément impossible » puisqu'un « objet ne peut s'analyser lui-même »[1367], il n'en

---

[1366] Régis PONSARD, « La possibilité d'une analyse du droit (constitutionnel) scientifiquement et juridiquement critique », *AIJC*, vol. 31, 2015, p. 42 et p. 51.
[1367] Id.

demeure pas moins vrai que la connaissance de ces catégories langagières constitue le préalable nécessaire à l'analyse approfondie des décisions du Conseil constitutionnel. Elles fournissent le matériau raffiné – et non brut – nécessaire à toute tentative d'explicitation de la jurisprudence du juge constitutionnel. En un mot, il ne s'agit pas, ici, de fournir une lecture des décisions du Conseil constitutionnel à l'aide des catégories que lui-même mobilise. Il s'agit au contraire de proposer une analyse des catégories doctrinales mobilisées par le Conseil constitutionnel à l'aune d'un nouveau concept : celui de valeur et des propriétés que l'analyse considère être les siennes.

521. Dans ces conditions, l'entreprise de classification formelle des valeurs doit s'attacher à saisir celles-ci dans leur mode d'expression concret au sein des décisions du Conseil constitutionnel. Cette hypothèse s'accommode particulièrement de notre postulat de départ selon lequel les valeurs ne tombent pas directement sous le sens. Partant, elles doivent posséder « une assise qui les porte, qui les signifie »[1368]. *La question des valeurs comme normes de référence formelles devient alors la question de leur support.* Celui-ci ne peut être que le langage. Identifier quelles sont les sources formelles des valeurs revient donc à identifier quelles sont les catégories langagières dans lesquelles elles s'incarnent dans les décisions du juge constitutionnel. La détermination préalable de l'intension[1369] du concept de valeur autorise à penser que son degré minimal de formalisation réside dans son caractère de norme. En tant que telles, les valeurs peuvent alors s'entendre de véritables propositions *normatives* émises par le Conseil constitutionnel dans ses décisions.

522. C'est bien à travers les normes mobilisées par le Juge constitutionnel français que l'on peut saisir les valeurs. Il s'agit alors d'apprécier dans quelle mesure certaines normes mobilisées par le Conseil constitutionnel expriment une validité substantielle et/ou possèdent une structure hypothétique. On précisera cependant que la distinction entre ces deux deux grandes propriétés du concept de valeur tient avant tout d'un souci de présentation. En aucun cas, elles ne remettent en cause l'unité conceptuelle de l'objet « valeur ». Dans les deux cas, la valeur juridique constitue bien *une substance normative valant à raison de son importance, et plus précisément, de sa capacité à encadrer hypothétiquement l'action.* Seulement les catégories mobilisées par le Conseil constitutionnel mettront l'accent tantôt sur la validité substantielle de la norme, tantôt sur sa structure hypothétique.

523. Cette différence de traitement tient, pour l'essentiel à la particularité du processus d'engendrement de ces catégories langagières. Dans les deux cas, les valeurs, ou plutôt les catégories normatives exprimant des valeurs, constituent toujours *une raison suffisante*[1370] *pour qu'autrui effectue ou*

[1368] Rudolf REZSOHAZY, *Sociologie des valeurs*, Éd. A. Colin, Coll. Cursus, 2006, p. 39.

[1369] V. *supra*, Première partie, Titre II.

[1370] Manuel ATIENZA, « L'argumentation », *in* Dominique CHAGNOLLAUD et Michel TROPER (dir.), *Traité international de droit constitutionnel*, T. I, *Théorie de la Constitution*, Éd. Dalloz, Coll. Traités Dalloz, 2012, p. 524. ; pour une approche similaire v. égal. Guillaume TUSSEAU, « Carlos S. Nino, la philosophie du droit dans le siècle », *Revue internationale de sémiotique juridique*, vol. 22, n°3, 2009, p. 373-380.

n'effectue pas une action juridique précise. Cela étant, la distinction catégoriale entre les normes substantiellement valides et les normes hypothétiques, au sein de la jurisprudence du Conseil constitutionnel, dépend pour l'essentiel du caractère déductif ou non-déductif de leur engendrement.

524. Le premier cas renvoie essentiellement à l'hypothèse de la *fondamentalité* ou, autrement dit, des normes exprimant des droits fondamentaux. On a vu, précédemment[1371], que la *fondamentalité* opère dans le raisonnement juridique suivant une logique déductive puisqu'elle répond avant tout d'un processus *d'engendrement normatif statique*. Pour rappel, ce processus d'engendrement normatif suppose d'une norme qu'elle vaille à raison de son contenu et plus précisément à raison de ce que son contenu est susceptible de réaliser le contenu d'une autre norme qui lui sert de fondement. Ce processus suppose ainsi la capacité pour une norme à engendrer directement, à produire directement d'autres normes, de la même façon que le général engendre le particulier. Dans cette hypothèse, la production des normes obéit au principe de hiérarchie. Mais il s'agit d'une hiérarchie matérielle, d'une statique des droits. Il s'agit alors de mettre en lumière la statique du droit constitutionnel à l'œuvre dans les décisions du juge (Section I).

525. Le deuxième cas, à l'inverse, renvoie à l'hypothèse où les catégories normatives constituent des « raisons non déductives »[1372] pour reprendre l'expression de Duncan Kennedy. Dans cette hypothèse, le juge mobilise, au soutien de ces décisions, des catégories que l'on peine à fonder dans une logique purement formelle. Ces catégories servent pourtant d'appui au contrôle de la constitutionnalité du juge et font ouvertement basculer celui-ci dans le domaine pratique. Ces catégories constituent alors des normes pragmatiques ou techniques au sens où les entendait Bobbio[1373]. Dans cette hypothèse, la production des normes n'obéit pas au principe hiérarchique. Ces catégories normatives trouvent alors leur raison d'être en dehors des textes juridiques formellement entendus, dans l'importance matérielle qu'elles revêtent pour le juge constitutionnel et plus précisément dans leur utilité pour apprécier les choix opérés par le législateur. C'est pourquoi on peut les associer au concept de valeur. Ces catégories constituent alors un « instrument de canalisation de l'action du législateur »[1374] lui offrant un impalpable « cadre d'intervention »[1375] (Section II).

SECTION I. L'ENGENDREMENT DEDUCTIF DES CATEGORIES LANGAGIERES EXPRIMANT DES VALEURS

526. La catégorie spécifique des droits fondamentaux apparaît particulièrement appropriée pour constituer la première déclinaison du

[1371] V. *supra*, § 307 et s., notamment § 316 - 320.
[1372] Duncan KENNEDY, *A critique of adjudication*, Éd. Harvard University Press, 1997, p. 99.
[1373] V. *supra*, § 400.
[1374] Grégory MOLLION, « Les garanties légales des exigences constitutionnelles », *RFDC*, vol. 62, n°2, 2005, p. 261.
[1375] *Id.*

concept de valeur. L'apport essentiel du juge constitutionnel à la circonscription du concept de droit fondamental[1376] érige logiquement sa jurisprudence en terrain privilégié de leur expression. En France, ce phénomène est renforcé par « l'image de protecteur des droits et libertés »[1377] que construit patiemment le Conseil constitutionnel, gardien du « trésor des droits de l'homme »[1378] pour reprendre la célèbre expression de Georges Vedel. Cette exaltation[1379] française du rôle du juge en la matière est pourtant paradoxale puisque le Conseil constitutionnel ne semble pas avoir assigné aux « droits fondamentaux » le rôle de catégorie langagière de référence. En effet, s'il s'y réfère, c'est bien souvent dans l'ordre de l'implicite, ou à tout le moins de façon discrète, à l'occasion de telle ou telle manifestation spécifique de l'objet, sporadiquement incarnée dans tel ou tel droit concret sur lequel il est amené à se prononcer. La référence avérée du juge constitutionnel à la « paraconstitutionnalité », mise en évidence précédemment[1380], constitue l'un des exemples les plus parlants de la construction, par celui-ci, à travers sa jurisprudence, d'une véritable *statique* du droit. Elle confirme l'évolution profonde qui s'est opérée dans les représentations de la légalité que le contrôle de constitutionnalité véhicule.

527. L'hypothèse d'une statique du droit heurte profondément les représentations traditionnelles du contentieux constitutionnel français puisqu'elle suppose la capacité d'un agencement normatif à fonctionner *par résonnance*. Dans un tel schéma « chacune des normes tire sa validité de la conformité de son contenu à une norme supérieure de contenu plus général »[1381]. Identifier la statique du droit constitutionnel suppose d'assumer l'idée selon laquelle *certaines normes mobilisées par le juge constitutionnel trouvent la justification de leur validité non pas tant dans la position qu'elles occupent au sein de la hiérarchie des normes mais dans leur capacité à réaliser le contenu d'autres normes qui leur sont supérieures* et dont elles sont logiquement *déduites*. Ce sont ces normes qu'on peut alors qualifier de « droits fondamentaux ». La mise en évidence de la *statique* du droit à l'œuvre dans les décisions du juge constitutionnel fournit ainsi le critère permettant de circonscrire la notion de droit fondamental, qui n'est jamais, en dernière analyse, qu'une norme produite au terme d'un processus d'engendrement de type *statique*.

1376 À ce propos v. Laurence BURGORGUE-LARSEN, « Les Concepts de liberté publique et de droit fondamental », *in* Jean-Bernard AUBY, *L'influence du droit européen sur les catégories du droit public,* Dalloz, « Études », 2009, p. 389-407, notamment p. 398. ; v. égal. Dieter GRIMM, « L'interprétation constitutionnelle. L'exemple du développement des droits fondamentaux par la Cour constitutionnelle fédérale », *Juspoliticum*, 2011, n°6.

1377 Véronique CHAMPEIL-DESPLATS, « Le Conseil constitutionnel, protecteur des droits et libertés ? », *Cahiers de la recherche sur les droits fondamentaux,* 2011, n°9, p. 11-22.

1378 Georges VEDEL, « Le Conseil constitutionnel, gardien du droit positif ou défenseur de la transcendance des droits de l'homme », *Pouvoirs*, 1988, n° 45, p. 149 et s.

1379 Gilles LEBRETON, *Libertés publiques et droits de l'homme,* Ed. Sirey, Coll. Droit public, 2009, 8e éd., p. 36.

1380 V. *supra,* § 350 et s.

1381 Paul AMSELEK, « Une fausse idée claire : la hiérarchie des normes juridiques », *Revue de la recherche juridique. Droit prospectif,* 2007, n° 5, p. 557 et s.

528. La mise en évidence d'une statique du droit, comme on l'a rappelé[1382], suppose d'accumuler, au sein d'un ordre juridique déterminé, et à l'issue d'une démarche lexicologique, certains indices récurrents permettant d'attester d'un engendrement normatif gigogne. Dans l'ordre constitutionnel français, et plus précisément dans les décisions du Conseil constitutionnel, les indices de la construction d'une statique juridique tiennent, d'une part, à la référence faite par le juge à des catégories normatives spécifiques (I), d'autre part, dans le creux de celle-ci, à l'emploi récurrent de termes particulièrement évocateurs de cette « résonnance normative » (II).

I. Les catégories normatives de l'engendrement statique

529. Dans le creux de la logique dynamique qui commande à son office, il n'est pas rare que le juge constitutionnel décide d'asseoir directement, par voie de déduction, le contenu normatif d'une norme sur le contenu normatif d'une autre norme dont elle est censée découler. C'est là une caractéristique du processus statique d'engendrement des normes. Deux catégories langagières de référence ressortent ainsi de la jurisprudence du Conseil constitutionnel : les normes qu'il qualifie de « composantes » et les normes qu'il qualifie de « conditions ».

530. Comme leurs noms l'indiquent, les hypothèses de la « norme-composante » et de la « norme-condition » supposent que la validité d'une norme particulière résulte, pour l'essentiel, de sa capacité à réaliser une seconde norme plus générale exprimant un autre droit fondamental. La validité de la norme particulière est ainsi consacrée médiatement, à travers la norme générale dont elle ne constitue, *in fine*, qu'un *élément*. Cela signifie que pour le juge constitutionnel, la réalisation du contenu particulier de la « norme-élément » apparaît nécessaire pour permettre la réalisation du contenu général de la norme supérieure. Cette hypothèse trouve à s'appliquer très largement en matière de normes exprimant des droits fondamentaux.

531. Dans la jurisprudence du Conseil constitutionnel, l'emploi du terme de « composante » est réservé aux normes découlant avant tout de *la liberté personnelle* (A) tandis que l'emploi du terme de « condition », moins assuré, est réservé à des normes découlant avant tout, semble-t-il, du *principe de démocratie* (B).

A. Les « composantes » normatives de la liberté personnelle

532. L'analyse de la jurisprudence du Conseil constitutionnel laisse apparaître au moins trois normes constitutives de la liberté personnelle ; chacune d'entre elles étant qualifiée par le juge de « composante » de la liberté personnelle. Il s'agit de la *liberté d'aller et venir* (1), de la *liberté du mariage* (2) et enfin de la *liberté d'entreprendre* (3).

[1382] V. *supra*, § 315 et s.

1° La liberté d'aller et venir, « composante » de la liberté personnelle

533. Tout d'abord, on ne compte plus les décisions dans lesquelles le juge constitutionnel évoque, dans une sorte d'*obiter dictum*, le caractère de « composante de la liberté personnelle » de la liberté d'aller et venir[1383]. Autrement dit, et à rebours des représentations traditionnelles du droit, la liberté d'aller et venir ne semble pas valoir à raison de sa place dans la hiérarchie des normes – qui n'est que médiatement constitutionnelle – mais bien plus à raison de ce que la réalisation de son contenu doit permettre la réalisation de la liberté personnelle.

534. En outre, le juge constitutionnel a eu l'occasion de préciser ouvertement le contenu de la liberté d'aller et venir, qui « n'est pas limitée au territoire national » et *comprend* « le droit de le quitter »[1384]. On retrouve là l'idée de *composante* et la logique d'engendrement normatif *statique*, sous-jacente. Suivant cette logique, le juge constitutionnel fait désormais dépendre la validité d'une disposition législative de la capacité de son contenu à assurer le contenu de la liberté de quitter le territoire ; celle-ci ne valant que parce ce qu'elle assure le contenu de la liberté d'aller et venir, ordonnée à son tour, en dernier ressort, à la réalisation de la liberté personnelle.

2° La liberté du mariage, « composante » de la liberté personnelle

535. Le Conseil constitutionnel réserve un traitement identique à la liberté du mariage. De jurisprudence constante, le juge constitutionnel qualifie la liberté du mariage de « composante de la liberté personnelle »[1385].

[1383] Cons. Const., décision n° 2019-805 QPC du 27 septembre 2019, *Union de défense active des forains et autres*, § 9 ; Cons. Const., décision n° 2018-770 DC du 6 septembre 2018, *Loi pour une immigration maîtrisée, un droit d'asile effectif et une intégration réussie*, § 87 ; Cons. Const., décision n° 2017-695 QPC du 29 mars 2018, *M. Rouchdi B. et autre*, § 28 ; Cons. Const., décision n° 2018-762 DC du 15 mars 2018, *Loi permettant une bonne application du régime d'asile européen*, § 9 ; Cons. Const., décision n°2017-691 QPC du 16 février 2018, *M. Farouk B.*, § 12 ; Cons. Const., décision n° 2017-684 QPC du 11 janvier 2018, *Association La cabane juridique*, § 3 ; Cons. Const., décision n° 2017-677 QPC du 1er décembre 2017, *Ligue des droits de l'Homme*, § 3 ; Cons. Const., décision n°2017-674 QPC du 1er décembre 2017, *M. Kamel D.*, § 4 ; Cons. Const., décision n° 2017-635 QPC du 9 juin 2017, *M. Émile L.*, § 3 ; Cons. Const., décision n° 2017-624 QPC du 16 mars 2017, *M. Sofiyan I.*, § 13 ; Cons. Const., décision n° 2016-606/607 QPC du 24 janv. 2017, *M. Ahmed M. et autre*, § 19 ; Cons. Const., décision n° 2015-527 QPC du 22 décembre 2015, *M. Cédric D.*, cons. 8 ; Cons. Const., décision n° 2015-468/469/472 QPC du 22 mai 2015, *Société UBER France SAS et autre*, cons. 2 ; Cons. const., décision n° 2013-318 QPC du 7 juin 2013, *M. Mohamed T.*, cons. 12 ; Cons. Const., décision n° 2012-279 QPC du 5 octobre 2012, *M. Jean-Claude P.*, cons. 15 ; Cons. Const., décision n° 2011-625 DC du 10 mars 2011, *Loi d'orientation et de programmation pour la performance de la sécurité intérieure*, cons. 53 ; Cons. Const., décision n° 2010-13 QPC du 9 juillet 2010, *M. Orient O. et autre*, cons. 8.

[1384] Cons. Const., décision n°2015-490 QPC du 14 octobre 2015, *M. Omar K.*, cons. 4 ; Cons. Const., décision n° 97-389 DC du 22 avril 1997, *Loi portant diverses dispositions relatives à l'immigration*, cons. 9 ; Cons. Const., décision n°93-325 DC du 13 août 1993, *Loi relative à la maîtrise de l'immigration et aux conditions d'entrée, d'accueil et de séjour des étrangers en France*, cons. 103.

[1385] Cons. Const., décision n° 2013-669 DC du 17 mai 2013, *Loi ouvrant le mariage aux couples de personnes de même sexe*, cons. 23 ; Cons. Const., décision n° 2012-260 QPC du 29 juin 2012, *M. Roger D.*, cons. 4 ; Cons. Const., décision n° 2012-261 QPC du 22 juin

Dans une première version de sa jurisprudence, le juge constitutionnel évoquait même « le *principe* de la liberté du mariage » comme composante de la liberté individuelle.

536. Plus récemment, le Conseil constitutionnel a même affirmé que cette liberté du mariage se doublait « d'une liberté de mettre fin aux liens du mariage »[1386] sans que l'on sache précisément s'il faut entendre cette dernière comme composante de la liberté du mariage ou comme composante, à part entière, à l'instar de la liberté du mariage, de la liberté personnelle.

3° La liberté d'entreprendre, « composante » de la liberté personnelle

537. Entrée au « pays des droits fondamentaux »[1387] à peu près à la même époque que les libertés d'aller et venir et la liberté du mariage, la liberté d'entreprendre obéit également à la même logique. D'une part, elle découle de l'exigence de liberté que vient formaliser l'article 4 de la Déclaration, d'autre part, elle se résout matériellement dans l'exigence *de libre exercice* de cette activité[1388]. Répondent de cette seconde exigence : *la liberté de choix* dans l'embauche, expressément entendue par le juge constitutionnel comme une « conséquence » de la liberté d'entreprendre[1389] ou encore la liberté de se « désengager d'une activité » *implicitement* évoquée par le juge constitutionnel mais *explicitement* reconnue dans ses « commentaires autorisés »[1390]. Il y a là un véritable processus d'engendrement normatif statique. En effet, la liberté laissée à un individu de se désengager de l'activité qu'il exerce tout comme celle permettant de choisir ses collaborateurs à l'embauche, ne valent pas tant à raison de leur position dans la hiérarchie des normes, qu'on ne saurait exactement situer, sauf à les rattacher *de très loin* à l'article 4 de la Déclaration des Droits de l'Homme, mais bien plus à raison de ce que leur contenu réalise le contenu que le jurislateur assigne à la liberté d'entreprendre.

B. Les « conditions » normatives de la démocratie

538. La jurisprudence du Conseil constitutionnel fonctionne de façon similaire à propos de l'idéal démocratique. Elle laisse apparaître au moins deux normes distinctes contribuant à son effectivité. Chacune d'entre elles

---

2012, *M. Thierry B.*, cons. 5 ; Cons. Const., décision n° 2010-92 QPC du 28 janvier 2011, *Mme Corinne C. et autre*, cons. 6 ; Cons. Const., décision n°2006-542 DC du 9 novembre 2006, *Loi relative au contrôle de la validité des mariages*, cons. 4 ; Cons. Const., décision n°2003-484 DC du 20 novembre 2003, *Loi relative à la maîtrise de l'immigration, au séjour des étrangers en France et à la nationalité*, cons. 94 ; Cons. Const., décision n° 93-325 DC du 13 août 1993, *Loi relative à la maîtrise de l'immigration et aux conditions d'entrée, d'accueil et de séjour des étrangers en France*, cons. 107.

[1386] Cons. Const., décision n°2016-557 QPC du 29 juillet 2016, *M. Bruno D.*, § 5.

[1387] V. Champeil-Desplats, « La liberté d'entreprendre au pays des droits fondamentaux », *Revue de droit du travail*, 2007, n° 1, p. 19 et s.

[1388] Cons. Const., décision n° 2012-285 QPC du 30 novembre 2012, *M. Christian S.*, cons. 7.

[1389] Cons. Const., décision n° 88-244 DC du 20 juillet 1988, *Loi portant amnistie*, cons. 22.

[1390] Commentaire de la décision n° 2014-692 DC du 27 mars 2014, *Loi visant à reconquérir l'économie réelle*, p. 7 ; Commentaire de la décision n° 2001-455 DC du 12 janvier 2002, *Loi de modernisation sociale*, p. 5.

est alors présentée, par le juge, comme une « condition » de la démocratie. Il s'agit à la fois de *la liberté d'expression et de* communication (1) mais également du *pluralisme des idées et des opinions* (2).

1° La liberté d'expression et de communication, « condition » de la démocratie

539. La liberté d'expression et de communication fait l'objet d'un traitement spécifique dans la jurisprudence du Conseil constitutionnel qui l'érige en véritable *condition* de la démocratie. Le considérant de principe du juge constitutionnel est bien connu[1391] et autorise à penser que la validité de cette norme déborde largement le strict cadre formel de son rattachement textuel. La lecture des décisions du Conseil constitutionnel laisse apparaître que la validité normative de la liberté d'expression est bien matérielle. Suivant l'argumentation du juge, cette dernière vaut, avant tout, à raison de ce que son contenu particularise le contenu, largement indéterminé au demeurant, de l'idée de démocratie. En d'autres termes, la jurisprudence du Conseil constitutionnel autorise à penser que le contenu de la liberté d'expression s'inscrit bien dans une chaîne normative dont le point de départ réside dans la reconnaissance, par le jurislateur, d'une norme démocratique.

540. Par ailleurs, le juge constitutionnel a précisé les maillons de cette chaîne dont la liberté d'expression et de communication ne constitue assurément pas le point d'arrivée mais bien une simple étape dans un processus plus général d'engendrement normatif statique. Le juge a ainsi affirmé, à plusieurs reprises, que le droit *d'expression collective des idées et des opinions* découlait à son tour directement de la liberté d'expression et de communication[1392]. En un mot, le contenu particulier du droit d'expression

---

[1391] Cons. Const., décision n°2019-796 DC du 27 décembre 2019, *Loi de finances pour 2020*, § 82 ; Cons. Const., décision n°2018-773 DC du 20 décembre 2018, *Loi relative à la lutte contre la manipulation de l'information*, § 15 ; Cons. Const., décision n° 2018-706 QPC du 18 mai 2018, *M. Jean-Marc R.*, § 19 ; Cons. Const., décision n° 2017-693 QPC du 2 mars 2018, *Association de la presse judiciaire*, § 6 ; Cons. Const., décision n°2017-682 QPC du 15 décembre 2017, *M. David P.*, § 4 ; Cons. Const., décision 2017-747 DC du 16 mars 2017, *Loi relative à l'extension du délit d'entrave à l'interruption volontaire de grossesse*, § 9 ; Cons. Const., décision n° 2016-611 QPC du 10 février 2017, M. David P., § 5 ; Cons. Const., décision n°2016-745 DC du 26 janvier 2017, *Loi relative à l'égalité et à la citoyenneté*, § 192 ; Cons. Const., décision n° 2016-738 DC du 10 novembre 2016, *Loi visant à renforcer la liberté, l'indépendance et le pluralisme des médias*, § 17 ; Cons. Const., décision n° 2015-512 QPC du 8 janvier 2016, *M. Vincent R.*, § 5 ; Cons. Const., décision n° 2013-319 QPC du 7 juin 2013, *M. Philippe B.*, cons. 3 ; Cons. Const., décision n° 2013-311 QPC du 17 mai 2013, *Société Écocert France*, cons. 4 ; Cons. Const., décision n° 2012-647 DC du 28 février 2012, *Loi visant à réprimer la contestation de l'existence des génocides reconnus par la loi*, cons. 5 ; Cons. Const., décision n° 2011-131 QPC du 20 mai 2011, *Mme Térésa C. et autre*, cons. 3 ; Cons. Const., décision n° 2010-3 QPC du 28 mai 2010, *Union des familles en Europe*, cons. 6 ; Cons. Const., décision n° 2009-580 DC du 10 juin 2009, *Loi favorisant la diffusion et la protection de la création sur internet*, cons. 15 ; Cons. Const., décision n° 84-181 DC du 11 octobre 1984, *Loi visant à limiter la concentration et à assurer la transparence financière et le pluralisme des entreprises de presse*, cons. 37.

[1392] Cons. Const., décision n° 2020-800 DC du 11 mai 2020, *Loi prorogeant l'état d'urgence sanitaire et complétant ses dispositions*, § 17 ; Cons. Const., décision n° 2019-780 DC du 4 avril 2019, *Loi visant à renforcer et garantir le maintien de l'ordre public lors des manifestations*, § 8 ; Cons. Const., décision n° 2017-695 QPC du 29 mars 2018, *M. Rouchdi*

collective des idées et des opinions est réputé réaliser le contenu plus général de la liberté d'expression et de communication. Ce « droit inédit »[1393], pour reprendre l'expression de Guy Carcassonne, *d'expression collective des idées et des opinions,* puise, à son tour, sa validité, dans le contenu d'un autre droit, *la liberté de se réunir*[1394]. En somme, cette norme est bien, sous une appellation plus générale, « le vecteur d'intégration de la liberté de réunion au sein des droits et libertés constitutionnellement garantis »[1395].

2° Le respect des courants d'idées et d'opinions, « condition » de la démocratie

541. À côté de la liberté d'expression et de communication, le Conseil constitutionnel a fait du *respect des courants d'idées et d'opinions une « condition » de la démocratie*[1396]. Il semblerait pour autant que la terminologie employée par le juge ne soit pas tout à fait arrêtée. Outre le fait que le juge emploie tantôt le terme d'objectif à valeur constitutionnelle[1397], tantôt celui de principe[1398] pour caractériser le pluralisme, il substitue bien souvent, également, au terme de « condition »[1399] de la démocratie, le terme de « fondement »[1400].

542. Cette hésitation terminologique perturbe pourtant la statique du droit à l'œuvre en la matière. En effet, tantôt le pluralisme des idées et des opinions apparaît comme la norme générale située en amont du principe démocratique, dans l'hypothèse où il en constitue le « fondement », tantôt, au contraire, il se présente bel et bien comme un élément d'un tout permettant de le constituer, de le réaliser, dans l'hypothèse où il en constitue la « condition ».

B. et autre, § 43 ; Cons. Const., décision n° 2016-535 QPC du 19 février 2016, *Ligue des droits de l'homme*, cons. 3 ; Cons. Const., décision n° 2010-604 DC du 25 février 2010, *Loi renforçant la lutte contre les violences de groupes et la protection des personnes chargées d'une mission de service public*, cons. 4 ; Cons. Const., décision n° 94-352 DC du 18 janvier 1995, *Loi d'orientation et de programmation relative à la sécurité*, cons. 16.

[1393] Guy CARCASSONNE, « Les interdits et la liberté d'expression », *Nouveaux cahiers du Conseil constitutionnel,* 2012, n° 36.

[1394] Louis FAVOREU *et alii*, *Les grandes décisions du Conseil constitutionnel,* 2018, 19e éd., pp. 688-689.

[1395] Julien BONNET, Agnès ROBLOT-TROIZIER, « Chronique de droits fondamentaux et libertés publiques », *Nouveaux Cahiers du Conseil constitutionnel*, 2016, n° 5.

[1396] Cons. Const., décision n° 2007-550 DC du 27 février 2007, *Loi relative à la modernisation de la diffusion audiovisuelle et à la télévision du futur,* cons. 15 ; Cons. Const., décision n° 2004-497 DC du 1 juillet 2004, *Loi relative aux communications électroniques et aux services de communication audiovisuelle*, cons. 23.

[1397] Cons. Const., décision n° 2004-497 DC du 1 juillet 2004, *décision cit.*

[1398] Cons. Const., décision n° 2019-811 QPC du 25 octobre 2019, *Mme Fairouz H. et autres*, § 7 ; Cons. Const., décision n° 2019-1-2 RIP du 15 octobre 2019, *M. Christian S. et autres*, § 3.

[1399] Par ex., Cons. Const., décision n° 2007-550 DC du 27 février 2007, *décision cit.* ; Cons. Const., décision n° 2004-497 DC du 1 juillet 2004, *décision cit.*

[1400] Par ex., Cons. Const., décision n° 2019-811 QPC du 25 octobre 2019, *décision cit.* ; Cons. Const., décision n° 2019-1-2 RIP du 15 octobre 2019, *décision cit.*

II. Les logiques normatives de l'engendrement statique

543. L'irruption des droits fondamentaux dans un ordre juridique donné tend à subvertir le processus d'engendrement normatif à l'œuvre en son sein, contraint d'opérer sur un mode *statique*. En se multipliant, les normes exprimant des droits fondamentaux débordent inévitablement les cadres traditionnels de la production normative et contribuent à troubler la hiérarchie structurelle fixe de l'ordre juridique dans lequel elles apparaissent. Ce trouble peut se caractériser, on l'a vu, par l'apparition de nouvelles catégories langagières de référence et la consécration de nouvelles normes qui n'obéissent plus totalement aux canons des représentations traditionnelles.

544. En droit constitutionnel français, le processus d'engendrement statique des normes, qui entérine le phénomène de développement des droits fondamentaux, se nourrit de deux logiques étroitement liées qui alimentent alors le raisonnement des juges constitutionnels : une logique d'implication (A) et une logique d'incidence (B). L'analyse des décisions du Conseil constitutionnel laisse apparaître la porosité de cette distinction.

A. Une logique générale d'implication normative

545. Du point de vue de leur engendrement normatif, les normes exprimant des droits fondamentaux impliquent *statiquement* d'autres normes exprimant elles aussi des droits fondamentaux. Dans la jurisprudence constitutionnelle, la logique d'implication normative, c'est-à-dire d'engendrement direct, est à l'œuvre s'agissant du *droit au respect de la vie privée* (1), du *droit à l'individualisation des peines* (2), de *la liberté de communication* (3) ou encore du *droit d'asile* (4).

1° Les implications normatives du droit au respect de la vie privée

546. Le Conseil constitutionnel rattache formellement le droit au respect de la vie privée à l'article 2 de la Déclaration des Droits de l'Homme et du Citoyen. Toutefois, à plusieurs reprises, le juge constitutionnel a *directement déduit* de ce droit, un second droit, celui de « l'inviolabilité du domicile »[1401]. La déduction se fait bien sur le mode statique du particulier sous le général, comme en atteste l'usage, par le juge, de l'expression « en particulier » pour la consécration de ce droit.

547. La statique du droit est plus trouble s'agissant du *droit au secret des correspondances*, ouvertement reconnu par le Conseil constitutionnel[1402],

---

[1401] Cons. Const., décision n° 2019-772 QPC du 5 avril 2019, *M. Sing Kwon C. et autre*, § 8 ; Cons. Const. décision n° 2016-541 QPC du 18 mai 2016, *Société Euroshipping Charter Company Inc et autre*, § 5 ; Cons. Const., décision n° 2015-464 QPC du 9 avril 2015, *M. Marc A.*, cons. 3 ; Cons. Const., décision n° 2013-679 DC du 4 décembre 2013, *Loi relative à la lutte contre la fraude fiscale et la grande délinquance économique et financière*, cons. 38 ; Cons. Const., décision n° 2013-357 QPC du 29 novembre 2013, *Société Wesgate Charters Ltd*, cons. 6.

[1402] Cons. Const., décision n° 2016-738 DC du 10 novembre 2016, *Loi visant à renforcer la liberté, l'indépendance et le pluralisme des médias*, § 18 ; Cons. Const., décision n° 2016-590 QPC du 21 octobre 2016, *La Quadrature du Net et autres*, § 3.

dont on ne sait s'il est impliqué par le droit au respect de la vie privée ou s'il coexiste simplement avec lui, au même plan normatif.

2° Les implications normatives du droit à l'individualisation des peines

548. Le Conseil constitutionnel mobilise un raisonnement similaire à propos *du droit à l'individualisation des peines* qu'il rattache formellement à l'article 8 de la Déclaration des Droits de l'Homme et du Citoyen. Celui-ci *implique* qu'une sanction administrative « ne puisse être appliquée que si le juge l'a expressément prononcée, en tenant compte des circonstances propres à chaque espèce »[1403]. La logique d'implication à l'œuvre fait apparaître deux normes exprimant un droit fondamental : un droit au juge dans le prononcé de la peine ainsi qu'un droit à la « circonstanciation » de la peine à l'espèce en question. Là encore, on peine à situer avec exactitude ces deux normes dans la hiérarchie formelle des normes.

3° Les implications normatives de la liberté d'expression et de communication

549. De nombreuses décisions confortent la position spécifique – entrevue précédemment – de la *liberté d'expression et de communication* dans le processus d'engendrement normatif. Celle-ci possède un véritable potentiel « matriciel ». Pour preuve, le juge constitutionnel estime, depuis plus de vingt ans, que la liberté d'expression et de communication « *implique* le droit pour chacun de choisir les termes jugés par lui les mieux appropriés à l'expression de sa pensée »[1404]. Il s'agit bien là d'un processus d'engendrement normatif statique qui, comme le note André Roux, vient « enrichir le contenu »[1405] de la liberté d'expression et de communication en le particularisant.

4° Les implications normatives du droit d'asile

550. La jurisprudence du Conseil constitutionnel sur le *droit d'asile* illustre également la mobilisation d'un raisonnement de type statique. Si le juge rattache bien le droit d'asile à l'alinéa 4 du Préambule de la Constitution de 1946, il ne l'érige pas moins en norme matricielle dont peuvent directement se déduire certaines normes exprimant à leur tour des droits fondamentaux. Ainsi, le juge a pu estimer que le droit d'asile faisait naître une forme de droit à l'équité en énonçant, à deux reprises au moins,

---

[1403] Cons. Const., décision n° 2019-815 QPC du 29 novembre 2019, *Mme Carole L.*, § 4 ; Cons. Const., décision n° 2019-770 QPC du 29 mars 2019, *M. Chamsoudine C.*, § 5 ; Cons. Const., décision n° 2018-742 QPC du 26 octobre 2018, *M. Husamettin M*, § 5 ; Cons. Const., décision n° 2018-731 QPC du 14 septembre 2018, *Mme Juliet I.*, § 5 ; Cons. Const., décision n° 2018-710 QPC du 1er juin 2018, *Association Al Badr et autre*, § 16 ; Cons. Const., décision n° 2017-694 QPC du 2 mars 2018, *M. Ousmane K. et autres*, § 8 ; Cons. Const., décision n° 2011-218 QPC du 3 février 2012, *M. Cédric S.*, cons. 6.

[1404] Cons. Const., décision n° 94-345 DC du 29 juillet 1994, *Loi relative à l'emploi de la langue française*, cons. 6.

[1405] André Roux, « Contrôle de constitutionnalité de la loi du 4 août 1995 relative à l'emploi de la langue française », *Recueil Dalloz*, 1995, n° 36, p. 303 et s.

qu'il « *implique* que les demandeurs du statut de réfugié bénéficient d'une protection particulière »[1406].

551. De la même façon, le juge a précisé dans la décision *93-325 DC* que le droit d'asile *implique* un *droit, pour l'étranger, à demeurer temporairement sur le territoire d'arrivée*, le temps de l'examen de la demande[1407].

B. Une logique accessoire d'incidence normative

552. À l'usage expresse du terme « implique », le juge substitue parfois, l'usage d'un autre terme, tel que « comporte » ou « comprend ». Cette substitution ne change, toutefois, pas grand-chose à la logique statique qui commande aux normes concernées. On en trouve traces s'agissant du *droit de mener une vie familiale normale* (1) mais également du *droit à un recours juridictionnel effectif* (2).

1° Les incidences normatives du droit de mener une vie familiale normale

553. Dans la décision *93-325 DC,* le juge estime que *le droit de mener une vie familiale normale* pour les étrangers dont la résidence en France est stable et régulière, « *comporte* en particulier la *faculté* pour ces étrangers de faire venir auprès d'eux leurs conjoints et leurs enfants mineurs ». En somme, le droit de mener une vie familiale normale inclut en quelque sorte, un *droit au regroupement familial.* Cet exemple confirme le caractère matriciel de cette norme et sa capacité à engendrer statiquement un certain nombre d'autres normes. La lecture en négatif du *droit de mener une vie familiale normale*, à propos de la question du mariage entre personnes de même sexe le confirme ; le juge ayant affirmé, à l'époque, que « le droit de mener une vie familiale normale *n'implique pas* le droit de se marier pour les couples de même sexe » [1408]. Ce dernier exemple illustre par ailleurs l'emploi indifférent des termes « implique » ou « comporte ».

2° Les incidences normatives du droit à un recours juridictionnel effectif

554. L'interchangeabilité des termes s'illustre également à travers le *droit à un recours juridictionnel effectif* qui « comprend », d'après le juge constitutionnel, le *droit d'obtenir l'exécution des décisions juridictionnelles* [1409]. Ce faisant, celui-ci s'entend d'une véritable

---

[1406] Cons. Const., décision n° 2003-485 DC du 4 décembre 2003, *Loi modifiant la loi n° 52-893 du 25 juillet 1952 relative au droit d'asile*, cons. 43 ; Cons. Const., décision n° 97-389 DC du 22 avril 1997, *Loi portant diverses dispositions relatives à l'immigration*, cons. 26.

[1407] Cons. Const., décision n° 93-325 DC du 13 août 1993, *Loi relative à la maîtrise de l'immigration et aux conditions d'entrée, d'accueil et de séjour des étrangers en France*, cons. 84.

[1408] Cons. Const., décision n° 2010-92 QPC du 28 janv. 2011, *Mme Corinne C. et autre*, cons. 8.

[1409] Par ex., Cons. Const., décision n° 2017-672 QPC du 10 novembre 2017, *Association Entre Seine et Brotonne et autre*, § 6 ; Cons. Const., décision n° 2014-455 QPC du 6 mars 2015, *M. Jean de M.*, § 3.

« composante »[1410], pour reprendre le terme d'Hélène Surrel, du *droit à un recours juridictionnel effectif.*

555. Tous ces exemples montrent que le juge constitutionnel français organise, dans le creux de la hiérarchie formelle des normes juridiques, une véritable hiérarchie matérielle. Celle-ci se caractérise par l'idée que certains contenus normatifs spécifiques, protégés par l'ordre juridique pour ce qu'ils sont, ou plutôt pour ce qu'ils *valent*, sont susceptibles d'irriguer l'ensemble du droit positif et commandent en partie à sa production normative. Il s'agissait d'une première manifestation formelle des valeurs dans la jurisprudence du juge constitutionnel français.

556. Plusieurs enseignements peuvent être tirés de la mise en lumière de cette statique des normes constitutionnelles, en cours de construction. *D'une part*, sa mise en évidence donne une certaine consistance, en droit positif, au concept de droits fondamentaux et à la *fondamentalité.* Elle rappelle que les droits fondamentaux ne peuvent accéder au droit positif avant d'avoir accédé au statut de norme juridique. Dans ces conditions toute connaissance du concept de droit fondamental suppose un effort préalable de délimitation du concept de norme. Les normes qui expriment des droits fondamentaux constituent l'une des déclinaisons les plus évidentes des valeurs dans les décisions jurisprudentielles. Leur mode d'apparition en atteste qui démontre qu'elles valent à raison de leur contenu.

557. *D'autre part*, la mise en lumière de la statique du droit constitutionnel français montre avant tout les limites du concept de « norme constitutionnelle » réputé épuiser à lui seul celui de droit fondamental et son incapacité, faute d'une *extension* satisfaisante, à canaliser le phénomène si particulier du développement des droits fondamentaux. Par-là, elle illustre la richesse du concept même de « norme » et témoigne ouvertement de l'existence d'une normativité substantielle à l'œuvre dans l'ordre juridique français, tout autant que de sa vigueur à soutenir – en partie – la normativité structurelle autour de laquelle l'ordre juridique s'agence.

558. En somme, la normativité substantielle des droits fondamentaux, la *fondamentalité*, peut espérer trouver le véritable critère de son concept dans son *genre* de rattachement, la norme, et dans la différence spécifique au sein du genre normatif, la norme substantielle ou autrement dit, la *valeur* dont l'engendrement répond à des conditions spécifiques. L'engendrement de la *fondamentalité*, ou du moins des normes les plus fondamentales d'un ordre juridique, qui opère essentiellement selon un procédé *statique*, permet alors à la fois de comprendre qu'il est dans la logique des droits que l'on qualifie de *fondamentaux* d'essaimer mais également de saisir par-là, combien la plus parfaite mécanique du droit est toujours impuissante à canaliser durablement un phénomène juridique sans cesse recommencé.

[1410] Hélène SURREL, « Conseil constitutionnel et jurisprudence de la CEDH », *Nouveaux cahiers du Conseil constitutionnel*, 2015, n° 48.

Section II. L'engendrement non deductif des categories exprimant des valeurs

559. À l'opposé des « raisons déductives » que constituent les droits fondamentaux, le juge constitutionnel mobilise, au soutien de son contrôle, un grand nombre de raisons « non-déductives ». À la différence des normes exprimant des droits fondamentaux, l'engendrement de ces catégories normatives n'opèrerait pas du tout par voie de particularisation, sur le mode du général au particulier mais de façon bien plus aléatoire. De la sorte il est impossible de parler de logique de concrétisation normative dès lors que celle-ci emporte l'idée de spécification et de déduction. On peut identifer ces catégories normatives selon qu'elles constituent des règles d'action (I) ou des règles de fins (II).

I. Les valeurs comme règles d'action dans la jurisprudence du Conseil constitutionnel

560. Les règles d'action mobilisées par le Conseil constitutionnel au soutien de ses décisions conditionnent bien souvent la solution qu'il rend à propos d'une action du jurislateur (Parlement/Gouvernement) dont il est saisi. En effet les règles d'action, au sens de la présente typologie, s'entendent avant tout de règles, d'impératifs, mobilisés par le juge constitutionnel, au soutien de son contrôle et lui permettant de décider de la constitutionnalité ou de l'inconstitutionnalité d'un acte du jurislateur. Cette catégorie de règles spécifique contribue en quelque sorte à la qualification jurisprudentielle des actes soumis au juge constitutionnel. Étalons de mesure de l'action jurislative ces catégories obligent bien hypothétiquement. Elles n'existent, et ne valent que dans leur rapport avec les actes normatifs transmis au juge constitutionnel et dont elles permettent la mesure et facilitent l'appréciation. Cette catégorie normative se compose, pour l'essentiel des *exigences* (A), *nécessités* (B) et *impératifs* (C).

A. Les « Exigences » dans la jurisprudence du Conseil constitutionnel

561. La catégorie spécifique des *exigences constitutionnelles* mérite l'attention. À bien des égards, elle a pourtant manqué d'attirer sur elle cette attention. C'est que la catégorie « fait profil bas » qui sait se fondre d'autant plus facilement dans le schéma formaliste que le juge constitutionnel recourt largement à la technique de la « motivation faible »[1411]. La catégorie des *exigences constitutionnelles* marque pourtant le malaise du juge constitutionnel face aux valeurs.

562. À première vue, pourtant, rien d'original puisque les exigences constitutionnelles sont issues, semble-t-il, des dispositions de la Constitution. Ainsi, il n'est pas rare que le Conseil constitutionnel se réfère aux « exigences résultant de l'article 6 de la Déclaration de 1789 et du troisième

---

[1411] Denis Baranger, « Sur la manière française de rendre la justice constitutionnelle », *loc. cit.*

alinéa du Préambule de la Constitution de 1946 »[1412], ou encore aux « exigences de l'article 66 de la Constitution »[1413]. De ce point de vue, les exigences constitutionnelles s'attacheraient à la plupart des dispositions formelles de la Constitution. La jurisprudence du Conseil confirme dans une certaine mesure ce phénomène. Outre l'évocation des *exigences* de tel ou tel article spécifique de la Constitution, il est arrivé au juge constitutionnel d'énoncer qu'une interdiction législative ne méconnaissait pas « le principe de la séparation des pouvoirs, le droit pour chacun d'obtenir un emploi, la liberté contractuelle, la liberté du mariage, le droit au respect de la vie privée, *ni aucune autre exigence constitutionnelle* »[1414]. On peut légitimement en déduire que le droit à l'emploi, la liberté contractuelle ou la liberté du mariage constituent de telles *exigences.*

563. De là à considérer que les *exigences* ne constituent rien d'autre qu'un substitut au terme de « dispositions constitutionnelles » ou même de « droit », il n'y a qu'un pas que nous ne franchirons pas cependant. En effet, une recherche plus approfondie révèle bien que les *exigences* débordent en réalité assez largement le formalisme des dispositions constitutionnelles. Elles se présentent alors comme l'une des manifestations idéales de la présence des valeurs dans la jurisprudence constitutionnelle. De nombreux arguments plaident en faveur de cette thèse. Tous gravitent autour de cette idée que les *exigences* constitutionnelles expriment une normativité spécifique, qu'elles ne sauraient s'entendre des règles de droit au sens le plus classique du terme.

564. *Premièrement,* les exigences ne partagent pas la même modalité déontique que les normes constitutionnelles dont elles sont formellement issues et auxquelles elles sont formellement rattachées. La modalité déontique des exigences constitutionnelles diffère largement de la norme constitutionnelle « de base » ou « générale », de laquelle elles seraient déduites. Ce phénomène illustre bien le fait que ces exigences ne sont pas issues d'un processus déductif et ne permettent pas la concrétisation normative c'est-à-dire la transformation d'une norme générale en norme particulière.

565. Il en va ainsi des *exigences* relatives au *respect de l'honnêteté et du pluralisme de l'information*[1415] qui en tant qu'elles « ont un caractère impératif » s'imposent en matière de *liberté* de communication. Or, si celles-ci se présentent bien comme une forme d'obligation puisqu'elles « s'imposent », elles n'en sont pas moins dérivées d'une permission d'agir, à savoir la liberté de communication et d'expression.

566. Il en va de même s'agissant de la *double exigence de loyauté et de clarté des consultations* qui impose, aux autorités publiques, l'absence

---

[1412] Cons. Const., décision n°2018-737 QPC du 5 octobre 2018, *M. Jaime Rodrigo F.*, § 9. ; v. égal. Cons. Const., décision n°2018-705 QPC du 18 mai 2018, *Mme Arlette R. et autres*, § 5.
[1413] Cons. Const., décision n°2017-674 QPC du 30 novembre 2017, *M. Kamel D.*, § 15.
[1414] Cons. Const., décision n°2017-752 DC du 8 septembre 2017, *Loi pour la confiance dans la vie politique*, § 45.
[1415] Cons. Const, décision n°88-248 DC du 17 janvier 1989, *Loi modifiant la loi n°86-1067 du 30 septembre 1986 relative à la liberté de communication*, cons. 19.

d'équivocité dans l'organisation d'un référendum[1416]. Ce faisant, le juge constitutionnel fait procéder une obligation – de non équivocité, ou de clarté – d'une liberté, par ailleurs dépourvue de fondement constitutionnel, celle de la libre consultation des populations d'une collectivité d'Outre-mer[1417]. Il en va de même également en matière de scrutin cantonal dont l'organisation est libre puisque non encadrée par la Constitution mais qui impose également le respect de cette *double exigence*[1418].

567. Le raisonnement fonctionne également pour *l'exigence du bon déroulement du débat démocratique* à laquelle s'est adjoint le *bon fonctionnement des pouvoirs publics constitutionnels* qui constitue une *obligation* à partir de laquelle le Juge constitutionnel semble extirper un *droit*, le droit d'amendement[1419] ou en tout cas, une *permission*, pour les parlementaires « d'utiliser sans entrave les procédures mises à leur disposition ». On en trouve un écho également dans *l'exigence de clarté et de sincérité du débat parlementaire*[1420] qui encadre l'action du législateur sans pour autant qu'elle n'impose expressément une obligation, interdiction ou permission identifiable.

568. C'est de la même façon que le juge constitutionnel a invoqué *les exigences relatives au bon emploi des deniers publics*[1421]. Cette *exigence* participe ainsi du cadre assigné à l'action du gouvernement sans pour autant que l'on sache ce qu'elle permet, interdit ou oblige. Le Conseil a eu à connaître, dans une décision 2006-545 DC d'un article de loi n'autorisant le gouvernement à fixer les conditions de rémunération des conseillers prud'hommes que dans le « respect des exigences constitutionnelles » au premier rang desquelles figuraient *le bon emploi des deniers publics* ainsi que *la bonne administration de la justice* ; celle-là même que le juge constitutionnel reconnaîtra comme *objectif de valeur constitutionnelle* dans

---

[1416] Cons. Const., décision n°87-226 DC du 2 juin 1987, *Loi organisant la consultation des populations intéressées de la Nouvelle-Calédonie et dépendances prévues par l'alinéa 1er de la loi n°86-844 du 17 juillet 1986 relative à la Nouvelle-Calédonie*, cons. 7.

[1417] Cons. Const., décision n°2000-435 DC du 7 décembre 2000, *Loi d'orientation pour l'outre-mer*, cons. 44 ; v. égal. Cons. Const., décision n°2000-428 DC du 4 mai 2000, *Loi organisant une consultation de la population de Mayotte*, cons. 15.

[1418] Cons. Const., décision n°2010-618 DC du 9 décembre 2010, *Loi de réforme des collectivités territoriales*, cons. 26.

[1419] Cons. Const., décision n°95-370 DC du 30 décembre 1995, *Loi autorisant le Gouvernement, par application de l'article 38 de la Constitution, à réformer la protection sociale*, cons. 10 ; Cons. Const., décision n°2003-468 DC du 3 avril 2003, *Loi relative à l'élection des conseillers régionaux et des représentants au Parlement européen ainsi qu'à l'aide publique aux partis politiques*, cons. 3 ; Cons. Const., décision n°2012-662 DC du 29 décembre 2012, *Loi de finances pour 2013*, cons. 4.

[1420] Cons. Const., décision n°2018-765 DC du 12 juin 2018, *Loi relative à la protection des données personnelles*, § 17 ; Cons. Const., décision n°2017-760 DC du 18 janvier 2018, *Loi de programmation des finances publiques pour les années 2018-2022*, § 5 ; Cons. Const., décision n°2017-759 DC du 28 décembre 2017, *Loi de finances rectificative pour 2017*, § 4 ; Cons. Const., décision n°2017-755 DC du 29 novembre 2017, *Loi de finances rectificatives pour 2017*, § 15.

[1421] Cons. Const., décision n°2006-545 DC du 28 décembre 2006, *Loi pour le développement de la participation et de l'actionnariat salarié et portant diverses dispositions d'ordre social*, cons. 24.

une décision *2009-595 DC*[1422]. Ce changement terminologique conforte par ailleurs notre hypothèse. *Les exigences renvoient à un contenu déterminé, à une norme substantielle, ou autrement dit valide hypothétiquement c'est-à-dire à raison de l'utilité que son contenu revêt pour résoudre des problèmes d'ordre pratique.*

569. Le caractère flottant des modalités déontiques des *exigences* mobilisées par le juge constitutionnel se manifeste avec plus de vigueur encore en matière de politiques de solidarité. En la matière, le juge constitutionnel a usé largement de l'alinéa 11 du préambule de la Constitution de 1946 en extrayant plusieurs *exigences* pour le législateur de mettre en œuvre *des politiques de solidarité nationale en faveur, de la famille*[1423], ou *des travailleurs retraités*[1424], ou encore *des personnes défavorisées*[1425] sans que l'on sache exactement en quoi ces exigences devaient constituer. L'incertitude est encore renforcée par cela que le juge constitutionnel accompagne bien souvent son considérant d'un second indiquant que pour mettre en place des politiques de solidarité nationale, il appartient au législateur « de choisir les modalités d'aide [...] qui lui paraissent appropriées »[1426]. L'incertitude qui pèse quant au contenu de cette exigence incite le juge constitutionnel à le dévoiler progressivement aux termes d'une certaine casustique.

Ainsi, le juge constitutionnel a pu affirmer que *l'exigence de solidarité nationale* implique pour le législateur de « prévenir [...] la survenance de ruptures caractérisées d'égalité dans l'attribution de la prestation spécifique dépendance »[1427]. Plus récemment, le juge constitutionnel a procédé de la sorte en matière de formation professionnelle qu'il a érigé en exigence constitutionnelle sur le fondement de l'alinéa 13 du Préambule de 1946[1428]. De la même façon le juge constitutionnel a considéré que l'alinéa 4 du préambule de la Constitution de 1946 qui énonce que « tout homme persécuté en raison de son action en faveur de la liberté a droit d'asile sur les territoires de la République » était constitutif d'un ensemble *d'exigences*

[1422] Cons. Const., décision n°2009-595 DC du 3 décembre 2009, *Loi organique relative à l'application de l'article 61-1 de la Constitution*, cons. 4.

[1423] Cons. Const., décision n°2014-706 DC du 18 décembre 2014, *Loi de financement de la sécurité sociale pour 2015*, cons. 28. ; Cons. Const., décision n°98-405 DC du 29 décembre 1998, *Loi de finances pour 1999*, cons. 12 ; Cons. Const., décision n°97-393 DC du 18 décembre 1997, *Loi de financement de la sécurité sociale pour 1998*, cons. 33.

[1424] Cons. Const., décision n°2010-617 DC du 9 novembre 2010, *Loi portant réforme des retraites*, cons. 8. ; Cons. Const., décision n°2003-483 DC du 14 août 2003, *Loi portant réforme des retraites*, cons. 7.

[1425] Cons. Const., décision n°2009-599 DC du 29 décembre 2009, *Loi de finances pour 2010*, cons. 101.

[1426] Cons. Const., décision n°97 393 DC du 18 décembre 1997, *préc.*, cons. 33 ; Cons. Const., décision n°2003-483 DC du 14 août 2003, *prec.*, cons. 7 ; Cons. Const., décision n°2009-599 DC du 29 décembre 2009, *préc.*, cons. 101.

[1427] Cons. Const., décision n°96-387 DC du 21 Janvier 1997, *Loi tendant, dans l'attente du vote de la loi instituant une prestation d'autonomie pour les personnes âgées dépendantes, à mieux répondre aux besoins des personnes âgées par l'institution d'une prestation spécifique dépendance*, cons. 11.

[1428] Cons. Const., décision n°2018-769 DC du 4 septembre 2018, *Loi pour la liberté de choisir son avenir professionnel*, § 22.

constitutionnelles qu'il incombait « au législateur d'assurer en toutes circonstances »[1429]. L'exigence de conduite n'est ici pas très claire. Parfois cependant, le juge constitutionnel semble bien plus directif alors même que le texte sur lequel il se fonde semble plus lâche. Ainsi a-t-il énoncé que *l'exigence* que constituait le huitième alinéa du Préambule de la Constitution de 1946, au terme duquel « tout travailleur participe, par l'intermédiaire de ses délégués à la détermination collective des conditions de travail ainsi qu'à la gestion des entreprises », impliquait que « les représentants des salariés bénéficient des informations nécessaires pour que soit assurée la participation du personnel à la détermination collective des conditions de travail et à la gestion de l'entreprise »[1430] c'est-à-dire ouvrait un *droit à* ou imposait une obligation à la direction des entreprises.

570. *Deuxièmement,* et à la différence des exemples précédents, il arrive que le juge constitutionnel ne rattache pas *certaines exigences à une norme constitutionnelle préalable*. Dans cette logique il apparaît impossible de parler de *concrétisation*, c'est-à-dire d'une subsomption du particulier sous le général. Cette hypothèse, somme toute rare, renforce l'idée selon laquelle les exigences constituent bien des raisons non-déductives. On en trouve un exemple dans la célèbre décision *79-105 DC* dans laquelle le Conseil constitutionnel consacre *le principe de continuité des services publics*[1431]. Certes, le Conseil n'évoque pas « l'exigence », en première analyse, mais bien plus le « principe ». Toutefois, la continuité des services publics sera bien requalifiée par la suite d'« exigence ». Ainsi, par exemple, l'exigence de la continuité du service public n'empêche pas à l'État de détenir « la majorité du capital » de la nouvelle société *Aéroports de Paris*[1432].

Il en va également des célèbres et mystérieuses *exigences minimales de la vie en société*[1433] qui ont permis au législateur d'interdire notamment les pratiques de dissimulation du visage.

571. *Troisièmement, certaines exigences sèment encore le doute quant à l'identité de leur adressataire* ce qui trouble davantage encore l'idée de concrétisation et le processus déductif de leur apparition.

Le droit à l'emploi l'illustre tout particulièrement. En rupture avec sa jurisprudence traditionnellement modérée en la matière, le juge constitutionnel a surpris. Alors que les *exigences* découlant du droit à l'emploi se sont multipliées dans la jurisprudence constitutionnelle cette dernière décennie, le juge constitutionnel semblait tout de même s'attacher à une jurisprudence constante qui rappelait, qu'en la matière, il ne disposait « pas d'un pouvoir général d'appréciation et de décision de même nature que

---

[1429] Cons. Const., décision n°2018-770 DC du 6 septembre 2018, *Loi pour une immigration maîtrisée, un droit d'asile effectif et une intégration réussie*, § 10.

[1430] Cons. Const., décision n°2018-768 DC du 26 juillet 2018, *Loi relative à la protection du secret des affaires*, § 32.

[1431] Cons. Const., décision n°79-105 DC du 25 juillet 1979, *Loi modifiant les dispositions de la loi n°74-696 du 7 août 1974 relatives à la continuité du service public de la radio et de la télévision en cas de cessation concertée du travail*, cons. 1.

[1432] Cons. Const., décision n°2005-513 DC du 14 avril 2005, *Loi relative aux aéroports*, cons. 5.

[1433] Cons. Const., décision n°2010-613 DC du 7 octobre 2010, *Loi interdisant la dissimulation du visage dans l'espace public*, cons. 4.

celui du parlement ». L'épisode du CPE avait constitué une occasion pour qu'il rappelle qu'il ne lui appartenait pas de s'immiscer dans les choix effectués par le législateur en matière d'emploi et visant à remédier à « la précarité de la situation des jeunes sur le marché du travail, et notamment des jeunes les moins qualifiés »[1434]. Le juge constitutionnel faisait ainsi le choix, en la matière, de limiter l'intensité de son contrôle de proportionnalité à un contrôle de « l'erreur manifeste d'appropriation ». Dans une décision de 2004 pourtant, le juge constitutionnel déduisait déjà du droit à l'emploi « un droit au reclassement des salariés licenciés »[1435].

S'il rappelle, dans la décision *2017-665 QPC*, qu'il ne possède pas un pouvoir d'appréciation et de décision de même nature que celui du parlement, il n'en innove pas moins largement. En effet, le juge constitutionnel érige au rang d'exigence constitutionnelle propre au droit à l'emploi *l'exigence de raisonnabilité du délai imposé à l'employeur pour licencier un salarié ayant refusé la modification de son contrat de travail*[1436]. Ce faisant, le Conseil constitutionnel maintient le doute quant au véritable titulaire de l'exigence, le *jurislateur*, l'employeur ou même l'employé dont on peut légitimement penser qu'il constitue le destinataire premier d'un droit à l'emploi.

572. Il en va de même en matière d'adoption. En effet, le juge constitutionnel, appelé à se prononcer sur la constitutionnalité de *la loi ouvrant le mariage aux couples de personnes de même sexe*, a considéré dans une réserve d'interprétation que l'autorité administrative délivrant aux adoptants l'agrément devait être en mesure de vérifier « le respect de l'exigence de conformité de l'adoption à l'intérêt de l'enfant qu'implique le dixième alinéa du Préambule de la Constitution de 1946 »[1437]. Sous cette réserve seulement, dont on ne perçoit pas à qui elle s'adresse, l'article est réputé conforme à la Constitution.

573. On notera, par ailleurs, que c'est également *sous la forme des exigences que s'incarnent certains principes para-constitutionnels*[1438]. En matière de développement des principes para-constitutionnels le juge constitutionnel opère assez largement de façon non-déductive.

Il en va notamment ainsi de *l'exigence de réparation des dommages pour faute* qui impose une obligation que le juge constitutionnel semble rattacher à une liberté. Par ailleurs, cette obligation semble satisfaite dès lors que pour une situation donnée, une « faculté d'agir en responsabilité » est prévue[1439]. Ce raisonnement a permis au juge de déclarer conforme à la Constitution le droit d'opposition ouvert aux journalistes par *la loi visant à renforcer la liberté, l'indépendance et le pluralisme des médias* de 2016. De la même

---

[1434] Cons. Const., décision n°2006-535 DC du 30 mars 2006, *Loi pour l'égalité des chances*, cons. 17.

[1435] Cons. Const., décision n°2004-509 DC du 13 janvier 2005, *Loi de programmation pour la cohésion sociale*, cons. 28.

[1436] Cons. Const., décision n°2017-665 QPC du 20 octobre 2017, *Confédération générale du travail – Force ouvrière*, § 12-13.

[1437] Cons. Const., décision n°2013-669 DC du 17 mai 2013, *préc.*, cons. 53.

[1438] V. *supra*, § 350 et s.

[1439] Cons. Const., décision n°2016-738 DC du 10 novembre 2016, *Loi visant à renforcer la liberté, l'indépendance et le pluralisme des médias*, § 4.

façon, cette *exigence* ne s'oppose pas à ce que le législateur aménage les conditions dans lesquelles la responsabilité peut être engagée[1440].

Il en va également de la *non-rétroactivité de la loi* à laquelle le juge constitutionnel attache une interdiction de porter atteinte aux « situations légalement acquises »[1441]. Le juge constitutionnel a récemment étendu cette exigence, en lui adjoignant une interdiction de remise en cause des effets pouvant être légitimement attendus d'une telle situation légitime[1442]. En procédant de la sorte, par extension, le juge constitutionnel confirme qu'il ne procède pas, par concrétisation, du général au particulier mais bien du général au général.

574. *De façon plus accessoire, la mobilisation des exigences obéit parfois à des logiques stratégiques* bien éloignées des considérations strictement déductives de concrétisation des normes. Les exigences s'éloignent alors de l'encadrement de l'action du législateur et s'apparentent davantage à des ressources du raisonnement du juge. Elles n'apparaissent plus vraiment comme des « raisons opératives » mais comme de simples justifications ou plutôt des « raisons justifiantes ». Le Conseil a pu « stratégiquement » évoquer les *exigences propres à la hiérarchie des normes* afin d'imposer la conformité des règlements des assemblées parlementaires à la Constitution, aux lois organiques et aux mesures législatives prises pour son application[1443]. De la même façon, il s'est référé aux *exigences de la conscription* afin de justifier de l'absence de principe fondamental reconnu par les lois de la République en matière d'acquisition de la nationalité[1444].

575. Les exigences constituent la porte d'entrée privilégiée des valeurs en droit. Elles n'en constituent toutefois pas l'exclusivité. En effet, à côté de cette catégorie langagière spécifique de la jurisprudence constitutionnelle, le juge mobilise souvent d'autres catégories telles que celles des « nécessités ». La distinction entre les deux catégories est si faible qu'il n'est pas rare que le juge constitutionnel entretienne la confusion et évoque parfois des « exigences de nécessité »[1445].

B. Les « Nécessités » dans la jurisprudence du Conseil constitutionnel

576. *Les « nécessités » constituent une seconde catégorie de règles d'action devant le juge constitutionnel.* À plusieurs reprises, celui-ci a pu s'y

[1440] Cons. Const., décision n°2017-751 DC du 7 septembre 2017, *Loi d'habilitation à prendre par ordonnances les mesures pour le renforcement du dialogue social*, § 32.

[1441] Cons. Const., décision n°2005-530 DC du 29 décembre 2005, *Loi de finances pour 2006*, cons. 45.

[1442] Cons. Const., décision n°2018-700 QPC du 13 avril 2018, *Société technicolor*, § 3. ; v. égal. Cons. Const., décision n°2017-673 QPC, *Société Neomades*, § 8 ; Cons. Const., décision n°2017-758 DC du 28 décembre 2017, *Loi de finances pour 2018*, § 44.

[1443] V. par ex., Cons. Const., décision n°2018-767 DC du 5 juillet 2018, *Résolution relative aux obligations déontologiques et à la prévention des conflits d'intérêts des sénateurs*, § 2 ; Cons. Const., décision n°2017-757 DC du 16 janvier 2018, *Résolution pérennisant et adaptant la procédure de législation en commission*, § 2.

[1444] Cons. Const., décision n°93-321 DC du 20 juillet 1993, *Loi réformant le code de la nationalité*, cons. 18.

[1445] Cons. Const., décision n°2016-611 QPC du 10 février 2017, *M. David P.*, § 13 ; v. égal., Cons. Const., décision n°2017-682 QPC du 15 décembre 2017, *M. David P.* § 13.

référer. À première vue, si la différence entre les nécessités constitutionnelles et les exigences n'est pas grande, la catégorie des nécessités semble, tout de même, obliger davantage le législateur que ne peuvent le faire les « exigences ».

577. Le juge constitutionnel a pu se référer à *la nécessité d'assurer pour certains contrats la protection des parties*. Celle-ci impose notamment au législateur « de préciser les causes permettant une telle résiliation ainsi que les modalités de celle-ci et notamment le respect d'un préavis »[1446].

578. Dans la même veine, le législateur est recevable à prévoir des régimes d'incompatibilité entre les mandats électoraux locaux et les activités professionnelles de juge des tribunaux de commerce. Un tel régime, qui découlerait des exigences de l'article 6 de la Déclaration des Droits de l'homme et du citoyen, ne saurait se justifier que par *la nécessité de protéger la liberté de choix de l'électeur, l'indépendance de l'élu ou l'indépendance des juridictions contre les risques de confusions ou de conflit d'intérêts*[1447]. Cette décision s'illustre par cela que le juge constitutionnel s'y montre particulièrement prolixe. Il considère notamment que les nécessités sus-rappelées ne sauraient plus valoir si, à l'inverse, l'incompatibilité prévue n'était pas cantonnée aux cas précis où le ressort géographique de la collectivité territoriale au sein de laquelle l'individu exerce son mandat électif, coïncide avec celui de la chambre de commerce.

579. Preuve des similitudes entre les catégories langagières des « nécessités » et des « exigences », *la liberté de l'électeur invoquée par le Conseil constitutionnel comme une nécessité a pu être transformée, dans une décision ultérieure, en exigence constitutionnelle*. Celle-ci impose par ailleurs que les « dispositions fixant une inéligibilité sont d'interprétation stricte ». Partant, le législateur ne pourrait étendre une inéligibilité à l'ensemble du territoire que de façon expresse[1448].

580. D'autres nécessités, comme celle *d'assurer la sécurité des enfants d'âge scolaire et de leurs accompagnateurs le mercredi*, justifient par exemple une interdiction journalière de chasse par semaine, notamment le mercredi. En revanche, celle-ci ne saurait justifier la même interdiction un autre jour de la semaine[1449].

581. De la même façon, le Conseil constitutionnel a pu invoquer la nécessité *de rechercher le relèvement éducatif et moral* [des mineurs] *par des mesures adaptées à leur âge et à leur personnalité*, prononcés par une juridiction spécialisée ou selon des procédures appropriées afin de justifier notamment de la création d'un principe fondamental reconnu par les lois de la République consacrant l'existence d'une justice pénale des mineurs, mais

---

[1446] Cons. Const., décision n°99-419 DC du 9 novembre 1999, *Loi relative au Pacte civil de solidarité*, cons. 61.

[1447] Cons. Const., décision n°2000-426 DC du 30 mars 2000, *Loi relative à la limitation du cumul des mandats électoraux et des fonctions et à leurs conditions d'exercice*, cons. 15 ; v. égal. Cons. Const., décision n°2017-753 DC du 8 septembre 2017, *Loi organique pour la confiance dans la vie politique*, § 29.

[1448] Cons. Const., décision n°2011-628 DC du 12 avril 2011, *Loi organique relative à l'élection des députés et des sénateurs*, cons. 6.

[1449] Cons. Const., décision n°2000-434 DC du 20 juillet 2000, *Loi relative à la chasse*, cons 31.

également, afin d'imposer au pouvoir réglementaire la mise en œuvre d'une durée de conservation de leurs données personnelles appropriée[1450].

582. Par ailleurs, *la nécessité d'éviter les conflits d'intérêts* entre un ministre et ses collaborateurs permet de justifier de certaines restrictions dans l'accès aux emplois publics et permet notamment au législateur d'instaurer une véritable interdiction de recrutement par le ministre d'un membre de sa famille comme collaborateur[1451].

583. Le juge constitutionnel a pu évoquer *la nécessité de certains services publics nationaux* qui ne s'oppose pas à ce que le législateur puisse mettre en place des privatisations, sous réserve que la nationalisation n'ait pas été antérieurement exigée par la Constitution[1452].

584. La *nécessité de rattraper un retard particulièrement grave affectant la réalisation d'équipements collectifs* a pu à son tour être invoquée par le juge constitutionnel afin de permettre une dérogation aux exigences constitutionnelles « inhérentes à l'égalité publique, à la protection des propriétés publiques et au bon usage des deniers publics »[1453].

C. Les « Impératifs » dans la jurisprudence du Conseil constitutionnel

585. Une troisième catégorie de l'action à travers laquelle le juge constitutionnel exprime des valeurs réside dans les *impératifs*.

586. Les impératifs constitutionnels sont particulièrement nombreux en matière de droit budgétaire.

Le juge constitutionnel a ainsi pu invoquer *le double impératif d'assurer la clarté des comptes de l'État et de permettre un contrôle efficace par le Parlement.* C'est à ce double impératif que répondent *l'annualité, l'universalité et l'unité du budget*[1454].

Il en va de même encore de *l'impératif de sincérité* qui s'attache à l'examen d'une loi de finances pendant toute la durée de celui-ci, souvent mis en balance avec l'exigence de « continuité de la vie nationale »[1455]. Plus précisément, cet impératif impose à la fois, l'*exactitude des comptes* en matière de loi de règlement et, *l'absence d'intention de fausser les grandes lignes de l'équilibre budgétaire* en matière de lois de finances[1456].

[1450] Cons. Const., décision n°2003-467 DC du 13 mars 2003, *Loi pour la sécurité intérieure*, cons. 36-38.

[1451] Cons. Const., décision n°2017-752 DC du 8 septembre 2017, *préc.*, § 34.

[1452] Cons. Const., décision n°2006-543 DC du 30 novembre 2006, *Loi relative au secteur de l'énergie*, cons. 14.

[1453] Cons. Const., décision n°2003-473 DC du 26 juin 2003, *Loi habilitant le gouvernement à simplifier le droit*, cons. 18. ; v. égal., Cons. Const., décision n°2004-506 DC du 2 décembre 2004, *Loi de simplification du droit*, cons. 17-18.

[1454] Cons. Const., décision n°2001-448 DC du 25 juillet 2001, *Loi organique relative aux lois de finances*, cons. 6.

[1455] Cons. Const., décision n°2011-638 DC du 28 juillet 2011, *Loi de finances rectificatives pour 2011*, cons. 8. ; v. égal. Cons. Const., décision n°2016-744 DC du 29 décembre 2016, *Loi de finances pour 2017*, § 5.

[1456] Cons. Const., décision n°2006-538 DC du 13 juillet 2006, *Loi portant règlement définitif du budget de 2005*, cons. 3.

De la même façon, en matière budgétaire, le juge constitutionnel évoque souvent la *nécessité de continuité de la vie nationale*[1457].

587. Les *considérations géographiques* ont pu être associées à des *impératifs*. Elles justifient notamment l'atténuation de la portée de la règle de l'égalité devant le suffrage en permettant au législateur d'apporter un certain nombre d'exceptions au caractère continu des circonscriptions ou au critère démographique de la répartition[1458].

588. Une autre variante des impératifs réside dans *les considérations de célérité et de diligence* ressortant de tout placement en rétention d'un étranger. Ces considérations favorisent une interprétation spécifique des dispositions informant les étrangers « dans les meilleurs » comme signifiant « le plus bref délai possible »[1459].

589. En procédant d'une façon similaire, le juge constitutionnel a pu invoquer les « prescriptions à valeur constitutionnelle » qui s'attachent pour l'essentiel à *la continuité de l'État* et plus précisément à *l'accomplissement des missions de service public* qui lui incombent. Celles-ci font notamment écho à d'autres éléments tels que *la desserte de l'ensemble du territoire national, l'égalité de traitement des usagers, la neutralité et la confidentialité des services, et la continuité du service public*[1460].

590. *La protection de la santé publique a pu être tantôt qualifiée de principe, d'exigence ou d'impératif.* Elle justifie néanmoins de possibles restrictions quant à la publicité des boissons alcooliques[1461]. De la même façon *l'honnêteté de l'information* a été qualifiée tantôt d'exigence, tantôt d'impératif[1462].

II. Les valeurs comme règles de fin dans la jurisprudence du Conseil constitutionnel

591. À l'inverse des règles d'action *stricto sensu*, les règles de fins, comme leur nom l'indique, mettent l'accent sur la finalité à poursuivre. Elles consistent moins en la réalisation d'une action au sens propre qu'en « la

[1457] Cons. Const., décision n°83-161 DC du 19 juillet 1983, *Loi portant règlement définitif du budget de 1981*, cons. 3.

[1458] Cons. Const., décision n°2008-573 DC du 8 janvier 2009, *Loi relative à la commission prévue à l'article 25 de la Constitution et à l'élection des députés*, cons. 23-24 ; Cons. Const., décision n°2010-602 DC du 18 février 2010, *Loi ratifiant l'ordonnance n°2009-935 du 29 juillet 2009 portant répartition des sièges et délimitation des circonscriptions pour l'élection des députés*, cons. 10 et 15 ; Cons. Const., décision n°2010-618 DC du 9 décembre 2010, *préc.*, cons. 38. ; Cons. Const., décision n°2013-667 DC du 16 mai 2013, *Loi relative à l'élection des conseillers départementaux, des conseillers municipaux et des conseillers communautaires, et modifiant le calendrier électoral*, cons. 35.

[1459] Cons. Const., décision n°2003-484 DC du 20 novembre 2003, *Loi relative à la maîtrise de l'immigration, au séjour des étrangers en France et à la nationalité*, cons. 51.

[1460] Cons. Const., décision n°96-380 DC du 23 juillet 1996, *Loi relative à l'entreprise national France Telecom*, cons. 6.

[1461] Cons. Const., décision n°90-283 DC du 8 janvier 1991, *préc.*, cons. 11, 15 et 29 ;

[1462] Cons. Const., décision n°2009-577 DC du 3 mars 2009, *Loi relative à la communication audiovisuelle et au nouveau service public de télévision*, cons. 2.

production d'un état de choses »[1463] particulier. Plus précisément, la règle de fin, à la différence de la règle d'action, ordonne « non pas la réalisation d'une action déterminée par la norme elle-même, mais précisément la réalisation d'actions qui s'avèrent adéquates [...] à la production de l'état de choses que la norme ordonne »[1464]. La logique finale est essentiellement une logique de la proportionnalité. On comprend qu'elle s'accommode tout particulièrement de la logique de valeur.

592. Dans ces conditions, les règles de fins mettent – comme leur nom l'indique – l'accent sur la fin, qu'elles déterminent tout en laissant libre le choix du moyen, à condition que ce dernier soit optimal pour assurer la finalité désignée. La règle de fin permet de mesurer le principe de constitutionnalité non plus « à l'aune d'une garantie qui doit être préservée mais en fonction d'une direction vers laquelle doit tendre la norme contrôlée »[1465]. Appliquée à la jurisprudence du Conseil constitutionnel, cette hypothèse suppose que toutes les fois où le juge énonce qu'il est « loisible » à une quelconque autorité de faire quelque chose, il énonce *potentiellement* une règle de fin. Bien souvent, dans le schéma du juge, celui-ci considère qu'il est loisible pour telle autorité de produire l'action A, B, C ou D, à condition que cela réponde à une fin F. On peut dès à présent distinguer ces règles selon que l'état de chose visé consiste en la satisfaction de certains intérêts (A) ou de certains objectifs (B).

A. Les « intérêts » dans la jurisprudence du Conseil constitutionnel

593. À première vue, rien ne paraît plus éloigné de la jurisprudence constitutionnelle que la notion éminemment subjective *d'intérêt.* Celle-ci semble jurer d'autant plus fortement dans le cadre d'un contrôle qui se veut essentiellement « abstrait et objectif », à tout le moins dans sa dimension préventive. Dans cette situation, les questions de constitutionnalité sont censées se poser « dans leur généralité, sans lien avec un contentieux concret devant un juge ordinaire »[1466]. L'argument est partiellement fallacieux qui se base sur une représentation limitée de la notion d'intérêt, entendue d'un point de vue strictement subjectif (1°). En effet, comme l'affirme le professeur Fromont, dans le contentieux abstrait et objectif, la solution « vise principalement à régler une question relative au bon fonctionnement de l'État qui a été posée par une personne ayant pour mission de parler au nom de *l'intérêt* général »[1467]. La notion d'intérêt ne saurait donc être totalement étrangère au contentieux constitutionnel. Dans ces conditions, la présence dans la jurisprudence du Conseil constitutionnel d'une forme de l'intérêt, à

1463 Juan Ruiz Manero, « Une typologie des normes constitutionnelles », *in* Dominique Chagnollaud et Michel Troper (dir.), *Traité international de droit constitutionnel*, T. I, *op. cit.*, p. 305.

1464 *Id.*

1465 Jean-Michel Blanquer, *Les méthodes du juge constitutionnel*, Thèse de doctorat présentée à l'Université Paris 2 Panthéon-Assas, 1993, p. 155.

1466 Guillaume Drago, *Contentieux constitutionnel française*, Éd. PUF, Coll. Thémis, 2016, p. 360.

1467 Michel Fromont, *La justice constitutionnelle dans le monde*, Éd. Dalloz, Coll. Connaissance du droit, 1996, p. 43.

savoir l'intérêt public – qui s'oppose à l'intérêt privé – n'apparaît pas vraiment singulière (2°). Au contraire faudrait-il s'attendre à ce que la décision du juge constitutionnel en fasse expressément mention. La catégorie langagière des « intérêts » se présente ainsi comme une catégorie susceptible d'exprimer des valeurs.

1° L'intérêt privé dans la jurisprudence du Conseil constitutionnel

594. Si l'intérêt privé est traditionnellement « tenu en marge du système juridique »[1468], il n'est tout de même pas rare que le juge constitutionnel s'y réfère formellement. Problématique des droits subjectifs mise à part, l'on en trouve traces au sein de sa jurisprudence. En cela, l'intérêt privé est bien constitutif d'une catégorie langagière susceptible de couvrir des appréciations de valeur (α). La disparition progressive de la distinction public/privé qui se traduit par la collectivisation des intérêts privés, donc par la multiplication des intérêts collectifs, se répercute à son tour dans la jurisprudence du Conseil constitutionnel (β).

α) L'intérêt privé au sens strict

595. Il est arrivé à plusieurs reprises au juge constitutionnel d'invoquer *l'intérêt de l'enfant.* Dans cette perspective, le juge constitutionnel établit bien la maximisation de l'intérêt de l'enfant comme état de choses, à l'aune duquel apprécier la valeur d'une règle. Ainsi, a-t-il extrait du Préambule de la Constitution de 1946, « le devoir de la collectivité de protéger la cellule familiale et d'apporter *dans l'intérêt de l'enfant,* un soutien matériel aux familles »[1469] sans toutefois aboutir à un principe fondamental reconnu par les lois de la République en matière d'allocations familiales.

Près de quinze ans après cette décision, le juge constitutionnel pouvait user du même fondement afin de formuler, à l'encontre des dispositions relatives à l'adoption dans la *loi ouvrant le mariage aux personnes de même sexe*, une réserve d'interprétation permettant de les valider. Ainsi, « les dispositions relatives à l'agrément du ou des adoptants, qu'ils soient de sexe différent ou de même sexe, ne sauraient conduire à ce que cet agrément soit délivré sans que l'autorité administrative ait vérifié, dans chaque cas, le respect de l'exigence de conformité de l'adoption à *l'intérêt de l'enfant* qu'implique le dixième alinéa du Préambule de la Constitution de 1946 »[1470].

L'intérêt de l'enfant s'incarne de diverses façons dans la jurisprudence du Conseil constitutionnel.

Depuis peu, le juge constitutionnel mobilise *l'intérêt supérieur de l'enfant.* La prise en compte de cet intérêt a pu justifier une réserve d'interprétation du juge quant aux dispositions autorisant la rétention des mineurs étrangers. Ainsi, énonce-t-il que « l'intérêt supérieur de l'enfant doit,

---

[1468] Philippe GERARD, François OST et Michel VAN DE KERCHOVE (dir.), *Droit et intérêt*, T. I, *Approche interdisciplinaire*, Éd. FUSL, Coll. Publications des FUSL, 1990, p. 9.
[1469] Cons. Const., décision n°97-393 DC du 18 décembre 1997, *préc.*, cons. 29.
[1470] Cons. Const., décision n°2013-669 DC du 17 mai 2013, *préc.*, cons. 54.

notamment au regard des conditions de la rétention, faire l'objet d'une attention particulière dans la mise en œuvre de ces mesures »[1471]. La décision *2018-768 QPC* est plus précise quant au fondement de cet intérêt.

Le juge constitutionnel rattache *l'intérêt supérieur de l'enfant* à une *exigence.* Il affirme ainsi qu'il résulte des alinéas 10 et 11 du Préambule de la Constitution de 1946 « une exigence de protection de l'intérêt supérieur de l'enfant […] qui impose que les mineurs présents sur le territoire national bénéficient de la protection légale attachée à leur âge »[1472]. Dans une décision *2019-778 DC* le juge fait expressément découler cette exigence d'un droit et notamment du *droit à mener une vie familiale normale*[1473].

596. Le juge constitutionnel a également pu évoquer *la primauté de l'intérêt de la personne qui se prête à la recherche médicale.* Cette référence a permis de prononcer la constitutionnalité de mesures prévoyant des essais cliniques sur embryon. Le Conseil énonce que les essais impliqués par la disposition sont « soumis à la délivrance préalable d'une autorisation par l'agence nationale de sécurité du médicament et des produits de santé et menés dans le respect du principe de la primauté de l'intérêt de la personne qui se prête à une recherche, et du principe de l'évaluation de la balance entre les risques et les bénéfices »[1474]. Qu'ainsi, ces dispositions ne méconnaissent pas la dignité humaine.

597. *L'intérêt de la victime,* et notamment de la victime d'un viol ou d'une agression sexuelle, a également été invoqué par le Conseil constitutionnel afin de valider notamment des dispositions permettant à un officier de police judiciaire de faire procéder au cours de l'enquête à un examen médical ou à une prise de sang toute personne dont on suspecte qu'elle ait commis un viol ou une agression sexuelle[1475].

598. De façon bien plus anecdotique, mais non moins étrange – au vu du formalisme rigoureux de l'institution –, le juge constitutionnel s'est référé pour mieux l'écarter, à *l'intérêt du gouvernement à la production de rapports sur les politiques publiques*. Cet intérêt ne saurait justifier que le gouvernement fournisse à l'appui d'un projet de loi de finances ou d'un projet de loi de financement de la sécurité sociale, des rapports insusceptibles d'améliorer l'information et le contrôle du Parlement en matière de finances publiques[1476].

[1471] Cons. Const., décision n°2018-770 DC du 6 septembre 2018, *préc.*, § 62.

[1472] Cons. Const., décision n°2018-768 QPC du 21 mars 2019, *M. Adama S.*, § 6.

[1473] Cons. Const., décision n°2019-778 DC du 21 mars 2019, *Loi de programmation pour 2018-2022 et de réforme pour la justice*, § 60.

[1474] Cons. Const., décision n°2015-727 DC du 21 janvier 2016, *Loi de modernisation de notre système de santé*, cons. 85.

[1475] Cons. Const., décision n°2003-467 DC du 13 mars 2003, *préc.*, cons. 49.

[1476] Cons. Const., décision n°2017-758 DC du 28 décembre 2017, *préc.*, § 138. ; Cons. Const., décision n°2017-756 DC du 21 décembre 2017, *Loi de financement de la sécurité sociale pour 2018*, § 79.

β) L'intérêt collectif

599. S'il arrive au Conseil constitutionnel de faire référence aux intérêts privés, il lui est loisible aussi parfois de référer à des intérêts « plus collectifs ». C'est le cas notamment en matière de libertés salariales.

Ainsi, le juge constitutionnel a pu considérer que *l'intérêt de l'ensemble des travailleurs* justifie que le législateur investisse des personnes de fonctions particulières et qu'il les dote d'un statut destiné à permettre un exercice normal de ces fonctions. De la sorte, le juge constitutionnel a pu considérer « loisible » – on retrouve la formule traditionnelle – au législateur de fixer et préciser l'intervention d'un conseiller du salarié[1477]. Cet exemple illustre tout particulièrement la spécificité de la règle de fin qui ordonne la réalisation d'actions adéquates à la production d'un état de choses ordonné par la norme, à savoir la maximisation de l'intérêt de l'ensemble des travailleurs.

De la même façon, il a pu être référé aux intérêts des salariés mandatés par des organisations syndicales pour certaines négociations déterminées afin d'avaliser les dispositions spécifiques leur octroyant une certaine protection conventionnelle[1478].

2° L'intérêt public dans la jurisprudence du Conseil constitutionnel

600. Si l'intérêt parle souvent d'une certaine façon le « langage du désir »[1479] cela n'est pas toujours le cas. En effet, à l'intérêt purement individualiste on oppose traditionnellement l'intérêt commun. Cet intérêt commun se manifeste dans la jurisprudence constitutionnelle aussi bien dans l'intérêt public *stricto sensu* (*α*) que dans l'intérêt général (β).

α) L'intérêt public au sens strict

601. De façon très générale, l'intérêt public peut s'entendre de la somme de « l'ensemble des intérêts d'une société, en tant que telle »[1480]. La lecture de la jurisprudence du Conseil constitutionnel laisse apparaitre que l'intérêt public est souvent invoqué dans le cadre d'une limitation de liberté. L'intérêt public s'oppose à la liberté qu'il tâche d'encadrer. Le Conseil constitutionnel est, par ailleurs, explicite et affirme « qu'il revient au législateur de déterminer, compte tenu de l'intérêt public, les conditions d'exercice de la liberté »[1481].

[1477] Cons. Const., décision n°90-284 DC du 16 janvier 1991, *Loi relative au conseiller du salarié*, cons. 3.

[1478] Cons. Const., décision n°96-383 DC du 6 novembre 1996, *Loi relative à l'information et à la consultation des salariés dans les entreprises et les groupes d'entreprises de dimension communautaire, ainsi qu'au développement de la négociation collective*, cons. 20.

[1479] Philippe GERARD, François OST et Michel VAN DE KERCHOVE (dir.), *Droit et intérêt*, T. II, *Entre droit et non-droit : l'intérêt. Essai sur les fonctions qu'exerce la notion d'intérêt en droit privé*, *op. cit.*, p. 14.

[1480] André LALANDE, *Vocabulaire technique et critique de la philosophie*, Éd. PUF, Coll. Quadrige, 2010, v° « Intérêt », p. 531-532, notamment p. 531.

[1481] Cons. Const., décision n°86-214 DC du 3 septembre 1986, *Loi relative aux conditions d'entrée et de séjour des étrangers en France*, cons. 14.

De cette façon, le législateur a pu procéder « à l'expulsion d'étrangers dont la présence constitue une menace pour l'ordre public »[1482]. Dans la même veine, le juge constitutionnel a considéré que le législateur était libre de prendre les mesures qu'il estimait nécessaires pour déterminer les « conditions d'exercice de la liberté du séjour des étrangers en France »[1483]. Dans cette hypothèse, il lui appartient notamment de les concilier avec les droits de la famille. Dans une autre hypothèse, ce fondement lui a permis de valider la disposition « prévoyant le relevé et la mémorisation des empreintes digitales des étrangers qui sollicitent la délivrance d'un titre de séjour après l'expiration d'un délai de trois mois depuis leur entrée sur le territoire français, ou sont en situation irrégulière sur le territoire ou sont visés par une mesure d'éloignement de ce dernier, et la possibilité d'un traitement automatisé de ces informations »[1484].

602. *L'intérêt public* a pu être mobilisé par le Conseil constitutionnel en matière de liberté du mariage. Il justifie – ou n'empêche pas – que le législateur ait pu « soumettre la délivrance de plein droit d'une carte de séjour temporaire au conjoint étranger d'un ressortissant français ne vivant pas en état de polygamie, à la condition que la communauté de vie n'ait pas cessé depuis le mariage »[1485]. Par ailleurs, cette décision ne fait que suivre une jurisprudence relativement constante qui fait de la polygamie, l'anti-modèle de la vie familiale normale, qui subordonne à son tour les conditions d'accueil des étrangers en France et de délivrance des cartes de séjour[1486].

603. De la même façon, l'intérêt public attaché *à la recherche des auteurs d'infraction* a pu autoriser le législateur à prévoir un régime de fouille des véhicules et permettre au Conseil constitutionnel d'en mesurer l'adéquation[1487].

604. Enfin, la matière budgétaire n'est pas totalement épargnée par rapport aux considérations relatives à l'intérêt public. En effet, le juge constitutionnel a pu considérer que, *le caractère d'intérêt public* que présente la taxe spéciale sur les aéroports, fléchée dans un budget annexe, ne suffit pas à justifier qu'elle figure dans le budget de l'État[1488].

β) L'intérêt général

605. Les références à l'intérêt général sont plus nombreuses dans la jurisprudence constitutionnelle que celles relatives à l'intérêt public. Il apparaît impossible, pour cette raison, d'en fournir une liste exhaustive. Très présente en droit constitutionnel, la notion d'intérêt général se décline en plusieurs catégories langagières mobilisées par le juge constitutionnel. Celle-

---

1482 *Id.*

1483 Cons. Const., décision 93-325 DC du 13 août 1993, *préc.*, cons. 35.

1484 Cons. Const., décision n°97-389 DC du 22 avril 1997, *Loi portant diverses dispositions relatives à l'immigration*, cons. 24.

1485 Cons. Const., décision n°2013-332 QPC du 12 juillet 2013, *Mme Agnès B.*, cons. 6.

1486 Cons. Const., décision 93-325 DC du 13 août 1993, *préc.*, cons. 32.

1487 Cons. Const, décision n°2003-467 DC du 13 mars 2003, *Loi pour la sécurité intérieure*, cons. 12.

1488 Cons. Const., décision n°98-405 DC du 29 décembre 1998, *préc.*, cons. 66.

ci s'incarne notamment dans les *motifs d'intérêt général*, le *but d'intérêt général* ou les *fins d'intérêt général*.

606. *L'intérêt général tenant au maintien d'un réseau bancaire homogène* appelé, par sa structure à préserver la vocation spécifique du crédit agricole au service du monde agricole et rural a permis de justifier la mutualisation de la caisse nationale agricole ainsi que le projet de loi afférent[1489].

607. De la même façon, *le motif d'intérêt général du soutien à l'activité du bâtiment* a permis, semble-t-il, au législateur de prendre certaines dispositions fiscales constitutives d'avantages[1490].

608. En matière d'emploi, il n'est pas rare que le juge constitutionnel évoque l'intérêt général. Ainsi était-il loisible au législateur de prévoir une affectation partielle d'une cotisation sociale à des mesures de reclassement ou de réinsertion destinées à des salariés privés d'emplois dans un but d'intérêt général[1491].

De la même façon, *le souci d'améliorer l'emploi des jeunes* a pu être érigé au rang de finalité d'intérêt général et justifier un régime dérogatoire d'emploi des jeunes pour certaines entreprises[1492].

Le juge constitutionnel a également pu invoquer *l'objectif d'intérêt général de redressement des entreprises en difficultés* qui justifie un certain nombre de mesures prises par le législateur[1493].

609. Par ailleurs, le Conseil constitutionnel a consacré le but d'intérêt général visant à favoriser la constitution d'une épargne retraite par les citoyens français résidant hors de France, quelle que soit leur situation professionnelle, afin d'encourager la mobilité géographique et d'assurer une meilleure protection sociale des français travaillant à l'étranger[1494].

610. En matière d'urbanisme et d'aménagement du territoire, on peut relever que l'intérêt général *qui s'attache à la maîtrise, par les collectivités publiques, de l'occupation des sols et du développement urbain* a pu être retenu comme critère de constitutionnalité de dispositions restreignant le droit de propriété[1495].

De la même façon, et dans la même décision, le juge constitutionnel a *évoqué l'objectif d'intérêt général de mixité sociale*[1496] ainsi que celui *de la sauvegarde commerciale de la diversité des quartiers*[1497]. Cette finalité n'a

---

[1489] Cons. Const., décision n°87-232 DC du 7 janvier 1988, *Loi relative à la mutualisation du crédit agricole*, cons. 13.

[1490] Cons. Const., décision n°93-320 DC du 21 juin 1993, *Loi de finances rectificative pour 1993*, cons. 27.

[1491] Cons. Const., décision n°94-357 DC du 25 janvier 1995, *Loi portant diverses dispositions d'ordre social*, cons. 4.

[1492] Cons. Const., décision n°86-207 DC du 26 juin 1986, *Loi autorisant le gouvernement à prendre diverses mesures d'ordre économique et social*, cons. 31

[1493] Cons. Const., décision n°84-183 DC du 18 janvier 1985, *Loi relative au redressement et à la liquidation judiciaire des entreprises*, cons. 5.

[1494] Cons. Const., décision n°97-388 DC du 20 mars 1997, *Loi créant les plans d'épargne retraite*, cons. 34.

[1495] Cons. Const., décision n°2000-436 DC du 7 décembre 2000, *Loi relative à la solidarité et au renouvellement urbains*, cons. 15.

[1496] *Ibid.*, cons. 18.

[1497] *Ibid.*, cons. 20.

pas été considérée comme suffisante par le juge constitutionnel pour que le législateur affecte la soumission d'un changement de nature d'un local commercial ou artisanal à une autorisation administrative préalable.

611. En matière d'environnement, le Conseil constitutionnel a énoncé *l'objectif d'intérêt général de limitation des activités ayant un impact environnemental dans les aires marines protégées*[1498]. La majoration de certaines redevances des concessionnaires exploitant des gisements en mer dans ces aires maritimes a été considérée par le juge constitutionnel comme permettant une poursuite adéquate de cet objectif. Sa jurisprudence se caractérisait auparavant par la référence au but d'intérêt général qui s'attache à la protection de l'environnement[1499].

612. Par ailleurs, le juge constitutionnel a considéré que l'instauration d'un droit de préférence, « à égalité de prix ou à équivalence d'offres », pour certaines catégories de candidats à la commande publique répondait au but de « concilier l'efficacité de la commande publique et l'égalité de traitement entre les candidats avec *d'autres objectifs d'intérêt général inspirés notamment par des préoccupations sociales* »[1500].

613. S'agissant de la propriété publique, le juge constitutionnel a pu considérer l'objectif *d'intérêt général s'attachant à la protection des personnes publiques étrangères* qui aurait permis au législateur d'élaborer des dispositions limitant « la possibilité pour le créancier d'un État étranger d'obtenir la mise en œuvre des mesures conservatoires ou d'exécution forcée sur un bien appartenant à cet État »[1501]. Il était également « loisible » au législateur de définir des obligations incombant aux représentants d'intérêts et d'en confier le contrôle à une autorité – en l'espèce la Haute autorité pour la transparence de la vie publique ; cela dans *l'objectif d'intérêt général d'amélioration de la transparence des relations entre les représentants d'intérêts et les pouvoirs publics*[1502].

614. En matière archéologique, le Conseil constitutionnel évoque l'impératif ou l'exigence de continuité des missions d'archéologie préventive qui s'entend de *l'objectif d'intérêt général de préservation du patrimoine archéologique*[1503]. Il n'y est pas porté atteinte par l'instauration législative de délais spécifiques pour la réalisation des prescriptions de diagnostic et de fouilles préventives. Ainsi, si l'objectif d'intérêt général qui s'attache à la préservation des éléments du patrimoine archéologique « justifie que le législateur fasse de l'archéologie préventive une mission de service public », aucun principe « ne lui impose d'accorder, en la matière des

---

[1498] Cons. Const., décision n°2016-737 DC du 4 août 2016, *Loi pour la reconquête de la biodiversité, de la nature et des paysages*, § 30.

[1499] Cons. Const., décision n°2002-464 DC du 27 décembre 2002, *Loi de finances pour 2003*, cons. 57. ; Cons. Const., décision n°2003-488 DC du 29 décembre 2003, *Loi de finances rectificative pour 2003*, cons. 8.

[1500] Cons. Const., décision n°2001-452 DC du 6 décembre 2001, *Loi portant mesures urgentes de réformes à caractère économique et financier*, cons. 6.

[1501] Cons. Const., décision n°2016-741 DC du 8 décembre 2016, *Loi relative à la transparence, à la lutte contre la corruption et à la modernisation de la vie économique*, § 68.

[1502] *Ibid.*, § 25.

[1503] Cons. Const., décision n°2003-480 DC du 31 juillet 2003, *Loi relative à l'archéologie préventive*, cons. 2, 6.

droits exclusifs à un établissement public spécialisé ». Il lui est donc « loisible » d'associer des personnes privées à l'exécution de ce service public[1504].

615. En matière de fiscalité sportive, le *but d'intérêt général attaché à l'amélioration de la compétitivité du sport professionnel français* ne s'oppose pas à ce que le juge constitutionnel, à la suite du législateur, prenne en compte les particularités de la rémunération des sportifs professionnels autorisant que « la part de rémunération correspondant à la commercialisation de l'image collective de l'équipe ne soit pas regardée comme un salaire » et qu'elle soit au contraire, imposée « dans la catégorie des bénéfices non commerciaux »[1505].

616. Depuis peu, le juge constitutionnel mobilise la notion très spécifique *de sauvegarde des intérêts fondamentaux de la Nation*. Le Conseil constitutionnel en a même fait une exigence constitutionnelle[1506]. Cette exigence de protection d'un tel intérêt renferme plusieurs exigences au premier rang desquelles figurent *la protection du secret de la défense nationale* [1507], la *défense des intérêts nationaux* [1508] ou encore *le fonctionnement régulier des institutions*[1509].

617. Ce catalogue pourrait être encore largement prolongé tant il apparaît riche. À ce stade de l'étude l'on se satisfera d'avoir identifié, certaines des manifestations les plus concrètes de valeur dans la jurisprudence constitutionnelle. Les règles de fins, dans la diversité de leurs incarnations formelles sont bien souvent érigées comme des étalons de référence auxquels rapporter le contrôle de la proportionnalité effectué par le juge. À titre d'exemple, s'il fallait encore en douter, le juge constitutionnel a bien affirmé que l'article 37 de la *loi de finance rectificative pour 2000* qui incite les entreprises à maîtriser leur consommation de produits énergétiques doit être analysé en fonction de son *adéquation* à l'objectif d'intérêt général visant *à renforcer la lutte contre l'effet de serre par l'incitation*[1510].

B. Les « objectifs » dans la jurisprudence constitutionnelle

618. Si les valeurs se manifestent largement par la catégorie polymorphe de *l'intérêt*, il en va tout autant de la catégorie des *objectifs*. Celle-ci constitue une autre catégorie langagière formelle propice à fonctionner sur le mode des valeurs. En effet, les objectifs ne constituent rien d'autre qu'un

---

[1504] *Ibid.*, cons. 10.

[1505] Cons. Const., décision n°2004-507 DC du 9 décembre 2004, *Loi portant diverses dispositions relatives au sport professionnel*, cons. 6.

[1506] Cons. Const., décision n°2011-192 QPC du 10 novembre 2011, *Mme Ekaterina B., épouse D.*, cons. 22.

[1507] Cons. Const., décision n°2015-713 DC du 23 juillet 2015, *Loi relative au renseignement*, cons. 82.

[1508] Cons. Const., décision n°2016-590 QPC du 21 octobre 2016, *La Quadrature du Net et autres*, § 7.

[1509] Cons. Const., décision n°2018-773 DC du 20 décembre 2018, *Loi relative à la lutte contre la manipulation de l'information*, § 28.

[1510] Cons. Const., décision n°2000-441 DC du 28 décembre 2000, *Loi de finances rectificative pour 2000*, cons. 35.

état de chose destiné à advenir, un programme que le législateur doit réaliser et qui sert, en tant que tel, d'étalon de référence de ses actions. Dans cette typologie, les *objectifs de valeur constitutionnelle* constituent la catégorie la plus criante (1°) de l'ensemble des normes programmatiques invoquées par le Conseil constitutionnel (2°).

1° La « catégorie langagière » des objectifs de valeur constitutionnelle

619. M. Pierre de Montalivet écrit dans sa thèse que « les objectifs, comme les droits fondamentaux reflètent certaines valeurs »[1511]. Ils recoupent surtout, « par leur contenu, certaines finalités assignées au droit »[1512]. Ils sont donc règles de fins par excellence. Pour M. Jean-Michel Blanquer, les objectifs à valeur constitutionnelle réalisent toujours « la positivisation d'un programme ou d'une abstraction »[1513]. Si la doctrine pouvait pointer du doigt l'ambiguïté de la notion voire son inutilité[1514], il semblerait pourtant que ce soit cette utilité qui constitue la cause principale de l'émergence de la catégorie[1515]. Les objectifs à valeur constitutionnelle ont émergé à la faveur de l'importance de leur fonction dans la prise de décision et le contrôle de l'action du législateur par le juge constitutionnel.

620. Les objectifs à valeur constitutionnelle se présentent comme une catégorie langagière mobilisée par le juge constitutionnel. M. Pierre de Montalivet le reconnaît qui présente dans sa thèse la diversité des régimes auxquels sont soumis les différents objectifs. Cette diversité éloigne fortement l'hypothèse d'un régime propre à cette catégorie juridique. Elle la cantonne *à n'être qu'une catégorie langagière mobilisée par le juge constitutionnel* et non pas une catégorie juridique à proprement parler. Ce n'est pas un hasard, du reste, si l'auteur effectue une distinction tranchée entre les « objectifs dont l'énoncé est implicitement inscrit dans la Constitution »[1516] et les « objectifs dont l'énoncé est explicitement inscrit dans la Constitution »[1517].

La *première catégorie* renvoie à des objectifs dont l'énoncé n'est qu'implicite dans la Constitution et qui possèdent un fondement textuel unique – il en va ainsi, du *pluralisme*, de la *transparence financière*, de la *protection de la santé publique*, de la *fraude fiscale* – ou multiple – c'est le cas de *la possibilité pour toute personne de disposer d'un logement décent*, de *l'accessibilité et l'intelligibilité de la loi* – précisé par le Conseil

---

[1511] Pierre DE MONTALIVET, *Les objectifs de valeur constitutionnelle*, Éd. Dalloz, Coll. Thèmes et commentaires 2006, p. 168.
[1512] *Ibid.*, p. 171.
[1513] Jean-Michel BLANQUER, *Les méthodes du juge constitutionnel*, *op. cit.*, p. 154.
[1514] V. par ex., Anne LEVADE, « L'objectif de valeur constitutionnelle, vingt ans après. Réflexions sur une catégorie juridique introuvable », *in L'esprit des institutions, l'équilibre des pouvoirs. Mélanges en l'honneur de Pierre Pactet*, Éd. Dalloz, 2003, p. 687-702, notamment p. 702.
[1515] V. en ce sens, Nicolas MOLFESSIS, *Le Conseil constitutionnel et le droit privé*, Éd. LGDJ, Coll. Bibliothèque de droit privé, 1997, p. 239.
[1516] Pierre de MONTALIVET, *Les objectifs de valeur constitutionnelle*, Thèse de doctorat présentée à l'Université Paris 2 Panthéon-Assas, 2004, p. 86.
[1517] *Ibid.*, p. 114.

constitutionnel ou non – il s'agit, dans cette hypothèse, de la *sauvegarde de l'ordre public*, de la *recherche des auteurs d'infractions* et du *respect de la liberté d'autrui*.

La *seconde catégorie* renvoie à des objectifs dont l'énoncé est explicite dans la Constitution. Il s'agit alors de *l'équilibre de la sécurité sociale*, de l'*égal accès des femmes et des hommes aux mandats électoraux et fonctions électives*, de *l'égalité entre les collectivités territoriales*.

621. Ces objectifs sèment parfois le doute quant à leur vraie nature. En effet, certains d'entre eux permettent au juge constitutionnel d'exiger une action concrète de la part du législateur. De la sorte, ils ne seraient pas tant règle de fin mais bien plus règle d'action. C'est le cas, pour l'essentiel, de *l'intelligibilité et de l'accessibilité de la loi* qui « impose » au législateur d'adopter des dispositions suffisamment précises et des formules non équivoques[1518]. Le raisonnement est aux antipodes de celui qui prévaut en matière de normes programmatiques – auxquelles on rattache intuitivement les objectifs à valeur constitutionnelle puisqu'ici, la finalité impose une action plus ou moins déterminée. Ainsi, *l'intelligibilité et l'accessibilité de la loi* imposent à leur tour une « double finalité » – mais qui s'entend d'une règle d'action – la réalisation du programme gouvernemental de simplification du droit dans des « délais raisonnables » et la *codification du droit*[1519].

2° Les normes programmatiques ou finalités au sens strict

622. Les objectifs à valeur constitutionnelle ne forment pas l'exclusivité de la catégorie des normes programmatiques mobilisées par le juge constitutionnel. À leurs côtés, le juge constitutionnel se réfère à toute une myriade *« d'objectifs »* (*α*), *de finalités* (β), *de buts* (γ) qui constituent également les déclinaisons les plus manifestes de la valeur.

α. *Les objectifs stricto sensu*

623. Le juge constitutionnel prend en compte les objectifs de l'action dans le cadre de sa jurisprudence.

624. Ainsi, en matière fiscale, le juge constitutionnel a autorisé le législateur à organiser le plafonnement du produit de la taxe départementale sur le revenu. Au terme d'un contrôle de la proportionnalité, le juge constitutionnel en a déduit que ce plafonnement répondait bien à l'objectif *d'éviter une hausse excessive de la charge fiscale supportée par les contribuables locaux*[1520]. De la même façon, le Conseil constitutionnel a validé la mesure visant à la suppression d'une licence pour les débitants de boisson afin de réaliser *la simplification de la fiscalité indirecte*[1521]. Le

---

[1518] Pour une décision récente v. Cons. Const., décision n°2016-741 DC du 8 décembre 2016, *préc.*, § 5.

[1519] Cons. Const., décision n°2003-473 DC du 26 juin 2003, *préc.*, cons. 5.

[1520] Cons. Const., décision n°90-277 DC du 25 juillet 1990, *Loi relative à la révision générale des évaluations des immeubles retenus pour la détermination des impôts*, cons. 15.

[1521] Cons. Const., décision n°2002-464 DC du 27 décembre 2002, *préc.*, cons. 45.

Conseil a pu considérer conforme à la constitution l'établissement par le législateur d'un plafonnement sur les opérations de bourse qui ne visait qu'à *susciter le développement du marché boursier national*[1522]. Le législateur a également pu instaurer une contribution pour *financer le congé formation* et *dissuader les employeurs qui peuvent conclure des contrats à durée indéterminée de recourir à des emplois précaires*[1523]. De la même façon, la fixation du taux d'une contribution a pu être validée par le Conseil constitutionnel comme étant en adéquation avec le *double objectif de contribution des entreprises exploitant des spécialités pharmaceutiques au financement de l'assurance maladie et de modération des dépenses de médicaments que s'est assigné le législateur*[1524].

625. En matière de santé, le législateur a pu opérer une différenciation des remboursements des soins par la sécurité sociale selon le caractère, public ou privé, et, conventionné ou non, de l'établissement effectuant ces soins. Ce faisant, le législateur agissait en adéquation avec l'objectif *de maîtrise des dépenses de santé*[1525].

626. En matière d'emploi, le juge constitutionnel a également relevé l'adéquation d'une mesure instaurant des sanctions à l'égard des entrepreneurs avec l'objectif visant à *maintenir l'activité et à préserver l'emploi en favorisant la reprise des établissements dont la fermeture est envisagée au cas où cette fermeture conduirait à un projet de licenciement collectif*[1526].

627. En matière syndicale, le législateur a pu, sans méconnaitre le principe d'égalité, prévoir des dispositions permettant d'assurer une représentation spéciale des salariés actionnaires au sein d'une entreprise afin de poursuivre *l'objectif de participation des salariés au capital de l'entreprise*[1527].

β. Les finalités

628. Changeant de vocable, le juge constitutionnel a pu évoquer les normes programmatiques par le terme de *finalités* ou en employant des locutions telles que : *afin* ou *pour*.

629. C'est de cette façon qu'il invoque la finalité de la *lutte contre l'accroissement des mariages contraints ou de complaisance*[1528]. Celle-ci autorise le législateur à « renforcer le contrôle de la validité des mariages

---

[1522] Cons. Const., décision n°93-320 DC du 21 juin 1993, *préc.*, cons. 19.

[1523] Cons. Const., décision n°2004-507 DC du 9 décembre 2004, *préc.*, cons. 18.

[1524] Cons. Const., décision n°2000-437 DC du 19 décembre 2000, *Loi de financement de la sécurité sociale pour 2001*, cons. 33.

[1525] Cons. Const., décision n°90-287 DC du 16 janvier 1991, *Loi portant dispositions relatives à la santé publique et aux assurances sociales*, cons. 23, 31.

[1526] Cons. Const., décision n°2014-692 DC du 27 mars 2014, *Loi visant à reconquérir l'économie réelle*, cons. 8.

[1527] Cons. Const., décision n°2001-455 DC du 12 janvier 2002, *Loi de modernisation sociale*, cons. 107.

[1528] Cons. Const., décision n°2006-542 DC du 9 novembre 2006, *Loi relative au contrôle de la validité des mariages*, cons. 6.

célébrés à l'étranger par une autorité étrangère, lorsque l'un des deux conjoints au moins est un ressortissant français ».

En matière matrimoniale toujours, il a pu se référer à la *double finalité* des règles d'enregistrement du PACS destinées à *assurer le respect des règles d'ordre public régissant le droit des personnes au nombre desquelles figure, en particulier, la prohibition de l'inceste* ainsi *que la sauvegarde des droits*[1529].

630. En matière de politique du logement, le juge constitutionnel a pu valider certaines dispositions au vu de leur finalité qui était de *favoriser la mobilité au sein du parc locatif social* par l'attribution de logements aux personnes les plus modestes[1530].

631. En matière de justice des mineurs, le juge constitutionnel s'est référé à la *finalité éducative* de toutes les sanctions imposées aux mineurs[1531].

632. Dans le domaine fiscal, les mesures visant à rapprocher le régime fiscal de l'investissement immobilier locatif de celui des placements en valeur mobilière, ont été considérées en adéquation avec la finalité du *soutien de l'activité du secteur immobilier locatif* et du *développement des marchés financiers français*[1532].

De la même façon, le juge constitutionnel a considéré que la prise en compte d'une nouvelle méthode de calcul de l'assiette de l'impôt sur les bénéfices des entreprises, était conforme à la constitution dans la mesure où elle vise *à des fins de rendement, à lutter contre des schémas d'endettement artificiels*[1533].

γ. Les buts

633. Parfois, le juge constitutionnel évoque l'action du législateur plus directement par le biais du but qu'elle sert, et plus précisément, du but de la loi.

634. En matière de lois de finances, le juge constitutionnel procède constamment de la sorte. Il effectue toujours un contrôle de la nature des dispositions comprises dans la loi et de leur but éventuel. Il s'agit pour lui de constater si les dispositions de la loi de finances concernent bien la « détermination des ressources et charges de l'État ». Ensuite, il s'agit de savoir plus précisément si ces dispositions ont pour *but d'organiser l'information et le contrôle du Parlement sur la gestion des finances publiques* ou *d'imposer aux agents des services publics des responsabilités pécuniaires*[1534].

[1529] Cons. Const., décision n°99-419 DC du 9 novembre 1999, *préc.*, cons. 74.

[1530] Cons. Const., décision n°2009-578 DC du 18 mars 2009, *Loi de mobilisation pour le logement et la lutte contre l'exclusion*, cons. 14.

[1531] Cons. Const., décision n°2002-461 DC du 29 août 2002, *Loi d'orientation et de programmation pour la justice*, cons. 32.

[1532] Cons. Const., décision n°2002-464 DC du 27 décembre 2002, *préc.*, cons. 27.

[1533] Cons. Const., décision n°2013-685 DC du 29 décembre 2013, *Loi de finances pour 2014*, cons. 36.

[1534] V. par ex. Cons. Const., décision n°2003-488 DC du 29 décembre 2003, *préc.*, cons. 29 ; Cons. Const., décision n°2002-464 DC du 27 décembre 2002, *préc.*, cons. 61 ; Cons. Const., décision n°2001-457 DC du 27 décembre 2001, *Loi de finances rectificatives pour 2001*, cons.

635. En matière de services publics, le juge constitutionnel a également validé des dispositions concernant des versements effectués par le SIVU de transports urbains de l'agglomération de Bourges ayant eu pour but *de permettre à cet établissement public de faire face aux dépenses correspondant à l'exécution de sa mission de service public*[1535].

Il a également pu valider des dispositions relatives aux règles de tarification applicables aux établissements privés qui ne participent pas du service public hospitalier au motif qu'elles avaient pour *but de maîtriser l'évolution des dépenses de santé supportées par la collectivité*[1536].

636. De la même façon, le juge constitutionnel a considéré qu'il était « loisible » au législateur de créer une aide de l'État, dans le *but de compenser des surcoûts spécifiques de diffusion des quotidiens nationaux d'information politique et générale*[1537].

637. Dans le domaine fiscal, le juge constitutionnel a validé l'institution de contribution sociales aux assiettes largement définies *afin d'associer au fondement des dépenses de sécurité sociale l'ensemble de la population*, compte tenu d'une évolution qui a étendu le champ d'application des prestations sociales[1538].

638. En matière électorale, le Conseil constitutionnel a récemment reconnu conformes à la Constitution des dispositions imposant aux éditeurs de services de communications audiovisuelle le respect, sous contrôle du conseil supérieur de l'audiovisuel, de l'équité au traitement audiovisuel des candidats puisque cette disposition répondait à *un but de « clarté du débat électoral » dans l'intérêt des citoyens*[1539].

639. Le *but de simplification administrative* a pu justifier que le législateur mette en place le congé paternité et confie aux organismes d'assurance maladie de la sécurité sociale la gestion des indemnités journalières afférentes au congé de paternité tout en mettant à la charge de la caisse nationale des allocations familiales, le coût global du congé de paternité[1540].

---

26 ; Cons. Const., décision n°2001-456 DC du 27 décembre 2001, *Loi de finances pour 2002*, cons. 57 ; Cons. Const., décision n°2000-442 DC du 28 décembre 2000, *Loi de finances pour 2001*, cons. 36 ; Cons. Const., décision n°2000-435 DC du 7 décembre 2000, *préc.*, cons. 51 ; Cons. Const., décision n°97-395 DC du 30 décembre 1997, *Loi de finances pour 1998*, cons. 47 ; Cons. Const., décision n°96-386 DC du 30 décembre 1996, *Loi de finances rectificative pour 1996*, cons. 14 ; Cons. Const., décision n°91-302 DC du 30 décembre 1991, *Loi de finances pour 1992*, cons. 23 ; Cons. Const., décision n°90-285 DC du 28 décembre 1990, *Loi de finances pour 1991*, cons. 60 ; Cons. Const., décision n°89-268 DC du 29 décembre 1989, *Loi de finances pour 1990*, cons. 28 ; Cons. Const., décision n°88-250 DC du 29 décembre 1988, *Loi de finances rectificative pour 1988*, cons 10 ; Cons. Const., décision n°86-209 DC du 3 juillet 1986, *Loi de finances rectificative pour 1986*, cons. 37.

[1535] Cons. Const., décision n°88-250 DC du 29 décembre 1988, *préc.*, cons. 17.

[1536] Cons. Const., décision n°90-287 DC du 16 janvier 1991, *préc.*, cons. 21.

[1537] Cons. Const., décision n°2001-456 DC du 27 décembre 2001, *préc.*, cons. 37.

[1538] Cons. Const., décision n°91-302 DC du 30 décembre 1991, *préc.*, cons. 40.

[1539] Cons. Const., décision n°2016-729 DC du 21 avril 2016, *Loi organique de modernisation des règles applicables à l'élection présidentielle*, cons. 13, 14.

[1540] Cons. Const., décision n°2001-453 DC du 18 décembre 2001, *Loi de financement de la sécurité sociale pour 2002*, cons. 59.

640. Le but *d'assurer la sauvegarde des intérêts nationaux* a pu justifier les dispositions instaurant une procédure temporaire de suivi par l'autorité administrative des privatisations[1541]. Un an avant, la loi portant amnistie était votée par le législateur dans un *but d'apaisement politique et social*[1542].

641. En somme les buts dont use le juge constitutionnel sont nombreux et variables. Le juge a ainsi pu mentionner le but de *favoriser l'introduction de la diffusion numérique par voie hertzienne terrestre des services de télévision privés*[1543] ou encore le *but d'assurer le maintien d'un individu à la disposition de la justice*[1544].

642. Les déclinaisons formelles des valeurs ont été relativement circonscrites dans la jurisprudence du Conseil constitutionnel. Conformément à l'hypothèse soulevée, les valeurs agiraient bien insidieusement en droit. Elles seraient, par ailleurs, largement subversives et emprunteraient nécessairement, pour advenir, les canaux offerts par le formalisme ambiant et dominant les représentations de la discipline.

643. La présence des valeurs dans les décisions du juge constitutionnel ne constitue pas un motif d'étonnement. En vérité, toute élaboration du droit relève – avec plus ou moins d'évidence – à la fois d'une *politique juridique,* qui n'est rien d'autre que l'art de discerner et de parvenir à réaliser ce qui serait *souhaitable* ou *possible* dans une certaine situation, ainsi que d'une *morale juridique* qui constitue l'art de distinguer ce qu'il est *bon* ou *mauvais* de faire en droit. Ce tiraillement, le droit le doit à son caractère éthique qui n'est jamais autre chose qu'un subtil mélange de politique et de morale et constitue, à ce titre, l'art de bien conduire l'action, plus précisément l'art de normer l'action. En effet, comme l'affirmait avec distinction Jean Rivero, si « la norme ne peut tenir lieu de conscience aux hommes [...], elle oriente leurs libertés, elle ne se substitue pas à elles »[1545]. C'est pour cette raison, pourtant évidente, que l'exclusion des valeurs de la sphère juridique, par une partie de la doctrine, interroge.

644. S'il existe une éthique juridique, il serait alors possible *a fortiori* d'envisager l'existence d'une éthique constitutionnelle. En effet, comme l'écrit le Professeur Renoux, il apparait que « le Conseil constitutionnel se construit une éthique personnelle comme Monsieur Jourdain faisait de la prose : sans le savoir »[1546]. Cette éthique est constituée de l'ensemble des catégories normatives précédemment évoquées. La spécificité de leur nature

---

[1541] Cons. Const., décision n°89-254 DC du 4 juillet 1989, *Loi modifiant la loi n°86-912 du 6 août 1986 relative aux modalités d'application des privatisations*, cons. 6, 22.

[1542] Cons. Const., décision n°88-244 DC du 20 juillet 1988, *Loi portant amnistie*, cons. 15.

[1543] Cons. Const., décision n°2001-450 DC du 11 juillet 2001, *Loi portant diverses dispositions d'ordre social, éducatif et culturel*, cons. 18.

[1544] Cons. Const., décision n°2003-484 DC du 20 novembre 2003, *préc.*, cons. 76.

[1545] Jean RIVERO, « Intérêts vitaux de la nation et fins humaines du pouvoir », *in Licéité en droit positif et références légales aux valeurs : contribution à l'étude du règlement juridique des conflits de valeurs en droit pénal, public et international*, Éd. Bruylant, Coll. Bibliothèque de la Faculté de droit de l'Université catholique de Louvain, 1982, p. 515.

[1546] Thierry-Serge RENOUX, « L'éthique du droit constitutionnel est-elle une éthique des sciences ? », *in* Marthe FATIN-ROUGE STEFANINI et Laurence GAY (dir.), *La perméabilité du droit constitutionnel aux autres sciences*, Actes de la Journée d'études organisée par l'Institut Louis Favoreu le 2 octobre 2015, Groupe d'Études et de Recherches sur la Justice constitutionnelle, Éd. PUAM, Coll. Les cahiers de l'Institut Louis Favoreu, 2017, p. 14.

empêchent de les considérer simplement comme des règles de droit au sens traditionnel du terme. Ces catégories s'accommodent particulièrement du concept de valeur dont elles constituent bien les déclinaisons.

Preuve de ce que l'apparition d'un nouveau concept subvertit toujours pour advenir les concepts déjà existants sous l'empire du cadre de représentation dominant, les valeurs viennent puiser leur source formelle dans les catégories langagières mobilisées de façon répétitive par le juge constitutionnel et susceptibles d'encadrer l'action du jurislateur.

645. *Dans le premier cas*, le moyen de l'action du jurislateur est prescrit par une *exigence*, une *nécessité*, ou encore un *impératif. Dans le second cas*, l'action du jurislateur est libre sous réserve de son adéquation avec un *intérêt – public* ou *général* – ou une forme *d'objectif lato sensu* – qu'il soit un *objectif de valeur constitutionnelle*, une *finalité* ou encore un *but*. Dans les deux cas, les valeurs sont bien les causes de l'action, soit qu'elles la prescrivent directement – cas des règles d'action *stricto sensu* – soit qu'elles la prescrivent indirectement – cas des règles de fin. Du reste, ces deux cas articulent les deux dimensions de la norme hypothétique telles qu'on les a mis en évidence précédemment, à savoir norme hypothétique technique et norme hypothétique pragmatique[1547].

646. Le présent chapitre a permis d'établir la présence formelle des valeurs dans la jurisprudence constitutionnelle. Ce constat permet d'affirmer que les valeurs sont effectivement mobilisées par le juge constitutionnel. Elles s'incarnent dans les catégories formelles que celui-ci mobilise dans ses décisions : *exigences, nécessités, impératifs, intérêts, objectifs ou finalités.* Il est possible même de parler de subversion puisqu'elles confèrent à ces catégories une véritable consistance. Cette consistance n'est pourtant pas celle que lui prête une certaine vulgate normativiste qui alimente par ailleurs largement les représentations du droit en France. En effet, du point de vue strictement formel, ces catégories apparaissent véritablement inconsistantes et leur validité se dérobe puisqu'elle ne saurait se trouver dans la hiérarchie des normes. Elles bénéficient tout au plus de l'aura qui entoure l'office de l'interprète authentique. Sauf à postuler leur inutilité, leur existence doit donc se justifier autrement.

647. Le concept de valeur permet d'en favoriser la compréhension. Ces catégories répondent bien de la définition *intensionnelle* de la valeur précédemment exposée. En effet, les *exigences, nécessités, impératifs, intérêts, objectifs ou finalités* peuvent s'entendre de *normes dont le contenu vaut, c'est-à-dire oblige, à raison de son importance et plus précisément de son utilité pour encadrer l'action.* Dans ces conditions, ces catégories expriment bien des normes *substantiellement valides*[1548], qui obligent *hypothétiquement*[1549]. Cette typologie s'accommode assez bien du postulat de la théorie pratique – ou pragmatique – selon lequel l'action est toujours causée par la valeur. Cette caractéristique justifie la distinction retenue. Les valeurs s'incarnent tantôt dans des règles d'action tantôt dans des règles de

---

[1547] V. *supra*, § 398 et s., notamment § 400.

[1548] Pour une définition de la norme substantielle, v. *supra*, Chapitre troisième.

[1549] Pour une définition de l'obligation hypothétique, v. *supra*, Chapitre quatrième.

fin. Ce n'est pas un hasard, si les différentes catégories identifiées dans la présente typologie sont toujours constituées d'un verbe d'action. Dans cette perspective, les propositions de valeurs – qu'elles soient, *exigences, nécessités, impératifs, finalités, objectifs ou buts – imposent*[1550], *limitent*[1551], *ordonnent, participent, assurent*[1552], *redressent*[1553], *développent*[1554], *assignent*[1555], *visent*[1556], *renforcent*[1557], *préviennent*[1558], *permettent de lutter* et *sauvegardent*[1559], *frappent*[1560], *mettent en œuvre*[1561], *garantissent*[1562] *etc.*, Dans tous les cas, elles provoquent l'action. C'est là leur nature fondamentale. C'est là l'essentiel de leur normativité.

[1550] Cons. Const., décision n°87-226 DC du 2 juin 1987, *préc.*
[1551] Cons. Const., décision n°2019-777 QPC du 19 avril 2019, *M. Bouchaïd S.*, § 4.
[1552] Cons. Const., décision n°76-94 L du 2 décembre 1976, *Nature juridique des dispositions de l'article 5 de la loi n°75-1329 du 31 décembre 1975 codifié sous l'article L72-1 du code électoral.*
[1553] Cons. Const., décision n°2001-454 DC du 17 janvier 2002, *Loi relative à la Corse.*
[1554] Cons. Const., décision n°2005-516 DC du 7 juillet 2005, *Loi de programme fixant les orientations de la politique énergétique.*
[1555] Cons. Const., décision n°88-153 L du 23 février 1988, *Nature juridique des dispositions contenues dans les articles 8, 140 et 143 de la loi n°85-98 du 25 janvier 1985 relative au redressement et à la liquidation judiciaire des entreprises.*
[1556] Cons. Const., décision n°2019-779/780 QPC du 10 mai 2019, *M. Hendrik A. et autre*, § 8 ; Cons. Const., décision n°2019-775 QPC du 12 avril 2019, *M. Joseph R.*, § 6.
[1557] Cons. Const., décision n°2019-778 QPC du 10 mai 2019, *Époux B. et autres*, § 8.
[1558] Cons. Const., décision n°2019-776 QPC du 19 avril 2019, *Société Engie*, § 6 et 8.
[1559] Cons. Const., décision n°2019-774 QPC du 12 avril 2019, *Société Magenta Discount et autre*, § 17, § 34.
[1560] Cons. Const., décision n°2019-769 QPC du 22 mars 2019, *Mme Ruth S.*, § 9.
[1561] Cons. Const., décision n°2019-778 DC du 21 mars 2019, *préc.*, § 82.
[1562] Cons. Const., décision n°2018-762 QPC du 8 février 2019, *M. Berket S.*, § 5.

CHAPITRE SIXIÈME

Les valeurs comme normes de référence matérielles des décisions du Conseil constitutionnel

648. Pour obtenir un tableau d'ensemble des manifestations de valeurs dans les décisions du juge constitutionnel, il importe désormais de compléter la précédente approche formelle par une approche matérielle. Une telle approche est redoutable qui conduit à poser la question du contenu du droit. Elle est tout de même inévitable pour qui souhaite accéder à l'intelligibilité du phénomène juridique. Elle est même, pour le droit, proprement existentielle qu'elle cherche à doter de bases solides. Ne pas y répondre, ou plutôt ne pas tenter d'y répondre, révèlerait une incapacité regrettable de justifier de la discipline, de son usage et même de son utilité, en d'autres termes de son existence et de sa nécessité. Or, la nécessité du droit – si celle-ci est avérée – tient pour l'essentiel à sa rationalité qui se fonde en valeur.

649. Pour évidente qu'elle soit, cette question a été largement délaissée par les juristes et notamment par les juristes contemporains ; alors même que l'on aurait pu légitimement attendre qu'ils montrent un intérêt d'autant plus fort à asseoir solidement leur propre discipline. La pensée traditionnelle a toujours opposé le droit à d'autres disciplines telles que la morale ou la politique[1563]. Elle aboutissait alors à une *définition proprement négative* du juridique. Cette *définition proprement négative* du phénomène juridique revenait à caractériser le droit, plus précisément la règle de droit, par sa « disponibilité, sa réceptivité »[1564], par l'indétermination naturelle de son contenu. Il n'y aurait jamais, dans ces conditions, de règles proprement juridiques. L'unique propriété du droit résiderait dans les capacités métamorphes de la règle de droit « capable de s'approprier n'importe quelle autre règle sociale »[1565] ; l'inverse n'étant pas vrai. Dans ces conditions, le droit apparaît alors « soluble » et ne serait, en fin de compte, « qu'une substance très disponible qui va continument se fondre dans la vie sociale »[1566].

[1563] V. *supra*, § 106 - 128.

[1564] Jean CARBONNIER, *Essais sur les lois*, Éd. Répertoire du notariat Defrénois, 1995, p. 292.

[1565] *Id.*

[1566] Jean CARBONNIER, « Préface », *in* Jean-Guy BELLEY, *Le droit soluble: contributions québécoises à l'étude de l'internormativité*, Éd. LGDJ, Coll. Droit et société, 1996, p. 3.

650. Se fondre au point de se perdre ? Les partisans des autres disciplines y répondent volontiers par l'affirmative et il est fréquent que le droit ne soit tenu, par eux, que pour une réalité de second rang. M. Julien Freund, par exemple, dans sa célèbre distinction des essences et des dialectiques assigne au droit une place dans la deuxième catégorie. Pour l'auteur, qui s'intéresse à l'identification de *L'essence du politique*, « toute essence a pour fondement une donnée de la nature humaine »[1567]. La politique a pour donnée la société[1568]. De la même façon, « le besoin est la donnée de l'économique ou la connaissance celle de la science »[1569]. Appliquant cette théorie, M. Julien Freund identifie six essences que sont *l'économie, la science, le politique, la religion, la morale et l'art*. À ces essences, l'auteur oppose les dialectiques, dont participe le droit auquel il assigne, par ailleurs, le même rang que la question sociale ou encore l'éducation.

À l'inverse des essences, les dialectiques « ne se fondent pas sur une donnée de la nature humaine mais sur deux ou plusieurs essences »[1570]. Elles sont, en quelque sorte, secondaires et n'existeraient que par elles. Le droit constituerait une dialectique qui aurait « pour fondement la morale et la politique »[1571]. Il n'y aurait ainsi pas, à proprement parler, de place pour la rationalité juridique. Ne reste plus à Freund que de considérer que « le politique demeure souverain par rapport au droit dans ce système comme dans tous les autres »[1572]. Le droit, émacié, n'en est plus que l'auxiliaire.

651. L'auteur va plus loin encore qui ravit au droit ses attributs en affirmant – à rebours de la pensée positiviste la plus traditionnelle – que même la contrainte ou le commandement ne sauraient suffire à définir la rationalité juridique. D'une part, « la contrainte qui s'exerce sur les individus n'est pas inhérente au droit, mais lui vient de l'extérieur, d'une force dont le groupe a besoin pour maintenir sa cohérence »[1573]. Et cette force vient du politique qui n'exprime jamais que « la volonté des organes politiques auxquels la collectivité se soumet pour sauvegarder son unité et rester une collectivité »[1574]. D'autre part, le commandement, évincé de la définition pourtant traditionnelle du droit, est assigné par Freund à l'essence même du politique. Celui-ci affirme ainsi que « la relation de commandement et d'obéissance constitue le présupposé de base du politique en général »[1575]. Dans cette conception, le droit est bien renvoyé à la portion congrue et même les définitions traditionnelles de la discipline ne lui sont plus d'aucun secours.

652. L'éviction du droit de l'explication des phénomènes sociaux est alors d'autant plus regrettable que la frontière entre les « essences » est trouble. Cette mise au ban démontre surtout que l'analyse juridique n'est

---

[1567] Julien FREUND, *L'essence du politique*, Éd. Dalloz, Coll. Bibliothèque Dalloz 2003, p. 5.
[1568] *Id.*
[1569] *Id.*
[1570] *Id.*
[1571] *Id.*
[1572] *Ibid.*, p. 333.
[1573] *Ibid.*, p. 332.
[1574] *Id.*
[1575] *Ibid.*, p. 94.

tout simplement pas prise au sérieux. Elle jure d'autant plus que le silence du droit en la matière n'est pourtant que tout à fait relatif ; son intérêt heuristique pour la compréhension des phénomènes sociaux n'étant plus à démontrer. En effet, la discipline juridique apparaîtrait conceptuellement bien équipée pour ce genre d'explications. À titre d'exemple, le phénomène de porosité des essences mis en évidence par M. Julien Freund représente-t-il autre chose que le fameux phénomène *d'inter-normativité* que Jean Carbonnier a également identifié ? On ne le pense pas. Le juriste avait déjà identifié, depuis bien longtemps, le « pluralisme normatif » c'est-à-dire « la pluralité des normes qui contribuent à réguler, à harmoniser la vie sociale »[1576]. Loin d'être circonscrit aux confins des phénomènes sociaux, le système normatif juridique avancerait alors de concert avec les autres systèmes normatifs. Dans ces conditions, le mutisme du droit vis-à-vis des phénomènes sociaux serait d'autant moins acceptable qu'il apparaît partiellement injustifié.

653. Des pistes de recherche émergent, qu'il importe d'emprunter. Ou bien le droit possède, ou traduit, au même titre que les autres systèmes de normes sociales, une rationalité concrète qui n'est autre qu'un besoin social – comme le vrai pour le scientifique, le beau pour l'art, l'utile pour l'économique, le devoir pour le politique ou encore le bien pour la morale – qu'il convient d'identifier. Ou bien, si l'identification de cet objet est impossible, le droit n'aurait pas de contenu propre, n'exprimerait rien par lui-même mais indirectement par l'intermédiaire des autres systèmes normatifs qui l'informeraient toujours.

L'hypothèse ici défendue est que le droit possède une vertu explicative du phénomène social au même titre que d'autres instances politiques, scientifiques, morales auxquelles il apparaît intimement lié. Cette hypothèse conduit à interroger la rationalité propre au droit, entendu comme véritable phénomène normatif, par le prisme spécifique de la jurisprudence du Conseil constitutionnel. *Si la morale « parle » au nom du « bien », la science au nom du « vrai », la politique au nom du « devoir » que reste-t-il pour le droit ?* Trouve-t-on dans le droit positif, et notamment dans la jurisprudence du Conseil constitutionnel, traces d'une rationalité proprement juridique ?

654. L'on s'est accordé, pour le moment, sur cette idée de la normativité juridique des valeurs. Cette hypothèse, qui guide l'ensemble de la seconde partie du développement, est recevable. Elle a été partiellement confirmée dans le chapitre précédent. Il importe d'identifier, plus précisément désormais, le contenu même de la normativité des valeurs qui abondent le phénomène juridique et notamment la jurisprudence du Conseil constitutionnel. Pour le dire autrement, il s'agira d'identifier les sources des valeurs c'est-à-dire leur qualité ou, si l'on veut, leurs « conditions concrètes d'émergence »[1577] dans les décisions du juge.

[1576] Jean CARBONNIER, *Essais sur les lois*, *op. cit.*, p. 141.
[1577] Jean-Michel BLANQUER, « Bloc de constitutionnalité ou ordre constitutionnel ? », *in Mélanges Jacques Robert : libertés*, Éd. Montchrestien, 1998, p. 233.

655. La rationalité semble bien constituer, ici, la clé d'explication et de structuration du fonctionnement de n'importe quel discours particulier[1578] qu'il soit juridique, scientifique, économique etc. Ce constat mérite d'être vérifié. Il constitue une piste solide, quoique non exclusive, pour initier la recherche matérielle des valeurs qui abondent le phénomène juridique. Dans cette perspective, l'analyse des sources matérielles des valeurs dans le droit pose la question de la nature des rationalités à l'œuvre au sein de la discipline juridique. Les enjeux sont d'autant plus importants que l'on assiste à l'essor de normativités concurrentes du droit, dotées de leur propre rationalité et qui prétendent agir en droit et déterminer ses représentations.

Il convient ainsi d'interroger la pertinence du phénomène de l'inter-normativité comme clé de lecture unique du phénomène juridique (Section I). Cette hypothèse nous conduira logiquement à interroger la possibilité même d'appréhender la rationalité juridique dans sa spécificité. Plus précisément, il s'agira de circonscrire « le principe de la *juris-dictio* »[1579] qui s'accommode parfaitement de la valeur ou, plus précisément, du valoir (Section II). Dans cette perspective, le droit serait bien l'instrument idéal de la valeur, permettant ainsi son objectivation sociale.

SECTION I. LES RATIONALITES CONCURRENTES DU DROIT : SOURCES PLURIELLES DE VALEURS DEVANT LE CONSEIL CONSTITUTIONNEL

656. À première vue, l'hypothèse qu'il existe des rationalités concurrentes à celles du droit remet en cause l'idée, pourtant intuitive, selon laquelle le droit serait « une substance propre dotée d'un sens propre ; relativement indifférente à sa forme dans la mesure où il peut se couler dans une infinité d'expressions formelles »[1580]. En effet, si la possibilité d'une nature propre du droit – ou autrement dit de l'existence d'une rationalité pleinement juridique – n'est pas totalement rejetée par cette affirmation, l'hypothèse selon laquelle une multitude de normativités œuvrerait en droit pourrait tout de même sonner comme un échec pour la rationalité juridique qui perdrait définitivement sa capacité d'explication des phénomènes sociaux. Dans ces conditions, l'image du droit n'en pourrait ressortir qu'écornée. En effet, ou bien celui-ci ne possède pas même une rationalité spécifique, ou s'il en possède une, celle-ci est en concurrence avec d'autres normativités extra-juridique.

657. Comme l'affirme M. François Brunet dans sa thèse, aujourd'hui, « la normativité juridique cède face à des normativités hétérogènes, qui, dans la

[1578] V. par ex., Jacques LENOBLE et François OST, *Droit: mythe et raison : essai sur la dérive mytho-logique de la rationalité juridique*, Éd. FUSL, Coll. Publications des FUSL, 1980, p. 3.
[1579] François EWALD, « Pour un positivisme critique : Michel Foucault et la philosophie du droit », *Droits*, vol. 3, n°1, 1986, p. 139.
[1580] Étienne PICARD, « Préface », *in* Xavier SOUVIGNET, *La prééminence du droit dans le droit de la Convention européenne des droits de l'homme*, Éd. Bruylant, Coll. Droit de la convention européenne des droits de l'homme, 2012, p. XXIII.

société, sont plus puissantes qu'elle »[1581]. Ce constat était déjà partagé par MM. Ost et Lenoble, qui, précurseurs, considéraient que la soustraction au droit de tout pouvoir explicatif du phénomène social impliquait un passage nécessaire « vers des ailleurs dotés du pouvoir explicatif final »[1582]. Ces ailleurs sont alors multiples qui révèlent les diverses obédiences du droit. Parmi celles-ci, il en est deux qui paraissent devoir faire l'objet de développements spécifiques tant elles semblent aujourd'hui participer pleinement de la définition du phénomène juridique et par là même de la détermination de la rationalité juridique. Il s'agit d'une part de la rationalité scientifique assise sur les développements continus et toujours plus conséquents du progrès scientifique (I) ; d'autre part, le développement des marchés conduit à attribuer à la rationalité économique une place de choix dans la détermination des canons juridiques (II).

I. L'influence de la rationalité scientifique : l'objectivité du droit

658. Les influences de la science sur le droit sont nombreuses. La rationalité scientifique rejaillit largement sur le droit qu'elle inonde conceptuellement. L'influence est donc avant tout culturelle. Le discours juridique se « scientificise » et le vocabulaire évolue[1583]. Par exemple, il n'est plus rare aujourd'hui de voir les juristes porter leurs études sur des concepts tels que le *gouvernement des experts*. L'épistocratie est entrée récemment dans le vocabulaire juridique savant[1584] et si l'idée n'est pas neuve et s'exprimait déjà dans la République idéalisée de Platon son intérêt est indéniablement renouvelé. Ce constat est effectué notamment par Mme Marthe Fatin Rouge Stéfanini, qui écrit que « la perméabilité des constitutions et des juges constitutionnels aux autres sciences se manifeste […], de façon souvent implicite, par une utilisation du vocabulaire ou encore des méthodes des autres sciences ». Dans cette perspective, la science devient « un outil du droit constitutionnel »[1585], plus précisément du contentieux constitutionnel. Cette hypothèse, à confirmer, autorise à penser que la science opère transfusion de valeurs en droit et dans le contentieux.

[1581] François BRUNET, *La normativité en droit*, Éd. Mare & Martin, Coll. Bibliothèque des thèses, 2012, p. 495.

[1582] Jacques LENOBLE et François OST, *Droit: mythe et raison : essai sur la dérive mythologique de la rationalité juridique*, *op. cit.*, p. 218.

[1583] V. par ex., Alexis LE QUINIO, « L'utilisation du vocabulaire des sciences dures par la doctrine constitutionnaliste », *in* Marthe FATIN-ROUGE STEFANINI et Laurence GAY (dir.), *La perméabilité du droit constitutionnel aux autres sciences*, Actes de la Journée d'études organisée par l'Institut Louis Favoreu le 2 octobre 2015, Groupe d'Études et de Recherches sur la Justice constitutionnelle, Éd. PUAM, Coll. Les cahiers de l'Institut Louis Favoreu, 2017, p. 15-20.

[1584] V. par ex., *Demain l'épistocratie ?*, Colloque organisé à la Faculté de Droit de Montpellier les 7 et 8 décembre 2017, Centre d'Études et de Recherches Comparatives Constitutionnelles et Politiques ; v. égal., Alexandre VIALA, « Le macronisme ou le spectre de l'épistocratie », *Le Monde* (18 octobre 2017).

[1585] Marthe FATIN-ROUGE STEFANINI, « La place des sciences dans les constitutions et la jurisprudence constitutionnelle », *in* Marthe FATIN-ROUGE STEFANINI et Laurence GAY (dir.), *La perméabilité du droit constitutionnel aux autres sciences*, *op. cit.*, p. 7.

Les valeurs du droit ne seraient alors rien d'autre que les valeurs de la science mobilisées dans un contexte juridique.

659. Dans *ses Cheminements philosophiques dans le monde du droit et des règles en général*, M. Amselek estimait que l'influence de la rationalité scientifique sur la rationalité juridique n'était que la contrepartie de l'influence primaire de la rationalité juridique sur la rationalité scientifique. En effet, nous dit-il, « l'habitude de concevoir, même de façon purement insidieuse, les lois scientifiques sur le modèle des lois juridiques a rejailli sur la pensée juridique elle-même, sur notre vision des normes juridiques et des activités théoriques auxquelles elles donnent lieu »[1586]. De la sorte, « s'est incrustée dans les esprits une tendance persistante à assimiler les lois juridiques et le rapport de la théorie dogmatique avec elles aux lois scientifiques et au rapport du savant avec ces lois »[1587]. Et l'auteur de préciser que « le parasitage des conceptions de la science par des références juridiques totalement impropres n'a pas seulement contribué à fausser ces conceptions ; cet amalgame a indirectement abouti, par ricochet, à déformer également nos conceptions du droit, à les charger de références tout aussi déplacées aux lois scientifiques et aux démarches du savant »[1588].

660. Reste encore à savoir ce qu'il faut entendre par « science ». Comme l'affirme M. Michel Virally, le mot « désigne toute discipline cherchant à atteindre, de la réalité spécifique à laquelle elle se consacre, une connaissance présentant un degré d'objectivité du même ordre que celui auquel parviennent les sciences naturelles et mathématiques »[1589]. La rationalité scientifique ne viserait alors qu'à désigner, en dernière analyse, une méthode ou un ensemble de principes opérants visant à rechercher l'objectivité dans la connaissance. Ainsi, l'on ne pourrait « formuler une hypothèse de façon scientifique que dans la mesure où elle est susceptible d'être vérifiée par l'observation ou l'expérimentation »[1590]. La science est donc le royaume de la vérité et plus précisément de l'objectivité.

Le droit se prête-t-il à une telle méthode ? Rien n'est moins sûr puisque comme l'affirme M. Natalino Irti dans un essai sur *Le nihilisme juridique*, « nous aimons attribuer à la nature nos espoirs, nos désirs » afin de « les dépouiller de toute empreinte subjective et les pourvoir d'une objectivité incontestable »[1591]. Le professeur Amselek avait vu l'écueil et partageait déjà ses doutes, il y a plus de vingt ans, sur la possibilité même qu'il existe une « science du droit ». Pour l'illustre auteur, dans le domaine de l'expérience juridique, « il ne peut pas y avoir de science du droit à proprement parler ; il ne peut y avoir […] qu'une science de l'homme lui-même, une science de

---

1586 Paul AMSELEK, *Cheminements philosophiques dans le monde du droit et des règles en général*, Éd. Armand Colin, Coll. La vie des idées, 2012, p. 195.

1587 *Id.*

1588 *Id.*

1589 Michel VIRALLY, *La pensée juridique* [1960], réimp. Éd. Panthéon-Assas, Coll. Les introuvables, 1998, p. X.

1590 *Ibid.*, p. XV.

1591 Natalino IRTI, *Nichilismo giuridico* [2004], tr. fr. Anne-Marie BERTINOTTI, Paolo ALVAZZI DEL FRATE et Nader HAKIM, *Le nihilisme juridique*, Éd. Dalloz, Coll. Les rivages du droit, 2017, p. 148.

l'homme sectorisée, s'occupant d'un secteur des activités de l'homme »[1592]. En un mot, toute science du droit ne saurait être dans les termes d'Amselek, qu'une « anthropologie juridique »[1593], c'est-à-dire une science de l'homme juridique. C'est là l'une des deux seules démarches théoriques que l'objet « droit » autoriserait. La seconde, poursuit Amselek, ne peut être qu'une démarche technologique. Elle tient à la nature spécifique du droit, qui ne serait rien d'autre qu'une « ingénierie sociale »[1594].

En la matière, l'auteur dénonçait pourtant la confusion entretenue par les juristes entre technique et science. En croyant faire de la *science*, les juristes ne feraient rien d'autre que de la technique, et plus spécifiquement de la technologie[1595]. Ils ne chercheraient au fond qu'à rationaliser l'expérience juridique à des fins de connaissance. Cette démarche de rationalisation, et de connaissance afférente, serait pourtant confondue avec la démarche scientifique par ceux-là mêmes censés la porter. Il est vrai que la distinction n'est pas si grande dès lors que les règles techniques se présentent toujours « comme des lois scientifiques retournées » [1596]. Elles ne sont jamais « qu'une adaptation à des fins pratiques de normes scientifiques »[1597].

661. En réalité, l'on suit aisément Amselek pour qui la démarche de rationalisation scientifique du droit opère à deux niveaux : au niveau de la méthode d'appréhension du droit, mais également, au niveau des moyens de fabrication du droit. L'on s'est accordé précédemment sur cette idée que le droit cherchait depuis longtemps à s'ériger comme science propre. L'illustration la plus topique vient de la *Théorie pure du droit* qui, comme l'affirme Amselek, entend la science du droit comme « une science à part entière aux côtés des sciences de la nature, soumise, aux mêmes devoirs d'objectivité et de neutralité, qui doit rester exempte de toute coloration idéologique et de toute prise de position critique »[1598]. La *théorie pure du droit* ne faisait toutefois que radicaliser – dans les deux sens du terme – une pensée en germe chez les juristes du XIXe siècle[1599].

662. L'influence de la science sur le droit emprunte aujourd'hui d'autres canaux, d'autres formes. La science ne cherche plus seulement à influencer le droit du point de vue de la méthode, en lui fournissant l'assise nécessaire à le constituer comme une discipline autonome et légitime[1600]. Désormais elle agit même sur ses objets propres. Cette influence est visible sur le contrôle de constitutionnalité. D'une part, la science se constituerait elle-même comme un objet du droit et plus précisément du contrôle de constitutionnalité (A). D'autre part, l'influence de la rationalité scientifique contribuerait à positionner le droit dans l'ordre du quantifiable (B) et

---

1592 Paul AMSELEK, « La part de la science dans les activités des juristes », *D. Chron.*, vol. 39, 1997, p. 341.
1593 *Id.*
1594 *Ibid.*, p. 338.
1595 *Ibid.*, p. 339.
1596 Paul AMSELEK, *Cheminements philosophiques dans le monde du droit et des règles en général*, *op. cit.*, p. 212.
1597 *Id.*
1598 Paul AMSELEK, « La part de la science dans les activités des juristes », *loc. cit.*, p. 340.
1599 V. *supra*, § 129 et s.
1600 V. *supra*, § 135-148.

fonderait de nouveaux objets juridiques relevant du quantifiable, du chiffrable, de la statistique. Dans les deux cas, il s'agit d'instiller à la discipline juridique et à ses objets une dose d'objectivité.

A. La science comme objet du contrôle de constitutionnalité

663. La science devient un objet du droit constitutionnel de deux façons. De façon concrète, dans ses déclinaisons, elle pénètre le droit constitutionnel par le biais de ses outils qui s'imposent au contrôle de constitutionnalité (1°). De façon plus abstraite, ensuite, les canons de la science, s'imposent triomphalement dans les représentations juridiques (2°). Dans l'ensemble, il s'agit de rechercher une certaine objectivité du droit.

1° Les outils de la science comme références concrètes du contrôle de constitutionnalité

664. Depuis plusieurs décennies, les références du contrôle de constitutionnalité s'enrichissent : avis d'experts (α), travaux préparatoires (β), études d'impacts (γ) constituent ainsi de nouvelles références normatives du contrôle. En plus d'illustrer l'influence de la normativité scientifique sur la normativité juridique[1601], ils traduisent tous, dans l'ensemble, le besoin impérieux du Conseil constitutionnel, à une époque où le droit se complexifie, de multiplier ses sources d'informations et d'approcher, dans l'exercice de son office, une certaine forme d'objectivité.

α. Les avis des experts dans la jurisprudence constitutionnelle.

665. Le recours à l'expertise caractérise la pénétration la plus importante de la normativité scientifique en droit. L'on sait, par exemple, que face à la complexification des problématiques sociales, *les juges se réfèrent davantage aux avis des experts qui deviennent ainsi de véritables normes de référence des contrôles*. Ce constat donne raison à M. François Brunet qui écrit que « l'expertise décide en droit et participe de la décision juridique »[1602]. De la sorte, elle (re)modèle les canons du juridique. Un tel argument mérite cependant d'être vérifié.

666. La discipline financière fournit la matière propre à illustrer ce propos. La *Nouvelle gouvernance financière publique* se traduit par la recherche constante de la performance et de l'efficacité dans la prise de décision politique. Elle mêle ainsi étroitement les sphères de l'expertise et de la décision politique. À titre d'exemple, la *Loi organique relative aux lois de finances* (LOLF) a fait le choix de renforcer les missions conférées à la Cour des comptes dans l'assistance du Parlement. À cette fin, la LOLF énonce en son article 58 que « la mission d'assistance du Parlement confiée à la Cour des comptes [...] comporte notamment [...] la certification de la régularité,

---

[1601] Sur le rapport du juge à la normativité scientifique v. notamment, Catherine PUIGELIER, Jerry SAINTE-ROSE, « Le juge et les données contemporaines de la science », *in Le monde du droit. Écrits rédigés en l'honneur de Jacques Foyer*, Éd. Economica, 2007, p. 891-909.

[1602] François BRUNET, *La normativité en droit*, *op. cit.*, p. 511.

de la sincérité et de la fidélité des comptes de l'État ». Par ailleurs, « cette certification est annexée au projet de loi de règlement et accompagnée du compte rendu des vérifications opérées ». Cette nouveauté est de taille. Elle démultiplie les capacités d'action du Conseil constitutionnel en lui offrant, indirectement, accès à l'expertise de la Cour des comptes. Au regard de ces données, il est largement concevable que le Conseil constitutionnel censure une loi de règlement pour insincérité suite à un refus de la Cour des comptes de certifier les comptes ou suite à des réserves qu'elle pourrait émettre sur ce terrain[1603]. Le Conseil constitutionnel ne rappelle-t-il pas, dans ses décisions, l'article 32 de la LOLF qui énonce que la sincérité des lois de finances « s'apprécie compte tenu des informations disponibles et des prévisions qui peuvent raisonnablement en découler »[1604].

Cette hypothèse constitue un cas d'école en matière de contrôle des lois de règlement. On peut légitimement penser qu'elle a pu inspirer *mutatis mutandis* la solution rendue par le Conseil constitutionnel dans le cadre du contrôle du *Traité sur la stabilité, la coordination et la gouvernance au sein de l'Union européenne*. L'une des nouveautés de ce traité, en plus de prévoir des mécanismes d'introduction de la « règle d'or » en droit interne, résidait dans la création d'une instance particulière destinée à vérifier les prévisions macroéconomiques du gouvernement et à apprécier la cohérence des lois de programmation des finances publiques avec d'une part, les engagements européens de la France, et d'autre part, avec les lois de finances ; en ce qui concerne précisément la trajectoire des finances et l'objectif de déficit structurel prévu à moyen terme. Cette nouvelle instance est le Haut Conseil des finances publiques.

À l'occasion de deux décisions rendues à propos de ce traité et de son incorporation en droit interne, le juge constitutionnel a opéré une évolution de son contrôle de la sincérité budgétaire qui s'effectue désormais, s'agissant des lois de programmation des finances publiques « en prenant en compte l'avis »[1605] rendu par le Haut Conseil. Et le juge constitutionnel d'ajouter « qu'il en ira de même de l'appréciation de la sincérité des lois de finances et des lois de financement de la sécurité sociale »[1606]. Ainsi affirme-t-il dans sa décision *2014-699 DC* qu'il « ne ressort ni de l'avis du Haut Conseil des finances publiques ni des autres éléments soumis au Conseil constitutionnel que les hypothèses économiques pour l'année 2014 sur lesquelles est fondée

[1603] Conformément à l'hypothèse soulevée par Michel LASCOMBE et Xavier VANDENDRIESSCHE, « Conseil constitutionnel et Cour des comptes : plaidoyer pour une coopération renforcée », *In Constitution et finances publiques: études en l'honneur de Loïc Philip*, Éd. Économica, 2005, p. 435-454, notamment p. 452 et s.

[1604] V. notamment Cons. Const., décision n°2006-538 DC du 13 juillet 2006, *Loi portant règlement définitif du budget de 2005*, cons. 3.

[1605] Cons. Const., décision n°2012-658 DC du 13 décembre 2012, *Loi organique relative à la programmation et à la gouvernance des finances publiques*, cons. 19.

[1606] Ibid., cons. 52. ; V. égal. Cons. Const., décision n°2012-653 DC du 9 août 2012, *Traité sur la stabilité, la coordination et la gouvernance au sein de l'Union économique et monétaire*, cons. 27.

la loi déférée, soient entachées d'une intention de fausser les grandes lignes de son équilibre »[1607].

667. Les avis des experts restent toutefois – pour le moment ! – d'une portée relative ainsi que l'illustre le brevet de constitutionnalité distribué par le Conseil constitutionnel au projet de loi de finances pour 2017. Celui-ci a bel et bien été octroyé en dépit du fait que le Haut Conseil des finances publiques eût jugé « improbable » la réduction structurelle du déficit public telle qu'elle y était inscrite – et bien que le Conseil constitutionnel eût fortement souligné les réserves du Haut Conseil. Toutefois, les perspectives de collaboration ouvertes par la prise en compte des avis d'expert par le juge constitutionnel renforcent largement la palette de ses pouvoirs dans un contrôle budgétaire qui semblait manquer, jusque-là, d'intensité.

β. Les travaux préparatoires dans la jurisprudence constitutionnelle.

668. L'utilisation par le Conseil constitutionnel d'outils « scientifiques » se vérifie également en matière de travaux préparatoires auxquels le Conseil se réfère couramment. Ceux-ci lui permettent, dans une perspective rhétorique, de justifier de l'intention des parlementaires dans le cadre d'un texte précis de loi.

À titre d'exemple, dans une décision *2000-441 DC,* le juge constitutionnel estime qu'il ressort des « débats parlementaires » que l'institution d'une taxe pour les entreprises portant sur la consommation de produits énergétiques avait pour « objectif de renforcer la lutte contre 'l'effet de serre' ». Partant, c'est bien « en fonction de l'adéquation des dispositions critiquées à cet objectif d'intérêt général qu'il convient de répondre aux griefs tirés de la rupture de l'égalité devant l'impôt »[1608]. Or, comme le relève le juge constitutionnel, la consommation d'électricité est soumise à cette taxe alors même que la particularité de ses sources de production en France implique « qu'elle contribue très faiblement au rejet de gaz carbonique ». Plus tard, c'est bien en se référant aux « travaux parlementaires » que le juge constitutionnel a pu identifier l'objectif de la contribution carbone « de mettre en place des instruments permettant de réduire significativement le réchauffement de la planète »[1609].

Il mobilise de la même façon les travaux préparatoires dans une décision *2011-644 DC* en matière de santé publique à propos de la mise en place d'une contribution sur « certaines boissons contenant des sucres ajoutés »[1610].

En réalité, et comme l'affirme le professeur suisse Luzius Mader, le juge est appelé à « construire la donnée de référence »[1611] à laquelle rapporter son

---

[1607] Cons. Const., décision n°2014-699 DC du 6 août 2014, *Loi de finances rectificatives pour 2014*, cons. 4.

[1608] Cons. Const., décision n°2000-441 DC du 28 décembre 2000, *Loi de finances rectificatives pour 2000*, cons. 35.

[1609] Cons. Const., décision n°2009-599 DC du 29 décembre 2009, *Loi de finances pour 2010*, cons. 81.

[1610] Cons. Const., décision n°2011-644 DC du 28 décembre 2011, *Loi de finances pour 2012*, cons. 12.

[1611] Luzius MADER, *L'évaluation législative: pour une analyse empirique des effets de la législation*, Éd. Payot, Coll. juridique romande. Études et pratique, 1985, p. 79.

contrôle. Pour y parvenir, il doit notamment tenir compte des travaux préliminaires de la législation, c'est-à-dire des travaux parlementaires et des débats parlementaires. Le juge est alors dans la position de l'évaluateur et exerce, lui-même, à son tour, une forme d'expertise.

γ. Les études d'impact dans la jurisprudence constitutionnelle.

669. Cette influence de l'expertise scientifique trouve également à se confirmer dans l'utilisation directe par le Conseil constitutionnel d'un autre outil spécifique : l'étude d'impact. Depuis une loi organique du 15 avril 2009[1612], il existe une véritable obligation pour les projets de loi d'être accompagnés d'une étude d'impact. Cette exigence relativement récente traduit bien la pénétration de la rationalité juridique par la rationalité scientifique. Cette influence de l'une sur l'autre se traduit dans le succès rencontré par la légistique qui a « pour objet d'exposer les connaissances et les méthodes qui peuvent être mises au service de la formation de la législation »[1613] ; celle-ci pouvant s'entendre comme une « science de la création du droit écrit »[1614].

Le Conseil constitutionnel qui s'est tardivement saisi de l'outil, a accepté de se prononcer sur le respect de l'obligation d'étude d'impact dans le cadre de l'article 61 de la Constitution. Confronté à un moyen relevant l'inexactitude matérielle de l'étude d'impact, le juge constitutionnel avait choisi de considérer, dans une décision *2000-436 DC,* que celle-ci n'avait pour vocation que la bonne information du Parlement « sur les incidences du texte qui lui est soumis » et qu'ainsi ses éventuelles imperfections étaient « sans incidence sur la conformité à la Constitution de la loi définitivement votée »[1615]. Malgré cette réticence, les parlementaires se sont véritablement appropriés le moyen en le soulevant à maintes reprises sans grand succès – bien que le Conseil ne s'en soit saisi qu'à partir de la décision *2010-603 DC*[1616].

670. S'il ressort de l'analyse de la jurisprudence constitutionnelle que les études d'impact ne sont pas encore utilisées directement par le Conseil constitutionnel à l'appui d'une déclaration d'inconstitutionnalité, elles semblent tout de même servir d'outils secondaires à la décision du juge constitutionnel. En effet, il n'est plus rare que les études d'impact soient

---

[1612] Loi organique n°2009-403 du 15 avril 2009, *relative à l'application des articles 34-1, 39 et 44 de la Constitution.*

[1613] Charles-Albert MORAND, « Éléments de légistique formelle et matérielle », *in* Charles-Albert MORAND (dir.), *Légistique formelle et matérielle*, Éd. PUAM, Coll. Faculté de droit et de science politique d'Aix-Marseille, 1999, p. 17.

[1614] Paul DELNOY, « De la légistique conçue comme la science de la création du droit écrit », *in Aux confins du droit. essais en l'honneur du professeur Charles-Albert Morand*, Éd. Helbing et Lichtenhahn, Coll. genoise, 2001, p. 69.

[1615] Cons. Const., décision n°2000-436 DC du 7 décembre 2000, *Loi relative à la solidarité et au renouvellement urbain*, cons. 3.

[1616] Cons. Const., décision n°2010-603 DC du 11 février 2010, *Loi organisant la concomitance pour le renouvellement des conseils généraux et des conseils régionaux*, cons. 3.

évoquées dans les commentaires des décisions du Conseil [1617] ; indépendamment du contrôle de conformité (DC) ou du contrôle des QPC et alors que des observateurs avisés avaient annoncé que « le contrôle du document à l'occasion d'une question prioritaire de constitutionnalité semble exclu » [1618]. Au contraire les références aux études d'impact dans les commentaires des décisions du Conseil augmentent même sensiblement[1619]. Ainsi le Conseil s'est référé à l'étude d'impact à propos de la réforme du financement du régime de l'assurance chômage par une fraction de la CSG attribuée à l'UNEDIC[1620], à propos de la mise en œuvre de la procédure de vidéo-audience en matière de contentieux de l'admission des étrangers sur le territoire national[1621] ou encore à propos de l'assouplissement des normes relatives à l'accessibilité des personnes handicapées dans les bâtiments d'habitation collectifs[1622].

2° La science comme référence abstraite du contrôle de constitutionnalité

671. Si les outils de la science influencent directement le contrôle de constitutionnalité, la science elle-même s'érige désormais comme une référence abstraite du contrôle de constitutionnalité. En effet, tout d'abord, elle bouleverse le contrôle de constitutionnalité dont elle détermine certains des canons (α). Par là même c'est le contenu du droit constitutionnel qu'elle modifie et influence en profondeur. C'est donc la rationalité juridique qu'elle subvertit. Ensuite, elle constitue un objet propre, une référence autonome du contrôle de constitutionnalité, qui se matérialise abstraitement dans une ou plusieurs normes de droit positif sans que l'on parvienne à discerner avec précision son contenu (β).

α. L'apparition de nouveaux canons scientifiques du contrôle de constitutionnalité.

672. L'acculturation du juge constitutionnel aux outils scientifiques interroge. Elle apparaît caractéristique d'une transformation profonde de la rationalité juridique et d'une harmonisation progressive des canons juridiques et scientifiques justifiant, à tout le moins, d'une certaine forme d'interdépendance. Cette immixtion de la rationalité scientifique dans le droit fait évoluer les canons normatifs juridiques. Les études d'impact traduisent désormais une véritable *obligation d'information du Parlement*

[1617] Commentaire de la décision n°2015-524 QPC du 2 mars 2016, *M. Abel Manane M. K.*, p. 11 ; Commentaire de la décision n°2015-713 DC et 2015-714 DC du 23 juillet 2015, *Loi relative au renseignement* et *Loi organique relative à la nomination du président de la Commission nationale de contrôle des techniques de renseignement*, p. 4.

[1618] Bertrand-Léo COMBRADE, *L'obligation d'étude d'impact des projets de loi*, Éd. Dalloz, Coll. Nouvelle bibliothèque de thèses, 2017, p. 111.

[1619] V. par ex., Commentaire de la décision n°2018-765 DC du 12 juin 2018, *Loi relative à la protection des données personnelles*, p. 14.

[1620] Commentaire de la décision 2018-769 DC du 4 septembre 2018, *Loi pour la liberté de choisir son avenir professionnel*, p. 3.

[1621] Commentaire de la décision n°2018-770 DC du 6 septembre 2018, *Loi pour une immigration maîtrisée, un droit d'asile effectif et une intégration réussie*, p. 14.

[1622] Commentaire de la décision n°2018-772 DC du 15 novembre 2018, *préc.*, p. 2.

ainsi qu'une nouvelle *exigence d'information*[1623]. En outre, le défaut d'étude d'impact – ou son insuffisance – est censé porter atteinte *à la clarté et la sincérité des débats.* C'est, du reste, l'argument invoqué par les parlementaires qui s'en prévalent à l'appui de leurs saisines[1624].

673. *L'exigence de clarté* illustre également parfaitement la pénétration du droit par la science. Cette dernière ne vise que *l'objectivité dans la connaissance*. La clarté doit permettre de l'obtenir. Invoquée à propos du débat parlementaire, elle se nourrit de la même fiction que l'exigence de clarté de la loi. C'est la fiction nécessaire de l'intelligibilité du droit qui participe désormais des canons de référence du juge constitutionnel.

C'était précisément l'enjeu de la décision *2005-530 DC* que d'établir la parenté entre toutes ces exigences. À l'occasion de cette décision, le juge énonce que les citoyens doivent disposer « d'une connaissance suffisance des règles qui leur sont applicables »[1625]sauf à méconnaître la garantie des droits. Or, pour le juge, en matière fiscale tout particulièrement, la loi peut atteindre des niveaux de complexité tels « qu'elle devient inintelligible pour le citoyen » [1626]. Cette inintelligibilité peut alors se traduire par une inconstitutionnalité.

674. Ces nouveaux outils traduisent en réalité une nouvelle forme de gouvernance ou plutôt une nouvelle façon de prendre des décisions : *la gouvernance par les indicateurs*. En cela, dire que le Conseil constitutionnel est influencé par la science signifie plutôt qu'il mobilise des chiffres, des valeurs numéraires, des statistiques. Il n'est pas rare de voir le Conseil constitutionnel évoquer la prise en compte « d'indicateurs objectifs ». Bien souvent cette prise en compte est médiate et passe par le biais du législateur. C'est parce que le législateur a pris en compte un certain nombre d'indicateurs objectifs dans le cadre de son office que le juge constitutionnel apprécie, à travers la question de la constitutionnalité de la mesure en question, ces divers indicateurs.

675. C'est ce qu'illustre une décision *2001-454 DC*. Appelé à se prononcer sur la mise en œuvre d'une aide fiscale aux employeurs de main d'œuvre agricole installés en Corse, le Conseil énonce que « la mesure est édictée dans la perspective d'un redressement de l'agriculture corse dont le

---

[1623] Bertrand-Léo COMBRADE, *L'obligation d'étude d'impact des projets de loi*, *op. cit.*, p. 12.

[1624] V. notamment, Cons. Const., décision n°2012-661 DC du 29 décembre 2012, *Loi de finances rectificative pour 2012, (III)*, cons. 33 ; Cons. Const., décision n°2013-667 DC du 16 mai 2013, *Loi relative à l'élection des conseillers départementaux, des conseillers municipaux et des conseillers communautaires, et modifiant le calendrier électoral*, cons.2 ; Cons. Const., décision n°2013-669 DC du 17 mai 2013, *Loi ouvrant le mariage aux personnes de même sexe*, cons. 2. ; Cons. Const., décision n°2014-690 DC du 13 mars 2014, *Loi relative à la consommation*, cons. 12 ; Cons. Const., décision n°2014-691 DC du 20 mars 2014, *Loi pour l'accès au logement et à un urbanisme rénové*, cons. 49 ; Cons. Const., décision n°2015-715 DC du 5 août 2015, *Loi pour la croissance, l'activité et l'égalité des chances économiques*, cons. 2. ; Cons. Const., décision n°2015-727 DC du 21 janvier 2016, *Loi de modernisation du système de la santé*, cons. 14 ; Cons. Const., décision n°2018-769 DC du 4 septembre 2018, *Loi pour la liberté de choisir son avenir professionnel*, § 2.

[1625] Cons. Const., décision n°2005-530 DC du 29 décembre 2005, *Loi de finances pour 2006*, cons. 77.

[1626] *Ibid.*, cons. 78.

législateur a pu estimer la situation dégradée au regard d'indicateurs objectifs »[1627]. Elle est donc conforme à la Constitution.

676. C'est également le cas dans une décision *2003-483 DC*. Appelé à se prononcer sur la conformité à la Constitution d'une disposition législative instaurant une majoration de la durée de l'assurance sociale pour des femmes ayant élevé un enfant, le juge constitutionnel invoque, au soutien, la particularité de leur condition. Il estime qu' « il appartenait au législateur de prendre en compte les inégalités de fait dont les femmes ont jusqu'à présent été l'objet »[1628] et invoque des données statistiques. Il estime ainsi qu' « en 2001, leur durée moyenne d'assurance était inférieure de onze années à celle des hommes »[1629] et « que les pensions des femmes demeurent en moyenne inférieures de plus du tiers à celles des hommes »[1630].

677. Ces considérants ne constituent rien d'autre qu'une variante de la recherche par le Conseil constitutionnel, conformément aux canons scientifiques, des « critères objectifs et rationnels »[1631] sur lesquels reposent les dispositions dont il est saisi. Autrement dit *c'est bien la recherche d'une certaine forme d'objectivité dans la connaissance de l'action du législateur – et son contrôle afférent – qui permet aux dispositions d'être considérées comme constitutionnelles*. Ce raisonnement n'est pas l'apanage du contrôle *a priori* et préside également le contrôle *a posteriori* effectué par le Conseil[1632].

678. Par conséquent, l'on peut, sans contradiction aucune affirmer que sous l'effet de ces nouveaux canons scientifiques, les méthodes des juges évoluent. Ainsi qu'on l'a montré, la proportionnalité devient un instrument à part entière du raisonnement[1633]. Les outils s'affinent sous la poussée de nouvelles exigences. *L'exigence de précaution* en constitue un bel exemple qui entretient un certain nombre de liens avec la pratique de l'expertise. En effet, la précaution n'est jamais rien d'autre que l'exigence d'expertise scientifique face à tout risque potentiel. Dans ces conditions, l'expertise scientifique prend davantage de poids dans la prise de décision politique. Ce constat confirme le propos de M. Alain Supiot qui considérait que « le Droit a été, avec la science, le lieu d'invention d'une approche méthodique et rationnelle des situations d'incertitude »[1634].

[1627] Cons. Const., décision n°2001-454 DC du 17 janvier 2002, *Loi relative à la Corse*, cons. 34.

[1628] Cons. Const., décision n°2003-483 DC du 14 août 2003, *Loi portant réforme des retraites*, cons. 25.

[1629] *Id.*

[1630] *Id.*

[1631] V. par ex., Cons. Const., décision n°2005-530 DC du 29 décembre 2005, *préc.*, cons. 49.

[1632] V. par ex., Cons. Const., décision n°2010-70 QPC du 26 novembre 2010, *M. Pierre-Yves M.*, cons. 4.

[1633] V. *supra*, § 437 et s.

[1634] Alain SUPIOT, « L'autorité de la science : vérité scientifique et vérité légale », *in* Pierre ROSANVALLON (dir.), *Science et démocratie*, Actes du colloque organisée au Collège de France les 17 et 18 octobre 2013, Éd. Odile Jacob, Coll. Collège de France, 2014, p. 84.

β. L'apparition de nouvelles références du contrôle de constitutionnalité.

679. Dans une communication récente, Mme Marthe Fatin Rouge Stéfanini a montré qu'il n'était pas rare, en Europe, que les textes constitutionnels proclament la liberté de recherche scientifique[1635]. Ainsi, l'article 20 de la Constitution espagnole énonce le « droit à la production et à la création scientifique », l'article 33 de la Constitution italienne évoque la « liberté de la science », l'article 73 alinéa 4 de la Constitution portugaise dispose que « la création et la recherche scientifiques, ainsi que l'innovation technologique, sont encouragées et soutenues par l'État, de façon à garantir leur liberté et leur autonomie, le renforcement de la compétitivité et la coordination entre les institutions scientifiques et les entreprises ». La Constitution suisse de 1999 énonce lapidairement que « la liberté de l'enseignement et de la recherche scientifique est garantie ».

Si la Constitution française ne fait pas expressément référence à la science, la liberté de recherche scientifique n'est pas totalement absente du corpus constitutionnel. Elle est même à l'origine d'un principe fondamental reconnu par les lois de la République. En effet, dans la décision *83-165 DC*, c'est bien la « nature même » des « fonctions d'enseignement et de recherche » qui « demandent dans l'intérêt du service, que la libre expression et l'indépendance des personnels soient garantis par les dispositions qui leur sont applicables »[1636]. La Charte de l'environnement comporte elle aussi des énoncés similaires. Son article 9 dispose ainsi que « la recherche et l'innovation doivent apporter leur concours à la préservation et à la mise en valeur de l'environnement ».

680. La science s'invite également en droit constitutionnel par d'autres voies qui confirment le phénomène de scientificisation de la fabrique du droit. La procédure jurislative s'enrichit sans cesse de nouveaux éléments inspirés directement de l'idéal scientifique. Ainsi, le législateur recourt toujours, lors de l'élaboration d'un projet ou d'une proposition de loi à l'audition d'experts, bien souvent en commission. Comme le note Mme Marthe Fatin Rouge Stéfanini, ce travail préalable sert de cadre à l'élaboration des lois, il est porté « à la connaissance de tous, y compris à celle du Conseil constitutionnel »[1637].

681. Le Conseil constitutionnel se réfère bien souvent à un considérant de principe selon lequel, il ne lui appartient pas « de remettre en cause, au regard de *l'état des connaissances et des techniques* les dispositions ainsi prises par le législateur », en matière de bioéthique par exemple[1638], et notamment d'interruption volontaire de grossesse. Saisi par un groupe de sénateurs à propos de l'allongement de deux semaines de la durée légale

[1635] Marthe FATIN-ROUGE STEFANINI, « La place des sciences dans les constitutions et la jurisprudence constitutionnelle », *loc. cit.*, p. 7.

[1636] Cons. Const., décision n°83-165 DC du 20 janvier 1984, *Loi relative à l'enseignement supérieur*, cons. 19.

[1637] Marthe FATIN-ROUGE STEFANINI, « La place des sciences dans les constitutions et la jurisprudence constitutionnelle », *loc. cit.*, p. 8.

[1638] Cons. Const, décision n°94-343/344 DC du 27 juillet 1994, *Loi relative au respect du corps humain et loi relative au don et à l'utilisation des éléments et produits du corps humain, à l'assistance médicale à la procréation et au diagnostic prénatal.*

d'IVG, le Conseil constitutionnel affirme bien que « la loi n'a pas, *en l'état des connaissances et des techniques*, rompu l'équilibre que le respect de la Constitution impose entre, d'une part, la sauvegarde de la dignité de la personne humaine contre toute forme de dégradation et, d'autre part, la liberté de la femme »[1639]. En outre, « si l'interruption volontaire de grossesse constitue un acte médical plus délicat lorsqu'elle intervient entre la dixième et la douzième semaine, elle peut être pratiquée, *en l'état actuel des connaissances et des techniques médicales*, dans des conditions de sécurité telles que la santé de la femme ne se trouve pas menacée »[1640].

682. Le Conseil a procédé de la même façon à propos des prélèvements de cellules du sang de cordon ou placentaire ou de cellules du cordon ou du placenta destinés à des greffes dans le cadre familial. Il a pu estimer qu'il ne lui appartenait pas « au regard de l'état des connaissances et des techniques » de remettre en cause cette interdiction. Ainsi, « l'impossibilité de procéder à un prélèvement de cellules du sang de cordon ou placentaire ou de cellules du cordon ou du placenta aux seules fins de conservation par la personne pour un éventuel usage ultérieur notamment dans le cadre familial sans qu'une nécessité thérapeutique lors du prélèvement ne le justifie, ne saurait être regardée comme portant atteinte à la protection de la santé telle qu'elle est garantie par le Préambule de 1946 »[1641].

683. La solution est relativement similaire sur la question de la vaccination obligatoire. Le Conseil constitutionnel considère que l'obligation de vaccination pour les enfants mineurs prévue par le législateur n'était pas manifestement inappropriée à l'objectif de protection de la santé publique qu'il s'était fixé. Il ne lui appartenait donc pas « de remettre en cause, au regard de l'état des connaissances scientifiques, les dispositions prises par le législateur ni de rechercher si l'objectif de protection de la santé que s'est assigné le législateur aurait pu être atteint par d'autres voies »[1642]. Appelé à se prononcer sur la suspension par le législateur de toute fabrication, importation, exportation ou mise sur le marché de conditionnements ou ustensiles, contenant ou comportant du bisphénol A, le juge constitutionnel a invoqué l'état des connaissances scientifiques pour ne pas remettre en cause les dispositions prises par le législateur[1643].

684. La logique est identique en matière environnementale. L'interdiction de mise à disposition et plus précisément de vente, des gobelets, verres et assiettes jetables de cuisine en plastique faite par le législateur n'est pas manifestement contraire à la Constitution. En effet, en procédant de la sorte, « le législateur a entendu favoriser la réduction des déchets plastiques, dans un but de protection de l'environnement et de la santé publique ». De la sorte, il n'appartenait pas au Conseil « de remettre en cause, au regard de l'état des

---

[1639] Cons. Const., décision n°2001-446 DC du 27 juin 2001, *Loi relative à l'interruption volontaire de grossesse et à la contraception*, cons. 5.

[1640] *Ibid.*, cons. 7.

[1641] Cons. Const., décision n°2012-249 QPC du 16 mai 2012, *Société Cryo-Save France*, cons. 8.

[1642] Cons. Const., décision n°2015-458 QPC du 20 mars 2015, *Époux L.*, cons. 10.

[1643] Cons. Const., décision n°2015-480 QPC du 17 septembre 2015, *Association Plastics Europe*, cons. 6.

connaissances, l'appréciation par le législateur des conséquences susceptibles de résulter pour l'environnement et pour la santé publique de l'utilisation de ces produits »[1644]. Malgré la prudence – si ce n'est la timidité – du Conseil constitutionnel en la matière, ces décisions révèlent bien une véritable percée de la rationalité scientifique dans le droit. La science, plus précisément, les « connaissances scientifiques » constituent une référence incontournable du contrôle de constitutionnalité.

685. La rationalité scientifique peut également s'entendre *du progrès technique* ou *technologique*. Ainsi, l'évolution – scientifique – des techniques humaines rejaillit sur le droit dont elle transforme les objets. C'est ce que résumait René Cassin dans une célèbre conférence : « pour ce qui concerne le droit à la vie (gestation, alimentation, santé), à l'information, à la communication des idées, pour la circulation des êtres humains, pour l'accroissement du pouvoir de l'homme par l'instruction, l'outillage (ordinateurs), l'influence de la science s'avère de plus en plus considérable »[1645].

686. Le développement du réseau internet, qui confère à la libre communication des pensées et des opinions une portée considérable et toute nouvelle, illustre tout particulièrement ce phénomène devant le Conseil constitutionnel. Le Conseil constitutionnel n'hésite pas à rappeler cette vérité qu'en matière scientifique, l'évolution de la technique, précède le droit. En effet, « en l'état actuel des moyens de communication et eu égard au développement généralisé des services de communication au public en ligne ainsi qu'à l'importance prise par ces services pour la participation à la vie démocratique et l'expression des idées et des opinions, ce droit [à la communication] implique la liberté d'accéder à ces services »[1646].

687. Le développement continu des droits de l'environnement illustre également ce phénomène. Le juge constitutionnel reconnaît, par exemple, la valeur constitutionnelle de l'ensemble des dispositions de la Charte de l'environnement [1647]. Surtout, comme l'affirme le professeur Bertrand Mathieu, « la science, qui est à la fois la cause des dégradations causées à l'environnement et l'instrument par lequel on entend les réparer ou les prévenir, est au centre de la logique sur laquelle est construite » la Charte des droits fondamentaux[1648].

[1644] Cons. Const., décision n°2018-771 DC du 25 octobre 2018, *Loi pour l'équilibre des relations commerciales dans le secteur agricole et alimentaire et une alimentation saine, durable et accessible à tous*, § 17.

[1645] René CASSIN, « La science et les droits de l'homme », *Impact : science et société*, vol. 25, n°4, 1972, réimp. *in* Lydie KOCH-MIRAMOND et Gérard TOULOUSE (dir.), *Les scientifiques et les droits de l'homme*, Éd. de la Maison des sciences de l'homme, 2003, p. 260.

[1646] Cons. Const., décision n°2009-580 DC du 10 juin 2009, *Loi favorisant la diffusion et la protection de la création sur internet*, cons. 12.

[1647] V. par ex. Yann AGUILA, « Les acteurs face à la constitutionnalisation du droit de l'environnement », *NCCC*, vol. 43, n°2, 2014, p. 43-55.

[1648] Bertrand MATHIEU, « Observations sur la portée normative de la charte de l'environnement », *CCC*, vol. 15, n°2, 2003, p. 145-152.

B. Les valeurs numéraires comme objet du contrôle budgétaire

688. Cantonné à l'ordre de « l'observable et du mesurable »[1649], domaine propre de la science d'après le philosophe des sciences, M. Jean-François Gautier, le droit cherche désormais à établir des « rapports numériques entre les choses »[1650] qui permettent de rendre plus objectifs certains phénomènes à l'instar de ce qui est pratiqué en physique ou en mathématique. C'est là l'indice le plus évident de la réception de l'influence scientifique. En droit, la matière financière et plus précisément budgétaire illustre parfaitement la *tyrannie des valeurs* quantitatives. Le contrôle du budget par le Conseil constitutionnel et les références aux notions axiologiques « d'équilibre » budgétaire (1°) et de « sincérité » budgétaire (2°), qui mobilisent logiquement pour advenir des valeurs numéraires, chiffrées, en témoignent.

1° L'équilibre budgétaire dans la jurisprudence constitutionnelle : point de rencontre des valeurs numéraires

689. Dans son cours au Collège de France portant sur *la Gouvernance par les nombres,* M. Alain Supiot faisait remonter ce mode spécifique de gouvernement à l'apparition de la doctrine de la *Nouvelle gestion publique* qui visait à étendre aux Administrations publiques les règles relatives à la gestion des entreprises privées[1651]. C'est en matière financière que les germes de cette doctrine ont donné les plus beaux fruits. Le professeur Bouvier saluait déjà, il y a près de dix ans, l'apparition, dans le sillage de la *Nouvelle gestion publique*, d'une *Nouvelle Gouvernance Financière Publique*[1652]. Cette dernière doctrine trouve sa source dans la conception et la mise en place de la *Révision générale des politiques publiques* de 2007. Celle-ci a conduit à une réforme en profondeur de la gouvernance des finances publiques en favorisant au moyen de nouveaux outils[1653] – programmation triennale des dépenses de l'État, révision de l'article 34 de la constitution et création des lois de programmation pluriannuelle des finances publiques – la programmation pluriannuelle du budget. À travers ces évolutions, « c'est bien tout un ensemble de valeurs qui se trouve bouleversé et, avec lui, tout un corps de références et de pratiques »[1654].

690. La *loi organique relative aux lois de finances* portait déjà en elle les ferments d'une telle remise à plat. La LOLF cherche à réorienter l'ensemble de l'action publique vers la réalisation d'objectifs précis et surtout chiffrés. Il en va ainsi, par exemple, de la nomenclature budgétaire. Il en va également de la répartition des crédits par programme qui s'accompagne en général de *projets annuels de performance* précisant, pour chacun d'entre eux, « la

---

1649 Jean-François GAUTIER, *L'Univers existe-t-il ?*, Éd. Actes Sud, Coll. Le génie du philosophe, 1994, p. 52.

1650 *Ibid.*, p. 56.

1651 Alain SUPIOT, *La gouvernance par les nombres: cours au Collège de France*, 2012-2014, Éd. Fayard, Coll. Poids et mesures du monde, 2015.

1652 Michel BOUVIER, « La révision générale des politiques publiques et la métamorphose de l'Etat », *AJDA*, n°7, 2008, p. 329-333.

1653 V. à ce sujet, Michel BOUVIER, « Programmation pluriannuelle, équilibre des finances publiques et nouvelle gouvernance financière », *LPA*, n°16, 2009, p. 52-57.

1654 *Id.*

présentation des actions, des coûts associés, des objectifs poursuivis, des résultats obtenus et attendus pour les années à venir »[1655]. Ceux-ci sont souvent mesurés au moyen *d'indicateurs* quantifiés qui donnent « une indication chiffrée de la progression attendue et obtenue de performance »[1656].

691. De la même façon, les lois de finances « déterminent, pour un exercice, la nature, le montant et l'affectation des ressources et des charges de l'État, ainsi que l'équilibre budgétaire et financier qui en résulte. Elles tiennent compte d'un équilibre économique défini, ainsi que des objectifs et des résultats des programmes qu'elles déterminent »[1657]. Dans une décision quelque peu obscure, le Conseil constitutionnel semble attribuer à l'équilibre économique et financier le rang de « principe fondamental » sans que l'on sache exactement l'interprétation qu'il en retient[1658]. Il semblerait tout de même que le Conseil en consacre ici une interprétation souple. Cette consécration en demi-teinte du principe permet de supposer qu'il puisse sanctionner son éventuel non-respect. Cependant, la lecture qu'en donne le Conseil constitutionnel réduit le caractère opérant du principe et par là même les probabilités de sanction du budget sur ce fondement.

692. Une telle lecture a été confirmée par le Conseil constitutionnel à propos de l'examen du *projet de loi de finances pour 2019*. En effet, sur le fondement de la sincérité budgétaire, les députés requérants arguaient d'une atteinte à l'équilibre budgétaire. Ils faisaient précisément valoir que le texte ne tenait pas compte de certaines mesures annoncées par le président de la République pour faire face aux manifestations des « gilets jaunes » comme la défiscalisation de la prime exceptionnelle, ou encore de la baisse de la Contribution sociale généralisée de certains retraités. Le gouvernement avait préféré, conformément à l'avis du Conseil d'État, faire figurer ces mesures dans une loi distincte de la loi de finance initiale pour 2019, à savoir la loi n°2018-1213 du 24 décembre 2018 *portant mesures d'urgence économiques et sociales*. L'influence budgétaire minime des présentes mesures au titre de l'exercice 2018 n'imposait pas au gouvernement de produire un projet de la loi de finances rectificative pour 2018. Pour 2019 cependant, « si l'évolution des charges ou des ressources était telle qu'elle modifierait les grandes lignes de l'équilibre budgétaire, il appartiendrait en tout état de cause au Gouvernement de soumettre au Parlement un projet de loi de finances rectificative »[1659]. Pour le dire autrement, « la loi de finances pour 2019 n'était pas tenue d'intégrer à ses prévisions de déficit des mesures non encore acquises à la date de son adoption »[1660]. Le Conseil constitutionnel conclut simplement son raisonnement en affirmant qu'il ne lui appartient pas,

---

[1655] Article 51 de la Loi organique n°2001-692 du 1 août 2001 *relative aux lois de finances*.
[1656] Alain SUPIOT, *La gouvernance par les nombres: cours au Collège de France, 2012 2014*, *op. cit.*, p. 229.
[1657] Article 1 de la Loi organique n°2001-692 du 1 août 2001 *relative aux lois de finances*.
[1658] Cons. Const., décision n°79-110 DC du 24 décembre 1979, *Loi de finances pour 1980*, cons. 3.
[1659] Cons. Const., décision n°2018-777 DC du 28 décembre 2018, *Loi de finances pour 2019*, § 13.
[1660] *Ibid.* § 15.

en tant qu'il ne dispose pas d'un pouvoir général d'appréciation et de décision de même nature que celui du Parlement, « d'apprécier, en l'absence d'intention de fausser les grandes lignes de l'équilibre budgétaire déterminé par la loi de finances, le montant des autorisations d'engagement et des crédits de paiement votés »[1661].

693. À première vue, le Conseil serait donc particulièrement résistant à la gouvernance par les nombres puisqu'il refuserait de relever une inconstitutionnalité sur le fondement du non-respect d'une règle numéraire. C'est oublier toutefois qu'en matière budgétaire, celle-ci est omniprésente. La notion d'équilibre budgétaire s'entend, sous l'effet des canons européens, de plus en plus comme un *équilibre comptable* limitant quantitativement les déficits autorisés des États membres. En effet, l'article 104 du Traité de l'Union européenne interdit, aux États membres, les déficits excessifs. La commission est instituée gardienne d'une orthodoxie budgétaire appréciée au regard de deux critères relatifs à une valeur de référence chiffrée. Dans cette perspective, il y a manquement à la discipline budgétaire « si le rapport entre le déficit public prévu ou effectif et le produit intérieur brut dépasse une valeur de référence » ou « si le rapport entre la dette publique et le produit intérieur brut dépasse une valeur de référence à moins que ce rapport ne diminue suffisamment et ne s'approche de la valeur de référence à un rythme satisfaisant ». En valeur, l'on sait qu'il s'agit respectivement de 3% du PIB pour le premier et de 60% du PIB pour la seconde.

Le *Pacte de stabilité et de croissance* de 1997, en plus de prévoir un mécanisme de sanction pour faire respecter le précédent critère, est même allé jusqu'à imposer aux États de soumettre chaque année à l'Ecofin, le conseil des ministres de l'économie des pays membres, une programmation de stabilité pour trois ans. D'après M. Alain Supiot, cet indicateur « révèle le fétichisme du chiffre dont usent les gouvernants et la perte de contact avec l'état réel de l'économie auquel il les condamne »[1662].

694. Il faudra attendre 2012 et l'élaboration du *Traité sur la stabilité, la coordination et la gouvernance* pour qu'apparaissent de nouveaux indicateurs chiffrés sous l'appellation de « règle d'or ». L'article 3 du traité dispose ainsi que « la situation budgétaire des administrations publiques d'une partie contractante est en équilibre ou excédent » si « le solde structurel annuel des administrations publiques correspond à l'objectif à moyen terme spécifique à chaque pays, tel que défini dans le pacte de stabilité et de croissance révisé, avec une limite inférieure de déficit structurel de 0,5% du produit intérieur brut aux prix du marché ». Le traité prévoit également un mécanisme d'assouplissement « lorsque le rapport entre la dette publique et le produit intérieur brut aux prix du marché est sensiblement inférieur à 60% et lorsque les risques pour la soutenabilité à long terme des finances publiques sont faibles ». Alors, dans ce cas, et dans ce cas seulement, « la limite inférieure de l'objectif à moyen terme peut être relevée pour atteindre un déficit structurel d'au maximum 1% du produit

---

[1661] *Ibid.* § 17.

[1662] Alain SUPIOT, *La gouvernance par les nombres: cours au Collège de France, 2012-2014*, *op. cit.*, p. 233.

intérieur brut aux prix du marché ». Appelé à se prononcer sur le traité, le Conseil constitutionnel semble n'avoir pas fait grand cas de ces nouveaux critères chiffrés. À peine constate-t-il que les stipulations du paragraphe 1 de l'article 3 « reprennent les dispositions prévues [...] et abaissent, en outre, de 1% à 0,5% du produit intérieur brut cet objectif de moyen terme ». De la sorte, « ces stipulations reprennent en les renforçant les dispositions mettant en œuvre l'engagement des États membres de l'Union européenne de coordonner leurs politiques économiques »[1663]. Partant, comme l'affirme le Conseil constitutionnel, « dès lors que la France aura ratifié le traité et que celui-ci sera entré en vigueur, les règles figurant au paragraphe 1 de l'article 3 s'imposeront à elle ». En vertu du principe *pacta sunt servanda,* la France sera liée par ces dispositions et « la situation budgétaire des administrations publiques devra être en équilibre ou en excédent dans les conditions prévues par le traité ». De la même façon, « il appartiendra aux divers organes de l'État de veiller dans le cadre de leurs compétences respectives à l'application de ce traité ». De la sorte, « le législateur sera tenu d'en respecter les stipulations lors de l'adoption des lois de finance et des lois de financement de la sécurité sociale »[1664]. En affirmant ce dernier élément, le Conseil constitutionnel n'exclut pas la possibilité d'user de ces nouveaux outils numéraires à l'occasion de son contrôle budgétaire. Surtout la règle d'équilibre comptable instituée par le TSCG est nouvelle et modifie en profondeur les conceptions budgétaires traditionnelles du droit français.

2° La sincérité budgétaire dans la jurisprudence constitutionnelle : point de rencontre des valeurs numéraires

695. Si le principe d'équilibre budgétaire laisse supposer une prise en compte par le Conseil des valeurs numéraires, il en va également du principe de sincérité budgétaire. En effet, comme l'affirme le professeur Bouvier, « la sincérité budgétaire et comptable concerne un champ où semble régner la culture du chiffre »[1665]. Et d'ajouter que la sincérité implique nécessairement « une apparence de rationalité, d'objectivité, voire de scientificité »[1666].

696. C'est en matière de contrôle des lois de règlement que l'influence des valeurs numéraires est censée être la plus forte. Cette influence tient à la nature spécifique de la loi de règlement. Celle-ci est un vrai document comptable. D'après l'article 37 de la LOLF, la loi de règlement 1. « Arrête le montant définitif des recettes et des dépenses du budget auquel elle se rapporte ainsi que le résultat budgétaire qui en découle », 2. « Arrête le montant définitif des ressources et des charges de trésorerie ayant concouru à la réalisation de l'équilibre financier de l'année correspondante », 3. « Approuve le compte de résultat de l'exercice »[1667]. Conformément à l'article 8 de la *Loi organique relative à la programmation et à la*

1663 Cons. Const., décision n°2012-653 DC du 9 août 2012, *préc.*, cons. 16.
1664 *Ibid.*, cons. 18.
1665 Michel BOUVIER, Marie-Christine ESCLASSAN et Jean-Pierre LASSALE, *Finances publiques*, Éd. LGDJ, Coll. Manuels, 2018, p. 350.
1666 *Id.*
1667 Article 37 de la Loi organique n°2001-692 du 1 août 2001 *relative aux lois de finances*.

gouvernance des finances publiques, elle s'accompagne toujours d'un article liminaire « présentant un tableau de synthèse retraçant le solde structurel et le solde effectif de l'ensemble des administrations publiques résultant de l'exécution de l'année à laquelle elle se rapporte »[1668].

Le Conseil constitutionnel le sait qui renforce – à première vue – son contrôle de la sincérité en matière de loi de règlement. En la matière, le principe de sincérité postule « l'exactitude des comptes ». Cette évolution apparente du principe de sincérité budgétaire s'inscrit en plein dans la logique de revalorisation du contrôle *a posteriori* en matière budgétaire, tel qu'il a pu être mis en évidence par le professeur Esclassan-Bouvier[1669]. En revanche, la faiblesse de l'intensité du contrôle – limité à l'erreur manifeste d'appréciation – rend illusoire la possibilité pour le Conseil de censurer une disposition d'une loi de finances ou de règlement pour insincérité. Pourtant, certaines de ses décisions ont contribué à ouvrir les perspectives en matière de contrôle budgétaire, laissant présager par-là l'ouverture du Conseil constitutionnel à la gouvernance par les nombres et surtout à la gouvernance des experts par les nombres.

697. Il est vrai que le droit occupe une place toute particulière dans le champ des connaissances. Souvent appréhendé comme système autonome, clos, replié sur lui-même, il ne présenterait pour ses détracteurs aucun intérêt spécifique pour la connaissance ; ne serait d'aucune aide pour l'explication des phénomènes sociaux. Il ne serait jamais que « l'équivalent séculier des systèmes de règles impératives, qui en d'autres temps ou cultures ont procédé ou procèdent encore de croyances ou de rituels religieux »[1670]. Nombre de théories ont soutenu et continuent de soutenir que le droit ne serait que le masque de l'économie. Dans cette perspective, la rationalité économique est, au même titre que la rationalité scientifique, en capacité de fournir les clefs de lecture de la normativité juridique.

II. L'influence de la rationalité économique : l'évaluation du droit

698. Pendant très longtemps les interactions du droit et de l'économie se sont exprimées à travers un canal disciplinaire privilégié : le droit financier. Celui-ci apparaît dans les Facultés de droit à partir de la seconde moitié du XIXe siècle. Dans un double mouvement d'expansion il trouve ses lettres de noblesse à l'École libre des sciences politiques et se généralise à l'ensemble des Facultés de droit à partir de 1877 sous l'appellation commune d'économie politique. L'enseignement du droit financier emprunte en quelque sorte le même chemin que l'enseignement du droit constitutionnel[1671]. Confronté aux mêmes problématiques que la discipline du droit constitutionnel naissant il était logique qu'il subisse les mêmes contraintes. Il s'agissait pour l'essentiel d'« agir sur le moral de la

[1668] Article 8 de la Loi organique n°2001-692 du 1 août 2001 *relative aux lois de finances*.
[1669] Marie-Christine ESCLASSAN-BOUVIER, « L'examen des textes budgétaires et la Constitution », *LPA*, 2018, n°136, p. 19-23.
[1670] Alain SUPIOT, *La gouvernance par les nombres: cours au Collège de France, 2012-2014*, *op. cit.*, p. 16.
[1671] V. *supra*, § 118 et s.

Nation »[1672] pour reprendre l'expression de Despagnet, professeur à l'Université de Bordeaux, à la fin du XIXe siècle. La science économique, ou la discipline financière, revendique alors le statut de « science auxiliaire » du droit qu'elle cherche à renouveler. Pour Charles Turgeon, enseignant d'histoire des doctrines économiques à l'Université de Rennes à la fin du XIXe siècle, « les lois sont une sorte de vêtement qui doit se transformer et s'élargir avec la croissance progressive des sociétés »[1673]. Il s'agit de rétablir l'harmonie entre la législation et les tendances économiques d'une société en redécouvrant les liens entre le juste et l'utile. En un mot, il s'agit de faire de la normativité économique une réalité juridique. Face aux troubles du siècle, marqué par la défaite contre la Prusse et l'avènement des socialismes, le corps enseignant des économistes travaille à la légitimation du droit et de ses fondements[1674]. En aidant à « établir le principe rationnel du Juste » les économistes expliqueront aux étudiants « que la propriété a des fondements naturels »[1675]. Ce faisant, les économistes participeront de cette vaste opération de légitimation du droit. Les juristes revendiqueront alors, sous la plume de Turgeon, « l'honneur d'être leur libre auxiliaire »[1676] et non pas leurs subalternes ni leurs adversaires.

699. Aujourd'hui, pourtant, la rationalité économique s'est bel et bien émancipée de la rationalité juridique. L'économie constitue depuis la seconde moitié du XXe siècle une discipline strictement autonome. Le rapport de force semble même inversé puisque l'économie se présente désormais comme une référence incontournable du discours juridique. En cela, la normativité économique agit bien sur la rationalité juridique. Elle donne forme à de nouveaux canons juridiques et transforme les pratiques comme les modes de raisonnement. Elle conditionne dans une certaine mesure le droit. Ce constat autorise à penser que la normativité économique détermine alors partiellement la rationalité juridique. Elle impose au droit ses références comme autant de valeurs pour l'action.

Dans l'ensemble, les rapports entre l'économique et le juridique ont été souvent pensés en termes de subordination du second vis-à-vis du premier. Cette subordination a pris diverses formes.

Elle touche avant tout le droit entendu comme un objet spécifique soumis à un ordre particulier (A). Dans cette acception, l'économie est entendue *lato sensu* comme « la construction permanente de l'ordre »[1677] ou, autrement dit, comme un ordre constitutif d'une certaine harmonie. En ce sens, on parle bien, en droit privé, de « l'économie du contrat » par exemple. Cette

---

1672 Frantz DESPAGNET, « La fonction sociale des facultés de droit », *RIE*, vol. 21, 1891, p. 557.

1673 Charles TURGEON, « L'enseignement des facultés de droit, 1879-1889 », *RIE*, vol. 19, 1890, p. 300.

1674 V. à ce sujet, Lucette LE VAN-LEMESLE, *Le Juste ou le Riche: l'enseignement de l'économie politique 1815-1950*, Éd. Comité pour l'histoire économique et financière de la France, Coll. Études générales, 2004, Chapitre IX, p. 287 et s.

1675 Charles TURGEON, « L'enseignement des facultés de droit, 1879-1889 », *loc. cit.*, p. 299.

1676 *Id.*

1677 Guillaume RICHARD, « L'ordre public économique, généalogie d'une notion paradoxale », *in* Aurore LAGET-ANNAMAYER (dir.), *L'ordre public économique*, Éd. LGDJ, Coll. Droit et économie, 2018, p. 26

subordination concerne également les objets du droit et plus précisément, les normes juridiques positives qui évoluent sous la poussée de la rationalité économique (B).

A. La subordination de l'objet « droit » à l'ordre économique

700. Les objets juridiques évoluent et se transforment sous l'action de la normativité économique. Celle-ci contribue à subvertir, ou à tout le moins convertir, la rationalité juridique. Dans l'histoire des idées politiques, cette représentation spécifique a été portée par deux grandes théories à première vue très différentes mais tout aussi importantes. D'une part, les théories marxistes, dans une perspective matérialiste, subordonnent les rapports juridiques aux rapports économiques (1°). D'autre part, la théorie de la double constitution, prisée des juristes, entérine une vision du droit où il serait subordonné à d'autres normativités ou à tout le moins, coexisterait en plus ou moins bonne intelligence avec celles-ci (2°).

1° Les théories marxistes ou la subordination des objets juridiques aux rapports économiques

701. L'opposition philosophique entre idéalisme et matérialisme constitue le point de départ de l'interrogation historique marxiste. Pour rappel, et de façon très schématique, le premier courant postule que l'idée produit la matière. Dans ce schéma, le monde matériel est le résultat de l'idée. À l'inverse, pour le second courant, la matière produit l'idée ; toute idée n'étant que le résultat d'une certaine réalité matérielle. Pour Marx, l'idéalisme – qui aime à se penser universel – n'est jamais que local, nécessairement situé et donc ethno-centré[1678]. L'idéalisme ferait abstraction des rapports réels entre les hommes et plutôt que de comprendre l'homme et son activité, ne ferait que la reconstruire, à son image. Pour y parvenir, il se réfugierait par l'abstraction et la déduction dans les catégories. Ce propos est largement confirmé par M. Michel Miaille dans son *Introduction critique au droit*. Il constate que « les classifications juridiques occultent toujours leur véritable nature »[1679] derrière une certaine prétention à l'universalité et plus précisément à la scientificité. Or, dit-il, ces classifications « sont de nature historique parce qu'elles correspondent à un stade donné de l'évolution des formations sociales et qu'elles remplissent *à ce moment-là* une fonction précise » [1680]. En un mot, elles sont éminemment contingentes et ne constituent jamais qu'un « fruit de l'histoire »[1681].

À rebours de tout idéalisme, le matérialisme marxiste envisagerait toujours l'idée au second rang du processus historico-social du développement humain. La conception matérialiste « explique la formation

---

[1678] Karl MARX et Friedrich ENGELS, *Die deutsche ideologie* [1932], tr. fr. Renée CARTELLE et Gilbert BADIA, *L'idéologie allemande. Première partie, Feuerbach*, Éd. Sociales, Coll. Classiques du marxisme, 1968, pp. 58-62, notamment p. 61.

[1679] Michel MIAILLE, *Une Introduction critique au droit*, Éd. F. Maspero, Coll. Fondations, 1982, p. 160.

[1680] *Id.*

[1681] *Id.*

des idées d'après la pratique matérielle »[1682]. Reste à Marx à déterminer objectivement la base matérielle de ces rapports. Ces rapports se cristallisent autour de la notion de « besoin ». Les hommes ont pour premier besoin de « vivre »[1683]. Mais pour vivre, ils ont besoin de manger, boire, s'habiller et se loger. Ces besoins sont en principe satisfaits par la production matérielle[1684]. Toutefois, la satisfaction de ces besoins entraîne immédiatement création de nouveaux besoins envisageables grâce au développement technique[1685]. L'important réside alors dans la maîtrise des moyens de production. Ainsi, le développement historique humain rime avec « une interdépendance matérialiste des hommes [...] conditionnée par les besoins et le mode de production »[1686]. Ce développement historique du genre humain implique nécessairement la lutte pour la maîtrise de la production. Cette maîtrise de la production se transforme en toute logique en une maîtrise du commerce et fait apparaître de nouvelles formes d'échanges qui s'imposent au pouvoir politique. Le pouvoir politique est alors contraint de donner une base juridique à la structure économique dominante et comme l'écrit Marx, « chaque fois que le développement de l'industrie et du commerce a développé de nouvelles formes d'échanges, le droit fut régulièrement *obligé* de les intégrer dans les modes d'acquisition de la propriété »[1687].

702. Dans ces conditions, l'État et son droit, ne servent qu'au développement de l'économie. Le propos est confirmé par le juriste soviétique Pasukanis qui écrit que « la genèse de la forme juridique est à chercher dans les rapports d'échange »[1688]. Le rapport juridique est ainsi « directement engendré par les rapports matériels de production existant entre les hommes »[1689]. Dans ces conditions, la forme juridique n'est qu'un « produit de la médiation réelle des rapports de production »[1690]. Ainsi, la théorie marxiste est-elle également une théorie de la marchandise ou, pour le dire autrement, de l'objet. L'objet n'offre pas de résistance à l'homme qui peut ainsi s'en saisir, s'en accaparer. Pour que les objets, les choses, soient inscrits dans un rapport de marchandise, il faut d'après Marx « que les gardiens des marchandises se comportent les uns envers les autres comme des personnes dont la volonté habite ces choses »[1691]. Partant l'on ne s'approprie la chose d'autrui « que d'accord avec sa volonté, donc au moyen d'un acte de volonté commun à tous les deux »[1692]. Cet acte de volonté présuppose une reconnaissance réciproque à chacune des parties du statut de

---

1682 Karl MARX et Friedrich ENGELS, *L'idéologie allemande. Première partie, Feuerbach*, tr. Renée CARTELLE et Gilbert BADIA, *op. cit.*, p. 58.
1683 *Ibid.*, p. 38.
1684 *Ibid.*, p. 39.
1685 *Ibid.*, p. 40.
1686 *Ibid.*, p. 43.
1687 *Ibid.*, p. 109.
1688 Evgeny Bronislavovič PASUKANIS, *La théorie générale du droit et le marxisme*, tr. Jean-Marie BROHM, Éd. E.D.I., 1970, p. 33.
1689 *Ibid.*, p. 85.
1690 *Ibid.*, p. 33.
1691 Karl MARX, Das Kapital, 4ème éd., tr. fr., Joseph ROY, *Le Capital: critique de l'économie politique. Livre premier, Le procès de production du capital*, rééd. PUF, Coll. Quadrige, 2006, Chapitre II, p. 96.
1692 *Id.*

propriétaire privé et constitue « un rapport juridique qui a pour forme le contrat »[1693]. Ce rapport de volonté que constitue le rapport juridique « *reflète* le rapport économique »[1694]. Dans ce schéma l'économique précède le juridique qu'il détermine intégralement. Le droit participe de la « superstructure » d'une société c'est-à-dire de ce qui n'est pas strictement matériel, de son idéologie. La superstructure, dans le schéma matérialiste marxiste est bien systématiquement déterminée par l'infrastructure qui constitue l'ensemble des moyens de production. Le droit n'est alors, d'après Pasukanis, « qu'une forme phénoménale, fétichisée, des mêmes réalités sociales qui trouvent leur première manifestation déformée dans la marchandise »[1695].

703. Il apparaît logique, dans ces conditions, que les objets du droit ne constituent qu'un reflet de l'infrastructure, ou, pour le dire de façon plus schématique, de l'économie et des rapports de production dominants. Ils n'existent réellement qu'à la suite de cet état de chose que constitue l'économie. La Constitution exprime alors les valeurs idéologiques nécessaires à perpétuer l'infrastructure. Ainsi, la Déclaration des droits de l'homme et du citoyen énonce-t-elle, en son article 2, que *la propriété* est un droit naturel et imprescriptible de l'Homme. Le Conseil constitutionnel est très clair qui considère que « les principes mêmes énoncés par la Déclaration des droits de l'homme ont pleine valeur constitutionnelle ». Cela concerne « le caractère fondamental du droit de propriété dont la conservation constitue l'un des buts de la société politique »[1696]. Le droit de propriété y est érigé au même rang que la liberté, la sûreté ou la résistance à l'oppression. En outre, ce droit est expansif et le Conseil relève qu'il a fait l'objet « d'une notable extension de son champ d'application à des domaines individuels nouveaux »[1697]. À titre d'exemple, il s'attache à la *propriété intellectuelle*[1698] qui concerne notamment les droits d'auteur[1699].

En plus de consacrer la valeur constitutionnelle du droit de propriété, la décision *81-132 DC* opère reconnaissance de la *liberté d'entreprendre* à partir de l'article 4 de la Déclaration des Droits de l'homme et du citoyen. Le Conseil énonce ainsi que « la liberté qui [...] consiste à pouvoir faire tout ce qui ne nuit pas à autrui, ne saurait elle-même être préservée si des restrictions arbitraires ou abusives étaient apportée à la liberté d'entreprendre »[1700]. En d'autres termes, le plein respect de la liberté d'entreprendre participe du respect plus général de la liberté bien que la

---

1693 *Id.*

1694 *Id.*

1695 Evgeny Bronislavovič PASUKANIS, *La théorie générale du droit et le marxisme*, *op. cit.*, p. 11.

1696 Cons. Const., décision n°81-132 DC du 16 janvier 1982, *Loi de nationalisation*, cons. 16.

1697 *Id.*

1698 Cons. Const., décision n°90-283 DC du 8 janvier 1991, *Loi relative à la lutte contre le tabagisme et l'alcoolisme*.

1699 Cons. Const., décision n°2006-540 DC du 27 juillet 2006, *Loi relative au droit d'auteur et aux droits voisins dans la société de l'information*.

1700 Cons. Const., décision n°81-132 DC du 16 janvier 1982, *préc.*, cons. 16.

liberté d'entreprendre ne soit « ni générale ni absolue »[1701]. La liberté d'entreprendre permet en théorie, « le libre exercice de toute activité économique »[1702] et plus précisément de toute activité professionnelle[1703]. Des commentateurs considèrent que la liberté d'entreprendre constitue un pan entier de *la liberté du commerce et de l'industrie* au sein de laquelle elle s'inscrirait avec *la libre concurrence*[1704]. Le Conseil constitutionnel est plus ambigu qui ne s'est jamais clairement prononcé sur la valeur de la liberté du commerce et de l'industrie[1705] alors même qu'il semble garantir l'exercice de la libre concurrence sur le fondement propre *de l'égalité face à la commande publique*[1706].

704. *Maître du soupçon*, Marx instille au droit le doute matérialiste. Si le droit est déterminé par les rapports de production, son autonomie est de fait compromise. La logique du droit est alors intégralement subvertie, déterminé qu'il est par l'infrastructure, c'est-à-dire, par les rapports sociaux réels qui sont essentiellement des rapports économiques. Dans ces conditions M. Michel Miaille peut dénoncer la « fétichisation »[1707] de la norme juridique. Celle-ci laisse croire qu'elle vaut en soi, comme un impératif premier et catégorique. Les qualités que l'on prête à la norme juridique (impérativité, obligatoriété) sont alors illusoires. Elles appartiennent « non à la norme mais au type de relation, de rapport social réel dont cette norme est l'expression »[1708]. Dans cette perspective, la norme juridique ne crée jamais l'obligation bien qu'elle s'en prévale largement. Elle ne fait jamais que la réaliser à l'occasion d'un échange social. Raisonnant de la sorte, *la théorie marxiste ouvre une brèche vers la reconnaissance des interactions entre le droit et le fait.* Dans l'hypothèse marxiste, les faits sociaux essentiellement entendus comme rapports de production déterminent le droit qui n'en est jamais que la forme vestimentaire, l'habillage *a posteriori.*

705. L'on trouve trace d'un raisonnement similaire quoique quelque peu atténué chez les premiers théoriciens du socialisme. Ferdinand Lassalle, dans une célèbre conférence donnée à Berlin en 1862, intitulée *Qu'est-ce qu'une Constitution ?* distingue deux types de Constitutions : la Constitution formelle, qu'il appelle vulgairement « la feuille de papier »[1709] et la « vraie Constitution ». Seule la première relève de l'ordre du droit puisqu'elle annonce ce qui doit être ; tandis que la seconde relève de l'ordre du fait. Dans cette acception, la Constitution est bien la « force active qui, de toutes

---

1701 Cons. Const., décision n°85-200 DC du 16 janvier 1986, *Loi relative à la limitation des possibilités de cumul entre pensions de retraite et revenus d'activité*, cons. 4.

1702 Pierre BON, *in* Olivier DUHAMEL, Yves MENY (dir.), *Dictionnaire constitutionnel*, Éd. PUF, Coll. Grands dictionnaires, 1992, v°« Liberté d'entreprendre », p. 582.

1703 Xavier DUPRE DE BOULOIS, *Droit des libertés fondamentales*, Éd. PUF, Humensis, Coll. Thémis, 2018, p. 411.

1704 V par ex. Jean-Yves CHEROT, *Droit public économique*, Éd. Economica, Coll. Corpus, 2002, p. 44 e s.

1705 Comme le montre le caractère lapidaire du considérant dans Cons. Const., décision n°2003-474 DC du 17 juillet 2003, *Loi de programme pour l'outre-mer*, cons. 3.

1706 Cons. Const., décision n°2009-575 DC du 12 février 2009, *Loi pour l'accélération des programmes de construction et d'investissement publics et privés*, cons. 4.

1707 Michel MIAILLE, *Une Introduction critique au droit*, *op. cit.*, p. 108.

1708 *Id.*

1709 Ferdinand LASSALLE, *Qu'est-ce qu'une constitution ?*, Éd. Sulliver, 1999, p. 40.

les lois promulguées et de toutes les mesures légales prises en ce pays, fait nécessairement ce qu'elles sont »[1710]. Elle est formée pour l'essentiel des « rapports effectifs des forces ou puissances dans une société donnée » au premier rang desquels figure le rapport économique[1711]. Les thèses de Lassalle, proches de celles de Marx ne sont pas nouvelles, qui réhabilitent paradoxalement la thèse libérale de la double Constitution.

2° Les théories françaises de la *double Constitution* ou la subordination du juridique à un ordre matériel

706. La théorie de la double Constitution a connu en France un certain succès chez les juristes. Ce succès est dû à l'attrait exercé par un modèle politique particulier, aussi éloigné de nos modes de raisonnement que proche de nos frontières : le modèle anglais. Dans son *Histoire de la littérature anglaise,* Hippolyte Taine rapportait déjà cette particularité de la vie publique britannique du XIXe siècle où « par-dessus la constitution légale s'étend toujours la constitution sociale » encadrant l'action humaine dans « un moule solide qui est tout prêt »[1712].

707. Cette idée n'est pas nouvelle que l'on trouvait également sous la plume des *Physiocrates.* Ainsi Quesnay affirmait-il dans son maître ouvrage, *Physiocratie ou Constitution naturelle du gouvernement le plus avantageux au genre humain,* qu'il existait un droit naturel « que l'homme a aux choses propres à la jouissance »[1713] fondé sur la condition impérieuse « par laquelle nous sommes chargés de notre conservation sous peine de souffrance et de mort »[1714]. Ce droit existait déjà « pour le premier homme »[1715]. C'est-à-dire qu'il « existe pour un homme absolument isolé »[1716] et « précède l'ordre social »[1717]. Il existe bien chez les physiocrates un ordre naturel à découvrir, sur le modèle duquel l'ordre social doit être réglé.

Comme l'écrit Le Mercier de la Rivière dans son *Ordre naturel et essentiel des sociétés politiques,* l'enjeu de la physiocratie est de parvenir à amener l'être humain « en état de connaître l'ordre sur lequel nous devons régler notre façon d'exister pour être heureux »[1718]. Pour l'auteur, « l'ordre essentiel » donne sens aux sociétés humaines. De la sorte, « elles ne peuvent s'en écarter sans trahir leurs véritables intérêts, sans cesser même d'être sociétés »[1719]. En un mot, « l'ordre essentiel à toutes les sociétés particulières est donc l'ordre des devoirs et des droits réciproques dont l'établissement est

---

1710 *Ibid.*, p. 26.
1711 *Ibid.*, p. 30-34.
1712 Hippolyte Adolphe TAINE, *Histoire de la littérature anglaise*, T. IV, Éd. L. Hachette, 1878, p. 462.
1713 François QUESNAY, *Physiocratie ou constitution naturelle du gouvernement le plus avantageux au genre humain*, Éd. Merlin, 1768, p. III.
1714 *Id.*
1715 *Ibid.*, p. V.
1716 *Id.*
1717 *Ibid.*, p. VI.
1718 Pierre-Paul LE MERCIER DE LA RIVIERE, *L'ordre naturel et essentiel des sociétés politiques*, Éd. Desaint, 1767, p. v.
1719 *Ibid.*, p. 25.

essentiellement nécessaire à la plus grande multiplication possible des productions, afin de procurer au genre humain la plus grande somme possible de bonheur et la plus grande multiplication possible »[1720]. « L'ordre essentiel » des sociétés détermine alors l'ordre juridique spécifique et l'agencement des institutions sociales autour de « la nécessité physique de la propriété ». Ainsi, pour l'auteur, « la nécessité physique de la propriété foncière est la source où nous devons puiser toutes les institutions sociales qui constituent l'ordre essentiel des sociétés : de la nécessité de cette propriété nous voyons naître la nécessité de la propriété des récoltes ; de celle-ci la nécessité de les partager ; de cette troisième la nécessité des conventions ou des lois servant à régler ce partage ; de cette quatrième, la nécessité de toutes les autres institutions indispensables pour donner de la consistance à ces lois et aux droits qui en résultent »[1721]. Ainsi, « nous voyons se former la nécessité des Magistrats pour être les organes des lois ; celle d'une autorité tutélaire pour assurer l'observation des lois ; celle enfin de tout ce qui doit concourir à mettre cette autorité en état de produire les effets qu'on en attend »[1722]. Dans cette perspective, le droit n'a d'autre but que de retranscrire un ordre naturel économique parfait qui existe avant et indépendamment de lui. C'est là la fonction propre de la Constitution entendue comme la première des lois.

708. Les théories des Physiocrates font écho, *mutatis mutandis,* aux théories de Montesquieu. En effet, dans son maître ouvrage *De l'esprit des lois*, l'illustre auteur tente de fournir une réponse à « la question radicale de la politique » qui consiste à savoir « ce qui fonde une Constitution, c'est-à-dire ce par quoi une *res publica* quelconque se constitue »[1723]. Un semblant de réponse est apporté par le livre dix-neuf intitulé *Des lois dans le rapport qu'elles ont avec les principes qui forment l'esprit général, les mœurs et les manières d'une nation.* Montesquieu y développe le concept *d'esprit général* qui « est ce qui résulte d'un ensemble de données considéré comme un tout »[1724]. Il ne constitue rien d'autre que l'unité même d'une société. Au sein d'une telle société, les lois sont une « institution particulière »[1725] matérielle, distincte de *l'esprit général* constitué essentiellement des mœurs et des manières. L'on ne saurait, d'après Montesquieu, changer les mœurs en changeant les lois. Il revient au contraire, au législateur ou au constituant de « suivre l'esprit de la nation »[1726] qui se manifeste par « les mœurs et manières économiques et sociales »[1727]. L'ensemble constitutif de l'esprit de la nation rejaillit alors inévitablement sur le droit et les lois qui ont pour unique fonction de l'exprimer. Comme chez les Physiocrates, il existe, dans

[1720] *Ibid.*, p. 28.
[1721] *Ibid.*, p. 23.
[1722] *Id.*
[1723] Gérard MAIRET, « L'esprit général et la constitution de la respublica européenne », *Revue Montesquieu*, vol. 1, 1997, p. 99.
[1724] *Id.*
[1725] MONTESQUIEU, *De l'esprit des lois. I*, Éd. Flammarion, Coll. G.F., 1979., Livre 19, Chap. 12, p. 466.
[1726] *Ibid.*, Livre 19, Chap. 5, p. 461.
[1727] Gérard MAIRET, « L'esprit général et la constitution de la respublica européenne », *loc. cit.*, p. 98.

les théories de Montesquieu, un ordre matériel, social, distinct du juridique et que celui-ci doit retranscrire dans la mesure du possible. Le Droit est soumis à un ordre dont participe nécessairement l'économie.

709. Cette distinction n'est pas sans faire penser à la célèbre distinction de Maurice Hauriou des deux Constitutions. Pour l'illustre auteur, « nul plus que les Anglo-Saxons n'insiste sur cette vérité » que « la constitution sociale d'un pays est plus importante que sa constitution politique » ; preuve supplémentaire de l'attrait du modèle anglais. En accord avec ses conceptions institutionnalistes, et à rebours du matérialisme marxiste, Hauriou affirmait qu' « à la base de la constitution sociale, à défaut d'institutions sociales proprement dites qui soient la forme extérieure d'un groupe humain, il faut bien au moins des institutions juridiques qui soient des groupes d'idées »[1728]. La base de la constitution sociale est alors, ce qu'il appelle des « institutions juridiques objectives »[1729]. Celles-ci s'opposent aux « institutions gouvernementales » qui sont la base de la constitution politique. Plus précisément la constitution sociale se compose des « droits individuels concernant la liberté, la famille, la propriété et le commerce juridique »[1730]. Quoiqu'en dise Hauriou, la Constitution sociale possède bien plus de lien avec une autre notion clé de sa pensée : la notion d'ordre social. Le droit qui constitue bien « une organisation de la société sur certaines bases en vue d'assurer au mieux la subsistance du groupe, de faire l'entreprise d'une civilisation et aussi en vue d'obtenir, par des équilibres appropriés, le mouvement lent et uniforme de l'ensemble des situations et relations sociales »[1731] y prend alors toute sa part. Dans cette perspective, le droit positif n'est « qu'un composé d'ordre social saupoudré de justice »[1732]. L'ordre social établi auquel participe le droit serait lui-même soumis aux « efforts contraires des forces de conservation et des forces de changement »[1733] parmi lesquelles on distingue respectivement « la tendance de l'esprit aussi bien que de la matière à persévérer dans les mouvements acquis »[1734] et les « intérêts »[1735] privés auxquels s'opposent « la vie et sa création continuelle de nouveautés, les passions des hommes, et, enfin, le sentiment de la justice »[1736]. Dans les *Principes de droit public,* le Doyen de Toulouse s'épanche sur une autre notion, plus précise, celle de *commerce juridique*. Pour l'auteur, il existerait une société économique de la même manière qu'il existerait une société politique. Le commerce juridique s'entend quant à lui de l'objet de cette société politique. Il constitue « l'appareil collectif de la satisfaction des besoins »[1737] qui engendre des

---

[1728] Maurice HAURIOU, *Précis de droit constitutionnel*, 2ème Éd., Éd Dalloz, Coll. Bibliothèque Dalloz, réimp. 2015, p. 613.
[1729] *Id.*
[1730] *Id.*
[1731] *Ibid.*, p. 34.
[1732] *Ibid.*, p. 35.
[1733] *Ibid.*, p. 71.
[1734] *Ibid.*, p. 69.
[1735] *Id.*
[1736] *Id.*.
[1737] Maurice HAURIOU, *Principes de droit public*, Éd. Dalloz, Coll. Bibliothèque Dalloz, réimp. 2010, p. 188.

règles objectives de droit. De la sorte, « les règles objectives du commerce juridique viennent conditionner les rapports juridiques crées par la libre activité individuelle »[1738]. En un mot, l'économie entendue comme appareil collectif de satisfaction des besoins est une source historique du droit. Dans ce schéma, le droit n'a pour objet que de participer *a posteriori* à l'intégration d'un marché économique à l'institution politique de l'État[1739]. Surtout, l'État, d'après Hauriou, doit observer vis-à-vis de l'ordre économique une double règle de conduite qui n'est jamais qu'une double attitude d'abstention ou de restriction. Il ne doit pas par sa législation « porter atteinte à la propriété privée ni à la liberté du marché » non plus que « rompre au profit de son administration publique, l'équilibre du volume des échanges » par « l'ensemble de ses moyens d'actions »[1740].

710. Théoricien de l'institution avec Maurice Hauriou, Georges Renard considérait pour sa part que le droit était intégralement orienté à « l'observation appliquée aux faits de la vie sociale »[1741]. Partant, son sens, sa direction, résident « dans les orientations traditionnelles de la morale et dans les orientations politiques propres de chaque époque »[1742]. Pour Renard, il importe d'abandonner toute tentation de définition du droit qui ne plongerait pas « au cœur des réalités économiques, psychologiques, morales et politiques »[1743]. Plus encore, l'auteur assujettit alors le droit à *l'Ordre*. En effet, d'après lui, « la métaphysique juridique ne serait-elle point, d'abord, une métaphysique de l'Ordre »[1744]. Cet Ordre, c'est l'ordre social, entendu en un sens large – comprenant l'économie au sens strict. En effet, ajoute l'auteur, « le droit constitutionnel n'est pas une subdivision du droit public : il embrasse aussi bien la structure de la famille, de la *société de commerce*, de toute autre institution que celle de l'État ou des services publics »[1745]. De façon plus générale la théorie de l'institution semble bien ouvrir le droit à l'existence d'un pluralisme normatif. Comme l'écrit Renard, « la théorie de l'institution implique donc rupture de l'unité du droit ; pour mieux dire elle implique une décentralisation du droit »[1746] au profit d'une sorte de *pluralisme ordonné* pour reprendre l'expression contemporaine de Mme Mireille Delmas Marty.

711. Le propos des institutionnalistes n'est pas sans faire écho aux propos des sociologues du droit, Jean Carbonnier en tête. L'illustre auteur, qui oppose d'une certaine manière l'État à la société considère que la « véritable constitution » de la France, « au sens matériel » est le code civil. Cette position privilégiée, le code la doit à son « aura d'éternité » là où l'État voyait, en moins de deux siècles « déferler plus de dix constitutions

---

[1738] *Ibid.*, p. 189.

[1739] *Ibid.*, p. 285.

[1740] *Ibid.*, p. 298.

[1741] Georges RENARD, *Cours élémentaire de droit public, droit constitutionnel, droit administratif, droit financier*, Éd. Recueil Sirey, 1922, p. 5.

[1742] *Id.*

[1743] *Id.*, n°1.

[1744] Georges RENARD, *L'Institution, fondement d'une rénovation de l'ordre social*, Éd. Flammarion, Coll. Bibliothèque d'études catholiques et sociales, 1933, p. 28.

[1745] *Ibid.*, p. 38.

[1746] *Ibid.*, p. 98.

politiques »[1747]. S'il ne revêt pas formellement une nature constitutionnelle, le code civil semble bien, pour Carbonnier, matériellement constitutionnel. Le code civil « a bien le sens d'une constitution, car en lui sont récapitulées les idées autour desquelles la société française s'est constituée au sortir de la Révolution et continue de se constituer de nos jours encore »[1748].

Plus récemment, M. Yves Gaudemet confirmait le propos et évoquait la dualité des constitutions : la constitution civile opposée à la constitution politique. Pour l'auteur, une Constitution civile permet de régler la société civile, en fondant « *l'ordre* social, bien plus important finalement que l'ordre politique, puisque la première fonction du second est de servir le premier »[1749]. Ainsi, « le Code est une Constitution civile parce qu'il n'est pas – pas seulement et pas exhaustivement – un code de droit civil, mais un Code de la société civile, pour structurer celle-ci, la révéler à elle-même, l'organiser et la consolider »[1750] et l'auteur de citer Cambacérès : « tout étant changé dans l'ordre politique, tout doit être changé dans l'ordre civil »[1751]. Ainsi, derrière la Constitution formelle se trouve bel et bien une autre Constitution sociale – ou économique au sens large. Dans ces conditions, le droit aurait alors paradoxalement tout à en dire et rien à en dire. Tout, puisqu'il serait le reflet vivant et actualisé de la lutte des normativités ; rien, puisque logiquement narcissique – comme tout reflet – il ne serait que ce « temple allégorique habité par des ombres »[1752] échappant à toute rationalité.

B. La subordination des objets du droit à la rationalité économique

712. L'influence de la discipline économique sur le juridique est telle qu'elle perce même au cœur du bastion formaliste que constitue la jurisprudence du Conseil constitutionnel. En effet, la valeur économique est pleinement normative puisqu'elle subvertit les méthodes d'analyse du droit (1°) et, plus précisément, celles du contrôle de constitutionnalité auquel elle fournit de nouvelles références (2°).

1° La transformation des méthodes d'analyse : la prévisibilité et l'évaluation

713. Le mouvement doctrinal de l'analyse économique du droit (AED) peut s'entendre d'une véritable « méthode qui emprunte des concepts de

---

[1747] Jean CARBONNIER, « Le code civil », *in* Pierre NORA (dir.), *Les lieux de mémoire*, T. II, *La Nation*, Éd. Gallimard, Coll. Bibliothèque illustrée des histoires, 1986, p. 308-309.

[1748] *Id.*

[1749] Yves GAUDEMET, « Le code civil, "constitution civile de la France" », *in* Yves LEQUETTE et Laurent LEVENEUR (dir.), *Le code civil: 1804-2004 : un passé, un présent, un avenir*, Éd. Dalloz, 2004, p. 298.

[1750] *Id.*

[1751] *Id.*

[1752] Georges BURDEAU, « Une survivance : la notion de Constitution », *in L'évolution du droit public. Études offertes à Achille Mestre*, Sirey, 1956, p. 53-62 réimp. *in Écrits de droit constitutionnel et de science politique*, Panthéon-Assas, coll. Les introuvables, 2011, p. 235-243.

l'économie pour mieux comprendre le droit »[1753]. Les théoriciens de l'AED cherchent à redécouvrir « l'être humain et comprendre ses interactions avec les autres »[1754]. Ils acceptent surtout que « la règle de droit ne contrôle pas directement le comportement des citoyens, mais seulement les conséquences de leurs actions »[1755].

Il s'agit tout simplement, pour l'AED, de prendre en considération l'écart entre les effets concrets des législations et ce qui est en apparence souhaité. L'AED contribue alors à alimenter une véritable herméneutique du soupçon. En effet, cette théorie voit dans tout individu, un agent tâchant de poursuivre avant tout ses propres intérêts. MM. Mackaay et Rousseau entendent ainsi abandonner « la prémisse selon laquelle le Parlement agit par l'unique souci de l'intérêt général, sans égard aux intérêts particuliers »[1756]. M. Kornhauser constate, pour sa part, que « certaines lois ne sont pas promulguées pour promouvoir les objectifs du pouvoir législatif » [1757]. La suspicion est généralisée qui ne vise pas seulement le Parlement et s'étend, de façon plus générale, à toute institution. S'agissant, par exemple, du pouvoir exécutif, l'analyse part de l'idée qu'« un membre de l'exécutif poursuit ses fins personnelles » et que « bien souvent, celles-ci ne concorderont pas avec le bien commun »[1758]. De façon plus policée, M. Régis Lanneau écrit que « la rationalité économique [...] conçoit l'homme, dans sa version standard, comme un agent maximisant son utilité (ou la satisfaction de ses préférences) sous contraintes »[1759].

714. Le projet de l'AED est explicite. MM. Mackaay et Rousseau, par exemple, entendent « présenter [...] une lecture du droit qui s'inspire de concepts économiques »[1760]. Ainsi, c'est le postulat de la rationalité du décideur qui permet à l'AED d'influencer directement le droit et notamment l'office du juge. L'AED renoue effectivement, et à bon escient, avec le modèle bien connu des sciences sociales du choix rationnel. Confronté à la nécessité de prendre une décision, le décideur « fait l'inventaire des résultats désirés (*valeurs),* identifie les actions qu'il peut entreprendre dans la poursuite de ceux-ci (*options)*, détermine dans quelle mesure chaque action contribue aux résultats désirés et à quel coût (*valorisation*) et retient celle qui y contribue le plus (*choix)* »[1761].

Derrière l'adoption de ce schéma, l'AED cherche à « formuler des généralisations sur le comportement humain »[1762]. Elle rejoint alors les

[1753] Ejan MACKAAY et Stéphane ROUSSEAU, *Analyse économique du droit*, Éd. Dalloz, Coll. Méthodes du droit, 2008, p. XXI.
[1754] *Ibid.*, p. 5.
[1755] *Ibid.*, p. 4.
[1756] *Ibid.*, p. 5.
[1757] Lewis A. KORNHAUSER, *L'analyse économique du droit: fondements juridiques de l'analyse économique du droit*, tr. Kahina SELMOUNI, Éd. M. Houdiard, Coll. Méthodes du droit, 2011, p. 41.
[1758] *Ibid.*, p. 42.
[1759] Régis LANNEAU, « L'analyse économique du droit constitutionnel », *RIEJ,* vol. 78, n°1, 2017, p. 77.
[1760] Ejan MACKAAY et Stéphane ROUSSEAU, *Analyse économique du droit, op. cit.*, p. 6.
[1761] *Ibid.*, p. 27-28.
[1762] *Ibid.*, p. 28.

théories de la « justice prédictive » qui visent à dire « ce qui pourrait être jugé en fonction de circonstances de fait connues »[1763]. Cette théorie, en vogue aujourd'hui, n'est pas nouvelle que l'on trouve déjà dans l'œuvre de l'école réaliste américaine qui œuvrait à rendre les décisions du juge « prévisibles ». Ainsi, Oliver Wendell Holmes rêve-t-il d'une science « qui non seulement permettrait de rendre compte de la production juridique et qui permettrait de la guider mai qui aussi, à terme, la dicterait toute entière »[1764]. Il s'agit tout bonnement d'envisager le droit, ou plutôt la science du droit, comme une « prédiction des décisions judiciaires »[1765]. C'est le sens limpide de cette exclamation célèbre : « la 'prédiction' de ce que feront en fait les tribunaux, et rien de plus extraordinaire, voilà ce que j'appelle le droit »[1766]. Plus encore, « les droits et les devoirs fondamentaux dont se préoccupe la science du droit, […] ne sont rien que des 'prédictions' »[1767].

715. La conception américaine a influencé les représentations françaises. En effet, en France, la prévisibilité du droit est présentée comme le remède à la critique du gouvernement des juges et le contrepoids nécessaire à l'acceptation du contrôle concret de légalité – entendue au sens large. Cette prévisibilité du droit, et donc de la décision rendue par le juge, doit nécessairement obéir à deux impératifs : l'information et la sécurité juridique. Le juge est alors invité à renforcer la motivation de ses décisions pour informer autant que faire se peut le justiciable de la solution de la décision. Celle-ci ne doit surtout pas apparaître comme un choix du juge. Il est également invité à se fonder plus largement sur ses propres précédents. Au demeurant, la Cour de justice des communautés européennes établit une filiation directe entre la sécurité juridique et la prévisibilité du droit puisqu'elle rappelle, souvent, que le « principe de sécurité juridique (…) exige que les règles de droit soient claires et précises, et vise à garantir la prévisibilité des situations et des relations juridiques relevant du droit communautaire »[1768].

716. *La rationalité économique serait donc – en grande partie – à l'origine de l'exigence de prévisibilité du droit.* Ce n'est pas un hasard, dans ces conditions, si la discipline financière constitue le terrain d'expression privilégiée de sa manifestation en droit.

Ainsi dans un arrêt du 9 juillet 1981, la Cour de justice des Communautés européennes estime que « le principe de sécurité juridique exige qu'une réglementation imposant des charges au contribuable soit claire et précise, afin qu'il puisse connaître sans ambiguïté ses droits et obligations et prendre

[1763] Edouard ROTTIER, « La justice prédictive et l'acte de juger : quelle prévisibilité pour la justice ? », *APD,* vol. 60, 2018, p. 190.

[1764] Françoise MICHAUT, *La recherche d'un nouveau paradigme de la décision judiciaire à travers un siècle de doctrine américaine*, Éd. L'Harmattan, Coll. Logiques juridiques, 2000, p. 43.

[1765] *Ibid.*, p. 44.

[1766] Oliver Wendell HOLMES, « The path of law » *in Collected legal papers* [1920], réimp. Éd. Peter Smith, 1952, p. 173 : « The prophecies of what the courts will do in fact, and nothing more pretentious, are what I mean by the law ».

[1767] *Ibid.*, p. 168.

[1768] C. J. C. E., aff. C-63/93 du 15 février 1996, *Fintan Duff e.a. contre Minister for Agriculture and Food, Ireland and Attorney General*, § 20.

ses dispositions en conséquence »[1769]. Quelques années après, elle confirme, en toute logique, dans une série de décisions que « l'impératif de sécurité juridique s'impose avec une rigueur particulière lorsqu'il s'agit d'une réglementation susceptible de comporter *des conséquences financières*, afin de permettre aux intéressés de connaître avec exactitude l'étendue des obligations qu'elle leur impose »[1770].

Le Conseil constitutionnel avalise ce rapprochement et appréhende la prévisibilité par l'appréciation – tacite – de la sécurité juridique apportée aux contribuables – ou plutôt à leurs situations fiscales. Ainsi, dans la décision *99-425 DC*[1771], le juge constitutionnel apprécie, semble-t-il, « le degré de prévisibilité de la validation critiquée et la bonne foi des contribuables concernés »[1772]. La prévisibilité des lois, et plus généralement du droit, est appréhendée par le Conseil constitutionnel par le biais de la question de la rétroactivité des lois – plutôt par celle de la non-rétroactivité.

717. La matière financière et fiscale illustre assez bien cette logique à propos de la question de la *rétroactivité économique*. Dépassant le cadre strictement légaliste de la rétroactivité des lois, la rétroactivité économique s'entend avant tout d'un vice structurel des lois de finances et plus exactement de l'exigence d'annualité qui s'applique à elles. Ce principe suppose que les lois de finances doivent obligatoirement être adoptées le 31 décembre de chaque année tout en déterminant l'exercice budgétaire à venir, c'est-à-dire concernant l'année n+1. Les lois de finances fixent en principe les règles relatives à l'assiette, au taux et aux modalités de recouvrement des impositions de toute nature. Pourtant, si le fait générateur de l'impôt intervient souvent le 31 décembre, la loi de finances est tout de même susceptible de concerner des situations valables depuis le 1er janvier de la même année. En matière d'impôt sur le revenu, par exemple, la loi de finances votée en 2017, pour l'année 2018, peut fixer les règles d'imposition (assiette, taux) pour les revenus perçus en 2017, qui serviront de base à déterminer l'impôt 2018. Il s'ensuit que les règles du jeu sont connues, ou perçues par les contribuables uniquement à la fin du jeu. Le Conseil constitutionnel avait maintes fois confirmé que la *petite rétroactivité* en matière fiscale ne portait atteinte à aucune garantie constitutionnelle[1773]. C'est à propos d'une question portant sur la *rétroactivité de la loi fiscale* que le juge constitutionnel a fait évoluer ses canons. En effet, il consacre, dans une décision *2013-682 DC* l'une des faces du principe de sécurité juridique à savoir, la confiance légitime. Le juge énonce bien que s'il « est à tout moment loisible au législateur [...] de modifier des textes antérieurs ou

---

[1769] C. J. C. E., aff. C-169/80 du 9 juillet 1981, *Administration des douanes contre Gondrand frères et Société anonyme Garancini*, § 17.

[1770] C. J. C. E., aff. 325/85 du 15 décembre 1987, *Irlande contre Commission des communautés européennes*, § 18 ; v. égal. C. J. C. E., aff. 348/85 du 15 décembre 1987, *Royaume de Danemark contre Commission des communautés européennes*, § 19.

[1771] Cons. Const., décision n°99-425 DC du 29 décembre 1999, *Loi de finances rectificatives pour 1999*, cons. 11.

[1772] Anne-Laure VALEMBOIS, « La constitutionnalisation de l'exigence de sécurité juridique en droit français », *CCC*, vol. 17, n°2, 2004, p. 127-132.

[1773] V. notamment, Cons. Const, décision n°2012-662 DC du 29 décembre 2012, *Loi de finances pour 2013*, cons. 108.

d'abroger ceux-ci ». Le législateur ne saurait cependant « priver de garanties légales des exigences constitutionnelles » et ne saurait « sans motif d'intérêt général suffisant ni porter atteinte aux situations légalement acquises » non plus que « remettre en cause les effets qui peuvent légitimement être attendus de telles situations »[1774].

718. Le droit évolue sous l'effet d'autres standards économiques. *Il en va ainsi de l'exigence d'évaluation qui progresse au sein de la discipline.* Cette nouvelle exigence a donné lieu à de nouveaux objets juridiques érigés peu à peu en références du contrôle de constitutionnalité comme l'ont été les études d'impact ou encore les travaux préparatoires. Si l'évaluation traduit toujours une forme de rationalité scientifique, elle n'en traduit pas moins, comme méthode, une certaine forme de rationalité économique. L'AED qui traduit l'immixtion de la rationalité économique dans la rationalité juridique envisage le droit et les normes en termes d'efficience. Or celle-ci, qui mesure l'adéquation moyens/fins implique inévitablement l'évaluation ou du moins une démarche qui se veut évaluative, puisque référentielle et comparative. La lente transformation du contrôle de constitutionnalité en un contrôle de proportionnalité illustre parfaitement ce phénomène de subordination de la logique juridique à la rationalité économique.

2° L'apparition de nouveaux objets constitutionnels : les intérêts économiques et financiers

719. Jean Rivero dans son célèbre article portant sur la *Fin d'un absolutisme* alertait déjà sur le devenir de l'institution du Conseil constitutionnel. Il estimait, lyrique, qu'il en allait du Conseil comme de n'importe quelle institution qui « à la différence des satellites, demeurent rarement sur l'orbite où leur créateur avait entendu les placer »[1775]. En effet, le chemin parcouru par le Conseil constitutionnel est long ; destiné originellement à n'être que le « chien de garde de l'exécutif ». Les révolutions – au sens où l'entendait le Doyen Favoreu[1776] – jalonnent son cheminement parmi les institutions : élargissement de sa compétence en 1971, ouverture de sa saisine aux parlementaires en 1974, ouverture de sa saisine aux fins de contrôle des engagements internationaux aux parlementaires en 1992. Dans ces conditions, la réforme de 2008 ne pouvait constituer la fin de l'histoire du Conseil constitutionnel. Au contraire, les (r)évolutions se sont multipliées depuis, qui, si elles ne visent pas toujours directement le Conseil constitutionnel – comme la suppression de la formation spéciale de la Cour de cassation en 2010 – dans le panorama des institutions françaises, s'attachent à lui « comme sa lueur au phosphore » gidien.

720. La ratification du TSCG en 2012 est au rang de ces révolutions silencieuses. En introduisant des procédures permettant le respect des règles

---

[1774] Cons. Const., décision n°2013-682 DC du 19 décembre 2013, *Loi de financement de la sécurité sociale pour 2014*, cons. 14.
[1775] Jean RIVERO, « Fin d'un absolutisme », *Pouvoirs,* vol. 13, n°2, 1980, p. 5.
[1776] Louis FAVOREU, « L'apport du Conseil constitutionnel au droit public », *Pouvoirs*, vol. 13, n°2, 1980, p. 16-26, notamment p. 17.

d'équilibre budgétaire, le Traité octroie au Conseil un véritable rôle de « régulateur financier »[1777] qui le positionne « plus que jamais au cœur du droit public de l'économie »[1778]. Après avoir défini les limites hautes et basses du modèle économique français dans ses décisions *81-132 DC*[1779] et *86-207 DC*[1780], la jurisprudence du Conseil constitutionnel s'ouvre toujours plus aux considérations économiques et financières.

721. Apprécier l'influence de l'économie sur le droit n'est pas chose aisée, d'autant plus quand « la vie du droit est largement conditionnée par la vie économique »[1781]. Dans ces conditions, l'économie n'apparaît pleinement normative que pour autant qu'elle parvienne à imposer ses propres références si ce n'est à s'imposer elle-même comme une référence du contrôle de constitutionnalité. Cela semble chose faite comme semblent l'affirmer des chroniqueurs avisés. MM. Aurélien Antoine et Thomas Perroud considèrent ainsi que s'il « est toujours possible de discuter du bien-fondé de la réalité des rapports entre intérêts économiques et intérêt général, [...] il est périlleux, dans une économie capitaliste, de nier la contribution du marché réglementé à l'intérêt général »[1782]. Par-dessus tout, si « juger l'action économique, c'est encore agir sur l'économie »[1783], l'on s'accordera sur cette idée que lorsque le Conseil constitutionnel éprouve la constitutionnalité de certaines mesures économiques, il « fait » de l'économie.

L'analyse de la jurisprudence du Conseil constitutionnel révèle deux façons pour lui de « faire » de l'économie. Soit l'économie, ou plus précisément l'ordre économique, constitue un objet à proprement parler de sa jurisprudence, c'est-à-dire une référence de son contrôle (α). À cet égard, le juge se réfère bien souvent à la notion d'« intérêt économique ». Soit, le Conseil constitutionnel l'érige comme un but – à proprement parler – de l'action juridique et un critère de constitutionnalité. Il évoque alors un véritable intérêt financier (β). L'intérêt économique renvoie d'une certaine façon à l'ordre macro-économique. C'est l'intérêt que « les personnes publiques cherchent à satisfaire lorsqu'elles entendent faciliter l'accès à l'emploi et le tissu économique sur leurs territoires »[1784]. À l'inverse, l'intérêt financier est l'intérêt d'une personne publique à prendre un acte de

---

[1777] Sophie NICINSKI, Martine LOMBARD et Emmanuel GLASER, « Actualité du droit de la concurrence », *AJDA*, n°31, 2012, p. 1717-1725.
[1778] *Id.*
[1779] Cons. Const., décision n°81-132 DC, *préc.*,
[1780] Cons. Const., décision n°86-207 DC du 26 juin 1986, *Loi autorisant le gouvernement à prendre diverses mesures d'ordre économique et social.*
[1781] Louis JOSSERAND, « Comment les textes de loi changent de valeur au gré des circonstances économiques », *In Études de droit civil à la mémoire de Henri Capitant*, Éd. Dalloz, 1939, p. 369.
[1782] Aurélien ANTOINE et Thomas PERROUD, « Le "Capital au XXIe siècle" et le droit administratif », *AJDA*, n°25, 2016, p. 1361.
[1783] Charles TOUBOUL, « Juger l'action économique c'est encore agir sur l'économie », *RFDA*, n°1, 2016, p. 83-93.
[1784] Frédéric ALHAMA, *L'intérêt financier dans l'action des personnes publiques*, Éd. Dalloz, Coll. Nouvelle bibliothèque de thèses, 2018, p. 65.

nature « soit à lui permettre d'augmenter ses recettes non fiscales, soit à lui permettre de diminuer ses dépenses »[1785].

α. L'intérêt économique dans la jurisprudence constitutionnelle.

722. L'économie entendue comme un ordre s'est constituée en véritable référence du contrôle de constitutionnalité. Il n'est pas rare que le Conseil se réfère directement à l'ordre économique dans le cadre des mesures sociales du législateur.

C'est ce qu'il fait en 2004, à propos de l'instauration d'un crédit d'impôt pour les entreprises qui, après délocalisation hors espace économique européen, choisissent de relocaliser en France. Ces dispositions ont été jugées conformes à la Constitution dès lors qu'elles avaient pour « objet de favoriser le rapatriement d'emplois et d'investissements précédemment transférés hors de France, afin d'en faire profiter l'*économie nationale* et de lutter contre le chômage »[1786]. La mesure poursuivait de la sorte un objectif d'intérêt général.

Le raisonnement est identique en 2007 à propos de l'exonération d'impôts et de charges sociales des heures supplémentaires. Le juge constitutionnel avait énoncé qu'elle avait pour « finalité d'augmenter le nombre d'heures travaillées dans l'économie » et stimulait de la sorte, « la croissance et l'emploi »[1787]. Le dispositif répondant ainsi à un motif d'intérêt général était alors déclaré conforme à la Constitution.

723. Le Conseil constitutionnel se réfère souvent à *la vie économique de la nation*. Prévue à l'article 13 de la Constitution de 1958, cette référence fournit au Conseil un critère d'appréciation de la constitutionnalité de toutes les nominations à des emplois « importants » nécessitant l'avis public des commissions permanentes des deux chambres parlementaires.

Il s'y est référé à propos de la fonction de médiateur du crédit aux candidats et aux partis politiques institué par *la loi organique pour la confiance dans la vie politique* de 2017[1788], à propos des fonctions de président de l'autorité de régulation des jeux en ligne, de la commission du secret de la défense nationale, de la commission nationale des comptes de campagne et des financements politiques, de la commission nationale de l'informatique et des libertés, du Haut Conseil du commissariat aux comptes et du collège du Haut Conseil de l'évaluation de la recherche et de l'enseignement supérieur de la *loi organique relatives aux autorités administratives indépendantes et aux autorités publiques indépendantes* de 2017[1789], de la fonction de président de l'agence française pour la

[1785] *Ibid.*, p. 64.

[1786] Cons. Const., décision n°2004-511 DC du 29 décembre 2004, *Loi de finances pour 2005*, cons. 12.

[1787] Cons. Const., décision n°2007-555 DC du 16 août 2007, *Loi en faveur du travail, de l'emploi et du pouvoir d'achat*, cons. 12.

[1788] Cons. Const, décision n°2017-753 DC du 8 septembre 2017, *Loi organique pour la confiance dans la vie politique*, § 61.

[1789] Cons. Const., décision n°2017-746 DC du 19 janvier 2017, *Loi organique relative aux autorités administratives indépendantes et autorités publiques indépendantes*, § 9.

biodiversité, crée par la loi pour la reconquête de la biodiversité de 2016[1790], de la fonction de président de la commission nationale de contrôle des techniques de renseignement de la loi organique de 2015[1791], des fonctions de président et de président délégué du directoire de la SNCF, qui impliquent également respectivement l'exercice des fonctions de président du conseil d'administration de SNCF Mobilités et celui des fonctions de président du conseil d'administration de SNCF Réseau[1792], des fonctions de présidents des sociétés France Télévisions et Radio France et de la société en charge de l' audiovisuel extérieur de la France[1793], ou encore de la fonction de directeur général de la société anonyme BPI-groupe[1794].

724. D'une autre façon, le Conseil constitutionnel a également pu invoquer l'importance prise par les services de communication au public en ligne dans *la vie économique et sociale* afin de préciser le domaine de la loi[1795]. Dans la même veine, le Conseil constitutionnel a évoqué *la continuité de l'activité économique* comme critère apte à justifier de la constitutionnalité de l'autorisation pour les salariés de travailler le dimanche[1796]. De façon similaire, le juge constitutionnel a invoqué à maintes reprises la *préservation de l'ordre public économique.* La poursuite effective de cet objectif par le législateur entraîne souvent la constitutionnalité de la mesure adoptée sur ce fondement. Il en va ainsi de l'institution d'une « sanction pécuniaire destinée à réprimer les manquements de nature à porter atteinte à la protection des investisseurs ou au bon fonctionnement du marché »[1797], également de l'instauration d'amendes civiles destinées à « sanctionner les pratiques restrictives de concurrence qui sont commises dans l'exercice de certaines activités économiques »[1798]. Il en va plus généralement de toute sanction pécuniaire « destinée à réprimer les pratiques

---

1790 Cons. Const., décision n°2016-735 DC du 4 août 2016, *Loi organique relative à la nomination à la présidence du conseil d'administration de l'Agence française pour la biodiversité*, § 3.

1791 Cons. Const., décision n°2015-714 DC du 23 juillet 2015, *Loi organique relative à la nomination du président de la commission nationale de contrôle des techniques de renseignement*, cons. 2.

1792 Cons. Const., décision n°2014-697 DC du 24 juillet 2014, *Loi organique relative à la nomination des dirigeants de la SNCF*, cons. 6.

1793 Cons. Const., décision n°2013-677 DC du 14 novembre 2013, *Loi organique relative à l'indépendance de l'audiovisuel public*, cons. 8. ; v. égal., Cons. Const., décision n°2009-576 DC du 3 mars 2009, *Loi organique relative à la nomination des présidents des sociétés France Télévisions et Radio France et de la société en charge de l'audiovisuel extérieur de la France*, cons. 3.

1794 Cons. Const., décision n°2012-663 DC du 27 décembre 2012, *Loi organique relative à la nomination du directeur général de la société anonyme BPI-groupe*, cons. 5.

1795 Cons. Const., décision n°2012-652 DC du 22 mars 2012, *Loi relative à la protection de l'identité*, cons. 13 ; Cons. Const., décision n°2010-45 QPC du 6 octobre 2010, *M. Mathieu P.*, cons. 5.

1796 Cons. Const., décision n°2014-373 QPC du 4 avril 2014, *Société Sephora*, cons. 17.

1797 Cons. Const., décision n°2017-634 QPC du 2 juin 2017, *M. Jacques R. et autres*, § 13.

1798 Cons. Const., décision n°2016-542 QPC du 18 mai 2016, *Société ITM alimentaire International SAS*, § 8.

anticoncurrentielles »[1799] poursuivant un tel objectif et apparaissant de la sorte constitutionnelle.

725. La préservation de l'ordre public économique s'entend essentiellement du maintien d'un certain équilibre ou d'une certaine harmonie au sein de l'ordre. Ainsi, le législateur a-t-il adopté certaines dispositions interdisant aux producteurs, commerçants, industriels de soumettre « un partenaire commercial à des obligations créant un déséquilibre indicatif dans les droits et obligations des parties ». Ce déséquilibre résulte pour l'essentiel d'une « inadéquation du prix du bien faisant l'objet de la négociation »[1800].

β. L'intérêt financier dans la jurisprudence constitutionnelle.

726. À première vue, rien ne semble plus étranger à la jurisprudence du Conseil constitutionnel que la prise en compte de l'intérêt financier des personnes publiques. En serrant l'analyse l'on constate pourtant, dans plusieurs décisions, *diverses références susceptibles de s'apparenter à une forme de prise en compte de l'intérêt financier des personnes publiques*.

727. *Premièrement*, les décisions du juge constitutionnel rendues en matière fiscale notamment ont souvent des effets immédiats sur les finances publiques[1801]. Le Conseil a, par exemple, censuré la réduction dégressive de la CSG et de la CRDS[1802], la contribution carbone et plus précisément l'importance des régimes d'exemption[1803] ou encore la contribution exceptionnelle sur les hauts revenus – la célèbre « taxe à 75% »[1804]. Plus récemment, c'est la contribution additionnelle à l'impôt sur les sociétés qui taxait les dividendes perçus par les sociétés concernées à hauteur de 3% qui a même été censurée dans le cadre d'une procédure de QPC[1805] empêchant une réduction plus importante du déficit public pour l'année 2018.

728. *Deuxièmement*, c'est en matière de lois de validation que le Conseil constitutionnel a explicitement rejeté, semble-t-il, la prise en compte de l'intérêt financier des personnes publiques. En effet, le juge énonce explicitement, dans une décision *95-369 DC*, que « la seule considération

---

[1799] Cons. Const., décision n°2015-510 QPC du 7 janvier 2016, *Association Expert-comptable média association*, cons. 6 ; Cons. Const., décision n°2015-489 QPC du 14 octobre 2015, *Société Grands Moulins de Strasbourg SA et autre*, cons. 14. ; Cons. Const., décision n°2011-126 QPC du 13 mai 2011, *Société Système U Centrale Nationale et autre*, cons. 5.

[1800] Cons. Const., décision n°2018-749 QPC du 30 novembre 2018, *Société Interdits et autres*, § 13.

[1801] V. à ce sujet, Vincent DUSSART, « Le coût financier des censures et des déclarations de non-conformité : une contrainte pesant sur le juge constitutionnel ? », *in* Pierre ESPLUGAS-LABATUT, Xavier MAGNON, Wanda MASTOR et Stéphane MOUTON (dir.), *Les pouvoirs d'instruction des juridictions constitutionnelles et la formation de l'intime conviction des juges constitutionnels*, Actes de la journée d'études, « Questions sur la question (QsQ5) », organisée à la Faculté de droit de Toulouse le 5 juin 2015, Éd. PUAM, Coll. Les cahiers de l'Institut Louis Favoreu, 2016.

[1802] Cons. Const., décision n°2000-437 DC du 19 décembre 2000, *Loi de financement de la sécurité sociale pour 2001*.

[1803] Cons. Const., décision n°2009-599 DC du 29 décembre 2009, *préc.*, cons. 82.

[1804] Cons. Const., décision n°2012-662 DC du 29 décembre 2012, *préc.*, cons. 68.

[1805] Cons. Const., décision n°2017-660 QPC du 6 octobre 2017, *Société de participation financière*.

d'un intérêt financier » spécifique ne constituait pas un motif d'intérêt général autorisant une loi de validation. À première vue l'on pourrait croire que la décision exclut totalement une telle référence. Pourtant une analyse plus serrée semble indiquer le contraire. Dans cette espèce, l'irrecevabilité de l'intérêt financier est bien *conditionnée* à la faiblesse des « sommes concernées » et à la spécificité des « conditions générales de l'équilibre financier du budget annexe de l'aviation civile »[1806]. Elle n'est donc pas absolue. Sans ces deux critères, il aurait été envisageable que le Conseil appréhendât l'intérêt financier comme un simple intérêt général.

Ce raisonnement est expressément confirmé par la jurisprudence du Conseil constitutionnel relative à l'équilibre de la sécurité sociale. Dans plusieurs décisions, le juge constitutionnel estime explicitement qu'une validation législative peut être motivée par le souci d'éviter *des conséquences financières préjudiciables à l'équilibre des régimes sociaux en cause*[1807] ou de *prévenir le développement de nombreuses contestations dont l'aboutissement aurait sensiblement aggravé le déséquilibre de la branche santé des régimes obligatoires de sécurité sociale*[1808]. Dans tous les cas, il apparaît que le montant des recouvrements ou des dépenses concernées justifie le recours, par le législateur, à une loi de validation. Ainsi, c'est bien à partir du montant des recouvrements ou des dépenses concernés que le juge déduit le caractère d'intérêt général ou non de la mesure. Il existe ainsi une certaine forme de l'intérêt financier prise en compte par le juge constitutionnel. Le juge l'explicite dans une décision *2003-486 DC* pour refuser une loi de validation. Il estime que « si le législateur avait la faculté d'user de son pouvoir de prendre des dispositions rétroactives afin de valider [...] des actes de recouvrement, il ne pouvait le faire qu'en considération d'un motif d'intérêt général suffisant ; qu'eu égard au montant des recouvrements concernés, les conditions générales de l'équilibre financier de la sécurité sociale ne pouvaient être affectées de façon significative en l'absence de validation »[1809]. Autrement dit, une validation législative de nature financière ne saurait trouver justification que si les montants en cause sont suffisamment importants pour mettre en péril un intérêt public caractéristique d'un intérêt général.

729. Du reste, la jurisprudence du Conseil est beaucoup plus floue sur ce point qu'elle ne le laisse paraître de prime abord. Le juge constitutionnel a pu énoncer ultérieurement que « le souci de prévenir les conséquences financières d'une décision de justice censurant un mode de calcul de l'assiette » d'une contribution spécifique ne constituait pas un « intérêt général suffisant » à autoriser une loi de validation[1810]. Le Conseil *laisse*

[1806] Cons. Const., décision n°95-369 DC du 28 décembre 1995, *Loi de finances pour 1996*, cons. 35.

[1807] Cons. Const., décision n°93-332 DC du 13 janvier 1994, *Loi relative à la santé publique et à la protection sociale*, cons. 13.

[1808] Cons. Const., décision n°97-393 DC du 18 décembre 1997, *Loi de financement de la sécurité sociale pour 1998*, cons. 52.

[1809] Cons. Const., décision n°2003-486 DC du 11 décembre 2003, *Loi de financement de la sécurité sociale pour 2004*, cons. 24.

[1810] Cons. Const., décision n°98-404 DC du 18 décembre 1998, *Loi de financement de la sécurité sociale pour 1999*, cons. 7.

donc la porte entrouverte à la prise en compte de l'intérêt financier. En la matière, seule la décision *2005-530 DC* semble rejeter clairement cette idée. Pourtant, son caractère isolé doit rassurer qui montre bien qu'elle n'a pas fait jurisprudence. Le juge constitutionnel y considère qu'un mécanisme de plafonnement de certains avantages fiscaux, susceptibles selon le législateur de permettre certaines économies, ne constitue pas un « intérêt général véritable »[1811] s'il apparaît trop complexe. Comme l'affirme M. Guillaume Merland, ce sont bien « deux choses différentes que de dire que l'intérêt financier d'une collectivité – aussi minime soit-il – n'est pas un intérêt général véritable et que ce n'est pas un intérêt général suffisant »[1812]. En effet, la nuance est de taille puisque « dans le premier cas, l'on fait preuve d'idéologie, dans le second cas, l'on recourt à la pragmatique proportionnalité »[1813].

L'on en conclura donc que, contrairement aux idées reçues, l'intérêt financier de la personne publique entre bien en jeu devant le Conseil constitutionnel sans jamais caractériser un véritable intérêt général. La décision *2002-458 DC* illustre bien ce phénomène qui valide rétroactivement les impositions foncières sur les propriétés bâties perçues en Polynésie française malgré le vice d'incompétence et l'absence de base légale de l'autorité responsable. Le juge constitutionnel affirme que « le législateur organique a entendu éviter que ne se développent des contestations pouvant entraîner des conséquences gravement dommageables en Polynésie française » puisque « près d'un millier de réclamations » étaient d'ores et déjà déposées compromettant ainsi « la continuité du service public des impôts ainsi que le bon fonctionnement de la justice administrative dans le territoire, eu égard aux moyens dont disposent ces services »[1814].

730. Reste à savoir quelles sont les formes qu'emprunte cet intérêt financier.

Le *bon usage des deniers publics* semble être l'une d'elles. Cette exigence défend aux personnes publiques « d'engager des dépenses excessives au regard de leur objet »[1815]. Une telle lecture ressort assez largement de la jurisprudence du Conseil constitutionnel qui considère qu'une atteinte au bon usage des deniers publics suppose que ne soit pas « allouée à des personnes privées une indemnisation excédant le montant de leur préjudice »[1816] ou « ne correspondant pas au préjudice subi »[1817].

1811 Cons. Const., décision n°2005-530 DC du 29 décembre 2005, *préc.*, cons. 88.

1812 Guillaume MERLAND, « L'intérêt général dans la jurisprudence du Conseil constitutionnel », *in* Bertrand MATHIEU et Michel VERPEAUX (dir.), *L'intérêt général, norme constitutionnelle*, Actes de la deuxième journée d'étude annuelle du Centre de recherche de droit constitutionnel de l'Université Panthéon-Sorbonne, Éd. Dalloz, Coll. Thèmes et commentaires, 2007, p. 42.

1813 *Id.*

1814 Cons. Const., décision n°2002-458 DC du 7 février 2002, *Loi organique portant validation de l'impôt foncier sur les propriétés bâties en Polynésie française*, cons. 4.

1815 Frédéric ALHAMA, *L'intérêt financier dans l'action des personnes publiques*, *op. cit.*, p. 132.

1816 Cons. Const., décision n°2016-736 DC du 4 août 2016, *Loi relative au travail, à la modernisation du dialogue social et à la sécurisation des parcours professionnels*, § 15 ; Cons. Const., décision n°2015-715 DC du 5 août 2015, *préc.*, cons. 76. ; Cons. Const.,

Si le concept de bon usage des deniers publics pouvait s'entendre essentiellement d'une forme d'obligation *de maîtrise des dépenses publiques* il semblerait qu'il fasse objet d'une évolution et s'entende davantage désormais d'une forme *d'optimisation de la dépense publique*. Ainsi, le juge constitutionnel s'est référé au bon usage des deniers publics afin de reconnaître la constitutionnalité d'une disposition du code des douanes autorisant l'aliénation des moyens de transport saisis qui ne sauraient être conservés sans se détériorer. En poursuivant l'objectif de bon usage des deniers publics, cette mesure répondrait même à « un motif de nécessité publique »[1818]. Cette lecture a pu être confirmée par la décision *2014-406 QPC* à l'occasion de laquelle le Conseil constitutionnel se prononce sur une disposition prévoyant le transfert à l'État de la propriété d'objets placés sous-main de justice n'ayant pas été réclamés à l'expiration d'un certain délai postérieur à la fin d'une enquête ou d'une procédure pénale. En effet, ces dispositions visent, selon le juge constitutionnel, « à permettre une *gestion efficace* des scellés conservés dans les juridictions » et à « permettre la clôture des dossiers ». Elles sont donc constitutionnelles en ce qu'elles répondent à l'objectif de « bon emploi des deniers publics »[1819]. De la même façon, le bon usage des deniers publics permet au législateur de prendre des dispositions par lesquelles le Procureur de la République pourrait ordonner au cours d'une enquête la destruction de biens meubles saisis lorsque d'une part, « il s'agit d'objets qualifiés par la loi de dangereux ou nuisibles ou dont la détention est illicite », ou, plus étrange, si leur conservation « n'est plus utile à la manifestation de la vérité »[1820]. Cette nouvelle logique avait conduit le Conseil constitutionnel à déclarer, sur le fondement du bon usage des deniers publics, la constitutionnalité des dispositions par lesquelles le législateur autorisait que « des audiences puissent se tenir au moyen d'une communication audiovisuelle »[1821] sous réserve du respect du contradictoire.

Cette transformation du bon usage des deniers publics en impératif *d'optimisation des dépenses publiques* ressort également, quoique plus discrètement, d'une décision *2011-208 QPC* par laquelle le Conseil constitutionnel confirme la constitutionnalité d'un article du code des douanes interdisant aux propriétaires de revendiquer leurs objets saisis ou confisqués afin, d'une part, de responsabiliser les propriétaires de marchandises dans leur choix de transporteurs et, d'autre part, de « garantir le recouvrement des créances du Trésor public »[1822].

Cette notion de recouvrement fait écho à la décision *2015-479 QPC* qui déclare conforme à la constitution l'établissement d'une responsabilité solidaire entre le donneur d'ordre et l'individu ayant commis un délit de

---

décision n°2010-624 DC du 20 janvier 2011, *Loi portant réforme de la représentation devant les cours d'appel*, cons. 17.

[1817] Cons. Const., décision n°2015-723 DC du 17 décembre 2015, *Loi de financement de la sécurité sociale pour 2016*, cons. 38.

[1818] Cons. Const., décision n°2011-203 QPC du 2 décembre 2011, *M. Wathik M.*, cons. 5.

[1819] Cons. Const., décision n°2014-406 QPC du 9 juillet 2014, *M. Franck I.*, cons. 6-7.

[1820] Cons. Const., décision n°2014-390 DC du 11 avril 2014, *M. Antoine H.*, cons. 4.

[1821] Cons. Const., décision n°2011-631 DC du 9 juin 2011, *Loi relative à l'immigration, à l'intégration et à la nationalité*, cons. 93.

[1822] Cons. Const., décision n°2011-208 QPC du 13 janvier 2012, *Consorts B.*, cons. 7.

travail dissimulé au motif qu'elle permet « d'assurer un meilleur recouvrement des créances publiques » et constitue de la sorte un objectif d'intérêt général légitime[1823].

Cette notion est particulièrement proche d'une autre notion, présente dans la jurisprudence constitutionnelle, à savoir la notion de *rendement*. Cette référence a été mobilisée par le juge constitutionnel à propos de la décision *2013-685 DC* et semble, à première vue, légitimer un certain nombre de mesures destinées à « lutter contre des schémas d'endettement artificiels permettant à des entreprises de diminuer l'assiette de l'impôt sur les bénéfices en recourant à des prêts auprès d'autres entreprises avec lesquelles elles entretiennent des liens et qui bénéficient d'un régime d'exonération ou d'un régime d'imposition peu élevée »[1824].

Dans la même veine, l'intérêt financier semble emprunter, parfois, le canal de *l'équilibre financier*. Ainsi, dans cette optique, une disposition sera constitutionnelle si elle répond à l'exigence de l'équilibre financier de la sécurité sociale [1825] . C'est le raisonnement qu'a tenu le Conseil constitutionnel à propos de l'instauration par le législateur d'un régime de remboursement du médicament sur la base d'un « tarif de responsabilité » fixé par les ministres de la santé et de la sécurité sociale. Ce régime est bien constitutionnel en tant qu'il « a pour objet de limiter les dépenses de l'assurance maladie » et « *concourt par la suite* à préserver l'équilibre financier de la sécurité sociale »[1826].

731. L'intérêt financier des personnes publiques qui suppose une logique *d'optimisation de la dépense publique* semble par ailleurs sur le point d'évoluer. Il pourrait dans un futur proche se transformer en véritable *optimisation des gains* des personnes publiques. Le juge constitutionnel a ainsi récemment confirmé la constitutionnalité des dispositions soumettant à autorisation préalable du gestionnaire du domaine national, l'utilisation à des fins commerciales de l'image des immeubles constituant les domaines nationaux. Pour ce faire, le juge a retenu que le législateur avait entendu « permettre la valorisation économique du patrimoine que constituent ces domaines nationaux » et avait ainsi poursuivi un objectif d'intérêt général[1827]. La logique économique de valorisation semble bien avoir infusé en droit. Elle l'influence et subvertit ses canons dominants. Le juge constitutionnel avait déjà insisté sur cette nouvelle logique dans sa décision *2008-567 DC* à propos du mécanisme du contrat de partenariat. Il avait estimé conforme à la Constitution la possibilité de conclure des baux et de constituer des droits réels sur le domaine privé des personnes publiques pour une durée longue dans le cadre de ce type de contrat dès lors qu'il s'agissait « de permettre la

---

[1823] Cons. Const., décision n°2015-479 QPC du 31 juillet 2015, *Société Gecop*, cons. 18.

[1824] Cons. Const., décision n°2013-685 DC du 29 décembre 2013, *Loi de finances pour 2014*, cons. 36.

[1825] Cons. Const., décision n°2004-504 DC du 12 août 2004, *Loi relative à l'assurance maladie*, cons. 46.

[1826] Cons. Const., décision n°2002-463 DC du 12 décembre 2002, *Loi de financement de la sécurité sociale pour 2003*, cons. 18.

[1827] Cons. Const., décision n°2017-687 QPC du 2 février 2018, *Association Wikimédia France et autre*, § 10.

valorisation d'une partie de son domaine par le titulaire du contrat de partenariat »[1828].

732. Il ressort des éléments précédents que l'évolution du phénomène juridique illustre parfaitement l'influence grandissante, au sein de la discipline juridique, de nouvelles logiques, distinctes de la logique juridique. Aujourd'hui, le droit apparaît soumis à des normativités concurrentes qui agissent en son sein et en déterminent le contenu. Cette influence grandissante des rationalités distinctes de la rationalité juridique ne saurait étonner, surtout si l'on s'acharne à ne jamais définir le droit que formellement, comme un contenant susceptible d'une pluralité de contenus si ce n'est d'une infinité de contenu. La matière du droit, ses valeurs constitutives, ne peuvent lui être qu'étrangères. Sa propre rationalité lui échappe et, dépourvu de sens, il est logique qu'il ne signifie plus rien. Une solution réside dans la façon d'envisager les rapports entre les normativités. Plutôt que de les envisager en termes de subordination du droit à des rationalités qui l'informeraient, il serait bon d'envisager ces rapports de façon plus équilibrée. Cette perspective a le mérite de relativiser le droit sans pour autant le nier, de le diminuer pour mieux le fonder. Dans cette hypothèse de bon sens, le « droit n'est qu'une valeur sociale »[1829] et doit, en tant que tel, « se trouver dans une corrélation constante avec la table des valeurs morales et économico-sociales »[1830].

SECTION II. LA RATIONALITE JURIDIQUE : SOURCE PRIVILEGIEE DU VALOIR

733. L'analyse du droit par les valeurs postule que la normativité juridique est dotée d'une certaine rationalité[1831] qu'il s'agit d'identifier. C'est là tout l'enjeu d'une recherche qui se veut recherche de la *ratio legis*. Pour y parvenir, la recherche doit nécessairement postuler l'existence du droit et la possibilité d'en identifier le contenu. L'analyse du droit en termes de valeur est alors d'une grande utilité pour accompagner une telle entreprise. En effet, le droit ne commence jamais à exister que « lorsque les faits de l'existence humaine sont perçus dans une perspective où ils sont affectés d'un signe de valeur »[1832]. L'évidence de ce constat explique peut-être qu'il ait été paradoxalement perdu de vue par les juristes. Au point qu'il ne suscite plus la curiosité. Au point même qu'il soit remis en question par la *doxa* juridique contemporaine – en dépit, parfois, de tout bon sens – et que l'absence des

---

1828 Cons. Const., décision n°2008-567 DC du 24 juillet 2008, *Loi relative aux contrats de partenariat*, cons. 23.

1829 Dimitrie N. MICESCOU, *Essai sur la technique juridique*, Thèse de doctorat, Université de Paris, Faculté de droit et des sciences économiques, Éd. Arthur Rousseau, p. 166 ; en ce sens v. égal. Emmanuel DOCKES, *Valeurs de la démocratie: huit notions fondamentales : liberté, égalité, pouvoir, droit, contrat, propriété, intérêt, représentation*, Éd. Dalloz, Coll. Méthodes du droit, 2005, p. 130.

1830 *Ibid.*, p. 167.

1831 Sur cette association, v. François BRUNET, « La justice sans le juriste ? L'épistémologie juridique d'après Kelsen », *RIEJ*, vol. 71, n°2, 2013, p. 191-211, notamment p. 201 et s.

1832 Michel MIAILLE, Une introduction critique au droit, op. cit., p. 330.

valeurs juridiques constitue désormais un lieu commun de la pensée juridique. Il est entendu que la présente recherche s'inscrit en contrepoint d'une telle conception.

734. Conformément à l'hypothèse retenue, le droit n'est jamais que le fruit d'une pensée incarnée dans un jugement. Le jugement de droit n'est jamais qu'un jugement de valeur, et plus précisément, un jugement de valeur hypothétique. Cela tient avant tout au caractère spécifique de la règle de droit, à sa fonction d'instrument. Les règles juridiques s'inscrivent toujours dans un entrecroisement de moyens et de fins. Et l'on sait désormais, à ce stade de l'analyse, qu'il n'y a jamais de moyens et de fins *qu'en vertu d'un jugement de valeur*[1833] *hypothétique*. De ce constat découle le propre du droit, ce qui le distingue des autres normativités telles que la normativité économique ou la normativité scientifique. *Le droit est, davantage encore que les autres normativités, fondamentalement axiologique*. La *manifestation juridique* de la valeur constitue alors le type le plus pur de la valeur sociale.

735. L'hypothèse sera ici défendue que si la science parle au nom du « vrai », l'économie au nom de « l'utile », la politique au nom du « devoir », *le droit parlerait, pour sa part, directement au nom du « valoir »*. L'assertion en droit ne serait jamais que jugement de droit c'est-à-dire *in fine* jugement de valeur (I). C'est ce qu'illustre, du reste, la prégnance de l'opération de qualification qui ne constitue jamais que l'opération fondatrice de la rationalité juridique qui, à son tour, n'a pas d'autres prétentions que l'objectivation de la valeur pour une société donnée. Dans ces conditions, remonter à la source matérielle des valeurs revient, dans un même mouvement, à remonter à la source du droit et de la normativité juridique. S'interroger sur les sources des valeurs devrait alors permettre d'aboutir, de façon plus assurée, aux sources du droit (II).

I. Le valoir comme source de la rationalité juridique

736. Au même titre que la politique parlerait au nom du devoir, l'économie au nom de l'utile et la science au nom du vrai, le droit parlerait pour sa part au nom du valoir. La légalité – et son pendant la constitutionnalité – constituerait la forme sécularisée et parfaite de la valeur ou du valoir et plus précisément du valoir positif. Les opérations du raisonnement juridique, c'est-à-dire les jugements de droit, viseraient pour l'essentiel la qualification d'une certaine réalité (A) et ne constitueraient, en dernière analyse, rien d'autre que des jugements de valeur (B).

A. Le jugement de droit comme opération de qualification juridique

737. Il apparaît possible de considérer que les opérations du raisonnement juridique constituent toutes des « jugements ». Or, si l'on suit M. Cayla, dans

---

[1833] Jean PUCELLE, *Études sur la valeur*. T. II, *Le règne des fins: l'essence de la civilisation*, Éd. Emmanuel Vitte, Coll. Problèmes et doctrines, 1959, p. 48.

sa thèse, un jugement n'est jamais que « la qualification d'un fait »[1834]. En d'autres termes les opérations du raisonnement juridique consistent pour l'essentiel à qualifier les faits de la réalité juridique – indépendamment de savoir si les faits s'attachent au réel, c'est-à-dire constituent des objets propres, ou s'ils ne sont que verbaux et donc attachés au sujet. Dans ces conditions, ajoute M. Vautrot-Schwartz, le jugement de droit « consiste à faire entrer un objet dans une catégorie juridique, préétablie ou non, dans le but d'ouvrir l'application à l'objet ainsi qualifié du régime juridique ou de l'effet de droit attaché à la catégorie en cause »[1835].

738. C'est parce que le droit est avant tout discours qu'il est essentiellement jugement. Les jugements de droit ne sont rien d'autre que des jugements de qualification c'est-à-dire, des jugements de valeur qui visent à attribuer à des faits d'une certaine réalité des qualités. Or, il est entendu que « toute phrase, toute proposition affirmant ou niant la qualité d'une chose du monde, caractérisant son mode d'être, est avant tout un jugement sur la *pertinence* d'une proposition affirmant ou niant autrement la qualité de la même chose du monde »[1836]. Un individu ou plus, une institution – le Conseil constitutionnel – qui affirme que tel acte d'une autre institution – le Parlement – est conforme ou non à la Constitution exerce une prétention normative sur le comportement ou, plus précisément, sur les intentions, prétentions et ambitions respectives de celui-ci, en bref sur ses actions passées ou présentes. Dans ces conditions, le juge n'a ainsi pour fonction unique que de dire « que tel jugement ayant ainsi faussement qualifié telle chose du monde doit être disqualifié »[1837].

S'agissant du Conseil constitutionnel, les vecteurs de cette disqualification se rattachent à cela même que l'on appelle la constitutionnalité. Ainsi, lorsque le juge décide d'une proposition normative qu'elle est constitutionnelle ou au contraire inconstitutionnelle, il ne fait rien d'autre que de qualifier ou disqualifier celle-ci comme bonne ou mauvaise. Certes, il ne s'agit pas pour lui d'affirmer le caractère bon ou mauvais en soi de cette proposition normative mais de l'affirmer au regard des raisons qui sont avancées au soutien, et plus précisément des raisons juridiques. C'est ce qui fait de lui le gardien de la Constitution. En toute logique on ne garde jamais que quelque chose de vivant, de mouvant, de dynamique, en bref quelque chose qui peut échapper, notamment sous l'effet de l'intention qui précède toujours l'action de l'homme et plus particulièrement du législateur.

739. L'on s'accordera sur cette idée, qui n'est plus à démontrer, que toute proposition langagière c'est-à-dire toute expression d'une pensée, articule nécessairement jugement de fait et jugement de valeur[1838]. Cela est d'autant

---

1834 Olivier CAYLA, *La notion de signification en droit: contribution à une théorie du droit naturel de la communication*, Thèse de doctorat, Université Panthéon-Assas, 1992, p. 787.
1835 Charles-Henry VAUTROT SCHWARZ, *La qualification juridique en droit administratif*, Éd. LGDJ, Coll. Bibliothèque de droit public, 2009, p. 23.
1836 Olivier CAYLA, *La notion de signification en droit: contribution à une théorie du droit naturel de la communication*, *op. cit.*, p. 791.
1837 *Ibid.*, p. 792.
1838 V. Hilary PUTNAM, *The collapse of the fact-value dichotomy* [2002], tr. fr. Marjorie CAVERIBERE et Jean Pierre COMETTI, *Fait/valeur: la fin d'un dogme : et autres essais*, Éd. L'éclat, Coll. Tiré à part, 2004, p. 106-120, égal. p. 177.

plus vrai en droit où, comme l'écrit M. Cayla, « le jugement de fait qui est le texte d'une prédication sur les choses, n'a de pleine et entière signification que comme prétexte à un jugement de valeur cherchant à disqualifier les prédications concurrentes »[1839]. Ainsi, « le jugement de fait, qui est un acte de pensée opérant une qualification juridique des faits réels, ne peut se concevoir que dans la subordination au jugement de valeur qui est sa véritable finalité »[1840].

B. La qualification juridique ou la tentative d'objectivation de la valeur

740. Dans ces conditions, *la qualification juridique constitue un véritable acte d'objectivation de la valeur*. Est une qualification juridique « tout jugement apparemment de fait, mais en réalité commandé par une fondamentale et préalable évaluation de ce qu'il est [...] souhaitable ou socialement acceptable de dire quant aux qualités de ce fait, pourvu qu'un tel jugement soit effectué par un organe étatique »[1841]. Toute qualification n'est bien qu'un « acte » d'objectivation de la valeur, plus précisément une tentative, sans cesse renouvelée, susceptible de heurter des tentatives inverses ou concurrentes. Comme l'énonce M. Olivier Cayla, l'opération de qualification sert alors de « point d'appui argumentatif » à un verdict : « de rejet de la part de l'organe étatique (les qualités en questions sont caractérisées comme maléfiques par le régime juridique et puisqu'elles ne doivent pas être, le constat de leur être n'a pour objet que d'accompagner leur condamnation à disparaître) »[1842], ou, « d'adhésion (les qualités en question sont admises comme bénéfiques par le droit en vigueur, et puisqu'elles peuvent ou doivent être le constat de leur être n'a pour objet que d'accompagner la légitimation nécessaire à leur maintien ou celui de leur inexistence que d'accompagner l'exigence de leur apparition) »[1843]. Ainsi, et dans ces conditions, « toute qualification se ramène à un fondamental acte d'évaluation, c'est-à-dire consiste à donner le nom non pas qui 'revient' à la chose, mais que 'mérite' la chose, ou encore qui 'convient' non pas à la chose elle-même, mais au sort qu'on veut lui faire subir »[1844].

741. La qualification ou plutôt le jugement de qualification constitue toujours un choix exprimé au regard du mérite que l'on accorde à la chose. M. François Terré a cerné dans sa thèse l'ampleur et les contours de « l'influence de la volonté individuelle sur les qualifications »[1845]. Or, précise M. Vautrot-Schwartz, c'est bien « parce que la qualification juridique est une opération de la volonté qu'elle se révèle source de liberté

[1839] *Ibid.*, p. 793.

[1840] *Id.*

[1841] Olivier CAYLA, « Ouverture. La qualification ou la vérité du droit », *Droits*, vol. 18, 1993, p. 9.

[1842] *Id.*

[1843] *Id.*

[1844] *Id.*

[1845] François TERRE, *L'influence de la volonté individuelle sur les qualifications ; Retour sur la qualification*, Éd. LGDJ-Lextenso, Coll. Anthologie du droit, 2014.

pour tout acteur du droit qui s'y livre »[1846]. Reste à prendre la mesure de cette liberté. Toute qualification en droit, tout jugement de droit s'entend ainsi d'un choix de valeur effectué au regard du mérite que l'on accorde à une chose. Ce choix emporte simultanément rejet corrélatif des autres qualifications dont la chose aurait pu être affublée. Ainsi, « toute qualification où s'opère le choix d'un caractère privilégié s'accompagne d'une disqualification au moins implicite par laquelle sont écartés les autres choix nominaux qui auraient été possibles également »[1847]. *La qualification est donc attachée à la liberté tout autant qu'au possible.* La problématique des sources du jugement de valeur rejaillit donc sur la problématique des sources du jugement de droit. Si le jugement de droit n'est qu'un jugement de valeur, l'identification des sources de l'un devrait permettre l'identification des sources de l'autre.

II. Les sources concentriques du jugement de valeur comme sources de la normativité juridique

742. Si le droit se fonde sur la valeur, c'est à l'identification des sources du jugement de valeur que l'on doit s'attacher. Mettre en lumière les sources du jugement de valeur devrait logiquement permettre de mettre en lumière les sources de la normativité juridique. Le chemin qu'il convient d'emprunter est sinueux et les écueils sont nombreux. Contre l'objectivisme juridique sclérosant, l'on dira avec le philosophe Jean Pucelle que le jugement de valeur « est lié à une liberté tendue ou relâchée »[1848]. Contre le subjectivisme juridique atomisant, l'on s'accordera sur cela que cette « liberté n'est pas l'arbitraire, puisqu'elle joue dans le consensus »[1849], à tout le moins dans sa recherche, qui soulève avant tout la question de la raison. En un mot, l'on constatera que la source matérielle du droit, comme de la valeur, réside dans la *liberté* qui, irriguée par la *raison* assigne au jugement de droit – qui n'est jamais que jugement de valeur – le règne du *possible*. Dans ces conditions, *le jugement de droit, qui n'est que jugement de valeur, sera le fruit de trois réductions ou plutôt de trois limitations successives, imbriquées sur le modèle des cercles concentriques.* Ainsi, il y aurait du droit, plus précisément jugement de droit, là où la liberté qui en constitue le *principe* (A) – au plein sens du mot – se voit borner par la raison (B) au champ du possible (C).

A. La liberté, source principielle des jugements de valeurs

743. Dans son œuvre magistrale portant sur *l'étude de la valeur,* le philosophe Jean Pucelle démontrait avec brio l'importance de la liberté dans la constitution de la valeur et des valeurs qu'elle sécrète. La liberté se

---

[1846] Charles-Henry VAUTROT-SCHWARZ, *La qualification juridique en droit administratif*, *op. cit*. p. 230.
[1847] Olivier CAYLA, « Ouverture. La qualification ou la vérité du droit », *loc. cit*., p. 11.
[1848] Jean PUCELLE, *Études sur la valeur*, T. I, *La source des valeurs: les relations intersubjectives*, Éd. Emmanuel Vitte, Coll. Problèmes et doctrines, 1957, p. XII.
[1849] *Id.*

présenterait comme « agent de transmutation des valeurs »[1850]. Une telle fonction est rendue possible et assignée à la liberté par l'hypothèse même que nous formulions en guise d'introduction : la relativité de la valeur. Que l'on ne s'y méprenne pas. Derrière cette hypothèse, il ne s'agit pas de basculer dans le scepticisme d'un Kelsen mais bien plutôt d'essayer de rendre compte, de la meilleure des façons, de l'objet valeur dans toute l'étendue de sa variété.

744. La relativité des valeurs tient à ce que ces dernières sont livrées aux conflits, passions et contestations. Cette caractéristique signifie avant tout « qu'elles dépendent étroitement d'une libre adhésion que l'on peut donner ou reprendre »[1851]. En un mot, les valeurs sont contestables parce que nous sommes libres de les contester donc de les rejeter ou, au contraire, d'y adhérer pleinement. Le caractère incontestable des valeurs ôterait justement toute prétention à les fonder sur la liberté. Fruits de la liberté, les valeurs seraient donc éminemment relatives. En vertu de cette propriété, elles ne constitueraient pas, tant s'en faut, une qualité *naturelle* d'un objet mais bien un produit de l'esprit, c'est-à-dire un produit du sujet, projeté sur un objet particulier.

745. Dans ces conditions, il n'y aurait valeur que là où il y aurait plus précisément liberté. La liberté, dit le professeur Amselek, « n'est rien d'autre que cet attribut ontologique de l'être humain, ce pouvoir de 'libérer' les desseins qu'il conçoit intérieurement, de les faire sortir de cet intérieur de lui, de leur donner un accomplissement, une naissance, au travers des mouvements, des faits et gestes de sa personne »[1852]. Or, c'est dans l'action que la liberté trouvera toujours son « acte d'affirmation » c'est-à-dire son expression la plus achevée : « l'acte par lequel l'être s'affirme lui-même c'est-à-dire pose indivisiblement son être propre et sa propre valeur »[1853] en avançant ses propres raisons. Ainsi, « la liberté humaine est bien le pouvoir dont est doté l'être humain de contrôler la lignée de ses actes, d'en être 'l'auteur', l'instigateur qui leur donne le jour »[1854]. Dans ces conditions, la liberté s'exprime toujours dans une option et se résout souvent dans un choix consenti[1855] d'action au regard de certaines fins. Mais à ce stade elle n'est déjà plus liberté. Il appartient en effet à la liberté « non seulement de se proposer sans cesse des fins, mais de les dépasser sans cesse »[1856].

746. Partant, le droit qui institutionnalise l'action, trouve pleinement sa source dans la liberté et dans la valeur qui s'expriment eux-mêmes dans l'action. Comme l'affirme le professeur Picard, « il n'y a de droit possible que là où l'être nous laisse de la *liberté* et dans la mesure où c'est celle-ci,

---

[1850] *Ibid.*, p. 28.

[1851] *Id.*

[1852] Paul AMSELEK, *Cheminements philosophiques dans le monde du droit et des règles en général*, *op. cit.*, p. 148.

[1853] Louis LAVELLE, *Traité des valeurs*, T. I, *Théorie générale de la valeur*, Éd. PUF, Coll. Dito, 1991, p. 425.

[1854] Paul AMSELEK, *Cheminements philosophiques dans le monde du droit et des règles en général*, *op. cit.*, p. 149.

[1855] Louis LAVELLE, *Traité des valeurs*, T. I, *Théorie générale de la valeur*, *op. cit.*, p. 428.

[1856] *Ibid.*, p. 418.

qui se manifeste, tout d'abord, en tant que liberté de l'esprit, qui nous permet elle-même d'accéder à la conscience »[1857] du droit.

747. En outre, le droit est toujours posé – en dernier ressort – par un acte de liberté incarné plus spécifiquement par un acte de volonté. En affirmant cela l'on ne fait rien d'autre que de rappeler l'évident à savoir que le droit est pétri d'intention. Comme l'écrivait déjà le juriste Poulantzas, « toute expérience du droit [...] se rapporte à une finalité, [...] à une intentionnalité » [1858]. L'expérience du droit est donc essentiellement axiologique. En résumé, c'est parce que la liberté se manifeste en intention qui, pour advenir en action, vise toujours une ou plusieurs finalités, qu'elle est bien créatrice de valeurs. En outre, c'est bien parce que le droit institutionnalise l'action, la fait advenir, qu'il partage la même source que la valeur et vient puiser à la liberté. En effet, « dans le système de l'action, il n'y a rien qui ne puisse devenir valeur »[1859]. L'expérience juridique serait dénuée de tout intérêt si les hommes ne disposaient pas de la faculté de s'autodéterminer. C'est cet écueil que n'ont pas su éviter les théories formalistes du droit.

748. Un tel constat de bon sens ne serait-il pas destructeur de la valeur ? En effet, si la valeur constitue le produit de la liberté – d'action notamment – et que la liberté n'est que jaillissement spontané, pure indétermination, comment peut-on espérer conserver à la valeur une consistance minimale ? Pour le dire autrement, si la valeur n'est pas déterminée, comment la liberté, qui est l'indétermination même, peut-elle prétendre lui assurer une certaine fixité ? De la même façon, comment la liberté peut-elle produire le jugement de droit tout en lui fournissant la stabilité nécessaire à l'émergence du droit ? *En tant qu'elle est essentiellement intention, c'est par le biais de la raison que la liberté détermine la valeur ou à tout le moins qu'elle prétend le faire.* L'analyse pourra s'appuyer sur les travaux de Léon Duguit. Rejetant toutes ratiocinations métaphysiques, le Doyen de Bordeaux écrivait dans son *Traité de droit constitutionnel* que « l'acte volontaire de l'homme reste toujours un acte conscient déterminé par un but, choisi consciemment [...] pas librement »[1860]. L'auteur substituait ainsi à la question de la liberté « dont l'existence est possible, mais échappe à la prise des sens »[1861] la question de la conscience. Les actes des hommes, au premier rang desquels prendraient place les actes juridiques, « ne sont pas le produit d'une force aveugle et inconsciente » mais seraient bien au contraire « le produit d'une détermination consciente de but, d'une manifestation spontanée produisant une certaine quantité d'énergie, dans une direction ou dans une autre, suivant

---

1857 Étienne PICARD, « Le droit comparé est-il du "droit" ? », *Annuaire de l'Institut Michel Villey*, vol. 1, 2009, p. 248.
1858 Nicos POULANTZAS, *Nature des choses et droit: essai sur la dialectique du fait et de la valeur*, Éd. LGDJ, Coll. Bibliothèque de philosophie du droit, 1965, p. 68.
1859 Louis LAVELLE, *Traité des valeurs*. T. I, *Théorie générale de la valeur*, *op. cit.*, p. 633.
1860 Léon DUGUIT, *Traité de droit constitutionnel. La règle de droit – Le problème de l'État*, T. I, 3ème éd., Éd. E. De Boccard, 1927, p. 69.
1861 *Ibid.*, p. 80.

un choix fait consciemment »[1862]. En d'autres termes, ils seraient le produit de jugements de valeurs au premier rang desquels figure le jugement de droit.

749. Dans ces conditions, et sans pour autant rejeter l'idée que la liberté constitue le *principe* du droit, comme de la valeur, il importe de constater que la raison – ou conscience dans la pensée duguiste – en constitue une première réduction.

B. La raison, source médiane des jugements de valeurs

750. Reconnaître la raison comme l'une des sources matérielles de la normativité juridique suppose logiquement d'associer rationalité juridique et normativité juridique. Dans la pensée juridique traditionnelle, cette association ne va pourtant pas de soi. La théorie de la décision, en droit, constitue le champ de bataille le plus caractéristique de cette opposition. Le positivisme juridique, dans sa version la plus classique – réalisme / normativisme – entretient assez largement l'ambiguïté sur la question (1°). En dépit de ces réticences, l'association de la normativité et de la rationalité doit pourtant bel et bien s'envisager (2°).

1° Les ambiguïtés de la position positiviste

751. En général, les doctrines dominantes du positivisme veillent au respect de l'intégrité de la ligne de partage entre normativité et rationalité. Celle-ci se manifeste plus particulièrement, au sein de la théorie de la décision juridique, dans la distinction entre dispositif et motif.

752. Cette conception est portée par l'École positiviste normativiste. Ainsi, pour Otto Pfersmann, « une décision juridictionnelle comporte nécessairement une partie normative, qui n'est pas explicative et potentiellement une partie explicative qui n'est pas normative »[1863]. En dissociant radicalement la rationalité de la normativité cette école se refuse à reconnaitre le caractère normatif des motifs qui n'emportent par eux-mêmes aucune conséquence quant au dispositif de la décision.

753. Le positivisme réaliste n'est paradoxalement pas si différent – alors que l'on présente souvent la querelle normativisme/réalisme comme indépassable. Le Professeur Troper, son chef de file, aboutit à des conclusions similaires. D'après lui, la motivation est un simple « discours tendant à justifier une décision quelconque en montrant qu'elle est conforme ou compatible avec une norme supérieure »[1864]. Pourtant, son constat est le bon qui considère qu' « expliquer une décision, c'est alors seulement en fournir les raisons, c'est-à-dire rattacher son *action* à quelque principe ou

---

[1862] *Ibid.*, p. 69-70.

[1863] Otto PFERSMANN, « Concrete review as indirect constitutional complaint in french constitutional law : a comparative perspective », *European constitutional Law review*, vol. 6, *n°2,* 2010, p. 223-248, notamment p. 247 : « A judicial decision hence bears by necessity a normative part, which is not explicative, and possibly an explicative part, which is not normative ».

[1864] Michel TROPER, « La motivation des décisions constitutionnelles », *in* Chaïm PERELMAN et Paul FORIERS (dir.), *La motivation des décisions de justice: études*, Éd. E. Bruylant, Coll. Travaux du centre national de recherches de logique, 1978, p. 287.

norme générale »[1865]. Sa conclusion traduit néanmoins la difficulté qu'il éprouve à penser la justification de la décision. En effet, dans la pensée réaliste « la décision n'est fondée ni en droit, ni même simplement en raison »[1866]. La déduction n'est plus « qu'une apparence ». L'utilité de la motivation est alors rapportée à sa capacité à « permettre le contrôle » de l'activité des tribunaux inférieurs par les Cours suprêmes tandis que pour ces dernières, la motivation de leurs propres décisions, non soumises à un contrôle supérieur « n'est pas donnée en dépit, mais bien en raison du caractère illusoire de la justification »[1867]. Ainsi, la motivation « a bel et bien pour fonction de faire illusion »[1868]. En effet, dès lors que l'interprète est « juridiquement libre »[1869], « la fonction de la motivation est justement de dissimuler l'existence, la nature, le mode d'exercice »[1870] de cette liberté.

754. Les deux écoles dominantes du positivisme se rejoignent autour d'une théorie atomisante du droit. La normativité est assimilée à la volonté et elle n'a pas besoin de se justifier. La motivation est donc tout simplement évincée des analyses juridiques. Rationnelle, elle n'influence pas, pour cette même raison, la normativité juridique. À ce propos, Otto Pfersmann n'a-t-il pas affirmé que : « si l'argumentation peut avoir une forte valeur heuristique, il est évident qu'elle ne peut pas modifier la nature de son objet »[1871]. En effet, « les motifs constituent des arguments vrais ou faux (au regard des prémisses), valides ou invalides (au regard des conclusions tirées des prémisses) et sans valeur normative. S'il s'agissait de normes, cela devrait être prévu en tant que forme normative spécifique et surtout, il ne pourrait s'agir d'arguments »[1872]. Et l'auteur de fustiger, dans un autre article, la manière dont les grandes décisions du Conseil constitutionnel présentent « implicitement » la motivation « comme une norme générale de rang constitutionnel »[1873]. C'est bien la méconnaissance d'une véritable séparation rigide entre le dispositif qui serait seul normatif et relèverait du commandement et ce qui relèverait de l'argumentation, des motifs, et serait pure connaissance, que vise l'auteur ici.

755. Dans cette perspective, le droit n'a pas à étaler ses raisons, puisqu'elles sont au mieux inconsistantes (normativisme), au pire le reflet d'un pouvoir absolu nécessairement pernicieux (réalisme). En refusant de

---

1865 *Id.*

1866 *Ibid.*, p. 294.

1867 *Id.*

1868 *Id.*

1869 *Ibid.*, p. 301.

1870 *Ibid.*, p. 296.

1871 Otto PFERSMANN, « Arguments ontologiques et argumentation juridique », *in* Otto PFERSMANN et Gérard TIMSIT (dir.), *Raisonnement juridique et interprétation*, Actes de la journée d'étude internationale organisé à la Faculté de droit de Paris 1, le 14 juin 1999, Centre de recherche de droit constitutionnel, Centre d'études et de recherches sur l'administration publique, Éd. Publications de la Sorbonne, Coll. De Republica, 2001, p. 19.

1872 Otto PFERSMANN, « Le renvoi préjudiciel sur exception d'inconstitutionnalité : la nouvelle procédure du contrôle concret a posteriori », *LPA*, n°254, 2008, p. 103-110.

1873 Otto PFERSMANN, « Relativité de l'autonomie ontologique, confirmation de l'autonomie disciplinaire institutionnelle, paradoxe de l'hétéronomie épistémologique », *in* Bertrand MATHIEU (dir.), *Cinquantième anniversaire de la Constitution française; 1958-2008*, Éd. Dalloz, 2008, notamment p. 543, n°18.

reconnaître une valeur juridique aux motifs, les tenants de ces approches prennent un risque en s'empêchant pour l'avenir de ne jamais rien dire sur les motifs, et sur leur contenu. Il n'en est, en réalité, rien et le refus de leur part de reconnaitre force juridique aux motifs constitue un véritable paradoxe.

Par exemple, M. Pfersmann affirme que le positivisme ne nie pas « que des normes morales puissent être intégrées dans un système juridique ». Au contraire, les positivistes « admettent que cela se produit tout à fait régulièrement par la production de nouvelles lois ou de décisions juridictionnelles ». Toutefois, le positivisme insisterait d'après l'auteur « sur le fait que la validité juridique leur est acquise non pas en raison de leur caractère moral mais uniquement parce qu'elles ont été produites en tant que normes juridiques en application des règles de procédure pertinentes »[1874]. Les motifs sont donc des « normes juridiques ». C'est là leur incarnation formelle. Il a pourtant été préalablement constaté que le caractère normatif de ces motifs était refusé par les positivistes. Les motifs seraient alors des *normes juridiques non normatives*.

Curieuse explication que ne clarifie pas le reste du propos de l'auteur. D'après Otto Pfersmann, le fait qu'un juge fasse référence à un principe « ne prouve nullement que ce principe existerait par lui-même »[1875]. Au contraire, « c*e qui existe juridiquement* c'est la décision proprement dite, non la motivation sur laquelle elle s'appuie. [...] L'on pourra enfin objecter que même si ces principes consacrent des valeurs morales, l'on peut en dire autant de toutes les normes juridiques puisque leur édiction résulte toujours des préférences pour ce que leur créateur considère comme la meilleure des alternatives »[1876]. Juridiquement, seule la décision – qui s'incarne dans le dispositif – existe, au détriment de sa motivation – qui s'incarne dans les motifs. L'auteur semble ici confirmer sa position. C'est pourtant le même auteur qui proclamait ailleurs avec force l'existence d'un « lien légal »[1877] – donc supposément juridique ? – entre les deux éléments. L'ambiguïté est ici portée à son faîte.

Ce propos trouve un certain écho chez les partisans du réalisme juridique. Dans une violente charge contre le néo-constitutionnalisme, le professeur Pierre Brunet estime que ce courant « ne voit pas ou ne veut pas voir que le Droit produit lui-même ses propres justifications »[1878]. Prenant exemple de la dignité humaine il écrit qu' « autoriser l'interdiction d'un spectacle en se

---

[1874] Otto PFERSMANN, *in* Denis ALLAND et Stéphane RIALS (dir.), *Dictionnaire de la culture juridique*, Éd Lamy-PUF, Coll. Quadrige, v°« Morale et Droit », p. 1044.

[1875] *Ibid.*, p. 1045.

[1876] *Id.*

[1877] Otto PFERSMANN, « Concrete review as indirect constitutional complaint in french constitutional law : a comparative perspective », *loc. cit.*, p. 246 : « There is *no logical link* between true interpretation and correct choice, *i.e.*, the justification, and the decision […] The link is legal : the law simply conditions the validity of the norm 'decision' on the presence of certain justifying elements in the act ».

[1878] Pierre BRUNET, « La constitutionnalisation des valeurs par le droit », *in* Stéphanie HENNETTE-VAUCHEZ et Jean-Marc SOREL (dir.), *Les droits de l'homme ont-ils constitutionnalisé le monde ?*, Éd. Bruylant, Coll. Droit de la convention européenne des droits de l'homme, Colloques, 2011, p. 271.

fondant sur la protection de la dignité revient très certainement à introduire une notion morale. [...] Fort bien. Pour autant, l'interdiction prononcée par le juge sera valide non en vertu de sa conformité à la morale, mais en vertu de sa conformité à une autre norme juridique. Autrement dit, que le juge puisse justifier ses normes en utilisant une disposition juridiquement identifiée comme telle ou par un principe tiré de la morale ou dont la juridicité est douteuse importe peu. Le choix de la prémisse est toujours un choix qui laisse place à la discrétion du juge. Cela ne rend pas le jugement plus moral que juridique ni juridiquement valide parce que moralement acceptable »[1879]. La justification elle-même, fonction de la raison, est évincée du champ de la discipline juridique.

756. En réalité, les deux grands courants de l'École positiviste contemporaine sont simplement des doctrines juridiques exclusives. En prétendant veiller à l'autonomie du droit, elles rejettent violemment toute prétention d'un autre ordre normatif, comme la morale par exemple, à influencer la matière juridique. Partant elles s'éloignent – dommageablement – des perspectives offertes par les recherches contemporaines en matière d'inter-normativité ou de pluralisme normatif. Le chapitre esquissé a tenté de montrer que la question du contenu du droit ne se résumait pas, bien au contraire, à l'opposition droit / morale. En niant que le droit soit influencé par la morale – et réciproquement –, autrement que par accident, les Écoles positivistes s'empêchent de ne jamais rien dire sur le droit lui-même autrement qu'en négatif : ce qui s'oppose à la morale, ce qui s'oppose à la politique etc., Cela se comprend si le droit est résumé à la norme et surtout si la norme est résumée à la volonté. Celle-ci ne pourra être rationnelle c'est-à-dire susceptible d'entendement. Pourtant, l'association de la rationalité et de la normativité apparaît bien comme une nécessité.

2° Le rationnel comme objet de droit : le caractère juridique des motifs de la décision

757. C'est une évidence – trop souvent oubliée – que tout acte ou toute action suppose un motif. Cela vaut *a fortiori* en droit. Comme l'affirmait le professeur Dupuis, un « acte normateur (que la doctrine appelle habituellement acte juridique) ne saurait être dépourvu de motifs dans sa réalité historique : s'il n'avait aucun motif cet acte serait un monstre absurde ou dérisoire [...] et son auteur serait un insensé, un détraqué, un fou »[1880]. Avant lui, Bonnard rappelait cette évidence que « le motif est l'élément premier de l'acte. Il est l'antécédent qui le précède et le provoque. Il constitue sa raison d'être »[1881]. Partant, le motif marque l'acte du sceau de la rationalité. Il l'éloigne d'autant plus de l'écueil de l'arbitraire.

758. Dans ces conditions, *il importe de comprendre les raisons qui empêchent à ce subjectivisme de dégénérer en arbitraire*. Y parvenir suppose de prendre garde à l'ambivalence intrinsèque qui grève le concept

---

[1879] *Id.*
[1880] Georges DUPUIS, « Les motifs des actes administratifs », *EDCE*, 1974-1975, n°27, p. 17.
[1881] Roger BONNARD, *Précis de droit administratif*, Éd. Librairie du Recueil Sirey, 1943, p. 33-34.

de motivation. Comme le notait M. Léon Husson, il importe en la matière de « distinguer soigneusement la motivation juridique, qui est l'ensemble des raisons propres à justifier une décision, de la motivation psychologique qui est l'ensemble des facteurs conscients ou inconscients dont le jeu combiné détermine une conduite ou une conviction »[1882]. Ce propos fait écho à celui de Chaïm Perelman qui précisait que la motivation « peut être comprise tantôt comme l'indication des raisons qui motivent le jugement, comme c'est le cas dans la terminologie juridique française, et tantôt comme l'indication des mobiles psychologiques d'une décision »[1883].

L'ambivalence du motif – ou de la motivation – a contribué dans une certaine mesure à sa mise au ban de l'analyse juridique. Les motifs seraient en réalité fondés uniquement sur des impressions du juge qui ne refléteraient rien d'autre que ses propres préjugés. En effet, les motifs tairaient ce qu'est réellement un *intérêt général suffisant* ou les critères de justification d'une loi de validation par exemple. En un mot, les motifs ne seraient pas raisons mais intentions. Ils seraient alors éminemment subjectifs. Est-ce à dire qu'ils seraient pour autant *inconnaissables ?* Rien n'est moins sûr.

759. Le raisonnement sur la valeur est d'une aide précieuse pour lever l'obstacle. Le concept de valeur, rappelons-le, s'inscrit dans le domaine de l'action concrète. Il présuppose toujours qu'une action est sur le point de se réaliser et qu'elle est nécessairement causée. En effet, toute action, *a fortiori* en droit, apparaît toujours motivée et assignée à la réalisation d'un but. La valeur assure ainsi la médiation entre le processus psychique de la décision – partiellement intuitif – qui manifeste toujours une certaine préférence, un certain désir, et son processus rationnel que vient manifester plus concrètement sa motivation légale. En un mot, *la valeur rend objectivable une action et réciproquement.* L'identification d'une valeur permet de postuler immédiatement l'existence d'une action qu'elle fonde et dirige. Cette analyse fait échapper le jugement de valeur au subjectivisme arbitraire et atomisant dès lors que la valeur est attachée, en raison, à la réalisation d'une action. De la sorte, comme l'a montré en philosophie John Dewey, la valeur est à la fois motif, donc fondement de l'action, et en même temps guide, sens, finalité de cette dernière[1884]. La motivation juridique est alors rationnelle puisqu'elle appelle un contrôle de l'action qui échappe ainsi au domaine de la pure volonté subjective.

760. Dans ces conditions, *le propre de la normativité juridique est bien de sécréter des motifs pour l'action qu'incarne la décision.* En sécrétant des motifs pour l'action, la normativité juridique sécrète des valeurs. Nier la valeur juridique des motifs des décisions revient à nier leur effet sur le droit. En effet, la motivation participe de la rationalité immanente à la décision en

---

[1882] Léon HUSSON, « Les trois dimensions de la motivation judiciaire », *in* Chaïm PERELMAN et Paul FORIERS (dir.), *La motivation des décisions de justice: études*, *op. cit.*, p. 73.

[1883] Chaïm PERELMAN, « La motivation des décisions de justice : essai de synthèse », *in* Chaïm PERELMAN et Paul FORIERS (dir.), *La motivation des décisions de justice: études*, *op. cit.*, p. 415.

[1884] John DEWEY, *La formation des valeurs*, tr. Alexandra BIDET, Louis QUERE et Gérôme TRUC, Éd. La Découverte, Coll. Les empêcheurs de tourner en rond, 2011, p. 97 et s., notamment p. 99.

tant qu'elle entérine l'acte – ou l'action – juridique. Comme l'écrivait Jèze, il y a près d'un siècle déjà, il faut bien des raisons pour accepter la vérité légale que la décision a vocation à énoncer[1885]. C'est là la fonction de la motivation que d'asseoir sur quelques fondements une vérité juridique par nature relative. C'est là sa nécessité qui la rend incontournable à l'analyse. La vérité juridique est relative puisqu'elle n'est jamais que présumée. C'est tout le sens de l'autorité de la chose jugée – qui s'entend désormais pour le Conseil constitutionnel d'une forme d'autorité de la chose interprétée[1886]. L'autorité de la chose jugée permet ainsi de comprendre que l'autorité de la décision a pour fondement « la probabilité de vérité de la déclaration effectuée par le juge »[1887]. Dans cette optique, les motifs sont « la pierre de touche de la vérité »[1888] légale. Donner ses motifs revient donc, pour le juge, à avancer ses raisons[1889] ; « motiver une décision c'est bien en exprimer les raisons »[1890]. Cette conception est partagée par les juges constitutionnels français dont M. André Ségalat qui affirmait dans une délibération du 24 Février 1981, préalable à la décision *81-30 Orga,* que la motivation de la décision devra « bien préciser les raisons pour lesquelles le Conseil est compétent »[1891].

Dans ces conditions, le droit constitue une véritable « réserve de raisons exprimées sous des formes diverses »[1892] et la normativité juridique n'existe que dans la mesure où elle est rationnelle. De façon générale, la rationalité propre au droit se constitue comme une source de jugement de valeurs juridiques. Toutefois, la raison elle-même ne se présente pas comme la source ultime des jugements de droit. Au contraire, elle se présente comme

---

[1885] Gaston JEZE, « De la force de vérité légale attachée par la loi à l'acte juridictionnel », *RDP*, vol. 30, n°1, 1913, p. 439-440.

[1886] V. à ce propos, Mathieu DISANT, *L'autorité de la chose interprétée,* Éd. LGDJ, Coll. Bibliothèque constitutionnelle de science politique, 2010.

[1887] Bertrand CHEVALLIER, *La motivation des actes juridictionnels*, Thèse de doctorat de Droit de l'Université de Rennes, 1974, p. 474.

[1888] Fanny MALHIERE, *La brièveté des décisions de justice (Conseil constitutionnel, Conseil d'État, Cour de cassation) : contribution à l'étude des représentations de la justice*, Éd. Dalloz, Coll. Nouvelle bibliothèque de thèses, 2013, p. 224.

[1889] V. par ex. Adolphe TOUFFAIT et André TUNC, « Pour une motivation plus explicite des décisions de justice notamment de celles de la Cour de cassation », *RTD civ.*, n°3, 1974, p. 487-508, notamment p. 493. ; v. égal Pierre-Marie JURET, « Observations sur la motivation des décisions juridictionnelles internationales », *RGDIP* 1960, p. 516-595, notamment p. 517 et p. 528 ; Michel GRIMALDI, « *Ouverture des travaux* », *in La motivation,* Actes des journées nationales de l'Association Henri Capitant des amis de la culture juridique française organisé à la Faculté de droit de Limoges en 1998, Éd. LGDJ, Coll. Journées nationales, p. 1 ; v. égal. Frédéric ZENATI-CASTAING, « La motivation des décisions de justice et les sources du droit », *D,* chron., vol. 22, 2007, p. 1553-1560 ; v. encore Frédéric ZENATI-CASTAING, « La signification en droit de la motivation », *in* Sylvie CAUDAL (dir.), *La motivation en droit public,* Éd. Dalloz, Coll. Thèmes et commentaires, 2013, p. 25-46.

[1890] Thierry SAUVEL, « Histoire du jugement motivé », *RDP*, vol. 71, n°1, 1955, p. 1.

[1891] Délibération préalable à Cons. Const., décision n°81-30 ORGA du 24 février 1981, *Détermination par tirage au sort de l'ordre de la liste des candidats à l'élection à la présidence de la République ainsi que de la liste du nom et de la qualité des citoyens ayant régulièrement présenté un candidat inscrit dans la limite du nombre requis pour la validité de la candidature.*

[1892] Christian ATIAS, « La crise de la motivation judiciaire ? » *in Cycle de conférences débats : Droit et technique de cassation*, 2005.

une source médiane entre la liberté et sa concrétisation, le possible. C'est la raison qui transforme la liberté en possible et notamment en possible juridique.

C. Le possible, source ultime des jugements de valeurs

761. Conditionnée par la raison, la liberté produit la valeur selon un certain schème : le possible. Le possible émerge plus précisément en droit de la rencontre entre la liberté et la raison pour se constituer comme l'ultime source des jugements de valeur et des jugements de droit. Accompagnée de la raison, la liberté produit la condition permettant d'introduire « la possibilité dans le monde comme véhicule de la valeur »[1893]. En effet, le propre de la liberté est « d'éclater elle-même en possibilités multiples »[1894]. Ainsi, « il appartient à la liberté, en tant qu'elle est une quête de la valeur de se mettre en quête de différentes possibilités »[1895]. Dans ces conditions, « le possible est ce que nous imaginons sous l'action de la valeur »[1896]. Il se réalise dans le champ particulier de l'action concrète par un choix sur lequel ouvre la liberté.

762. Le possible est d'une grande utilité pour l'étude du droit. Il permet d'échapper tout autant au subjectivisme absolu que pourrait drainer la seule vision de la liberté qu'à l'objectivisme absolu d'une raison qui pourrait être trop idéalisée. C'est sur ce dernier travers que s'est partiellement construit le droit moderne. L'analyse du possible juridique a été délaissée par les juristes contemporains[1897], obsédés qu'ils étaient par la quête de légitimité que pouvait procurer l'association du droit et de la raison. En effet, comme le rappelle le professeur Picard, « la Raison a fini par prétendre incarner par elle-même le réel »[1898] à travers la loi, en même temps que celle-ci se confondait avec la volonté. Idéalisant la raison, les juristes ont ainsi renoncé à la prétention même d'y pouvoir découvrir certains déterminants, d'y lire certaines nécessités permettant d'asseoir les fondements de leur discipline.

763. Pourtant, la normativité juridique en tant qu'elle est essentiellement valeur, s'attache de tout son être au champ du possible. En effet, l'acte même par lequel est posée la valeur – que l'on appelle communément le jugement de valeur – suppose toujours une certaine comparaison entre les formes du réel et un choix. En effet, le jugement de valeur, l'acte par lequel la valeur est posée, est essentiellement un *acte de préférence*. Comme l'explique Louis Lavelle « toute valeur est inséparable d'une activité de sélection[1899]. La valeur constitue ainsi une « rupture de l'indifférence par

---

[1893] Louis LAVELLE, *Traité des valeurs*, T. I, *Théorie générale de la valeur*, *op. cit.*, p. 418.
[1894] *Ibid.*, p. 423.
[1895] *Ibid.*, p. 426.
[1896] *Ibid.*, p. 351.
[1897] À l'exception notable des travaux M. Régis PONSARD qui plaident pour la réintroduction de l'analyse du possible dans le droit, v. par ex., Régis PONSARD, « Les moyens d'une analyse scientifiquement et juridiquement critique : l'exemple de l'étude des décisions du Conseil constitutionnel », *AIJC*, vol. 31, 2015, p. 65-90, notamment p. 82 et s. : « il existe une forme de connaissance par la considération des 'possibles' ».
[1898] Étienne PICARD, « Le droit comparé est-il du "droit" ? », *loc. cit.*, p. 189.
[1899] Louis LAVELLE, *Traité des valeurs*, T. I, *Théorie générale de la valeur*, *op. cit.*, p. 186.

laquelle nous mettons toutes les choses sur le même plan et nous considérons toutes les actions comme équivalentes »[1900]. Elle apparaît, dans ces conditions, éminemment discriminatoire. D'après l'illustre philosophe, il n'y aurait valeur « que là où la partialité commence à s'introduire dans le réel »[1901]. Il en va de même en droit. En effet, celui-ci n'existe jamais que comme étalon des conduites humaines. Il n'existe que là où les conduites sont « affectées d'un signe de valeur » disait M. Miaille[1902], c'est-à-dire, là où les conduites humaines sont revêtues d'une certaine qualification officiellement acceptée. Le droit est donc domaine de la préférence par excellence. Il est donc bien domaine de la valeur et domaine par excellence du possible.

764. En effet, les valeurs ne peuvent prétendre se rattacher à un libre décret. La préférence qu'elles impliquent, les goûts qu'elles traduisent, expriment toujours « un rapport entre [nos] besoins et les objets qui les satisfont »[1903]. La valeur et le jugement de valeur – qui est essentiellement préférence – sont donc ancrés dans le réel. Il n'est donc pas juste de définir la valeur par le désir. Certes, le désir préexiste à la valeur et permet de postuler l'existence d'un besoin qu'il faut assouvir. Il ouvre sur l'hypothèse de la valeur. Mais, en réalité, *le désir exprime davantage le manque de la valeur*. Il y a désir là où un besoin est si peu assouvi que son manque s'en fait sentir plus fortement. La valeur tient donc au réel. L'on suit aisément Lavelle affirmant que « la mesure réelle de la valeur, ce n'est pas le désir réel, mais *le désir possible* »[1904].

765. Le droit constitue le domaine par excellence du possible comme le montre avec acuité le développement important de *l'expérimentation juridique*. D'après Mme Florence Crouzatier-Durand l'expérimentation « est une technique légistique qui vise à étudier les effets d'une réforme ou d'une loi sur un échantillon de personnes et dans un temps limité »[1905]. La réforme constitutionnelle de 2003 en a fait l'une de ses principales innovations. L'expérimentation renverse l'ancienne logique juridique qui voit dans le droit une simple adaptation au fait. Elle permet, sous certaines conditions, de déroger à l'universalité de la norme, notamment de la loi. Si elle est une forme de l'évaluation, il n'en demeure pas moins qu'elle illustre parfaitement l'immixtion du réel et notamment la prise en compte du possible dans le droit. Dans cette perspective, le droit ne serait du droit qu'à condition d'avoir fait ses preuves.

L'expérimentation suppose bien que toute réforme soit entreprise à une échelle réduite, afin qu'elle produise ses effets et qu'en soient tirées les conséquences nécessaires à savoir : la prolongation, la généralisation ou

---

[1900] *Id.*

[1901] *Id.*

[1902] Michel MIAILLE, *Une Introduction critique au droit*, *op. cit.*, p. 330.

[1903] Jean PUCELLE, *Études sur la valeur*, T. I, *La source des valeurs: les relations intersubjectives*, *op. cit.*, p. 6.

[1904] Louis LAVELLE, *Traité des valeurs*, T. I, *Théorie générale de la valeur*, *op. cit.*, p. 198.

[1905] Florence CROUZATIER-DURAND, « Réflexions sur le concept d'expérimentation législative (à propos de la loi constitutionnelle du 28 mars 2003 relative à l'organisation décentralisée de la République) », *RFDC*, vol. 56, n°4, 2003, p. 675-695.

l'abandon. D'après le professeur Drago, elle est toujours « fondée sur des hypothèses établies a priori, mais [...] nécessairement vérifiées par des expériences dont les modalités sont diverses »[1906]. Ainsi, l'expérimentation suppose de toute réforme qu'elle soit *possible* avant d'être généralisée, c'est-à-dire définitivement entreprise.

C'est bien de cette façon que l'entend le juge constitutionnel. À l'occasion d'une décision *93-322 DC,* celui-ci a pu préciser sa jurisprudence. Pour le juge constitutionnel, il est loisible « au législateur de prévoir la possibilité d'expériences comportant des dérogations aux règles [...] de nature à lui permettre d'adopter par la suite, au vu des résultats de celles-ci, des règles nouvelles »[1907]. À cette fin « il lui incombe alors de définir précisément la nature et la portée de ces expérimentations, les cas dans lesquels celles-ci peuvent être entreprises, les conditions et les procédures selon lesquelles elles doivent faire l'objet d'une évaluation conduisant à leur maintien, à leur modification, à leur généralisation ou à leur abandon »[1908].

766. Les professeurs Atias et Linotte n'affirmaient pas autre chose lorsqu'ils dénonçaient dans un article retentissant *le mythe de l'adaptation du droit au fait.* Rejetant les visions traditionnelles, ils rappelaient cette vérité que « le droit n'est pas neutre »[1909]. La spécificité du droit contraint le juriste à prendre position, à prendre parti. Comme l'affirment les deux auteurs, il n'est « nulle solution de droit, sans une politique juridique qui l'inspire »[1910] et qui constitue un processus de sélection « parmi les faits à constater ; parmi les buts à poursuivre »[1911]. Surtout, dans cette logique, le juriste ne peut que choisir « parmi les buts dont la réalisation peut être poursuivie » [1912] c'est-à-dire au sein du possible – qui n'est qu'une déclinaison du souhaitable. Partant, les auteurs considèrent que « le jugement de valeur est une étape décisive de la réflexion juridique »[1913]. Dans ces conditions, il ne servirait à rien de l'escamoter, sauf à dénaturer le droit. Le possible semble bien avoir partie liée avec le droit qui se cristallise dans l'acte de préférence – qui n'est rien d'autre qu'un jugement de valeur. Fort de ce constat, il importe d'abandonner « l'impression courante » des juristes mise en évidence avec humour par Jean Carbonnier selon laquelle « le droit a constamment été en retard – en retard sur tout, l'économie ou la médecine ; les mœurs parisiennes ou les lois de l'étranger – bref, en retard sur son propre siècle » [1914]. La valeur, qui a constamment besoin de

---

[1906] Roland DRAGO, « Le droit de l'expérimentation », *in L'avenir du droit: mélanges en hommage à François Terré*, Éd. PUF, 1999, p. 229.
[1907] Cons. Const., décision n°93-322 DC du 28 juillet 1993, *Loi relative aux établissements publics à caractère scientifique, culturel et professionnel*, cons. 9.
[1908] *Id.*
[1909] Christian ATIAS et Didier LINOTTE, « Le mythe de l'adaptation du droit au fait », *D. chron.*, vol. 35, 34, 1977, p. 251.
[1910] *Ibid.*, p. 255.
[1911] *Id.*
[1912] *Ibid.*, p. 251.
[1913] *Id.*
[1914] Jean CARBONNIER, « L'avenir d'un passé », *in L'avenir du droit: mélanges en hommage à François Terré*, *op. cit.*, p. 6.

s'incarner[1915] exige du possible qu'il se réalise. Et celui-ci se réalise dans l'acte même de préférence ; cet acte, ou plutôt ce type d'acte que l'on trouve au fondement du jugement de droit et des règles du droit.

767. Le droit, qui est logiquement valeur, est nécessairement contraint par le possible. Le droit n'est jamais droit que dans cet intervalle entre le réel et la valeur que constitue le possible. Dans ces conditions, le possible se présente bien comme « une médiation entre l'esprit et le réel »[1916]. C'est ce qu'écrit le professeur Picard qui évoque les contraintes pesant sur le droit. Le droit ne peut effectivement « prescrire ce que la nature détermine comme nécessaire »[1917] sous peine d'être tout à fait vain. *Le droit ne peut imposer l'impossible sauf alors à ruiner son effectivité et son crédit.* Ainsi, il apparaît raisonnable de penser que le droit ne puisse prescrire au soleil de se lever ni à la pluie de tomber. L'on se souvient du maire facétieux de Challans, en Vendée, qui avait pris, en 2018, un « faux » arrêté obligeant le soleil à se montrer toute la journée du lundi au dimanche. Il est ainsi des choses contre lesquelles le droit ne peut rien.

Partant, le domaine du droit, de la normativité juridique est intégralement orienté au possible. Le droit est donc avant tout ce qui *peut* être du droit après jugement de droit, c'est-à-dire après que l'opération de qualification a été effectuée par le jaillissement toujours renouvelé de la liberté. Ce paradoxe avait été mis en évidence par le grand Rivero qui écrivait que « si la norme se situe bien dans la sphère du *sollen*, c'est-à-dire du 'souhaitable', elle ne doit pourtant pas s'élever au-dessus de la sphère du *sein,* au point de perdre de vue, le 'possible' »[1918]. Ainsi, il importe au jugement de valeur constitutif d'une norme juridique « de proposer un idéal accessible » sauf à faire perdre au droit sa « crédibilité »[1919]. C'est bien la prégnance du possible dans le droit qui explique le succès rencontré par le droit comparé. En effet, c'est bien également parce que le droit est éminemment pratique que le juris-lateur qui le constitue se réfère toujours aux solutions adoptées dans d'autres ordres juridiques. C'est bien que pour poser le droit, celui-ci doit se rendre compte de ce qui est faisable, et même plus, de ce qui a été concrètement fait ailleurs.

768. Les déclinaisons matérielles des valeurs ont été relativement circonscrites dans la jurisprudence du Conseil constitutionnel. Celles-ci apparaissent comme *le produit d'un jugement de droit qui n'est jamais qu'un jugement de valeur*. Le *jugement de valeur*, et à travers lui la valeur, apparaît comme *le produit de la liberté doublement limitée par la raison et le possible.* La rationalité juridique est pour essentiel valeur, la normativité juridique, le fruit de la valeur. Dans ces conditions, le droit représente le type le plus pur des valeurs sociales. Il permet « l'objectivation de la valeur dans

---

1915 Louis LAVELLE, *Traité des valeurs*, T. I, *Théorie générale de la valeur*, *op. cit.*, p. XIV.
1916 *Ibid.*, p. 79.
1917 Étienne PICARD, « Le droit comparé est-il du "droit" ? », *loc. cit.*, p. 247-248.
1918 Jean RIVERO, « Intérêts vitaux de la nation et fins humaines du pouvoir », *in Licéité en droit positif et références légales aux valeurs: contribution à l'étude du règlement juridique des conflits de valeurs en droit pénal, public et international*, Éd. Bruylant, Coll. Bibliothèque de la Faculté de droit de l'Université catholique de Louvain, 1982, p. 545.
1919 *Id.*

une société donnée »[1920]. C'est à ce prix qu'il est alors possible de parler du droit comme d'« une herméneutique officielle du monde »[1921]. La valeur constitue tout à la fois, le mode d'être du droit, son mode d'expression ainsi que la pensée qui lui donne son contenu. Elle imprime au droit son mouvement qu'elle écartèle entre ses deux pôles : l'idéal et la mesure concrète, le futur et le présent, la fin et le moyen, l'être comme possible – le devoir-être – et l'être comme donné.

769. L'approche matérielle des valeurs mobilisée dans ce chapitre a permis de compléter l'approche formelle que nous avions préablement établie. L'approche matérielle s'est révélée riche en potentialités et sa mise en œuvre utile pour l'analyse juridique. L'on peut regretter le caractère incomplet de l'analyse qui tient aux conditions de l'exercice de classification. Celui-ci impose toujours une sélection – arbitraire – des éléments à y insérer. La multitude des normativités en concurrence y est ici pour beaucoup. Et en leur sein, seule la normativité juridique semblait devoir bénéficier d'un traitement inévitable.

770. Le droit apparaît ainsi le jouet de forces contradictoires. Il se présente comme champ de bataille privilégié du conflit entre les normes sociales *lato sensu.* Parmi celles-ci, les normativités scientifiques et économiques se livrent une bataille farouche qui va jusqu'à la subversion des instruments juridiques, des outils de l'analyse juridique. La théorie pure du droit comme l'analyse économique du droit l'illustrent doublement. *C'est là le premier apport de ce chapitre.*

Pour autant, ce constat ne doit pas aboutir à ce que l'on déduise hâtivement que le droit n'existe pas en tant que tel. L'analyse des valeurs du droit, la recherche de la *ratio legis,* permet de conclure à l'existence d'une rationalité proprement – et non pas purement – juridique. *C'est là un deuxième apport de taille pour ce chapitre.*

Bien au contraire, en assignant au jugement de droit le champ du possible de l'action humaine mis en œuvre par la liberté, l'analyse permet de conclure à une identité de sources entre le droit et la valeur. Elle permet de situer la valeur au fondement de la rationalité juridique et donc au fondement de la normativité juridique. *C'est là le troisième apport de ce chapitre.*

Matériellement le droit s'attache à l'objectivation des valeurs au sein d'une société donnée plus encore que les autres systèmes de normes tels que la morale ou la science. Dans ces conditions, si le droit parle au nom de la valeur et que celle-ci se présente comme fruit de la liberté, alors le droit parle, d'une certaine manière, au nom « de la liberté », plus précisément d'une forme de la liberté entendue paradoxalement comme « une *possibilité* infinie »[1922]. La liberté se présente alors comme « un possible qui les contient tous, dans sa propre opération jusqu'au moment où, en choisissant l'un d'eux pour le réaliser, elle se réalise »[1923]. Pourtant, en tant qu'elle est possible, la

---

1920 Louis LAVELLE, *Traité des valeurs*, T. II, *Le système des différentes valeurs*, Éd. PUF, Coll. Dito, 1991, p. 396.

1921 Christophe GRZEGORCZYK, « Le droit comme interprétation officielle de la réalité », *Droits*, vol. 11, n°1, 1990, p. 34.

1922 Louis LAVELLE, *Traité des valeurs*, T. I, *Théorie générale de la valeur*, *op. cit.*, p. 419.

1923 *Id.*

liberté n'existe déjà presque plus. Elle n'est déjà plus absolue, assignée qu'elle est au domaine de l'action concrète. C'est bien cette contrainte de la liberté que ne veut pas voir l'école de la théorie réaliste de l'interprétation. La liberté elle-même est peut-être bien relative. En effet, le droit semble bien mû par la liberté *dans la mesure où* son objet même est l'objectivation concrète de la valeur dans une société donnée par le *media* de l'action.

CONCLUSION DU TITRE III

771. La présence des valeurs dans la jurisprudence constitutionnelle n'est plus à démontrer. La typologie des normes a permis d'établir les valeurs en droit par le biais de leur normativité. Les valeurs servent de références explicites aux décisions du juge constitutionnel. Leur normativité a été appréhendée de deux façons : normativité formelle conforme aux canons conceptuels dominants et normativité matérielle, moins orthodoxe, mais dotée d'une véritable portée heuristique pour la discipline juridique.

772. *Formellement,* les valeurs s'incarnent dans les décisions juridictionnelles en subvertissant les catégories traditionnelles. Leurs supports normatifs spécifiques craqueraient néanmoins sous le poids de leur particularisme. C'est que les *exigences, nécessités, impératifs et autres règles de fins* dans lesquelles elles s'incarnent, n'obéissent pas aux canons juridiques dominants. Rien – excepté la valeur qu'on leur porte et qui tient à l'importance de leur contenu – n'aurait pu laisser supposer qu'elles parviennent à s'imposer en tant que référence du contrôle de constitutionnalité. La classification formelle reste encore largement perfectible. Son imperfection tient pour l'essentiel à la logique spécifique propre à la valeur, qui est davantage matérielle que formelle. Pour le dire autrement, la valeur qui renvoie nécessairement à une logique particulière s'accommode mal de la rigidité de la typologie normative formelle. La typologie normative matérielle des valeurs est, sur ce point, plus satisfaisante puisque plus en accord avec la nature profonde de son objet.

773. *Matériellement,* les valeurs s'incarneraient dans la pluralité des normativités qui agissent en droit toujours différemment. Les valeurs constitueraient l'objet privilégié du droit en tant qu'il médiatise l'action. Ce serait le propre de la normativité juridique que de mobiliser, pour advenir, des valeurs – sans jamais l'assumer pour autant. Dans ces conditions, les valeurs possèderaient les mêmes ressorts matériels que ceux de la normativité juridique à savoir : la liberté, la raison et le possible.

774. Si les valeurs ont une double nature, concrète et idéale, le présent titre ne s'est attaché qu'à l'analyse de la première de ces deux facettes. *Concrètement*, les valeurs se présentent comme des normes au sens le plus basique, comme des objets du droit. Elles peuvent être identifiées facilement dans les décisions du juge constitutionnel. Il importe désormais de s'interroger sur la seconde de ces facettes – idéale ou idéelle. Celle-ci pose la question du *sens*, propre à « désigner, par opposition à toute réalité donnée, le caractère idéal d'une valeur »[1924]. Dans la jurisprudence constitutionnelle, les valeurs constituent le sens général des décisions. Elles servent de guide pour la prise de décision et l'interprétation qu'elles médiatisent. Leur présence est plus implicite. C'est bien parce qu'elles constituent le produit de la liberté qu'elles ont du sens, c'est-à-dire qu'elles expriment une direction, une orientation[1925].

1924 Louis LAVELLE, *Traité des valeurs*, T. I, *Théorie générale de la valeur*, *op. cit.*, p. 382.
1925 *Id.*, p. 23.

TITRE IV

Les valeurs comme sens de la décision du juge constitutionnel

775. Les valeurs, éminemment normatives, se présentent – dans une deuxième acception du terme de norme – comme le *critère du jugement*[1926] qui commande, en amont du processus décisionnel, le choix préférentiel de l'action ; non pas tant cette fois, du législateur, mais bien du juge constitutionnel lui-même. Elles constitueraient alors le guide, le référent abstrait du contrôle de constitutionnalité et participeraient à la détermination des objectifs et buts qui fondent le contrôle du juge constitutionnel et permettent de fixer sa volonté. Les valeurs s'incarneraient donc davantage dans l'intention qui précède et accompagne la décision.

776. La volonté du juge se cristallise, avant tout, dans le processus d'interprétation qui « consiste à déterminer le sens d'un texte en vue de préciser la portée de la règle dans le contexte de son application »[1927]. La volonté du juge, essentiellement transitive, imprime ainsi à la décision un certain sens, une certaine direction qu'exprime la valeur. Comme l'écrivait le philosophe Lavelle dans son *Traité des valeurs*, « le mot sens paraît bien fait pour désigner, par opposition à toute réalité donnée, le caractère idéal d'une valeur qui doit apparaître en avant de nous, s'il dépend de nous de la réaliser »[1928]. Toute valeur est, ainsi, vectorielle[1929]. Elle désigne une direction idéale et guide l'action – plus précisément l'interprétation – en un certain sens qu'il convient, s'agissant des décisions du juge constitutionnel, d'identifier. *Les valeurs constituent le sens des décisions du juge constitutionnel.* C'est là l'hypothèse principale de ce titre.

[1926] Rudolf REZSOHAZY, « Valeurs fondamentales et valeurs relatives dans le changement social » *in Licéité du droit positif et références légales aux valeurs. Contribution à l'étude du règlement juridique des conflits de valeurs en droit pénal, public et international.* Actes des Xe Journées d'études juridiques Jean Dabin organisées par l'Unité de droit pénal, Éd. Bruylant, Coll. Bibliothèque de la Faculté de droit de l'Université catholique de Louvain, 1982, p. 47-62, notamment p. 55.

[1927] Benoît FRYDMAN, *Le sens des lois: histoire de l'interprétation et de la raison juridique*, Éd. Bruylant, Coll. Penser le droit, 2011, p. 19.

[1928] Louis LAVELLE, *Traité des valeurs*, T. I, *Théorie générale de la valeur*, Éd. PUF, Coll. Dito, 1991, p. 382.

[1929] *Id.*

777. Dans ces conditions, la mobilisation des valeurs par le juge constitutionnel dépend, pour l'essentiel, du choix de la méthode d'interprétation qu'il retient. Pour Benoît Frydman, le choix d'une méthode d'interprétation permet d'envisager le cas dont est saisi le juge « depuis un certain 'point de vue' » puisque ce choix définit ainsi des « 'lieux' privilégiés pour la recherche des interprétants »[1930]. C'est justement ce *point de vue* qu'il s'agira d'exhumer dans le présent titre. La démarche adoptée conduit à appréhender les décisions du juge constitutionnel comme une forme de discours qui vise à emporter l'adhésion ou à persuader de son bien-fondé. À travers le choix par le juge de ses méthodes d'interprétation c'est bien sa politique jurisprudentielle qui se dessine. Les méthodes d'interprétation s'entendent alors plus largement des stratégies d'interprétation utilisées par les juges constitutionnels eux-mêmes dans leurs décisions.

778. Deux objectifs commandent au présent titre.

En premier lieu, il s'agit de vérifier l'hypothèse selon laquelle la détermination des méthodes d'interprétation par le juge dépend pour l'essentiel d'un *auditoire* auquel il s'adresse. C'est dans la théorie de l'argumentation que l'on trouve trace de ce dernier concept. Pour M. Aulis Aarnio, l'auditoire constitue un « groupe destinataire [...] composé des individus qui partagent une forme de vie commune »[1931] et « qui accepte les conditions générales de validité [du discours] et dont le système de valeurs qui constitue le fondement de la position interprétative a été également accepté »[1932]. Dans la conception de Chaïm Perelman, l'auditoire s'entend de « l'ensemble de ceux que vise l'effort de persuasion »[1933]. L'auditoire juridique perelmanien, composé des destinataires du *discours juridique,* est avant tout un auditoire *particulier* comme il le laisse entendre dans sa *Logique juridique*[1934].

En second lieu, il s'agit de *vérifier le bien-fondé de la corrélation supposée entre les concepts d'auditoire et de méthodes d'interprétation ainsi que leurs liens avec le concept de valeur.* Ceux-ci apparaissent théoriquement clairs. Ils doivent cependant être éprouvés. Dans la théorie de l'argumentation, le choix d'une méthode d'interprétation s'adosse toujours à une *stratégie d'interprétation* qui dépend d'un auditoire à convaincre et se fonde sur une *vision du droit* – ou un *lieu argumentatif commun* – assise à son tour sur une *valeur*.

779. Dans ces conditions, la valeur constituerait bien une véritable direction, un sens, donné par le juge à sa décision en fonction de l'auditoire

---

[1930] Benoît FRYDMAN, *Le sens des lois: histoire de l'interprétation et de la raison juridique*, *op. cit.*, p. 34.

[1931] Aulis AARNIO, *The rational as reasonable* [1986], tr. fr. Geneviève WARLAND, *Le rationnel comme raisonnable*, Éd. LGDJ, Coll. La pensée juridique moderne, 1992, p. 268-269.

[1932] *Ibid.,* p. 270.

[1933] Chaïm PERELMAN, *Logique juridique. Nouvelle rhétorique*, Éd. Dalloz, Coll. Bibliothèque Dalloz, 1999, p. 122.

[1934] *Ibid.*, p. 122-123. Sans l'énoncer expressément l'auteur oppose bien explicitement le discours philosophique tourné vers l'auditoire universel et le discours juridique tourné vers l'auditoire particulier que constitue une société organisée.

qu'il souhaite convaincre. La valeur doit donc faire écho aux caractères de l'auditoire, elle doit compter pour celui-ci, lui importer. Elle participerait alors essentiellement de ce phénomène de surdétermination du mécanisme de signification de la norme mis en évidence par le professeur Timsit[1935]. Celui-ci exprime pleinement l'idée de sens, de direction, de tendance[1936].

780. La jurisprudence du Conseil constitutionnel est particulièrement appropriée pour vérifier la force des liens entretenus entre les concepts d'auditoire et de valeur. Le Doyen Vedel l'a vu qui, dans une intuition brillante, évoquait le « double discours » tenu par le Conseil constitutionnel à deux types « d'auditoires différents »[1937] : le législateur et le citoyen respectivement perçus à travers les institutions publiques et l'opinion publique. À travers ce double discours, le Conseil constitutionnel imprimerait à sa jurisprudence un double-sens constitutif de deux valeurs bien différentes. En somme, le Conseil constitutionnel livrerait dans ses décisions « à chacun des publics qui en est le destinataire la vérité qu'il est capable de recevoir »[1938].

C'est ce double sens, cette double capacité de référence, des décisions du Conseil constitutionnel qu'il convient d'exhumer à présent. L'analyse fait émerger deux pôles, deux sens donc deux valeurs, entre lesquels balance la jurisprudence constitutionnelle : l'autorité (Chapitre septième) et la justice (Chapitre huitième) ; qu'il conviendra tour à tour d'appréhender.

[1935] Sur cette association du sens et de la surdétermination de la norme, v. par ex. Gérard TIMSIT, *Archipel de la norme*, Éd. PUF, Coll. Les voies du droit, 1997, p. 123 ; v. égal. Gérard TIMSIT, *Les Noms de la loi*, Éd. PUF, Coll. Les voies du droit, 1991, p. 151 et s., notamment p. 152.

[1936] Pour plus de précisions, v. Chaïm PERELMAN et Lucie OLBRECHTS-TYTECA, *Traité de l'argumentation: la nouvelle rhétorique*, Éd. Université de Bruxelles, Coll. ULBlire, 2008, p. 99.

[1937] Georges VEDEL, « Le Conseil constitutionnel, gardien du droit positif ou défenseur de la transcendance des droits de l'homme », *Pouvoirs*, vol. 45, n°2, 1988, p. 150.

[1938] *Ibid.*, p. 156.

CHAPITRE SEPTIÈME

Le respect de l'autorité institutionnelle

781. S'il est vrai, comme l'affirme Lavelle, que c'est bien « la valeur qui fonde le sens et non pas le sens la valeur »[1939], en cela que le sens n'exprime qu'une *direction que la valeur donne à l'existence*[1940], alors il est possible de trouver l'une d'elles dans l'acceptation et la réception par le Conseil constitutionnel, à travers sa jurisprudence, d'une certaine forme d'autorité institutionnelle.

782. Dans cette hypothèse, la solution des décisions du Conseil constitutionnel pourrait – en partie – s'expliquer par une forme de respect du juge à l'égard des autorités publiques. Cette hypothèse autorise à penser que les décisions du Conseil constitutionnel ne feraient que retranscrire les rapports de force institutionnels. Pour le dire autrement, *le respect des institutions serait susceptible de conditionner l'attitude du juge constitutionnel* quant à l'interprétation à fournir d'une disposition. Ce serait là une des principales directions données par le juge constitutionnel à ses décisions.

783. Les raisons d'une telle hypothèse sont connues et tiennent pour l'essentiel à « l'histoire compliquée du Conseil constitutionnel » [1941] qui n'avait aucunement vocation, comme l'explique le professeur Rousseau, à exercer un véritable contrôle de constitutionnalité des lois[1942]. Les travaux antérieurs et préparatoires à la Constitution de 1958 laissaient entrevoir, à propos de l'opportunité d'instaurer un véritable contrôle de constitutionnalité des lois, les mêmes arguments que sous la IIIe République à savoir 1) la crainte du gouvernement des juges[1943], 2) la question de la nature des normes

---

[1939] Louis LAVELLE, *Traité des valeurs*, T. I, *Théorie générale de la valeur*, Éd. PUF, Coll. Dito, 1991, p. 23.
[1940] *Id.*
[1941] Dominique ROUSSEAU, Pierre-Yves GAHDOUN et Julien BONNET, *Droit du contentieux constitutionnel*, Éd. LGDJ-Lextenso, Coll. Domat droit public, 2016, p. 31.
[1942] *Ibid.*, p. 32.
[1943] V. notamment les débats à propos du Titre V de l'avant-projet de Constitution et plus particulièrement les arguments invoqués par le Commissaire du Gouvernement *in Travaux préparatoires de la Constitution du 4 octobre 1958, avis et débats du comité consultatif constitutionnel*, Éd. La documentation française, 1960, p. 100 et s., notamment p. 101 et p. 102.

de référence[1944] susceptibles de fonder le contrôle et 3) les risques d'une dénaturation du droit par une institution à dominante « politique ». Cette représentation de la fonction originelle du Conseil constitutionnel est le fruit de la conception strictement formaliste du droit précédemment exposée. Elle a néanmoins largement contribué à conditionner l'office de ce juge. Doublement cantonné, dans sa méthode [1945] – ou plutôt dans les représentations de sa méthode – comme dans sa fonction[1946] – ou plutôt dans les représentations de sa fonction – le respect du juge vis-à-vis de l'autorité, ou plutôt des incarnations de l'autorité, apparaît somme toute logique.

784. Le concept même d'autorité est difficile d'appréhension tout comme ses différentes incarnations dans l'ordre juridique français. En tant que tel, l'exercice de l'autorité constitue bien une « activité symbolique, langagière, qui n'implique pas exclusivement la conscience mais qui se nie comme symbolique, ou qui, du moins, ne se reconnaît ni n'est reconnue comme symbolique et prend l'allure anonyme des choses »[1947]. La notion d'autorité – qui postule son respect – est toujours fictive[1948], illusoire, avant qu'elle ne dégénère en pouvoir. C'est là, du reste, l'une des lignes de démarcation traditionnelle entre l'*Auctoritas* et la *Potestas*[1949]. C'est bien seulement en tant qu'elle *prétend* s'imposer, qu'elle parvient à s'imposer effectivement ; à la différence du pouvoir.

785. L'autorité jouerait ainsi de façon implicite là où le pouvoir s'exprimerait explicitement. Comme le résume un observateur avisé, « l'autorité nous baigne et nous imprègne, elle circule autour de nous et en nous, comme l'air qui nous entoure et que nous respirons, l'air qui nous suffoque parfois et sans lequel nous ne pourrions vivre. Elle est comme l'atmosphère du monde humain. Chacun de nous en a un sentiment immédiat, confus et diffus à la fois »[1950]. Plus précisément, « chaque type de société chaque époque de l'histoire se fait de l'autorité une conception particulière qui est en rapport avec sa contexture propre et peut-être la reflète. Cette conception réagit sur toutes les autres idées »[1951]. Plus exactement, elle se fonderait pour l'essentiel sur la « croyance diffuse qu'elle répond à une nécessité »[1952] ainsi qu'à une forme de « l'habitude »[1953]. Elle est donc largement impalpable.

786. Dans la pratique, la mobilisation par le juge constitutionnel de la valeur « autorité » s'entend du respect de celui-ci, à l'égard des institutions ou plus généralement du système juridique. Elle s'incarne notamment dans

---

1944 *Id.*
1945 V. *supra,* § 168 et s.
1946 V. *supra,* § 152 et s.
1947 Jean-Pierre CLERO, *Qu'est-ce que l'autorité ?*, Éd. Librairie Philosophique Joseph Vrin, Coll. Chemins philosophiques, 2007, p. 10.
1948 *Ibid.*, p. 57.
1949 Sur cette distinction, v. notamment Antoine COMPAGNON (dir.), *De l'autorité*, Actes du colloque annuel organisé au Collège de France les 18 et 19 septembre 2007, Éd. Odile Jacob, Coll. du Collège de France, 2008.
1950 Maurice MARSAL, *L'autorité*, Éd. PUF, Coll. Que sais-je ?, 1958, p. 113.
1951 *Id.*
1952 *Ibid.*, p. 65.
1953 Id.

l'usage de l'argument d'autorité. Comme l'énonce Perelman, l'argument d'autorité voit sa portée intégralement conditionnée par le prestige. Il consiste dans l'utilisation « des actes ou des jugements d'une personne ou d'un groupe de personnes comme moyen de preuve en faveur d'une thèse »[1954]. Dans ces conditions, « ce qui détermine la valeur probatoire de l'acte ou du jugement invoqué comme autorité, ce n'est pas sa valeur propre, la constatation immédiate de sa conformité avec le bien ou la vérité, mais plutôt une valeur extrinsèque : celle de la personne ou du groupe dont il émane »[1955].

787. Renard définissait l'autorité par le biais de la notion d'intérêt. L'autorité serait « positivement orientée vers [...] l'intérêt de l'institution »[1956]. La déférence à l'égard des diverses incarnations de l'autorité révèle les logiques sous-jacentes aux représentations du système juridique dans lequel le juge constitutionnel s'inscrit par sa jurisprudence. Ce phénomène n'est pas nouveau. Il est néanmoins en perpétuelle évolution. En effet, les autorités auxquelles se réfère le Conseil constitutionnel évoluent, changent, cèdent leur place à de nouvelles. Cependant, *la référence à l'autorité demeure dans la jurisprudence du Conseil constitutionnel*. Elle guide le juge constitutionnel dans son office toujours recommencé et peut prétendre constituer ainsi le sens véritable de ses décisions.

788. Les liens entre autorité et légitimité ne sont plus à démontrer[1957]. La jurisprudence du Conseil constitutionnel offre, par ailleurs, une excellente occasion d'apercevoir les évolutions des figures de l'autorité dans le système juridique français. Ainsi, le contentieux constitutionnel fait progressivement apparaître à côté des références traditionnelles aux figures classiques de l'autorité et de la légitimité (Section I) de nouvelles références qui renvoient aux nouvelles figures de l'autorité (Section II) et sont révélatrices de changements profonds dans les représentations du droit.

SECTION I. LA DEFERENCE TRADITIONNELLE DU JUGE CONSTITUTIONNEL A L'EGARD DES FIGURES CLASSIQUES DE L'AUTORITE

789. C'est au mythe du Souverain que l'on rattache la figure de l'autorité tutélaire. En France, la tradition légicentriste du droit, mâtinée de suffrage universel, en fait l'attribut du peuple qui ne l'exerce cependant que par le biais de ses représentants réunis au sein du Parlement – plus précisément au sein de l'Assemblée nationale. Cette tradition légicentriste fonde toutefois deux formes différentes d'autorité. D'une part, l'autorité institutionnelle qui renvoie à une institution précise, d'autre part, l'autorité systémique qui

---

[1954] Chaïm PERELMAN et Lucie OLBRECHTS-TYTECA, *Traité de l'argumentation: la nouvelle rhétorique*, Éd. Université de Bruxelles, Coll. ULBlire, 2008, p. 411.

[1955] Rogelio PEREZ PERDOMO, « L'argument d'autorité dans le raisonnement juridique », *APD*, vol. 16, 1971, p. 227.

[1956] Georges RENARD, *Le droit, l'ordre et la raison: conférences d'introduction philosophique à l'étude du droit (troisième série)*, Éd. Recueil Sirey, 1927, p. 411, cité par François BRUNET, *La normativité en droit*, Éd. Mare & Martin, Coll. Bibliothèque des thèses, 2012, p. 449.

[1957] À ce propos, v. notamment François BRUNET, *La normativité en droit*, *op. cit.* p. 447.

renvoie à une entité indéterminée, un système. Dans le premier cas, elle s'incarne dans la figure du législateur dont la volonté une référence à part entière. Dans le second cas, il s'agit de renvoyer à l'autorité du système juridique.

790. Ces deux figures sont classiques et bien connues des juristes. Gény l'avait vu qui écrivait, dans son ouvrage *Méthode d'interprétation et sources en droit privé positif,* que « l'autorité et la tradition » constituent « l'hérédité professionnelle des juristes qui [...] enveloppe et [...] étreint comme une sorte de tunique de Nessus »[1958]. Utile, la distinction n'en mérite pas moins d'être précisée. À l'autorité historique de la tradition évoquée par Gény, l'on préfèrera néanmoins une représentation diachronique de l'autorité entendue non pas de toute éternité mais bien comme un ensemble complet d'éléments chronologiquement situés et susceptibles d'évoluer. Dans les deux cas, le juge constitutionnel effectue une référence à l'autorité qui tantôt s'incarne dans une institution (I) tantôt s'incarne dans un ordre systémique (II). Dans les deux cas également c'est bien l'autorité qui constitue le critère du contrôle de constitutionnalité.

I. L'autorité du législateur

791. Les décisions du Conseil constitutionnel expriment très souvent la déférence des Sages à l'égard du législateur. Cela ne saurait susciter l'étonnement tant le formalisme légicentriste est prégnant dans les représentations dogmatiques françaises. Du reste, le juge constitutionnel n'hésite pas à rappeler que « le législateur [...] n'est soumis *qu*'à l'autorité de la Constitution »[1959] sous-entendant – non sans ambiguïté – qu'il exerce une forme de souveraineté.

Le respect du juge constitutionnel vis-à-vis du législateur s'exprime de deux façons différentes mais logiquement complémentaires. En effet, dans son contrôle de constitutionnalité des lois, le juge constitutionnel, fait tantôt appel à l'appréciation portée par le législateur sur la loi (A) en usant d'une méthode d'interprétation spécifique, « l'intentionnalisme », tantôt limite explicitement ses propres appréciations (B). Dans les deux cas, la loi est bien investie d'un véritable « capital d'autorité »[1960].

A. La suprématie du législateur par la reconstruction de sa volonté : l'interprétation intentionnaliste

792. Comme l'écrit le professeur Royer dans son traité portant sur *L'histoire de la justice en France,* l'année 1958 « sonne plus comme le

---

[1958] François GENY, *Méthode d'interprétation et sources en droit privé positif: essai critique*, T. I, Éd. LGDJ, Coll. Anthologie du droit, 2016, p. 37.

[1959] Cons. Const., décision n°83-160 DC du 19 juillet 1983, *Loi portant approbation d'une convention fiscale avec le territoire d'outre-mer de la Nouvelle-Calédonie et dépendances*, cons. 5.

[1960] Jacques CHEVALLIER, *L'Etat post-moderne*, Éd. LGDJ, Coll. Droit et société, 2017, p. 128.

temps fort d'une évolution que comme une révolution »[1961]. Pourtant si « tout est écrit, rien n'est fait »[1962] et l'apparition du Conseil constitutionnel parmi les institutions s'est globalement effectuée dans le calme. Pour Sylvie Salles, « l'entrée du Conseil constitutionnel dans la sphère juridictionnelle ne produit pas immédiatement un impact sur la nature des relations entre le législateur et le juge »[1963]. En outre, le modèle de justice véhiculé par la doctrine obéit encore largement aux canons du formalisme. Celle-ci apparaît peu propice à promouvoir le développement de l'office du juge constitutionnel. Les décisions du Conseil constitutionnel ne font alors que prendre acte de cette situation difficile tout autant que de la marge de manœuvre restreinte dont le juge dispose. Dans ces conditions, les interprétations effectuées par le Conseil constitutionnel se veulent conformes à la volonté du législateur dont la reconstruction constitue le fil conducteur de la méthode d'interprétation qu'il retient. La démarche du juge est alors *intentionnaliste*. Elle obéit même à un « intentionnalisme structurel » pour reprendre la distinction proposée par M. Julien Jeanneney[1964]. Dans cette hypothèse, la norme juridique est assimilée indépendamment de ses qualités intrinsèques – de clarté ou d'obscurité – « à l'intention qui a présidé à la formulation de l'énoncé normatif – que la signification soit placée dans l'intention elle-même, dans le texte éclairé par l'intention supposée ou dans l'interprétation du lecteur »[1965].

793. L'intention du législateur doit ici s'entendre d'une « intention conventionnelle » c'est-à-dire non pas d'une donnée psychique introuvable mais bien d'une « convention à l'existence stipulée » [1966]. Dans ces conditions, *l'intention conventionnelle constitue bien une fiction* correspondant à une « hypothèse raisonnable d'intention abstraite que les auteurs sont supposés avoir eue à l'esprit »[1967]. Son utilisation par le Conseil constitutionnel est révélatrice du sens particulier donné par le juge à ses décisions. Ce sens particulier est alors fonction de l'auditoire spécifique auquel il s'adresse stratégiquement et qui apparaît constitué, pour l'essentiel, des pouvoirs publics. Dans un *Essai d'analyse stratégique* du *Pouvoir du Conseil constitutionnel*, M. Jacques Meunier a démontré l'importance pour le Conseil de nier ouvertement sa propre liberté de choix[1968]. Toutefois, affirmait-il, « récuser l'idée d'une liberté de l'organe de contrôle de constitutionnalité n'est pas renoncer à l'exploiter »[1969]. C'est au contraire

---

[1961] Jean-Pierre ROYER *et al.*, *Histoire de la justice en France : du XVIIIe siècle à nos jours*, Éd. PUF, Coll. Droit fondamental. Classiques, 2016, p. 1099.

[1962] *Id.*

[1963] Sylvie SALLES, *Le conséquentialisme dans la jurisprudence du Conseil constitutionnel*, Éd. LGDJ, Coll. Bibliothèque constitutionnelle et de science politique, 2016, p. 248.

[1964] Julien JEANNENEY, « Le recours à l'intention du législateur face aux énoncés normatifs ambigus », *Droit et philosophie*, vol. 9, n°1, 2017, p. 75 et s.

[1965] *Id.*

[1966] *Ibid.*, p. 99.

[1967] *Id.*

[1968] Jacques MEUNIER, *Le pouvoir du Conseil constitutionnel: essai d'analyse stratégique*, Éd. LGDJ, Coll. La pensée juridique moderne, 1994, p. 128.

[1969] *Ibid.*, p. 135.

« constater qu'il n'est pas nécessaire de détruire les idées reçues sur le rôle du juge pour l'amener à se comporter d'une certaine manière »[1970].

794. Les décisions du Conseil constitutionnel comportent nombre d'indices de la recherche de l'intention du législateur par les juges. Leur concordance autorise à penser que le respect vis-à-vis de l'autorité du législateur constitue bien l'une des principales orientations données à sa jurisprudence. Pour évidente qu'elle soit, cette idée contribue à justifier du sens des décisions du Conseil constitutionnel et à conditionner les solutions qu'il rend. La référence à l'autorité du législateur est polymorphe. Elle s'incarne tantôt dans les références à la volonté ou à l'intention de « l'autre législateur » (1°) c'est-à-dire d'un législateur qui n'exerce pas la fonction législative au moment où il statue tantôt à celle du législateur actuel (2°), c'est-à-dire du législateur en place au moment où il statue.

1° L'autorité de « l'autre » législateur

795. Il n'est pas rare de voir dans la jurisprudence du Conseil constitutionnel des références expresses à un législateur distinct du législateur contemporain de la décision rendue. Dans ce cas, il s'agit pour le Conseil constitutionnel de se référer à l'autorité d'un « second législateur » qui diffère du premier de deux façons. Soit il s'agit d'un « autre » législateur sur le plan fonctionnel c'est-à-dire qui légifère à un degré différent du législateur classiquement entendu. L'hypothèse recoupe alors essentiellement le « législateur constituant » et le législateur organique (α). Soit il s'agit du même organe, à savoir le législateur ordinaire, appréhendé antérieurement sur une échelle temporelle (β).

α. Le législateur fonctionnellement différent : l'intention du législateur constituant et du législateur organique financier

796. Bien souvent, le juge constitutionnel exprime sa déférence vis-à-vis de l'autorité d'un législateur – forcément mythifié – différent du législateur ordinaire.

797. Le juge constitutionnel s'est référé, parfois, à l'autorité du « législateur constituant »[1971] afin d'interpréter une disposition. Par exemple, le Conseil constitutionnel a eu très tôt l'occasion de délimiter la notion de « charge publique » évoquée à l'article 40 de la Constitution. Pour y parvenir, il s'est fondé à la fois sur les débats du Comité consultatif constitutionnel comme sur « le rapprochement entre les termes de l'article 40 précité et ceux du projet de loi déposé le 16 janvier 1958 qui tendaient à la révision de l'article 17 de la Constitution du 27 octobre 1946 »[1972]. Le Conseil constitutionnel fait référence, ici, au projet avorté « Gaillard » de révision

---

[1970] *Id.*

[1971] Georges BERGOUGNOUS, « Le Conseil constitutionnel et le législateur », *NCCC*, vol. 38, n°1, 2013, p. 5-21.

[1972] Cons. Const., décision n°60-11 DC du 20 janvier 1961, *Loi relative aux assurances maladie, invalidité et maternité des exploitants agricoles et des membres non-salariés de leur famille*, cons. 2.

constitutionnelle déposé en janvier 1958 et qui sera éclipsé par le putsch d'Alger du 13 mai 1958[1973]. Dans les faits, la référence au « législateur constituant » est rare. Elle cède souvent sa place à la référence au seul « constituant ». Ce changement de terminologie qui peut apparaître à première vue accessoire est en réalité fondamental. Il traduit la variété des méthodes d'interprétation utilisées par le juge constitutionnel et plus précisément le basculement d'une méthode d'interprétation intentionnaliste fondée plus précisément sur le prestige d'une autorité dont l'intention est recherchée à une méthode d'interprétation originaliste ou systémique qui ouvre alors sur une autre forme de l'argument d'autorité que l'on analysera ultérieurement[1974].

798. Outre les références à l'autorité du législateur constituant, le juge constitutionnel se réfère également à l'autorité du législateur organique.

C'est en matière financière que la référence est la plus explicite. L'autorité du législateur organique n'apparaît pas alors si distincte de l'autorité du constituant. Elle est au contraire médiatisée par celle-ci. En effet, le Conseil constitutionnel a pu évoquer l'habilitation donnée au législateur organique financier par le législateur constituant. D'une pierre deux coups, le juge constitutionnel se réfère indirectement au prestige de l'autorité du législateur constituant tout en asseyant par analogie sur celle-ci l'autorité du législateur organique. L'autorité du législateur organique devient alors une autorité par procuration, une déclinaison de l'autorité constituante.

Ainsi, à propos de la *Loi organique relative aux Lois de Finances*, le juge constitutionnel a-t-il énoncé dans sa décision *2001-448 DC* que « le constituant a habilité la loi organique à fixer des modalités d'examen et de vote des lois de finances qui peuvent, le cas échéant, apporter des tempéraments aux règles de droit commun de la procédure législative »[1975]. De la même façon, la loi organique « a reçu habilitation pour organiser les procédures d'information et de contrôle sur la gestion des finances publiques nécessaires à un vote éclairé du Parlement sur les projets de lois de finances, et notamment sur les projets de lois de règlement destinés à suivre l'emploi des contributions publiques »[1976]. Le Conseil constitutionnel avait déjà eu l'occasion de recourir à un tel considérant dans une décision *92-309 DC* à propos d'un article du règlement du Sénat relatif à l'application de l'article 40 de l'ordonnance 59-2 du 2 janvier 1959 *relative aux lois de finances*[1977]. Dans les deux cas, l'autorité du constituant s'attache au choix de la fin tandis que l'autorité du législateur organique s'attache au choix des moyens retenus. Dans les deux cas, les dispositions de la loi organique puis des lois prises en vertu de cette loi organique doivent être interprétées à la lumière de cette

---

1973 À ce propos, v. Marcel MORABITO, *Histoire constitutionnelle de la France: de 1789 à nos jours*, Éd. LGDJ, Coll. Domat droit public, 2018, p. 426.
1974 V. sur ce point précis, *infra*, § 834 et s
1975 Cons. Const., décision n°2001-448 DC du 25 juillet 2001, *Loi organique relative aux lois de finances*, cons. 5.
1976 *Id.*
1977 Cons. Const., décision n°92-309 DC du 9 juin 1992, *Résolution modifiant l'article 47 bis du règlement du Sénat*, cons. 6.

habilitation. Le Conseil constitutionnel l'affirme expressément à l'occasion de l'examen de la *Loi de finances pour 1991*. Il énonce que « les dispositions de l'article 38 de l'ordonnance du 2 janvier 1959 doivent être interprétées à la lumière tant de l'article 47 de la Constitution, en ses alinéas 2 et 3, que de l'article 39 de l'ordonnance précitée qui fixent les délais d'examen par l'Assemblée nationale et par le Sénat des projets de loi de finances »[1978]. Cela signifie qu'en pratique « il appartient, de toute évidence, au Parlement et au Gouvernement, dans la sphère de leurs compétences respectives, de prendre toutes les mesures d'ordre financier pour assurer la continuité de la vie nationale ». Ainsi, par exemple, face à une déclaration d'inconstitutionnalité de la loi de finances de l'année, ils doivent « s'inspirer des règles prévues, en cas de dépôt tardif du projet de loi de finances, par la Constitution et par l'ordonnance portant loi organique, en ce qui concerne tant les ressources que la répartition des crédits et des autorisations relatifs aux services votés »[1979].

β. Le législateur chronologiquement différent : l'intention du « législateur ordinaire » antérieur

799. Parfois, le juge constitutionnel exprime sa déférence à l'égard d'un législateur chronologiquement différent du législateur contemporain de sa décision.

800. Souvent, il s'agit du législateur antérieur à celui qui vote la loi dont le juge constitutionnel est saisi. Le juge constitutionnel s'est référé à son autorité afin d'apprécier *les limitations de portée générale* que l'ancienne législation a pu introduire à l'encontre des nouvelles compétences attribuées au législateur par la – nouvelle – Constitution de 1958. Il s'agissait d'apprécier dans quelle mesure l'article 34 de la nouvelle Constitution permettait au législateur d'intervenir dans la détermination des règles concernant les garanties fondamentales accordées aux citoyens pour l'exercice des libertés publiques ; ces limitations étant justifiées par la volonté de permettre, à l'époque, « certaines interventions de la puissance publique jugées nécessaires ». Dans cette espèce, le juge constitutionnel estime que la détermination des règles concernant le contrôle des entreprises publiques « doit s'analyser compte tenu du pouvoir très général [d'en] fixer les modalités […] qui a été reconnu au Gouvernement depuis la loi du 6 janvier 1958 »[1980].

L'on retrouve un considérant similaire dans le cadre de la procédure de déclassement prévue par l'article 37 de la Constitution[1981]. Par exemple, le

---

[1978] Cons. Const., décision n°90-285 DC du 28 décembre 1990, *Loi de finances pour 1991*, cons. 12.

[1979] Cons. Const., décision n°79-111 DC du 30 décembre 1979, *Loi autorisant le Gouvernement à continuer à percevoir en 1980 les impôts et taxes existants*, cons. 2.

[1980] Cons. Const., décision n°64-27 DC du 18 décembre 1964, *Loi de finances pour 1965*, cons. 5.

[1981] V. par ex., Cons. Const., décision n°60-7 L du 8 juillet 1960, *Nature juridique de l'article 6 (paragraphe II) de l'ordonnance n°58-1453 du 31 décembre 1958 modifiant et complétant la loi du 28 octobre 1946 sur les dommages de guerre*, cons. 2 ; Cons. Const., décision n°64-28 L du 17 mars 1964, *Nature juridique des dispositions de l'article 5 (1,4ème alinéa) de*

Conseil constitutionnel a pu considérer que les dispositions prévoyant les cas dans lesquels il apparaît possible de déroger à un article relatif aux dommages de guerre « eu égard à son objet, ne saurait être regardée comme relevant du domaine réservé à la loi qu'autant qu'elle mettrait en cause les 'principes fondamentaux du régime de la propriété' visés à l'article 34 de la Constitution et plus précisément le principe de la libre disposition de son bien par le propriétaire »[1982]. Pour autant, les contours des principes fondamentaux relatifs à ce régime sont appréciés « dans le cadre des limitations de portée générale qui y ont été introduites par la législation antérieure à la Constitution pour permettre certaines interventions de la puissance publique jugées nécessaires, dans l'intérêt national, sur le plan économique et social »[1983].

801. De façon plus mesurée, le Conseil constitutionnel s'est référé à l'autorité d'un législateur antérieur sans pour autant qu'il soit nécessairement antérieur à la Constitution de 1958. En effet, dans une décision *82-138 DC*, le juge constitutionnel devait se prononcer sur la conformité à la Constitution de la loi *portant statut particulier de la région de Corse.* Les requérants proposaient une lecture spécifique de l'article 72 de la Constitution. Pour eux, l'article devait s'entendre comme permettant la création législative de nouvelles *catégories* de collectivités territoriales et non comme autorisant la création de collectivités territoriales uniques, à statut particulier. Le Conseil constitutionnel appelé à trancher use alors de l'argument par analogie. Il considère que la disposition de la Constitution en cause « n'exclut nullement la création de catégories de collectivités territoriales qui ne comprendraient qu'une unité »[1984]. Il ajoute notamment que « telle a été l'interprétation retenue par le législateur lorsque, en métropole, il a donné un statut particulier à la ville de Paris, et, outre-mer, il a créé la collectivité territoriale de Mayotte »[1985]. Ainsi, par analogie, le législateur peut envisager un statut particulier de la Corse. C'est bien l'analogie des deux précédentes législations qui fait ici autorité.

802. Dans tous les cas, l'invocation du législateur antérieur apparaît ambigüe puisque si elle traduit la déférence du Conseil vis à vis d'une autre autorité, l'argument n'en sert pas moins à limiter l'action du législateur contemporain de la décision rendue par le Conseil. Pour le dire autrement l'autorité ancienne supplante l'autorité actuelle.

---

l'ordonnance n°58-966 du 16 octobre 1958 relative à diverses dispositions concernant le Trésor (Caisses de Crédit mutuel), cons. 2 ; Cons. Const., décision n°65-35 L du 2 juillet 1965, *Nature juridique des articles 1er, 2, 3, 4 et 5 de l'ordonnance n°59-247 du 4 février 1959 relative au marché financier*, cons. 2 ; Cons. Const., décision n°67-44 L du 27 février 1967, *Nature juridique de diverses dispositions des titres I et II du Code des débits de boissons et des mesures contre l'alcoolisme*, cons. 7 ; Cons. Const., décision n°73-80 L du 28 novembre 1973, *Nature juridique de certaines dispositions du Code rural, de la loi du 5 août 1960 d'orientation agricole, de la loi du 8 août 1962 relative aux groupements agricoles d'exploitation en commun et de la loi du 17 décembre 1963 relative au bail à ferme dans les départements de la Guadeloupe, de la Guyane, de la Martinique et de la Réunion*, cons. 7.

[1982] Cons. Const., décision n°60-7 L du 8 juillet 1960, *préc.*, cons. 1.

[1983] *Ibid.*, cons. 2.

[1984] Cons. Const., décision n°82-138 DC du 25 février 1982, *Loi portant statut particulier de la région de Corse*, cons. 4.

[1985] *Id.*

2° L'autorité du législateur contemporain de la décision

803. Dans la majorité de ses décisions, le Conseil constitutionnel se réfère – au soutien de l'interprétation – à l'autorité dont dispose le législateur au moment où le juge rend sa décision. Dans cette perspective, soit le législateur ne dispose de cette autorité que par procuration. Celle-ci lui est en quelque sorte prêtée (α). Soit au contraire, celle-ci lui appartient directement (β).

α. L'autorité indirecte du législateur ordinaire : l'habilitation

804. Il arrive au juge constitutionnel de se référer à une forme particulière de l'autorité du Parlement. Dans cette hypothèse, le juge constitutionnel ne se réfère pas tant à l'intention *stricto sensu* du Parlement, ou du législateur, mais bien plus au « titre » l'autorisant à prendre telle ou telle disposition. L'interprétation des dispositions législatives soumises à son examen est ainsi rendue possible par l'examen de son titre à agir, c'est-à-dire par l'habilitation lui permettant d'agir de telle ou telle façon. Dans ces conditions, l'interprétation de la disposition dépendra pour l'essentiel du cadre dans lequel le législateur est conditionné par l'habilitation à agir reçue. L'appréciation de cette habilitation qui n'est jamais qu'une fiction déterminera alors la portée de l'interprétation.

805. Deux formes d'habilitations faisant autorité émergent de la jurisprudence du Conseil. Tantôt l'habilitation est explicite (i) tantôt celle-ci est bien plus sourde (ii). *Le premier cas*, somme toute classique, est conforme aux canons du formalisme. Il concerne l'habilitation explicite du législateur par le constituant. *Le second cas*, en revanche, est particulièrement révélateur des nouveaux foyers d'autorité en matière institutionnelle et concerne l'hypothèse de l'habilitation du Parlement par le Gouvernement. Le Conseil n'utilise justement pas l'expression « habilitation » mais lui préfère le terme plus modéré d' « assentiment » du gouvernement vis-à-vis du Parlement.

i. Le cas de l'habilitation explicite par le Constituant

806. Dans son office de reconstruction de la volonté du législateur, il n'est pas rare que le juge constitutionnel oppose, au législateur, une autorité distincte mais contemporaine, conditionnant tout de même son action. Dans cette hypothèse, le juge oppose au législateur la volonté du constituant.

807. C'est essentiellement le cas en matière de droit de grève. Dans une décision *79-105 DC* le Conseil constitutionnel énonce qu'en édictant l'article 7 du Préambule de la Constitution de 1946, « les constituants ont entendu marquer que le droit de grève est un principe de valeur constitutionnelle, mais qu'il a des limites »[1986]. Ainsi, « ils ont habilité le législateur à travers

---

[1986] Cons. Const., décision n°79-105 DC du 25 juillet 1979, *Loi modifiant les dispositions de la loi n°74-696 du 7 août 1974 relatives à la continuité du service public de la radio et de la télévision en cas de cessation concertée du travail*, cons. 1. ; v. égal Cons. Const., décision n°86-217 DC du 18 septembre 1986, *Loi relative à la liberté de communication*, cons. 78. ;

celles-ci en opérant la conciliation nécessaire entre la défense des intérêts professionnels [...] et la sauvegarde de l'intérêt général »[1987]. Partant, sa reconnaissance « ne saurait avoir pour effet de faire obstacle au pouvoir du législateur d'apporter à ce droit les limitations nécessaires en vue d'assurer la continuité du service public ». Celles-ci pouvant aller « jusqu'à l'interdiction du droit de grève aux agents dont la présence est indispensable pour assurer le fonctionnement des éléments du service dont l'interruption porterait atteinte aux besoins essentiels du pays »[1988].

Dans le sillage de cette jurisprudence, le législateur a pu réglementer les conditions dans lesquelles doit être déposé le préavis de grève notamment. Le juge constitutionnel a ainsi considéré que cette habilitation autorise le législateur à « définir les conditions d'exercice du droit de grève et à tracer la limite séparant les actes et les comportements qui constituent un exercice licite de ce droit des actes et comportements qui en constitueraient un usage abusif »[1989].

En la matière, le juge constitutionnel fait même évoluer son contrôle. Il déduit de l'habilitation du constituant la possibilité pour le législateur d'intervenir dans des conditions assez larges et limite son contrôle à la seule recherche des « restrictions injustifiées »[1990] portées à l'encontre de ce droit.

808. La jurisprudence du Conseil constitutionnel se présente de la même façon en matière d'égal *accès des femmes et des hommes aux mandats électoraux et aux fonctions électives*. Le Conseil énonce que les dispositions – dans leur ancienne rédaction – du cinquième alinéa de l'article 3 de la Constitution « éclairées par les travaux préparatoires de la loi constitutionnelle du 8 juillet 1999 » font ressortir l'intention du constituant de « permettre au législateur d'instaurer tout dispositif tendant à rendre effectif l'égal accès des femmes et des hommes aux mandats électoraux et fonctions électives »[1991]. À cette fin, assignée par le législateur constituant, il est loisible au législateur ordinaire « d'adopter des dispositions revêtant soit un caractère incitatif, soit un caractère contraignant » à condition toutefois « d'assurer la conciliation entre les nouvelles dispositions constitutionnelles et les autres règles et principes de valeur constitutionnelle auxquels le pouvoir constituant n'a pas entendu déroger »[1992]. Ce considérant sera repris à l'identique aussi bien dans le contentieux *a priori*[1993] que dans le

---

Cons. Const., décision n°2007-556 DC du 16 août 2007, *Loi sur le dialogue social et la continuité du service public dans les transports terrestres réguliers de voyageurs*, cons. 10.

[1987] *Id.*

[1988] *Id.*

[1989] Cons. Const., décision n°87-230 DC du 28 juillet 1987, *Loi portant diverses mesures d'ordre social*, cons. 7.

[1990] Cons. Const., décision n°2008-569 DC du 7 août 2008, *Loi instituant un droit d'accueil pour les élèves des écoles maternelles et élémentaires pendant le temps scolaire*, cons. 9.

[1991] Cons. Const., décision n°2000-429 DC du 30 mai 2000, *Loi tendant à favoriser l'égal accès des femmes et des hommes aux mandats électoraux et fonctions électives*, cons. 7.

[1992] *Id.*

[1993] Cons. Const., décision n°2003-475 DC du 24 juillet 2003, *Loi portant réforme de l'élection des sénateurs*, cons. 13 ; v. égal. Cons. Const., décision n°2013-667 DC du 16 mai 2013, *Loi relative à l'élection des conseillers départementaux, des conseillers municipaux et des conseillers communautaires et modifiant le calendrier électoral*, cons. 14.

contentieux *a posteriori*[1994] ; à ceci près que les décisions QPC prendront acte à la fois de la migration de la disposition constitutionnelle à l'article 1er de la Constitution provoquée par la révision constitutionnelle de 2008 ainsi que de l'extension de l'égal accès des femmes et hommes aux « responsabilités professionnelles et sociales ».

809. Dans les deux exemples précédemment évoqués, le législateur tient son autorité de l'habilitation reçue de la part du Constituant. Partant, la reconstruction de l'intention du législateur passe nécessairement, dans cette hypothèse, par une reconstruction de l'intention du Constituant. L''habilitation est d'autant plus acceptée qu'elle est conforme au mythe formaliste de la pyramide des normes. Le législateur ne tient son pouvoir que des compétences conférées expressément par les normes constitutionnelles et par une autorité supérieure : l'autorité constituante. Son intention comme sa volonté – qui en constitue le fruit – sont alors largement prédéterminées.

ii. Le cas de l'habilitation implicite par le Gouvernement : « l'assentiment du Gouvernement » et les « déclarations » des ministres

810. Les décisions du Conseil constitutionnel laissent également transparaître une autre forme de déférence vis-à-vis de l'autorité du législateur. Parfois, le juge constitutionnel tente d'interpréter la disposition dont il est saisi au regard de l'intention du législateur. Dans ces conditions, la reconstruction de la volonté du législateur est un préalable nécessaire à ce que le juge constitutionnel se prononce sur la conformité de la disposition à la Constitution. Pour autant, dans deux cas particuliers, le bien-fondé de l'intention du législateur dépend non pas de son seul prestige, de son autorité propre, mais bien plus d'un supplément d'autorité que confère à l'intention du législateur « l'assentiment du gouvernement ».

Dans une première espèce, par exemple, le Conseil constitutionnel était saisi d'une loi de validation d'un certain nombre de décrets pris après l'avis d'une institution spécifique, le comité technique paritaire central des enseignants de statut universitaire, dont les modalités de désignation avaient été annulées par le Conseil d'État dans une décision préalable. Le juge constitutionnel chargé de se prononcer sur la conformité à la Constitution de cette loi estime qu'« il résulte des débats parlementaires que le législateur, avec l'assentiment du Gouvernement, a, par-là, entendu préserver le fonctionnement continu du service public et le déroulement normal des carrières du personnel des conséquences d'éventuelles décisions contentieuses qui viendraient à annuler, comme ayant été prises sans consultation régulière du comité technique paritaire, les décrets visés par la loi soumise à l'examen du Conseil constitutionnel »[1995].

Dans une seconde espèce, le juge constitutionnel était saisi d'une loi de finances rectificative. Déposée sur le bureau de l'Assemblée nationale le 18

[1994] Cons. Const., décision n°2017-686 QPC du 19 janvier 2018, *Confédération générale du travail – Force ouvrière et autres*, § 5. ; v. égal. Cons. Const., décision n°2015-465 QPC du 24 avril 2015, *Conférence des présidents d'Université*, cons. 13.

[1995] Cons. Const., décision n°80-119 DC du 22 juillet 1980, *Loi portant validation d'actes administratifs*, cons. 2.

avril 1986, celle-ci n'a été adoptée que le 2 juin 1986 c'est-à-dire une semaine au-delà du délai prévu par la Constitution pour l'examen des lois de finances à savoir quarante jours pour l'Assemblée nationale et vingt jours pour le Sénat. Le Conseil constitutionnel, appelé à se prononcer sur la conformité procédurale de cette adoption tardive à la Constitution, évoque l'assentiment du gouvernement comme une potentielle atténuation à l'inconstitutionnalité. En guise de conclusion, il estime que « la loi de finances rectificative pour 1986 n'a pas été adoptée par le Parlement dans des conditions de nature à entacher d'irrégularité la procédure suivie pour son examen »[1996]. À l'appui de son raisonnement, le juge estime que « le projet de loi de finances rectificative pour 1986 a été déposé sur le bureau de l'Assemblée nationale le 18 avril 1986 ; que cette assemblée, qui n'avait pas achevé l'examen du projet en première lecture le 28 mai 1986, date à laquelle expirait le délai de quarante jours qui lui était imparti par l'article 47 de la Constitution, n'en a pas moins, *avec l'assentiment du Gouvernement*, poursuivi ses travaux et adopté le projet en première lecture le 2 juin 1986 »[1997]. Ce dépassement n'a toutefois « pas eu pour conséquence de réduire le délai d'examen constitutionnellement imparti au Sénat, lequel, ayant été saisi du projet le 2 juin 1986, s'est prononcé en première lecture sur l'ensemble du texte le 17 juin 1986 »[1998].

Dans les deux cas, l'intention du législateur apparaît fondée, non pas en propre, mais bien plus parce qu'elle reçoit le soutien politique du Gouvernement. Cet assentiment du Gouvernement explicitement évoqué par le juge constitutionnel traduit l'émergence de nouvelles formes d'autorité. Elle traduit surtout un glissement de l'autorité traditionnelle qui n'est plus tant celle du législateur mais bien plus celle de « l'organe gouvernemental ». Dans ces conditions, l'intention du législateur est d'autant mieux fondée qu'elle reçoit l'assentiment du Gouvernement. En réalité, ce glissement de la figure de l'autorité entérine la transformation fondamentale de la « fabrique de la loi » soumise désormais à l'impulsion du pouvoir exécutif.

811. Cette lecture est confirmée par d'autres décisions du Conseil constitutionnel. Il n'est pas rare que le Conseil constitutionnel se réfère, pour interpréter une disposition législative, aux débats parlementaires et notamment aux déclarations faites par le ministre en charge du projet. Ainsi, par exemple, saisi de la conformité à la Constitution de l'article unique de la *loi modifiant les dispositions de la loi n°74-696 du 7 août 1974 relatives à la continuité du service public de la radio et de la télévision en cas de cessation concertée du travail*, le juge constitutionnel écarte le moyen tiré de l'inconstitutionnalité d'un paragraphe de cet article au motif que « si [...] le législateur fait usage du terme 'requérir' s'agissant des appels qui peuvent être éventuellement adressés aux catégories de personnels dont le concours peut être indispensable pour l'exécution de la mission [...] des sociétés de programme et de l'établissement public de diffusion »[1999], il n'en résulte pas

[1996] Cons. Const., décision n°86-209 DC du 3 juillet 1986, *Loi de finances rectificative pour 1986*, cons. 7.
[1997] *Ibid.*, cons. 6.
[1998] *Id.*
[1999] Cons. Const., décision n°79-105 DC, *préc.*, cons. 4.

moins « clairement des débats parlementaires et des déclarations faites à cette occasion par le ministre de la culture et de la communication qu'en usant de ce terme la loi ne se réfère pas au droit de réquisition tel qu'il résulte de l'ordonnance du 6 janvier 1959 et des autres textes qui régissent ce droit »[2000].

Il a fallu attendre quelques temps avant que le Conseil constitutionnel ne mobilise un argumentaire similaire. Saisi d'une *loi d'orientation et de programmation de la* justice le juge constitutionnel devait se prononcer sur la conformité à la Constitution de l'instauration d'une justice de proximité. À propos de l'interprétation d'une disposition prévoyant le recrutement sur crédits de vacation des juges de proximité, le juge énonce qu' « il résulte tant des déclarations faites par le ministre de la justice devant le Parlement que des débats parlementaires ayant abouti à l'adoption de la loi déférée et du rapport annexé à cette loi que le législateur, par les dispositions critiquées, a entendu créer, pour connaître des litiges de la vie quotidienne et des infractions mineures, un nouvel ordre de juridiction au sein duquel siégeront des juges non professionnels »[2001].

812. Si dans l'ensemble, les références à l'assentiment du Gouvernement ou aux déclarations spécifiques des ministres impliquent un report de l'autorité du Parlement sur celle Gouvernement, il importe de noter l'usage qu'a fait le Conseil de cette référence dans la décision *78-100 DC.* Le Conseil constitutionnel était saisi de la *dernière loi de finances rectificative pour 1978,* des dispositions de la loi prévoyant la prise de participation de l'État dans le capital de la société *Marcel Dassault-Breguet-aviation* et des modalités de cette prise de participation. Il a considéré que « contrairement aux déclarations faites au nom du Gouvernement au cours des débats parlementaires, il résulte des termes mêmes de l'article 16 de la loi soumise au Conseil constitutionnel que ce texte a pour objet et aura pour seul effet d'autoriser, non une cession de créances de l'État, non plus qu'une dation en paiement de créances de l'État, mais l'affectation de certaines recettes à certaines dépenses »[2002]. Il arrive ainsi que les déclarations faites par le Gouvernement soient désavouées par le Conseil constitutionnel.

β. L'autorité directe du législateur ordinaire : l'objectivation de l'intentio auctoris

813. À ce stade de l'analyse, il apparaît possible de considérer que le juge constitutionnel s'attache dans la plupart de ses décisions à rechercher l'intention du législateur. Ce faisant, la volonté du législateur se constitue véritablement en lieu commun de la pensée juridique c'est-à-dire, d'après M. Benoît Frydman, comme un ensemble de « prémisses largement partagées

---

[2000] *Id.*

[2001] Cons. Const., décision n°2002-461 DC du 29 août 2002, *Loi d'orientation et de programmation pour la justice*, cons. 14.

[2002] Cons. Const., décision n°78-100 DC du 29 décembre 1978, *Dernière loi de finances rectificative pour 1978 (prise de participation de l'État dans la société A.M.D. – BA ; adaptation de la législation sur la T.V.A à la sixième directive du Conseil des communautés européennes),* cons. 4.

dans le milieu juridique ou judiciaire, elles-mêmes adossées à des valeurs reconnues »[2003]. Plus encore, ce lieu commun, véritable mythe du droit que le juge constitutionnel choisit d'entretenir, pourrait même correspondre à un véritable modèle d'interprétation juridique : le modèle philologique. Dans cette optique, il s'agit moins de s'intéresser à l'idée qui conditionne le discours mais bien plus « à son origine, à sa genèse invisible, aux forces cachées de sa production »[2004], c'est-à-dire, à l'intention qui produit le discours. L'interprète doit alors « pour découvrir le sens, pénétrer à l'intérieur même de la conscience de l'auteur »[2005]. Dans ces conditions, on suit M. Benoît Frydman qui affirme que « le modèle philologique véhicule bien un argument d'autorité »[2006]. L'investigation des travaux préparatoires obéit directement à ce modèle. Celle-ci peut être complétée voire substituée par une investigation des débats parlementaires. Dans tous les cas, il s'agit d'analyser le processus de production de la loi censé exprimer – dans notre conception moderne du droit – la volonté claire du législateur, fruit de son intention. La décision du juge est alors partiellement déterminée puisque, comme l'écrit le Professeur Frydman, « qu'il s'agisse de droit ou de littérature, l'auteur oblige »[2007]. En effet, « il commande et l'interprète obéit »[2008]. Ce modèle interprétatif suppose d'un texte, qu'il « tire sa valeur (obligatoire) non de son contenu, mais de la qualité de son auteur »[2009].

814. La recherche de l'intention du législateur, c'est-à-dire de la volonté incarnée dans les lois, n'est rien d'autre que la recherche du « fondement mystique de leur autorité » pour reprendre cet axiome de Montaigne[2010]. Or, le modèle réduit tout simplement la *ratio legis* à l'*intentio auctoris*. Dans ce schéma, les deux notions sont purement assimilées. Le crédit prêté la loi ne traduit rien d'autre que le prestige de l'autorité qui la produit. La raison d'être de la loi, nécessairement technique, se confond alors avec l'intention du législateur. Le but poursuivi se confond avec le motif de celle-ci. Et ce n'est justement pas un hasard, si le juge constitutionnel tient pour synonymes les expressions *buts d'intérêt général* et *motifs d'intérêt général*.

815. La recherche de l'*intentio auctoris* n'est, en définitive, rien d'autre qu'une reconstruction *a posteriori* de la volonté du législateur censée s'incarner dans la loi. C'est justement à ce stade de la reconstruction de l'intention que le Conseil constitutionnel fait jouer à plein le mythe du législateur rationnel. Le juge constitutionnel subvertit l'intention du législateur – nécessairement subjective – en tentant de l'objectiver. Cette opération passe par l'attribution d'un véritable label de constitutionnalité à cette *intentio auctoris*. En confrontant l'intention du législateur à l'intérêt

---

[2003] Benoît FRYDMAN, *Le sens des lois: histoire de l'interprétation et de la raison juridique*, Éd. Bruylant, Coll. Penser le droit, 2011, p. 625.
[2004] *Ibid.*, p. 376.
[2005] *Ibid.*, p. 377.
[2006] *Ibid.*, p. 402.
[2007] *Ibid.*, p. 401.
[2008] *Id.*
[2009] *Ibid.*, p. 403.
[2010] Michel DE MONTAIGNE, *Essais*, T. II, *Livre II [Chapitres XIII à XXXVII] – Livre III, Chapitre XIII, De l'expérience*, Éd. Classiques Garnier, Coll. Classiques jaunes, 2018, p. 524.

général, qui constitue la « règle générale d'activité du droit public »[2011], le juge constitutionnel exprime là toute sa confiance dans l'action légiférante qu'il revêt ainsi d'une véritable présomption de bonne foi. Bonne foi et action légiférante apparaissent alors conceptuellement liées dans les représentations contemporaines du droit[2012]. C'est ce qu'exprime le concept de *détournement de pouvoir*. Le détournement de pouvoir renvoie bien à l'idée de subversion d'un pouvoir bon en soi, *tourné* vers le bien commun qui aurait été *dét*ourné de sa réalisation. Cette liaison entre confiance, bonne foi et action publique constitue le fondement de *l'auctoritas* qui se manifeste concrètement dans l'autorité reconnue au législateur. Dans ces conditions, la déférence vis-à-vis de l'autorité du législateur se présente comme une véritable nécessité pour le juge qui ne peut « faire un procès d'intention à l'administration pour chacun de ses actes »[2013]. Il est donc contraint de lui faire confiance.

816. Le juge constitutionnel opère de deux façons différentes l'objectivation de *l'intentio auctoris* cachée dans les actes du législateur. Soit le juge cherche dans le processus législatif l'intention cachée du législateur (i), véritable gage d'objectivité. Soit au contraire celui-ci confronte l'intention du législateur à l'intérêt général en lui attribuant un éventuel label de constitutionnalité (ii).

i. L'objectivation de l'intention du législateur par identification directe dans le processus légiférant

817. Parfois, le juge constitutionnel identifie des traces *objectives* de l'intention du législateur dans certains actes où elles sont directement accessibles. Il s'agit pour le juge constitutionnel de se référer aux travaux parlementaires ou aux débats parlementaires. Par exemple, le juge a ainsi pu estimer qu'il ressort des travaux parlementaires que « la réduction des cotisations salariales dues au titre des heures supplémentaires et complémentaires instituée par les dispositions contestées a pour but d'augmenter le nombre d'heures travaillées afin de favoriser le pouvoir d'achat des salariés et de stimuler la croissance et l'emploi »[2014]. Ces dispositions tendent ainsi « à mettre en œuvre l'exigence résultant du cinquième alinéa du Préambule de la Constitution de 1946 ».

De la même façon, le juge constitutionnel a pu préciser la notion de « travaux simples » permettant à ce qu'un logement soit qualifié d'évolutif c'est-à-dire accessible aux personnes en situation de handicap. Pour qu'un logement soit considéré évolutif, il doit d'après le juge constitutionnel,

---

[2011] Georges VEDEL, *Essai sur la notion de cause en droit administratif français*, Éd. Librairie du Recueil Sirey, 1934, p. 314.

[2012] V. notamment à ce sujet, Maxime MAURY, « Peut-on avoir confiance en l'intérêt général ? Bref plaidoyer en faveur d'une juste méfiance pour surmonter la défiance » *in* Olivier RENAUDIE et Catherine TEITGEN-COLLY (dir.), *Confiance et droit public*, Éd. L'Harmattan, Coll. Logiques juridiques, 2019, p. 117-134.

[2013] Alessandro GANDOLFI, « Les motifs déterminants dans le recours pour excès de pouvoir », *JCP G*, n°1835, 1964, § 19.

[2014] Cons. Const., décision n°2018-776 DC du 21 décembre 2018, *Loi de financement de la sécurité sociale pour 2019*, § 17.

pouvoir faire l'objet de travaux simples. Le juge ajoute alors qu' « il ressort des débats parlementaires que ces travaux simples sont » les travaux « sans incidence sur les éléments de structure et qui n'impliquent pas de modifications sur les alimentations en fluide, les entrées et flux d'air et le tableau électrique »[2015].

ii. L'objectivation de l'intention du législateur par confrontation à l'intérêt général

818. Parfois, le juge s'attache à circonscrire les motifs et le but des dispositions qu'il examine puis à les qualifier au regard des labels de constitutionnalité, à sa disposition, tels que le *but d'intérêt général*, le *motif d'intérêt général* ou *l'objectif d'intérêt général.*

819. À titre d'illustration, pour la seule année 2018, le juge constitutionnel a pu considérer, que le législateur a **entendu favoriser** *la transmission d'entreprise dans des conditions permettant d'assurer la stabilité de l'actionnariat et la pérennité de l'entreprise*[2016], *le pouvoir d'achat des salariés et de stimuler la croissance et l'emploi*[2017], *l'investissement public dans les infrastructures portuaires*[2018], *l'objectif d'intérêt général de la transparence des relations entre les acteurs appartenant aux secteurs agroalimentaire et de la distribution*[2019], *la réduction des déchets plastiques, dans un but de protection de l'environnement et de la santé publique*[2020], *le retour à l'emploi*[2021], *la participation la plus large possible à la consultation sur l'accession à la pleine souveraineté de la Nouvelle-Calédonie*[2022].

820. Le juge constitutionnel estime que le législateur a également **entendu garantir** *la disponibilité de produits et de prestations éligibles à une prise en charge intégrale par l'assurance maladie et les assurances complémentaires*[2023], *l'utilisation conforme à des finalités d'intérêt général du droit de rétrocession des exploitations agricoles*[2024], *le motif d'intérêt général de la sécurité juridique des normes conventionnelles en droit du*

[2015] Cons. Const., décision n°2018-772 DC du 15 novembre 2018, *Loi portant évolution du logement, de l'aménagement et du numérique*, § 39.
[2016] Cons. Const., décision n°2018-777 DC du 28 décembre 2018, *Loi de finances pour 2019*, § 31.
[2017] Cons. Const., décision n°2018-776 DC, *préc.*, § 17.
[2018] Cons. Const., décision n°2018-733 QPC du 21 septembre 2018, *Société d'exploitation de moyen de carénage*,§ 7.
[2019] Cons. Const., décision n°2018-771 DC du 25 octobre 2018, *Loi pour l'équilibre des relations commerciales dans le secteur agricole et alimentaire et une alimentation saine, durable et accessible à tous*, § 8.
[2020] *Ibid.*, § 17.
[2021] Cons. Const., décision n°2018-769 DC du 4 septembre 2018, *Loi pour la liberté de choisir son avenir professionnel*, cons. 52.
[2022] Cons. Const., décision n°2018-764 DC du 19 avril 2019, *Loi organique relative à l'organisation de la consultation sur l'accession à la pleine souveraineté de la Nouvelle-Calédonie*, § 9.
[2023] Cons. Const., décision n°2018-776 DC, *préc.*, § 37.
[2024] Cons. Const., décision n°2018-707 QPC du 25 mai 2018, *Époux P.*, § 7.

travail[2025], *la pérennité et le développement des entreprises*[2026], *une certaine parité entre le régime indemnitaire applicable aux agents de l'État et celui applicable aux agents des collectivités territoriales*[2027].

821. Dans la même veine, le juge constitutionnel estime parfois que le législateur a **entendu lutter contre** *le risque que les citoyens soient trompés ou manipulés dans l'exercice de leur vote par la diffusion massive de fausses informations sur des services de communication au public en ligne*[2028], *sur des services de radios et de télévision contrôlés par un état étranger ou placés sous son influence*[2029], *contre la diffusion de fausses informations susceptibles de troubler l'ordre public ou d'altérer la sincérité des scrutins, contre les comptes propageant massivement de fausses informations*[2030], *le blanchiment de capitaux, la fraude fiscale et les mouvements financiers portant sur des sommes d'origine frauduleuse*[2031], *la délivrance abusive ou frauduleuses d'attestations ouvrant droit à un avantage fiscal*[2032], *la précarité*[2033] ou encore *le proxénétisme et la traite des êtres humains aux fins d'exploitation sexuelle*[2034].

822. La liste pourrait s'allonger indéfiniment tant les actions du législateur sont variées. L'autorité législative **entend** ainsi ***lever des obstacles*** *au commerce entre les territoires ultra-marins*[2035], ***rétablir*** *un équilibre des rapports entre partenaires commerciaux*[2036], ***maintenir*** *l'accessibilité de personnes handicapées aux logements situés dans les bâtiments neufs tout en assurant l'adaptation de ces logements pour prendre en compte la diversité et l'évolution des besoins des individus et des familles*[2037], ***faciliter*** *l'évolution dans le respect de la politique publique d'urbanisme des règles propres aux lotissements contenues dans leurs cahiers des charges*[2038], ***protéger*** *la vie des personnes habitant dans les logements exposés à certains risques naturels, tout en leur assurant une*

[2025] Cons. Const., décision n°2018-761 DC du 21 mars 2018, *Loi ratifiant diverses ordonnances prises sur le fondement de la loi n°2017-1340 du 15 septembre 2017 d'habilitation à prendre par ordonnances les mesures pour le renforcement du dialogue socia*l, §. 21.

[2026] *Ibid.*, §. 27.

[2027] Cons. Const., décision n°2018-727 QPC du 13 juillet 2018, *Commune de Ploudiry*, § 7.

[2028] Cons. Const., décision n°2018-773 DC du 20 décembre 2018, *Loi relative à la lutte contre la manipulation de l'information*, § 18.

[2029] *Ibid.*, § 49.

[2030] *Ibid.*, § 87.

[2031] Cons. Const., décision n°2018-746 QPC du 23 novembre 2018, *M. Djamal Eddine C.*, § 8.

[2032] Cons. Const., décision n°2018-739 QPC du 12 octobre 2018, *Société Dom Com Invest*, § 6.

[2033] Cons. Const., décision n°2018-769 DC, *préc.*, § 35.

[2034] Cons. Const., décision n°2018-761 QPC du 1er février 2019, *Association Médecins du monde et autres*, § 11.

[2035] Cons. Const., décision n°2018-750/751 QPC du 7 décembre 2018, *Société Long Horn International et autre*, § 24.

[2036] Cons. Const., décision n°2018-749 QPC du 30 novembre 2018, *Société Interdis et autre*, § 11.

[2037] Cons. Const., décision n°2018-772 DC du 15 novembre 2018, *préc.*, § 40.

[2038] Cons. Const., décision n°2018-740 QPC du 19 octobre 2018, *Mme Simone P. et autre*, § 7.

indemnisation équitable[2039]. Elles constituent autant d'intentions légitimes tournées vers des actions que le juge constitutionnel considère être d'intérêt général.

B. La suprématie du législateur par l'auto-restriction de l'office du juge constitutionnel

823. Le juge constitutionnel abandonne parfois toute prétention à questionner – et donc rechercher – la *ratio legis.* Dans cette hypothèse le juge constitutionnel limite consciemment son office. La stratégie est connue. Pour cette raison elle ne nécessite pas de trop longs développements. Elle n'en est pas moins éminemment révélatrice de la position de surplomb qu'occupe l'autorité du législateur vis-à-vis de l'autorité du juge tout autant que de la déférence de ce dernier à l'encontre du premier. Cette stratégie se manifeste par quelques considérants types et peut se réduire à deux éléments de langage. Dans son office d'interprétation, le juge constitutionnel ne dispose pas d'un pouvoir d'appréciation (1°) identique à celui du législateur encore moins que d'un pouvoir de décision (2°).

1° Un pouvoir d'appréciation différent de celui du législateur

824. Le juge constitutionnel exprime son respect à l'égard du législateur en reconnaissant la différence fondamentale de leur contrôle. Il s'agit, d'une façon comme une autre, d'expliquer qu'il ne cherchera pas à empiéter sur ses plates-bandes.

825. Très récemment, le Conseil constitutionnel a mobilisé ce considérant à propos de la *répression de la prostitution*. Le juge considère que « si le législateur a réprimé tout recours à la prostitution, y compris lorsque les actes sexuels se présentent comme accomplis librement entre adultes consentants dans l'espace privé, il a considéré que, dans leur très grande majorité, les personnes qui se livrent à la prostitution sont victimes du proxénétisme et de la traite et que ces infractions sont rendues possibles par l'existence d'une demande de relations sexuelles tarifées »[2040].

826. *En matière d'emploi* le raisonnement est similaire. C'est le cas de la décision de réduction des cotisations salariales dues au titre des heures supplémentaires et complémentaires qui a pour but « d'augmenter le nombre d'heures travaillées afin de favoriser le pouvoir d'achat des salariés et de stimuler la croissance et l'emploi ». Il ne lui appartient pas « de rechercher si l'objectif que s'est assigné le législateur pouvait être atteint par d'autres voies, dès lors que les modalités retenues par la loi déférée ne sont pas manifestement inappropriées à la finalité poursuivie » [2041] . Le juge constitutionnel confirme cette jurisprudence lorsqu'il énonce que « compte

---

[2039] Cons. Const., décision n°2018-698 QPC du 6 avril 2018, *Syndicat secondaire Le Signal*, § 6-7.

[2040] Cons. Const., décision n°2018-761 QPC, *préc.*, § 12.

[2041] Cons. Const., décision n°2018-776 DC, *préc.*, § 17 ; v. égal. Cons. Const., décision n°2007-555 DC du 16 août 2007, *Loi en faveur du travail, de l'emploi et du pouvoir d'achat*, cons. 8.

tenu de la précarité de la situation des jeunes sur le marché du travail, et notamment des jeunes les moins qualifiés, le législateur a entendu créer un nouveau contrat de travail ». Ce faisant, il n'appartient pas au Conseil de rechercher si l'objectif que s'est assigné le législateur pouvait être atteint par d'autres voies »[2042].

827. Le raisonnement est similaire en *matière de produits dangereux*. Saisi de l'interdiction des ustensiles en plastique à usage unique, le Conseil constitutionnel estime qu'il ne lui appartient pas « de remettre en cause, au regard de l'état des connaissances, l'appréciation par le législateur des conséquences susceptibles de résulter pour l'environnement et pour la santé publique de l'utilisation de ces produits »[2043]. Ce raisonnement est identique à celui que le juge a tenu s'agissant de l'interdiction d'utilisation des produits phytopharmaceutiques contenant des substances actives de la famille des néonicotinoïdes. Le juge constitutionnel énonce qu'il ne lui appartient pas de remettre en cause, au regard de l'état des connaissances, l'appréciation par le législateur des conséquences susceptibles de résulter pour l'environnement et pour la santé publique de l'utilisation de ces produits »[2044]. Il est possible d'établir une filiation entre ces deux décisions et la décision portant sur les dispositions législatives « prévoyant la suspension de la fabrication, de l'importation, de l'exportation et de la mise sur le marché de tout conditionnement, contenant ou ustensile comportant du bisphénol A destiné à entrer en contact avec des denrées alimentaires » à propos de laquelle le juge rappelle qu'« il n'appartient pas au Conseil constitutionnel, qui ne dispose pas d'un pouvoir général d'appréciation et de décision de même nature que celui du Parlement, de remettre en cause, au regard de l'état des connaissances, les dispositions prises par le législateur »[2045].

828. De façon générale c'est le raisonnement qu'il tient sur les questions relatives à la santé. Il en va ainsi à propos des dispositions prévoyant les conditions dans lesquelles une décision d'arrêt des traitements de maintien en vie peut être prise. Le Conseil constitutionnel ne peut « substituer son appréciation à celle du législateur sur les conditions dans lesquelles, en l'absence de volonté connue du patient, le médecin peut prendre, dans une situation d'obstination thérapeutique déraisonnable, une décision d'arrêt ou de poursuite des traitements »[2046].

C'est la logique qu'on retrouve à propos *des obligations de vaccination* imposées par le législateur. Le juge constitutionnel énonce qu'il ne lui appartient pas « de remettre en cause, au regard de l'état des connaissances scientifiques, les dispositions prises par le législateur ni de rechercher si

---

2042 Cons. Const., décision n°2006-535 DC du 30 mars 2006, *Loi pour l'égalité des chances*, cons. 20.

2043 Cons. Const., décision n°2018-771 DC, *préc.*, § 12.

2044 Cons. Const., décision n°2016-737 DC du 4 août 2016, *Loi pour la reconquête de la biodiversité, de la nature et des paysages*, § 38.

2045 Cons. Const., décision n°2015-480 QPC du 17 septembre 2015, *Association Plastics Europe*, cons. 6.

2046 Cons. Const., décision n°2017-632 QPC du 2 juin 2017, Union nationale des associations de familles de traumatisés crâniens et de cérébro-lésés, § 11.

l'objectif de protection de la santé que s'est assigné le législateur aurait pu être atteint par d'autres voies, dès lors que les modalités retenues par la loi ne sont pas manifestement inappropriées à l'objectif visé »[2047].

La solution est similaire à celle rendue à propos de *la réglementation des prélèvements de cellules du sang de cordon ou placentaire en vue de leur conservation par la personne pour un usage ultérieur*. Le juge constitutionnel estime effectivement qu'il ne lui appartient pas de « substituer son appréciation à celle du législateur sur les conditions dans lesquelles de telles cellules peuvent être prélevées et les utilisations auxquelles elles sont destinées »[2048].

829. Le juge constitutionnel rappelle également la différence fondamentale qui existe entre son raisonnement et celui du législateur à propos de *l'examen des lois de finances*.

Dès lors qu'il ne dispose « pas d'un pouvoir général d'appréciation et de décision de même nature que celui du Parlement » il ne lui appartient pas « en l'absence d'intention de fausser les grandes lignes de l'équilibre budgétaire » d'apprécier « le montant des autorisations d'engagement et des crédits de paiement votés »[2049].

830. Le raisonnement est identique *en matière électorale*. Le Conseil ne saurait se prononcer sur l'inéligibilité votée par le Parlement des ingénieurs et agents du génie rural et des eaux et forêts dans les cantons où ils exercent leurs fonctions ou les ont exercées depuis moins de six mois à condition que les restrictions au droit d'éligibilité ne soient pas déséquilibrées[2050]. La solution est la même concernant une liste fixant les inéligibilités aux mandats parlementaires[2051] ou encore en matière de détermination de la durée des mandats[2052]. Le juge constitutionnel tient également le même raisonnement en matière de délimitation des circonscriptions. Dès lors qu'il ne possède pas un pouvoir général d'appréciation et de décision de même nature que celui du Parlement, « il ne lui appartient pas de rechercher si les circonscriptions ont fait l'objet de la délimitation la plus juste possible »[2053]

[2047] Cons. Const., décision n°2015-458 QPC du 20 mars 2015, *Époux L.*, cons. 10.

[2048] Cons. Const., décision n°2012-249 QPC du 16 mai 2012, *Société Cryo-Save France*, cons. 7.

[2049] Cons. Const., décision n°2018-777 DC du 28 décembre 2018, *préc.*, § 17. ; pour d'autres applications en matière de lois de finances, v. Cons. Const., décision n°2014-707 DC du 29 décembre 2014, *Loi de finances pour 2015*, cons. 12 ; Cons. Const., décision n°2011-638 DC du 28 juillet 2011, *Loi de finances rectificative pour 2011*, cons. 6. ; Cons. Const., décision n°2010-622 DC du 28 décembre 2010, *Loi de finances pour 2011*, cons. 18. ; Cons. Const., décision n°2009-599 DC du 29 décembre 2009, *Loi de finances pour 2010*, cons. 7.

[2050] Cons. Const., décision n°2012-230 QPC du 6 avril 2012, *M. Pierre G.*, cons. 5.

[2051] Cons. Const., décision n°2011-628 DC du 12 avril 2011, *Loi organique relative à l'élection des députés et des sénateurs*, cons. 7.

[2052] Cons. Const., décision n°2010-603 DC du 11 février 2010, *Loi organisant la concomitance des renouvellements des conseils généraux et des conseils régionaux*, cons. 13. ; v. égal. Cons. Const., décision n°2007-559 DC du 6 décembre 2007, *Loi organique tendant à renforcer la stabilité des institutions et la transparence de la vie politique en Polynésie française*, cons. 14.

[2053] Cons. Const., décision n°2010-602 DC du 18 février 2010, *Loi ratifiant l'ordonnance n°2009-935 du 29 juillet 2009 portant répartition des sièges et délimitation des circonscriptions pour l'élection des députés*, cons. 20.

ou « la plus équitable possible »[2054]. En outre, le législateur organique était compétent, d'après le Conseil constitutionnel, pour modifier et prolonger exceptionnellement la durée des mandats sénatoriaux[2055] ou encore la durée du mandat de l'Assemblée Nationale[2056] sous réserve que ce report soit effectué dans un but d'intérêt général. Le législateur ordinaire était compétent pour reporter le renouvellement des conseillers municipaux[2057] ou rétablir le renouvellement triennal par moitié des conseillers généraux[2058].

Dans les deux premiers cas le juge constitutionnel, qui ne dispose pas d'un pouvoir général d'appréciation et de décision de même nature que celui du Parlement, ne saurait rechercher « si le but que s'est assigné le législateur pouvait être atteint par d'autres voies ». Dans les deux derniers cas, le juge estime « qu'il ne lui appartient pas de rechercher si les objectifs que s'est assignés le législateur auraient pu être atteints par d'autres voies, dès lors que les modalités retenues par la loi ne sont pas manifestement inappropriées à ces objectifs ». La solution est identique s'agissant de la fixation des seuils retenus pour accéder au second tour des élections législatives[2059].

831. Il existerait donc bien une véritable différence de degrés dans le pouvoir d'appréciation dont disposent respectivement le Parlement et le Conseil constitutionnel. Cette différence d'appréciation est confirmée par une jurisprudence assez étrange du Conseil constitutionnel en matière d'irrégularité formelle. Le Conseil constitutionnel a plusieurs fois employé des formulations étonnantes estimant, par exemple, à propos d'un article de loi supprimé selon une procédure contraire à la Constitution, que « pour regrettable qu'elle soit, cette suppression n'a pas eu pour effet de porter une atteinte inconstitutionnelle aux exigences de clarté et de sincérité des débats parlementaires »[2060]. À l'occasion de l'examen d'une loi de finances, le Conseil constitutionnel a réutilisé cette formulation en considérant que l'insertion de deux articles en première partie de loi de finances au détriment de la seconde partie « pour regrettable qu'elle soit [...] n'a pas eu pour effet, dans les circonstances de l'espèce, de porter une atteinte inconstitutionnelle à la clarté et à la sincérité des débats relatifs à l'adoption de ces articles »[2061].

2054 Cons. Const., décision n°86-218 DC du 18 novembre 1986, *Loi relative à la délimitation des circonscriptions pour l'élection des députés*, cons. 10.

2055 Cons. Const., décision n°2005-529 DC du 15 décembre 2005, *Loi organique modifiant les dates de renouvellement du Sénat*, cons. 5.

2056 Cons. Const., décision n°2001-444 DC du 9 mai 2001, *Loi organique modifiant la date d'expiration des pouvoirs de l'Assemblée nationale*, cons. 3.

2057 Cons. Const., décision n°94-341 DC du 6 juillet 1994, *Loi relative à la date du renouvellement des conseillers municipaux*, cons. 5.

2058 Cons. Const., décision n°93-331 DC du 13 janvier 1994, *Loi rétablissant le renouvellement triennal par moitié des conseils généraux*, cons. 4.

2059 Cons. Const., décision n°98-407 DC du 14 janvier 1999, *Loi relative au mode d'élection des conseillers régionaux et des conseillers à l'Assemblée de Corse et au fonctionnement des conseils régionaux*, cons. 4.

2060 Cons. Const., décision n°2016-745 DC du 26 janvier 2017, *Loi relative à la citoyenneté*, § 8.

2061 Cons. Const., décision n°2010-622 DC du 28 septembre 2010, *préc.*, cons. 5.

2° Un pouvoir de décision distinct de celui du législateur : le rejet du contrôle d'opportunité

832. Si le juge constitutionnel emploie bien de façon indistincte l'expression consacrée selon laquelle il ne possède pas un pouvoir général d'appréciation et de décision identique à celui du Parlement, les exemples précédents illustrent davantage une forme de « self-restraint » du juge quant à l'appréciation des possibilités envisagées par le législateur. Il s'agit pour le juge de ne pas se prononcer sur les critères ou conditions retenus par le législateur à l'occasion des mécanismes qu'il instaure dans des matières aussi diverses et variées que la santé ou encore l'organisation des élections.

833. D'autres exemples jurisprudentiels mettent en revanche davantage l'accent sur le deuxième membre de cette affirmation : le pouvoir de décision du juge constitutionnel. Le juge constitutionnel rappelle qu'il « ne lui appartient pas de se prononcer sur l'opportunité de dispositions législatives »[2062] ou encore « qu'il est à tout moment loisible au législateur, statuant dans le domaine de sa compétence, d'adopter des dispositions nouvelles dont il lui appartient d'apprécier l'opportunité et de modifier des textes antérieurs ou d'abroger ceux-ci en leur substituant, le cas échéant, d'autres dispositions, dès lors, que dans l'exercice de ce pouvoir, il ne prive pas de garanties légales des exigences de caractère constitutionnel »[2063]. À nouveau, l'on pourrait multiplier les exemples comme autant de preuves de ce que l'office du juge constitutionnel et les solutions qu'il rend sont conditionnées par la déférence qu'il exprime vis-à-vis du législateur. Le respect de celle-ci commande et prédétermine en partie les solutions rendues par les juges. Partant, la valeur d'autorité s'érige bien comme guide de l'interprétation du juge constitutionnel et constitue le sens privilégié de la plupart de ses décisions.

II. L'autorité de l'ordre juridique

834. Il est une version différente du légicentrisme qui infuse tout de même – quoique plus rarement – en droit français. À rebours de l'interprétation purement intentionnaliste de la disposition, le juge

---

[2062] Cons. Const., décision n°89-261 DC du 28 juillet 1989, *Loi relative aux conditions de séjour et d'entrée des étrangers en France*, cons. 15.

[2063] V. pour ces dernières années, Cons. Const., décision n°2013-367 QPC du 14 février 2014, *Consorts L.*, cons. 5. ; Cons. Const., décision n°2013-687 DC du 23 janvier 2014, *Loi de modernisation de l'action publique territoriale et d'affirmation des métropoles*, cons. 22. ; Cons. Const., décision n°2013-686 DC du 23 janvier 2014, *Loi relative aux modalités de mise en œuvre des conventions conclues entre les organismes d'assurance maladie complémentaire et les professionnels, établissements et services de santé*, cons. 7. ; Cons. Const., décision n°2013-676 DC du 9 octobre 2013, *Loi relative à la transparence de la vie publique*, cons. 12. ; Cons. Const., décision n°2013-345 QPC du 27 septembre 2013, *Syndicat national Groupe Air France CFTC*, cons. 3. ; Cons. Const., décision n°2013-673 DC du 18 juillet 2013, *Loi relative à la représentation des français établis hors de France*, cons. 12. ; Cons. Const., décision n°2013-669 DC du 17 mai 2013, *Loi ouvrant le mariage aux couples de personnes de même sexe*, cons. 14. ; Pour une formulation différente, v. Cons. Const., décision n°2018-772 DC du 15 novembre 2018, *préc.*, § 36 ; Cons. Cons., décision n°2014 706 DC du 18 décembre 2014, *Loi de financement de la sécurité sociale pour 2015*, cons. 14.

constitutionnel livre parfois des *interprétations systématiques* dont le modèle trouve sa source, d'après les travaux du Professeur Frydman, dans le modèle géométrique de l'interprétation[2064].

835. À l'inverse du modèle intentionnaliste, le modèle systématique implique un double mouvement de dévaluation des autorités situées[2065] et de sacralisation de l'Autorité. La seule autorité valable est alors celle du *système* entendu tel qu'en lui-même, c'est-à-dire du droit. La référence du *modèle systématique* s'accommode du triomphe de l'idéal de la prééminence du droit. M. Xavier Souvignet a bien montré qu'il s'agissait là d'un véritable « modèle politique »[2066] obéissant à « un idéal de dissolution du Pouvoir dans le droit ». Ainsi, la prééminence du droit « rejoint le fantasme millénaire non pas seulement de la limitation du pouvoir mais bien de son anéantissement pur et simple »[2067]. Pour le dire autrement, le postulat de la prééminence du droit qui constitue la clé de voûte de l'interprétation systématique implique une forte dévalorisation du pouvoir (*potestas*) proportionnelle à une forte valorisation de l'autorité (*auctoritas*).

836. C'est bien là tout l'objet de l'approche systémique. Celle-ci véhicule la représentation d'un droit dépourvu de la figure de l'autorité tutélaire qu'incarne le souverain – ou son représentant. Elle s'oppose ainsi, dans une certaine mesure, au mythe du législateur souverain quoiqu'elle en renouvelle paradoxalement certains aspects. En effet, alors que l'approche intentionnaliste est subjective puisqu'elle s'attache à la recherche d'une volonté elle-même nécessairement subjective, l'approche systémique vise, par l'interprétation, à objectiver cette volonté, en la faisant passer pour nécessaire. Dans ces conditions, la volonté n'est plus le fruit d'une raison imparfaite, contingente et humaine mais bien au contraire le fruit sublimé d'une raison qui se veut la plus pure possible. Elle est donc largement objectivée au point qu'elle se détache de la véritable intention qu'elle était censée incarner en première main. En un mot, il s'agit comme le rappelle le professeur Frydman de procéder à une « rationalisation de la volonté »[2068]. Ce constat fait écho à l'hypothèse posée par les professeurs Ost et Van de Kerchove dans leurs *Jalons pour une théorie critique du droit*. Pour les auteurs, « le but ultime effectivement assigné à l'interprétation réside dans le maintien ou la restauration du système juridique considéré dans son ensemble »[2069]. Y parvenir suppose *notamment*, pour l'interprète, de mobiliser une notion particulière, *l'esprit* du système juridique entendu comme sens général du jeu juridique. Aussi, ajoutent-ils que « l'esprit (le sens du jeu) juridique comporte 'la connaissance par le juriste de

---

[2064] Benoît FRYDMAN, *Le sens des lois: histoire de l'interprétation et de la raison juridique*, *op. cit.*, p. 624.

[2065] *Ibid.*, p. 257.

[2066] Xavier SOUVIGNET, *La prééminence du droit dans le droit de la Convention européenne des droits de l'homme*, Éd. Bruylant, Coll. Droit de la convention européenne des droits de l'homme. Thèses, 2012, p. 354.

[2067] *Ibid.*, p. 356.

[2068] Benoît FRYDMAN, Le sens des lois: histoire de l'interprétation et de la raison juridique, op. cit., p. 322.

[2069] François OST et Michel VAN DE KERCHOVE, *Jalons pour une théorie critique du droit*, Éd. Publications des FUSL, Coll. Travaux et recherches, 1987, p. 443.

l'ordonnance générale qui préside au système, la vue permanente de l'architecture qui range les principes en une perspective, assurant leur superposition organique et leur cohérence logique' »[2070]. Partant, « loin de suggérer l'existence de véritables 'choix' délibérés – qui ne seraient que fantaisie pure et jongleries avec les règles – le recours au sens du jeu permet de comprendre comment ces choix sont 'systématiques', c'est-à-dire orientés par la nécessaire harmonisation du système juridique considéré »[2071]. Dans ces conditions, le but ultime assigné à l'interprétation réside bien dans « le maintien de la rationalité matérielle du système juridique » entendue « non comme une qualité donnée d'avance mais comme une idée régulative, comme un idéal impossible à atteindre totalement dirigeant pourtant l'œuvre interprétative »[2072].

837. Dans ce schéma, autorité et rationalité ne font plus qu'un. La rationalité du système juridique fonde son autorité. En se référant à l'autorité du système, le juge constitutionnel vise sa rationalité, c'est-à-dire, sa perfection et sa mise en cohérence. La déférence du juge constitutionnel n'est alors plus vraiment institutionnelle mais bien systématique. Le juge constitutionnel rend des solutions non pas conformes à l'intention expressément formalisée dans une quelconque volonté mais bien plus conformes à l'esprit du droit entendu dans sa globalité, c'est à dire à la logique intrinsèque prêtée à l'ordonnancement juridique, dont il s'agit d'assurer la cohérence.

L'interprétation systématique s'incarne d'une part dans l'invocation par le juge constitutionnel de « l'esprit de la Constitution » au soutien de l'interprétation d'une disposition (A), d'autre part dans l'invocation par le juge constitutionnel des raisons historiques aptes à permettre l'interprétation d'autres dispositions (B). Si cette dernière méthode semble à première vue renouer davantage avec le subjectivisme de l'intentionnalisme, l'on constatera qu'elle n'en demeure pas moins déterminée de façon objective et se rapproche davantage d'une interprétation systématique.

A. La suprématie du droit par la reconstruction de « l'esprit » de l'ordre juridique : l'interprétation systématique

838. Rares sont les décisions rendues par le juge constitutionnel citant expressément l'esprit de l'ordre juridique. Lorsqu'elles adviennent ces références s'incarnent de plusieurs façons qui portent sur l'esprit de la Constitution (1°) ou sur l'esprit des dispositions législatives, qu'elles soient organiques (2°) ou ordinaires (3°).

[2070] *Ibid.*, p. 444.

[2071] *Id.*

[2072] Kóstas M. STAMATIS, *Argumenter en droit: une théorie critique de l'argumentation juridique*, Éd. Publisud, Coll. Manuel 2000. Série Droit, 1995, p. 118.

1° La déférence vis-à-vis de l'autorité de l'ordre du juridique par la référence à « l'esprit de la Constitution »

839. La plus célèbre des références à l'esprit de la Constitution ressort de la décision *62-20 DC*. Le Conseil constitutionnel était saisi par le Président du Sénat, conformément à l'article 61 de la Constitution, du contrôle de la *loi relative à l'élection du président de la République au suffrage universel direct*. La méthode du Conseil constitutionnel est bien connue. Le juge rappelle, en effet, que sa compétence est « strictement délimitée par la Constitution et par la loi organique du 7 novembre 1958 » et qu'il ne saurait, par conséquent, « être appelé à se prononcer sur d'autres cas que ceux qui sont limitativement prévus par ces textes »[2073]. Ainsi, bien que l'article 61 ne précise pas si la compétence attribuée au Conseil constitutionnel peut s'étendre au contrôle des lois référendaires, « il résulte de l'esprit de la Constitution qui a fait du Conseil constitutionnel un organe régulateur de l'activité des pouvoirs publics que les lois que la Constitution a entendu viser dans son article 61 sont uniquement les lois votées par le Parlement et non point celles qui, adoptées par le Peuple à la suite d'un référendum, constituent l'expression directe de la souveraineté nationale »[2074].

Dans cette hypothèse toute particulière, l'invocation de l'esprit de la Constitution est avant tout « la conséquence de la fragilité institutionnelle qui caractérise le Conseil constitutionnel à l'époque » et qui implique de sa part une « retenue particulière »[2075]. Il n'en demeure pas moins que l'esprit de la Constitution peut s'entendre du « fruit d'une interprétation globale du système constitutionnel »[2076] et plus précisément d'« une source de normes dégagées logiquement par une méthode jurisprudentielle identifiable »[2077].

840. En matière de finances publiques, on peut appréhender de la même façon les références du Conseil constitutionnel à l'article 40 de la Constitution. Dans une décision *75-57 DC* du 23 juillet 1975 le Conseil constitutionnel étend son office d'interprétation à la *lettre et à l'esprit* de cet article qui concerne l'irrecevabilité financière des amendements parlementaires. Le considérant mobilisé par le Conseil constitutionnel au soutien de son argumentation est par ailleurs limpide. Le juge énonce « que si la mise en œuvre de cette disposition est assurée, au cours de la procédure législative, dans les conditions prévues par les règlements des deux assemblées du Parlement, il est de la mission du Conseil constitutionnel de statuer sur le point de savoir si, au cours de l'élaboration de la loi, il a été fait

---

[2073] Cons. Const., décision n°62-20 DC du 6 novembre 1962, *Loi relative à l'élection du président de la République au suffrage universel direct, adoptée par le référendum du 28 octobre 1962*, cons. 1.
[2074] *Ibid.*, cons. 2.
[2075] Antoine BASSET, *Pour en finir avec l'interprétation: usages des techniques d'interprétation dans les jurisprudences constitutionnelles française et allemande*, Éd. Institut universitaire Varenne, Coll. Thèses, 2015, p. 346.
[2076] Pierre MOUZET, « Les manifestations contentieuses de l'esprit de la Constitution de 1958 », *RDP*, vol. 120, n°5, 2004, p. 1247.
[2077] *Ibid.*, p. 1250.

de l'article sus-rappelé une application conforme à la lettre et à l'esprit de cette disposition »[2078].

2° La déférence vis-à-vis de l'autorité de l'ordre juridique par la référence à l'esprit des dispositions d'une loi organique

841. Cette dernière décision n'est pas sans rappeler le raisonnement tenu par le Conseil constitutionnel sur une disposition organique. Dans sa célèbre décision *79-110 DC* le juge constitutionnel était appelé à se prononcer sur la loi de finances pour 1980. Les faits sont connus. La loi de finances pour 1980 n'avait pas été adoptée dans l'ordre prévu par l'ordonnance du 2 janvier 1959 *portant loi organique relative aux lois de finances.* Plus précisément, la seconde partie avait été discutée avant le vote de la première partie et notamment de l'article évaluant les recettes et fixant les plafonds des charges c'est-à-dire, arrêtant tout simplement les données générales de l'équilibre économique et financier de l'année n+1. Cet examen a donné l'occasion au juge constitutionnel de fournir une interprétation de l'article 40 de l'ordonnance ainsi qu'une « lecture » extensive de la disposition. Il y énonce en substance que la procédure de vote de la loi de finances n'a pas été respectée, « contrairement à ce qu'exige, dans sa lettre comme dans son esprit l'article 40 de l'ordonnance du 2 janvier 1959 »[2079]. Il est intéressant de noter que le juge constitutionnel reprendra mot pour mot le même considérant à l'occasion d'une décision *92-309 DC* dans laquelle il énonce que l'article 40 de l'ordonnance exige le respect de la procédure qu'il prévoit et, ce, indépendamment de toute référence cette fois à la lettre ou à l'esprit de l'article[2080].

842. Cette « rature » de l'esprit de la disposition intervient au même moment que la « rature » par le Conseil constitutionnel de la référence à l'esprit de la Constitution pour interpréter l'article 61 de la Constitution et sa portée en matière de contrôle des lois référendaires[2081]. D'aucuns estiment qu'à l'occasion de la décision *92-313 DC*, le juge constitutionnel n'a pas « modifié substantiellement sa motivation de 1962, il l'a resserrée et explicitée ; non seulement 'l'équilibre des pouvoirs établi par la Constitution' avait la même fonction que 'l'esprit de la Constitution' à savoir l'autolimitation du juge, mais, en sus, la formule a le même sens »[2082]. Celui-ci réside largement dans la déférence du juge constitutionnel vis-à-vis de l'ordre juridique constitutionnel français entendu comme système. Pour le Professeur Rousseau, l'incompétence du Conseil constitutionnel qui découle de la décision de 1992 « se donne à voir comme résultant non d'une sollicitation toujours discutable de l'esprit d'un texte, non d'un point de vue

---

2078 Cons. Const., décision n°75-57 DC du 23 juillet 1975, *Loi supprimant la patente et instituant une taxe professionnelle*, cons. 2.

2079 Cons. Const., décision n°79-110 DC du 24 septembre 1979, *Loi de finances pour 1980*, cons. 4.

2080 Cons. Const., décision n°92-309 DC du 9 juin 1992, *préc.*, cons. 8.

2081 Cons. Const., décision n°92-313 DC du 23 septembre 1992, *Loi autorisant la ratification du traité sur l'Union européenne*, cons. 2.

2082 Pierre MOUZET, « Les manifestations contentieuses de l'esprit de la Constitution de 1958 », *loc. cit.*, p. 1247.

subjectif, mais comme fondée en objectivité 'au regard de l'équilibre des pouvoirs établi 'par la Constitution' selon la formule de remplacement imaginée en l'espèce par le Conseil »[2083]. De deux choses l'une. Ou bien le début des années 1990 marque un tournant dans la jurisprudence du Conseil constitutionnel qui abandonne toute référence abstruse à l'esprit des dispositions constitutionnelles et entend définir une disposition uniquement par son texte (la lettre) et non pas tant par son contexte (l'esprit du système) tout en abandonnant toute tentative d'interpréter celui-ci à l'aune de celui-là. Ou bien, au contraire, il va de soi que le juge constitutionnel adopte une méthode d'interprétation large des dispositions constitutionnelles ou organiques, sans qu'il soit besoin de préciser, désormais, qu'il s'agit d'une analyse de la lettre ou de l'esprit étant donné que le considérant mobilisé à la suite de cette « rature » reste exactement le même ; la référence expresse à la lettre et à l'esprit en moins.

3° La déférence vis-à-vis de l'autorité de l'ordre juridique par la référence à l'esprit des dispositions d'une loi ordinaire

843. Le Conseil constitutionnel a pu se référer à l'esprit d'une disposition législative à plusieurs reprises dans une décision *88-248 DC*. Il s'agissait pour le juge constitutionnel d'établir une véritable filiation entre des dispositions substantiellement identiques. Le juge était saisi du contrôle de dispositions législatives qui proposaient la modification, voire la réécriture d'une autre disposition législative portant sur l'obligation de conventionnement des sociétés privées de radiodiffusion et de télévision avec le Conseil supérieur de l'audiovisuel. Le juge rappelle à plusieurs reprises que l'obligation, pour une société privée offrant un service privé de radiodiffusion sonore ou de télévision diffusé par voie hertzienne, de passer une convention avec le Conseil supérieur de l'audiovisuel est conforme à la Constitution puisqu'elle « répond au souci de permettre au Conseil supérieur de l'audiovisuel d'adapter à chaque situation particulière les règles de portée générale définies par la loi »[2084]. Or, c'est bien dans le « même esprit », que le nouvel article est rédigé. Partant, il apparaît bien conforme à la Constitution. On trouve une autre référence à *l'esprit* dans cette même décision. Le Conseil était appelé à se prononcer sur les pouvoirs de sanction du Conseil supérieur de l'audiovisuel et notamment ses pouvoirs de suspension, après mise en demeure, d'un programme de la chaîne en cause. Pour y parvenir, le juge cherche à dégager « l'esprit » des débats parlementaires ayant conduit à l'instauration de ce pouvoir de sanction. Il en ressort que « le législateur a entendu proportionner aussi bien la durée que l'ampleur de la suspension à la gravité du manquement relevé ». Pour le juge constitutionnel c'est bien là l'esprit du mécanisme de sanction octroyé au Conseil supérieur de l'audiovisuel. L'argumentation est limpide qui énonce « que, dans cet esprit, la partie du programme qui peut faire l'objet d'une

---

[2083] Dominique ROUSSEAU, Pierre-Yves GAHDOUN et Julien BONNET, *Droit du contentieux constitutionnel*, *op. cit.*, p. 156-157.

[2084] Cons. Const., décision n°88-248 DC du 17 janvier 1989, *Loi modifiant la loi °86-1067 du 30 septembre 1986 relative à la liberté de communication*, cons. 19.

mesure de suspension temporaire n'excédant pas un mois doit être en relation directe avec le manquement relevé »[2085]. C'est le cas en l'espèce.

B. La suprématie du droit par la reconstruction d'une forme de raison historique des dispositions de l'ordre juridique : l'interprétation diachronique

844. Si l'on s'accorde assez facilement pour voir dans la recherche de *l'esprit* des dispositions une forme d'interprétation systématique, il n'en va pas de même s'agissant de la recherche des raisons historiques des dispositions. En effet, il peut apparaître bien étrange, sinon incongru, de concevoir la méthode d'interprétation diachronique comme l'une des déclinaisons de la méthode d'interprétation systématique. En effet, on la rattache intuitivement à l'interprétation historique entendue pour l'essentiel, comme méthode de reconstruction de l'intention des auteurs historiques d'un texte. Or la méthode d'interprétation historique qui fait écho notamment à la doctrine *originaliste* s'entend elle-même difficilement d'une interprétation systématique. C'est le caractère subjectif que l'on prête à l'objet de l'interprétation historique qui l'exclut – à tort pensons-nous – de la catégorie des interprétations systématiques. Cette exclusion est pourtant partiellement fallacieuse.

845. L'hypothèse ici défendue est bien que l'interprétation diachronique constitue une forme d'interprétation historique et, plus précisément, son pendant systématique. En la mobilisant, le juge constitutionnel cherche à mettre en cohérence l'ordre juridique et plus précisément ses interprétations avec la *ratio* prêtée à l'ordre juridique. La règle puise alors cette *ratio* directement dans son passé. L'ensemble des règles de droit forment, dans cette conception, un système « cohérent et complet »[2086] qui ne s'explique que par confrontation au passé. La règle de droit est ainsi appréhendée par l'interprète de façon diachronique, c'est-à-dire dans le processus constant de son évolution, dans le cadre de son devenir.

846. L'interprétation diachronique s'incarne de deux façons dans la jurisprudence constitutionnelle. *D'une part*, elle s'incarne dans la référence, à l'appui de l'interprétation d'une règle, à certains faits historiques – tenant à son passé – et qui la conditionnent directement (1°).

D'autre part, elle s'incarne également dans la référence à la continuité juridique qui en tant qu'elle implique une certaine pérennité suppose de fournir une interprétation du présent de la règle au regard de son passé (2°). *Enfin*, la référence à l'intention du constituant revêt un statut tout particulier qu'il convient également d'appréhender (3°). Dans tous les cas, l'interprétation diachronique illustre avec force la déférence du juge constitutionnel à l'égard de l'autorité de l'ordre juridique français et plus particulièrement son ordre constitutionnel.

[2085] *Id.*

[2086] Benoît FRYDMAN, *Le sens des lois: histoire de l'interprétation et de la raison juridique*, *op. cit.*, p. 614.

1° Les « faits historiques » dans la jurisprudence constitutionnelle

847. Dans au moins deux décisions, le juge constitutionnel s'est servi d'un fait historique au soutien de l'interprétation d'une disposition.

848. Le Conseil était saisi dans une décision *77-482 DC* d'une demande en inconstitutionnalité d'une loi motivée par une potentielle méconnaissance de l'article 40 de la Constitution relatif aux irrecevabilités financières. Cette décision a permis au juge constitutionnel de préciser l'interprétation qu'il entendait donner de l'article 40 de la Constitution. Le juge refuse ici de se saisir « de la question de savoir si une proposition ou un amendement formulé par un membre du Parlement a été adopté en méconnaissance de l'article 40 de la Constitution » sauf à ce que « la question de la recevabilité de cette proposition ou de cet amendement ait été soulevée devant le Parlement »[2087]. En l'espèce le Conseil constitutionnel constate qu'aucune disposition de la loi dont il était saisi n'avait « fait l'objet devant celui-ci, au cours de la procédure parlementaire, d'une demande d'irrecevabilité en application de l'article 40 de la Constitution »[2088].

Le raisonnement mobilisé au soutien est essentiellement diachronique. Le juge estime que cette lecture de l'article 40 de la Constitution lui est imposée par le « fait que l'article 40 [...] n'a pas repris les dispositions de l'article 35 de l'avant-projet de Constitution soumis au Comité consultatif constitutionnel le 29 juillet 1958, aux termes desquelles le Conseil constitutionnel aurait été appelé à intervenir avant l'achèvement de la procédure législative en cas de désaccord entre le Gouvernement et le président de l'assemblée intéressée »[2089]. Il en résulte ainsi « qu'un contrôle de la recevabilité de ces initiatives doit être mis en œuvre au cours des débats parlementaires et effectué alors par des instances propres à l'Assemblée nationale et au Sénat »[2090]. Le présent de la règle s'éclaire bien par son passé.

849. Du reste, le raisonnement diachronique a été mobilisé, par le Conseil constitutionnel, dans une décision *81-132 DC*. Il s'agissait pour le Conseil constitutionnel de se prononcer sur les dispositions législatives relatives aux nationalisations et leur conformité à la Constitution et notamment au droit de propriété. Il fallait donc qu'il livrât une interprétation du droit de propriété. Pour y parvenir, il insiste sur le caractère « inviolable » et « sacré » du droit de propriété tel qu'il ressort de l'article 17 de la Déclaration des droits de l'homme et du citoyen. La lecture qu'il propose du principe de proportionnalité est en quelque sorte historiquement actualisée.

Le juge constitutionnel commence par rappeler que « le peuple français, par le référendum du 5 mai 1946, a rejeté un projet de Constitution qui faisait précéder les dispositions relatives aux institutions de la République d'une nouvelle Déclaration des droits de l'homme comportant notamment l'énoncé de principes différant de ceux proclamés en 1789 par les articles 2

2087 Cons. Const., décision n°77-82 DC du 20 juillet 1977, *Loi tendant à compléter les dispositions du code des communes relatives à la coopération intercommunale et notamment de ses articles 2, 4, 6 et 7*, cons. 4.

2088 *Ibid.*, cons. 5.

2089 *Ibid.*, cons. 2.

2090 *Id.*

et 17 précités »[2091]. On se rappelle effectivement que le projet de constitution du 19 avril impliquait une nouvelle Déclaration des droits de l'homme ordonnée autour d'une séparation en deux parties portant respectivement sur 1. Les libertés et 2. Les droits sociaux et économiques. Le droit de propriété trouvait alors sa place dans cette deuxième partie et se voyait amputé de son caractère « sacré » tel qu'il ressortait de l'article 17 de la Déclaration des droits de l'homme et du citoyen. À l'inverse, par les référendums des 13 octobre 1946 et du 28 septembre 1958, « le peuple français a approuvé des textes conférant valeur constitutionnelle aux principes et aux droits proclamés en 1789 »[2092]. Partant, le droit de propriété possède bien un caractère fondamental. En effet, comme l'énonce le juge, « si postérieurement à 1789 et jusqu'à nos jours, les finalités et les conditions d'exercice du droit de propriété ont subi une évolution caractérisée à la fois par une notable extension de son champ d'application à des domaines individuels nouveaux et par des limitations exigées par l'intérêt général, les principes mêmes énoncés par la Déclaration des droits de l'homme ont pleine valeur constitutionnelle tant en ce qui concerne le caractère fondamental du droit de propriété dont la conservation constitue l'un des buts de la société politique et qui est mis au même rang que la liberté, la sûreté et la résistance à l'oppression »[2093].

2° La « continuité » de l'ordre juridique

850. Il est une autre référence dans la jurisprudence du Conseil constitutionnel qui illustre l'interprétation diachronique dont celui-ci use parfois. Il s'agit de *l'invocation de la continuité de l'ordre juridique*. Cette notion s'appréhende de façon diachronique puisqu'elle s'incarne nécessairement dans le « fonctionnement ininterrompu, ponctuel et régulier » d'une institution en tant qu'elle « existe déjà et sans préjuger de son éventuelle suppression »[2094]. La continuité implique pour un objet, l'appréciation – diachronique – d'un *déjà là*. La raison historique de l'objet ou de l'institution réside alors pour l'essentiel dans sa pérennité c'est-à-dire dans sa durée qui ne fait que traduire une forme d'inertie.

851. La notion de continuité n'est pas totalement étrangère à la notion de tradition. En effet, la continuité comme la tradition renvoient nécessairement à un rapport chronologique passé/présent. En effet, si la tradition peut se définir comme « une transmission collective, à travers les générations, du patrimoine culturel propre à un groupe donné »[2095], elle constitue surtout un « phénomène de permanence, à travers le temps, d'un système relativement cohérent, d'un corps de doctrine, de préceptes et de principes, d'images et de représentations, de souvenirs et de comportements, dont un groupe social

[2091] Cons. Const., décision n°81-132 DC du 16 janvier 1982, *Loi de nationalisation*, cons. 14.
[2092] *Ibid.*, cons. 15.
[2093] *Ibid.*, cons. 16.
[2094] Gilles J. GUGLIELMI, Geneviève KOUBI et Martine LONG, *Droit du service public*, Éd. LGDJ, Coll. Domat droit public, 2016, p. 283.
[2095] Christophe VIMBERT, *La tradition républicaine en droit public français*, Éd. LGDJ, Coll. Bibliothèque constitutionnelle et de science politique, 1992, p. 18.

politiquement déterminé s'attache à assurer la défense »[2096]. Dans ces conditions, tradition et continuité sont synonymes. *La tradition républicaine est alors le pendant de la continuité républicaine. Toute invocation juridique de la continuité masquerait en réalité une référence à la tradition* qui n'est jamais qu'« un ensemble de valeurs et de pratiques républicaines, implicites ou traduites dans des textes républicains, *et qui, au-delà et à travers les changements de gouvernement et de régime,* incarnent la *pérennité* de la République et de ses valeurs »[2097]. Elle mobiliserait nécessairement pour advenir une interprétation diachronique puisque la tradition suppose la continuité, la durée dans le temps d'un objet.

852. La continuité de la République trouve ses relais dans la jurisprudence du Conseil constitutionnel dans les références explicites à la *continuité de la vie nationale* (α) et à la *continuité du service public* (β). Un troisième relai émerge – implicitement – du contrôle par le juge constitutionnel de la compatibilité des engagements internationaux à la Constitution en vertu de l'article 54 de la Constitution. Celui-ci exprime – implicitement – *la continuité dans les engagements internationaux* de la France (γ). Dans tous ces exemples, la référence à la continuité traduit l'interprétation diachronique – nécessairement systématique – mobilisée par le juge constitutionnel.

α. L'autorité de l'ordre juridique par la « continuité de la vie nationale »

853. Une forme d'interprétation systématique proposée par le juge constitutionnel réside dans l'invocation expresse par celui-ci *de la continuité de la vie nationale.* Fonctionnellement cette référence présente un intérêt certain pour le juge constitutionnel. Presque exclusivement mobilisée en matière de finances publiques, la continuité de la vie nationale doit servir au juge constitutionnel à passer outre un éventuel vice de procédure s'agissant du vote du budget.

La référence à la *continuité de la vie nationale* peut fournir la matière à une réserve d'interprétation. Appelé à se prononcer sur *la loi de finances pour 2019,* le juge constitutionnel a pu estimer que l'alinéa 2 de l'article 39 de la LOLF, en ce qu'il fixe un délai pour le dépôt des annexes générales au projet de loi de finances sur le bureau des assemblées, « a pour objet d'assurer l'information du Parlement en temps utile pour qu'il se prononce en connaissance de cause sur les projets de loi de finances soumis à son approbation »[2098]. Partant, l'hypothèse d'« un éventuel retard dans la mise en distribution de tout ou partie des documents exigés ne saurait faire obstacle à l'examen du projet concerné ». De la même façon, l'hypothèse plus générale selon laquelle « les circonstances ne permettraient pas le dépôt de tout ou partie d'un des documents précités » impliquent une appréciation de la loi de finances à la Constitution « au regard tant des exigences de la continuité de la vie nationale que de l'impératif de sincérité »[2099].

[2096] *Id.*
[2097] *Ibid.*, p. 21.
[2098] Cons. Const., décision n°2018-777 DC du 28 décembre 2018, *préc.*, § 4.
[2099] *Id.*

854. Le juge applique *expressis verbis* cette même solution à la fois aux projets de loi de finances rectificatives [2100] et aux projets de loi de financement de la sécurité sociale[2101]. Dans une décision *2005-517 DC* le juge constitutionnel étend la référence à l'éventualité de la méconnaissance d'une procédure budgétaire. Autrement dit, l'éventuelle « méconnaissance des procédures précitées », au même titre qu'un « éventuel retard dans la mise en distribution de tout ou partie des documents exigés » ne doit pas faire obstacle à la mise en discussion d'un projet de loi de finances[2102]. Le cas échéant, il appartiendrait bien entendu au Conseil d'apprécier la conformité de la loi de finances à la Constitution au regard des exigences de la continuité de la vie nationale comme de la sincérité. Cette extension de la réserve d'interprétation à la méconnaissance des procédures relatives à la discussion des lois de finances n'était pas vraiment nouvelle.

Le juge constitutionnel ne fait que reprendre une jurisprudence constante. On en trouve trace dans la décision *2001-448 DC* relative à l'examen de la LOLF. Le Conseil constitutionnel estime que les procédures d'urgence budgétaire prévues par la LOLF sont conformes à la Constitution au motif qu'elles sont « destinées [...] à l'adoption de mesures d'ordre financier nécessaires pour assurer la continuité de la vie nationale »[2103]. Il considère également que la méconnaissance des procédures d'information sur les finances publiques ne saurait « faire obstacle à la mise en discussion d'un projet de loi de finances »[2104] et impliquerait à son tour que la conformité de la loi de finances à la Constitution soit appréciée au regard des *exigences de la continuité de la vie nationale*.

Cette solution fait écho à la décision *2012-658 DC.* Le Conseil était saisi obligatoirement de *la loi organique relative à la programmation et à la gouvernance des finances publiques* transposant dans l'ordre juridique français les exigences du fameux TSCG concernant notamment le renforcement du contrôle budgétaire. Examinant les dispositions relatives à la consultation du Haut Conseil, le juge constitutionnel énonce les conséquences à tirer d'un potentiel avis rendu tardivement. Le cas échéant « si, par suite des circonstances, l'avis du Haut Conseil des finances publiques venait à être rendu postérieurement à l'avis du Conseil d'État, le Conseil constitutionnel apprécierait le cas échéant, le respect des dispositions des articles 13, 14 et 15 au regard des exigences de la continuité de la vie de la Nation »[2105].

855. Par extension, le juge constitutionnel a opéré la transposition de cette solution du domaine des finances publiques au domaine plus général de la loi.

[2100] Cons. Const., décision n°2011-638 DC du 28 juillet 2011, *préc.*, cons. 8.
[2101] Cons. Const., décision n°2005-519 DC du 29 juillet 2005, *Loi organique relative aux lois de financement de la sécurité sociale*, cons. 18.
[2102] Cons. Const., décision n°2005-517 DC du 7 juillet 2005, *Loi organique modifiant la loi organique n°2001-692 du 1er août 2001 relative aux lois de finances*, cons. 6.
[2103] Cons. Const., décision n°2001-448 DC du 25 juillet 2001, *préc.*, cons. 7.
[2104] *Ibid.*, cons. 89.
[2105] Cons. Cons., décision n°2012-658 DC du 113 décembre 2012, *Loi organique relative à la programmation et à la gouvernance des finances publiques*, cons. 54.

Il l'a fait à l'occasion d'une décision *2009-579 DC* concernant la *loi organique relative à l'application des articles 34-1, 39 et 44 de la Constitution.* Saisi de l'examen des dispositions concernant les études d'impact des projets de loi, le juge considère que « si, par suite des circonstances, tout ou partie d'un document constituant l'étude d'impact d'un projet de loi venait à être mis à la disposition de la première assemblée saisie de ce projet après la date de dépôt de ce dernier, le Conseil constitutionnel apprécierait, le cas échéant, le respect des dispositions précitées de l'article 8 de la loi organique au regard des exigences de la continuité de la vie de la Nation »[2106]. Si la formulation change légèrement, l'idée reste bien la même. Il s'agit, pour le juge constitutionnel, par une simple réserve d'interprétation, de se présenter comme « défenseur de l'urgence 'nécessaire' à la vie des institutions » [2107] et d'exprimer sa déférence vis-à-vis de l'autorité supérieure de l'ordre juridique qui peut s'accorder, parfois, de certains écarts. Dans ces conditions, il fait bien sien l'adage attribué à Cicéron : *summum jus summa injuria.*

856. Cette réserve d'interprétation était déjà en germe dans plusieurs décisions en matière de finances publiques et notamment dans les décisions *85-190 DC* et *86-209 DC.*

Dans la première décision, le juge constitutionnel se prononce sur l'inconstitutionnalité de la *Loi portant règlement définitif du budget de 1983.* Celui-ci avait été adopté selon la procédure d'urgence de l'article 45 de la Constitution alors même qu'il n'avait fait l'objet que d'une seule lecture devant chaque assemblée. En réalité, le gouvernement lui avait appliqué le régime d'urgence accessible de plein droit pour les lois de finances au terme de l'article 39 de l'ordonnance du 2 janvier 1959 *portant loi organique relative aux lois de finances.* Le juge constitutionnel estime alors que « si les projets de lois de finances sont examinés de plein droit selon la procédure d'urgence, cette disposition, comme celles du même article, relatives aux délais d'examen, ne concerne pas les lois de règlement ». Par conséquent il n'était pas possible au Gouvernement de transmettre le projet de loi de règlement à une commission mixte paritaire alors qu'il n'avait fait l'objet que d'une seule lecture devant chaque assemblée. La procédure prise est donc contraire à la Constitution. Outre l'espèce particulière de cette décision, c'est l'argumentation spécifiquement mobilisée par le juge constitutionnel qu'il importe de relever. Ainsi, l'impossibilité pour les lois de règlement de se voir appliquer de plein droit le régime de l'article 39 de l'ordonnance s'explique par cela que « la procédure d'urgence de plein droit, tout comme la fixation de délais d'examen, répond à la préoccupation d'obtenir en temps utile, et plus spécialement avant le début de l'année, l'intervention des mesures d'ordre financier commandées par la continuité de la vie

---

[2106] Cons. Const., décision n°2009-579 DC du 9 avril 2009, *Loi organique relative à l'application des articles 34-1, 39 et 44 de la Constitution*, cons. 17.

[2107] Jean-François DE MONTGOLFIER, « L'urgence et le Conseil constitutionnel », *NCCC*, vol. 54, n°1, 2017, p. 31-45.

nationale »[2108]. Or, il apparaît au juge constitutionnel « qu'une telle nécessité ne se retrouve pas pour les lois de règlement »[2109].

Dans la seconde décision, 86-209 DC, le juge constitutionnel devait se prononcer sur la procédure législative adoptée pour la *loi de finances rectificative pour 1986*. Il énonce dans un véritable *obiter dictum* la raison d'être des alinéas 2 et 3 de l'article 47 de la Constitution ainsi que des articles 38 et 39 de l'ordonnance du 2 janvier 1959 qui fixent ensemble les délais d'examen des lois de finances réservés aux deux assemblées. L'argumentation du juge est claire qui énonce que ces délais « par leur durée et leur agencement aussi bien que par les sanctions attachées à leur inobservation, ont pour objet de permettre qu'interviennent en temps utile et plus spécialement avant le début d'un exercice les mesures d'ordre financier nécessaires pour assurer la continuité de la vie nationale »[2110]. La décision *83-161 DC* reprenait déjà ce considérant[2111].

857. Le Conseil constitutionnel a pu se référer à la continuité de la vie nationale afin de justifier de la constitutionnalité de la loi autorisant le Gouvernement à continuer à percevoir en 1980 les impôts et les taxes existants. Celle-ci était en effet destinée à pallier les conséquences d'une décision antérieure d'inconstitutionnalité de la loi de finances pour 1980. Dans la décision *79-111 DC* le juge constitutionnel énonçait ainsi qu' « il appartient, de toute évidence, au Parlement et au Gouvernement, dans la sphère de leurs compétences respectives, de prendre toutes les mesures d'ordre financier nécessaires pour assurer la continuité de la vie nationale »[2112]. Pour ce faire, ils doivent « s'inspirer des règles prévues, en cas de dépôt tardif du projet de loi de finances, par la Constitution et par l'ordonnance portant loi organique, en ce qui concerne tant les ressources que la répartition des crédits et des autorisations relatifs aux services votés »[2113].

β. L'autorité de l'ordre juridique par la « continuité du service public »

858. Le juge constitutionnel a pu se référer à maintes reprises à la *continuité du service public*. Pour certains auteurs, la différence avec la continuité de la vie nationale est ténue dès lors que la continuité du service public peut s'entendre d'une « modalité particulière de mise en œuvre du principe plus général de continuité de la vie nationale »[2114] dont « la nécessité [...] est tellement évidente que son fondement voire son existence même n'ont guère été discutés ni surtout précisés par le Conseil

[2108] Cons. Const., décision n°85-190 DC du 24 juillet 1985, *Loi portant règlement définitif du budget pour 1983*, cons. 2.
[2109] *Id.*
[2110] Cons. Const., décision n°86-209 DC du 3 juillet 1986, *préc.*, cons. 4.
[2111] Cons. Const., décision n°83-161 DC du 19 juillet 1983, *Loi portant règlement définitif du budget de 1981*, cons. 3.
[2112] Cons. Const., décision n°79-111 DC du 30 décembre 1979, *préc.*, cons. 2.
[2113] *Id.*
[2114] Véronique BERTILE, Éric OLIVA, Loïc PHILIP et Didier RIBES, « Jurisprudence du Conseil constitutionnel. 1er octobre - 31 décembre 2001 », RFDC, vol. 49, n°1, 2002, p. 151-198.

constitutionnel »[2115]. Dans le même sens, le juge administratif rattachait déjà en 1909, dans deux arrêts célèbres *Winkell*[2116] et *Rosier*[2117], la continuité du service public à la « continuité essentielle de la vie nationale ». Le juge constitutionnel lui-même est tombé dans le piège dans la décision *98-397 DC* qui se réfère indûment – semble-t-il – à la notion de continuité du service public à propos d'une question budgétaire locale. Il est, au demeurant, très probable que ce caractère local l'ait empêché d'invoquer le standard budgétaire de continuité de la vie nationale. Était en cause l'article 3 de la loi *relative au fonctionnement des Conseils régionaux* qui prévoyait l'adoption du budget régional sans vote par l'assemblée délibérante si celui-ci n'était pas adopté le 20 mars de l'exercice auquel il devait s'appliquer ou le 30 avril en cas de renouvellement des conseils régionaux. Dans ces conditions, le budget était adopté – sans vote – sauf à ce qu'une motion de renvoi, présentée par la majorité absolue des membres du conseil et accompagnée d'un projet de budget alternatif ne soit adoptée. Appelé à se prononcer sur la conformité à la Constitution de ce mécanisme, le juge constitutionnel énonce qu'« en prévoyant des modalités dérogatoires d'adoption du budget régional, lorsque celui n'a pu être adopté dans les conditions de droit commun », la procédure de l'article 3 « a pour objet d'assurer le respect du principe de continuité des services publics, tout en évitant le dessaisissement des organes délibérants de la région au profit du représentant de l'État » [2118]. L'argumentation est étrange, puisque le juge fait le choix de mobiliser au soutien d'une question budgétaire une référence assez différente de celles usuellement mobilisées.

En dépit de cette ambiguïté, la référence à la continuité du service public est également apparue, dans une décision *79-105 DC,* détachée par ailleurs de tout fondement textuel. Appelé à se prononcer sur la conformité à la Constitution de l'article unique de la *loi modifiant les dispositions de la loi n°74-696 du 7 août 1974 relatives à la continuité du service public de la radio et de la télévision en cas de cessation concertée du travail,* le juge constitutionnel mobilise un considérant qui deviendra un véritable standard de sa jurisprudence ultérieure concernant le droit de grève[2119]. Il énonce qu'en adoptant le préambule de 1946, « les constituants ont entendu marquer que le droit de grève est un principe de valeur constitutionnelle, mais qu'il a des limites et ont habilité le législateur à tracer celles-ci en opérant la conciliation nécessaire entre la défense des intérêts professionnels, dont la grève est un moyen, et la sauvegarde de l'intérêt général auquel la grève peut être de nature à porter atteinte »[2120].

Surtout, le droit de grève rencontre l'une de ses plus fortes limites dans le service public. Ainsi, à ce propos, « la reconnaissance du droit de grève ne

---

[2115] *Id.*

[2116] C. E., 7 août 1909, *Winkell*, n°37317, Rec. 826.

[2117] C. E., 7 août 1909, *Rosier*, n°37325, Rec. 1296.

[2118] Cons. Const., décision n°98-397 DC du 6 mars 1998, *Loi relative au fonctionnement des conseils régionaux*, cons. 12.

[2119] V. par ex., Cons. Const., décision n°86-217 DC du 18 septembre 1986, *préc.*, cons. 78. ; Cons. Const., décision n°87-230 DC du 28 juillet 1987, *préc.*, cons. 7.

[2120] Cons. Const., décision n°79-105 DC du 25 juillet 1979, *préc.*, cons. 1.

saurait avoir pour effet de faire obstacle au pouvoir du législateur d'apporter à ce droit les limitations nécessaires en vue d'assurer la continuité du service public qui, tout comme le droit de grève, a le caractère d'un principe de valeur constitutionnelle ». Ces limitations peuvent aller jusqu'à son interdiction pour les « agents dont la présence est indispensable pour assurer le fonctionnement des éléments du service dont l'interruption porterait atteinte aux besoins essentiels du pays ».

859. De façon plus générale, la continuité du service public est mobilisée par le juge constitutionnel dans le cadre de l'appréciation des lois de validation.

On sait qu'avant la condamnation de la France, par la Cour Européenne des Droits de l'Homme dans l'arrêt *Zielinski contre France*[2121], le juge constitutionnel laissait une marge importante au législateur pour effectuer des validations législatives. En la matière, la décision *99-425 DC* est la première qui traduit un approfondissement du contrôle de ces lois de validation par le juge constitutionnel. Il est intéressant de constater que la référence à la continuité du service public, ou plutôt l'ambition d'éviter une interruption du service public, a toujours constitué pour le juge constitutionnel un motif légitime de recours à une telle loi. Dans cette décision, la référence à la continuité du service public est déjà présente. L'annulation par le Conseil d'État d'un décret relatif à la désignation des représentants du personnel au sein d'un comité des enseignants de statut universitaire posait un certain nombre de problèmes. Le juge constitutionnel estime que la validation des décrets, pris par ce comité ainsi que des actes réglementaires et individuels pris sur la base de ces décrets, était conforme à la Constitution au motif que le législateur avait entendu « préserver le fonctionnement continu du service public et le déroulement normal des carrières du personnel des conséquences d'éventuelles décisions contentieuses qui viendraient à annuler, comme ayant été prises sans consultation régulière du comité technique paritaire, les décrets visés par la loi soumise à l'examen du Conseil constitutionnel ainsi que d'autres éventuelles décisions contentieuses qui viendraient annuler des actes réglementaires ou non réglementaires pris sur la base de ces décrets »[2122].

Le juge constitutionnel a procédé de la même façon s'agissant de valider pour le passé les désignations et le maintien en fonction des membres du Conseil supérieur des Universités. La disposition législative en question avait pour seul objet « de permettre, dans l'attente d'une nouvelle réglementation conforme aux principes résultant de la décision du Conseil d'État de prendre de nombreuses mesures urgentes concernant la carrière de fonctionnaires et d'agents publics en service dans les Universités »[2123]. En outre, « les conditions de la prochaine rentrée universitaire seraient gravement compromises si les décisions de recrutement et d'affectation nécessaires au nombre de plus d'un millier, ne pouvaient être prises en temps

[2121] C. E. D. H., 28 octobre 1999, *Zielinski et Pradal et Gonzalez et autres contre France*, – 24846/94 et 34165/96 à 34173/96.
[2122] Cons. Const., décision n°80-119 DC du 22 juillet 1980, *préc.*, cons. 2.
[2123] Cons. Const., décision n°85-192 DC du 24 juillet 1985, *Loi portant diverses dispositions d'ordre social*, cons. 8.

utile »[2124]. Or, la préparation de nouvelles élections exigeant certains délais, « le maintien en fonctions à titre provisoire des membres de l'ancien conseil supérieur des Universités pendant le délai nécessaire à la mise en place d'un nouveau conseil et, au plus tard, jusqu'au 30 juin 1986, serait indispensable pour assurer la continuité et la bonne marche du service public »[2125].

Une décision similaire a également pu être rendue à propos des modalités d'inscription des magistrats au tableau d'avancement dont l'application – non conforme – a pu être validée par le législateur au motif plus précis cette fois que « la situation née de la décision du Conseil d'État était susceptible d'affecter le bon fonctionnement et la continuité du service public de la justice »[2126].

Dans une décision *97-390 DC*, le souci du législateur, d'une part, de « prévenir le développement de contestations dont l'aboutissement aurait pu porter atteinte à la continuité du service public de la protection sociale sur le territoire de la Polynésie française et menacer la paix publique »[2127], d'autre part, de « prévenir le développement de contentieux dont l'aboutissement aurait pu entraîner de graves perturbations administratives et mettre en péril la continuité des services publics communaux en compromettant l'équilibre financier des budgets de ces collectivités » [2128] ont conduit le juge constitutionnel à déclarer conforme à la constitution une loi organique de validation fiscale.

Dans le même esprit, le juge constitutionnel s'est prononcé, en 2002, sur la conformité d'une loi organique de validation fiscale au motif que le législateur avait « entendu éviter que ne se développent des contestations pouvant entraîner des conséquences gravement dommageables en Polynésie française »[2129]. Le juge avait noté, par ailleurs, que « près d'un millier de réclamations sont d'ores et déjà déposées » compromettant ainsi « la continuité du service public des impôts ainsi que le bon fonctionnement du service public de la justice administrative dans le territoire, eu égard aux moyens dont disposent ces services ». Dans ces conditions, l'intérêt général qui s'attache à une telle validation l'emporte sur la mise en cause des droits des contribuables qui résulterait de l'irrégularité de pure forme que la validation a pour effet de faire disparaître »[2130].

Cette logique n'est pas nouvelle en contentieux constitutionnel fiscal. Le juge a ainsi justigé une validation par « la prévention des troubles qu'apporterait à la continuité des services publics fiscaux et juridictionnels

---

[2124] *Id.*
[2125] *Id.*
[2126] Cons. Const., décision n°87-228 DC du 26 juin 1987, *Loi organique relative à la situation des magistrats nommés à des fonctions du premier grade*, cons. 5.
[2127] Cons. Const., décision n°97-390 DC du 19 novembre 1997, *Loi organique relative à la fiscalité applicable en Polynésie française*, cons. 4.
[2128] *Ibid.*, cons. 13.
[2129] Cons. Const., décision n°2002-458 DC du 7 février 2002, *Loi organique portant validation de l'impôt foncier sur les propriétés bâties en Polynésie française*, cons. 4.
[2130] *Id.*

concernés la multiplication de réclamations pouvant, en vertu du libre des procédures fiscales, être présentées pendant plusieurs années »[2131].

860. Dans ces hypothèses, le juge constitutionnel semble se référer davantage aux conséquences pour l'ordre juridique d'une non intervention du législateur voire aux conséquences d'une décision de non-conformité de sa part. Dans tous les cas, cette appréciation constitue bien une façon pour lui d'exprimer sa déférence vis-à-vis de l'ordre juridique et d'œuvrer à sa continuité ou à sa perpétuation par le biais de la notion de service public. Le juge constitutionnel a tout de même attribué à cette référence un certain contenu minimal. À l'occasion d'une décision *93-336 DC*, il énonce que la continuité des services publics « fait obstacle à ce qu'une institution nécessaire au fonctionnement du service public de la justice cesse d'exister avant que l'institution appelée à lui succéder soit en mesure de remplir sa mission »[2132]. Ce raisonnement sera repris dans une décision *93-337 DC*[2133].

γ. L'autorité de l'ordre juridique par « l'immunité constitutionnelle » conférée aux traités

861. La mise en œuvre par le Conseil constitutionnel du contrôle prévu à l'article 54 de la Constitution traduit largement, quoique de façon implicite, le souci de continuité qui irrigue sa jurisprudence. En effet, si le juge constitutionnel se refuse d'apprécier la conformité d'un engagement international aux stipulations d'un autre engagement international[2134], ses décisions visent toujours à contrôler une forme de cohérence de l'engagement international concerné avec les engagements antérieurs. Le juge constitutionnel, à l'occasion de son contrôle, recherche toujours s'il existe, tout d'abord, une filiation entre ce traité et d'autres traités qu'il a déjà eu l'occasion de contrôler. Ses décisions sont, sur ce point, assez explicites lesquelles énoncent notamment « qu'il appartient au Conseil constitutionnel, saisi, au titre de la procédure instituée par l'article 54 [...] d'un traité qui modifie ou complète un ou plusieurs engagements internationaux déjà introduits dans l'ordre juridique interne de déterminer la portée du traité soumis à son examen en fonction des engagements internationaux que ce traité a pour objet de modifier ou compléter »[2135].

862. Comme l'écrit le professeur Drago, ce considérant de principe « ne signifie pas que le Conseil exerce un contrôle de constitutionnalité de l'engagement international soumis à son contrôle au regard d'engagements internationaux antérieurs, mais qu'il détermine la 'portée' du nouveau traité

[2131] Cons. Const., décision n°99-425 DC du 29 décembre 1999, *Loi de finances rectificative pour 1999*, cons. 11.

[2132] Cons. Const., décision n°93-336 DC du 27 janvier 1994, *Loi organique modifiant l'ordonnance n°58-1270 du 22 décembre 1958 relative au statut de la magistrature*, cons. 20.

[2133] Cons. Const., décision n°93-337 DC du 27 janvier 1994, *Loi organique sur le Conseil supérieur de la magistrature*, cons. 41.

[2134] Cons. Const., décision n°80-116 DC du 17 juillet 1980, *Loi autorisant la ratification de la convention franco-allemande additionnelle à la Convention européenne d'entraide judiciaire en matière pénale du 20 avril 1959*, cons. 7.

[2135] Cons. Const., décision n°92-308 DC du 9 avril 1992, *Traité sur l'Union européenne*, cons. 8.

à l'égard des anciens, c'est-à-dire qu'il fait ici jouer une technique d'interprétation diachronique mesurant 'la portée des dispositions internationales nouvelles à l'aune des dispositions antérieures, pour ne contrôler que celles qui ne sont pas la reprise ou la conséquence des conventions anciennes' »[2136].

La décision *2007-560 DC* relative au Traité de Lisbonne en constitue un exemple particulièrement frappant. Saisi du contrôle de la compatibilité entre le Traité de Lisbonne et la Constitution, le juge constitutionnel devait logiquement se prononcer sur la compatibilité de la reconnaissance par l'Union de la Charte des droits fondamentaux. Celui-ci s'était déjà prononcé à ce sujet dans la décision *2004-505 DC* relative au Traité établissant une Constitution pour l'Europe. En 2007, le juge estime tout d'abord que « hormis les changements de numérotation, les stipulations de la Charte, à laquelle est reconnue la même valeur juridique que celle des traités, sont identiques à celles qui ont été examinées par le Conseil constitutionnel dans sa décision du 19 novembre 2004 susvisée ». Partant, « pour les mêmes motifs que ceux énoncés par cette décision, la Charte n'appelle de révision de la Constitution ni par le contenu de ses articles, ni par ses effets sur les conditions essentielles d'exercice de la souveraineté nationale »[2137]. S'il ne l'invoque pas directement c'est pourtant bien en raison de la continuité que le juge attache aux engagements communautaires qu'il rend cette décision.

863. Cette ambition ressort également de la décision 2012-653 DC relative au Traité sur la stabilité, la coordination et la gouvernance au sein de l'union économique et monétaire. Saisi du contrôle de sa compatibilité, le juge constitutionnel mobilise son raisonnement diachronique classique qui vise à établir une véritable filiation entre les engagements communautaires passés et présents. Il rappelle dans un premier temps, que « la République française participe à l'Union européenne dans les conditions prévues par le titre XV de la Constitution » et que « le constituant a ainsi consacré l'existence d'un ordre juridique de l'Union européenne intégré à l'ordre juridique interne et distinct de l'ordre juridique international »[2138]. Dans un deuxième temps, il estime que « tout en confirmant la place de la Constitution au sommet de l'ordre juridique interne, ces dispositions constitutionnelles permettent à la France de participer à la création et au développement d'une organisation européenne permanente, dotée de la personnalité juridique et investie de pouvoirs de décision par l'effet de transferts de compétences consentis par les États membres »[2139]. Dans un troisième temps, « c'est au regard de ces principes qu'il revient au Conseil constitutionnel de procéder à l'examen du traité sur la stabilité, la coordination et la gouvernance au sein de l'Union économique et monétaire

---

[2136] Guillaume DRAGO, *Contentieux constitutionnel français*, Éd. PUF, Coll. Thémis, 2016, p. 595.

[2137] Cons. Const., décision n°2007-560 DC du 20 décembre 2007, *Traité de Lisbonne modifiant le traité sur l'Union européenne et le traité instituant la Communauté européenne*, cons. 12.

[2138] Cons. Const., décision n°2012-653 DC du 9 août 2012, *Traité sur la stabilité, la coordination et la gouvernance au sein de l'Union économique et monétaire*, cons. 8.

[2139] *Ibid.*, cons. 9.

qui, 'prenant pour base' les traités sur lesquels l'Union européenne est fondée, n'est pas au nombre de ces traités ; que sont toutefois soustraites au contrôle de conformité à la Constitution celles des stipulations du traité qui reprennent des engagements antérieurement souscrits par la France »[2140].

La filiation – donc la continuité – établie entre le droit communautaire et le TSCG, si elle est limpide, n'est pas sans s'accompagner d'une certaine mystification. Cette filiation porte sur un traité formellement international mais matériellement communautaire. Comme l'explique – non sans une certaine ironie – le professeur Magnon, il s'agit là d'un « traité international de mise en œuvre du droit de l'Union européenne »[2141]. Ainsi, au nom de la garantie d'une certaine continuité matérielle des engagements internationaux de la France, le Conseil constitutionnel limite son contrôle de constitutionnalité à un contrôle formel des modalités de mise en œuvre prévues par le traité. Les considérants 14, 15 et 16 l'illustrent parfaitement. Si le juge constitutionnel constate que « le paragraphe 1 de l'article 3 du traité renforce les règles de discipline budgétaire des États contractants »[2142] en fixant des règles plus drastiques – comme un déficit public structurel à 0,5% du PIB – il n'en demeure pas moins « que, pas plus que les engagements antérieurs de discipline budgétaire, celui de respecter ces nouvelles règles ne porte atteinte aux conditions essentielles d'exercice de la souveraineté nationale »[2143].

864. Ces exemples sont bien constitutifs de ce que M. Denys Simon appelle « l'immunité constitutionnelle » [2144] des traités communautaires devant le juge. Cette immunité est d'autant plus forte que les traités communautaires originaires ont bien été ratifiés sous l'empire d'un ordre juridique différent de celui actuellement en vigueur, celui de la Constitution de 1946 . L'expression illustre à merveille une forme de continuité que le juge constitutionnel cherche – implicitement – à établir à l'occasion de son contrôle des engagements internationaux. Cette incarnation de la continuité des engagements de l'État n'obéit à aucune autre nécessité que la volonté du juge constitutionnel d'interpréter systématiquement les dispositions dont il est saisi, ce, avec la constante volonté de fournir la lecture la plus cohérente de l'ordre juridique français actuellement en vigueur.

3° L'intention constituante dans la jurisprudence : une interprétation partiellement diachronique

865. L'invocation de l'intention du constituant au soutien d'une interprétation constitue un cas à part. Son statut est indéterminé et certains auteurs s'opposent farouchement à le classer parmi les modèles de l'interprétation systématique[2145]. Si cette interprétation renvoie logiquement

---

2140 *Ibid.*, cons. 11.
2141 Xavier MAGNON, « Jurisprudence du Conseil constitutionnel », *RFDC*, vol. 92, 2012 n°4.
2142 Cons. Const., décision n°2012-653 DC du 9 août 2012, *préc.*, cons. 14.
2143 *Ibid.*, cons. 16.
2144 Denys SIMON, *Le système juridique communautaire*, Éd. PUF, Coll. Droit fondamental. Droit international et communautaire, 2001, p. 452.
2145 Pierre MOUZET, « Les manifestations contentieuses de l'esprit de la Constitution de 1958 », *loc. cit.*, p. 1250.

à la recherche de l'intention du constituant elle est tout autant intentionnaliste que systématique. C'est que l'intention du constituant à laquelle il est fait référence est largement objectivée par le juge. En effet, cohérence et complétude constituent bien les qualités prêtées à la volonté ou à l'intention de l'auteur du texte soumis à l'interprétation des juges. Dans ces conditions, la recherche de l'intention historique de l'auteur ne serait qu'une sorte de prétexte pour ne rechercher, en fin de compte, que la mise en cohérence globale de l'ordre juridique. Elle serait avant tout diachronique et impliquerait mise en perspective de l'ordre juridique présent avec l'ordre juridique passé. Par extension même, toute recherche de la volonté d'un auteur – chronologiquement éloigné de la décision du juge – caractériserait une interprétation systématique. C'est ce que confirment MM. Ost et Van de Kerchove qui considèrent que cette intention constitue « la personnification du système juridique considéré dans son ensemble »[2146]. Plus exactement, la rationalité prêtée à la volonté ou à l'intention référée permettrait de conférer aux propositions qui en seraient issues « un foyer d'intelligibilité unique »[2147] permettant d'en favoriser l'objectivation. Par conséquent l'on ne saurait refuser à la référence à l'intention du constituant le statut d'interprétation diachronique c'est à dire systématisante. Si l'élément subjectif (l'intention) est prégnant, l'interprète lui prête néanmoins un certain nombre de qualités immanentes qui renforcent son caractère systématique. Dans ces conditions, la référence à l'intention du constituant constitue un modèle partiellement diachronique – donc partiellement systémique. Il n'en demeure pas moins que son invocation par le juge constitutionnel traduit la déférence de celui-ci vis-à-vis d'une autorité invisible, celle de l'ordre juridique constitutionnel.

866. Le caractère diachronique de l'interprétation qui s'y réfère est accentué par cela même que le juge constitutionnel s'interdit expressément de contrôler les lois constitutionnelles[2148]. Dans ces conditions, la recherche de l'intention du constituant n'est jamais concomitante à la décision du Conseil constitutionnel – comme elle peut l'être par exemple dans le contrôle *a priori* des lois. Elle est toujours – dans l'ordre constitutionnel français – historique et s'attache à « un état réalisé successivement dans le passé »[2149] par une institution – toujours – disparue au moment où le juge se prononce. Elle est donc bien reconstruction diachronique. Son invocation est surtout fonctionnelle et permet au juge constitutionnel d'asseoir son propre pouvoir tout en limitant la souveraineté parlementaire[2150].

867. Le juge constitutionnel se réfère assez largement à l'intention du constituant lorsqu'il s'agit d'interpréter les dispositions du titre XV de la

---

[2146] François OST et Michel VAN DE KERCHOVE, *Jalons pour une théorie critique du droit*, *op. cit.*, p. 100.

[2147] *Ibid.*, p. 102.

[2148] Cons. Const., décision n°2003-469 DC du 26 mars 2003, *Révision constitutionnelle relative à l'organisation décentralisée de la République*, cons. 2.

[2149] André LALANDE, *Vocabulaire technique et critique de la philosophie*, Éd. PUF, Coll. Quadrige, 2010, v° « Histoire », p. 413-416, notamment p. 415-416.

[2150] Jean-Louis DEBRE, « Introduction : 25 ans de délibérations, ouverture des archives du Conseil », *CCC,* vol. HS, n°3, 2009, p. 95-98.

Constitution relative à l'Union européenne. L'interprétation de l'article 88-3 de la Constitution en constitue un bon exemple. Le contrôle qu'opère le Conseil constitutionnel sur son fondement est assez singulier. Tout d'abord, il est de jurisprudence constante que le Conseil constitutionnel ne contrôle pas la conformité des dispositions législatives aux stipulations d'un traité. L'article 88-3 dispose pourtant que « sous réserve de réciprocité et selon les modalités prévues par le Traité sur l'Union européenne signé le 7 février 1992, le droit de vote et d'éligibilité aux élections municipales peut être accordé aux seuls citoyens de l'Union résidant en France ». Dans une décision du 2 septembre 1992 le Conseil constitutionnel était plus explicite. Il estimait ainsi, dans une véritable réserve d'interprétation, que la loi organique à laquelle il était fait référence dans l'article « devra respecter les prescriptions édictées à l'échelon de la Communauté européenne pour la mise en œuvre du droit » de vote et d'éligibilité[2151]. Il en résulte simplement une exception à l'impossibilité pour le juge d'effectuer un contrôle de conventionalité des lois. Celui-ci estimant « qu'en conséquence, il résulte de la volonté même du constituant qu'il revient au Conseil constitutionnel de s'assurer que la loi organique prévue par l'article 88-3 de la Constitution respecte tant le paragraphe premier de l'article 8 B précité du traité instituant la Communauté européenne, relatif au droit de vote et d'éligibilité des citoyens de l'Union aux élections municipales, que la directive susmentionnée du 19 décembre 1994 prise par le conseil de l'Union européenne pour la mise en œuvre de ce droit »[2152]. Ce considérant sera confirmé par les décisions *2013-668 DC*[2153] et *2016-733 DC*[2154].

868. De la même façon, l'invocation par le juge constitutionnel de l'intention du constituant lui permet, pour l'essentiel, d'encadrer la souveraineté du législateur organique. Dans plusieurs décisions, le juge constitutionnel apprécie matériellement la loi organique au regard de la volonté prêtée au Constituant. Dans une décision 2007-547 *DC* le juge constitutionnel était appelé à se prononcer sur une disposition de la loi organique portant dispositions statutaires et institutionnelles relatives à l'outre-mer. Celle-ci comportait un article 3 qui énonçait que « Mayotte fait partie de la République. Elle ne peut cesser d'y appartenir sans le consentement de sa population et sans une révision de la Constitution ». Le juge constitutionnel reconnaît que si l'article 53 de la Constitution prévoit bien, en quelque sorte, une telle situation qui énonce que « nulle cession, nul

---

[2151] Cons. Const., décision n°92-312 DC du 2 septembre 1992, *Traité sur l'Union européenne*, cons. 28.

[2152] Cons. Const., décision n°98-400 DC du 20 mai 1998, *Loi organique déterminant les conditions d'application de l'article 88-3 de la Constitution relatif à l'exercice par les citoyens de l'Union européenne résidant en France, autres que les ressortissant français, du droit de vote et d'éligibilité aux élections municipales, et portant transposition de la directive 94/80/CE du 19 décembre 1994*, cons. 4.

[2153] Cons. Const., décision n°2013-668 DC du 16 mai 2013, *Loi organique relative à l'élection des conseillers municipaux, des conseillers communautaires et des conseillers départementaux*, cons. 18.

[2154] Cons. Const., décision n°2016-733 DC du 28 juillet 2016, *Loi organique rénovant les modalités d'inscription sur les listes électorales des ressortissants d'un État membre de l'Union européenne autre que la France pour les élections municipales*, § 4.

échange, nulle adjonction de territoire n'est valable sans le consentement des populations intéressées » et si le législateur organique « a entendu rappeler que la Constitution fait du consentement de la population de Mayotte une condition indispensable à l'accession à l'indépendance de cette collectivité » il ne pouvait pas pour autant « sans empiéter sur les pouvoirs du constituant ajouter une condition tenant à une révision préalable de la Constitution »[2155].

869. Dans une décision récente, *2019-778 DC* le juge constitutionnel va plus loin. Il mobilise l'intention du constituant afin de relever ce qui pourrait s'apparenter *mutatis mutandis* à une forme d'incompétence négative du législateur organique. Étaient en cause deux articles de la *loi de programmation 2018-2022 et de réforme pour la justice* qui prévoyaient des dispositions déterminant les conditions « dans lesquelles un magistrat exerçant à titre temporaire ou un magistrat honoraire peut être délégué au sein d'une autre juridiction que la sienne relevant du même ressort de cour d'appel, afin d'en assurer 'le renforcement temporaire et immédiat' »[2156]. Après analyse, le juge constitutionnel censure cet article et renvoie à la loi organique le soin de prévoir ces conditions. Il énonce « qu'en spécifiant que ressortit au domaine d'intervention d'une loi ayant le caractère de loi organique une matière que l'article 34 range par ailleurs au nombre de celles relevant de la compétence du législateur, le constituant a entendu accroître les garanties d'ordre statutaire accordées aux magistrats de l'ordre judiciaire »[2157]. Partant, « la loi organique doit par suite déterminer elle-même les règles statutaires applicables aux magistrats, sous la seule réserve de la faculté de renvoyer au pouvoir réglementaire la fixation de certaines mesures d'application des règles qu'elle a posées »[2158]. Il conclut ainsi que « s'il est loisible au législateur de prévoir les conditions et les limites dans lesquelles des magistrats du siège, des magistrats exerçant à titre temporaire ou des magistrats honoraires exerçant des fonctions juridictionnelles peuvent être provisoirement délégués au sein d'autres juridictions que celle dans laquelle ils ont été nommés, pour une durée annuelle pouvant aller jusqu'à trois mois, de telles dispositions mettent en cause le statut des magistrats et relèvent donc d'une loi organique. Par suite, le 1° de l'article 103 et l'article 104 sont entachés d'incompétence »[2159].

870. Invoquée de la sorte, l'intention du constituant se présente comme une sorte d'*alibi*. Elle est même parfois confondue avec la notion de constitution à laquelle le juge constitutionnel prête implicitement une volonté[2160]. Elle se présente à tout le moins comme « la justification

[2155] Cons. Const., décision n°2007-547 DC du 15 février 2007, *Loi organique portant dispositions statutaires et institutionnelles relatives à l'outre-mer*, cons. 13.
[2156] Cons. Const., décision n°2019-778 DC du 21 mars 2019, *Loi de programmation 2018-2022 de réforme pour la justice*, § 383.
[2157] *Ibid.*, § 386.
[2158] *Id.*
[2159] *Ibid.*, § 387.
[2160] Cons. Cons., décision n°61-16 DC du 22 décembre 1961, *Loi organique modifiant l'ordonnance n°58-1066 du 7 novembre 1958 autorisant exceptionnellement les parlementaires à déléguer leur vote*, cons. 5.

constitutionnelle qui par hypothèse […] manque »[2161] au législateur. Le simple fait que le « constituant » n'ait pas entendu interdire un comportement permet au législateur d'agir en ce sens.

À titre d'illustration, le juge constitutionnel estime, dans une décision *2013-687 DC*, qu'il résulte de l'article 72-1 de la Constitution « que le constituant n'a pas imposé au législateur de prévoir la consultation des électeurs inscrits dans les collectivités intéressées lorsqu'il est envisagé de créer une collectivité territoriale dotée d'un statut particulier ou de modifier son organisation ainsi que lorsque sont modifiées les limites des collectivités territoriales »[2162]. Partant, « en ne prévoyant pas la consultation des électeurs inscrits dans les collectivités intéressées lors de la création de la métropole de Lyon, l'article L. 3611-1, inséré dans le code général des collectivités territoriales par l'article 26 de la loi déférée, n'a pas méconnu les dispositions de l'article 72-1 »[2163].

De la même façon, il est de jurisprudence constante que par l'article 1er de la Constitution « le constituant a entendu permettre au législateur d'instaurer tout dispositif tendant à rendre effectif l'égal accès des femmes et des hommes aux mandats électoraux et fonctions électives ainsi qu'aux responsabilités professionnelles et sociales »[2164]. Partant, « il est loisible au législateur d'adopter des dispositions revêtant soit un caractère incitatif, soit un caractère contraignant » sous réserve de s'assurer de la conciliation entre un tel objectif et les autres règles et principes « auxquels le pouvoir constituant n'a pas entendu déroger »[2165].

871. Dans ces conditions, et conformément à ce que l'on avançait précédemment, la référence à l'intention du constituant s'apparente bien à un *alibi* dans la mesure où le juge constitutionnel ne recherche jamais, semble-t-il, son intention subjective. La référence à l'intention constituante ne saurait alors obéir au modèle d'interprétation historique qui n'est jamais qu'une déclinaison chronologique de l'intentionnalisme. Au contraire, s'apparente-t-il à l'interprétation systématique.

La démarche du Conseil constitutionnel n'est pas vraiment historique et se rapproche, plus largement, d'« une démarche de relecture de l'histoire constitutionnelle de la France »[2166]. La référence à l'intention constituante s'inscrit dans cette relecture. En conférant une *âme* historique à l'ordre juridique constitutionnel, elle permet à cet ordre « de faire système, c'est-à-dire d'être complet »[2167]. En d'autres termes, elle vise à mettre en cohérence l'ordre juridique. C'est assurément là le cœur de la méthode d'interprétation diachronique.

[2161] François LUCHAIRE, « Procédures et techniques de protection des droits fondamentaux. Conseil constitutionnel français », *RIDC*, vol. 33, n°2, 1981, p. 313.

[2162] Cons. Const., décision n°2013-687 DC du 23 janvier 2014, *préc.*, cons. 61.

[2163] *Id.*

[2164] Cons. Const., décision n°2017-686 QPC du 19 janvier 2018, *préc.*, § 5.

[2165] *Id.*

[2166] Jean-Michel BLANQUER, « La distance parcourue : de l'ordre institutionnel à l'ordre constitutionnel » *in Le Conseil constitutionnel a quarante ans*, Actes du colloque des 27 et 28 octobre 1998, Éd. LGDJ, 1999, p. 28.

[2167] *Ibid.*, p. 32.

872. Pour formaliste qu'elle soit, la jurisprudence constitutionnelle n'en réfère pas moins aux autorités traditionnelles du droit : le législateur souverain ou le souverain droit. Ces références sont relativement classiques et bien connues des juristes. Elles révèlent les mythes, symboles et lieux communs auxquels ils se réfèrent. Ces références que constituent, la volonté du législateur, le recours aux travaux préparatoires, l'esprit de la constitution, sont autant de marqueurs du sens, de la direction qu'imprime le juge à ses décisions et qui constitue l'office de tout interprète. Le passage de « l'esprit de la Constitution » à « l'équilibre des pouvoirs établis par la Constitution » dans la décision *92-313 DC* l'illustre tout particulièrement[2168]. À cet égard, la substitution de référence est bien uniquement nominale puisque la motivation est identique. Elle suppose une prise en compte, par le juge constitutionnel d'un auditoire auquel il entend s'adresser par ses décisions.

873. Les références à l'autorité du législateur ainsi qu'à l'autorité du système juridique sont, en outre, tributaires d'une conception assez traditionnelle de la légitimité. En France, la légitimité mythologique du droit tient à ce que celui-ci est le fruit rationnel de la volonté supposée parfaite du souverain. La déférence du juge constitutionnel vis-à-vis des figures traditionnelles de l'autorité est alors inévitable. Elle dépend, logiquement, des représentations dominantes de la légitimité. Toutefois, dès lors que l'autorité est bien entendue comme une « force symbolique »[2169] elle est susceptible d'évoluer à mesure que les diverses formes de la légitimité évoluent à leur tour. En retour, l'apparition de nouvelles formes de légitimité justifie une évolution de la jurisprudence constitutionnelle afin qu'elle prenne en compte les nouvelles autorités chargées de les incarner.

Section II. La deference progressive du juge constitutionnel a l'egard des nouvelles figures de l'autorite

874. La déférence du juge constitutionnel à l'égard des traditionnelles autorités juridiques que représentent le législateur, ou même le système juridique dans son ensemble, constitue l'une des manifestations les plus flagrantes du sens spécifique donné par le juge à ses décisions. Elle n'en constitue cependant pas la seule. Au contraire, la jurisprudence du Conseil constitutionnel évolue et fait apparaître de nouvelles normes de référence du contrôle de constitutionnalité. Cette transformation ne fait que masquer l'apparition de nouvelles autorités porteuses de nouvelles formes de légitimité. Cette nouvelle déférence traduit surtout une diminution parallèle du prestige de l'autorité législative dont les mythes fondateurs – sens clair de l'acte, législateur rationnel et désintéressé – ont fait long feu. Cette évolution est concomitante au décloisonnement – ou à la *diffraction* pour reprendre

[2168] Cons. Const., décision n°92-313 DC du 23 septembre 1992, *préc.*, cons. 2.
[2169] Jean-Pierre CLERO, *Qu'est-ce que l'autorité*, *op. cit.*, p. 21.

l'expression du professeur Teitgen-Colly[2170] du pouvoir dans les États modernes.

875. Deux nouvelles autorités émergent dans la jurisprudence du Conseil constitutionnel.

D'une part, le mouvement général de transformation du pouvoir exécutif en véritable « centre d'impulsion politique »[2171] au détriment du Parlement n'épargne pas le contentieux constitutionnel. Les décisions du Conseil constitutionnel font alors la part belle à l'autorité gouvernementale dont le respect guide également les solutions retenues par les juges (I).

D'autre part, le développement de problématiques sectorielles et spécialisées impose au juge une actualisation permanente de ses connaissances ainsi qu'une véritable maîtrise de l'information qu'il mobilise ; à tout le moins une garantie quant à la fiabilité des sources de l'information. Il doit alors parfois, dans le cadre de son office, chercher dans l'expertise, un certain nombre de connaissances ponctuellement nécessaires (II).

I. L'autorité Gouvernementale

876. Comme l'écrit M. Jacques Chevallier, « l'affirmation progressive de la prépondérance de l'Exécutif a été l'une des tendances lourdes du XXe siècle, commune à l'ensemble des systèmes politiques »[2172]. Ainsi qu'il le note très justement « non seulement l'Exécutif joue partout un rôle déterminant dans l'initiative des lois [...] mais encore, les travaux parlementaires sont fortement encadrés par l'Exécutif, dans le cadre d'un 'parlementarisme rationalisé' [...] et désormais, la loi est avant tout conçue comme un moyen de traduction et de réalisation d'un programme gouvernemental »[2173]. La suprématie de l'Exécutif, plus précisément de la figure des gouvernants – président de la République en régime présidentiel ou chef de gouvernement en régime parlementaire – implique que le pouvoir exécutif soit désormais doté d'une véritable autorité. Dans son maître ouvrage, *La force de gouverner,* M. Nicolas Roussellier le démontre. Il constate, en effet, que l'année 1958 « voit la République du Parlement céder la place à la République du Président »[2174]. Une telle révolution est silencieuse et se veut, pour l'essentiel, technique. Derrière le paravent de la Constitution, qui porte en elle le passage de l'État légal à l'État de droit[2175], il

---

[2170] Catherine TEITGEN-COLLY, « Les Autorités Administratives Indépendantes : Histoire d'une institution », *in* Claude-Albert COLLIARD et Gérard TIMSIT (dir.), *Les autorités administratives indépendantes*, Actes du colloque organisé à l'Université Paris 1 Panthéon-Sorbonne, les 11 et 12 juin 1987, Centre d'études et de recherche sur l'administration publique, Éd. PUF, Coll. Les voies du droit, 1988, p. 21-73, notamment p. 37.

[2171] Jacques CHEVALLIER, *L'État post moderne*, Éd. LGDJ, Coll. Droit et société, 2017, p. 240.

[2172] *Ibid.*, p. 239.

[2173] *Ibid.*, p. 240.

[2174] Nicolas ROUSSELLIER, *La force de gouverner: le pouvoir exécutif en France, XIXe XXIe siècles*, Éd. Gallimard, Coll. Nrf essais, 2015, p. 411.

[2175] V. à ce sujet, Marie GREN, *Le changement de paradigme constitutionnel: étude comparée du passage de la suprématie législative à la suprématie constitutionnelle en France, en Israël et au Royaume-Uni*, Éd. Dalloz, Coll. Nouvelle bibliothèque de thèses, 2019.

s'agit bien d'opérer un déport masqué du pouvoir[2176] et d'établir une véritable *démocratie exécutive*[2177]. Celle-ci impose une réhabilitation de l'autorité gouvernementale qui passe notamment par la neutralisation de l'adresse parlementaire et la sanctification d'une véritable sphère d'action gouvernementale – ou exécutive. C'est tout le projet de la Constitution de 1958 qui cherche, selon Michel Debré, à « supprimer cet arbitraire parlementaire qui sous prétexte de souveraineté non de la nation (qui est juste) mais des Assemblées (qui est fallacieuse), mettait en cause, sans limites, la valeur de la Constitution, celle de la loi, et *l'autorité* des gouvernements »[2178].

877. Ces hypothèses seront pleinement concrétisées par une politique jurisprudentielle particulièrement active du Conseil constitutionnel qui a d'une part, neutralisé toute procédure pouvant ressembler de loin à une adresse parlementaire (A) et d'autre part, ménagé une véritable sphère d'action au pouvoir exécutif (B). Autant de preuves qui montrent que le sens de ses décisions se trouve largement dans la déférence vis-à-vis de l'autorité du Gouvernement.

A. La déférence vis-à-vis de l'autorité gouvernementale par une interprétation constitutionnelle neutralisante de l'adresse parlementaire

878. L'idée est acceptée que le phénomène de rationalisation du parlementarisme, en 1958, était justifié par la volonté de « réagir contre les pratiques de la IVe République en libérant le Gouvernement de la tutelle des assemblées et en renforçant ses prérogatives »[2179]. La jurisprudence du Conseil constitutionnel porte encore les traces de cet objectif originel de la Ve République. Deux exemples illustrent particulièrement ce phénomène : la censure des résolutions parlementaires (1°) et l'interprétation restrictive de la notion de « programme » du gouvernement susceptible d'entraîner sa responsabilité (2°).

1° L'exemple de l'interprétation neutralisante des « résolutions » parlementaires

879. Dans sa deuxième décision rendue en matière de contrôle *a priori,* le juge constitutionnel censure plusieurs articles du règlement de l'Assemblée nationale prévoyant la possibilité, pour ses membres, de déposer des propositions de résolution censées n'exprimer que des opinions sans aucune autre prétention. Le juge constitutionnel appréhende, en effet, ces *résolutions*

[2176] Nicolas ROUSSELLIER, *La force de gouverner: le pouvoir exécutif en France, XIXe-XXIe siècles, op. cit.*, p. 412.

[2177] *Ibid.*, p. 539, p. 567 et s.

[2178] Michel DEBRE, « Allocution de M. Michel Debré, garde des sceaux, ministre de la justice » réimp. *in Documents pour servir à l'histoire de la Constitution du 4 octobre 1958*, T. III, *Du Conseil d'État au référendum, 20 août-28 septembre 1958*, Éd. La documentation française, 1991, p. 260.

[2179] Pierre AVRIL, « Le Conseil constitutionnel est-il toujours le bras armé du Gouvernement dans le parlementarisme rationalisé ? », *NCCC*, vol. 50, n°1, 2016, p. 39-49.

comme une forme d'adresse parlementaire. Le juge censure alors le mécanisme au motif que « de telles propositions tendraient à orienter ou à contrôler l'action gouvernementale » et seraient ainsi contraire à l'article 20 qui, « en confiant au Gouvernement la détermination et la conduite de la politique de la Nation, ne prévoit la mise en cause de la responsabilité gouvernementale que dans les conditions et suivant les procédures fixées par ses articles 49 et 50 »[2180]. Ainsi, « les articles du règlement de l'Assemblée nationale [...] relatifs à la procédure législative et au contrôle parlementaire, ne peuvent, sans atteinte à la Constitution, assigner aux propositions de résolution un objet différent de celui qui leur est propre, à savoir la formulation de mesures et décisions relevant de la compétence exclusive de l'Assemblée, c'est-à-dire les mesures et décisions d'ordre intérieur ayant trait au fonctionnement et à la discipline de ladite Assemblée »[2181].

880. Comme l'a brillamment exposé Pierre Avril, « cette interprétation tirée des implications de l'article 20 de la Constitution va dominer toute la jurisprudence du Conseil »[2182]. Elle sera même combinée avec une interprétation spécifique de l'article 21 de la Constitution.

En effet, dans une décision *63-25 DC* du 21 janvier 1964 le Conseil précise la solution rendue précédemment. Cette décision constitue une occasion supplémentaire pour le Conseil constitutionnel d'interpréter un article de la Constitution – en l'espèce l'article 48 – en faveur de l'autorité du Gouvernement. L'article implique ainsi, pour le juge constitutionnel, que « c'est au Gouvernement qu'il appartient de répondre aux questions des membres du Parlement ; que le Gouvernement est représenté, pour répondre à chacune d'elles, par celui de ses membres que le Premier ministre a désigné à cet effet, sans que ce choix puisse faire l'objet d'une ratification ou d'une récusation par un membre du Parlement ». Partant, un article du règlement de l'Assemblée nationale subordonnant « l'intervention d'un membre du Gouvernement autre que le ministre techniquement compétent » à un « accord de l'auteur de la question [...] ne peut être regardé comme conforme à la Constitution »[2183].

Cette solution sera reprise presque intégralement dans la décision *2014-705 DC*. Le Conseil constitutionnel insiste bien sur la particularité de la responsabilité du Gouvernement. Celle-ci, qui constitue le pendant de l'autorité du Gouvernement, est bien collective[2184]. Cette conception de l'autorité gouvernementale conduit logiquement le juge constitutionnel à censurer strictement toutes formes d'injonctions de la part des membres du Parlement envers les membres du Gouvernement[2185].

2180 Cons. Const., décision n°59-2 DC du 24 juin 1959, *Règlement de l'Assemblée nationale*.
2181 *Id.*
2182 Pierre AVRIL, « Le Conseil constitutionnel est-il toujours le bras armé du Gouvernement dans le parlementarisme rationalisé ? », *loc. cit.*
2183 Cons. Const., décision n°63-25 DC du 21 janvier 1964, *Résolution modifiant les articles 36, 39, 41, 50, 134, 135, 136 et 137 du règlement de l'Assemblée nationale*, cons. 3.
2184 Cons. Const., décision n°2014-705 DC du 11 décembre 2014, *Résolution tendant à modifier le règlement de l'Assemblée nationale*, cons. 13.
2185 V. *infra*, § 889 et s.

La solution rendue est similaire à la solution retenue par le juge concernant les résolutions parlementaires prises en matière européenne d'après l'article 88-4 de la Constitution. L'article prévoit la possibilité pour les deux assemblées parlementaires françaises d'adopter des résolutions européennes sur les projets ou propositions d'actes de l'Union européenne ou sur les projets d'actes législatifs européens. Saisi de la résolution modifiant le règlement de l'Assemblée nationale, le juge constitutionnel a estimé, dans une véritable réserve d'interprétation, que l'adoption de ces résolutions « ne saurait porter atteinte aux prérogatives que le Gouvernement tient de la Constitution » ni même « conduire à la mise en cause de sa responsabilité laquelle demeure régie exclusivement par les règles définies aux articles 49 et 50 de la Constitution »[2186].

2° L'exemple de l'interprétation stricte de la notion de « programme » gouvernemental

881. La déférence du Conseil constitutionnel vis-à-vis de l'autorité du Gouvernement justifie également qu'il fournisse une interprétation neutralisante de la notion de *programme gouvernemental.*

882. L'on sait que les articles 49 et 50 de la Constitution permettent au Premier ministre d'engager sa responsabilité sur son *programme* - ou sur une *déclaration de politique générale.* La question s'est cependant posée de savoir si le *programme,* tel qu'il ressort de l'article 38, renvoyait au *programme* de l'article 49.

Le juge constitutionnel rejette une telle analogie et considère que les dispositions de l'article 38 de la Constitution doivent être simplement entendues « comme faisant obligation au Gouvernement d'indiquer avec précision au Parlement, lors du dépôt d'un projet de loi d'habilitation et pour la justification de la demande présentée par lui, quelle est la finalité des mesures qu'il se propose de prendre »[2187]. Plus précisément, la question concernait le cas d'une loi d'habilitation adoptée par un Gouvernement qui n'avait pas souscrit à la convention constitutionnelle d'approbation préalable de son programme par l'Assemblée nationale, au moment de son entrée en fonction. Le Conseil ajoute qu'il y a lieu « d'exclure toute autre interprétation et notamment celle qui serait tirée d'un rapprochement avec les énonciations de l'alinéa premier de l'article 49 de la Constitution »[2188]. Pour le Professeur Pierre Avril, « en disjoignant le programme de l'article 38 de celui de l'article 49, la décision du 12 janvier 1977 traite par prétérition le moyen invoqué par la saisine et elle ratifie donc implicitement la pratique

---

[2186] Cons. Const., décision n°92-314 DC du 17 décembre 1992, *Résolution complétant le règlement de l'Assemblée nationale pour l'application de l'article 88-4 de la Constitution*, cons. 7.

[2187] Cons. Const., décision n°76-72 DC du 12 janvier 1977, *Loi autorisant le Gouvernement à modifier par ordonnances les circonscriptions pour l'élection des membres de la chambre des députés du territoire français des Afars et des Issas*, cons. 2.

[2188] *Ibid.*, cons. 3.

alors condamnée par l'opposition »[2189] à savoir que l'engagement initial de sa responsabilité par un Gouvernement entrant ne constituait pas, même au terme d'une interprétation littérale de l'article 49 de la Constitution, une obligation.

B. La déférence vis-à-vis de l'autorité gouvernementale par la sanctification d'un domaine d'action du pouvoir exécutif

883. Les décisions précédemment rappelées illustrent parfaitement le nouveau phénomène mis en évidence par M. Nicolas Roussellier à l'issue duquel « l'exécutif n'est plus seulement redevable de la bonne marche des travaux législatifs » mais « a acquis une vocation qui lui est propre »[2190]. Désormais, le pouvoir gouvernemental met en œuvre un véritable *programme d'action* qu'il doit ensuite expliciter aux parlementaires. À charge pour lui d'y parvenir et d'éviter que les *frondeurs* ne se multiplient au sein de sa propre majorité. Dans ces conditions, la chute des Gouvernements se raréfie. L'autorité gouvernementale apparaît désormais « comptable de la réussite d'une action générale et d'un plan d'action qu'il a lui-même défini avant que les assemblées n'en prennent connaissance »[2191]. Dans ce tout nouveau contexte, une crise gouvernementale a lieu en cas « d'arrêt imposé à une action générale »[2192] dirigée par le chef de l'Exécutif. L'actualité l'illustre tout particulièrement qui a vu se succéder, ces dernières années en Europe de l'Ouest, les démissions de M. David Cameron suite au referendum perdu sur le « Brexit » ou encore de M. Matteo Renzi suite à l'arrêt net par les urnes de sa réforme constitutionnelle. L'innocuité de la motion de censure apparaît telle que d'aucuns n'hésitent plus à la qualifier de « rituel dérisoire »[2193].

884. Dans ces conditions, il apparaît logique que la réhabilitation de l'autorité gouvernementale par le Conseil constitutionnel s'effectue par des moyens autres que la simple neutralisation de l'adresse parlementaire. Il en est un qui réside dans la reconnaissance, par le juge constitutionnel, d'une véritable « autonomie institutionnelle »[2194] à l'autorité gouvernementale. La reconnaissance d'une telle autonomie institutionnelle est rendue possible par une interprétation hybride de la séparation des pouvoirs qui, si elle se veut « fonctionnelle » en apparence (1°), tend en réalité à se rapprocher d'une interprétation « organique » (2°).

[2189] Pierre AVRIL, « Une convention contra legem : la disparition du "programme" de l'article 49 de la Constitution », *in Constitutions et pouvoirs: mélanges en l'honneur de Jean Gicquel*, Éd. Montchrestien, 2008, p. 16.

[2190] Nicolas ROUSSELLIER, *La force de gouverner; le pouvoir exécutif en France, XIXe-XXIe siècles*, *op. cit.*, p. 458.

[2191] *Ibid.*, p. 459.

[2192] *Id.*

[2193] Pierre AVRIL, « Le Conseil constitutionnel est-il toujours le bras armé du Gouvernement dans le parlementarisme rationalisé ? », *loc. cit.*

[2194] Philippe BLACHER, « Le président de la République et le Gouvernement dans la jurisprudence du Conseil constitutionnel », *NCCC*, vol. 50, n°1, 2016, p. 29-38.

1° De l'interprétation fonctionnelle de la séparation des pouvoirs…

885. La valorisation, dans les décisions du Conseil constitutionnel, de l'autorité gouvernementale se traduit notamment par une interprétation assez spécifique donnée par le juge constitutionnel au principe de la séparation des pouvoirs. Celle-ci est propre à permettre la sanctification d'un domaine d'action à cette nouvelle forme d'autorité. Certaines décisions rendues par le Conseil constitutionnel en la matière le confirment. Il s'agit pour l'essentiel de respecter une « interdiction de principe faite à chacun des pouvoirs d'avoir part à l'exercice des prérogatives de l'autre »[2195]. La lecture de la séparation des pouvoirs se veut ici, *en apparence*, fonctionnelle. C'est ce que confirme le professeur Blàcher qui considère que « ce principe est invoqué afin de consolider la spécialisation des compétences des pouvoirs publics constitutionnels »[2196].

C'est en ce sens qu'il faut entendre la décision dite *Blocage des prix* à l'occasion de laquelle le juge constitutionnel énonce que « la Constitution n'a pas entendu frapper d'inconstitutionnalité une disposition de nature réglementaire contenue dans une loi, mais a voulu, à côté du domaine réservé à la loi, reconnaître à l'autorité réglementaire un domaine propre et conférer au Gouvernement, par la mise en œuvre des procédures spécifiques des articles 37, alinéa 2 et 41, le pouvoir d'en assurer la protection contre d'éventuels empiètements de la loi »[2197].

886. Cette conception n'est pas nouvelle et ressortait déjà d'une décision *70-41 DC* à l'occasion de laquelle le juge constitutionnel affirmait que « la Constitution attribue au Gouvernement d'une part, et au Parlement d'autre part, des compétences qui leur sont propres »[2198]. Cette lecture sera confirmée près de quarante ans plus tard dans la décision *2009-579 DC*. Dans les deux cas cependant, le juge constitutionnel relève l'atteinte à la « séparation des compétences » de dispositions comportant à chaque fois une injonction du Parlement envers le Gouvernement. *Dans le premier cas,* il s'agissait de censurer une injonction effectuée par le Parlement au Gouvernement « d'avoir à consulter les commissions parlementaires »[2199] des finances notamment pour venir ensuite préciser les conditions de gestion et de fonctionnement d'une agence par un règlement d'administration publique. *Dans le second cas*, il s'agissait pour le juge constitutionnel de censurer une injonction faite par le Parlement au Gouvernement de l'informer « sur les orientations principales et le délai prévisionnel de publication des dispositions réglementaires »[2200] à prendre pour la mise en place des études d'impact.

[2195] Patrick WACHSMANN, « La séparation des pouvoirs contre les libertés ? », *AJDA*, n°12, 2009, p. 617.

[2196] Philippe BLACHER, « Le président de la République et le Gouvernement dans la jurisprudence du Conseil constitutionnel », *loc. cit.*

[2197] Cons. Const., décision n°82-143 DC du 30 juillet 1982, *Loi sur les prix et les revenus, notamment ses articles 1, 3 et 4*, cons. 11.

[2198] Cons. Const., décision n°70-41 DC du 30 décembre 1970, *Loi de finances rectificative pour 1970 et notamment son article 6-1 relatif à l'agence nationale pour l'amélioration de l'habitat*, cons. 1.

[2199] *Ibid.*, cons. 3.

[2200] Cons. Const., décision n°2009-579 DC du 9 avril 2009, *préc.*, cons. 16.

887. Pourtant, en procédant de la sorte, le juge constitutionnel montre qu'il renonce à la conception fonctionnelle de la séparation des pouvoirs au profit d'une approche bien plus organique. Il s'agit bien plus, ici, d'exiger « une indépendance absolue des organes ayant pour effet d'interdire l'immixtion d'un organe de l'État dans la sphère d'un autre organe »[2201]. La décision précitée, *70-41 DC*, comportait déjà un indice de cette évolution du sens attribué par le Conseil constitutionnel à la séparation des pouvoirs. En effet, s'il invoque dans un premier temps l'atteinte à la séparation des compétences législative et réglementaire, celle-ci n'est constituée que par cela que les dispositions enjoignant au Gouvernement de consulter les commissions parlementaires ne faisaient qu'insérer « l'intervention d'une instance législative dans la mise en œuvre du pouvoir réglementaire »[2202]. Il s'agit donc bien de limiter les interactions entre les différents organes publics.

2°…à l'interprétation organique de la séparation des pouvoirs

888. L'interprétation organique de la séparation des pouvoirs permet au juge constitutionnel de préserver un domaine d'action au pouvoir gouvernemental. Trois exemples l'illustrent particulièrement : la politique de censure systématique des injonctions parlementaires envers l'autorité gouvernementale (α), l'acception spécifique de l'autonomie financière des pouvoirs publics comme composante de la séparation des pouvoirs (β) ainsi que le refus de l'intervention de toute « instance législative dans la mise en œuvre du pouvoir réglementaire » (γ).

α. L'exemple de la censure des « injonctions » parlementaires

889. Conformément à son approche collective de la responsabilité gouvernementale, le juge constitutionnel a pu censurer d'office, dans une décision *2013-679 DC*, des dispositions législatives imposant la présence d'un ministre spécifique à l'occasion des débats effectués devant les commissions parlementaires au motif que cela « revient à formuler une injonction à l'un des membres du Gouvernement »[2203]. Il énonce plus précisément que « ces dispositions, dans la mesure où elles imposent la présence du ministre du budget lors des débats en cause devant les commissions permanentes compétentes en matière de finances de l'Assemblée nationale et du Sénat, sont contraires à la séparation des pouvoirs »[2204]. Dans la même veine, le juge constitutionnel choisit également de censurer une injonction faite par le législateur au Gouvernement « d'avoir

[2201] Olivier BEAUD, « Le Conseil constitutionnel et le traitement du président de la République : une hérésie constitutionnelle (à propos de la décision du 9 août 2012) », *Jus Politicum*, vol. 9, 2013.
[2202] Cons. Const., décision n°70-41 DC du 30 décembre 1970, *préc.*, cons. 3.
[2203] Commentaire de Cons. Const., décision n°2013-679 DC du 3 décembre 2013, *Loi relative à la lutte contre la fraude fiscale et la grande délinquance économique et financière*, p. 38.
[2204] *Ibid.*, cons. 79.

à consulter les commissions parlementaires » des finances notamment[2205] pour fixer un dispositif par un règlement d'administration publique.

890. Cette position stricte du Conseil constitutionnel à l'égard des injonctions lui a permis de fonder certaines réserves d'interprétation. C'est le cas à propos de la possibilité pour un député d'effectuer une mission de suivi de la mise en œuvre par le Gouvernement de conclusions soumises à l'Assemblée nationale par une commission d'enquête. En effet, sous réserve « que les missions de suivi [...] revêtent un caractère temporaire et se limitent à un simple rôle d'information contribuant à permettre à l'Assemblée nationale d'exercer son contrôle sur la politique du Gouvernement », elles apparaissent conformes à la Constitution. En particulier, précise le juge constitutionnel, « s'agissant des commissions d'enquête, dont les conclusions sont dépourvues de tout caractère obligatoire, le rapport présenté ne saurait en aucun cas adresser une injonction au Gouvernement »[2206].

De la même façon, la préservation de l'autorité du Gouvernement par le Conseil constitutionnel a justifié la solution rendue dans la décision *2009-581 DC* en ce qui concerne la création dans le règlement de l'Assemblée nationale d'un comité permanent d'évaluation et de contrôle des politiques publiques. Le juge constitutionnel a plus précisément considéré *d'une part* que « les missions du comité ne peuvent porter que sur le contrôle de l'action du Gouvernement et l'évaluation des politiques publiques » et *d'autre part,* qu'elles « consistent en un simple rôle d'information contribuant à permettre à l'Assemblée nationale d'exercer son contrôle sur la politique du Gouvernement et d'évaluer les politiques publiques »[2207]. Partant, les dispositions précisant que la présentation des rapports de ce comité devait être organisée en présence des responsables administratifs de la politique publique concernée et donner lieu à un débat contradictoire sont contraires à la Constitution. En un mot, le risque que ce débat contradictoire aboutisse à la mise en cause du Gouvernement a dicté cette solution de prudence.

891. Indépendamment des questions de responsabilité, quoique dans la même logique, le Conseil constitutionnel a décidé de censurer toute obligation faite au Gouvernement par le Parlement de présenter un projet dans un délai fixé et strictement encadré. Le juge constitutionnel voit derrière une telle obligation une véritable injonction. Cette jurisprudence est constante depuis une décision *66-7 FNR* qui en cristallise le considérant suivant : « que cette injonction ne trouve de base juridique ni dans l'article 34 ni dans aucune des autres dispositions de la Constitution portant définition du domaine de la loi »[2208].

[2205] Cons. Const., décision n°70-41 DC du 30 décembre 1970, *préc.*, cons. 3.

[2206] Cons. Const., décision n°2004-493 DC du 26 février 2004, *Résolution modifiant le règlement de l'Assemblée nationale (articles 86 et 143)*, cons. 2-3.

[2207] Cons. Const., décision n°2009-581 DC du 25 juin 2009, *Résolution tendant à modifier le règlement de l'Assemblée nationale*, cons. 58.

[2208] Cons. Const., décision n°66-7 FNR du 21 décembre 1966, *Proposition de loi de M Baudis, député, telle qu'elle résulte du rapport de la commission spéciale, concernant l'indemnisation des dommages subis par les français rapatriés d'outre-mer*, cons. 6.

Cette solution sera confirmée et importée dans le contentieux *a priori* par toute une série d'autres décisions qui complèteront ce considérant en y ajoutant qu'au surplus l'injonction « est en contradiction avec le droit d'initiative des lois conféré au Premier ministre par l'article 39 de la Constitution »[2209].

β. L'exemple de la reconnaissance d'une autonomie financière des pouvoirs public

892. Le juge constitutionnel fait de l'autonomie financière des autorités publiques une condition de l'indépendance organique de celle-ci et donc, *a fortiori,* de la séparation des pouvoirs. Sa jurisprudence en la matière est assez claire qui énonce que « la sauvegarde du principe d'autonomie financière des pouvoirs publics [...] relève du respect de la séparation des pouvoirs »[2210].

Il faut attendre une décision ultérieure pour que le juge précise les contours de *l'autonomie financière des pouvoirs publics.* Ainsi, dans une décision *2001-456 DC*, il énonce que « la règle selon laquelle les pouvoirs publics constitutionnels déterminent eux-mêmes les crédits nécessaires à leur fonctionnement [...] est en effet inhérente au principe de leur autonomie financière qui garantit la séparation des pouvoirs »[2211]. Dans ces conditions il était logique que le Conseil censure, sur ce fondement, une disposition législative qui visait à diminuer le traitement du Président de la République au motif de l'atteinte à la séparation des pouvoirs[2212].

γ. L'exemple du refus de l'intervention d'une instance législative dans la mise en œuvre du pouvoir réglementaire

893. La volonté du juge constitutionnel de préserver l'autorité gouvernementale en sanctifiant son domaine d'action l'a conduit à la mobilisation d'un considérant de principe au terme duquel une disposition législative ne saurait « faire intervenir une instance législative dans la mise en œuvre du pouvoir réglementaire ». Cet énoncé ne constitue rien d'autre que la version remaniée du standard mobilisé à l'occasion de la décision *70-41 DC* au terme duquel l'obligation imposée au Gouvernement de consulter les commissions parlementaires pour fixer les conditions précises de fonctionnement d'une agence est inconstitutionnelle au motif qu'elle insère

---

[2209] V. notamment Cons. Const., décision n°78-102 DC du 17 janvier 1979, *Loi portant approbation d'un rapport sur l'adaptation du VIIe Plan*, cons. 2. ; Cons. Const., décision n°89-269 DC du 22 janvier 1990, *Loi portant diverses dispositions relatives à la sécurité sociale et à la santé*, cons. 38 ; Cons. Const., décision 91-290 DC du 9 mai 1991, *Loi portant statut de la collectivité territoriale de Corse*, cons. 50 et 51 ; Cons. Const., décision n°2000-435 DC du 7 décembre 2000, *Loi d'orientation pour l'outre-mer*, cons. 55. ; Cons. Const., décision n°2000-428 DC du 4 mai 2000, *Loi organisant une consultation de la population de Mayotte*, cons. 13.

[2210] Cons. Const., décision n°2001-448 DC du 25 juillet 2001, *préc.*, cons. 25.

[2211] Cons. Const., décision n°2001-456 DC du 27 décembre 2001, *Loi de finances pour 2002*, cons. 47.

[2212] Cons. Const., décision n°2012-654 DC du 9 août 2012, *Loi de finances rectificative pour 2012 (II)*, cons. 82.

« l'intervention d'une instance législative dans la mise en œuvre du pouvoir réglementaire »[2213].

Il aura fallu près de quarante ans pour que le Conseil constitutionnel mobilise à nouveau, contre toute attente, ce standard. Ainsi, le Conseil constitutionnel a pu l'invoquer afin de déclarer contraire à la Constitution une disposition permettant aux commissions parlementaires d'être consultées pour avis sur les cahiers des charges de certaines sociétés nationales au motif que cela revenait à « faire intervenir une instance législative dans la mise en œuvre du pouvoir réglementaire »[2214] ; les cahiers des charges étant fixés par décret.

Enfin, ce standard a été mobilisé à nouveau dans une décision *2016-741 DC.* Le Conseil constitutionnel a eu l'occasion de se prononcer contre une disposition qui visait à subordonner la signature d'un arrêté ministériel relatif à la liste des États et territoires non coopératifs – en matière fiscale – à la réception de l'avis rendu par les commissions des finances de chaque assemblée parlementaire obligatoirement consultée. Il estime que ces dispositions « font intervenir une instance législative dans la mise en œuvre du pouvoir réglementaire »[2215].

II. L'autorité des experts

894. Il n'est pas toujours vrai, comme l'affirme Mme François Rigaux que « les juges excellent à effacer leurs propres traces sur le chemin qu'ils viennent de parcourir » [2216] et cherchent à tout prix à masquer les ressources[2217] mobilisées au soutien de leur raisonnement. Parfois le juge est bien moins mystérieux comme peut l'illustrer son ralliement explicite aux avis des experts. Cette déférence traduit l'évolution des formes d'autorités qui s'explique par l'évolution des formes de légitimité (A). Elles s'incarnent dans l'apparition de nouvelles institutions auxquelles se réfère expressément le Conseil constitutionnel au soutien de certaines de ses décisions (B).

A. Une nouvelle forme de légitimité

895. Dans sa thèse portant sur *Le juge et l'expert,* M. Olivier Leclerc définit l'expertise comme « la mise à disposition par un spécialiste de connaissances qui permettront le cas échéant à un tiers de prendre ensuite une décision éclairée »[2218]. Deux facettes de l'expert émergent alors qu'il convient d'appréhender tour à tour. *D'une part,* l'expert est celui qui

---

[2213] Cons. Const., décision n°70-41 DC du 30 décembre 1970, *préc.*, cons. 3.

[2214] Cons. Const., décision n°2009-577 DC du 3 mars 2009, *Loi relative à la communication audiovisuelle et au nouveau service public de la télévision*, cons. 31.

[2215] Cons. Const., décision n°2016-741 DC du 8 décembre 2016, *Loi relative à la transparence, à la lutte contre la corruption et à la modernisation de la vie économique*, cons. 148.

[2216] François RIGAUX, *La loi des juges*, Éd. Odile Jacob, 1997, p. 179.

[2217] Sur ce thème v. Denis BARANGER, « Comprendre le 'bloc de constitutionnalité' », *Jus Politicum*, vol. 20-21, 2018.

[2218] Olivier LECLERC, Le juge et l'expert: contribution à l'étude des rapports entre le droit et la science, Éd. LGDJ, Coll. Bibliothèque de droit privé, 2005, p. 5.

maîtrise un certain savoir, à tout le moins les sources de ce savoir. *D'autre part*, l'expert est celui qui aide à la décision lorsqu'il ne décide pas lui-même. Cette séparation nette est tout de même à nuancer, puisque s'il est vrai que l'autorité de l'expert procède toujours « d'une compétence scientifique ou technique incontestée »[2219], il n'en demeure pas moins vrai que « tout savant n'est pas expert »[2220]. Aussi, l'expert doit donc se prononcer expressément sur un sujet donné, répondre explicitement à une problématique qui lui est soumise. Dans ces conditions, il est toujours assez largement décideur.

896. On peut dire que « le premier critère de délimitation [de l'expertise], le plus général, correspond au fait de délivrer des connaissances à des fins de précision »[2221]. Si le constat est juste, des précisions doivent être apportées. Les experts participent de la prise de décision. D'après M. Jacques Chevallier, en « parlant, comme l'administration le fait de son côté vis-à-vis du politique, le langage de la nécessité, de l'évidence, ils tendent à faire prévaloir leur point de vue au nom de la rationalité technique »[2222]. Sous ce voile, ils n'en sont pas moins contraints de prendre position. Cela s'entend. Comme l'écrivait Raymond Aron en préfaçant *Le savant et le politique*, « ce n'est pas la subjectivité et la relativité de la science qui fondent la nécessité du choix mais, le caractère partiel des vérités scientifiques et la pluralité des valeurs »[2223]. Ainsi, que l'explique M. Bruno Latour dans son célèbre ouvrage sur *La fabrique du droit,* l'expert ne gouverne pas tant par la prétention qu'il a à maîtriser un certain savoir mais bien plus par sa « capacité d'avoir le dernier mot »[2224]. En effet, « c'est en inventant la figure de l'expert que l'on a pu mélanger deux fonctions aussi contraires en exigeant des scientifiques, détournés de leurs missions, qu'ils prennent la pose de juges de dernière instance, en colorant leurs propos par l'indiscutable autorité de la chose jugée »[2225]. L'expert constitue donc la figure éclairée du décideur. Toute décision nécessitant ainsi, pour advenir, le recours à l'expertise.

897. Ce constat passe sous silence cette idée que l'expertise publique n'existe que par sa capacité à influencer le discours des décideurs publics. Comme l'a démontré M. Olivier Leclerq, « l'expertise emporte une part de normativité et engage une appréciation axiologique irréductible »[2226]. Son autorité est donc relative. Elle partage, avec la normativité, la même nature et apparaît, comme elle, tributaire de sa réception par le décideur public.

2219 Rafael ENCINAS DE MUNAGORRI, « Quel statut pour l'expert ? », *RFAP*, vol. 103, n°3, 2002, p. 383.

2220 Rafael ENCINAS DE MUNAGORRI et Olivier LECLERC, « Les apports de la théorie juridique à la délimitation de l'expertise : réflexions sur le lien de droit », *in* Yann BERARD et Renaud CRESPIN (dir.), *Aux frontières de l'expertise. Dialogues entre savoirs et pouvoirs*, Éd. Presses universitaires de Rennes, Coll. Res publica, 2010, p. 198.

2221 *Id.*

2222 Jacques CHEVALLIER, *Science administrative*, Éd. PUF, Coll. Thémis. Droit, 2013, p. 350.

2223 Raymond ARON, « Préface », *in* Max WEBER, *Le savant et le politique*, tr. Julien FREUND, Éd. Union générale d'éditions, Coll. Le monde en 10 18, 1963, p. 16.

2224 Bruno LATOUR, *La fabrique du droit: une ethnographie du Conseil d'État*, Éd. La Découverte, Coll. La découverte-poche, 2004, p. 252.

2225 *Id.*

2226 Olivier LECLERC, *Le juge et l'expert: contribution à l'étude des rapports entre le droit et la science*, *op. cit.*, p. 159.

Surtout, ainsi que l'a très bien montré M. Jacques Chevallier, l'activité d'expertise « fait l'objet d'un bout à l'autre d'un strict encadrement, destiné à réaffirmer ostensiblement les prérogatives du politique »[2227]. L'expert n'est donc pas le politique. Son autorité n'est pas celle du politique.

B. L'apparition de nouvelles autorités

898. On peut tirer de la jurisprudence constitutionnelle au moins deux illustrations précises des nouveaux rapports qu'entretient le juge à l'expertise. En matière de finances publiques, le juge constitutionnel s'est expressément octroyé la possibilité de se référer à l'autorité du Haut Conseil des Finances Publiques (1°). En matière électorale, la possibilité donnée à la Commission Nationale des Comptes de Campagne et des Financements politiques de saisir le juge de l'élection de plusieurs irrégularités interroge la marge de manœuvre que le juge constitutionnel est susceptible de posséder (2°). Dans les deux cas, l'autorité de ces institutions est une preuve de la qualité d'expert que leur prête le juge constitutionnel ; celui-ci se contentant de réaffirmer ses prérogatives en matière de décision.

1° L'exemple de l'autorité des avis du Haut Conseil des finances publiques

899. Le Haut Conseil des finances publiques est de facture récente. Sa création s'inscrit dans le cadre des obligations communautaires imposées aux États membres en matière de surveillance budgétaire conformément à une lecture croisée de la directive 2011/85 [article 6][2228], du TSCG [article 3-2] et enfin du règlement n°473/2013 du Parlement européen et du Conseil[2229]. Cet ensemble de dispositions vise à mettre en place à l'échelle nationale un suivi du respect des règles budgétaires par des organismes indépendants ou jouissant d'une autonomie fonctionnelle.

900. L'objectif de cet arsenal juridique est d'aboutir à ce que les États obtiennent une situation budgétaire en équilibre ou en excédent ; la situation budgétaire équilibrée s'entendant d'un « solde structurel annuel des administrations publiques correspondant à l'objectif à moyen terme spécifique à chaque pays, tel que défini dans le pacte de stabilité et de croissance révisée, avec une limite inférieure de déficit structurel de 0,5% du produit intérieur brut au prix du marché »[2230] .

901. En France, le choix a été fait de créer cette « institution budgétaire indépendante » requise par le droit communautaire au moyen de la loi organique *2012-1403* du 17 décembre 2012 *relative à la programmation et à*

[2227] Jacques CHEVALLIER, « L'entrée en expertise », *Politix*, vol. 36, n°4, 1996, p. 43-44.

[2228] Directive 2011/85/UE du Conseil du 8 novembre 2011 *sur les exigences applicables aux cadres budgétaires des États membres*.

[2229] Règlement (UE) n°473/2013 du Parlement européen et du Conseil du 21 mai 2013 *établissant des dispositions communes pour le suivi et l'évaluation des projets de plans budgétaires et pour la correction des déficits excessifs dans les États membres de la zone euro, L140-13 (17)*.

[2230] Article 3-2 du *Traité sur la stabilité, la coordination et la gouvernance au sein de l'Union économique et monétaire*.

la gouvernance des finances publiques. La notion « d'institution budgétaire indépendante » a été clarifiée par la commission européenne qui les définit comme « des organismes publics à caractère non-partisan, différents des banques centrales, gouvernements ou parlements, qui élaborent des prévisions macroéconomiques, évaluent la performance des finances publiques et rendent des avis au gouvernement sur la politique budgétaire »[2231]. C'est là la raison d'être du Haut Conseil des finances publiques. Celui-ci est placé auprès de la Cour des comptes et présidé par le premier président de la Cour des comptes. Comme l'écrit le professeur Damarey, « dans ses appréciations, le Haut Conseil des finances publiques est tenu d'afficher un haut niveau d'expertise – que sa composition doit permettre de révéler »[2232]. Il est composé de dix membres qui revendiquent effectivement le statut d'experts. Cinq d'entre eux sont nommés respectivement par les présidents des assemblées parlementaires, par les présidents des commissions des finances, ainsi que par le président du Conseil économique, social et environnemental. Quatre membres sont des juges de la Cour des comptes nommés par le Premier Président. Participe également de ce collège le directeur de l'Institut national de la statistique et des études économiques.

L'autorité du Haut Conseil brouille les frontières entre le savant et le politique. Elle est surtout fonction de l'indépendance[2233] qu'on lui suppose. En effet, le Haut Conseil se prononce sous forme d'avis motivés sur l'ensemble des prévisions macroéconomiques des textes financiers – projet de loi de programmation des finances publiques, projet de loi de finances, projet de loi de financement de la Sécurité sociale, projet de loi de finances rectificative et de loi de financement rectificative de la Sécurité sociale, projet de loi de règlement ainsi que sur les hypothèses permettant d'appuyer le projet de programme de stabilité et de croissance transmis chaque année à la Commission européenne et au Conseil de l'Union européenne.

902. Le Conseil constitutionnel s'est référé plusieurs fois à cette institution dans des décisions assez claires laissant présager d'une véritable reconnaissance de son autorité. Quantitativement déjà, près de 12 décisions font référence à cette institution qui n'a été créée qu'à la fin de l'année 2012. Sur le fond, le juge constitutionnel a notamment été saisi – obligatoirement – de la loi organique mettant en place cette institution. Cette décision a été l'occasion pour le Conseil constitutionnel de préciser la méthode d'appréciation du principe budgétaire de sincérité. Le juge estime ainsi que « la sincérité de la loi de programmation des finances publiques devra s'apprécier notamment en prenant en compte l'avis du Haut Conseil des

---

2231 Patrizia MAGARO, « Les institutions budgétaires indépendantes », *RFFP*, vol. 126, 2014, p. 99-116.

2232 Stéphanie DAMAREY, *Droit public financier: finances publiques, droit budgétaire, comptabilité publique et contentieux financier*, Éd. Dalloz, Coll. Précis, 2018, p. 320.

2233 Encore que, comme le note M. Rémi Pellet, l'indépendance du directeur de l'Insee aurait pu prêter à discussion dès lors qu'il « est nommé comme tous les autres directeurs d'administration centrale, par décret pris en conseil des ministres et révocable *ad nutum* ». Rémi PELLET, *Droit financier public. 1, Monnaies, banques centrales, dettes publiques*, 2ème éd., Éd. PUF, Coll. Thémis. Droit, p. 703.

finances publiques […] qu'il en ira de même de l'appréciation de la sincérité des lois de finances et des lois de financement de la sécurité sociale »[2234].

Le juge constitutionnel a appliqué ce précepte à l'occasion de l'examen de la loi de financement de la sécurité sociale pour 2014 en citant explicitement l'avis du Haut Conseil des finances publiques ayant estimé « plausibles » les prévisions de croissance, mais « fragiles » le scénario macroéconomique retenu. Le juge constitutionnel n'en fait toutefois pas grand cas et considère « qu'il ne ressort ni de l'avis du Haut Conseil des finances publiques ni des autres éléments soumis au Conseil constitutionnel que les hypothèses économiques sur lesquelles est fondée la loi de financement de la sécurité sociale soient entachées d'une intention de fausser les grandes lignes de l'équilibre de la loi déférée »[2235].

903. Dans les décisions suivantes, en revanche, le juge constitutionnel est bien plus succinct et se contente d'affirmer « qu'il ne ressort ni de l'avis du Haut Conseil des finances publiques ni des autres éléments soumis au Conseil constitutionnel que les hypothèses économiques pour l'année 2014 sur lesquelles est fondée la loi déférée soient entachées d'une intention de fausser les grandes lignes de son équilibre »[2236].

904. Il faut attendre plusieurs décisions ultérieures pour que ce trou d'air soit partiellement comblé. Le juge constitutionnel s'intéresse davantage depuis 2015 aux avis du Haut Conseil qu'il cite expressément et plus substantiellement. En effet, le contrôle de constitutionnalité de la loi de finances pour 2015 est, semble-t-il, facilité par cela que « le Haut Conseil des finances publiques a estimé la prévision de croissance du Gouvernement « réaliste » pour l'année 2014 et 'optimiste' pour l'année 2015, tout en relevant « plusieurs fragilités touchant au dynamise de l'environnement international de la demande intérieure' »[2237]. Partant, « il ne ressort ni de l'avis du Haut Conseil des finances publiques ni des autres éléments soumis au Conseil constitutionnel que les hypothèses économiques et les prévisions de recettes sur lesquelles est fondée la loi de finances soient entachés d'une intention de fausser les grandes lignes de l'équilibre de la loi déférée »[2238] ; peu important également le fait que le Haut Conseil des finances publiques estime que « le choix de définir une nouvelle trajectoire de solde structurel fait peser un risque sur 'la trajectoire de la dette publique qui continuera à augmenter' »[2239]. Cette solution sera largement similaire à celle qu'il rendra à l'occasion de l'examen de la loi de finances pour 2016[2240].

905. La décision *2016-742 DC* du 22 décembre 2016 est, sur ce point, symptomatique. Le juge constitutionnel oppose en quelque sorte à

[2234] Cons. Const., décision n°2012-658 DC du 13 décembre 2012, *préc.*, cons. 52.

[2235] Cons. Const., décision n°2013-682 DC du 19 décembre 2013, *Loi de financement de la sécurité sociale pour 2014*, cons. 5.

[2236] Cons. Const., décision n°2014-698 DC du 6 août 2014, *Loi de financement rectificative de la sécurité sociale pour 2014*, cons. 4 ; Cons. Const., décision n°2014-699 DC du 6 août 2014, *Loi de finances rectificative pour 2014*, cons. 4.

[2237] Cons. Const., décision n°2014-707 DC du 29 décembre 2014, *préc.*, cons. 5.

[2238] *Ibid.*, cons. 6.

[2239] *Ibid.*, cons. 7.

[2240] Cons. Const., décision n°2015-725 DC du 29 décembre 2015, *Loi de finances pour 2016*, cons. 5 et 6.

l'expertise du Haut Conseil d'autres expertises. L'avis du Haut Conseil estimait que « la prévision pour 2016 était 'un peu élevée au regard des informations connues à ce jour' et 'supérieure à la plupart des prévisions publiées récemment' ». Le Haut Conseil ajoutait, par ailleurs, que la prévision pour 2017 « était 'optimiste compte tenu des facteurs baissiers qui se sont matérialisés ces derniers mois' ». Il soulignait encore « les 'fortes incertitudes sur la réalisation des économies de grande ampleur' prévues pour l'établissement de l'objectif national de dépenses d'assurance maladie »[2241]. Pourtant, le juge constitutionnel fait le choix de diluer ces mises en garde dans d'autres avis d'expertise. Ainsi énonce-t-il que « si les hypothèses retenues peuvent être regardées comme optimistes, ainsi que le Haut Conseil des finances publiques l'a relevé, il ne ressort toutefois ni de l'avis de ce dernier, ni des autres éléments soumis au Conseil constitutionnel et notamment des prévisions de croissance du produit intérieur brut pour 2016 et 2017 *établies par différentes institutions telles que* la commission européenne, la banque de France, le fonds monétaire international et l'organisation de coopération et de développement économique, que les hypothèses économiques sur lesquelles est fondée la loi de financement de la sécurité sociale sont entachées d'une intention de fausser les grandes lignes de l'équilibre de la loi déférée »[2242].

Cette façon de procéder sera réutilisée pour la décision relative à l'examen de la loi de finances. Ainsi, la décision *2016-744 DC* énonce-t-elle, *dans un premier temps,* que « le projet de loi de finances a été fondé sur des prévisions initiales de croissance du produit intérieur brut de 1,5 % pour l'année 2016 comme pour l'année 2017 ». La décision rappelle, ensuite, l'avis du Haut Conseil qui, « a estimé que la prévision pour 2016 était 'un peu élevée au regard des informations connues à ce jour' et 'supérieure à la plupart des prévisions publiées récemment' » et, « a considéré que celle pour 2017 était 'optimiste compte tenu des facteurs baissiers qui se sont matérialisés ces derniers mois' ». En outre, « le Haut Conseil des finances publiques a, compte tenu des risques pesant sur les dépenses et sur les prévisions de recettes, estimé 'incertain' le retour en 2017 du déficit nominal sous le seuil de 3 points du PIB' »[2243]. *Dans un deuxième temps*, le juge constitutionnel effectue à proprement parler son contrôle de constitutionnalité. Il estime que « si les hypothèses retenues pour 2016 et 2017 peuvent être regardées comme optimistes, particulièrement en ce qui concerne le déficit pour 2017, ainsi que le Haut Conseil des finances publiques l'a relevé, il ne ressort toutefois ni de l'avis de ce dernier, ni des autres éléments dont dispose le Conseil constitutionnel, et notamment des prévisions de croissance du produit intérieur brut pour 2016 et 2017 établies par différentes institutions telles que la commission européenne, la banque de France, le fonds monétaire international et l'organisation de coopération et de développement économiques, que les hypothèses économiques sur

---

2241 Cons. Const., décision n°2016-742 DC du 22 décembre 2016, *Loi de financement de la sécurité sociale pour 2017*, § 5.

2242 *Ibid.*, § 6.

2243 Cons. Const., décision n°2016-744 DC du 29 décembre 2016, *Loi de finances pour 2017*, § 4.

lesquelles est fondée la loi de finances sont entachées d'une intention de fausser les grandes lignes de l'équilibre de la loi déférée »[2244].

906. La décision *2017-755 DC* apparaît encore plus précise. L'espèce était par ailleurs assez particulière. Suite à la décision du Conseil constitutionnel de censurer le fameux impôt dit des 3% sur les dividendes des sociétés, le Gouvernement s'est trouvé contraint d'adopter dans l'urgence une loi de finance rectificative afin de remédier à la dégradation prévisible du solde budgétaire 2017 provoquée par les remboursements subséquents. Saisi pour avis du projet de loi, le Haut Conseil avait estimé que l'absence d'actualisation complète des prévisions de recettes et de dépenses pour 2017 ne le mettait pas « en situation de porter une appréciation d'ensemble sur le cadre macroéconomique et la prévision de finances publiques ». Toutefois, ajoute le juge constitutionnel, « le Haut Conseil s'est prononcé sur les 'hypothèses macroéconomiques pour 2017 attachées' au projet de loi et sur les prévisions de solde public pour 2017 et 2018 »[2245]. D'autre part, il a estimé que les informations communiquées par le Gouvernement sur le coût pour 2017 de l'annulation de la contribution rendait plausible l'hypothèse retenue. Dans ces conditions, le juge constitutionnel s'estime d'autant plus libre pour considérer qu'il ne résulte pas de l'avis du Haut Conseil – bien qu'incomplet – que les hypothèses économiques et les prévisions de recettes et de charges sur lesquelles est fondée la loi de finances rectificative soient entachées d'une intention de fausser les grandes lignes de l'équilibre[2246]. Une telle solution est pourtant fragile puisque si le caractère incomplet des sources à disposition du Haut Conseil des finances publiques est dû au contexte d'urgence, il n'en demeure pas moins que le contrôle budgétaire à suivre sera lacunaire.

La décision porte en elle les germes d'une évolution ultérieure. En effet, la formulation laisse tout de même supposer que le juge constitutionnel recherche l'aval du Haut Conseil au soutien de son contrôle. Ainsi, s'assure-t-il tout de même que « d'une part [...] le Haut Conseil s'est prononcé sur les 'hypothèses macroéconomiques pour 2017 attachées' au projet de loi et sur les prévisions de solde public pour 2017 et 2018 » et « d'autre part s'il a relevé que le 'chiffrage du dispositif proposé présente quelques incertitudes', il a estimé que les informations qui lui ont été communiqués par le Gouvernement sur le coût pour 2017 du contentieux lié à la contribution additionnelle instituée en 2012 et applicable aux montants distribués 'rendent plausible l'hypothèse d'un montant total voisin de cinq milliards d'euros sur l'année 2017' » [2247]. Et c'est bien « par conséquent » [2248] qu'aucune intention de fausser les grandes lignes de l'équilibre ne ressort de l'examen.

Cette décision se rapproche de la décision *2017-758 DC* portant sur *la loi de finances pour 2018*. Le juge constitutionnel énonce expressément que « le

---

[2244] *Ibid.*, § 6.
[2245] Cons. Const., décision n°2017-755 DC du 29 novembre 2017, *Loi de finances rectificative pour 2017*, § 9.
[2246] *Ibid.*, § 12.
[2247] *Ibid.*, § 9.
[2248] *Ibid.*, § 12.

Haut Conseil des finances publiques a notamment relevé que pour 'l'année 2018, sous réserve des incertitudes portant sur le chiffrage de mesures nouvelles, la prévision des recettes tirées des prélèvements obligatoires est prudente' ». En outre, le juge relève que « tout en s'interrogeant sur le respect des objectifs de maîtrise de la dépense retenus par le Gouvernement, il a également noté qu'un 'effort visant à une budgétisation plus réaliste a été effectué sur le budget de l'État' »[2249]. Partant, il ne ressort pas de l'avis du Haut Conseil qu'il y ait eu de la part du Gouvernement une quelconque intention de fausser les grandes lignes de l'équilibre déterminé par la loi.

907. Les dernières solutions rendues en la matière autorisent à penser que le Conseil constitutionnel est un lecteur attentif des avis des experts. La seule référence expresse aux avis du Haut Conseil traduit déjà une forme de déférence vis-à-vis de cette nouvelle institution. Elle traduit surtout une évolution des figures de l'autorité et des nouvelles sources de légitimité de la décision publique. Si les références aux avis du Haut Conseil se multiplient, la jurisprudence du Conseil constitutionnel n'en demeure pas moins largement perfectible. En effet, il est arrivé parfois que le juge constitutionnel ne cite pas l'avis du Haut Conseil à l'appui de l'examen d'une loi de finances rectificative et ce malgré son invocation expresse par les requérants [2250]. Cette attitude d'éloignement de la part du juge constitutionnel conforte le propos de M. Jacques Chevallier qui écrivait qu'« en faisant appel à des experts, les gouvernants n'entendent nullement renoncer à leurs compétences propres »[2251]. Au contraire, l'expertise si elle tend tout de même à dessiner le cadre du choix du décideur, ne lui intime pas moins de se prononcer. L'avis de l'expert se présente bien comme une « source de normativité »[2252]. Son autorité se constitue comme critère du libre choix du décideur. La fragilité même de son autorité n'est autre que la fragilité de la normativité qui n'est jamais qu'une capacité, pour un objet, de faire référence, qu'une capacité à s'ériger comme critère du jugement. Il est normal, dans ces conditions, que les références aux avis du Haut Conseil soient partiellement aléatoires. Ce caractère erratique de la référence aux avis du Haut Conseil ne fait qu'illustrer la division du travail qui s'opère entre les institutions. En se référant aux avis du Haut Conseil des finances publiques, le juge constitutionnel exprime véritablement toute l'autorité qu'il lui prête. En ne s'y référant pas de façon systématique il rappelle, en revanche, la fondamentale distinction du savant et du politique. Un autre exemple illustre à son tour ce rapport ambigu entretenu par le juge avec l'expertise.

[2249] Cons. Const., décision n°2017-758 DC du 28 décembre 2017, *Loi de finances pour 2018*, § 4.

[2250] V. par ex., Cons. Const., décision n°2016-743 DC du 29 décembre 2016, *Loi de finances rectificative pour 2016*.

[2251] Jacques CHEVALLIER, « L'entrée en expertise », *Politix*, vol. 36, n°4, 1996, p. 43.

[2252] Pierre LASCOUMES, « L'expertise, de la recherche d'une action rationnelle à la démocratisation des connaissances et des choix », *RFAP*, vol. 103, n°3, 2002, p. 369-377, notamment p. 370-371.

2° L'exemple de l'autorité de la Commission nationale des comptes de campagne et des financements politiques

908. On trouve un exemple similaire en matière électorale, s'agissant plus particulièrement de la Commission nationale des comptes de campagne. En la matière toutefois, les références aux avis ou travaux de cette institution sont bien moindres dans le contentieux *a priori* que les références aux avis du Haut Conseil des finances publiques. C'est en effet dans le contentieux spécifiquement électoral – exclu de la présente recherche – qu'ils sont le plus invoqués. Le contentieux *a priori* recèle néanmoins quelques précisions utiles concernant le rôle de cette institution et les rapports qu'elle entretient avec le juge constitutionnel.

909. Mise en place le 19 juin 1990, la Commission nationale des comptes de campagne et des financements politiques a été créée par la loi n°90-55 du 15 janvier 1990 *relative à la limitation des dépenses électorales et à la clarification du financement des activités politiques*. Le Conseil constitutionnel l'a expressément qualifiée *d'autorité administrative*[2253] avant qu'une ordonnance n°2003-1165 du 8 décembre 2003 *portant simplifications administratives en matière électorale* n'en consacre le statut d'autorité administrative indépendante. Ce statut sera ensuite confirmé par la loi organique *n°2017-54* du 20 janvier 2017 *relative aux autorités administratives indépendantes et autorités publiques indépendantes*. Elle est chargée, *d'une part*, du contrôle du respect des obligations comptables des partis politiques et, *d'autre part*, du contrôle des comptes de campagne des candidats aux élections nationales. En un mot, « la mise en place de la Commission nationale des comptes de campagne et des financements politiques ouvre réellement le volet financier du contentieux électoral des élections législatives »[2254]. Pour mener à bien cette mission, la Commission nationale dispose de la faculté de saisine du Conseil constitutionnel prévue à l'article L52-15 du Code électoral. Dans son alinéa 3 l'article dispose que « lorsque la commission a constaté que le compte de campagne n'a pas été déposé dans le délai prescrit, si le compte a été rejeté ou si, le cas échéant après réformation, il fait apparaître un dépassement du plafond des dépenses électorales, la commission saisit le juge de l'élection » en ce qui concerne les élections politiques nationales en vertu des articles 58 et 59 de la Constitution confirmés par l'article LO136-1 du Code électoral. En vertu de ce dernier article, le juge constitutionnel, juge de l'élection, peut déclarer inéligible tout candidat 1) dont le compte de campagne fait apparaître un dépassement du plafond des dépenses électorales ou 2) qui n'a pas déposé son compte de campagne dans les délais impartis ou encore 3) dont le compte de campagne a été rejeté à bon droit en cas de volonté de fraude ou de manquement d'une particulière gravité aux règles relatives au financement des campagnes électorales.

910. Dans ces conditions, le risque est grand que la saisine de la Commission nationale qui peut approuver, réformer ou rejeter les comptes

---

[2253] Cons. Const., décision n°89-271 DC du 11 janvier 1990, *Loi relative à la limitation des dépenses électorales et à la clarification du financement des activités politiques*, cons. 7.

[2254] Pascal JAN, *Le procès constitutionnel*, Éd. LGDJ-Lextenso, Coll. Systèmes, 2010, p. 120.

de campagne d'un candidat influence la décision du juge constitutionnel. Elle porterait alors atteinte à la « plénitude de juridiction »[2255] dont dispose le Conseil constitutionnel en matière électorale. Cette influence tacite des travaux de la Commission nationale est d'autant plus plausible que l'article LO187 du code électoral énonce expressément que le juge constitutionnel peut, en tant que juge électoral « se faire communiquer tous documents et rapports ayant trait à l'élection, notamment les comptes de campagnes établis par les candidats intéressés, ainsi que l'ensemble des documents, rapports et décisions éventuellement réunis ou rétablis par la commission instituée par l'article L52-14 » qui n'est autre que la Commission nationale des comptes de campagne et des financements politiques. Dans ces conditions les travaux de la commission sont bien susceptibles d'influencer directement la décision du juge.

911. Le juge constitutionnel a cherché à s'en prémunir dans une décision *90-273 DC* portant justement sur la loi organique dont sont issues les dispositions LO précitées. Il énonce que l'article 9 de la loi qui prévoit que le Conseil, « afin de se prononcer en connaissance de cause », puisse ordonner la production de tous documents dont aurait eu notamment à connaître la Commission nationale, est conforme à la Constitution. La justification est particulièrement révélatrice de l'autorité spécifique qu'il prête à cette institution. En effet, le juge constitutionnel se prononce sur la conformité de ces dispositions à la Constitution au motif « qu'il résulte de leurs termes, comme des débats qui ont précédé leur adoption, que la position prise par la Commission nationale des comptes de campagne et des financements politiques dans l'exercice de ses attributions ne saurait préjuger la décision du Conseil constitutionnel »[2256]. La commission nationale des comptes de campagnes est bien indirectement chargée de l'expertise des élections. Il revient ensuite au Conseil constitutionnel de se prononcer en connaissance de cause sur les informations qu'elle est susceptible de lui mettre à disposition.

912. Les exemples précédents illustrent l'évolution des formes de l'autorité. Le contentieux constitutionnel n'est pas épargné par l'apparition de nouveaux pôles de légitimité. La déférence historique du juge constitutionnel envers le législateur est désormais partagée, dans une plus faible mesure, par une déférence à l'égard de nouvelles sources d'autorité. Parmi celles-ci l'expertise tient une place toute particulière. Encore embryonnaire, son extension pourrait annoncer des bouleversements pour le contentieux constitutionnel amené à voir l'objet de son contrôle se déporter et sa nature se modifier.

913. Les décisions du Conseil constitutionnel peuvent trouver une clé d'explication dans la théorie de la valeur. Cela s'entend puisqu'elles expriment bien un sens, une direction. Couplée à une théorie de l'interprétation juridique, la théorie de la valeur insiste sur les ressorts des

---

[2255] Ferdinand MELIN-SOUCRAMANIEN, « Le Conseil constitutionnel, juge électoral », *Pouvoirs*, vol. 105, n°2, 2003, p. 119.

[2256] Cons. Const., décision n°90-273 DC du 4 mai 1990, *Loi organique relative au financement de la campagne en vue de l'élection du président de la République et celle des députés*, cons. 16.

méthodes d'interprétations mobilisées par le juge. Elle montre que celles-ci sont justement à la recherche d'un sens spécifique que lui fournissent justement les valeurs. *C'est là un premier apport de ce chapitre.*

914. Les valeurs que poursuit le juge constitutionnel rejaillissent en quelque sorte sur les méthodes d'interprétation qu'il retient et déterminent alors la solution de la décision qu'il rend. À cet égard, le sens d'une partie des décisions du juge constitutionnel français peut être trouvé dans le respect qu'il exprime vis-à-vis des autorités publiques. *C'est là un deuxième apport de ce chapitre.*

915. Le concept d'autorité est un concept fuyant qui apparaît, à l'analyse, éminemment lié à un autre concept, celui de légitimité. Il en existe diverses formes. Et, tour-à-tour, le Conseil constitutionnel s'y réfère. Certes, ce constat n'est pas nouveau. Sa lecture au prisme d'une théorie des valeurs l'est davantage. Cette déférence inévitable du juge ne consacre pas véritablement la prééminence du pouvoir politique sur le pouvoir juridictionnel dès lors que le pouvoir politique, lui-même, s'est astreint, à son tour, au respect des formes de l'État de Droit. Ce phénomène met simplement en évidence, sous une lumière crue, les ressorts métaphysiques de la normativité. Il illustre la fragilité du phénomène normatif et le caractère évanescent de ses sources comme de ses contours. En retour, c'est toute la richesse du phénomène normatif qu'il dévoile. *Ce rappel tient lieu de troisième apport de ce chapitre.*

916. Les méthodes intentionnalistes et originalistes sont mobilisées par le juge en référence aux autorités traditionnelles. En agissant de la sorte, le juge exprime toute sa fidélité à l'égard de ces figures classiques de l'autorité ; qu'elles soient organiques (les institutions) ou systémiques (le Droit). Ce faisant, il reprend et mobilise un certain nombre de lieux argumentatifs bien connus des juristes. En procédant de la sorte, il ne fait que remobiliser son auditoire pour asseoir davantage ses décisions tout autant que sa présence dans le paysage institutionnel français. La fragmentation du pouvoir et l'émergence subséquente de nouvelles autorités impose au juge constitutionnel de nouvelles références. Il ne doit plus seulement persuader le législateur du bien-fondé de son action et de sa relative neutralité, il doit désormais prendre acte des nouveaux rapports de force et des mythes que les nouvelles légitimités drainent : l'efficacité du Gouvernement et la compétence de l'expert qui deviennent ainsi les nouvelles matrices à référence de ses décisions. *Ce constat est le quatrième apport de ce chapitre.*

CHAPITRE HUITIÈME

La recherche de la justice

917. Les valeurs constituent doublement le sens de la jurisprudence du juge constitutionnel. *À titre principal*, comme l'a montré le précédent chapitre, c'est dans la fidélité du juge vis-à-vis des figures de l'autorité juridique que ce sens s'incarne. *À titre accessoire*, il est possible de voir un deuxième horizon de sens dans la recherche, par le juge constitutionnel, d'une certaine forme de justice. Certes, comme l'écrivait Dabin, « le nom de justice est invoqué par tous »[2257]. Il importe alors de rester prudent, surtout si l'on s'accorde avec Gurvitch pour dire que « l'idée de justice est l'idée la plus variable et la plus mobile de toutes les idées et valeurs »[2258], et de prendre acte de la difficulté d'approche de la notion. Cette difficulté d'approche constitue une véritable borne à la présente analyse. Elle n'en constitue pas pour autant un obstacle. En effet, comme le rappelle M. Alain Supiot, la question de la justice apparaît *insoluble* en ce sens seulement « qu'elle ne peut recevoir de réponse définitive »[2259]. Elle apparaît surtout *inéliminable*[2260] et constitue la véritable « pierre angulaire de tout édifice juridique »[2261] trouvant son explication dans le célèbre aphorisme millénaire d'Ulpien : *honeste vivere, alterum non laedere, suum cuique tribuere.*

918. Dans ces conditions, si les décisions exprimant la déférence du juge vis-à-vis de l'autorité des pouvoirs publics renvoient avant tout à la généralité du droit et supposent dans une certaine mesure sa complétude, les décisions exprimant la recherche par le juge d'une forme de justice renvoient pour leur part à la particularité du droit et supposent son caractère partiellement lacunaire. Autrement dit, à l'universalisme d'une interprétation donnée en référence à l'autorité vient se superposer le particularisme de l'interprétation donnée en référence à la justice. Le sens de justice complète alors le sens d'autorité et lui fait en quelque sorte contrepoids.

2257 Jean DABIN, *Théorie générale du droit*, Éd. Dalloz, Coll. Philosophie du droit, 1969, p. 345.

2258 Georges GURVITCH, « Droit naturel ou droit positif intuitif ? », *APD*, n°3-4, 1933, p. 73.

2259 Alain SUPIOT, « Poïétique de la justice », *in Le droit malgré tout: Hommage à François Ost*, Éd. Presses de l'USL, Coll. Droit, 2018, p. 343.

2260 *Id.*

2261 Giorgio DEL VECCHIO, *Justice, droit, Etat : études de philosophie juridique*, Éd. Sirey, 1938, p. 4.

919. Conformément à l'hypothèse retenue dans le présent titre, la justice s'entend d'un « principe d'interprétation »[2262] susceptible de s'incarner dans une variété de références. Il s'agit bien, comme l'écrit M. Alain Supiot, d'« un but qu'on doit s'efforcer d'approcher sans jamais pouvoir atteindre »[2263], autrement dit : un sens. Les travaux du professeur Frydman lui réservent également une place toute particulière. Entendue comme sens des décisions du Conseil constitutionnel, la valeur de justice détermine à son tour l'opération d'interprétation et spécifie l'auditoire concerné, c'est-à-dire le destinataire. Les décisions ne sont plus adressées à *l'auteur* de la règle – que sont les autorités publiques comme le montre le chapitre précédent – mais bien davantage au destinataire, à la cible de la règle. Dans ces conditions, la recherche de *l'intentio auctoris* qui prévalait dans le schéma interprétatif précédent devient quête de *l'intentio lectoris.*

920. Une chose est sûre, on peut définir *de façon stipulative* la justice comme « un rapport d'altérité » [2264] qui impose une « distinction de personnes égales »[2265]. L'égalité en constitue donc le principe – au sens étymologique. Cette vision est confortée par le philosophe du droit qui voit le point culminant de la justice dans l'appréciation permettant à ce « que tout sujet soit reconnu (par les autres) pour ce qu'il vaut, et qu'à chacun soit attribué (par les autres) ce qui lui revient »[2266] ; la justice s'entendant ainsi de « l'équilibre et [de la] corrélation intersubjective [...] qui se résout dans l'exigence réciproque du respect et dans la possibilité réciproque d'empêcher le tort »[2267]. Cette définition conventionnelle, ou autrement dit stipulative, – qui ne présente d'intérêt qu'au plan heuristique – laisse émerger deux facettes dynamiques de la justice ; celle-ci pouvant s'entendre d'un double mouvement d'attribution (*sum cuique tribuere*) et de protection (*alterum non laedere*) véhiculant respectivement deux exigences d'équité (Section I) et de fidélité (Section II). Ces deux acceptions constituent ainsi les deux directions qu'il convient d'emprunter pour appréhender la jurisprudence constitutionnelle.

Dans les deux cas, la justice n'est jamais qu'un rapport entre des intérêts divergents qui entrent en conflit ou qu'il s'agit d'arbitrer. Cette acception donne raison au professeur Frydman, pour qui la référence à la valeur de justice, suppose une méthode d'interprétation spécifique impliquant que l'examen de la portée d'un texte soit « fonction du cas à résoudre »[2268], c'est-à-dire « de la situation où la norme doit être appliquée »[2269]. Elle est donc éminemment « pratique »[2270].

[2262] Alain SUPIOT, « Poïétique de la justice », *loc. cit.*, p. 351.
[2263] *Id.*
[2264] Jean PUCELLE, *Études sur la valeur*, T. I, *La source des valeurs: les relations intersubjectives*, Éd. Emmanuel Vitte, Coll. Problèmes et doctrines, 1957, p. 108.
[2265] Jean DABIN, *La philosophie de l'ordre juridique positif: spécialement dans les rapports de droit privé*, Éd. Librairie du Recueil Sirey, 1929, p. 321.
[2266] Giorgio DEL VECCHIO, *Justice, droit, Etat : études de philosophie juridique*, *op. cit.*, p. 44.
[2267] *Ibid.*, p. 51.
[2268] Benoît FRYDMAN, *Le sens des lois: histoire de l'interprétation et de la raison juridique*, Éd. Bruylant, Coll. Penser le droit, 2011, p. 614.
[2269] *Id.*
[2270] *Ibid.*, p. 618.

Dans les deux cas également, elle implique une stratégie d'interprétation fondée sur la concrétisation ou la particularisation du cas à résoudre. Cette stratégie d'interprétation se focalise alors sur « le contexte d'application de la norme »[2271]. *Stricto sensu* on entend par contexte d'application « le litige ou la situation à laquelle le texte doit être appliqué »[2272], en un mot : le cas d'espèce à proprement parler. Ainsi, « l'interprète envisage ici les intérêts des parties en présence, généralement dans le cadre d'un procès, ainsi que l'effet de l'interprétation sur l'issue du procès et le sort des parties »[2273]. *Lato sensu* le contexte d'application s'étend « à l'ensemble du champ social »[2274].

SECTION I. *SUUM CUIQUE TRIBUERE* OU L'INTERPRETATION PARTICULARISTE DANS LA JURISPRUDENCE CONSTITUTIONNELLE

921. Le droit constitue une tentative d'organisation rationnelle d'un certain nombre de phénomènes de la réalité sociale. Cette organisation rationnelle s'incarne dans le formalisme catégoriel dont celui-ci semble ne jamais pouvoir se départir. En droit constitutionnel, ce formalisme justifie notamment l'entreprise de modélisation théorique effectuée par la doctrine. En contentieux constitutionnel, celle-ci s'incarne particulièrement dans la typologie des différents modèles de justice constitutionnelle qui conditionne assez largement – si ce n'est exclusivement – les représentations théoriques du champ juridique. Dans cette optique, c'est presque à l'unanimité que la doctrine s'accorde à dire, en France, que le Conseil constitutionnel exerce en matière de procédure *DC* et *QPC* un *contrôle de constitutionnalité de type abstrait*[2275].

922. Pour le professeur Drago, le contrôle abstrait s'oppose – logiquement – au contrôle concret sur le point précis de « la procédure de traitement de la question de constitutionnalité »[2276]. Ainsi le contrôle concret évoque toute « question posée à l'occasion d'une instance juridictionnelle ordinaire […] mêlée à des considérations de fait et à une situation subjective imprimant un caractère concret au contrôle »[2277]. À l'inverse, le contrôle abstrait « ne fait pas intervenir de situation subjective, mais se présente comme un simple conflit entre deux normes, la Constitution et une norme subordonnée, ou se présente en un conflit entre deux ou plusieurs organes de

---

[2271] *Id.*
[2272] *Id.*
[2273] *Id.*
[2274] *Id.*
[2275] Sur cette question, v. Alexandre VIALA, « L'indifférence de la nature du contrôle de constitutionnalité au contexte de la saisine », *in* Emmanuel CARTIER, Laurence GAY et Alexandre VIALA (dir.) *La QPC : vers une culture constitutionnelle partagée*, Actes du colloque organisé au Palais du Luxembourg, le 24 mars 2014, Unité mixte de Recherche Droits international, comparé et européen, Centre de recherche droits et perspectives du droit, Centre d'études et de recherches comparatives constitutionnelles et politiques, Éd. Institut universitaire Varenne, Coll. Colloques et essais, 2015, p. 105-117, notamment p. 106.
[2276] Guillaume DRAGO, *Contentieux constitutionnel français*, Éd. Puf, Coll. Thémis, 2016, p. 41.
[2277] *Id.*

l'État »[2278]. Autrement dit, l'opposition se structure, pour l'essentiel, dans la prise en compte à l'occasion de la résolution d'une question de constitutionnalité soit, d'une *situation subjective,* pour reprendre les termes du professeur Drago, soit, au contraire, *d'une situation objective.* Si le concept de *situation* cristallise bien la ligne de démarcation, son indétermination rend cette dichotomie toujours très obscure. Il importe alors de préciser le concept de *situation subjective.*

923. *D'une part,* la notion de particularité apparaît d'une aide précieuse pour mieux délimiter le champ de la dichotomie : contrôle constitutionnel concret / contrôle constitutionnel abstrait. Schématiquement, le contrôle de constitutionnalité serait abstrait à la seule condition que le juge ne prenne pas en compte la situation subjective à son origine. Autrement dit, le contrôle serait abstrait si le juge refuse de prendre en compte à la fois les particularités de la question mais également les particularités du cas ayant donné lieu à la question de constitutionnalité. Ce serait là la manifestation essentielle du caractère abstrait de son contrôle. Il ne tiendrait pas compte des *situations subjectives* c'est-à-dire *des situations particulières.* Il s'agit là d'une première précision.

924. *D'autre part,* l'opposition contrôle concret / abstrait soulève avant tout la question de la nature de l'opération d'interprétation effectuée par le juge. Dans le cadre d'un contrôle abstrait, le juge détermine le sens d'un texte ou d'un énoncé indépendamment de l'application qui en est faite dans le cas d'espèce. À l'inverse, dans le cadre d'un contrôle concret, le juge détermine ce sens en fonction notamment « des conséquences de sa mise en œuvre dans une situation concrète »[2279] donc en fonction de son contexte d'application. Les vecteurs de concrétisation [2280] du contrôle de constitutionnalité sont nombreux et s'incarnent dans la prise en compte par le juge des faits du litige, de faits plus généraux voire des effets des règles qu'il doit interpréter.

925. Ces précisions acquises, l'on défendra l'idée que l'on assiste à un lent mouvement de concrétisation du contrôle du juge constitutionnel. Cette hypothèse est conforme au constat de M. Mathieu Carpentier qui écrivait, qu'« il y a des contrôles plus ou moins concrétisés en fonction des techniques employées par le juge constitutionnel »[2281]. Dans ces conditions le type de contrôle n'est jamais pur et apparaît toujours susceptible de degrés. Il n'est donc jamais à proprement parler concret ou abstrait mais toujours plus ou moins concret ou plus ou moins abstrait.

926. Le mouvement de concrétisation que l'on va s'efforcer de mettre en évidence doit permettre de confirmer l'hypothèse du présent chapitre, à savoir que la recherche de la justice détermine le sens d'une partie des

---

[2278] *Id.*

[2279] Benoît FRYDMAN, *Le sens des lois: histoire de l'interprétation et de la raison juridique*, *op. cit.*, p. 618.

[2280] Laurence GAY, « Repenser le contrôle concret de constitutionnalité. Plaidoyer pour une concrétisation accrue des décisions QPC », *in* Emmanuel CARTIER, Laurence GAY et Alexandre VIALA (dir.), *La QPC: vers une culture constitutionnelle partagée*, *op. cit.*, p. 128.

[2281] Mathieu CARPENTIER, « Pour de nouveaux 'modèles' de justice constitutionnelle », *RIDC*, vol. 68, n°1, 2016, p. 200.

décisions du Conseil constitutionnel. *C'est bien parce que la justice est appréciation et prise en compte du particulier* qu'elle caractérise le mouvement de concrétisation du contrôle de constitutionnalité. Celui-ci se révèle avant tout dans la faculté dont dispose le Conseil constitutionnel, non pas tant de mobiliser le particulier, mais bien plus de le décréter à l'appui d'une question de constitutionnalité. En décrétant le particulier, c'est-à-dire en l'appréhendant par la qualification de telle ou telle *situation particulière*, le juge constitutionnel met en œuvre, à son échelle, l'adage *suum cuique tribuere.* Ce mouvement de particularisation passe par l'appréciation par le Conseil constitutionnel des situations spécifiques dont il est saisi (I) comme des effets de ses décisions (II).

I. L'appréciation de la situation par le juge constitutionnel

927. Comme l'écrit Perelman dans son *Traité de l'argumentation,* la règle de justice « exige l'application d'un traitement identique à des êtres ou à des situations que l'on intègre à une même catégorie »[2282]. Guidée par la valeur de justice, l'opération d'interprétation cherche alors à déterminer le sens d'un texte au regard de sa mise en œuvre dans le cadre d'une situation concrète – ou particulière si l'on veut. Autrement dit, toute référence « particulariste » à l'appui d'une opération d'interprétation peut s'entendre d'une référence implicite à la valeur de justice puisqu'elle suppose une interprétation concrète. Deux outils référentiels du Conseil constitutionnel illustrent ce phénomène. Il s'agit des références aux *situations particulières* (A) ou à des *contextes* spécifiques (B). Dans les deux cas, ces références permettent de résoudre la question de constitutionnalité dont le juge est saisi.

A. Les références à la « situation particulière » dans la jurisprudence du Conseil constitutionnel

928. Le juge constitutionnel mobilise assez largement l'interprétation « particulariste » dans le cadre de sa jurisprudence relative au principe d'égalité et à la différence de traitement qu'il autorise. Dans cette hypothèse, égalité et justice sont liées et l'égalité constitue bien le « principe formel de la justice distributive »[2283], comme l'écrit le professeur Jouanjan. En effet, au sens formel, « l'égalité signifie *traiter* de manière égale ce qui est essentiellement égal »[2284]. L'égalité suppose donc que l'on rapporte un *traitement juridique* à une *situation juridique*. De ce point de vue, « lorsqu'il y a inégalité de traitement, il doit y avoir inégalité de situation »[2285].

2282 Chaïm PERELMAN et Lucie OLBRECHTS-TYTECA, *Traité de l'argumentation: la nouvelle rhétorique*, Éd. Université de Bruxelles, Coll. ULBlire, 2008, p. 294.
2283 Olivier JOUANJAN, « Le Conseil constitutionnel, gardien de l'égalité ? », *Jus Politicum* n°7, 2012.
2284 *Id.* ; v. égal. Neil MACCORMICK, *Legal reasoning and legal theory* [1978], tr. fr. Jérôme GAGEY, *Raisonnement juridique et théorie du droit*, Éd. PUF, Coll. Les voies du droit, 1996, p. 85.
2285 Olivier JOUANJAN, « Le Conseil constitutionnel, gardien de l'égalité ? », *loc. cit.*

929. Trois conséquences, au moins, ressortent de cette définition formelle de l'égalité d'après M. Olivier Jouanjan. *Premièrement*, définie de la sorte, l'égalité « ne donne qu'une règle formelle concernant le raisonnement juridique à tenir lorsqu'il s'agit de comparer des situations et les traitements qui leur sont appliqués »[2286]. *Deuxièmement,* elle « suppose une série d'appréciations substantielles concernant les situations et les traitements »[2287]. *Troisièmement,* « de telles appréciations substantielles supposent la prise en compte de *critères* matériels d'appréciation »[2288]. Ce phénomène de matérialisation qu'accompagne la prise en compte de l'égalité est avant tout un phénomène de concrétisation du contrôle opéré par le juge. Il s'inscrit pleinement dans le mouvement de particularisation de son office d'interprétation et illustre la recherche, par le juge, d'une certaine forme de justice.

930. Plusieurs considérants de principe illustrent la teneur des liens entre particularité du traitement et particularité de la situation. *Dans un premier temps*, le juge pouvait estimer que « le principe d'égalité ne fait pas obstacle à ce qu'à des situations différentes puissent être appliquées des règles différentes »[2289]. La jurisprudence du Conseil constitutionnel s'est *ensuite* solidifiée autour du considérant suivant : « le principe d'égalité ne s'oppose ni à ce que le législateur règle de façon différente des situations différentes, ni à ce qu'il déroge à l'égalité pour des raisons d'intérêt général, pourvu que, dans l'un et l'autre cas, la différence de traitement qui en résulte soit en rapport avec l'objet de la loi qui l'établit »[2290]. Ce considérant laisse apparaître deux grands motifs *justifiant* d'une potentielle différence de traitement au regard de la Constitution : une différence de traitement ou un intérêt général. Il importe de ne s'attarder que sur la première branche du considérant qui constitue bien « le motif principal »[2291] de justification d'une différence de traitement. Il importe surtout de s'attacher à clarifier l'expression (1°). Ce préalable effectué, il suffira, à la lecture de la jurisprudence du Conseil, d'apprécier dans quelle mesure celui-ci s'y réfère (2°).

1° La « situation particulière » comme « situation juridique »

931. M. François Luchaire reprochait à l'expression de « situation particulière » d'être « hélas, trop systématiquement utilisée par le Conseil constitutionnel »[2292]. Ces regrets démontrent que l'expression de « situation particulière » est revêtue d'une véritable signification juridique.

[2286] *Id.*
[2287] *Id.*
[2288] *Id.*
[2289] Cons. Const., décision n°81-129 DC du 31 octobre 1981, *Loi portant dérogation au monopole d'État de la radiodiffusion*, cons. 15 ; Cons. Const., décision n°86-217 DC du 18 septembre 1986, *Loi relative à la liberté de communication*, cons. 75.
[2290] Cons. Const., décision n°87-232 DC du 7 janvier 1988, *Loi relative à la mutualisation de la Caisse nationale de crédit agricole*, cons. 10.
[2291] Ferdinand MELIN-SOUCRAMANIEN, *Le principe d'égalité dans la jurisprudence du conseil constitutionnel*, Éd. Economica, Coll. Droit public positif, 1997, p.165.
[2292] François LUCHAIRE, « Un Janus constitutionnel : l'égalité », *RDP,* vol. 103, 1986, p. 1243.

L'appréciation de la « situation particulière » implique, pour le juge, qu'il relève des « différences dans la condition préalable de la personne (physique ou morale) »[2293] ; cette « condition préalable » s'entendant principalement de la « condition juridique » de la personne, et de façon plus accessoire, de « l'organisation » ou de la « localisation » de celle-ci. À titre d'exemple, le traitement différent des *membres des conseils généraux* et de *ceux des assemblées territoriales* au regard de l'accès à la fonction publique[2294] ou encore celui de *l'acquéreur d'un bien par rente viagère sous forme de prestations de service personnel* et *des autres acquéreurs* en matière d'acquisition locative[2295] remplissent cette condition. Dans ces exemples, que l'on pourrait multiplier, la différence de traitement juridique qui consiste *soit* en l'application d'un avantage législatif ou *soit* en la soustraction à une obligation législative dépend pour l'essentiel *d'une différence objective de situation juridique*. Par exemple, la différence de situation entre *les présidents des Universités élus par un collège en vertu d'une loi spécifique* et *ceux élus sous le régime d'une autre loi ultérieure* est avant tout juridique[2296]. Il n'existe aucune différence particulière entre ces entités dans leur nature comme dans leur fonction si ce n'est celle de relever d'un régime juridique différent.

932. Cette présentation se heurte tout de même à l'imprécision de la catégorie de *situation* mobilisée par le juge constitutionnel. Si la catégorie semble recouper, pour l'essentiel, des situations *juridiques* cela n'est pas toujours le cas. Et bien souvent, la situation particulière est appréciée par le juge constitutionnel au regard d'éléments de contexte. Dans ce cas précis, la particularisation de son office est bien plus forte. Autrement dit, le contrôle du juge apparaît « plus » *concret* lorsqu'il se réfère à une différence de situation *factuelle* plutôt que *juridique*.

933. Pour sa part, la catégorie même de *situation juridique* revêt une dimension abstraite – ou objective. Waline estime, par exemple, que la raison d'être de l'ordre juridique réside dans la prise en compte des *situations juridiques objectives*. Dans cette veine, l'ordonnancement juridique est défini comme « l'ensemble des règles juridiques et des situations juridiques particulières, c'est-à-dire des droits subjectifs et des obligations, qui existent à un moment donné dans un groupe social soumis à une norme fondamentale commune »[2297]. La situation juridique s'opposerait ainsi, pour l'illustre auteur, aux normes dotées, on le sait, d'une « certaine généralité »[2298].

[2293] *Ibid.*, p. 1244.

[2294] Cons. Const., décision n°82-153 DC du 14 janvier 1983, *Loi relative au statut général des fonctionnaires*.

[2295] Cons. Const., décision n°84-172 DC du 26 juillet 1984, *Loi relative au contrôle des structures des exploitations agricoles et au statut du fermage*.

[2296] Cons. Const., décision n°81-130 DC du 30 octobre 1981, *Loi portant abrogation de la loi n°80-564 du 21 juillet 1980 modifiant les articles 13, 14 et 15 de la loi d'orientation de l'enseignement supérieur du 12 novembre 1968 et portant modification des articles 14 et 15 de ladite loi.*

[2297] Marcel WALINE, *L'individualisme et le droit*, Éd. Dalloz, Coll. Bibliothèque Dalloz, 2007, p. 113

[2298] *Id.*

934. Le concept de situation juridique a été popularisé, en France, par les travaux de Léon Duguit. Pour le Doyen de Bordeaux, le concept de situation juridique s'accommode tout particulièrement de la conception objectiviste du droit qu'il promeut. Dans ce schéma, les règles de droit dérivent des situations juridiques. Dans ces conditions, il « n'existe point de droit subjectif »[2299] et l'auteur rejette toute théorie individualiste du droit. Pourtant, « dans des conditions déterminées par le droit objectif, des voies de droit sont ouvertes tendant à garantir aux individus certains avantages en réprimant certains agissements ». « De ces individus, précise Duguit, on dit qu'ils se trouvent dans une certaine situation juridique »[2300]. Or, ajoute-t-il, les « situations juridiques forment avec le droit objectif l'ordonnancement juridique d'une société » [2301] à condition de les distinguer encore soigneusement et de faire le départ entre les « situations juridiques objectives » et les « situations juridiques subjectives »[2302]. Les situations juridiques objectives dérivent directement de la norme juridique, de la loi positive quand la norme a été formulée par un législateur »[2303]. Cette situation revêt un caractère permanent jusqu'à modification ou abrogation expresse par le législateur.

935. En droit public, on en trouve une illustration dans la catégorie de *l'électeur.* Cette catégorie constitue une véritable situation juridique objective. La situation d'électeur est *tout d'abord* une *situation juridique* puisqu'elle est conditionnée par la mise en œuvre d'un régime juridique spécifique. Elle est *ensuite objective* puisque « l'électeur ne perd point sa situation quand il a une ou plusieurs fois exercé ses prérogatives électorales, il les conserve tant que reste intacte la loi qui les crée »[2304]. En droit privé, Duguit évoque la « situation légale d'enfant légitime, laquelle lui assure un ensemble de prérogatives qu'il peut opposer à tous et qu'il conserve tant que la loi qui l'a créée et qui l'a réglée n'est pas abrogée ou modifiée »[2305]. La situation juridique est bien objective « parce qu'elle est permanente »[2306] et surtout « opposable à tous »[2307].

936. À l'inverse des précédentes, les situations juridiques sont subjectives lorsqu'elles apparaissent « spéciales et momentanées » [2308] c'est-à-dire qu'elles ne peuvent être invoquées que par une ou plusieurs personnes individuellement déterminées et qu'elles ne peuvent être opposées qu'à une ou plusieurs personnes aussi individuellement déterminées »[2309]. Comme l'explique Duguit, la situation juridique objective n'est jamais qu'une

---

2299 Léon Duguit, *Traité de droit constitutionnel*, T. I, *La règle de droit*, 3ème éd., Éd. E. de Boccard, 1927, p. 307.
2300 *Id.*
2301 *Ibid.*, p. 308.
2302 *Id.*
2303 *Id.*
2304 *Ibid.*, p. 309.
2305 *Ibid.*, p. 310.
2306 *Ibid.*, p. 206.
2307 *Ibid.*, p. 207.
2308 Léon Duguit, *Traité de droit constitutionnel*, T. I, *La règle de droit*, 3ème éd., op. cit., p. 312.
2309 *Id.*

« situation exactement de même nature que celle qui est faite directement par l'application du droit objectif à tous les membres du groupe »[2310]. Dans ces conditions la distinction même de situation juridique objective et subjective perd son sens et « la situation juridique subjective se résume toujours en un ensemble d'impératifs objectifs s'adressant à des individus [...] tels que s'ils sont violés, la contrainte sociale organisée intervient » [2311] . Partant, l'appréciation de la « situation juridique » qu'elle soit subjective ou objective relève toujours logiquement d'un contrôle abstrait, c'est-à-dire d'un contrôle de simple confrontation entre normes indépendamment de toute autre forme d'appréciation. L'appréciation de la situation juridique est donc, logiquement, abstraite. C'est ce que confirme Bonnard, pour qui, « les situations juridiques générales sont celles qui, étant issues de règles générales et impersonnelles, sont communes à tous, à une catégorie indéterminée de personnes »[2312].

937. Cette lecture n'est pourtant que partiellement confirmée par la jurisprudence du Conseil constitutionnel. Celui-ci se réfère expressément à la catégorie de *situation particulière*. Dans la plupart de ses décisions, le juge constitutionnel *entend la situation particulière comme une situation juridique*.

Par exemple, il était loisible au législateur « d'assurer au budget de l'État des ressources supplémentaires en instituant un prélèvement exceptionnel sur le centre national des caisses d'épargne et de prévoyance » eu égard « à la situation juridique particulière du réseau des caisses d'épargne et de prévoyance »[2313]. Dans une décision antérieure, le juge constitutionnel avait adopté un raisonnement similaire à propos des modalités précises des élections des représentants des salariés d'entreprises. La différence de traitement « en ce qui concerne le droit de vote, entre les salariés des filiales dont le siège social est fixé sur le territoire français et ceux dont le siège social est fixé à l'étranger se justifie par la différence de situation juridique de l'entreprise qui, dans un cas, est soumise aux règles du droit français, et, dans l'autre cas, est soumise à des règles de droit non françaises »[2314].

Le raisonnement est le même en matière de différences de traitement. Dans une décision récente, des requérants invoquaient l'atteinte au principe d'égalité d'une disposition législative autorisant un employeur à licencier un salarié ayant refusé la modification de son contrat de travail effectuée en vertu d'un accord de préservation et de développement de l'emploi. Le juge constitutionnel écarte ce grief en énonçant que « le législateur a placé dans la même situation juridique l'ensemble des salariés refusant cette modification »[2315].

[2310] *Ibid.*, p. 436.

[2311] *Ibid.*, p. 441.

[2312] Roger BONNARD, *Le contrôle juridictionnel de l'administration: étude de droit administratif comparé*, Éd. Dalloz, Coll. Bibliothèque Dalloz, 2005, p. 13.

[2313] Cons. Const., décision n°98-405 DC du 29 décembre 1998, *Loi de finances pour 1999*, cons. 56.

[2314] Cons. Const., décision n°83-162 DC du 20 juillet 1983, *Loi relative à la démocratisation du secteur public*, cons. 54.

[2315] Cons. Const., décision n°2017-665 QPC du 20 octobre 2017, *Confédération générale du travail – Force ouvrière*, § 15.

De la même façon, le juge constitutionnel s'est référé à plusieurs reprises à une situation particulière établie uniquement au regard de certaines règles juridiques. Dans ces conditions, l'on comprend que la situation particulière soit appréhendée par le juge constitutionnel comme une « situation juridique ». Par exemple, « les établissements signataires d'un contrat pluriannuel d'objectifs et de moyens sont soumis à une tarification de leurs prestations par les autorités publiques fondée sur un état des prévisions de dépenses et de recettes, établi globalement en fonction des besoins des personnes prises en charge »[2316]. Partant, ajoute le juge, ils « ne sont pas placés, au regard des règles de tarification dans la même situation que les autres établissements qui sont financés par des dotations annuelles »[2317] et peuvent subir un traitement différent.

De la même façon, les « établissements de santé publics et les établissements de santé privés participant au service public hospitalier sont, compte tenu de leurs statuts, placés dans des situations différentes de celle des autres établissements de santé au regard des règles de tarification des soins »[2318]. Partant, « en prolongeant pour une durée de quatre ans les règles dérogatoires relatives à la détermination de l'assiette de la participation financière des assurés aux frais de soins, le législateur a traité différemment des situations différentes »[2319].

Mobilisant un raisonnement similaire, le juge constitutionnel a pu, dans une décision *2010-607 DC* considérer que la mise en place par le législateur d'un régime de pension de retraite à deux vitesses reposant sur la prise en compte des « facteurs de pénibilité » auxquels auraient été exposés les salariés concernés, ne méconnait pas le principe d'égalité au motif que « les personnes atteintes d'une incapacité de travail et ayant été exposées à des 'facteurs de pénibilité' pendant l'accomplissement de leur travail ne se trouvent pas, au regard des règles de fixation de l'âge d'ouverture du droit à une pension de retraite, dans la même situation que celles n'ayant pas subi cette exposition »[2320]. Le contrôle du Conseil constitutionnel en matière d'égalité répond donc d'une conception objectiviste de la situation particulière ; celle-ci étant largement entendue comme une situation juridique.

938. Ce constat est partiellement valide puisque se dessine, en parallèle, un autre mouvement jurisprudentiel, bien plus éloigné de telles considérations objectivistes. En effet, le juge constitutionnel ponctue parfois certaines de ces décisions d'une appréciation plus concrète des situations particulières. Dans ces conditions, les situations particulières sont alors appréciées de façon contextuelle. Ce phénomène a notamment été mis en évidence par M. Ferdinand Mélin-Soucramanien dans sa thèse. Celui-ci

[2316] Cons. Const., décision n°2017-756 DC du 21 décembre 2017, *Loi de financement de la sécurité sociale pour 2018*, § 77.
[2317] *Id.*
[2318] Cons. Const., décision n°2015-723 DC du 17 décembre 2015, *Loi de financement de la sécurité sociale pour 2016*, cons. 42.
[2319] *Id.*
[2320] Cons. Const., décision n°2010-607 DC du 10 juin 2010, *Loi relative à l'entrepreneur individuel à responsabilité limitée*, cons. 14.

proposait, à rebours de certains commentateurs avisés comme le professeur Luchaire, une classification de la jurisprudence du Conseil constitutionnel en matière d'égalité selon qu'elle s'attachait à apprécier des différences de *situations de droit* ou des *situations de fait*[2321].

939. Une lecture actualisée des décisions du Conseil constitutionnel avalise cette classification. Celle-ci révèle surtout l'ambiguïté de l'appréciation par le juge constitutionnel des *situations particulières*, dans le cadre de sa jurisprudence en matière d'égalité. Or, en s'attachant désormais à identifier des *situations particulières* fondées sur des *différences factuelles*, le juge opère une transformation de son contrôle et entérine une concrétisation de celui-ci. En réalité, ce phénomène dépasse la seule jurisprudence du Conseil constitutionnel et s'attache à tout contrôle fondé sur l'égalité[2322]. Quoiqu'il en soit, la concrétisation du contrôle de constitutionnalité, qui s'entend d'une individualisation de celui-ci ou d'une particularisation, constitue la manifestation la plus éclatante de la recherche par le juge constitutionnel d'une certaine forme de justice.

2° L'ambiguïté des « situations particulières » rattachées à des considérations de fait

940. Plusieurs exemples illustrent, à première vue, une appréciation juridique par le Conseil constitutionnel des situations particulières. Il s'agit notamment de la *situation particulière* des *collectivités territoriales* (α), des *membres des institutions politiques* (β), des *enfants mineurs* (γ), des *salariés* (δ), des *usagers* (ε).

941. Dans tous les cas, il s'agit de situations juridiques objectives qui n'existent à première vue que par cela qu'elles obéissent à un régime particulier juridiquement organisé. Ainsi, à titre d'exemple, la collectivité territoriale n'existe pas en tant que telle, le parlementaire non plus, encore moins que l'enfant mineur. Ces trois personnes physiques et morales n'existent que par cela qu'elles sont dotées d'un *status* c'est-à-dire qu'elles sont attachées à une situation juridique spécifique.

942. La jurisprudence du Conseil constitutionnel revêt pourtant, en la matière, une certaine ambiguïté. En effet, la particularité des situations de ces différentes personnes juridiques n'est pas tant fondée sur la différence de leurs *status,* mais plus sur des considérations purement factuelles, essentiellement liées au contexte d'application des dispositions à interpréter.

α. La situation particulière des collectivités territoriales

943. C'est bien dans la jurisprudence relative aux collectivités d'outre-mer que l'on trouve les raisonnements les plus purs du Conseil constitutionnel en matière de différences de traitement et d'appréciation des situations particulières. Si le juge constitutionnel prend garde par exemple à

[2321] Ferdinand MELIN-SOUCRAMANIEN, *Le principe d'égalité dans la jurisprudence du conseil constitutionnel*, *op. cit.*, p. 167.

[2322] Pour plus de précisions, v. Olivier JOUANJAN, *Le principe d'égalité devant la loi en droit allemand*, Éd. Economica, Coll. Droit public positif, 1992, p. 182.

affirmer que « le statut des départements d'outre-mer doit être le même que celui des départements métropolitains »[2323] c'est bien uniquement « sous la seule réserve de mesures d'adaptation nécessitées par leur situation particulière »[2324]. De cette façon, la loi peut prévoir des mesures d'adaptation « susceptibles de se traduire par un aménagement limité des compétences des régions et des départements d'outre-mer par rapport aux autres régions et départements »[2325].

Ce raisonnement a pu être repris à propos de la Nouvelle-Calédonie, et de la possibilité, sur le fondement de l'article 74 de la Constitution, pour le législateur d'instituer « outre le congrès du territoire, un conseil exécutif composé d'élus, non seulement chargé de préparer et de mettre en œuvre les délibérations du congrès, mais également doté de pouvoirs propres »[2326].

De la même façon et sur le même fondement, le « législateur a pu prévoir qu'en certaines matières [...] les décisions de ce conseil ne pourront être prises qu'à la majorité qualifiée des deux tiers des membres présents »[2327].

Plus récemment, le juge constitutionnel a apprécié la justification d'une exonération ponctuelle d'impôt prévu par le législateur aux seules communes soumises « pour la première fois, à compter du 1er janvier 2015, à l'obligation de comporter une part minimale de logements locatifs sociaux ». Cette différence de traitement juridique est justifiée, semble-t-il, par « la situation particulière des communes nouvellement soumises à cette obligation »[2328]. Autrement dit, la différence de situation est ici une différence de situation juridique, c'est-à-dire fonction d'une particularité juridique dont le fondement réside dans un ou plusieurs articles de la Constitution au premier rang desquels l'article 74 ou encore l'article 73 dans son ancienne rédaction qui prévoyait que « le régime législatif et l'organisation administrative des départements d'Outre-mer peuvent faire l'objet de mesures d'adaptation nécessitées par leur situation particulière ».

Ces exemples mobilisent bien ce que la doctrine, dans le sillage de Duguit, a pu qualifier de situation juridique objective. Toutefois, si Roubier estimait pour sa part, à l'inverse de Duguit, « que la situation juridique objective est toujours une situation individuelle, comme toutes les situations juridiques »[2329], c'est plutôt dans son versant objectiviste que le Conseil constitutionnel a tenté d'appréhender la notion de *situation particulière*. Autrement dit, la situation particulière des collectivités territoriales est à

[2323] Cons. Const., décision n°82-147 DC du 2 décembre 1982, *Loi portant adaptation de la loi n°82-213 du 2 mars 1982 relative aux droits et libertés des communes, des départements et des régions à la Guadeloupe, à la Guyane, à la Martinique et à la Réunion*, cons. 4 ; Cons. Const., décision n°84-174 DC du 25 juillet 1984, *Loi relative aux compétences des régions de Guadeloupe, de Guyane, de Martinique et de la Réunion*, cons. 5.

[2324] *Id.*

[2325] *Id.*

[2326] Cons. Const., décision n°87-241 DC du 19 janvier 1988, *Loi portant statut de la Nouvelle-Calédonie*, cons. 7.

[2327] *Id.*

[2328] Cons. Const., décision n°2016-745 DC du 26 janvier 2017, *Loi relative à l'égalité et à la citoyenneté*, § 38.

[2329] Paul ROUBIER, *Droits subjectifs et situations juridiques*, Éd. Dalloz, Coll. Bibliothèque Dalloz, 2005, p. 81.

première vue fondée sur l'objectivité de leur particularité qui ne correspond jamais qu'à l'objectivité de leur *status*. Dans ce schéma, la différence de traitement juridique est justifiée par une différence de situation juridique – objective en tant que telle. C'est là le sens des premières décisions rendues par le juge en matière de différenciation des collectivités territoriales.

944. Une autre tendance se dessine pourtant dans la jurisprudence du Conseil constitutionnel. Les décisions du juge constitutionnel laisseraient apparaître une évolution de l'appréciation par le juge de la *situation particulière*. Il n'est pas rare, en effet, que le Conseil constitutionnel substitue, à une appréciation traditionnellement *juridique* des *situations particulières,* une appréciation *contextuelle* des *situations particulières.* Sa jurisprudence est donc, en la matière, assez aléatoire. C'est là que réside finalement toute son ambiguïté.

La décision *2003-474 DC* illustre tout particulièrement cette ambiguïté. Était en cause, une disposition législative renvoyant à un décret le soin de fixer les modalités de répartition d'une dotation devant constituer « une aide au passage aérien » des résidents outre-mer, en tenant compte de l'éloignement de chacune d'entre elles de la métropole. Les requérants invoquaient à cette occasion une atteinte au principe d'égalité entre la Corse et l'outre-mer. Le juge constitutionnel rejette clairement l'argumentaire en considérant que « par sa situation géographique et son régime statutaire, la collectivité de Corse ne se trouve pas, eu égard à l'objet de la loi déférée dans la même situation que les collectivités régies par les articles 72-3 et suivants de la Constitution »[2330]. La particularité de la situation de la Corse vis-à-vis des collectivités d'outre-mer est alors doublement appréciée. Elle est à la fois *juridique* puisqu'elle dépend du régime statutaire de la Corse, de son *status,* mais également *contextuelle* puisqu'elle dépend aussi de la « situation géographique » de la collectivité. D'autres décisions confirment cette évolution. Par exemple, le juge constitutionnel a pu se baser sur la « situation particulière et les difficultés durables du département de la Guyane et, dans le département de la Guadeloupe, de la commune de Saint-Martin, en matière de circulation internationale des personnes » pour justifier un traitement différent de la part du législateur, à savoir qu'il y maintienne un régime dérogatoire en matière de délivrance des titres de séjour notamment[2331].

Cet argumentaire était déjà repris *expressis verbis* dans une décision *97-389 DC* pour la seule Guyane et justifiait notamment que le législateur permît un contrôle des véhicules aux frontières le long d'un certain périmètre. Au soutien de cette décision, le juge constitutionnel évoque la « situation particulière du département de la Guyane au regard de l'immigration clandestine » justifiant des contrôles d'identité dans certaines zones géographiques spécifiques[2332]. Dans les deux cas, le juge constitutionnel

---

[2330] Cons. Const., décision n°2003-474 DC du 17 juillet 2003, *Loi de programme pour l'outre-mer*, cons. 24.

[2331] Cons. Const., décision n°2003-467 DC du 13 mars 2003, *Loi pour la sécurité intérieure*, cons. 110.

[2332] Cons. Const., décision n°97-389 DC du 22 avril 1997, *Loi portant diverses dispositions relatives à l'immigration*, cons. 21

ajoute à ce contrôle, un contrôle supplémentaire des raisons d'intérêt général – nécessairement *contextuelles* – justifiant la différence de traitement. Il considère ainsi qu'il s'agissait respectivement de « renforcer la lutte contre l'immigration clandestine » [2333] et de rechercher « les auteurs d'infraction »[2334].

De la même façon, la *situation particulière* de Mayotte, appréciée concrètement, a pu justifier du législateur qu'il adapte « les conditions dans lesquelles est formé le jury de la Cour d'assises de Mayotte » en prévoyant un dispositif particulier de tirage au sort de ses membres, non pas sur les listes électorales mais sur une liste restreinte de citoyens établie par certaines autorités. En effet, « une proportion importante de la population de Mayotte ne remplit pas les conditions d'âge, de nationalité et de connaissance de la langue et de l'écriture française exigées pour exercer les fonctions d'assesseur-juré »[2335]. Partant il y a bien souci de justice de la part du juge constitutionnel au sens où celui-ci est amené à interpréter de façon particulariste un dispositif législatif au regard des conditions concrètes de sa mise en œuvre.

945. Si ces décisions sont plutôt claires, le juge constitutionnel a pu redoubler d'ambiguïté à l'occasion de plusieurs QPC en mêlant de façon assez surprenante *situations juridiques* et *situations contextuelles.*

Ainsi, dans une décision *2017-678 QPC,* le juge constitutionnel estime que la création d'un fonds exceptionnel à destination des collectivités territoriales connaissant une situation financière particulièrement dégradée porte atteinte au principe d'égalité entre les collectivités. Était critiquée la répartition des crédits en deux enveloppes, la première destinée aux départements de métropole et à la métropole de Lyon ; la seconde destinée aux départements d'outre-mer et à la Guyane, la Martinique, Mayotte, Saint-Martin, Saint-Barthélémy et Saint-Pierre-et-Miquelon. Saisi de l'appréciation de cette différence de traitement et notamment de l'appréciation de sa justification, le juge constitutionnel estime qu'en instituant cette distinction le « législateur a entendu tenir compte de la situation particulière de certaines collectivités d'outre-mer et des charges spécifiques auxquelles elles doivent faire face en raison de leur contexte économique et social et du poids de leurs dépenses liées aux allocations individuelles de solidarité » [2336]. Partant, s'il apprécie juridiquement la situation particulière de certaines collectivités *au regard* du poids de leurs dépenses liées aux allocations individuelles de solidarité, il n'en apprécie pas moins factuellement « les charges spécifiques auxquelles elles doivent faire face en raison de leur *contexte économique et social* »[2337].

La décision *2016-589 QPC* illustre davantage cette ambiguïté. L'association des maires de Guyane mettait en cause la différence de répartition d'une dotation – l'octroi de mer – entre les communes guyanaises

---

[2333] Cons. Const., décision n°2003-467 DC du 13 mars 2003, *préc.*
[2334] Cons. Const., décision n°97-389 DC du 22 avril 1997, *préc.*
[2335] Cons. Const., décision n°2016-544 QPC du 3 juin 2016, *M. Mohamadi C.*, § 8.
[2336] Cons. Const., décision n°2017-678 QPC du 8 décembre 2017, *Département de la Réunion*, § 7.
[2337] *Id.*

et la collectivité de Guyane au regard des règles existant pour la Guadeloupe, la Martinique et La Réunion où cette dotation bénéficiait aux seules communes indépendamment de la collectivité elle-même. Saisi de cette question, le juge constitutionnel estime que la différence de traitement juridique apparaît justifiée par une différence de situation appréciée bien plus factuellement que juridiquement. Il s'agissait pour le législateur de « tenir compte de la situation particulière de la Guyane et des charges spécifiques auxquelles la collectivité territoriale de Guyane doit faire face en raison des contraintes liées à l'aménagement et au développement de ce territoire et à son contexte économique et social »[2338].

946. Le phénomène de « particularisation » du contrôle de constitutionnalité apparaît ici dans toute sa lumière. Cette évolution fragilise la classification du contrôle de constitutionnalité en contrôle abstrait. Elle n'est surtout pas limitée au seul champ des collectivités territoriales. Il en va de même, dans une certaine mesure, de la situation particulière de membre d'une institution que ce soit le Parlement, le Gouvernement ou même la présidence de la République.

β. La situation particulière des membres d'une institution politique

947. La qualité *de parlementaire* est susceptible d'une appréciation particulariste à la fois juridique et factuelle. En effet, d'après une jurisprudence constante, le juge constitutionnel estime que la situation particulière de membre du Parlement – qui constitue à première vue une situation juridique objective découlant de l'article 3 de la Constitution – ne fait pas obstacle à ce qu'il fasse l'objet d'un traitement juridique particulier de la part du législateur. Celui-ci peut comporter une obligation de « publication des déclarations d'intérêts et d'activités des membres du Parlement et une publicité de leurs déclarations de situation patrimoniale sous la forme d'une consultation par les électeurs »[2339] ou une obligation de « déposer auprès d'une autorité administrative indépendante une déclaration d'intérêts et d'activités » au besoin en mentionnant les participations directes dans des sociétés, entreprises ou organismes de conseil[2340]. L'atteinte portée à leur vie privée, énonce le juge constitutionnel, « doit être appréciée en tenant compte de leur situation particulière et de leurs prérogatives »[2341]. À nouveau ici, le raisonnement est ambigu puisque si la situation particulière de parlementaire constitue une situation juridique objective, le Conseil constitutionnel jette le trouble en ce qu'il évoque la notion de prérogative qui réfère davantage à une situation factuelle.

948. Le raisonnement est similaire concernant la situation *de président de la République* dont la « place » comme la « nature particulière de son

[2338] Cons. Const., décision n°2016-589 QPC du 21 octobre 2016, *Association des maires de Guyane et autres*, § 16.
[2339] Cons. Const., décision n°2013-675 DC du 9 octobre 2013, *Loi organique relative à la transparence de la vie publique*, cons. 33.
[2340] Cons. Cons., décision n°2017-753 DC du 8 septembre 2017, *Loi organique pour la confiance dans la vie politique*, § 21.
[2341] *Ibid.*, § 26.

élection », justifient un traitement juridique différent permettant au législateur organique d'instaurer « une obligation de dépôt auprès d'une autorité administrative indépendante, aux fins de publication avant l'élection, de déclarations d'intérêts et d'activités par les candidats à l'élection présidentielle »[2342]. Si la *situation particulière* du président de la République est juridique en cela qu'elle dépend d'un régime juridique particulier, le statut de président, les références à sa « place » comme à « la nature particulière de son élection » évoquent avant tout des considérations liées au contexte de mise en application de la règle dont est saisi le juge constitutionnel. Dans les deux cas précédents, c'est bien en vertu des différences de situation – appréciées en fait comme en droit – de ces « personnalités » que le législateur peut instaurer un régime différent du reste des autres individus ou professions.

949. La situation particulière des *membres du Gouvernement* a fait l'objet d'une approche similaire. Le juge constitutionnel a considéré d'une part qu'au regard de leur « statut et à la situation particulière des membres du Gouvernement » et d'autre part au regard de « leur pouvoir, notamment dans l'exercice du pouvoir réglementaire et dans la détermination et la conduite de la politique de la Nation », le législateur pouvait leur appliquer un traitement différent en leur imposant « une publication de leurs déclarations d'intérêts ainsi que de leurs déclarations de situation patrimoniale par la Haute autorité »[2343]. Comme dans les exemples précédents, le raisonnement est ambigu et mélange des considérations contextuelles et des considérations juridiques.

γ. La situation particulière des mineurs

950. L'appréciation de la situation particulière du mineur illustre également ce mouvement de concrétisation des décisions du juge constitutionnel. Elle illustre l'ambiguïté dont est grevée l'approche du juge constitutionnel. Si l'on sait que le juge constitutionnel a pris l'habitude d'invoquer l'intérêt strictement subjectif de l'enfant[2344] sa jurisprudence opère tout de même une certaine confusion entre cette situation factuelle subjective et la situation juridique objective de mineur. Cette confusion prouve le caractère mixte des interprétations particularistes du juge constitutionnel.

951. La décision *2002-461 DC* l'illustre tout particulièrement. Le juge constitutionnel était saisi d'une loi instituant notamment le jugement à délai rapproché des mineurs. Le juge considère dans cette décision la loi conforme à la constitution au motif que la nouvelle procédure qu'elle instaure « répond à la situation particulière des mineurs en raison de l'évolution rapide de leur personnalité »[2345]. Formulée de la sorte, cette décision laisse perplexe. Elle

---

[2342] *Ibid.*, § 6.

[2343] Cons. Const., décision n°2013-676 DC du 9 octobre 2013, *Loi relative à la transparence de la vie publique*, cons. 17.

[2344] V. *supra*, § 595.

[2345] Cons. Const., décision n°2002-461 DC du 29 août 2002, *Loi d'orientation et de programmation pour la justice*, cons. 47.

justifie la confusion entretenue par le Conseil en matière *d'appréciation des situations particulières*. En effet, la situation particulière de mineur constitue une véritable situation juridique objective. À cet égard, la qualité de mineur n'est pas naturelle mais bien relative à l'application d'un régime juridique spécifique. Le mineur n'existe pas en tant que tel, indépendamment d'un régime juridique lui accordant ce *status*. La situation de mineur assure à l'individu un ensemble de prérogatives, opposables et qu'il conserve tout le temps où celle-ci dure.

Le juge constitutionnel opère pourtant un rattachement de cette situation à des éléments factuels. En effet, pour le juge constitutionnel, il semblerait que la situation du mineur soit *particulière* non pas juridiquement, alors que tel devrait être le cas, mais bien plus factuellement puisque le juge estime qu'elle dépend « de l'évolution rapide de leur personnalité »[2346]. Par cette formulation, c'est bien à *l'enfant* que le juge constitutionnel fait référence. C'est bien *l'enfant* qui possède une personnalité – spirituelle, psychique, sentimentale – évoluant rapidement et non pas le *mineur* qui ne possède pas de personnalité, autre qu'une personnalité juridique qui l'institue comme sujet de droit particulier. Ainsi, l'ambiguïté même de certaines catégories juridiques est entretenue par le juge constitutionnel. Cette confusion illustre tout particulièrement le mouvement de particularisation du contentieux constitutionnel.

δ. La situation particulière des salariés

952. Le cas de la situation particulière des salariés est légèrement différent. Dans un premier temps, le juge constitutionnel a pu l'évoquer non pas comme renvoyant à un *status* juridique mais bien plutôt comme une véritable raison d'intérêt général justifiant la constitutionnalité d'une loi[2347]. Cette approche a été notamment complétée en QPC dans le cadre d'une décision *2016-533 QPC*. Le juge constitutionnel était appelé à se prononcer sur l'instauration d'un régime d'assurance sociale des accidents du travail et des maladies professionnelles dans les territoires d'outre-mer se substituant partiellement à la responsabilité de l'employeur. Il considère que « compte tenu de la situation particulière d'un salarié dans le cadre de son activité professionnelle, la dérogation au droit commun de la responsabilité pour faute, résultant de la réparation forfaitaire de la perte de salaire »[2348] est conforme à la Constitution et au principe d'égalité.

953. Certaines décisions semblent pourtant consacrer une véritable appréhension du *status* de salarié. À titre d'exemple, le juge constitutionnel a pu évoquer « la situation particulière des travailleurs indépendants »[2349] dans les départements d'outre-mer justifiant l'adaptation des modalités de détermination de l'assiette des cotisations et contributions sociales sous

---

[2346] *Id.*

[2347] Cons. Const., décision n°2002-465 DC du 13 janvier 2003, *Loi relative aux salaires, au temps de travail et au développement de l'emploi*, cons. 11.

[2348] Cons. Const., décision n°2016-533 QPC du 14 avril 2016, *M. Jean-Marc P.*, cons. 9.

[2349] Cons. Const., décision n°2013-301 QPC du 5 avril 2013, *Mme Annick D. épouse L.*, cons. 6.

forme d'une exonération. Cette invocation reste ambigüe puisque si le juge se réfère bien, semble-t-il, à la situation particulière de salarié, sa jurisprudence ne permet pas d'expliciter de quelle façon il l'entend. En effet, l'invocation spécifique de « la situation particulière des travailleurs indépendants dans ces départements » sème le doute. Elle est précédée d'une référence à l'intention du législateur qui aurait entendu, d'une part, « prendre en compte la situation particulière des travailleurs indépendants dans ces départements », d'autre part « inciter au développement d'activités indépendantes dans ces territoires ». L'invocation, au surplus de ce considérant, de « la situation de l'emploi et celle des travailleurs indépendants dans les départements d'outre-mer » constitutive d'après le juge constitutionnel de « caractéristiques et contraintes particulières » au sens de l'article 73 de la Constitution permettant une certaine adaptation de la législation, entretient le doute quant à la nature spécifique de l'appréciation effectuée de la « situation particulière ».

ε. La situation particulière de l'usager

954. De la même façon, le juge constitutionnel a pu prendre en compte, dans une décision *79-107 DC,* la « situation particulière de l'usager »[2350]. À l'analyse, celle-ci est fondée sur des motifs contextuels tels que le lieu du domicile ou le lieu de travail permettant de justifier d'une différence de traitement juridique résidant dans l'application de tarifs différents concernant les ouvrages d'art reliant certaines voies départementales. Si la référence à la situation particulière entretient les doutes quant à la nature précise de l'appréciation, abstraite ou concrète, juridique ou factuelle, il n'en va pas de même de la référence explicite au contexte, qui renvoie logiquement à un contrôle concret de constitutionnalité davantage tourné vers l'environnement social, factuel, du cas d'espèce.

B. Les références au « contexte » dans la jurisprudence du Conseil constitutionnel

955. Les décisions du juge constitutionnel contiennent de nombreux indices de la référence au *contexte* dans lequel s'insère la règle qu'il doit interpréter. L'indice le plus probant réside sans surprise dans l'utilisation *expresse* de la notion au soutien de son argumentaire. De façon plus insidieuse néanmoins, il n'est pas rare que le juge constitutionnel se réfère à un ensemble de données de fait pour apprécier – sans le nommer – un contexte particulier. Dans le premier cas, la référence est explicite (1°). Dans le second cas, elle est implicite (2°).

<u>1° La référence explicite au « contexte »</u>

956. Plusieurs décisions *récentes* du Conseil constitutionnel comportent mention explicite du *contexte*. Il s'agit là d'une preuve supplémentaire de ce

---

2350 Cons. Const., décision n°79-107 DC du 12 juillet 1979, *Loi relative à certains ouvrages reliant les voies nationales ou départementales*, cons. 4.

qu'il existe un véritable mouvement de concrétisation du contrôle de constitutionnalité. La première référence expresse au contexte d'application d'une disposition législative remonte à la décision *98-401 DC*. Saisi d'une loi d'orientation destinée à « préparer le terrain » pour une réduction de la durée légale du travail effectif, le juge constitutionnel énonce laconiquement, après avoir rappelé la compétence du législateur en matière de fixation des principes fondamentaux du droit du travail, que celui-ci, par la présente loi « a entendu, dans le contexte actuel du marché du travail, s'inscrire dans le cadre du cinquième alinéa du Préambule de la Constitution de 1946 »[2351].

957. Le juge constitutionnel appréhende de diverses façons le contexte.

Il se réfère parfois au *contexte économique et social*. C'est notamment le cas lorsqu'il souhaite établir un traitement différent concernant les collectivités d'outre-mer. La décision précédemment citée *2017-678* QPC l'illustre tout particulièrement et énonce « qu'en instituant deux enveloppes distinctes à destination, d'une part des collectivités de métropole et, d'autre part, des collectivités d'outre-mer, le législateur a entendu tenir compte de la situation particulière de certaines d'entre elles et des charges spécifiques auxquelles elles doivent faire face en raison de leur *contexte économique et social* »[2352]. Le raisonnement est identique à propos de la Guyane dans la décision précitée *2016-589 QPC*[2353]. En matière de collectivités territoriales, la jurisprudence du Conseil constitutionnel a pu évoquer le *contexte de crise* permettant de justifier de l'octroi d'un avantage fiscal permettant « aux départements de financer la hausse de dépenses de solidarité »[2354]. Le *contexte de crise* est ici synonyme de *contexte social et économique*.

Le juge constitutionnel a également pu invoquer le *contexte technique* particulier. Appelé à se prononcer sur de nouvelles règles limitant la concentration économique à l'occasion de l'introduction de la diffusion numérique des services de télévision, le juge énonce qu'il était loisible au législateur d'effectuer un traitement juridique similaire – de limitations strictes – pour des situations apparemment différentes – entreprises diffusant en analogique ou en numérique – afin « de prévenir par des mécanismes appropriés, le contrôle par un actionnaire dominant d'une part trop importante du paysage audiovisuel »[2355]. D'après le juge constitutionnel il n'existerait pas de différences fondamentales de situation entre les opérateurs audiovisuels selon qu'ils opèrent en diffusion numérique ou analogique. En effet, si la diffusion numérique se caractérise par une « disponibilité plus grande de la ressource radioélectrique » [2356] à la différence de la diffusion analogique, il n'en incombait pas moins au législateur d'agir de la sorte « dans un contexte technique où la ressource

[2351] Cons. Const., décision n°98-401 DC du 10 juin 1998, *Loi d'orientation et d'incitation relative à la réduction du temps de travail*, cons. 26.
[2352] Cons. Const., décision n°2017-678 QPC du 8 décembre 2017, *préc.*, § 7.
[2353] Cons. Const., décision n°2016-589 QPC du 21 octobre 2016, *préc.*, § 16.
[2354] Cons. Const., décision n°2013-685 DC du 29 décembre 2013, *Loi de finances pour 2014*, cons. 65.
[2355] Cons. Const., décision n°2000-433 DC du 27 juillet 2000, *Loi modifiant la loi n°86-1067 du 30 septembre 1986 relative à la liberté de communication*, cons. 43.
[2356] *Ibid.*, cons. 42.

radioélectrique demeure limitée »[2357]. Pour le dire autrement, si les situations respectives apparaissent différentes, il n'en est rien au regard du contexte, qui est le même. Le contexte sert bien ici d'instrument d'interprétation et de contrôle de la règle instituant un traitement juridique particulier.

Le juge constitutionnel a également pu invoquer le *contexte démographique* [2358] pour autoriser l'extension, par le législateur, d'un avantage fiscal en matière de donations ou encore le *contexte militaire* de certains faits à l'origine des poursuites à l'encontre d'un militaire, exigeant du ministère public qu'il requiert l'avis du ministre de la Défense avant tout acte de poursuite[2359].

2° La référence implicite au « contexte »

958. Si le terme de *contexte* n'est pas toujours expressément évoqué, il arrive souvent que le juge se réfère tout de même, en dépit de toute invocation explicite, à des éléments contextuels.

Ainsi, dans une décision *98-396 DC,* le juge constitutionnel estime que « la pénurie de personnel observée dans certaines juridictions » peut justifier « un mode de recrutement exceptionnel et transitoire de magistrats »[2360] et donc un traitement juridique différent.

Plus tard, dans une décision *2002-464 DC,* le juge constitutionnel a accepté qu'une mesure soit mise en place afin d'encourager les particuliers « en dépit de la baisse ayant affecté les marchés d'instruments financiers », à « orienter leur épargne vers ces marchés, de manière à favoriser l'économie »[2361]. Il était donc loisible au législateur de faire une différence de traitement.

Dans une décision *93-325 DC* le juge constitutionnel estime « qu'au regard de leurs attaches avec la France, les étrangers qui n'ont résidé sur le territoire français que pour y effectuer des études ne sont pas dans la même situation que ceux qui y ont résidé pendant la même durée pour d'autres motifs » [2362] . Cette différence de situation justifie ainsi un traitement juridique particulier.

Dans la même veine, il énonce que « les navigants qui résident hors de France ne se trouvent pas dans la même situation que ceux qui résident en France compte tenu des conditions économiques et sociales propres aux pays où se situe le centre de leurs intérêts matériels et moraux ». Ces éléments sont constitutifs d'une « différence objective de situation » permettant au

---

[2357] *Ibid.*, cons. 43.

[2358] Cons. Const., décision n°2003-477 DC du 31 juillet 2003, *Loi pour l'initiative économique*, cons. 5.

[2359] Cons. Const., décision n°2015-461 QPC du 24 avril 2015, *Mme Christine M., épouse C.*, cons. 8.

[2360] Cons. Const, décision n°98-396 DC du 19 février 1998, *Loi organique portant recrutement exceptionnel de magistrats de l'ordre judiciaire et modifiant les conditions de recrutement des conseillers de cour d'appel en service extraordinaire*, cons. 6.

[2361] Cons. Const., décision n°2002-464 DC du 27 décembre 2002, *Loi de finances pour 2003*, cons. 20.

[2362] Cons. Const., décision n°93-325 DC du 13 août 1993, *Loi relative à l'immigration et aux conditions d'entrée, d'accueil et de séjour des étrangers*, cons. 55.

législateur d'appliquer aux navigants des règles de rémunération et de protection sociale différentes de celles prévues pour les navigants résidant en France »[2363].

De la même façon, le juge constitutionnel estime que « la personne résidant sur le territoire de la République et celle résidant hors de ce territoire ne sont pas placées dans la même situation au regard de la capacité des autorités judiciaires d'ordonner directement des mesures coercitives à leur encontre »[2364]. Partant, c'est à bon droit que le législateur a permis « au juge d'instruction de décerner un mandat d'arrêt à l'encontre d'une personne résidant hors du territoire de la République même si elle n'est pas en fuite »[2365]. Et le juge constitutionnel de confirmer que la différence de traitement « résulte de la différence de situation entre les personnes selon qu'elles résident ou non sur le territoire de la République »[2366].

De façon identique, le juge constitutionnel estime que « les personnes ayant exercé une activité ou une fonction juridique pendant une durée suffisante en France ne sont pas placées, au regard de l'accès à la profession d'avocat, dans la même situation que celles ayant exercé une telle activité ou fonction à l'étranger »[2367]. Dans ces conditions, le législateur a pu conditionner l'exercice de cette profession à « la pratique d'une activité ou d'une fonction à caractère juridique pendant une durée suffisante sur le territoire national »[2368].

Dans ces exemples, le juge constitutionnel se réfère bien, implicitement, au contexte d'application – essentiellement géographique – des règles dont il est saisi qui fonde juridiquement un traitement différent.

II. La prise en compte des effets par le juge constitutionnel

959. Si le juge constitutionnel mobilise l'interprétation particulariste toutes les fois où il se réfère au contexte d'application de la règle et notamment lorsqu'il se réfère aux situations particulières justifiant une absence d'application du principe d'égalité, il en va de même lorsque le juge apprécie tantôt les effets concrets que peuvent produire les dispositions soumises à son contrôle (A) tantôt les effets de ses propres décisions (B). *Dans la première hypothèse*, la prise en compte des effets des règles manifeste l'appréciation par le juge du cas particulier. Cela se traduit dans sa jurisprudence par l'usage de la formule « dans certains cas ». Le contrôle de constitutionnalité est alors tributaire de l'appréciation de ces cas particuliers par le juge. *Dans la seconde hypothèse*, propre au contentieux QPC, il appartient au juge d'apprécier les effets de ses décisions sur la situation des requérants. On trouve là une illustration particulièrement explicite de « l'effet-utile » des décisions de QPC. Dans les deux cas le raisonnement du

---

2363 Cons. Const., décision n°2005-514 DC du 28 avril 2005, *Loi relative à la création du registre international français*, cons. 34.

2364 Cons. Const., décision n°2014-452 QPC du 27 février 2015, *M. Olivier J.*, cons. 7.

2365 *Id.*

2366 *Id.*

2367 Cons. Const., décision n°2016-551 QPC du 6 juillet 2016, *M. Éric B.*, § 10.

2368 *Id.*

juge est conditionné par la recherche d'une certaine forme de justice entendue comme attribution à chacun de ce qui lui est dû.

A. Les effets des dispositions soumises à son contrôle : les applications particulières

960. Dans bon nombre de décisions, le juge constitutionnel interprète les dispositions dont il est saisi au regard de l'effet qui en est potentiellement attendu.

C'est notamment le cas en matière électorale. Le juge constitutionnel apprécie souvent les dispositions législatives dont il est saisi au regard de leurs effets potentiels en matière de représentation.

Ainsi, a-t-il pu considérer, dans une décision *2015-711 DC* qu'une disposition législative prévoyant au sein d'une intercommunalité, la possibilité « d'attribuer à une commune une part des sièges excédant l'écart de 20 % à la moyenne lorsque cette attribution n'a pas pour effet d'accentuer l'écart qui résulterait d'une répartition selon les règles du droit commun » est justifiée par cela qu'elle entend pallier le fait que « l'attribution des sièges à la représentation proportionnelle à la plus forte moyenne aboutit *dans certains cas, à de substantielles différences de représentation* »[2369].

De la même façon, le juge constitutionnel censure des dispositions législatives aboutissant à une vacance prolongée des sièges des conseils départementaux. Il estime que « nonobstant le caractère limité des hypothèses dans lesquelles une telle vacance peut survenir, sans qu'il soit procédé à une élection partielle, les modalités retenues par le législateur pourraient laisser plusieurs sièges vacants pendant toute la durée du mandat »[2370]. Or, « dans certains cas, le dispositif prévu par la loi pourrait conduire à ce que le fonctionnement normal du conseil départemental soit affecté dans des conditions remettant en cause l'exercice de la libre administration des collectivités territoriales »[2371].

961. En réalité, la prise en compte du cas particulier par le juge est, dans les hypothèses suivantes, assez proche d'une appréciation en termes de risques. La décision *2003-475 DC* l'illustre tout particulièrement. Le juge constitutionnel censure une disposition législative autorisant « *dans certains cas* l'inscription sur les bulletins de vote du nom de personnes qui ne sont pas candidates à l'élection »[2372]. Et le juge constitutionnel d'ajouter au soutien de son argumentation « qu'une telle inscription *risquerait* de créer la confusion dans l'esprit des électeurs et, ainsi, d'altérer la sincérité du scrutin »[2373]. La prise en compte du cas particulier illustre assez bien le mouvement de concrétisation du contentieux constitutionnel.

[2369] Cons. Const., décision n°2015-711 DC du 5 mars 2015, *Loi autorisant l'accord local de répartition des sièges de conseiller communautaire*, cons. 9.

[2370] Cons. Const., décision n°2013-667 DC du 16 mai 2013, *Loi relative à l'élection des conseillers départementaux, des conseillers municipaux et des conseillers communautaires, et modifiant le calendrier électoral*, cons. 21.

[2371] *Id.*

[2372] Cons. Const., décision n°2003-475 DC du 24 juillet 2003, *Loi portant réforme de l'élection des sénateurs*, cons. 25.

[2373] *Id.*

L'invocation du *risque* témoigne au surplus d'une évolution dans les représentations de la justice que le juge constitutionnel promeut. Il s'agit alors d'assurer la justice-protection qui correspond au *neminem laedere* de l'adage d'Ulpien. Les liens entre appréciation du cas particulier et prise en compte du risque ressortent également de la décision *87-233 DC*. Les faits étaient assez proches de ceux de la décision *2013-667 DC*. Il s'agissait pour le juge constitutionnel d'apprécier la conformité à la Constitution de dispositions législatives prévoyant une procédure d'élections cantonales partielles en cas de vacances de certains sièges. Le juge constitutionnel estime que le délai retenu « ne doit pas ouvrir à l'autorité administrative une possibilité de choix telle qu'elle puisse engendrer l'arbitraire »[2374]. Or, ajoute-t-il, « dans certains cas, par sa durée, le délai risquerait d'affecter les conditions d'exercice de la libre administration des collectivités »[2375]. C'est donc logiquement « en fonction de ces conditions que le délai de trois mois a été adopté » et que la loi déférée au Conseil, qui vise à le prolonger à six mois apparaît contraire à la Constitution.

B. Les effets de ses décisions : l' « effet utile » de la QPC et l'appréciation des intérêts

962. C'est en matière de question prioritaire de constitutionnalité que la prise en compte des effets par le juge constitutionnel reçoit son application la plus claire. En effet, le Conseil évoquait déjà « l'effet utile de la question prioritaire de constitutionnalité pour le justiciable »[2376] à l'occasion de son contrôle de la loi organique relative à l'application de l'article 61-1 de la Constitution. Cet effet utile renverse les représentations traditionnelles du contrôle de constitutionnalité entendu comme contrôle abstrait. Il suppose une prise en compte par le juge, au stade de la décision, d'un ou plusieurs cas d'espèce et favorise la mobilisation d'une interprétation concrète, éminemment particulariste. Dans tous les cas, il suppose un contrôle particulier dont la résolution suppose un conflit d'intérêt à trancher. Il est donc mû par une volonté de faire justice c'est à dire d'attribuer à chaque cas, et plus précisément à chaque justiciable, ce qu'il est en droit de mériter, en tant que justiciable.

963. La prise en compte de l'effet utile suppose une appréciation spécifique de la part du juge constitutionnel et implique en principe « qu'une déclaration d'inconstitutionnalité doit bénéficier à la partie qui a présenté la question prioritaire de constitutionnalité »[2377]. Ce faisant, le juge constitutionnel confirme le propos du professeur Xavier Philippe qui écrivait que la question prioritaire de constitutionnalité allait constituer « un contrôle

---

[2374] Cons. Const., décision n°87-233 DC du 5 janvier 1988, *Loi relative aux élections cantonales*, cons. 5.
[2375] *Id.*
[2376] Cons. Const., décision n°2009-595 DC du 3 décembre 2009, *Loi organique relative à l'application de l'article 61-1*, cons. 17.
[2377] Cons. Const., décision n°2010-32 QPC du 22 septembre 2010, *M. Samir M. et autre*, cons. 9.

abstrait exercé sur une question concrète »[2378]. Comme il le prévoyait, avant l'heure, « le fait qu'il y ait une 'affaire' à l'origine du litige ne pourra pas laisser le juge constitutionnel indifférent et il y aura donc [...] inévitablement une forme de concrétisation »[2379]. Ce phénomène est propre à tout mécanisme procédural de question incidente. Ce point a été notamment relevé pour l'ordre juridique italien par M. Gustavo Zagrebelsky qui écrivait que par la saisine par voie incidente, « le contrôle de constitutionnalité de la loi est, en quelque sorte, hybridé par la garantie des situations subjectives constitutionnelles »[2380].

964. Comme l'écrit M. Emmanuel Cartier, *l'effet utile* « implique à la fois le souci du justiciable *via* le caractère effectif du recours et, une balance des intérêts via l'appréciation mesurée de l'impact de la disparition de la norme juridique sur la sécurité juridique »[2381]. Cette appréciation n'est pas « sans appeler, tout du moins implicitement, *une analyse du contexte* dans lequel la décision QPC s'insère »[2382]. Selon que l'appréciation du juge portera sur l'un ou sur l'autre, l'effet de la décision QPC sera modulé dans le temps. Dans ces conditions, l'effet utile ne serait que la conséquence logique de l'orientation spécifique donnée par le juge à ses décisions et de la prise en compte de la valeur justice entendue dans sa double branche attributive / protectrice. L'effet utile suppose ainsi, en toute logique, une appréciation relativement concrète du cas dont le juge est saisi ainsi qu'une prise en compte de l'intérêt du justiciable-partie à l'instance (1°). Sa modulation est toujours le fruit d'une interprétation pratique qui caractérise un choix du juge de favoriser l'intérêt du législateur entendu comme un véritable intérêt public[2383] ou de le concilier avec l'intérêt du justiciable (2°).

1° Le principe de l'effet utile : abrogation immédiate et prise en compte de l'intérêt du justiciable

965. L'article 62 alinéa 2 de la Constitution dispose que la déclaration de non-conformité d'une disposition législative à la Constitution, et plus précisément aux droits et libertés qu'elle garantit, implique son abrogation. La disposition cesse alors de s'appliquer et de produire des effets pour l'avenir. Elle doit avoir un effet utile ce qui implique que « la déclaration d'inconstitutionnalité doit bénéficier à l'auteur de la question prioritaire de constitutionnalité et la disposition déclarée contraire à la Constitution ne peut être appliquée dans les instances en cours à la date de la publication de

---

2378 Xavier PHILIPPE et *al.*, « Rapprochements et divergences persistantes des systèmes juridiques de civil law et de common law », *AIJC*, vol. 24, 2008, p. 47.

2379 *Id.*

2380 Gustavo ZAGREBELSKY, « Les caractères réalistes et concrets du contrôle de constitutionnalité des lois en Italie », *CCC* n°22, 2007.

2381 Emmanuel CARTIER et Marina BENIGNI, « L'insoutenable question des effets dans le temps des décisions QPC » in Emmanuel CARTIER, Laurence GAY et Alexandre VIALA (dir.), *La QPC: vers une culture constitutionnelle partagée*, *op. cit.*, p. 222.

2382 *Id.*

2383 Xavier MAGNON, « La modulation des effets dans le temps des décisions du juge constitutionnel », *AIJC*, vol. 27, 2011, p. 577-591.

la décision du Conseil constitutionnel »[2384]. C'est là une illustration de « la prévalence de l'exigence de régularité »[2385] d'après Mathieu Disant.

966. L'effet utile revêt donc une double portée. *D'une part*, il bénéficie au justiciable qui a déclenché le contrôle QPC, dans l'instance en cours. C'est ce que l'on appelle « la prime au requérant »[2386]. *D'autre part*, il joue également pour tous les litiges pendants. C'est là une manifestation de son « applicabilité immédiate contentieuse »[2387]. Pour le dire autrement, la déclaration d'inconstitutionnalité « présente donc un effet pour toutes les parties auxquelles la disposition législative pourrait être appliquée dans une instance ouverte »[2388]. Il s'agit là « d'étendre de façon quasi-maximale l'effet immédiat de la déclaration d'inconstitutionnalité en la déployant dans une sorte de 'rétroactivité procédurale' »[2389].

967. Plusieurs formules sont susceptibles d'exprimer la maximisation de l'effet utile dans le cadre d'une décision d'abrogation à effet immédiat. Il s'agit dans l'ensemble de rappeler que « l'abrogation de l'article est applicable à toutes les infractions non jugées définitivement au jour de la publication de la présente décision »[2390] ou à « toutes les instances non jugées définitivement à cette date »[2391]. La raison d'être de l'effet utile de la QPC est alors bien d'empêcher le justiciable de devenir un simple figurant[2392]. Certains membres de la doctrine affirment même que la QPC est venue consacrer « l'intérêt à agir » du justiciable[2393]. Retenons plutôt que la QPC prend surtout en compte son intérêt spécifique qui n'est pas tant un intérêt subjectif *stricto sensu*, mais l'intérêt bien plus objectif du justiciable à remporter un procès. Dans ces conditions, le contrôle de constitutionnalité des lois s'apparente bien à un droit du justiciable[2394].

2384 Cons. Cons., décision n°2010-110 QPC du 25 mars 2011, *M. Jean-Pierre B.*, cons. 8.

2385 Mathieu DISANT, « Les effets dans le temps des décisions QPC. Le Conseil constitutionnel, 'maître du temps' ? Le législateur, bouche du Conseil constitutionnel ? », *NCCC*, n°40, 2013, p. 69.

2386 Xavier MAGNON, « La modulation des effets dans le temps des décisions du juge constitutionnel », *loc. cit.*, p. 574.

2387 *Id.*

2388 Mathieu DISANT, « Les effets dans le temps des décisions QPC. Le Conseil constitutionnel, 'maître du temps' ? Le législateur, bouche du Conseil constitutionnel ? », *loc. cit.*, p. 69.

2389 *Id.*

2390 V. par ex., Cons. Const., décision n°2010-10 QPC du 2 juillet 2010, *Consorts C. et autres*, cons. 5.

2391 V. par ex., Cons. Const., décision n°2011-174 QPC du 6 octobre 2011, *Mme Oriette P.*, cons. 13.

2392 V. à ce sujet, Thierry SANTOLINI, « Le justiciable, quelle place pour la dimension affective du choix délibératif ? » *in* Pierre ESPLUGAS-LABATUT, Xavier MAGNON, Wanda MASTOR et Stéphane MOUTON (dir.), *Les pouvoirs d'instruction des juridictions constitutionnelles et la formation de l'intime conviction des juges constitutionnels*, Actes de la journée d'études « Questions sur la question (QsQ5) organisée à la Faculté de droit de Toulouse le 5 juin 2015, Éd. PUAM, Coll. Les cahiers de l'Institut Louis Favoreu, 2016, p. 81-88, notamment p. 81.

2393 Pascal JAN, *Le procès constitutionnel*, Éd. LGDJ-Lextenso éditions, Coll. Systèmes, 2010, p. 96.

2394 Laurence GAY, « Introduction », *in* Laurence GAY (dir.), *La question prioritaire de constitutionnalité: approche de droit comparé*, Éd. Bruylant, Coll. À la croisée des droits, 2014, p. 22.

2° L'exception à l'effet utile ? Abrogation différée et modulation des effets du contrôle de constitutionnalité

968. Face aux conséquences potentiellement regrettables que pourrait provoquer l'abrogation immédiate d'une disposition législative, le constituant a attribué au juge constitutionnel un véritable pouvoir de modulation dans le temps des effets d'une déclaration de non-conformité.

Lorsqu'il est mis en œuvre, ce pouvoir, qui figure expressément à l'article 62 de la Constitution, traduit assez largement la recherche par le juge constitutionnel d'une certaine forme de justice, au moins dans le cadre de son office d'interprétation. Il s'agit d'éviter que les inconvénients d'une déclaration d'inconstitutionnalité ne soient, pour les justiciables, pires que les avantages. La mise en œuvre de ce contrôle passe alors nécessairement par une mise en balance par le juge constitutionnel d'intérêts antagonistes qu'il s'agit de faire cohabiter. Il s'agit donc bien, ici, de se focaliser sur le contexte d'application de la disposition c'est-à-dire de « déterminer le sens du texte en fonction des conséquences de sa mise en œuvre dans une situation concrète »[2395]. Ainsi, les abrogations à effet différé ont bien « en commun de se justifier par le vide juridique engendré par la décision d'abrogation qui commande alors, pour le combler, une intervention du législateur »[2396]. Cependant, elles se distinguent finalement « selon l'intérêt en jeu, celui de la société ou celui du justiciable »[2397] et se résolvent toujours en un choix fondamental. En ce sens toute QPC possède un effet utile. Autrement dit, si l'on considère que l'utilité suppose simplement la prise en compte et la confrontation d'intérêts divers alors, le report des effets des décisions du Conseil présente toujours un effet utile. Il s'agit essentiellement, en cas de report, de privilégier l'intérêt public exprimé par le législateur (α). Le Conseil constitutionnel mobilise en outre des mécanismes permettant, même en cas de report des effets de la déclaration d'inconstitutionnalité de réorienter la décision au bénéfice des justiciables (β).

α. La modulation des effets de la déclaration d'inconstitutionnalité : un effet utile aux pouvoirs publics ?

969. Le professeur Magnon a pu mettre en évidence, de façon systématique et dans les grandes lignes, l'ensemble des justifications invoquées par les juridictions constitutionnelles, en Europe, pour recourir aux modulations des effets dans le temps de leurs décisions. Pour l'auteur, celles-ci oscillent toujours entre deux pôles opposés. Il s'agit tantôt de « préserver l'équilibre général entre l'exigence du respect de la régularité dans l'ordre juridique » [2398], tantôt « la sécurité des relations juridiques »[2399].

2395 Benoît FRYDMAN, *Le sens des lois: histoire de l'interprétation et de la raison juridique*, *op. cit.*, p. 618.

2396 Bernard HEMERY, « Les effets de la décision du Conseil », *in* Dominique ROUSSEAU (dir.), *La question prioritaire de constitutionnalité*, Éd. Lextenso, Coll. Guide pratique, 2012, p. 178.

2397 *Id.*

2398 Xavier MAGNON, « La modulation des effets dans le temps des décisions du juge constitutionnel », *loc. cit.*, p. 575.

2399 *Id.*

970. En France, c'est bien la sécurité juridique *lato sensu* qui conduit le juge constitutionnel à reporter parfois les effets de ses décisions d'inconstitutionnalité au regard des conséquences manifestement excessives que pourraient présenter une abrogation immédiate. Dans sa thèse portant sur le *Conséquentialisme dans la jurisprudence du Conseil constitutionnel,* Mme Sylvie Salles a pu démontrer la richesse et la diversité de celles-ci, qui peuvent être financières, économiques, éthiques c'est-à-dire, fort logiquement, sociales[2400]. Elles sont souvent appréciées au regard de valeurs, identifiées préalablement[2401] comme étant formellement juridiques, telles que « les objectifs de prévention des atteintes à l'ordre public et de recherche des auteurs d'infractions »[2402] ou encore, par exemple, « les exigences de la protection de la santé et la prévention des atteintes à l'ordre public »[2403].

971. Ainsi, pour les années 2018 et 2019, le juge a pu refuser d'abroger immédiatement les dispositions relatives, à la possibilité pour la juridiction pénale de mettre à charge de la partie perdante les frais irrépétibles[2404], au droit de communication des agents des douanes en ce qu'il leur confère des pouvoirs proches d'une réquisition[2405], à la possibilité pour les prévenus en attente de comparution de bénéficier du rapprochement familial[2406], à la procédure d'audition libre des mineurs[2407], au montant de l'amende délivrée en cas de délivrance irrégulière de documents ouvrant droit à un avantage fiscal[2408], à l'obtention de la nationalité française[2409], à la procédure à suivre par le procureur de la République et le juge d'instruction en cas de poursuites pénales à l'encontre d'un majeur protégé[2410], au droit reconnu aux personnes placées en détention provisoire de correspondre par écrit sauf refus de la part de l'autorité judiciaire[2411], à l'obligation de motivation des arrêts de Cour d'Assises en ce qui concerne la culpabilité[2412].

972. Certes, en procédant de la sorte, le juge constitutionnel cherche à « permettre au législateur de remédier à l'inconstitutionnalité constatée »[2413]

2400 Sylvie SALLES, *Le conséquentialisme dans la jurisprudence du Conseil constitutionnel*, Éd. LGDJ, Coll. Bibliothèque constitutionnelle et de science politique, 2016.
2401 V. *supra*, § 559 et s.
2402 V. par ex., Cons. Const., décision n°2010-32 QPC du 22 septembre 2010, *préc.*, cons. 9 ; Cons. Const., décision n°2013-357 QPC du 29 novembre 2013, *Société Westgate Charters Ltd,* cons. 10 ; Cons. Const., décision n°2014-387 QPC du 4 avril 2014, *M. Jacques J.,* cons. 9.
2403 V. par ex., Cons. Const., décision n°2010-71 QPC du 26 novembre 2010, *Mlle Danielle S.*, cons. 32. ; Cons. Const., décision n°2011-135/140 QPC du 9 juin 2011, *M. Abdellatif B. et autre*, cons. 16.
2404 Cons. Const., décision n°2019-773 QPC du 5 avril 2019, *Société Uber B.V.*, § 7.
2405 Cons. Const., décision n°2018-764 QPC du 15 février 2019, *M. Paulo M.*, § 12.
2406 Cons. Const., décision n°2018-763 QPC du 8 février 2019, *Section française de l'observatoire international des prisons*, § 10.
2407 Cons. Const., décision n°2018-762 QPC du 8 février 2019, *M. Berket S.*, § 8.
2408 Cons. Const., décision n°2018-739 QPC du 12 octobre 2018, *Société Dom Com Invest*, § 10.
2409 Cons. Const., décision n°2018-737 QPC du 5 octobre 2018, *M. Jaime Rodrigo F.*, § 12.
2410 Cons. Const., décision n°2018-730 QPC du 14 septembre 2018, *M. Mehdi K.*, § 12.
2411 Cons. Const., décision n°2018-715 QPC du 22 juin 2018, *Section française de l'observatoire internationale des prisons*, § 6.
2412 Cons. Const., décision n°2017-694 QPC du 2 mars 2018, *M. Ousmane K. et autres*, § 12.
2413 V. par ex., Cons. Const., décision n°2017-688 QPC du 2 février 2018, *M. Axel N.*, § 12.

pour reprendre son considérant de principe. Ce faisant, il fait le choix de faire primer l'intérêt public, poursuivi par le législateur, sur l'intérêt plus personnel du justiciable. Ce constat appelle quelques précisions. Les décisions d'abrogation permettent parfois d'éviter le renforcement ou l'aggravation d'une inconstitutionnalité. Elles constituent alors un pis-aller pour le juge.

Par exemple, dans une décision *2018-762 QPC*, le juge a pu estimer que l'article 61-1 du code de procédure pénale relatif au déroulé de l'audition libre en matière pénale était contraire à la Constitution en ce qu'il ne comportait pas les garanties suffisantes pour que « le mineur consente de façon éclairée à l'audition libre » ou n'opère « des choix contraires à ses intérêts ». Cette contrariété ne pouvait, sans conséquences manifestement excessives, impliquer abrogation immédiate de la disposition par le juge dès lors qu'une telle abrogation aurait « pour effet de supprimer les garanties légales encadrant l'audition libre de toutes les personnes soupçonnées, majeures ou mineures »[2414]. Il ne s'agit donc pas tant, ici, de faire primer l'intérêt public défendu par le législateur mais bien plus à d'opter pour le « moindre mal ». De la même façon, la suppression avec abrogation immédiate des dispositions relatives à la motivation des arrêts de Cour d'Assises relatifs à la peine retenue aurait conduit *ipso facto* à « supprimer les modalités selon lesquelles, en cas de condamnation, la motivation d'un arrêt de Cour d'Assises doit être rédigée en ce qui concerne la culpabilité »[2415].

β. La modulation des effets de la déclaration d'inconstitutionnalité : une exception limitée à l'effet utile pour les justiciables

973. Le choix par le juge constitutionnel de moduler la solution, en reportant les effets dans le temps de la déclaration d'inconstitutionnalité, n'implique pas nécessairement refus de faire bénéficier le justiciable de l'effet utile de sa question. Plusieurs outils mobilisés par le juge semblent au contraire à même de rétablir l'équilibre bouleversé au profit du justiciable. C'est le cas notamment de la modulation avec rétroactivité procédurale imposée (i) ou encore de la modulation avec réserve d'interprétation transitoire (ii).

i. L'atténuation par la rétroactivité attachée à la loi ultérieure

974. Le juge constitutionnel accompagne parfois le report des effets d'une décision d'inconstitutionnalité d'une adresse au législateur afin qu'il dote sa nouvelle législation d'effets rétroactifs. Rares sont les décisions dans lesquelles le juge mobilise cette technique. Il s'agit à chaque fois de prononcer le report des effets de la déclaration d'inconstitutionnalité tout en l'accompagnant d'une obligation pour les juridictions « dans les instances dont l'issue dépend de l'application des dispositions déclarées inconstitutionnelle » de surseoir à statuer jusqu'à l'avènement d'une

---

[2414] Cons. Const., décision n°2018-762 QPC du 8 février 2019, *préc.*, § 8.
[2415] Cons. Const., décision n°2017-694 DC du 2 mars 2018, *préc.*, § 12.

nouvelle législation. Le juge constitutionnel intime alors au législateur « de prévoir une application des nouvelles dispositions à ces instances en cours à la date de la présente décision »[2416]. Dans ces conditions, les décisions mobilisant cette technique « visent à préserver, dans un souci d'équité, l'effet utile de la déclaration d'inconstitutionnalité, non par le bénéfice de l'abrogation, mais par celui de la nouvelle législation »[2417].

975. Dans d'autres décisions, l'appel du pied est beaucoup moins conséquent et le juge constitutionnel, s'il reporte les effets d'une déclaration d'inconstitutionnalité, « accompagne ses décisions d'une clause de libre appréciation adressée au législateur quant à la suite qu'il entend donner à l'abrogation dans le cadre des nouvelles dispositions adoptées »[2418]. Ses décisions se caractérisent par un même considérant standard : « que, par suite, il y a lieu de reporter au .... la date de cette abrogation afin de permettre au législateur d'apprécier les suites qu'il convient de donner à cette déclaration d'inconstitutionnalité »[2419]. Dans l'ensemble, l'adresse au législateur de doter les nouvelles dispositions législatives d'une certaine forme de rétroactivité a soulevé la question du caractère suspensif ou non des instances en cours. Les juges devaient-ils surseoir à statuer jusqu'à ce que le législateur se soit prononcé ?

Le juge constitutionnel a, semble-t-il, donné des éléments de réponse dans une décision *2015-492 QPC*. Le Conseil constitutionnel était saisi de la conformité au principe d'égalité des dispositions de l'article 48-2 de la loi du 29 juillet 1881 sur la liberté de la presse. Celles-ci réservaient le bénéfice de l'action publique pour des faits d'apologie de crimes contre l'humanité aux seules associations qui se proposaient, par leurs statuts, de défendre les intérêts moraux et l'honneur de la Résistance ou des déportés » ; en excluant ainsi les associations qui se proposent de défendre les intérêts moraux et l'honneur des victimes de guerre ou de crimes contre l'humanité autres que ceux commis durant la seconde guerre mondiale. Le Conseil constitutionnel donne raison aux requérants. Il précise cependant qu'une « censure immédiate aurait eu pour effet de faire disparaître, pour toute association ayant pour objet de défendre les intérêts moraux et l'honneur de la Résistance ou des déportés, le droit d'exercer les droits reconnus à la partie civile en ce qui concerne l'apologie des crimes de guerre et des crimes contre l'humanité »[2420]. Il annonce par conséquent un report de la date

---

[2416] V. par ex., Cons. Const., décision n°2010-1 QPC du 28 mai 2010, *Consorts L.*, cons. 12. ; Cons. Const., décision n°2010-83 QPC du 13 janvier 2011, *M. Claude G.*, cons. 7. ; Cons. Const., décision n°2013-343 QPC du 27 septembre 2013, *Époux L.*, cons. 9.

[2417] Marthe FATIN-ROUGE STEFANINI et Karine ROUDIER, « Les suites des décisions rendues par les juridictions constitutionnelles dans le cadre des questions d'inconstitutionnalité. Étude portant sur les conséquences des déclarations d'inconstitutionnalité », *in* Laurence GAY (dir.), *La question prioritaire de constitutionnalité: approche de droit comparé*, *op. cit.*, p. 340.

[2418] *Id.*

[2419] V. par ex., Cons. Const., décision n°2010-108 QPC du 25 mars 2011, *Mme Marie-Christine D.*, cons. 6 ; Cons. Const., décision n°2011-112 QPC du 1 avril 2011, *Mme Marielle D.*, cons. 12. ; Cons. Const., décision n°2014-395 QPC du 7 mai 2014, *Fédération environnement durable et autres*, cons. 16.

[2420] Cons. Const., décision n°2015-492 QPC du 16 octobre 2015, *Association communauté rwandaise de France*, cons. 9.

d'abrogation « afin de permettre au législateur d'apprécier les suites qu'il convient de donner à cette déclaration d'inconstitutionnalité »[2421]. Toutefois, il ajoute « qu'il y a lieu de suspendre les délais de prescription applicables à la mise en mouvement de l'action publique par la partie civile en matière d'apologie des crimes de guerre et des crimes contre l'humanité jusqu'à l'entrée en vigueur d'une nouvelle loi et au plus tard jusqu'au 1er octobre 2016 »[2422]. Cette suspension explicite des délais de prescription laisse toute sa latitude de choix au législateur et suppose tout de même suspension des instances en cours.

ii. L'atténuation par la fixation de réserves d'interprétations transitoires

976. Pour conserver l'effet utile de ses décisions, le juge constitutionnel choisit parfois d'établir lui-même les dispositions qu'il s'agira d'appliquer durant la seule période de transition. Initialement l'édiction de dispositions transitoires se présentait comme une déclinaison de la *rétroactivité invitée*. Deux décisions illustrent particulièrement ce phénomène.

Dans une décision *2014-400 QPC*, le juge constitutionnel estime « qu'afin de préserver l'effet utile de la présente décision, notamment à la solution des instances actuellement en cours, les frais de constitution de garanties engagés à l'occasion d'une demande de sursis de paiement formulée en application du premier alinéa de l'article L. 277 du livre des procédures fiscales avant l'entrée en vigueur d'une nouvelle loi ou, au plus tard, avant le 1er janvier 2015 sont imputables soit sur les intérêts « moratoires » prévus par l'article L. 209 du livre des procédures fiscales, soit sur les intérêts « de retard » prévus par l'article 1727 du code général des impôts dus en cas de rejet, par la juridiction saisie, de la contestation de l'imposition »[2423].

Dans une autre décision, *2014-404 QPC,* le juge applique le même raisonnement et énonce « qu'afin de préserver l'effet utile de la présente décision, notamment à la solution des instances en cours, les sommes ou valeurs reçues avant le 1er janvier 2014 par les actionnaires ou associés personnes physiques au titre du rachat de leurs actions ou parts sociales par la société émettrice, lorsque ce rachat a été effectué selon une procédure autorisée par la loi, ne sont pas considérées comme des revenus distribués et sont imposées selon le régime des plus-values de cession prévu, selon les cas, aux articles 39 duodecies, 150-0 A ou 150 UB du code général des impôts ; qu'à défaut de l'entrée en vigueur d'une loi déterminant de nouvelles règles applicables pour l'année 2014, il en va de même des sommes ou valeurs reçues avant le 1er janvier 2015 »[2424].

977. Le Conseil constitutionnel n'en était cependant pas à son coup d'essai. En effet, celui-ci avait déjà fait le choix dans une décision *2010-10 QPC* d'édicter des dispositions transitoires dans la foulée d'une abrogation immédiate. Le juge était saisi d'une question portant sur la conformité aux

---

2421 *Id.*
2422 *Id.*
2423 Cons. Const., décision n°2014-400 QPC du 6 juin 2014, *Société Orange SA*, cons. 11.
2424 Cons. Const., décision n°2014-404 QPC du 20 juin 2014, *Époux M.*, cons. 14.

droits et libertés garantis par la Constitution de l'article 90 du Code disciplinaire et pénal de la marine marchande. Cet article prévoyait entre autres la composition des tribunaux maritimes commerciaux et la présence en leur sein de deux à trois agents de l'administration sur un total de cinq membres. Le Conseil censure cette décision avec effet immédiat et considère, en substance, que la présence au sein d'une juridiction répressive compétente pour prononcer des peines privatives de liberté, de fonctionnaires en fonction dans leur emploi, soumis par conséquent à l'autorité hiérarchique du Gouvernement n'est pas conforme à l'article 16 de la Déclaration des droits de l'homme et du citoyen. Elle constitue ainsi une véritable méconnaissance du principe d'indépendance. Une question demeurait alors en suspens. Quelles conséquences fallait-il tirer de cette abrogation immédiate ?

Le juge constitutionnel accompagne sa décision de dispositions transitoires et énonce que si « l'abrogation immédiate de l'article 90 est applicable à toutes les infractions non jugées définitivement au jour de la publication de la présente décision », il convient néanmoins de reconnaitre que « à compter de cette date [...] les tribunaux maritimes commerciaux siègeront dans la composition des juridictions pénales de droit commun »[2425]. Autrement dit, la disparition de l'article 90 n'implique pas *ipso facto* transfert du contentieux des tribunaux maritimes commerciaux vers le tribunal de police ou le tribunal correctionnel. Le commentaire de la décision est plus explicite encore qui précise le caractère transitoire de ces dispositions qui valent « dans l'attente d'une éventuelle réforme »[2426].

La solution est assez proche de celle rendue dans la décision *2014-457 QPC*. Le juge constitutionnel était saisi à nouveau de dispositions relatives à la présence de fonctionnaires au sein d'une juridiction et prononçait l'abrogation à effet différé de plusieurs alinéas de l'article L 4231-4 du Code de la santé publique. Celui-ci fixait la composition du conseil national de l'ordre des pharmaciens. Titulaire d'une officine ayant fait l'objet d'une sanction disciplinaire, la requérante invoque la contrariété de l'article précité à la Constitution en ce qu'il prévoit la présence de fonctionnaires au sein de ce Conseil national de l'ordre des pharmaciens. Pourtant la solution rendue revenait à modifier la composition du conseil national de l'ordre des pharmaciens pour l'ensemble de ses attributions. Trop excessive, le juge fait le choix de reporter son abrogation et accompagne celle-ci d'une réserve d'interprétation transitoire. Il estime qu'à compter de la décision, et jusqu'à l'entrée en vigueur d'une nouvelle loi, « les représentants de l'État ne siègeront plus au conseil national de l'ordre des pharmaciens statuant en formation disciplinaire »[2427].

Dans un autre cas similaire, c'est par l'édiction de dispositions transitoires relatives à la composition du tribunal correctionnel du territoire des Iles de Wallis et Futuna que le juge a accompagné l'abrogation à effet immédiat des dispositions relatives à sa composition[2428].

[2425] Cons. Const., décision n°2010-10 QPC, *préc.*, cons. 5.
[2426] Commentaire de la décision n°2010-10 QPC, *préc.*, p. 11.
[2427] Cons. Const., décision n°2014-457 du 20 mars 2015, *Mme Valérie C., épouse D.*, cons. 9.
[2428] Cons. Const., décision n°2016-532 QPC du 1er avril 2016, *M. Jean-Marc F. et autre*, cons. 10.

978. Il ressort de tous ces éléments que le contentieux constitutionnel est aujourd'hui marqué par un mouvement interne de concrétisation du contrôle. Au soutien de cette évolution, le juge constitutionnel mobilise une méthode d'interprétation particulariste. Celle-ci n'est jamais qu'un démembrement de la méthode d'interprétation pratique. Elle suppose, pour l'essentiel, une analyse spécifique du contexte d'application des dispositions juridiques dont le Conseil constitutionnel est saisi. En réduisant la focale, elle permet au Conseil constitutionnel de rendre des décisions en quelque sorte personnalisées, à tout le moins, particularisées. Elle traduit ainsi une véritable évolution du contentieux constitutionnel. Cette évolution est lourde de conséquences au regard de la traditionnelle théorie des modèles de justice constitutionnelle. Elle remet – partiellement – en cause l'appartenance du contrôle de constitutionnalité français au modèle du contrôle abstrait de constitutionnalité.

979. Au soutien de son interprétation particulariste, le juge constitutionnel fait apparaître de nouveaux outils du contrôle.

D'une part, il cherche à apprécier les *situations particulières* des personnes – morales ou physiques – concernées par les règles dont il est saisi. Pour y parvenir, celui-ci s'y réfère soit expressément, soit par le biais du *contexte* dans lequel les dispositions contrôlées sont susceptibles de s'imposer.

D'autre part, il tente de prendre la mesure des effets attachés, tantôt aux dispositions qu'il contrôle, tantôt aux effets de ses propres décisions. La recherche d'un effet utile en matière de QPC illustre tout particulièrement cette dernière hypothèse.

Le juge constitutionnel s'essaie ainsi à la réalisation d'une certaine forme de justice, attributive ou plutôt distributive. Celle-ci met bien en œuvre, comme l'écrit Dabin, une égalité de proportion entre les sujets où « chacun est appelé à participer à la distribution d'après certaines règles générales, valables pour tous, mais tirées des qualités personnelles des sujets par rapport à l'élément du bien commun à distribuer »[2429].

SECTION II. *NEMINEM LAEDERE* OU L'INTERPRETATION PROTECTRICE DANS LA JURISPRUDENCE CONSTITUTIONNELLE

980. Si l'on suit l'adage d'Ulpien, la deuxième branche de la justice réside dans l'impératif de « ne pas léser autrui »[2430]. Cet impératif correspond au *neminem laedere* ou à l'*alterum non laedere* du célèbre aphorisme. Dans sa branche négative, cet impératif prescrit l'abstention. Dans sa branche positive, en revanche, il suppose un véritable impératif d'action et plus précisément de protection. En droit, cet impératif d'action s'incarne assez largement dans le respect de la sécurité juridique.

[2429] Jean DABIN, *La philosophie de l'ordre juridique positif: spécialement dans les rapports de droit privé*, *op. cit.*, p. 339.

[2430] Pascal PICHONNAZ (dir.), *Les 50 Livres du Digeste de l'Empereur Justinien*, tr. Dominique GAURIER, Éd. La Mémoire du Droit, Coll. 2017, I : digeste, Livres 1-26, I, I, 1.10, p. 19.

981. On notera tout de même que la doctrine est assez largement partagée en la matière. À ce propos, Roubier considère que la sécurité juridique et la justice correspondent à deux âges bien distincts dans l'évolution du droit. L'auteur écrivait ainsi que « la sécurité juridique a constitué la base fondamentale, celle sur laquelle tout l'édifice s'est construit ; la justice s'est introduite ensuite pour un meilleur aménagement des rapports humain ; enfin le progrès social a fourni des bases nouvelles au développement des sociétés les plus évoluées »[2431].

982. Cette conception trinitaire et dissociative des fins du droit peine pourtant à emporter la conviction. *D'une part*, elle oppose sécurité et justice en ce sens précis que là où la justice renverrait davantage à l'équité, c'est-à-dire à l'application mesurée et potentiellement variable d'une règle entendue de façon souple, la sécurité renverrait davantage à l'idée d'application stricte d'une règle rigide. *D'autre part*, elle ne veut pas voir les liens intrinsèques entre justice et sécurité lorsque ces notions sont envisagées d'un point de vue fonctionnel. Dans ce cas précis, sécurité et justice tendent même à se superposer. La sécurité se résout pour l'essentiel dans le rejet de l'arbitraire. C'est là également une caractéristique de la justice comme l'a brillamment démontré le théoricien du droit finlandais Aulis Aarnio[2432]. Ce phénomène d'interconnexion a également été mis en lumière par le célèbre philosophe du droit allemand, Gustav Radbruch, qui écrivait que l'impératif selon lequel le droit est réputé certain, la garantie « qu'il ne soit pas interprété et appliqué ici et aujourd'hui de telle façon, là et demain d'une autre, esr une exigence de la justice »[2433].

983. Dans ces conditions, la sécurité juridique constitue bien une mise en œuvre de la justice. Elle « colore certaines évolutions jurisprudentielles alors même que son nom n'est pas prononcé »[2434]. C'est là un symptôme de ce qu'elle est avant tout un sens des décisions du juge constitutionnel c'est-à-dire de ce que « l'émergence du principe de sécurité juridique est en adéquation avec certaines évolutions profondes du système juridique dont [elle] est à la fois le révélateur et l'accompagnateur »[2435]. La sécurité juridique guide donc l'interprétation du juge constitutionnel et imprime à ses décisions une certaine direction.

984. De façon générale, la doctrine voit dans la sécurité juridique, trois déclinaisons essentielles. M. Jean-Louis Bergel estime par exemple que la sécurité juridique suppose « l'accessibilité matérielle et intellectuelle du droit qui doit être clair et compréhensible, la stabilité des droits et des situations individuelles et la prévisibilité »[2436].

2431 Paul ROUBIER, *Théorie générale du droit: histoire des doctrines juridiques et philosophie des valeurs sociales*, Éd. Dalloz, Coll. Bibliothèque Dalloz, 2005, p. 319.
2432 Aulis AARNIO, *The rational as reasonable* [1986], tr. fr. Geneviève WARLAND, *Le rationnel comme raisonnable*, Éd. LGDJ, Coll. Story-Scientia, 1992, p. 4.
2433 Gustav RADBRUCH, « Gesetzliches Unrecht und übergesetzliches Recht » [1946], tr. fr. Michaël Walz, « Injustice légale et droit supralégal », *APD*, vol. 39, 1994, p. 315.
2434 Bertrand MATHIEU, « Le principe de sécurité juridique (avant-propos) », *NCCC*, vol. 11, n°4, 2001.
2435 *Id.*
2436 Jean-Louis BERGEL, *Théorie générale du droit*, Éd. Dalloz, Coll. Méthodes du droit, 2012, p. 43.

À cette division tripartite l'on préfère néanmoins celle du professeur Fromont estimant que la sécurité juridique « comporte principalement deux ensembles de règles : le premier vise à assurer la stabilité des situations juridiques, c'est-à-dire la permanence au moins relative de celles-ci dans le temps ; le second exige la certitude des règles et des situations juridiques, c'est-à-dire la clarté et la précision des décisions étatiques, et donc une certaine qualité dans leur formulation »[2437] ; la prévisibilité du droit s'entendant ainsi, dans cette optique, comme une déclinaison de la stabilité.

985. Nombre d'indices, dans la jurisprudence constitutionnelle, sont susceptibles de caractériser la mobilisation par le juge d'une méthode d'interprétation spécifique justifiant d'une prise en compte, par celui-ci, de la sécurité juridique au soutien de sa décision. Une telle interprétation protectrice obéit logiquement à la valeur de justice. Elle s'incarne plus spécifiquement dans les valeurs de prudence et de fidélité. La première justifie tout particulièrement la recherche par le juge d'une certaine stabilité des situations juridiques et notamment des droits fondamentaux (I). La seconde justifie la recherche par le juge d'une certaine prévisibilité de ces situations juridiques (II).

I. La prudence ou la stabilité des situations juridiques

986. Plusieurs décisions *récentes* caractérisent, à première vue, la volonté du juge de favoriser à travers ses décisions *la stabilité des situations juridiques*. Dans ces décisions, le juge mobilise, au soutien de son interprétation, une certaine forme de prudence. Celle-ci s'incarne notamment dans la mobilisation d'une méthode d'interprétation favorisant tantôt la précaution vis-à-vis des risques (A) tantôt l'appréciation du caractère suffisant des garanties (B), résultant d'éventuelles atteintes aux situations juridiques

A. La prudence par la référence aux *risques*

987. Pour l'essentiel, la mobilisation par le juge, au soutien de son interprétation, d'un principe de précaution se traduit par la référence – relativement récente – aux *risques* qui peuvent découler de certaines situations juridiques particulières. Il s'agit tantôt de prendre acte de l'exposition de certains individus à des risques particuliers qu'il s'agit d'atténuer (1°), tantôt d'éviter par un dispositif législatif adéquat la réalisation du risque (2°). Ce faisant, le juge constitutionnel dévoile une nouvelle norme de référence de son contrôle de constitutionnalité.

1° Atténuer le risque

988. Il n'est pas rare pour le juge constitutionnel de se référer, au soutien d'une interprétation, aux risques « naturels » auxquels peuvent être confrontés, à raison d'une situation spécifique – souvent juridique – certains

[2437] Michel FROMONT, « Le principe de sécurité juridique », *AJDA*, n°HS, 1996, p. 178-184.

individus. Cette référence était déjà latente dans son appréciation des « situations particulières »[2438]. La référence au risque traduit alors nécessairement une forme d'interprétation particulariste des dispositions dont il est saisi. Elle révèle surtout une prise en compte par le juge d'une forme de justice. Il s'agit avant tout, pour le juge constitutionnel d'apprécier les risques naturels auxquels certains individus sont confrontés à raison de leur situation particulière pour tenter, autant que faire se peut, d'interpréter la législation en fonction de la possibilité de les atténuer. Il s'agit donc de prendre acte du risque et de le constituer en justification d'un traitement juridique spécifique et donc, en dernier lieu, d'une législation spécifique.

989. La décision *2011-127 QPC* l'illustre tout particulièrement. Le juge constitutionnel était appelé à se prononcer sur la conformité à la Constitution, notamment à l'égalité, d'un dispositif législatif spécifique aux marins victimes d'accidents du travail. À l'appui de son interprétation, le juge constitutionnel estime alors « qu'eu égard aux conditions particulières dans lesquelles les marins exercent leurs fonctions et aux risques auxquels ils sont exposés, il était loisible au législateur de prévoir que l'indemnisation des marins victimes d'accidents du travail ou de maladies professionnelles serait soumise à des dispositions particulières dérogeant aux dispositions de droit commun prévues, en cette matière, par le code de la sécurité sociale »[2439].

990. Cette interprétation spécifique justifie également la mise en place par le législateur d'une disposition prévoyant, « par dérogation aux dispositions interdisant l'épandage aérien », l'utilisation de drones dans certains cas particuliers – topographie spécifique et produits biologiques. Plus précisément, le souhait du législateur de « limiter les risques d'accidents du travail sur les terrains en forte pente tout en restreignant les risques pour l'environnement liés à une pulvérisation aérienne par drones »[2440] emporte déclaration de conformité de cette disposition à la Constitution.

Dans la même veine, c'est bien pour limiter l'impact dangereux de certains risques naturels sur la vie des personnes habitant dans des logements exposés, que le législateur a pu créer une procédure spécifique d'expropriation pour cause d'utilité publique[2441].

991. De la même façon, le législateur a pu prendre en compte « les conditions dans lesquelles les actes de prévention, de diagnostic ou de soins sont pratiqués dans les établissements, services et organismes de santé et la spécificité des risques en milieu hospitalier »[2442] pour prévoir un dispositif d'engagement particulier de la responsabilité des établissements, services et organismes effectuant des actes susceptibles de provoquer des infections nosocomiales.

[2438] V. *supra.*, § 928 - 951.

[2439] Cons. Const., décision n°2011-127 QPC du 6 mai 2011, *Consorts C.*, cons. 8.

[2440] Cons. Const., décision n°2018-771 DC du 25 octobre 2018, *Loi pour l'équilibre des relations commerciales dans le secteur agricole et alimentaire et une alimentation saine, durable et accessible à tous*, § 24.

[2441] Cons. Const., décision n°2018-698 QPC du 6 avril 2018, *Syndicat secondaire Le Signal*, § 7.

[2442] Cons. Const., décision n°2016-531 QPC du 1er avril 2016, *M. Carlos C.*, cons. 7.

992. Le juge constitutionnel estime également que le législateur a pu, à bon droit, prévoir un régime spécifique d'exonération de la responsabilité des dirigeants d'une entreprise en liquidation pour insuffisance d'actif. Il a ainsi pu prendre en compte « la gravité et le nombre des fautes de gestion retenues contre eux et l'état de leur patrimoine et, d'autre part, les facteurs économiques qui peuvent conduire à la défaillance des entreprises ainsi que les risques inhérents à leur exploitation »[2443] afin de justifier de la mise en place de ce régime.

2° Éviter le risque

993. Dans certaines décisions, le juge constitutionnel n'interprète pas les dispositions dont il est saisi au regard d'un risque qu'il s'agit d'atténuer mais bien davantage au regard d'un risque qu'il s'agit d'éviter. En d'autres termes, le juge constitutionnel apprécie le potentiel protecteur de la disposition pour l'interpréter à l'occasion d'un contrôle de constitutionnalité.

994. C'est le cas dans la décision *2019-774 QPC*. Le juge constitutionnel était saisi de dispositions d'une loi de pays conduisant au plafonnement transitoire des marges commerciales plus ou moins élevées selon l'entreprise visée. Il l'estime pourtant conforme à la Constitution au motif « qu'en adoptant ces dispositions, le législateur du pays a entendu parer aux risques inflationnistes liés à l'entrée en vigueur de la taxe générale sur la consommation, qui se substitue aux anciennes taxes à l'importation »[2444]. Cette volonté de pallier le risque est même érigée en valeur formelle[2445] de la jurisprudence constitutionnelle puisque le juge ajoute qu'en procédant de la sorte, le législateur « a poursuivi un objectif d'intérêt général de protection des consommateurs »[2446].

995. La décision *2018-768 QPC* relative aux examens radiologiques osseux permettant la détermination de l'âge d'individus dépourvus de documents d'identité valables l'illustre à son tour. Le juge valide les dispositions législatives prévoyant ce régime au motif notable qu'il ne peut être déterminé que dans de strictes conditions « et en tenant compte d'un avis médical qui le déconseillerait à raison des risques particuliers qu'il pourrait présenter pour la personne concernée »[2447].

996. Le raisonnement est similaire dans une décision *2017-672 QPC*. Le juge était saisi de la conformité à la Constitution de la procédure de l'action en démolition. Il estime qu'en cantonnant son champ d'application à certaines zones particulières le législateur n'a méconnu aucun droit particulier. En effet, « l'action en démolition demeure ouverte par les dispositions contestées dans les zones dans lesquelles, compte tenu de leur importance pour la protection de la nature, des paysages et du patrimoine

---

[2443] Cons. Const., décision n°2014-415 QPC du 26 septembre 2014, *M. François F.*, cons. 9.

[2444] Cons. Const., décision n°2019-774 QPC du 12 avril 2019, *Société Magenta Discount et autre*, § 30.

[2445] Au sens de la typologie précédemment établie. V. *supra*, § 559 et s.

[2446] Cons. Const., décision n°2019-774 QPC du 12 avril 2019, *Société Magenta Discount et autre*, *préc.*, § 30.

[2447] Cons. Const., décision n°2018-768 QPC du 21 mars 2019, *M. Adama S.*, § 15.

architectural et urbain ou en raison des risques naturels ou technologiques qui y existent, la démolition de la construction édifiée en méconnaissance des règles d'urbanisme apparaît nécessaire »[2448].

997. De la même façon, le législateur « peut prévoir des incompatibilités entre mandats électoraux ou fonctions électives et activités ou fonctions professionnelles » dès lors qu'il justifie de « la nécessité de protéger la liberté de choix de l'électeur et l'indépendance de l'élu contre les risques de confusion ou de conflits d'intérêts »[2449].

998. Le législateur peut également, en parfaite conformité à un objectif d'intérêt général, prendre des dispositions limitant certains recrutements de la part des ministres dès lors qu'il souhaite « accroître la confiance des citoyens dans l'action publique en renforçant les garanties de probités des responsables publics et en limitant les situations de conflits d'intérêts et les risques de népotisme »[2450]. De même, la distinction entre les membres de la famille proche et les autres membres de la famille est justifiée par la prise en compte des « risques de conflits d'intérêts pouvant naître de l'emploi, rémunéré sur des fonds publics, d'une personne présentant des liens très proches avec celle décidant de son recrutement »[2451]. De la même façon, en imposant une obligation déclarative au membre de cabinet ministériel ayant un lien familial avec un membre du Gouvernement autre que celui dont il est collaborateur, « le législateur a entendu prendre en compte les risques de conflit d'intérêts résultant d'emplois croisés »[2452].

999. Le souci d'éviter les « risques de perturbation des marchés financiers »[2453] justifie que le législateur institue une sanction pécuniaire destinée à réprimer les manquements de nature à porter atteinte à la protection des investisseurs ou au bon fonctionnement du marché. Dans la même veine la « prévention des risques représentant une menace grave et caractérisée soit pour la stabilité du système financier, soit pour la situation financière de l'ensemble ou d'un sous-ensemble significatif des organismes du secteur de l'assurance » justifie que le législateur puisse accroître les prérogatives du Haut Conseil de stabilité financière si elles « visent en particulier à parer aux risques, pour les épargnants et pour le système

---

[2448] Cons. Const., décision n°2017-672 QPC du 10 novembre 2017, *Association entre Seine et Brotonne et autre*, § 9.

[2449] Cons. Const., décision n°2017-753 DC du 8 septembre 2017, *préc.*, § 29 ; Cons. Const., décision n°2014-432 QPC du 28 novembre 2014, *M. Dominique de L.*, cons. 11 ; Cons. Const., décision n°2014-689 DC du 13 février 2014, *Loi organique interdisant le cumul de fonctions exécutives locales avec le mandat de député ou de sénateur*, cons. 15 ; Cons. Const., décision n°2014-688 DC du 13 février 2014, *Loi interdisant le cumul de fonctions exécutives locales avec le mandat de représentant au Parlement européen*, cons. 9 ; Cons. Const., décision n°2013-675 DC du 9 octobre 2013, *préc.*, cons. 43 ; Cons. Const., décision n°2000-426 DC du 30 mars 2000, *Loi relative à la limitation du cumul des mandats électoraux et des fonctions à leurs conditions d'exercice*, cons. 15.

[2450] Cons. Const., décision n°2017-752 DC du 8 septembre 2017, *Loi pour la confiance dans la vie politique*, § 35.

[2451] *Ibid.*, § 36.

[2452] *Id.*

[2453] Cons. Const., décision n°2017-634 QPC du 2 juin 2017, *M. Jacques R. et autres*, § 14.

financier dans son ensemble qui résulteraient d'une décollecte massive des fonds placés dans le cadre de contrats d'assurance-vie »[2454].

1000. L'ambition du législateur de « prévenir les risques susceptibles de résulter pour l'environnement ainsi que pour la santé publique de l'utilisation des produits phytopharmaceutiques contenant des substances actives de la famille des néonicotinoïdes » [2455] justifie pour le juge constitutionnel que le législateur décide d'encadrer l'usage de ce type de produits.

C'est également le souci d'éviter tout risque pour certains individus particulièrement fragiles qui justifie la suspension de la fabrication, de l'importation, de l'exportation et de la mise sur le marché de tout conditionnement, contenant ou ustensile comportant du bisphénol A et susceptible d'entrer en contact avec des aliments par le législateur. Il s'agissait effectivement de « prévenir les risques susceptibles de résulter de l'exposition au bisphénol A pour la santé des personnes, et notamment de celles qui sont les plus sensibles aux perturbateurs endocriniens »[2456].

1001. Le souci d'éviter le risque a pu justifier l'interdiction par le législateur de tout recours à la fracturation hydraulique de la roche pour rechercher et exploiter le gaz de schiste. Plus précisément, en procédant à une telle interdiction, « le législateur a entendu prévenir les risques que ce procédé de recherche et d'exploitation des hydrocarbures est susceptible de faire courir à l'environnement »[2457].

1002. Par ailleurs, la prise en compte du risque justifie partiellement la législation octroyant le monopole de l'exploitation des jeux de hasard au profit de la française des Jeux ; le législateur ayant entendu « limiter strictement l'utilisation desdits appareils à des évènements et lieux eux-mêmes soumis à un régime d'autorisation préalable et organiser le contrôle de la fabrication, du commerce et de l'exploitation de ces appareils »[2458]. De cette façon, « il a souhaité assurer l'intégrité, la sécurité et la fiabilité des opérations de jeux, veiller à la transparence de leur exploitation, prévenir les risques d'une exploitation des appareils de jeux de hasard ou d'adresse à des fins frauduleuses ou criminelles et lutter contre le blanchiment d'argent »[2459]. De la même manière, « il a souhaité encadrer la pratique des jeux afin de prévenir le risque d'accoutumance »[2460]. Partant, les mesures retenues ne sont pas impropres à poursuivre les objectifs visés.

1003. En matière financière, le juge constitutionnel a estimé conforme à la Constitution une loi de régularisation de certaines offres de prêts immobiliers en ce qu'elle traduisait l'intention du législateur « d'éviter un

---

2454 Cons. Const., décision n°2016-741 DC du 8 décembre 2016, *Loi relative à la transparence, à la lutte contre la corruption et à la modernisation de la vie économique*, § 56.

2455 Cons. Const., décision n°2016-737 DC du 4 août 2016, *Loi pour la reconquête de la biodiversité, de la nature et des paysages*, § 38.

2456 Cons. Const., décision n°2015-480 QPC du 17 septembre 2015, *Association Plastics Europe*, cons. 6.

2457 Cons. Const., décision n°2013-346 QPC du 11 octobre 2013, *Société Schuepbach Energy LLC*, cons. 9.

2458 Cons. Const., décision n°2010-5 QPC du 18 juin 2010, *SNC Kimberly Clark*, cons. 6.

2459 *Id.*

2460 *Id.*

développement des contentieux d'une ampleur telle qu'il aurait entraîné des risques considérables pour l'équilibre financier du système bancaire, et partant, pour l'activité économique générale »[2461].

1004. Dans une décision antérieure, le juge constitutionnel avait invoqué « les risques que peut comporter pour la liberté individuelle l'installation de systèmes de vidéosurveillance » [2462] pour refuser, dans une réserve d'interprétation, au législateur la possibilité de « subordonner à la diligence de l'autorité administrative l'autorisation d'installer de tels systèmes »[2463].

1005. Enfin, c'est bien le souci d'éviter le risque potentiel provoqué par une transformation de certaines situations qui a justifié que le législateur établisse un régime dérogatoire entre les banques visées par la nationalisation. En effet, comme l'énonce le juge constitutionnel, « si les banques dont la majorité du capital social appartient directement ou indirectement à des personnes physiques ne résidant pas en France ou à des personnes morales n'ayant pas leur siège social en France ont le même statut juridique que les autres banques, le législateur a pu, sans méconnaître le principe d'égalité, les exclure de la nationalisation en prenant motif des risques de difficultés que la nationalisation de ces banques aurait pu entraîner sur le plan international et dont la réalisation aurait, à ses yeux, compromis l'intérêt général qui s'attache aux objectifs poursuivis par la loi de nationalisation »[2464].

B. La prudence par la référence aux *garanties*

1006. S'il est vrai que « la notion de garantie est [...] étroitement liée à celle de sécurité » [2465], elle s'inscrit à son tour dans le cadre de la mobilisation par le juge d'une certaine interprétation protectrice des situations juridiques. Tout comme la jurisprudence relative aux risques, la jurisprudence relative aux garanties légales implique logiquement une interprétation particulariste des dispositions dont le juge est saisi. Cette interprétation particulariste s'incarne dans la référence aux *garanties particulières* (1°). Toutefois, la mobilisation de la notion de garanties par le juge constitutionnel, s'incarne pour l'essentiel, dans sa jurisprudence, dans la catégorie formelle des *garanties légales des exigences constitutionnelles* (2°).

1° Les garanties particulières

1007. Plusieurs décisions du juge constitutionnel mobilisent, pour advenir, une appréciation des garanties particulières que comporteraient les dispositions législatives contrôlées par le Conseil constitutionnel. Elles

---

2461 Cons. Const., décision n°96-375 DC du 9 avril 1996, *Loi portant diverses dispositions d'ordre économique et financier*, cons. 11.

2462 Cons. Const., décision n°94-352 DC du 18 janvier 1995, *Loi d'orientation et de programmation relative à la sécurité*, cons. 12.

2463 *Id.*

2464 Cons. Const., décision n°81-132 DC du 16 janvier 1982, *Loi de nationalisation*, cons. 32.

2465 Ariane VIDAL-NAQUET, *Les « garanties légales des exigences constitutionnelles » dans la jurisprudence du Conseil constitutionnel*, Éd. Panthéon-Assas, Coll. Thèses, 2007, p. 162.

illustrent le caractère concret du contrôle effectué et la mobilisation au soutien d'une interprétation particulariste.

Ainsi, dans une décision *2011-223 QPC*, le juge constitutionnel estime que par les dispositions contestées devant lui, qui permettent une suspension de la liberté de choisir son avocat au cours des gardes à vue mises en œuvre pour crimes ou délits terroristes, le législateur a « entendu prendre en compte la complexité et la gravité de cette catégorie de crimes et délits ainsi que la nécessité d'entourer, en cette matière, le secret de l'enquête de garanties particulières »[2466]. Ces motifs n'empêchent pas, cependant, le juge constitutionnel de déclarer inconstitutionnelles les dispositions en cause.

Il estime de la même façon, dans une décision *2011-185 QPC* « qu'en raison de la spécificité de la situation d'une personne ayant commis des infractions pénales en état de trouble mental, le législateur pouvait assortir de garanties particulières les conditions dans lesquelles la mesure d'hospitalisation d'office dont elle fait l'objet peut être levée »[2467].

Le raisonnement est assez similaire à celui qu'il tient dans une autre décision. En effet, à l'occasion de la décision *2002-461 DC* il précise que « si le législateur peut prévoir une procédure appropriée permettant de retenir les enfants âgés de dix à treize ans pour les nécessités d'une enquête, il ne peut être recouru à une telle mesure que dans des cas exceptionnels et s'agissant d'infractions graves »[2468]. Partant, « la mise en œuvre de cette procédure, qui doit être subordonnée à la décision et soumise au contrôle d'un magistrat spécialisé dans la protection de l'enfance, nécessite des garanties particulières »[2469]. Cette solution ne fait que confirmer une solution déjà retenue à l'occasion des décisions *93-334 DC*[2470] et *93-326 DC*[2471].

2° Les garanties légales des exigences constitutionnelles

1008. La catégorie des *garanties légales des exigences constitutionnelles* mobilise, pour advenir, un considérant de principe selon lequel s'il est « à tout moment loisible au législateur, statuant dans le domaine qui lui est réservé par l'article 34 de la Constitution, de modifier des textes antérieurs ou d'abroger ceux-ci en leur substituant, le cas échéant d'autres dispositions », c'est à condition qu'un tel exercice n'aboutisse pas « à priver de garanties légales des exigences de caractère constitutionnel »[2472]. Dans tous les cas, il s'agit de permettre au législateur, « dans le domaine de compétence qui est le sien, de modifier, compléter ou abroger des

---

[2466] Cons. Const., décision n°2011-223 QPC du 17 février 2012, *Ordre des avocats au Barreau de Bastia*, cons. 6.

[2467] Cons. Const., décision n°2011-185 QPC du 21 octobre 2011, *M. Jean-Louis C.*, cons. 6.

[2468] Cons. Const., décision n°2002-461 DC du 29 août 2002, *préc.*, cons. 35.

[2469] *Id.*

[2470] Cons. Const., décision n°93-334 DC du 20 janvier 1994, *Loi instituant une peine incompressible et relative au nouveau code pénal et à certaines dispositions de procédure pénale*, cons. 23.

[2471] Cons. Const., décision n°93-326 DC du 11 août 1993, *Loi modifiant la loi n°93-2 du 4 janvier 1993 portant réforme du code de procédure pénale*, cons. 29.

[2472] Cons. Const., décision n°86-210 DC du 29 juillet 1986, *Loi portant réforme du régime juridique de la presse*, cons. 2.

dispositions antérieures »[2473] afin de viser la « réalisation ou la conciliation d'objectifs de nature constitutionnelle »[2474].

1009. Le Conseil constitutionnel associe explicitement, dans sa jurisprudence, les notions de sécurité juridique et de garanties légales. Ainsi énonce-t-il, dans une décision *2006-544 DC,* à propos d'une disposition législative qu'elle « a conforté la sécurité juridique des employeurs et des employés » du secteur de l'hôtellerie et de la restauration » et ajoute, qu'en procédant de la sorte, le législateur « n'a privé de garanties légales aucune exigence constitutionnelle »[2475]. Comme l'écrit Mme Vidal-Naquet, dans sa thèse, les garanties légales « participent à la concrétisation » du contrôle de constitutionnalité « incitant le juge à prendre en compte des éléments extérieurs à l'acte législatif lui-même »[2476]. Il s'agit avant tout de déterminer les conditions d'application de la loi. Ainsi, la référence aux garanties légales donne « au Conseil la possibilité d'accompagner la réalisation concrète des droits et libertés en garantissant la constitutionnalité de la loi jusque dans son application »[2477].

1010. La référence aux garanties légales, de la même façon que les références aux *situations particulières*, au *contexte,* aux *effets* ou à la *prudence* illustrent parfaitement le phénomène de concrétisation qui frappe le contrôle de constitutionnalité et modifie – partiellement – les techniques d'interprétation mobilisées par le juge. Dans ces conditions, le juge constitutionnel s'attache bien, dans le cadre de son opération, à l'appréciation du contexte d'application des dispositions dont il est saisi. Tous ces éléments constituent autant d'éléments permettant d'orienter ses décisions à la prise en compte d'une certaine forme de justice qui suppose, pour advenir, une forme de particularisation de l'appréciation. Elle constitue ainsi le deuxième horizon de sens des décisions du Conseil constitutionnel.

1011. Pour l'essentiel, on peut considérer que les garanties légales sont bien souvent invoquées à l'appui d'une violation des libertés individuelles ou des droits sociaux[2478] et impliquent « différents niveaux d'exigence »[2479]. Comme l'écrit Mme Vidal-Naquet, la décision de constitutionnalité qui se réfère aux garanties légales « encadre la loi de mesures susceptibles d'en garantir une application conforme aux exigences constitutionnelle »[2480].

1012. À titre d'illustration, le juge constitutionnel a pu estimer que « l'obligation de motiver les jugements et arrêts de condamnation constitue

---

[2473] Cons. Const., décision n°94-348 DC du 3 août 1994, *Loi relative à la protection sociale complémentaire des salariés et portant transposition des directives n°92/49 et 92/96 des 18 juin et 10 novembre 1992 du conseil des communautés européennes*, cons. 4.

[2474] Cons. Const., décision n°99-416 DC du 23 juillet 1999, *Loi portant création d'une couverture maladie universelle*, cons. 6.

[2475] Cons. Const., décision n°2006-544 DC du 14 décembre 2006, *Loi de financement de la sécurité sociale pour 2007*, cons. 21.

[2476] Ariane VIDAL-NAQUET, *Les « garanties légales des exigences constitutionnelles » dans la jurisprudence du Conseil constitutionnel*, *op. cit.*, p. 290.

[2477] *Id.*

[2478] V. à ce sujet, Grégory MOLLION, « Les garanties légales des exigences constitutionnelles », *RFDC*, vol. 62, 2005.

[2479] *Id.*

[2480] Ariane VIDAL-NAQUET, *Les « garanties légales des exigences constitutionnelles » dans la jurisprudence du Conseil constitutionnel*, *op. cit.*, p. 336.

une garantie légale »[2481] de l'exigence constitutionnelle d'exclusion de l'arbitraire dans la recherche des auteurs d'infractions, dans le jugement des personnes poursuivies ainsi que dans le prononcé de l'exécution des peines.

De la même façon, « la procédure de regroupement familial établie par le livre IV du code de l'entrée et du séjour des étrangers et du droit d'asile est une garantie légale du droit des étrangers établis de manière stable et régulière en France à y mener une vie familiale normale »[2482]. À l'inverse, « la possibilité donnée à des agents des services du ministère de l'intérieur et de la gendarmerie nationale d'accéder aux données du fichier informatisé des empreintes digitales des demandeurs du statut de réfugié crée à l'office français de protection des réfugiés et apatrides prive d'une garantie légale l'exigence de valeur constitutionnelle posée par le Préambule de la Constitution de 1946 »[2483] du droit d'asile.

1013. Au 1er mai 2019, le Conseil constitutionnel avait mobilisé cette référence spécifique dans près de soixante-seize décisions. Sa jurisprudence récente en la matière porte pourtant en elle les ferments d'une évolution. L'invocation des *garanties légales* ne vise plus seulement à sanctionner une certaine prudence du juge constitutionnel vis-à-vis de l'action du législateur en matière de libertés fondamentales mais semble orientée à la réalisation ou à la recherche d'une certaine continuité de l'ordre juridique constitutionnel. Autrement dit, la jurisprudence récente en matière de garanties légales des exigences constitutionnelles répond désormais moins de la prudence que de la fidélité.

II. La fidélité ou la prévisibilité des situations juridiques

1014. Cette évolution ressort notamment d'une transformation du considérant de principe apparu en décembre 2013 dans la procédure DC. Ainsi, dans deux décisions, *2013-682 DC* et *2013-685 DC,* le Conseil rappelle dans un premier temps sa jurisprudence traditionnelle en matière de contrôle des garanties légales des exigences constitutionnelles. Il considère « qu'il est à tout moment loisible au législateur, statuant dans le domaine de sa compétence, de modifier des textes antérieurs ou d'abroger ceux-ci en leur substituant, le cas échéant, d'autres dispositions ; que ce faisant, il ne saurait toutefois priver de garanties légales des exigences constitutionnelles »[2484].

1015. La nouveauté réside dans ce que le juge constitutionnel illustre ensuite les implications concrètes de ce contrôle vis-à-vis du législateur. Il estime alors « qu'en particulier, il ne saurait, sans motif d'intérêt général suffisant, ni porter atteinte aux situations légalement acquises ni remettre en cause les effets qui peuvent légitimement être attendus de telles situations ».

[2481] Cons. Const., décision n°2011-635 DC du 4 août 2011, *Loi sur la participation des citoyens au fonctionnement de la justice pénale et le jugement des mineurs*, cons. 11. ; Cons. Const., décision n°2011-113/115 QPC du 1er avril 2011, *M. Xavier P. et autre*, cons. 11.

[2482] Cons. Const., décision n°2005-528 DC du 15 décembre 2005, *Loi de financement de la sécurité sociale pour 2006*, cons. 15.

[2483] Cons. Const., décision n°97-389 DC du 22 avril 1997, *préc.*, cons. 26.

[2484] Cons. Const., décision n°2013-682 DC du 19 décembre 2013, *Loi de financement de la sécurité sociale pour 2014*, cons. 14 ; Cons. Const., *préc.*, cons. 38.

Ce faisant, il ordonne son contrôle des garanties légales des exigences constitutionnelles au respect de la fidélité envers les situations juridiques existantes – qui doivent être prévisibles. Celle-ci s'incarne assez bien dans les obligations du législateur de ne pas remettre en cause des situations légales (A) tout autant que de tenir compte des attentes légitimes des destinataires des mesures qu'il édicte (B).

A. La stabilité des situations juridiques acquises

1016. Le juge constitutionnel cherche toujours, dans l'ensemble, à favoriser la prévisibilité des situations juridiques. Cela passe notamment par l'appréciation des situations juridiques acquises qu'il vise à préserver. La protection des situations juridiques acquises s'entend de deux références spécifiques dans la jurisprudence constitutionnelle. Il s'agit d'une part de protéger les *situations légalement acquises* (1°), d'autre part, d'œuvrer à la stabilité des *contrats légalement conclus* (2°).

1° La prise en compte des situations légalement acquises

1017. L'évocation des situations légalement acquises constitue désormais une référence classique du contrôle de constitutionnalité. Dans nombre de décisions, le Conseil constitutionnel l'associe directement à la *garantie des droits*. Il estime ainsi que le législateur « méconnaitrait la garantie des droits proclamés par l'article 16 de la Déclaration des droits de l'homme et du citoyen s'il portait aux situations légalement acquises une atteinte qui ne soit justifiée par un motif d'intérêt général suffisant »[2485].

1018. À l'occasion de ce contrôle, le juge constitutionnel s'attache ainsi largement à la temporalité des dispositions qui lui sont soumises. Plus précisément, il contrôle sur ce fondement les dispositions législatives ayant une portée rétroactive. Il s'attache donc bien au contexte d'application de la disposition dont il est saisi.

1019. La décision *2017-759 DC* l'illustre tout particulièrement. Le juge constitutionnel était saisi des dispositions législatives instaurant un mécanisme spécifique de déduction des revenus de l'année 2019 pour les cotisations versées à certains régimes d'épargne retraite en 2018. Le juge rejette le moyen invoqué par les requérants de l'atteinte potentielle à une situation légalement acquise au motif que ces dispositions « ne s'attachent

---

[2485] Cons. Const., décision n°2014-439 QPC du 23 janvier 2015, *M. Ahmed S.*, cons. 20. ; Cons. Const., décision n°2014-430 QPC du 21 novembre 2014, *Mme Barbara D. et autres*, cons. 8. ; Cons. Const., décision n°2013-322 QPC du 14 juin 2013, *M. Philippe W.*, cons. 7 ; Cons. Const., décision n°2012-662 DC du 29 décembre 2012, *Loi de finances pour 2013*, cons. 42 ; Cons. Const., décision n°2012-661 DC du 29 décembre 2012, *Loi de finances rectificatives pour 2012 (III)*, cons. 13 ; Cons. Const., décision n°2012-654 DC du 9 août 2012, *Loi de finances rectificatives pour 2012 (II)*, cons. 17 ; Cons. Const., décision n°2011-141 QPC du 24 juin 2011, *Société Électricité de France*, cons. 5 ; Cons. Const., décision n°2011-118 QPC du 8 avril 2011, *M. Lucien M.*, cons. 7 ; Cons. Const., décision n°2007-550 DC du 27 février 2007, *Loi relative à la modernisation de la diffusion audiovisuelle et à la télévision du futur*, cons. 4.

qu'à des situations qui seront constituées en 2018 et 2019 »[2486] donc non acquises.

Le raisonnement est similaire dans la décision *2017-673 QPC* à propos de dispositions instituant un dispositif d'exonération totale des cotisations sociales patronales afin de favoriser le développement et la pérennité des « jeunes entreprises innovantes ». Le juge constitutionnel estime que « les dispositions contestées, qui ne disposent que pour l'avenir, ne s'appliquent pas aux cotisations dues à raison des gains et rémunérations versées avant leur entrée en vigueur »[2487]. Elles ne portent pas atteinte à des situations légalement acquises.

1020. Pour le dire autrement, en l'absence de rétroactivité, le grief tiré de l'atteinte à une situation légalement acquise manque en fait[2488]. C'est sur ce fondement que le juge constitutionnel a notamment estimé que les dispositions relatives à la déchéance de nationalité « ne portent pas atteinte à une situation légalement acquise »[2489]. On le retrouve encore mobilisé dans une décision *2018-743 QPC*. Le juge constitutionnel y énonce que les dispositions prévoyant l'inaliénabilité et l'imprescriptibilité des biens, à caractère mobilier ou immobilier, appartenant au domaine public « ne portent pas atteinte à des situations légalement acquises » au motif précis « qu'aucun droit de propriété sur un bien appartenant au domaine public ne peut être valablement constitué au profit de tiers et [...] qu'un tel bien ne peut faire l'objet d'une prescription acquisitive »[2490].

1021. À l'inverse, si la rétroactivité est avérée, elle doit alors être justifiée par un motif d'intérêt général suffisant. C'est ce qu'illustre la décision *2013-682 DC*. Le juge constitutionnel était appelé à se prononcer sur des dispositions prévoyant « pour les produits de contrats d'assurance-vie acquis ou constatés à compter du 1er janvier 1997 exonérés d'impôt sur le revenu et pour lesquels les prélèvements sont acquittés lors du dénouement du contrat ou du décès de l'assuré, une modification des taux de prélèvements sociaux applicable aux 'faits générateurs intervenant à compter du 26 septembre 2013' »[2491]. Reste à savoir si la rétroactivité était, ici, justifiée. Le juge répond par la positive et énonce « qu'en prévoyant d'appliquer les taux de prélèvements sociaux modifiés pour des contrats dont le dénouement ou la transmission sont intervenus à compter du 26 septembre 2013, date à laquelle les dispositions ont été rendues publiques, le législateur a entendu éviter que l'annonce de cette réforme n'entraîne, avant l'entrée en vigueur de

---

[2486] Cons. Const., décision n°2017-759 DC du 28 décembre 2017, *Loi de finances rectificative pour 2017*, § 16.

[2487] Cons. Const., décision n°2017-673 QPC du 24 novembre 2017, *Société Neomades*, § 15.

[2488] V. par ex., Cons. Const., décision n°2010-622 DC du 28 décembre 2010, *Loi de finances pour 2011*, cons. 46 ; Cons. Const., décision n°2009-599 DC du 29 décembre 2009, *Loi de finances pour 2010*, cons. 86 : Cons. Const., décision n°2005-530 DC du 29 décembre 2005, *Loi de finances pour 2006*, cons. 45.

[2489] Cons. Const., décision n°2014-439 QPC du 23 janvier 2015, *préc.*, cons. 21.

[2490] Cons. Const., décision n°2018-743 QPC du 26 octobre 2018, *Société Brimo de Laroussilhe*, § 7.

[2491] Cons. Const., décision n°2013-682 DC du 19 décembre 2013, *préc.*, cons. 15.

la loi, des effets contraires à l'objectif de rendement poursuivi »[2492]. Ainsi, le motif d'intérêt général apparaît suffisant.

1022. L'appréciation des situations légalement acquises n'est pas sans poser problème au regard du régime des autorisations administratives, et plus précisément, dans l'hypothèse où le législateur interrompt, avant leur terme, des autorisations antérieurement délivrées. Dans cette hypothèse, celui-ci interrompt bien une situation juridique légalement acquise par la délivrance de l'autorisation.

Le Conseil a eu l'occasion de se prononcer à propos des autorisations de diffusion en mode analogique attribuées aux services nationaux de télévision dans la décision *2007-550 DC*. La loi déférée devant lui devait substituer, de façon anticipée, le mode numérique au mode analogique pour la diffusion des programmes audiovisuels par voie hertzienne. Le Conseil énonce que cette loi « aura pour effet de réduire la durée des autorisations de diffusion qui avaient été accordées aux éditeurs de ces services jusqu'en décembre 2010, février 2012 et avril 2012 selon les cas »[2493]. L'atteinte ainsi portée n'apparaît pas injustifiée au Conseil constitutionnel.

2° La prise en compte des contrats légalement conclus

1023. L'appréciation des situations légalement acquises se double bien souvent – voire se confond – avec le respect de la stabilité des contrats légalement conclus. Le Conseil constitutionnel ajoute souvent, à la suite de son considérant de principe, en matière de situations légalement acquises, « que de même, il ne respecterait pas les exigences résultant des articles 4 et 16 de la Déclaration de 1789 s'il portait aux contrats légalement conclus une atteinte qui ne soit justifiée par un tel motif » d'intérêt général[2494]. Le droit au maintien des conventions conclues avait été consacré par le Conseil constitutionnel dans une décision *98-401 DC*[2495] puis rattaché à l'article 4 de la Déclaration de 1789 dans une décision *2000-437 DC*[2496]. L'appréciation du caractère suffisant du motif d'intérêt général se résout toujours en un contrôle de proportionnalité.

1024. C'est en matière de dispositifs de résiliation de contrats que le juge constitutionnel mobilise le plus cette appréciation.

Par exemple, dans une décision *2001-451 DC*, le juge était saisi d'une disposition prévoyant la résiliation de contrats en cours au motif qu'elle opérait substitution d'une quatrième branche de la sécurité sociale des non-salariés agricoles à la protection antérieure dont ils bénéficiaient. Les requérants invoquaient l'absence de délai de transition ou d'adaptation suffisant. Le juge constitutionnel rejette l'argumentaire au motif que « la

---

[2492] *Id.*

[2493] Cons. Const., décision n°2007-550 DC du 27 février 2007, *préc.*, cons. 10.

[2494] V. par ex., Cons. Const., décision n°2014-430 QPC du 21 novembre 2014, *préc.*, cons. 8 ; Cons. Const., décision n°2013-322 QPC du 14 juin 2013, *préc.*., cons. 7 ; Cons. Const., décision n°2011-141 QPC du 24 juin 2011, *préc.*, cons. 5.

[2495] Cons. Const., décision n°98-401 DC du 10 juin 1998, *préc.*, cons. 29.

[2496] Cons. Const., décision n°2000-437 DC du 19 décembre 2000, *Loi de financement de la sécurité sociale pour 2001*, cons. 37.

résiliation des contrats d'assurances en cours est inhérente aux modifications du régime de protections sociale opérées par la loi déférée »[2497].

Le juge mobilise un raisonnement similaire à l'occasion d'une décision *2015-715 DC*. Le juge était saisi de dispositions permettant à un commerçant de détail de changer de réseau de distribution en se libérant, en une seule fois, de l'intégralité des contrats qui le liaient à son réseau actuel de distribution. Il a ainsi jugé conforme à la Constitution les dispositions visant à ce que « l'ensemble des contrats conclus entre, d'une part, une personne physique ou une personne morale de droit privé regroupant des commerçants, [...] et, d'autre part, toute personne exploitant, pour son compte ou pour le compte d'un tiers, un magasin de commerce de détail, ayant pour but commun l'exploitation de ce magasin et comportant des clauses susceptibles de limiter la liberté d'exercice par cet exploitant de son activité commerciale prévoient une échéance commune » [2498] . L'atteinte aux situations contractuelles légalement conclues est justifiée par cela que les dispositions poursuivent un véritable objectif d'intérêt général dans la mesure où elles « visent à mettre un terme aux pratiques contractuelles des réseaux de distribution commerciale qui concluent avec les exploitants de commerce de détail qui leur sont affiliés des contrats différents n'ayant pas les mêmes durées, les mêmes échéances ou les mêmes conditions de résiliation »[2499]. Il en résulte ainsi « une prolongation artificielle des contrats qui peut s'apparenter à une restriction de la liberté d'entreprendre des exploitants de commerce de détail » [2500] . Partant, en adoptant ces dispositions, « le législateur a entendu assurer un meilleur équilibre de la relation contractuelle entre l'exploitant d'un commerce de détail et le réseau de distribution auquel il est affilié »[2501]. En outre, le juge apprécie le fait que ces dispositions ne s'appliquent *en particulier* « qu'aux contrats conclus entre des réseaux de distribution et des exploitants de commerce de détail » et « ne s'appliquent qu'aux contrats comportant des clauses susceptibles de limiter la liberté d'exercice par un exploitant de son activité commerciale »[2502].

1025. Le juge procède de la même façon dans une décision 2017-758 DC qui devait se prononcer sur la constitutionnalité d'un article spécifique de la loi de finances réformant les aides au logement et les règles de fixation des loyers dans le parc locatif social. À l'appui de son contrôle, le juge constitutionnel énonce dans un *premier temps* que « la réduction de loyer de solidarité instituée par les dispositions contestées a pour effet de diminuer les ressources des bailleurs du parc social »[2503]. Dans un *deuxième temps*, par ces dispositions, « le législateur a entendu non seulement réduire le coût

---

[2497] Cons. Const., décision n°2001-451 DC du 27 novembre 2001, *Loi portant amélioration de la couverture des non-salariés agricoles contre les accidents du travail et les maladies professionnelles*, cons. 28.
[2498] Cons. Const., décision n°2015-715 DC du 5 août 2015, *Loi pour la croissance, l'activité et l'égalité des chances économiques*, cons. 20.
[2499] *Ibid.*, cons. 24.
[2500] *Id.*
[2501] Id.
[2502] *Ibid.*, cons. 25.
[2503] Cons. Const., décision n°2017-758 DC du 28 décembre 2017, *Loi de finances pour 2018*, § 121.

pour les finances publiques de la politique du logement, mais aussi améliorer les mécanismes de fixation des loyers afin de mieux les ajuster à la réalité des niveaux de vie des locataires, en particulier ceux aux revenus modestes et rencontrant des difficultés particulières d'accès au logement social »[2504]. Dans un *troisième temps*, les conséquences financières de cette réduction pour les organismes de logement social feront l'objet de mesure de compensation. Aussi, « compte tenu du motif d'intérêt général poursuivi, des différentes garanties légales qui précèdent et de la nature même des contrats de location passés par les bailleurs du parc social pour l'exercice de leurs mission d'intérêt général, l'atteinte portée par les dispositions contestées au droit au maintien des contrats légalement conclus et à la liberté contractuelle n'est pas disproportionnée »[2505]. L'interprétation est, ici, largement particulariste et suppose du juge qu'il apprécie le contexte d'application de la disposition.

B. Le respect des attentes légitimes

1026. L'appréciation des situations légalement acquises par le Conseil constitutionnel doit être distinguée encore de l'appréciation par celui-ci des effets légitimement attendus de certaines situations. Celle-ci constitue la seconde branche de ce que le juge constitutionnel entend par garanties légales. Elle constitue, par ailleurs, la version française de la confiance légitime[2506]. La jurisprudence constitutionnelle exige ainsi du législateur qu'il ne prive pas, à l'occasion de sa mission, de garanties légales des exigences constitutionnelles. En particulier, il ne saurait porter atteinte à des situations légalement acquises sans viser un certain objectif constitué par un motif d'intérêt général suffisant ni porter atteinte aux effets que peuvent légitimement attendre certains justiciables dans certaines situations.

1027. La frontière est encore assez floue entre ces deux motifs d'inconstitutionnalité. Preuve en est, le Conseil constitutionnel, comme les requérants, s'y réfèrent souvent de façon conjointe. Ainsi, le Conseil constitutionnel n'hésite plus à vérifier, dans une décision récente, si des dispositions « ne remettent pas en cause les effets qui pouvaient légitimement être attendus de situations légalement acquises »[2507].

1028. Le respect des attentes légitimes mobilise logiquement pour advenir un véritable contrôle concret de constitutionnalité. Il s'agit toujours pour le juge d'apprécier la notion éminemment subjective « d'attentes » qui ne pourra relever que d'une casuistique[2508] c'est-à-dire d'une interprétation particulariste. En effet, l'appréciation des attentes légitimes, comme de la

---

[2504] *Ibid.*, § 122.
[2505] *Ibid.*, § 124.
[2506] V. à ce sujet, Mathieu DISANT, « La confiance légitime fait son entrée dans le droit constitutionnel français. Chronique Droit et Risque n°6, 2ème partie », *LPA*, n°65, 2015, p. 5-9.
[2507] Cons. Const., décision n°2017-755 DC du 29 novembre 2017, *Loi de finances rectificative pour 2017*, § 47.
[2508] V. à ce sujet, Sylvia CALMES, *Du principe de protection de la confiance légitime en droits allemand, communautaire et français*, Éd. Dalloz, Coll. Nouvelle bibliothèque de thèses, 2001, p. 485.

confiance légitime « ne permet jamais de prédéterminer de manière générale et abstraite la solution effective qui sera finalement adoptée, dans le cas concret, par l'interprète saisi de la question »[2509]. Or, la décision «'ponctuelle' ou 'occasionnelle' obtenue au terme du mécanisme subjectif de protection de la confiance légitime est souvent présentée comme une réalisation poussée d'une justice de 'cas individuels' »[2510]. De façon plus concrète, l'attente ou la confiance légitime suppose une appréciation portée « en fonction du comportement concret de l'autorité publique et des sentiments subjectifs du particulier confiant »[2511]. Il est donc un véritable instrument de justice au sens strict. Ce constat est d'autant plus vrai que le juge constitutionnel ne mobilise plus désormais ce contrôle au seul soutien d'une analyse des dispositions fiscales. Au contraire, semble-t-il procéder à une certaine extension.

1029. La décision *2015-718 DC* l'illustre tout particulièrement. Elle illustre également le caractère concret qu'implique tout contrôle des attentes légitimes. Le juge constitutionnel était saisi de la conformité à la Constitution de la *loi relative à la transition énergétique pour la croissance verte* et notamment de son article 187 relatif à la délivrance des autorisations administratives d'exploitation des installations de production d'électricité. Cet article interdisait la délivrance d'une autorisation d'exploiter une installation de production d'électricité d'origine nucléaire lorsqu'elle aurait pour effet de porter la capacité totale autorisée de production d'électricité d'origine nucléaire au-delà de 63,2 gigawatts. Autrement dit, cet article fixait un plafond limitant la production totale d'électricité d'origine nucléaire à 63,2 gigawatts. Or, le Conseil constitutionnel énonce que « le total des capacités de production d'électricité d'origine nucléaire aujourd'hui utilisées s'élève à ce montant »[2512]. En outre, certaines installations avaient déjà fait l'objet d'une autorisation de création sans pour autant qu'elles soient mises en service. Mises en service, ces installations auraient porté le total de puissance électrique à 64,85 GW, dépassant ainsi le plafond législatif. Au regard de ce contexte précis d'application, le Conseil constitutionnel rappelle sa jurisprudence relative au respect des situations légalement acquises ainsi qu'aux attentes légitimes. Il considère que le législateur a, par cette loi, porté atteinte non pas tant aux autorisations légalement détenues par l'entreprise EDF qui respectent le plafond mais bien plus aux effets pouvant légitimement être attendus des autorisations d'installation déjà attribuées, à savoir la possibilité d'exploiter une nouvelle installation en dépassant le plafond législatif d'1,65 GW. Il énonce donc « qu'il résulte une atteinte aux effets qui peuvent légitimement être attendus de situations légalement acquises »[2513].

Restait encore à savoir, conformément à sa jurisprudence traditionnelle en la matière si une telle atteinte était justifiée. Le juge énonce alors « qu'il

---

[2509] *Ibid.*, p. 486.
[2510] *Ibid.*, p. 488.
[2511] *Ibid.*, p. 489.
[2512] Cons. Const., décision n°2015-718 DC du 13 août 2015, *Loi relative à la transition énergétique pour la croissance verte*, cons. 57.
[2513] *Id.*

ressort des travaux préparatoires de la loi déférée qu'en plafonnant la somme des puissances autorisées par des autorisations d'exploiter une installation nucléaire de base, le législateur a entendu promouvoir la diversification des sources d'énergie et la réduction de la part de l'électricité d'origine nucléaire »[2514] constitutifs d'objectifs d'intérêt général.

1030. La prise en compte du cas particulier n'est pas la seule incarnation de l'idéal de justice dans les décisions du juge constitutionnel. L'idéal de justice se manifeste également, semble-t-il, dans la recherche de la protection vis-à-vis des lésions. Cet idéal explique l'apparition *récente* de nouvelles références du contrôle de constitutionnalité. Depuis une vingtaine d'années, le juge constitutionnel opère une nouvelle systématisation de ses approches en matière d'interprétation. Tantôt, celui-ci se réfère aux risques ou aux garanties, tantôt, au contraire, vise-t-il plus directement à apprécier l'acquis ressortant des situations – contractuelles ou non contractuelles – légalement obtenues ou les attentes légitimes des justiciables vis-à-vis de la législation. Dans tous les cas, l'interprétation se veut protectrice. Elle se fonde sur une certaine représentation où, comme l'écrivait Dabin, « l'homme a droit, sinon à la communication de toute vérité, du moins à n'être point trompé »[2515], et où il a « droit à l'exécution des promesses contractées à son égard et sur lesquelles il a pu compter »[2516]. Ce sont là les deux traductions respectives de la *prudence* et de la *fidélité*. Dans les deux cas surtout, il s'agit de limiter l'arbitraire de l'action publique en évitant toute action inconsidérée et tout dispositif législatif qui ne s'accompagnerait pas d'une certaine justification. Il s'agit donc, comme le dit l'adage, d'éviter que législation ne provoque de quelconques lésions. Il s'agit par là même de poursuivre une forme de justice en respectant l'adage millénaire *alterum non laedere.*

1031. Ce dernier chapitre a confirmé l'idée, précédemment exposée, selon laquelle le sens d'une partie des décisions du juge constitutionnel français peut être trouvé dans la poursuite, par le juge, d'une certaine forme de justice. Le concept de justice est un concept mosaïque. Il s'incarne diversement ainsi que le révèle l'adage trinitaire d'Ulpien : *honeste vivere, alterum non laedere, suum cuique tribuere*. Cet adage millénaire, délaissé par la doctrine juridique contemporaine, semble avoir encore des choses à dire ; bien qu'il soit regrettable, comme l'écrit M. Alain Supiot, « qu'aujourd'hui [...] ce soient des philosophes – comme Rawls, Fraser, Ricœur ou Walzer, ou bien des économistes – comme Amartya Sen, qui se soient efforcés de repenser la justice dans le monde contemporain, et non pas des juristes »[2517]. Surtout, l'objet rétroagit sur les méthodes mobilisées par le juge. C'est le mérite du Professeur Frydman et de son approche topique du droit que de l'avoir mis à jour. La lecture des décisions du Conseil constitutionnel permet de le confirmer. *C'est là un premier apport de ce chapitre.*

[2514] *Ibid.*, cons. 58.

[2515] Jean DABIN, *La philosophie de l'ordre juridique positif : spécialement dans les rapports de droit privé*, *op. cit.*, p. 324.

[2516] *Id.*

[2517] Alain SUPIOT, « Poïétique de la justice », *loc. cit.*, p. 340.

1032. L'idéal de justice, dans les deux branches retenues, mobilise toujours un contrôle concret de la part du juge. La prise en compte, par le juge constitutionnel, des intérêts en présence, suppose nécessairement une transformation de son approche. Celle-ci est alors éminemment contextuelle et s'attache à repositionner la règle dans son champ d'application. *C'est là le deuxième apport de ce chapitre.*

1033. Fleurissent ainsi, dans la jurisprudence du Conseil constitutionnel, des références nouvelles, parfois uniques – pour le moment ! – qui subvertissent les outils de contrôle de la constitutionnalité et transforment les représentations dominantes – du juge comme de la doctrine. Ainsi, voit-on apparaître des références éparses mais significatives, telles que celles *d'intérêts légitimes*[2518] ou encore celle de *bénéfice des intéressés*[2519] qui justifient, ponctuellement, la constitutionnalité de telles ou telles dispositions. Les outils se spécialisent et le juge mobilise les calculs spécifiques du raisonnable et de la proportionnalité. Les cadres se lézardent, pris qu'ils sont dans ce mouvement global. L'oscillation produite brouille ainsi la lecture traditionnelle des décisions du Conseil constitutionnel. À travers ce trouble, c'est la *nature* même de l'office du juge qui est perturbée tant elle dépend du regard qui est porté sur son contrôle.

[2518] Cons. Const., décision n°2003-467 DC du 13 mars 2003, *préc.*, *cons. 32*.
[2519] Cons. Const., décision n°2006-535 DC du 30 mars 2006, *Loi pour l'égalité des chances*, cons. 20.

CONCLUSION DU TITRE IV

1034. La présence des valeurs dans la jurisprudence constitutionnelle n'est plus à démontrer. La typologie du sens des décisions du Conseil constitutionnel a permis d'établir l'influence des valeurs sur le processus décisionnel. Celles-ci guident et orientent le processus d'interprétation mené par le juge. Comment pourrait-il en être autrement puisque l'interprétation n'est jamais qu'une action[2520], et la valeur la fin de toute action. Ce phénomène n'est pas nouveau. Son explication par la théorie de la valeur l'est davantage. Il prend sa source dans ce que Wroblewski appelle *l'idéologie de l'interprétation juridique*[2521] qui n'a pour seul but que de diriger l'activité interprétative vers une certaine direction.

1035. Appliqué à la jurisprudence du Conseil constitutionnel, ce constat laisse émerger deux sens spécifiques des décisions du juge. Les décisions du juge constitutionnel sont tantôt orientées au respect de l'autorité, tantôt à la recherche d'une incarnation de la justice. Cette orientation n'est pas aléatoire. Elle dépend pour l'essentiel du discours du juge constitutionnel, de l'auditoire auquel il choisit – implicitement – de s'adresser. Tantôt il s'agit de parler le langage des institutions, c'est à dire celui de l'ordre, tantôt celui des justiciables et notamment des citoyens c'est-à-dire celui de la justice.

1036. La plupart des décisions du Conseil constitutionnel expriment une certaine déférence vis-à-vis de l'autorité. Ces décisions sont plus conformes au modèle abstrait de justice constitutionnelle. Elles maintiennent l'idée d'un droit rationnel, objectif, constitué de règles facilement appréhensibles telles qu'en elles-mêmes. À l'inverse, certaines décisions du Conseil constitutionnel expriment parfois une forme de justice. Elles s'apparentent davantage au modèle concret de justice constitutionnelle qui suppose imbrication de la règle et de son contexte d'application. Le droit ne repose

[2520] Sur cette question et l'idée selon laquelle la décision judiciaire – qui médiatise l'interprétation – est une action, v. notamment Aulis Aarnio, « Theory of action and judicial decision making » *in* Aulis AARNIO, *Philosophical perspectives in jurisprudence*, Éd. Academic bookstore, Coll. Acta philosophica Fennica, 1983, p. 238-244, notamment p. 238-241.

[2521] Jerzy WROBLEWSKI, « L'interprétation en droit : théorie et idéologie », *APD*, vol. 17, 1972, p. 51-69, notamment p. 63.

plus alors, « dans un empyrée mystérieux »[2522] pour reprendre le mot célèbre du Doyen Vedel, gravé « une fois pour toute sur un marbre inaltérable »[2523].

1037. Cette thèse n'est pas nouvelle qui ressuscite *mutatis mutandis,* à travers l'opposition de l'autorité et de la justice, la dialectique de la stabilité et du mouvement[2524], et notamment en droit, celle de l'Institution et de l'Évènement dont parle si bien Jacques Ellul. Ainsi, « l'institution est toujours, nécessairement, un arrêt dans l'évolution d'une société, un instantané stabilisant »[2525]. Elle « comporte à la fois sa logique interne, son sens intrinsèque, son principe de cohérence » et « par cela même elle se pose, dans, mais aussi en face de la société comme un facteur de régulation, et comme un élément de référence qui doit être stable »[2526]. Partant, « l'institution ne peut manquer d'agir en procédant comme une coupe dans le flux continu de la vie sociale »[2527]. Sa « tendance à l'immobilisation », rajoute Ellul, produit toujours « un décrochage entre le réel, et la forme juridique qui commence à tourner à vide »[2528]. C'est alors le rôle de l'évènement que de lui donner une nouvelle impulsion. Il constitue ainsi « une mise en question surprenante et radicale »[2529] de l'institution de sorte que « l'institution sans l'évènement ne peut que se scléroser »[2530]. Dans ces conditions, là où l'autorité, comme l'institution, incarne la continuité et la stabilité, la justice suppose, à l'instar de l'évènement, jaillissement du spontané, du particulier. L'autorité se constitue alors comme toile de fond de la justice qui ne peut plus s'appréhender que comme son exception, et par là même, son inévitable complément.

[2522] Georges VEDEL, « Le Conseil constitutionnel, gardien du droit positif ou défenseur de la transcendance des droits de l'homme », *Pouvoirs*, vol. 45, n°2, 1988, p. 153.

[2523] *Id.*

[2524] V. à ce sujet, Paul ROUBIER, *Théorie générale du droit: histoire des doctrines juridiques et philosophie des valeurs sociales*, *op. cit.*, p. 199 : « Le droit n'est pas une simple reconnaissance de l'ordre des choses existant. Car il y a d'une part les forces de stabilisation et d'autre part les forces de mouvement : il y a l'ordre d'un côté la justice de l'autre ; il y a les résultats atteints d'une part et d'autre part ceux que l'on pressent devoir être atteints. C'est ainsi que peu à peu se sont élaborés les progrès importants du droit par l'ascension vers un idéal de justice. Mais bien évidemment en tant qu'aspiration de l'âme humaine, la justice ne peut pas être l'objet d'une constatation empirique, comme un objet perçu par les sens. Comme on l'a fort bien dit, elle n'est pas une réalité à constater, elle est un idéal à réaliser ».

[2525] Jacques ELLUL, « Initiales pour l'étude de la relation entre les émeutes de mai-juin et le droit », *APD*, vol. 14, 1969, p. 5.

[2526] *Id.*

[2527] *Id.*

[2528] *Id.*

[2529] *Id.*

[2530] *Ibid.*, p. 6.

CONCLUSION DE LA SECONDE PARTIE

1038. Il s'agissait de délimiter de manière concrète un concept de valeur au prisme de la jurisprudence du Conseil constitutionnel. Conformément à la méthode retenue, il s'agissait d'identifier l'extension du concept de valeur, c'est-à-dire de procéder, en quelque sorte, à l'énumération de ses déclinaisons. L'analyse révèle la présence des valeurs dans les décisions du juge constitutionnel français et leurs multiples incarnations. Cette délimitation devait également permettre de vérifier le bien-fondé de la définition du concept de valeur présentée dans la première partie.

1039. L'analyse permet de confirmer la définition conceptuelle précédemment retenue de la valeur. La valeur constitue un objet juridique qui trouve à s'incarner en droit, et notamment en droit constitutionnel. Une typologie de ses incarnations a, par ailleurs, été esquissée. Celles-ci dépendent pour l'essentiel de la double fonction de son genre de rattachement : la norme. En tant que norme, la valeur est à la fois concrète et abstraite, impératif et idéal. Elle est donc, logiquement, référence explicite de la décision et référence implicite de la décision. La valeur est tour à tour norme de référence du contrôle de constitutionnalité et sens de celui- ci.

1040. *Dans le premier cas*, les valeurs subvertissent la plupart des catégories formelles mobilisées par le juge constitutionnel. L'analyse plus serrée de celles-ci aboutit au constat qu'elles ne sauraient prétendre exister de façon strictement formelle. La mise en évidence de la statique du droit constitutionnel le démontre dès lors qu'elle suppose l'engendrement matériel des normes. En outre, l'analyse a mis en lumière le fait que les *exigences, nécessités, impératifs, buts, objectifs* et *finalités* ne valent qu'à travers l'importance de leur contenu qui réside avant tout dans leur utilité à encadrer l'action.

1041. L'analyse laisse en outre apparaître la spécificité de la normativité juridique. Celle-ci dépend, pour l'essentiel, du valoir sur lequel le discours juridique, éminemment attributif, repose intégralement. C'est cette hypothèse qui explique la relativité des catégories formelles mobilisées par le juge et la difficulté, pour la doctrine de s'arrêter avec précision sur leurs contours.

1042. *Dans le second cas*, les valeurs orientent la plupart des décisions du juge constitutionnel en un sens particulier. Dans cette optique, la décision du juge et plus particulièrement les motifs qui la constituent deviennent des ressources argumentatives adressées à un auditoire concret qu'il s'agit de convaincre stratégiquement. Tantôt il s'agira de « parler » le langage des institutions et de l'autorité, tantôt celui des justiciables et de la justice du cas particulier. C'est là un des éléments d'explication du mouvement de concrétisation qui touche le contentieux constitutionnel.

CONCLUSION GÉNÉRALE

> « Je réfléchirai aux idées qu'a bien voulu m'exposer le prieur, dit-il. Avant de prendre congé, puis-je en échange lui faire part d'une hypothèse ? Les philosophes de ce temps postulent pour la plupart l'existence d'une *Anima Mundi,* sentiente et plus ou moins consciente, à laquelle participent toutes choses ; j'ai moi-même rêvé aux sourdes cogitations des pierres... Et pourtant, les seuls faits connus semblent indiquer que la souffrance, et conséquemment la joie, et par là même le bien et ce que nous nommons le mal, la justice, et ce qui est pour nous l'injustice, et enfin, sous une forme ou sous une autre, l'entendement, qui sert à distinguer ces contraires, n'existent que dans le seul monde du sang et peut être de la sève, de la chair sillonnée par les filets nerveux comme par un réseau d'éclairs, et (qui sait ?) de la tige qui croît vers la lumière, son Souverain Bien, pâtit du manque d'eau et se rétracte au froid, ou résiste de son mieux aux empiètements iniques des autres plantes. Tout le reste, je veux dire le règne minéral et celui des esprits, s'il existe, est peut-être insentient et tranquille, par-delà nos joies et nos peines ou en deçà d'elles. Nos tribulations, monsieur le prieur, ne sont possiblement qu'une exception infime dans la fabrique universelle ».
>
> M. Yourcenar[2531]

1043. Par-delà les formes et les discours, la discipline juridique réserve une place de choix à la valeur, qu'elle met tout particulièrement en scène. Aboutir à ce constat exigeait d'apprécier la possibilité même qu'un tel objet puisse véritablement exister au sein de la discipline juridique et, le cas échéant, d'identifier la plupart de ses démembrements. Y parvenir supposait, avant toute chose, un travail de clarification du discours juridique et de restitution des représentations dans le creux desquelles un tel objet pouvait être – ou non – envisagé en droit. Deux grands modèles de représentations sont apparus, pour l'un, exclusif du concept de valeur, pour l'autre, inclusif. Effectuer ce constat impliquait de s'émanciper – dans la mesure du possible – du cadre de représentation dominant afin de l'interroger. Il s'agissait là du préalable nécessaire à l'effort d'élaboration conceptuelle entrepris.

1044. Susceptible de favoriser la compréhension d'un certain nombre de phénomènes qui touchent, depuis quelques dizaines d'années, la réalité juridique, le concept de valeur apparaît bel et bien *utile* pour la discipline juridique. L'utilité du concept est largement justifiée par sa portée heuristique. Ainsi, le concept de valeur s'accommode tout particulièrement de la transformation progressive du contrôle de constitutionnalité en un contrôle de la proportionnalité tout autant que de la convergence *matérielle*

[2531] Marguerite YOURCENAR, *L'œuvre au noir*, Éd. Gallimard, Coll. Folio, 1991, p. 278.

des ordres juridiques, ou de l'émergence de la *fondamentalité* qu'il permet, en un sens, d'expliquer.

1045. En outre, l'entreprise de conceptualisation laisse apparaître la profondeur – insoupçonnée sous l'empire du cadre d'analyse dominant – des liens que partage le concept de valeur avec d'autres concepts fondamentaux de la théorie du droit tels que les concepts de système normatif, de validité juridique ou encore de norme juridique. Ces concepts apparaissent étroitement imbriqués, de telle sorte que la représentation spécifique de l'un d'entre eux détermine la représentation des autres. Ce constat apporte bien la confirmation que le concept de valeur, comme tout concept juridique, est avant tout le fruit d'un ensemble de représentations préalables de certains objets du droit et même, du droit pris en tant qu'objet.

1046. Cette particularité du concept de valeur s'explique, pour l'essentiel, par cela qu'il procède du *genre* normatif. En effet, la valeur constitue bien une espèce d'un genre plus général de norme. C'est pour cette raison, et à cette seule condition, qu'elle peut prétendre se fonder en droit. La distinction réductionniste du genre et de l'espèce a été d'une aide précieuse dans l'établissement de ce constat. Les résultats obtenus invitent désormais la théorie juridique à proposer une typologie de la norme au sens large – entendue comme un genre. Deux espèces au moins peuvent être distinguées : la valeur juridique et la norme juridique.

1047. La valeur juridique prend le contre-pied de la façon dont la norme juridique a pu être, jusqu'ici, envisagée. Sous sa forme qualitative, la valeur exprime davantage *l'importance d'un contenu* de pensée pour un sujet donné. Elle se réalise dans l'acte de préférence et s'apparente alors à une norme substantiellement valide. Sous sa forme quantitative, la valeur exprime davantage la *mesure* d'un contenu de pensée par un sujet donné. Elle se réalise dans l'acte instrumental d'évaluation et fonde le rapport résultant de la confrontation entre plusieurs termes constituant une hypothèse. En droit, ces termes sont, pour l'essentiel, des énoncés relatifs à une ou plusieurs actions qu'il s'agit d'entreprendre. La valeur médiatise l'action juridique qu'elle provoque, guide et justifie. C'est en ce sens qu'elle constitue une norme hypothétique.

1048. Une valeur juridique n'est donc qu'une norme *valant,* avant tout, à raison de son contenu et de l'importance qu'on lui prête en droit et ce, indépendamment de tout rattachement formel. Sa fonction réside dans la médiatisation de l'action qu'elle cause, justifie ou au contraire, limite voire empêche.

1049. Contre toute attente, la jurisprudence du Conseil constitutionnel se révèle une arène privilégiée pour la mobilisation de la valeur juridique. Celle-ci s'y incarne tout particulièrement et prend corps dans la plupart des catégories langagières mobilisées par le juge constitutionnel. En effet, les propriétés attachées au concept de valeur s'accommodent tout particulièrement des *exigences, impératifs, nécessités, buts, fins et intérêts* mobilisés par le juge constitutionnel. Le concept de valeur aide alors à la compréhension de ces catégories qui, si l'on regarde précisément, ne valent pas tant, formellement – on peine souvent à les fonder dans la hiérarchie des normes – mais bien plus substantiellement, à raison de l'importance qu'elles revêtent et plus précisément de leur *utilité* pour la médiatisation de l'action juridique souhaitée par le législateur.

1050. Par ailleurs, le concept de valeur donne une certaine cohérence au travail du juge et permet la lecture de son œuvre. *D'une part,* la mise en évidence des contours du concept permet de rendre compte de ce qu'il appartient à l'essence de l'office du juge de quantifier des qualités. En droit, cette quantification opère sur le mode binaire du légal/illégal ou constitutionnel/inconstitutionnel. *D'autre part,* la valeur possède une fonction de guide pour la prise de décision. Elle révèle le caractère transitif de la volonté du juge dont la décision est toujours ordonnée à une direction et porte un sens. C'est dans ce sens que s'incarne plus particulièrement la valeur. Dans sa dimension idéale, la valeur qui s'érige en modèle, oriente l'office du juge et attache sa décision à certains objets abstraits. Le concept de valeur alimente alors l'espoir de comprendre rationnellement l'office du juge.

1051. De façon plus générale, la question de la valeur est tout simplement existentielle pour la discipline juridique. Située à la convergence de la volonté et de la raison, la valeur, qui accompagne et médiatise l'action, éprouve les contours du droit. L'avènement de la valeur illustre la part grandissante, au sein de la discipline juridique, de l'influence du sentiment subjectif. Le caractère relatif de la valeur, qui ne *vaut* jamais que pour un sujet donné, plaide en ce sens. L'enjeu est de taille pour la discipline juridique, qui voit en fait se profiler derrière la question de la relativité des valeurs, la question de la relativité même des objets sur lesquels elle se fonde et qui la constituent. Le développement juridique de la valeur accompagne bien le lent mouvement de subjectivisation du droit initié il y a près d'un siècle. Sa mise en lumière révèle plus précisément les difficultés de la discipline juridique à pouvoir se passer, aujourd'hui, de son sujet : l'individu – qu'il soit simple observateur, créateur ou destinataire de la règle juridique.

1052. Fondamentalement appréciative, la valeur révèle les ressorts fiduciaires de la normativité juridique. Elle confirme cette idée que le droit est avant tout un discours ordonné à la reproduction d'un dogme. Ce discours suppose une reconnaissance voire une adhésion de la part de ses destinataires et trouve son fondement à la fois, dans la confiance qu'il est susceptible de générer, mais également, dans son adéquation avec les attentes dont il se fait le vecteur. Il apparaît ainsi nécessairement fondé en valeur et s'exprime, pour l'essentiel, en termes d'autorité et de légitimité. Le concept de valeur rappelle à la discipline juridique que le devoir-être au fondement du discours juridique est toujours un devoir-être *souhaitable.* Si le droit *doit être* c'est avant tout parce qu'il *vaut* ; la valeur est bien le mode même par lequel, se pense, se pose et s'accomplit le droit.

POSTFACE

M. Jean-Baptiste JACOB a soutenu le 22 novembre 2019, à l'Université Paris I (Panthéon-Sorbonne), sa thèse de doctorat en droit public, intitulée depuis : « La valeur en droit. Étude de jurisprudence constitutionnelle sur les nouvelles représentations de la norme ».

L'auteur a exprimé le désir que le soussigné veuille bien rédiger une postface à sa thèse, eu égard à l'influence que celui-ci aurait exercé sur celui-là pour le convaincre d'entreprendre cette aventure, spécialement en concentrant ses réflexions sur cet intérêt commun pour la valeur en droit, ce qu'il a accepté avec le plus vif plaisir, ombré néanmoins, à l'origine, de quelques craintes, car l'entreprise s'avérait très délicate et ses enjeux incertains compte tenu du contexte scientifique et culturel dominant, peu accueillant à l'idée que la valeur puisse devoir être admise dans l'ordre du droit.

*

* *

Ainsi, le premier grand mérite de la thèse réside dans le choix et surtout l'élaboration de son sujet, qui supposaient le goût du risque et demandaient l'un et l'autre une très profonde et solide réflexion préalable.

Qu'on en juge : il y a une cinquantaine d'années seulement, un étudiant en droit qui, au détour d'une phrase sur les normes de référence du contrôle juridictionnel de légalité ou déjà de constitutionnalité, aurait osé déclarer à l'examen que les juges se fondent sur des valeurs ou sur la valeur en général pour rendre leurs décisions, se serait aussitôt exposé, de la part de son jury, à une critique cinglante et dirimante à tout espoir d'une carrière juridique, spécialement universitaire : il était en effet établi, pour les esprits modernes, qui n'en discutaient plus trop depuis l'avènement de la République, puis du triomphe de la conception du droit dont elle est porteuse et qui la porte en même temps, que les sources du droit ne comptent, en France et dans les pays similaires, que la Constitution (en excluant son Préambule, d'une portée dite seulement « philosophique »), les conventions internationales (avec combien de réticences), les lois, les règlements, à la limite les décisions administratives ou les décisions juridictionnelles, mais certainement pas les valeurs. Autant faire entrer une armée de chevaux de Troie lancée du dedans contre la République et ses propres valeurs ! Celles-ci ne sachant tolérer les germes d'une justice et d'un droit inspirés à des valeurs autres qu'elles-mêmes et qui, si elles avaient été acceptées, eussent, objectivement, compromis l'ordre républicain par un afflux de subjectivismes politiques et juridiques, incontrôlables, arriérés, inquiétants…

Toutefois, certains membres de ce jury hypothétique, réfléchissant possiblement à leur décision de sanctionner l'étudiant pour une telle bévue, auraient peut-être commencé, au mieux, à s'interroger sur le bien-fondé de leur sanction ou de cet état du droit, lui-même, simplement postulé comme pur de toute infection axiologique. Il leur aurait fallu, chacun, se mettre à réfléchir au lieu de se cabrer les uns contre les autres dans des postures dogmatiques mal assurées : les uns excluant absolument des sources du droit toute valeur et tout ce qui pourrait leur ressembler et les autres qualifiant ce parti pris de positivisme étroit, borné et mal intentionné ; tandis que la thèse opposée à ce dernier courant ne pouvait s'alimenter qu'à une conception jusnaturaliste du droit, péché originel d'un moralisme autant arriéré que dangereux pour l'ordre juridique libéral lui-même.

Mais peu parmi ces membres auraient admis ou même aperçu que cet embryon de discussion sur la place des valeurs en droit (ou sur leur exclusion) était en définitive, au moins apparemment, une question de valeur, les uns ne voyant que la volonté comme source du droit et refusant de se référer à quelque valeur que ce soit pour fonder un système absolument désireux de s'en prémunir, les autres estimant tout de même nécessaire de trouver quelque fondement plus positif à leur thèse de la portée normative de leurs propres valeurs… On se trouvait donc dans une hypothèse théorique et pratique sans issue, due au fait que s'y loge un conflit dogmatique de souverainetés normatives : la volonté et la forme d'un côté, contre la valeur et le fond, de l'autre. C'est ce conflit que Jean-Baptiste JACOB devait en priorité mettre au jour et décortiquer avant de le surmonter, ce qu'il a réussi à faire pédagogiquement et magistralement.

Cette situation de conflit sans issue possible tenait donc au fait que la posture « antivaleur » ne jouit d'aucun fondement juridique positif exprès et indubitable, que ses partisans devraient pourtant réclamer ou trouver par eux-mêmes, ne serait-ce que par égard à leur conception du droit qu'il faudrait soutenir. Tout au contraire, la consécration relativement récente, en droit positif, de la valeur normative du texte le plus ancien et le plus élevé de la hiérarchie normative – on veut bien entendu évoquer ici la Déclaration de 1789 incorporée au « bloc de constitutionnalité » par la décision du Conseil constitutionnel du 16 juillet 1971 – se présente littéralement comme un exposé assez raisonné, quoiqu'incomplet, des valeurs du jusnaturalisme lui-même mâtiné de volontarisme, sans que rien ni personne n'ait autorisé le juge constitutionnel à réaliser ce « coup d'Etat de droit » (O. Cayla) consistant, sans texte positif le permettant, à incorporer dans le bloc de constitutionnalité les 17 articles de cette Déclaration et les 15 premiers alinéas du Préambule de la Constitution de 1946, toujours en vigueur.

On mesure alors l'étendue du paradoxe : ce sont les auteurs les plus attachés à la rigueur du positivisme qui ont applaudi le plus fort à la réalisation de cette extension des sources du droit, par le juge qui ne voulait pourtant pas gouverner, tandis que les jusnaturalistes surpris par cette novation mais rationnellement épuisés, n'ont pas su saisir cette opportunité pour tirer du droit positif et de ses apories les arguments rationnels propres à établir les bases d'un jusnaturalisme plus moderne et mieux raisonné. Il est vrai que la portée de la décision du 16 juillet 1971 « Liberté d'association » peut toujours s'analyser de l'une ou l'autre de ces deux façons : elle est une forme de consécration, en droit positif, de la valeur normative effective des « droits naturels » de la Déclaration de 1789 ; mais, en même temps, cette décision du Conseil constitutionnel peut s'interpréter comme la négation de la portée positive propre de tout droit naturel, car, pour que ses normes jouissent de quelque valeur et d'une portée juridique effective, il leur faut passer par la reconnaissance de la positivité d'une autre source du droit, la Déclaration des droits naturels et imprescriptibles, ces droits naturels ne se suffisant pas à eux-mêmes pour affirmer et imposer leur portée positive...

Or le courage de Jean-Baptiste JACOB est justement d'avoir choisi un tel sujet, apparemment insoluble, et certainement aventureux tant qu'il reste pensé en termes d'alternatives radicales (Être-devoir-être, droit-fait, impératif-indicatif, prescriptif-descriptif, normatif-optatif, droit-morale, science-doctrine, vrai-faux, positif-naturel, forme-substance, structure-matière ...) dont les options ne sont pas autrement définies, ni saisies, ni comprises, ni replacées dans leur contexte qui est simplement le droit pris en ce qui le caractérise essentiellement, caractérisation essentialiste précisément honnie dans un certain milieu intellectuel et culturel !

Son mérite le plus remarquable est d'avoir parfaitement compris et très clairement expliqué, au seuil de son travail, qu'il est tout à fait vain de raisonner ainsi sur cette question absolument centrale qui, aujourd'hui encore et plus qu'autrefois, se pose au droit et à la science du droit. Il semble bien, en effet, que les uns et les autres qui se sont interrogés sur ce sujet ont omis de chercher à définir les valeurs ou la valeur autrement que par son contenu, et sans donc s'interroger sur le point de savoir en quoi la valeur peut et doit être considérée comme un « objet juridique », ce qui aurait donc dû, par la même occasion, les inviter à raisonner davantage sur ce qu'est le droit.

En choisissant ce sujet, l'auteur a donc bien vu qu'il fallait radicalement changer de méthode. Pour l'aborder, il était nécessaire de s'échapper des alternatives réductrices et trompeuses, établir un « cadre d'analyse conceptuel » (Régis Ponsard) inédit où le sujet de la valeur devait trouver la voie de son élucidation ; il fallait inscrire ce sujet de la valeur dans le contexte qui est le sien, le droit, et se demander comment et pourquoi le droit peut et doit traiter la valeur comme objet juridique de base, accéder donc au sujet par la voie d'une épistémologique juridique renouvelée et oser se lancer dans une approche ontologique du droit.

*

* *

Le second grand mérite de cette thèse et de son auteur réside donc, certainement, dans le traitement novateur de ce sujet. A la lumière de ces données, en l'état dépourvues d'une issue praticable comme on l'a suggéré, on comprend combien ce sujet méritait un traitement renouvelé, dépassant et s'échappant même de la seule considération des cas dans lesquels la valeur peut jouir d'une force normative ou au moins comporter des effets normatifs ou encore y contribuer plus ou moins et quelquefois de façon déterminante: il fallait que l'auteur se hissât bien au-dessus de l'étude du contenu de ces valeurs prises en compte par le juge, singulièrement le Conseil constitutionnel.

De fait, la jurisprudence abonde, mais le constat de cette abondance n'aide pas vraiment à la compréhension du problème de la valeur en droit : il aggrave plutôt l'incompréhension. Pourquoi un phénomène aussi « anormal » que cela, au regard des principes selon lequel le droit est écrit formellement par la volonté du législateur ou du constituant, peut-il s'être installé dans l'ordre juridique, sans autre forme de procès ?

On en vient à poser cette question : comment se fait-il qu'il faille respecter une procédure de révision constitutionnelle pour adopter les moindres nouveautés constitutionnelles alors même que tel n'est pas le cas pour migrer d'un paradigme juridique à un autre ou pour glisser d'un système de pensée juridique à un autre, pour que le droit passe d'un mode formaliste plus ou moins vétilleux à un substantialisme généreux ? Il y aurait donc deux droits, l'un formellement supérieur et censé dominer l'autre pour les révisions formelles, mais l'autre, pourtant censé inférieur, pouvant se passer de toute procédure formelle de révision pour chambouler l'ordre du premier. Nous avons déjà connu, dans l'histoire du droit français, de tels bouleversements. N'oublions pas que le droit public est passé en quelques décennies, à la charnière des deux siècles passés, du primat de la puissance publique à celui du service public sans qu'aucune révision constitutionnelle ne fût jugée nécessaire, alors que la novation était révolutionnaire. Observons que la notion ou le concept de droits fondamentaux, catégorie de droit positif reçue certainement comme la plus importante du droit constitutionnel actuel, se trouve précisément dépourvue de tout fondement constitutionnel formel ! Y aurait-il donc un droit du droit ? Se pourrait-il que l'on accepte l'existence d'un « droit constitutionnel du droit constitutionnel » ? Et comment échapper à de tels désordres ? Ou comment les faire récupérer par et dans l'ordre ancien, ou, au contraire, comment les accueillir comme des éléments d'un ordre juridique nouveau radicalement affecté par cette novation ?

Parmi les instruments conceptuels et pratiques de telles novations, on relève, par exemple, les « exigences constitutionnelles », qui ne se confondent pas avec les normes constitutionnelles, les impératifs « du vivre ensemble », « l'ordre public » – dit 'républicain' lorsque les choses vont mal et qu'il faut réintroduire de la valeur, les « objectifs de valeur constitutionnelle », « l'intérêt général », dont on ne voit pas toujours pourquoi ils devraient nécessairement prévaloir lorsqu'ils rognent inutilement les intérêts particuliers (avec les garanties qu'offre tout de même le principe de proportionnalité), les « droits fondamentaux » ... Mais la notion centrale de l'édifice parait être celle de la fondamentalité, trait commun, souche originaire et prolifique de toutes les exubérances nouvelles, car le fondamental est inépuisable autant qu'incertain, son intension courant après son extension, et réciproquement....

Et pourquoi n'a-t-on cherché ni à empêcher le développement de cette fondamentalité, nouvelle constitution non écrite ou plutôt constitution *bis*, ni à la cantonner, ni à la justifier ? On pouvait encore imaginer une typologie des effets normatifs, largement esquissée par l'auteur, mais cela n'aurait pas élucidé les raisons pour lesquelles même les doctrines ou sciences du droit refusant par principe la portée des valeurs ont bien dû admettre leur rôle, ni celles pour lesquelles les doctrines ou sciences du droit plaidant pour la reconnaissance de ce phénomène n'étaient pas en mesure de le justifier par de meilleures considérations que celle de la simple opportunité.

Il fallait donc que l'auteur, tout en possédant la connaissance de tous les cas dans lesquels on voit le juge prendre en considération des valeurs, fût à même de retraiter toute la matière au regard de l'ensemble des questions les plus théoriques, traditionnelles ou nouvelles, que rencontrent la science, la sociologie et la philosophie contemporaines du droit, de ses objets, de ses sources, de son être même, sur la trace des plus grands juristes de notre époque, qui savent tout faire en droit.

Il fallait en quelque sorte que l'auteur accédât ainsi, sans le dire de cette façon, à cette vérité selon laquelle il existe « un droit du droit », un droit sans lequel le droit que l'on fréquente ordinairement ne pourrait exister, un droit supérieur reposant sur ce que l'on a pu appeler des « normativités objectives » ou des « objectivités normatives », appréhendées ici de manière spécifique à l'auteur, mais incarnant des conditions de possibilité ou d'existence du droit en tant qu'activité langagière et donc affective et rationnelle tout à la fois, et autant imaginative ou créative que rigoureuse.

Et, pour amener très progressivement ses lecteurs à l'orée de ces questions théoriques les plus ardues de la philosophie ou de la science du droit, l'auteur a manié avec une parfaite dextérité tous les concepts en cause, parmi les plus fondamentaux.

Il lui fallait en effet définir la valeur – pourquoi d'ailleurs plus la valeur que les valeurs ? – ; et, après l'avoir cernée comme simple notion, en faire un véritable concept juridique : la conceptualiser pour rendre compte de la façon dont le droit fait de la valeur l'un de ces objets, tandis qu'elle est même l'une de ses conditions d'existence.

Définir la valeur comme un « objet juridique », exigeait donc d'abord de dire ce qu'est le droit ou au moins tenter de le cerner au plus près, et identifier ce que sont ses objets possibles – et cela avant tout exposé sur la question de savoir si telle valeur est ou n'est pas considérée comme un élément de cet ensemble des valeurs, ou avant de passer de la notion au concept, avec beaucoup de finesse d'ailleurs.

L'auteur se base en premier lieu sur cette vérité selon laquelle le droit est avant tout un discours, une activité langagière dont les objets sont tributaires de cette donnée ; si le droit est discours, les objets qu'il utilise ou auxquels il se réfère sont eux-mêmes langagiers, c'est à dire qu'en s'énonçant le droit confère à ses objets ses propres caractères : il est à la fois axiologique et rationnel, descriptif et normatif, impératif et optatif, comme le sont les objets de tout discours qui forment aussi sa structure. Ainsi, cette approche de la valeur par la réflexion sur ce qu'est le droit fait apparaître les ponts qui s'établissent objectivement entre une multitude de dualités que certaines visions analytiques du droit s'épuisent à séparer les unes des autres, de façon dichotomique, comme critère et preuve de leur pureté ou de leur vérité : fait et droit peuvent ainsi s'imbriquer, norme et valeur peuvent aussi se superposer ou se renforcer ou se combattre, valeur normative et valeur morale qui peuvent s'autoriser l'une l'autre ou entrer en concurrence, en termes d'appuis réciproques ou en termes de conflits. Ainsi, la valeur peut prétendre à la qualité d'objet du droit et, à force d'analyse et de reconstruction, de concept juridique.

L'auteur s'applique donc à montrer ce que peut être juridiquement la valeur. Il la rattache à un genre plus large qu'elle-même, qui est la norme en général. Et, au sein de cet ensemble normatif, il la spécifie comme part originale de ce tout : elle est bien une norme, mais une norme spécifique que les conceptions et théories classiques du droit ne parvenaient pas à saisir, trop empêtrées qu'elles sont dans leurs dichotomies traditionnelles, qui opposent fait et droit, vérité et fausseté, morale et droit, prescription ou description, dualités radicales qui étranglent toutes représentations du droit qui ne se résolvent pas à les reprendre à leur compte.

L'auteur distingue alors deux sortes de normativités : d'une part, la normativité formelle, qui peut par ailleurs s'appuyer ou non sur des valeurs et donc des données de fond, substantielles, mais qui peuvent s'en passer grâce à leur formalité même, laquelle surpasse immédiatement ces dernières en termes de prescriptivité et de précision ; et d'autre part la normativité substantielle qui, à son tour, dépasse la normativité formelle, non pas en précision ni quant à la facilité de leur mise en œuvre mais en portée ou en force normative, en cela que ce sont précisément des normativités substantielles qui ont fondé le système des normativités formelles et qui aujourd'hui les contestent par la mise en exergue de notions comme les droits fondamentaux, l'intérêt général, l'ordre public et les différents principes du néo-constitutionnalisme, comme le principe de proportionnalité qu'elle a fortement contribué à mettre en place en droit positif alors qu'il attendait pour prévaloir, que l'on lise enfin à peu près chacun des articles de la Déclaration de 1789, et cela sans révision constitutionnelle formelle ; les systèmes de validité des valeurs pouvant se combiner sans se nuire nécessairement.

Toutefois, l'auteur admet parfaitement que ces valeurs normatives substantielles ne sont pas des normes catégoriques, mais des normes hypothétiques au sens kantien, en sorte qu'elles ne restent pas nécessairement identiques à elles-mêmes, peuvent et même doivent comporter des évolutions comme des exceptions, sans rien perdre de leur normativité, tout comme le discours qui les porte.

Sur le fondement de ces caractérisations, l'auteur a pu enfin procéder à une autre analyse, celle de la place, du contenu et de la portée réelle des valeurs dans la pratique du contrôle de la constitutionnalité des normes.

Alors l'analyse, libérée de ses entraves ou de ses scrupules scientifiques, peut prendre en pleine considération toute l'importance quantitative et fondamentale du phénomène de la valeur dans la jurisprudence constitutionnelle française. L'auteur montre de façon parfaitement convaincante et très illustrée qu'elle est omniprésente dans cette jurisprudence. Il affirme même, mais le démontre aussi, que les « propositions de valeur forment l'essentiel des termes des décisions du juge constitutionnel français » et guident l'interprétation que l'on doit en faire.

Ainsi, il établit que les valeurs sont bien des normes de référence du contrôle juridictionnel, agissant seules ou conjointement à diverses autres normes constitutionnelles formelles ou intervenant à leur place ou même le cas échéant à leur encontre ; et qu'elles se coulent dans des catégories langagières (« les exigences constitutionnelles », « l'intérêt général », « les nécessités constitutionnelles », « les impératifs constitutionnels » auxquelles on la reconnaît aisément et qui formalisent leur bien-fondé, lequel reste cependant tout à fait substantiel).

En même temps, ces catégories langagières renseignent assez nettement sur le sens de ces décisions quant à leur fond, lesquelles bénéficient en outre de cette justification rationnelle qui s'attache nécessairement au caractère langagier du discours juridique et à sa forme de normativité, sans laquelle il ne serait pas.

En somme, la thèse de M. Jean-Baptiste JACOB nous introduit dans un autre droit, ou plutôt elle nous réintroduit dans les soubassements de notre droit (précisément le « fondamental ») laissés en déshérence depuis que s'est imposé le duopole polémique et stérile du jusnaturalisme et du positivisme ; l'auteur nous donnant à voir cet auto-engendrement du droit, que l'on peut désigner par ce nom de *jurisgénésie* qui tend à montrer que le droit ne se fabrique pas mais s'engendre en pensées et en actes, quasi-spontanément et objectivement, du fait même que l'on en parle tout en le considérant et en le créant…

Cette thèse marquera de façon certainement très forte et son sujet si difficile à aborder, et le droit en général, alors que celui-ci révèle de nos jours des traits naguère insoupçonnés.

Etienne Picard,
Professeur Émérite à l'Université Paris I, Panthéon-Sorbonne
Le 3 juin 2021

SOURCES PRINCIPALES

BIBLIOGRAPHIE

Le lieu d'édition est Aix-en-Provence pour les Presses universitaires d'Aix-Marseille (PUAM), Strasbourg pour les Presses universitaires de Strasbourg (PUS), Bruxelles pour Bruylant, Anthemis, les Presses universitaires de Bruxelles (PUB) ainsi que les éditions de la Faculté universitaire de Saint-Louis (FUSL), Turin pour Einaudi et Giappichelli, Barcelone pour Ariel, Cambrige pour Cambridge University press et Oxford pour Oxford University press (OUP) et Clarendon press. Pour le reste, il s'agit de Paris. À défaut, la ville d'édition est expressément mentionnée.

Pour les articles, la mention n°1 qui les accompagne parfois renvoie soit effectivement au premier numéro d'une revue disponible pour l'année citée soit à un volume unique constituant une compilation intégrale des numéros de l'année pour les numéros anciens notamment.

Section I.

Ouvrages

I. Ouvrages scientifiques

1900: *Congrès international de droit comparé tenu à Paris du 31 juillet au 4 août 1900 : Procès-verbaux des séances et documents*, LGDJ, 1905-1907, 2 vol., 623 et 623 p.

1903 : *Rentrée solennelle de l'Université, le mardi 3 novembre 1903,* A. Storck et Cie, coll. Université de Lyon, 1904, XVI + 231 p.

1949 : *Le Conseil d'état. Livre jubilaire pour commémorer son cent-cinquantième anniversaire, 4 nivôse an VIII, 24 décembre 1949,* Sirey, 1952, 693 p.

1959 : *Le Droit naturel,* PUF, coll. Annales de philosophie politique, 1959, 229 p.

1960 : *Travaux préparatoires de la Constitution du 4 octobre 1958, avis et débats du comité consultatif constitutionnel,* Éd. La documentation française, 1960, 225 p.
1968 : *Eugène Dupréel. L'homme et l'œuvre,* Actes du colloque organisé à l'Institut des Hautes études de Belgique les 30 et 31 mai et 1er juin 1968, Éd. de l'Institut de sociologie, 1968, 240 p.
1982 : *Licéité en droit positif et références légales aux valeurs. Contribution à l'étude du règlement juridique des conflits de valeurs en droit pénal, public et international*, Éd. Bruylant, coll. Bibliothèque de la Faculté de droit de l'Université catholique de Louvain, 1982, 706 p.
1991 : *Documents pour servir à l'élaboration de la Constitution française,* T. III, *Du Conseil d'État au référendum, 20 août-28 septembre 1958,* La documentation française, 1991, XVI + 777 p.
1992 : *L'évaluation dans l'administration*, Actes du colloque organisé à la Faculté de droit d'Amiens, le 17 avril 1992, Centre universitaire de recherches administratives et politiques de Picardie, Centre régional d'études et de recherches administratives et politiques de Picardie, PUF, coll. Publications du centre universitaire de recherches administratives et politiques de Picardie, 1993, 191 p.
1996 : *Le préambule de la Constitution de 1946 : antinomies juridiques et contradictions politiques,* Actes du colloque organisé à la Faculté de droit d'Amiens, les 1 et 2 février 1996, Centre universitaire de recherches administratives et politiques de Picardie, PUF, coll. Publications du centre universitaire de recherches administratives et politiques de Picardie, 1996, 296 p.
1996 : *Le patrimoine constitutionnel européen,* Actes du séminaire UniDem organisé à la Faculté de droit de Montpellier les 22 et 23 novembre 1996, Centre d'études et de recherches comparatives constitutionnelles et politiques, Conseil de l'Europe, coll. Science et technique de la démocratie, 1997, 235 p.
1998 : *Le Conseil constitutionnel a quarante ans,* Actes du colloque organisé à l'occasion du 40ème anniversaire du Conseil constitutionnel les 27 et 28 octobre 1998, LGDJ, 222 p.
1998 : *La motivation,* Actes des journées nationales de l'Association Henri Capitant des amis de la culture juridique française organisées à la Faculté de droit de Limoges en 1998, LGDJ, coll. Journées nationales, XXVII + 121 p.
2005 : *Droit et technique de cassation 2004-2005.* Cycle de conférences débats organisé par la Cour de Cassation de février à octobre 2005.
https://www.courdecassation.fr/venements_23/colloques_4/colloques_venir_52/technique_cassation_mr44.html
2010-2014 : *Conférences Vincent Wright*, vol. 2, Actes de l'ensemble des conférences prononcées, entre 2010 et 2014, dans le cadre du cycle « Vincent Wright », La Documentation française, coll. Histoire et mémoire, 2015, 294 p.
2011 : *La circulation du droit constitutionnel*, Actes du VIIIème congrès national de l'AFDC organisé à la Faculté de droit de Nancy 2 les 16, 17 et 18 juin 2011, Institut de Recherche sur l'Évolution de la Nation et de l'État.
2014 : *La valeur, les valeurs...Le droit,* Colloque organisé à la Faculté de droit de Toulon le 28 novembre 2014, Centre d'études et de recherches sur les contentieux, 2014.
https://www.youtube.com/watch?v=MefSHVrcPxo
2017 : *Demain, l'épistocratie ?,* Colloque organisé à la Faculté de Droit de Montpellier les 7 et 8 décembre 2017, Centre d'Études et de Recherches Comparatives Constitutionnelles, 2017.

A

Aarnio, Aulis. *The rational as reasonable* [1986], Tr. fr. G. Warland, *Le rationnel comme raisonnable*, LGDJ, Story-Scientia, coll. La pensée juridique moderne, 1992, XX + 303 p.

———. *Philosophical Perspectives in Jurisprudence*, Helsinki, Academic Bookstore, coll. Acta philosophica Fennica, 1983, 288 p.

Acollas, Émile. *L'Idée du droit*, Germer-Baillière, 1871, 42 p.

Alhama, Frédéric. *L'intérêt financier dans l'action des personnes publiques*. Dalloz, coll. Nouvelle bibliothèque de thèses, 2018, XVII + 1064 p.

Alland, Denis et **Rials**, Stéphane (dir.). *Dictionnaire de la culture juridique*, Lamy-PUF, coll. Quadrige. Dicos poche, XXV + 1649 p.

Amselek, Paul. *Cheminements philosophiques dans le monde du droit et des règles en général*, A. Colin, coll. Le temps des idées, 2012, 647 p.

———. *Perspectives critiques d'une réflexion épistémologique sur la théorie du droit: essai de phénoménologie juridique*, LGDJ, 1964, 464 p.

Amselek, Paul, **Bankowski**, Zenon, **Bouveresse**, Jacques et **Cornu**, Gérard (dir.). *Théorie des actes de langage, éthique et droit,* PUF, 1986, 252 p.

Ancel, Pascal et **Rivier**, Marie-Claire (dir.). *Les divergences de jurisprudence,* Publications de l'Université de Saint-Étienne, coll. Droit, 2003, 372 p.

Andriantsimbazovina, Joël, **Gaudin**, Hélène et **Marguénaud**, Jean-Pierre (dir.), *Dictionnaire des droits de l'Homme*, PUF, coll. Quadrige. Dicos poche, 2012, XVIII + 1074 p.

Anscombe, Gertrude Elizabeth Margaret. *Intention* [1958], Tr. fr. M. Maurice et C. Michon, *L'intention*, Gallimard, coll. Bibliothèque de philosophie, 2002, 158 p.

Ardant, Philippe et **Mathieu**, Bertrand. *Droit constitutionnel et institutions politiques*, 30ème éd., LGDJ, coll. Manuel, 2018, 618 p.

Aristote. *Le mouvement des animaux,* tr. fr. P.-M. Morel, *in* Pierre Pellegrin (dir.), *Œuvres complètes*, Flammarion, 2014, 2925 p., notamment p. 1537-1551.

Arnaud, André-Jean (dir). *Dictionnaire encyclopédique de théorie et de sociologie du droit,* 2ème éd., LGDJ, 1993, XXXVII + 758 p.

Atienza, Manuel, **Manero**, Juan Ruiz. *Las piezas del derecho : teoria de los enunciados juridicos* [1996], Tr. ang. R. Zimmerling, *A Theory of legal sentences*, New-York, Springer Science, coll. Law and philosophy library, 1998, XIII + 192 p.

Aubert, Jean-Luc, et **Savaux**, Éric. *Introduction au droit: et thèmes fondamentaux du droit civil*, Sirey, coll. Sirey université, 2014, XII + 381 p.

Aucoc, Léon. *Conférences sur l'administration et le droit administratif, faites à l'École impériale des Ponts et Chaussées,* T. I, Dunod, 1869, XII + XXIII + 681 p.

Austin, John. *Lectures on jurisprudence, or, The philosophy of positive law*. T. I, Londres, J. Murray, 1885, XXIII + 507 + 32 p.

———. *The province of jurisprudence determined* [1832], réimp. Cambridge university press, coll. Cambridge texts in the history of political thought, 1995, XXXIX + 298 p.

Ayer, Alfred Jules. *Language, truth and logic* [1936], Tr. fr. J. Ohana, *Langage vérité et logique*, Flammarion, coll. Bibliothèque de philosophie scientifique, 1956, 254 p.

Azara, Antonio et **Eula**, Ernesto (dir.). *Novissimo Digesto italiano*, Turin, Unione Tipografico Editrice Torinese, 1957-1987, 27 vol.

B

Bankowski, Zenon et **MacLean**, James (dir.). *The universal and the particuliar in legal reasoning,* Ashgate, 2006, XX + 272 p.

Bachelard, Gaston. *Le rationalisme appliqué*. PUF, coll. Quadrige, 1986, 215 p.

Baranger, Denis. *Penser la loi. Essai sur le législateur des temps modernes,* Gallimard, coll. L'esprit de la cité, 2018, 339 p.

Barberis, Mauro. *Filosofia del diritto : un'introduzione teorica*, Giappichelli, coll. Analisi e diritto, 2003, XIV + 307 p.

Barthelemy, Joseph, et **Duez**, Paul. *Traité de droit constitutionnel,* Dalloz, 1933, réimp. Panthéon-Assas, coll. Les introuvables, 2004, X + 955 p.

Basset, Antoine. *Pour en finir avec l'interprétation: usages des techniques d'interprétation dans les jurisprudences constitutionnelles française et allemande*, Institut universitaire Varenne, coll. des thèses, 2015, 527 p.

Batiffol, Henri. *Problèmes de base de philosophie du droit*, LGDJ, 1979, 519 p.

Beaud, Olivier et **Wachsmann**, Patrick (dir.). *La science juridique française et la science juridique allemande de 1870 à 1918,* PUS, coll. Annales de la Faculté de droit de Strasbourg, 1997, 345 p.

Beccaria, Cesare. *Dei delitti e delle pene* [1764], tr. fr. P. Audegean, Des délits et des peines, Lyon, ENS, coll. La croisée des chemins, 2009, 446 p.

Belaïd, Sadok. *Essai sur le pouvoir créateur et normatif du juge*. LGDJ, coll. Bibliothèque de philosophie du droit, 1974, 360 p.

Belley, Jean-Guy. *Le droit soluble. Contributions québécoises à l'étude de l'internormativité,* LGDJ, Coll. Droit et société, 1996, 279 p.

Benoist, Jocelyn. *Concepts: introduction à l'analyse*, Flammarion, coll. Champs. Essais, 2013, 212 p.

Berard, Yann et **Crespin**, Renaud (dir.). *Dialogues entre savoirs et pouvoirs,* Presses universitaires de Rennes, coll. ResPublica, 2010, 277 p.

Bergel, Jean-Louis. *Méthodologie juridique: fondamentale et appliquée*. PUF, coll. Thémis. Droit, 2018, XIX-475 p.

———. *Théorie générale du droit*, Dalloz, coll. méthodes du droit, 2012, XI + 399 p.

Berriat Saint-Prix, Félix. *Commentaire sur la Charte constitutionnelle,* Videcoq, 1836, 479 p.

———. *Théorie du droit constitutionnel français : esprit des constitutions de 1848 et de 1852 et des sénatus-consultes organiques, précédé d'un essai sur le pouvoir constituant et d'un précis historique des constitutions francaises,* Videcoq Fils Ainé, 1851, VIII + 723 p.

Berthelemy, Henry. *Répétitions écrites de droit administratif*, Cours de droit, coll. Licence, 1929, 606 p.

———. *Traité élémentaire de droit administratif,* 7ème éd., Librairie Arthur Rousseau, 1913, XIII + 1032 p.

Berthelemy, Henry et ***al.*** *Les méthodes juridiques. Leçons faites au Collège libre des sciences sociales en 1910,* V. Giard et E. Brière, coll. Études économiques et sociales, 1911, XXIV + 231 p.

Besson, Samantha, **Cheneval**, Francis et **Levrat**, Nicolas. *Des valeurs pour l'Europe* ?, Academia-Bruylant, coll. Publications de l'institut européen de l'Université de Genève, 2008, 248 p.

Beudant, Charles. *Cours de droit civil français*, Introduction, Explication du titre préliminaire du code civil, A. Rousseau, 1896, V + 185 p.

Beys, Kostas E. *Le problème du droit et des valeurs morales. L'aventure humaine entre le bien et le mal,* Tr. F. Vogin-Fortsakis, Éd. L'harmattan, Coll. L'ouverture philosophique, 2004, 327 p.

Bobbio, Norberto. *De la structure à la fonction: nouveaux essais de théorie du droit*. Tr. D. Soldini, Dalloz, coll. Rivages du droit, 2012, 186 p.
———. *Essais de théorie du droit,* Tr. M. Guéret, C. Agostini, LGDJ, coll. La pensée juridique, 1998, 286 p.
———. *L'Età dei diritti,* Einaudi, coll. Tascabili, 1997, XXII-266 p.
Böckenförde, Ernst-Wolfgang. *Le droit, l'État et la constitution démocratique: essais de théorie juridique, politique et constitutionnelle,* Tr. O. Jouanjan, LGDJ, La pensée juridique, 2000, 318 p.
Bon, Pierre, et **Maus**, Didier, *Les grandes décisions des cours constitutionnelles européennes*, Dalloz, coll. Grands arrêts, 2008, XXXIV + 808 p.
Bonnard, Roger. *Le contrôle juridictionnel de l'administration: étude de droit administratif comparé* [1934], réimp. Dalloz, coll. Bibliothèque Dalloz, 2005, 266 p.
———. *Précis de droit administratif,* 4ème éd., Librairie du Recueil Sirey, 1943, 786 p.
Bonnet, Baptiste (dir.). *Traité des rapports entre ordres juridiques*, LGDJ-Lextenso, 2016, 1821 p.
Bonnier, Édouard Louis Joseph. *Éléments d'organisation judiciaire et de procédure civile*, Joubert, 1847, VIII-624 p.
Borella, François. *Éléments de droit constitutionnel*. Presses de Sciences Po, coll. Sciences po. Concours, 2008, 439 p.
Boucobza, Isabelle. *La fonction juridictionnelle: contribution à une analyse des débats doctrinaux en France et en Italie*. Dalloz, coll. Nouvelle bibliothèque de thèses, 2005, XI + 449 p.
Boudon, Raymond. *Effets pervers et ordre social*. PUF, coll. Quadrige. Grands textes, 2009, XI + 282 p.
Boutmy, Émile. *Des rapports et des limites des études juridiques et des études politiques*, A. Colin, 1889, 24 p.
———. *Études de droit constitutionnel : France, Angleterre, États-Unis*, Plon, Nourrit et cie, 1885, IV + 272 p.
Bouvier, Michel, **Esclassan**, Marie-Christine et **Lassale**, Jean-Pierre. *Finances publiques*, 17ème éd., LGDJ, coll. Manuel, 2018, 959 p.
Boyer, Laurent et **Roland**, Henri. *Adages du droit français*, 4ème éd., Litec, 1999, XXII + 1021 p.
Bricteux, Caroline et **Frydman**, Benoît (dir.). *Les défis du droit global*, Bruylant, coll. Penser le droit, 2017, 274 p.
Brimo, Albert. *Les grands courants de la philosophie du droit et de l'État*, 3ème éd., A. Pedone, coll. Philosophie comparée du droit et de l'État, 1978, 574 p.
Brondel, Séverine, **Foulquier**, Norbert et **Heuschling**, Luc (dir.). Gouvernement des juges et démocratie, Publications de la Sorbonne, coll. Série Science politique, 2001, 373 p.
Brunet, François. *La normativité en droit*, Mare & Martin, coll. Bibliothèque des thèses. Droit public, 2012, 678 p.
Bulygin, Eugenio, **Gardies**, Jean-Louis et **Niiniluoto**, Ilkka (dir.). *Man, law and modern forms of life,* Dordrecht, D. Reidel, coll. Law and philosophy library, 1985, XVI + 321 p.
Burdeau, Georges. *La politique au pays des merveilles*, PUF, coll. Politique éclatée, 1979, 205 p.
———. *Traité de science politique*. T. I, *Le pouvoir politique*, LGDJ, 1966, 634 p.

C

Calmes, Sylvia. *Du principe de protection de la confiance légitime en droits allemand, communautaire et français*, Dalloz, coll. Nouvelle bibliothèque de thèses, 2001, XV + 711 p.

Cappelletti, Mauro (dir.). *Nouvelles perspectives d'un droit commun de l'Europe*, Amsterdam, Sijthoff, Bruylant, coll. Publications de l'institut universitaire européen, 1978, IX + 406 p.

Carbonnier, Jean. *Droit civil : Introduction,* 27ème éd., PUF, coll. Thémis. Droit privé, 2002, 391 p.

———. *Essais sur les lois*, 2ème éd., Répertoire du notariat Defrénois, 1995, 336 p.

———. *Sociologie juridique*, PUF, coll. Quadrige, 1994, 415 p.

Carnelutti, Francesco. *Metodologia del diritto* [1839], réimp. Padoue, CEDAM, coll. I classici della CEDAM, 1990, XIX + 113 p.

Carre de Malberg, Raymond. *Confrontation de la théorie de la formation du droit par degrés: avec les idées et les institutions consacrées par le droit positif français relativement à sa formation* [1933], Dalloz, coll. Bibliothèque Dalloz, 2007, 26 + VII + 174 p.

———. *Contribution à la théorie générale de l'état: spécialement d'après les données fournies par le droit constitutionnel français* [1920-1922], réimp. 2 vol., CNRS, 1962, XXXVI + 837, XIV + 638 p.

Cartier, Emmanuel, **Gay**, Laurence et **Viala**, Alexandre (dir.). *La QPC: vers une culture constitutionnelle partagée,* Institut universitaire Varenne, coll. Colloques et essais, 2015, 280 p.

Caudal, Sylvie (dir.). *La motivation en droit public,* Dalloz, coll. Thèmes et commentaires, 2013, VIII + 304 p.

———. *Les principes en droit,* Economica, coll. Études juridiques, 2008, VIII + 384 p.

Cavino, Massimo et **Tripodina**, Chiara (dir.). *La tutela dei diritti fondamentali tra diritto politico e diritto giurisprudenziale : « casi difficili alla prova »*, Milan, Giuffrè editore, coll. Università del piemonte orientale « Amedeo Avogadro », 2012, X + 298 p.

Cayla, Olivier et **Renoux-Zagame**, Marie-France (dir.). *L'office du juge: part de souveraineté ou puissance nulle ?*, LGDJ, coll. La pensée juridique, 239 p.

Chagnollaud, Dominique et **Drago**, Guillaume (dir.). *Dictionnaire des droits fondamentaux,* PUF, coll. Petits dictionnaires Dalloz, 2010, X + 751 p.

Chagnollaud, Dominique et **Troper**, Michel, *Traité international de droit constitutionnel,* T. I, *Théorie de la Constitution,* Dalloz, coll. Traités Dalloz, 2012, XL + 815 p.

———. *Traité international de droit constitutionnel,* T. II, *Distribution des pouvoirs,* Dalloz, coll. Traités Dalloz, 2012, XXXVI + 805 p.

———. *Traité international de droit constitutionnel*, T. III, *Suprématie de la Constitution,* Dalloz, coll. Traités Dalloz, 2012, XXXVI + 825 p.

Champeil-Desplats, Véronique. *Méthodologies du droit et des sciences du droit,* 2ème éd., Dalloz, coll. Méthodes du droit. 2016, XIV + 440 p.

Champeil-Desplats, Véronique, **Grzegorczyk**, Christophe et **Troper**, Michel (dir.). *Théorie des contraintes juridiques,* LGDJ, coll. La pensée juridique, 2005, VI + 203 p.

Cherot, Jean-Yves. *Droit public économique*, Economica, coll. Corpus. Droit public, 2002, 712 p.

Chevallier, Jacques. *L'Etat post-moderne*, 4ème éd., LGDJ, coll. Droit et société. Classics, 2017, 326 p.

———. *Science administrative*. 5ème éd., PUF, coll. Thémis. Droit, 2013, XVII + 610 p.

CLERO, Jean-Pierre. *Qu'est-ce que l'autorité ?* Librairie Philosophique J. Vrin, coll. Chemins philosophiques, 2007, 126 p.

COLEMAN, Jules L. *The practice of principle : in defence of a pragmatist approach to legal theory*, *OUP*, coll. Clarendon law lectures, 2001, XX + 226 p.

COLLIARD, Claude-Albert et **TIMSIT**, Gérard (dir.). *Les autorités administratives indépendantes*, PUF, coll. Les voies du droit, 1988, 319 p.

COMANDUCCI, Paolo. *Constitución y Teoría del Derecho*, 2ème éd., México, Fontamara, 2007, 147 p.

COMBRADE, Bertrand-Léo. *L'obligation d'étude d'impact des projets de loi*, Dalloz, coll. Nouvelle bibliothèque de thèses, 2017, XV + 491 p.

COMPAGNON, Antoine (dir.). *De l'autorité*, O. Jacob, coll. du Collège de France, 2008, 328 p.

CONSTANT, Benjamin. *Fragments d'un ouvrage abandonné sur la possibilité d'une constitution républicaine dans un grand pays* [env. 1795-1810], réimp. Aubier, coll. Bibliothèque philosophique, 1991, 506 p.

CONSTANTINESCO, Vlad, et **PIERRE-CAPS**, Stéphane. *Droit constitutionnel*, PUF, coll. Thémis. Droit, 2013, XVIII + 535 p.

COPPENS, Philippe. *Normes et fonction de juger*, Bruylant, coll. La pensée juridique, 1998, 291 p.

D

DABIN, Jean. *La philosophie de l'ordre juridique positif: spécialement dans les rapports de droit privé*, Sirey, 1929, VIII + 791 p.

———. *Le droit subjectif*, Dalloz, coll. Bibliothèque Dalloz, 2007, VI + 313 p.

———. *Théorie générale du droit*, Dalloz, coll. Philosophie du droit, 1969, VIII + 424 p.

DAMAREY, Stéphanie. *Droit public financier: finances publiques, droit budgétaire, comptabilité publique et contentieux financier*, Dalloz, coll. Précis, 2018, XIII + 1193 p.

DARCY, Gilles, **DOAT**, Mathieu et **LABROT** Véronique (dir.). *L'office du Juge,* Actes du colloque organisé au Palais du Luxembourg, les 29 et 30 septembre 2006, Sénat, coll. Les colloques du Sénat, 544 p. https://www.senat.fr/colloques/office_du_juge/office_du_juge.pdf

DEL VECCHIO, Giorgio. *Lezioni di filosofia del diritto*, tr. fr. J. Alexis D'Aynac, *Philosophie du droit* [1953], réimp. Dalloz, coll. Bibliothèque Dalloz, 2004, IV + 463 p.

———. *Justice, droit, État: études de philosophie juridique*, Sirey, 1938, XXXI + 387 p.

DELBOS, Victor. *La philosophie pratique de Kant*, 3ème éd., PUF, coll. Bibliothèque de philosophie contemporaine, 1969, 608 p.

DELMAS-MARTY, Mireille. *Le pluralisme ordonné*, Éd. du Seuil, coll. Les forces imaginantes du droit, 2006, 303 p.

———. *Vers une communauté de valeurs ?*, Éd. du Seuil, coll. Les forces imaginantes du droit, 2011, 423 p.

DEMOLOMBE, Charles. *Cours de Code civil*, 1845, Bruxelles, J. Stienon, 1847, 374 p.

DERO-BUGNY, Delphine, **LAGET-ANNAMAYER**, Aurore. *L'évaluation en droit public*, LGDJ-lextenso, coll. Centre Michel de l'Hospital, 2015, 237 p.

DESCARTES, René. *Méditations métaphysiques* [1641], réimp. *in* Victor Cousin, *Œuvres de Descartes*, T. I, F.-G. Levrault, 11 vol., 503 p.

Deumier, Pascale. *Le droit spontané*, Economica, coll. Recherches juridiques, 2002, X + 477 p.
Dewey, John. *La formation des valeurs*, Tr. A. Bidet, L. Quéré, et G. Truc, La Découverte, coll. Les empêcheurs de penser en rond, 2011, 234 p.
———. *A common faith* [1934], Tr. fr. P. Di Mascio, *Une foi commune*, La Découverte, coll. Les Empêcheurs de penser en rond, 2011.
Disant, Mathieu. *L'autorité de la chose interprétée par le Conseil constitutionnel*, LGDJ, coll. Bibliothèque constitutionnelle et de science politique, 2010, XVI-868 p.
Dockes, Emmanuel. *Valeurs de la démocratie: huit notions fondamentales : liberté, égalité, pouvoir, droit, contrat, propriété, intérêt, représentation*, Dalloz, coll. Méthodes du droit, 2005, VIII + 183 p.
Drago, Guillaume. *Contentieux constitutionnel français*, PUF, coll. Thémis. Droit, 2016, XXVI + 792 p.
Dubout, Édouard et **Touze**, Sébastien. *Les droits fondamentaux : charnières entre ordres et systèmes juridiques,* A. Pedone, coll. Publications de la fondation Marangopoulos pour les droits de l'homme, 2010, 336 p.
Duclercq, Jean-Baptiste. *Les mutations du contrôle de proportionnalité dans la jurisprudence du Conseil constitutionnel*, LGDJ-Lextenso, coll. Bibliothèque constitutionnelle et de science politique, 2015, XX + 537 p.
Ducrocq, Théophile. *Cours de droit administratif et de législation française des finances: avec introduction de droit constitutionnel et les principes du droit public*, 7 vol., Fontemoing, 1897, XXXIX-540, 654, 848, 596, 604, 698, 173 p.
Duguit, Léon. *Leçons de droit public général* [1926], réimp. La mémoire du droit, coll. Bibliothèque Léon Duguit, 2000, 340 p.
———. *Traité de droit constitutionnel, La théorie générale de l'état,* 3ème éd., 5 vol. T. II, E. de Boccard, 1928, 888 p.
———. *Traité de droit constitutionnel, La règle de droit, le problème de l'état,* 3ème éd., 5 vol. T. I, E. de Boccard, 1927, XIX + 763 p.
———. *Traité de droit constitutionnel, La théorie générale de l'état,* 2ème éd., 4 vol. T. II, E. de Boccard, 1923, 719 p.
Duhamel, Olivier et **Meny**, Yves (dir.). *Dictionnaire constitutionnel,* PUF, 1992, VI + 1112 p.
Dupre de Boulois, Xavier. *Droit des libertés fondamentales*, PUF, coll. Humensis, 2018, XX + 549 p.
Dupreel, Eugène. *Les sophistes: Protagoras, Gorgias, Prodicus, Hippias*, Neuchâtel, Éd. du Griffon, coll. Bibliothèque scientifique. Philosophie et histoire, 1948, 407 p.
Duranton, Alexandre. *Cours de droit français suivant le Code civil,* T. I, 4ème éd., 22 vol., G. Thorel, E. Guibert, 1844, 543 p.
Duvergier, Jean-Baptiste (dir.). *Collection complète des lois, décrets, ordonnances, règlements, avis du Conseil d'État,* Sirey, vol. 34, 1834, 322 p.
Dworkin, Ronald. *Justice for hedgehogs* [2011], tr. fr. J. E., Jackson, *Justice pour les hérissons: la vérité des valeurs*, Genève, Labor et Fides, coll. Le champ éthique, 2015, 553 p.
———. *Taking rights seriously* [1977], tr. fr. M.-J. Rossignol et F. Limare, *Prendre les droits au sérieux,* PUF, coll. Lévithan, 1995, 515 p.

E

Eisenmann, Charles. *Écrits de théorie du droit, de droit constitutionnel et d'idées politiques*, Panthéon-Assas, coll. Les introuvables, 2002, 668 p.

———. *La justice constitutionnelle et la Haute Cour constitutionnelle d'Autriche* [1928], réimp. Economica, coll. Droit public, 1986, XVII + XIV + 383 p.

ELORZA SARAVIA, Juan Daniel. *Valores y normas: argumentación jurídica y moral crítica a propósito de Robert Alexy*, Cizur Menor, Aranzadi, coll. Estudios arazandi, 2015, 282 p.

ESMEIN, Adhémar. *Éléments de droit constitutionnel français et comparé* [1914], 6ème éd., réimp. Panthéon-Assas, coll. Les Introuvables, 2001, XXVIII + 1246 p.

ESPLUGAS-LABATUT, Pierre, **MAGNON**, Xavier, **MASTOR**, Wanda et **MOUTON**, Stéphane (dir.). *Les pouvoirs d'instruction des juridictions constitutionnelles et la formation de l'intime conviction des juges constitutionnels*, PUAM, coll. Les cahiers de l'Institut Louis Favoreu, 2016, 107 p.

F

FATIN-ROUGE-STEFANINI, Marthe et **GAY**, Laurence (dir). *La perméabilité du droit constitutionnel aux autres sciences,* PUAM, coll. Les Cahiers de l'Institut Louis Favoreu, 2017, 155 p.

FATIN-ROUGE-STEFANINI, Marthe, **GAY**, Laurence et **VIDAL-NAQUET**, Ariane (dir). *L'efficacité de la norme juridique : nouveau vecteur de légitimité ?,* Bruylant, coll. à la croisée des droits, 2012, 352 p.

FAVOREU, Louis et ***al.*** *Droit constitutionnel*, 20ème éd., Dalloz, coll. Précis, 2018, XXV + 1135 p.

———. *Droit des libertés fondamentales*, Dalloz, coll. Précis, 2015, XXV + 774 p.

FERRAJOLI, Luigi. *Diritti fondamentali: un dibattito teorico*, Roma, GLF editori Laterza, coll. Libri del tempo Laterza, 2001, IX + 371 p.

FORTIER, Vincente. *Le juge, gardien des valeurs ?*, CNRS, coll. CNRS droit, 2007, 217 p.

FORTSAKIS, Théodore. *Conceptualisme et empirisme en droit administratif français,* LGDJ, coll. Bibliothèque de droit public, 1987, 542 p.

FOUCART, Émile-Victor. *Précis de droit public et administratif,* Videcoq père et fils, 1844, IV + 354 p.

FOYER, Jean, **LEBRETON**, Gilles et **PUIGELIER**, Catherine (dir.). *L'autorité*, PUF, coll. Cahier des sciences morales et politiques, 2008, VIII + 328 p.

FOYER, Jean, **PUIGELIER**, Catherine et **TERRE**, François (dir). *L'erreur,* PUF, coll. Cahier des sciences morales et politiques, 2007, VIII + 296 p.

FREUND, Julien. *L'essence du politique* [1986], 3ème éd., réimp. Dalloz, coll. Bibliothèque Dalloz, 2003, XII + 867 p.

———. *Études sur Max Weber*, Genève, Librairie Droz, coll. Travaux de droit, d'économie, de sciences politiques, de sociologie et d'anthropologie, 1990, 274 p.

FROMONT, Michel. *La justice constitutionnelle dans le monde*, Dalloz, coll. Connaissance du droit, 1996, X + 140 p.

FRYDMAN, Benoît. *Le sens des lois: histoire de l'interprétation et de la raison juridique*. Bruylant, coll. Penser le droit, 2011, 708 p.

G

GAUCHET, Marcel. *La révolution des pouvoirs: la souveraineté, le peuple et la représentation, 1789-1799,* Gallimard, coll. Bibliothèque des histoires, 1995, 288 p.

GAUTIER, Jean-François. *L'Univers existe-t-il ?,* Arles, Actes Sud, coll. Le génie du philosophe, 1994, 231 p.

GAY, Laurence (dir.). *La question prioritaire de constitutionnalité : approche de droit comparé,* Bruylant, coll. à la croisée des droits, 2014, 734 p.

GENY, François. *Méthode d'interprétation et sources en droit privé positif : essai critique* [1919], 2 vol., réimp. LGDJ, coll. Anthologie du droit, 2016, XVIII + 299 p., 271 p.

———. *Science et technique en droit privé positif: nouvelle contribution à la critique de la méthode juridique,* T. I, *Position actuelle du problème du droit positif et éléments de sa solution,* Sirey, 1914, XIII-212 p.

GERANDO, Joseph-Marie DE. *Institutes du droit administratif français, ou Élémens du code administratif,* T. I, 2ème éd., Nêve, 1842, XVI + 616 p.

———. *Institutes du droit administratif français, ou Élémens du code administratif,* T. I, Nêve, 1829, 467 p.

GERARD, Philippe, OST, François et VAN DE KERCHOVE, Michel (dir.). *L'accélération du temps juridique,* FUSL, coll. Publications des FUSL, 2000, 931 p.

———. *Droit et intérêt,* T.I, *Approche interdisciplinaire*, FUSL, coll. Publications des FUSL, 1990, 361 p.

———. *Droit et intérêt,* T.II, *Entre droit et non-droit : l'intérêt. Essai sur les fonctions qu'exerce la notion d'intérêt en droit privé,* FUSL, coll. Publications des FUSL, 1990, 201 p.

GICQUEL, Jean et GICQUEL, Jean-Éric. *Droit constitutionnel et Institutions politiques*, 32ème éd., LGDJ, coll. Domat. Droit public, 2018, 931 p.

GOBLOT, Edmond. *La Logique des jugements de valeur. Théorie et Applications.* Chartres, Durand, 1927, II + 209 p.

———. *Traité de logique*, A. Colin, 1918, XXIII + 412 p.

GREN, Marie. *Le changement de paradigme constitutionnel : étude comparée du passage de la suprématie législative à la suprématie constitutionnelle en France, en Israël et au Royaume-Uni*, Dalloz, coll. Nouvelle bibliothèque des thèses, 2019, XVIII + 481 p.

GREWE, Constance, JOUANJAN, Olivier et MAULIN, Éric. *La notion de « justice constitutionnelle »*, Dalloz, coll. Thèmes et commentaires, 2005, IX + 188 p.

GRZEGORCZYK, Christophe. *La théorie générale des valeurs et le droit: Essai sur les prémisses axiologiques de la pensée juridique*, LGDJ, coll. Bibliothèque de philosophie du droit, 1982, 282 p.

GRZEGORCZYK, Christophe, MICHAUT, Françoise et TROPER, Michel, *Le positivisme juridique.* Bruxelles, Story Scientia, coll. La pensée juridique moderne, 1993, 535 p.

GUASTINI, Riccardo. *Lezioni di teoria costituzionale* [2001], tr. fr. V. Champeil-Desplats, *Leçons de théorie constitutionnelle,* Dalloz, coll. Rivages du droit, 2010, 269 p.

GUGLIELMI, Gilles, KOUBI, Geneviève et LONG, Martine. *Droit du service public,* LGDJ : Lextenso éditions, coll. Domat droit public, 2016, 890 p.

GURVITCH, Georges. *L'idée du droit social : notion et système du droit social, histoire doctrinale depuis le 17ème siècle jusqu'à la fin du 19ème siècle* [1932], rééd. Aalen, Scientia, 1972, IX + 710 p.

———. *Morale théorique et science des mœurs : leurs possibilités, leurs conditions*, PUF, coll. Bibliothèque de philosophie contemporaine, 1961, 144 p.

H

HABERMAS, Jürgen. *Der philosophische Diskurs der Moderne : 12 Vorlesungen* [1985], tr. fr. C. Bouchindhomme et R. Rochlitz, Le discours philosophique de la modernité : douze conférences, Gallimard, coll. Tel, 2011, X + 484 p.

Hachez, Isabelle et *al.* (dir.). *Normes internationales et constitutionnelles*, Anthemis, coll. Les sources du droit revisitées, T. I, 2012, XIV + 687 p.

———. *Normes internes infraconstitutionnelles*, Anthemis, coll. Les sources du droit revisitées, T. II, 2012, XIV + 961 p.

———. *Normativités concurrentes*, Anthemis, coll. Les sources du droit revisitées, T. III, 2012, XIV + 323 p

———. *Théorie des sources du droit*, Anthemis, coll. Les sources du droit revisitées, T. IV, 2012, 1030 p.

Hakim, Nader. *L'autorité de la doctrine civiliste française au XIX*e *siècle*, LGDJ, coll. Bibliothèque de droit privé, 2002, VII + 481 p.

Hare, Richard Mervyn. *The language of morals*, Clarendon press, 1952, 202 p.

Hart, Herbert Lionel Adolphus. *Essays in jurisprudence and philosophy*, Clarendon Press, 1983, VIII + 396 p.

———. *The concept of law* [1961], tr. fr. M. Van De Kerchove, *Le Concept de droit,* 2ème éd., FUSL, coll. Publications des FUSL, 2005, 344 p.

Hauriou, Maurice. *Précis de droit constitutionnel* [1929], 2ème éd., réimp. Dalloz, coll. Bibliothèque Dalloz, 2015, 759 p.

———. *Principes de droit public* [1910], réimp. Dalloz, coll. Bibliothèque Dalloz, 2010, XI + 734 p.

———. *Aux sources du droit : le pouvoir, l'ordre et la liberté* [1933], réimp. Centre de philosophie politique et juridique, coll. Bibliothèque de philosophie politique et juridique, 1986, 191 p.

Heinich, Nathalie. *Des valeurs: une approche sociologique.* Gallimard, coll. Bibliothèque des sciences humaines, 2017, 405 p.

Heller, Hermann. Die Krisis der Staatslehre [1926], tr. fr. O. Jouanjan, *La crise de la théorie de l'État*, Dalloz, coll. Tiré à part, 2012, 55-58 p.

Hennette-Vauchez, Stéphanie et **Sorel**, Jean-Marc (dir.). *Les droits de l'homme ont-ils constitutionnalisé le monde ?,* Bruylant, coll. Droit de la convention européenne des droits de l'homme, 2011, VIII + 293 p.

Herrera, Carlos-Miguel. *La philosophie du droit de Hans Kelsen: une introduction*, Québec, Presses de l'Université Laval, coll. Diké, 2004, XII + 100 p.

Heuze, Vincent, **Huet**, Jérôme et **Terre**, François. *Construction européenne et état de droit,* Panthéon-Assas, coll. Colloques, 2012, 296 p.

Holmes, Oliver Wendell. *Collected legal papers* [1920], réimp. New-York, Peter Smith, coll. Universalibrary, 1952, II + 316 p.

I

Irti, Natalino. *Nichilismo giuridico* [2004], Roma, GLF editori Laterza, Sagittari Laterza, tr. fr. A.-M. Bertinotti, P. Alvazzi Del Frate et N. Hakim, *Le nihilisme juridique*, Dalloz, coll. Rivages du droit, 2017, L + 205 p.

J

Jan, Pascal. *Le procès constitutionnel*, 2ème éd., LGDJ-Lextenso, coll. Systèmes, 2010, 233 p.

Jeanneney, Julien. *Les lacunes constitutionnelles*, Dalloz, coll. Nouvelle bibliothèque de thèses, 2016, XVIII + 782 p.

Jellinek, Georg. *Verfassungsänderung und Verfassungswandlung* [1906], tr. fr. O. Jouanjan, M.-A. Roy, *Révision et mutation constitutionnelles*, réimp. Dalloz, coll. Droit politique. Textes fondamentaux, 2018.

———. *Allgemeine Staatslehre* [1900], tr. fr. G. Fardis, *L'État moderne et son droit*, réimp. Panthéon-Assas, coll. Les introuvables, 2005, 2 vol., 85 + VIII + 574 p, 593 p.

Jestaz, Philippe. *Autour du droit civil : écrits dispersés, idées convergentes,* Dalloz, 2005, 442 p.

Jeze, Gaston. *Les principes généraux du droit administratif* [1925], T. I, *La technique juridique du droit public français*, 3ème éd., M. Giard, réimp. Dalloz, coll. bibliothèque Dalloz, 2005, XXXI + 443 p.

Jhering, Rudolf **Von**. Der *Zweck im Recht* [1893], tr. fr. O. De Meulanaere, *L'évolution du droit*, A. Marescq, 1901, VIII + 400 p.

Jouanjan, Olivier. *Une histoire de la pensée juridique en Allemagne (1800-1918) : idéalisme et conceptualisme chez les juristes allemands du XIXe siècle*. PUF, coll. Leviathan, 2005, 364 p.

———. (dir.), *L'esprit de l'école historique du droit,* PUS, coll. Annales de la Faculté de droit de Strasbourg, 2004, 285 p.

———. *Le principe d'égalité devant la loi en droit allemand*, Economica, coll. Droit public positif, 1992, 449 p.

Jullien, François. *Traité de l'efficacité*, Grasset, coll. Le livre de proche, 1996, 306 p.

K

Kalinowski, Georges. *Le problème de la vérité en morale et en droit.* Lyon, Vitte, 1967, 288 p.

Kant, Emmanuel. *Kritik der reinen Vernunft* [1787], tr. fr., A. Renaut, *Critique de la raison pure*, 3ème éd., réimp. Flammarion, coll. G.F. 2006, 749 p.

———. *Metaphysik der Sitten, Grundlegung zur Metaphysik der Sitten* [1785], tr. fr. A. Renaut, *Métaphysique des mœurs,* T.I, *Fondation de la métaphysique des mœurs, introduction à la métaphysique des mœurs*, réimp. Flammarion, coll. G. F., 1994, 203 p.

———. *Métaphysique des mœurs,* T. II, *Doctrine du droit ; Doctrine de la vertu.* Flammarion, coll. G. F., 1994, 411 p.

———. *Anthropologie in pragmatischer Hinsicht* [1798], Tr. fr. A. Renaut, *Anthropologie du point de vue pragmatique*, Flammarion, coll. G. F., 1993, 181 p.

Kelsen, Hans. *Reine rechtslehre* [1960], tr. fr., C. Eisenmann, *Théorie pure du droit* [1962], réimp. Bruylant, LGDJ, coll. La pensée juridique, 1999, 367 p.

———. *Die philosophischen Grundlagen der Naturrechtslehre und des Rechtspositivismus* [1928], tr. fr. V. Faure, *La doctrine du droit naturel et le positivisme juridique,* et, *General theory of law and state* [1945], tr. fr., B. Laroche, *Théorie générale du droit et de l'État* suivi de *La doctrine du droit naturel et le positivisme juridique,* Bruylant, LGDJ, coll. La pensée juridique, 1997, 517 p.

———. *Allgemeine theorie der normen* [1979], tr. fr. O. Beaud et F. Malkani, *Théorie générale des normes*, PUF, coll. Léviathan, 1996, X + 604 p.

———. *Essays in legal and moral philosophy*, Dordrecht, D. Reidel publishing company, Synthese library, 1973, XXVIII + 300 p.

Kennedy, Duncan. *A critique of adjudication*, Harvard University press, 1997. 424 p.

Kervegan, Jean-François. *La raison des normes: essai sur Kant*, Librairie philosophique J. Vrin, coll. Moments philosophiques, 2015, 192 p.

———. (dir.) *Crise et pensée de la crise en droit : Weimar, sa République et ses juristes,* Lyon, ENS, coll. Theoria, 2002, 231 p.

KOCH, Isabelle et **LENOIR**, Norbert (dir.). *Démocratie et espace public: quel pouvoir pour le peuple ?*, Zurich, Hildesheim, coll. Europaea memoria. Reihe I : studien, 2008, 268 p.

KOCH-MIRAMOND, Lydie et **TOULOUSE**, Gérard (dir.). *Les scientifiques et les droits de l'homme,* Éd. de la maison des sciences de l'homme, 2003, 293 p.

KORNHAUSER, Lewis A. *L'analyse économique du droit. Fondements juridiques de l'analyse économique du droit*, Tr. K. Selmouni, M. Houdiard, coll. Les sens du droit, 2011, 199 p.

L

LABAND, Paul. *Das Staatsrecht des deutschen* reiches [1895], 3ème éd., tr. fr. C. Gandilhon,

Le droit public de l'Empire allemand, V. Giard & E. Brière, T. I, 1900, XXII + 540 p.

LABOULAYE, Édouard. *Essai sur la vie et les doctrines de Frédéric Charles de Savigny*, A. Durand, 1842, 77 p.

LAGET-ANNAMAYER, Aurore (dir.). *L'ordre public économique,* LGDJ, coll. Droit et économie, 2018, 406 p.

LAIGNEL, Ferdinand. *Essai sur la théorie des principes du droit, prolégomènes*, Joubert, 1844, 140 p.

LAJOIE, Andrée. *Jugements de valeurs: le discours judiciaire et le droit*. PUF, coll. Les voies du droit, 1997, 217 p.

LALANDE, André. *Vocabulaire technique et critique de la philosophie,* PUF, coll. Quadrige, 2010, XXIV-1323 p.

LASSALLE, Ferdinand. *Qu'est-ce qu'une constitution?* [1862], réimp. Arles, Sulliver, 1999, 86 p.

LATOUR, Bruno. *La fabrique du droit: une ethnographie du Conseil d'État*, La Découverte, coll. Armillaire, 2002, 319 p.

LAVELLE, Louis. *Traité des valeurs*. T.I, *Théorie générale de la valeur,* 2ème éd., PUF, coll. Dito, 1991, XI + 751 p.

———. *Traité des valeurs*. T.II, *Le système des différentes valeurs*, 2ème éd., PUF, coll. Dito 1991, vi + 560 p.

LEBRETON, Gilles. *Libertés publiques et droits de l'homme,* Ed. *Sirey,* Coll. Droit public, 2009, 8e éd., VI-569 p.

LECLERC, Olivier. *Le juge et l'expert: contribution à l'étude des rapports entre le droit et la science*, LGDJ, coll. Bibliothèque de droit privé, 2005, XIV + 471 p.

LEGENDRE, Pierre. *La balafre: discours à de jeunes étudiants sur la science et l'ignorance*, Mille et une nuits, coll. Les quarante piliers. Summulae, 2007, 105 p.

———. *L'autre Bible de l'Occident: le monument romano-canonique. Étude sur l'architecture dogmatique des sociétés*, Fayard, coll. Leçons, 2009, 536 p.

———. *Les enfants du texte: étude sur la fonction parentale des États,* Fayard, coll. Leçons, 1992, 469 p.

LEIBNIZ, Gottfried Wilhelm. *Le droit de la raison*, J. Vrin, coll. Bibliothèque des textes philosophiques, 1994, 256 p.

LE MERCIER DE LA RIVIERE, Pierre-Paul. *L'ordre naturel et essentiel des sociétés politiques*, Desaint, 1767, VII + 511 p.

LENOBLE, Jacques (dir.). *La crise du juge,* Story-Scientia, LGDJ, coll. La pensée juridique moderne, 1990, X + 171 p.

LENOBLE, Jacques, et **Ost**, François. *Droit: mythe et raison : essai sur la dérive mytho-logique de la rationalité juridique*, FUSL, coll. publications des FUSL, 1980, IX + 590 p.

LEQUETTE, Yves et **LEVENEUR**, Laurent (dir.). *Le Code civil : 1804-2004. Un passé, un présent, un avenir,* Dalloz, 2004, XII + 1059 p.

LE TOURNEAU, Philippe. *Droit de la responsabilité et des contrats,* Dalloz, coll. Action, 2017, 11e éd., LVII-2702 p.

LETURCQ, Shirley. *Standards et droits fondamentaux devant le Conseil constitutionnel français et la Cour européenne des droits de l'homme*, LGDJ, coll. Bibliothèque constitutionnelle et de science politique, 2005, VII + 406 p.

LE VAN-LEMESLE, Lucette, *Le Juste ou le Riche: l'enseignement de l'économie politique 1815-1950*, Ministère de l'économie, des finances et de l'industrie, coll. Histoire économique et financière de la France. Études générales, 2004, XI + 787 p.

LEVY, Emmanuel. *La vision socialiste du droit, Marcel Giard,* coll. internationale des juristes populaires, 1926, 179 p.

LEVY-BRUHL, Lucien. *La morale et la science des moeurs*. PUF, coll. Bibliothèque de philosophie contemporaine, 1971, XXXIV + 300 p.

M

MACAREL, Louis-Antoine. *Cours d'administration et de droit administratif*, T. I, *Organisation et attribution des autorités administratives,* 2ème éd., Plon, 1852, 672 p.

MACCORMICK, Neil. *Legal reasoning and legal theory* [1978], tr. fr. J. Gagey, *Raisonnement juridique et théorie du droit*, PUF, coll. Les voies du droit, 1996, XXII +322 p.

MACCORMICK, Neil, et **Weinberger**, Ota. *Grundlagen des institutionalistischen Rechtspositivism* [1985], tr. fr., O. Nerhot et P. Coppens, *Pour une théorie institutionnelle du droit: nouvelles approches du positivisme juridique*, Story Scienta, LGDJ, 1992, XII + 237 p.

MACKAAY, Ejan, et **ROUSSEAU**, Stéphane. *Analyse économique du droit*, Dalloz, coll. Méthodes du droit, 2008, XXIII + 728 p.

MADER, Luzius. *L'évaluation législative: pour une analyse empirique des effets de la législation*, Lausanne, Payot, coll. juridique romande, 1985, XIII + 190 p.

MALAURIE, Philippe, et **MORVAN**, Patrick. *Introduction au droit*, 7ème éd., LGDJ, coll. Droit civil, 2018.

MALHIERE, Fanny. *La brièveté des décisions de justice (Conseil constitutionnel, Conseil d'État, Cour de cassation) : contribution à l'étude des représentations de la justice*, Dalloz, coll. Nouvelle bibliothèque de thèses, 2013, XVI + 665 p.

MARCADE, Victor-Napoléon. *Elemens du droit civil français, ou Explication méthodique et raisonnée du code civil*, T. I, 2ème éd., Cotillon, 1844, IX + 732 p.

MARSAL, Maurice. *L'autorité*, PUF, coll. Que sais-je ?, 1958, 124 p.

MARTY, Gabriel. *La distinction du fait et du droit : essai sur le pouvoir de contrôle de la cour de Cassation sur les juges du fait*, Sirey, 1929, 396 p.

MARX, Karl. *Das Kapital* 4ème éd., tr. fr., J. Roy, Le *capital: critique de l'économie politique. Livre premier, Le procès de production du capital*, rééd. PUF, coll. Quadrige. Grands textes, 2006, LIII + 940 p.

MARX, Karl, et **ENGELS** Friedrich. *Die deutsche ideologie* [1932], tr. fr. R. Cartelle et G. Badia, *L'idéologie allemande.* T. I, *Feuerbach*, Éd. sociales, 1968, 154 p.

MATHIEU, Bertrand (dir.). *Cinquantième anniversaire de la Constitution française : 1958 - 2008,* Dalloz, 2008, XI + 802 p.

MATHIEU, Bertrand, et **VERPEAUX**, Michel (dir). *L'intérêt général, norme constitutionnelle,* Dalloz, coll. Thèmes et commentaires, 2007, 108 p.

———. *Droit constitutionnel*. PUF, coll. Droit fondamental. Classiques, 2004, 874 p.

MATZNER, Elsa (dir.). *Droit et langues étrangères : concepts, problèmes d'application, perspectives*, Presses universitaires de Perpignan, coll. Études, 2000, 142 p.
MAULIN, Éric. *La théorie de l'état de Carré de Malberg*, PUF, coll. Léviathan, 2003, 344 p.
MELIN-SOUCRAMANIEN, Ferdinand. *Le principe d'égalité dans la jurisprudence du Conseil constitutionnel*, Economica, PUAM, coll. Droit public positif, 1997, 397 p.
MELKEVIK, Bjarne (dir.). *Transformation de la culture juridique québécoise*, Sainte-Foy, Les Presses de l'Université de Laval, 1998, 246 p.
MENY, Yves, et **THŒNIG**, Jean-Claude. *Politiques publiques*. PUF, coll. Thémis. Science politique, 1989, 391 p.
MESURE, Sylvie, et **RENAUT**, Alain. *La guerre des dieux: essai sur la querelle des valeurs*, Grasset, coll. Le collège de philosophie, 1996, 242 p.
MEUNIER, Jacques. *Le pouvoir du Conseil constitutionnel: essai d'analyse stratégique*, LGDJ, coll. La pensée juridique moderne, 1994, 373 p.
MIAILLE, Michel. *Une Introduction critique au droit*, F. Maspero, coll. Fondations, 1982, 383 p.
MICHAUT, Françoise. *La recherche d'un nouveau paradigme de la décision judiciaire à travers un siècle de doctrine américaine*, L'Harmattan, coll. Logiques juridiques, 2001, 409 p.
MILLARD, Éric. *Théorie générale du droit*, Dalloz, coll. Connaissance du droit, 2006, 136 p.
MITTERRAND, François. *Le Coup d'État permanent* [1964], 1re éd., Les Belles Lettres, coll. Le goût des idées, 2010, 256 p.
MOLFESSIS, Nicolas. *Le Conseil constitutionnel et le droit privé*, LGDJ, coll. Bibliothèque de droit privé, 1997, XX + 602 p.
MOLINIER, Joël (dir.) *Les principes fondateurs de l'Union européenne*, PUF, coll. Droit et justice, 2005, 280 p.
MONJAL, Pierre-Yves, **JAN**, Pascal et **GESLOT**, Christophe (dir.). *La concurrence des juges en Europe. Le dialogue en question(s)*, Clément Juglar, coll. Les actes de la revue du droit de l'Union européenne, 2018, 524 p.
MONTALIVET, Pierre **DE**. *Les objectifs de valeur constitutionnelle*, Dalloz, coll. Thèmes et commentaires. Bibliothèque parlementaire, 2006, XIX + 680 p.
MONTESQUIEU. *De l'esprit des lois* [1748], T. I, réimp. Flammarion, coll. G.F., 1979, 507 p.
MONTAIGNE, Michel **DE**. *Essais*, T. II, *Livre II [Chapitres XIII à XXXVII] – Livre III*, Classiques Garnier, coll. Classiques jaunes. Littératures francophones, 2018, 754 p.
MOORE, George Edward. *Principia ethica* [1903], Cambridge university press, 1922, XXVII + 232 p.
MORABITO, Marcel. *Histoire constitutionnelle de la France: de 1789 à nos jours*, LGDJ, coll. Domat droit public, 2018, 564 p.
MORAND, Charles-Albert. *Légistique formelle et matérielle*, PUAM, coll. du laboratoire de théorie juridique, 1999, 334 p.
MOREAU, Félix. *Précis élémentaire de droit constitutionnel (organisation des pouvoirs publics)*, L. Larose et Forcel, 1892, 547 p.
MOTULSKY, Henri. *Principes d'une réalisation méthodique du droit privé: la théorie des éléments générateurs des droits subjectifs* [1948], réimp. Dalloz, coll. Bibliothèque Dalloz, 2002, XII + 183 p.
MOURLON, Frédéric. *Répétitions écrites sur le Code de procédure civile, contenant l'exposé des principes généraux, leurs motifs et la solution des questions*

théoriques, suivies d'un formulaire, T. I., 8ème éd., A. Marescq aîné, 1869, IV + 885 p.
———. *Répétitions écrites sur le premier examen du Code napoléon contenant l'exposé des principes généraux, leurs motifs, et la solution des questions théoriques*, Marescq et Dujardin, 1857, VII + 827 p.

N

NIETZSCHE, Friedrich. *Zur genealogie der moral. Eine streitschrift* [1887], tr. fr. H. Albert et J. Le Rider, *Généalogie de la morale,* réimp. J. Lacoste et J. Le Rider (dir.) *Oeuvres*, T. II, R. Laffont, coll. Bouquins, 1993, p. 739-889.
———. *Die fröhliche Wissenschaft* [1882], tr. fr. H. Albert et J. Lacoste, *Le gai savoir,* réimp. J. Lacoste et J. Le Rider (dir.) *Oeuvres*, T. II, R. Laffont, coll. Bouquins, 1993, p. 1-265.
———. *Also sprach Zarathustra* [1883], tr. fr. H. Albert et J. Lacoste, *Ainsi parlait Zarathoustra, réimp.* J. Lacoste et J. Le Rider (dir.) *Oeuvres*, T. II, R. Laffont, coll. Bouquins, 1993, p. 267-545.

NINO, Carlos Santiago. *Introducción al análisis del derecho*, Ariel, coll. Ariel derecho, 2003, XXII + 477.

NORA, Pierre (dir.). *Les lieux de mémoire,* T. II, *La Nation,* Gallimard, coll. Bibliothèque illustrée des histoires, 1986, 662 p.

O

OGDEN, Charles Kay, et **RICHARDS**, Ivor Armstrong. *The Meaning of Meaning. A study of the influence of language upon thought and of the science of symbolism*, Harcourt, Brace and company inc., 1923, XXXI + 544 p.

OGIEN, Ruwen, *Le réalisme moral*, PUF, coll. Philosophie morale, 1999, VI + 571 p.

OPPETIT, Bruno. *Philosophie du droit*, Dalloz, coll. Précis Dalloz. Droit privé, 1999, XII + 156 p.

ORLANDO, Vittorio Emanuele. *Diritto pubblico generale: Scritti varii (1881-1940) coordinati in sistema*, Milan, A. Giuffré, 1940, XVI + 582 p.
———. *Principi di diritto costituzionale* [1889], tr. fr. S. Bouyssy, *Principes de droit public et constitutionnel*, A. Fontemoing, 1902, XV + 498 p.

ORTOLAN, Joseph-Louis-Elzéar. *Cours public d'histoire du droit politique et constitutionnel. Histoire générale du droit politique et constitutionnel des peuples de l'Europe, avec le tableau de leur organisation actuelle,* Fanjat aîné, 1831, 500 p.

OST, François. *À quoi sert le droit ? Usages, fonctions et finalités,* Bruylant, coll. Penser le droit, 2016, VIII + 570 p.

OST, François, et **VAN DE KERCHOVE**, Michel. *De la pyramide au réseau ? Pour une théorie dialectique du droit*, FUSL, coll. publications des FUSL, 2002, 579 p.
———. *Jalons pour une théorie critique du droit*, FUSL, coll. Travaux et recherches, 1987, 602 p.

P

PACTET, Pierre et **MELIN-SOUCRAMANIEN**, Ferdinand. *Droit constitutionnel*, Armand Colin, coll. U. Droit public, 2004, VIII + 639 p.

PASCAL, Blaise. *Pensées* [1669], Gallimard, coll. Folio. Classique, 2004, 764 p.

PASUKANIS, Evgeny Bronislavovič. *La théorie générale du droit et le marxisme* [1924], tr. fr. J.-M. Brohm, E.D.I., 1970, 173 p.

PECES-BARBA MARTINEZ, Gregorio. *Théorie générale des droits fondamentaux*, tr. I. A. Pelè. LGDJ, coll. Droit et société, 2004, 497 p.
———. *Los valores superiores,* Madrid, Tecnos, 1984, 176 p.
PECZENIK, Aleksander. *On law and reason.* Dordrecht, Kluwer academics publisher, 1989, XII + 443 p.
PELLET, Rémi. *Droit financier public. Monnaies, banques centrales, dettes publiques*, PUF, Humensis, coll. Thémis. Droit, 2018, XXVI + 742 p.
PERELMAN, Chaïm. *Éthique et droit,* 2ème éd., Éd. de l'Université de Bruxelles, coll. ULBlire, 2012, 824 p.
———. *Logique juridique: nouvelle rhétorique*, 2ème éd., Dalloz, coll. Méthodes du droit, 1999, 193 p.
———. *Le champ de l'argumentation*, PUB, coll. Travaux de la faculté de philosophie et lettres, 1970, 408 p.
PERELMAN, Chaïm et **FORIERS**, Paul (dir.). *La motivation des décisions de justice: études*, Bruylant, coll. Travaux du centre national de recherches de logique, 1978, 428 p.
PERELMAN, Chaïm, et **OLBRECHTS-TYTECA**, Lucie. *Traité de l'argumentation: la nouvelle rhétorique*, 6ème éd., Éd. de l'Université de Bruxelles, coll. ULBlire, 2008, 740 p.
PERRIN, Jean-François. *Pour une théorie de la connaissance juridique*, Genève, Droz, coll. Travaux de droit, d'économie, de sociologie et de sciences politiques, 1979, 177 p.
PERRY, Ralph Barton. *Realms of value: a critique of human civilization*, Harvard University Press, 1954, XII + 497 p.
———. *General theory of value: its meaning and basic principles construed in terms of interest*, Harvard University press, 1950, XVII + 702 p.
PESCATORE, Pierre. *Introduction à la science du droit* [1960], réimp. Université du Luxembourg, Bruylant, 2009, 592 p.
PFERSMANN, Otto et **TIMSIT**, Gérard (dir.). *Raisonnement juridique et interprétation,* Publications de la Sorbonne, coll. De Republica, 2001, 189 p.
PHILIPPE, Xavier. *Le contrôle de proportionnalité dans les jurisprudences constitutionnelle et administrative françaises*, Économica, PUAM, coll. Science et droit administratifs, 1990, 541 p.
PICARD, Edmond. *Le droit pur*, E. Flammarion, coll. Bibliothèque de philosophie scientifique, 1908, 401 p.
PICARD, Etienne. *La notion de police administrative,* T. I, LGDJ, coll. Bibliothèque de droit public, 1984, 445 p.
PIERRE, Eugène. *Traité de droit politique, électoral et parlementaire*, Motteroz, 1893, XIII + 1230 p.
PLANIOL, Marcel, et **Ripert**, Georges. *Traité élémentaire de droit civil conforme au programme officiel des Facultés de droit*, 11ème éd., LGDJ, 1928, 3 vol.
PLASSARD, Jean. *Des ouvertures communes à cassation et à requête civile.* Édité par Université de Paris, Sirey, 1924, 359 p.
PLATON. *Cratyle*, tr fr. C. Dalimier, réimp. L. Brisson (dir.), *Oeuvres complètes*, Flammarion, 2011, XXI + 2198 p., notamment p. 195-254.
———. *Eutyphron*, tr. fr. L.-A. Dorion, réimp. L. Brisson (dir.) *Oeuvres complètes*, Flammarion, 2011, XXI + 2198 p., notamment p. 395-414.
POLIN, Raymond. *La création des valeurs*, 3ème éd., J. Vrin, 1977, 312 p.
POULANTZAS, Nicos. *Nature des choses et droit: essai sur la dialectique du fait et de la valeur*, LGDJ, coll. Bibliothèque de philosophie du droit, 1965, XI + 364 p.
POUND, Roscoe. *Law and morals*. Chapel Hill, The University of North Carolina press, 1926, IX + 104 p.

Prieto Sanchis, Luis. *El constitucionalismo de los derechos. Ensayos de filosofía jurídica*. Madrid, Trotta, coll. Estructuras y procesos. Derecho, 2013, 309 p.
Pucelle, Jean. *Études sur la valeur,* T. I, *La source des valeurs: les relations intersubjectives*. Lyon, Vitte, 1957, XIV + 205 p.
———. *Études sur la valeur,* T. II, *Le règne des fins: l'essence de la civilisation*, Lyon, Vitte, 1959, 455 p.
Putnam, Hilary Whitehall. *The collapse of the fact-value dichotomy* [2002], tr. fr. M. Cavéribère et J.-P. Cometti, *Fait/valeur: la fin d'un dogme : et autres essais*, Éd. de l'Éclat, coll. Tiré à part, 2004, 187 p.

Q

Quesnay, François. *Physiocratie ou constitution naturelle du gouvernement le plus avantageux au genre humain*, T. I, Leyde, Merlin, 1768, CXX + 172 p.

R

Rabault, Hugues. *L'interprétation des normes: l'objectivité de la méthode herméneutique*, l'Harmattan, coll. Logiques juridiques, 1997, 371 p.
Raz, Joseph. *Practical reason and norms*, *OUP*, 1999, 220 p.
Renard, Georges. *L'Institution: fondement d'une rénovation de l'ordre social*, Flammarion, coll. Bibliothèque d'études catholiques et sociales, 1933, 225 p.
———. *Le droit, l'ordre et la raison : conférences d'introduction philosophique à l'étude du droit (troisième série)*, Sirey, 1927, XXIII + 438 p.
———. *Cours élémentaire de droit public, droit constitutionnel, droit administratif, droit financier*, Sirey, 1922, 361 p.
Renaudie, Olivier et **Teitgen-Colly** Catherine (dir.). *Confiance et droit public*, L'Harmattan, coll. Logiques juridiques, 2019, 282 p.
Rezsohazy, Rudolf. *Sociologie des valeurs*, A. Colin, coll. Cursus. Série sociologie, 2006, VII + 184 p.
Rials, Stéphane. *Le juge administratif français et la technique du standard: essai sur le traitement juridictionnel de l'idée de normalité*. LGDJ, coll. Bibliothèque de droit public, 1980, XXII + 564 p.
Ribot, Théodule. *La logique des sentiments,* F. Alcan, 1905, X-200-16 p.
Rigaux, François. *La loi des juges*, O. Jacob, 1997, 319 p.
Ripert, Georges. *Le déclin du droit: études sur la législation contemporaine,* LGDJ, 1949, VIII + 225 p.
Rivero, Jean. *Libertés publiques,* T. I, PUF, coll. Thémis. Droit public, 2003, XVI + 271 p.
Roblot-Troizier, Agnès. *Contrôle de constitutionnalité et normes visées par la Constitution française: recherches sur la constitutionnalité par renvoi*, Dalloz, coll. Nouvelle bibliothèque de thèses, 2007, XIX + 688 p.
Rosanvallon, Pierre. *Science et démocratie*, O. Jacob, coll. Collège de France, 2014, 326 p.
———. *Le moment Guizot,* Gallimard, coll. Bibliothèque des sciences humaines, 1985, 414 p.
Ross, Alf. *Introduction à l'empirisme juridique : textes théoriques,* Tr. E. Matzner et E. Millard, Bruylant, LGDJ, coll. La pensée juridique, 2004, 232 p.
Ross, William David. *Foundations of ethics: the Gifford lectures delivered in the University of Aberdeen, 1935-6*, Clarendon Press, 1939, XVI + 328 p.
Rossi, Pellegrino. *Cours de droit constitutionnel* [1866-1867], réimp. Dalloz, coll. Bibliothèque Dalloz, 2012, LI + LXXV + 868 p.

———. *Mélanges d'économie politique, de politique, d'histoire et de philosophie: oeuvres complètes de P. Rossi publiées sous les auspices du gouvernement italien*, Guillaumin et cie, 1867, III + 542 p.

ROUBIER, Paul. *Droits subjectifs et situations juridiques* [1963], Dalloz, coll. Bibliothèque Dalloz, 2005, 18 + III + 451 p.

———. *Théorie générale du droit: histoire des doctrines juridiques et philosophie des valeurs sociales* [1951], 2ème éd. Dalloz, coll. Bibliothèque Dalloz, 2005, 18 + 337 p.

ROUSSEAU, Dominique (dir.). *La question prioritaire de constitutionnalité,* 2ème éd., Gazette du Palais, Lextenso, coll. Guide pratique, 2012, VIII + 259 p.

———. *Le droit dérobé,* Montchrestien, coll. Grands colloques, 2007, 189 p.

ROUSSEAU, Dominique, **GAHDOUN**, Pierre-Yves, et **BONNET** Julien. *Droit du contentieux constitutionnel*, 11ème éd., LGDJ-Lextenso, coll. Domat droit public, 2016, 870 p.

ROUSSELLIER, Nicolas. *La force de gouverner. Le pouvoir exécutif en France, XIXe-XXIe siècles*, Gallimard, coll. NRF essais, 2015, 827 p.

ROYER, Jean-Pierre et ***al***. *Histoire de la justice en France: du XVIIIe siècle à nos jours*, PUF, coll. Droit fondamental. Classiques, 2016, 1290 p.

S

SACRISTE, Guillaume. *La République des constitutionnalistes: professeurs de droit et légitimation de l'État en France, 1870-1914*, Presses de Sciences Po, coll. Droit, 2011, 578 p.

SAINT-GIRONS, Antoine. *Manuel de droit constitutionnel,* 2ème éd., L. Larose et Forcel, 1885, IV + 706 p.

———. *Droit public français: essai sur la séparation des pouvoirs dans l'ordre politique, administratif et judiciaire*, L. Larose, 1881, XXXV + 584 p.

SALEILLES, Raymond. *Y-a-t-il vraiment une crise de la science politique ?* [1903], réimp. Dalloz, coll. Tiré à part, 2012, 37 p.

———. *De la personnalité juridique: histoire et théories : vingt-cinq leçons d'introduction à un cours de droit civil comparé sur les personnes juridiques*, Librairie Arthur Rousseau, 1922, XVI + 684 p.

SALLES, Sylvie. *Le conséquentialisme dans la jurisprudence du Conseil constitutionnel*, LGDJ, Bibliothèque constitutionnelle et de science politique, 2016, XIX + 779 p.

SANHOURY, Abd al-Razzāq Aḥmad, **Al**. *Les restrictions contractuelles à la liberté individuelle de travail dans la jurisprudence anglaise: contribution à l'étude comparative de la règle de droit et du standard juridique*, M. Giard, coll. Bibliothèque de l'institut de droit comparé de Lyon. Études et documents, 1925, XXV + 361 p.

SANTAMARIA IBEAS, J. Javier. *Los valores superiores en la Jurisprudencia del Tribunal Constitucional: libertad, justicia, igualdad y pluralismo político.* Madrid, Dykinson, 1997, 422 p.

SAVATIER, René. *Le droit comptable au service de l'homme* [1969], réimp. Dalloz, coll. Bibliothèque Dalloz, 2005, XII + 528 p.

SAVIGNY, Friedrich Carl **Von**. *Vom beruf unserer Zeit für Gesetzgebung und Rechtwissenschaft* [1814], tr. fr. A. Dufour, *De la vocation de notre temps pour la législation et la science du droit*, PUF, coll. Léviathan, 2006, VI + 218 p.

SCARPELLI, Uberto. *Diritto e analisi del linguaggio,* Milan, ed. di Comunità, coll. Luoghi critici, 1976, 486 p.

———. *Cos'è il positivismo giuridico* [1965], tr. fr. C. Clavreul, *Qu'est-ce que le positivisme juridique ?*, LGDJ, Bruylant, coll. La pensée juridique, 1996, XII + 107 p.

SCHMITT, Carl. *Die tyrannei der werte,* [1959], tr. fr. J.-L. Schlegel, *La tyrannie des valeurs ou le chemin de l'enger est pavé de valeurs*, réimp. *in Société, droit et religion*, vol. 5, n°1, 2015, 27 p.

———. *Die tyrannei der werte,* [1959], tr. fr. C. Juin et P. Lang, *La tyrannie des valeurs*, réimp. *in Démocratie et espace public: quel pouvoir pour le peuple?*, Zurich, Hildesheim, coll. Europaea memoria. Reihe I : studien, 2008, 268 p.

———. Der Begriff des politischen [1927] ; Theorie des Partisanen [1963], tr. fr. M.-L. Steinhauser, *La notion de politique ; théorie du partisan,* Flammarion, coll. Champs, 1992, 323 p.

SENAC, Charles-Édouard. *L'office du juge constitutionnel: étude du contrôle de constitutionnalité par les juridictions françaises*, LGDJ-Lextenso, coll. Bibliothèque constitutionnelle et de science politique, 2015, XVII + 613 p.

SENNE, René, **LE**. *Traité général de morale,* PUF, coll. Logos, 1967, 5ème éd., XVI-787 p.

SFEZ, Lucien. *La politique symbolique*, PUF, coll. Quadrige, 1993, 489 p.

———. *Critique de la décision*, 4ème éd., Presses de la Fondation nationale de Sciences po, coll. Références, 1992, 571 p.

SIMON, Denys. *Le système juridique communautaire*, PUF, coll. Droit fondamental. Droit international et communautaire, 2001, 779 p.

SOUVIGNET, Xavier. *La prééminence du droit dans le droit de la Convention européenne des droits de l'homme*, Bruylant, coll. Droit de la convention européenne des droits de l'homme, Thèses, 2012, XXVI + 574 p.

STAMATIS, Kóstas M. *Argumenter en droit: une théorie critique de l'argumentation juridique*, Publisud, coll. Manuels 2000. Série droit, 1995.

STOLLEIS, Michael. *Geschichte des öffentlichen rechts in Deutschland,* T. II, *Staatsrechtslehre und verwaltungswissenschaft : 1800-1914* [1992], tr. fr. M.-A. Maillet et M.-A. Roy, *Histoire du droit public en Allemagne, 1800-1914*, Dalloz, coll. Rivages du droit, 2014, XIII + 699 p.

SUDRE, Frédéric. *Droit européen et international des droits de l'homme*, 13ème éd., PUF, Droit fondamental. Classiques, 2016, 1005 p.

SUPIOT, Alain. *La gouvernance par les nombres: cours au Collège de France, 2012-2014*. Nantes, Institut d'Études Avancées de Nantes, coll. Poids et mesures du monde, 2015, 520 p.

T

TAINE, Hippolyte Adolphe. *Histoire de la littérature anglaise,* T. IV, *L'âge classique (suite),* 2ème éd., L. Hachette, 1878, 483 p.

TERRE, François. *L'influence de la volonté individuelle sur les qualifications ; Retour sur la qualification*, LGDJ-Lextenso, coll. Anthologie du droit, 2014, VIII + 614 p.

THIBIERGE, Catherine (dir.). *La force normative: naissance d'un concept*, LGDJ, Bruylant, 2009, XIII + 891 p.

THIESSE, Anne-Marie. *La création des identités nationales: Europe XVIIIe-XXe siècle*, éd. du Seuil, coll. L'univers historique, 1999, 302 p.

TIMSIT, Gérard. *Archipel de la norme*, PUF, coll. Les voies du droit, 1997, VI + 252 p.

———. *Gouverner ou juger : blasons de la légalité*, PUF, coll. Les voies du droit, 1995, 126 p.

———. *Les figures du jugement*, PUF, coll. Les voies du droit, 1993, 204 p.

———. *Les Noms de la loi*, PUF, coll. Les voies du droit, 1991, 199 p.

TOUZEIL-DIVINA, Mathieu. *Éléments d'histoire de l'enseignement du droit public: la contribution du doyen Foucart (1799-1860)*, LGDJ, coll. Collection de la Faculté de droit et de sciences sociales de Poitiers, 2007, IV + 682 p.

TREMBLAY, Luc B. et **WEBBER**, Grégoire (dir.). *La limitation des droits de la Charte : essais critiques sur l'arrêt R. c. Oakes*, Montréal, Thémis, 2009, 181 p.

TRENTIN, Silvio. *La crise du droit et de l'État*, L'églantine, 1936, 499 p.

TROPER, Michel. *La séparation des pouvoirs et l'histoire constitutionnelle française*. Anthologie du droit [1973], réimp. LGDJ-Lextenso, coll. Anthologie du droit, 2015, 251 p.

———. *La théorie du droit, le droit, l'État,* PUF, coll. Léviathan, 2001, XI + 334 p.

———. *Pour une théorie juridique de l'État*, PUF, coll. Léviathan, 1994, 358 p.

TUSSEAU, Guillaume. (dir.) *Les notions juridiques,* Economica, coll. Études juridiques, 2009, X + 166 p.

———. *Les normes d'habilitation*, Dalloz, coll. Nouvelle bibliothèque de thèses, 2006, XVIII + 813 p.

U

ULPIEN, *in Digeste,* Livre 1-26, I, I, *in* Pascal Pichonnaz (dir.), *Les 50 Livres du Digeste de l'Empereur Justinien,* Tr. D. Gaurier, réimp., La mémoire du Droit, 2017, XXVIII + 2963 p.

V

VAUTROT-SCHWARZ, Charles-Henry. *La qualification juridique en droit administratif*, LGDJ, coll. Bibliothèque de droit public, 2009, XIV + 685 p.

VEDEL, Georges. *Essai sur la notion de cause en droit administratif français*, Sirey, 1934, 510 p.

VIALA, Alexandre. *Le pessimisme est un humanisme : Schopenhauer et la raison juridique*, Mare & Martin, coll. Libre droit, 2017, 305 p.

———. *Philosophie du droit*, Ellipses, coll. Cours magistral, 2010, 240 p.

———. *Les réserves d'intepretation dans la jurisprudence du Conseil constitutionnel,* LGDJ, coll. Bibliothèque constitutionnelle et de science politique, 1999, XII + 318 p.

VIDAL-NAQUET, Ariane. *Les « garanties légales des exigences constitutionnelles » dans la jurisprudence du Conseil constitutionnel*, Panthéon-Assas, coll. Thèses, 2007, 671 p.

VILLA, Vittorio. *La science du droit*, tr. O. Nerhot, P.Nerhot, Story-Scientia, LGDJ, coll. La pensée juridique moderne, 1991, 209 p.

VILLEY, Michel. *Philosophie du droit. Définitions et fins du droit. Les moyens du droit* [1982], réimp. Dalloz, coll. Bibliothèque Dalloz, 2001, XIX + 339 p.

VIMBERT, Christophe. *La tradition républicaine en droit public français*, LGDJ, coll. Bibliothèque constitutionnelle et de science politique, 1992, VII + 392 p.

VIRALLY, Michel. *La pensée juridique* [1960], réimp. Université Panthéon-Assas, coll. Les introuvables, 1998, XLI + 225 p.

W

WALINE, Marcel. *L'individualisme et le droit* [1945], réimp. Dalloz, coll. Bibliothèque Dalloz, 2007, XIII + 436 p.

WALUCHOW, Wilfrid J. *Inclusive legal positivism*, Clarendon Press, 1994, X + 290 p.

Weber, Max. *Le savant et le politique : une nouvelle traduction*, tr. C. Colliot-Thélène, La Découverte, coll. La découverte-poche. Sciences humaines et sociales, 2003, 206 p.
———. *Gesammelte Aufsätze zur Wissenschaftslehre* [1951], tr. fr. J. Freund, *Essais sur la théorie de la science*, Presses pocket, coll. Agora, 1992, 478 p.
———. *Le savant et le politique*, tr. J. Freund, Union générale d'éd., coll. Le monde en 10-18, 1963, 185 p.

Z

Zagrebelsky, Gustavo. *Il diritto mite: legge, diritti, giustizia*, Einaudi, coll. Einaudi contemporanea, 1992, VII + 217 p.
Zoller, Élisabeth. *Droit constitutionnel*, 2ème éd., PUF, coll. Droit fondamental. Droit politique et théorique, 1999, 642 p.

II. Mélanges

Amselek : *Mélanges Paul Amselek,* Bruylant, 2005, XXVII + 857 p.
Ardant : *Droit et politique à la croisée des cultures. Mélanges Philippe Ardant,* LGDJ, 1999, XVII + 507 p.
Aubert : *De la Constitution. Études en l'honneur de Jean-François Aubert,* Bâle, Francfort-sur-le-Main, Helbing et Lichtenhahn, 1996, XX + 714 p.
Bergel : *Le droit entre autonomie et ouverture. Mélanges en l'honneur de Jean-Louis Bergel,* Bruylant, coll. Penser le droit, 2013, XXIII + 974 p.
Braibant : *L'État de droit. Mélanges en l'honneur de Guy Braibant*, Dalloz, 1996, XXIX + 817 p.
Capitant : *Études de droit civil à la mémoire de Henri Capitant*, Dalloz, 1939, LX + 917 p.
Compernolle : *Mélanges Jacques Van Compernolle*, Bruylant, 2004, XXVI + 900 p.
Costa : *La conscience des droits. Mélanges en l'honneur de Jean-Paul Costa,* Dalloz, 2011, XXXI + 710 p.
Dabin : *Mélanges en l'honneur de Jean Dabin,* T. I, *Théorie générale du droit* et T. II, *Droit positif*, Bruylant, Sirey, 1963, LI + 968 p.
Dhommeaux : *Humanisme et droit. Offert en hommage au Professeur Jean Dhommeaux,* Pedone, 2013, XVIII + 464 p.
Drago : *L'unité du droit. Mélanges en hommage à Roland Drago,* Economica, 1996, 503 p.
Dubouis : *Au carrefour des droits. Mélanges en l'honneur de Louis Dubouis,* Dalloz, 2002, XXVI + 901 p.
Escarras : *Liber Amicorum Jean-Claude Escarras. La communicabilité entre les systèmes juridiques,* Bruylant, 2005, XXV + 980 p.
Favoreu : *Renouveau du droit constitutionnel. Mélanges en l'honneur de Louis Favoreu,* Dalloz, 2007, LXXII + 1783 p.
Foyer : *Le monde du droit. Écrits rédigés en l'honneur de Jacques Foyer,* Economica, 2007, XXV + 1075 p.
Hauriou : *Mélanges Maurice Hauriou*, Sirey, 1929, XIII + 832 p.
Geny : *Recueil d'études sur les sources du droit en l'honneur de François Gény,* T. II, Sirey, 1934, IX-572 p.
Gicquel : *Constitutions et pouvoirs. Mélanges en l'honneur de Jean Gicquel,* Montchrestien, 2008, XXIII + 630 p.
Gothot : *En hommage à Victor Gothot,* Université de Liège, 1962, XXXIV + 717 p.

Labetoulle : *Juger l'administration, administrer la justice. Mélanges en l'honneur de Daniel Labetoulle,* Dalloz, 2007, XXX + 882 p.
Lavroff : *La Constitution et les valeurs. Mélanges en l'honneur de Dmitri Georges Lavroff,* Dalloz, 2005, XXV + 615 p.
Mestre : *L'évolution du droit public. Études offertes à Achille Mestre,* Sirey, 1956, XIII + 574 p.
Morand : *Aux confins du droit. Essais en l'honneur du Professeur Charles-Albert Morand,* Bâle, Genève, Munich, Helbing et Lichtenhahn, coll. genevoise, 2001, 575 p.
Morin : *Mélanges en l'honneur de Jacques-Yvan Morin,* Revue québécoise de droit international, HS 2, 396 p.
Oberdorff : *Mélanges en l'honneur du Professeur Henri Oberdorff : liber amicorum,* LGDJ-Lextenso, 2015, XXIX + 303 p.
Ost : *Le droit malgré tout. Hommage à François Ost,* Presses de l'Université Saint-Louis, coll. Publications des FUSL. Collection générale, 2018, 955 p.
Pactet : *L'esprit des institutions, l'équilibre des pouvoirs. Mélanges en l'honneur de Pierre Pactet,* Dalloz, 2003, XXIV + 966 p.
Philip : *Constitution et finances publiques. Études en l'honneur de Loïc Philip,* Economica, 2005, 622 p.
Ripert : *Le droit privé français au milieu du XXe siècle. Études offertes à Georges Ripert,* R. Pichon et R. Durand-auzias, 1950, 2 vol., XXXV + 554 p. et 484 p.
Robert : *Libertés. Mélanges Jacques Robert,* Montchrestien, 1998, XXXI + 569 p.
Rueff : *Les fondements philosophiques des systèmes économiques. Textes de Jacques Rueff et essais rédigés en son honneur,* Payot, coll. Bibliothèque politique et économique, 1967, 523 p.
Scelle : *La technique et les principes du droit public. Études en l'honneur de Georges Scelle,* LGDJ, 1950, 475 p.
Terre : *L'avenir du droit. Mélanges en hommage à François Terré,* PUF, Dalloz, 1999, XXXI + 868 p.
Troper : *L'architecture du droit. Mélanges en l'honneur de Michel Troper,* Economica, 2006, XLVII + 1028 p.
Zoller : *Penser le droit à partir de l'individu. Mélanges en l'honneur d'Élisabeth Zoller,* Dalloz, 2018, XXII + 889 p.

III. Travaux Dactylographiés

Blanquer, Jean-Michel. *Les méthodes du juge constitutionnel,* thèse, droit, Université Paris II Panthéon-Assas, 1993, 454 p.
Capitant, René. *Introduction à l'étude de l'illicite : l'impératif juridique,* thèse, droit, Université de Paris, 1928, 230 p.
Cayla, Olivier. *La notion de signification en droit. Contribution à une théorie du droit naturel de la communication*, Thèse, droit, Université de Lille, 1992, 2 vol., 1112 p.
Chevallier, Bertrand. *La motivation des actes juridictionnels*, thèse, droit, Université de Rennes, 1974, 2 vol., 266 et 274 p.
Galland, Henri. *Le contrôle judiciaire de la constitutionnalité des lois aux États-Unis (la méthode américaine de protection des libertés individuelles),* thèse, droit, Université de Lyon, 1932, XVI + 253 p.
Goyard-Fabre, Simone. *Essai de critique phénoménologique du droit*, thèse, lettres, Université de Lille III, 1971, VIII + 476 p.
Levy, Emmanuel. *Preuve par titre du droit de propriété immobilière*, thèse, droit, Université de Paris, 1896, 171 p.

Micescou, Dimitrie. *Essai sur la technique juridique*, thèse, droit, Université de Paris, 1911, 365 p.

Section II.

Articles

I. Articles scientifiques

A

Aarnio, Aulis. « Eternal and changing law » *in* **Aarnio**, Aulis, *Philosophial perspectives in jurisprudence,* Helsinki, Academic Bookstore, coll. Acta philosophica Fennica, 1983, p. 94-118.

———. « Theory of action and judicial decision making », *in* **Aarnio**, Aulis, *Philosophial perspectives in jurisprudence,* Helsinki, Academic Bookstore, coll. Acta philosophica Fennica, 1983, p. 238-244.

Aarnio, Aulis, et **Peczenik**, Aleksander. « On Values. Universal or Relative ? », *RatioJuris,* vol. 9, n°4, 1996, p. 321-330.

Aguila, Yann. « Les acteurs face à la constitutionnalisation du droit de l'environnement », *NCCC,* vol. 43, n°2, 2014, p. 43-55

Alexy, Robert. « The nature of legal philosophy », *RatioJuris,* vol. 17, n°2, 2004, p. 156-167.

———. « Constitutional Rights, Balancing, and Rationality » *RatioJuris*, vol. 16, n°2, 2003, p. 131-140.

Alland, Denis. « De l'ordre juridique international », *Droits*, vol. 35, n°1, 2002, p. 79-101.

Amselek, Paul. « Une fausse idée claire : la hiérarchie des normes juridiques », *Revue de la recherche juridique. Droit prospectif,* 2007, n° 5, pp. 557 et s.

———. « Les fonctions normatives ou catégories modales », *in L'architecture du droit: mélanges en l'honneur de Michel Troper*, Economica, 2006, p. 51-77.

———. « La part de la science dans les activités des juristes », *D. Chron.,* vol. 39, 1997, p. 337-342.

———. « La teneur indécise du droit », *RDP,* vol. 107, n°5, 1991, p. 1199-1216.

———. « Philosophie du droit et théorie des actes de langage » *in* **Amselek**, Paul, **Bankowski**, Zenon, **Bouveresse**, Jacques et **Cornu**, Gérard (dir.), *Théorie des actes de langage, éthique et droit*, PUF, 1986, p. 109-163.

Antaki, Mark. « The turn to "values" in Canadian constitutional Law » *in* **Tremblay**, Luc B. et **Webber**, Grégoire (dir.), *La limitation des droits de la Charte : essais critiques sur l'arrêt R. c. Oakes*, Montréal, Thémis, 2009, p. 155-181.

Antoine, Aurélien, et **Perroud**, Thomas. « Le "Capital au XXIe siècle" et le droit administratif », *AJDA,* n°25, 2016, p. 1361.

Antonetti, Guy. « La faculté de droit de Paris à l'époque où Boissonade y faisait ses études », RIDC, vol. 43, n°2, 1991, p. 333-356.

Artur, Émile. « Séparation des pouvoirs et séparation des fonctions », *RDP,* vol. 13, n°1, 1900, p. 214-246.

Atias, Christian. « D'une vaine discussion sur une image inconsistante : la jurisprudence en droit privé », *RTD. civ.,* n°1, 2007, p. 23-31.

———. « La crise de la motivation judiciaire ? » *in Droit et technique de cassation 2004-2005.* Cycle de conférences débats organisé par la Cour de Cassation de février à octobre 2005.
https://www.courdecassation.fr/venements_23/colloques_4/2005_2033/intervention_m._atias_1_8108.html#_ftnref1

———. « Quelle positivité ? Quelle notion de droit ? » *APD,* vol. 27, 1982, p. 209-233.

Atias, Christian, et **Linotte** Didier. « Le mythe de l'adaptation du droit au fait », *D. chron.*, vol. 35, 34, 1977, p. 251-258.

Atienza, Manuel « L'argumentation », tr. T. Hingrai, *in* **Chagnollaud**, Dominique et **Troper**, Michel (dir.). *Traité international de droit constitutionnel,* T. I, *Théorie de la Constitution,* Dalloz, coll. Traités Dalloz, 2012, p. 506-543.

Atria, Fernando. « Adjudication and the particuliar » *in* **Bankowski**, Zenon et **MacLean**, James (dir.). *The universal and the particuliar in legal reasoning,* Ashgate, 2006, p. 69-82.

Auby, Jean-Bernard. « La bataille de San Romano. Réflexions sur les évolutions récentes du droit administratif », *AJDA,* n°11, 2001, p. 912-926.

Avout, Louis **D'**. « La liberté d'entreprendre au bûcher ? », *Recueil Dalloz*, 2014, n° 22, p. 1287 et s.

Avril, Pierre. « Le Conseil constitutionnel est-il toujours le bras armé du Gouvernement dans le parlementarisme rationalisé ? », *NCCC,* vol. 50, n°1, 2016, p. 39-49.

———. « Une convention contra legem : la disparition du "programme" de l'article 49 de la Constitution » *in Constitutions et pouvoirs: mélanges en l'honneur de Jean Gicquel.* Montchrestien, 2008, p. 9-16.

B

Baldassare, Antonio. « Costituzione e teoria dei valori », *Politica del diritto,* vol. 22, 1991, p. 639-658.

Baranes, William et Frison-Roche, Marie-Anne. « Le souci de l'effectivité du droit », *Recueil Dalloz,* 1996, n° 35, p. 301 et s.

Baranger, Denis. « Comprendre le "bloc de constitutionnalité" », *Jus politicum*, vol. 20-21, 2018.

———. « Viser juste en brouillant les pistes : Benjamin Cardozo », *Jus politicum*, vol. 8, 2012.

———. « Sur la manière française de rendre la justice constitutionnelle », *Jus politicum*, vol. 7, 2012.

Barberis, Mauro. « Le néoconstitutionnalisme existe-t-il ? » *Revus,* vol. 25, 2015, p. 101-124.

———. « Idéologies de la constitution - Histoire du constitutionnalisme », tr. I. Boucobza, *in* **Chagnollaud**, Dominique et **Troper**, Michel (dir.). *Traité international de droit constitutionnel,* T. I, *Théorie de la Constitution,* Dalloz, coll. Traités Dalloz, 2012, p. 113-141.

Barque, François. « Le Conseil constitutionnel et la technique de la "censure virtuelle" : développements récents », *RDP,* n°5, 2006, p. 1409-1425.

Beaud, Olivier. « Le Conseil constitutionnel et le traitement du président de la République : une hérésie constitutionnelle (à propos de la décision du 9 août 2012) », *Jus politicum,* vol. 9, 2013.

———. « Ouverture. L'Europe entre droit commun et droit communautaire », *Droits*, vol. 14, n°2, 1991, p. 3-16.

Bechillon, Denys **De**. « Le gouvernement des juges : une question à dissoudre », *D.*, n° 12, 2002, p. 973-978.

———. « De quelques incidences du contrôle de la conventionnalité internationale des lois par le juge ordinaire (Malaise dans la Constitution) », *RFDA*, n°2, 1998, p. 225-242.

Bergougnous, Georges. « Le Conseil constitutionnel et le législateur », *NCCC*, vol. 38, n°1, 2013, p. 5-21.

Bernatchez, Stéphane. « Le concept de droits », *in Mélanges en l'honneur de Jacques-Yvan Morin*, Revue québécoise de droit international, HS 2, 2015, p. 131-169.

Bioy, Xavier. « L'évaluation, nouvelle forme de création normative ? » *in* **Dero-Bugny**, Delphine, **Laget-Annamyer**, Aurore (dir.). *L'évaluation en droit public*, LGDJ-lextenso, coll. Centre Michel de l'Hospital, 2015, p. 203-220.

———. « Notions et concepts en droit : interrogations sur l'intérêt d'une distinction » *in* **Tusseau**, Guillaume. (dir.) *Les notions juridiques,* Economica, coll. Études juridiques, 2009, p. 21-50.

Blacher, Philippe. « Le président de la République et le Gouvernement dans la jurisprudence du Conseil constitutionnel », *NCCC,* vol. 50, n°1, 2016, p. 29-38.

Blanquer, Jean-Michel. « Bloc de constitutionnalité ou ordre constitutionnel ? » *in Libertés. Mélanges Jacques Robert,* Montchrestien, 1998, p. 227-239.

———. « La distance parcourue : De l'ordre institutionnel à l'ordre constitutionnel » *in Le Conseil constitutionnel a quarante ans,* Actes du colloque organisé à l'occasion du 40ème anniversaire du Conseil constitutionnel les 27 et 28 octobre 1998, LGDJ, p. 25-33.

Bobbio, Norberto. « De l'utilisation des grandes dichotomies dans la théorie du droit » *in* **Bobbio**, Norberto*, De la structure à la fonction: nouveaux essais de théorie du droit*. Tr. D. Soldini, Dalloz, coll. Rivages du droit, 2012, p. 143-164.

———. « La grande dicotomia » [1974] tr. fr. D. Soldini, « La grande dichotome » *in* **Bobbio**, Norberto*, De la structure à la fonction: nouveaux essais de théorie du droit.* Tr. D. Soldini, Dalloz, coll. Rivages du droit, 2012, p. 165-181.

———. « Kelsen et les sources du droit » [1981], réimp. *in* **Bobbio**, Norberto*, Essais de théorie du droit,* LGDJ, coll. La pensée juridique, 1998, p. 227-236.

———. « Norma » [1980], tr. fr. M. Guéret, « La norme », *in* **Bobbio**, Norberto*, Essais de théorie du droit,* LGDJ, coll. La pensée juridique, 1998, p. 107-139.

———. « Struttura e funzione nella teoria del diritto di Kelsen » [1973], tr. fr. M. Guéret, « Structure et fonction dans la théorie du droit de Kelsen », *in* **Bobbio**, Norberto*, Essais de théorie du droit,* LGDJ, coll. La pensée juridique, 1998, p. 207-225.

———. « Scienza del diritto e scienza del linguaggio », *in* **Scarpelli**, Uberto (dir.). *Diritto e analisi del linguaggio,* Milan, ed. di Comunità, coll. Luoghi critici, 1976, p. 287-324.

Böckenforde, Ernst-Wolfgang. « Zur Kritik der Wertbregründung des Rechts » [1990], tr. fr. O. Jouanjan, « Pour une critique de la fondation axiologique du droit » *in* **Böckenförde**, Ernst-Wolfgang. *Le droit, l'État et la constitution démocratique: essais de théorie juridique, politique et constitutionnelle*, Tr. O. Jouanjan, LGDJ, coll. La pensée juridique, 2000, p. 77-97.

Bonnard, Roger. « Les idées de Léon Duguit sur les valeurs sociales (avec des inédits de Duguit) », *APD,* n°1-2, 1932, p. 7-19.

———. « L'origine de l'ordonnancement juridique » *in Mélanges Maurice Hauriou*, Sirey, 1929, p. 31-77.

Bonnet, Baptiste. « Le dialogue des normes et des juges et le principe de précaution », *RFDA*, n°6, 2017, p. 1078-1083.

Bonnet, Julien, et **Roblot-Troizier**, Agnès. « La concrétisation des contrôles de la loi », *RFDA,* n°5, 2017, p. 821-854.

———. « Repenser le 'bloc de constitutionnalité' sous l'effet des rapports entre ordres juridiques : pour une redéfinition des sources de la constitutionnalité » *in*

BONNET, Baptiste (dir.). *Traité des rapports entre ordres juridiques*, LGDJ-Lextenso, 2016, p. 409-438.

BORN, Charles-Hubert et **VERDUSSEN**, Marc. « Le soft law intraconstitutionnel » *in* **HACHEZ**, Isabelle et *al.* (dir.), *Normes internationales et constitutionnelles*, Anthemis, coll. Les sources du droit revisitées, T. I, 2012, p. 513-536.

BOULANGER, Jean. « Principes généraux du droit et droit positif » *in Le droit privé français au milieu du XXe siècle. Études offertes à Georges Ripert*, T. I, R. Pichon et R. Durand-Auzias, 1950, p. 51-75.

BOUTMY, Émile. « Les sources et l'esprit de la Constitution des États-Unis », *in* **BOUTMY**, Émile, *Études de droit constitutionnel : France, Angleterre, États-Unis,* Plon, Nourrit et cie, 1885, p. 83-217.

———. « Des précautions à prendre dans l'étude des constitutions étrangères ». *Recueil des travaux de l'académie des sciences morales et politiques*, vol. 122, 1884, p. 217-238 et 362-398.

BOUVERESSE, Jacques. « Lieux de pouvoir, lieux d'autorité », *in* **FOYER**, Jean, **LEBRETON**, Gilles et **PUIGELIER**, Catherine (dir.). *L'autorité*, PUF, coll. Cahier des sciences morales et politiques, 2008, p. 99-115.

BOUVIER, Michel. « Programmation pluriannuelle, équilibre des finances publiques et nouvelle gouvernance financière », *LPA,* n°16, 2009, p. 52-57.

———. « La révision générale des politiques publiques et la métamorphose de l'Etat », *AJDA,* n°7, 2008, p. 329-333.

BRUNET, François. « La norme-reflet. Réflexions sur les rapports spéculaires entre normes juridiques », *RFDA,* n°1, 2017, p. 85-104.

———. « La justice sans le juriste ? L'épistémologie juridique d'après Kelsen », *RIEJ,* vol. 71, n°2, 2013, p. 191-211.

BRUNET, Pierre. « Irrationalisme et anti-formalisme : sur quelques critiques du syllogisme normatif », *Droits,* vol. 39, n°1, 2004, p. 197-217.

———. « La constitutionnalisation des valeurs par le droit » *in* **HENNETTE-VAUCHEZ**, Stéphanie et **SOREL**, Jean-Marc (dir.). *Les droits de l'homme ont-ils constitutionnalisé le monde ?,* Bruylant, coll. Droit de la convention européenne des droits de l'homme, 2011, p. 257-276.

———. « Que reste-t-il de la volonté générale ? Sur les nouvelles fictions du droit constitutionnel français ». *Pouvoirs*, vol. 114, n°3, 2005, p. 5-19.

BUGE, Éric. « Pénalisation des clients de la prostitution : le Conseil constitutionnel face aux choix de société », *AJDA,* n°17, 2019, p. 969-979.

BURDEAU, Georges. « Une survivance : la notion de Constitution », *in L'évolution du droit public. Études offertes à Achille Mestre,* Sirey, 1956, p. 53-62 réimp. *in Écrits de droit constitutionnel et de science politique*, Panthéon-Assas, coll. Les introuvables, 2011, p. 235-243.

BURGORGUE-LARSEN, Laurence. « Les concepts de liberté publique et de droit fondamental », *in* **AUBY**, Jean-Bernard (dir.), *L'influence du droit européen sur les catégories du droit public,* Dalloz, coll. « Études », 2009, p. 389-407.

C

CARBONNIER, Jean. « L'avenir d'un passé » *in L'avenir du droit. Mélanges en hommage à François Terré,* PUF, Dalloz, 1999, p. 5-10.

———. « Le Code civil » *in* **NORA**, Pierre (dir.), *Les lieux de mémoire,* T. II, *La Nation,* Gallimard, coll. Bibliothèque illustrée des histoires, 1986, p. 293-315.

———. « Effectivité et ineffectivité de la règle de droit », *L'année sociologique (1940/1948), Troisième série,* vol. 9, 1957-1958, p. 3-17.

CARCASSONNE, Guy. « Les interdits et la liberté d'expression », *Nouveaux cahiers du Conseil constitutionnel,* 2012, n° 36.

Carpentier, Mathieu. « Pour de nouveaux ‘modèles’ de justice constitutionnelle », *RIDC,* vol. 68, n°1, 2016, p. 179-219.

Carre de Malberg, Raymond. « La constitutionnalité des lois et la constitution de 1875 », *RPP,* vol. 132, 1927, p. 339-354.

Cartier, Emmanuel, et **Benigni** Marina. « L'insoutenable question des effets dans le temps des décisions QPC » *in* **Cartier**, Emmanuel, **Gay**, Laurence et **Viala**, Alexandre (dir.). *La QPC: vers une culture constitutionnelle partagée,* Institut universitaire Varenne, coll. Colloques et essais, 2015, p. 221-241.

Cassese, Sabino. « La globalisation du droit » *in La conscience des droits. Mélanges en l'honneur de Jean-Paul Costa,* Dalloz, 2011, p. 113-128.

Cassin, René. « La science et les droits de l'homme », *Impact : science et société,* vol. 25, n°4, 1972, réimp. *in* **Koch-Miramond**, Lydie et **Toulouse**, Gérard (dir.). *Les scientifiques et les droits de l'homme,* Éd. de la maison des sciences de l'homme, 2003, p. 257-274.

Caudal, Sylvie. « Existe-t-il un principe de précaution appliqué par le juge administratif ? », *RFDA,* n°6, 2017, p. 1061-1067.

Cavino, Massimo. « Il diritto a non nascere : Italia e Francia a confronto » *in* **Cavino**, Massimo et **Tripodina**, Chiara (dir.). *La tutela dei diritti fondamentali tra diritto politico e diritto giurisprudenziale : « casi difficili alla prova »*, Milan, Giuffrè editore, Coll. Memorie della Facoltà di giurisprudenza, Università del piemonte orientale « Amedeo Avogadro », 2012, p. 9-39.

Cayla, Olivier. « Ouverture. La qualification ou la vérité du droit », *Droits*, vol. 18, n°2, 1993, p. 3-18.

Champeil-Desplats, Véronique. « Théorie générale des sources du droit constitutionnel » *in* **Chagnollaud**, Dominique et **Troper**, Michel (dir.). *Traité international de droit constitutionnel,* T. I, *Théorie de la Constitution,* Dalloz, coll. Traités Dalloz, 2012, p. 229-264.

———. « Le Conseil constitutionnel, protecteur des droits et libertés ? », *Cahiers de la recherche sur les droits fondamentaux,* 2011, n°9, p. 11-22.

———. « Les droits fondamentaux et l'identité des ordres juridiques : l'approche publiciste » *in* **Dubout**, Édouard et **Touze**, Sébastien. *Les droits fondamentaux : charnières entre ordres et systèmes juridiques,* A. Pedone, coll. Publications de la fondation Marangopoulos pour les droits de l'homme, 2010, p. 149-163.

———. « La liberté d'entreprendre au pays des droits fondamentaux », *Revue de droit du travail*, 2007, n° 1, p. 19 et s.

———. « Alf Ross : Droit et logique », *Droit et société,* vol. 50, n°1, 2002, p. 29-42.

———. « Raisonnement juridique et pluralité de valeurs : les conflits axio-téléologiques de normes », *Analisi e diritto,* 2001, p. 59-70.

Chapus, René. « De la valeur juridique des principes généraux du droit et des autres règles jurisprudentielles du droit administratif » [1966], réimp. *in* **Chapus**, René, *L'administration et son juge,* PUF, coll. Doctrine juridique, 1999, p. 112-130.

Charlier, Robert-Edouard. « Les fins du droit public moderne », *RDP,* vol. 63, n°1, 1947, p. 127-162.

Chenede, François, et **Deumier** Pascale. « L'œuvre du Parlement, la part du Conseil constitutionnel en droit des personnes et de la famille », *NCCC*, vol. 39, n°2, avril 2013, p. 5-18.

Chenot, Bernard. « La notion de service public dans la jurisprudence économique du Conseil d'Etat », *EDCE,* vol. 4, 1950, p. 77-83.

Cherot, Jean-Yves. « L'analyse des concepts en droit : sur quatre thèses de Hart et quelques questions », *RRJ,* vol. 26, n°5, 2012, p. 2273-2285.

———. « Le tournant méthodologique en philosophie du droit » *in Le droit entre autonomie et ouverture. Mélanges en l'honneur de Jean-Louis Bergel,* Bruylant, coll. Penser le droit, 2013, p. 29-59.

CHEVALLIER, Jacques. « Pour une sociologie du droit constitutionnel » *in L'architecture du droit. Mélanges en l'honneur de Michel Troper,* Economica, 2006, p. 281-297.

———. « L'entrée en expertise », *Revue des sciences sociales du politique,* vol. 36, n°4, 1996, p. 33-50.

CONSTANTINESCO, Vlad. « Des racines et des ailes. Essai sur les rapports entre droit communautaire et droit constitutionnel » *in Au carrefour des droits. Mélanges en l'honneur de Louis Dubouis,* Dalloz, 2002, p. 309-323

———. « Les valeurs dans le Traité établissant une constitution pour l'Europe » *in Des valeurs pour l'Europe ? », in* **BESSON**, Samantha, **CHENEVAL**, Francis et **LEVRAT**, Nicolas (dir.). *Des valeurs pour l'Europe* ?, Academia-Bruylant, coll. Publications de l'institut européen de l'Université de Genève, 2008.

CROUZATIER-DURAND, Florence. « Réflexions sur le concept d'expérimentation législative (à propos de la loi constitutionnelle du 28 mars 2003 relative à l'organisation décentralisée de la République) », *RFDC,* vol. 56, n°4, 2003, p. 675-695.

D

DAVID, René. « Le droit continental, la common law, et les perspectives d'un jus commune européen » *in* **CAPPELLETTI**, Mauro (dir.). *Nouvelles perspectives d'un droit commun de l'Europe,* Amsterdam, Sijthoff, Bruylant, coll. Publications de l'institut universitaire européen, 1978, p. 113-135.

DEBAETS, Emilie et **JACQUINOT**, Nathalie. « Droit constitutionnel », *Recueil* Dalloz, 2019, n°22, p. 1248 et s.

DEL VECCHIO, Giorgio. « L'*Homo juridicus* et l'insuffisance du droit comme règle de la vie », *Annuaire de l'Institut international de philosophie du droit et de sociologie juridique,* 1935-1936, Travaux de la seconde session, Sirey, 1936, p. 1-20.

———. « Le problème des sources du droit positif », *Annuaire de l'Institut international de philosophie du droit et de sociologie juridique,* 1934-1935, Travaux de la première session, Sirey, 1934, p. 20-35.

DELBOS, Victor. « Les facteurs kantiens dans la philosophie allemande à la fin du XVIIIe siècle et au commencement du XIXe siècle. 5e leçon : Le premier principe comme identité du sujet et de l'objet (Schelling), *RMM,* vol. 28, n°1, 1921, p. 27-47.

DELNOY, Paul. « De la légistique conçue comme la science de la création du droit écrit », *in Aux confins du droit. Essais en l'honneur du Professeur Charles-Albert Morand,* Bâle, Genève, Munich, Helbing et Lichtenhahn, coll. genevoise, 2001, p. 65-79.

DENQUIN, Jean-Marie. « Justice constitutionnelle et justice politique » *in* **GREWE**, Constance, **JOUANJAN**, Olivier et **MAULIN**, Éric (dir.). *La notion de « justice constitutionnelle »*, Dalloz, coll. Thèmes et commentaires, 2005, p. 75-84.

DESLANDRES, Maurice. « La crise de la science politique et le problème de la méthode », *RDP,* vol. 13, n°1, 1900, p. 5-49, 247-287, 435-469.

DESPAGNET, Frantz. « La fonction sociale des facultés de droit », *RIE,* vol. 21, 1891, p. 533-560.

DEZALAY, Yves. « De la médiation au droit pur : pratiques et représentations savantes dans le champ du droit », *Annales de Vaucresson,* vol. 21, 1984, p. 118-148.

Di Blasi, Fulvio. « I valori fondamentali nella teoria neoclassica della legge naturale », *Rivista internazionale di filosofia del diritto,* vol. 76, n°2, 1999, p. 209-252.

Disant, Mathieu. « Les effets dans le temps des décisions QPC. Le Conseil constitutionnel, 'maître du temps'? Le législateur, bouche du Conseil constitutionnel ? », *NCCC,* vol. 40, n°3, 2013, p. 63-82.

Drago, Roland. « Le droit de l'expérimentation », *in L'avenir du droit. Mélanges en hommage à François Terré,* PUF, Dalloz, 1999, p. 229-250.

Dubout, Edouard, et **Touze**, Sébastien. « La fonction des droits fondamentaux dans les rapports entre ordres et systèmes juridiques », *in* **Dubout**, Édouard et **Touze**, Sébastien (dir.). *Les droits fondamentaux : charnières entre ordres et systèmes juridiques,* A. Pedone, coll. Publications de la fondation Marangopoulos pour les droits de l'homme, 2010, p. 11-35.

Duez, Paul. « Le contrôle juridictionnel de la constitutionnalité des lois en France. Comment il convient de poser la question », *in Mélanges Maurice Hauriou,* Sirey, 1929, p. 211-249.

Dumont, Hugues. « La Constitution: la source des sources, tantôt renforcée, tantôt débordée », *in* **Hachez**, Isabelle et ***al.*** (dir.), *Théorie des sources du droit,* Anthemis, coll. Les sources du droit revisitées, T. IV, 2012, p. 101-189.

Dumont, Hugues, et **Delgrange**, Xavier. « Le rythme des révisions constitutionnelles et l'hypothèse de l'accélération du temps juridique » *in* **Gerard**, Philippe, **Ost**, François et **Van De Kerchove**, Michel (dir.). *L'accélération du temps juridique,* FUSL, coll. Publications des FUSL, 2000, p. 413-468.

Duple, Nicole. « L'enchâssement des valeurs de la démocratie libérale dans les chartes » *in* **Melkevik**, Bjarne (dir.), *Transformation de la culture juridique québecoise,* Sainte-Foy, Les Presses de l'Université de Laval, 1998, p. 121-137.

Dupuis, Georges. « Les motifs des actes administratifs », *EDCE,* vol. 27, 1974-1975, p. 15-40.

Dussart, Vincent. « Le coût financier des censures et des déclarations de non-conformité : une contrainte pesant sur le juge constitutionnel ? », *in* **Esplugas-Labatut**, Pierre, **Magnon**, Xavier, **Mastor**, Wanda et **Mouton**, Stéphane (dir.). *Les pouvoirs d'instruction des juridictions constitutionnelles et la formation de l'intime conviction des juges constitutionnels*, PUAM, coll. Les cahiers de l'Institut Louis Favoreu, 2016, p. 37-44.

Dworkin, Ronald. « La Chaîne du droit », tr. fr. F. Michaut, réimp. *Droit et société*, vol. 1, 1985, p. 51-79.

E

Eisenmann, Charles. « Le contrôle juridictionnel des lois en France » [1973], réimp. *in* **Eisenmann**, Charles, *Écrits de théorie du droit, de droit constitutionnel et d'idées politiques*, Panthéon-Assas, coll. Les introuvables, 2002, p. 525-541.

———. « Quelques problèmes de méthodologie des définitions et des classifications en science juridique », *APD*, vol. 11, 1966, p. 25-43.

Ellul, Jacques. « Initiales pour l'étude de la relation entre les émeutes de mai-juin et le droit », *APD,* vol. 14, 1969, p. 5-19.

Encinas De Munagorri, Rafael. « Quel statut pour l'expert ? », *RFAP,* vol. 103, n°3, 2002, p. 379-389.

Encinas De Munagorri, Rafael, et **Leclerc**, Olivier. « Les apports de la théorie juridique à la délimitation de l'expertise. Réflexions sur le lien de droit » *in* **Berard**, Yann et **Crespin**, Renaud (dir.). *Aux frontières de l'expertise.*

Dialogues entre savoirs et pouvoirs, Rennes, Presses universitaires de Rennes, coll. ResPublica, 2010, p. 197-210.

ESCLASSAN-BOUVIER, Marie-Christine. « L'examen des textes budgétaires et la Constitution », *LPA,* n°136, 2018, p. 19-23.

ESMEIN, Adhémar. « La jurisprudence et la doctrine », *RTD civ.*, n°1, 1902, p. 5-19.

EVEILLARD, GWELTÄZ. « Sécurité juridique et dispositions transitoires », *AJDA,* 2014, n° 9, p. 492 et s.

EWALD, François. « Pour un positivisme critique : Michel Foucault et la philosophie du droit ». *Droits*, vol. 3, n°1, 1986, p. 137-142.

F

FATIN-ROUGE STEFANINI, Marthe. « La place des sciences dans les constitutions et la jurisprudence constitutionnelle », *in* **FATIN-ROUGE-STEFANINI**, Marthe et **GAY**, Laurence (dir). *La perméabilité du droit constitutionnel aux autres sciences,* PUAM, coll. Les Cahiers de l'Institut Louis Favoreu, 2017, p. 5-10.

———. « La constitution doit-elle être efficace ? » *in* **FATIN-ROUGE-STEFANINI**, Marthe, **GAY**, Laurence et **VIDAL-NAQUET**, Ariane (dir). *L'efficacité de la norme juridique : nouveau vecteur de légitimité ?,* Bruylant, coll. À la croisée des droits, 2012, p. 209-231.

FATIN-ROUGE STEFANINI, Marthe, et **ROUDIER**, Karine. « Les suites des décisions rendues par les juridictions constitutionnelles dans le cadre des questions d'inconstitutionnalité. Étude portant sur les conséquences des déclarations d'inconstitutionnalité » *in* **GAY**, Laurence (dir.). *La question prioritaire de constitutionnalité : approche de droit comparé,* Bruylant, coll. À la croisée des droits, 2014, p. 311-403.

FAVOREU, Louis. « Crise du juge et contentieux constitutionnel en droit français », *in* **LENOBLE**, Jacques (dir.), *La crise du juge,* Story-Scientia, LGDJ, coll. La pensée juridique moderne, 1990, p. 61-84.

———. « L'apport du Conseil constitutionnel au droit public », *Pouvoirs,* vol. 13, n°2, 1980, p. 16-26.

FERRAJOLI, Luigi. « Théorie des droits fondamentaux », tr. fr. E. Bottini, *in* **CHAGNOLLAUD**, Dominique et **TROPER**, Michel (dir.). *Traité international de droit constitutionnel,* T. III, *Théorie de la Constitution,* Dalloz, coll. Traités Dalloz, 2012, p. 209-232

FINNIS, John. « On the Incoherence of Legal Positivism », *Notre Dame Law Review,* vol. 75, n°5, 2000, p. 1597-1612.

FIORAVANTI, Maurizio. « La scienza giuridica : il dibattito sul metodo e la costruzione della teoria giuridica dello stato », *Il pensiero politio,* vol. 15, 1982, p. 92-126.

FLÜCKIGER, Alexandre. « L'évaluation législative ou comment mesurer l'efficacité des lois », *RESS,* vol. 45, n°138, 2007, p. 83-101.

FORRAY, Vincent. « La jurisprudence, entre crise des sources du droit et crise du savoir des juristes », *RTD civ.,* n°3, 2009, p. 463-480.

FRAISSE, Régis, et **GOESEL-LE BIHAN**, Valérie. « L'influence du droit d'origine externe sur la jurisprudence du Conseil constitutionnel », *in* **BONNET**, Baptiste (dir.). *Traité des rapports entre ordres juridiques*, LGDJ-Lextenso, 2016, p. 953-982.

FRANÇOIS, Bastien. « Maastricht, la Constitution et la politique. Brèves considérations sur la dimension symbolique des révisions constitutionnelles », *RFDC,* vol. 11, n°3, 1992, p. 469-478.

FRANKENA, William. « La philosophie morale contemporaine aux États-Unis », *Les études philosophiques, Nouvelle série,* vol. 19, n°2, 1964, p. 233-243.

Fromont, Michel. « La révision de la Constitution et les règles constitutionnelles intangibles en droit allemand », *RDP*, n° 1, 2007, p. 89 et s.

———. « Le principe de sécurité juridique », *AJDA*, n°HS, 1996, p. 178-184.

G

Gandolfi, Alessando. « Les motifs déterminants dans le recours pour excès de pouvoir », *JCP G,* n°1835, 1964, 12 p.

Gaudemet, Yves. « Le code civil, "constitution civile de la France" » *in* **Lequette**, Yves et **Leveneur**, Laurent (dir.). *Le Code civil : 1804-2004. Un passé, un présent, un avenir,* Dalloz, 2004, p. 297-308.

Genevois, Bruno. « Le Conseil d'État et les principes », *in Les principes en droit,* Economica, coll. Études juridiques, 2008, p. 325-342.

———. « Normes de référence du contrôle de constitutionnalité et respect de la hiérarchie en leur sein » *in L'État de droit. Mélanges en l'honneur de Guy Braibant,* Dalloz, 1996, p. 323-340.

Geniaut, Benoît. « La force normative des standards juridiques. Éléments pour une approche pragmatique » *in* **Thibierge**, Catherine (dir.). *La force normative: naissance d'un concept*, LGDJ, Bruylant, 2009, p. 183-197.

Gerard, Philippe. « L'idée de règle de reconnaissance : valeur, limites et incertitudes », *RIEJ,* vol. 65, n°2, 2010, p. 65-83.

Gilles, David, et **Labayle**, Simon. « L'irrédentisme des valeurs dans le droit : la quête du fondement axiologique », *Revue de droit. Université de Sherbrooke,* vol. 42, 2012, p. 309-361.

Goesel-Le Bihan, Valérie. « Les griefs d'inconstitutionnalité dans la jurisprudence constitutionnelle récente du Conseil constitutionnel : entre objectivation, rationalisation et européanisation », *RFDA,* n°6, 2016, p. 1251-1261.

———. « Le contrôle de proportionnalité exercé par le Conseil constitutionnel », *CCC,* vol. 22, n°1, 2007, p. 141-145.

———. « Le contrôle exercé par le Conseil constitutionnel : défense et illustration d'une théorie générale », *RFDC,* vol. 45, n°1, 2001, p. 67-83.

———. « Réflexion iconoclaste sur le contrôle de proportionnalité exercé par le Conseil constitutionnel », *RFDC*, vol. 30, n°2, 1997, p. 227-267.

Goyard-Fabre, Simone. « Les sources du droit et la "révolution copernicienne" : quelques réflexions sur Kant et Rousseau », *APD,* vol. 27, 1982, p. 67-83.

Granger, Roger. « La tradition en tant que limite aux réformes du droit », *RIDC,* vol. 31, n°1, 1979, p. 37-125.

Grimm, Dieter. « L'interprétation constitutionnelle. L'exemple du développement des droits fondamentaux par la Cour constitutionnelle fédérale », *Juspoliticum*, 2011, n°6.

Grzegorczyk, Christophe. « Ordre juridique comme réalité », *Droits,* vol. 35, n°1, 2002, p. 103-118.

———. « Le droit comme interprétation officielle de la réalité », *Droits*, vol. 11, n°1, 1990, p. 31-34.

———. « L'impact de la théorie des actes de langage dans le monde juridique », *in* **Amselek**, Paul, **Bankowski**, Zenon, **Bouveresse**, Jacques et **Cornu**, Gérard (dir.). *Théorie des actes de langage, éthique et droit,* PUF, 1986, p. 165-194.

———. « Jurisprudence : phénomène judiciaire, science ou méthode ? », *APD,* vol. 30, 1985, p. 35-52.

———. « Le jugement juridique en tant que jugement pratique (implications théoriques) » *APD,* vol. 28, 1983, p. 323-338.

———. « La rationalité de la décision juridique », *APD,* vol. 23, 1978, p. 237-256.

GUASTINI, Riccardo. « Sur le néoconstitutionnalisme », *in Le droit entre autonomie et ouverture. Mélanges en l'honneur de Jean-Louis Bergel,* Bruylant, coll. Penser le droit, 2013, p. 255-269.

———. « Les principes de droit en tant que source de perplexité théorique », *in Les principes en droit,* Economica, coll. Études juridiques, 2008, p. 113-126.

———. « La primauté du droit communautaire : une révision tacite de la Constitution italienne », *CCC,* vol. 9, n°2, 2000, p. 119-125.

GURVITCH, Georges. « Droit naturel ou droit positif intuitif ? », *APD,* n°3-4, 1933, p. 55-90.

GUYOMAR, Mattias. « La recherche de l'harmonie entre normes internes et européennes : repenser l'équivalence », *in* **BONNET**, Baptiste (dir.). *Traité des rapports entre ordres juridiques*, LGDJ-Lextenso, 2016, p. 585-592.

———. « Le contrôle de constitutionnalité d'un règlement transposant une directive. épilogue de l'affaire *Arcelor.* Conclusions sur Conseil d'Etat, 3 juin 2009, *Société Arcelor Atlantique et Lorraine », RFDA,* n°4, 2009, p. 800 et s.

———. « Les rapports entre droit communautaire, droit de la Convention européenne et droit interne. À propos du secret professionnel des avocats. Conclusions sous Conseil d'État, Section, 10 avril 2008, Conseil national des barreaux et autres, n°296.845 », *RFDA,* n°3, 2008, p. 575-602.

———. « Le contrôle de constitutionnalité d'un règlement transposant une directive communautaire. Conclusions sous Conseil d'État, Assemblée, 8 février 2007, Société Arcelor Atlantique et Lorraine et autres », *RFDA,* n°2, 2007, p. 384-401

H

HALPERIN, Jean-Louis. « Une enquête du ministère de l'Intérieur sous le Directoire sur les cours de législation dans les Écoles centrales », *Revue d'histoire des facultés de droit et de la science juridique*, vol. 3, 1986, p. 57-82.

HART, Herbert Lionel Adolphus. « Jhering's heaven of concepts and modern analytical jurisprudence » *in* **HART**, Herbert Lionel Adolphus, *Essays in jurisprudence and philosophy*, Clarendon Press, 1983, p. 265-277.

———. « Definition and theory in jurisprudence », *Law Quaterly Review,* vol. 70, 1954, p. 37-60, réimp. *in* **HART**, Herbert Lionel Adolphus, *Essays in jurisprudence and philosophy*, Clarendon Press, 1983, p. 21-48.

HEMERY, Bernard. « Les effets de la décision du Conseil », *in* **ROUSSEAU**, Dominique (dir.). *La question prioritaire de constitutionnalité,* 2ème éd., Gazette du Palais, Lextenso, coll. Guide pratique, 2012, p. 174-178.

HEUSCHLING, Luc. « Le relativisme des valeurs, la science du droit et la légitimité. Retour sur l'épistémologie de Max Weber », *Jus politicum*, vol. 8, 2012.

HOLMES, Oliver Wendell. « Law in science and science in law », *HLR*, vol. 12, n°7, 1899, p. 443-463.

———. « The path of law » [1897], *HLR,* réimp. *in Collected legal papers* [1920], New York, Peter Smith, coll. Universalibrary, 1952, p. 167-202.

HUSSON, Léon. « Les trois dimensions de la motivation judiciaire » *in* **PERELMAN**, Chaïm et **FORIERS**, Paul (dir.). *La motivation des décisions de justice : études,* Bruylant, Travaux du centre national de recherches de logiques, 1978, p. 69-109.

———. « Réflexions sur la théorie de l'argumentation de Ch. Perelman », *Archives de philosophie,* vol. 40, n°3, 1977, p. 435-465.

I

Imbert, Jean. « L'enseignement du droit dans les Écoles centrales sous la révolution », *Revue d'histoire des facultés de droit et de la science juridique,* vol. 3, 1986, p. 37-56.

J

Jeammaud, Antoine. « De la polysémie du terme 'principe' dans les langages du droit et des juristes », *in* **Caudal**, Sylvie (dir.), *Les principes en droit,* Economica, coll. Études juridiques, 2008, p. 49-74.

———. « La règle de droit comme modèle », *D. chron.,* vol. 28, 34, 1990, p. 199-210.

Jeammaud, Antoine, et **Serverin** Evelyne. « Évaluer le droit », *D. chron.,* vol. 34, n°52, 1992, p. 263-268.

Jeanneney, Julien. « Le recours à l'intention du législateur face aux énoncés normatifs ambigus », *Droit et philosophie*, vol. 9, n°1, 2017, p. 69-105.

Jestaz, Philippe. « Principes généraux, adages et sources du droit en droit français », *in* **Jestaz**, Philippe. *Autour du droit civil : écrits dispersés, idées convergentes,* Dalloz, 2005, p. 221-233.

Jeze, Gaston. « De la force de vérité légale attachée par la loi à l'acte juridictionnel », *RDP,* vol. 30, n°1, 1913, p. 437-502.

Jhering, Rudolf **Von**. « Im juristichen Begriffshimmel. Ein Phantastiebild » [1884], tr. ang. Charlotte L. Levy, « In the heaven for legal concepts : a fantasy », *Temple Law quaterly,* vol. 58, 1985, p. 799-842.

Josserand, Louis. « Comment les textes de loi changent de valeur au gré des circonstances économiques » *in Études de droit civil à la mémoire de Henri Capitant*, Dalloz, 1939, p. 369-380.

Jouanjan, Olivier. « 'Aux frontières du droit public et de la politique', Relire Jellinek » *in Verfassungsänderung und Verfassungswandlung* [1906], tr. fr. O. Jouanjan, M.-A. Roy, *Révision et mutation constitutionnelles*, réimp. Dalloz, coll. Droit politique. Textes fondamentaux, 2018, p. 7-30.

———. « Histoire de la science du droit constitutionnel » *in* **Chagnollaud**, Dominique et **Troper**, Michel (dir.). *Traité international de droit constitutionnel,* T. I, *Théorie de la Constitution,* Dalloz, coll. Traités Dalloz, 2012, p. 69-111.

———. « Le Conseil constitutionnel, gardien de l'égalité ? », *Jus politicum*, vol. 7, 2012.

———. « Le Conseil constitutionnel est-il une institution libérale ? », *Droits*, vol. 43, n°1, 2006, p. 73-89.

———. « De la vocation de notre temps pour la science du droit : modèles scientifiques et preuve de la validité des énoncés juridiques », *RESS,* vol. 41, n°128, 2003, p. 129-144.

———. « Carl Friedrich Gerber et la constitution d'une science du droit public allemand » *in* **Beaud**, Olivier et **Wachsmann**, Patrick (dir.). *La science juridique française et la science juridique allemande de 1870 à 1918,* PUS, coll. Annales de la Faculté de droit de Strasbourg, 1997, p. 11-63.

Juret, Pierre-Marie. « Observations sur la motivation des décisions juridictionnelles internationales », *RGDIP,* vol. 64, n°3, 1960, p. 516-595.

K

Kalinowski, Georges. « Interprétation juridique et logique des propositions normatives ». *Logique et Analyse*, vol. 6-7, p. 128-142.

KELSEN, Hans. « Aperçu d'une théorie générale de l'État », tr. Charles Eisenmann, *RDP,* vol. 43, n°1, 1926, p. 561-646.

———. « La garantie juridictionnelle de la Constitution (La justice constitutionnelle) », *RDP,* vol. 45, n°1, 1928, p. 197-257.

———. « Les rapports de système entre le droit interne et le droit international public », *Recueil des cours. Académie de droit international de La Haye,* vol. 14, n°4, 1926, p. 231-331.

———. « Justice et droit naturel », tr. É. Mazingue, *in Le Droit naturel,* PUF, coll. Annales de philosophie politique, 1959, p. 1-123.

KOCHENOV, Dimitry et **PECH**, Laurent et **PLATON**, Sébastien. « Ni panacée, ni gadget : le « nouveau cadre de l'Union européenne pour renforcer l'État de droit », *RTDE,* 2015, n° 4, p. 689 et s.

KRAMER, Matthew Henry. « Moral principles and legal validity », *RatioJuris,* vol. 22, n°1, 2009, p. 44-61.

L

LACROIX, Bernard. « Les fonctions symboliques des Constitutions » *in* **SEURIN**, Jean-Louis (dir.), *Le constitutionnalisme aujourd'hui,* Economica, Coll. Politique comparée. Recherches en analyse politique comparée, 1984, p. 186-199.

LAHIRE, Bernard. « Il n'y a de science que critique », *AIJC,* vol. 31, 2015, p. 27-35.

LAMY, Bertrand **DE**. « Au-delà de l'immunité humanitaire : la fraternité comme principe constitutionnel », *Revue de science criminelle et de droit pénal comparé,* 2018, n°4, p. 1001 et s.

LANNEAU, Régis. « L'analyse économique du droit constitutionnel », *RIEJ,* vol. 78, n°1, 2017, p. 67-97.

LARNAUDE, Ferdinand. « L'inconstitutionnalité des lois et le droit public français », *RPP,* vol. 126, 1926, p. 181-199.

———. « Le droit public, sa conception, sa méthode », *in* **BERTHELEMY**, Henry et *al. Les méthodes juridiques. Leçons faites au Collège libre des sciences sociales en 1910,* V. Giard et E. Brière, coll. Études économiques et sociales, 1911, p. 1-61.

———. « Notre programme », *RDP,* vol. 1, n°1, 1894, p. 1-14.

LASCOMBE, Michel, et **VANDENDRIESSCHE**, Xavier. « Conseil constitutionnel et Cour des comptes : plaidoyer pour une coopération renforcée », *in Constitution et finances publiques. Études en l'honneur de Loïc Philip*, Economica, 2005, p. 435-454.

LASCOUMES, Pierre. « L'expertise, de la recherche d'une action rationnelle à la démocratisation des connaissances et des choix », *RFAP,* vol. 103, n°3, 2002, p. 369-377.

LATOURNERIE, Roger. « Essai sur les méthodes juridictionnelles du Conseil d'État » *in Le Conseil d'état. Livre jubilaire pour commémorer son cent-cinquantième anniversaire, 4 nivôse an VIII, 24 décembre 1949,* Sirey, 1952, p. 176-275.

LAVELLE, Louis. « La relation de l'esprit et du monde », *in* **HYPPOLITE**, Jean et **LAVELLE**, Louis (dir.), *Actas del primer congreso nacional de filosofia,* t. II, Éd. Universidad nacional de Cuyo, 1950, p. 825 - 829.

LAVROFF, Dmitri-Georges. « À propos de la Constitution » *in L'esprit des institutions, l'équilibre des pouvoirs. Mélanges en l'honneur de Pierre Pactet,* Dalloz, 2003, p. 283-297.

LE QUINIO, Alexis. « L'utilisation du vocabulaire des sciences dures par la doctrine constitutionnaliste », *in* **FATIN-ROUGE-STEFANINI**, Marthe et **GAY**, Laurence (dir.). *La perméabilité du droit constitutionnel aux autres sciences,* PUAM, coll. Les Cahiers de l'Institut Louis Favoreu, 2017, p. 15-20

LEMAIRE, Félicien. « La notion de non-discrimination dans le droit français : un principe qui manque ? », *RFDA*, 2010, n° 2, p. 301 et s.

LENOBLE, Jacques. « Crise du juge et transformation nécessaire du droit », *in* LENOBLE, Jacques (dir.). *La crise du juge,* Story-Scientia, LGDJ, coll. La pensée juridique moderne, 1990, p. 139-156.

LEVADE, Anne. « L'objectif de valeur constitutionnelle, vingt ans après. Réflexions sur une catégorie juridique introuvable » *in L'esprit des institutions, l'équilibre des pouvoirs. Mélanges en l'honneur de Pierre Pactet,* Dalloz, 2003, p. 687-702.

LEVY, Emmanuel. « Le droit repose sur des croyances », *Questions pratiques de législation ouvrière et sociale*, vol. 10, 1909, p. 174-179, 256-264 et 289-297.

———. « Rapport sur les concours de l'année scolaire 1902-1903 », *in Rentrée solennelle de l'Université, le mardi 3 novembre 1903,* Lyon, A. Storck et Cie, coll. Université de Lyon, 1904, p. 209-231.

LOEWENSTEIN, Karl. « Réflexions sur la valeur des constitutions dans une époque révolutionnaire. Esquisse d'une ontologie des Constitutions », *RFSP,* vol. 2, n°2, 1952, p. 312-334.

LUCHAIRE, François. « Un Janus constitutionnel : l'égalité », *RDP,* vol. 102, n°1, 1986, p. 1229-1274

———. « Procédures et techniques de protection des droits fondamentaux. Conseil constitutionnel français », *RIDC,* vol. 33, n°2, 1981, p. 285-334.

M

MAGARO, Patrizia. « Les institutions budgétaires indépendantes », *RFFP,* vol. 126, 2014, p. 99-116.

MAGNON, Xavier. « Pour un moment épistémologique du droit », *AIJC*, vol. 31, 2015, p. 13-25.

———. « La modulation des effets dans le temps des décisions du juge constitutionnel », *AIJC,* vol. 27, 2011, p. 557-591.

———. « En quoi le positivisme - normativisme - est-il diabolique ? », *RTD civ.,* n°2, 2009, p. 269-280.

MAIRET, Gérard. « L'esprit général et la constitution de la respublica européenne », *Revue Montesquieu,* vol. 1, 1997, p. 97-112.

MARTENS, Paul. « Y a-t-il des principes généraux de valeur constitutionnelle ? » *in Mélanges Jacques Van Compernolle,* Bruylant, 2004, p. 387-407.

MATHIEU, Bertrand. « Repenser le droit constitutionnel ? », *in* BONNET, Baptiste (dir.). *Traité des rapports entre ordres juridiques*, LGDJ-Lextenso, 2016, p. 827-849.

———. « La formation universitaire des avocats : réforme ou révolution ? Réponse à Thierry Wickers », *JCP G,* n°18, 527, 2014, p. 885-886.

———. « La promotion constitutionnelle de la liberté contractuelle en matière de droit du travail », *Recueil Dalloz,* 2003, n° 10, p. 638 et s.

———. « Observations sur la portée normative de la charte de l'environnement », *CCC*, vol. 15, n°2, 2003, p. 145-152.

———. « Rétroactivité des lois fiscales et sécurité juridique : l'application concrète d'un principe implicite », *RFDA,* 1999, n° 1, p. 89 et s

———. « Pour une reconnaissance des principes matriciels en matière de protection constitutionnelle des droits de l'Homme », *Dalloz*, 1995, n° 27, p. 211 et s.

Maulin, Éric. « L'invention des principes », *in* **Caudal**, Sylvie (dir.), *Les principes en droit,* Economica, coll. Études juridiques, 2008, p. 23-48.
Maury, Maxime. « Peut-on avoir confiance dans l'intérêt général ? Bref plaidoyer en faveur d'une juste méfiance pour surmonter la défiance », *in* **Renaudie**, Olivier et **Teitgen-Colly** Catherine (dir.). *Confiance et droit public*, L'Harmattan, coll. Logiques juridiques, 2019, p. 117-134.
Mazeaud, Pierre. « L'erreur en droit constitutionnel » *in* **Foyer**, Jean, **Puigelier**, Catherine et **Terre**, François (dir.). *L'erreur,* PUF, coll. Cahier des sciences morales et politiques, 2007, p. 77-90.
Mazeaud, Vincent. « Droit réel, propriété et créance dans la jurisprudence du Conseil constitutionnel », *RTD civ.*, n°1, 2014, p. 29-48.
Melin-Soucramanien, Ferdinand. « Le Conseil constitutionnel, juge électoral », *Pouvoirs,* vol. 105, n°2, 2003, p. 117-131.
Merland, Guillaume. « L'intérêt général dans la jurisprudence du Conseil constitutionnel » *in* **Mathieu**, Bertrand, et **Verpeaux**, Michel (dir.), *L'intérêt général, norme constitutionnelle,* Dalloz, coll. Thèmes et commentaires, 2007, p. 35-46.
Michaud, Yves. « Valeurs, normes et évaluations », *Espaces Temps,* n° 89-90, 2005.
Michaut, Françoise. « Le rôle créateur du juge selon l'école de la 'sociological jurisprudence' et le mouvement réaliste américain. Le juge et la règle de droit », *RIDC,* vol. 39, n°2, 1987, p. 343-371.
Millard, Éric. « Positivisme logique et réalisme juridique ». *Analisi e diritto*, 2008, p. 177-189.
Moderne, Franck. « Le recours par le juge administratif aux "principes dont s'inspire le code civil". Autour et à propos de l'arrêt d'assemblée du Conseil d'État du 8 juillet 2005, Société Alusuisse-Lonza-France » *in Juger l'administration, administrer la justice. Mélanges en l'honneur de Daniel Labetoulle,* Dalloz, 2007, p. 641-662.
———. « Actualité des principes généraux du droit », *RFDA,* n°3, 1998, p. 495-518.
Mollion, Grégory. « Les garanties légales des exigences constitutionnelles », *RFDC,* vol. 62, n°2, 2005, p. 257-289.
Mongoin, David. « La légitimité dans les rapports entre les ordres juridiques » *in* **Bonnet**, Baptiste (dir.). *Traité des rapports entre ordres juridiques*, LGDJ-Lextenso, 2016, p. 327-342.
Montgolfier, Jean-François **De**. « L'urgence et le Conseil constitutionnel », *NCCC,* vol. 54, n°1, 2017, p. 31-45.
———. « Le Conseil constitutionnel et la propriété privée des personnes privées », *NCCC,* vol. 31, n°2, 2011, p. 35-49.
Morand, Charles-Albert. « Éléments de légistique formelle et matérielle » *in* **Morand**, Charles-Albert, *Légistique formelle et matérielle,* PUAM, Coll. du laboratoire de théorie juridique, 1999, p. 17-46.
———. « Vers une méthodologie de la pesée des valeurs constitutionnelles », *in De la Constitution. Études en l'honneur de Jean-François Aubert,* Bâle, Francfort-sur-le-Main, Helbing et Lichtenhahn, 1996, p. 57-75.
Mouzet, Pierre. « Les manifestations contentieuses de l'esprit de la Constitution de 1958 », *RDP,* vol. 120, n°5, 2004, p. 1243-1290.

O

Ost, François, et **Van De Kerchove**, Michel. « Comment concevoir aujourd'hui la science du droit ? », *Déviance et société,* vol. 11, n°2, 1987, p. 183-193.

P

PACTEAU, Bernard. « “Constitutionnalisation” ou “européanisation” de la justice administrative. (Faut-il choisir ?) » *in L'esprit des institutions, l'équilibre des pouvoirs. Mélanges en l'honneur de Pierre Pactet*, Dalloz, 2003, p. 793-800.

PARAIN-VIAL, Jeanne. « La nature du concept juridique et la logique », *APD,* vol. 11, 1966, p. 45-57.

PARARAS, Petros. « La culture constitutionnelle européene en crise », *in Humanisme et droit. Offert en hommage au Professeur Jean Dhommeaux,* Éd. Pedone, 2013, p. 375-384.

PARDINI, Jean-Jacques. « Brèves réflexions sur les interactions entre les ordres juridiques » *in Liber Amicorum Jean-Claude Escarras. La communicabilité entre les systèmes juridiques*, Bruylant, 2005, p. 131-159.

PASSERIN D'ENTREVES, Alessandro. « Le droit naturel » *in Le Droit naturel,* PUF, coll. Annales de philosophie politique, 1959, p. 147-157.

PECES-BARBA MARTINEZ, Gregorio. « La fonction des droits fondamentaux » *in Le patrimoine constitutionnel européen,* Actes du séminaire UniDem organisé à la Faculté de droit de Montpellier les 22 et 23 novembre 1996, Centre d'études et de recherches comparatives constitutionnelles et politiques, Conseil de l'Europe, coll. Science et technique de la démocratie, 1997, p. 210-222.

PERELMAN, Chaïm. « Ontologie juridique et sources du droit », *APD,* vol. 27, 1982, p. 23-31.

———. « La motivation des décisions de justice : essai de synthèse », *in* PERELMAN, Chaïm et FORIERS, Paul (dir.). *La motivation des décisions de justice: études*, Bruylant, coll. Travaux du centre national de recherches de logique, 1978, p. 415-426.

———. « À propos d'Eugène Dupréel. Contribution à un portrait philosophique » *in Eugène Dupréel. L'homme et l'œuvre,* Actes du colloque organisé à l'Institut des Hautes études de Belgique les 30 et 31 mai et 1er juin 1968, Éd. de l'Institut de sociologie, 1968, reprod. *in Revue internationale de philosophie*, vol. 22, n°83/84, 1968, p. 227-237.

———. « Logique formelle, logique juridique », *Logique et Analyse,* vol. 11, n°11, 1960, p. 226-230.

PERRIER, Jean-Baptiste. « Loi interdisant la dissimulation du visage dans l'espace public », *Revue de science criminelle et de droit pénal comparé,* 2011, n°2, p. 425 et s.

PEREZ PERDOMO, Rogelio. « L'argument d'autorité dans le raisonnement juridique », *APD,* vol. 16, 1971, p. 227-244.

PETEV, Valentin. « Vérité et justification en droit » *in Mélanges Paul Amselek,* Bruylant, 2005, p. 663-675.

———. « Structures rationnelles et implications sociologiques de la jurisprudence », *APD,* vol. 30, 1985, p. 181-189.

PFERSMANN, Otto. « Concrete review as indirect constitutional complaint in french constitutional law : a comparative perspective », *European constitutional Law review,* vol. 6, n°2, 2010, p. 223-248.

———. « Le renvoi préjudiciel sur exception d'inconstitutionnalité : la nouvelle procédure du contrôle concret a posteriori », *LPA,* n°254, 2008, p. 103-110.

———. « Relativité de l'autonomie ontologique, confirmation de l'autonomie disciplinaire institutionnelle, paradoxe de l'hétéronomie épistémologique » *in* MATHIEU, Bertrand (dir.). *Cinquantième anniversaire de la Constitution française : 1958 - 2008,* Dalloz, 2008, p. 527-544.

———. « Temporalité et conditionnalité des systèmes juridiques » *in* KERVEGAN, Jean-François (dir.). *Crise et pensée de la crise en droit : Weimar, sa République et ses juristes,* Lyon, ENS, coll. Theoria, 2002, p. 55-86.

———. « À quoi bon un pouvoir judiciaire ? » *in* **Cayla**, Olivier et **Renoux-Zagame**, Marie-France (dir.). *L'office du juge: part de souveraineté ou puissance nulle ?*, LGDJ, coll. La pensée juridique, 2002, p. 181-193.
———. « Arguments ontologiques et argumentation juridique », *in* **Pfersmann**, Otto et **Timsit**, Gérard (dir.). *Raisonnement juridique et interprétation,* Publications de la Sorbonne, Publications de la Sorbonne, coll. De Reppublica, 2001, p. 11-34.
———. « Remarques sur le concept de gouvernement des juges. Réponse à Michel Troper » *in* **Brondel**, Séverine, **Foulquier**, Norbert et **Heuschling**, Luc (dir.), Gouvernement des juges et démocratie, Publications de la Sorbonne, coll. Série Science politique, 2001, p. 37-52.
———. « Carré de Malberg et la hiérarchie des normes » *in* **Beaud**, Olivier et **Wachsmann**, Patrick (dir.). *La science juridique française et la science juridique allemande de 1870 à 1918,* PUS, coll. Annales de la Faculté de droit de Strasbourg, 1997, p. 295-324.
Pfersmann, Otto et ***al.*** « Controverse autour de l'ouvrage de Norberto Bobbio, *De la structure à la fonction. Nouveaux essais de théorie du droit* », *RDP,* vol. 129, n°2, 2013, p. 239-259.
Philippe, Xavier et ***al.*** « Rapprochements et divergences persistantes des systèmes juridiques de civil law et de common law », *AIJC,* vol. 24, 2008, p. 33-55.
Picard, Étienne. « Le dialogue des juges : entre normativité et normalité » *in* **Monjal**, Pierre-Yves, **Jan**, Pascal et **Geslot**, Christophe (dir.). *La concurrence des juges en Europe. Le dialogue en question(s),* Clément Juglar, coll. Les actes de la revue du droit de l'Union européenne, 2018, p. 343-346.
———. « La hiérarchie des normes confrontée aux rapports entre ordres juridiques » *in* **Bonnet**, Baptiste (dir.). *Traité des rapports entre ordres juridiques*, LGDJ-Lextenso, 2016, p. 513-546.
———. « Les classifications des fonctions administratives : la métamorphose des concepts juridiques », *in Conférences Vincent Wright*, vol. 2, Actes de l'ensemble des conférences prononcées, entre 2010 et 2014, dans le cadre du cycle « Vincent Wright », La Documentation française, coll. Histoire et mémoire, 2015, p. 119-148.
———. « La comparaison en droit constitutionnel et en droit administratif : du droit comparé comme méthode au droit comparé comme substance », *RIDC,* vol. 67, n°2, 2015, p. 317-329.
———. « Le droit comparé est-il du 'droit' ? », *Annuaire de l'Institut Michel Villey*, vol. 1, 2009, p. 173-251.
———. « Contre la Théorie réaliste de l'interprétation juridique », *Revue juridique de l'USEK,* vol. 10, 2009, p. 21-110.
———. « L'émergence des droits fondamentaux en France », *AJDA,* n°HS, 1998, p. 6-42.
———. « "Science du droit" ou "doctrine juridique" » *in L'unité du droit. Mélanges en hommage à Roland Drago,* Economica, 1996, p. 119-171.
Picard, Maurice. « Value and worth », *The journal of philosophy,* vol. 19, n°18, 1922, p. 477-489.
Pierre-Caps, Stéphane. « La Constitution comme ordre de valeurs » *in La Constitution et les valeurs. Mélanges en l'honneur de Dmitri Georges Lavroff*, Dalloz, 2005, p. 283-296.
Pinon, Stéphane. « Les démêlés du juge constitutionnel et du juge administratif avec le principe de 'primauté' du droit communautaire », *AJDA,* n°20, 2008, p. 1077-1081.
Ponsard, Régis. « La possibilité d'une analyse du droit (constitutionnel) scientifiquement et juridiquement critique », *AIJC,* vol. 31, 2015, p. 37-63.

———. « Les moyens d'une analyse scientifiquement et juridiquement critique : l'exemple de l'étude des décisions du Conseil constitutionnel », *AIJC,* vol. 31, 2015, p. 65-90.

Popper, Karl. « La Rationalité et le statut du principe de rationalité », *in Les fondements philosophiques des systèmes économiques. Textes de Jacques Rueff et essais rédigés en son honneur,* Payot, coll. Bibliothèque politique et économique, 1967, p. 143-151.

Pozzolo, Suzanna. « Neoconstitucionalismo y especificidad de la interpretacion constitucional », trad. Josep M. Vilajosana, *Doxa*, vol. 21, n°2, 1998, p. 339-353.

Prall, David Wight. « In defense of a worthless theory of value », *The journal of philosophy,* vol. 20, n°5, 1923, p. 128-137.

Puigelier, Catherine et **Sainte-Rose**, Jerry. « Le juge et les données contemporaines de la science », *in Le monde du droit. Écrits rédigés en l'honneur de Jacques Foyer,* Economica, 2007, p. 891-909.

R

Rabault, Hugues. « Droit et axiologie : la question de la place des "valeurs" dans le système juridique » *in La circulation du droit constitutionnel*, Actes du VIIIème congrès national de l'AFDC organisé à la Faculté de droit de Nancy 2 les 16, 17 et 18 juin 2011, Institut de Recherche sur l'Évolution de la Nation et de l'État. http://www.droitconstitutionnel.org/congresNancy/comN5/rabaultTD5.pdf

Radbruch, Gustav. « Gesetzliches Unrecht und übergesetzliches Recht » [1946], tr. fr. Michaël Walz, « Injustice légale et droit supralégal », *APD,* vol. 39, 1994, p. 305-318.

Rade, Christophe. « La solitude du gréviste », *Droit social,* 1997, n° 4, p. 368 et s.

Rangeon, François. « Droits-libertés et droits-créances : les contradictions du préambule de 1946 » *in Le préambule de la Constitution de 1946 : antinomies juridiques et contradictions politiques,* Actes du colloque organisé à la Faculté de droit d'Amiens, les 1 et 2 février 1996, Centre universitaire de recherches administratives et politiques de Picardie, PUF, coll. Publications du centre universitaire de recherches administratives et politiques de Picardie, 1996, p. 169-186.

———. « La notion d'évaluation » *in L'évaluation dans l'administration,* Actes du colloque organisé à la Faculté de droit d'Amiens, le 17 avril 1992, Centre universitaire de recherches administratives et politiques de Picardie, Centre régional d'études et de recherches administratives et politiques de Picardie, PUF, coll. Publications du centre universitaire de recherches administratives et politiques de Picardie, 1993, p. 11-33.

Raptopoulos, Themistoklis. « Le positivisme analytique », *Annuaire de l'Institut Michel Villey,* vol. 6, 2014, p. 199-251.

Raz, Joseph. « Authority, law and morality », *The Monist*, vol. 68, n°3, 1985, p. 295-324.

Reglade, Marc. « Les caractères essentiels du droit en comparaison avec les autres règles de la conduite humaine et les lois de la réalité », *Annuaire de l'Institut international de philosophie du droit et de sociologie juridique*, 1935-1936, Travaux de la seconde session, Sirey, 1936, p. 176-194.

Renoux, Thierry-Serge. « L'éthique du droit constitutionnel est-elle une éthique des sciences ? » *in* **Fatin-Rouge-Stefanini**, Marthe et **Gay**, Laurence (dir), *La perméabilité du droit constitutionnel aux autres sciences,* PUAM, coll. Les Cahiers de l'Institut Louis Favoreu, 2017, p. 11-14.

Rezsohazy, Rudolf. « Valeurs fondamentales et valeurs relatives dans le changement social » *in Licéité en droit positif et références légales aux valeurs.*

Contribution à l'étude du règlement juridique des conflits de valeurs en droit pénal, public et international, Éd. Bruylant, Coll. Bibliothèque de la Faculté de droit de l'Université catholique de Louvain, 1982, p. 47-62.

RIALS, Stéphane. « Les incertitudes de la notion de Constitution sous la Vème République », *RDP,* vol. 100, n°3, 1984, p. 587-606.

RIBES, Didier. « Le réalisme du Conseil constitutionnel », *CCC,* vol. 22, n°1, 2007, p. 132-140.

RICCI, Roland. « La légitimation du juge constitutionnel : un législateur dérivé gardien des valeurs de la démocratie » *in* **DARCY**, Gilles, **DOAT**, Mathieu et **LABROT** Véronique (dir.). *L'office du Juge,* Sénat, coll. Les colloques du Sénat, p. 490-527.

RICHARD, Guillaume. « L'ordre public économique, généalogie d'une notion paradoxale » *in* **LAGET-ANNAMAYER**, Aurore (dir.), *L'ordre public économique,* LGDJ, coll. Droit et économie, 2018, p. 13-35.

RIVERO, Jean. « Intérêts vitaux de la nation et fins humaines du pouvoir » *in Licéité en droit positif et références légales aux valeurs. Contribution à l'étude du règlement juridique des conflits de valeurs en droit pénal, public et international*, Éd. Bruylant, Coll. Bibliothèque de la Faculté de droit de l'Université catholique de Louvain, 1982, p. 529-547.

———. « Fin d'un absolutisme », *Pouvoirs,* vol. 13, n°2, avril 1980, rééd. 1991, p. 5-15.

———. « La distinction du droit et du fait dans la jurisprudence du Conseil d'État français », *Dialectica,* vol. 15, n°3-4, 1961, p. 462-480.

———. « Apologie pour les faiseurs de systèmes », *D. chron.*, vol. 26, 23, 1951, p. 99-102.

ROBLOT-TROIZIER, Agnès. « Réflexions sur la constitutionnalité par renvoi », *CCC,* vol. 22, n°1, 2007, p. 198-210.

ROLLAND, Patrice. « Comment préserver les institutions politiques ? La théorie du pouvoir neutre chez B. Constant », *Revue française d'histoire des idées politiques,* vol. 27, n°1, 2008, p. 43-73.

RONDEAU-RIVIER, Marie-Claire. « La jurisprudence expliquée aux apprentis juristes », *RTD civ.,* n°1, 1993, p. 89-90.

ROSS, Alf. « Imperatives and logic » [1941], tr. fr. E. Matzner et E. Millard, « Les impératifs et la logique » *in* **ROSS**, Alf. *Introduction à l'empirisme juridique : textes théoriques,* Tr. E. Matzner et E. Millard, Bruylant, LGDJ, coll. La pensée juridique, 2004, p. 39-59.

———. « On the logical nature of propositions of value » [1945], tr. fr. E. Matzner et E. Millard, « Sur la nature logique des propositions de valeur » *in* **ROSS**, Alf, *Introduction à l'empirisme juridique : textes théoriques*, Tr. E. Matzner et E. Millard, Bruylant, LGDJ, coll. La pensée juridique, 2004, p. 61-90.

———. « La définition en droit » tr. Éric Millard et Elsa Matzner, réimp. *in* **MATZNER**, Elsa (dir.). *Droit et langues étrangères : concepts, problèmes d'application, perspectives*, Presses universitaires de Perpignan, coll. Études, 2000, p. 73-89.

ROTTIER, Edouard. « La justice prédictive et l'acte de juger : quelle prévisibilité pour la justice ? », *APD,* vol. 60, 2018, p. 189-193.

ROUSSEAU, Dominique. « La force magique de la Constitution », *La revue lacanienne*, vol. 17, n°1, 2016, p. 31-41.

———. « Propositions pour construire la pensée du droit dérobé » *in* **ROUSSEAU**, Dominique (dir.). *Le droit dérobé,* Montchrestien, coll. Grands colloques, 2007, p. 1-16.

———. « Une résurrection : la notion de constitution », *RDP, 1990,* vol. 106, n°1, p. 5-22.

———. « La notion de patrimoine constitutionnel européen » *in Le patrimoine constitutionnel européen*, Actes du séminaire UniDem organisé à la Faculté de droit de Montpellier les 22 et 23 novembre 1996, Centre d'études et de recherches comparatives constitutionnelles et politiques, Conseil de l'Europe, Coll. Science et technique de la démocratie, 1997, p. 16-36.

ROUSSILLON, Henry. « Rigidité des constitutions et justice constitutionnelle : réflexions sur un paradoxe », *in Droit et politique à la croisée des cultures. Mélanges Philippe Ardant,* LGDJ, 1999, p. 251-264.

ROUX, André. « Contrôle de constitutionnalité de la loi du 4 août 1995 relative à l'emploi de la langue française », *Recueil Dalloz,* 1995, n° 36, p. 303 et s.

RÜCKERT, Joachim. « Savigny et la méthode juridique », *in* **JOUANJAN**, Olivier (dir.). *L'esprit de l'école historique du droit,* PUS, coll. Annales de la Faculté de droit de Strasbourg, 2004, p. 75-95.

RUIZ MANERO, Juan. « Une typologie des normes constitutionnelles » *in* **CHAGNOLLAUD**, Dominique et **TROPER**, Michel (dir.). *Traité international de droit constitutionnel,* T. I, *Théorie de la Constitution,* Dalloz, coll. Traités Dalloz, 2012, p. 297-325.

S

SABETE, Wagdi. « De la complexité de détermination des valeurs fondatrices du droit à la difficulté de jugement de fait ou Suite antihumienne », *APD,* vol. 50, 2007, p. 371-392.

SALEILLES, Raymond. « Conception et objet de la science du droit comparé » *in Congrès international de droit comparé tenu à Paris du 31 juillet au 4 août 1900*, Procès-verbaux des séances et documents, T. I, LGDJ, 1905, p. 167-189.

———. « Rapport général sur les travaux du Congrès » *in Congrès international de droit comparé tenu à Paris du 31 juillet au 4 août 1900*, Procès-verbaux des séances et documents, T. I, LGDJ, 1905, p. 141-153.

SALLES, Sylvie. « La présence de l'argument conséquentialiste dans les délibérations du Conseil constitutionnel » *in La circulation du droit constitutionnel*, Actes du VIIIème congrès national de l'AFDC organisé à la Faculté de droit de Nancy 2 les 16, 17 et 18 juin 2011, Institut de Recherche sur l'Évolution de la Nation et de l'État.
http://afdc.fr/congresNancy/comN3/sallesT3.pdf

SANHOURY, Abd al-Razzāq Aḥmad, **Al**. « Le standard juridique » *in Recueil d'études sur les sources du droit en l'honneur de François Gény,* T. II, Sirey, 1934, p. 144-156.

SANTOLINI, Thierry. « Le justiciable, quelle place pour la dimension affective du choix délibératif ? » *in* **ESPLUGAS-LABATUT**, Pierre, **MAGNON**, Xavier, **MASTOR**, Wanda et **MOUTON**, Stéphane (dir.). *Les pouvoirs d'instruction des juridictions constitutionnelles et la formation de l'intime conviction des juges constitutionnels*, PUAM, coll. Les cahiers de l'Institut Louis Favoreu, 2016, p. 81-88.

SAUVEL, Thierry. « Histoire du jugement motivé », *RDP*, vol. 71, n°1, 1955, p. 5-53.

SAVATIER, René. « Le droit de la personne et l'Échelle des valeurs », *in En hommage à Victor Gothot,* Université de Liège, 1962, p. 567-605.

———. « Le Droit et l'Échelle des Valeurs » *in Mélanges en l'honneur de Paul Roubier,* Dalloz, Sirey, 1961, p. 441-457.

SCACCIA, Gino. « Valori e diritto giurisprudenziale », *Diritto e società,* n°1, 2011, p. 135-156.

Serverin, Evelyne. « Juridiction et jurisprudence : deux aspects des activités de justice », *Droit et Société,* vol. 25, 1993, p. 339-349.

Seve, René. « Brèves réflexions sur le droit et ses métaphores », *APD,* vol. 27, 1982, p. 259-262.

Shapiro, Scott. « On Hart's way out », *Legal Theory*, vol. 4, n°4, 1998, p. 469-507.

Simon, Denys. « Repenser le raisonnement interprétatif : autonomie ou circulation des principes, des méthodes et des techniques, dans les rapports de systèmes » *in* **Bonnet**, Baptiste (dir.). *Traité des rapports entre ordres juridiques*, LGDJ-Lextenso, 2016, p. 605-631.

———. « Les "notions autonomes" en droit de l'Union » *in Mélanges en l'honneur du Professeur Henri Oberdorff : liber amicorum,* LGDJ-Lextenso, 2015, p. 93-106.

———. « Les adages et le droit écrit », *RFDA,* n°1, 2014, p. 17-22.

Supiot, Alain. « Poïétique de la justice » *in Le droit malgré tout. Hommage à François Ost,* Presses de l'Université Saint-Louis, coll. Publications des FUSL. Collection générale, 2018, p. 339-358.

———. « L'autorité de la science : vérité scientifique et vérité légale » *in* **Rosanvallon**, Pierre. *Science et démocratie*, O. Jacob, coll. Collège de France, 2014, p. 81-109.

T

Taruffo, Michele. « La justification des décisions fondées sur des standards », *RRJ,* vol. 35, n°4, 1988, p. 1123-1145.

Teitgen-Colly, Catherine. « Les Autorités Administratives Indépendantes : Histoire d'une institution » *in* **Colliard**, Claude-Albert et **Timsit**, Gérard (dir.). *Les autorités administratives indépendantes*, PUF, coll. Les voies du droit, 1988, p. 21-73.

Terneyre, Philippe. « La Constitution devant le progrès économique et social », *LPA,* n° 155, 1991, p. 4-14.

Touboul, Charles. « Juger l'action économique c'est encore agir sur l'économie », *RFDA,* n°1, 2016, p. 83-93.

Touffait, Adolphe, et **Tunc**, André. « Pour une motivation plus explicite des décisions de justice notamment de celles de la Cour de cassation », *RTD civ.*, n°3, 1974, p. 487-508.

Troper, Michel. « La liberté de l'interprète » *in* **Darcy**, Gilles, **Doat**, Mathieu et **Labrot** Véronique (dir.). *L'office du Juge,* Actes du colloque organisé au Palais du Luxembourg, les 29 et 30 septembre 2006, Sénat, coll. Les colloques du Sénat, p. 28-41.

———. « La constitution comme système juridique autonome », *Droits*, vol. 35, n°1, 2002, p. 63-78.

———. « Les contraintes de l'argumentation juridique dans la production des normes », *in* Otto Pfersmann et Gérard Timsit (dir.), *Raisonnement juridique et interprétation,* Actes de la journée d'étude internationale organisée par l'Université Paris 1 Panthéon-Sorbonne le 14 juin 1999, Centre de recherche de droit constitutionnel, Centre d'étude et de recherche sur l'administration publique, Éd. Publications de la Sorbonne, Coll. De republica, 2001, p. 35-48.

———. « Fonction juridictionnelle ou pouvoir judiciaire ? », *Pouvoirs*, vol. 16, n°1, 1981, p. 5-15.

———. « La motivation des décisions constitutionnelles » *in* **Perelman**, Chaïm et **Foriers**, Paul (dir.). *La motivation des décisions de justice: études*, Bruylant, coll. Travaux du centre national de recherches de logique, 1978, p. 287-302.

TUNC, André. « Standards juridiques et unification du droit », *RIDC*, vol. 22, 1970, n°2, p. 247-261

TURGEON, Charles. « L'enseignement des facultés de droit, 1879-1889 », *Revue internationale de l'enseignement*, vol. 19, 1890, p. 274-312.

TUSSEAU, Guillaume. « Deux dogmes du constitutionnalisme », *in Penser le droit à partir de l'individu. Mélanges en l'honneur d'Élisabeth Zoller,* Dalloz, 2018, p. 835-883.

———. « Carlos S. Nino, la philosophie du droit dans le siècle », *Revue internationale de sémiotique juridique,* vol. 22, n°3, 2009, p. 373-380.

V

VALEMBOIS, Anne-Laure. « La constitutionnalisation de l'exigence de sécurité juridique en droit français », *CCC,* vol. 17, n°2, 2004, p. 127-132.

VEDEL, Georges. « Excès de pouvoir législatif et excès de pouvoir administratif (II) », *CCC,* vol. 2, n°1, 1997, p. 77-91.

———. « Le Conseil constitutionnel, gardien du droit positif ou défenseur de la transcendance des droits de l'homme », *Pouvoirs,* vol. 45, n°2, 1988, p. 149-159.

———. « Les bases constitutionnelles du droit administratif », *EDCE,* vol. 8, 1954, p. 21-53.

VEDEL, Jan. « Les principes généraux à 'valeur constitutionnelle' : des incontournables de notre ordre constitutionnel » *in Normes internationales et constitutionnelles,* Anthemis, coll. Les sources du droit revisitées, T. I, 2012, p. 537-580.

VERPEAUX, Michel. « Fraternité et Constitution – Constitutionnalisation et Constitution », *RFDA,* 2018, n°5, p. 966 et s.

VIALA, Alexandre. « L'indifférence de la nature du contrôle de constitutionnalité au contexte de la saisine », *in* **CARTIER**, Emmanuel, **GAY**, Laurence et **VIALA**, Alexandre (dir.). *La QPC: vers une culture constitutionnelle partagée,* Institut universitaire Varenne, coll. Colloques et essais, 2015, p. 105-117

VIDAL-NAQUET, Ariane. « Évaluation et qualité normative » *in* **DERO-BUGNY**, Delphine, **LAGET-ANNAMYER**, Aurore (dir.). *L'évaluation en droit public*, LGDJ-lextenso, coll. Centre Michel de l'Hospital, 2015, p. 41-66.

VISSER 'T HOOFT, Hendrik Philipp. « Vers un style de motivation plus concret ? (Remarques à partir de la jurisprudence et de la doctrine néerlandaises) » *in* **PERELMAN**, Chaïm et **FORIERS**, Paul (dir.). *La motivation des décisions de justice: études*, Bruylant, coll. Travaux du centre national de recherches de logique, 1978, p. 161-166.

W

WACHSMANN, Patrick. « Sur la composition du Conseil constitutionnel », *Jus politicum,* vol. 5, 2010.

———. « La séparation des pouvoirs contre les libertés ? », *AJDA,* n°12, 2009, p. 617.

WALINE, Marcel. « Empirisme et conceptualisme dans la méthode juridique : faut-il tuer les catégories juridiques ? » *in Mélanges en l'honneur de Jean Dabin,* T. I, *Théorie générale du droit,* Bruylant, Sirey, 1963, p. 359-371.

———. « Le pouvoir normatif de la jurisprudence » *in La technique et les principes du droit public. Études en l'honneur de Georges Scelle,* LGDJ, 1950, p. 613-632.

WALUCHOW, Wilfrid J. « The many faces of legal positivism », *The University of Toronto Law Journal*, vol. 48, n°3, 1998, p. 387-449.

Wickers, Thierry. « Mettre les “cliniques du droit” au service d’une réforme de la formation des avocats et à celui de l’accès au droit », *JCP G,* n°16, 469, 2014, p. 766-769.

Wright, Georg Henrik **von**. « Is and ought », *in* **Bulygin**, Eugenio, **Gardies**, Jean-Louis et **Niiniluoto**, Ilkka (dir.). *Man, law and modern forms of life,* Dordrecht, D. Reidel, coll. Law and philosophy library, 1985, p. 263-281.

Wroblewski, Jerzy. « Décision judiciaire : l’application ou la création du droit », *Scientia,* vol. 103, n° 679-680, p. 1-9.

———. « Dilemnas of the normativistic concept of legal system », *Rechtstheorie*, vol. 5, 1984, p. 319-333.

———. « Les langages juridiques : une typologie », *Droit et société*, vol. 8, 1988, p. 13-27.

———. « L’interprétation en droit : théorie et idéologie », *APD,* vol. 17, 1972, p. 51-69.

———. « Motivation de la décision judiciaire », *in* **Perelman**, Chaïm et **Foriers**, Paul (dir.). *La motivation des décisions de justice: études*, Bruylant, coll. Travaux du centre national de recherches de logique, 1978, p. 110-136.

Z

Zenati-Castaing, Frédéric. « La motivation des décisions de justice et les sources du droit », *D. chron.*, vol. 22, 2007, p. 1553-1560.

———. « La signification en droit de la motivation » *in* **Caudal**, Sylvie (dir.). *La motivation en droit public,* Dalloz, coll. Thèmes et commentaires, 2013, p. 25-46.

II. Préfaces / Introductions / Avant-Propos

Aron, Raymond. « Préface » *in* **Weber**, Max, *Le savant et le politique*, tr. J. Freund, Union générale d’éd., coll. Le monde en 10-18, 1963, p. 7-69.

Atias, Christian. « Préface » *in* **Dabin**, Jean, *Le droit subjectif*, Dalloz, coll. Bibliothèque Dalloz, 2007, p. I-VI.

Berthelemy, Henry. « Préface » *in* **Galland**, Henri. *Le contrôle judiciaire de la constitutionnalité des lois aux États-Unis (la méthode américaine de protection des libertés individuelles),* thèse, droit, Université de Lyon, 1932, p. VII-XVI

Carbonnier, Jean. « Préface » *in* **Belley**, Jean-Guy. *Le droit soluble. Contributions québécoises à l’étude de l’internormativité,* LGDJ, Coll. Droit et société, 1996, p. 3-4.

Cayla, Olivier. « Avant-propos » *in* **Cayla**, Olivier et **Renoux-Zagame**, Marie-France (dir.). *L’office du juge: part de souveraineté ou puissance nulle ?*, LGDJ, coll. La pensée juridique, 2002, p. I-II.

Debre, Jean-Louis. « Introduction : 25 ans de délibérations, ouverture des archives du Conseil », *CCC,* vol. HS, n°3, 2009, p. 95-98.

Deumier, Pascale et **Magnon**, Xavier. « Les adages en droit public. Propos introductifs », *RFDA*, n°1, 2014, p. 3-10.

Gay, Laurence. « Introduction », *in* **Gay**, Laurence (dir.). *La question prioritaire de constitutionnalité : approche de droit comparé,* Bruylant, coll. À la croisée des droits, 2014.

Grimaldi, Michel. « Ouverture des travaux » *in La motivation,* Actes des journées nationales de l’Association Henri Capitant des amis de la culture juridique française organisées à la Faculté de droit de Limoges en 1998, LGDJ, Coll. Journées nationales, p. 1-2.

Hart, Herbert Lionel Adolphus. « Introduction », *in* **Hart**, Herbert Lionel Adolphus, *Essays in jurisprudence and philosophy*, Clarendon Press, 1983, p. 1-18.

Jouanjan, Olivier. « Préface », *in Allgemeine Staatslehre* [1900], tr. fr. G. Fardis, *L'État moderne et son droit*, réimp. Panthéon-Assas, coll. Les introuvables, 2005, p. 5-85.

Laband, Paul. « Extrait de la préface de la première édition allemande », *in* **Laband**, Paul. *Das Staatsrecht des deutschen* reiches [1895], 3ème éd., tr. fr. C. Gandilhon, *Le droit public de l'Empire allemand*, V. Giard & E. Brière, T. I, 1900, p. 2-5.

Lambert, Edouard. « Préface » *in* **Levy,** Emmanuel. *La vision socialiste du droit,* Marcel Giard, coll. internationale des juristes populaires, 1926, p. V-XVI.

Larnaude, Ferdinand. « Préface » *in* Paul Laband, **Laband**, Paul. *Das Staatsrecht des deutschen* reiches [1895], 3ème éd., tr. fr. C. Gandilhon, *Le droit public de l'Empire allemand,* V. Giard & E. Brière, T. I, 1900, p. VII-XIX.

Mathieu, Bertrand. « Le principe de sécurité juridique (avant-propos) », *NCCC*, vol. 11, n°4, 2001.

Mazeaud, Pierre. « Vœux du président du Conseil constitutionnel, M. Pierre Mazeaud, au Président de la République ». *Cahiers du Conseil constitutionnel*, n° 20 (juin 2006).

Picard, Étienne. « Préface » *in* **Souvignet**, Xavier. *La prééminence du droit dans le droit de la Convention européenne des droits de l'homme*, Bruylant, coll. Droit de la convention européenne des droits de l'homme, Thèses, 2012, p. XXI-XXVI.

Renaut, Alain. « Présentation » *in Anthropologie in pragmatischer Hinsicht* [1798], Tr. fr. A. Renaut, *Anthropologie du point de vue pragmatique*, Flammarion, coll. G. F., 1993, p. 3-35.

Thibierge, Catherine. « Introduction », *in* **Thibierge**, Catherine (dir.). *La force normative: naissance d'un concept*, LGDJ, Bruylant, 2009, p. 33-53.

III. Entrées de dictionnaire

Bon, Pierre. « Liberté d'entreprendre » *in* **Duhamel**, Olivier et **Meny**, Yves (dir.), *Dictionnaire constitutionnel,* PUF, 1992, p. 582-584.

Delgado Ocando, José Manuel. « Valeur » *in* **Arnaud** André-Jean (dir.), *Dictionnaire encyclopédique de théorie et de sociologie du droit,* 2ème éd., LGDJ, 1993, p. 633 - 635.

Lalande, André. **«** Histoire **»** *in* **Lalande**, André. *Vocabulaire technique et critique de la philosophie,* PUF, coll. Quadrige, 2010, p. 413-416.

———. « Identité » *in* **Lalande**, André. *Vocabulaire technique et critique de la philosophie,* PUF, coll. Quadrige, 2010, p. 455-458.

———. « Intérêt » *in* **Lalande**, André. *Vocabulaire technique et critique de la philosophie,* PUF, coll. Quadrige, 2010, p. 531-532.

———. « Liberté », *in* **Lalande**, André. *Vocabulaire technique et critique de la philosophie,* PUF, coll. Quadrige, 2010, p. 558-567.

———. « Opinion » *in* **Lalande**, André. *Vocabulaire technique et critique de la philosophie,* PUF, coll. Quadrige, 2010, p. 717.

———. « Principe » *in* **Lalande**, André. *Vocabulaire technique et critique de la philosophie,* PUF, coll. Quadrige, 2010, p. 827-830.

Pfersmann, Otto. « Morale et Droit », *in* **Alland**, Denis et **Rials**, Stéphane (dir.). *Dictionnaire de la culture juridique*, Lamy-PUF, coll. Quadrige. Dicos poche, 2003, p. 1040-1046.

Roux, André. « Erreur manifeste d'appréciation », *in* **Duhamel**, Olivier et **Meny**, Yves (dir.). *Dictionnaire constitutionnel,* PUF, 1992, p. 403-404.

Serverin, Evelyne. « Jurisprudence » *in* **Arnaud**, André-Jean (dir). *Dictionnaire encyclopédique de théorie et de sociologie du droit,* 2ème éd., LGDJ, 1993, p. 325-327.

Tarello, Giovanni. « Formalismo » *in* **Azara**, Antonio et **Eula**, Ernesto (dir.). *Novissimo Digesto italiano*, Turin, Unione Tipografico-Editrice Torinese, 1957-1987, vol. 7, p. 571-580.

Viala, Alexandre. « Droits fondamentaux (garanties procédurales) » *in* **Chagnollaud**, Dominique et **Drago**, Guillaume (dir.). *Dictionnaire des droits fondamentaux,* PUF, coll. Petits dictionnaires Dalloz, 2010, p. 287-302.

———. « Valeurs et principes (distinction) » *in* **Andriantsimbazovina**, Joël, **Gaudin**, Hélène et **Marguenaud**, Jean-Pierre (dir.). *Dictionnaire des droits de l'Homme*, PUF, coll. Quadrige. Dicos poche, 2012 p. 971-974.

Wroblewski, Jerzy. « Principes du droit » in **Arnaud**, André-Jean (dir). *Dictionnaire encyclopédique de théorie et de sociologie du droit,* 2ème éd., LGDJ, 1993, p. 474-477.

IV. Chroniques, Notes de jurisprudence

Bertile, Véronique, **Oliva**, Éric, **Philip**, Loïc et **Ribes**, Didier. « Jurisprudence du Conseil constitutionnel. 1er octobre - 31 décembre 2001 », *RFDC,* vol. 49, n°1, 2002, p. 151-198.

Bonnet, Julien, et **Roblot-Troizier**, Agnès. « Chronique de droits fondamentaux et libertés publiques », *NCCC*, 2016, n° 5.

Disant, Mathieu. « La confiance légitime fait son entrée dans le droit constitutionnel français. Chronique Droit et Risque n°6, 2ème partie », *LPA*, n° 65, 1 avril 2015, p. 5-9.

Frison-Roche, Marie-Anne. « Le but de la loi est désormais officiellement son objet : exemple de la "loi pour une démocratie plus représentative, responsable et efficace" », 10 mai 2018.
http://mafr.fr/fr/article/le-but-de-la-loi-est-desormais-officiellement-so-2/

Glaser, Emmanuel, **Lombard**, Marine et **Nicinski**, Sophie. « Actualité du droit de la concurrence », *AJDA,* n°31, 2012, p. 1717-1725.

Goesel-Le Bihan, Valérie. « Une grande décision : la décision 2016-611 QPC », *AJDA,* n°8, 2017, p. 433.

Haulbert, Marine. « L'extension de l'autorité des réserves d'interprétation aux dispositions analogues », *RFDA,* n°5, 2017, p. 882-891.

Jeze, Gaston. « Le contrôle juridictionnel des lois », *RDP,* vol. 41, n°1, 1924, p. 399-430.

———. « Notes de jurisprudence. De l'utilité pratique des études théoriques de jurisprudence pour l'élaboration et le développement de la science du doit public. Rôle du théoricien dans l'examen des arrêts de tribunaux », *RDP,* vol. 31, n°1, 1914, p. 311-321.

———. « L'acte juridictionnel et la classification des contentieux », *RDP,* vol. 26, n°1, 1909, p. 667-695.

. « Exposé critique d'une théorie en faveur au Conseil d'état sur la classification des recours contentieux en recours en annulation et recours de pleine juridiction », *RDP,* vol. 25, n°1, 1908, p. 671-690

Luchaire, François. « Note sous Cons. Const. 13 Décembre 1985 », *D.* jur. gén., vol. 27, 1986, p. 345-351.

Revet, Thierry. « Selon le Conseil constitutionnel, l'extinction forcée d'une servitude conventionnelle, consécutive à son défaut d'inscription au livre foncier, n'est pas une privation de propriété (ou : la négation de la qualité de bien du droit réel de servitude) », *RTD civ.*, n°2, 2012, p. 342-344.

ROUSSEAU, Dominique. « Chronique de jurisprudence constitutionnelle 1997-1998 », *RDP,* vol. 115, n°1, 1999, p. 47-92.

———. « Chronique de jurisprudence constitutionnelle 1993-1994 », *RDP,* n°1, vol. 111, 1995, p. 51-104.

SURREL, Hélène. « Conseil constitutionnel et jurisprudence de la CEDH », *NCCC,* 2015, n° 48.

———. « Conseil constitutionnel et jurisprudence de la CEDH », *NCCC,* vol. 43, n°2, p. 211-217.

TARLET, Fanny, et **GUILLAUME**, Léonard. « Mutations génétiques et juridiques autour de la décision Arcelor », *AJDA*, n°5, 2017, p. 288-296.

TABLE DE JURISPRUDENCE

Les chiffres renvoient aux paragraphes

Section I.

Décisions du Conseil constitutionnel

I. Décisions DC

1958-1969

Cons. Const., décision n°59-2 DC du 24 juin 1959, *Règlement de l'Assemblée nationale.*	§ 879
Cons. Const., décision n°60-11 DC du 20 janvier 1961, *Loi relative aux assurances maladie, invalidité et maternité des exploitants agricoles et des membres non-salariés de leur famille*, cons. 2.	§ 797
Cons. Cons., décision n°61-16 DC du 22 décembre 1961, *Loi organique modifiant l'ordonnance n°58-1066 du 7 novembre 1958 autorisant exceptionnellement les parlementaires à déléguer leur vote*, cons. 5.	§ 870
Cons. Const., décision n°62-20 DC du 6 novembre 1962, *Loi relative à l'élection du président de la République au suffrage universel direct, adoptée par le référendum du 28 octobre 1962*, cons. 1.	§ 839
Cons. Const., décision n°63-25 DC du 21 janvier 1964, *Résolution modifiant les articles 36, 39, 41, 50, 134, 135, 136 et 137 du règlement de l'Assemblée nationale*, cons. 3.	§ 880
Cons. Const., décision n°64-27 DC du 18 décembre 1964, *Loi de finances pour 1965*, cons. 5.	§ 800

1970-1979

Cons. Const., décision n°70-41 DC du 30 décembre 1970, *Loi de finances rectificative pour 1970 et notamment son article 6-1 relatif à l'agence nationale pour l'amélioration de l'habitat*, cons. 1, 3.	§ 886, 887, 893

Cons. Const., décision n°74-54 DC du 15 janvier 1975, *Loi relative à l'interruption volontaire de la grossesse*, cons. 1.	§ 240
Cons. Const., décision n°75-56 DC du 23 juillet 1975, *Loi modifiant et complétant certaines dispositions de procédure pénale spécialement le texte modifiant les articles 398 et 398-1 du code de procédure pénale*, cons. 3.	§ 357
Cons. Const., décision n°75-57 DC du 23 juillet 1975, *Loi supprimant la patente et instituant une taxe professionnelle*, cons. 2.	§ 840
Cons. Const., décision n°76-75 DC du 12 janvier 1977, *Loi autorisant la visite des véhicules en vue de la recherche et de la prévention des infractions pénales*, cons. 3, 5.	§ 216
Cons. Const., décision n°76-72 DC du 12 janvier 1977, *Loi autorisant le Gouvernement à modifier par ordonnances les circonscriptions pour l'élection des membres de la chambre des députés du territoire français des Afars et des Issas*, cons. 2.	§ 882
Cons. Const., décision n°77-82 DC du 20 juillet 1977, *Loi tendant à compléter les dispositions du code des communes relatives à la coopération intercommunale et notamment de ses articles 2, 4, 6 et 7*, cons. 4.	§ 848
Cons. Const., décision n°78-100 DC du 29 décembre 1978, *Dernière loi de finances rectificative pour 1978 (prise de participation de l'État dans la société A.M.D. – BA ; adaptation de la législation sur la T.V.A à la sixième directive du Conseil des communautés européennes)*, cons. 4.	§ 812
Cons. Const., décision n°78-102 DC du 17 janvier 1979, *Loi portant approbation d'un rapport sur l'adaptation du VIIe Plan*, cons. 2.	§ 891
Cons. Const., décision n°79-104 DC du 23 mai 1979, *Loi modifiant les modes d'élection de l'assemblée territoriale et du Conseil de gouvernement du territoire de la Nouvelle-Calédonie et dépendances et définissant les règles générales de l'aide technique et financière contractuelle de l'État*, cons. 9	§ 216
Cons. Const., décision n°79-105 DC du 25 juillet 1979, *Loi modifiant les dispositions de la loi n°74-696 du 7 août 1974 relatives à la continuité du service public de la radio et de la télévision en cas de cessation concertée du travail*, cons. 1, 4,	§ 570, 807, 811, 858
Cons. Const., décision n°79-107 DC du 12 juillet 1979, *Loi relative à certains ouvrages reliant les voies nationales ou départementales*, cons. 4.	§ 954
Cons. Const., décision n°79-110 DC du 24 décembre 1979, *Loi de finances pour 1980*, cons. 3, 4.	§ 691, 841
Cons. Const., décision n°79-111 DC du 30 décembre 1979, *Loi autorisant le Gouvernement à continuer à percevoir en 1980 les impôts et taxes existants*, cons. 2.	§ 798, 857

1980-1989

Cons. Const., décision n°80-116 DC du 17 juillet 1980, *Loi autorisant la ratification de la convention franco-allemande additionnelle à la Convention européenne d'entraide judiciaire en matière pénale du 20 avril 1959*, cons. 7	§ 861
Cons. Const., décision n°80-119 DC du 22 juillet 1980, *Loi portant validation d'actes administratifs*, cons. 2.	§ 810, 859
Cons. Const., décision n°80-127 DC du 20 janvier 1981, *Loi renforçant la sécurité et protégeant la liberté des personnes*, cons. 47	§ 352
Cons. Const., décision n°81-129 DC du 31 octobre 1981, *Loi portant dérogation au monopole d'État de la radiodiffusion*, cons. 15.	§ 930

Cons. Const., décision n°81-130 DC du 30 octobre 1981, *Loi portant abrogation de la loi n°80-564 du 21 juillet 1980 modifiant les articles 13, 14 et 15 de la loi d'orientation de l'enseignement supérieur du 12 novembre 1968 et portant modification des articles 14 et 15 de ladite loi.*	§ 931
Cons. Const., décision n°81-132 DC du 16 janvier 1982, *Loi de nationalisation*, cons. 14, 16, 32.	§ 703, 720, 849, 1005
Cons. Const., décision n°82-138 DC du 25 février 1982, *Loi portant statut particulier de la région de Corse*, cons. 4.	§ 801
Cons. Const., décision n°82-143 DC du 30 juillet 1982, *Loi sur les prix et les revenus, notamment ses articles 1, 3 et 4*, cons. 11.	§ 885
Cons. Const., décision n°82-144 DC du 22 octobre 1982, *Loi relative au développement des institutions représentatives du personnel*, cons. 5.	§ 355
Cons. Const., décision n°82-147 DC du 2 décembre 1982, *Loi portant adaptation de la loi n°82-213 du 2 mars 1982 relative aux droits et libertés des communes, des départements et des régions à la Guadeloupe, à la Guyane, à la Martinique et à la Réunion*, cons. 4.	§ 943
Cons. Const., décision n°82-153 DC du 14 janvier 1983, *Loi relative au statut général des fonctionnaires*, cons. 17.	§ 494, 931
Cons. Const., décision n°83-160 DC du 19 juillet 1983, *Loi portant approbation d'une convention fiscale avec le territoire d'outre-mer de la Nouvelle-Calédonie et dépendances*, cons. 5.	§ 791
Cons. Const., décision n°83-161 DC du 19 juillet 1983, *Loi portant règlement définitif du budget de 1981*, cons. 3.	§ 586, 856
Cons. Const., décision n°83-162 DC du 20 juillet 1983, *Loi relative à la démocratisation du secteur public*, cons. 54.	§ 937
Cons. Const., décision n°83-164 DC du 29 décembre 1983, *Loi de finances pour 1984*, cons. 9, 10.	§ 78, 445
Cons. Const., décision n°83-165 DC du 20 janvier 1984, *Loi relative à l'enseignement supérieur*, cons. 19.	§ 679
Cons. Const., décision n°84-172 DC du 26 juillet 1984, *Loi relative au contrôle des structures des exploitations agricoles et au statut du fermage*.	§ 931
Cons. Const., décision n°84-173 DC du 26 juillet 1984, *Loi relative à l'exploitation des services de radio-télévision mis à la disposition du public sur un réseau câblé*, cons. 4.	§ 216
Cons. Const., décision n°84-174 DC du 25 juillet 1984, *Loi relative aux compétences des régions de Guadeloupe, de Guyane, de Martinique et de la Réunion*, cons. 5.	§ 943
Cons. Const., décision n°84-176 DC du 25 juillet 1984, *Loi modifiant la loi du 29 juillet 1982 sur la communication audiovisuelle et relative à certaines dispositions applicables aux services de communication audiovisuelle soumis à autorisation*, cons. 10.	§ 445
Cons. Const., décision n°84-181 DC du 11 octobre 1984, *Loi visant à limiter la concentration et à assurer la transparence financière et le pluralisme des entreprises de presse*, cons. 23, 37.	§ 241, 462, 539
Cons. Const., décision n°84-182 DC du 18 janvier 1985, *Loi relative aux administrateurs judiciaires, mandataires-liquidateurs et experts en diagnostic d'entreprise*, cons. 10.	§ 354
Cons. Const., décision n°84-183 DC du 18 janvier 1985, *Loi relative au redressement et à la liquidation judiciaire des entreprises*, cons. 5.	§ 608
Cons. Const., décision n°85-190 DC du 24 juillet 1985, *Loi portant règlement définitif du budget pour 1983*, cons. 2.	§ 856
Cons. Const., décision n°85-192 DC du 24 juillet 1985, *Loi portant diverses dispositions d'ordre social*, cons. 8.	§ 859
Cons. Const., décision n°85-196 DC du 8 août 1985, *Loi sur l'évolution de la Nouvelle-Calédonie*, cons. 16.	§ 450, 452
Cons. Const., décision n°85-197 DC du 23 août 1985, *Loi sur l'évolution de la Nouvelle-Calédonie*, cons. 27, 35.	§ 428, 445

Cons. Const., décision n°85-198 DC du 13 décembre 1985, *Loi modifiant la loi n° 82-652 du 29 juillet 1982 et portant diverses dispositions relatives à la communication audiovisuelle*, cons. 9, 16.	§ 216, 354
Cons. Const., décision n°85-200 DC du 16 janvier 1986, *Loi relative à la limitation des possibilités de cumul entre pensions de retraite et revenus d'activité*, cons. 4.	§ 703
Cons. Const., décision n°85-204 DC du 16 janvier 1986, *Loi portant diverses dispositions d'ordre social*, cons. 10.	§ 462
Cons. Const., décision n°86-207 DC du 26 juin 1986, *Loi autorisant le gouvernement à prendre diverses mesures d'ordre économique et social*, cons. 28, cons. 31.	§ 462, 608, 720
Cons. Const., décision n°86-208 DC du 2 juillet 1986, *Loi relative à l'élection des députés et autorisant le gouvernement à délimiter par ordonnances les circonscriptions électorales*, cons. 27.	§ 78
Cons. Const., décision n°86-209 DC du 3 juillet 1986, *Loi de finances rectificative pour 1986*, cons. 4, 7, 37.	§ 634, 810, 856
Cons. Const., décision n°86-210 DC du 29 juillet 1986, *Loi portant réforme du régime juridique de la presse*, cons. 2.	§ 1008
Cons. Const., décision n°86-213 DC du 3 septembre 1986, *Loi relative à la lutte contre le terrorisme et aux atteintes à la sûreté de l'État*, cons. 6.	§ 216
Cons. Const., décision n°86-214 DC du 3 septembre 1986, *Loi relative aux conditions d'entrée et de séjour des étrangers en France*, cons. 14.	§ 601
Cons. Const., décision n°86-217 DC du 18 septembre 1986, *Loi relative à la communication*, cons. 88, cons. 75, 78.	§ 358, 807, 858, 930
Cons. Const., décision n°86-218 DC du 18 novembre 1986, *Loi relative à la délimitation des circonscriptions pour l'élection des députés*, cons. 10, 11, 12.	§ 216, 498, 830
Cons. Const., décision n°87-226 DC du 2 juin 1987, *Loi organisant la consultation des populations intéressées de la Nouvelle-Calédonie et dépendances prévues par l'alinéa premier de l'article 1er de la loi n°86-844 du 17 juillet 1986 relative à la Nouvelle-Calédonie*, cons. 7, 9	§ 216, 566, 647
Cons. Const., décision n°87-227 DC du 7 juillet 1987, *Loi modifiant l'organisation administrative et le régime électoral de la ville de Marseille*, cons. 6.	§ 445
Cons. Const., décision n°87-228 DC du 26 juin 1987, *Loi organique relative à la situation des magistrats nommés à des fonctions du premier grade*, cons. 5.	§ 859
Cons. Const., décision n°87-230 DC du 28 juillet 1987, *Loi portant diverses mesures d'ordre social*, cons. 7, 12.	§ 462, 807, 858
Cons. Const., décision n°87-232 DC du 7 janvier 1988, *Loi relative à la mutualisation de la Caisse nationale de crédit agricole*, cons. 10, 13, 42.	§ 452, 606, 930
Cons. Const., décision n°87-233 DC du 5 janvier 1988, *Loi relative aux élections cantonales*, cons. 5.	§ 961
Cons. Const., décision n°87-237 DC du 30 décembre 1987, *Loi de finances pour 1988*, cons. 16.	§ 450
Cons. Const., décision n°87-241 DC du 19 janvier 1988, *Loi portant statut de la Nouvelle-Calédonie*, cons. 7.	§ 943
Cons. Const., décision n°88-244 DC du 20 juillet 1988 du 20 juillet 1988, *Loi portant amnistie*, cons. 15, 18, 22, 23, 26.	§ 236, 450, 537, 640
Cons. Const., décision n°88-248 DC du 17 janvier 1989, *Loi modifiant la loi n° 86-1067 du 30 septembre 1986 relative à la liberté de communication*, cons. 9, 13, 19, 46.	§ 355, 454, 462, 565, 843
Cons. Const., décision n°88-250 DC du 29 décembre 1988, *Loi de finances rectificative pour 1988*, cons 10, 17.	§ 634, 635
Cons. Const., décision n°88-251 DC du 12 janvier 1989, *Loi portant diverses dispositions relatives aux collectivités territoriales*, cons. 5.	§ 455

Cons. Const., décision n°89-254 DC du 4 juillet 1989, *Loi modifiant la loi n°86-912 du 6 août 1986 relative aux modalités d'application des privatisations*, cons. 6, 22.	§ 640
Cons. Const., décision n°89-256 DC du 25 juillet 1989, *Loi portant dispositions diverses en matière d'urbanisme et d'agglomérations nouvelles*, cons. 19, 22.	§ 462
Cons. Const., décision n°89-258 DC du 8 juillet 1988, *Loi portant amnistie*, cons. 6, 13.	§ 455
Cons. Const., décision n°89-261 DC du 28 juillet 1989, *Loi relative aux conditions de séjour et d'entrée des étrangers en France*, cons. 15.	§ 833
Cons. Const., décision n°89-263 DC du 11 janvier 1990, *Loi organique relative au financement de la campagne en vue de l'élection du Président de la République et de celle des députés*, cons. 7.	§ 454
Cons. Const., décision n°89-268 DC du 29 décembre 1989, *Loi de finances pour 1990*, cons. 28, 81.	§ 236, 634
Cons. Const., décision n°89-269 DC du 22 janvier 1990, *Loi portant diverses dispositions relatives à la sécurité sociale et à la santé*, cons. 13, 33, 38.	§ 454, 891
Cons. Const., décision n°89-271 DC du 11 janvier 1990, *Loi relative à la limitation des dépenses électorales et à la clarification du financement des activités politiques*, cons. 7.	§ 909

1990-1999

Cons. Const., décision n°90-273 DC du 4 mai 1990, *Loi organique relative au financement de la campagne en vue de l'élection du président de la République et celle des députés*, cons. 16.	§ 911
Cons. Const., décision n°90-274 DC du 29 mai 1990, *Loi visant à mettre en œuvre le droit au logement*, cons. 7.	§ 455
Cons. Const., décision n°90-277 DC du 25 juillet 1990, *Loi relative à la révision générale des évaluations des immeubles retenus pour la détermination des bases d'impôts locaux*, cons. 5, 15.	§ 455, 624
Cons. Constit., décision n°90-280 DC du 6 décembre 1990, *Loi organisant la concomitance du renouvellement des conseils généraux et des conseils régionaux*, cons. 10, 17,	§ 458, 472, 479
Cons. Const., décision n°90-283 DC du 8 janvier 1991, *Loi relative à la lutte contre le tabagisme et l'alcoolisme*, cons. 11, 15 et 29.	§ 590, 703
Cons. Const., décision n°90-284 DC du 16 janvier 1991, *Loi relative au conseiller du salarié*, cons. 3.	§ 599
Cons. Const., décision n°90-285 DC du 28 décembre 1990, *Loi de finances pour 1991*, cons. 12, 60.	§ 634, 798
Cons. Const., décision n°90-287 DC du 16 janvier 1991, *Loi portant dispositions relatives à la santé publique et aux assurances sociales*, cons. 21, 23, 31.	§ 486, 625, 635
Cons. Const., décision 91-290 DC du 9 mai 1991, *Loi portant statut de la collectivité territoriale de Corse*, cons. 50 et 51.	§ 891
Cons. Const., décision n°91-302 DC du 30 décembre 1991, *Loi de finances pour 1992*, cons. 23, 40.	§ 634, 637
Cons. Const., décision n°92-308 DC du 9 avril 1992, *Traité sur l'Union européenne*, cons. 7, 8.	§ 356, 861
Cons. Const., décision n°92-309 DC du 9 juin 1992, *Résolution modifiant l'article 47 bis du règlement du Sénat*, cons. 6, 8.	§ 798, 841
Cons. Const., décision n°92-312 DC du 2 septembre 1992, *Traité sur l'Union européenne*, cons. 28.	§ 867
Cons. Const., décision n°92-313 DC du 23 septembre 1992, *Loi autorisant la ratification du traité sur l'Union européenne*, cons. 2.	§ 841, 872

Cons. Const., décision n°92-314 DC du 17 décembre 1992, *Résolution complétant le règlement de l'Assemblée nationale pour l'application de l'article 88-4 de la Constitution*, cons. 7.	§ 886
Cons. Const., décision n°92-316 DC du 20 janvier 1993, *Loi relative à la prévention de la corruption et à la transparence de la vie économique et des procédures publiques*, cons. 15	§ 216
Cons. Const., décision n°93-320 DC du 21 juin 1993, *Loi de finances rectificative pour 1993*, cons. 8, 19, 27.	§ 455, 607, 624
Cons. Const., décision n°93-321 DC du 20 juillet 1993, *Loi réformant le code de la nationalité*, cons. 18.	§ 574
Cons. Const., décision n°93-322 DC du 28 juillet 1993, *Loi relative aux établissements publics à caractère scientifique, culturel et professionnel*, cons. 9.	§ 765
Cons. Const., décision n°93-325 DC du 13 août 1993, *Loi relative à la maîtrise de l'immigration et aux conditions d'entrée, d'accueil et de séjour des étrangers*, cons. 24, 32, 35, 55, 84, 103, 107.	§ 534, 535, 551, 553, 601, 602, 958
Cons. Const., décision n°93-326 DC du 11 août 1993, *Loi modifiant la loi n°93-2 du 4 janvier 1993 portant réforme du code de procédure pénale*, cons. 29.	§ 1007
Cons. Const., décision n°93-329 DC du 13 janvier 1994, *Loi relative aux conditions de l'aide aux investissements des établissements d'enseignement privés par les collectivités territoriales*, cons. 12, 22.	§ 454, 455
Cons. Constit., décision n°93-331 DC du 13 janvier 1994, *Loi rétablissant le renouvellement triennal par moitié des conseils généraux*, cons. 4, 8.	§ 458, 830
Cons. Const., décision n°93-332 DC du 13 janvier 1994, *Loi relative à la santé publique et à la protection sociale*, cons. 13.	§ 728
Cons. Const., décision n°93-334 DC du 20 janvier 1994, *Loi instituant une peine incompressible et relative au nouveau code pénal et à certaines dispositions de procédure pénale*, cons. 6, 23.	§ 454, 1007
Cons. Const., décision n°93-335 DC du 21 janvier 1994, *Loi portant diverses dispositions en matière d'urbanisme et de construction*, cons. 4, 21.	§ 455, 462
Cons. Const., décision n°93-336 DC du 27 janvier 1994, *Loi organique modifiant l'ordonnance n°58-1270 du 22 décembre 1958 relative au statut de la magistrature*, cons. 20.	§ 860
Cons. Const., décision n°93-337 DC du 27 janvier 1994, *Loi organique sur le Conseil supérieur de la magistrature*, cons. 41.	§ 860
Cons. Constit., décision n°94-341 DC du 6 juillet 1994, *Loi relative à la date du renouvellement des conseillers municipaux*, cons. 5, 7.	§ 458, 830
Cons. Const, décision n°94-343/344 DC du 27 juillet 1994, *Loi relative au respect du corps humain et loi relative au don et à l'utilisation des éléments et produits du corps humain, à l'assistance médicale à la procréation et au diagnostic prénatal*.	§ 681
Cons. Const., décision n° 94-345 DC du 29 juillet 1994, *Loi relative à l'emploi de la langue française*, cons. 6.	§ 549
Cons. Const., décision n°94-346 DC du 21 juillet 1994, *Loi complétant le code du domaine de l'État et relative à la constitution de droits réels sur le domaine public*, cons. 3	§ 353
Cons. Const., décision n°94-348 DC du 3 août 1994, *Loi relative à la protection sociale complémentaire des salariés et portant transposition des directives n°92/49 et 92/96 des 18 juin et 10 novembre 1992 du conseil des communautés européennes*, cons. 4.	§ 1008
Cons. Const., décision n°94-352 DC du 18 janvier 1995, *Loi d'orientation et de programmation relative à la sécurité*, cons. 12, 16, 17.	§ 463, 540, 1004
Cons. Const., décision n°94-357 DC du 25 janvier 1995, *Loi portant diverses dispositions d'ordre social*, cons. 4.	§ 608

Cons. Const., décision n°95-369 DC du 28 décembre 1995, *Loi de finances pour 1996*, cons. 35.	§ 728
Cons. Const., décision n°95-370 DC du 30 décembre 1995, *Loi autorisant le Gouvernement, par application de l'article 38 de la Constitution, à réformer la protection sociale*, cons. 10.	§ 567
Cons. Const., décision n°96-225 DC du 23 janvier 1987, *Loi portant diverses mesures d'ordre social*, cons. 11.	§ 455
Cons. Constit., décision n°96-372 DC du 6 février 1996, *Loi organique relative à la date du renouvellement des membres de l'assemblée territoriale de Polynésie française*, cons. 4.	§ 458
Cons. Const., décision n°96-373 DC du 9 avril 1996, *Loi organique portant statut d'autonomie de la Polynésie française*, cons. 22.	§ 216, 454
Cons. Const., décision n°96-375 DC du 9 avril 1996, *Loi portant diverses dispositions d'ordre économique et financier*, cons. 11.	§ 1003
Cons. Const., décision n°96-380 DC du 23 juillet 1996, *Loi relative à l'entreprise nationale France Télécom*, cons. 5, 6.	§ 353, 589
Cons. Const., décision n°96-383 DC du 6 novembre 1996, *Loi relative à l'information et à la consultation des salariés dans les entreprises et les groupes d'entreprises de dimension communautaire, ainsi qu'au développement de la négociation collective*, cons. 20.	§ 599
Cons. Const., décision n°96-385 DC du 30 décembre 1996, *Loi de finances pour 1997*, cons. 30.	§ 482
Cons. Const., décision n°96-386 DC du 30 décembre 1996, *Loi de finances rectificative pour 1996*, cons. 14.	§ 634
Cons. Const., décision n°96-387 DC du 21 janvier 1997, *Loi tendant, dans l'attente du vote de la loi instituant une prestation d'autonomie pour les personnes âgées dépendantes, à mieux répondre aux besoins des personnes âgées par l'institution d'une prestation spécifique dépendance*, cons. 11.	§ 569
Cons. Const., décision n°97-388 DC du 20 mars 1997, *Loi créant les plans d'épargne retraite*, cons. 34	§ 609
Cons. Const., décision n°97-389 DC du 22 avril 1997, *Loi portant diverses dispositions relatives à l'immigration*, cons. 9, 21, 24, 26, 45.	§ 216, 534, 550, 601, 944, 1012
Cons. Const., décision n°97-390 DC du 19 novembre 1997, *Loi organique relative à la fiscalité applicable en Polynésie française*, cons. 4.	§ 859
Cons. Const., décision n°97-391 DC du 7 novembre 1997, *Loi portant mesures urgentes à caractère fiscal et financier*, cons. 6.	§ 373
Cons. Const., décision n°97-393 DC du 18 décembre 1997, *Loi de financement de la sécurité sociale pour 1998*, cons. 24, 29, 33, 52.	§ 236, 569, 595, 728
Cons. Const., décision n°97-395 DC du 30 décembre 1997, *Loi de finances pour 1998*, cons. 14, 39, 47.	§ 449, 461, 634
Cons. Const, décision n°98-396 DC du 19 février 1998, *Loi organique portant recrutement exceptionnel de magistrats de l'ordre judiciaire et modifiant les conditions de recrutement des conseillers de cour d'appel en service extraordinaire*, cons. 6.	§ 958
Cons. Const., décision n°98-397 DC du 6 mars 1998, *Loi relative au fonctionnement des conseils régionaux*, cons. 12.	§ 858
Cons. Const., décision n°98-400 DC du 20 mai 1998, *Loi organique déterminant les conditions d'application de l'article 88-3 de la Constitution relatif à l'exercice par les citoyens de l'Union européenne résidant en France, autres que les ressortissant français, du droit de vote et d'éligibilité aux élections municipales, et portant transposition de la directive 94/80/CE du 19 décembre 1994*, cons. 4.	§ 867
Cons. Const., décision n°98-401 DC du 10 juin 1998, *Loi d'orientation et d'incitation relative à la réduction du temps de travail*, cons. 3, 26, 29, 33, 35.	§ 376, 480, 486, 956, 1023

Cons. Const., décision n°98-403 DC du 29 juillet 1988, *Loi d'orientation relative à la lutte contre les exclusions*, cons. 31.	§ 454
Cons. Const., décision n°98-404 DC du 18 décembre 1998, *Loi de financement de la sécurité sociale pour 1999*, cons. 5, 7, 26.	§ 374, 482, 729
Cons. Const., décision n°98-405 DC du 29 décembre 1998, *Loi de finances pour 1999*, cons. 12, 56, 66, 68.	§ 483, 569, 604, 937
Cons. Const., décision n°98-407 DC du 14 janvier 1999, *Loi relative au mode d'élection des conseillers régionaux et des conseillers à l'Assemblée de Corse et au fonctionnement des conseils régionaux*, cons. 4.	§ 830
Cons. Const., décision n°98-408 DC du 22 janvier 1999, *Traité portant statut de la Cour pénale internationale*, cons. 29 et s.	§ 216, 356
Cons. Const., décision n°99-416 DC du 23 juillet 1999, *Loi portant création d'une couverture maladie universelle*, cons. 3, 6, 15, 19.	§ 236, 452, 484, 1008
Cons. Const., décision n°99-419 DC du 9 novembre 1999, *Loi relative au pacte civil de solidarité*, cons. 61, 74, 89.	§ 453, 577, 629
Cons. Const., décision n°99-422 DC du 21 décembre 1999, *Loi de financement de la sécurité sociale pour 2000*, cons. 63.	§ 216
Cons. Const., décision n°99-424 DC du 29 décembre 1999, *Loi de finances pour 2000*, cons. 32.	§ 216
Cons. Const., décision n°99-425 DC du 29 décembre 1999, *Loi de finances rectificative pour 1999*, cons. 11, 23.	§ 235, 371, 716, 859

2000-2009

Cons. Const., décision n°2000-426 DC du 30 mars 2000, *Loi relative à la limitation du cumul des mandats électoraux et des fonctions et à leurs conditions d'exercice*, cons. 15.	§ 578, 997
Cons. Const., décision n°2000-428 DC du 4 mai 2000, *Loi organisant une consultation de la population de Mayotte*, cons. 13, 15.	§ 89, 566
Cons. Const., décision n°2000-429 DC du 30 mai 2000, *Loi tendant à favoriser l'égal accès des femmes et des hommes aux mandats électoraux et fonctions électives*, cons. 6, 7.	§ 78, 808
Cons. Const., décision n°2000-433 DC du 27 juillet 2000, *Loi modifiant la loi n°86-1067 du 30 septembre 1986 relative à la liberté de communication*, cons. 43.	§ 957
Cons. Const., décision n°2000-434 DC du 20 juillet 2000, *Loi relative à la chasse*, cons. 31.	§ 454, 580
Cons. Const., décision n°2000-435 DC du 7 décembre 2000, *Loi d'orientation pour l'outre-mer*, cons. 44, 51, 55.	§ 566, 634, 891
Cons. Const., décision n°2000-436 DC du 7 décembre 2000, *Loi relative à la solidarité et au renouvellement urbains*, cons. 3, 15.	§ 610, 669
Cons. Const., décision n°2000-437 DC du 19 décembre 2000, *Loi de financement pour la sécurité sociale pour 2001*, cons. 9, 33, 37.	§ 445, 624, 727, 1023
Cons. Const., décision n°2000-441 DC du 28 décembre 2000, *Loi de finances rectificative pour 2000*, cons. 18, 35.	§ 216, 617, 668
Cons. Const., décision n°2000-442 DC du 28 décembre 2000, *Loi de finances pour 2001*, cons. 36.	§ 634
Cons. Constit., décision n°2001-444 DC du 9 mai 2001, *Loi organique modifiant la date d'expiration des pouvoirs de l'Assemblée nationale*, cons. 3, 5.	§ 458, 830
Cons. Const., décision n°2001-446 DC du 27 juin 2001, *Loi relative à l'interruption volontaire de grossesse et à la contraception*, cons. 5, 7.	§ 495, 681
Cons. Const., décision n°2001-448 DC du 25 juillet 2001, *Loi organique relative aux lois de finances*, cons. 5, 6, 7, 25.	§ 586, 798, 854, 892
Cons. Const., décision n°2001-450 DC du 11 juillet 2001, *Loi portant diverses dispositions d'ordre social, éducatif et culturel*, cons. 18, 19.	§ 492, 641

Cons. Const., décision n°2001-451 DC du 27 novembre 2001, *Loi portant amélioration de la couverture des non-salariés agricoles contre les accidents du travail et les maladies professionnelles*, cons. 28.	§ 1024
Cons. Const., décision n°2001-452 DC du 6 décembre 2001, *Loi portant mesures urgentes de réformes à caractère économique et financier*, cons. 6.	§ 612
Cons. Const., décision n°2001-453 DC du 18 décembre 2001, *Loi de financement de la sécurité sociale pour 2002*, cons. 59.	§ 216, 639
Cons. Const., décision n°2001-454 DC du 17 janvier 2002, *Loi relative à la Corse*, cons. 34.	§ 647, 675
Cons. Const., décision n°2001-455 DC du 12 janvier 2002, *Loi de modernisation sociale*, cons. 9, 107.	§ 374, 537, 627
Cons. Const., décision n°2001-456 DC du 27 décembre 2001, *Loi de finances pour 2002*, cons. 4, 37, 47, 57.	§ 449, 634, 636, 892
Cons. Const., décision n°2001-457 DC du 27 décembre 2001, *Loi de finances rectificatives pour 2001*, cons. 19, 26.	§ 448, 634
Cons. Const., décision n°2002-458 DC du 7 février 2002, *Loi organique portant validation de l'impôt foncier sur les propriétés bâties en Polynésie française*, cons. 3, 4.	§ 216, 236, 729, 859
Cons. Const., décision n°2002-461 DC du 29 août 2002, *Loi d'orientation et de programmation pour la justice*, cons. 14, 32, 35, 47.	§ 631, 811, 951, 1007
Cons. Const., décision n°2002-463 DC du 12 décembre 2002, *Loi de financement de la sécurité sociale pour 2003*, cons. 18.	§ 730
Cons. Const., décision n°2002-464 DC du 27 décembre 2002, *Loi de finances pour 2003*, cons. 7, 20, 25, 27, 34, 54, 57, 61.	§ 449, 461, 491, 492, 611, 624, 632, 634, 958
Cons. Const., décision n°2002-465 DC du 13 janvier 2003, *Loi relative aux salaires, au temps de travail et au développement de l'emploi*, cons. 11.	§ 942
Cons. Const., décision n°2003-467 DC du 13 mars 2003, *Loi pour la sécurité intérieure*, cons. 12, 32, 36-38, 49, 72, 110.	§ 216, 469, 581, 597, 603, 944, 1033
Cons. Const., décision n°2003-468 DC du 3 avril 2003, *Loi relative à l'élection des conseillers régionaux et des représentants au Parlement européen ainsi qu'à l'aide publique aux partis politiques*, cons. 3, 18, 19.	§ 449, 494, 567
Cons. Const., décision n°2003-469 DC du 26 mars 2003, *Révision constitutionnelle relative à l'organisation décentralisée de la République*, cons. 2.	§ 866
Cons. Const., décision n° 2003-473 DC du 26 juin 2003, *Loi habilitant le gouvernement à apprécier le droit*, cons. 5, 18.	§ 216, 493, 584, 621
Cons. Const., décision n°2003-474 DC du 17 juillet 2003, *Loi de programme pour l'outre-mer*, cons. 3.	§ 703, 944
Cons. Const., décision n°2003-475 DC du 24 juillet 2003, *Loi portant réforme de l'élection des sénateurs*, cons. 7, 13, 25.	§ 448, 808, 961
Cons. Const., décision n°2003-477 DC du 31 juillet 2003, *Loi pour l'initiative économique*, cons. 5.	§ 957
Cons. Const., décision n°2003-480 DC du 31 juillet 2003, *Loi relative à l'archéologie préventive*, cons. 2, 6.	§ 614
Cons. Const., décision n°2003-483 DC du 14 août 2003, *Loi portant réforme des retraites*, cons. 7, 25.	§ 489, 569, 676
Cons. Const., décision n°2003-484 DC du 20 novembre 2003, *Loi relative à la maîtrise de l'immigration, au séjour des étrangers en France et à la nationalité*, cons. 51, 72-78, 94.	§ 465, 466, 535, 588, 641

Cons. Const., décision n° 2003-485 DC du 4 décembre 2003, *Loi modifiant la loi n° 52-893 du 25 juillet 1952 relative au droit d'asile*, cons. 43	§ 550
Cons. Const., décision n°2003-486 DC du 11 décembre 2003, *Loi de financement de la sécurité sociale pour 2004*, cons. 24.	§ 216, 728
Cons. Const., décision n°2003-487 DC du 18 décembre 2003, *Loi portant décentralisation en matière de revenu minimum d'insertion et créant un revenu minimum d'activité*, cons. 26.	§ 486
Cons. Const., décision n°2003-488 DC du 29 décembre 2003, *Loi de finances rectificatives pour 2003*, cons. 5, 8, 29.	§ 448, 611, 634
Cons. Const., décision n°2004-490 DC du 12 février 2004, *Loi organique portant statut d'autonomie de la Polynésie française*, cons. 56	§ 216
Cons. Const., décision n°2004-492 DC du 2 mars 2004, *Loi portant adaptation de la justice aux évolutions de la criminalité*, cons. 5, 26.	§ 465, 468
Cons. Const., décision n°2004-493 DC du 26 février 2004, *Résolution modifiant le règlement de l'Assemblée nationale (articles 86 et 143)*, cons. 2-3.	§ 890
Cons. Const., décision n°2004-504 DC du 12 août 2004, *Loi relative à l'assurance maladie*, cons. 46.	§ 730
Cons. Const., décision n°2004-505 DC du 19 novembre 2004, *Traité établissant une Constitution pour l'Europe*, cons. 11.	§ 862
Cons. Const., décision n°2004-506 DC du 2 décembre 2004, *Loi de simplification du droit*, cons. 17-18.	§ 493, 584
Cons. Const., décision n°2004-507 DC du 9 décembre 2004, *Loi portant diverses dispositions relatives au sport professionnel*, cons. 6, 18.	§ 624
Cons. Const., décision n°2004-509 DC du 13 janvier 2005, *Loi de programmation pour la cohésion sociale*, cons. 18, 28.	§ 445, 480, 571
Cons. Const., décision n°2004-511 DC du 29 décembre 2004, *Loi de finances pour 2005*, cons. 12.	§ 722
Cons. Const., décision n° 2005-512 DC du 21 avril 2015, *Loi d'orientation et de programme pour l'avenir de l'école*, cons. 9, 19.	§ 216, 374
Cons. Const., décision n°2005-513 DC du 14 avril 2005, *Loi relative aux aéroports*, cons. 5.	§ 570
Cons. Const., décision n°2005-514 DC du 28 avril 2005, *Loi relative à la création du registre international français*, cons. 34.	§ 958
Cons. Const., décision n°2005-516 DC du 7 juillet 2005, *Loi de programme fixant les orientations de la politique énergétique*.	§ 647
Cons. Const., décision n°2005-517 DC du 7 juillet 2005, *Loi organique modifiant la loi organique n°2001-692 du 1er août 2001 relative aux lois de finances*, cons. 6.	§ 854
Cons. Const., décision n°2005-519 DC du 29 juillet 2005, *Loi organique relative aux lois de financement de la sécurité sociale*, cons. 18.	§ 854
Cons. Const., décision n°2005-521 DC du 22 juillet 2005, *Loi habilitant le gouvernement à prendre par ordonnance, des mesures d'urgence pour l'emploi*, cons. 6, 7, 14.	§ 216, 493
Cons. Const., décision n°2005-524/525 DC du 13 octobre 2005, *Engagements internationaux relatifs à la peine de mort*, cons. 3-7.	§ 216
Cons. Const., décision n°2005-527 DC du 8 décembre 2005, *Loi relative au traitement de la récidive des infractions pénales*, cons. 16-21.	§ 216, 465, 467
Cons. Const., décision n°2005-528 DC du 15 décembre 2005, *Loi de financement de la sécurité sociale pour 2006*, cons. 15.	§ 1012
Cons. Const., décision n°2005-529 DC du 15 décembre 2005, *Loi organique modifiant les dates de renouvellement du Sénat*, cons. 5.	§ 830

Cons. Const., décision n°2005-530 DC du 29 décembre 2005, *Loi de finances pour 2006*, cons. 45, 49, 77, 88.	§ 374, 573, 673, 677, 729, 1020
Cons. Const., décision n°2006-535 DC du 30 mars 2006, *Loi pour l'égalité des chances*, cons 10, 17, 20.	§ 454, 571, 826, 1033
Cons. Const., décision n°2006-538 DC du 13 juillet 2006, *Loi portant règlement définitif du budget de 2005*, cons. 3.	§ 586, 666
Cons. Const., décision n°2006-540 du 27 juillet 2006, *Loi relative au droit d'auteur et aux droits voisins dans la société de l'information*, cons. 19.	§ 348, 447, 703
Cons. Const., décision n°2006-542 DC du 9 novembre 2006, *Loi relative au contrôle de la validité des mariages*, cons. 4, 6.	§ 535, 629
Cons. Const., décision n°2006-543 DC du 30 novembre 2006, *Loi relative au secteur de l'énergie*, cons. 14.	§ 583
Cons. Const., décision n°2006-544 DC du 14 décembre 2006, *Loi de financement de la sécurité sociale pour 2007*, cons. 21.	§ 1009
Cons. Const., décision n°2006-545 DC du 28 décembre 2006, *Loi pour le développement de la participation et de l'actionnariat salarié et portant diverses dispositions d'ordre social*, cons. 24.	§ 568
Cons. Const., décision n°2007-547 DC du 15 février 2007, *Loi organique portant dispositions statutaires et institutionnelles relatives à l'outre-mer*, cons. 13.	§ 868
Cons. Const., décision n°2007-550 DC du 27 février 2007, *Loi relative à la modernisation de la diffusion audiovisuelle et à la télévision du futur*, cons. 4, 10, 16, 23.	§ 492, 541, 1017, 1022
Cons. Const., décision n°2007-555 DC du 16 août 2007, *Loi en faveur du travail, de l'emploi et du pouvoir d'achat*, cons. 3, 8, 12, 20, 38.	§ 449, 461, 491, 722, 826
Cons. Const., décision n°2007-556 DC du 16 août 2007, *Loi sur le dialogue social et la continuité du service public dans les transports terrestres réguliers de voyageurs*, cons. 10.	§ 807
Cons. Const., décision n°2007-557 DC du 15 novembre 2007, *Loi relative à la maitrise d'Immigration, à l'intégration et à l'asile*, cons. 19.	§ 216
Cons. Const., décision n°2007-559 DC du 6 décembre 2007, *Loi organique tendant à renforcer la stabilité des institutions et la transparence de la vie politique en Polynésie française*, cons. 14.	§ 830
Cons. Const., décision n°2007-560 DC du 20 décembre 2007, *Traité de Lisbonne modifiant le traité sur l'Union européenne et le traité instituant la Communauté européenne*, cons. 12.	§ 862
Cons. Const., décision n°2008-564 DC du 19 juin 2008, *Loi relative aux organismes génétiquement modifiés*, cons. 35, 50.	§ 237, 357, 454
Cons. Const., décision n°2008-569 DC du 7 août 2008, *Loi instituant un droit d'accueil pour les élèves des écoles maternelles et élémentaires pendant le temps scolaire*, cons. 9.	§ 807
Cons. Const., décision n°2008-567 DC du 24 juillet 2008, *Loi relative aux contrats de partenariat*, cons. 23, 26.	§ 216, 731
Cons. Const., décision n°2008-573 DC du 8 janvier 2009, *Loi relative à la commission prévue à l'article 25 de la Constitution et à l'élection des députés*, cons. 23, 24.	§ 496, 587
Cons. Const., décision n°2009-575 DC du 12 février 2009, *Loi pour l'accélération des programmes de construction et d'investissement publics et privés*, cons. 4.	§ 703
Cons. Const., décision n°2009-576 DC du 3 mars 2009, *Loi organique relative à la nomination des présidents des sociétés France Télévisions et Radio France et de la société en charge de l'audiovisuel extérieur de la France*, cons. 3.	§ 723
Cons. Const., décision n°2009-577 DC du 3 mars 2009, *Loi relative à la communication audiovisuelle et au nouveau service public de télévision*, cons. 2, 31.	§ 590, 893

Cons. Const., décision n°2009-578 DC du 18 mars 2009, *Loi de mobilisation pour le logement et la lutte contre l'exclusion*, cons. 14.	§ 630
Cons. Const., décision n°2009-579 DC du 9 avril 2009, *Loi organique relative à l'application des articles 34-1, 39 et 44 de la Constitution*, cons. 16, 17.	§ 855, 886
Cons. Const., décision n°2009-580 DC du 10 juin 2009, *Loi favorisant la diffusion et la protection de la création sur internet*, cons. 7, 12, 15, 17.	§ 216, 539, 686
Cons. Const., décision n°2009-581 DC du 25 juin 2009, *Résolution tendant à modifier le règlement de l'Assemblée nationale*, cons. 58.	§ 890
Cons. Const., décision n°2009-588 DC du 6 août 2009, *Loi réaffirmant le principe du repos dominical et visant à adapter les dérogations à ce principe dans les communes et zones touristiques thermales ainsi que dans certaines grandes agglomérations pour les salariés volontaires*, cons. 8, 12, 13.	§ 216, 495
Cons. Const., décision n°2009-595 DC du 3 décembre 2009, *Loi organique relative à l'application de l'article 61-1 de la Constitution*, cons. 4, 17.	§ 568, 962
Cons. Const., décision n°2009-599 DC du 29 décembre 2009, *Loi de finances pour 2010*, cons. 7, 81, 82, 86, 101.	§ 486, 569, 668, 727, 829, 1020

2010-2019

Cons. Const., décision n°2010-602 DC du 18 février 2010, *Loi ratifiant l'ordonnance n°2009-935 du 29 juillet 2009 portant répartition des sièges et délimitation des circonscriptions pour l'élection des députés*, cons. 10, 15, 18, 20.	§ 216, 587, 830
Cons. Const., décision n°2010-603 DC du 11 février 2010, *Loi organisant la concomitance des renouvellements des conseils généraux et des conseils régionaux*, cons. 3, 12, 13.	§ 459, 669, 830
Cons. Const., décision n° 2010-604 DC du 25 février 2010, *Loi renforçant la lutte contre les violences de groupes et la protection des personnes chargées d'une mission de service public*, cons. 4.	§ 540
Cons. Const., décision n°2010-607 DC du 20 janvier 2011, *Loi relative à l'entrepreneur individuel à responsabilité limitée*, cons. 9, 14.	§ 371, 937
Cons. Const., décision n°2010-613 DC du 7 octobre 2010, *Loi interdisant la dissimulation du visage dans l'espace public*, cons. 4.	§ 570
Cons. Const., décision n°2010-617 DC du 9 novembre 2010, *Loi portant réforme des retraites*, cons. 8, 9.	§ 486, 569
Cons. Const., décision n°2010-618 DC du 9 décembre 2010, *Loi de réforme des collectivités territoriales*, cons. 26, 38.	§ 566, 587
Cons. Const., décision n°2010-622 DC du 28 décembre 2010, *Loi de finances pour 2011*, cons. 5, 18, 46.	§ 448, 829, 831, 1020
Cons. Const., décision n°2010-624 DC du 20 janvier 2011, *Loi portant réforme de la représentation devant les cours d'appel*, cons. 17.	§ 730
Cons. Const., décision n°2011-625 DC du 10 mars 2011, *Loi d'orientation et de programmation pour la performance de la sécurité intérieure*, cons. 53, 71.	§ 462, 533
Cons. Const., décision n°2011-626 DC du 29 mars 2011, *Loi organique relative au Défenseur des Droits*, cons. 6.	§ 355
Cons. Const., décision n°2011-628 DC du 12 avril 2011, *Loi organique relative à l'élection des députés et des sénateurs*, cons. 6, 7.	§ 579, 830
Cons. Const., décision n°2011-631 DC du 9 juin 2011, *Loi relative à l'immigration, à l'intégration et à la nationalité*, cons. 93.	§ 730
Cons. Const., décision n°2011-635 DC du 4 août 2011, *Loi sur la participation des citoyens au fonctionnement de la justice pénale et le jugement des mineurs*, cons. 11.	§ 1012

Cons. Const., décision n°2011-638 DC du 28 juillet 2011, *Loi de finances rectificatives pour 2011*, cons. 6, 8, 24.	§ 449, 483, 586, 824, 854
Cons. Const., décision n°2011-644 DC du 28 décembre 2011, *Loi de finances pour 2012*, cons. 12.	§ 668
; Cons. Const., décision n° 2012-647 DC du 28 février 2012, *Loi visant à réprimer la contestation de l'existence des génocides reconnus par la loi*, cons. 5.	§ 539
Cons. Const., décision n°2012-652 DC du 22 mars 2012, *Loi relative à la protection de l'identité*, cons. 13	§ 724
Cons. Const., décision n°2012-653 DC du 9 août 2012, *Traité sur la stabilité, la coordination et la gouvernance au sein de l'Union économique et monétaire*, cons. 8, 14, 16, 18, 27.	§ 356, 666, 694, 863
Cons. Const., décision n°2012-654 DC du 9 août 2012, *Loi de finances rectificative pour 2012 (II)*, cons. 17, 82.	§ 892, 1017
Cons. Const., décision n°2012-658 DC du 13 décembre 2012, *Loi organique relative à la programmation et à la gouvernance des finances publiques*, cons. 19, 52, 54.	§ 666, 854, 902
Cons. Const., décision n°2012-661 DC du 29 décembre 2012, *Loi de finances rectificative pour 2012, (III)*, cons. 13, 33.	§ 672, 1017
Cons. Const., décision n°2012-662 DC du 29 décembre 2012, *Loi de finances pour 2013*, cons. 4, 42, 68, 108, 138.	§ 216, 374, 567, 717, 727, 1017
Cons. Const., décision n°2012-663 DC du 27 décembre 2012, *Loi organique relative à la nomination du directeur général de la société anonyme BPI-groupe*, cons. 5.	§ 723
Cons. Const., décision n°2013-667 DC du 16 mai 2013, *Loi relative à l'élection des conseillers départementaux, des conseillers municipaux et des conseillers communautaires, et modifiant le calendrier électoral*, cons. 2, 14, 21, 35, 62.	§ 459, 469, 587, 672, 807, 960, 961
Cons. Const., décision n°2013-668 DC du 16 mai 2013, *Loi organique relative à l'élection des conseillers municipaux, des conseillers communautaires et des conseillers départementaux*, cons. 18.	§ 867
Cons. Const., décision n°2013-669 DC du 17 mai 2013, *Loi ouvrant le mariage aux couples de personnes de même sexe*, cons. 2, 14, 21, 22, 23, 49, 53, 54	§ 469, 535, 572, 595, 672, 833
Cons. Constit., décision n°2013-671 DC du 6 juin 2013, *Loi portant prorogation du mandat des membres de l'Assemblée des Français de l'étranger*, cons. 7.	§ 459
Cons. Const., décision n°2013-673 DC du 18 juillet 2013, *Loi relative à la représentation des français établis hors de France*, cons. 12.	§ 833
Cons. Const., décision n°2013-675 DC du 9 octobre 2013, *Loi organique relative à la transparence de la vie publique*, cons. 7, 33, 43.	§ 216, 947, 997
Cons. Const., décision n°2013-676 DC du 9 octobre 2013, *Loi relative à la transparence de la vie publique*, cons. 12, 17	§ 833, 949
Cons. Const., décision n°2013-677 DC du 14 novembre 2013, *Loi organique relative à l'indépendance de l'audiovisuel public*, cons. 8.	§ 723
Cons. Const., décision n°2013-679 DC du 4 décembre 2013, *Loi relative à la lutte contre la fraude fiscale et la grande délinquance économique et financière*, cons. 10, 38, 75.	§ 216, 461, 546, 889
Cons. Const., décision n°2013-682 DC du 19 décembre 2013, *Loi de financement de la sécurité sociale pour 2014*, cons. 5, 14.	§ 373, 717, 902, 1014, 1021
Cons. Const., décision 2013-685 DC du 29 décembre 2013, *Loi de finances pour 2014*, cons. 15, 33, 36, 65, 97.	§ 216, 461, 632, 730, 957, 1014

Cons. Const., décision n°2013-686 DC du 23 janvier 2014, *Loi relative aux modalités de mise en œuvre des conventions conclues entre les organismes d'assurance maladie complémentaire et les professionnels, établissements et services de santé*, cons. 7.	§ 833
Cons. Const., décision n°2013-687 DC du 23 janvier 2014, *Loi de modernisation de l'action publique territoriale et d'affirmation des métropoles*, cons. 22, 61.	§ 833, 870
Cons. Const., décision n°2014-688 DC du 13 février 2014, *Loi interdisant le cumul de fonctions exécutives locales avec le mandat de représentant au Parlement européen*, cons. 9.	§ 997
Cons. Const., décision n°2014-689 DC du 13 février 2014, *Loi organique interdisant le cumul de fonctions exécutives locales avec le mandat de député ou de sénateur*, cons. 15.	§ 997
Cons. Const., décision n°2014-690 DC du 13 mars 2014, *Loi relative à la consommation*, cons. 42.	§ 672
Cons. Const., décision n°2014-691 DC du 20 mars 2014, *Loi pour l'accès au logement et un urbanisme rénové*, cons. 39, 41, 49.	§ 486, 672
Cons. Const., décision n°2014-692 DC du 27 mars 2014, *Loi visant à reconquérir l'économie réelle*, cons. 8, 25.	§ 461, 537, 626
Cons. Const., décision n°2014-695 DC du 24 juillet 2014, *Loi relative à la sécurisation des contrats de prêts structurés souscrits par les personnes morales de droit public*, cons. 10	§ 216
Cons. Const., décision n°2014-697 DC du 24 juillet 2014, *Loi organique relative à la nomination des dirigeants de la SNCF*, cons. 6.	§ 723
Cons. Const., décision n°2014-698 DC du 6 août 2014, *Loi de financement rectificative de la sécurité sociale pour 2014*, cons. 4.	§ 903
Cons. Const., décision n°2014-699 DC du 6 août 2014, *Loi de finances rectificatives pour 2014*, cons. 4.	§ 666, 903
Cons. Const., décision n°2014-705 DC du 11 décembre 2014, *Résolution tendant à modifier le règlement de l'Assemblée nationale*, cons. 13.	§ 880
Cons. Const., décision n°2014-706 DC du 18 décembre 2014, *Loi de financement de la sécurité sociale pour 2015*, cons. 14, 28.	§ 569, 833
Cons. Const., décision n°2014-707 DC du 29 décembre 2014, *Loi de finances pour 2015*, cons. 5, 12, 48.	§ 461, 829, 904
Cons. Const., décision n°2014-708 DC du 29 décembre 2014, *Loi de finances rectificatives pour 2014*, cons. 31.	§ 374
Cons. Const., décision n°2015-711 DC du 5 mars 2015, *Loi autorisant l'accord local de répartition des sièges de conseiller communautaire*, cons. 9.	§ 960
Cons. Const., décision n°2015-713 DC du 23 juillet 2015, *Loi relative au renseignement*, cons. 82.	§ 616, 670
Cons. Const., décision n°2015-714 DC du 23 juillet 2015, *Loi organique relative à la nomination du président de la commission nationale de contrôle des techniques de renseignement*, cons. 2.	§ 670, 723
Cons. Const., décision n°2015-715 DC du 5 août 2015, *Loi pour la croissance, l'activité et l'égalité des chances économiques*, cons. 2, 20, 76.	§ 672, 730, 1024
Cons. Const., décision n°2015-718 DC du 13 août 2015, *Loi relative à la transition énergétique pour la croissance verte*, cons. 57.	§ 1029
Cons. Const., décision n°2015-723 DC du 17 décembre 2015, *Loi de financement de la sécurité sociale pour 2016*, cons. 38, 42.	§ 730, 937
Cons. Const., décision n°2015-725 DC du 29 décembre 2015, *Loi de finances pour 2016*, cons. 5 et 6.	§ 904
; Cons. Const., décision n°2015-727 DC du 21 janvier 2016, *Loi de modernisation du système de la santé*, cons. 14, 85.	§ 596, 672

Cons. Const., décision n°2016-729 DC du 21 avril 2016, *Loi organique de modernisation des règles applicables à l'élection présidentielle*, cons. 13, 14.	§ 638
Cons. Const., décision n°2016-733 DC du 28 juillet 2016, *Loi organique rénovant les modalités d'inscription sur les listes électorales des ressortissants d'un État membre de l'Union européenne autre que la France pour les élections municipales*, § 4.	§ 867
Cons. Const., décision n°2016-735 DC du 4 août 2016, *Loi organique relative à la nomination à la présidence du conseil d'administration de l'Agence française pour la biodiversité*, § 3.	§ 723
Cons. Const., décision n°2016-736 DC du 4 août 2016, *Loi relative au travail, à la modernisation du dialogue social et à la sécurisation des parcours professionnels*, § 15.	§ 730
Cons. Const., décision n°2016-737 DC du 4 août 2016, *Loi pour la reconquête de la biodiversité, de la nature et des paysages*, § 30, 38.	§ 611, 827, 1000
Cons. Const., décision n°2016-738 DC du 10 novembre 2016, *Loi visant à renforcer la liberté, l'indépendance et le pluralisme des médias*, § 4, 7, 17, 18.	§ 374, 539, 547, 573
Cons. Const., décision n°2016-741 DC du 8 décembre 2016, *Loi relative à la transparence, à la lutte contre la corruption et à la modernisation de la vie économique*, § 5, 56, 68, 148.	§ 613, 621, 893, 999
Cons. Const., décision n°2016-742 DC du 22 décembre 2016, *Loi de financement de la sécurité sociale pour 2017*, § 5.	§ 905
Cons. Const., décision n°2016-743 DC du 29 décembre 2016, *Loi de finances rectificative pour 2016*	§ 907
Cons. Const., décision n°2016-744 DC du 29 décembre 2016, *Loi de finances pour 2017*, § 4, 5.	§ 586, 905
Cons. Const., décision n°2016-745 DC du 26 janvier 2017, *Loi relative à l'égalité et à la citoyenneté*, § 8, 38, 192.	§ 448, 539, 831, 943
Cons. Const., décision n°2017-746 DC du 19 janvier 2017, *Loi organique relative aux autorités administratives indépendantes et autorités publiques indépendantes*, § 9.	§ 723
Const., décision 2017-747 DC du 16 mars 2017, *Loi relative à l'extension du délit d'entrave à l'interruption volontaire de grossesse*, § 9.	§ 539
Cons. Const., décision n°2017-750 DC du 23 mars 2017, *Loi relative au devoir de vigilance des sociétés mères et des entreprises donneuses d'ordre*, § 13, 26.	§ 462
Cons. Const., décision n°2017-751 DC du 7 septembre 2017, *Loi d'habilitation à prendre par ordonnances les mesures pour le renforcement du dialogue social*, § 32, 44.	§ 493, 573
Cons. Const., décision n°2017-752 DC du 8 septembre 2017, *Loi pour la confiance dans la vie politique*, § 34, 35, 45.	§ 562, 582, 998
Cons. Const., décision n°2017-753 DC du 8 septembre 2017, *Loi organique pour la confiance dans la vie politique*, § 24, 29, 61.	§ 578, 723, 947, 997
Cons. Const., décision n°2017-755 DC du 29 novembre 2017, *Loi de finances rectificatives pour 2017*, § 9, 15, 44, 47.	§ 373, 567, 906, 1027
Cons. Const., décision n°2017-756 DC du 21 décembre 2017, *Loi de financement de la sécurité sociale pour 2018*, § 77, 79.	§ 598, 937
Cons. Const., décision n°2017-757 DC du 16 janvier 2018, *Résolution pérennisant et adaptant la procédure de législation en commission*, § 2.	§ 574
Cons. Const., décision n°2017-758 DC du 28 décembre 2017, *Loi de finances pour 2018*, § 4, 44, 121, 138.	§ 573, 598, 906, 1025
Cons. Const., décision n°2017-759 DC du 28 décembre 2017, *Loi de finances rectificative pour 2017*, § 4, 16.	§ 567, 1019
Cons. Const., décision n°2017-760 DC du 18 janvier 2018, *Loi de programmation des finances publiques pour les années 2018-2022*, § 5.	§ 567

Cons. Const., décision n°2018-761 DC du 21 mars 2018, *Loi ratifiant diverses ordonnances prises sur le fondement de la loi n°2017-1340 du 15 septembre 2017 d'habilitation à prendre par ordonnances les mesures pour le renforcement du dialogue social*, §. 21.	§ 820
Cons. Const., décision n° 2018-762 DC du 15 mars 2018, *Loi permettant une bonne application du régime d'asile européen*, § 9	§ 533
Cons. Const., décision n°2018-764 DC du 19 avril 2018, *Loi organique relative à l'organisation de la consultation sur l'accession à la pleine souveraineté de la Nouvelle-Calédonie*, § 3, 9, 27	§ 78, 461, 819
Cons. Const., décision n°2018-765 DC du 12 juin 2018, *Loi relative à la protection des données personnelles*, § 17.	§ 567, 670
Cons. Const., décision n°2018-767 DC du 5 juillet 2018, *Résolution relative aux obligations déontologiques et à la prévention des conflits d'intérêts des sénateurs*, § 2.	§ 574
Cons. Const., décision n°2018-768 DC du 26 juillet 2018, *Loi relative à la protection du secret des affaires*, § 32.	§ 569
Cons. Const., décision n°2018-769 DC du 4 septembre 2018, *Loi pour la liberté de choisir son avenir professionnel*, § 2, 22, 35, 52.	§ 569, 670, 672, 819
Cons. Const., décision n°2018-770 DC du 6 septembre 2018, *Loi pour une immigration maîtrisée, un droit d'asile effectif et une intégration réussie*, § 10, 62, 87.	§ 533, 569, 595, 670
Cons. Const., décision n°2018-771 DC du 25 octobre 2018, *Loi pour l'équilibre des relations commerciales dans le secteur agricole et alimentaire et une alimentation saine, durable et accessible à tous*, § 8, 12, 17, 24.	§ 684, 819, 827, 990
Cons. Const., décision n°2018-772 DC du 15 novembre 2018, *Loi portant évolution du logement, de l'aménagement et du numérique*, § 36, 39, 40.	§ 670, 817, 822, 833
Cons. Const., décision n°2018-773 DC du 20 décembre 2018, *Loi relative à la lutte contre la manipulation de l'information*, § 15, 18, 28.	§ 539, 616, 821
Cons. Const., décision n°2018-776 DC du 21 décembre 2018, *Loi de financement de la sécurité sociale pour 2019*, § 17, 37.	§ 817, 819, 820, 826
Cons. Const., décision n°2018-777 DC du 28 décembre 2018, *Loi de finances pour 2019*, § 4, 13, 17, 31.	§ 692, 819, 829, 853
Cons. Const., décision n°2019-778 DC du 21 mars 2019, *Loi de programmation 2018-2022 de réforme pour la justice*, § 60, 82, 383.	§ 595, 647, 869
; Cons. Const., décision n° 2019-780 DC du 4 avril 2019, *Loi visant à renforcer et garantir le maintien de l'ordre public lors des manifestations*, § 8.	§ 540
Const., décision n°2019-796 DC du 27 décembre 2019, *Loi de finances pour 2020*, § 81, 82.	§ 539

2020

Cons. Const., décision n° 2020-800 DC du 11 mai 2020, *Loi prorogeant l'état d'urgence sanitaire et complétant ses dispositions*, § 17.	§ 540

II. Décisions QPC

2010

Cons. Const., décision n°2010-1 QPC du 28 mai 2010, *Consorts L.*, cons. 12.	§ 974
Cons. Const., décision n°2010-2 QPC du 11 juin 2010, *Mme Viviane L.*, cons. 11, 14.	§ 3, 355
Cons. Const., décision n° 2010-3 QPC du 28 mai 2010, *Union des familles en Europe*, cons. 6.	§ 539

Cons. Const., décision n°2010-5 QPC du 18 juin 2010, *SNC Kimberly Clark*, cons. 6.	§ 1002
Cons. Const., décision n°2010-10 QPC du 2 juillet 2010, *Consorts C. et autres*, cons. 5.	§ 967, 977
Cons. Const., décision n° 2010-13 QPC du 9 juillet 2010, *M. Orient O.* et autre, cons. 8.	§ 533
Cons. Const., décision n°2010-14/22 QPC du 30 juillet 2010, *M. Daniel W.*, cons. 18.	§ 495
Cons. Const., décision n°2010-25 QPC du 16 septembre 2010, *M. Jean-Victor C.*, cons. 22.	§ 486
Cons. Const., décision n°2010-28 QPC du 17 septembre 2010, *Association sportive football club de Metz*, cons. 8.	§ 446
Cons. Const., décision n°2010-29/37 QPC du 22 septembre 2010, *Commune de Besançon et autre*, cons. 12.	§ 446
Cons. Const., décision n°2010-32 QPC du 22 septembre 2010, *M. Samir M. et autre*, cons. 9.	§ 963, 970
Cons. Const., décision n°2010-39 QPC du 6 octobre 2010, *Mmes Isabelle D. et Isabelle B.*, cons. 9.	§ 469
Cons. Const., décision n°2010-43 QPC du 6 octobre 2010, *Époux A.*, cons. 4.	§ 461
Cons. Const., décision n°2010-45 QPC du 6 octobre 2010, *M. Mathieu P.*, cons. 5.	§ 724
Cons. Const., décision n°2010-60 QPC du 12 novembre 2010, *M. Pierre B.*, cons. 6.	§ 454
Cons. Const., décision n°2010-67/86 QPC du 17 décembre 2010, *Région Centre et région Poitou-Charentes*, cons. 3.	§ 353
Cons. Const., décision n°2010-70 QPC du 26 novembre 2010, *M. Pierre-Yves M.*, cons. 4.	§ 677
Cons. Const., décision n°2010-71 QPC du 26 novembre 2010, *Mlle Danielle S.*, cons. 32.	§ 970
Cons. Const., décision n°2010-83 QPC du 13 janvier 2011, *M. Claude G.*, cons. 7.	§ 974
Cons. Const., décision n°2010-92 QPC du 28 janvier 2011, *Mme Corinne C. et autre*, cons. 6, 8, 9.	§ 469, 535, 553
Cons. Const., décision n°2010-108 QPC du 25 mars 2011, *Mme Marie-Christine D*, cons. 5, 6.	§ 238, 975
Cons. Const., décision n°2010-110 QPC du 25 mars 2011, *M. Jean-Pierre B*, cons. 8	§ 238, 965

2011

Cons. Const., décision n°2011-112 QPC du 1 avril 2011, *Mme Marielle D.*, cons. 12.	§ 975
Cons. Const., décision n°2011-113/115 QPC du 1er avril 2011, *M. Xavier P. et autre*, cons. 11.	§ 1012
Cons. Const., décision n°2011-116 QPC du 8 avril 2011, *M. Michel Z et autre*, cons. 4, 5.	§ 355, 454
Cons. Const., décision n°2011-118 QPC du 8 avril 2011, *M. Lucien M.*, cons. 7, 8.	§ 461, 1017
Cons. Const., décision n°2011-126 QPC du 13 mai 2011, *Société Système U Centrale Nationale et autre*, cons. 5.	§ 724
Cons. Const., décision n°2011-127 QPC du 6 mai 2011, *Consorts C.*, cons. 8.	§ 989
Cons. Const., décision n° 2011-131 QPC du 20 mai 2011, *Mme Térésa C. et autre*, cons. 3.	§ 539
Cons. Const., décision n°2011-135/140 QPC du 9 juin 2011, *M. Abdellatif B. et autre*, cons. 16.	§ 970

Cons. Const., décision n°2011-141 QPC du 24 juin 2011, *Société Électricité de France*, cons. 5, 8.	§ 461, 1017, 1023
Cons. Const., décision n°2011-148/154 QPC du 22 juillet 2011, *M. Bruno L. et autres*, cons. 22.	§ 446
Cons. Const., décision n°2011-167 QPC du 23 septembre 2011, *M. Djamel B.*, cons. 4.	§ 355
Cons. Const., décision n°2011-173 QPC du 30 septembre 2011, *M. Louis C. et autres*, cons. 6.	§ 469
Cons. Const., décision n°2011-174 QPC du 6 octobre 2011, *Mme Oriette P.*, cons. 13.	§ 967
Cons. Const., décision n°2011-185 QPC du 21 octobre 2011, M. Jean-Louis C., cons. 6.	§ 1007
Cons. Const., décision n°2011-192 QPC du 10 novembre 2011, *Mme Ekaterina B., épouse D.*, cons. 22.	§ 616
Cons. Const., décision n°2011-193 QPC du 10 novembre 2011, *Mme Jeannette R., épouse D.*, cons. 7.	§ 371
Cons. Const., décision n°2011-203 QPC du 2 décembre 2011, *M. Wathik M*, cons. 5, 13.	§ 238, 730
Cons. Const., décision n°2011-208 QPC du 13 janvier 2012, *Consorts B.*, cons. 7.	§ 730
Cons. Const., décision n°2011-209 QPC du 17 janvier 2012, *M. Jean-Claude G.*, cons. 6.	§ 454
Cons. Const., décision n° 2011-218 QPC du 3 février 2012, *M. Cédric S.*, cons. 6.	§ 548
Cons. Const., décision n°2011-223 QPC du 17 février 2012, *Ordre des avocats au Barreau de Bastia*, cons. 6.	§ 1007

2012

Cons. Const., décision n°2012-230 QPC du 6 avril 2012, *M. Pierre G.*, cons. 5.	§ 830
Cons. Const., décision n°2012-242 QPC du 14 mai 2012, *Association temps de vie*, cons. 8.	§ 357
Cons. Const., décision n°2012-249 QPC du 16 mai 2012, *Société Cryo-Save France*, cons. 7, 8.	§ 682, 828
Cons. Const., décision n° 2012-260 QPC du 29 juin 2012, *M. Roger D.*, cons. 4	§ 535
Cons. Const., décision n° 2012-261 QPC du 22 juin 2012, *M. Thierry B.*, cons. 5	§ 535
Cons. Const., décision n° 2012-285 QPC du 30 nov. 2012, *M. Christian S.*, cons. 7	§ 537
Cons. Const., décision n°2012-298 QPC du 28 mars 2013, *SARL Majestic Champagne*, cons. 8.	§ 238

2013

Cons. Const., décision n°2013-301 QPC du 5 avril 2013, *Mme Annick D. épouse L.*, cons. 6, 7.	§ 482, 953
Cons. Const., décision n° 2013-311 QPC du 17 mai 2013, *Société Écocert France*, cons. 4.	§ 539
Cons. const., décision n° 2013-318 QPC du 7 juin 2013, *M. Mohamed T.*, cons. 12.	§533
Cons. Const., décision n° 2013-319 QPC du 7 juin 2013, *M. Philippe B.*, cons. 3.	§ 539
Cons. Const., décision n°2013-322 QPC du 14 juin 2013, *M. Philippe W.*, cons. 7.	§ 1017, 1023

Cons. Const., décision n°2013-332 QPC du 12 juillet 2013, *Mme Agnès B.*, cons. 6.	§ 602
Cons. Const., décision n° 2013-338 QPC du 13 septembre 2013, *Société Invest Hôtels Saint-Dizier Rennes et autre*, cons. 8	§ 352
Cons. Const., décision n°2013-343 QPC du 27 septembre 2013, *Époux L.*, cons. 9.	§ 974
Cons. Const., décision n°2013-345 QPC du 27 septembre 2013, *Syndicat national Groupe Air France CFTC*, cons. 3.	§ 833
Cons. Const., décision n°2013-346 QPC du 11 octobre 2013, *Société Schuepbach Energy LLC*, cons. 9, 17.	§ 369, 1001
Cons. Const., décision n°2013-351 QPC du 25 octobre 2013, *Société Boulanger*, cons. 17	§ 238
Cons. Const., décision n°2013-354 QPC du 22 novembre 2013, *Mme Charly K.*, cons. 10.	§ 368
Cons. Const., décision n°2013-357 QPC du 29 novembre 2013, *Société Westgate Charters Ltd*, cons. 6, 10.	§ 546, 970
Cons. Const., décision n°2013-367 QPC du 14 février 2014, *Consorts L.*, cons. 5.	§ 833
Cons. Const., décision n°2013-370 QPC du 28 février 2014, *M. Mars S et autre*, cons. 13.	§ 369

2014

Cons. Const., décision n°2014-373 QPC du 4 avril 2014, *Société Sephora*, cons. 17.	§ 724
Cons. Const., décision n°2014-390 QPC du 11 avril 2014, *M. Antoine H.*, cons. 4.	§ 730
Cons. Const., décision n°2014-395 QPC du 7 mai 2014, *Fédération environnement durable et autres*, cons. 16.	§ 975
Cons. Const., décision n°2014-400 QPC du 6 juin 2014, *Société Orange SA*, cons. 11.	§ 976
Cons. Const., décision n°2014-404 QPC du 20 juin 2014, *époux M.*, cons. 14.	§ 976
Cons. Const., décision n°2014-406 QPC du 9 juillet 2014, *M. Franck I.*, cons. 6-7.	§ 730
Cons. Const., décision n°2014-411 QPC du 9 septembre 2014, *Commune de Tarascon*, cons. 14.	§ 461
Cons. Const., décision 2014-415 QPC du 26 septembre 2014, *M. François F.*, cons. 5, 9.	§ 355, 992
Cons. Const., décision n°2014-417 QPC du 19 septembre 2014, *Société Red bull on premise et autre*, cons. 15.	§ 238
Cons. Const., décision n°2014-418 QPC du 8 octobre 2014, *Société SGI*, cons. 9.	§ 357, 461
Cons. Const., décision n°2014-426 QPC du 14 novembre 2014 *M. Alain L*, cons. 8.	§ 238
Cons. Const., décision n°2014-430 QPC du 21 novembre 2014, *Mme Barbara D. et autres*, cons. 8.	§ 1017, 1023
Cons. Const., décision n°2014-432 QPC du 28 novembre 2014, *M. Dominique de L.*, cons. 11.	§ 997
Cons. Const., décision n°2014-439 QPC du 23 janvier 2015, *M. Ahmed S.*, cons. 20, 21.	§ 368, 1017, 1020
Cons. Const., décision n°2014-452 QPC du 27 février 2015, *M. Olivier J.*, cons. 7.	§ 958
Cons. Const., décision n°2014-453/454 QPC et 2015-462 QPC du 18 mars 2015 *M. John L et autres*, cons. 25, 34.	§ 238
Cons. Const., décision n° 2014-455 QPC du 6 mars 2015, *M. Jean de M.*, § 3.	§ 554

Cons. Const., décision n°2014-457 QPC du 20 mars 2015, *Mme Valérie C., épouse D.*, cons. 9.	§ 977

2015

Cons. Const., décision n°2015-458 QPC du 20 mars 2015, *Époux L.*, cons. 10.	§ 495, 683, 828
Cons. Const., décision n°2015-461 QPC du 24 avril 2015, *Mme Christine M., épouse C.*, cons. 8.	§ 957
Cons. Const., décision n°2015-464 QPC du 9 avril 2015, *M. Marc A.*, cons. 3, 4.	§ 370, 546
Cons. Const., décision n°2015-465 QPC du 24 avril 2015, *Conférence des présidents d'université*, cons. 13.	§ 808
Cons. Const., décision n° 2015-468/469/472 QPC du 22 mai 2015, *Société UBER France SAS et autre*, cons. 2.	§ 533
Cons. Const., décision n°2015-479 QPC du 31 juillet 2015, *Société Gecop*, cons. 18.	§ 730
Cons. Const., décision n°2015-480 QPC du 17 septembre 2015, *Association plastics Europe*, cons. 6, 12.	§ 238, 683, 827, 1000
Cons. Const., décision n°2015-489 QPC du 14 octobre 2015, *Société Grands Moulins de Strasbourg SA et autre*, cons. 14.	§ 724
Cons. Const., décision n°2015-490 QPC du 14 octobre 2015, *M. Omar K.*, cons. 4.	§ 534
Cons. Const., décision n°2015-492 QPC du 16 octobre 2015, *Association communauté rwandaise de France*, cons. 9.	§ 975
Cons. Const., décision n°2015-504/505 QPC du 4 décembre 2015, *Mme Nicole B. veuve B et autres*.	§ 369
Cons. Const., décision n°2015-510 QPC du 7 janvier 2016, *Association Expert-comptable média association*, cons. 6.	§ 724
Cons. Const., décision n° 2015-512 QPC du 8 janvier 2016, *M. Vincent R.*, § 5.	§ 539
Cons. Const., décision n°2015-515 QPC du 14 janvier 2016, *M. Marc-François Xavier M.-M.*, cons. 8.	§ 373
Cons. Const., décision n°2015-520 QPC du 3 février 2016, *Société Metro Holding France SA venant aux droits de la société CRFP Cash*, cons. 11.	§ 238
Cons. Const., décision n° 2015-527 QPC du 22 décembre 2015, *M. Cédric D.*, cons. 8.	§ 533

2016

Cons. Const., décision n°2016-531 QPC du 1er avril 2016, *M. Carlos C.*, cons. 7.	§ 991
Cons. Const., décision n°2016-532 QPC du 1er avril 2016, *M. Jean-Marc E. et autre*, cons. 10.	§ 977
Cons. Const., décision n°2016-533 QPC du 14 avril 2016, *M. Jean-Marc P.*, cons. 9.	§ 952
Cons. Const., décision n° 2016-535 QPC du 19 février 2016, *Ligue des droits de l'homme*, cons. 3.	§ 540
Cons. Const., décision n°2016-540 QPC du 10 mai 2016, *Société civile Groupement foncier rural Namin et Co*, § 8.	§ 460
Cons. Const. décision n° 2016-541 QPC du 18 mai 2016, *Société Euroshipping Charter Company Inc et autre*, § 5.	§ 546
Cons. Const., décision n°2016-542 QPC du 18 mai 2016, *Société ITM alimentaire International SAS*, § 8.	§ 724
Cons. Const., décision n°2016-544 QPC du 3 juin 2016, *M. Mohamadi C.*, § 8.	§ 944
Cons. Const., décision n°2016-551 QPC du 6 juillet 2016, *M. Éric B.*, § 10.	§ 958

Cons. Const., décision n°2016-553 QPC du 8 juillet 2016, *Société Natixis*, § 9.	§ 238
Cons. Const., décision n°2016-557 QPC du 29 juillet 2016, *M. Bruno B.*, § 5.	§ 536
Cons. Const., décision n°2016-589 QPC du 21 octobre 2016, *Association des maires de Guyane et autres*, § 16.	§ 945, 957
Cons. Const., décision n°2016-590 QPC du 21 octobre 2016, *La Quadrature du Net et autres*, § 3, 7.	§ 547, 616
Cons. Const., décision n°2016-603 QPC du 9 décembre 2016, *Consorts C*, § 5.	§ 373
Cons. Const., décision n°2016-604 QPC du 17 janvier 2017, *Société Alinéa*, § 5.	§ 373
Cons. Const., décision n° 2016-606/607 QPC du 24 janv. 2017, *M. Ahmed M. et autre*, § 19.	§ 533
Cons. Const., décision n°2016-611 QPC du 10 février 2017, *M. David P.*, § 4, 5, 13, 14, 16.	§ 439, 470, 497, 539, 575
Cons. Const., décision n°2016-614 QPC du 1er mars 2017, *M. Dominique L*, § 14.	§ 238
Cons. Const., décision n°2016-618 QPC du 16 mars 2017, *Mme Michelle Theresa B*, § 18.	§ 238

2017

Cons. Const., décision n° 2017-624 QPC du 16 mars 2017, *M. Sofiyan I.*, § 13.	§ 533
Cons. Const., décision n°2017-632 QPC du 2 juin 2017, *Union nationale des associations de familles de traumatisés crâniens et de cérébro-lésés*, § 11.	§ 828
Cons. Const., décision n°2017-634 QPC du 2 juin 2017, *M. Jacques R. et autres*, § 13, 14.	§ 724, 999
Cons. Const., décision n° 2017-635 QPC du 9 juin 2017, *M. Émile L.*, § 3.	§ 533
Cons. Const., décision n°2017-651 QPC du 31 mai 2017, *Association En Marche !*, § 11.	§ 461
Cons. Const., décision n°2017-656 QPC du 29 septembre 2017, *M. Jean-Marie B*, § 4.	§ 373
Cons. Const., décision n°2017-660 QPC du 6 octobre 2017, *Société de participation financière*.	§ 727
Cons. Const., décision n°2017-665 QPC du 20 octobre 2017, *Confédération générale du travail – Force ouvrière*, § 12-13, 15.	§ 571, 937
Cons. Const., décision n°2017-672 QPC du 10 novembre 2017, *Association entre Seine et Brotonne et autre*, § 6, 9.	§ 554, 996
Cons. Const., décision n°2017-673 QPC du 24 novembre 2017, *Société Neomades*, § 8, 15.	§ 373, 573, 1019
Cons. Const., décision n°2017-674 QPC du 30 novembre 2017, *M. Kamel D.*, § 4, 15.	§ 533, 562
Cons. Const., décision n° 2017-677 QPC du 1er décembre 2017, *Ligue des droits de l'Homme*, § 3.	§ 533
Cons. Const., décision n°2017-678 QPC du 8 décembre 2017, *Département de la Réunion*, § 7.	§ 945, 957
Cons. Const., décision n°2017-682 QPC du 15 décembre 2017, *M. David P.* § 3, 4, 13.	§ 539, 575
Cons. Const., décision n° 2017-684 QPC du 11 janvier 2018, *Association La cabane juridique*, § 3.	§ 533
Cons. Const., décision n°2017-686 QPC du 19 janvier 2018, *Confédération générale du travail – Force ouvrière et autres*, § 5.	§ 808, 870

Cons. Const., décision n°2017-687 QPC du 2 février 2018, *Association Wikimédia France et autre*, § 10.	§ 731
Cons. Const., décision n°2017-688 QPC du 2 février 2018, *M. Axel N.*, § 12.	§ 972
Cons. Const., décision n°2017-691 QPC du 16 février 2018, *M. Farouk B.*, § 12.	§ 533
; Cons. Const., décision n° 2017-693 QPC du 2 mars 2018, *Association de la presse judiciaire*, § 6.	§ 539
Cons. Const., décision n°2017-694 QPC du 2 mars 2018, *M. Ousmane K. et autres*, § 8, 12.	§ 548, 971, 972
Cons. Const., décision n°2017-695 QPC du 29 mars 2018, *M. Rouchdi B. et autre*, § 28, 31, 43.	§ 463, 533, 540

2018

Cons. Const., décision n°2018-698 QPC du 6 avril 2018, *Syndicat secondaire Le Signal*, § 6-7.	§ 822, 990
Cons. Const., décision n°2018-700 QPC du 13 avril 2018, *Société technicolor*, § 3.	§ 573
Cons. Const., décision n°2018-705 QPC du 18 mai 2018, *Mme Arlette R. et autres*, § 5.	§ 562
Cons. Const., décision n° 2018-706 QPC du 18 mai 2018, *M. Jean-Marc R.*, § 19.	§ 539
Cons. Const., décision n°2018-707 QPC du 25 mai 2018, *Époux P.*, § 7.	§ 820
; Cons. Const., décision n° 2018-710 QPC du 1er juin 2018, *Association Al Badr et autre*, § 16.	§ 548
Cons. Const., décision n°2018-715 QPC du 22 juin 2018, *Section française de l'observatoire internationale des prisons*, § 6.	§ 971
Cons. Const., décision n°2018-717/718 QPC du 6 juillet 2018, *M. Cédric H. et autre*, § 18.	§ 470
Cons. Const., décision n°2018-727 QPC du 13 juillet 2018, *Commune de Ploudiry*, § 7.	§ 820
Cons. Const., décision n°2018-730 QPC du 14 septembre 2018, *M. Mehdi K.*, § 12.	§ 971
Cons. Const., décision n° 2018-731 QPC du 14 septembre 2018, *Mme Juliet I.*, § 5.	§ 548
Cons. Const., décision n°2018-733 QPC du 21 septembre 2018, *Société d'exploitation de moyen de carénage*, § 7.	§ 819
Cons. Const., décision n°2018-737 QPC du 5 octobre 2018, *M. Jaime Rodrigo F.*, § 9, 12.	§ 562, 971
Cons. Const., décision n°2018-739 QPC du 12 octobre 2018, *Société Dom Com Invest*, § 6, 10.	§ 821, 971
Cons. Const., décision n°2018-740 QPC du 19 octobre 2018, *Mme Simone P. et autre*, § 7.	§ 822
Cons. Const., décision n° 2018-742 QPC du 26 octobre 2018, *M. Husamettin M*, § 5.	§ 548
Cons. Const., décision n°2018-743 QPC du 26 octobre 2018, *Société Brimo de Laroussilhe*, § 7.	§ 1020
Cons. Const., décision n°2018-746 QPC du 23 novembre 2018, *M. Djamal Eddine C.*, § 8.	§ 821
Cons. Const., décision n°2018-749 QPC du 30 novembre 2018, *Société Interdits et autres*, § 11, 13.	§ 725, 822
Cons. Const., décision n°2018-750/751 QPC du 7 décembre 2018, *Société Long Horn International et autre*, § 24.	§ 822
Cons. Const., décision n°2018-761 QPC du 1er février 2019, *Association Médecins du monde et autres*, § 11, 12.	§ 821, 825

Cons. Const., décision n°2018-762 QPC du 8 février 2019, *M. Berket S.*, § 5, 8.	§ 647, 971, 972
Cons. Const., décision n°2018-763 QPC du 8 février 2019, *Section française de l'observatoire international des prisons*, § 10.	§ 971
Cons. Const., décision n°2018-764 QPC du 15 février 2019, *M. Paulo M.*, § 12.	§ 971
Cons. Const., décision n°2018-768 QPC du 21 mars 2019, *M. Adama S.*, § 6, 15.	§ 595, 995

2019

Cons. Const., décision n°2019-769 QPC du 22 mars 2019, *Mme Ruth S.*, § 9.	§ 647
Cons. Const., décision n° 2019-770 QPC du 29 mars 2019, *M. Chamsoudine C.*, § 5.	§ 548
Cons. Const., décision n° 2019-772 QPC du 5 avril 2019, *M. Sing Kwon C. et autre*, § 8.	§ 546
Cons. Const., décision n°2019-773 QPC du 5 avril 2019, *Société Uber B.V.*, § 7.	§ 971
Cons. Const., décision n°2019-774 QPC du 12 avril 2019, *Société Magenta Discount et autre*, § 17, 30.	§ 647, 994
Cons. Const., décision n°2019-775 QPC du 12 avril 2019, *M. Joseph R.*, § 6.	§ 647
Cons. Const., décision n°2019-776 QPC du 19 avril 2019, *Société Engie*, § 6 et 8.	§ 647
Cons. Const., décision n°2019-777 QPC du 19 avril 2019, *M. Bouchaïd S.*, § 4.	§ 647
Cons. Const., décision n°2019-778 QPC du 10 mai 2019, *Époux B. et autres*, § 8.	§ 647
Cons. Const., décision n°2019-779/780 QPC du 10 mai 2019, *M. Hendrik A. et autre*, § 8.	§ 647
Cons. Const., décision n° 2019-805 QPC du 27 septembre 2019, *Union de défense active des forains et autres*, § 9.	§ 533
Cons. Const., décision n° 2019-811 QPC du 25 octobre 2019, *Mme Fairouz H. et autres*, § 7.	§ 541
Cons. Const., décision n° 2019-815 QPC du 29 novembre 2019, *Mme Carole L.*, § 4.	§ 548

III. Autres décisions du Conseil constitutionnel (L, FNR)

Cons. Const., décision n°60-7 L du 8 juillet 1960, *Nature juridique de l'article 6 (paragraphe II) de l'ordonnance n°58-1453 du 31 décembre 1958 modifiant et complétant la loi du 28 octobre 1946 sur les dommages de guerre*, cons. 1, 2.	§ 800
Cons. Const., décision n°64-28 L du 17 mars 1964, *Nature juridique des dispositions de l'article 5 (1,4ème alinéa) de l'ordonnance n°58-966 du 16 octobre 1958 relative à diverses dispositions concernant le Trésor (Caisses de Crédit mutuel)*, cons. 2	§ 800
Cons. Const., décision n°65-35 L du 2 juillet 1965, *Nature juridique des articles 1er, 2, 3, 4 et 5 de l'ordonnance n°59-247 du 4 février 1959 relative au marché financier*, cons. 2	§ 800
Cons. Const., décision n°66-7 FNR du 21 décembre 1966, *Proposition de loi de M. Baudis, député, telle qu'elle résulte du rapport de la commission spéciale, concernant l'indemnisation des dommages subis par les français rapatriés d'outre-mer*, cons. 6.	§ 891
Cons. Const., décision n°67-44 L du 27 février 1967, *Nature juridique de diverses dispositions des titres I et II du Code des débits de boissons et des mesures contre l'alcoolisme*, cons. 7	§ 800

Cons. Const., décision n°69-55 L du 26 juin 1969, *Nature juridique de certaines dispositions modifiées, des articles 4, 9 et 12 de la loi du 2 mai 1930 relative à la protection des monuments naturels et des sites de caractère, historique, scientifique, légendaire ou pittoresque, des articles 2 et 13 bis de la loi du 31 décembre 1913 sur les monuments historiques et de l'article 98-1 du code de l'urbanisme et de l'habitation*, cons. 5.	§ 357
Cons. Const., décision n°73-80 L du 28 novembre 1973, *Nature juridique de certaines dispositions du Code rural, de la loi du 5 août 1960 d'orientation agricole, de la loi du 8 août 1962 relative aux groupements agricoles d'exploitation en commun et de la loi du 17 décembre 1963 relative au bail à ferme dans les départements de la Guadeloupe, de la Guyane, de la Martinique et de la Réunion*, cons. 7.	§ 800
Cons. Const., décision n°76-94 L du 2 décembre 1976, *Nature juridique des dispositions de l'article 5 de la loi n°75-1329 du 31 décembre 1975 codifié sous l'article L72-1 du code électoral.*	§ 647
Cons. Const., décision n°88-153 L du 23 février 1988, *Nature juridique des dispositions contenues dans les articles 8, 140 et 143 de la loi n°85-98 du 25 janvier 1985 relative au redressement et à la liquidation judiciaire des entreprises.*	§ 647

Section II.

Décisions des autres juridictions

I. Juridictions françaises

C. E., 7 août 1909, *Winkell*, n°37317, Rec. 826.	§ 858
C. E., 7 août 1909, *Rosier*, n°37325, Rec. 1296.	§ 858
C. E., 1er mai 1822, *Laffitte*, n°5363, Rec. 371.	§ 125
C. E., 9 mai 1867, *Duc d'Aumale et Michel Lévy*, n° 39621 et 39693, Rec. 473.	§ 125
C. E., 19 février 1875, *Prince Napoléon*, n°46707, Rec. 156.	§ 125
C. E., Ass., 8 février 2007, *Société Arcelor Atlantique et Lorraine et autres*, n°287110, Rec. 56.	§ 343
C. E., sect., 10 avril 2008, *Conseil national des barreaux et autres*, n° 296845, Rec.130.	§ 338
C. E., 3 juin 2009, *Société Arcelor Atlantique et Lorraine et autres*, n°287110	§ 343
C. E., ord., 9 janvier 2014, *Ministre de l'Intérieur contre Société Les Productions de la Plume et M. Dieudonné M'Bala M'Bala*, n°374508.	§ 62
C. E., 3 octobre 2016, *Confédération paysanne et autres*, n°388.649, Rec. 401.	§ 344
C. E., 5/6 Ch. réunies, 15 octobre 2018, *Société RTL*, n°417228.	§ 62
1ère civ., n°12-40.002, 28 mars 2012.	§ 371
Décision de renvoi Cass., n°2016-611 QPC du 10 février 2017, *M. David P.*	§ 470

II. Juridictions européennes

C. E. D. H., 17 janvier 1970, *Delcourt contre Belgique*, – 2689/65, § 31.	§ 378
C. E. D. H., 26 juin 1986, *Van Marle et autres contre Pays-Bas*, – 8543/79, 8674/79, 8675/79, 8685/79, § 41.	§ 369
C. J. C. E., 13 novembre 1990, aff. C331/88, *The Queen / Ministry of Agriculture, Fisheries and Food, ex parte FEDESA e. a.*	§ 439
C. E. D. H., 16 décembre 1992, *Niemetz contre Allemagne*, – 13710/88, § 30-33.	§ 370
C. E. D. H., 9 décembre 1994, *Raffineries grecques Stran et Stratis Andreadis contre Grèce*, – 13427/87, § 59 et 66.	§ 369

C. E. D. H, 23 février 1995, *Gasus Dosier und Fördertechnik GmbH contre Pays-Bas*, – 15375/89, § 53.	§ 369
C. E. D. H., 20 novembre 1995, *Pressos compania naviera S.A. et autres contre Belgique*, – 17849/91, § 31.	§ 369
C. E. D. H., 25 septembre 1996, *Buckley contre Royaume-Uni*, – 20348/92, § 60.	§ 370
C. E. D. H., 28 octobre 1999, *Zielinski et Pradal et Gonzalez et autres contre France*, –n°24846/94 et 34165/96 à 34173/96.	§ 859
C. E. D. H., 16 avril 2002, *Société colas Est et autres contre France*, – 37971/97, § 41.	§ 370
C. E. D. H., 11 janvier 2007, *Anheuser-Bush Inc. contre Portugal*, – 73049/01, § 72.	§ 369
C. J. C. E., aff. C-169/80 du 9 juillet 1981, *Administration des douanes contre Gondrand frères et Société anonyme Garancini*, § 17.	§ 716
C. J. C. E., aff. 325/85 du 15 décembre 1987, *Irlande contre Commission des communautés européennes*, § 18.	§ 716
C. J. C. E., aff. 348/85 du 15 décembre 1987, *Royaume de Danemark contre Commission des communautés européennes*, § 19.	§ 716
C. J. C. E., aff. C-63/93 du 15 février 1996, *Fintan Duff e.a. contre Minister for Agriculture and Food, Ireland and Attorney General*, § 20.	§ 715

III. Autres juridictions constitutionnelles

Allemagne :	
Cour constitutionnelle fédérale allemande, BverfGE, 11 juin 1958 (décision dite des pharmacies), 7, 377, a.	§ 446
Cour constitutionelle fédérale allemande, BVerfGE, 15 janvier 1968 (Lüth), tr. Michel Fromont, *in* Pierre Bon et Didier Maus (dir.), *Les grandes décisions des cours constitutionnelles européennes*, Éd. Dalloz, Coll. Grands arrêts, 2008, p. 115-121.	§ 60
Cour constitutionnelle fédérale allemande, BVerfGE, 21 juin 1977, tr. Michel Fromont, *in* Pierre Bon et Didier Maus (dir.), *Les grandes décisions des cours constitutionnelles européennes*, p. 169-173.	§ 60
Cour constitutionnelle fédérale allemande, BVerfGE, 22 octobre 1986, 2 BvR 197/83 (Solange II).	§ 339
Cour constitutionnelle fédérale allemande, BVerfGE 95, 179.	§ 439
Espagne :	
Tribunal Constitutionnel espagnol, arrêt n°101/1983 du 14 décembre 1983, *Affaire du serment de respecter la constitution*, cons. 3, tr. Luis Maria Diez-Picazo *in* Pierre Bon et Didier Maus (dir.), *Les grandes décisions des cours constitutionnelles européennes*, p. 84-89.	§ 60
Tribunal Constitutionnel espagnol, arrêt n°234/2001 du 16 janvier 2002, *Affaire De la suppression rétroactive des exemptions fiscales*, cons 11, tr. Luis Maria Diez-Picazo *in* Pierre Bon et Didier Maus (dir.), *Les grandes décisions des cours constitutionnelles européennes*, p. 24-29.	§ 60
Déclaration du Tribunal constitutionnel espagnol n°1/2004 du 13 décembre 2004, § 2.	§ 340
Hongrie :	
Cour constitutionnelle hongroise, décision n°9/1992 du 28 janvier 1992, cons. 1, tr. Attila Harmathy *in* Pierre Bon et Didier Maus (dir.), *Les grandes décisions des cours constitutionnelles européennes*, p. 29-35.	§ 60
Italie :	
Cour constitutionnelle italienne, arrêt n°1146/1988, du 29 décembre 1988, cons. 2.1, tr. Tania Groppi et Chiara Meoli *in* Pierre Bon et Didier Maus (dir.), *Les grandes décisions des cours constitutionnelles européennes*, p. 76-78.	§ 60
Corte costituzionale, arrêt n°232/1989 des 13 et 21 avril 1989, *S.p.a Fragd*, cons. 3.1.	§ 340

Cour constitutionnelle italienne, arrêt n°438/1995 du 18 octobre 1995, cons. 2, tr. Tania Groppi et Chiara Meoli *in* Pierre Bon et Didier Maus (dir.), *Les grandes décisions des cours constitutionnelles européennes*, p. 191-196.	§ 60
Cour constitutionnelle italienne, arrêt n°172/1999 du 18 mai 1999, cons. 2.3, tr. Tania Groppi et Chiara Meoli *in* Pierre Bon et Didier Maus (dir.), *Les grandes décisions des cours constitutionnelles européennes*, p. 106-109.	§ 224
Lituanie :	
Cour constitutionnelle lituanienne, *arrêt sur la conformité à la constitution de l'article 1-1 et de l'article 2, alinéa 2, de la loi sur les élections présidentielles* du 25 mai 2004, cons II.1, tr. Egidijus Jarasunias, *in* Pierre Bon et Didier Maus (dir.), *Les grandes décisions des cours constitutionnelles européennes,* p. 502-522.	§ 60
Pologne :	
Tribunal constitutionnel polonais, jugment n°/ K 26/97 du 25 novembre 1997, cons. 3, tr. Lech Garlicki *in* Pierre Bon et Didier Maus (dir.), *Les grandes décisions des cours constitutionnelles européennes,* p. 14-23.	§ 60
Tribunal constitutionnel polonais, jugment n°/ K 18/04 du 11 mai 2005, cons. 2.2, tr. Miroslaw Granat, *in* Pierre Bon et Didier Maus (dir.), *Les grandes décisions des cours constitutionnelles européennes,* p. 420-435.	§ 341
Portugal :	
Tribunal constitutionnel portugais, arrêt n° 105-90 du 29 mars 1990, cons. 8, tr. Jorge Miranda et José Alexandrino, *in* Pierre Bon et Didier Maus (dir.), *Les grandes décisions des cours constitutionnelles européennes,* p. 178-181.	§ 60
Tribunal constitutionnel portugais, arrêt n°144/2004 du 10 mars 2004, cons. 6, tr. Jorge Miranda et José Alexandrino, *in* Pierre Bon et Didier Maus (dir.), *Les grandes décisions des cours constitutionnelles européennes*, p. 181-184.	§ 60

INDEX DES PRINCIPALES NOTIONS

Les chiffres renvoient aux paragraphes.

TABLE DES MATIÈRES

Structures éditoriales du groupe L'Harmattan

L'Harmattan Italie
Via degli Artisti, 15
10124 Torino
harmattan.italia@gmail.com

L'Harmattan Hongrie
Kossuth l. u. 14-16.
1053 Budapest
harmattan@harmattan.hu

L'Harmattan Sénégal
10 VDN en face Mermoz
BP 45034 Dakar-Fann
senharmattan@gmail.com

L'Harmattan Cameroun
TSINGA/FECAFOOT
BP 11486 Yaoundé
inkoukam@gmail.com

L'Harmattan Burkina Faso
Achille Somé – tengnule@hotmail.fr

L'Harmattan Guinée
Almamya, rue KA 028 OKB Agency
BP 3470 Conakry
harmattanguinee@yahoo.fr

L'Harmattan RDC
185, avenue Nyangwe
Commune de Lingwala – Kinshasa
matangilamusadila@yahoo.fr

L'Harmattan Congo
67, boulevard Denis-Sassou-N'Guesso
BP 2874 Brazzaville
harmattan.congo@yahoo.fr

L'Harmattan Mali
ACI 2000 - Immeuble Mgr Jean Marie Cisse
Bureau 10
BP 145 Bamako-Mali
mali@harmattan.fr

L'Harmattan Togo
Djidjole – Lomé
Maison Amela
face EPP BATOME
ddamela@aol.com

L'Harmattan Côte d'Ivoire
Résidence Karl – Cité des Arts
Abidjan-Cocody
03 BP 1588 Abidjan
espace_harmattan.ci@hotmail.fr

Nos librairies en France

Librairie internationale
16, rue des Écoles
75005 Paris
librairie.internationale@harmattan.fr
01 40 46 79 11
www.librairieharmattan.com

Librairie des savoirs
21, rue des Écoles
75005 Paris
librairie.sh@harmattan.fr
01 46 34 13 71
www.librairieharmattansh.com

Librairie Le Lucernaire
53, rue Notre-Dame-des-Champs
75006 Paris
librairie@lucernaire.fr
01 42 22 67 13

www.ingramcontent.com/pod-product-compliance
Lightning Source LLC
LaVergne TN
LVHW010631051026
849532LV00001B/30
9782343236759